D1705060

SAMMLUNG TUSCULUM

MARCUS TULLIUS CICERO

AN SEINE FREUNDE

Lateinisch – deutsch

Herausgegeben und übersetzt
von Helmut Kasten

ARTEMIS & WINKLER

Die Deutsche Bibliothek – CIP-Einheitsaufnahme

Cicero, Marcus Tullius:
An seine Freunde: lateinisch/deutsch/
Marcus Tullius Cicero.
Hrsg. und übers. von Helmut Kasten. –
Zürich/Düsseldorf: Artemis und Winkler
(Sammlung Tusculum)
Einheitssacht.: Epistulae ad familiares
Bis 3. Aufl. im Heimeran-Verlag, München
ISBN 3–7608–1517–0
NE: Kasten, Helmut [Hrsg.]; Cicero, Marcus Tullius: [Sammlung]

5. Auflage
© 1997 Artemis & Winkler Verlag Düsseldorf/Zürich
Alle Rechte, einschließlich derjenigen des auszugsweisen
Abdrucks und der photomechanischen Wiedergabe, vorbehalten
Druck: Weihert-Druck, Darmstadt
Printed in Germany

INHALT

LIBER PRIMVS

I.
M. CICERO S. D. P. LENTVLO PROCOS.

Ego omni officio ac potius pietate erga te ceteris 1
satis facio omnibus, mihi ipse numquam satis facio;
tanta enim magnitudo est tuorum erga me meritorum,
ut, quia tu nisi perfecta re de me non conquiesti, ego,
quia non idem in tua causa efficio, vitam mihi esse
acerbam putem.

In causa haec sunt: Hammonius, regis legatus,
aperte pecunia nos oppugnat; res agitur per eosdem
creditores, per quos, cum tu aderas, agebatur; regis
causa si qui sunt qui velint, qui pauci sunt, omnes rem
ad Pompeium deferri volunt, senatus religionis calumniam non religione, sed malevolentia et illius regiae
largitionis invidia comprobat.

Pompeium et hortari et orare et iam liberius ac- 2
cusare et monere, ut magnam infamiam fugiat, non
desistimus; sed plane nec precibus nostris nec admo-
nitionibus relinquit locum. nam cum in sermone
cotidiano tum in senatu palam sic egit causam tuam,
ut neque eloquentia maiore quisquam nec gravitate
nec studio nec contentione agere potuerit, cum summa testificatione tuorum in se officiorum et amoris
erga te sui.

ERSTES BUCH

M. Cicero grüßt den Prokonsul P. Lentulus.

Allen andern tue ich mit all meiner Dienstbereitschaft, besser gesagt: meinem Pflichtgefühl Dir gegenüber Genüge, nur ich selbst bin mit mir nie zufrieden. Deine Verdienste um mich sind ja so unermeßlich, daß ich das Leben satt zu haben meine, wenn ich bedenke, daß Du nicht eher ruhtest, als bis meine Sache erledigt war, ich aber für Dich nicht dasselbe tun kann.

Der Stand der Angelegenheit ist folgender: Hammonius, der Beauftragte des Königs, berennt uns ganz offen mit Geld. Dahinter stecken dieselben Geldgeber wie damals, als Du noch hier warest; falls es Leute gibt, die sich für den König interessieren – es sind nur wenige –, so wünschen sie allesamt, daß Pompeius mit der Sache betraut wird. Der Senat verschanzt sich hinter dem Kniff mit den religiösen Bedenken, nicht aus religiösen Bedenken, sondern aus Übelwollen und Empörung über die königliche Freigebigkeit.

Ich mahne und bitte Pompeius unausgesetzt, mache ihm bereits ziemlich unumwunden Vorwürfe und warne ihn, seinen Ruf nicht gänzlich aufs Spiel zu setzen. Aber er läßt mich mit meinen Bitten und Ermahnungen einfach nicht zu Worte kommen. Denn sowohl im täglichen Gespräch wie auch im Senat ist er nach außenhin so für Dich eingetreten, daß niemand mit größerer Beredsamkeit Deine Sache wuchtiger, eifriger und leidenschaftlicher hätte vertreten kön-nen, wobei er eindringlich auf Deine ihm erwiesenen Dienste und seine Liebe zu Dir hinwies.

Marcellinum tibi esse iratum scis. is hac regia causa excepta ceteris in rebus se acerrimum tui defensorem fore ostendit. quod dat, accipimus; quod instituit referre de religione et saepe iam rettulit, ab eo deduci non potest.

Res ante Idus acta sic est – nam haec Idibus mane 3 scripsi –: Hortensi et mea et Luculli sententia cedit religioni de exercitu; teneri enim res aliter non potest; sed ex illo senatus consulto, quod te referente factum est, tibi decernit, ut regem reducas, quod commodo rei p. facere possis, ut exercitum religio tollat, te auctorem senatus retineat.

Crassus tris legatos decernit nec excludit Pompeium, censet enim etiam ex iis, qui cum imperio sint; Bibulus tris legatos ex iis, qui privati sunt. huic adsentiuntur reliqui consulares praeter Servilium, qui omnino reduci negat oportere, et Volcacium, qui Lupo referente Pompeio decernit, et Afranium, qui adsentitur Volcacio. quae res auget suspicionem Pompei voluntatis, nam advertebatur Pompei familiaris adsentiri Volcacio. laboratur vehementer; inclinata res est. Libonis et Hypsaei non obscura concursatio et contentio omniumque Pompei familiarium studium in eam opinionem rem adduxerunt, ut Pompeius cupere videatur; cui qui nolunt, idem tibi, quod eum ornasti, non sunt amici.

Nos in causa auctoritatem eo minorem habemus, 4 quod tibi debemus, gratiam autem nostram exstinguit hominum suspicio, quod Pompeio se gratificari putant. ut in rebus multo ante, quam profectus es, ab ipso rege et ab intimis ac domesticis Pompei clam exulceratis,

Daß Marcellinus Dir nicht grün ist, weißt Du. Aber er läßt durchblicken, daß er abgesehen von dieser Sache mit dem König in allen andern Dingen entschieden für Dich eintreten wird. Was er gewährt, nehmen wir dankend an; daß er auf den religiösen Bedenken herumreitet und sie schon mehrfach zur Debatte gestellt hat, davon läßt er sich nicht abbringen.

Der Verlauf am 12. war folgender – ich schreibe diesen Brief nämlich am 13. morgens –: Hortensius' und mein und Lucullus' Antrag fügt sich den Bedenken wegen des Heeres; anders läßt sich die Sache nämlich überhaupt nicht halten. Auf Grund jenes auf Dein Referat hin gefaßten Senatsbeschlusses treten wir dafür ein, daß Du den König zurückführst, soweit Du es ohne Schaden für den Staat tun kannst, so daß also das Heer aus religiösen Bedenken wegfällt, der Senat aber dabei bleibt, daß Du die Sache in die Hand nimmst.

Crassus beantragt drei Gesandte, wobei er Pompeius nicht ausschließt; er erklärt nämlich, daß auch Imperiumsträger in Frage kämen; Bibulus drei Gesandte aus den Reihen der zur Zeit Unbeamteten. Auf seiner Seite stehen alle übrigen Konsulare außer Servilius, der meint, man solle ihn überhaupt nicht zurückführen, und Volcacius, der auf Vorschlag des Lupus sich für Pompeius einsetzt, und Afranius, der Volcacius zustimmt. Dieser Umstand verstärkt den Verdacht, daß Pompeius den Auftrag sich selbst zuwenden will; man konnte nämlich bemerken, wie Pompeius' Anhänger Volcacius zustimmten. Man arbeitet mit allen Mitteln; die Sache steht auf der Kippe. Libos und Hypsaeus' unverhohlenes Umherlaufen und Agitieren und die Geschäftigkeit aller Anhänger des Pompeius haben die Vermutung aufkommen lassen, daß Pompeius wohl gerne möchte; aber dieselben Leute, die es ihm nicht gönnen, sind auch Dir nicht gewogen, weil Du ihn ausgezeichnet hast.

Dabei dringe ich um so weniger durch, weil ich Dir verpflichtet bin, meinen Einfluß aber der Argwohn der Leute illusorisch macht, weil sie meinen, Pompeius einen Gefallen zu tun. Da die Dinge nun einmal lange vor Deiner Abreise durch den König selbst und die Vertrauten und Freunde des Pompeius heimlich zur schwärenden Wunde geworden sind und dann, öffentlich von den Konsuln breit-

deinde palam a consularibus exagitatis et in summam
invidiam adductis ita versamur.

Nostram fidem omnes, amorem tui absentis praesentes tui cognoscent. si esset in iis fides, in quibus
summa esse debebat, non laboraremus.

II.
M. CICERO S. D. P. LENTVLO PROCOS.

Idibus Ianuariis in senatu nihil est confectum, prop- 1
terea quod dies magna ex parte consumptus est alter-
catione Lentuli consulis et Canini tr. pl. eo die nos
quoque multa verba fecimus maximeque visi sumus
senatum commemoratione tuae voluntatis erga illum
ordinem permovere. itaque postridie placuit, ut breviter sententias diceremus; videbatur enim reconciliata nobis voluntas esse senatus, quod cum dicendo
tum singulis appellandis rogandisque perspexeram.

Itaque, cum sententia prima Bibuli pronuntiata esset, ut tres legati regem reducerent, secunda Hortensi,
ut tu sine exercitu reduceres, tertia Volcaci, ut Pompeius reduceret, postulatum est, ut Bibuli sententia
divideretur. quatenus de religione dicebat, cui quidem rei iam obsisti non poterat, Bibulo adsensum
est; de tribus legatis frequentes ierunt in alia omnia.

Proxima erat Hortensi sententia, cum Lupus tr. pl., 2
quod ipse de Pompeio rettulisset, intendere coepit ante
se oportere discessionem facere quam consules. eius
orationi vehementer ab omnibus reclamatum est; erat
enim et iniqua et nova. consules neque concedebant
neque valde repugnabant, diem consumi volebant, id
quod est factum; perspiciebant enim in Hortensi sen-

getreten, tiefste Empörung hervorgerufen haben, ist das jetzt meine Lage.

Meine Zuverlässigkeit werden alle, meine Liebe zu Dir in der Ferne Deine Vertrauensleute hier erkennen. Wenn man sich auf diejenigen verlassen könnte, auf die in erster Linie Verlaß sein müßte, dann wären wir aus aller Not heraus.

(Rom, den 13. Januar 56 [22. XII. 57])

2.

M. Cicero grüßt den Prokonsul P. Lentulus.

Am 13. Januar ist es im Senat zu keinem Beschluß gekommen; der Tag wurde nämlich zum größten Teil mit einem Wortwechsel zwischen dem Konsul Lentulus und dem Volkstribunen Caninius verplempert. Auch wir haben dabei mehrfach das Wort genommen und schienen vor allem mit dem Hinweis auf Deine Loyalität gegenüber dem Senat großen Eindruck zu machen. Somit meinten wir am folgenden Tage unsern Standpunkt nur kurz darlegen zu sollen; anscheinend hatten wir ja das Ohr des Senats wiedergewonnen, was ich schon während meiner Rede und hernach, als ich einzelne Leute ansprach und befragte, bemerkt hatte.

Als dann also zunächst Bibulus' Antrag zur Debatte gestellt wurde, daß drei Gesandte den König zurückführen sollten, an zweiter Stelle der des Hortensius, daß Du ihn ohne Heer zurückführen sollest, an dritter der des Volcacius, daß Pompeius ihn zurückführen solle, wurde die Forderung erhoben, daß Bibulus' Antrag geteilt werden solle. Soweit er die religiösen Bedenken betraf – eine Frage, der man sich nicht mehr verschließen konnte – fand Bibulus Zustimmung; bezüglich der drei Gesandten stimmte die überwiegende Mehrheit dagegen.

Dann kam Hortensius' Antrag heran; aber da begann der Volkstribun Lupus sich darauf zu versteifen, sein Vorschlag betreffs des Pompeius müsse zunächst zur Abstimmung gebracht werden und dann erst der der Konsuln. Seine Ausführungen fanden auf allen Seiten heftigen Widerspruch; es war ja auch ein unbilliger, nie dagewesener Vorgang. Die Konsuln gaben weder nach, noch widersprachen sie energisch; sie wollten es nur zu keiner Entscheidung kommen lassen, was ihnen denn auch gelang. Sie merkten

tentiam multis partibus plures ituros, quamquam
aperte, ut Volcacio adsentirentur, multi rogabantur,
atque id ipsum consulibus invitis, nam ei Bibuli sententiam valere cupierunt.

Hac controversia usque ad noctem ducta senatus 3
dimissus est.

Ego eo die casu apud Pompeium cenavi nactusque
tempus hoc magis idoneum quam umquam antea,
quod post tuum discessum is dies honestissimus nobis
fuerat in senatu, ita sum cum illo locutus, ut mihi viderer animum hominis ab omni alia cogitatione ad
tuam dignitatem tuendam traducere. quem ego ipsum
cum audio, prorsus eum libero omni suspicione cupiditatis; cum autem eius familiares omnium ordinum
video, perspicio, id quod iam omnibus est apertum,
totam rem istam iam pridem a certis hominibus non
invito rege ipso consiliariisque eius esse corruptam.

Haec scripsi a. d. XVI Kal. Febr. ante lucem; eo die 4
senatus erat futurus. nos in senatu, quem ad modum
spero, dignitatem nostram, ut potest in tanta hominum perfidia et iniquitate, retinebimus; quod ad popularem rationem attinet, hoc videmur esse consecuti, ut
ne quid agi cum populo aut salvis auspiciis aut salvis
legibus aut denique sine vi posset. de his rebus pridie,
quam haec scripsi, senatus auctoritas gravissima intercessit, cui quom Cato et Caninius intercessissent,
tamen est perscripta; eam ad te missam esse arbitror.

De ceteris rebus quicquid erit actum, scribam ad te
et, ut quam rectissime agatur, omnia mea cura, opera,
diligentia, gratia providebo.

nämlich, daß die überwiegende Mehrheit sich für Hortensius' Antrag entscheiden würde, obgleich viele ganz unverhohlen bearbeitet wurden, für Volcacius zu stimmen, was den Konsuln ebenso wenig recht war, denn sie wünschten, daß Bibulus' Antrag durchginge.

Diese Geschäftsordnungsdebatte zog sich bis zum Einbruch der Nacht hin, und so wurde die Senatssitzung geschlossen.

Ich speiste an diesem Tage zufällig bei Pompeius und fand so eine passende Gelegenheit wie nie zuvor, weil seit Deinem Weggange dieser Tag für mich der ehrenvollste im Senat gewesen war. Da habe ich denn so auf ihn eingeredet, daß ich glauben durfte, den Mann von allen andern Gedanken abzulenken und ihn dazu zu bringen, für Deine Würde einzutreten. Wenn ich seine eigenen Worte im Ohr habe, spreche ich ihn durchaus frei von jedem Verdacht, persönliche Wünsche zu haben; sehe ich aber seine Freunde aus allen Ständen, dann ist mir klar, was nachgerade jedermann sieht, daß die ganze Geschichte schon längst von gewissen Leuten nicht ohne Einwirkung des Königs selbst und seiner Ratgeber aufs falsche Geleis geschoben worden ist.

Diesen Brief schreibe ich am 15. Januar vor Tagesanbruch. Heute soll wieder Senatssitzung sein. Wir werden, wie ich hoffe, im Senat unsre Würde wahren, soweit das bei der unglaublichen Hinterhältigkeit und Unredlichkeit der Leute möglich ist. Was die populare Richtung angeht, so glauben wir doch soviel erreicht zu haben, daß die Sache, solange die Auspizien beachtet werden, die Gesetze in Kraft sind und schließlich keine Gewalt angewendet wird, nicht vors Volk gebracht werden kann. Über diesen Punkt ist gestern ein scharfer Senatsbeschluß ergangen, der auf Catos und Caninius' Einspruch hin jedenfalls als Gutachten protokolliert worden ist. Ich nehme an, man hat ihn Dir zugestellt.

Über den Verlauf alles Weiteren werde ich Dir berichten und all meine Sorge, all mein Bemühen, alle Gewissenhaftigkeit und allen Einfluß dafür aufbieten, daß es so richtig wie möglich verläuft.

(Rom, den 15. Januar 56 [24. XII. 57])

III.
M. CICERO S. D. P. LENTVLO PROCOS.

A. d. XVI Kal. Febr. cum in senatu pulcherrime stare- 1
mus, quod iam illam sententiam Bibuli de tribus legatis pridie eius diei fregeramus, unumque certamen
esset relictum sententia Volcaci, res ab adversariis
nostris extracta est variis calumniis; causam enim frequenti senatu non magna varietate magnaque invidia
eorum, qui a te causam regiam alio traferebant, obtine-
bamus. eo die acerbum habuimus Curionem, Bibulum
multo iustiorem, paene etiam amicum; Caninius et
Cato negarunt se legem ullam ante comitia esse laturos.
senatus haberi ante Kal. Febr. per legem Pupiam, id
quod scis, non potest neque mense Febr. toto nisi per-
fectis aut reiectis legationibus.

Haec tamen opinio est populi Romani, a tuis invidis 2
atque obtrectatoribus nomen inductum fictae religionis, non tam ut te impediret, quam ut ne quis propter
exercitus cupiditatem Alexandriam vellet ire. dignitatis autem tuae nemo est quin existimet habitam esse
rationem ab senatu; nemo est enim, qui nesciat, quo
minus discessio fieret, per adversarios tuos esse factum; qui nunc populi nomine, re autem vera scelera-
tissimo tribunorum latrocinio si quae conabuntur
agere, satis mi provisum est, ut ne quid salvis auspiciis
aut legibus aut etiam sine vi agere possent.

Ego neque de meo studio neque de non nullorum 3
iniuria scribendum mihi esse arbitror; quid enim aut
me ostentem, qui, si vitam pro tua dignitate profun-
dam, nullam partem videar meritorum tuorum adsecutus, aut de aliorum iniuriis querar, quod sine summo dolore facere non possum? ego tibi a vi, hac praesertim imbecillitate magistratuum, praestare nihil pos-

3 (4).

M. Cicero grüßt den Prokonsul P. Lentulus.

Am 15. Januar stand unsre Sache im Senat ausgezeichnet. Bibulus' Antrag betreffs der drei Gesandten hatten wir bereits tags zuvor zu Fall gebracht, und nur der Kampf um Volcacius' Antrag stand noch bevor. Da wurde die Sache aber von unsern Gegnern durch alle mögliche Winkelzüge verschleppt; wir suchten nämlich, während der Senat in seiner Mehrheit ziemlich fest blieb, zur höchsten Erbitterung derer, die die Sache mit dem König Dir abnehmen und einem andern zuschanzen wollten, unsern Standpunkt zu wahren. An diesem Tage hatten wir an Curio einen erbitterten Gegner; viel zugänglicher erwies sich Bibulus, beinahe sogar als Freund. Caninius und Cato erklärten, vor den Komitien kein Gesetz einbringen zu wollen. Eine Senatssitzung kann, wie Du weißt, nach der Lex Pupia vor dem 1. Februar nicht stattfinden und auch während des ganzen Februars nur, wenn die Gesandtschaften abgefertigt oder abgewiesen sind.

Im Römischen Volke herrscht jedoch die Meinung, Deine Neider und Widersacher hätten den Vorwand der erheuchelten religiösen Bedenken nicht so sehr aufs Tapet gebracht, um Dir Steine in den Weg zu legen, als um zu verhindern, daß jemand, um eine Armee in die Hand zu bekommen, nach Alexandria zu gehen wünschte. Niemand glaubt, daß der Senat Deine Würde nicht gebührend berücksichtigt habe; jedermann weiß ja, daß nur Deine Gegner eine Abstimmung unterbunden haben. Sollten sie jetzt versuchen, im Namen des Volkes, in Wirklichkeit aber aus ruchloser Spitzbüberei der Tribunen irgendetwas zu unternehmen, dann habe ich genügend vorgesorgt, daß sie nichts unternehmen können, solange die Auspizien und die Gesetze beachtet werden und es ohne Gewalt abgeht.

Über meine eifrigen Bemühungen wie auch über die Gewalttätigkeit einiger Leute brauche ich wohl kein Wort zu sagen. Wozu sollte ich mich denn auch herausstreichen, der ich, wenn ich mein Leben für Deine Würde verströmen wollte, nicht im entferntesten Deine Verdienste um mich zu erreichen glaube, warum mich über die Gewalttätigkeit anderer beklagen, was ich nicht ohne tiefe Erbitterung tun könnte? Was die Anwendung von Gewalt betrifft, kann ich, zumal bei der bekannten Schwäche unsrer Behörden, für

sum; vi excepta possum confirmare te et senatus et
populi Romani summo studio amplitudinem tuam
retenturum.

IV.
M. CICERO S. D. P. LENTVLO PROCOS.

A. Trebonio, qui in tua provincia magna negotia et 1
ampla et expedita habet, multos annos utor valde familiariter. is cum antea semper et suo splendore et
nostra ceterorumque amicorum commendatione gra-
tiosissimus in provincia fuit, tum hoc tempore propter
tuum in me amorem nostramque necessitudinem
vehementer confidit his meis litteris se apud te gratio-
sum fore.

Quae ne spes eum fallat, vehementer rogo te com- 2
mendoque tibi eius omnia negotia, libertos, procuratores, familiam, in primisque ut, quae T. Ampius de
eius re decrevit, ea comprobes omnibusque rebus eum
ita tractes, ut intellegat meam commendationem non
vulgarem fuisse.

V.
M. CICERO S. D. P. LENTVLO PROCOS.

Tametsi mihi nihil fuit optatius, quam ut primum 1
abs te ipso, deinde a ceteris omnibus quam gratissimus
erga te esse cognoscerer, tamen adficior summo dolore eius modi tempora post tuam profectionem consecuta esse, ut et meam et ceterorum erga te fidem
et benevolentiam absens experirere; te videre et sentire eandem fidem esse hominum in tua dignitate,
quam ego in mea salute sum expertus, ex tuis litteris
intellexi.

Nos ꞏ　　ꞏaxime consilio, studio, labore, gratia de 2
causa　　　　ꞏremur, subito exorta est nefaria Cato-

nichts einstehen; die Anwendung von Gewalt ausgenommen, kann ich Dir aber versichern, daß der Senat und das Volk mit aller Entschiedenheit für deine Würde eintreten werden.

(Rom, den 16. Januar 56 [25. XII. 57])

4 (3).
M. Cicero grüßt den Prokonsul P. Lentulus.

Mit A. Trebonius, der in Deiner Provinz umfangreiche geregelte Geschäfte betreibt, stehe ich seit vielen Jahren in engen freundschaftlichen Beziehungen. Bisher ist er vermöge seines eigenen Ansehens und meiner wie auch seiner sonstigen Freunde Empfehlungen in der Provinz stets sehr beliebt gewesen und hofft jetzt zuversichtlich, in Anbetracht Deiner Liebe zu mir und unsrer Verbundenheit, auch bei Dir auf Grund dieses meines Schreibens beliebt zu sein.

Daß er sich in dieser Hoffnung nicht getäuscht sieht, darum bitte ich Dich inständig und lege Dir alle seine geschäftlichen Interessen, seine Freigelassenen, seine Verwalter, sein Gesinde ans Herz; vor allem mögest Du alles, was T. Ampius in seiner Angelegenheit angeordnet hat, bestätigen und ihn in jeder Beziehung so behandeln, daß er fühlt, daß meine Empfehlung etwas Besonderes gewesen ist.

(Rom, Mitte Januar 56 [Ende XII. 57])

5 (5a).
M. Cicero grüßt den Prokonsul P. Lentulus.

Zwar habe ich mir nichts sehnlicher gewünscht, als daß hauptsächlich Du selbst, dann aber auch jedermann sonst erkennte, wie überaus dankbar ich Dir bin; aber es schmerzt mich doch tief, daß nach Deiner Abreise Umstände eingetreten sind, die dazu geführt haben, daß Du meine und unser aller Treue und Wohlwollen gegen Dich in der Ferne erfahren mußt. Daß Du siehst und fühlst, wie die Leute mit der gleichen Treue für Deine Würde eintreten, die ich bei meiner Rettung erfahren habe, ersehe ich aus Deinem Briefe.

Wir haben in der Sache mit dem König alle Klugheit, allen Eifer, alle Mühen, all unsern Einfluß aufgeboten; aber plötzlich tauchte

nis promulgatio, quae nostra studia impediret et animos a minore cura ad summum timorem traduceret;
sed tamen, in eius modi perturbatione rerum quamquam omnia sunt metuenda, nihil magis quam perfidiam timemus et Catoni quidem, quoquo modo se res
habet, profecto resistimus.

De Alexandrina re causaque regia tantum habeo 3
polliceri, me tibi absenti tuisque praesentibus cumulate satis facturum, sed vereor, ne aut eripiatur causa
regia nobis aut deseratur; quorum utrum minus velim,
non facile possum existimare. sed si res coget, est quiddam tertium, quod neque Selicio nec mihi displicebat,
ut neque iacere regem pateremur nec nobis repugnantibus ad eum deferri, ad quem prope iam delatum
existimatur. a nobis agentur omnia diligenter, ut neque, si quid obtineri poterit, non contendamus nec, si
quid non obtinuerimus, repulsi esse videamur.

Tuae sapientiae magnitudinisque animi est omnem 4
amplitudinem et dignitatem tuam in virtute atque in
rebus gestis tuis atque in tua gravitate positam existimare; si quid ex iis rebus, quas tibi fortuna largita est,
non nullorum hominum perfidia detraxerit, id maiori
illis fraudi quam tibi futurum.

A me nullum tempus praetermittitur de tuis rebus
et agendi et cogitandi; utor ad omnia Q. Selicio, neque enim prudentiorem quemquam ex tuis neque fide
maiore esse iudico neque amantiorem tui.

VI.
M. CICERO S. D. P. LENTVLO PROCOS.

Hic quae agantur quaeque acta sint, ea te et litteris 1
multorum et nuntiis cognosse arbitror; quae autem

der ruchlose Gesetzesvorschlag Catos auf, der den Erfolg unsrer
Bemühungen in Frage stellen und unsre bis dahin nicht eben große
Besorgnis in ernstliche Befürchtungen verwandeln mußte. Gewiß
muß man bei einem derartigen Durcheinander auf alles gefaßt sein;
aber nichts fürchten wir mehr als die Hinterhältigkeit, und Cato
kann sich darauf verlassen, daß wir uns ihm, mag es gehen, wie es
will, in den Weg stellen.

Betreffs Alexandrias und der Sache mit dem König kann ich Dir
soviel versprechen, daß ich Dir in der Ferne und Deinen Vertrau-
ensleuten hier voll und ganz Genüge tun werde; aber ich befürchte,
daß die Sache mit dem König uns aus der Hand genommen oder
überhaupt aufgegeben wird. Was von beidem mir weniger erwünscht wäre, vermag ich nur schwer abzuschätzen. Aber wenn es
nicht anders geht, gibt es noch ein Drittes, das sowohl Selicius als
auch mir passabel erscheint: wir dulden weder, daß der König kaltgestellt wird, noch lassen wir es dazu kommen, daß gegen unsern
Widerstand die Sache dem Manne übertragen wird, dem sie, wie
man annimmt, beinahe schon übertragen ist. Wir werden alles so
geschickt einfädeln, daß wir, wenn überhaupt etwas zu machen ist,
den Kampf nicht aufgeben, wenn wir nichts erreichen, doch nicht
als die Geschlagenen dastehen.

Klug und hochherzig wie Du bist, mußt Du Dir sagen, daß Dein
ganzes Ansehen, Deine Würde allein von Deiner Tüchtigkeit,
Deinen Erfolgen, Deiner ganzen Persönlichkeit abhängt; macht
die Unredlichkeit einiger weniger von den Vorteilen, die das Glück
Dir zugespielt hat, etwas illusorisch, dann haben sie selbst mehr
Schaden davon als Du.

Ich lasse keinen Augenblick vergehen, ohne für Deine Interessen
zu arbeiten und zu planen. In allem steht mir Q. Selicius zur Seite;
keiner von Deinen Leuten ist ja so klug, so zuverlässig, so auf-
geweckt und Dir so herzlich ergeben.

(Rom, um den 5. Februar [12. I.] 56)

6 (5b).
M. Cicero grüßt den Prokonsul P. Lentulus.

Was hier vorgeht und vorgefallen ist, hast Du wahrscheinlich
von vielen Seiten durch Briefe und Botschaften erfahren; aber was

posita sunt in coniectura quaeque videntur fore, ea
puto tibi a me scribi oportere.

Postea quam Pompeius et apud populum a. d. VIII
Id. Febr., quom pro Milone diceret, clamore con-
vicioque iactatus est in senatuque a Catone aspere et
acerbe nimium magno silentio est accusatus, visus est
mihi vehementer esse perturbatus. itaque Alexandrina
causa, quae nobis adhuc integra est – nihil enim tibi
detraxit senatus nisi id, quod per eandem religionem
dari alteri non potest –, videtur ab illo plane esse deposita.

Nunc id speramus idque molimur, ut rex, cum in- 2
tellegat sese, quod cogitabat, ut a Pompeio reducatur,
adsequi non posse et, nisi per te sit restitutus, desertum se atque abiectum fore, proficiscatur ad te; quod
sine ulla dubitatione, si Pompeius paulum modo ostenderit sibi placere, faciet; sed nosti hominis tarditatem
et taciturnitatem. nos tamen nihil, quod ad eam rem
pertineat, praetermittimus. ceteris iniuriis, quae pro-
positae sunt a Catone, facile, ut spero, resistemus. ami
cum ex consularibus neminem tibi esse video praeter
Hortensium et Lucullum; ceteri sunt partim obscurius
iniqui, partim non dissimulanter irati.

Tu fac animo forti magnoque sis speresque fore, ut
fracto impetu levissimi hominis tuam pristinam dignitatem et gloriam consequare.

VII.
M. CICERO S. D. P. LENTVLO PROCOS.

Quae gerantur, accipies ex Pollione, qui omnibus 1
negotiis non interfuit solum, sed praefuit.

Me in summo dolore, quem in tuis rebus capio, ma-

zu vermuten steht und anscheinend eintreten wird, das meine ich
Dir schreiben zu müssen.

Als Pompeius am 6. Februar vor dem Volke für Milo sprach und
dabei mit Geschrei und Schmähungen angerempelt wurde und im
Senat Cato ihn unter eisigem Schweigen barsch und streng ins
Gebet nahm, schien er mir nicht aus und ein zu wissen. Die alexan-
drinische Sache, in der wir bisher noch freie Hand haben – denn der
Senat hat Dir nichts entzogen, abgesehen davon, daß aus den
gleichen religiösen Bedenken auch kein andrer den Auftrag erhalten
kann --, scheint er gänzlich aufgegeben zu haben.

Jetzt hoffen wir und arbeiten darauf hin, daß der König, wenn er
einsieht, daß er nicht erreichen kann, was er sich gedacht hatte,
nämlich von Pompeius zurückgeführt zu werden, und wenn er
nicht von Dir wiedereingesetzt wird, von Gott und aller Welt verlassen sein wird, sich zu Dir auf den Weg macht. Und das wird er
zweifellos auch tun, wenn Pompeius nur ein klein wenig durchblicken läßt, daß er nichts dagegen hat. Aber du weißt ja, wie
schwerfällig und verschwiegen der Mann ist. Wir lassen indessen
nichts unversucht, was der Sache förderlich sein könnte. Allen
übrigen Machenschaften, die Cato in Aussicht gestellt hat, werden
wir hoffentlich leicht begegnen können. Von den Konsularen ist
Dir offensichtlich niemand gewogen außer Hortensius und Lucullus; alle andern sind Dir teils feindlich gesonnen, ohne es recht
merken zu lassen, teils machen sie aus ihrer Erbitterung gar kein
Hehl.

Sei Du nur tapfer und wohlgemut und hoffe, daß Du nach Zerschlagung des Angriffs seitens des leichtfertigen Kerls Deine alte
Würde und Deinen Ruhm wahrst!

(Rom, um den 10. Februar [17. I.] 56)

7 (6).
M. Cicero grüßt den Prokonsul P. Lentulus.

Was hier vorgeht, wirst Du von Pollio erfahren, der bei allen
Unternehmungen dabeigewesen ist, ja, eine führende Rolle dabei
gespielt hat.

Bei all meinem tiefen Schmerz, den mir der Verlauf Deiner An-

xime scilicet consolatur spes, quod valde suspicor fore,
ut infringatur hominum improbitas et consiliis tuorum amicorum et ipsa die, quae debilitat cogitationes
et inimicorum et proditorum tuorum.

Facile secundo loco me consolatur recordatio meo- 2
rum temporum, quorum imaginem video in rebus
tuis; nam etsi minore in re violatur tua dignitas quam
mea adflictast, tamen est tanta similitudo, ut sperem
te mihi ignoscere, si ea non timuerim, quae ne tu quidem umquam timenda duxisti. sed praesta te eum,
qui mihi 'a teneris,' ut Graeci dicunt, 'unguiculis' es
cognitus; inlustrabit, mihi crede, tuam amplitudinem
hominum iniuria.

A me omnia summa in te studia officiaque exspecta;
non fallam opinionem tuam.

VIII.
M. CICERO S. D. P. LENTVLO PROCOS.

Legi tuas litteras, quibus ad me scribis gratum tibi 1
esse, quod crebro certior per me fias de omnibus rebus
et meam erga te benevolentiam facile perspicias; quorum alterum mihi, ut te plurimum diligam, facere necesse est, si volo is esse, quem tu me esse voluisti; alterum facio libenter, ut, quoniam intervallo locorum et
temporum diiuncti sumus, per litteras tecum quam
saepissime conloquar. quod si rarius fiet, quam tu
exspectabis, id erit causae, quod non eius generis meae
litterae sunt, ut eas audeam temere committere; quotiens mihi certorum hominum potestas erit, quibus
recte dem, non praetermittam.

Quod scire vis, qua quisque in te fide sit et volun- 2
tate, difficile dictu est de singulis; unum illud audeo,
quod antea tibi saepe significavi, nunc quoque re per-

gelegenheit bereitet, finde ich natürlich hauptsächlich darin Trost, daß ich mit ziemlicher Sicherheit annehme, der Ruchlosigkeit der Leute werde ein Riegel vorgeschoben durch die Gegenmaßnahmen Deiner Freunde und durch den Termin selbst, der die Absichten Deiner Feinde und Verräter lähmt.

An zweiter Stelle tröste ich mich gern mit der Erinnerung an meine eigenen Erlebnisse, deren Pendant ich in Deinen Erlebnissen erblicke. Denn wenn auch Deine Würde verhältnismäßig weniger angetastet wird, als die meinige mitgenommen worden ist, so besteht doch eine so große Ähnlichkeit, daß Du mir hoffentlich verzeihst, wenn ich nicht gefürchtet habe, was auch Deiner Meinung nach niemals gefürchtet zu werden brauchte. Aber erweise Dich als der, der Du in meinen Augen, wie die Griechen sagen, ,,vom zarten Fingernagel an" gewesen bist; glaub' mir, Deine Würde wird durch das Unrecht der Leute nur in noch helleres Licht gerückt!

Von mir darfst Du allen Eifer, alle Dienstfertigkeit in höchstem Maße erwarten; ich werde Deine gute Meinung von mir nicht enttäuschen!

(Rom, im März [II.] 56)

8 (7).
M. Cicero grüßt den Prokonsul P. Lentulus.

Deinen Brief, in welchem Du mir versicherst, es sei Dir lieb, daß ich Dir häufig von allen Geschehnissen berichtete und Du so unschwer erkennen könntest, wie gut ich es mit Dir meine, habe ich erhalten. Was das letztere angeht, so kann ich gar nicht anders, ich muß Dich herzlich liebhaben, wenn ich der Mann sein will, den Du in mir zu finden dachtest. Das andre tue ich gern, um recht oft brieflich mit Dir zu plaudern, da wir so fern voneinander sind und uns so lange nicht gesehen haben. Wenn es fortan seltener geschieht, als Du erwartest, so deshalb, weil meine Briefe von besonderer Art sind und ich sie nicht jedem ersten Besten anzuvertrauen wage. Sooft ich zuverlässige Leute finde, denen ich sie unbesehen mitgeben kann, lasse ich die Gelegenheit nicht ungenutzt.

Du möchtest wissen, wie es bei jedermann um die Zuverlässigkeit und den guten Willen Dir gegenüber bestellt ist. Das ist im Einzelfalle schwer zu sagen. Nur das eine, was ich Dir früher schon

specta et cognita scribere, vehementer quosdam homines et eos maxime, qui te et maxime debuerunt et
plurimum iuvare potuerunt, invidisse dignitati tuae,
simillimamque in re dissimili tui temporis nunc et
nostri quondam fuisse rationem, ut, quos tu rei
publicae causa laeseras, palam te oppugnarent, quorum auctoritatem, dignitatem voluntatemque defen-
deras, non tam memores essent virtutis tuae quam
laudis inimici. quo quidem tempore, ut perscripsi ad
te antea, cognovi Hortensium percupidum tui, studiosum Lucullum, ex magistratibus autem L. Racilium et
fide et animo singulari; nam nostra propugnatio ac
defensio dignitatis tuae propter magnitudinem beneficii tui fortasse plerisque officii maiorem auctoritatem
habere videatur quam sententiae.

Praeterea quidem de consularibus nemini possum 3
aut studii erga te aut officii aut amici animi esse testis;
etenim Pompeium, qui mecum saepissime non solum
a me provocatus, sed etiam sua sponte de te communicare solet, scis temporibus illis non saepe in senatu
fuisse; cui quidem litterae tuae, quas proxime miseras, quod facile intellexerim, periucundae fuerunt. mihi
quidem humanitas tua vel summa potius sapientia non
iucunda solum, sed etiam admirabilis visa est; virum
enim excellentem et tibi tua praestanti in eum liberalitate devinctum non nihil suspicantem propter aliquorum opinionem suae cupiditatis te ab se abaliena-
túm illa epistula retinuisti; qui mihi cum semper tuae
laudi favere visus est, etiam ipso suspiciosissimo tempore Caniniano, tum vero lectis tuis litteris perspectus
est a me toto animo de te ac de tuis ornamentis et
commodis cogitare.

Quare ea, quae scribam, sic habeto, me cum illo re 4
saepe communicata de illius ad te sententia atque auctoritate scribere: quoniam senatus consultum nullum

mehrfach angedeutet habe, wage ich auch jetzt, wo ich mich gründlich umgesehen habe, zu behaupten: gewisse Leute, und gerade solche, die ganz besonders verpflichtet gewesen wären, Dir zu helfen, und es am ehesten gekonnt hätten, mißgönnten Dir Deine Würde, und Deine jetzige und meine einstige Lage haben, trotz der verschiedenen Begleitumstände, viel Ähnlichkeit miteinander. Diejenigen, die Du im politischen Kampfe verletzt hattest, hielten Dir offen Widerpart, und diejenigen, deren Ansehen, Ehre und Bestrebungen Du gefördert hattest, dachten weniger an Deine Leistungen, als daß sie Dir Deinen Ruhm mißgönnten. Damals habe ich, wie ich Dir neulich schon schrieb, Hortensius Dir ganz ergeben, Lucullus eifrig und unter den Beamten L. Racilius besonders zuverlässig und tatkräftig gefunden; mein streitbares Eintreten für Deine Würde könnte wegen der Größe Deiner Verdienste um mich in den Augen der meisten vielleicht eher als Ausfluß persönlicher Dankbarkeit denn als echte Überzeugung gelten.

Darüber hinaus kann ich keinem der Konsulare Ergebenheit, Dienstbereitschaft oder freundliche Gesinnung für Dich bezeugen. Denn Pompeius, der nicht nur von mir darauf angeredet, sondern auch von sich aus oft genug mit mir von Dir spricht, ist ja, wie Du weißt, in jenen Tagen nur selten im Senat erschienen. Dein letzter Brief hat ihn, worüber ich mich durchaus nicht wundere, sehr erfreut; ich fand Deine Verbindlichkeit, besser gesagt: Deine ausgesprochene Klugheit bezaubernd, ja, bewundernswert. Du hast Dir nämlich den unvergleichlichen Mann, der sich Dir wegen Deines ungewöhnlichen Entgegenkommens verpflichtet fühlte und jetzt ein klein wenig den Argwohn hegte, Du könntest Dich von ihm zurückgezogen haben, weil manche Leute von seiner Begehrlichkeit redeten, durch diesen Brief aufs neue verbunden. Ich habe stets den Eindruck gehabt, daß er Dir Deinen Ruhm gönnte, selbst zur Zeit der höchst verdächtigen Caninius-Affäre, und jetzt vollends, nach Empfang Deines Briefes, ist er, wie ich mich vergewissern konnte, Feuer und Flamme für Dich und nur darauf bedacht, Dich auszuzeichnen und zu fördern.

Darum darfst Du überzeugt sein, daß das Folgende, wie ich aus zahlreichen Besprechungen mit ihm entnehme, seine wohlerwogene Ansicht über Dich wiedergibt: Es existiert überhaupt kein

exstat, quo reductio regis Alexandrini tibi adempta sit,
eaque, quae de ea scripta est auctoritas, cui scis inter-
cessum esse, ut ne quis omnino regem reduceret, tantam vim habet, ut magis iratorum hominum studium
quam constantis senatus consilium esse videatur, te
perspicere posse, qui Ciliciam Cyprumque teneas,
quid efficere et quid consequi possis, et, si res facultatem habitura videatur, ut Alexandream atque Aegyptum tenere possis, esse et tuae et nostri imperii dignitatis Ptolomaide aut aliquo propinquo loco rege con-
locato te cum classe atque exercitu proficisci Alexandriam, ut, eam cum pace praesidiisque firmaris,
Ptolomaeus redeat in regnum; ita fore, ut et per te
restituatur, quem ad modum senatus initio censuit, et
sine multitudine reducatur, quem ad modum homines
religiosi Sibyllae placere dixerunt.

Sed haec sententia sic et illi et nobis probabatur, ut 5
ex eventu homines de tuo consilio existimaturos vide-
remus; si cecidisset, ut volumus et optamus, omnes te
et sapienter et fortiter, si aliquid esset offensum, eosdem illos et cupide et temere fecisse dicturos. quare,
quid adsequi possis, non tam facile est nobis quam
tibi, cuius prope in conspectu Aegyptus est, iudicare;
nos quidem hoc sentimus, si exploratum tibi sit posse
te illius regni potiri, non esse cunctandum, si dubium
sit, non esse conandum. illud tibi adfirmo, si rem
istam ex sententia gesseris, fore, ut absens a multis,
cum redieris, ab omnibus conlaudere; offensionem
esse periculosam propter interpositam auctoritatem
religionemque video. sed ego te, ut ad certam laudem adhortor, sic a dimicatione deterreo redeoque ad
illud, quod initio scripsi, totius facti tui iudicium non
tam ex consilio tuo quam ex eventu homines esse
facturos.

Senatsbeschluß, durch den Dir die Zurückführung des alexandrinischen Königs entzogen worden wäre; das diesbezügliche Gutachten, überhaupt niemand solle den König zurückführen, wogegen, wie Du weißt, interzediert worden ist, hat nicht viel zu bedeuten und ist offensichtlich mehr der Ausfluß des blinden Eifers einiger Heißsporne als der wohlüberlegte Entschluß eines verantwortungsbewußten Senats. Somit vermagst Du als Statthalter von Cilicien und Cypern selbst zu ermessen, was Du Dir zutrauen und erreichen zu können meinst. Erscheint es Dir möglich, Dich in den Besitz von Alexandria und Ägypten zu setzen, dann gebietet Dir Deine und unsres Reiches Würde, den König in Ptolemais oder sonstwo in der Nähe zu internieren, mit Heer und Flotte nach Alexandria zu gehen, und wenn Du Dich in aller Stille durch Posten der Stadt versichert hast, Ptolemaeus in sein Reich zurückkehren zu lassen. So wird er, wie der Senat es ursprünglich beschlossen hat, von Dir wiedereingesetzt und „ohne eine Menge" zurückgeführt, wie die Sibylle es nach Aussage einiger allzu ängstlicher Leute wünscht.

Allerdings findet dieser Gedanke nicht unbedingt meine und seine Zustimmung. Wir sind uns bewußt, daß man Deinen Entschluß nach seinem Erfolg beurteilen wird. Geht alles so, wie wir hoffen und wünschen, wird es allgemein heißen, Du habest klug und entschlossen gehandelt; geht etwas schief, dann werden dieselben Leute Deine Handlungsweise eigennützig und unbedacht finden. Darum können wir weniger leicht beurteilen, was Du zu erreichen vermagst, als Du, dem Ägypten sozusagen vor der Nase liegt. Unser Standpunkt ist dieser: Bist Du Dir gänzlich sicher, Dich jenes Reiches bemächtigen zu können, dann solltest Du nicht zaudern, ist es aber fraglich, es gar nicht erst versuchen. Soviel kann ich Dir versichern: wenn Du diese Geschichte nach Wunsch erledigst, werden Dich, solange Du noch fern bist, viele, nach Deiner Heimkehr alle preisen. Ein Mißlingen ist natürlich gefährlich, weil das Senatsgutachten und die Religion im Spiele ist. Aber wie ich Dich antreibe, wenn sicherer Ruhm winkt, so warne ich Dich vor einem ernsten Kampfe und wiederhole, was ich oben gesagt habe: ihr Urteil über dein ganzes Unternehmen werden die Leute sich nicht nach Deinen Absichten, sondern nach dem Erfolg bilden.

Quod si haec ratio rei gerendae periculosa tibi esse 6
videbitur, placebat illud, ut, si rex amicis tuis, qui per
provinciam atque imperium tuum pecunias ei credi-
dissent, fidem suam praestitisset, et auxiliis eum tuis et
copiis adiuvares; eam esse naturam et regionem provinciae tuae, ut illius reditum vel adiuvando confirmares vel neglegendo impedires. in hac ratione quid
res, quid causa, quid tempus ferat, tu facillime optime-
que perspicies; quid nobis placuisset, ex me potissimum putavi te scire oportere.

Quod mihi de nostro statu, de Milonis familiaritate, 7
de levitate et imbecillitate Clodi gratularis, minime miramur te tuis ut egregium artificem praeclaris operibus
laetari; quamquam est incredibilis hominum perver-
sitas – graviore enim verbo uti non libet –, qui nos,
quos favendo in communi causa retinere potuerunt,
invidendo abalienarunt; quorum malevolentissimis
obtrectationibus nos scito de vetere illa nostra diutur-
naque sententia prope iam esse depulsos, non nos quidem, ut nostrae dignitatis simus obliti, sed ut habeamus rationem aliquando etiam salutis. poterat utrumque praeclare, si esset fides, si gravitas in hominibus
consularibus; sed tanta est in plerisque levitas, ut eos
non tam constantia in re publica nostra delectet, quam
splendor offendat. quod eo liberius ad te scribo, quia 8
non solum temporibus his, quae per te sum adeptus,
sed iam olim nascenti prope nostrae laudi dignitatique
favisti, simulque quod video non, ut antehac putabam,
novitati esse invisum meae; in te enim, homine omnium nobilissimo, similia invidorum vitia perspexi,
quem tamen illi esse in principibus facile sunt passi,

Sollte Dir diese Art des Verfahrens riskant erscheinen, dann haben wir noch einen andern Vorschlag: Falls der König Deinen Freunden, die in Deiner Provinz und Deinem Befehlsbereich ihm Gelder vorgeschossen haben, sein Wort verpfändet, könntest Du ihm Deine Hilfstruppen und sonstigen Mittel zur Verfügung stellen, und die natürliche Lage Deiner Provinz ist wie geschaffen dazu: Du kannst seine Rückkehr durch Deine Beihilfe fördern oder durch bloßes Untätigbleiben verhindern. Welche Rolle bei diesem Verfahren die Sache an sich und vom politischen Standpunkt aus und der Zeitpunkt spielt, wirst Du am leichtesten und besten übersehen können; wie wir uns die Sache denken, mußtest Du, meine ich, vornehmlich von mir erfahren.

Du beglückwünschst mich zu meiner Stellung, zu der Freundschaft mit Milo und Clodius' Leichtfertigkeit und Nichtigkeit. Nun, ich wundere mich durchaus nicht, daß Du Dich wie ein bedeutender Künstler vor seinem Meisterstück freust. Freilich ist es kaum zu glauben, wie verdreht die Leute sind – einen stärkeren Ausdruck möchte ich nicht gebrauchen –; mich, den sie durch Entgegenkommen bei der gemeinsamen Sache hätten festhalten können, haben sie sich durch ihre Scheelsucht entfremdet. Laß es Dir gesagt sein: durch ihre übelwollenden Eifersüchteleien haben sie mich nachgerade von meiner alten, langwährenden politischen Überzeugung beinahe abgebracht; gewiß nicht so, daß ich meine Würde vergessen hätte; aber ich muß doch auch einmal an meine Sicherheit denken. Beides hätte sich wunderbar mit einander vereinigen lassen, wenn auf diese Konsulare Verlaß wäre und sie Charakter besäßen; aber die meisten sind so oberflächlich, daß sie nicht so sehr an meiner politischen Stetigkeit Gefallen finden, als vielmehr an meiner glänzenden Stellung Anstoß nehmen. Ich spreche das Dir gegenüber umso freimütiger aus, weil Du mich in meinem jetzigen Glück, das ich Dir verdanke, aber auch schon vorlängst, als ich beinahe erst an der Schwelle meines Ruhmes und meiner Würde stand, gefördert hast, und weil ich überdies sehe, daß man in mir nicht, wie ich bisher glaubte, den Emporkömmling beneidete. Denn bei Dir, dem Manne von allerältestem Adel, habe ich ein ähnlich häßliches Treiben der Scheelsucht festgestellt; daß Du zu den führenden Persönlichkeiten gehörst, haben sie sich zwar gern

evolare altius certe noluerunt. gaudeo tuam dissimilem fuisse fortunam; multum enim interest, utrum
laus imminuatur, an salus deseratur; me meae tamen
ne nimis paeniteret, tua virtute perfectum est; curasti
enim, ut plus additum ad memoriam nominis nostri
quam demptum de fortuna videretur.

Te vero emoneo cum beneficiis tuis tum amore in- 9
citatus meo, ut omnem gloriam, ad quam a pueritia
inflammatus fuisti, omni cura atque industria consequare magnitudinemque animi tui, quam ego semper
sum admiratus semperque amavi, ne umquam inflec-
tas cuiusquam iniuria. magna est hominum opinio de
te, magna commendatio liberalitatis, magna memoria
consulatus tui. haec profecto vides, quanto expres-
siora quantoque inlustriora futura sint, cum aliquantum ex provincia atque ex imperio laudis accesserit;
quamquam te ita gerere volo, quae per exercitum atque imperium gerenda sunt, ut haec multo ante meditere, huc te pares, haec cogites, ad haec te exerceas
sentiasque – id quod quia semper sperasti, non dubito
quin adeptus intellegas – te facillime posse obtinere
summum atque altissimum gradum civitatis. quae
quidem mea cohortatio ne tibi inanis aut sine causa
suscepta videatur, illa me ratio movit, ut te ex nostris
eventis communibus admonendum putarem, ut con-
siderares, in omni reliqua vita quibus crederes, quos
caveres.

Quod scribis te velle scire, qui sit rei publicae sta- 10
tus, summa dissensio est, sed contentio dispar; nam,
qui plus opibus, armis, potentia valent, perfecisse
tamen mihi videntur stultitia et inconstantia adver-
sariorum, ut etiam auctoritate iam plus valerent. itaque

gefallen lassen, aber daß Du allzu hoch emporstiegest, das wollten sie auf keinen Fall dulden. Ich freue mich, daß Du nicht dasselbe hast durchmachen müssen wie ich; denn es ist doch ein gewaltiger Unterschied, ob man sich zurückgesetzt sieht, wo es um Anerkennung geht, oder preisgegeben, wo es sich um die Existenz handelt. Daß mich mein Mißgeschick nicht allzusehr drückt, habe ich Deinem mannhaften Einsatz zu danken; Du hast nämlich dafür gesorgt, daß man den Eindruck hat, eher sei das Fortleben meines Namens gefördert als mein Glück beeinträchtigt worden.

Dich aber ermahne ich um Deiner Wohltaten und meiner Liebe willen, dem Ruhme, für den Du Dich von Kindesbeinen an begeistert hast, mit allem Sinnen und Trachten nachzustreben und Deinen hohen Sinn, den ich immer bewundert und stets mit Befriedigung wahrgenommen habe, niemals zu beugen, weil Dir irgend jemand zu nahe tritt. Die Leute haben eine gute Meinung von Dir, Deine Freigebigkeit empfiehlt Dich aufs beste, Dein Konsulat steht in gutem Andenken. Sicherlich entgeht es Dir nicht, wieviel ausgeprägter, wieviel leuchtender dies alles sein wird, wenn noch eine Portion Ruhm durch Dein Kommando in der Provinz hinzutritt. Allerdings ist es mein Wunsch, Du hättest Erfolg mit allem, was Du als Feldherr und Statthalter zu vollbringen hast, aber nur in dem Sinne, daß Du weit eher die hiesigen Verhältnisse im Auge behältst, Dich dafür rüstest, sie durchdenkst, Dich auf sie einstellst und Dir sagst – was Du immer erhofft hast und somit am Ziel Deiner Wünsche zweifellos auch merken wirst –, daß Du ohne Schwierigkeit den höchsten und glänzendsten Platz in der Bürgerschaft einnehmen kannst. Vielleicht erscheint Dir diese meine Mahnung eitel oder zwecklos; aber mich leitet dabei der Gedanke, daß es doch wohl meine Pflicht ist, Dich auf Grund unsrer gemeinsamen Erfahrungen aufzufordern, Dir wohl zu überlegen, wem Du in Deinem späteren Leben trauen darfst, vor wem Du Dich in acht nehmen mußt.

Du möchtest wissen, wie es in der Politik aussieht. Es herrscht größte Uneinigkeit, aber es ist ein ungleicher Kampf. Denn die Männer, die vermöge ihres Reichtums, ihrer militärischen Machtmittel und ihres Einflusses die Oberhand haben, haben es meines Erachtens doch nur dank der Torheit und Unbeständigkeit ihrer

perpaucis adversantibus omnia, quae ne per populum quidem sine seditione se adsequi arbitrabantur, per senatum consecuti sunt; nam et stipendium Caesari decretum est et decem legati, et, ne lege Sempronia succederetur, facile perfectum est. quod ego ad te brevius scribo, quia me status hic rei publicae non delectat; scribo tamen, ut te admoneam, quod ipse litteris omnibus a pueritia deditus experiendo tamen magis quam discendo cognovi, tu tuis rebus integris discas, neque salutis nostrae rationem habendam nobis esse sine dignitate neque dignitatis sine salute.

Quod mihi de filia et de Crassipede gratularis, 11 agnosco humanitatem tuam speroque et opto nobis hanc coniunctionem voluptati fore.

Lentulum nostrum, eximia spe, summa virtute adulescentem, cum ceteris artibus, quibus studuisti semper ipse, tum in primis imitatione tui fac erudias; nulla enim erit hac praestantior disciplina. quem nos, et quia tuus et quia te dignus est filius et quia nos diligit semperque dilexit, in primis amamus carumque habemus.

IX.
M. CICERO S. D. P. LENTVLO PROCOS.

De omnibus rebus, quae ad te pertinent, quid actum, 1 quid constitutum sit, quid Pompeius susceperit, optime ex M. Plaetorio cognosces, qui non solum interfuit iis rebus, sed etiam praefuit neque ullum officium erga te hominis amantissimi, prudentissimi, diligentissimi praetermisit. ex eodem de toto statu rerum communium cognosces. quae quales sint, non facile est scribere. sunt quidem certe in amicorum nostro-

Gegner erreicht, nachgerade auch moralisch überlegen zu sein. So haben sie gegen ganz geringen Widerstand alles, was sie auch beim Volke nur durch Terror glaubten erreichen zu können, im Senat durchgesetzt: Caesar wurde der Sold und die zehn Legaten bewilligt, und leicht ließ es sich verhindern, daß er nach der Lex Sempronia einen Nachfolger bekam. Davon schreibe ich Dir nur so kurz, weil mir der augenblickliche Zustand des Staates nicht behagt; immerhin schreibe ich davon, um meinem Wunsche Ausdruck zu geben, Du mögest, was ich selbst, der ich mich von Jugend auf mit allen Zweigen der Wissenschaft befaßt habe, doch mehr durch Erfahrung als aus Büchern gelernt habe, ohne Schaden zu nehmen, lernen: daß wir weder auf unsre Sicherheit bedacht sein dürfen, ohne an unsre Ehre, noch auf unsre Ehre, ohne an unsre Sicherheit zu denken.

Du beglückwünschst mich zur Verlobung meiner Tochter mit Crassipes; ich nehme Deine Freundlichkeit gern zur Kenntnis und wünsche und hoffe, daß diese Verbindung mir zur Freude ausschlägt.

Unser Lentulus ist ein hoffnungsvoller, vielversprechender junger Mann; laß ihm alle Bildung angedeihen, derer Du Dich selbst stets befleißigt hast, vor allem aber erzieh ihn durch Dein Vorbild, denn eine vorzüglichere Lehre gibt es nicht. Ich halte ihn über alles lieb und wert, weil er Dein Sohn und Deiner würdig ist und mich liebt und stets geliebt hat.

(Rom, Ende [Anfang] Juli 56)

9 (8).

M. Cicero grüßt den Prokonsul P. Lentulus.

Was in all den Fragen, die Dich betreffen, geschehen ist, was beschlossen worden ist, was Pompeius unternommen hat, wirst Du am besten von M. Plaetorius erfahren, der bei allem dabeigewesen ist, ja, eine führende Rolle gespielt hat. Keine Dienstleistung für Dich ist dem liebenswürdigen, klugen, zuverlässigen Manne zuviel gewesen. Auch über den ganzen Stand der Dinge im allgemeinen wirst Du von ihm hören. Wie es damit steht, läßt sich brieflich kaum schildern. Unsre „Freunde" haben das Heft fest in der Hand,

rum potestate, atque ita, ut nullam mutationem umquam hac hominum aetate habitura res esse videatur.

Ego quidem, ut debeo et ut tute mihi praecepisti et 2
ut me pietas utilitasque cogit, me ad eius rationes
adiungo, quem tu in meis rationibus tibi esse adiungen-
dum putasti. sed te non praeterit, quam sit difficile
sensum in re publica, praesertim rectum et confirmatum, deponere. verum tamen ipse me conformo ad
eius voluntatem, a quo honeste dissentire non possum,
neque id facio, ut forsitan quibusdam videar, simulatione; tantum enim animi inductio et mercule amor
erga Pompeium apud me valet, ut, quae illi utilia sunt
et quae ille vult, ea mihi omnia iam et recta et vera
videantur; neque, ut ego arbitror, errarent ne adversarii quidem eius, si, cum pares esse non possent,
pugnare desisterent.

Me quidem etiam illa res consolatur, quod ego is 3
sum, cui vel maxime concedant omnes, ut vel ea defendam, quae Pompeius velit, vel taceam vel etiam, id
quod mihi maxime libet, ad nostra me studia referam
litterarum; quod profecto faciam, si mihi per eiusdem
amicitiam licebit. quae enim proposita fuerat nobis,
cum et honoribus amplissimis et laboribus maximis
perfuncti essemus, dignitas in sententiis dicendis, libertas in re publica capessenda, ea sublata totast, nec
mihi magis quam omnibus; nam aut adsentiendum est
nulla cum gravitate paucis aut frustra dissentiendum.

Haec ego ad te ob eam causam maxime scribo, ut 4
iam de tua quoque ratione meditere. commutata tota
ratio est senatus, iudiciorum, rei totius publicae;
otium nobis exoptandum est, quod ii, qui potiuntur
rerum, praestaturi videntur, si quidam homines patien-
tius eorum potentiam ferre potuerint; dignitatem quidem illam consularem fortis et constantis senatoris
nihil est quod cogitemus; amissa culpa est eorum, qui
a senatu et ordinem coniunctissimum et hominem
clarissimum abalienarunt.

und zwar so, daß zu unsern Lebzeiten niemals eine Änderung eintreten zu können scheint.

Was mich betrifft, so schließe ich mich, wie ich muß und wie auch Du es mir nahegelegt hast, wie es Pflichtgefühl und persönlicher Vorteil von mir fordert, dem Manne an, den auch Du, als es um mich ging, für Dich gewinnen zu müssen glaubtest. Aber Du kannst Dir denken, wie schwierig es ist, seine politische Gesinnung, zumal wenn sie ehrlich und festgegründet ist, zu verleugnen. Jedoch passe ich mich dessen Wünschen an, mit dem ich anstandshalber nicht uneins sein darf, und tue das nicht, wie manche vielleicht glauben könnten, aus Heuchelei; vielmehr ist der Trieb meines Herzens, meine Liebe zu Pompeius wirklich so stark, daß mir nachgerade alles, was ihm nützt und was er wünscht, recht und gut erscheint, und auch seine Gegner täten, glaube ich, besser daran, wenn sie aufhörten, ihn zu bekämpfen, wo sie ihm doch nicht die Stirn bieten können.

Und noch ein Zweites tröstet mich: ich bin ein Mensch, dem alle noch am ehesten zugestehen, entweder für Pompeius' Wünsche einzutreten oder zu schweigen oder auch, was mir persönlich das liebste wäre, mich auf meine literarische Tätigkeit zurückzuziehen, und das werde ich gewiß auch tun, wenn seine Freundschaft es mir gestattet. Denn was mir vorschwebte, als ich die höchsten Ehrenstellungen erreicht und ansehnliche Leistungen vollbracht hatte, Ehrerbietung, wenn ich meine Meinung äußerte, und freie Betätigung im politischen Leben, damit ist es endgültig aus, und nicht nur für mich, sondern für alle. Denn es gibt nur noch zweierlei: entweder den Wenigen bedenkenlos zuzustimmen oder fruchtlos zu opponieren.

Dies schreibe ich Dir vor allem deshalb, damit auch Du Dir rechtzeitig überlegen kannst, wie Du Dich einrichten willst. Der Senat, die Rechtspflege, das gesamte Staatswesen, alles ist ganz anders geworden. Einzig Ruhe sollten wir uns wünschen, und es scheint, als ob die Machthaber sie gewährleisten würden, wenn gewisse Leute sich geduldiger ihrer Macht beugen könnten. Von konsularischer Würde eines entschlossenen, standhaften Senators, wie einst, kann keine Rede mehr sein; sie ist dahin, und schuld daran sind die Herren, die dem Senat den ihm treu ergebenen Ritterstand und den bedeutendsten Mann entfremdet haben.

Sed ut ad ea, quae coniunctiora rebus tuis sunt, 5
revertar, Pompeium tibi valde amicum esse cognovi,
et eo tu consule, quantum ego perspicio, omnia, quae
voles, obtinebis, quibus in rebus me sibi ille adfixum
habebit, neque a me ulla res, quae ad te pertineat,
neglegetur; neque enim verebor, ne sim ei molestus,
cui iucundum erit etiam propter te ipsum, quom me
esse gratum videbit. tu velim tibi ita persuadeas, nul- 6
lam rem esse minimam, quae ad te pertineat, quae
mihi non carior sit quam meae res omnes; idque cum
sentiam, sedulitate mihimet ipse satis facere possum,
re quidem ipsa ideo mihi non satis facio, quod nullam
partem tuorum meritorum non modo referenda, sed
ne cogitanda quidem gratia consequi possum.

Rem te valde bene gessisse rumor erat; exspecta- 7
bantur litterae tuae, de quibus eramus iam cum Pompeio locuti. quae si erunt allatae, nostrum studium
exstabit in conveniendis magistratibus et senatoribus,
ceteraque, quae ad te pertinebunt, cum etiam plus
contenderimus quam possumus, minus tamen faciemus quam debemus.

X.
M. CICERO S. D. LENTVLO IMP.

Periucundae mihi fuerunt litterae tuae, quibus intel- 1
lexi te perspicere meam in te pietatem; quid enim
dicam benevolentiam, cum illud ipsum gravissimum
et sanctissimum nomen pietatis levius mihi meritis
erga me tuis esse videatur? quod autem tibi grata mea
erga te studia scribis esse, facis tu quidem abundantia
quadam amoris, ut etiam grata sint ea, quae praeter-
mitti sine nefario scelere non possunt. tibi autem multo notior atque inlustrior meus in te animus esset, si
hoc tempore omni, quo diiuncti fuimus, et una et
Romae fuissemus. nam in eo ipso, quod te ostendis 2
esse facturum quodque et in primis potes et ego a te

Aber um auf die Dinge zurückzukommen, die Deine Interessen unmittelbar berühren: Pompeius ist Dir, wie ich feststellen konnte, sehr zugetan, und unter seinem Konsulat wirst Du, soweit ich es übersehe, alles durchsetzen, was Du wünschst. In diesen Dingen werde ich ihm nicht von der Seite gehen, und nichts, was Dir dienlich sein könnte, wird von mir außer acht gelassen werden. Denn ich brauche nicht zu befürchten, ihm lästig zu fallen; vielmehr wird es ihm schon um Deinetwillen Freude machen, wenn er sieht, daß ich dankbar bin. Sei bitte überzeugt, daß die geringste Kleinigkeit, sofern sie Dich betrifft, mir wichtiger ist als alle meine eigenen Belange, und da ich so fühle und denke, könnte ich, was Emsigkeit angeht, mit mir selbst zufrieden sein, bin es aber in Wirklichkeit deswegen nicht, weil ich Deine Verdienste um mich weder in tätiger Dankbarkeit noch auch nur in dankbarer Gesinnung im entferntesten zu erreichen vermag.

Hier hört man, daß Du eine wahre Heldentat vollbracht hast, und erwartet Deinen Bericht, über den ich bereits mit Pompeius gesprochen habe. Nach seinem Eintreffen werde ich eifrig bemüht sein, Beamte und Senatoren zu bearbeiten und alles, was Dir sonst noch dienlich ist, trotz übermenschlicher Anstrengung doch immer noch nicht so betreiben, wie ich eigentlich müßte.

(Rom, Anfang 55 [Ende 56])

10 (9).
M. Cicero grüßt den Imperator Lentulus.

Dein Brief hat mich sehr erfreut; ersehe ich doch aus ihm, daß Du erkennst, wie stark ich mich Dir verpflichtet fühle. Denn wie könnte ich nur von „Wohlwollen" reden, wo selbst das ehrwürdige, geheiligte Wort „Verpflichtung" mir angesichts Deiner Verdienste um mich noch allzu nichtssagend erscheint? Und wenn Du schreibst, mein Interesse für Dich verpflichte Dich zu Dank, so zeigt sich darin ein Übermaß von Liebe, wenn sogar das zu Dank verpflichtet, was ich, ohne mich schwer zu versündigen, gar nicht unterlassen darf. Übrigens würde Dir mein Verhältnis zu Dir viel deutlicher kenntlich sein, wenn wir diese ganze Zeit über, in der wir getrennt waren, beieinander und in Rom gewesen wären. Denn gerade in dem, was Du offensichtlich zu tun gewillt bist, wozu Du in erster

vehementer exspecto, in sententiis senatoriis et in omni actione atque administratione rei publicae floruis-
semus – de qua ostendam equidem paulo post, qui sit
meus sensus et status, et rescribam tibi ad ea, quae
quaeris –; sed certe et ego te auctore amicissimo ac
sapientissimo et tu me consiliario fortasse non impe-
ritissimo, fideli quidem et benevolo certe usus esses.
quamquam tua quidem causa te esse imperatorem
provinciamque bene gestis rebus cum exercitu victore
obtinere, ut debeo, laetor; sed certe, qui tibi ex me
fructus debentur, eos uberiores et praesentiores praesens capere potuisses; in eis vero ulciscendis, quos tibi
partim inimicos esse intellegis propter tuam propugnationem salutis meae, partim invidere propter illius
actionis amplitudinem et gloriam, mirificum me tibi
comitem praebuissem; quamquam ille perennis inimicus amicorum suorum, qui tuis maximis beneficiis
ornatus in te potissimum fractam illam et debilitatam
vim suam contulit, nostram vicem ultus est ipse sese.
ea est enim conatus, quibus patefactis nullam sibi in
posterum non modo dignitatis sed ne libertatis quidem partem reliquit. te autem etsi mallem in meis 3
rebus expertum quam etiam in tuis, tamen in molestia
gaudeo eam fidem cognosse hominum non ita magna
mercede, quam ego maximo dolore cognoram. de qua
ratione tota iam videtur mihi exponendi tempus dari,
ut tibi rescribam ad ea, quae quaeris.

Certiorem te per litteras scribis esse factum me cum 4
Caesare et cum Appio esse in gratia teque id non re-
prendere adscribis; Vatinium autem scire te velle
ostendis quibus rebus adductus defenderim et laudarim. quod tibi ut planius exponam, altius paulo rationem consiliorum meorum repetam necesse est.

Ego me, Lentule, † initio rerum atque actionum tuarum non solum meis sed etiam rei publicae restitutum

Linie befähigt bist und was ich bestimmt von Dir erwarte, in den
Senatsdebatten, in jeder politischen Tätigkeit, in der Staatsleitung
hätten wir geglänzt – wie ich darüber denke und wie ich mich dazu
stelle, werde ich Dir nachher darlegen und Deine Fragen beantworten –, also auf jeden Fall hätte ich an Dir einen liebenswürdigen,
klugen Führer und Du an mir einen vielleicht nicht ganz unerfahre-
nen, sicherlich aber getreuen, wohlgesinnten Berater gehabt.
Freilich freue ich mich selbstverständlich um Deinetwillen, daß Du
Imperator bist und nach ruhmreichen Taten mit Deiner siegreichen
Armee eine Provinz verwaltest; aber den Dank, den ich Dir schulde,
hättest Du in reicherem Maße und unmittelbarer ernten können,
wenn Du hier wärest, und bei der Rache an denjenigen, die Dir,
wie Du weißt, entweder wegen Deines mannhaften Eintretens für
meine Begnadigung feind sind oder Dich wegen der Großartigkeit
dieser Aktion und ihres ruhmvollen Verlaufs beneiden, hätte ich
mich als wunderbarer Freund und Helfer bewährt. Allerdings,
jener ewige Feind seiner Freunde, der, obwohl Du ihn außerordentlich gefördert hattest, gerade an Dir seine bereits gebrochene
und geschwächte Kraft ausgelassen hat, hat sich für das, was er uns
angetan hat, schon selbst gestraft. Denn wenn zutage kommt, was
er versucht hat, bleibt ihm für die Zukunft auch nicht ein Deut von
Würde und Bewegungsfreiheit. Gewiß wäre es mir lieber, Du hättest nur an meinem Schicksal und nicht auch persönlich erfahren,
wie es um die Zuverlässigkeit der Leute bestellt ist; immerhin freue
ich mich trotz allen Bedauerns, daß Dir diese Erfahrung nicht so
teuer zu stehen gekommen ist wie leider mir dereinst. Mir scheint,
es bietet sich hier die beste Gelegenheit, diese ganze Frage einmal
aufzurollen und damit zugleich Dir auf Deine Fragen zu antworten.

Du schreibst, man habe Dich brieflich davon in Kenntnis gesetzt,
daß ich mich mit Caesar und Appius ausgesöhnt hätte, und fügst
hinzu, Du habest daran nichts auszusetzen, nur möchtest Du wissen,
was mich veranlaßt habe, Vatinius zu verteidigen und herauszustreichen. Um Dir das einigermaßen plausibel zu machen, muß ich
mich ein wenig eingehender über den Gang meiner Politik auslassen.

Mein lieber Lentulus! Anfangs glaubte ich, mit Hilfe der Verhältnisse und Deiner Maßnahmen nicht nur meinen Lieben, son-

putabam et, quoniam tibi incredibilem quendam
amorem et omnia in te ipsum summa ac singularia
studia deberem, rei publicae, quae te in me restituendo
multum adiuvisset, eum certe me animum merito
ipsius debere arbitrabar, quem antea tantum modo
communi officio civium, non aliquo erga me singulari
beneficio debitum praestitissem. hac me mente fuisse
et senatus ex me te consule audivit et tu in nostris sermonibus conlocutionibusque vidisti. etsi iam primis 5
temporibus illis multis rebus meus offendebatur animus, cum te agente de reliqua nostra dignitate aut
occulta non nullorum odia aut obscura in me studia
cernebam; nam neque de monimentis meis ab iis adiutus es, a quibus debuisti, neque de vi nefaria, qua cum
fratre eram domo expulsus, neque hercule in iis ipsis
rebus, quae quamquam erant mihi propter rei familiaris naufragia necessariae, tamen a me minimi puta-
bantur, in meis damnis ex auctoritate senatus sarcien-
dis eam voluntatem, quam exspectaram, praestiterunt.
quae cum viderem – neque erant obscura –, non tamen
tam acerba mihi haec accidebant, quam erant illa grata,
quae fecerant. itaque, quamquam et Pompeio pluri- 6
mum te quidem ipso praedicatore ac teste debebam et
eum non solum beneficio, sed amore etiam et perpetuo quodam iudicio meo diligebam, tamen non
reputans, quid ille vellet, in omnibus meis sententiis
de re publica pristinis permanebam. ego sedente Cn. 7
Pompeio, cum, ut laudaret P. Sestium, introisset in
urbem dixissetque testis Vatinius me fortuna et felicitate C. Caesaris commotum illi amicum esse coepisse,
dixi me M. Bibuli fortunam, quam ille adflictam putaret, omnium triumphis victoriisque anteferre, dixique
eodem teste alio loco eosdem esse, qui Bibulum exire
domo prohibuissent et qui me coegissent; tota vero
interrogatio mea nihil habuit nisi reprensionem illius

dern auch dem Staate wiedergegeben zu sein, und weil ich Dir schier unglaubliche Liebe schuldete und mich zu lauter ganz außergewöhnlichen Dienstleistungen Dir gegenüber verpflichtet fühlte, glaubte ich auch dem Staate gegenüber, der Dich doch bei meiner Wiederherstellung tatkräftig unterstützt hatte, verdientermaßen eine Gesinnung zeigen zu müssen, wie ich sie zuvor nur aus bürgerlichem Gemeinsinn, nicht aus Dankbarkeit für eine besondere mir erwiesene Wohltat gezeigt hatte. Daß dies mein Standpunkt war, hat der Senat unter Deinem Konsulat vernommen und hast Du aus unsern Gesprächen und Unterhaltungen ersehen. Allerdings nahm ich schon in jenen ersten Tagen Anstoß an vielen Dingen, als ich, während Du Dich um die endgültige Wiederherstellung meiner Würde bemühtest, bei einigen Leuten versteckten Haß oder ein nur laues Interesse für mich wahrnahm. Denn weder bezüglich meiner Bauten fandest Du bei denen Unterstützung, die dazu verpflichtet gewesen wären, noch bezüglich der ruchlosen Gewalttat, die mich und meinen Bruder aus unsern Wohnungen vertrieben hatte, und gerade auch bei den Fragen, die für mich wegen des Zusammenbruchs meines Vermögens von Bedeutung waren, wenn ich sie auch an sich nicht allzu hoch anschlug, bei der mir durch Senatsbeschluß zu gewährenden Entschädigung zeigten sie nicht die von mir erwartete Bereitwilligkeit. Das merkte ich zwar, und es lag ja auch klar zutage; aber es traf mich doch nicht so schwer, daß ich nicht dankbar anerkannt hätte, was sie sonst für mich getan hatten. Obwohl ich also, wie Du selbst eindeutig bezeugtest, Pompeius stark verpflichtet war und ihn nicht nur aus Erkenntlichkeit, sondern aus echter Liebe und ganz unerschütterlicher Überzeugung verehrte, habe ich doch ohne Rücksicht auf seine Wünsche meine alte politische Überzeugung in keinem Punkte aufgegeben. Cn. Pompeius war in die Stadt gekommen, um für P. Sestius zu zeugen, und er saß dabei, als Vatinius bei der Zeugenvernehmung erklärte, daß ich unter dem Eindruck des Glücks und der Erfolge C. Caesars mich zur Freundschaft mit ihm bekannt hätte; ich erwiderte, ich stellte Bibulus' seiner Ansicht nach deprimierendes Schicksal weit über aller Triumphe und Siege. Ebenso kann er bezeugen, daß ich an anderer Stelle gesagt habe, es seien dieselben Leute, die Bibulus gehindert hätten, sein Haus zu verlassen, und mich dazu ge-

tribunatus. in quo omnia dicta sunt libertate animoque maximo de vi, de auspiciis, de donatione regno-
rum, neque vero hac in causa modo, sed constanter
saepe in senatu. quin etiam Marcellino et Philippo con- 8
sulibus Non. April. mihi est senatus adsensus, ut de
agro Campano frequenti senatu Id. Maiis referretur.
num potui magis in arcem illius causae invadere aut
magis oblivisci temporum meorum, meminisse actionum?

    Hac a me sententia dicta magnus animorum motus
est factus cum eorum, quorum oportuit, tum illorum
etiam, quorum numquam putaram. nam hoc senatus 9
consulto in meam sententiam facto Pompeius, cum
mihi nihil ostendisset se esse offensum, in Sardiniam
et in Africam profectus est eoque itinere Lucam ad
Caesarem venit. ibi multa de mea sententia questus est
Caesar, quippe qui etiam Ravennae Crassum ante vidisset ab eoque in me esset incensus. sane moleste
Pompeium id ferre constabat; quod ego cum audissem
ex aliis, maxime ex meo fratre cognovi. quem cum in
Sardinia Pompeius paucis post diebus, quam Luca discesserat, convenisset, 'te,' inquit, 'ipsum cupio; nihil
opportunius potuit accidere. nisi cum Marco fratre
diligenter egeris, dependendum tibi est, quod mihi
pro illo spopondisti.' quid multa? questus est graviter; sua merita commemoravit; quid egisset saepissime de actis Caesaris cum ipso meo fratre quidque
sibi is de me recepisset, in memoriam redegit seque,
quae de mea salute egisset, voluntate Caesaris egisse
ipsum meum fratrem testatus est. cuius causam dignitatemque mihi ut commendaret, rogavit, ut eam ne
oppugnarem, si nollem aut non possem tueri.
    Haec cum ad me frater pertulisset et cum tamen 10
Pompeius ad me cum mandatis Vibullium misisset, ut

zwungen hätten. Im übrigen befaßte sich mein ganzes Kreuzverhör nur mit Vorwürfen wegen seines Tribunats. Dabei habe ich kein Blatt vor den Mund genommen und unbeirrt alles vorgebracht, die Gewalttätigkeiten, die Auspizien, die Verschleuderung von Königreichen. Und so nicht nur bei diesem Prozeß, sondern ebenso beharrlich mehrfach auch im Senat. Noch am 5. April im Konsulatsjahr des Marcellus und Philippus hat der Senat einem Antrag von mir zugestimmt, am 15. Mai in einer Vollversammlung den Ager Campanus zur Debatte zu stellen. Konnte ich entschiedener in die Zitadelle der Machthaber vorstoßen, mehr meine schlimmen Erlebnisse vergessen und an meine glänzende Vergangenheit denken?

Dieser mein Antrag schlug wie ein Blitz ein, sowohl da, wo er sollte, als auch bei denen, von denen ich es nie erwartet hätte. Denn nach dem auf meinen Antrag hin ergangenen Senatsbeschluß begab sich Pompeius, ohne mir gegenüber merken zu lassen, daß er sich verletzt fühlte, nach Sardinien und Afrika und traf sich unterwegs in Luca mit Caesar. Dort beklagte sich Caesar bitter über meinen Antrag; er hatte ja auch schon vorher in Ravenna mit Crassus gesprochen und sich von ihm gegen mich aufhetzen lassen. Natürlich war Pompeius äußerst unangenehm berührt davon; das hörte ich von andern, erfuhr es aber vornehmlich von meinem Bruder. Als Pompeius ihn wenige Tage nach seinem Weggange von Luca traf, sagte er zu ihm: „Du kommst mir gerade recht; günstiger konnte ich es gar nicht treffen. Wenn du dir deinen Bruder Marcus nicht energisch vornimmst, mußt du zahlen, wofür du dich bei mir für ihn verbürgt hast!" Kurz, er beklagte sich bitter, wies auf seine Verdienste um mich hin, erinnerte daran, wie er oft genug mit meinem Bruder selbst über Caesars Maßnahmen gesprochen und wie er sich für mich verbürgt habe, und rief meinen Bruder selbst zum Zeugen an, daß er alles, was er zu meiner Begnadigung getan habe, nur im Einvernehmen mit Caesar habe tun können. Er bat ihn, mir Caesars Interessen und Würde ans Herz zu legen; ich solle sie wenigstens nicht bekämpfen, wenn ich schon nicht für sie eintreten wolle oder könne.

So berichtete mir mein Bruder. Trotzdem hielt es Pompeius für nötig, mir noch den Vibullius zu schicken mit dem Auftrag, in der

integrum mihi de causa Campana ad suum reditum
reservarem, conlegi ipse me et cum ipsa quasi re publica conlocutus sum, ut mihi tam multa pro se per-
pesso atque perfuncto concederet, ut officium meum
memoremque in bene meritos animum fidemque fratris mei praestarem, eumque, quem bonum civem
semper habuisset, bonum virum esse pateretur. in illis
autem meis actionibus sententiisque omnibus, quae
Pompeium videbantur offendere, certorum hominum,
quos iam debes suspicari, sermones referebantur ad
me, qui, cum illa sentirent in re publica, quae ego age-
bam, semperque sensissent, me tamen non satis facere
Pompeio Caesaremque inimicissimum mihi futurum
gaudere se aiebant. erat hoc mihi dolendum, sed multo
illud magis, quod inimicum meum – meum autem?
immo vero legum, iudiciorum, otii, patriae, bonorum
omnium – sic amplexabantur, sic in manibus habebant, sic fovebant, sic me praesente osculabantur, non
quidem ut mihi stomachum facerent, quem ego funditus perdidi, sed certe ut facere se arbitrarentur. hic
ego, quantum humano consilio efficere potui, circum-
spectis rebus meis omnibus rationibusque subductis
summam feci cogitationum mearum omnium; quam
tibi, si potero, breviter exponam.

Ego si ab improbis et perditis civibus rem publicam 11
teneri viderem, sicut et Cinneis temporibus scimus et
non nullis aliis accidisse, non modo praemiis, quae
apud me minimum valent, sed ne periculis quidem
compulsus ullis, quibus tamen moventur etiam fortis-
simi viri, ad eorum causam me adiungerem, ne si summa quidem eorum in me merita constarent. cum autem in re publica Cn. Pompeius princeps esset vir, is
qui hanc potentiam et gloriam maximis in rem publicam meritis praestantissimisque rebus gestis esset
consecutus, cuiusque ego dignitatis ab adulescentia
fautor, in praetura autem et in consulatu adiutor etiam
exstitissem, cumque idem auctoritate et sententia per

campanischen Angelegenheit bis zu seiner Rückkehr nichts weiter zu unternehmen. Da ging ich in mich und besprach mich gleichsam mit dem Staate selbst, er möge mir, der ich so viel für ihn getan und durchlitten hätte, gestatten, meinen Verpflichtungen nachzukommen, mich gegen die, die sich um mich so verdient gemacht hätten, erkenntlich zu erweisen, das Wort meines Bruders einzulösen und es zu dulden, daß derjenige, an dem er stets einen braven Bürger gehabt habe, auch ein Ehrenmann sei. Über alle meine Handlungen und Anträge, die Pompeius anscheinend nicht paßten, kamen mir Äußerungen bestimmter Herren zu Ohren – wen ich meine, kannst Du Dir wohl schon denken –, die zwar meinen politischen Standpunkt teilten und immer geteilt hatten, jedoch ihrer Freude Ausdruck gaben, daß ich Pompeius nicht Genüge täte und mich mit Caesar aufs ärgste verfeinden würde. Ich war mit Recht empört, noch mehr aber darüber, daß sie meinem persönlichen Gegner – „meinem" sage ich? – nein, dem Feinde der Gesetze, der Gerichte, des Friedens, des Vaterlandes, aller Guten so um den Bart gingen, ihn so auf den Händen trugen, verhätschelten, in meiner Gegenwart abküßten, daß sie mir zwar nicht die Galle erregten – dies Organ ist bei mir restlos verschwunden –, sich aber jedenfalls einbildeten, sie täten es. Da habe ich, soweit menschliche Klugheit es vermag, meine ganze Lage überdacht, habe Posten unter Posten gerückt und die Bilanz all meiner Erwägungen gezogen. Sie will ich Dir, wenn möglich, in aller Kürze darlegen.

Wenn ich den Staat in der Hand ruchloser, verworfener Bürger sähe, wie es bekanntlich zu Cinnas Zeiten und auch sonst manchmal der Fall gewesen ist, würde ich mich weder durch Belohnungen, mit denen man bei mir am allerwenigsten erreicht, noch auch durch Gefahren, die doch sogar mutige Männer beeindrucken, bestimmen lassen, mich ihrer Sache zu verschreiben, nicht einmal, wenn sie die größten Verdienste um mich aufzuweisen hätten. Nun war aber Cn. Pompeius der erste Mann im Staate, er, der seine Macht und seinen Ruhm durch höchste Verdienste um den Staat und hervorragende Taten erworben hatte, dessen Aufstieg ich von Jugend an mit Wohlwollen verfolgt und als Prätor und Konsul gefördert hatte. Er hatte für sich allein durch sein gewichtiges Wort, mit Dir vereint durch Rat und Tat meine Interessen vertreten und sah in

se, consiliis et studiis tecum me adiuvisset meumque
inimicum unum in civitate haberet inimicum, non putavi famam inconstantiae mihi pertimescendam, si
quibusdam in sententiis paulum me inmutassem meamque voluntatem ad summi viri de meque optime
meriti dignitatem adgregassem.

   In hac sententia complectendus erat mihi Caesar, ut 12
vides, in coniuncta et causa et dignitate. hic multum
valuit cum vetus amicitia, quam tu non ignoras mihi
et Quinto fratri cum Caesare fuisse, tum humanitas
eius ac liberalitas brevi tempore et litteris et officiis
perspecta nobis et cognita. vehementer etiam res ipsa
publica me movit, quae mihi videbatur contentionem,
praesertim maximis rebus a Caesare gestis, cum illis
viris nolle fieri et, ne fieret, vehementer recusare. gravissime autem me in hac mente impulit et Pompei fides,
quam de me Caesari dederat, et fratris mei, quam
Pompeio. erant praeterea haec animadvertenda in
civitate, quae sunt apud Platonem nostrum scripta
divinitus, quales in re publica principes essent, talis
reliquos solere esse civis. tenebam memoria nobis consulibus ea fundamenta iacta iam ex Kal. Ian. confir-
mandi senatus, ut neminem mirari oporteret Non.
Dec. tantum vel animi fuisse in illo ordine vel auctoritatis, idemque memineram nobis privatis usque ad
Caesarem et Bibulum consules, cum sententiae nostrae
magnum in senatu pondus haberent, unum fere sensum fuisse bonorum omnium. postea, cum tu Hispa- 13
niam citeriorem cum imperio obtineres neque res
publica consules haberet, sed mercatores provinciarum et seditionum servos ac ministros, iecit quidam
casus caput meum quasi certaminis causa in mediam
contentionem dissensionemque civilem. quo in discrimine cum mirificus senatus, incredibilis Italiae
totius, singularis omnium bonorum consensus in me
tuendo exstitisset, non dicam, quid acciderit – multo-

meinem Feinde seinen einzigen Gegner in der Bürgerschaft. Da meinte ich nicht befürchten zu brauchen, in den Ruf der Unbeständigkeit zu kommen, wenn ich mich bei manchen Fragen ein wenig mauserte und die Würde des erlauchten, um mich hochverdienten Mannes zur Richtschnur meiner Entschlüsse machte.

Bei dieser Haltung mußte ich, wie Du siehst, mein Verhältnis zu Caesar in Rechnung stellen, dessen Sache und Würde mit hineinspielte. Dabei fiel die alte Freundschaft stark ins Gewicht, die, wie Du weißt, mich und meinen Bruder Quintus mit Caesar verband, aber auch sein herzgewinnendes Entgegenkommen, das wir erst kürzlich wieder durch Liebesdienste und freundliche Briefe erprobt und erfahren haben. Auch der Staat selbst sprach entschieden mit, der mir zumal nach Caesars gewaltigen Erfolgen einen Kampf mit den beiden Männern nicht zu wollen und sich mit Händen und Füßen dagegen zu wehren schien. Am entschiedensten aber bestimmte meinen Standpunkt die Bürgschaft, die Pompeius Caesar und mein Bruder Pompeius gegenüber eingegangen war. Außerdem war im Staatsleben das geniale Wort zu bedenken, das bei unserm Plato geschrieben steht: wie im Staate die Führer sind, so sind zumeist auch alle andern Bürger. Ich war mir bewußt, daß ich in meinem Konsulat gleich von Neujahr an die Fundamente zur Stärkung des Senats gelegt hatte und sich somit niemand zu wundern brauchte, als am 5. Dezember unsre Körperschaft so viel Mut und Haltung aufbrachte; ebenso dachte ich daran, daß nach meinem Rücktritt vom Amte bis zu Caesars und Bibulus' Konsulat, als meine Stimme im Senat großes Gewicht besaß, alle Guten nahezu eines Sinnes waren. Hernach, als Du noch Hispania Citerior verwaltetest, an der Spitze des Senats aber nicht Konsuln, sondern Verschacherer von Provinzen und Sklaven und Handlanger des Aufruhrs standen, da warf ein Zufall mein Haupt gleichsam als Zankapfel mitten in den erbitterten Kampf der Parteien. Und als in diesem entscheidenden Augenblick der Senat, ganz Italien, alle Guten in wunderbarer, kaum glaublicher, beispielloser Einmütigkeit zu meinem Schutze bereit waren – nun, was da geschah, will ich nicht erörtern, denn viele sind schuldig, der eine so, der andre so; nur kurz soviel: an einer Armee fehlte es mir nicht, es fehlten

rum est enim et varia culpa –, tantum dicam brevi,
non mihi exercitum sed duces defuisse. in quo ut iam
sit in iis culpa, qui me non defenderunt, non minor
est in iis, qui reliquerunt, et, si accusandi sunt, si qui
pertimuerunt, magis etiam reprehendendi, si qui se
timere simularunt. illud quidem certe nostrum consilium iure laudandum est, qui meos cives et a me con-
servatos et me servare cupientis spoliatos ducibus servis armatis obici noluerim declararique maluerim,
quanta vis esse potuisset in consensu bonorum, si iis
pro me stante pugnare licuisset, cum adflictum excitare
potuissent; quorum quidem animum tu non perspe-
xisti solum, cum de me ageres, sed etiam confirmasti
atque tenuisti. qua in causa – non modo non negabo, 14
sed etiam semper et meminero et praedicabo libenter
– usus es quibusdam nobilissimis hominibus fortiori-
bus in me restituendo, quam fuerant idem in tenendo.
qua in sententia si constare voluissent, suam auctoritatem simul cum salute mea reciperassent. recreatis
enim bonis viris consulatu tuo et constantissimis atque
optimis actionibus tuis excitatis, Cn. Pompeio praesertim ad causam adiuncto, cum etiam Caesar rebus
maximis gestis singularibus ornatus et novis honoribus ac iudiciis senatus ad auctoritatem eius ordinis
adiungeretur, nulli improbo civi locus ad rem publicam violandam esse potuisset.

Sed attende, quaeso, quae sint consecuta. primum 15
illa furia muliebrium religionum, qui non pluris fecerat Bonam deam quam tris sorores, impunitatem est
illorum sententiis adsecutus, qui, cum tr. pl. poenas a
seditioso civi per bonos viros iudicio persequi vellet,
exemplum praeclarissimum in posterum vindicandae
seditionis de re publica sustulerunt, idemque postea
non meum monumentum – non enim illae manubiae

nur die Führer. Mag die Schuld schon bei denen liegen, die mich nicht verteidigt haben, nicht geringer ist das Verschulden derer, die mich im Stiche gelassen haben; und wenn jemand Angst hatte und deshalb Tadel verdient – noch viel schlimmer haben sich diejenigen vergangen, die nur so taten, als hätten sie Angst. Auf jeden Fall verdient mein damaliger Entschluß uneingeschränktes Lob, daß ich meine Mitbürger, die ich einst gerettet hatte und die mich zu retten wünschten, sich aber der Führer beraubt sahen, nicht bewaffneten Sklavenhorden entgegenwerfen wollte und es mir nur darauf ankam zu beweisen, welche Kampfkraft der einmütige Wille der Guten hätte entwickeln können, wenn sie für mich hätten kämpfen dürfen, als ich noch aufrecht stand, wo sie mich, als ich am Boden lag, haben wiederaufrichten können. Was in ihnen steckte, hast Du erfahren, als Du für mich eintratest, ja, hast sie bestärkt und gestützt. Dabei hat sich Dir – das will ich gar nicht leugnen und stets im Gedächtnis behalten und dankbar anerkennen – eine Reihe hochadliger Männer tapferer erwiesen, als es um meine Wiederherstellung ging, denn damals, als es galt, mich zu halten. Wenn sie diese Haltung weiterhin hätten wahren wollen, dann hätten sie zugleich mit meiner Rettung ihr altes Ansehen wiedergewonnen. Denn durch Dein Konsulat waren die Guten wieder zu Kräften gekommen und durch Dein unerschütterliches, treffliches Wirken aufgerichtet worden, zumal auch Cn. Pompeius sich für die Sache gewinnen ließ, während sogar Caesar, nach gewaltigen Erfolgen vom Senat mit einzigartigen, unerhörten ehrenden Kundgebungen bedacht, sich bereit fand, die Autorität unsrer Körperschaft anzuerkennen. Da hätte kein ruchloser Bürger einen Ansatzpunkt für seine Machenschaften gegen den Staat gefunden.

Aber bedenke bitte, was dann geschah! Zunächst erhielt der Schänder von Frauenkulten, der die Bona Dea mit seinen drei Schwestern auf eine Stufe gestellt hatte, durch ihre Stimmen Straflosigkeit. Als der Volkstribun den Aufrührer mit Hilfe der Guten gerichtlich belangen wollte, haben sie den Staat um ein für alle Zukunft eklatantes Beispiel gebracht, wie Aufruhr gesühnt werden muß. Ebenso haben sie es hernach geschehen lassen, daß ein Monument – nicht mein Monument, denn es handelte sich ja nicht um Beutestücke von mir; mir lag nur die Verdingung der Arbeit ob –

meae, sed operis locatio mea fuerat –, monumentum
vero senatus hostili nomine et cruentis inustum litteris
esse passi sunt. qui me homines quod salvum esse
voluerunt, est mihi gratissimum; sed vellem non solum salutis meae quem ad modum medici, sed ut alip-
tae etiam virium et coloris rationem habere voluissent.
nunc, ut Apelles Veneris caput et summa pectoris
politissima arte perfecit, reliquam partem corporis
incohatam reliquit, sic quidam homines in capite meo
solum elaborarunt, reliquum corpus imperfectum ac
rude reliquerunt.

In quo ego spem fefelli non modo invidorum, sed 16
etiam inimicorum meorum, qui de uno acerrimo et
fortissimo viro meoque iudicio omnium magnitudine
animi et constantia praestantissimo, Q. Metello L. f.,
quondam falsam opinionem acceperunt, quem post
reditum dictitant fracto animo et demisso fuisse – est
vero probandum, qui et summa voluntate cesserit et
egregia animi alacritate afuerit neque sane redire
curarit, eum ob id ipsum fractum fuisse, in quo cum
omnes homines tum M. illum Scaurum, singularem
virum, constantia et gravitate superasset! – sed, quod
de illo acceperant aut etiam suspicabantur, de me idem
cogitabant, abiectiore animo me futurum, cum res
publica maiorem etiam mihi animum, quam umquam
habuissem, daret, quom declarasset se non potuisse me
uno civi carere, cumque Metellum unius tr. pl. rogatio
me universa res publica duce senatu, comitante Italia,
promulgantibus omnibus magistratibus, referente te
consule, comitiis centuriatis, cunctis ordinibus, hominibus incumbentibus, omnibus denique suis viribus
reciperavisset.

Neque vero ego mihi postea quicquam adsumpsi 17
neque hodie adsumo, quod quemquam malevolentis-

also ein Monument des Senats mit dem Namen des Staatsfeindes in blutigen Lettern verunstaltet blieb. Daß diese Herren mich heil und gesund sehen wollten, ist ja sehr liebenswürdig, aber ich wollte, sie hätten sich herbeigelassen, nicht nur wie die Ärzte auf mein Leben, sondern auch wie die Heilgymnastiker auf die Wiederherstellung der Körperkräfte und einer gesunden Gesichtsfarbe Bedacht zu nehmen. Jetzt aber haben gewisse Herren, wie Apelles an seiner Venus den Kopf und den oberen Teil der Brust kunstvoll ausgeführt, die übrigen Teile des Körpers jedoch unfertig gelassen hat, so sich nur um meinen Kopf bemüht und den übrigen Körper unvollendet und unbearbeitet gelassen.

Dabei habe ich die Erwartungen meiner Neider und Feinde enttäuscht. Sie haben sich über einen einzig tatkräftigen, mutigen, nach meinem Urteil an Seelengröße und Charakter alle überragenden Mann, über Q. Metellus, des L. Sohn, eine ganz falsche Vorstellung übermitteln lassen, wenn sie behaupten, er sei nach seiner Rückkehr niedergeschlagen und gebrochen gewesen. Das soll mir einer weismachen, daß der Mann, der herzlich gern ging, mit beneidenswerter Spannkraft in der Fremde lebte und keinen Finger für seine Heimkehr rührte, ausgerechnet wegen der Vorgänge gebrochen gewesen sein soll, bei denen er sich vor aller Welt, selbst vor jenem M. Scaurus, einem außergewöhnlichen Manne, durch Standhaftigkeit und Charakterstärke hervorgetan hatte! – Also was sie über ihn gehört hatten oder auch nur vermuteten, das erwarteten sie ebenfalls von mir: daß ich ziemlich deprimiert sein würde, während mir doch der Staat noch mehr Mut einflößte, als ich je besessen hatte, wo er erklärte, er habe gerade mich, den einen Bürger, nicht entbehren können, und wo den Metellus nur der Antrag eines einzigen Volkstribunen, mich der gesamte Staat unter Führung des Senats, in Begleitung Italiens, wobei alle Magistrate das Gesetz promulgierten, Du als Konsul es vor die Zenturiatkomitien brachtest, und diese, alle Stände, Jung und Alt sich dafür einsetzten, kurz, mit allen seinen Kräften zurückholte.

Aber weder habe ich mir hinterher etwas herausgenommen, noch tue ich es heute, woran jemand, und sei es mein ärgster Feind, mit Recht Anstoß nehmen könnte. Mein einziges Bestreben ist, es bei meinen Freunden wie auch bei Fernerstehenden nicht an Hilfe, Rat

simum iure possit offendere; tantum enitor, ut neque
amicis neque etiam alienioribus opera, consilio, labore
desim. hic meae vitae cursus offendit eos fortasse, qui
splendorem et speciem huius vitae intuentur, sollicitudinem autem et laborem perspicere non possunt;
illud vero non obscure queruntur, in meis sententiis,
quibus ornem Caesarem, quasi desciscere me a pristina
causa. ego autem cum illa sequor, quae paulo ante proposui, tum hoc non in postremis, de quo coeperam
exponere. non offendes eundem bonorum sensum,
Lentule, quem reliquisti, qui confirmatus consulatu
nostro, non numquam postea interruptus, adflictus
ante te consulem, recreatus abs te totus est nunc ab iis,
a quibus tuendus fuerat, derelictus; idque non solum
fronte atque vultu, quibus simulatio facillime sustine-
tur, declarant ii, qui tum nostro illo statu optimates
nominabantur, sed etiam sensu saepe iam tabellaque
docuerunt. itaque tota iam sapientium civium, qualem 18
me et esse et numerari volo, et sententia et voluntas
mutata esse debet. id enim iubet idem ille Plato, quo
ego vehementer auctore moveor, tantum contendere
in re publica, quantum probare tuis civibus possis;
vim neque parenti nec patriae adferre oportere. atque
hanc quidem ille causam sibi ait non attingendae rei
publicae fuisse, quod, cum offendisset populum
Atheniensem prope iam desipientem senectute, cumque eum nec persuadendo nec cogendo regi posse
vidisset, cum persuaderi posse diffideret, cogi fas esse
non arbitraretur. mea ratio fuit alia, quod neque desi-
piente populo nec integra re mihi ad consulendum,
capesseremne rem publicam, implicatus tenebar, sed
laetatus tamen sum, quod mihi liceret in eadem causa
et mihi utilia et cuivis bono recta defendere. huc accessit commemoranda quaedam et divina Caesaris in

und Einsatzbereitschaft fehlen zu lassen. Dazu fühle ich mich berufen, und vielleicht paßt es denjenigen nicht, die nur auf den äußeren Glanz meines Lebens blicken, von den Mühen und Aufregungen aber keine Ahnung haben; eins aber prangern sie unverhohlen an: daß ich mit meinen Anträgen zu Ehren Caesars gleichsam meine frühere Überzeugung verleugne. Ich folge jedoch nur den eben dargelegten Grundsätzen, nicht zuletzt aber leitet mich auch der oben schon angedeutete Gedanke. Ja, Lentulus, Du wirst die Guten nicht mehr in der gleichen Gesinnung vorfinden, in der Du sie verlassen hast, die ich als Konsul fest begründet habe, die hernach bisweilen abflaute, vor Deinem Konsulat einen schweren Stoß erhielt und von Dir neu geschaffen wurde. Jetzt haben diejenigen, die sie hätten pflegen müssen, sie ganz und gar beiseite getan, und zwar geben die Herren, die sich einst zur Zeit meines Glanzes Optimaten nannten, das nicht nur äußerlich durch Mienenspiel und Stirnrunzeln zu erkennen, wo sich doch Heuchelei am leichtesten durchführen läßt, sondern haben es nachgerade auch mehrfach durch entsprechende Haltung bei den Abstimmungen dokumentiert. Darum ist es nicht verwunderlich, wenn sich das ganze Fühlen und Wollen eines klugen Bürgers, wie ich es sein und wofür ich angesehen werden möchte, geändert hat. Denn das lehrt wieder unser Plato, für mich Autorität schlechthin, daß man im politischen Kampfe nur soweit gehen soll, wie man seine Mitbürger zu überzeugen vermag, und weder gegen seinen Vater noch gegen das Vaterland zur Gewalt greifen darf. Und das, sagt er, sei für ihn der Grund gewesen, sich aus der Politik herauszuhalten, daß ihm das Volk von Athen sozusagen schon als nicht mehr ganz zurechnungsfähiger Greis erschienen sei und er habe erkennen müssen, daß es sich weder durch Überredung noch durch Zwang lenken lasse, daß er sich aber nicht zutraue, es überreden zu können, und es andrerseits für Sünde halte, es zu zwingen. Aber meine Situation war eine andere. Weder hatte ich es mit einem unzurechnungsfähigen Volke zu tun, noch hatte ich freie Hand, mich zu entscheiden, ob ich mich politisch betätigen wollte, und so brauchte ich keine Hemmungen zu haben. Immerhin war es mir eine Freude, bei ein und derselben Frage vertreten zu können, was mir Nutzen brachte und doch jedem anständigen Menschen recht erscheinen mußte. Hinzu

me fratremque meum liberalitas; qui mihi, quascumque res gereret, tuendus esset, nunc in tanta felicitate
tantisque victoriis, etiam si in nos non is esset, qui est,
tamen ornandus videretur. sic enim te existimare velim, cum a vobis meae salutis auctoribus discesserim,
neminem esse, cuius officiis me tam esse devinctum
non solum confitear, sed etiam gaudeam.

    Quod quoniam tibi exposui, facilia sunt ea, quae a 19
me de Vatinio et de Crasso requiris. nam de Appio
quod scribis sicuti de Caesare te non reprehendere,
gaudeo tibi consilium probari meum. de Vatinio
autem primum reditus intercesserat in gratiam per
Pompeium, statim ut ille praetor est factus, cum quidem ego eius petitionem gravissimis in senatu sententiis oppugnassem, neque tam illius laedendi causa
quam defendendi atque ornandi Catonis; post autem
Caesaris, ut illum defenderem, mira contentio est consecuta. cur autem laudarim, peto a te, ut id a me neve
in hoc reo neve in aliis requiras, ne tibi ego idem reponam, cum veneris. tametsi possum vel absenti: recordare enim, quibus laudationem ex ultimis terris miseris; nec hoc pertimueris, nam a me ipso laudantur et
laudabuntur idem. sed tamen defendendi Vatini fuit
etiam ille stimulus, de quo in iudicio, quom illum
defenderem, dixi me facere quiddam, quod in Eunucho parasitus suaderet militi:

    'ubi nóminabit Phaédriam, tu Pámphilam
    contínuo; si quando ílla dicet: "Phaédriam
    intrómittamus cómissatum," Pámphilam
    cantátum provocémus; si laudábit haec
    illíus formam, tu húius contra; dénique
    par pró pari reférto, quod eam mórdeat.'

kam Caesars bemerkenswerte, überwältigende Liebenswürdigkeit gegen mich und meinen Bruder. Mußte ich somit an sich schon für ihn eintreten, mochte er tun, was er wollte, jetzt, in seinem unbeschreiblichen Glück, nach so gewaltigen Siegen, würde ich glauben, ihn auszeichnen zu müssen, auch wenn er uns gegenüber nicht so wäre, wie er ist. Das halte Dir bitte vor Augen: nachdem ich mich von Euch, denen ich meine Wiederherstellung verdanke, getrennt habe, gibt es niemanden, durch dessen Entgegenkommen ich mich, wie ich mit Freuden bekenne, so stark verpflichtet fühle.

Nach diesen Darlegungen sind Deine Fragen betreffs Vatinius und Crassus also unschwer zu beantworten. Denn wenn Du sagst, betreffs Appius habest Du, wie bei Caesar, nichts einzuwenden, so freue ich mich, daß Du mit meinem Entschluß einverstanden bist. Was aber Vatinius angeht, so hatte zunächst Pompeius die Versöhnung zwischen uns in die Wege geleitet, gleich als er Prätor geworden war, nachdem ich seine Bewerbung im Senat mit den schärfsten Worten bekämpft hatte, nicht so sehr, um ihn zu verletzen, als um Cato den Rücken zu stärken und ihn herauszustreichen. Hernach erfolgte aber die entschiedene Forderung Caesars, ich möchte ihn vor Gericht verteidigen. Warum ich aber für ihn als Zeuge aufgetreten bin, danach frag' mich bitte weder bei diesem Angeklagten noch bei andern; ich könnte Dir sonst nach Deiner Heimkehr mit gleicher Münze heimzahlen. Ich könnte es freilich schon jetzt, wo Du noch draußen bist; ich brauche Dich ja nur daran zu erinnern, für wen alles Du vom Ende der Welt Belobigungsschreiben eingesandt hast. Aber sei unbesorgt, auch ich lobe ja dieselben Leute und werde es weiter tun. Jedoch Vatinius zu verteidigen reizte mich noch etwas anderes, worüber ich in meiner Verteidigungsrede vor Gericht gesagt habe, ich täte etwas, was im Eunuchen der Schmarotzer dem Soldaten rate:

,Bringt sie die Rede auf Phaedria, so nennst Du schleunig Pamphila; Soll Phaedria ein Ständchen bringen, mag Pamphila ein Liedlein singen;

Sagt sie, so schön wie er ist keiner, sprich Du: die andre ist noch feiner.

Vergiltst Du also Gleich mit Gleich, so spielst Du ihr den ärgsten Streich.'

sic petivi a iudicibus, ut, quoniam quidam nobiles
homines et de me optime meriti nimis amarent inimi
cum meum meque inspectante saepe eum in senatu
modo severe seducerent, modo familiariter atque hilare
amplexarentur, quoniamque illi haberent suum Publium, darent mihi ipsi alium Publium, in quo possem
illorum animos mediocriter lacessitus leviter repun-
gere; neque solum dixi, sed etiam saepe facio deis
hominibusque adprobantibus.

Habes de Vatinio; cognosce de Crasso. ego, cum 20
mihi cum illo magna iam gratia esset, quod eius omnes
gravissimas iniurias communis concordiae causa voluntaria quadam oblivione contrieram, repentinam
eius defensionem Gabini, quem proximis superioribus
diebus acerrime oppugnasset, tamen, si sine ulla mea
contumelia suscepisset, tulissem; sed, cum me dispu-
tantem, non lacessentem laesisset, exarsi non solum
praesenti, credo, iracundia – nam ea tam vehemens
fortasse non fuisset –, sed, cum inclusum illud odium
multarum eius in me iniuriarum, quod ego effudisse
me omne arbitrabar, residuum tamen insciente me
fuisset, omne repente apparuit. quo quidem tempore
ipso quidam homines et eidem illi, quos saepe significo
neque appello, cum se maximum fructum cepisse
dicerent ex libertate mea meque tum denique sibi esse
visum rei publicae, qualis fuissem, restitutum, cumque
ea contentio mihi magnum etiam foris fructum tulisset, gaudere se dicebant mihi et illum inimicum et eos,
qui in eadem causa essent, numquam amicos futuros.
quorum iniqui sermones cum ad me per homines
honestissimos perferrentur, cumque Pompeius ita
contendisset ut nihil umquam magis, ut cum Crasso
redirem in gratiam, Caesarque per litteras maxima se
molestia ex illa contentione adfectum ostenderet, habui non temporum solum rationem meorum, sed
etiam naturae, Crassusque, ut quasi testata populo

Genauso habe ich die Geschworenen gebeten: hochadelige, um
mich wohlverdiente Männer poussierten meinen Feind nur allzusehr und nähmen ihn vor meinen Augen oft genug zu ernster Rück-
sprache beiseite oder klopften ihm jovial auf die Schulter; wie sie
ihren Publius hätten, so sollten sie auch mir meinen Publius gönnen, damit ich sie, wenn ich einigermaßen in Rage geriete, ein
wenig auf die Palme bringen könne. Und das habe ich nicht nur
gesagt, sondern tue es auch oft zum Vergnügen von Göttern und
Menschen.

Soviel von Vatinius. Jetzt zu Crassus! Als wir bereits ein Herz
und eine Seele waren, weil ich um des lieben Friedens willen all
seine schlimmen Verfehlungen gleichsam freiwillig vergessen und
aus meinem Gedächtnis ausgemerzt hatte, trat er unversehens für
denselben Gabinius ein, den er doch an den nächstvergangenen
Tagen scharf angegriffen hatte, und wäre es ohne Kränkung für
mich geschehen, hätte ich mich immerhin damit abgefunden. Aber
er beleidigte mich, obwohl ich ganz sachlich sprach und ihn durchaus nicht reizte. Da kochte ich über, und es war, glaube ich, nicht
nur ein jäh aufsteigender Zornesausbruch – dann wäre ich vielleicht
nicht so heftig geworden –, nein, dieser eingekapselte Groll wegen
seiner zahlreichen Kränkungen, den ich gänzlich abgetan zu haben
glaubte, saß doch noch in mir, ohne daß ich es ahnte, und brach
nun plötzlich hervor. Unmittelbar danach erklärten gewisse Herren,
und zwar wieder dieselben, auf die ich hier fortgesetzt hindeute,
ohne sie bei Namen zu nennen, mein Freimut komme ihnen sehr
zupaß; erst jetzt schiene ich ihnen als der, der ich einst gewesen sei,
dem Staate zurückgegeben zu sein; auch draußen habe dieser Wortwechsel mir große Sympathien gewonnen, und sie seien hocherfreut,
daß Crassus jetzt mein Feind sei und die andern beiden, die es mit
ihm hielten, niemals meine Freunde sein würden. Ihre gehässigen
Reden kamen mir durch ehrenwerte Männer zu Ohren, und als
auch Pompeius sich, wie sonst nie, dafür ins Zeug legte, ich solle
mich mit Crassus aussöhnen, und Caesar mir brieflich zu verstehen
gab, daß jener Streit ihm äußerst ungelegen komme, da habe ich
mich auf meine prekäre Lage und mein eigentliches Wesen besonnen, und damit unser neues Einvernehmen dem Römischen Volke
gleichsam handgreiflich vor Augen geführt würde, machte sich

Romano esset nostra gratia, paene a meis laribus in provinciam est profectus; nam, cum mihi condixisset, cenavit apud me in mei generi Crassipedis hortis. quam ob rem eius causam, quod te scribis audisse, magna illius commendatione susceptam defendi in senatu, sicut mea fides postulabat.

Accepisti, quibus rebus adductus quamque rem 21 causamque defenderim, quique meus in re publica sit pro mea parte capessenda status. de quo sic velim statuas, me haec eadem sensurum fuisse, si mihi integra omnia ac libera fuissent; nam neque pugnandum arbitrarer contra tantas opes neque delendum, etiam si id fieri posset, summorum civium principatum neque permanendum in una sententia conversis rebus ac bonorum voluntatibus mutatis, sed temporibus adsentiendum. numquam enim praestantibus in re publica gubernanda viris laudata est in una sententia perpetua permansio, sed, ut in navigando tempestati obsequi artis est, etiam si portum tenere non queas, cum vero id possis mutata velificatione adsequi, stultum est eum tenere cum periculo cursum, quem coeperis, potius quam eo commutato quo velis tamen pervenire, sic, cum omnibus nobis in administranda re publica propositum esse debeat, id quod a me saepissime dictum est, cum dignitate otium, non idem semper dicere, sed idem semper spectare debemus. quam ob rem, ut paulo ante posui, si essent omnia mihi solutissima, tamen in re publica non alius essem atque nunc sum; cum vero in hunc sensum et alliciar beneficiis hominum et compellar iniuriis, facile patior ea me de re publica sentire ac dicere, quae maxime cum mihi tum etiam rei publicae rationibus putem conducere; apertius autem haec ago ac saepius, quod et Quintus, frater meus, legatus est Caesaris et nullum meum minimum dictum, non modo factum, pro Cae-

Crassus beinahe unmittelbar von meinem Tische auf den Weg in seine Provinz; er hatte sich nämlich bei mir angesagt und speiste bei mir in den Gärten meines Schwiegersohns Crassipes. So habe ich denn also, wie man es Dir erzählt hat, seine Sache, die ich auf dringende Empfehlung des andern übernehmen mußte, im Senat vertreten, wie es mein gegebenes Wort verlangte.

Das sind die Gründe, weswegen ich jeweils eine Maßnahme verteidigt, einen Prozeß übernommen habe, und Du siehst nun, welchen Standpunkt ich in der Politik einzunehmen habe. Das bitte ich Dich so zu verstehen, daß ich genau denselben Standpunkt eingenommen hätte, wenn ich ungebunden gewesen wäre und gänzlich freie Hand gehabt hätte. Denn auch dann wäre ich überzeugt, daß man eine so gewaltige Macht nicht bekämpfen oder das Übergewicht der Machthaber, selbst wenn es möglich wäre, beseitigen, noch auch stur bei ein und derselben Meinung bleiben darf, nachdem die Verhältnisse umgeschlagen sind und die Gesinnung der Guten sich gewandelt hat, sondern sich den Umständen fügen muß. Niemals sind doch in der Staatsführung bewährte Männer mit eigensinnigem Beharren bei einer einmal gefaßten Meinung einverstanden gewesen; vielmehr ist es wie beim Segeln: die Kunst besteht darin, daß man sich nach Wind und Wetter richtet, auch wenn man dann den erstrebten Hafen nicht erreicht; aber wenn man durch Umsetzen der Segel ans Ziel kommen kann, dann wäre es Torheit, den einmal eingeschlagenen Kurs unter Gefahren beizubehalten und ihn nicht lieber zu ändern und schließlich doch dahin zu gelangen, wohin man will. Genauso müssen wir alle in der Politik uns zwar als Ziel setzen, was ich oft genug betont habe, einen Frieden in Ehren, dürfen aber nicht immer wieder dasselbe sagen, sondern nur das Ziel nicht aus den Augen verlieren. Also wenn ich, wie eben gesagt, gänzlich ungebunden wäre, mein Standpunkt in der Politik wäre doch kein andrer als jetzt; wo mich nun aber gar die Leute durch Wohltaten zu dieser Haltung locken oder durch Übelwollen drängen, da kommt es mir leicht an, in der Politik zu denken und zu sagen, was meiner Meinung nach sowohl meinen als auch des Staates Interessen am meisten entspricht. Und diesen Standpun⟨k⟩t vertrete ich um so unverhohlener und öfter, als mein Bruder Q⟨u⟩intus Caesars Legat ist und jede Tat, ja, schon das

sare intercessit, quod ille non ita inlustri gratia exce-
perit, ut ego eum mihi devinctum putarem. itaque
eius omni et gratia, quae summa est, et opibus, quas
intellegis esse maximas, sic fruor ut meis nec mihi
aliter potuisse videor hominum perditorum de me
consilia frangere, nisi cum praesidiis iis, quae semper
habui, nunc etiam potentium benevolentiam con-
iunxissem.

His ego consiliis, si te praesentem habuissem, ut 22
opinio mea fert, essem usus eisdem; novi enim tem-
perantiam et moderationem naturae tuae, novi animum cum mihi amicissimum tum nulla in ceteros
malevolentia suffusum contraque cum magnum et
excelsum tum etiam apertum et simplicem. vidi ego
quosdam in te talis, qualis tu eosdem in me videre
potuisti; quae me moverunt, movissent eadem te profecto. sed, quocumque tempore mihi potestas praesentis tui fuerit, tu eris omnium moderator consiliorum meorum, tibi erit eidem, cui salus mea fuit, etiam
dignitas curae; me quidem certe tuarum actionum,
sententiarum, voluntatum, rerum denique omnium
socium comitemque habebis, neque mihi in omni vita
res tam erit ulla proposita, quam ut cotidie vehementius te de me optime meritum esse laetere.

Quod rogas, ut mea tibi scripta mittam, quae post 23
discessum tuum scripserim, sunt orationes quaedam,
quas Menocrito dabo, neque ita multae, ne pertimescas. scripsi etiam – nam me iam ab orationibus diiungo
fere referoque ad mansuetiores Musas, quae me maxime sicut iam a prima adulescentia delectarunt – scripsi igitur Aristotelio more, quem ad modum quidem
volui, tres libros in disputatione ac dialogo 'de oratore', quos arbitror Lentulo tuo fore non inutilis;
abhorrent enim a communibus praeceptis atque om-

geringste Wort von mir zu Caesars Gunsten von ihm mit so herzlichem Dank vergolten wird, daß ich wirklich glauben muß, er fühle sich mir verpflichtet. So nutze ich also seinen ganzen Einfluß, der weit reicht, und alle seine Macht, die, wie Du weißt, unbeschränkt ist, als wäre sie mein, und hätte die Anschläge verruchter Subjekte gegen mich wohl nicht besser zu durchkreuzen vermocht als eben dadurch, daß ich zu den Schutzmitteln, die mir immerhin zur Verfügung gestanden haben, jetzt noch die Protektion der Machthaber hinzunahm.

Diese Grundsätze hätte ich wahrscheinlich auch vertreten, wenn ich Dich hier gehabt hätte. Ich weiß ja, wie ausgeglichen und maßvoll Du von Natur bist, kenne Deine freundschaftliche Gesinnung mir gegenüber, die unvermischt mit Bosheit gegen die andern, vielmehr groß und erhaben, offen und ehrlich ist. Ich habe es erlebt, wie gewisse Leute gegen Dich nicht anders vorgingen, als Du dieselben Herren gegen mich hast vorgehen sehen können. Was mich in Harnisch gebracht hat, hätte gewiß auch Dich in Harnisch gebracht. Aber vom ersten Augenblick an, wo ich Dich wieder zur Seite haben kann, wirst Du der Lenker aller meiner Entschlüsse sein, wirst Du Dich wieder meiner Würde wie einst meiner Rettung annehmen. In mir wirst Du gewißlich bei Deinen Unternehmungen, Anträgen und Wünschen, kurz, in allen Dingen einen Gefährten und Weggenossen finden, und mein Leben lang wird mir als schönstes Ziel vorschweben, daß Du Dich von Tag zu Tag intensiver Deiner hohen Verdienste um mich freust.

Du bittest mich, Dir meine literarischen Erzeugnisse zu schicken, die ich seit Deinem Weggange verfaßt habe. Es sind ein paar Reden, die ich Menocritus mitgeben werde, nicht eben viele; Du brauchst also keine Angst zu haben. Ich habe – ich entziehe mich nämlich nachgerade meist der rednerischen Tätigkeit und suche Zuflucht bei sanfteren Musen, die mir wie schon seit frühester Jugend viel Freude machen – ich habe also mit der gleichen Tendenz wie Aristoteles – jedenfalls war das meine Absicht – auch drei Bücher in Form eines Dialogs „Über den Redner" verfaßt, die, wie ich glaube, für Deinen Lentulus nicht ohne Nutzen sein werden; sie weichen nämlich von den üblichen Lehrbüchern ab und umfassen die gesamten rhetorischen Theorien der Alten, sowohl die aristotelische wie die

nem antiquorum et Aristoteliam et Isocratiam rationem oratoriam complectuntur. scripsi etiam versibus
tres libros 'de temporibus meis'; quos iam pridem ad
te misissem, si esse edendos putassem – sunt enim
testes et erunt sempiterni meritorum erga me tuorum
meaeque pietatis –; sed quia verebar non eos, qui se
laesos arbitrarentur – etenim id feci parce et molliter –,
sed eos, quos erat infinitum bene de me meritos omnis nominare. quos tamen ipsos libros, si quem, cui
recte committam, invenero, curabo ad te perferendos.
atque istam quidem partem vitae consuetudinisque
nostrae totam ad te defero; quantum litteris, quantum
studiis, veteribus nostris delectationibus, consequi
poterimus, id omne ad arbitrium tuum, qui haec semper amasti, libentissime conferemus.

Quae ad me de tuis rebus domesticis scribis quae- 24
que mihi commendas, ea tantae mihi curae sunt, ut me
nolim admoneri, rogari vero sine magno dolore vix
possim.

Quod de Quinti fratris negotio scribis, te priore
aestate, quod morbo impeditus in Ciliciam non trans-
ieris, conficere non potuisse, nunc autem omnia facturum, ut conficias, id scito esse eius modi, ut frater
meus vere existimet adiuncto isto fundo patrimonium
fore suum per te constitutum.

Tu me de tuis rebus omnibus et de Lentuli tui nostrique studiis et exercitationibus velim quam familiarissime certiorem et quam saepissime facias existi-
mesque neminem cuiquam neque cariorem neque
iucundiorem umquam fuisse quam te mihi, idque me
non modo, ut tu sentias, sed ut omnes gentes, etiam ut
posteritas omnis intellegat, esse facturum.

Appius in sermonibus antea dictitabat, postea dixit 25
etiam in senatu palam sese, si licitum esset legem curiatam ferre, sortiturum esse cum conlega provinciam;

isokrateische. Auch ein Epos in drei Büchern „Über meine Leidenszeit" habe ich geschrieben, das ich Dir schon längst geschickt hätte,
wenn ich mich hätte entschließen können, es zu veröffentlichen; ist
es doch jetzt und für immer ein dauerndes Zeugnis für Deine Verdienste um mich und meine dankbare Gesinnung. Aber ich habe es
nicht getan, nicht etwa aus Rücksicht auf die, die sich vielleicht verletzt fühlen könnten – in dieser Beziehung bin ich sparsam und
gelinde zu Werke gegangen –; aber hätte ich all die Leute namentlich nennen wollen, die sich um mich verdient gemacht haben, so
wäre das ein Schwanz ohne Ende gewesen. Doch ich werde Dir
auch diese Schrift zukommen lassen, sobald ich jemanden finde,
dem ich sie unbedenklich mitgeben kann. Diesen Ertrag meines
jetzigen Lebenszuschnitts lege ich ganz Dir zu Füßen; alles, was
ich auf literarischem und wissenschaftlichem Gebiet, meinen alten
Steckenpferden, fertigbringe, werde ich herzlich gern Deinem Urteil
unterstellen, der Du Dich immer für diese Dinge interessiert hast.

Was Du mir von Deinen häuslichen Angelegenheiten schreibst
und mir ans Herz legst, werde ich so gewissenhaft besorgen, daß
ich nicht erinnert werden möchte; eine Bitte vollends würde mich
aufs tiefste beleidigen.

Betreffs des Auftrages meines Bruders schreibst Du, Du habest
ihn im vorigen Sommer nicht erledigen können, weil Du krank-
heitshalber nicht nach Cilicien hinübergekommen seiest, würdest
jetzt aber alles daran setzen, ihn zu erledigen. Nun, dann darf mein
Bruder also wirklich hoffen, mit Deiner Hilfe durch Hinzuerwerb
dieses Grundstücks sein väterliches Erbe abzurunden.

Gib mir doch bitte vertrauensvoll und möglichst oft Nachricht,
wie es Dir überhaupt geht und wie es mit den Studien und Exer-
zitien Deines und meines Lentulus steht. Du darfst überzeugt sein,
daß nie jemand einem andern so lieb und teuer gewesen ist wie Du
mir, und daß ich dafür sorgen werde, daß nicht nur Du es fühlst,
sondern die ganze Welt und alle kommenden Geschlechter es merken.

Appius äußerte zunächst gesprächsweise und erklärte nachher
auch im Senat ganz offen, er werde, falls es gestattet sei, das Kuriatgesetz einbringen, mit seinem Kollegen um die Provinz losen;
komme das Kuriatgesetz nicht zustande, so werde er sich mit sei-

si curiata lex non esset, se paraturum cum conlega
tibique successurum; legemque curiatam consuli ferri
opus esse, necesse non esse; se, quoniam ex senatus
consulto provinciam haberet, lege Cornelia imperium
habiturum, quoad in urbem introisset. ego, quid ad te
tuorum quisque necessariorum scribat, nescio; varias
esse opiniones intellego. sunt, qui putant posse te non
decedere, quod sine lege curiata tibi succedatur; sunt
etiam, qui, si decedas, a te relinqui posse, qui provinciae praesit. mihi non tam de iure certum est – quamquam ne id quidem valde dubium est – quam illud, ad
tuam summam amplitudinem, dignitatem, libertatem,
qua te scio libentissime frui solere, pertinere te sine
ulla mora provinciam successori concedere, praesertim cum sine suspicione tuae cupiditatis non possis
illius cupiditatem refutare. ego utrumque meum puto
esse, et, quid sentiam, ostendere et, quod feceris, defendere.

Scripta iam epistula superiore accepi tuas litteras de 26
publicanis, in quibus aequitatem tuam non potui non
probare; felicitate quidem vellem consequi potuisses,
ne eius ordinis, quem semper ornasti, rem aut voluntatem offenderes. equidem non desinam tua decreta
defendere, sed nosti consuetudinem hominum; scis,
quam graviter inimici ipsi illi Q. Scaevolae fuerint.
tibi tamen sum auctor, ut, si quibus rebus possis, eum
tibi ordinem aut reconcilies aut mitiges. id etsi difficile est, tamen mihi videtur esse prudentiae tuae.

XI.

M. CICERO S.D.L. VALERIO IVRISCONSVLTO.

... cur enim tibi hoc non gratificer nescio, praesertim
cum his temporibus audacia pro sapientia liceat uti.

nem Kollegen unter der Hand einigen und Deine Nachfolge antreten; ein Kuriatgesetz sei für den Konsul zwar ganz wünschenswert, aber nicht unbedingt erforderlich. Er habe seine Provinz auf Senatsbeschluß, und so werde er nach der Lex Cornelia im Besitze des Imperiums sein, bis er bei seiner Rückkehr die Stadt betrete. Was Deine Freunde im einzelnen dazu sagen, weiß ich nicht, sehe aber, daß die Meinungen geteilt sind. Die einen meinen, Du könnest nicht abtreten, weil Dein Nachfolger ohne Kuriatgesetz komme, andre aber auch, Du könnest abtreten und zur Verwaltung der Provinz einen Stellvertreter zurücklassen. Ich bin mir über die Rechtslage nicht ganz klar, obwohl auch sie kaum zweifelhaft sein dürfte; aber soviel ist sicher, Deine ganze Reputation, Deine Würde, Deine Handlungsfreiheit, auf die Du, wie ich weiß, den allergrößten Wert legst, fordert von Dir, die Provinz unverzüglich Deinem Nachfolger zu überlassen, zumal Du sein dringendes Verlangen nicht zurückweisen kannst, ohne Dich dem Verdacht auszusetzen, Dich selbst nicht trennen zu können. Ich halte beides für meine Pflicht, Dir meine Ansicht mitzuteilen und zu vertreten, wozu Du Dich entschließt.

(PS) Ich hatte obigen Brief gerade fertig, da traf Dein Schreiben betreffs der Steuerpächter ein. Die Billigkeit Deiner Maßnahme bestreite ich durchaus nicht; freilich wünschte ich, Du hättest es vermöge eines glücklichen Zufalls vermeiden können, ihren Stand, den Du stets ausgezeichnet hast, in seinen Interessen und Wünschen vor den Kopf zu stoßen. Gewiß werde ich weiter Deine Verfügungen vertreten, aber Du kennst ja die Gepflogenheiten dieser Leute und weißt, wie arg sie selbst einem Q. Scaevola zugesetzt haben. Doch rate ich Dir, wenn irgend möglich, ihren Stand mit Dir auszusöhnen oder jedenfalls zu beschwichtigen. Das ist freilich nicht ganz leicht, scheint mir aber immerhin ein Gebot Deiner Klugheit zu sein.

(Rom, im Dezember [XI.] 54)

11 (10).

M. Cicero grüßt L. Valerius den Rechtskundigen.

... Ich weiß nämlich nicht, warum ich Dir diesen Gefallen nicht tun sollte, zumal man heutzutage mit Frechheit weiter kommt als mit Klugheit.

Lentulo nostro egi per litteras tuo nomine gratias diligenter. sed tu velim desinas iam nostris litteris uti et nos aliquando revisas et ibi malis esse, ubi aliquo numero sis, quam istic, ubi solus sapere videare. quamquam, qui istinc veniunt, partim te superbum esse dicunt, quod nihil respondeas, partim contumeliosum, quod male respondeas.

Sed iam cupio tecum coram iocari; quare fac, ut quam primum venias neque in Apuliam tuam accedas, ut possimus salvum venisse gaudere; nam illo si veneris tam Ulixes, cognosces tuorum neminem.

Unserm Lentulus habe ich brieflich in Deinem Namen herzlich gedankt. Aber ich wollte, Du hättest nachgerade genug von unserm Briefwechsel und kämest endlich einmal, um mich wiederzusehen, und wünschtest, lieber dort zu sein, wo Du etwas zu melden hast, als dort, wo Du anscheinend der einzige vernünftige Mensch bist. Freilich, die Leute, die von dort zureisen, behaupten teils, Du seiest hochmütig, weil Du nichts antwortetest, teils halten sie Dich für schmähsüchtig, weil Du patzige Antworten gäbest.

Aber ich möchte jetzt einmal von Mund zu Mund mit Dir scherzen. Darum sieh zu, daß Du so bald wie möglich kommst, und halt Dich nicht erst in Deinem Apulien auf, damit ich mich Deiner glücklichen Heimkunft freuen kann. Denn wenn Du als rechter Ulixes dorthin kommst, wirst Du keinen von Deinen Leuten wiedererkennen.

(Rom, wahrscheinlich Ende 54)

LIBER SECVNDVS

I.
M. CICERO S. D. CVRIONI.

Quamquam me nomine neglegentiae suspectum 1
tibi esse doleo, tamen non tam mihi molestum fuit ac-
cusari abs te officium meum, quam iucundum requiri,
praesertim quom, in quo accusabar, culpa vacarem, in
quo autem desiderare te significabas meas litteras, prae
te ferres perspectum mihi quidem, sed tamen dulcem
et optatum amorem tuum. equidem neminem praetermisi, quem quidem ad te perventurum putarem, cui
litteras non dederim; etenim quis est tam scribendo
impiger quam ego? a te vero bis terve summum et eas
perbrevis accepi. quare, si iniquus es in me iudex, con-
demnabo eodem ego te crimine; sin me id facere noles,
te mihi aequum praebere debebis.

Sed de litteris hactenus; non enim vereor, ne non
scribendo te expleam, praesertim si in eo genere studium meum non aspernabere.

Ego te afuisse tam diu a nobis et dolui, quod carui 2
fructu iucundissimae consuetudinis, et laetor, quod
absens omnia cum maxima dignitate es consecutus
quodque in omnibus tuis rebus meis optatis fortuna
respondit. breve est, quod me tibi praecipere meus
incredibilis in te amor cogit. tanta est exspectatio vel
animi vel ingenii tui, ut ego te obsecrare obtestarique
non dubitem, sic ad nos conformatus revertare, ut,
quam exspectationem tui concitasti, hanc sustinere ac
tueri possis; et, quoniam meam tuorum erga me meritorum memoriam nulla umquam delebit oblivio, te

ZWEITES BUCH

1.
M. Cicero grüßt Curio.

Es ist mir zwar unangenehm, von Dir der Gleichgültigkeit verdächtigt zu werden; jedoch habe ich mich nicht so sehr darüber
geärgert, meine Pflichterfüllung von Dir getadelt zu sehen, wie ich
mich darüber freue, daß Du sie erwartest, zumal ich mich bezüglich
dessen, was Du mir vorwirfst, frei von Schuld weiß, Du aber mit
Deiner Andeutung, weswegen Du einen Brief von mir ersehnst,
nur Deine mir zwar bekannte, aber doch wohltuende und erwünschte Zuneigung zu erkennen gibst. Niemanden, von dem ich
annehmen konnte, daß er Dich antreffen würde, habe ich ohne
einen Brief für Dich gehen lassen, denn einen so fleißigen Brief-
schreiber wie mich gibt es doch sonst kaum. Hingegen habe ich
von Dir nur zwei- oder höchstens dreimal einen Brief, und zwar
einen ganz kurzen, erhalten. Willst Du also mir gegenüber den
ungerechten Richter spielen, so werde ich Dich des gleichen Ver-
gehens zeihen; wünschst Du das nicht, mußt Du Dich auch gegen
mich gerecht zeigen.

Aber genug von der Briefschreiberei! Ich brauche ja nicht zu
befürchten, Dich durch Nichtschreiben zu befriedigen, zumal wenn
Dir in dieser Hinsicht mein Eifer nicht lästig ist.

Deine lange Abwesenheit von uns habe ich einesteils bedauert,
weil ich den Genuß des mir so lieben Umgangs mit Dir entbehren
mußte, andrerseits freue ich mich darüber, daß Du in Deiner Abwesenheit alles in höchst ehrenvoller Weise erreicht hast und in all
Deinen Belangen der Erfolg meinen Wünschen entspricht. Nur
wenig ist es, was meine unsägliche Liebe mich Dir nahezulegen
zwingt. Man wartet sehnsüchtig auf Deine schönen Herzens- und
Geistesgaben, und so stehe ich nicht an, Dich inständig zu bitten:
kehre so gefestigt zu uns zurück, daß Du den Erwartungen, die Du
erweckt hast, entsprichst und sie nicht enttäuschst. Bei mir wird
kein Vergessen je die Erinnerung an Deine Verdienste um mich
auslöschen, und darum bitte ich auch Dich, bei allem, was Dir an

rogo, ut memineris, quantaecumque tibi accessiones
fient et fortunae et dignitatis, eas te non potuisse consequi, nisi meis puer olim fidelissimis atque amantissimis consiliis paruisses. quare hoc animo in nos esse
debebis, ut aetas nostra iam ingravescens in amore
atque in adulescentia tua conquiescat.

II.
M. CICERO S. D. C. CVRIONI.

Gravi teste privatus sum amoris summi erga te mei
patre tuo, clarissimo viro. qui cum suis laudibus tum
vero te filio superasset omnium fortunam, si ei contigisset, ut te ante videret, quam a vita discederet. sed
spero nostram amicitiam non egere testibus. tibi patrimonium dei fortunent; me certe habebis, cui et carus
aeque sis et iucundus ac fuisti patri.

III.
M. CICERO S. D. C. CVRIONI.

Rupae studium non defuit declarandorum mune- 1
rum tuo nomine, sed nec mihi placuit nec cuiquam
tuorum quicquam te absente fieri, quod tibi, cum venisses, non esset integrum. equidem quid sentiam,
aut scribam ad te postea pluribus aut, ne ad ea meditere, imparatum te offendam coramque contra istam
rationem meam dicam, ut aut te ad meam sententiam
adducam aut certe testatum apud animum tuum relinquam, quid senserim, ut, si quando, quod nolim,
displicere tibi tuum consilium coeperit, possis meum
recordari. brevi tamen sic habeto, in eum statum temporum tuum reditum incidere, ut iis bonis, quae tibi
natura, studio, fortuna data sunt, facilius omnia, quae

Glück und Ansehen zuwachsen wird, Dich dessen zu erinnern, daß es Dir versagt geblieben wäre, wenn Du Dich nicht einst in Deiner Jugend meinen aus treuester Liebe entsprungenen Ratschlägen gefügt hättest. So ist es Deine Pflicht, Dich gegen mich so zu verhalten, daß mein sich bereits dem Ende zuneigendes Leben in Deiner Liebe, Deiner Jugend Ruhe findet.

(Rom, i. J. 53)

2.
M. Cicero grüßt C. Curio.

Mit Deinem Vater, diesem herrlichen Manne, ist mir ein gewichtiger Zeuge meiner innigen Liebe zu Dir entrissen worden. Durch seine Ruhmestaten und nicht zuletzt durch Dich als seinen Sohn hätte er aller Glück in den Schatten gestellt, wenn es ihm vergönnt gewesen wäre, Dich noch wiederzusehen, bevor er aus dem Leben schied. Doch ich denke, unsre Freundschaft bedarf nicht der Zeugen. Dein Erbe mögen die Götter segnen; die Liebe Deines Vaters, die Freude, die er an Dir hatte, wirst Du gewiß bei mir wiederfinden!

(Rom, i. J. 53)

3.
M. Cicero grüßt C. Curio.

Rupa hat es nicht an Eifer fehlen lassen, in Deinem Namen Leichenspiele anzukündigen, aber weder mir noch sonst einem Deiner Freunde schien es richtig, während Deiner Abwesenheit etwas in die Wege zu leiten, was Dir nach Deiner Heimkehr die Hände binden könnte. Wie ich darüber denke, werde ich Dir demnächst ausführlicher schreiben oder auch Dich unvorbereitet überrumpeln, damit Du Dich nicht darauf einrichten kannst, und mündlich meine Auffassung der Deinigen gegenüber geltend machen, um Dich entweder zu meiner Meinung zu bekehren oder jedenfalls in Deiner Seele ein Zeugnis zu hinterlassen, wie ich darüber gedacht habe. So kannst Du, solltest Du einmal – was ich nicht hoffen will – an Deinem Entschluß irre werden, dann Dich meines Rates erinnern. Soviel jedoch laß Dir in aller Kürze sagen: Die Zustände, die Du bei Deiner Heimkehr antriffst, sind so beschaffen, daß Du mit den Vorzügen, die Dir Veranlagung, Strebsamkeit und Glück verliehen

sunt amplissima in re publica, consequi possis quam
muneribus. quorum neque facultatem quisquam ad-
miratur – est enim copiarum, non virtutis –, neque
quisquam est, quin satietate iam defessus sit.

Sed aliter atque ostenderam facio, qui ingrediar ad 2
explicandam rationem sententiae meae; quare omnem
hanc disputationem in adventum tuum differo. summa scito in exspectatione esse eaque a te exspectari,
quae a summa virtute summoque ingenio exspectanda
sunt. ad quae si es, ut debes, paratus, quod ita esse confido, plurimis maximisque muneribus et nos amicos
et civis tuos universos et rem publicam adficies. illud
cognosces profecto, mihi te neque cariorem neque
iucundiorem esse quemquam.

IV.
CICERO S. D. C. CVRIONI.

Epistularum genera multa esse non ignoras, sed 1
unum illud certissimum, cuius causa inventa res ipsa
est, ut certiores faceremus absentis, si quid esset, quod
eos scire aut nostra aut ipsorum interesset. huius generis litteras a me profecto non exspectas; tuarum
enim rerum domesticarum habes et scriptores et nuntios, in meis autem rebus nihil est sane novi. reliqua
sunt epistularum genera duo, quae me magno opere
delectant, unum familiare et iocosum, alterum seve-
rum et grave. utro me minus deceat uti, non intellego.
iocerne tecum per litteras? civem mehercule non puto
esse, qui temporibus his ridere possit. an gravius aliquid scribam? quid est, quod possit graviter a Cice-
rone scribi ad Curionem nisi de re publica? atqui in
hoc genere haec mea causa est, ut neque ea, quae
sentio, audeam neque ea, quae non sentio, velim scribere.

Quam ob rem, quoniam mihi nullum scribendi 2
argumentum relictum est, utar ea clausula, qua soleo,

haben, alle glänzenden politischen Ziele leichter erreichen kannst als durch Leichenspiele. Über ihre Pracht wundert sich kein Mensch, denn das geht den Beutel an, nicht den Mann, und alle Welt ist nachgerade übersättigt.

Aber da fange ich richtig schon an, meinen Standpunkt zu begründen, und das wollte ich ja gerade nicht; somit verschiebe ich diese ganze Erörterung auf Deine Heimkunft. Wisse, daß man Dich mit höchster Spannung erwartet und von Dir erhofft, was man von überragender Tüchtigkeit und Begabung erwarten muß! Wenn Du dafür, wie Du solltest, gewappnet bist – und ich zweifle nicht daran –, dann machst Du damit uns Freunden, allen Deinen Mitbürgern und dem Vaterlande das reichste und schönste Geschenk. Auf jeden Fall wirst Du Dich davon überzeugen, daß ich Dich liebe und meine Freude an Dir habe wie an niemandem sonst.

(Rom, i. J. 53)

4.
M. Cicero grüßt C. Curio.

Wie Du weißt, gibt es viele Gattungen von Briefen, und eine von ihnen ist unstreitig die, um deretwillen die Sache überhaupt erfunden ist: um jemandem in der Ferne Nachricht zukommen zu lassen, wenn es etwas gibt, was man den Betreffenden wissen lassen will oder dieser selbst wissen möchte. Indessen erwartest Du einen Brief dieser Art gewiß nicht von mir; denn für Deine privaten Angelegenheiten hast Du Deine Korrespondenten und Botengänger, und bei mir ist alles beim alten. Bleiben noch zwei weitere Gattungen von Briefen, die mir an sich rechte Freude machen: einmal die vertraulichen, scherzhaften, sodann die ernsten, gesetzten. Welche von beiden mir weniger anstünde, weiß ich nicht. Soll ich brieflich mit Dir scherzen? Der ist, meine ich, kein rechter Staatsbürger, der bei diesen Zeiten noch lachen könnte. Oder soll ich ernstere Töne anschlagen? Dann gibt es nur ein Thema, über das ein Cicero an einen Curio ernsthaft schreiben könnte: die Politik. Dabei befinde ich mich jedoch in einer verzwickten Lage: wie ich denke, wage ich nicht zu schreiben, und wie ich nicht denke, mag ich nicht schreiben.

Da mir also kein andrer Stoff für einen Brief übrigbleibt, werde ich in gewohnter Weise schließen und Dich nur ermahnen, weiter-

teque ad studium summae laudis cohortabor. est enim
tibi gravis adversaria constituta et parata incredibilis
quaedam exspectatio; quam tu una re facillime vinces,
si hoc statueris, quarum laudum gloriam adamaris,
quibus artibus eae laudes comparantur, in iis esse laborandum.

In hanc sententiam scriberem plura, nisi te tua
sponte satis incitatum esse confiderem; et hoc, quicquid attigi, non feci inflammandi tui causa, sed testi-
ficandi amoris mei.

V.
CICERO S. D. C. CVRIONI.

Haec negotia quo modo se habeant, ne epistula qui- 1
dem narrare audeo. tibi, etsi, ubicumque es, ut scripsi
ad te ante, in eadem es navi, tamen, quod abes, gratulor, vel quia non vides ea, quae nos, vel quod excelso
et inlustri loco sitast laus tua in plurimorum et sociorum et civium conspectu, quae ad nos nec obscuro
nec vario sermone, sed et clarissima et una omnium
voce perfertur. unum illud nescio, gratulerne tibi an 2
timeam, quod mirabilis est exspectatio reditus tui,
non quo verear, ne tua virtus opinioni hominum non
respondeat, sed mercule ne, cum veneris, non habeas
iam, quod cures; ita sunt omnia debilitata et iam
prope exstincta. sed haec ipsa nescio rectene sint litteris commissa; quare cetera cognosces ex aliis.

Tu tamen, sive habes aliquam spem de re publica
sive desperas, ea para, meditare, cogita, quae esse in
eo civi ac viro debent, qui sit rem publicam adflictam
et oppressam miseris temporibus ac perditis moribus
in veterem dignitatem et libertatem vindicaturus.

hin nach höchstem Ruhm zu streben. Es steht Dir nämlich eine ernst zu nehmende Gegnerin gegenüber, bereit, mit Dir zu kämpfen: die schier unglaubliche Erwartung, die man in Dich setzt. Sie wirst Du nur dann mit Leichtigkeit bestehen, wenn Du es Dir zur Pflicht machst, Dich bei Deinen Bemühungen auf die Eigenschaften zu stützen, mit denen man sich Verdienste erwirbt, wie Dein Ehrgeiz sie erstrebt.

Ich würde Dir mehr in diesem Sinne schreiben, wenn ich nicht überzeugt wäre, daß Du in Dir selbst den Trieb dazu hast, und was ich hier angedeutet habe, soll nicht dazu dienen, Dich anzufeuern, sondern Dir meine Liebe zu bezeugen.

(Rom, i. J. 53)

5.
M. Cicero grüßt C. Curio.

Wie die Dinge hier stehen, wage ich nicht einmal einem Briefe anzuvertrauen. Du befindest Dich freilich, wie ich Dir neulich schon schrieb, auf demselben Schiffe, magst Du sein, wo Du willst. Aber ich beglückwünsche Dich doch, daß Du nicht hier bist, weil Du so nicht mit anzusehen brauchst, was wir vor Augen haben, oder weil Dein Ruhm vor den Augen fast aller Bündner und Bürger in erhabenem Glanze strahlt, wovon nicht dunkle, wechselnde, sondern laute, einstimmige Kunde zu uns dringt. Nur eines weiß ich nicht recht: ob ich Dir gratulieren soll oder mich ängstigen muß, daß man Deine Heimkehr mit so riesiger Spannung erwartet. Nicht als ob ich befürchtete, Deine Persönlichkeit könnte den Erwartungen der Leute nicht entsprechen. Weiß Gott nicht! Aber alles ist so gelähmt, ja, beinahe schon erloschen, daß Du, wenn Du hier bist, kaum noch ein Betätigungsfeld finden wirst. Doch vielleicht hätte ich nicht einmal dies unbedenklich schreiben dürfen. Darum laß Dir die Einzelheiten von andern berichten.

Aber magst Du noch ein wenig Hoffnung für den Staat haben oder verzweifeln — auf jeden Fall wappne Dich, stelle Dich darauf ein und halte Dir vor Augen, was von einem Manne und Bürger verlangt wird, der berufen ist, den durch die Unbilden der Zeit und die Verderbnis der Sitten zerrütteten und niedergebeugten Staat zur alten Würde und Freiheit zurückzuführen!

(Rom, i. J. 53)

VI.
M. CICERO S. D. C. CVRIONI.

Nondum erat auditum te ad Italiam adventare, cum 1
Sex. Villium, Milonis mei familiarem, cum his ad te
litteris misi. sed tamen, cum adpropinquare tuus adventus putaretur et te iam ex Asia Romam versus
profectum esse constaret, magnitudo rei fecit, ut non
vereremur, ne nimis cito mitteremus, cum has quam
primum ad te perferri litteras magno opere vellemus.

Ego, si mea in te essent officia solum, Curio, tanta,
quanta magis a te ipso praedicari quam a me ponde-
rari solent, verecundius a te, si quae magna res mihi
petenda esset, contenderem; grave est enim homini
pudenti petere aliquid magnum ab eo, de quo se bene
meritum putet, ne id, quod petat, exigere magis quam
rogare et in mercedis potius quam beneficii loco nu-
merare videatur. sed quia tua in me vel nota omnibus 2
vel ipsa novitate meorum temporum clarissima et
maxima beneficia exstiterunt estque animi ingenui, cui
multum debeas, eidem plurimum velle debere, non
dubitavi id a te per litteras petere, quod mihi omnium
esset maximum maximeque necessarium. neque enim
sum veritus, ne sustinere tua in me vel innumerabilia
non possem, cum praesertim confiderem nullam esse
gratiam tuam, quam non vel capere animus meus in
accipiendo vel in remunerando cumulare atque in-
lustrare posset.

Ego omnia mea studia, omnem operam, curam, in- 3
dustriam, cogitationem, mentem denique omnem in
Milonis consulatu fixi et locavi statuique in eo me non
officii solum fructum sed etiam pietatis laudem debere
quaerere; neque vero cuiquam salutem ac fortunas
suas tantae curae fuisse umquam puto, quantae mihist
honos eius, in quo omnia mea posita esse decrevi. huic

6.

M. Cicero grüßt C. Curio.

Obwohl hier noch nichts davon verlautet, daß Du Dich Italien
näherst, schicke ich Dir Sex. Villius, einen Freund meines Milo,
mit diesem Briefe entgegen. Immerhin nimmt man an, Deine Ankunft stehe nahe bevor, und daß Du aus Asien nach Rom unterwegs bist, steht ja fest, und so bringt die Wichtigkeit der Sache alle
Bedenken, ich könnte diesen Brief zu früh abgehen lassen, zum
Schweigen. Mir liegt nämlich sehr viel daran, daß Du ihn so bald
wie möglich erhältst.

Gäbe es nur meine Verdienste um Dich, Curio – und sie wiegen
doch kaum so schwer, wie Du es hinzustellen beliebst –, dann würde
ich, wenn ich mit einer großen Bitte an Dich herantreten müßte,
mein Verlangen nur schüchtern vorbringen; ist es ja doch peinlich
für einen feinfühligen Mann, denjenigen um etwas Großes zu bitten, um den er sich verdient gemacht zu haben glaubt, um nicht den
Eindruck zu erwecken, er forderte mehr, als daß er bäte, und betrachtete die Erfüllung seiner Bitte mehr als Entgelt denn als
Entgegenkommen. Aber was Du für mich getan hast, ist ja teils
allgemein bekannt, teils gerade durch das Unerhörte meiner Leidenszeit ins hellste Licht gerückt und zu rechter Geltung gekommen, und weil man als charaktervoller Mann sich demjenigen gern
aufs höchste verpflichtet fühlt, in dessen Schuld man schon steht,
so wage ich es unbedenklich, Dich brieflich um das zu bitten, was
mir über alles wichtig und dringend erscheint. Denn ich brauche
nicht zu befürchten, dem Gewicht Deiner Verdienste um mich,
selbst wenn es unzählige sind, zu erliegen, zumal ich die Überzeugung hege, daß es keine Gefälligkeit von Deiner Seite gibt, die
mein Herz nicht beim Empfang zu fassen und bei der Vergeltung
reichlich und glänzend zu erwidern vermöchte.

Ich habe all mein eifriges Bemühen, alle rastlose Sorge, ja, all
mein Sinnen und Trachten auf das Ziel gerichtet und dafür eingesetzt, Milo das Konsulat zu verschaffen, und stehe auf dem
Standpunkt, daß ich verpflichtet bin, dabei nicht nur auf den Lohn
für meine Dienste, sondern auch auf den Ruhm meiner Dankbarkeit zu sehen. Wohl niemandem hat je sein eigenes Leben, sein Hab
und Gut so am Herzen gelegen, wie mir sein Aufstieg zu dieser

te unum tanto adiumento esse, si volueris, posse intellego, ut nihil sit praeterea nobis requirendum. habemus haec omnia, bonorum studium conciliatum ex
tribunatu propter nostram, ut spero te intellegere,
causam, vulgi ac multitudinis propter magnificentiam
munerum liberalitatemque naturae, iuventutis et gra-
tiosorum in suffragiis studia propter ipsius excellentem in eo genere vel gratiam vel diligentiam, nostram
suffragationem, si minus potentem, at probatam tamen
et iustam et debitam et propterea fortasse etiam gra-
tiosam. dux nobis et auctor opus est et eorum vento- 4
rum, quos proposui, moderator quidam et quasi guber-
nator. qui si ex omnibus unus optandus esset, quem
tecum conferre possemus, non haberemus. quam ob
rem, si me memorem, si gratum, si bonum virum vel
ex hoc ipso, quod tam vehementer de Milone laborem,
existimare potes, si dignum denique tuis beneficiis iudicas, hoc a te peto, ut subvenias huic meae sollicitudini et huic meae laudi vel, ut verius dicam, prope
saluti tuum studium dices.

De ipso T. Annio tantum tibi polliceor, te maioris
animi, gravitatis, constantiae benevolentiaeque erga
te, si complecti hominem volueris, habiturum esse
neminem; mihi vero tantum decoris, tantum dignitatis adiunxeris, ut eundem te facile adgnoscam fuisse in
laude mea, qui fueris in salute.

Ego ni te videre scirem, qua mente haec scriberem, 5
quantum officii sustinerem, quantopere mihi esset in
hac petitione Milonis omni non modo contentione,
sed etiam dimicatione elaborandum, plura scriberem;
nunc tibi omnem rem atque causam meque totum commendo atque trado. unum hoc sic habeto, si a te hanc
rem impetraro, me paene plus tibi quam ipsi Miloni

Ehre; meine ganze Existenz hängt davon ab. Und Du bist der einzige, der dabei, wenn Du willst, so wirksam helfen könnte, daß ich mich nach weiterer Hilfe nicht umzusehen brauche. Alles steht zu unsrer Verfügung: die Zuneigung der Optimaten, die er sich, wie Du hoffentlich weißt, durch sein Eintreten für mich erworben hat, die Zuneigung des gemeinen Volks infolge seiner prächtigen Spiele und seiner angeborenen Freigebigkeit, die Ergebenheit der Jugend und der bei den Wahlen einflußreichen Kreise vermöge der außergewöhnlichen Liebenswürdigkeit oder Umsicht, mit der er selbst dies Geschäft betreibt, meine wenn auch nicht übermäßig wirksame, so doch innerlich begründete, berechtigte, wohlverdiente und somit vielleicht auch dankbar begrüßte Empfehlung. Nur an einem Führer und Vertrauensmann fehlt es uns, der die geschilderte Wetterlage zu nutzen versteht und sozusagen das Ruder in die Hand nimmt. Sollte ich diesen einen Mann aus der Gesamtheit auswählen, ich wüßte nicht, wen ich Dir gleichstellen sollte. Wenn Du also schon aus der Tatsache, daß ich mich so entschieden für Milo einsetze, ersehen kannst, daß ich erkenntlich, dankbar, ein Ehrenmann bin, wenn Du mich schließlich Deines Entgegenkommens für würdig befindest, bitte ich Dich, mir in dieser meiner Besorgnis beizustehen und meinem guten Ruf, ja, richtiger gesagt, nahezu meiner Existenz Deine Dienste zu widmen.

Was T. Annius selbst angeht, kann ich Dir soviel versprechen: wenn Du Dich des Mannes annehmen willst, wirst Du bei niemandem mehr Hochherzigkeit, Charakter, Zuverlässigkeit und Entgegenkommen finden. Mich aber wirst Du in meinem Ruhm, meinem Ansehen gewaltig fördern, so daß ich ohne weiteres erkenne, daß Du Dir immer gleich bleibst, ob es sich um meine Rettung oder meinen Ruhm handelt.

Wenn ich nicht wüßte, daß Du Dir darüber klar bist, in welcher Gemütsverfassung ich dies schreibe, welch schwere Verpflichtung ich übernommen habe, welches Maß jedweder Anstrengung, ja Kampf diese Bewerbung Milos von mir verlangt, würde ich mehr schreiben. Jetzt brauche ich nur die ganze Sache mit allem Drum und Dran Dir zu empfehlen und mich persönlich ganz in Deine Hand zu geben. Nur dies eine will ich noch sagen: Kommst Du mir hierin entgegen, dann werde ich mich Dir beinahe noch stärker

debiturum; non enim mihi tam mea salus cara fuit, in
qua praecipue sum ab illo adiutus, quam pietas erit in
referenda gratia iucunda; eam autem unius tuo studio
me adsequi posse confido.

VII.
M. CICERO IMP. S. D. C. CVRIONI TR. PL.

Sera gratulatio reprehendi non solet, praesertim si 1
nulla neglegentia praetermissa est; longe enim absum,
audio sero; sed tibi et gratulor et, ut sempiternae laudi
tibi sit iste tribunatus, exopto teque hortor, ut omnia
gubernes et moderere prudentia tua, ne te auferant
aliorum consilia. nemo est, qui tibi sapientius suadere
possit te ipso; numquam labere, si te audies. non
scribo hoc temere; cui scribam, video; novi animum,
novi consilium tuum; non vereor, ne quid timide, ne
quid stulte facias, si ea defendes, quae ipse recta esse
senties. quod in rei publicae tempus non incideris, sed 2
veneris – iudicio enim tuo, non casu in ipsum discrimen rerum contulisti tribunatum tuum –, profecto
vides; quanta vis in re publica temporum sit, quanta
varietas rerum, quam incerti exitus, quam flexibiles
hominum voluntates, quid insidiarum, quid vanitatis
in vita, non dubito, quin cogites. sed, amabo te, cura
et cogita – nihil novi, sed illud idem, quod initio scripsi: tecum loquere, te adhibe in consilium, te audi, tibi
obtempera. alteri qui melius consilium dare possit
quam tu, non facile inveniri potest; tibi vero ipsi certe
nemo melius dabit. di immortales! cur ego absum vel
spectator laudum tuarum vel particeps vel socius vel
minister consiliorum? tametsi hoc minime tibi deest;

verpflichtet fühlen als Milo selbst, denn meine Begnadigung, bei
der ich vornehmlich seine Hilfe erfahren habe, ist mir nicht so viel
wert gewesen, wie mich das Gefühl, einen Liebesdienst zu vergelten, befriedigen wird. Dazu kann mir aber, wie ich glaube, einzig
Deine Hilfsbereitschaft verhelfen.

(Rom, i. J. 53)

7.
M. Cicero, der Imperator, grüßt C. Curio, den Volkstribunen.

Auch ein verspäteter Glückwunsch findet für gewöhnlich keinen
Tadel, zumal wenn er nicht aus Gleichgültigkeit unterblieben ist;
ich bin ja weit weg und höre erst jetzt davon. Also ich beglückwünsche Dich, wünsche von Herzen, daß Dir Dein Tribunat zu
ewigem Ruhme gereichen möge, und rate Dir, Dich in allem von
Deiner Klugheit lenken und leiten zu lassen, damit Dich nicht Ratschläge von andrer Seite vom rechten Wege abbringen. Niemand
könnte Dir weiseren Rat erteilen als Dein eigenes Ich; nie wirst Du
straucheln, wenn Du auf Dich hörst. Ich sage das nicht so daher;
ich weiß, wem ich es sage, kenne Deinen Charakter, kenne Deine
Besonnenheit und brauche nicht zu besorgen, Du könntest etwas
aus Angst oder Torheit unternehmen, wenn Du das vertrittst, was
Du selbst als recht empfindest. Wie gespannt die politische Lage
ist, in die Du nicht hineingestolpert, sondern mit vollem Bewußtsein eingetreten bist, darüber bist Du Dir natürlich klar, denn wohlüberlegt, nicht zufällig hast Du Dir den entscheidenden Zeitpunkt
für Dein Tribunat ausgesucht. Welchen Einfluß auf die Politik die
Zeitumstände, die bunt wechselnden Ereignisse haben, wie ungewiß die Ergebnisse sind, wie unbeständig die Stimmungen der
Leute, welche Rolle im Leben Hinterlist und eitles Gerede spielen,
dessen bist Du Dir zweifellos bewußt. Aber ich bitte Dich, sorge
und sinne – nichts Neues, bleib bei dem, was ich Dir oben gesagt
habe: sprich mit Dir, geh mit Dir zu Rate, höre auf Dich, gehorche
Dir! Schwerlich fände man jemanden, der einem andern besser zu
raten wüßte als Du; Dir selbst vollends wird gewiß niemand besser
raten können. Mein Gott! Warum bin ich nicht dabei als Augen-
zeuge Deiner Ruhmestaten, als Teilhaber, Genosse und Helfer
Deiner Entschlüsse! Freilich, an Einsicht gebricht es Dir keines-

sed tamen efficeret magnitudo et vis amoris mei, consilio te ut possem iuvare.

Scribam ad te plura alias; paucis enim diebus eram 3
missurus domesticos tabellarios, ut, quoniam sane feliciter et ex mea sententia rem publicam gessimus, unis
litteris totius aestatis res gestas ad senatum perscriberem.

De sacerdotio tuo quantam curam adhibuerim
quamque difficili in re atque causa, cognosces ex iis
litteris, quas Thrasoni, liberto tuo, dedi.

Te, mi Curio, pro tua incredibili in me benevolentia 4
meaque item in te singulari rogo atque oro, ne patiare
quicquam mihi ad hanc provincialem molestiam temporis prorogari. praesens tecum egi, cum te tr. pl. isto
anno fore non putarem, itemque petivi saepe per litteras, sed tum quasi a sectatore, nobilissimo tamen
adulescente et gratiosissimo, nunc a tr. pl. et a Curione
tribuno, non, ut decernatur aliquid novi, quod solet
esse difficilius, sed ut ne quid novi decernatur, ut et
senati consultum et leges defendas, eaque mihi condicio maneat, qua profectus sum. hoc te vehementer
etiam atque etiam rogo.

VIII.
M. CICERO PROCOS. S. D. M. CAELIO.

Quid? tu me hoc tibi mandasse existimas, ut mihi 1
gladiatorum compositiones, ut vadimonia dilata et
Chresti compilationem mitteres et ea, quae nobis,
cum Romae sumus, narrare nemo audeat? vide, quantum tibi meo iudicio tribuam – nec mercule iniuria;
πολιτικώτερον enim te adhuc neminem cognovi –: ne

wegs; immerhin würde meine große, starke Liebe mich befähigen, Dir mit gutem Rat zur Seite zu stehen.

Ich schreibe Dir ein andermal mehr; in ein paar Tagen werde ich nämlich meine eigenen Kuriere absenden. Ich habe ja nicht ganz ohne Glück und mit dem erwünschten Erfolg für den Staat gekämpft und möchte also dem Senat in einem ausführlichen Schreiben über die Ereignisse des ganzen Sommers berichten.

Wie energisch ich mich für Deine Priesterstelle eingesetzt habe und wie schwierig die Sache an sich und in Deinem besonderen Falle ist, wirst du aus dem Briefe ersehen, den ich Deinem Freigelassenen Thraso mitgegeben habe.

Dich, mein Curio, bitte ich im Namen unsrer gegenseitigen unvergleichlichen Hochachtung inständig, nicht zu dulden, daß mir diese leidige Statthalterschaft auch nur um einen Augenblick verlängert wird. Ich habe schon persönlich mit Dir darüber gesprochen, als ich noch nicht ahnte, daß Du in diesem Jahre Volkstribun werden würdest, und ebenso habe ich Dich brieflich mehrfach gebeten; aber da warst Du gleichsam nur mein Schüler, wenn auch ein hochadeliger, einflußreicher junger Mann; jetzt wende ich mich an einen Volkstribunen, den Tribunen Curio, nicht, daß etwas Außergewöhnliches beschlossen wird, – das ist meist nicht ganz leicht –, sondern daß etwas Außergewöhnliches nicht beschlossen wird, daß Du für den Senatsbeschluß und die Gesetze eintrittst und an den Bedingungen, unter denen ich abgereist bin, nichts geändert wird. Darum bitte ich Dich dringend ein ums andre Mal.

(Vor Pindenissus, den 19. Dezember [13. XI.] 51)

8.

M. Cicero, der Prokonsul, grüßt M. Caelius.

Wie? Meinst Du wirklich, ich hätte Dich damit beauftragt, mir von der Gruppierung der Fechterpaare, von aufgeschobenen Bürgschaftsleistungen zu berichten, mir Chrestus' Sammelsurium zukommen zu lassen und all das Zeug, das mir, wenn ich in Rom bin, niemand zu erzählen wagt? Sieh nur, wieviel ich aus ehrlicher Überzeugung von Dir halte – und gewiß mit Recht, denn einen so politischen Kopf wie Dich habe ich bisher noch nicht gefunden:

illa quidem curo mihi scribas, quae maximis in rebus
rei publicae geruntur cotidie, nisi quid ad me ipsum
pertinebit; scribent alii, multi nuntiabunt, perferet
multa etiam ipse rumor. quare ego nec praeterita nec
praesentia abs te, sed ut ab homine longe in posterum
prospiciente futura expecto, ut, ex tuis litteris cum
formam rei publicae viderim, quale aedificium futurum sit, scire possim.

Neque tamen adhuc habeo, quod te accusem; neque 2
enim fuit, quod tu plus providere posses quam quivis
nostrum in primisque ego, qui cum Pompeio complures dies nullis in aliis nisi de re publica sermonibus
versatus sum; quae nec possunt scribi nec scribenda
sunt; tantum habeto, civem egregium esse Pompeium
et ad omnia, quae providenda sunt in re publica, et
animo et consilio paratum. quare da te homini; com-
plectetur, mihi crede. iam idem illi et boni et mali
cives videntur, qui nobis videri solent.

Ego cum Athenis decem ipsos dies fuissem multum- 3
que mecum Gallus noster Caninius, proficiscebar inde
prid. Non. Quint., cum hoc ad te litterarum dedi.

Tibi cum omnia mea commendatissima esse cupio
tum nihil magis, quam ne tempus nobis provinciae
prorogetur; in eo mihi sunt omnia. quod quando et
quo modo et per quos agendum sit, tu optime constitues.

IX.

M. CICERO PROCOS. S. D. M. CAELIO AEDILI
CVR. DESIGNATO.

Primum tibi, ut debeo, gratulor laetorque cum 1
praesenti tum etiam sperata tua dignitate, serius non

Du brauchst mir nicht einmal zu schreiben, was Tag für Tag in der hohen Politik vorgeht, es sei denn, es beträfe mich persönlich. Davon werden mir andre schreiben und viele mündlich berichten, manches wird schon das Gerücht mir zutragen. Darum erwarte ich weder Vergangenes noch Gegenwärtiges von Dir, sondern, als von einem Manne, der weit in die Zukunft blickt, das Zukünftige, damit ich mir ein Bild machen kann, wie der fertige Staatsbau aussehen wird, nachdem ich aus Deinen Briefen den Grundriß ersehen habe.

Allerdings habe ich bisher keinen Anlaß, Dir Vorwürfe zu machen. Es ist ja nichts passiert, was Du besser hättest voraussehen können als jeder andre von uns und vornehmlich ich selbst, der ich mich mehrere Tage lang mit Pompeius über nichts anderes als über die politische Lage unterhalten habe. Davon kann ich und darf ich nicht schreiben; nur soviel laß Dir gesagt sein: Pompeius ist ein großartiger Mann, bereit, mit Herz und Hand alle Maßnahmen zu ergreifen, die die politische Entwicklung erfordert. Darum schließ Dich ihm an; glaub' mir, er wird Dich mit offenen Armen aufnehmen! Nachgerade hält er dieselben Leute für gute oder schlechte Staatsbürger wie wir beide zumeist.

Ich habe mich die ganzen letzten zehn Tage in Athen aufgehalten und bin viel mit unserm Gallus Caninius zusammengewesen. Von hier fahre ich heute ab, am 6. Quintilis, an dem ich Dir diesen kurzen Brief schreibe.

Nimm Dich bitte aller meiner Belange energisch an, vor allem aber, daß mir die Zeit meiner Statthalterschaft nicht verlängert wird! Das ist mein Hauptanliegen. Wann, wie und mit wessen Vermittlung Du das in die Hand nehmen willst, wirst Du selbst am besten entscheiden.

(Athen, den 6. Juli [4. VI.] 51)

9.
M. Cicero, der Prokonsul,
grüßt
M. Caelius, den designierten Kurulädilen.

Wie es sich gehört, gratuliere ich Dir zunächst einmal und freue mich über Deinen gegenwärtigen wie über den erhofften Rang;

neglegentia mea, sed ignoratione rerum omnium; in
iis enim sum locis, quo et propter longinquitatem et
propter latrocinia tardissime omnia perferuntur. et
cum gratulor tum vero, quibus verbis tibi gratias
agam, non reperio, quod ita factus sis, ut dederis nobis,
quem ad modum scripseras ad me, quem semper ridere possemus. itaque, cum primum audivi, ego ille
ipse factus sum – scis quem dicam – egique omnis
illos adulescentes, quos ille iactitat. difficile est loqui; 2
te autem contemplans absentem et quasi tecum coram
loquerer:

    'non édepol, quantam rem égeris neque quántum
        facinus feceris;

quod quia praeter opinionem mihi acciderat, refere-
bam me ad illud:

      'incredibile hoc fáctu obicitur';

repente vero 'incessi omnibus laetitiis laetus.' in quo
cum obiurgarer, quod nimio gaudio paene desiperem,
ita me defendebam:

      'égo voluptatem animi nimiam . . .'

quid quaeris? dum illum rideo, paene sum factus ille.
sed haec pluribus multaque alia et de te et ad te, quom 3
primum ero aliquid nactus otii. te vero, mi Rufe, diligo, quem mihi fortuna dedit amplificatorem dignitatis meae, ultorem non modo inimicorum sed etiam
invidorum meorum, ut eos partim scelerum suorum,
partim etiam ineptiarum paeniteret.

X.

M. CICERO IMP. S. D. M. CAELIO AEDILI
CVRVLI DESIGNATO.

Tu vide, quam ad me litterae non perferantur; non 1
enim possum adduci, ut abs te, postea quam aedilis es

ziemlich spät, aber nicht, weil ich saumselig bin, sondern weil ich von nichts etwas wußte. Ich befinde mich ja in einer Gegend, wohin alle Nachrichten wegen der weiten Entfernung und der Räuberbanden nur sehr langsam gelangen. Also ich beglückwünsche Dich; für meinen Dank an Dich finde ich aber wirklich nicht die rechten Worte, daß Du uns mit Deiner Wahl, wie Du Dich ausdrückst, „ein Objekt verschafft hast, über das wir dauernd lachen können". So bin ich denn, sobald ich davon hörte, selbst in seine Haut gekrochen – Du weißt, wen ich meine – und habe mich in die Rolle all der jungen Leute versetzt, mit denen er herumprahlt. Ich weiß gar nicht, was ich sagen soll. Aber mit dem Blick auf Dich in der Ferne und gleichsam vor Dir sitzend, würde ich sprechen:

„Beim Pollux! Nein! Daß Du das fertiggekriegt und solche Heldentat vollbracht hast!"

Und weil mir das wider alles Erwarten passiert ist, fällt mir der Vers ein:

„Kaum zu glauben, was mir da in den Schoß gefallen ist!"

Und dann plötzlich „ging ich einher, unbändig vor Freude". Und schilt man mich dabei, daß ich vor übermäßiger Freude fast den Verstand verloren habe, dann verteidige ich mich mit dem Worte:

„Für ein ganz besonderes Vergnügen halte ich . . ."

Du wunderst Dich? Ja, während ich über den Kerl lache, bin ich beinahe selbst der Kerl geworden. Aber davon und von vielem andern über Dich und an Dich ausführlicher, sobald ich ein wenig zur Ruhe gekommen bin. Du aber bist ein Prachtmensch, mein Rufus, den mir das Schicksal als Förderer meiner Würde, als Rächer an meinen Feinden und Neidern geschenkt hat! Sie sollen ihre Verbrechen, ihre Albernheiten noch bereuen!

(Bei Mopsuhestia, den 8. Oktober [3. IX.] 51)

10.

M. Cicero, der Imperator
grüßt
M. Caelius, den designierten Kurulädilen.

Da siehst Du, wie schwer Briefe zu mir durchkommen. Denn ich kann mir nicht denken, daß Du seit Deiner Wahl zum Ädilen über-

factus, nullas putem datas, praesertim cum esset tanta
res tantae gratulationis, de te, quia, quod sperabam,
de Hillo – balbus enim sum –, quod non putaram.
atqui sic habeto, nullam me epistulam accepisse tuam
post comitia ista praeclara, quae me laetitia extulerunt;
ex quo vereor, ne idem eveniat in meas litteras. equidem numquam domum misi unam epistulam, quin
esset ad te altera, nec mihi est te iucundius quicquam
nec carius. sed – balbi non sumus – ad rem redeamus.

·Ut optasti, ita est; velles enim, ais, tantum modo ut 2
haberem negotii, quod esset ad laureolam satis, Parthos times, quia diffidis copiis nostris. ergo ita accidit;
nam Parthico bello nuntiato locorum quibusdam angustiis et natura montium fretus ad Amanum exercitum adduxi satis probe ornatum auxiliis et quadam
auctoritate apud eos, qui me non norant, nominis
nostri; multum est enim in his locis: 'hicine est ille,
qui urbem? quem senatus?' nosti cetera.

Cum venissem ad Amanum, qui mons mihi cum
Bibulo communis est divisus aquarum divertiis, Cassius noster, quod mihi magnae voluptati fuit, feliciter
ab Antiochea hostem reiecerat, Bibulus provinciam
acceperat.

Interea cum meis copiis omnibus vexavi Amanien- 3
sis, hostis sempiternos; multi occisi, capti, reliqui
dissipati; castella munita improviso adventu capta et
incensa. ita victoria iusta imperator appellatus apud
Issum, quo in loco, saepe ut ex te audivi, Clitarchus
tibi narravit Dareum ab Alexandro esse superatum,
abduxi exercitum ad infestissimam Ciliciae partem.
ibi quintum et vicesimum iam diem aggeribus, viniis,
turribus oppugnabam oppidum munitissimum, Pin-

haupt nicht an mich geschrieben haben solltest, zumal ein so großer Erfolg einen warmen Glückwunsch verdiente, was Dich angeht, weil sich meine Erwartungen erfüllt haben, was Hillus angeht – ich stottere nämlich –, weil ich es nicht erwartet hatte. Aber ich habe wirklich keinen Brief von Dir erhalten seit Deiner glänzenden Wahl, die mich ganz aus dem Häuschen gebracht hat, und so befürchte ich, daß es mit meinen Briefen ebenso geht. Ich habe niemals nach Hause geschrieben, ohne nicht auch einen Brief an Dich beizulegen, und Du bist mir überhaupt das Liebste und Teuerste, was es gibt. Aber ich bin kein Stammler, und so wollen wir zur Sache kommen.

Dein Wunsch ist in Erfüllung gegangen. Denn Du sagst, Du wünschtest, es möchte sich mir eine Aufgabe stellen, die für ein paar Lorbeerblätter gerade ausreicht, hast aber Angst vor den Parthern, weil Du meinen Streitkräften nicht eben viel zutraust. Jetzt ist es also soweit. Nachdem ich Meldung von dem Partherkrieg bekommen hatte, habe ich im Vertrauen auf einige Engpässe und das gebirgige Gelände mein Heer zum Amanus geführt, ganz anständig mit Hilfsvölkern versehen und ausgerüstet mit einer Art von Autorität meines Namens bei denen, die mich nicht kennen. Denn hier heißt es überall: „Ist das der Kerl, der die Stadt . . .?" „Den der Senat . . .?" Nun, Du weißt schon Bescheid.

Als ich zum Amanus kam – dies Gebirge bildet mit der Wasserscheide die Grenze zwischen mir und Bibulus –, hatte unser Cassius zu meiner großen Freude den Feind glücklich von Antiochia zurückgeworfen; Bibulus hatte die Provinz übernommen.

Ich brandschatzte derweilen die Amanienser, ewige Feinde, mit all meinen Truppen; viele wurden getötet oder gefangengenommen, der Rest zersprengt. Feste Plätze wurden durch Handstreich genommen und in Brand gesteckt. So bin ich denn nach einem regelrechten Siege bei Issus zum Imperator ausgerufen worden, wo, wie ich mehrfach von Dir gehört habe, nach der Erzählung Deines Clitarch Alexander den Darius geschlagen hat. Ich führte mein Heer dann in den feindseligsten Teil von Cilicien. Dort liege ich nun schon 24 Tage und bestürme eine stark befestigte Stadt, Pindenissus, mit Dämmen, Sturmlauben und Türmen, unter gewal-

denissum, tantis opibus tantoque negotio, ut mihi ad
summam gloriam nihil desit nisi nomen oppidi. quod 4
si, ut spero, cepero, tum vero litteras publice mittam;
haec ad te in praesenti scripsi, ut sperares te adsequi
id, quod optasses.

Sed ut redeam ad Parthos, haec aestas habuit hunc
exitum satis felicem; ea, quae sequitur, magno est in
timore. quare, mi Rufe, vigila, primum ut mihi succedatur; sin id erit, ut scribis et ut ego arbitror, spis-
sius, illud, quod facile est, ne quid mihi temporis prorogetur.

De re publica ex tuis litteris, ut antea tibi scripsi,
cum praesentia tum etiam futura magis exspecto.
quare, ut ad me omnia quam diligentissime perscribas,
te vehementer rogo.

XI.
M. CICERO IMP. S. D. M. CAELIO
AEDILI CVRVLI.

M. Fabio, viro optimo et homine doctissimo, familiarissime utor mirificeque eum diligo cum propter
summum ingenium eius summamque doctrinam tum
propter singularem modestiam. eius negotium sic
velim suscipias, ut si esset res mea. novi ego vos
magnos patronos; hominem occidat oportet, qui vestra
opera uti velit. sed in hoc homine nullam accipio excusationem. omnia relinques, si me amabis, cum tua
opera Fabius uti volet.

Ego res Romanas vehementer exspecto et desidero
in primisque, quid agas, scire cupio; nam iam diu
propter hiemis magnitudinem nihil novi ad nos adfere-
batur.

tigen Schwierigkeiten und Aufwand gewaltiger Mittel, so daß mir zum höchsten Ruhme nichts weiter fehlt als ein bekannter Stadtname. Nehme ich sie ein, wie ich hoffe, dann schicke ich einen offiziellen Bericht ein. Dir schreibe ich dies schon heute, damit Du Dir Hoffnung machen kannst, Deinen Wunsch erfüllt zu sehen.

Um noch einmal auf die Parther zu kommen: dieser Sommer ist hiermit verhältnismäßig glücklich zu Ende gegangen; dem kommenden sehen wir mit schweren Befürchtungen entgegen. Darum, mein Rufus, sei wach, vor allem, daß ich einen Nachfolger erhalte; verzögert sich das, wie Du schreibst und wie ich vermute, dann verhindere, was nicht schwer sein wird, daß mir meine Statthalterschaft verlängert wird.

Was die Politik angeht, so erwarte ich, aus Deinen Briefen, wie ich Dir neulich schrieb, den gegenwärtigen Stand und besonders die Aussichten für die Zukunft zu erfahren, und ich bitte Dich somit dringend, mir alles haarklein zu berichten.

(Vor Pindenissus, den 14. November [10. X.] 51)

11 (14).
M. Cicero, der Imperator, grüßt M. Caelius, den Kurulädilen.

Mit M. Fabius, einem trefflichen, hochgebildeten Manne, verkehre ich freundschaftlich und schätze ihn riesig wegen seiner glänzenden Begabung und umfassenden Bildung wie auch wegen seiner außerordentlichen Bescheidenheit. Nimm Dich seiner Angelegenheit an, als ob es sich um meine Belange handelte. Ich kenne Euch großschnauzigen Patrone: man muß erst einen Menschen totschlagen, wenn man Euch bemühen will. Aber bei diesem Manne lasse ich keine Ausrede gelten. Laß bitte alles im Stiche, wenn Fabius Deine Hilfe benötigt.

Ich vermisse und erwarte sehnsüchtig Nachrichten aus Rom; vor allem möchte ich wissen, wie es Dir geht. Schon lange ist ja wegen des harten Winters nichts Neues zu uns durchgedrungen.

(Laodicea, im Februar [I.] 50)

XII.
M. CICERO IMP. S. D. M. CAELIO AEDILI
CVRVLI.

Putaresne umquam accidere posse, ut mihi verba 1
dessent, neque solum ista vestra oratoria, sed haec
etiam levia nostratia? desunt autem propter hanc causam, quod mirifice sum sollicitus, quidnam de provinciis decernatur. mirum me desiderium tenet urbis,
incredibile meorum atque in primis tui, satietas autem
provinciae, vel quia videmur eam famam consecuti,
ut non tam accessio quaerenda quam fortuna metuenda sit, vel quia totum negotium non est dignum viribus nostris, qui maiora onera in re publica sustinere
et possim et soleam, vel quia belli magni timor impen-
det, quod videmur effugere, si ad constitutam diem
decedemus.

De pantheris per eos, qui venari solent, agitur man- 2
datu meo diligenter; sed mira paucitas est, et eas, quae
sunt, valde aiunt queri, quod nihil cuiquam insidiarum
in mea provincia nisi sibi fiat. itaque constituisse dicuntur in Cariam ex nostra provincia decedere. sed
tamen sedulo fit et in primis a Patisco. quicquid erit,
tibi erit, sed quid esset, plane nesciebamus.

Mihi mercule magnae curae est aedilitas tua; ipse
dies me admonebat; scripsi enim haec ipsis Megalen-
sibus.
Tu velim ad me de omni rei publicae statu quam
diligentissime perscribas; ea enim certissima putabo,
quae ex te cognoro.

XIII.
M. CICERO IMP. S. D. M. CAELIO AEDILI
CVRVLI.

Raras tuas quidem – fortasse enim non perferun- 1
tur –, sed suavis accipio litteras; vel quas proxime ac-

12 (11).

M. Cicero, der Imperator, grüßt M. Caelius, den Kurulädilen.

Hätte man es je für möglich halten sollen, daß es mir an Worten fehlen könne, und zwar nicht nur an Eurer gewählten Rhetorik dort, sondern auch an diesem meinem leichten Jargon? Und der Grund dafür ist der, daß ich furchtbar besorgt bin, was über die Provinzen beschlossen wird. Du glaubst gar nicht, wie riesig ich mich nach der Hauptstadt sehne, nach meinen Lieben und nicht zuletzt nach Dir. Die Provinz habe ich gründlich satt, weil ich glaube, mir einen so guten Leumund verschafft zu haben, daß ich nicht so sehr auf eine Steigerung bedacht sein wie einen Umschlag befürchten muß; vielleicht auch, weil die ganze Geschichte meinen Einsatz nicht lohnt, der ich fähig und gewohnt bin, schwerere Lasten im Staatsleben zu tragen, oder weil ein schwerer Krieg zu befürchten steht, dem ich wahrscheinlich entgehe, wenn ich am festgesetzten Tage abtrete.

In Sachen der Panther wird in meinem Auftrage von den professionellen Jägern eifrig gearbeitet. Aber es gibt verblüffend wenige, und die wenigen beklagen sich angeblich bitter, daß sie die einzigen Lebewesen in meiner Provinz sind, die man nicht unbehelligt läßt. Darum sollen sie beschlossen haben, aus meiner Provinz nach Carien auszuwandern. Immerhin sind die Leute eifrig dabei, vor allem Patiscus. Alles, was sie kriegen, sollst Du haben; aber wieviel es ist, weiß ich wirklich nicht.

Ich denke weiß Gott immer an Deine Ädilität; gerade das heutige Datum erinnert mich daran, denn ich schreibe diesen Brief genau am Tage der Megalesien.

Du schreib mir bitte so eingehend wie möglich über die ganze politische Lage, denn was ich von Dir erfahre, wird mir als besonders zuverlässig gelten.

(Laodicea, den 4. April [23. II.] 50)

13.

M. Cicero, der Imperator, grüßt M. Caelius, den Kurulädilen.

Nur selten erhalte ich einen Brief von Dir – vielleicht kommen ja nicht alle an –, aber immer sind sie reizend; so auch der, den ich

ceperam, quam prudentis, quam multi et officii et
consilii! etsi omnia sic constitueram mihi agenda, ut
tu admonebas, tamen confirmantur nostra consilia,
cum sentimus prudentibus fideliterque suadentibus
idem videri.

Ego Appium, ut saepe tecum locutus sum, valde 2
diligo meque ab eo diligi statim coeptum esse, ut
simultatem deposuimus, sensi; nam et honorificus in
me cos. fuit et suavis amicus et studiosus studiorum
etiam meorum; mea vero officia ei non defuisse tu es
testis, quoi iam κωμικὸς μάρτυς, ut opinor, accedit
Phania, et mercule etiam pluris eum feci, quod te amari
ab eo sensi. iam me Pompei totum esse scis; Brutum
a me amari intellegis. quid est causae, cur mihi non in
optatis sit complecti hominem florentem aetate, opibus, honoribus, ingenio, liberis, propinquis, adfini-
bus, amicis, conlegam meum praesertim et in ipsa
collegii laude et scientia studiosum mei?

Haec eo pluribus scripsi, quod non nihil significabant tuae litterae subdubitare, qua essem erga illum
voluntate. credo te audisse aliquid. falsum est, mihi
crede, si quid audisti. genus institutorum et rationum
mearum dissimilitudinem non nullam habet cum illius
administratione provinciae; ex eo quidam suspicati
fortasse sunt animorum contentione, non opinionum
dissensione me ab eo discrepare; nihil autem feci umquam neque dixi, quod contra illius existimationem
esse vellem, post hoc negotium autem et temeritatem
nostri Dolabellae deprecatorem me pro illius periculo
praebeo.

Erat in eadem epistula 'veternus civitatis.' gaude- 3
bam sane et congelasse nostrum amicum laetabar otio.
extrema pagella pupugit me tuo chirographo. quid

kürzlich bekommen habe, wie wohlüberlegt, wie voll von Dienstbeflissenheit und klugem Rat! Zwar wollte ich an sich schon in
allem so verfahren, wie Du es mir vorschlägst, aber ich fühle mich
in meinen Entschlüssen bestärkt, wenn ich sehe, daß kluge Freunde
und getreue Ratgeber damit einverstanden sind.

Appius schätze ich sehr, wie ich Dir oft versichert habe, und
weiß, daß er gleich, als die Spannungen zwischen uns beseitigt
waren, begonnen hat, mich zu schätzen. Denn als Konsul war er
aufmerksam gegen mich, ein angenehmer Freund, der sich sogar
für meine wissenschaftlichen Studien interessierte. Daß auch ich
ihm keinen Dienst versagt habe, dessen bist Du selbst Zeuge, dem
nunmehr wohl Phania wie der gute Onkel in der Komödie zur
Seite tritt, und jetzt, wo ich sehe, daß er auch von Dir viel hält,
steigt er weiß Gott noch in meiner Achtung. Daß ich Pompeius
mit Leib und Seele ergeben bin, weißt Du und kennst meine Liebe
zu Brutus. Kein Grund also, nicht den Wunsch zu haben, einen
Mann in mein Herz zu schließen, der in der Blüte der Jahre steht,
Reichtum, Ehren und Verstand besitzt, dazu Kinder, Verwandte,
Verschwägerte, Freunde, zumal er mein Kollege ist und sich
gerade mit seiner kenntnisreichen Lobschrift auf unser Kollegium
an mir interessiert zeigt.

Ich gehe auf diese Dinge so ausführlich ein, weil Dein Brief
durchblicken läßt, daß Du Dir nicht ganz sicher bist, wie ich zu
ihm stehe. Vermutlich hast Du etwas läuten hören. Glaub' mir, es
stimmt nicht, falls Du etwas gehört hast. Meine Maßnahmen und
Grundsätze sind ein wenig verschieden von seiner Provinzialverwaltung; daraus haben die Leute vielleicht den Schluß gezogen,
ich sei mit ihm uneins nicht auf Grund des Mißverhältnisses unsrer
Anschauungen, sondern aus grundsätzlicher Antipathie. Ich habe
aber nie etwas getan oder gesagt, was seiner Reputation schaden
sollte, und jetzt, nach dieser Geschichte, nach der unbesonnenen
Unternehmung unsres Dolabella, stelle ich mich ihm als Fürsprecher
in seiner prekären Lage zur Verfügung.

In Deinem Briefe sprichst Du auch von einer „Lethargie" der
Bürgerschaft. Das hast Du wirklich hübsch gesagt, und daß unser
Freund nichts tut und eingefroren ist, macht mir Spaß. Die letzte
Seite von Deiner eigenen Hand hat mir einen Stich versetzt. Was

ais? Caesarem nunc defendit Curio? quis hoc putaret
praeter me? nam, ita vivam, putavi. di immortales,
quam ego risum nostrum desidero!

Mihi erat in animo, quoniam iuris dictionem con- 4
feceram, civitates locupletaram, publicanis etiam supe-
rioris lustri reliqua sine sociorum ulla querela conser-
varam, privatis, summis infimis, fueram iucundus,
proficisci in Ciliciam Non. Maiis et, cum prima aestiva
attigissem militemque conlocassem, decedere ex
senatus consulto. cupio te aedilem videre miroque
desiderio me urbs adficit et omnes mei tuque in primis.

XIV.
M. CICERO IMP. S. D. M. CAELIO AEDILI
CVRVLI.

Sollicitus equidem eram de rebus urbanis; ita tumul- 1
tuosae contiones, ita molestae Quinquatrus adferebantur – nam citeriora nondum audiebamus –; sed
tamen nihil me magis sollicitabat quam in iis molestiis
non me, si quae ridenda essent, ridere tecum; sunt
enim multa, sed ea non audeo scribere. illud moleste
fero, nihil me adhuc his de rebus habere tuarum litterarum. quare etsi, cum tu haec leges, ego iam annuum
munus confecero, tamen obviae mihi velim sint tuae
litterae, quae me erudiant de omni re publica, ne hospes plane veniam. hoc melius quam tu facere nemo
potest.

Diogenes tuus, homo modestus, a me cum Philone 2
Pessinunte discessit. iter habebant ad Adiatorigem,
quamquam omnia nec benigna nec copiosa cognorant.

Urbem, urbem, mi Rufe, cole et in ista luce vive;
omnis peregrinatio, quod ego ab adulescentia iudicavi,

sagst Du? Curio tritt jetzt für Caesar ein? Wer hätte das erwartet
außer mir! Denn, so wahr ich lebe, ich habe es geahnt. Mein Gott!
Wie gerne würde ich mit Dir darüber lachen!

Mit der Rechtsprechung bin ich fertig, habe die Gemeinden bereichert, den Steuerpächtern die Rückstände auch aus dem vorigen
Lustrum ohne irgendwelche Beschwerden seitens der Bündner
sichergestellt, habe es den Privatleuten, Hoch und Niedrig, recht
gemacht und will mich somit am 7. Mai nach Cilicien auf den Weg
machen. Wenn ich dann die nächstgelegenen Sommerlager inspi-
ziert und die Soldaten einquartiert habe, kann ich, wie der Senat es
beschlossen hat, nach Hause gehen. Ich hoffe, Dich noch als Ädilen
anzutreffen. Ich sehne mich ganz riesig nach der Hauptstadt, nach
all meinen Lieben und besonders nach Dir.

(Laodicea, Anfang Mai [um den 25. III.] 50)

14 (12).

M. Cicero, der Imperator, grüßt M. Caelius, den Kurulädilen.

Ich bin beunruhigt wegen der Vorgänge in der Hauptstadt.
Diese tumultuarischen Volksversammlungen, diese unerfreulichen Quinquatrus, von denen man hier hört! Das sind nämlich die letzten Ereignisse, von denen ich weiß. Doch ärgert mich
nichts mehr, als daß ich bei diesen unerfreulichen Vorgängen nicht
mit Dir zusammen lachen konnte, wenn es dabei etwas zu lachen
gab. Und daran fehlt es ja nicht, aber ich wage nicht, davon zu
schreiben. Eins ist mir gar nicht recht: daß ich bisher keine briefliche Nachricht von Dir über diese Vorgänge habe. Freilich habe
ich, wenn Du dies liest, mein auf ein Jahr berechnetes Amt schon
hinter mir; trotzdem möchte ich, ein Brief von Dir eilte mir entgegen, der mich über die ganze politische Lage informiert, damit
ich nicht als gänzlich Fremder nach Hause komme. Das bekommt
niemand besser fertig als Du.

Dein Diogenes, ein bescheidener Mann, hat mich zusammen mit
Philo in Pessinus verlassen. Sie reisten zu Adiatorix, obwohl sie
erfahren hatten, daß man einfach nicht zahlen will und auch nicht
zahlen kann.

Die Stadt, mein Rufus, die Stadt halte hoch und freue Dich
Deines Lebens in ihrem Glanze! Alles Leben in der Fremde – die

obscura et sordidast iis, quorum industria Romae
potest inlustris esse. quod cum probe scirem, utinam
in sententia permansissem! cum una mercule ambu-
latiuncula atque uno sermone nostro omnis fructus
provinciae non confero. spero me integritatis laudem 5
consecutum; non erat minor ex contemnenda quam
est ex conservata provincia. 'spem triumphi?' inquis.
satis gloriose triumpharem; non essem quidem tam
diu in desiderio rerum mihi carissimarum. sed, ut
spero, propediem te videbo.

Tu mihi obviam mitte epistulas te dignas.

XV.
M. CICERO IMP. S. D. M. CAELIO AEDILI
CVRVLI.

Non potuit accuratius agi nec prudentius, quam est 1
actum a te cum Curione de supplicatione, et hercule
confecta res ex sententia mea est cum celeritate, tum
quod is, qui erat iratus, competitor tuus et idem meus,
adsensus est ei, qui ornavit res nostras divinis laudibus.
quare scito me sperare ea, quae sequuntur; ad quae tu
te para.

Dolabellam a te gaudeo primum laudari, deinde 2
etiam amari; nam ea, quae speras Tulliae meae prudentia temperari posse, scio cui tuae epistulae responde-
ant. quid, si meam legas, quam ego tum ex tuis litteris
misi ad Appium? sed quid agas? sic vivitur. quod
actum est, di adprobent. spero fore iucundum generum nobis, multumque in eo tua nos humanitas adiuvabit.

Res publica me valde sollicitat. faveo Curioni, Cae- 3
sarem honestum esse cupio, pro Pompeio emori pos-

Erfahrung habe ich von Jugend auf gemacht – ist dunkel und bedrückend für jeden, der in Rom mit seiner Tatkraft glänzen kann. Das wußte ich ganz genau; ach, wäre ich doch nicht von meiner Überzeugung abgegangen! Ein einziger kleiner Spaziergang, ein Schwatz mit Dir wiegt weiß Gott schwerer als alle Erfolge meiner Provinzialverwaltung. Ich hoffe, mir den Ruhm der Uneigennützigkeit erworben zu haben. Er wäre nicht geringer gewesen, wenn ich auf die Provinz verzichtet hätte, als jetzt, nachdem ich sie gut verwaltet habe. „Hoffnung auf einen Triumph?" sagst Du. Ich würde nicht ganz ruhmlos triumphieren, brauchte mich jedenfalls nicht so lange nach dem Liebsten, was ich habe, zu sehnen. Aber hoffentlich sehe ich Dich demnächst!

Schicke mir einen Brief entgegen, wie er Deiner würdig ist!

(Im Feldlager in Cilicien, kurz vor dem 26. Juni [16. V.] 50)

15.

M. Cicero, der Imperator, grüßt M. Caelius, den Kurulädilen.

Sorgsamer und geschickter konnte wirklich nicht verhandelt werden, als Du mit Curio über mein Dankfest verhandelt hast, und die Sache ist ganz in meinem Sinne verlaufen, sowohl was die schnelle Erledigung angeht, als auch insofern, als der Wüterich, Dein und ebenfalls mein Mitbewerber, demjenigen zugestimmt hat, der meine Taten über den grünen Klee pries. Darum laß Dir sagen, daß ich jetzt das Weitere erwarte; rüste Dich also darauf!

Daß Du Dolabella lobst und dann auch liebst, freut mich. Denn wenn Du der Hoffnung Ausdruck gibst, gewisse Dinge könnten durch die Klugheit meiner Tullia in das rechte Maß gebracht werden, so weiß ich, auf welchen Deiner Briefe Du damit anspielst. Wie wäre es, wenn Du meinen läsest, den ich seinerzeit auf Deinen Brief hin an Appius gerichtet habe? Aber was könntest Du ausrichten? Es muß eben gehen, wie es geht. Geschehen ist geschehen, und die Götter mögen ihren Segen dazu geben. Ich hoffe, an meinem Schwiegersohn Freude zu haben, und dazu wird Deine Liebenswürdigkeit nicht wenig beitragen.

Die Politik macht mir arge Kopfschmerzen. Für Curio habe ich viel übrig und wünsche nur, Caesar erwiese sich als Ehrenmann. Für Pompeius könnte ich mein Leben lassen, aber der Staat geht

sum; sed tamen ipsa re publica nihil mihi est carius, in qua tu non valde te iactas; districtus enim mihi videris esse, quod et bonus civis et bonus amicus es.

Ego de provincia decedens quaestorem Coelium 4 praeposui provinciae. 'puerum?' inquis. at quaestorem, at nobilem adulescentem, at omnium fere exemplo. neque erat superiore honore usus, quem praeficerem. Pomptinus multo ante discesserat; a Quinto fratre impetrari non poterat; quem tamen si reliquissem, dicerent iniqui non me plane post annum, ut senatus voluisset, de provincia decessisse, quoniam alterum me reliquissem. fortasse etiam illud adderent, senatum eos voluisse provinciis praeesse, qui antea non praefuissent, fratrem meum triennium Asiae praefuisse. denique nunc sollicitus non sum; si fratrem reliquissem, omnia timerem. postremo non tam mea sponte quam potentissimorum duorum exemplo, qui omnis Cassios Antoniosque complexi sunt, hominem adulescentem non tam allicere volui quam alienare nolui. hoc tu meum consilium laudes necessest, mutari enim non potest.

De Ocella parum ad me plane scripseras, et in actis 5 non erat. tuae res gestae ita notae sunt, ut trans montem Taurum etiam de Matrinio sit auditum.

Ego, nisi quid me etesiae morabuntur, celeriter, ut spero, vos videbo.

XVI.
M. CICERO IMP. S. D. M. CAELIO.

Magno dolore me adfecissent tuae litterae, nisi iam 1 et ratio ipsa depulisset omnis molestias et diuturna

mir doch über alles. Du betätigst Dich in der Politik nicht gerade intensiv; Du scheinst mir nämlich von widerstreitenden Gefühlen bewegt zu sein, weil Du ein guter Staatsbürger und guter Freund bist.

Bei meinem Weggange aus der Provinz habe ich den Quästor Coelius mit der Verwaltung beauftragt. „Dieses Kind?" sagst Du. Ja, aber er ist immerhin Quästor, ein junger Mann von Adel, und fast alle andern machen es ebenso. Auch fand sich keiner in höherem Range, den ich hätte einsetzen können. Pomptinus war schon längst über alle Berge, Bruder Quintus wollte sich nicht bereden lassen. Hätte ich ihn trotzdem zurückgelassen, würden böswillige Leute sagen, ich sei nicht genau nach einem Jahre aus der Provinz weggegangen, wie es der Wille des Senats gewesen sei, denn ich hätte mein anderes Ich zurückgelassen. Vielleicht werden sie noch hinzufügen, nach dem Wunsche des Senats sollten diejenigen eine Provinz verwalten, die es bis dahin noch nicht getan hätten, mein Bruder aber habe bereits drei Jahre lang Asia verwaltet. Schließlich brauche ich mir jetzt keine Sorgen zu machen; hätte ich meinen Bruder zurückgelassen, käme ich aus der Angst nicht heraus. Übrigens ist es weniger mein eigener Gedanke, als das Vorbild zweier mächtiger Männer, die all die Cassier und Antonier an sich gezogen haben, das mich bewogen hat, den jungen Mann wenn nicht gerade anzulocken, so doch jedenfalls nicht vor den Kopf zu stoßen. Mit diesem meinem Entschluß mußt Du Dich wohl oder übel abfinden; zu ändern ist nichts mehr daran.

Von Ocella hast Du mir reichlich wenig geschrieben, und in den amtlichen Nachrichten stand nichts von ihm. Deine Heldentaten sind so bekannt, daß man jenseits des Taurus sogar von Matrinius gehört hat.

Wenn mich die Passatwinde nicht aufhalten, sehe ich Dich hoffentlich bald.

(Side, den 3. oder 4. August [22./23. VI.] 50)

16.
M. Cicero, der Imperator, grüßt M. Caelius.

Dein Brief hätte mich sehr geschmerzt, hätte nicht schon eigene Überlegung allen Ärger vertrieben und die andauernde Verzweif-

desperatione rerum obduruisset animus ad dolorem
novum. sed tamen, qua re acciderit, ut ex meis superioribus litteris id suspicarere, quod scribis, nescio; quid
enim in illis fuit praeter querelam temporum? quae
non meum animum magis sollicitum habent quam
tuum. nam non eam cognovi aciem ingenii tui, quod
ipse videam, te id ut non putem videre; illud miror,
adduci potuisse te, qui me penitus nosse deberes, ut
existimares aut me tam improvidum, qui ab excitata
fortuna ad inclinatam et prope iacentem desciscerem,
aut tam inconstantem, ut conlectam gratiam floren-
tissimi hominis effunderem a meque ipse deficerem et,
quod initio semperque fugi, civili bello interessem.

Quod est igitur meum 'triste consilium'? ut disce- 2
derem fortasse in aliquas solitudines. nosti enim non
modo stomachi mei, cuius tu similem quondam habebas, sed etiam oculorum in hominum insolentium in-
dignitate fastidium. accedit etiam molesta haec pompa
lictorum meorum nomenque imperi, quo appellor.
eo si onere carerem, quamvis parvis Italiae latebris
contentus essem; sed incurrit haec nostra laurus non
solum in oculos, sed iam etiam in voculas malevolorum. quod cum ita esset, nil tamen umquam de pro-
fectione nisi vobis approbantibus cogitavi. sed mea
praediola tibi nota sunt; in his mihi necesse est esse,
ne amicis molestus sim. quod autem in maritimis facillime sum, moveo non nullis suspicionem velle me
navigare; quod tamen fortasse non nollem, si possem
ad otium; nam ad bellum quidem qui convenit? praesertim contra eum, cui spero me satis fecisse, ab eo,
cui iam satis fieri nullo modo potest.

Deinde sententiam meam tu facillime perspicere 3
potuisti iam ab illo tempore, cum in Cumanum mihi
obviam venisti. non enim te celavi sermonem T. Am-

lung an den Geschehnissen mein Herz gegen jeden neuen Schmerz verhärtet. Aber ich möchte doch wissen, wie Du auf Grund meines letzten Briefes nur auf diesen Verdacht kommen konntest. Was stand denn andres drin als Klagen über die Zeitläufte, die Dich nicht weniger in Aufregung halten als mich? Ich kenne doch Deinen scharfen Verstand zu gut und kann mir nicht denken, daß Du nicht sehen solltest, was ich sehe. Aber darüber wundere ich mich, daß Du, der Du mich doch ganz genau kennen müßtest, hast glauben können, ich sei so unbedacht, mich von dem aufsteigenden Gestirn abzuwenden und dem sinkenden und beinahe schon erloschenen zuzukehren, oder so wankelmütig, daß ich den erworbenen Schatz an Wohlwollen seitens eines Mannes auf der Höhe des Erfolgs verschleuderte und mir selbst untreu würde und mich, was ich von Anfang an und immer abgelehnt habe, am Bürgerkriege beteiligte.

Worin besteht also mein „beklagenswerter Entschluß"? Daß ich mich vielleicht an irgendeinen einsamen Ort zurückziehe. Du weißt doch, wie es mir hochkommt – Dir ging es einst ja ähnlich – bei dem niederträchtigen Benehmen dieser überheblichen Gesellschaft, wie meine Augen sich davor ekeln. Dazu kommt dies lästige Gefolge meiner Liktoren, meine Imperatorwürde. Wäre ich diese Last los, dann sollte mir jeder noch so kleine Winkel Italiens recht sein. Aber dieser mein Lorbeerschmuck beschäftigt nicht nur die Augen, sondern auch die Mäuler der Übelwollenden. Trotzdem habe ich doch nicht einen Augenblick daran gedacht, ohne Eure Einwilligung abzureisen. Aber da sind, wie Du weißt, meine Landgüter; auf ihnen halte ich mich notgedrungen auf, um meinen Freunden nicht zur Last zu fallen, und weil ich am liebsten auf denen an der See weile, kommt manch einer auf den Verdacht, ich wolle zu Schiff ausrücken. Immerhin würde ich das vielleicht ganz gern tun, wenn ich dem Frieden entgegenfahren könnte. Denn zum Kriege – wie könnte ich das? Zumal gegen den, dem ich Genüge getan zu haben hoffe, auf seiten dessen, den man nachgerade doch nicht mehr zufriedenstellen kann.

Im übrigen hast Du Dir schon von jenem Zeitpunkt an ein genaues Bild von meiner Einstellung machen können, als Du mir auf mein Cumanum entgegenkamst. Ich habe Dir nämlich nicht ver-

pi; vidisti, quam abhorrerem ab urbe relinquenda,
cum audissem; nonne tibi adfirmavi quidvis me potius
perpessurum quam ex Italia ad bellum civile exiturum?
quid ergo accidit, cur consilium mutarem? nonne omnia potius, ut in sententia permanerem? credas hoc
mihi velim, quod puto te existimare, me ex his miseriis
nihil aliud quaerere, nisi ut homines aliquando intellegant me nihil maluisse quam pacem, ea desperata
nihil tam fugisse quam arma civilia. huius me constantiae puto fore ut numquam paeniteat. etenim memini
in hoc genere gloriari solitum esse familiarem nostrum
Q. Hortensium, quod numquam bello civili interfuis-
set; hoc nostra laus erit inlustrior, quod illi tribue-
batur ignaviae, de nobis id existimari posse non arbitror.

Nec me ista terrent, quae mihi a te ad timorem fidis- 4
sime atque amantissime proponuntur. nulla est enim
acerbitas, quae non omnibus hac orbis terrarum perturbatione impendere videatur; quam quidem ego a
re publica meis privatis et domesticis incommodis
libentissime vel istis ipsis, quae tu me mones ut caveam, redemissem. filio meo, quem tibi carum esse gau- 5
deo, si erit ulla res publica, satis amplum patrimonium
relinquam in memoria nominis mei; sin autem nulla
erit, nihil accidet ei separatim a reliquis civibus. nam
quod rogas, ut respiciam generum meum, adulescentem optimum mihique carissimum, an dubitas, qui
scias quanti cum illum tum vero Tulliam meam faciam,
quin ea me cura vehementissime sollicitet, et eo magis,
quod in communibus miseriis hac tamen oblectabar
specula, Dolabellam meum vel potius nostrum fore
ab iis molestiis, quas liberalitate sua contraxerat,
liberum? velim quaeras, quos ille dies sustinuerit, in

schwiegen, was ich mit T. Ampius gesprochen habe; Du hast gesehen, wie sehr ich dagegen gewesen bin, die Hauptstadt zu räumen, als ich davon hörte. Und habe ich Dir nicht versichert, ich wolle alles mögliche lieber auf mich nehmen als von Italien weg in den Bürgerkrieg gehen? Was ist also passiert, weshalb ich meinen Entschluß hätte ändern sollen? Ist nicht vielmehr alles danach angetan, mich bei meiner Ansicht zu halten? Du darfst es mir schon glauben, was Du Dir vermutlich selbst sagst: ich will aus meiner unglücklichen Lage hier nichts anderes gewinnen, als daß die Leute endlich einsehen, daß ich immer nur den Frieden gewollt habe, und als ich daran verzweifeln mußte, nichts so gemieden habe wie die Beteiligung am Bürgerkriege. Diese Beständigkeit werde ich wahrscheinlich nie zu bereuen haben. Ich entsinne mich nämlich, wie mein Freund Hortensius sich gerade dessen zu rühmen pflegte, daß er niemals an einem Bürgerkriege teilgenommen habe. Mein Ruhm wird um so heller strahlen, weil man ihm das als Bequemlichkeit auslegte, bei mir aber davon doch wohl keine Rede sein kann.

Auch die Bilder, die Du mir als treuer Freund vor Augen führst, um mich zu ängstigen, machen keinen Eindruck auf mich. Denn welche Bitternis bedroht bei diesem Aufruhr der ganzen Welt nicht jedermann in gleicher Weise? Wie gerne hätte ich ihn dem Vaterlande erspart auf Kosten meines persönlichen Wohlergehens und des Glücks meiner Familie, ja selbst auf die Gefahr hin, vor der Du mich warnst! Meinem Sohne – es freut mich, daß Du ihn liebgewonnen hast – werde ich, wenn es überhaupt noch einen Staat geben wird, mit der Erinnerung an meinen Namen ein recht stattliches Erbe hinterlassen; gibt es aber keinen mehr, dann trifft ihn, was auch alle andern Staatsbürger trifft. Denn wenn Du mich bittest, auch an meinen Schwiegersohn, den trefflichen, mir sehr lieben jungen Mann, zu denken – meinst Du etwa, ich sorgte mich nicht ernstlich um sein Wohl und Wehe, wo Du weißt, wie nahe er mir sowohl wie vor allem meine Tullia meinem Herzen steht? Und das um so mehr, weil bei der allgemeinen Misere doch dieser Hoffnungsschimmer mein Gemüt erhellt, daß mein oder vielmehr unser Dolabella von den Unannehmlichkeiten, die er sich infolge seiner Freigebigkeit zugezogen hat, befreit wird. Frag' ihn nur, wie viele Zahlungstermine er zu bestehen gehabt hat, solange er in Rom war,

urbe dum fuit, quam acerbos sibi, quam mihimet ipsi
socero non honestos.

Itaque neque ego hunc Hispaniensem casum ex- 6
specto, de quo mihi exploratum est ita esse, ut tu
scribis, neque quicquam astute cogito. si quando erit
civitas, erit profecto nobis locus; sin autem non erit,
in easdem solitudines tu ipse, ut arbitror, venies, in
quibus nos consedisse audies. sed ego fortasse vatici-
nor et haec omnia meliores habebunt exitus. recordor
enim desperationes eorum, qui senes erant adulescente
me. eos ego fortasse nunc imitor et utor aetatis vitio.
velim ita sit; sed tamen . . .

Togam praetextam texi Oppio puto te audisse; nam 7
Curtius noster dibaphum cogitat, sed eum infector
moratur. hoc aspersi, ut scires me tamen in stomacho
solere ridere.

De Dolabella quod scripsi, suadeo videas, tamquam
si tua res agatur.

Extremum illud erit: nos nihil turbulenter, nihil
temere faciemus; te tamen oramus, quibuscumque
erimus in terris, ut nos liberosque nostros ita tueare,
ut amicitia nostra et tua fides postulabit.

XVII.
M. CICERO IMP. S. D. CN. SALVSTIO PROQ.

Litteras a te mihi stator tuus reddidit Tarsi a. d. 1
XVI Kal. Sextiles. his ego ordine, ut videris velle,
respondebo.

De successore meo nihil audivi neque quemquam
fore arbitror. quin ad diem decedam, nulla causa est,
praesertim sublato metu Parthico. commoraturum me
nusquam sane arbitror; Rhodum Ciceronum causa
puerorum accessurum puto, neque id tamen certum.

wie bitter für ihn persönlich und wie wenig erfreulich für mich selbst, den Schwiegervater, seine Schwierigkeiten waren!

So warte ich denn weder die augenblicklichen Vorgänge in Spanien ab – es ist mir vollkommen klar, daß es so ist, wie Du schreibst –, noch hege ich irgendwelche hinterhältigen Gedanken. Wenn es einmal wieder ein Gemeinwesen gibt, wird sich darin sicherlich auch ein Platz für mich finden; wenn nicht, dann wirst Du Dich wahrscheinlich ebenso in die Einsamkeit zurückziehen, wie Du es alsdann von mir hören wirst. Mag sein, daß ich ein Schwarzseher bin und daß dies alles besser ausgehen wird. Ich erinnere mich, wie verzweifelt in meiner Jugend die Alten waren. Vielleicht mache ich es jetzt ebenso wie sie und verfalle in die Fehler des Alters. Wäre es doch so! Aber trotzdem . . .

Daß für Oppius das Amtskleid schon in Arbeit ist, hast Du wohl gehört. Und unser Curtius denkt gar an das doppeltgefärbte Gewand; aber der Färber hält ihn hin. Dies zur Würze, damit Du siehst, daß ich bei allem Ärger doch das Lachen nicht verlernt habe.

Um noch einmal auf Dolabella zu kommen: ich möchte Dir raten, die Sache in die Hand zu nehmen, als ob es Deine eigene Sache wäre.

Das Fazit meiner Ausführungen: ich werde keinen kopflosen, keinen unüberlegten Schritt tun. Dich aber bitte ich, wo in aller Welt ich immer sein mag, mich und meine Kinder unter Deine Fittiche zu nehmen, wie unsre Freundschaft und Deine treue Liebe es Dir gebieten.

(Auf dem Cumanum, den 4. Mai [13. III.] 49)

17.

M. Cicero, der Imperator, grüßt Cn. Sallustius, den Proquästor.

Die Briefe von Dir hat mir Dein Amtsdiener am 17. Quintilis in Tarsus eingehändigt, und ich werde sie der Reihe nach, wie Du es zu wünschen scheinst, beantworten.

Von einem Nachfolger für mich habe ich nichts gehört, und ich glaube auch nicht, daß es einen geben wird. Das ist aber kein Grund für mich, nicht genau auf den Tag abzutreten, zumal die Furcht vor den Parthern gegenstandslos geworden ist. Ich werde wahrscheinlich überhaupt nirgends Station machen. Nach Rhodus werde ich

ad urbem volo quam primum venire; sed tamen iter
meum rei publicae et rerum urbanarum ratio guber-
nabit. successor tuus non potest ita maturare, ullo
modo ut tu me in Asia possis convenire.

De rationibus referendis non erat incommodum te 2
nullam referre, quam tibi scribis a Bibulo fieri potestatem; sed id vix mihi videris per legem Iuliam facere
posse, quam Bibulus certa quadam ratione non servat,
tibi magnopere servandam censeo.

Quod scribis Apamea praesidium deduci non opor- 3
tuisse, videbam item ceteros existimare molesteque
ferebam de ea re minus commodos sermones malevolorum fuisse. Parthi transierint necne praeter te
video dubitare neminem. itaque omnia praesidia, quae
magna et firma paraveram, commotus hominum non
dubio sermone dimisi.

Rationes mei quaestoris nec verum fuit me tibi mit- 4
tere, nec tamen erant confectae; eas nos Apameae deponere cogitabamus. de praeda mea praeter quaestores
urbanos, id est populum Romanum, terruncium nec
attigit nec tacturus est quisquam. Laodiceae me praedes accepturum arbitror omnis pecuniae publicae, ut
et mihi et populo cautum sit sine vecturae periculo.

Quod scribis ad me de drachmum CCCIↃↃ, nihil
est, quod in isto genere cuiquam possim commodare;
omnis enim pecunia ita tractatur, ut praeda a praefec-
tis, quae autem mihi attributa est, a quaestore curetur.

Quod quaeris, quid existimem de legionibus, quae 5
decretae sunt in Syriam, antea dubitabam venturaene
essent; nunc mihi non est dubium, quin, si antea auditum erit otium esse in Syria, venturae non sint; Marium
quidem successorem tarde video esse venturum, propterea quod senatus ita decrevit, ut cum legionibus iret.

wohl der beiden Ciceros wegen gehen, doch ist auch das nicht sicher. Ich möchte so bald wie möglich zur Hauptstadt kommen; jedoch werden die politischen Ereignisse und die Verhältnisse in der Stadt meinen Weg bestimmen. Dein Nachfolger kann nicht so bald kommen, daß Du mich noch irgendwie in Asia treffen könntest.

Was die Rechnungsablegung angeht, so wäre es natürlich ganz bequem, wenn Du sie ganz unterließest, wozu Dich Bibulus, wie Du schreibst, bevollmächtigt hat; ich glaube aber, daß die Lex Iulia Dir das nicht gestattet; Bibulus beachtet sie aus bestimmten Gründen nicht, Du darfst sie aber, meine ich, keinesfalls übertreten.

Du meinst, aus Apamea hätte man die Besatzung nicht zurückziehen dürfen. Ich sehe, daß alle andern meine Auffassung teilen, und bin ungehalten, daß übelwollende Leute sich weniger zustimmend geäußert haben. Ob die Parther abgezogen sind oder nicht, darüber ist außer Dir offenbar niemand im Zweifel. Somit habe ich alle Besatzungen, die ich in großer Zahl und Stärke eingesetzt hatte, gestützt auf das zweifellos richtige Gerücht unter den Leuten, abberufen.

Dir die Abrechnungen meines Quästors zu schicken, scheint mir nicht angebracht; außerdem sind sie doch noch nicht abgeschlossen. Ich gedenke, sie in Apamea zu deponieren. Von meiner Beute hat außer den Stadtquästoren, das heißt also: außer dem Römischen Volke niemand auch nur einen roten Heller angerührt noch wird es je geschehen. In Laodicea hoffe ich Bürgen für die gesamten Staatsgelder zu bekommen, so daß ich und das Volk gesichert sind ohne die Gefahr beim Transport.

Was die 30 000 Drachmen angeht, von denen Du schreibst, so habe ich nichts zur Verfügung, was ich jemandem für diesen Zweck überlassen könnte. Mit dem ganzen Geld mache ich es nämlich so, daß die Beutegelder in der Hand der Präfekten, der auf mich entfallende Teil in der Hand des Quästors ist.

Du fragst, wie ich über die Legionen denke, die für Syrien bestimmt worden sind. Früher war ich im Zweifel, ob sie kommen würden; jetzt bin ich mir ganz sicher, daß sie nicht kommen, wenn man erst hört, daß in Syrien Ruhe herrscht. Dein Nachfolger Marius wird wohl ziemlich lange auf sich warten lassen, denn der Senat hat beschlossen, daß er mit den Legionen gehen soll.

Uni epistulae respondi; venio ad alteram. petis a 6
me, ut Bibulo te quam diligentissime commendem. in
quo mihi voluntas non dest, sed locus esse videtur
tecum expostulandi. solus enim tu ex omnibus, qui
cum Bibulo sunt, certiorem me numquam fecisti,
quam valde Bibuli voluntas a me sine causa abhorreret.
permulti enim ad me detulerunt, quom magnus An-
tiochiae metus esset et magna spes in me atque in
exercitu meo, solitum dicere quidvis se perpeti malle
quam videri eguisse auxilio meo; quod ego officio
quaestorio te adductum reticere de praetore tuo non
moleste ferebam, quamquam, quem ad modum trac-
tarere, audiebam. ille autem, cum ad Thermum de
Parthico bello scriberet, ad me litteram numquam
misit, ad quem intellegebat eius belli periculum pertinere; tantum de auguratu filii sui scripsit ad me; in
quo ego misericordia commotus, et quod semper amicissimus Bibulo fui, dedi operam, ut ei quam humanissime scriberem. ille si in omnis est malevolus, quod 7
numquam existimavi, minus offendor in me; sin autem a me est alienior, nihil tibi meae litterae proderunt;
nam, ad senatum quas Bibulus litteras misit, in iis,
quod mihi cum illo erat commune, sibi soli attribuit:
se ait curasse, ut cum quaestu populi pecunia permu-
taretur; quod autem meum erat proprium, ut alariis
Transpadanis uti negarem, id etiam populo se remi-
sisse scribit; quod vero illius erat solius, id mecum
communicat: 'equitibus auxiliariis,' inquit, 'cum amplius frumenti postularemus.' illud vero pusilli animi
et ipsa malevolentia ieiuni atque inanis, quod Ariobarzanem, quia senatus per me regem appellavit mihique commendavit, iste in litteris non regem, sed re-

Damit habe ich den einen Brief beantwortet und komme zum zweiten. Du bittest mich, ich möchte bei Bibulus ein gutes Wort für Dich einlegen. Dazu bin ich an sich gern bereit, nur muß ich mich zunächst doch wohl bei Dir beschweren. Du bist nämlich von allen Gefolgsleuten des Bibulus der einzige, der mich niemals davon unterrichtet hat, wie abgeneigt mir Bibulus ohne jeden Grund ist. Denn viele haben mir hinterbracht, er habe, als man in Antiochia ernstlich besorgt war und stark auf mich und meine Armee hoffte, mehrfach erklärt, alles lieber über sich ergehen lassen zu wollen als den Eindruck erwecken, meiner Hilfe bedurft zu haben. Daß Du in Deiner Stellung als Quästor dies Verhalten Deines Vorgesetzten verschwiegest, dafür habe ich volles Verständnis, obwohl ich weiß, wie Du dort behandelt wirst. Im übrigen hat er sich wegen des Partherkrieges zwar an Thermus gewandt, an mich aber niemals eine Silbe geschrieben, den, wie er wußte, diese Kriegsgefahr ebenfalls anging. Nur wegen des Augurats seines Sohnes hat er mir geschrieben, und ich habe mich aus Mitgefühl, und weil ich Bibulus immer freundschaftlich verbunden gewesen bin, bemüht, ihm in dieser Sache so freundlich wie möglich zu antworten. Wenn er gegen alle übelgelaunt ist, was ich nie für möglich gehalten hätte, fühle ich mich weniger verletzt, wenn er es auch gegen mich ist; ist er aber mir persönlich besonders abgeneigt, dann wird Dir meine Empfehlung wenig nützen. In seinem Bericht an den Senat nimmt Bibulus nämlich alles, was ich mit ihm gemeinsam zu verantworten habe, für sich allein in Anspruch; er habe dafür gesorgt, sagt er, daß das Geld mit Gewinn für das Volk auf Wechsel gegeben würde; was dagegen allein auf meine Rechnung ging, nämlich daß ich mich weigerte, die transpadanischen Hilfstruppen einzusetzen, darauf habe auch er dem Volke zuliebe verzichtet, und was er allein zu verantworten hat, dafür will er die Verantwortung mit mir teilen. „Da wir für die berittenen Hilfstruppen mehr Getreide forderten" sagt er. Folgender Vorgang zeigt gerade durch sein Übelwollen die ganze Nichtigkeit, Erbärmlichkeit und Hohlheit seines Charakters: Weil der Senat auf meinen Vorschlag hin Ariobarzanes den Königstitel verliehen und ihn unter meinen Schutz gestellt hat, bezeichnet er ihn in seinen Berichten nicht als König, sondern als „Sohn des Königs Ariobarzanes". Leute solchen Charakters werden nur noch

gis Ariobarzanis filium appellat. hoc animo qui sunt,
deteriores fiunt rogati. sed tibi morem gessi; litteras
ad eum scripsi, quas cum acceperis, facies, quod voles.

XVIII.
M. CICERO IMP. S. D. Q. THERMO PROPR.

Officium meum erga Rhodonem ceteraque mea 1
studia, quae tibi ac tuis praestiti, tibi, homini gratissimo, grata esse vehementer gaudeo, mihique scito in
dies maiori curae esse dignitatem tuam; quae quidem
a te ipso integritate et clementia tua sic amplificata est,
ut nihil addi posse videatur. sed mihi magis magisque 2
cotidie de rationibus tuis cogitanti placet illud meum
consilium, quod initio Aristoni nostro, ut ad me venit,
ostendi, gravis te suscepturum inimicitias, si adulescens potens et nobilis a te ignominia adfectus esset.
et hercule sine dubio erit ignominia; habes enim neminem honoris gradu superiorem; ille autem, ut omittam nobilitatem, hoc ipso vincit viros optimos hominesque innocentissimos, legatos tuos, quod et
quaestor est et quaestor tuus. nocere tibi iratum neminem posse perspicio, sed tamen tres fratres summo
loco natos, promptos, non indisertos, te nolo habere
iratos, iure praesertim; quos video deinceps tribunos
pl. per triennium fore. tempora autem rei publicae 3
qualia futura sint, quis scit? mihi quidem turbulenta
videntur fore. cur ego te velim incidere in terrores
tribunicios, praesertim cum sine cuiusquam reprehen-
sione quaestoriis legatis quaestorem possis anteferre?
qui si se dignum maioribus suis praebuerit, ut spero et
opto, tua laus ex aliqua parte fuerit; sin quid offenderit, sibi totum, nihil tibi offenderit.

Quae mihi veniebant in mentem, quae ad te per-

schlechter, wenn man sie um etwas bittet. Aber ich habe Dir will-
fahrt und lege ein Empfehlungsschreiben an ihn bei. Wenn Du es
erhalten hast, mach' damit, was Du willst.

(Tarsus, den 17. Juli [5. VI.] 50)

18.

M. Cicero, der Imperator, grüßt Q. Thermus, den Proprätor.

Daß meine Dienstbereitschaft gegen Rhodo und meine sonstigen
Dir und Deinen Freunden erwiesenen Dienste in Deinem dankbaren Herzen Anerkennung finden, freut mich sehr, und Du darfst
überzeugt sein, daß mir Deine Würde von Tag zu Tag mehr am
Herzen liegt; freilich hast Du sie ja selbst durch Deine Redlichkeit
und Milde so vermehrt, daß sie kaum noch einer Steigerung fähig
zu sein scheint. Aber während ich tagtäglich über die von Dir
beabsichtigten Maßnahmen nachdenke, komme ich mehr und mehr
auf meinen ursprünglichen Ratschlag zurück, den ich unserm Aristo
gleich nach seinem Eintreffen bei mir dargelegt habe: Du würdest
Dich in schwere Feindschaft verstricken, wenn der einflußreiche,
adelige junge Mann von Dir zurückgesetzt würde. Und zweifellos
wird es eine Zurücksetzung sein, denn er ist der Rangälteste in
Deinem Stabe. Abgesehen von seinem Adel steht er den an sich
achtbaren, rechtschaffenen Männern, Deinen Legaten, schon dadurch voran, daß er Quästor ist, und zwar Dein Quästor. Daß Dir
niemand in seinem Zorn schaden kann, darüber bin ich mir klar;
aber ich möchte es doch vermieden sehen, daß Du Dir, zumal sie
im Recht sind, die drei hochadeligen, tatkräftigen, nicht ungewand-
ten Brüder zu Feinden machst, die wahrscheinlich in den nächsten
drei Jahren nacheinander Volkstribunen sein werden. Und wer
weiß, wie die Lage des Staates sich gestalten wird? Ich für meine
Person glaube, daß es drunter und drüber gehen wird. Wie könnte
ich es da mit ansehen, wie Du Dich dem Terror der Tribunen aus-
setzt? Zumal Dir niemand einen Vorwurf machen kann, wenn Du
den Quästor den Legaten, die auch nur Quästorier sind, vorziehst.
Erweist er sich, wie ich hoffe und wünsche, seiner Vorfahren würdig, so ist es zum guten Teil Dein Verdienst; richtet er etwas an,
dann hat er den ganzen Schaden, und Dich trifft keine Schuld.

Ich bin drauf und dran, nach Cilicien zu gehen; deshalb glaube

tinere arbitrabar, quod in Ciliciam proficiscebar, existimavi me ad te oportere scribere; tu quod egeris, id
velim di adprobent; sed, si me audies, vitabis inimicitias et posteritatis otio consules.

XIX.
M. TVLLIVS M. F. M. N. CICERO IMP. S. D.
C. COELIO L. F. C. N. CALDO Q.

Cum optatissimum nuntium accepissem te mihi 1
quaestorem obtigisse, eo iucundiorem mihi eam sortem sperabam fore, quo diutius in provincia mecum
fuisses; magni enim videbatur interesse ad eam necessitudinem, quam nobis sors tribuisset, consuetudinem quoque accedere. postea, quom mihi nihil neque
a te ipso neque ab ullo alio de adventu tuo scriberetur,
verebar, ne ita caderet, quod etiam nunc vereor, ne,
ante quam tu in provinciam venisses, ego de provincia decederem. accepi autem a te missas litteras in Cilicia, cum essem in castris, a. d. X Kal. Quint. scriptas
humanissime, quibus facile et officium et ingenium
tuum perspici posset, sed neque unde nec quo die
datae essent aut quo tempore te exspectarem significabant, nec is, qui attulerat, a te acceperat, ut ex eo
scirem, quo ex loco aut quo tempore essent datae.
quae cum essent incerta, existimavi tamen faciundum 2
esse, ut ad te statores meos et lictores cum litteris mitterem. quas si satis opportuno tempore accepisti, gratissimum mihi feceris, si ad me in Ciliciam quam primum veneris. nam, quod ad me Curius, consobrinus
tuus, mihi, ut scis, maxime necessarius, quod item
C. Vergilius, propinquus tuus, familiarissimus noster,
de te accuratissime scripsit, valet id quidem apud me
multum, sicuti debet hominum amicissimorum diligens commendatio, sed tuae litterae de tua praesertim
dignitate et de nostra coniunctione maximi sunt apud

ich Dir schreiben zu müssen, welche Gedanken ich mir hinsichtlich
Deiner Maßnahmen mache. Möchten die Götter gutheißen, was Du
unternimmst. Aber wenn Du auf mich hörst, ersparst Du Dir
Feindschaften und bereitest Dir eine sorgenfreie Zukunft.

(Laodicea, Anfang Mai [Ende III.] 50)

19.

M. Tullius Cicero, des M. Sohn, des M. Enkel, der Imperator,
grüßt
C. Coelius Caldus, des L. Sohn, des C. Enkel, den Quästor.

Als ich die erwünschte Nachricht erhielt, Du seiest mir als Quästor zugewiesen, hoffte ich, daß dies Ergebnis für mich um so erfreulicher sein würde, je länger Du mit mir zusammen in der Provinz tätig sein würdest. Denn es erschien mir sehr wünschenswert,
daß das Band, das das Los um uns geschlungen hat, durch persönlichen Umgang verstärkt würde. Als ich dann aber hernach weder
von Dir noch von sonst jemand Nachricht erhielt, daß Du kämest,
befürchtete ich, daß es so käme, wie ich es auch jetzt noch befürchte,
daß ich aus der Provinz abreiste, ehe Du hier eingetroffen wärest.
Doch habe ich heute, am 21. Juni, hier in Cilicien im Feldlager von
Dir einen überaus liebenswürdigen Brief erhalten, der mich unschwer Deine Dienstbeflissenheit und Deinen guten Willen erkennen läßt. Allerdings, wo und wann Du ihn geschrieben hast und zu
welchem Zeitpunkt ich Dich erwarten darf, geht nicht aus ihm hervor, und auch der Überbringer hatte ihn nicht unmittelbar aus
Deiner Hand empfangen, so daß ich von ihm hätte erfahren können,
wo und wann Du ihn aufgegeben hast. Darüber bin ich mir also
nicht klar; trotzdem halte ich es für angebracht, Dir meine Amtsdiener und Liktoren mit einem Briefe entgegenzuschicken; erhältst
Du diesen zu einigermaßen gelegener Zeit, sei so gut und komm
schnellstens zu mir nach Cilicien. Die ausführlichen Berichte Deines
Vetters Curius, mit dem ich, wie Du weißt, eng befreundet bin,
und ebenso die Deines Verwandten C. Vergilius, auch er ein guter
Freund von mir, machen gewiß Eindruck auf mich, wie es bei einer
gewissenhaften Empfehlung durch einen guten Freund selbstverständlich ist; aber Dein eigener Brief, vor allem, was Du über Dein
Ehrgefühl und unsere Verbundenheit sagst, ist bei mir von aller-

me ponderis. mihi quaestor optatior obtingere nemo potuit. quam ob rem, quaecumque a me ornamenta ad te proficiscentur, ita proficiscentur, ut omnes intellegant a me habitam esse rationem tuae maiorumque tuorum dignitatis. sed id facilius consequar, si ad me in Ciliciam veneris; quod ego et mea et rei publicae et maxime tua interesse arbitror.

größtem Gewicht. Niemand hätte mir als Quästor so erwünscht sein können wie Du. Darum wirst Du jede nur denkbare Auszeichnung von mir erfahren, und zwar so, daß jedermann sieht, wie ich Deine und Deiner Vorfahren angesehene Stellung zu würdigen weiß. Doch wirst Du mir das erleichtern, wenn Du zu mir nach Cilicien kommst; das gebietet, glaube ich, sowohl mein wie auch des Staates und vor allem auch Dein eigenes Interesse.

(Im Feldlager in Cilicien, den 21. Juni [11. V.] 50)

LIBER TERTIVS

I.
CICERO APPIO IMP. S. D.

Si ipsa res p. tibi narrare posset, quo modo sese 1
haberet, non facilius ex ea cognoscere posses quam ex
liberto tuo Phania; ita est homo non modo prudens,
verum etiam, quod iuvet, curiosus. quapropter ille
tibi omnia explanabit; id enim mihi et ad brevitatem
est aptius et ad reliquas res providentius.

De mea autem benevolentia erga te etsi potes ex
eodem Phania cognoscere, tamen videntur etiam aliquae meae partes; sic enim tibi persuade, carissimum
te mihi esse cum propter multas suavitates ingenii,
officii, humanitatis tuae, tum quod ex tuis litteris et
ex multorum sermonibus intellego omnia, quae a me
profecta sunt in te, tibi accidisse gratissima. quod cum
ita sit, perficiam profecto, ut longi temporis usuram,
qua caruimus intermissa nostra consuetudine, et gratia
et crebritate et magnitudine officiorum meorum sarciam, idque me, quoniam tu ita vis, puto non invita
Minerva esse facturum; quam quidem ego, si forte
de tuis sumpsero, non solum Παλλάδα, sed etiam
'Αππιάδα nominabo.

Cilix, libertus tuus, antea mihi minus fuit notus; 2
sed, ut mihi reddidit a te litteras plenas et amoris et
officii, mirifice ipse suo sermone subsecutus est humanitatem litterarum tuarum. iucunda mihi eius oratio
fuit, cum de animo tuo, de sermonibus, quos de me
haberes cotidie, mihi narraret; quid quaeris? biduo
factus est mihi familiaris, ita tamen, ut Phaniam valde
sim desideraturus. quem cum Romam remittes, quod,
ut putabamus, celeriter eras facturus, omnibus ei de
rebus, quas agi, quas curari a me voles, mandata des
velim.

DRITTES BUCH

1.

Cicero grüßt Appius, den Imperator.

Wenn der Staat selbst Dir erzählen könnte, wie es ihm ergeht, könntest Du es ebenso gut von Deinem Freigelassenen Phania wie von ihm erfahren; so klug ist der Mann und glücklicherweise auch neugierig. Somit wird er Dir alles erklären; das ist nämlich für mich bequemer – ich kann mich kurz fassen – und übrigens auch sicherer.

Natürlich kannst Du von Phania ebenfalls erfahren, wie wohlgesinnt ich Dir bin, doch glaube ich auch selbst ein Wort dazu sagen zu müssen. Du darfst nämlich überzeugt sein, daß ich Dir sehr zugetan bin, einmal schon wegen Deiner zahlreichen ansprechenden Charakterzüge, Deiner Gefälligkeit und Liebenswürdigkeit, zum andern auch, weil ich aus Deinem Briefe und den Mitteilungen vieler Leute entnehme, daß alles, was ich für Dich getan habe, von Dir dankbar anerkannt wird. Unter diesen Umständen soll es an mir gewiß nicht fehlen, den durch die langfristige Unterbrechung unsrer freundschaftlichen Beziehungen entstandenen Verlust wettzumachen durch gern geleistete, häufige, wichtige Dienste meinerseits, und ich hoffe, daß Minerva mir dabei hold sein wird, weil Du es so willst, und wenn ich sie etwa aus Deiner Galerie nehme, soll sie mir nicht allein Pallas, sondern auch Appias heißen.

Dein Freigelassener Cilix war mir bisher nur oberflächlich bekannt, aber als er mir Deinen liebevollen, verbindlichen Brief übergab, begleitete er Dein freundliches Schreiben riesig nett mit eigenen Worten. Es war mir ein großer Genuß, als er mir von Deiner freundlichen Gesinnung erzählte, von Deinen Gesprächen, in denen Du Dich täglich mit mir befaßtest. Kurzum, die zwei Tage genügten, um mich mit ihm vertraut zu machen, so jedoch, daß ich Phania schwer vermissen werde. Wenn Du ihn nach Rom zurückschickst, was Du, wie ich annehme, sehr bald tun wirst, gib ihm doch bitte Deine Wünsche über alles mit, was Du von mir erledigt und besorgt wissen willst.

L. Valerium iureconsultum valde tibi commendo, 3
sed ita etiam, si non est iure consultus; melius enim ei
cavere volo quam ipse aliis solet. valde hominem
diligo; est ex meis domesticis atque intimis familiaribus. omnino tibi agit gratias, sed idem scribit meas
litteras maximum apud te pondus habituras. id eum
ne fallat, etiam atque etiam rogo.

Vale.

II.
M. CICERO PROCOS. S. D. APPIO PVLCHRO IMP.

Cum et contra voluntatem meam et praeter opinio- 1
nem accidisset, ut mihi cum imperio in provinciam
proficisci necesse esset, in multis et variis molestiis
cogitationibusque meis haec una consolatio occurre-
bat, quod neque tibi amicior, quam ego sum, quisquam posset succedere neque ego ab ullo provinciam
accipere, qui mallet eam quam maxime mihi aptam
explicatamque tradere. quod si tu quoque eandem de
mea voluntate erga te spem habes, ea te profecto numquam fallet. a te maximo opere pro nostra summa
coniunctione tuaque singulari humanitate etiam atque
etiam quaeso et peto, ut, quibuscumque rebus poteris
– poteris autem plurimis –, prospicias et consulas rationibus meis. vides ex senatus consulto provinciam esse 2
habendam. si eam, quod eius facere potueris, quam
expeditissimam mihi tradideris, facilior erit mihi quasi
decursus mei temporis. quid in eo genere efficere
possis, tui consili est; ego te, quod tibi veniet in mentem mea interesse, valde rogo.

Pluribus verbis ad te scriberem, si aut tua humanitas
longiorem orationem exspectaret aut id fieri nostra
amicitia pateretur aut res verba desideraret ac non pro
se ipsa loqueretur. hoc velim tibi persuadeas, si ratio-

L. Valerius, den Rechtskundigen, lege ich Dir warm ans Herz, selbst für den Fall, daß er nicht rechtskundig ist, denn ich möchte ihm besser Beistand leisten, als er selbst es andern zu tun pflegt. Ich schätze den Mann sehr; er gehört zu meinen intimsten Hausfreunden. Auf jeden Fall ist er Dir dankbar, schreibt aber doch, ein Wort von mir werde bei Dir von großem Gewicht sein. Ich möchte Dich herzlich bitten, daß er sich darin nicht getäuscht sieht.

Leb' wohl!

(Rom, um die Jahreswende 53/52)

2.
Cicero, der Prokonsul,
grüßt
Appius Pulcher, den Imperator.

Gegen meinen Wunsch und wider Erwarten muß ich als Statthalter in die Provinz gehen. Aber bei allem Ärger, bei all meinen Erwägungen tritt mir doch ein Trost entgegen: Du könntest keinen Nachfolger finden, der Dir freundlicher gesonnen wäre als ich, und ich könnte mir keinen Vorgänger in der Provinzialverwaltung denken, der sie mir lieber in bester Ordnung übergeben wollte. Wenn also auch Du die gleiche Gesinnung Dir gegenüber bei mir voraussetzt, so wirst Du Dich in dieser Erwartung bestimmt nicht getäuscht sehen. Dich bitte ich angesichts unsrer engen Verbundenheit, angesichts Deiner unübertrefflichen Liebenswürdigkeit ein ums andre Mal aufs herzlichste: nimm Dich mit allen Mitteln — und Dir stehen viele zur Verfügung — sorgsam meiner Interessen an. Wie Du siehst, muß ich auf Senatsbeschluß die Provinz übernehmen. Wenn Du sie mir, soviel an Dir liegt, in möglichst geordnetem Zustande übergibst, wird mir sozusagen das Durchlaufen der gesetzten Zeit leichter fallen. Was Du in dieser Hinsicht tun kannst, bleibt Dir überlassen; ich bitte Dich nur herzlich zu tun, was mir Deiner Meinung nach förderlich sein könnte.

Ich würde mehr Worte machen, wenn Du in deiner Liebenswürdigkeit längere Ausführungen erwartetest oder unsre Freundschaft es zuließe, die Sache vieler Worte bedürfte und nicht für sich selbst spräche. Nur soviel laß Dir bitte gesagt sein: sehe ich, daß

nibus meis provisum a te esse intellexero, magnam te
ex eo et perpetuam voluptatem esse capturum.

Vale.

III.
CICERO S. D. APPIO PVLCHRO.

A. d. XI Kal. Iun. Brundisium cum venissem, Q. Fa- 1
bius Vergilianus, legatus tuus, mihi praesto fuit eaque
me ex tuis mandatis monuit, quae non mihi, ad quem
pertinebant, sed universo senatui venerant in mentem,
praesidio firmiori opus esse ad istam provinciam; cen-
sebant enim omnes fere, ut in Italia supplementum
meis et Bibuli legionibus scriberetur. id cum Sulpicius
consul passurum se negaret, multa nos quidem questi
sumus, sed tantus consensus senatus fuit, ut mature
proficisceremur, parendum ut fuerit, itaque fecimus.
nunc, quod a te petii litteris iis, quas Romae tabellariis tuis dedi, velim tibi curae sit ut, quae successori
coniunctissimo et amicissimo commodare potest is,
qui provinciam tradit, ut ea pro nostra consociatissima
voluntate cura ac diligentia tua complectare, ut omnes
intellegant nec me benevolentiori cuiquam succedere
nec te amiciori potuisse provinciam tradere.

Ex iis litteris, quarum ad me exemplum misisti, 2
quas in senatu recitari voluisti, sic intellexeram, permultos a te milites esse dimissos; sed mihi Fabius
idem demonstravit te id cogitasse facere, sed, cum
ipse a te discederet, integrum militum numerum fuisse.
id si ita est, pergratum mihi feceris, si istas exiguas
copias, quas habuisti, quam minime imminueris. qua
de re senatus consulta quae facta sunt, ad te missa esse
arbitror.

Equidem pro eo, quanti te facio, quicquid feceris,
approbabo, sed te quoque confido ea facturum, quae
mihi intelleges maxime esse accommodata.

Du Dich meiner Belange angenommen hast, wird Dir das ein
reicher Quell steter Befriedigung sein.

Leb' wohl!

(Rom, im März [II.] 51)

3.
Cicero grüßt Appius Pulcher.

Als ich am 22. Mai in Brundisium ankam, meldete sich Dein Legat
Q. Fabius Vergilianus bei mir und machte mich in Deinem Auftrage
auf einen Punkt aufmerksam, an den nicht allein ich, den es zunächst
angeht, sondern auch der gesamte Senat schon gedacht hatte: unsre
Provinz bedarf eines stärkeren Schutzes. Fast alle traten nämlich dafür ein, es solle in Italien für meine und Bibulus' Legionen Verstärkung ausgehoben werden. Der Konsul Sulpicius erklärte, er werde
das nicht dulden, und wir haben uns daraufhin bitter beklagt; aber der
Senat gab so einmütig seiner Meinung Ausdruck, wir sollten sofort
abreisen, daß wir uns fügen mußten, und so taten wir es denn. Laß Dir
jetzt bitte angelegen sein, um was ich Dich in dem in Rom Deinem
Kurier eingehändigten Briefe gebeten habe: was derjenige, der eine
Provinz abgibt, einem eng verbundenen und herzlich befreundeten
Nachfolger zu Gefallen tun kann, dem widme Dich im Namen unsrer
gleichgerichteten Bestrebungen mit aller Sorgfalt und Umsicht, damit
jedermann sieht, daß weder ich einen wohlwollenderen Vorgänger noch
Du einen freundlicher gesinnten Nachfolger hättest finden können.

Aus der mir zugestellten Zweitschrift des Berichtes, den Du im
Senat verlesen sehen möchtest, entnehme ich, daß Du ziemlich
viele Soldaten entlassen hast; dagegen hat mir wieder Fabius erklärt, Du habest das zwar beabsichtigt, aber bei seinem Abgang sei
die Zahl der Soldaten noch unvermindert gewesen. Stimmt das,
dann würdest Du mir einen großen Gefallen tun, wenn Du die an
sich schon unbedeutende Streitmacht, die Du dort zur Hand hast,
möglichst wenig verkleinertest. Ich nehme an, daß Dir die diesbezüglichen Senatsbeschlüsse zugestellt worden sind.

Ich werde bei der hohen Achtung, die ich Dir zolle, alle Deine
Maßnahmen gutheißen; aber ich habe das Vertrauen, daß auch Du
das tun wirst, was, wie Du Dir sagen kannst, meinen Erwartungen
am meisten entspricht.

Ego C. Pomptinum, legatum meum, Brundisi exspectabam eumque ante Kal. Iun. Brundisium venturum arbitrabar. qui cum venerit, quae primum navigandi nobis facultas data erit, utemur.

IV.
CICERO S. D. AP. PVLCHRO.

Prid. Non. Iun., cum essem Brundisi, litteras tuas 1
accepi, quibus erat scriptum te L. Clodio mandasse,
quae illum mecum loqui velles. eum sane exspectabam,
ut ea, quae a te adferret, quam primum cognoscerem.

Meum studium erga te et officium tametsi multis
iam rebus spero tibi esse cognitum, tamen in iis maxime declarabo, quibus plurimum significare potuero
tuam mihi existimationem et dignitatem carissimam
esse.

Mihi et Q. Fabius Vergilianus et C. Flaccus L. f. et
diligentissime M. Octavius Cn. f. demonstravit me a
te plurimi fieri; quod egomet multis argumentis iam
antea iudicaram maximeque illo libro augurali, quem
ad me amantissime scriptum suavissimum misisti.

Mea in te omnia summa necessitudinis officia con- 2
stabunt. nam cum te ipsum, ex quo tempore tu me
diligere coepisti, cotidie pluris feci, tum accesserunt
etiam coniunctiones necessariorum tuorum – duo
enim duarum aetatum plurimi facio, Cn. Pompeium,
filiae tuae socerum, et M. Brutum, generum tuum –,
conlegiique coniunctio praesertim tam honorifice a te
approbata non mediocre vinculum mihi quidem attulisse videtur ad voluntates nostras copulandas.

Sed et, si Clodium convenero, ex illius sermone ad
te scribam plura et ipse operam dabo, te ut quam
primum videam. quod scribis tibi manendi causam

Ich erwarte hier in Brundisium meinen Legaten C. Pomptinus und hoffe, daß er bis zum 1. Juni hier eintrifft. Sobald er da ist, benutze ich die erste sich bietende Gelegenheit zur Überfahrt.

(Brundisium, Ende Mai [IV.] 51)

4.
Cicero grüßt Appius Pulcher.

Deinen Brief, in dem Du mir mitteilst, Du habest L. Clodius Anweisung gegeben, was er mir in Deinem Auftrage sagen solle, habe ich heute, am 4. Juni, hier in Brundisium erhalten. Ihn erwarte ich also sehnsüchtig, um so bald wie möglich zu erfahren, was er mir von Dir bringt.

Meine Ergebenheit und Dienstbereitschaft Dir gegenüber hast Du zwar, wie ich hoffe, schon aus vielen Einzelheiten erkennen können, ich werde sie aber vor allem bei solchen Diensten sehen lassen, durch die ich deutlich zum Ausdruck bringen kann, daß mir Dein Ansehen und Deine Würde über alles geht.

Mich haben Q. Fabius Vergilianus sowie C. Flaccus, des L. Sohn, und besonders eindringlich M. Octavius, des Cn. Sohn, darauf hingewiesen, daß Du mich sehr hoch schätzt. Zu dieser Überzeugung war ich schon vorher selbst auf Grund zahlreicher Beweise gekommen, besonders durch deinen Liber auguralis, dies reizende Werk, das Du liebenswürdiger Weise mir gewidmet hast.

Alle mir aus unsrer engen Verbundenheit erwachsenden Verpflichtungen Dir gegenüber werde ich erfüllen. Denn seit Du begonnen hast, mich zu schätzen, habe ich Dich selbst von Tag zu Tag mehr zu schätzen gelernt, und dazu kommen die Beziehungen zu Deinen Verwandten – zwei Männer aus zwei Generationen schätze ich ja über alles, Cn. Pompeius, den Schwiegervater Deiner Tochter, und M. Brutus, Deinen Schwiegersohn –, und vor allem scheint mir unsre durch die Zugehörigkeit zum Augurnkollegium geschaffene Verbindung, die Du in so ehrenvoller Weise gefördert hast, ein nicht unwesentliches Band zur Vereinigung unsrer Bestrebungen geschaffen zu haben.

Nun, sobald ich Clodius gesprochen habe, werde ich Dir im Anschluß an seine Mitteilungen mehr schreiben und mich selbst bemühen, Dich so bald wie möglich zu sehen. Wenn Du schreibst,

eam fuisse, ut me convenires, id mihi, ne mentiar, est
gratum.

V.
CICERO S. D. APPIO PVLCHRO.

Trallis veni a. d. VI Kal. Sextiles. ibi mihi praesto 1
fuit L. Lucilius cum litteris mandatisque tuis; quo
quidem hominem neminem potuisti nec mihi amiciorem nec, ut arbitror, ad ea cognoscenda, quae scire
volebam, aptiorem prudentioremve mittere. ego autem et tuas litteras legi libenter et audivi Lucilium
diligenter.

Nunc, quoniam et tu ita sentis – scribis enim, quae
de nostris officiis ego ad te scripseram, etsi tibi iucunda fuerint, tamen, quoniam ex alto repetita sint, non
necessaria te putasse –, et re vera confirmata amicitia
et perspecta fide commemoratio officiorum superva-
canea est, eam partem orationis praetermittam, tibi
tamen agam, ut debeo, gratias; animadverti enim et
didici ex tuis litteris te omnibus in rebus habuisse
rationem, ut mihi consuleres restitueresque et parares
quodam modo omnia, quo mea ratio facilior et solu-
tior esse posset. hoc tuum officium cum mihi gratis- 2
simum esse dicam, sequitur illud, ut te existimare
velim mihi magnae curae fore atque esse iam, primum
ut ipse tu tuique omnes, deinde ut etiam reliqui scire
possint me tibi esse amicissimum. quod quibus adhuc
non satis est perspectum, ii mihi nolle magis nos hoc
animo esse quam non intellegere videntur; sed profecto intellegent, neque enim obscuris personis nec
parvis in causis res agetur. sed haec fieri melius quam
dici aut scribi volo.

Quod itinerum meorum ratio te non nullam in du- 3
bitationem videtur adducere, visurusne me sis in pro-

Du seiest aus dem Grunde noch geblieben, um mich persönlich zu sprechen, so ist mir das, offen gestanden, sehr lieb.

(Brundisium, den 4. Juni [V.] 51)

5.

Cicero grüßt Appius Pulcher.

Heute, am 27. Quintilis, bin ich in Tralles eingetroffen. Hier meldete sich L. Lucilius, übergab mir Deinen Brief und richtete mir Deine Wünsche aus. In der Tat hättest Du niemanden finden können, der mir lieber gewesen wäre und, wie ich glaube, geeigneter und klüger, um zu erfahren, was ich wissen möchte. So habe ich Dein Schreiben mit Interesse gelesen und mir von Lucilius eingehend Bericht erstatten lassen.

Du schreibst, so erfreulich Dir meine Ausführungen über unsre gegenseitigen Dienste gewesen seien, so seien sie doch weit hergeholt und Dir darum nicht unbedingt notwendig erschienen; so kann ich mir also jetzt, wo dies Deine Auffassung ist und tatsächlich ja fest begründete Freundschaft und bewährte Treue den Hinweis auf geleistete Dienste überflüssig macht, diesen Teil meiner Ausführungen sparen. Immerhin will ich mich, wie es sich gehört, bei Dir bedanken. Habe ich doch bemerkt und aus Deinem Briefe ersehen, daß Du es Dir in jeder Beziehung hast angelegen sein lassen, für mich zu sorgen und gewissermaßen alles in Ordnung zu bringen und vorzubereiten, um mir meine Tätigkeit zu erleichtern und zu vereinfachen. Wenn ich sage, dies Dein Entgegenkommen habe mich äußerst angenehm berührt, so verbinde ich damit den Wunsch, Du mögest überzeugt sein, daß ich mich in Zukunft und auch schon jetzt eifrig bemühe, daß zunächst Du selbst und alle, die Dir nahestehen, dann aber auch die ganze Welt von meinen freundschaftlichen Gefühlen für Dich erfährt; wer sich davon bisher noch nicht hat überzeugen lassen, sähe es offenbar lieber, daß ich nicht so fühlte, als daß er es zugäbe. Aber verlaß Dich drauf, sie werden's merken, denn das Stück wird sich ja nicht unter Nebenpersonen abspielen und um Bagatellen drehen. Doch ich wollte, die Ausführung geriete noch besser, als ich es hier sage oder schreibe.

Meine Reisedispositionen scheinen es Dir ein wenig zweifelhaft gemacht zu haben, ob wir uns noch in der Provinz sehen. Dazu ist

vincia, ea res sic se habet: Brundisi cum loquerer cum
Phania, liberto tuo, veni in eum sermonem, ut dicerem
me libenter ad eam partem provinciae primum esse
venturum, quo te maxime velle arbitrarer. tunc mihi
ille dixit, quod classe tu velles decedere, per fore accommodatum tibi, si ad illam maritimam partem provinciae navibus accessissem. dixi me esse facturum
itaque fecissem, nisi mi L. Clodius noster Corcyrae
dixisset minime id esse faciendum; te Laudiceae fore
ad meum adventum. erat id mihi multo brevius multoque commodius, cum praesertim te ita malle arbitrarer.

Tua ratio postea est commutata. nunc quid fieri 4
possit, tu facillime statues; ego tibi meum consilium
exponam: prid Kal. Sext. puto me Laodiceae fore.
perpaucos dies, dum pecunia accipitur, quae mihi ex
publica permutatione debetur, commorabor. deinde
iter faciam ad exercitum, ut circiter Id. Sext. putem
me ad Iconium fore. sed, si quid nunc me fallit in scribendo – procul enim aberam ab re ipsa et a locis –,
simul ac progredi coepero, quam celerrime potero et
quam creberrimis litteris faciam, ut tibi nota sit omnis
ratio dierum atque itinerum meorum. oneris tibi im-
ponere nec audeo quicquam nec debeo; sed, quod
commodo tuo fieri possit, utriusque nostrum magni
interest, ut te videam ante quam decedas. quam facultatem si quis casus eripuerit, mea tamen in te omnia
officia constabunt non secus, ac si te vidissem; tibi de
nostris rebus nihil sum ante mandaturus per litteras,
quam desperaro coram me tecum agere posse.

Quod te a Scaevola petisse dicis, ut, dum tu abesses, 5
ante adventum meum provinciae praeesset, eum ego
Ephesi vidi fuitque mecum familiariter triduum illud,
quod ego Ephesi commoratus sum, nec ex eo quicquam audivi, quod sibi a te mandatum diceret. ac sane

folgendes zu sagen: Als ich in Brundisium mit Deinem Freigelassenen Phania sprach, sagte ich ihm im Laufe der Unterhaltung, ich
würde gern gleich in den Teil der Provinz kommen, von dem ich
annehmen könne, daß er Deinen Wünschen entspreche, worauf er
mir dann erklärte, Du wollest zu Schiff abreisen, und so würde es
am besten zu Deinen Dispositionen passen, wenn ich zu Schiff in
jener Küstengegend der Provinz ankäme. Ich sagte ihm, ich würde
es so machen, und hätte es auch so gemacht, wenn mir nicht unser
L. Clodius in Corcyra gesagt hätte, daß das ganz abwegig sei; Du
würdest zur Zeit meines Eintreffens in Laodicea sein. Das wäre für
mich bedeutend näher und bequemer gewesen, zumal ich annahm,
daß es Dir so lieber sei.

Hernach hast Du Deinen Plan geändert. Was jetzt werden soll,
entscheidest am besten Du; ich will Dir nur meinen Vorschlag auseinandersetzen. Am 31. Quintilis hoffe ich in Laodicea zu sein, wo
ich ein paar Tage bleibe, bis ich das Geld erhalte, welches mir auf
Anweisung der Staatskasse ausgezahlt werden muß; dann reise ich
zur Armee, so daß ich also wahrscheinlich am 13. Sextilis in der
Gegend von Iconium bin. Sollte ich im Augenblick beim Schreiben
etwas übersehen – ich bin ja ziemlich weit ab von den Ereignissen
und Örtlichkeiten –, so werde ich, sobald ich mich auf den Weg
gemacht habe, dafür sorgen, daß Du von meinen jeweiligen Tages-
und Marschdispositionen möglichst schnell und möglichst oft erfährst. Ich mag und darf Dir keine Last aufbürden, aber soweit es
ohne Unbequemlichkeit für Dich geschehen kann, wäre es für uns
beide doch außerordentlich wertvoll, wenn ich Dich vor Deiner
Abreise noch einmal zu sehen bekäme. Sollte uns irgendein Umstand diese Möglichkeit verbauen, so bleibt trotzdem alles bestehen,
wozu ich mich Dir gegenüber verpflichtet fühle, nicht anders, als
wenn ich Dich gesehen hätte. Über meine Belange werde ich Dir
meine Wünsche erst dann brieflich vortragen, wenn ich die Hoffnung fahren lassen muß, persönlich mit Dir verhandeln zu können.

Scaevola, den Du angeblich gebeten hattest, während Deiner
Abwesenheit bis zu meinem Eintreffen die Verwaltung der Provinz
zu übernehmen, habe ich in Ephesus getroffen und die drei Tage
meines dortigen Aufenthalts in herzlichem Einvernehmen mit ihm
verbracht; aber von Aufträgen Deinerseits hat er mir nichts gesagt.

vellem potuisset obsequi voluntati tuae; non enim
arbitror noluisse.

VI.
M. CICERO S. D. APPIO PVLCHRO.

Cum meum factum cum tuo comparo, etsi non ma- 1
gis mihi faveo in nostra amicitia tuenda quam tibi,
tamen multo magis meo facto delector quam tuo.

Ego enim Brundisi quaesivi ex Phania, cuius mihi
videbar et fidelitatem erga te perspexisse et nosse locum, quem apud te is teneret, quam in partem provinciae maxime putaret te velle ut in succedendo primum
venirem. cum ille mihi respondisset nihil me tibi gratius facere posse, quam si ad Sidam navigassem, etsi
minus dignitatis habebat ille adventus et ad multas res
mihi minus erat aptus, tamen ita me dixi esse facturum.
Idem ego cum L. Clodium Corcyrae convenissem, 2
hominem ita tibi coniunctum, ut mihi, cum illo cum
loquerer, tecum loqui viderer, dixi ei me ita facturum
esse, ut in eam partem, quam Phania rogasset, primum
venirem. tunc ille, mihi cum gratias egisset, magnopere a me petivit, ut Laodiceam protinus irem; te in
prima provincia velle esse, ut quam primum decederes;
quin, nisi ego successor essem, quem tu cuperes videre,
te antea, quam tibi successum esset, decessurum fuisse;
quod quidem erat consentaneum cum iis litteris, quas
ego Romae acceperam, ex quibus perspexisse mihi
videbar, quam festinares decedere. respondi Clodio
me ita esse facturum ac multo quidem libentius quam
si illud esset faciendum, quod promiseram Phaniae.
itaque et consilium mutavi et ad te statim mea manu
scriptas litteras misi; quas quidem ex tuis litteris intellexi satis mature ad te esse perlatas.
Hoc ego meo facto valde delector; nihil enim po- 3
tuit fieri amantius. considera nunc vicissim tuum. non

Ich hätte wirklich gewünscht, er wäre in der Lage gewesen, Deinem Wunsche zu willfahren; er hätte es wahrscheinlich sehr gern getan. (Tralles, den 27. Juli [25. VI.] 51)

6.
M. Cicero grüßt Appius Pulcher.

Zwar bilde ich mir nicht ein, für die Erhaltung unsrer Freundschaft mehr zu tun als Du, aber wenn ich meine Handlungsweise mit der Deinigen vergleiche, erscheint mir mein Verhalten doch wesentlich freundlicher als das Deinige.

In Brundisium habe ich nämlich Phania, von dessen Treue zu Dir ich mich überzeugt halten zu dürfen und dessen Stellung bei Dir ich zu kennen glaubte, gefragt, in welchem Teile der Provinz Dir seiner Meinung nach mein Eintreffen als Nachfolger am ehesten erwünscht sei. Er sagte mir, ich könne Dir keinen größeren Gefallen tun, als wenn ich nach Side führe. Ein Eintreffen dort war zwar nicht ganz angemessen und paßte mir aus mancherlei Gründen nicht recht; trotzdem erklärte ich, ich würde es so machen.

Ebenso, als ich L. Clodius in Corcyra begegnete. Der Mann ist so eng mit Dir verbunden, daß ich, während ich mit ihm sprach, mit Dir persönlich zu sprechen glaubte. Auch ihm habe ich erklärt, ich wolle es so machen, daß ich zuerst in die von Phania vorgeschlagene Gegend ginge. Er dankte mir, bat mich dann aber inständig, mich direkt nach Laodicea zu verfügen; Du wollest in dem nächstgelegenen Teil der Provinz sein, um so bald wie möglich wegzukommen; ja, wenn nicht gerade ich der Nachfolger wäre, den Du gern sehen möchtest, würdest Du abgereist sein, bevor der Nachfolger eingetroffen wäre. Das stimmte zu dem Brief, den ich in Rom erhalten hatte, aus dem ich entnommen zu haben glaubte, wie eilig Du es mit der Abreise hast. Ich habe Clodius geantwortet, ich würde es so halten, und es sei mir so viel lieber, als wenn ich es hätte machen müssen, wie ich es Phania versprochen hatte. Somit habe ich mich anders entschlossen und Dir das gleich in einem eigenhändigen Briefe mitgeteilt, der, wie ich aus Deiner Antwort ersehe, ziemlich schnell in Deine Hand gekommen ist.

An diesem meinem Verhalten finde ich nichts auszusetzen; entgegenkommender konnte ich doch wirklich nicht sein. Nimm jetzt

modo ibi non fuisti, ubi me quam primum videre posses, sed eo discessisti, quo ego te ne persequi quidem
possem triginta diebus, qui tibi ad decedendum lege,
ut opinor, Cornelia constituti essent, ut tuum factum,
qui, quo animo inter nos simus, ignorent, alieni hominis, ut levissime dicam, et fugientis congressum, meum vero coniunctissimi et amicissimi esse videatur.

Ac mihi tamen, ante quam in provinciam veni, red- 4
ditae sunt a te litterae, quibus etsi te Tarsum proficisci
demonstrabas, tamen mihi non dubiam spem mei conveniendi adferebas, cum interea, credo equidem, male-
voli homines – late enim patet hoc vitium et est in
multis –, sed tamen probabilem materiem nacti sermonis ignari meae constantiae conabantur alienare a
te voluntatem meam; qui te forum Tarsi agere, statuere multa, decernere, iudicare dicerent, cum posses
iam suspicari tibi esse successum, quae ne ab iis quidem fieri solerent, qui brevi tempore sibi succedi putarent.

Horum ego sermone non movebar, quin etiam, 5
credas mi velim, si quid tu ageres, levari me putabam
molestia et ex annua provincia, quae mihi longa videretur, prope iam undecim mensuum provinciam factam esse gaudebam, si absenti mihi unius mensis labor
detractus esset; illud, vere dicam, me movet, in tanta
militum paucitate abesse tris cohortis, quae sint ple-
nissimae, nec me scire ubi sint; molestissime autem
fero, quod, te ubi visurus sim, nescio; eoque ad te tardius scripsi, quod cotidie te ipsum exspectabam, cum
interea ne litteras quidem ullas accepi, quae me doce-
rent, quid ageres aut ubi te visurus essem. itaque
virum fortem mihique in primis probatum, D. Antonium, praefectum evocatorum, misi ad te, cui, si

das Deinige dagegen in Augenschein! Nicht nur hast Du Dich dort nicht eingefunden, wo Du mich gleich zu Anfang hättest treffen können, sondern bist dahin ausgewichen, wohin ich Dir nicht einmal in den dreißig Tagen hätte folgen können, die Dir, wie ich meine, durch die Lex Cornelia, bis zu Deiner Abreise gesetzt sind. So muß Dein Gebahren bei denen, die nicht wissen, wie wir miteinander stehen, den Eindruck erwecken, als wärest Du mir, ganz milde ausgedrückt, abgeneigt und wolltest nichts mit mir zu tun haben, während das meinige für herzliche Verbundenheit und Freundschaft zeugt.

Jedoch habe ich vor meinem Eintreffen in der Provinz einen Brief von Dir erhalten, der mir zwar Deine Reise nach Tarsus anzeigte, mir aber immerhin eine ziemlich sichere Aussicht auf ein Zusammentreffen mit Dir vermittelte, während inzwischen gewisse Leute, wie ich glaube, aus Böswilligkeit – ein Laster, das ja grassiert und viele befallen hat –, aber immerhin im Besitze glaubhaften Propagandamaterials versuchten, in Unkenntnis meiner Beständigkeit mich Dir zu entfremden, indem sie behaupteten, Du hieltest in Tarsus Gerichtstage, träfest alle möglichen Anordnungen und Verfügungen, sprächest Recht, obwohl Du annehmen könntest, daß Dein Nachfolger bereits eingetroffen sei, was man im allgemeinen nicht einmal tue, wenn man glaube, die Ablösung stehe nahe bevor.

Das Gerede dieser Leute macht keinen Eindruck auf mich; nein, Du kannst es mir schon glauben: wenn wirklich etwas daran wäre, fühle ich mich geradezu erleichtert und freue mich, daß aus der Provinz für ein Jahr, das mir als eine endlose Zeit erschien, beinahe schon eine Elfmonatsprovinz geworden ist, wenn mir ohne mein Dazutun die Last eines Monats abgenommen wäre. Aber etwas anderes regt mich, aufrichtig gesagt, auf: die Streitmacht ist sowieso schon so klein, und da fehlen nun drei ganze, vollzählige Kohorten, und ich weiß nicht, wo sie sind. Besonders unangenehm ist es mir jedoch, daß ich nicht weiß, wo ich Dich sehen werde, und ich habe nur deshalb nicht gleich an Dich geschrieben, weil ich jeden Tag Dich persönlich erwartete; unterdes habe ich keine einzige Zeile von Dir erhalten, die mir Nachricht gegeben hätte, was Du vorhast oder wo ich Dich sehen würde. Darum sende ich Dir einen tüchtigen, überaus bewährten Mann, den Kommandeur der Freiwilligen, den D.

tibi videretur, cohortis traderes, ut, dum tempus anni esset idoneum, aliquid negotii gerere possem; in quo, tuo consilio ut me sperarem esse usurum, et amicitia nostra et litterae tuae fecerant, quod ne nunc quidem despero. sed plane, quando aut ubi te visurus sim, nisi ad me scripseris, ne suspicari quidem possum.

Ego, ut me tibi amicissimum esse et aequi et iniqui 6 intellegant, curabo; de tuo in me animo iniquis secus existimandi videris non nihil loci dedisse. id si correxeris, mihi valde gratum erit. et ut habere rationem possis, quo loco me salva lege Cornelia convenias, ego in proviciam veni prid. Kal. Sext., iter in Ciliciam facio per Cappadociam, castra movi ab Iconio prid. Kal. Septembres. nunc tu et ex diebus et ex ratione itineris, si putabis me esse conveniendum, constitues, quo loco id commodissime fieri possit et quo die.

VII.
CICERO S. D. APPIO PVLCHRO.

Etsi, quantum ex tuis litteris intellegere potui, vide- 1 bam te hanc epistulam, cum ad urbem esses, esse lecturum refrigerato iam levissimo sermone hominum provincialium, tamen, cum tu tam multis verbis ad me de improborum oratione scripsisses, faciendum mihi putavi, ut tuis litteris brevi responderem.

Sed prima duo capita epistulae tuae tacita mihi quo- 2 dam modo relinquenda sunt; nihil enim habent, quod definitum sit aut certum, nisi me vultu, taciturnitate significasse tibi non esse amicum, idque, pro tribunali cum aliquid ageretur, et non nullis in conviviis intellegi potuisse. hoc totum nihil esse possum intellegere; sed, cum sit nihil, ne quid dicatur quidem intellego;

Antonius; ihm übergib, wenn es Dir so recht ist, die drei Kohorten, damit ich, solange es die Jahreszeit erlaubt, noch etwas unternehmen kann. Unsere Freundschaft und Dein Schreiben ließ mich hoffen, mich dabei Deines Rates bedienen zu können, und auch jetzt habe ich die Hoffnung noch nicht aufgegeben. Aber wenn Du mir nicht schreibst, bin ich gänzlich außerstande, mir über Ort und Zeitpunkt unsres Zusammentreffens ein Bild zu machen.

Es wird meine Sorge sein, daß jedermann, ob Freund oder Feind, sieht, wie herzlich ich mich Dir verbunden fühle. Du scheinst den Übelwollenden ein wenig Veranlassung gegeben zu haben, von Deiner Gesinnung gegen mich anders zu denken; Du würdest mir einen großen Gefallen erweisen, wenn Du das ins Reine brächtest. Und damit Du berechnen kannst, wo Du mich treffen kannst, ohne gegen die Lex Cornelia zu verstoßen: ich bin am 31. Quintilis in der Provinz eingetroffen und befinde mich zur Zeit auf dem Wege durch Cappadocien nach Cilicien; heute, am 29. Sextilis, breche ich von Iconium auf. Wenn Du also meinst, mit mir zusammentreffen zu sollen, so bestimme jetzt nach den genannten Daten und meiner Marschroute, wo und wann das am bequemsten geschehen kann.

(Im Marschlager, den 29. August [28. VII.] 51)

7 (8).
Cicero grüßt Appius Pulcher.

Zwar sehe ich, daß Du, soviel ich aus Deinem Schreiben habe entnehmen können, diesen meinen Brief erst bei Deiner Ankunft vor der Hauptstadt zu lesen bekommen wirst, wenn das leichtfertige Gerede der Leute aus der Provinz bereits abgeflaut ist, aber da Du mir so eindringlich von dem Gerede dieser Gesellschaft geschrieben hast, halte ich es doch für richtig, Deinen Brief kurz zu beantworten.

Die ersten beiden Abschnitte Deines Schreibens kann ich so ziemlich mit Stillschweigen übergehen, denn sie enthalten nichts Greifbares oder Bestimmtes, außer daß ich durch Gesichtsausdruck und Schweigen zu verstehen gegeben hätte, daß ich nicht Dein Freund sei, und das habe man bei irgendeiner Gerichtsverhandlung und ab und zu beim Gelage feststellen können. Ich kann mir denken, daß an all dem nichts dran ist, und weil nichts dran ist,

illud quidem scio, meos multos et inlustris et ex superiore et ex aequo loco sermones habitos cum tua
summa laude et cum magna significatione nostrae
familiaritatis ad te vere potuisse deferri. nam quod ad
legatos attinet, quid a me fieri potuit aut elegantius
aut iustius, quam ut sumptus egentissimarum civitatum minuerem sine ulla imminutione dignitatis tuae,
praesertim ipsis civitatibus postulantibus? nam mihi
totum genus legationum tuo nomine proficiscentium
notum non erat. Apameae cum essem, multarum civitatum principes ad me detulerunt sumptus decerni
legatis nimis magnos, cum solvendo civitates non
essent.

Hic ego multa simul cogitavi. primum te, hominem 3
non solum sapientem, verum etiam, ut nunc loquimur, urbanum, non arbitrabar genere isto legationum
delectari, idque me arbitror Synnadis pro tribunali
multis verbis disputavisse, primum Ap. Claudium
senatui populoque Romano non Midaeensium testimonio – in ea enim civitate mentio facta est –, sed sua
sponte esse laudatum; deinde me ista vidisse accidere
multis, ut eorum causa legationes Romam venirent,
sed iis legationibus non meminisse ullum tempus laudandi aut locum dari; studia mihi eorum placere, quod
in te bene merito grati essent, consilium totum videri
minime necessarium; si autem vellent declarare in eo
officium suum, laudaturum me, si qui suo sumptu
functus esset officio, concessurum, si legitimo, non
permissurum, si infinito. quid enim reprehendi potest?
nisi quod addis visum esse quibusdam edictum meum
quasi consulto ad istas legationes impediendas esse accommodatum. iam non tantum mihi videntur iniuriam

verstehe ich auch nicht, was da geredet wird. Nur eins weiß ich: daß man Dir zahlreiche, klare Äußerungen von mir sowohl von der Kanzel herab wie auch von Mund zu Mund zu Deinem höchsten Lobe und unter deutlichem Hinweis auf unsre freundschaftlichen Beziehungen wahrheitsgemäß hätte hinterbringen können. Denn was die Gesandten angeht – wie hätte ich anständiger und gerechter handeln können, als daß ich die Aufwendungen der verelendeten Gemeinden, ohne Deiner Würde irgendwie zu nahe zu treten, herabsetzte, zumal die Gemeinden selbst es forderten? Denn daß alle diese verschiedenen Gesandtschaften in Deinem Auftrage unterwegs seien, wußte ich nicht. Als ich in Apamea war, meldeten mir die Häupter zahlreicher Gemeinden, daß allzu hohe Aufwendungen für die Gesandten beschlossen würden, wo doch die Gemeinden nicht zahlungsfähig seien.

Bei diesem Tatbestand bin ich ernstlich mit mir zu Rate gegangen. Zunächst einmal wollte ich nicht glauben, daß Du, ein kluger und, wie wir heutzutage sagen, urbaner Mann an dieser Art von Gesandtschaften Freude haben könntest, und ich meine doch, in Synnada vom Tribunal herab eingehend auseinandergesetzt zu haben, daß ein Appius Claudius von Senat und Volk von Rom nicht auf das Zeugnis der Midaeenser hin – in Midaeum war die Sache nämlich zur Sprache gekommen –, sondern aus eigenem Antrieb belobigt worden sei; überdies hätte ich erlebt, wie es vielen Leuten so ergehe, daß ihretwegen Gesandtschaften nach Rom kämen, aber ich könne mich nicht erinnern, daß solchen Gesandtschaften jemals Zeit und Gelegenheit gegeben werde, ihre Lobreden vorzubringen. Ihr guter Wille sei verständlich, weil sie Dir wegen Deiner hohen Verdienste dankbar seien, die ganze Unternehmung erscheine mir jedoch vollkommen überflüssig; wollten sie damit ihre Dienstwilligkeit bezeugen, so würde ich das lobend anerkennen, wenn jemand auf eigene Kosten die Aufgabe übernähme, würde nichts dagegen haben, wenn es mit legitimen Mitteln geschähe, es aber nicht gestatten, wenn es mit unbegrenztem Aufwand verbunden sei. Was ist daran denn zu tadeln? Allerdings fügst Du hinzu, manche hätten den Eindruck gehabt, mein Edikt sei gleichsam bewußt darauf zugeschnitten gewesen, diese Gesandtschaften zu verhindern. Da kann ich nur sagen: nicht so sehr die-

facere ii, qui haec disputant, quam si cuius aures ad
hanc disputationem patent. Romae composui edictum; 4
nihil addidi, nisi quod publicani me rogarunt, cum
Samum ad me venissent, ut de tuo edicto totidem verbis transferrem in meum. diligentissime scriptum caput est, quod pertinet ad minuendos sumptus civitatum. quo in capite sunt quaedam nova salutaria civitatibus, quibus ego magnopere delector; hoc vero, ex
quo suspicio nata est me exquisisse aliquid, in quo te
offenderem, tralaticium est. neque enim eram tam
desipiens, ut privatae rei causa legari putarem, qui et
tibi non privato et pro re non privata sua, sed publica,
non in privato, sed in publico orbis terrae consilio, id
est in senatu, ut gratias agerent, mittebantur; neque,
cum edixi, ne quis iniussu meo proficicseretur, exclusi
eos, qui me in castra et qui trans Taurum persequi non
possent. nam id est maxime in tuis litteris inridendum.
quid enim erat, quod me persequerentur in castra Tau-
rumve transirent, cum ego Laodicea usque ad Iconium
iter ita fecerim, ut me omnium illarum dioecesium,
quae cis Taurum sunt, omniumque earum civitatum
magistratus legationesque convenirent? nisi forte 5
postea coeperunt legare, quam ego Taurum transgres-
sus sum; quod certe non ita est. cum enim Laodiceae,
cum Apameae, cum Synnadis, cum Philomeli, cum
Iconi essem, quibus in oppidis omnibus commoratus
sum, omnes iam istius generis legationes erant con-
stitutae. atque hoc tamen te scire volo, me de isto
sumptu legationum aut minuendo aut remittendo
decrevisse nil, nisi quod principes civitatum a me
postulassent, ne in venditionem tributorum et illam
acerbissimam exactionem, quam tu non ignoras, capi-
tum atque ostiorum inducerentur sumptus minime

jenigen scheinen mir im Unrecht zu sein, die solchen Unsinn reden, als vielmehr die, die solch unsinnigem Gerede ihr Ohr leihen. Schon in Rom habe ich mein Edikt aufgesetzt, habe hernach nichts hinzugesetzt außer dem, was ich auf Bitten der Steuerpächter, als sie zu mir nach Samus kamen, aus Deinem Edikt wortwörtlich in meines übernommen habe. Den Abschnitt über die Verminderung des Aufwandes der Gemeinden habe ich besonders gewissenhaft formuliert. In diesem Abschnitt findet sich eine Reihe neuer, für die Gemeinden heilsamer Verfügungen, auf die ich besonders stolz bin; den Passus aber, auf den sich der Verdacht gründet, ich hätte mir etwas ausgedacht, womit ich Dich beleidigen könnte, habe ich übernommen. Auch war ich doch nicht so töricht zu glauben, die Leute würden wegen privater Angelegenheiten abgeordnet, die entsandt wurden, um Dir als Amtsträger und nicht für sich persönlich, sondern für ihr Gemeinwesen, nicht vor einem privaten Zirkel, sondern vor dem Staatsrat der Welt, das heißt im Senat, ihren Dank abzustatten. Und wenn ich verfügt habe, daß keiner ohne meine Erlaubnis reisen dürfe, dann habe ich damit nicht auch die ausgeschlossen, die mich im Heerlager und jenseits des Taurus angeblich nicht erreichen konnten. Dieser Vorwurf in Deinem Schreiben ist nämlich besonders lächerlich. Warum hätten sie mir denn ins Heerlager oder über den Taurus nachreisen sollen, wo ich doch von Laodicea bis nach Iconium so gereist bin, daß mich die Behörden und Gesandtschaften aller Verwaltungsbezirke diesseits des Taurus und aller dortigen Gemeinden antreffen konnten? Es sei denn, sie hätten mit der Abordnung der Gesandtschaften erst begonnen, nachdem ich den Taurus überschritten habe, was sicher nicht der Fall ist. Denn als ich in Laodicea, in Apamea, in Synnada, in Philomelium, in Iconium war, wo ich mich überall länger aufgehalten habe, waren alle in Frage kommenden Gesandtschaften bereits konstituiert. Und auch dies möchte ich Dich doch wissen lassen, daß ich über die Verminderung oder Streichung des Aufwandes für die Gesandtschaften nichts dekretiert habe, was die Häupter der Gemeinden nicht von mir verlangt hätten, damit nicht die vollkommen überflüssigen Kosten mit der Verpachtung der Gefälle und der Dir wohlbekannten, überaus drückenden Kopf- und Türsteuer verrechnet würden. Nicht nur aus Gerechtigkeit,

necessarii. ego autem, cum hoc suscepissem non solum
iustitia, sed etiam misericordia adductus, ut levarem
miseriis perditas civitates et perditas maxime per magistratus suos, non potui in illo sumptu non necessario
neglegens esse.

Tu, si istius modi sermones ad te delati de me sunt,
non debuisti credere; si autem hoc genere delectaris,
ut, quae tibi in mentem veniant, aliis attribuas, genus
sermonis inducis in amicitiam minime liberale. ego,
si in provincia de tua fama detrahere umquam cogitas-
sem, non ad generum tuum Romae neque ad libertum
Brundisi neque ad praefectum fabrum Corcyrae, quem
in locum me venire velles, rettulissem. quare potes
doctissimis hominibus auctoribus, quorum sunt de
amicitia gerenda praeclarissime scripti libri, genus hoc
totum orationis tollere: 'disputabant, ego contra dis-
serebam; dicebant, ego negabam.' an mihi de te nihil 6
esse dictum umquam putas? ne hoc quidem, quod,
cum me Laodiceam venire voluisses, Taurum ipse
transisti? quod isdem diebus meus conventus erat
Apameae, Synnade, Philomeli, tuus Tarsi? non dicam
plura, ne, in quo te obiurgem, id ipsum videar imitari;
illud dicam, ut sentio: si ista, quae alios loqui dicis,
ipse sentis, tua summa culpa est; sin autem alii tecum
haec loquuntur, tua tamen, quod audis, culpa non
nulla est. mea ratio in tota amicitia nostra constans et
gravis reperietur. quod si qui me astutiorem fingit,
quid potest esse callidius quam, cum te absentem semper defenderem, cum praesertim mihi usu venturum
non arbitrarer, ut ego quoque a te absens defendendus
essem, nunc committere, ut tu iure optimo me absentem deserere posses?

Unum genus excipio sermonis, in quo persaepe ali- 7

sondern auch aus Mitleid habe ich die Sache in die Hand genommen, um die im Elend verkommenen, und zwar hauptsächlich durch die Schuld ihrer Behörden verkommenen Gemeinden zu entlasten, und somit konnte ich bei diesen nicht unbedingt notwendigen Aufwendungen unmöglich ein Auge zudrücken.

Wenn Dir solch dummes Gerede über mich hinterbracht worden ist, hättest Du es nicht glauben dürfen; wenn Du aber an solchen Dingen Geschmack findest und andern zutraust, was Dir gerade in den Sinn kommt, dann bringst Du einen Ton in unsre Freundschaft, der keineswegs anständig ist. Hätte ich in der Provinz jemals Deinem Rufe Abbruch tun wollen, dann hätte ich mich nicht an die Instruktionen Deines Schwiegersohnes in Rom, Deines Freigelassenen in Brundisium, Deines Adjutanten in Corcyra gekehrt, wohin Du mich zu dirigieren wünschtest. Darum kannst Du nach dem Vorgang hochgelehrter Männer, die ausgezeichnete Schriften über die Führung der Freundschaft verfaßt haben, all diese Redensarten getrost beiseite lassen: „sie disputierten, ich hielt ihnen Widerpart; sie behaupteten, ich bestritt". Oder meinst Du etwa, mir sei über Dich nie etwas zugetragen worden? Auch dies nicht, daß Du, während Du den Wunsch geäußert hattest, mich in Laodicea zu sehen, selbst über den Taurus gegangen bist? Daß zur selben Zeit meine Gerichtstage in Apamea, Synnada, Philomelium stattfanden und Deine in Tarsus? Mehr will ich nicht sagen; es könnte sonst so aussehen, als ahmte ich Dich gerade in dem nach, was ich an Dir auszusetzen habe; nur das will ich sagen, wie ich es fühle: wenn Du Dir alles, was andre angeblich reden, zu eigen machst, dann liegt die Hauptschuld bei Dir; wenn aber andre diese Dinge mit Dir besprechen, so bist Du immerhin nicht ganz schuldlos, weil Du sie anhörst. Mein ganzes Verhalten in unsrer Freundschaft wird sich als stetig und ehrenhaft erweisen. Stellt mich also jemand als besonders verschlagen hin, dann wäre es gewiß der Gipfel der Gerissenheit, nachdem ich Dich in Deiner Abwesenheit stets verteidigt habe, zumal ich es für praktisch ausgeschlossen hielt, daß auch ich einmal abwesend von Dir verteidigt werden müßte, wenn ich es jetzt darauf anlegte, daß Du mich in meiner Abwesenheit mit vollem Recht im Stiche lassen könntest.

Eine Art von Gerede nehme ich aus, bei dem nicht selten etwas

quid dicitur, quod te putem nolle dici, si aut legatorum cuipiam aut praefectorum aut tribunorum militum male dicitur; quod tamen ipsum non mercule
adhuc accidit, me audiente ut aut gravius diceretur
aut in pluris, quam mecum Corcyrae Clodius est locutus, cum in eo genere maxime quereretur te aliorum
improbitate minus felicem fuisse. hos ego sermones,
quod et multi sunt et tuam existimationem, ut ego
sentio, non offendunt, lacessivi numquam, sed non
valde repressi. si quis est, qui neminem bona fide in
gratiam putet redire posse, non nostram is perfidiam
coarguit, sed indicat suam, simulque non de me is
peius quam de te existimat; sin autem quem mea instituta in provincia non delectant et quadam dissimilitu-
dine institutorum meorum ac tuorum laedi se putat,
cum uterque nostrum recte fecerit, sed non idem uterque secutus sit, hunc ego amicum habere non curo.
liberalitas tua ut hominis nobilissimi latius in provin- 8
cia patuit; nostra si angustior – etsi de tua prolixa
beneficaque natura limavit aliquid posterior annus
propter quandam tristitiam temporum –, non debent
mirari homines, cum et natura semper ad largiendum
ex alieno fuerim restrictior et temporibus, quibus alii
moventur, isdem ego movear, 'med esse acerbum sibi,
uti sim dulcis mihi.'

De rebus urbanis quod me certiorem fecisti, cum 9
per se mihi gratum fuit, tum quod significasti tibi omnia mea mandata curae fore. in quibus unum illud te
praecipue rogo ut cures, ne quid mihi ad hoc negotii
aut oneris accedat aut temporis, Hortensiumque, nostrum conlegam et familiarem, roges ut, si umquam
mea causa quicquam aut sensit aut fecit, de hac quoque
sententia bima decedat, qua mihi nihil potest esse ini-
micius.

gesagt wird, was Du wahrscheinlich nicht gesagt wissen möchtest: wenn über einen Deiner Legaten oder Präfekten oder Kriegstribunen hergezogen wird; aber das ist bisher wirklich noch nicht geschehen, daß vor meinen Ohren schlimmere Vorwürfe erhoben wurden und gegen mehr Persönlichkeiten, als Clodius mir in Corcyra gesagt hat, als er bitter darüber klagte, daß Du infolge der Ruchlosigkeit anderer bei der Auswahl dieses Personenkreises keine ganz glückliche Hand gehabt habest. Solche Redereien habe ich, weil sie nicht eben selten sind und Deinen Ruf meines Erachtens nicht schädigen, niemals herausgefordert, sondern sachte beschwichtigt. Wenn jemand meint, niemand könne guten Glaubens eine Versöhnung eingehen, dann bezichtigt er nicht uns der Unredlichkeit, sondern verrät seine eigene und denkt zugleich von Dir genauso schlecht wie von mir. Hat aber jemand an meinen Maßnahmen in der Provinz etwas auszusetzen und fühlt sich durch gewisse Verschiedenheiten zwischen meinen und Deinen Maßnahmen geschädigt, obwohl wir beide recht gehandelt und nur nicht beide dieselben Grundsätze befolgt haben – um dessen Freundschaft reiße ich mich nicht. Bei Dir als einem Manne von höchstem Adel hat sich die Freigebigkeit in der Provinz weitere Grenzen gesteckt; wenn die meinige sich engere Grenzen zieht – obwohl Dein zweites Jahr wegen der außergewöhnlich trostlosen Verhältnisse auch Deiner freigebigen, wohltätigen Natur ein wenig Beschränkung auferlegt hat –, dann brauchen die Leute sich nicht zu wundern, denn ich bin von Natur stets ziemlich sparsam mit Schenkungen aus fremdem Eigentum gewesen und lasse mich von den Verhältnissen, die andre beeindrucken, ebenso beeindrucken: „daß ich hart gegen ihn sei, um lieb gegen mich zu sein."

Daß Du mich über die Vorgänge in der Hauptstadt ins Bild gesetzt hast, ist mir an und für sich lieb und besonders, weil Du zu erkennen gibst, daß Du Dich aller meiner Wünsche annehmen willst. Unter ihnen liegt mir der eine vor allem am Herzen: sorge bitte vornehmlich dafür, daß mir zu meiner jetzigen Aufgabe nicht weitere Last oder Zeit aufgepackt wird, und bitte Hortensius, unsern Kollegen und Freund, wenn er je etwas für mich gefühlt oder getan hat, möge er jetzt auch von seinem Antrage betreffs Erstreckung der Statthalterschaft auf zwei Jahre zurücktreten; das Schlimmste, was mir passieren könnte!

De nostris rebus quod scire vis, Tarso Non. Oct. 10
Amanum versus profecti sumus; haec scripsi postridie
eius diei, cum castra haberem in agro Mopsuhestiae.
si quid egero, scribam ad te neque domum umquam
ad me litteras mittam, quin adiungam eas, quas tibi
reddi velim.

De Parthis quod quaeris, fuisse nullos puto; Arabes
qui fuerunt admixto Parthico ornatu, dicuntur omnes
revertisse; hostem esse in Syria negant ullum.

Tu velim ad me quam saepissime et de tuis rebus
scribas et de meis et de omni rei publicae statu; de quo
sum sollicitus eo magis, quod ex tuis litteris cognovi
Pompeium nostrum in Hispaniam iturum.

VIII.
CICERO S. D. APPIO PVLCHRO.

Pluribus verbis ad te scribam, cum plus otii nactus 1
ero; haec scripsi subito, cum Bruti pueri Laudiceae
me convenissent et se Romam properare dixissent.
itaque nullas iis praeterquam ad te et ad Brutum dedi
litteras.

Legati Appiani mihi volumen a te plenum querelae 2
iniquissimae reddiderunt, quod eorum aedificationem
litteris meis impedissem. eadem autem epistula pete-
bas, ut eos quam primum, ne in hiemem inciderent,
ad facultatem aedificandi liberarem, et simul peracute
querebare, quod eos tributa exigere vetarem, prius
quam ego re cognita permisissem; genus enim quoddam fuisse impediendi, cum ego cognoscere non possem, nisi cum ad hiemem me ex Cilicia recepissem.

Ad omnia accipe et cognosce aequitatem expostu- 3
lationis tuae.

Primum, cum ad me aditum esset ab iis, qui dicerent

Um Deine Frage nach meiner Tätigkeit zu beantworten: ich bin von Tarsus am 7. Oktober in Richtung auf den Amanus aufgebrochen. Heute ist der 8. Ich lagere im Gebiet von Mopsuhestia. Wenn ich etwas erreicht habe, schreibe ich Dir, werde überhaupt niemals einen Brief nach Hause schicken, ohne einen für Dich bestimmten beizugeben.

Du fragst nach den Parthern. Wahrscheinlich sind es gar keine gewesen, sondern Araber, teilweise in parthischer Rüstung, die aber angeblich alle umgekehrt sind. In Syrien steht angeblich kein Feind mehr.

Schreib mir doch bitte recht häufig über Deine und meine Belange und die gesamte politische Lage, über die ich um so mehr beunruhigt bin, als ich aus Deinem Schreiben ersehe, daß unser Pompeius nach Spanien gehen will.

(Im Heerlager bei Mopsuhestia, den 8. Oktober [3. IX.] 51)

8 (7).
Cicero grüßt Appius Pulcher.

Sobald ich mehr Zeit habe, hörst Du mehr von mir. Den vorliegenden Brief schreibe ich in aller Eile; Brutus' Sklaven haben mich hier in Laodicea aufgesucht und erklären, sie hätten es eilig, nach Rom zu kommen. Deshalb gebe ich ihnen nur diesen Brief an Dich und einen an Brutus mit.

Eine Gesandtschaft aus Appia hat mir einen ganzen Band voller gänzlich unberechtigter Beschwerden von Dir eingehändigt, daß ich ihr Bauvorhaben durch meinen schriftlichen Erlaß inhibiert hätte. In dem gleichen Schreiben aber bittest Du mich, damit sie nicht in den Winter gerieten, solle ich das Verbot aufheben und ihnen den Bau ermöglichen, und erhebst gleichzeitig scharfen Einspruch dagegen, daß ich ihnen die Eintreibung der Umlage verböte, bis ich persönlich die Sache untersucht hätte und meine Genehmigung erteilte, denn das sei in gewissem Sinne ein Inhibieren, da ich die Sache erst begutachten könne, wenn ich mich für den Winter aus Cilicien zurückzöge.

Ich will Dir Punkt für Punkt Rede stehen, und Du wirst sehen, wie es um die Berechtigung Deiner Beschwerde bestellt ist.

Erstens: Als ich von den Leuten angegangen wurde, die mir

a se intolerabilia tributa exigi, quid habuit iniquitatis
me scribere, ne facerent, ante quam ego rem causamque cognossem? non poteram, credo, ante hiemem;
sic enim scribis. quasi vero ad cognoscendum ego ad
illos, non illi ad me venire debuerint. 'tam longe?'
inquis. quid? cum dabas iis litteras, per quas mecum
agebas, ne eos impedirem, quo minus ante hiemem
aedificarent, non eos ad me venturos arbitrabare? tametsi id quidem fecerunt ridicule; quas enim litteras
adferebant, ut opus aestate facere possent, eas mihi
post brumam reddiderunt. sed scito et multo pluris
esse, qui de tributis recusent, quam qui exigi velint, et
me tamen, quod te velle existimem, esse facturum. de
Appianis hactenus.

A Pausania, Lentuli liberto, accenso meo, audivi, 4
cum diceret te secum esse questum, quod tibi obviam
non prodissem. scilicet contempsi te, nec potest fieri
me quicquam superbius! cum puer tuus ad me secunda fere vigilia venisset isque te ante lucem Iconium
mihi venturum nuntiasset, incertumque, utra via, cum
essent duae, altera Varronem, tuum familiarissimum,
altera Q. Leptam, praefectum fabrum meum, tibi
obviam misi. mandavi utrique eorum, ut ante ad me
excurrerent, ut tibi obviam prodire possem. currens
Lepta venit mihique nuntiavit te iam castra praeter-
gressum esse. confestim Iconium veni. cetera iam tibi
nota sunt. an ego tibi obviam non prodirem, primum
Ap. Claudio, deinde imperatori, deinde more maiorum, deinde, quod caput est, amico, cum in isto
genere multo etiam ambitiosius facere soleam, quam
honos meus et dignitas postulat? sed haec hactenus.

Illud idem Pausanias dicebat te dixisse: 'quidni? Ap- 5
pius Lentulo, Lentulus Ampio processit obviam, Cicero Appio noluit?' quaeso, etiamne tu has ineptias,

erklären sollten, man fordere von ihnen eine untragbare Umlage, worin lag da eine Unbill, wenn ich ihnen schrieb, sie sollten damit warten, bis ich persönlich die Sache untersucht hätte? Das kann ich natürlich nicht vor dem Winter; jedenfalls steht es so in Deinem Schreiben. Als ob ich zur Untersuchung zu ihnen und nicht sie zu mir hätten kommen müssen! „Bei der Entfernung?" höre ich Dich sagen. Wieso? Als Du ihnen das Schreiben einhändigtest, in dem Du mich ersuchst, sie nicht zu hindern, vor dem Winter den Bau auszuführen, dachtest Du da, sie würden nicht zu mir gehen? Freilich haben sie sich damit lächerlich gemacht; denn das Schreiben, das sie brachten, um noch während des Sommers bauen zu können, haben sie mir erst nach Winters Anfang eingehändigt. Übrigens kann ich Dir versichern, daß es weit mehr sind, die die Umlagen verweigern, als die mit der Eintreibung einverstanden sind; trotzdem werde ich mich nach Deinen Wünschen richten. Soviel über die Appianer.

Von Lentulus' Freigelassenem, meinem Amtsdiener Pausanias, höre ich, Du habest Dich bei ihm beklagt, daß ich Dir nicht entgegengegangen sei. Natürlich, ich habe es an Achtung Dir gegenüber fehlen lassen, und ich bin überhaupt das hochmütigste Subjekt, das man sich denken kann! Als Dein Bote um die zweite Nachtwache zu mir kam und meldete, Du werdest gegen Morgen in Iconium eintreffen, aber unbestimmt, auf welchem Wege – es gab nämlich zwei –, habe ich Dir auf dem einen Deinen Freund Varro, auf dem andern meinen Adjutanten Q. Lepta entgegengeschickt. Beiden hatte ich die Anweisung gegeben, mich rechtzeitig zu verständigen, damit ich Dir entgegengehen könne. Lepta kam dann eilenden Schritts und meldete mir, Du seiest schon an meinem Standquartier vorbei, worauf ich mich stracks nach Iconium begab. Was weiter geschah, weißt Du ja. Oder meinst Du etwa, ich hätte gegen die althergebrachte Sitte Dir nicht entgegengehen wollen, Dir, einem Appius Claudius, einem Imperator und – was die Hauptsache ist – einem Freunde, wo ich mich solchen gegenüber sogar viel höflicher zu zeigen pflege, als es mein Rang und meine Würde fordert? Aber genug davon!

Auch folgende Äußerung von Dir berichtete mir Pausanias: „Warum auch nicht? Appius ist Lentulus, Lentulus Ampius entgegengegangen, aber Cicero weigert sich bei Appius!" Ich bitte

homo mea sententia summa prudentia, multa etiam doctrina, plurimo rerum usu, addo urbanitatem, quae est virtus, ut Stoici rectissime putant? ullam Appietatem aut Lentulitatem valere apud me plus quam ornamenta virtutis existimas? cum ea consecutus nondum eram, quae sunt hominum opinionibus amplissima, tamen ista vestra nomina numquam sum admiratus; viros eos, qui ea vobis reliquissent, magnos arbitrabar. postea vero quam ita et cepi et gessi maxima imperia, ut mihi nihil neque ad honorem neque ad gloriam adquirendum putarem, superiorem quidem numquam, sed parem vobis me speravi esse factum. nec mehercule aliter vidi existimare vel Cn. Pompeium, quem omnibus, qui umquam fuerunt, vel P. Lentulum, quem mihi ipsi antepono; tu si aliter existimas, nihil errabis, si paulo diligentius, ut, quid sit εὐγένεια, quid sit nobilitas, intellegas, Athenodorus, Sandonis filius, quid de his rebus dicat, attenderis.

Sed ut ad rem redeam, me tibi non amicum modo, 6 verum etiam amicissimum existimes velim. profecto omnibus officiis meis efficiam, ut ita esse vere possis iudicare. tu autem si id agis, ut minus mea causa, dum ego absim, debere videaris, quam ego tua laborarim, libero te ista cura;

πάρ' ἔμοιγε καὶ ἄλλοι,

οἵ κέ με τιμήσουσι, μάλιστα δὲ μητίετα Ζεύς.

si autem natura es φιλαίτιος, illud non perficies, quo minus tua causa velim; hoc adsequere, ut, quam in partem tu accipias, minus laborem.

Haec ad te scripsi liberius fretus conscientia officii mei benevolentiaeque, quam a me certo iudicio susceptam, quoad tu voles, conservabo.

Dich! Auch Du hörst auf diese Albernheiten, ein Mann, den ich immer für besonders klug gehalten habe, für hochgebildet, weltgewandt, Deine Umgänglichkeit nicht zu vergessen, eine Tugend, wie die Stoiker ganz richtig betonen? Meinst Du, der Name Appius oder Lentulus gelte bei mir mehr als der Schmuck der Tugend? Auch als ich noch nicht im Besitze der Ehren war, die in den Augen der Leute die glänzendsten sind, hat mir Euer bloßer Name doch niemals imponiert; die Männer, von denen ihr ihn überkommen habt, galten mir groß. Nachdem ich aber selbst die höchsten Stellungen erklommen und so ausgefüllt hatte, daß ich mit Ehre und Ruhm wohl zufrieden sein durfte, hoffte ich zwar niemals, höher als Ihr, aber doch jedenfalls Euch gleich zu stehen. Genauso denkt, wie ich weiß, Cn. Pompeius, der mir mehr gilt als alle Menschen seither, genauso P. Lentulus, den ich höher stelle als mich selbst. Denkst Du anders darüber, so könnte es nicht schaden, wenn Du Dir ein wenig genauer ansähest, was Athenodor, Sandos Sohn, über diese Dinge sagt, damit Du siehst, was der Unterschied zwischem echtem Adel und Ahnenstolz ist.

Um aber auf die Hauptsache zurückzukommen: Du darfst Dich überzeugt halten, daß ich Dir nicht nur ergeben, sondern herzlich gewogen bin. Alle meine Dienste sollen Dir gewißlich beweisen, daß Du mit gutem Gewissen glauben kannst, daß es so ist. Sollte Dein Verhalten den Eindruck erwecken, Du fühltest Dich mir während meiner Abwesenheit weniger verpflichtet, als ich für Dich in Deiner Abwesenheit eingetreten bin, so enthebe ich Dich dieser Sorge:

„Es warten noch andere viele,
mich zu ehren, vor allen Zeus mit waltender Vorsicht."

Bist Du aber von Natur tadelsüchtig, so wirst Du es zwar nicht dahin bringen, daß ich Dir nicht alles Gute wünschte; aber die Folge wird sein, daß es mir ziemlich einerlei ist, wie Du es aufnimmst.

Hiermit habe ich Dir etwas unverblümt die Meinung gesagt; ich tue es im Bewußtsein, Dir stets zu Diensten gewesen zu sein und nur Dein Bestes gewollt zu haben. Diese Gefühle, aus voller Überzeugung erwachsen, werde ich Dir bewahren, solange Du es wünschst.

(Laodicea, um den 13. Februar [4. I.] 50).

IX.
CICERO APPIO PVLCHRO S.

Vix tandem legi litteras dignas Ap. Claudio, plenas 1 humanitatis, officii, diligentiae. aspectus videlicet urbis tibi tuam pristinam urbanitatem reddidit; nam quas ex itinere, ante quam ex Asia egressus es, ad me litteras misisti, unas de legatis a me prohibitis proficisci, alteras de Appianorum aedificatione impedita, legi perinvitus; itaque conscientia meae constantis erga te voluntatis rescripsi tibi subiratus. iis vero litteris lectis quas Philotimo, liberto meo, dedisti, cognovi intellexique in provincia multos fuisse, qui nos, quo animo inter nos sumus, esse nollent, ad urbem vero ut accesseris vel potius ut primum tuos videris, cognosse te ex iis, qua in te absentem fide, qua in omnibus officiis tuendis erga te observantia et constantia fuissem. itaque quanti illud me aestimare putas, quod est in tuis litteris scriptum, si quid inciderit, quod ad meam dignitatem pertineat, etsi vix fieri possit, tamen te parem mihi gratiam relaturum? tu vero facile facies; nihil est enim, quod studio et benevolentia vel amore potius effici non possit.

Ego, etsi et ipse ita iudicabam et fiebam crebro a 2 meis per litteras certior, tamen maximam laetitiam cepi ex tuis litteris de spe minime dubia et plane explorata triumphi tui, neque vero ob eam causam, quo ipse facilius consequerer – nam id quidem Ἐπικούρειον est –, sed mehercule quod tua dignitas atque amplitudo mihi est ipsa cara per se. quare, quoniam pluris tu habes quam ceteri, quos scias in hanc provinciam proficisci, quod te adeunt fere omnes, si quid velis, gratissimum mihi feceris, si ad me, simulatque adeptus eris, quod et tu confidis et ego opto, litteras miseris. 'longi

9.

Cicero grüßt Appius Pulcher.

Da habe ich endlich doch wieder einmal einen Brief zu lesen bekommen, würdig eines Ap. Claudius, voller Liebenswürdigkeit, Dienstbereitschaft und Rücksichtnahme. Augenscheinlich hat Dir der Anblick der Stadt Deine alte Umgänglichkeit wiedergegeben; denn Deine Briefe von unterwegs, solange Du noch in Asien warst – der eine betraf die von mir verhinderte Abreise der Gesandten, der andre die Unterbindung des Baus in Appia –, habe ich sehr ungern zur Kenntnis genommen. Im Bewußtsein meiner unwandelbaren Ergebenheit habe ich Dir deshalb ein wenig verstimmt geantwortet. Aber jetzt, nach Empfang Deines meinem Freigelassenen Philotimus mitgegebenen Briefes, ist es mir völlig klar, daß es hier in der Provinz eine Reihe von Leuten gegeben hat, denen unsre freundschaftlichen Beziehungen nicht paßten; doch als Du Dich der Hauptstadt nähertest, oder vielmehr, sobald Du die Deinigen zu Gesicht bekamst, hast Du durch sie von meiner Treue während Deiner Abwesenheit, von meiner immer gleichbleibenden Aufmerksamkeit gegen Dich in Erfüllung aller meiner Verpflichtungen gehört. Somit kannst Du Dir wohl denken, wie wohl es mir tut, was ich in Deinem Briefe lese: wenn eine Frage auftauche, die meine Würde berühre, was zwar kaum möglich sei, würdest Du mir mit gleicher Münze heimzahlen. Und das wirst Du gewiß leicht fertigbringen; gibt es doch nichts, was Eifer und guter Wille oder Liebe nicht fertigbrächten.

Auch ich erwartete es zwar nicht anders, und oft genug las ich es so in den Briefen meiner Freunde; trotzdem bin ich hocherfreut über Deine Nachricht, daß Deine Aussichten auf einen Triumph kaum noch zweifelhaft und so gut wie völlig sicher sind, aber gewiß nicht deshalb, weil ich damit selbst leichter zum Ziel zu kommen hoffte – das wäre epicureisch gedacht –, sondern wirklich, weil Dein Glanz und Ansehen mir an sich am Herzen liegt. Deshalb eine Bitte: Du findest ja öfters als jeder andere jemanden, der hierher in die Provinz reist, weil fast alle bei Dir vorsprechen und nach Deinen Wünschen fragen. Es wäre mir deshalb sehr lieb, wenn Du mir, sobald Du erreicht hast, was Du bestimmt erwartest und ich wünsche, Nachricht gäbest. Mag die zeitraubende und, wie unser

subsellii,' ut noster Pompeius appellat, iudicatio et
mora si quem tibi item unum alterumve diem abstu-
lerit – quid enim potest amplius? –, tua tamen dignitas
suum locum obtinebit; sed, si me diligis, si a me diligi
vis, ad me litteras, ut quam primum laetitia adficiar,
mittito.

Et velim, relicum quod est promissi ac muneris tui, 3
mihi persolvas. cum ipsam cognitionem iuris augurii
consequi cupio tum mehercule tuis incredibiliter studiis erga me muneribusque delector. quod autem a me
tale quiddam desideras, sane mihi considerandum est,
quonam te remunerer potissimum genere. nam profecto non est meum, qui in scribendo, ut soles admirari, tantum industriae ponam, committere, ut neglegens scribendo fuisse videar, praesertim cum id non
modo neglegentis, sed etiam ingrati animi crimen futurum sit.

Verum haec videbimus. illud, quod polliceris, ve- 4
lim pro tua fide diligentiaque et pro nostra non instituta, sed iam inveterata amicitia cures, enitare, ut
supplicatio nobis quam honorificentissime quam primumque decernatur. omnino serius misi litteras, quam
vellem – in quo cum difficultas navigandi fuit odiosa,
tum in ipsum discessum senatus incidisse credo meas
litteras –, sed id feci adductus auctoritate et consilio
tuo idque a me recte factum puto, quod non statim,
ut appellatus imperator sim, sed aliis rebus additis
aestivisque confectis litteras miserim. haec igitur tibi
erunt curae, quem ad modum ostendis, meque totum
et mea et meos commendatos habebis.

Pompeius sich ausdrückt, „langstielige" Erörterung des Für und Wider auch Dich einen oder den andern Tag kosten – schlimmer kann es ja nicht werden –, so wird doch Deine Würde ihren Platz behaupten. Aber wenn Du mich liebhast und möchtest, daß ich Dich liebhabe, dann schreib mir, damit ich mich so bald wie möglich freuen kann.

Sehr gerne sähe ich es, wenn Du mir den Rest Deiner versprochenen Gabe liefertest; mir liegt an sich daran, Kenntnis vom Auguralrecht zu gewinnen, vor allem aber habe ich unbändige Freude an Deinem Interesse für mich und Deinen Gaben. Und Du erwartest ein Gleiches von mir! Da muß ich wirklich einmal nachdenken, welcher Art die Gegengabe wohl am besten sein könnte. Ich verwende ja, was immer wieder Deine Bewunderung erweckt, so viel Fleiß auf meine literarischen Produkte, daß es mir gewiß nicht ansteht, den Schein der Oberflächlichkeit auf mich zu laden, denn das würde mir den Vorwurf der Nachlässigkeit, ja, was noch schlimmer ist, der Undankbarkeit zuziehen.

Aber das wird sich finden! Erfülle Du nur Dein Versprechen, wie es Deiner Zuverlässigkeit und Pünktlichkeit sowie unsrer nicht erst neubegründeten, sondern altbewährten Freundschaft entspricht, und setze Dich dafür ein, daß mir das Dankfest möglichst bald und in möglichst ehrenvoller Form beschlossen wird! Auf jeden Fall habe ich meinen Bericht später, als ich wünschte, abgeschickt, wobei die Schwierigkeit der Überfahrt mir in die Quere gekommen ist; außerdem ist er wahrscheinlich gerade während der Senatsferien eingetroffen. Ich habe das auf Deinen Rat und Deine Verantwortung getan, und ich glaube auch, ganz richtig gehandelt zu haben, daß ich nicht gleich, als ich zum Imperator ausgerufen wurde, den Bericht abgeschickt habe, sondern erst, nachdem ich weitere Erfolge errungen und den Sommerfeldzug abgeschlossen hatte. Nimm Dich also dieser Sache an, wie Du es mir in Aussicht stellst, und laß mich Dir mit allem, was ich bin und habe, empfohlen sein.

(Laodicea, kurz nach dem 20. Februar [11. I.] 50)

X.
CICERO APPIO PVLCHRO S.

Cum est ad nos adlatum de temeritate eorum, qui 1
tibi negotium facesserent, etsi graviter primo nuntio
commotus sum, quod nihil tam praeter opinionem
meam accidere potuit, tamen, ut me conlegi, cetera mi
facillima videbantur, quod et in te ipso maximam spem
et in tuis magnam habebam, multaque mihi veniebant in mentem, quam ob rem istum laborem tibi
etiam honori putarem fore; illud plane moleste tuli,
quod certissimum et iustissimum triumphum hoc invidorum consilio esse tibi ereptum videbam. quod tu
si tanti facies, quanti ego semper iudicavi faciendum
esse, facies sapienter et ages victor ex inimicorum
dolore triumphum iustissimum. ego enim plane video
fore nervis, opibus, sapientia tua, vehementer ut inimicos tuos paeniteat intemperantiae suae. de me tibi
sic contestans omnis deos promitto atque confirmo,
me pro tua dignitate – malo enim dicere quam 'pro
salute' – in hac provincia, cui tu praefuisti, rogando
deprecatoris, laborando propinqui, auctoritate cari
hominis, ut spero, apud civitates, gravitate imperatoris
suscepturum officia atque partis. omnia volo a me et
postules et exspectes; vincam meis officiis cogitationes
tuas.

Q. Servilius perbrevis mihi a te litteras reddidit, 2
quae mihi tamen nimis longae visae sunt; iniuriam
enim mihi fieri putabam, cum rogabar. nollem accidisset tempus, in quo perspicere posses, quanti te, quanti
Pompeium, quem unum ex omnibus facio, ut debeo,
plurimi, quanti Brutum facerem – quamquam in consuetudine cotidiana perspexisses, sicuti perspicies –;
sed, quoniam accidit, si quid a me praetermissum erit,
commissum facinus et admissum dedecus confitebor.

10.

Cicero grüßt Appius Pulcher.

Als ich von der Unverfrorenheit der Leute hörte, die Dir etwas am Zeuge flicken wollen, war ich auf die erste Nachricht hin zwar tief betroffen, weil ich alles andere eher erwartet hätte; nachdem ich mich aber gefaßt habe, erscheint mir alles Weitere kinderleicht, weil ich große Hoffnungen auf Deine Leute und nicht zuletzt auf Dich selbst setze und mancherlei mir dafür zu sprechen scheint, daß diese Beschwer Dir gar zur Ehre ausschlagen wird. Nur eins will mir gar nicht in den Kopf: daß ich Dich durch diesen Streich Deiner Neider um den sicheren und wohlverdienten Triumph gebracht sehe. Nimm es nicht tragischer, als man es, wie ich von je geurteilt habe, nehmen muß; dann handelst Du weise und erringst als Sieger einen vollberechtigten Triumph über den Ärger Deiner Widersacher. Denn das sehe ich ganz deutlich: vermöge Deiner Stärke, Deiner Hilfsmittel, Deiner Klugheit wirst Du Deine Gegner dahin bringen, daß sie ihre Unverfrorenheit bitter bereuen. Was mich angeht, so verspreche ich Dir hoch und heilig und rufe alle Götter zu Zeugen an: für Deine Ehre – so möchte ich lieber sagen, als „Rettung" – werde ich in dieser Deiner ehemaligen Provinz nach allen Seiten hin die Pflichten des Fürsprechers auf mich nehmen, indem ich für Dich bitte, die des Freundes, indem ich für dich eintrete, die einer bei den Gemeinden hoffentlich beliebten Persönlichkeit, indem ich meinen Einfluß geltend mache, die des Statthalters, indem ich das Gewicht meiner Stellung einsetze. Alles darfst Du von mir fordern und erwarten; meine Dienste werden Deine Erwartungen in den Schatten stellen.

Q. Servilius hat mir einen reichlich kurzen Brief von Dir eingehändigt, der mir aber trotzdem allzu lang erscheint; ich fühle mich nämlich gekränkt, daß Du mich überhaupt erst bittest. Ich wollte, es wäre nie der Umstand eingetreten, der Dir zu erkennen erlaubt, wie hoch ich Dich, wie hoch ich Pompeius schätze, der mir, wie es sich gehört, höher als alle andern steht, wie hoch Brutus – im täglichen Umgang hättest Du das allerdings erfahren, wie Du es noch erfahren wirst –; da er aber nun einmal eingetreten ist, werde ich, falls ich nicht alles für Dich tue, mich selbst der Missetat und Schande zeihen. Pomptinus, dem gegenüber Du Dein Wort in

Pomptinus, qui a te tractatus est praestanti ac singu- 3
lari fide, cuius tui beneficii sum ego testis, praestat tibi
memoriam benevolentiamque, quam debet. qui cum
maximis suis rebus coactus a me invitissimo decessis-
set, tamen, ut vidit interesse tua, conscendens iam
navem Epheso Laodiceam revertit.

Talia te cum studia videam habiturum esse innumerabilia, plane dubitare non possum quin tibi amplitudo ista sollicitudo futura sit; si vero efficis, ut cen-
sores creentur, et si ita gesseris censuram, ut et debes
et potes, non tibi solum, sed tuis omnibus video in perpetuum summo te praesidio futurum. illud pugna et
enitere, ne quid nobis temporis prorogetur, ut, cum
hic tibi satis fecerimus, istic quoque nostram in te
benevolentiam navare possimus.

Quae de hominum atque ordinum omnium erga te 4
studiis scribis ad me, minime mihi miranda et maxime
iucunda acciderunt, eademque ad me perscripta sunt
a familiaribus meis. itaque capio magnam voluptatem,
cum tibi, cuius mihi amicitia non solum ampla sed
etiam iucunda est, ea tribui, quae debeantur, tum vero
remanere etiam nunc in civitate nostra studia prope
omnium consensu erga fortis et industrios viros, quae
mihi ipsi una semper tributa merces est laborum et
vigiliarum mearum.

Illud vero mihi permirum accidit, tantam temeri- 5
tatem fuisse in eo adulescente, cuius ego salutem duobus capitis iudiciis summa contentione defendi, ut tuis
inimicitiis suscipiendis oblivisceretur prope omnium
fortunarum ac rationum suarum, praesertim cum tu
omnibus vel ornamentis vel praesidiis redundares,
ipsi, ut levissime dicam, multa dessent. cuius sermo
stultus et puerilis erat iam ante ad me a M. Caelio, familiari nostro, perscriptus; de quo item sermone multa
scripta sunt abs te. ego autem citius cum eo, qui tuas
inimicitias suscepisset, veterem coniunctionem dire-

ganz hervorragender Weise wahr gemacht hast, was ich bezeugen kann, zollt Dir dankbare Erinnerung, wie Du es erwarten darfst. Er hatte mich ganz gegen meinen Willen, durch wichtige Privatangelegenheiten gezwungen, verlassen; aber als er sah, daß Deine Interessen es verlangten, ist er, schon im Begriffe sich einzuschiffen, von Ephesus hierher nach Laodicea zurückgekehrt.

Wo ich sehe, daß Du vielfach solche Hingebung finden wirst, bin ich mir vollkommen sicher, daß Deine Beunruhigung Dir zur Verherrlichung ausschlagen wird. Bringst Du es fertig, daß es zur Wahl von Zensoren kommt, und führst dies Amt so, wie Du mußt und kannst, so schaffst Du damit Dir wie auch all Deinen Freunden für immer einen wirksamen Rückhalt. Vor allem setze Dich energisch ein, daß mir meine Amtszeit nicht verlängert wird; dann kann ich, nachdem ich hier zu Deiner Zufriedenheit für Dich gearbeitet habe, auch dort meine freundschaftliche Gesinnung für Dich betätigen.

Was Du mir von dem Interesse der Leute jeden Standes für Dich schreibst, überrascht mich durchaus nicht, erfüllt mich aber mit großer Freude; genau dasselbe schreiben mir meine Freunde. So bin ich denn hochbeglückt, daß Dir, dessen Freundschaft mir nicht nur wertvoll, sondern auch angenehm ist, zuteil wird, was Dir gebührt, und daß auch heute noch entschlossene, tätige Männer in unserm Gemeinwesen nahezu einmütige Gefolgschaft finden, der einzige Lohn, der auch mir stets zuteil geworden ist für meine mühevolle Wachsamkeit.

Eins freilich kann ich kaum begreifen: wie der junge Mann, dessen bürgerliche Existenz ich in zwei Kapitalprozessen leidenschaftlich verteidigt habe, so unverfroren sein konnte, sich Deine Feindschaft zuzuziehen und dabei ganz zu vergessen, wie es um sein Vermögen steht und wie er rechnen muß, zumal Du Überfluß hast an allem, was den Menschen ziert und schirmt, ihm selbst aber, gelinde gesagt, vieles fehlt. Von seinem törichten, kindischen Geschwätz hat mir neulich schon mein Freund M. Caelius berichtet; ebenso höre ich jetzt ausführlich von Dir darüber. Ich hätte, weil er sich Deine Feindschaft zugezogen hat, gewiß rascher die alten Beziehungen zu ihm abgebrochen als die neuen angeknüpft; denn

missem quam novam conciliassem; neque enim de meo
erga te studio dubitare debes, neque id est obscurum
cuiquam in provincia nec Romae fuit.

Sed tamen significatur in tuis litteris suspicio quae- 6
dam et dubitatio tua, de qua alienum tempus est mihi
tecum expostulandi, purgandi autem mei necessarium.

Ubi enim ego cuiquam legationi fui impedimento,
quo minus Romam ad laudem tuam mitteretur? aut in
quo potui, si te palam odissem, minus, quod tibi obes-
set, facere, si clam, magis aperte inimicus esse? quod
si essem ea perfidia, qua sunt ii, qui in nos haec con-
ferunt, tamen ea stultitia certe non fuissem, ut aut in
obscuro odio apertas inimicitias aut, in quo tibi nihil
nocerem, summam ostenderem voluntatem nocendi.

Ad me adire quosdam memini, nimirum ex Epi-
cteto, qui dicerent nimis magnos sumptus legatis decerni. quibus ego non tam imperavi quam censui
sumptus legatis quam maxime ad legem Corneliam
decernendos; atque in eo ipso me non perseverasse
testes sunt rationes civitatum, in quibus, quantum
quaeque voluit, legatis tuis datum induxit. te autem 7
quibus mendaciis homines levissimi onerarunt! non
modo sublatos sumptus, sed etiam a procuratoribus
eorum, qui iam profecti essent, repetitos et ablatos,
eamque causam multis omnino non eundi fuisse.
quererer tecum atque expostularem, ni, ut supra
scripsi, purgare me tibi hoc tuo tempore quam accusare te mallem idque putarem esse rectius. itaque nihil
de te, quod credideris, de me, quam ob rem non de-
bueris credere, pauca dicam.

Nam si me virum bonum, si dignum iis studiis
eaque doctrina, cui me a pueritia dedi, si satis magni

an meiner Ergebenheit Dir gegenüber brauchst Du nicht zu zweifeln, wie sie ja auch niemandem in der Provinz und in Rom verborgen geblieben ist.

Trotzdem schimmert in Deinem Briefe ein gewisser Verdacht
oder Zweifel durch, worüber ich im Augenblick nicht mit Dir rechten will; wohl aber sehe ich mich gezwungen, mich zu rechtfertigen.

Wo habe ich mich denn einer Gesandtschaft in den Weg gestellt,
nach Rom zu gehen, um Deinen Ruhm zu verkünden? Oder womit
hätte ich Dir, wenn ich offen Dein Gegner wäre, weniger schaden,
womit, wenn heimlich, deutlicher meine Feindschaft dokumen-
tieren können? Selbst wenn ich so hinterhältig wäre wie die, die
mir so etwas andichten, so dumm wäre ich wahrlich nicht gewesen,
bei heimlicher Gegnerschaft offen meine Feindschaft zu zeigen oder
den lebhaften Wunsch, Dir zu schaden, sehen zu lassen, ohne Dir
damit schaden zu können.

Ich entsinne mich, daß Leute zu mir kamen, natürlich aus der
Epictetus, und behaupteten, es würden allzu hohe Aufwendungen
für die Gesandten bewilligt. Denen habe ich nicht so sehr befohlen
als empfohlen, sich bei den Aufwendungen für die Gesandten nach
Möglichkeit an die Lex Cornelia zu halten, und daß ich mich auch
darauf nicht versteift habe, beweisen die Abrechnungen der Gemeinden, in denen jede einen beliebig hohen Posten für Deine
Gesandten eingesetzt hat. Und mit was für Verleumdungen haben
Dich diese leichtfertigen Gesellen überschüttet! Da sollen nicht nur
die bewilligten Reisegelder sistiert, sondern bei denjenigen, die
bereits unterwegs waren, sogar von ihren Vermögensverwaltern
zurückgefordert und wiedereingezogen worden sein, und viele
hätten deshalb die Reise überhaupt aufgegeben. Ich würde mich
bei Dir darüber beschweren und Klage führen, wenn mir bei Deiner
augenblicklichen Lage, wie gesagt, nicht mehr daran gelegen wäre,
mich Dir gegenüber zu rechtfertigen als Dir Vorwürfe zu machen,
und ich das nicht für anständiger hielte. Darum will ich über Dich
und Deine Leichtgläubigkeit kein Wort weiter verlieren und nur
von mir ein paar Worte sagen, weshalb Du der Sache nicht hättest
trauen dürfen.

Wenn Du überzeugt bist, in mir einen anständigen Mann vor Dir
zu haben, der sich der philosophischen Studien, denen er von Kind-

animi, non minimi consilii in maximis rebus perspectum habes, nihil in me non modo perfidiosum et in-
sidiosum et fallax in amicitia, sed ne humile quidem 8
aut ieiunum debes agnoscere. sin autem me astutum
et occultum lubet fingere, quid est, quod minus cadere in eius modi naturam possit quam aut florentis-
simi hominis aspernari benevolentiam aut eius existimationem oppugnare in provincia, cuius laudem
domi defenderis, aut in ea re animum ostendere
inimicum, in qua nihil obsis, aut id eligere ad perfidiam, quod ad indicandum odium apertissimum sit,
ad nocendum levissimum? quid erat autem, cur ego
in te tam implacabilis essem, cum te ex fratre meo
ne tunc quidem, cum tibi prope necesse esset eas
agere partis, inimicum mihi fuisse cognossem? cum
vero reditum nostrum in gratiam uterque expetisset,
quid in consulatu tuo frustra mecum egisti, quod me
aut facere aut sentire voluisses? quid mihi mandasti,
cum te Puteolis prosequerer, in quo non exspectationem tuam diligentia mea vicerim? quod si id est ma- 9
xime astuti, omnia ad suam utilitatem referre, quid
mihi tandem erat utilius, quid commodis meis aptius
quam hominis nobilissimi atque honoratissimi coniunctio, cuius opes, ingenium, liberi, adfines, propinqui mihi magno vel ornamento vel praesidio esse
possent? quae tamen ego omnia in expetenda amicitia tua non astutia quadam, sed aliqua potius sapientia secutus sum. quid? illa vincula, quibus quidem
libentissime astringor, quanta sunt, studiorum similitudo, suavitas consuetudinis, delectatio vitae atque
victus, sermonis societas, litterae interiores! atque
haec domestica; quid illa tandem popularia, reditus
inlustris in gratiam, in quo ne per imprudentiam quidem errari potest sine suspicione perfidiae, amplissimi

heit an obgelegen hat, würdig erweist, der bei entscheidenden
Schritten ziemlich großzügig und nicht ganz unberaten ist, dann
mußt Du auch anerkennen, daß in mir, was die Freundschaft angeht, keine Treulosigkeit, keine Hinterhältigkeit, kein Falsch, ja,
nicht einmal Kleinlichkeit und Schwunglosigkeit steckt. Willst Du
mich aber durchaus als verschlagen und undurchsichtig hinstellen,
so paßt doch zu solch einem Charakter nichts weniger, als das
Wohlwollen eines einflußreichen Mannes zu verschmähen oder
dessen Renommee in der Provinz zu untergraben, wo man daheim
für seinen Ruhm gestritten hat, oder feindliche Gesinnung zu
zeigen, wo man ihm doch nicht schaden kann, oder sich eine
Gelegenheit zum Treubruch zu wählen, die die Gegnerschaft am
ehesten ans Licht bringen muß, für die beabsichtigte Schädigung
aber ganz bedeutungslos ist. Warum hätte ich überhaupt so un-
versöhnlich gegen Dich sein sollen, wo ich doch von meinem
Bruder erfahren habe, daß Du auch damals, als Du Dich beinahe in
der Zwangslage sahest, die bewußte Rolle zu spielen, nicht mein
Feind warst? Und als wir dann beide die gegenseitigen Beziehungen wiederaufzunehmen wünschten, hast Du Dich da in Deinem
Konsulat jemals vergeblich an mich gewandt, wenn Du eine bestimmte Handlungsweise oder Stellungnahme von mir erwartetest?
Und als ich Dir von Puteoli aus das Geleit gab, habe ich da nicht
durch pünktliche Erfüllung aller Deiner Wünsche Deine Erwartungen weit übertroffen? Und wenn für den Verschlagenen vornehmlich charakteristisch ist, daß er in allem auf seinen Nutzen
sieht, was war dann nützlicher für mich, was meinem Vorteil angemessener als die Beziehung zu einem hochadligen, hochangesehenen
Manne, dessen Reichtum, Begabung, Kinder, Verwandte und
Freunde mir großes Ansehen und Sicherheit gewähren konnten?
Allerdings habe ich das alles erstrebt, als ich Deine Freundschaft
suchte, aber nicht irgendwie aus Verschlagenheit, sondern aus
Klugheit. Und weiter: Wie stark sind doch die Bande, mit denen
ich mich so gern fesseln lasse, die Ähnlichkeit unsrer Neigungen,
die Annehmlichkeit des freundschaftlichen Verkehrs, die Freude
am Leben und leiblichen Genüssen, die gesellige Unterhaltung,
unsre speziellen Studien! Aber das sind Dinge des Privatlebens;
viel bedeutsamer, was sich vor aller Augen abspielt: unsre feierliche

sacerdotii collegium, in quo non modo amicitiam
violari apud maiores nostros fas non erat, sed ne coop-
tari quidem sacerdotem licebat, qui cuiquam ex collegio esset inimicus? quae ut omittam tam multa atque 10
tanta, quis umquam tanti quemquam fecit aut facere
potuit aut debuit quanti ego Cn. Pompeium, socerum
tuae filiae? etenim si merita valent, patriam, liberos,
salutem, dignitatem, memet ipsum mihi per illum
restitutum puto, si consuetudinis iucunditas, quae
fuit umquam amicitia consularium in nostra civitate
coniunctior? si illa amoris atque officii signa, quid mihi
ille non commisit, quid non mecum communicavit,
quid de se in senatu, cum ipse abesset, per quemquam
agi maluit, quibus ille me rebus non ornatissimum
voluit amplissime, qua denique ille facilitate, qua
humanitate tulit contentionem meam pro Milone ad-
versantem interdum actionibus suis, quo studio pro-
vidit, ne quae me illius temporis invidia attingeret,
cum me consilio, cum auctoritate, cum armis denique
texit suis? quibus quidem temporibus haec in eo gravitas, haec animi altitudo fuit, non modo ut Phrygi
alicui aut Lycaoni, quod tu in legatis fecisti, sed ne
summorum quidem hominum malevolis de me sermonibus crederet. huius igitur filius cum sit gener tuus,
cumque, praeter hanc coniunctionem adfinitatis quam
sis Cn. Pompeio carus quamque iucundus, intellegam,
quo tandem animo in te esse debeo? cum praesertim
eas ad me litteras is miserit, quibus, etiam si tibi, cui
sum amicissimus, hostis essem, placarer tamen totum-
que me ad eius viri ita de me meriti voluntatem nu-
tumque converterem.

Sed haec hactenus; pluribus enim etiam fortasse 11
verbis, quam necesse fuit, scripta sunt. nunc ea,

Versöhnung, wobei man sich nicht einmal aus Unvorsichtigkeit irren darf, ohne den Verdacht der Hinterhältigkeit zu erregen, die gemeinsame Zugehörigkeit zu einem hochehrwürdigen Priester-kollegium, in welchem es bei unsern Vorfahren nicht nur Sünde war, die Freundschaft zu verletzen, sondern nicht einmal ein Priester kooptiert werden durfte, der mit einem Gliede des Kollegiums ver-feindet war. Um auf diese zahlreichen, engen Bindungen nicht näher einzugehen: wer hat je jemanden so hoch gestellt oder auch nur stellen können und müssen wie ich Cn. Pompeius, den Schwie-gervater Deiner Tochter? Denn wenn Verdienste etwas bedeuten, dann ist er es doch, der mir die Heimat, meine Kinder, meine bür-gerliche Existenz, meine Würde, ja, mich selbst wiedergegeben hat; wenn freundschaftlicher Verkehr: wann hat es in unserm Staate je eine engere Freundschaft zwischen zwei Konsularen gegeben? Und wenn dies Kennzeichen der Liebe und Freundschaft sind: was hat er mir nicht vertrauensvoll überlassen oder mitgeteilt? Wen ließ er, wenn er selbst abwesend war, lieber seine Belange im Senat ver-treten? Welche Ehren hat er mir nicht in reichstem Maße gegönnt? Wie leutselig, wie liebenswürdig nahm er meinen Kampf für Milo hin, obwohl ich mich ab und zu seinen Unternehmungen in den Weg stellte! Wie eifrig trug er Vorsorge, daß ich unberührt bliebe von den damals üblichen Ausbrüchen des Hasses, indem er mich mit seinem Rat, seinem Ansehen und schließlich sogar mit den Waffen schützte! So würdig, so hochgesinnt zeigte er sich damals, daß er nicht einmal den übelwollenden Einflüsterungen hoch-gestellter Persönlichkeiten traute, geschweige denn einem her-gelaufenen Phryger oder Lycaonier, wie Du es bei den Gesandten getan hast! Wo also dessen Sohn Dein Schwiegersohn ist und ich weiß, wie lieb und teuer Du abgesehen von diesen verwandschaft-lichen Beziehungen Cn. Pompeius bist, wie muß ich mich da zu Dir stellen? Zumal er mir einen Brief geschrieben hat, der mich, selbst wenn ich Dir, dem ich mich in herzlicher Freundschaft verbunden fühle, als Feind gegenüberstände, besänftigen würde und veran-lassen müßte, mit Leib und Seele dieses um mich hochverdienten Mannes Winks und Willens gewärtig zu sein.

Aber damit genug! Denn vielleicht ist dies schon mehr, als un-bedingt nötig gewesen wäre. Jetzt höre, was von mir ausgegangen

quae a me profecta quaeque instituta sunt, cognosce.
* * *

Atque haec agimus et agemus magis pro dignitate
quam pro periculo tuo. te enim, ut spero, propediem
censorem audiemus, cuius magistratus officia, quae
sunt maximi animi summique consilii, tibi diligentius
et accuratius quam haec, quae nos de te agimus, cogitanda esse censeo.

XI.
CICERO APPIO PVLCHRO, VT SPERO,
CENSORI S. D.

Cum essem in castris ad fluvium Pyramum, red- 1
ditae mihi sunt uno tempore a te epistulae duae, quas
ad me Q. Servilius Tarso miserat. earum in altera dies
erat ascripta Nonarum Aprilium, in altera, quae mihi
recentior videbatur, dies non erat.

Respondebo igitur superiori prius, in qua scribis
ad me de absolutione maiestatis. de qua etsi permulto
ante certior factus eram litteris, nuntiis, fama denique
ipsa – nihil enim fuit clarius; non quo quisquam
aliter putasset, sed nihil de insignibus ad laudem viris
obscure nuntiari solet –, tamen eadem illa laetiora
fecerunt mihi tuae litterae, non solum quia planius
loquebantur et uberius quam vulgi sermo, sed etiam
quia magis videbar tibi gratulari, cum de te ex te ipso
audiebam. complexus igitur sum cogitatione te absen- 2
tem, epistulam vero osculatus etiam ipse mihi gratulatus sum; quae enim a cuncto populo, a senatu, a
iudicibus ingenio, industriae, virtuti tribuuntur, quia
mihi ipse adsentor fortasse, cum ea esse in me fingo,
mihi quoque ipsi tribui puto. nec tam gloriosum
exitum tui iudicii exstitisse, sed tam pravam inimicorum
tuorum mentem fuisse mirabar.

'De ambitu vero quid interest', inquies, 'an de ma-

und in die Wege geleitet worden ist.

. . . .

Dies alles tue ich jetzt und in Zukunft, nicht so sehr wegen Deiner prekären Lage als um Deines Ansehens willen. Denn demnächst hoffe ich, von Deiner Wahl zum Zensor zu hören. Die Aufgaben dieses Amtes verlangen Klugheit und Verstand in höchstem Ausmaße, und so solltest Du sie sorgfältiger und eingehender überdenken als das, was ich hier für Dich tue.

(Laodicea, im April [III.] 50)

11.
Cicero grüßt Appius Pulcher, hoffentlich schon Zensor.

Als ich im Lager am Pyramus war, erreichten mich gleichzeitig zwei Briefe von Dir, die mir Q. Servilius aus Tarsus nachgeschickt hatte. Der eine trägt das Datum des 5. April, der andere, anscheinend jüngere, ist undatiert.

Zunächst will ich Dir also den älteren beantworten, in dem Du mir von Deinem Freispruch im Majestätsprozeß berichtest. Zwar hatte ich schon längst durch schriftliche und mündliche Nachrichten und schließlich auch gerüchtweise Kunde davon erhalten – war es ja doch das Tagesgespräch; nicht als ob jemand etwas anderes erwartet hätte, aber bei ruhmgekrönten Männern erregt eben alles Aufsehen –; trotzdem erscheint mir jenes Ereignis durch Deinen Brief in noch freundlicherem Lichte, nicht nur, weil er klarer und ausführlicher als der Volksmund redet, sondern auch, weil es mir vorkommt, als beglückwünschte ich Dich herzlicher, wo ich Dich jetzt selbst über Dich sprechen höre. In Gedanken habe ich Dich in der Ferne also in die Arme genommen, habe Deinen Brief geküßt und mich selbst beglückwünscht. Denn was das gesamte Volk, Senat und Richter Dir als einem begabten, entschlossenen, tatkräftigen Manne zukommen lassen, kommt, meine ich, auch mir zu, weil ich vielleicht selbst daran glaube, wenn ich mir einbilde, diese Eigenschaften zu besitzen. Im übrigen wundere ich mich weniger über den ruhmreichen Ausgang Deines Prozesses, als darüber, daß Deine Feinde so verrückt sein konnten.

Aber Du wirst sagen: was ist denn für ein Unterschied, ob wegen

iestate?' ad rem nihil; alterum enim non attigisti,
alteram auxisti. verum tamen est maiestas, etsi Sulla
voluit, ne in quemvis impune declamari liceret; ambitus vero ita apertam vim habet, ut aut accusetur im-
probe aut defendatur. quid enim? facta necne facta
largitio, ignorari potest? tuorum autem honorum cursus cui suspectus umquam fuit? me miserum, qui non
adfuerim! quos ego risus excitassem!

Sed de maiestatis iudicio duo mihi illa ex tuis lit- 3
teris iucundissima fuerunt, unum, quod te ab ipsa re
publica defensum scribis, quae quidem etiam in summa bonorum et fortium civium copia tueri tales viros
deberet, nunc vero eo magis, quod tanta penuria est in
omni vel honoris vel aetatis gradu, ut tam orba civitas
talis tutores complecti debeat; alterum, quod Pompei
et Bruti fidem benevolentiamque mirifice laudas.
laetor virtute et officio quom tuorum necessariorum,
meorum amicissimorum, tum alterius omnium sae-
culorum et gentium principis, alterius iam pridem
iuventutis, celeriter, ut spero, civitatis.

De mercennariis testibus a suis civitatibus notandis
nisi iam factum aliquid est per Flaccum, fiet a me, cum
per Asiam decedam.

Nunc ad alteram epistulam venio. quod ad me quasi 4
formam communium temporum et totius rei publicae
misisti expressam, prudentia litterarum tuarum valde
mihi est grata; video enim et pericula leviora, quam
timebam, et maiora praesidia, siquidem, ut scribis,
omnes vires civitatis se ad Pompei ductum applica-
verunt; tuumque simul promptum animum et alacrem
perspexi ad defendendam rem publicam mirificamque
cepi voluptatem ex hac tua diligentia, quod in summis

Bestechung oder Majestätsverbrechen? Der Sache nach keiner. Denn mit Bestechung hast Du Dir die Finger nicht beschmutzt, und die Hoheit des Römischen Volkes hast Du nur gefördert. Immerhin ist es ein Majestätsprozeß, wiewohl Sulla verfügt hat, daß man nicht ungestraft gegen jeden beliebigen lospoltern darf. Bestechung jedoch ist etwas so Offenkundiges, daß entweder der Ankläger oder der Verteidiger unredlich ist. Denn wie steht es? Läßt sich nicht immer feststellen, ob Bestechung vorliegt oder nicht? Deine Ämterlaufbahn hat jedoch nie irgendwo Verdacht erregt. Wie schade, daß ich nicht dabeisein konnte! Was für Lachsalven hätte ich erzielt!

Übrigens Dein Majestätsprozeß: da haben mich zwei Sätze in Deinem Briefe ganz besonders erfreut, einmal, daß sozusagen der Staat in Person Dich verteidigt hat – selbst wenn er Überfluß hätte an tüchtigen, entschlossenen Bürgern, müßte er solche Männer schützen, und jetzt erst recht, wo ein derartiger Mangel an ihnen in jeder Rang- und Altersstufe herrscht, daß der Staat in dieser Vereinsamung solche Beschützer hegen und pflegen müßte –; zum andern, daß Du Pompeius' und Brutus' getreuliches Eintreten für Dich so ausnehmend rühmst. Ich freue mich der mannhaften Dienstfertigkeit, nicht nur, weil sie Deine Verwandten sind, die auch mir sehr nahe stehen, sondern auch, weil der eine der Fürst aller Zeiten und Völker ist, der andere schon längst an der Spitze der Jugend und hoffentlich bald auch der Bürgerschaft steht.

Was die Bestrafung der gekauften Zeugen durch ihre Gemeinden angeht, so wird, wenn nicht schon durch Flaccus etwas geschehen ist, das Nötige von mir bei meiner Rückreise durch Asia veranlaßt werden.

Und nun zu Deinem zweiten Brief! Das war ein guter Gedanke von Dir, mir gleichsam ein ausführliches Exposé über die allgemeinen Zustände und die gesamte politische Lage zu liefern, und ich danke Dir sehr. Denn nun sehe ich doch, daß einerseits die Gefahren nicht so bedeutend sind, wie ich befürchtete, andrerseits die Schutzmittel stärker, wenn anders, wie Du sagst, alle Kräfte der Bürgerschaft sich der Führung des Pompeius unterstellt haben. Zugleich habe ich einen Begriff bekommen von Deiner freudigen Bereitschaft, Dich für den Staat einzusetzen, und freue mich riesig

tuis occupationibus mihi tamen rei publicae statum
per te notum esse voluisti. nam auguralis libros ad
commune utriusque nostrum otium serva. ego enim,
a te cum tua promissa per litteras flagitabam, ad urbem
te otiosissimum esse arbitrabar; nunc tamen, ut ipse
polliceris, pro auguralibus libris orationes tuas confectas omnis exspectabo.

D. Tullius, cui mandata ad me dedisti, non con- 5
venerat me; nec erat iam quisquam mecum tuorum
praeter omnis meos, qui sunt omnes tui.

'Stomachosiores' meas litteras quas dicas esse, non
intellego. bis ad te scripsi me purgans diligenter, te
leviter accusans in eo, quod de me cito credidisses.
quod genus querelae mihi quidem videbatur esse
amici; sin tibi displicet, non utar eo posthac. sed si,
ut scribis, eae litterae non fuerunt 'disertae', scito meas
non fuisse. ut enim Aristarchus Homeri versum negat,
quem non probat, sic tu – libet enim mihi iocari –,
quod disertum non erit, ne putaris meum.

Vale et in censura, si iam es censor, ut spero, de
proavo multum cogitato tuo.

XII.
CICERO APPIO PVLCHRO S.

Gratulabor tibi prius; ita enim rerum ordo postu- 1
lat; deinde ad me convertar.

Ego vero vehementer gratulor de iudicio ambitus,
neque, id quod nemini dubium fuit, absolutum esse
te, sed illud, quod, quo melior civis, quo vir clarior,
quo fortior amicus es, quoque plura virtutis, industriae
ornamenta in te sunt, eo mirandum est magis nullam

über diese Deine Umsicht, daß Du es, obwohl selbst stark in Anspruch genommen, für notwendig gehalten hast, mich über die politische Lage zu unterrichten. Die Auguralbücher stelle nur zurück, bis wir beiden einmal wieder Muße dazu haben. Als ich Dich brieflich an Dein Versprechen erinnerte, glaubte ich ja, Du säßest vor der Stadt und hättest viel Zeit. Jetzt erwarte ich jedoch, wie Du selbst es mir versprichst, anstelle der Auguralbücher eine Gesamtausgabe Deiner Reden.

D. Tullius, dem Du Aufträge für mich mitgegeben hattest, hat mich nicht angetroffen; es befindet sich überhaupt niemand von Deinen Leuten mehr bei mir außer meinem ganzen Gefolge, das ja auch ganz Dir zur Verfügung steht.

Welchen meiner Briefe Du meinst, wenn Du sagst, er sei reichlich gereizt gewesen, verstehe ich nicht. Zweimal habe ich Dir geschrieben, um mich ausführlich zu rechtfertigen, und Dir obenhin den Vorwurf gemacht, dem Gerede über mich so schnell geglaubt zu haben. Einen solchen Tadel durfte ich mir als Freund doch wohl erlauben; aber wenn es Dir nicht paßt, werde ich es in Zukunft unterlassen. Wenn jedoch diese Briefe, wie Du Dich ausdrückst, „stilistisch nicht einwandfrei" sind, dann sind sie eben nicht von mir. Denn wie Aristarch einen Homervers athetiert, der ihm nicht gefällt, so darfst Du – laß mich einmal scherzen – annehmen, daß, was nicht den Regeln der Stilkunst entspricht, nicht von mir ist.

Leb' wohl und denke in Deiner Zensur, falls Du, wie ich hoffe, schon Zensor bist, recht oft an Deinen Urahn.

(Im Lager am Pyramus, zweite Hälfte Juni [Mitte V.] 50)

12.
Cicero grüßt Appius Pulcher.

Zunächst will ich Dir gratulieren – so verlangt es die Ordnung –, dann von mir reden.

In der Tat, ich beglückwünsche Dich aufs herzlichste zum Ausgang Deines Ambitusprozesses, und zwar nicht wegen des Freispruchs an sich, der niemandem zweifelhaft war, sondern wegen der Tatsache, daß sich nicht einmal beim Versteckspiel der geheimen Abstimmung verstecktes Übelwollen hervorgewagt hat, um Dich zu beleidigen. Das ist um so verwunderlicher, als Du ein so

ne in tabellae quidem latebra fuisse absconditam male-
volentiam, quae te impugnare auderet. non horum
temporum, non horum hominum atque morum negotium! nihil iam sum pridem admiratus magis.

De me autem suscipe paulisper meas partis et eum 2
te esse finge, qui sum ego. si facile inveneris, quid
dicas, noli ignoscere haesitationi meae. ego vero velim
mihi Tulliaeque meae, sicut tu amicissime et suavissime
optas, prospere evenire ea, quae me insciente facta
sunt a meis; sed ita cecidisse, ut agerentur eo tempore!
spero omnino cum aliqua felicitate et opto, verum
tamen plus me in hac spe tua sapientia et humanitas
consolatur quam opportunitas temporis. itaque, quem
ad modum expediam exitum huius institutae orationis,
non reperio; neque enim tristius dicere quicquam
debeo ea de re, quam tu ipse ominibus optimis prose-
queris, neque non me tamen mordet aliquid. in quo
unum non vereor, ne tu parum perspicias ea, quae
gesta sint, ab aliis esse gesta; quibus ego ita mandaram, ut, cum tam longe afuturus essem, ad me ne referrent; agerent, quod probassent. in hoc autem mihi
illud occurrit: 'quid tu igitur, si adfuisses?' rem pro- 3
bassem, de tempore nihil te invito, nihil sine consilio
egissem tuo. vides sudare me iam dudum laborantem,
quo modo ea tuear, quae mihi tuenda sunt, et te non
offendam. leva me igitur hoc onere; numquam enim
mihi videor tractasse causam difficiliorem. sic habeto
tamen: nisi iam tunc omnia negotia cum summa tua
dignitate diligentissime confecissem, tametsi nihil
videbatur ad meum erga te pristinum studium addi
posse, tamen hac mihi adfinitate nuntiata non maiore

trefflicher Staatsbürger, ein so angesehener Mann, ein so unerschrockener Freund bist und so viel Anerkennung für Deine Mannhaftigkeit und Tatkraft gefunden hast, ein Vorgang, wie man ihn
von unsrer Zeit, unsern Zeitgenossen und unsern moralischen Begriffen nicht erwarten konnte. Seit langem habe ich mich über
nichts so sehr gewundert.

Was mich angeht, so versetze Dich für ein Weilchen in meine
Lage und stelle Dir vor, Du wärest der, der ich bin; findest Du
dann leicht die rechten Worte, dann erwarte ich keine Verzeihung
für meine Verlegenheit. Gewiß, ich wollte, wie Du es mir in freund-
schaftlichster, liebenswürdigster Weise wünschst, mir und meiner
Tullia schlüge zum Glück aus, was meine Lieben ohne mein Wissen
ins Werk gesetzt haben; aber daß es sich so getroffen hat, daß es
gerade in diesem Augenblick geschah! Alles in allem hoffe und
wünsche ich, daß es einigermaßen gut geht, doch bestärkt mich in
dieser Hoffnung mehr Deine Klugheit und Liebenswürdigkeit als
die Gunst des Augenblicks. So weiß ich denn auch nicht recht, wie
ich mich aus dieser begonnenen Auseinandersetzung herauswinden
soll; einerseits darf ich mich ja nicht allzu betrübt über die Sache
auslassen, die Du selbst mit den hoffnungsvollsten Wünschen be-
gleitest, andrerseits ist mir aber doch nicht ganz wohl dabei zumute. Eins beruhigt mich: Du erkennst ohne Zweifel, daß für das,
was geschehen ist, andre die Verantwortung tragen. Ich hatte sie
angewiesen, da ich so weit entfernt sein würde, sollten sie nicht
erst an mich herantreten und tun, was sie für richtig hielten. Aber
da meldet sich der Einwand: Was hättest Du also getan, wenn Du
dabeigewesen wärest? Gegen die Sache an sich hätte ich nichts ein-
gewandt, aber über den Zeitpunkt hätte ich mich mit Dir verstän-
digt und nichts ohne Deinen Rat unternommen. Du siehst, wie ich
mich schon lange im Schweiße meines Angesichts abmühe, wie ich
das rechtfertigen soll, was ich rechtfertigen muß, ohne Dir zu nahe
zu treten. Nimm mir also diese Last von den Schultern; wohl noch
nie habe ich einen so schwierigen Fall zu behandeln gehabt. Davon
darfst Du jedoch überzeugt sein: hätte ich nicht schon damals alle
Deine Wünsche unter peinlicher Wahrung Deiner Würde gewissenhaft erledigt gehabt, so hätte ich Dich doch, obwohl meine alte Anhänglichkeit kaum noch einer Steigerung fähig zu sein schien, auf

equidem studio, sed acrius, apertius, significantius
dignitatem tuam defendissem.

Decedenti mihi et iam imperio annuo terminato 4
ante d. III Non. Sext., cum ad Sidam navi accederem
et mecum Q. Servilius esset, litterae a meis sunt redditae. dixi statim Servilio – etenim videbatur esse
commotus –, ut omnia a me maiora exspectaret. quid
multa? benevolentior tibi quam fui nilo sum factus,
diligentior ad declarandam benevolentiam multo.
nam, ut vetus nostra simultas antea stimulabat me, ut
caverem, ne cui suspicionem ficte reconciliatae gratiae darem, sic adfinitas nova curam mihi adfert ca-
vendi, ne quid de summo meo erga te amore detractum esse videatur.

XIII.
CICERO APPIO PVLCHRO S.

Quasi divinarem tali in officio fore mihi aliquando 1
expetendum studium tuum, sic, cum de tuis rebus
gestis agebatur, inserviebam honori tuo; dicam tamen
vere: plus, quam acceperas, reddidisti. quis enim ad
me non perscripsit te non solum auctoritate orationis,
sententia tua, quibus ego a tali viro contentus eram,
sed etiam opera, consilio, domum veniendo, conveniendis meis nullum onus officii cuiquam reliquum
fecisse? haec mihi ampliora multo sunt quam illa ipsa,
propter quae haec laborantur. insignia enim virtutis
multi etiam sine virtute adsecuti sunt, talium virorum
tanta studia adsequi sola virtus potest.

Itaque mihi propono fructum amicitiae nostrae 2
ipsam amicitiam, qua nihil est uberius, praesertim in
iis studiis, quibus uterque nostrum devinctus est. nam

die Nachricht von dieser Verschwägerung hin zwar nicht eifriger, aber schärfer, offener und entschiedener in Deiner Würde verteidigt.

Heute ist der 3. Sextilis. Mein Jahreskommando ist bereits abgelaufen, und ich befinde mich auf der Heimreise. Als ich mit dem Schiff hier in Side eintraf und Q. Servilius bei mir war, erhielt ich einen Brief von den Meinigen. Ich sagte Servilius sofort – er schien mir nämlich beunruhigt zu sein –, er dürfe in allem noch mehr von mir erwarten. Kurz, mein Wohlwollen gegen Dich ist das gleiche wie bisher, nur werde ich es noch viel eifriger betätigen. Denn bisher mahnte mich unser dereinstiges Zerwürfnis, auf der Hut zu sein, um bei niemandem den Verdacht zu erregen, als hätte ich mich nur zum Schein mit Dir versöhnt; jetzt läßt die neue Verschwägerung es meine Sorge sein, den Anschein zu verhüten, als hätte meine tiefe Zuneigung zu Dir sich abgekühlt.

(Side, den 3. August [22. VI.] 50)

13.
Cicero grüßt Appius Pulcher.

Als ob ich es geahnt hätte, daß ich Dich einmal für solch einen Liebesdienst um Deine Hilfe bitten müßte, bin ich stets, wenn es sich um Deine Taten handelte, für Deine Ehre eingetreten; doch um die Wahrheit zu sagen: Du hast mehr vergolten, als Du empfangen hast! Denn alle Welt berichtet mir, daß Du nicht nur durch Deine wuchtige Rede und Deinen Antrag, womit ich bei einem Manne wie Dir zufrieden gewesen wäre, sondern auch mit Rat und Tat, indem Du von Haus zu Haus gingest und Dich mit meinen Leuten in Verbindung setztest, niemandem die Last eines Liebesdienstes übriggelassen hast. Das ist für mich viel bedeutsamer als die Sache selbst, um deretwillen all diese Anstrengungen unternommen werden. Die äußeren Abzeichen der Tüchtigkeit haben ja viele ohne eigentliche Leistung erreicht; das tiefgehende Interesse solcher Männer wie Du vermag allein echte Leistung zu bewirken.

Somit halte ich mir als Frucht unsrer Freundschaft eben die Freundschaft vor Augen, das Ergiebigste, was es gibt, zumal bei den Bestrebungen, denen wir beiden uns ergeben haben. Denn ich bekenne mich als Deinen Genossen in der Politik, in der wir die-

tibi me profiteor et in re publica socium, de qua idem
sentimus, et in cotidiana vita coniunctum, quam his
artibus studiisque colimus. vellem ita fortuna tulisset,
ut, quanti ego omnis tuos facio, tanti tu meos facere
posses, quod tamen ipsum nescio qua permotus animi
divinatione non despero. sed hoc nihil ad te; nostrum
est onus. illud velim sic habeas, quod intelleges hac
re novata additum potius aliquid ad meum erga te
studium, quo nihil videbatur addi posse, quam quicquam esse detractum.

Cum haec scribebam, censorem iam te esse sperabam. eo brevior est epistula et ut adversus magistrum
morum modestior.

selben Ziele verfolgen, als Dir im täglichen Leben eng verbunden, das wir uns mit unsrer künstlerischen und wissenschaftlichen Betätigung verschönen. Ich wollte, das Schicksal hätte es so gefügt, daß Du meine Angehörigen so hoch schätzen könntest wie ich alle Deinigen; indessen treibt mich eine unbestimmte Ahnung, auch daran nicht zu verzweifeln. Aber dazu kannst Du nichts tun; das ist meine Aufgabe. Nur davon darfst Du überzeugt sein, und Du wirst es merken, daß unter diesen veränderten Umständen meine Zuneigung zu Dir, die gar nicht mehr wachsen zu können schien, sich eher noch gesteigert hat, als daß ihr Abbruch getan worden wäre.

Hoffentlich bist Du in diesem Augenblick, wo ich dies schreibe, schon Zensor. Um so kürzer und – als an einen Sittenmeister gerichtet – zurückhaltender fällt mein Brief aus.

(Rhodus, um den 10. August [29. VI.] 50)

LIBER QVARTVS

I.
M. CICERO S. D. SER. SVLPICIO.

C. Trebatius, familiaris meus, ad me scripsit te ex se 1
quaesisse, quibus in locis essem, molesteque te ferre,
quod me propter valetudinem tuam, cum ad urbem
accessissem, non vidisses, et hoc tempore velle te mecum, si propius accessissem, de officio utriusque
nostrum communicare.

Utinam, Servi, salvis rebus – sic enim est dicendum – conloqui potuissemus inter nos! profecto aliquid opis occidenti rei publicae tulissemus. cognoram
enim iam absens te haec mala multo ante providentem
defensorem pacis et in consulatu tuo et post consulatum fuisse; ego autem, cum consilium tuum probarem et idem ipse sentirem, nihil proficiebam; sero
enim veneram, solus eram, rudis esse videbar in
causa, incideram in hominum pugnandi cupidorum
insanias. nunc, quoniam nihil iam videmur opitulari
posse rei publicae, si quid est, in quo nobismet ipsis
consulere possimus, non ut aliquid ex pristino statu
nostro retineamus, sed ut quam honestissime lugea-
mus, nemo est omnium, quicum potius mihi quam
tecum communicandum putem; nec enim clarissimo-
rum virorum, quorum similes esse debemus, exempla
neque doctissimorum, quos semper coluisti, praecepta te fugiunt. atque ipse antea ad te scripsissem te
frustra in senatum sive potius in conventum senatorum
esse venturum, ni veritus essem, ne eius animum offenderem, qui a me, ut te imitarer, petebat. cui quidem
ego, cum me rogaret, ut adessem in senatu, eadem
omnia, quae a te de pace et de Hispaniis dicta sunt,
ostendi me esse dicturum.

Res vides quo modo se habeat, orbem terrarum im- 2

VIERTES BUCH

M. Cicero grüßt Ser. Sulpicius.

Wie mein Freund C. Trebatius mir schreibt, hast Du ihn gefragt, wo ich weilte; Du bedauertest, mich wegen Deines Befindens während meiner Anwesenheit vor der Hauptstadt nicht gesprochen zu haben, und wünschtest jetzt, falls ich näher herankäme, Dich mit mir über unser beider Pflicht ins Benehmen zu setzen.

Ach, mein Servius! Hätten wir uns doch, ehe alles verloren war – so muß man schon sagen –, besprechen können! Sicher hätten wir dem sterbenden Staate irgendwie helfen können! Schon als ich noch abwesend war, hatte ich davon gehört, daß Du dies Unheil lange vorausgesehen habest und während Deines Konsulats und nachher immer für gütliche Einigung eingetreten seiest. Auch ich billigte ja Deinen Standpunkt und teilte ihn, aber der Erfolg blieb mir versagt. Ich war zu spät gekommen, stand allein, war anscheinend auch zu wenig in die Sache eingeweiht und mitten in die Tollheiten auf den Kampf versessener Menschen geraten. Dem Staate können wir also anscheinend nicht mehr helfen. Aber vielleicht können wir uns selbst irgendwie raten, nicht etwa, um unsre Stellung, so gut es geht, zu wahren, sondern um uns in allen Ehren der Trauer hinzugeben, und da bist Du derjenige, mit dem ich mich am liebsten von allen ins Benehmen setzen möchte. Denn Du kennst die Vorbilder erlauchter Männer, denen zu gleichen wir uns verpflichtet fühlen, kennst die Lehren der Weisen, die Du immer verehrt hast. Ich hätte Dir auch selbst neulich geschrieben, Du würdest vergeblich in den Senat oder besser: in die Versammlung von Senatoren gehen; aber ich befürchtete, bei dem Manne Anstoß zu erregen, der mich bat, es ebenso zu machen wie Du. Auf seine Bitte, im Senat zu erscheinen, habe ich ihm erklärt, ich würde genau all das sagen, was Du dann auch über den Frieden und die Vorgänge in Spanien gesagt hast.

Du siehst, wie es steht: die Welt, aufgeteilt unter zwei Impera-

periis distributis ardere bello, urbem sine legibus, sine
iudiciis, sine iure, sine fide relictam direptioni et incendiis. itaque mihi venire in mentem nihil potest, non
modo quod sperem, sed vix iam quod audeam optare.
sin autem tibi, homini prudentissimo, videtur utile
esse nos conloqui, quamquam longius etiam cogita-
bam ab urbe discedere, cuius iam etiam nomen invitus audio, tamen propius accedam, Trebatioque
mandavi, ut, si quid tu eum velles ad me mittere, ne
recusaret, idque ut facias velim aut, si quem tuorum
fidelium voles, ad me mittas, ne aut tibi exire ex urbe
necesse sit aut mihi accedere. ego tantum tibi tribuo,
quantum mihi fortasse adrogo, ut exploratum habeam,
quicquid nos communi sententia statuerimus, id omnis homines probaturos.

Vale.

II.
M. CICERO S. D. SER. SVLPICIO.

A. d. III Kal. Maias cum essem in Cumano, accepi 1
tuas litteras; quibus lectis cognovi non satis prudenter fecisse Philotimum, qui, cum abs te mandata haberet, ut scribis, de omnibus rebus, ipse ad me non
venisset, litteras tuas misisset, quas intellexi breviores
fuisse, quod eum perlaturum putasses. sed tamen,
postquam tuas litteras legi, Postumia tua me convenit
et Servius noster. his placuit, ut tu in Cumanum
venires, quod etiam mecum, ut ad te scriberem, egerunt.

Quod meum consilium exquiris, id est tale, ut ca- 2
pere facilius ipse possim quam alteri dare. quid enim
est, quod audeam suadere tibi, homini summa auctoritate summaque prudentia? si, quid rectissimum sit,
quaerimus, perspicuum est, si, quid maxime expediat,

toren, lodert von Krieg, die Hauptstadt, ohne Gesetze, ohne Gerichte, ohne Recht, ohne Kredit, ist der Plünderung und Brandstiftung preisgegeben. So weiß ich wirklich nicht, was ich hoffen, ja, kaum noch, was ich zu wünschen wagen soll. Aber wenn Du, ein so kluger Mann, meinst, es sei nicht unnütz, daß wir uns besprechen, dann will ich immerhin näher herankommen, obwohl ich eigentlich vorhatte, mich noch weiter von der Hauptstadt zu entfernen; schon ihren Namen zu hören, tut meinen Ohren weh. Trebatius habe ich gebeten, falls Du etwa wünschen solltest, daß er mir schreibt, solle er sich nicht weigern; tu das doch bitte oder schicke mir einen Deiner zuverlässigen Leute, wenn Dir das lieber ist. Dann brauchst Du Dich nicht aus der Stadt zu bemühen und ich nicht näher heranzukommen. Ich habe eine so hohe Meinung von Dir, wie ich sie, vielleicht mit Unrecht, von mir selbst hege, und bin somit fest überzeugt, daß, wie immer wir uns in gemeinsamer Beratung entscheiden mögen, jedermann unser Verhalten billigen wird.

Leb' wohl!

(Auf dem Laterium oder Arcanum, um den 5. April [14. II.] 49)

2.

M. Cicero grüßt Ser. Sulpicius.

Deinen Brief habe ich heute, am 28. April, auf meinem Cumanum erhalten. Wie ich aus ihm entnehme, hat sich Philotimus recht ungeschickt benommen, daß er nicht persönlich zu mir gekommen ist, obwohl er, wie Du schreibst, über alle Fragen mündliche Weisungen von Dir bekommen hatte, und mir nur Deinen Brief zugestellt hat, der wohl deshalb ziemlich kurz ist, weil Du meintest, er würde ihn persönlich überbringen. Indessen hat mich hinterher Deine Postumia aufgesucht und unser Servius. Sie hielten dafür, Du solltest hierher nach Cumae kommen, und haben auch mich überredet, Dir in diesem Sinne zu schreiben.

Du fragst nach meinen Plänen. Eine verzwickte Frage: für mich selbst kann ich leichter zu einem Entschluß kommen, als jemand anders einen Rat geben. Wie dürfte ich es denn auch wagen, Dir, einem so angesehenen, klugen Manne, zu raten? Denn wenn wir fragen, was das Anständigste wäre, ist die Antwort klar, wenn, was

obscurum; sin ii sumus, qui profecto esse debemus,
ut nihil arbitremur expedire, nisi quod rectum honestumque sit, non potest esse dubium, quid faciendum
nobis sit.

Quod existimas meam causam coniunctam esse 3
cum tua, certe similis in utroque nostrum, cum optime
sentiremus, error fuit. nam omnia utriusque consilia
ad concordiam spectaverunt; qua quom ipsi Caesari
nihil esset utilius, gratiam quoque nos inire ab eo defendenda pace arbitrabamur. quantum nos fefellerit et
quem in locum res deducta sit, vides. neque solum ea
perspicis, quae geruntur quaeque iam gesta sunt, sed
etiam, qui cursus rerum, qui exitus futurus sit. ergo
aut probare oportet ea, quae fiunt, aut interesse, etiam
si non probes; quorum altera mihi turpis, altera etiam
periculosa ratio videtur. restat, ut discedendum putem; in quo reliqua videtur esse deliberatio, quod
consilium in discessu, quae loca sequamur. omnino
cum miserior res numquam accidit tum ne deliberatio
quidem difficilior; nihil enim constitui potest, quod
non incurrat in magnam aliquam difficultatem.

Tu, si videbitur, ita censeo facias, ut, si habes iam 4
statutum, quid tibi agendum putes, in quo non sit
coniunctum consilium tuum cum meo, supersedeas
hoc labore itineris. sin autem est, quod mecum communicare velis, ego te exspectabo; tu, quod tuo commodo fiat, quam primum velim venias, sicut intellexi
et Servio et Postumiae placere.

Vale.

III.
M. CICERO S. D. SER. SVLPICIO.

Accipio excusationem tuam, qua usus es, cur sae- 1
pius ad me litteras uno exemplo dedisses, sed accipio
ex ea parte, quatenus aut neglegentia aut improbitate

das Vorteilhafteste, dunkel. Nehmen wir aber den Standpunkt ein, zu dem wir verpflichtet sind, und halten einzig das Anständige und Ehrenhafte für vorteilhaft, dann kann nicht zweifelhaft sein, was wir zu tun haben.

Du meinst, ich sei in der gleichen Lage wie Du, und gewiß sind wir beide einem ähnlichen Irrtum verfallen, als wir das Beste wollten. Denn unsre beiderseitigen Pläne hatten einzig die Erhaltung des Friedens im Auge, und weil das gerade Caesars Interessen völlig entsprach, glaubten wir, mit dem Kampf für den Frieden bei ihm auch Dank zu ernten. Du siehst, wie sehr wir uns getäuscht haben und wohin die Dinge geraten sind. Und nicht nur das hast Du vor Augen, was zur Zeit geschieht und schon geschehen ist, sondern auch, wohin die Reise geht und wie das enden wird. Also müßte man sich entweder mit den Verhältnissen abfinden oder mitmachen, auch wenn es einem nicht paßt. Die eine Alternative scheint mir schmachvoll, die andre sogar nicht einmal ungefährlich. Bleibt also nur noch der Gedanke, auf und davon zu gehen, wobei dann wieder noch zu erwägen wäre, wie wir es anstellen wollen wegzukommen und wohin wir uns wenden sollen. Auf alle Fälle befinden wir uns in einer denkbar mißlichen Lage, und zu einem Entschluß zu kommen, ist unendlich schwer. Denn bei allem, was wir planen, stoßen wir auf schier unüberwindliche Schwierigkeiten.

Wenn es Dir recht ist, mache ich Dir folgenden Vorschlag: Bist Du Dir schon sicher, was Du zu tun gedenkst, und läßt Dein Plan sich ohne mein Dazutun ins Werk setzen, dann solltest Du Dir die beschwerliche Reise hierher ersparen; möchtest Du aber noch etwas mit mir besprechen, dann erwarte ich Dich. Dann komm, wie es Dir am besten paßt, so bald wie möglich, wie es auch Servius und Postumia wünschen.

Leb' wohl!

(Cumae, den 28. April [8. III.] 49)

3 (4).
M. Cicero grüßt Ser. Sulpicius.

Deine Entschuldigung, die Du dafür anführst, daß Du an mich mehrfach Briefe nach ein und demselben Konzept gesandt hast, lasse ich nur insoweit gelten, als wir, wie Du schreibst, infolge der

eorum, qui epistulas accipiant, fieri scribis, ne ad nos
perferantur; illam partem excusationis, qua te scribis
'orationis paupertate' – sic enim appellas – isdem verbis epistulas saepius mittere, nec nosco nec probo,
et ego ipse, quem tu per iocum – sic enim accipio –
'divitias orationis' habere dicis, me non esse verborum
admodum inopem agnosco – εἰρωνεύεσθαι enim non
necesse est –, sed tamen idem – nec hoc εἰρωνευόμενος
– facile cedo tuorum scriptorum subtilitati et elegan-
tiae.

Consilium tuum, quo te usum scribis hoc Achaicum 2
negotium non recusavisse, cum semper probavissem,
tum multo magis probavi lectis tuis proximis litteris;
omnes enim causae, quas commemoras, iustissimae
sunt tuaque et auctoritate et prudentia dignissimae.
quod aliter cecidisse rem existimas atque opinatus sis,
id tibi nullo modo adsentior; sed quia tanta perturbatio
et confusio est rerum, ita perculsa et prostrata foedissi-
simo bello iacent omnia, ut is cuique locus, ubi ipse sit,
et sibi quisque miserrimus esse videatur, propterea et
tui consilii paenitet te et nos, qui domi sumus, tibi beati
videmur, at contra nobis non tu quidem vacuus molestiis, sed prae nobis beatus. atque hoc ipso melior est
tua quam nostra condicio, quod tu, quid doleat, scribere audes, nos ne id quidem tuto possumus, nec id
victoris vitio, quo nihil moderatius, sed ipsius victoriae, quae civilibus bellis semper est insolens.

Uno te vicimus, quod de Marcelli, conlegae tui, 3
salute paulo ante quam tu cognovimus, etiam mercle
quod, quem ad modum ea res ageretur, vidimus. nam
sic fac existimes, post has miserias, id est postquam
armis disceptari coeptum sit de iure publico, nihil esse
actum aliud cum dignitate. nam et ipse Caesar accusata
'acerbitate' Marcelli – sic enim appellabat – laudataque
honorificentissime et aequitate tua et prudentia re-

Vergeßlichkeit und Unredlichkeit der Überbringer die Briefe nicht erhalten; wenn Du Dich aber weiter damit entschuldigst, Du ließest gleichlautende Briefe mehrfach abgehen „aus Armut an Worten" – so nennst Du es ja –, so nehme ich diesen Punkt gar nicht ernst und versage ihm mein Einverständnis. Ich für meine Person, dem Du im Scherz – so fasse ich es auf – „Reichtum der Rede" zusprichst, gebe zu, daß ich um Worte nicht eben verlegen bin – warum sollte ich mich denn auch zieren? –; aber ebenso – auch das ohne Ziererei – trete ich doch gern hinter der Feinheit und Eleganz Deines Stils zurück.

Die Erwägungen, die Dich, wie Du schreibst, dazu gebracht haben, das Amt in Achaia nicht abzulehnen, habe ich ja immer für richtig gehalten und tue das jetzt nach der Lektüre Deines letzten Briefes erst recht. Alle Gründe, die Du anführst, sind triftig und entsprechen durchaus Deinem Ernst und Deiner Klugheit. Wenn Du jetzt meinst, die Sache sei anders gelaufen, als Du erwartet hast, so kann ich Dir darin durchaus nicht beipflichten. Nur weil alles so vollkommen auf dem Kopfe steht, alles durch den fürchterlichen Krieg so erschüttert und umgestürzt ist, daß jeder seinen jeweiligen Aufenthaltsort für elend und sich selbst für todunglücklich hält, nur deswegen reut Dich jetzt Dein Entschluß und meinst Du, wir, die wir daheim sind, seien glücklich; im Gegenteil, Du erscheinst uns wenn auch nicht unbeschwert, so doch im Vergleich zu uns glücklich. Und jedenfalls darin ist Deine Lage angenehmer als die unsrige, daß Du es wagen darfst zu schreiben, was Dich bedrückt, wir aber nicht einmal das ohne Gefahr tun können. Aber das liegt nicht an dem Sieger, der die Mäßigung selbst ist, sondern an dem Siege, der in einem Bürgerkriege stets rücksichtslos ist.

Nur in einem Punkte sind wir besser dran als Du: von der Begnadigung Deines ehemaligen Mitkonsuls Marcellus haben wir ein wenig eher erfahren, ja, bei Gott, den Hergang mit angesehen. Glaub' mir, seit der Katastrophe, das heißt: seit dem Beginn des Waffenganges um die staatsrechtlichen Fragen ist dies der erste Fall, der in würdiger Form verhandelt worden ist. Caesar hatte sich zunächst über die „Bitterkeit" des Marcellus – so nannte er es – beschwert, wobei er Deiner klugen Gelassenheit in ehrenvollster Weise gedachte, als er plötzlich ganz unerwartet erklärte, wenn der

pente praeter spem dixit se senatui roganti de Marcello ne ominis quidem causa negaturum.

Fecerat autem hoc senatus, ut, cum a L. Pisone
mentio esset facta de M. Marcello et C. Marcellus se
ad Caesaris pedes abiecisset, cunctus consurgeret et ad
Caesarem supplex accederet. noli quaerere; ita mihi
pulcher hic dies visus est, ut speciem aliquam viderer
videre quasi reviviscentis rei publicae.

Itaque, cum omnes ante me rogati gratias Caesari 4
egissent praeter Volcacium – is enim, si eo loco esset,
negavit se facturum fuisse –, ego rogatus mutavi
meum consilium. nam statueram non mercule inertia,
sed desiderio pristinae dignitatis in perpetuum tacere.
fregit hoc meum consilium et Caesaris magnitudo
animi et senatus officium; itaque pluribus verbis egi
Caesari gratias, meque metuo ne etiam in ceteris rebus
honesto otio privarim, quod erat unum solacium in
malis. sed tamen, quoniam effugi eius offensionem, qui
fortasse arbitraretur me hanc rem publicam non putare, si perpetuo tacerem, modice hoc faciam aut etiam
intra modum, ut et illius voluntati et meis studiis
serviam. nam, etsi a prima aetate me omnis ars et doctrina liberalis et maxime philosophia delectavit, tamen
hoc studium cotidie ingravescit, credo, et aetatis ma-
turitate ad prudentiam et iis temporum vitiis, ut nulla
res alia levare animum molestiis possit. a quo studio te 5
abduci negotiis intellego ex tuis litteris, sed tamen aliquid iam noctes te adiuvabunt.

Servius tuus vel potius noster summa me observantia colit; cuius ego cum omni probitate summaque
virtute tum studiis doctrinaque delector. is mecum
saepe de tua mansione aut decessione communicat.
adhuc in hac sum sententia, nihil ut faciamus, nisi

Senat sich für Marcellus einsetze, wolle er, selbst wenn daraus vielleicht nichts Gutes erwachse, nicht nein sagen.

Was aber hatte der Senat getan? Als L. Piso die Sache zur
Sprache brachte und C. Marcellus sich Caesar zu Füßen warf, hatte
der Senat sich in seiner Gesamtheit erhoben und war mit inständ-
digen Bitten an Caesar herangetreten. Frag' nicht weiter! Mir ist
dieser Tag so herrlich erschienen, daß ich gleichsam einen Schein
der wiedererstehenden Republik aufsteigen zu sehen glaubte.

Als nun alle, die vor mir aufgerufen wurden, Caesar ihren Dank
aussprachen außer Volcacius – der sagte, er an Caesars Stelle hätte
das nicht getan –, da habe auch ich, als ich an der Reihe war, meine
Haltung geändert. Denn ich war entschlossen, weiß Gott nicht aus
Verdrossenheit, sondern im Gedanken an meine einstige Würde,
für immer zu schweigen. Über den Haufen geworfen hat diesen
meinen Entschluß die Seelengröße Caesars und der Freundschafts-
dienst des Senats. So dankte ich denn Caesar in längerer Rede, muß
nun aber fürchten, mich auch für andere Fälle der ehrenvollen
Bewegungsfreiheit, meines einzigen Trostes im Elend, beraubt zu
haben. Immerhin habe ich es so aber doch vermieden, bei dem
Anstoß zu erregen, der sonst vielleicht auf den Gedanken kommen
könnte, ich hielte den gegenwärtigen Zustand nicht für einen Verfassungsstaat, wenn ich mich dauernd in Schweigen hüllte, will es
aber sachte oder auch ganz sachte angehen lassen, um so IHM ent-
gegenzukommen und doch meinen Neigungen leben zu können.
Zwar hat mich ja von Jugend auf jede freie wissenschaftliche Betätigung und besonders die Philosophie begeistert; aber diese Neigung wird jetzt von Tag zu Tag stärker, wahrscheinlich, weil mit
dem Alter die Reife des Urteils sich einstellt, dann aber auch als
Folge der elenden Zeiten, so daß nichts andres die Seelenqualen zu
lindern vermag. Dich zieht, wie ich aus Deinem Briefe ersehe, Dein
Amt von dieser Betätigung ab; aber demnächst werden Dir doch
die längeren Nächte ein wenig zustatten kommen.

Dein oder vielmehr unser Servius begegnet mir mit höchster
Ehrerbietung; an seiner ganzen Bravheit und Tüchtigkeit wie auch
an seinem Interesse für die Wissenschaft habe ich meine Freude.
Gar oft bringt er das Gespräch auf Dein Bleiben oder Gehen. Vor-
läufig stehe ich noch auf dem Standpunkt, daß wir uns ganz nach

quod maxime Caesar velle videatur. res sunt eius modi,
ut, si Romae sis, nihil praeter tuos delectare possit. de
reliquis nihil melius ipso est Caesare, cetera sunt eius
modi, ut, si alterum utrum necesse sit, audire ea malis
quam videre. hoc nostrum consilium nobis minime
iucundum est, qui te videre cupimus, sed consuli-
mus tibi.

   Vale.

IV.
M. CICERO S. D. SER. SVLPICIO.

Vehementer te esse sollicitum et in communibus 1
miseriis praecipuo quodam dolore angi multi ad nos
cotidie deferunt. quod quamquam minime miror et
meum quodam modo agnosco, doleo tamen te sapientia praeditum prope singulari non tuis bonis delectari
potius quam alienis malis laborare. me quidem, etsi
nemini concedo, qui maiorem ex pernicie et peste rei
publicae molestiam traxerit, tamen multa iam consolantur maximeque conscientia consiliorum meorum.
multo enim ante tamquam ex aliqua specula prospexi
tempestatem futuram, neque id solum mea sponte, sed
multo etiam magis monente et denuntiante te. etsi
enim afui magnam partem consulatus tui, tamen et
absens cognoscebam, quae esset tua in hoc pestifero
bello cavendo et praedicendo sententia, et ipse adfui
primis temporibus tui consulatus, cum accuratissime
monuisti senatum conlectis omnibus bellis civilibus,
ut et illa timerent, quae meminissent, et scirent, cum
superiores nullo tali exemplo antea in re publica
cognito tam crudeles fuissent, quicumque postea rem
publicam oppressisset armis, multo intolerabiliorem
futurum. nam, quod exemplo fit, id etiam iure fieri
putant, sed aliquid atque adeo multa addunt et ad-

den Wünschen Caesars richten müssen. Die Verhältnisse sind so, daß Dich, wenn Du in Rom bist, nichts außer den Deinigen erfreut. Von allen übrigen ist ER noch der beste, der Rest derart, daß man sie, wenn eins von beidem unvermeidlich ist, lieber hören als sehen möchte. Daß ich Dir diesen Ratschlag erteilen muß, ist mir gar nicht angenehm, wo ich doch den Wunsch habe, Dich wiederzusehen; doch rate ich Dir gut.

Leb' wohl!

(Rom, im September oder Oktober [VII/VIII] 46)

4 (3).
M. Cicero grüßt Ser. Sulpicius.

Tag für Tag höre ich von diesem oder jenem, daß Du Dich sehr unglücklich fühlst und Dich in der allgemeinen Misere noch mit ganz speziellem Kummer plagst. Dafür habe ich volles Verständnis und finde darin gewissermaßen meinen eigenen Schmerz wieder; aber ich bedaure doch, daß Du in Deiner Weisheit, die kaum ihresgleichen hat, Dich nicht lieber Deiner eigenen Vorzüge freust, anstatt Dich von fremden Leiden bedrückt zu fühlen. Auch ich gehöre gewiß zu denen, die unter dem furchtbaren Zusammenbruch des Staates mit am schwersten zu leiden haben, doch finde ich nachgerade manchen Trost, und vor allem in dem Bewußtsein, das Rechte geraten zu haben. Denn lange vorher habe ich wie von einer Warte das nahende Unwetter kommen sehen, und das nicht allein aus eigener Einsicht, sondern vor allem auch, weil Du warntest und darauf hinwiesest. Zwar war ich ja während des größten Teils Deines Konsulatsjahres nicht daheim; aber auch in der Ferne hörte ich immer wieder, was Du vorbrachtest, um diesen unheilvollen Krieg zu verhüten und ihn als bevorstehend zu erweisen, und in den ersten Monaten Deines Konsulats habe ich persönlich miterlebt, wie Du an all die Bürgerkriege der Vergangenheit erinnertest und den Senat eindringlich ermahntest, sich die furchtbaren Grausamkeiten, die sie selbst erlebt hätten, vor Augen zu halten und zu beherzigen, daß, wo die vorige Generation sich schon als so grausam erwiesen habe, obwohl die früheren Zeiten unsrer Geschichte kein Vorbild dafür boten, ein künftiger Unterdrücker des Staates noch viel unbarmherziger wüten werde. Denn Vor-

ferunt de suo. quare meminisse debes eos, qui auctori- 2
tatem et consilium tuum non sint secuti, sua stultitia
occidisse, cum tua prudentia salvi esse potuissent.

Dices: 'quid me ista res consolatur in tantis tenebris et quasi parietinis rei publicae?' est omnino vix
consolabilis dolor; tanta est omnium rerum amissio
et desperatio reciperandi; sed tamen et Caesar ipse
ita de te iudicat et omnes cives sic existimant, quasi
lumen aliquod exstinctis ceteris elucere sanctitatem
et prudentiam et dignitatem tuam. haec tibi ad levan-
das molestias magna esse debent. quod autem a tuis
abes, id eo levius ferendum est, quod eodem tempore
a multis et magnis molestiis abes; quas ad te omnis
perscriberem, nisi vererer, ne ea cognosceres absens,
quae quia non vides, mihi videris meliore esse condicione quam nos, qui videmus.

Hactenus existimo nostram consolationem recte 3
adhibitam esse, quoad certior ab homine amicissimo
fieres iis de rebus, quibus levari possent molestiae
tuae. reliqua sunt in te ipso neque mihi ignota nec
minima solacia, ut quidem ego sentio, multo maxima;
quae ego experiens cotidie sic probo, ut ea mihi salutem adferre videantur. te autem ab initio aetatis memoria teneo summe omnium doctrinarum studiosum
fuisse omniaque, quae a sapientissimis ad bene vivendum tradita essent, summo studio curaque didicisse;
quae quidem vel optimis rebus et usui et delectationi
esse possent, his vero temporibus habemus aliud nihil, in quo adquiescamus.

Nihil faciam insolenter neque te tali vel scientia vel
natura praeditum hortabor, ut ad eas te referas artis,

gänge, für die es ein Vorbild gibt, gelten ihnen auch als rechtmäßig, aber ein wenig oder vielmehr mancherlei geben sie noch aus Eigenem dazu. Darum darfst Du Dir sagen, daß diejenigen, die Deinem wohlbegründeten Rate nicht gefolgt sind, durch ihre eigene Torheit ums Leben gekommen sind, während Dein kluger Rat sie hätte retten können.

Du wirst sagen: „Was nützt mir dieser Trost in dieser Finsternis, gleichsam auf den Ruinen des Staates?" Gewiß, es gibt eigentlich überhaupt kaum einen Trost für diesen Schmerz; dazu ist der Verlust aller Dinge zu groß und die Hoffnung, das Verlorene wiederzuerlangen, zu gering. Immerhin weiß doch Caesar, was er an Dir hat, und alle Bürger schließen sich seinem Urteil an: Deine Makellosigkeit, Deine Klugheit, Deine Würde strahlt wie ein helles Licht, während alle andern erloschen sind. Das müßte Dir zur Linderung Deines Kummers von großem Gewicht sein. Daß Du aber getrennt bist von Deinen Lieben, ist um so leichter zu tragen, als Du damit gleichzeitig von mancherlei großen Verdrießlichkeiten getrennt bist. Ich würde sie Dir alle ausführlich schildern, wenn ich nicht vermeiden möchte, daß Du in der Ferne mit ihnen bekannt wirst; denn weil Du sie nicht mit eigenen Augen siehst, scheinst Du mir besser dran zu sein als wir, die wir sie vor Augen haben.

Diese meine Trostrede scheint mir insoweit am Platze zu sein, als ein Mensch, der Dir herzlich zugetan ist, Dir die Dinge vor Augen hält, die vielleicht geeignet sind, Dein Beschwer zu erleichtern. Die sonstigen Trostmittel liegen in Dir selbst; ich kenne sie gut, und sie sind nicht zu verachten, vielmehr nach meinem Gefühl sehr wirkungsvoll. Täglich wende ich sie an und bin so zufrieden damit, daß ich fast glaube, sie lassen mich gesunden. Du aber hast Dich, wie ich mich entsinne, von frühester Jugend an brennend für alle Zweige der Wissenschaft interessiert und Dir alles, was uns von den großen Weisen hinsichtlich der richtigen Lebensgestaltung überliefert ist, mit unvergleichlichem Eifer zu eigen gemacht. Schon im Glück könnte es zur Förderung und Erbauung dienen; in diesen trostlosen Zeiten vollends haben wir nichts anderes, wobei wir uns beruhigen könnten.

Ich will mir nicht zuviel erlauben und Dich, den natürliche Begabung und eigenes Studium so glänzend ausgestattet haben,

quibus a primis temporibus aetatis studium tuum
dedisti; tantum dicam, quod te spero approbaturum, 4
me, postea quam illi arti, cui studueram, nihil esse loci
neque in curia neque in foro viderem, omnem meam
curam atque operam ad philosophiam contulisse. tuae
scientiae excellenti ac singulari non multo plus quam
nostrae relictum est loci. quare non equidem te moneo, sed mihi ita persuasi, te quoque in isdem versari
rebus, quae, etiam si minus prodessent, animum tamen a sollicitudine abducerent.

Servius quidem tuus in omnibus ingenuis artibus in-
primisque in hac, in qua ego me scripsi adquiescere,
ita versatur, ut excellat; a me vero sic diligitur, ut tibi
uni concedam, praeterea nemini; mihique ab eo gratia
refertur, in quo ille existimat, quod facile appareat,
cum me colat et observet, tibi quoque in eo se facere
gratissimum.

V.
SERVIVS CICERONI S.

Postea quam mihi renuntiatum est de obitu Tulliae, 1
filiae tuae, sane quam pro eo ac debui, graviter molesteque tuli communemque eam calamitatem existimavi;
qui, si istic adfuissem, neque tibi defuissem coramque
meum dolorem tibi declarassem. etsi genus hoc consolationis miserum atque acerbum est, propterea quia,
per quos ea confieri debet, propinquos ac familiaris, ii
ipsi pari molestia adficiuntur neque sine lacrimis multis
id conari possunt, uti magis ipsi videantur aliorum
consolatione indigere quam aliis posse suum officium
praestare, tamen, quae in praesentia in mentem mihi
venerunt, decrevi brevi ad te perscribere, non quo ea
te fugere existimem, sed quod forsitan dolore impeditus minus ea perspicias.

Quid est, quod tanto opere te commoveat tuus 2
dolor intestinus? cogita, quem ad modum adhuc

ermahnen, Dich wieder der Betätigung zuzuwenden, der Du von
Kindesbeinen an Dein Interesse gewidmet hast; nur so viel will ich
sagen – und ich hoffe, ich finde Deinen Beifall –, daß ich mich, seit
ich sehe, daß für meine frühere Betätigung weder auf dem Markte
noch in der Kurie mehr Platz ist, ganz und gar der Philosophie verschrieben habe. Auch für Deine ausgezeichneten, einzigartigen
Fähigkeiten ist nicht viel mehr Platz geblieben als für die meinigen.
Darum ermahne ich Dich nicht, sondern bin überzeugt, daß auch
Du Dich mit den gleichen Dingen beschäftigst, die, mögen sie
auch weniger Nutzen bringen, doch jedenfalls den Geist vom Kummer ablenken.

Dein Servius betreibt alle edlen Künste, und vor allem die, in
denen ich, wie gesagt, Ruhe finde, mit solcher Hingebung, daß er
in ihnen glänzt; ich schätze ihn so, daß ich darin nur Dir und sonst
niemandem nachstehe, und er dankt es mir. Dabei glaubt er, was
unschwer zu erkennen sein dürfte, damit, daß er mich ehrt und
achtet, auch Dir einen großen Gefallen zu erweisen.

(Rom, den 26. November [24. IX.] 46)

5.
Servius grüßt Cicero.
Als ich die Nachricht vom Heimgange Deiner Tochter Tullia
erhielt, war ich natürlich aufs tiefste erschüttert und hatte das Gefühl, daß dieser Verlust auch mich treffe. Wäre ich dort gewesen,
hätte ich Dich aufgesucht und Dir persönlich mein Mitgefühl ausgesprochen. Freilich ist es eine traurige, schmerzliche Sache mit
diesem tröstenden Zuspruch, denn diejenigen, die in dem Falle sind,
ihn spenden zu müssen, Verwandte und Freunde, sind ja selbst
nicht weniger bedrückt und vermögen es nur unter reichen Tränen
zu tun, so daß sie selbst eher des Trostes von dritter Seite zu bedürfen als andern gegenüber ihre Freundespflicht erfüllen zu können scheinen. Doch will ich Dir mit wenigen Worten zum Ausdruck
bringen, was mir im Augenblick gerade einfällt, nicht etwa, weil ich
glaubte, Du könntest Dir das nicht selbst sagen, sondern weil es Dir
in Deinem Gram vielleicht nicht recht zu Bewußtsein kommt.

Wie kommt es nur, daß Dein persönlicher Schmerz Dich so tief
erschüttert? Bedenke doch, wie bös das Schicksal uns bisher schon

fortuna nobiscum egerit; ea nobis erepta esse, quae hominibus non minus quam liberi cara esse debent, patriam, honestatem, dignitatem, honores omnis. hoc uno incommodo addito quid ad dolorem adiungi potuit? aut qui non in illis rebus exercitatus animus callere iam debet atque omnia minoris existimare?

At illius vicem, credo, doles. quotiens in eam cogi- 3 tationem necesse est et tu veneris et nos saepe incidimus, hisce temporibus non pessime cum iis esse actum, quibus sine dolore licitum est mortem cum vita commutare! quid autem fuit, quod illam hoc tempore ad vivendum magno opere invitare posset? quae res, quae spes, quod animi solacium? ut cum aliquo adulescente primario coniuncta aetatem gereret? licitum est tibi, credo, pro tua dignitate ex hac iuventute generum deligere, cuius fidei liberos tuos te tuto committere putares. an ut ea liberos ex sese pareret, quos cum florentis videret laetaretur, qui rem a parente traditam per se tenere possent, honores ordinatim petituri essent, in re publica, in amicorum negotiis libertate sua usuri? quid horum fuit, quod non, priusquam datum est, ademptum sit?

At vero malum est liberos amittere. malum; nisi hoc peius est, haec sufferre et perpeti. quae res mihi non 4 mediocrem consolationem attulit, volo tibi commemorare, si forte eadem res tibi dolorem minuere possit.

Ex Asia rediens cum ab Aegina Megaram versus navigarem, coepi regiones circumcirca prospicere. post me erat Aegina, ante me Megara, dextra Piraeus, sinistra Corinthus, quae oppida quodam tempore florentissima fuerunt, nunc prostrata et diruta ante oculos iacent. coepi egomet mecum sic cogitare: 'hem! nos homunculi indignamur, si quis nostrum interiit aut occisus est, quorum vita brevior esse

mitgespielt hat: alles ist uns entrissen, was dem Menschen nicht weniger lieb sein sollte als seine Kinder: Vaterland, Ehrenhaftigkeit, Würde und alles, was das Leben schmückt. Wie könnte der Schmerz über diesen Verlust durch diesen einen, neuen Schlag noch eine Steigerung erfahren? Oder sollte nicht unser Gemüt durch jene Erfahrungen die nötige Übung gewonnen haben, um sich zu verhärten und sich durch nichts mehr erschüttern zu lassen?

Aber wahrscheinlich grämst Du Dich um ihr Los. Oft genug muß Dir doch der Gedanke gekommen sein, wie er auch mir nicht selten beifällt, daß es das Schicksal unter den gegenwärtigen Umständen nicht eben böse meint mit denen, die schmerzlos das Leben mit dem Tode vertauschen dürfen. Was hätte sie denn augenblicklich sonderlich locken können, weiter zu leben? Welche äußeren Umstände, welche Erwartungen, welcher Herzenstrost? Um mit einem jungen Manne aus den ersten Kreisen verbunden ihr Leben zu fristen? Frei ständе es Dir schon, Deinem Range entsprechend Dir einen Schwiegersohn in diesen Kreisen zu suchen, dessen Schutz Du Dein Kind unbesehen anvertrauen dürftest. Oder um Kinder in die Welt zu setzen, an denen sie ihre Freude hätte, wenn sie sie blühen sähe? Die das Vermächtnis der Mutter aus eigener Kraft bewahren könnten, sich ordnungsgemäß um die Ehrenämter bewerben würden, im öffentlichen Leben, im Dienste ihrer Freunde sich ihrer Freiheit erfreuen könnten? All dies geht schon wieder verloren, ehe es noch gewonnen ist.

Aber es ist doch schlimm, ein Kind hingeben zu müssen! Gewiß, schlimm; falls es nicht schlimmer ist, die jetzigen Zustände ertragen zu müssen. Laß mich Dir vor Augen führen, was mir nicht unwesentlichen Trost gewährt hat; vielleicht, daß es auch Deinen Schmerz zu lindern vermag!

Aus Asia zurückkehrend, befand ich mich auf der Fahrt von Ägina nach Megara. Da betrachtete ich rings die Landschaft. Hinter mir lag Ägina, vor mir Megara, zur Rechten Piräus, zur Linken Korinth, lauter Städte, die einst in hoher Blüte gestanden haben, und die wir jetzt zerstört am Boden liegen sehen. Da kam mir der Gedanke: „Sonderbar! Wir Menschlein regen uns auf, wenn eins unsrer Lieben, deren Leben doch nur verhältnismäßig kurz sein kann, stirbt oder fällt, und hier liegen dicht beieinander die Trüm-

debet, cum uno loco tot oppidum cadavera proiecta
iacent? visne tu te, Servi, cohibere et meminisse hominem te esse natum?' crede mihi, cogitatione ea non
mediocriter sum confirmatus. hoc idem, si tibi videtur, fac ante oculos tibi proponas. modo uno tempore
tot viri clarissimi interierunt, de imperio p. R. tanta
deminutio facta est, omnes provinciae conquassatae
sunt; in unius mulierculae animula si iactura facta est,
tanto opere commoveris? quae si hoc tempore non
diem suum obisset, paucis post annis tamen ei morien-
dum fuit, quoniam homo nata fuerat. etiam tu ab 5
hisce rebus animum ac cogitationem tuam avoca atque
ea potius reminiscere, quae digna tua persona sunt,
illam, quam diu ei opus fuerit, vixisse, una cum re
publica fuisse, te, patrem suum, praetorem, consulem,
augurem vidisse, adulescentibus primariis nuptam
fuisse, omnibus bonis prope perfunctam esse, cum res
publica occideret, vita excessisse. quid est, quod tu aut
illa cum fortuna hoc nomine queri possitis?

Denique noli te oblivisci Ciceronem esse et eum,
qui aliis consueris praecipere et dare consilium, neque
imitare malos medicos, qui in alienis morbis profi-
tentur tenere se medicinae scientiam, ipsi se curare
non possunt, sed potius, quae aliis tute praecipere
soles, ea tute tibi subiace atque apud animum propone.
nullus dolor est, quem non longinquitas temporis 6
minuat ac molliat. hoc te exspectare tempus tibi turpe
est ac non ei rei sapientia tua te occurrere. quod si qui
etiam inferis sensus est, qui illius in te amor fuit
pietasque in omnis suos, hoc certe illa te facere non
vult. da hoc illi mortuae, da ceteris amicis ac familiaribus, qui tuo dolore maerent, da patriae, ut, si qua in
re opus sit, opera et consilio tuo uti possit. denique,
quoniam in eam fortunam devenimus, ut etiam huic
rei nobis serviendum sit, noli committere, ut quis-

mer so vieler Städte! Willst Du Dich nicht fassen, Servius, und daran denken, daß Du als Mensch geboren bist?" – Glaub' mir, in diesem Gedanken habe ich nicht wenig Trost gefunden. Halte Dir doch bitte ebenfalls folgendes vor Augen: Kürzlich erst ist gleichzeitig eine lange Reihe von hochangesehenen Männern ums Leben gekommen, die Herrschaft des Römischen Volkes stark geschmälert worden, alle Provinzen sind schwer erschüttert, und da bist Du so fassungslos, daß Du das zarte Leben eines schwachen Weibes verloren hast? Wäre sie jetzt nicht heimgegangen, in wenigen Jahren hätte sie doch sterben müssen, denn sie war als Mensch geboren. Mach' auch Du Dich von diesen trüben Gedanken frei und sage Dir lieber, wie es Deiner Persönlichkeit würdig ist, daß sie gelebt hat, solange es Zweck für sie hatte, daß ihr Leben mit dem unsres Staates verbunden war, daß sie Dich, ihren Vater, als Prätor, Konsul und Augur gesehen hat, mit jungen Männern aus den ersten Kreisen verheiratet gewesen ist, alles Schöne beinahe bis zur Neige ausgekostet hat und aus dem Leben geschieden ist, als der Staat zum Sterben kam. Wie könntet ihr also, Du oder sie, deshalb mit dem Schicksal hadern?

Schließlich darfst Du doch nicht vergessen, daß Du Cicero bist, ein Mann, der sonst anderen Lehren zu geben und Rat zu erteilen pflegt, darfst es nicht so machen wie die schlechten Ärzte, die bei andern Kranken ihre medizinischen Fachkenntnisse herauskehren, sich selbst aber nicht zu helfen wissen. Nein, was Du andern zu predigen pflegst, das wende auf Dich selbst an und führe es Dir zu Gemüte! Jeden Schmerz mindert und lindert die Zeit; aber darauf zu warten und Deinem Gram nicht Deine Weisheit entgegenzusetzen, ziemt sich nicht für Dich. Und wenn noch die Toten eine Art Bewußtsein haben – bei ihrer kindlichen Liebe zu Dir und ihren Angehörigen wünscht sie gewiß nicht, daß Du so handelst. Tu es um der Heimgegangenen, um all der andern Freunde und Verwandten willen, die Deinen Schmerz teilen, tu's dem Vaterlande zuliebe und entzieh ihm nicht Deinen Rat und Deine Hilfe, wenn es dessen einmal bedarf. Schließlich sind wir ja nun einmal in solch eine Lage geraten, daß wir uns auch diesen Umständen fügen müssen; da darfst Du es nicht darauf ankommen lassen, daß jemand auf den Gedanken kommt, Du trauertest weniger

quam te putet non tam filiam quam rei publicae tempora et aliorum victoriam lugere.

Plura me ad te de hac re scribere pudet, ne videar prudentiae tuae diffidere. quare, si hoc unum proposuero, finem faciam scribendi: vidimus aliquotiens secundam pulcherrime te ferre fortunam magnamque ex ea re te laudem apisci; fac aliquando intellegamus adversam quoque te aeque ferre posse neque id maius, quam debeat, tibi onus videri, ne ex omnibus virtutibus haec una tibi videatur desse.

Quod ad me attinet, cum te tranquilliorem animo esse cognoro, de iis rebus, quae hic geruntur, quemadmodumque se provincia habeat, certiorem faciam. Vale.

VI.
M. CICERO S. D. SER. SVLPICIO.

Ego vero, Servi, vellem, ut scribis, in meo gravissimo casu adfuisses; quantum enim praesens me adiuvare potueris et consolando et prope aeque dolendo, facile ex eo intellego, quod litteris lectis aliquantum adquievi. nam et ea scripsisti, quae levare luctum possent, et in me consolando non mediocrem ipse animi dolorem adhibuisti. Servius tamen tuus omnibus officiis, quae illi tempori tribui potuerunt, declaravit, et quanti ipse me faceret et quam suum talem erga me animum tibi gratum putaret fore. cuius officia iucundiora scilicet saepe mihi fuerunt, numquam tamen gratiora.

Me autem non oratio tua solum et societas paene aegritudinis, sed etiam auctoritas consolatur; turpe enim esse existimo me non ita ferre casum meum, ut tu tali sapientia praeditus ferendum putas. sed opprimor interdum et vix resisto dolori, quod ea me sola-

um Deine Tochter als um die politischen Zustände und den Sieg
der andern.

Ich scheue mich, Dir noch mehr über dies Thema zu schreiben;
es könnte so aussehen, als mißtraute ich Deiner eigenen Klugheit.
So will ich nur noch dies eine zu bedenken geben und dann die
Feder aus der Hand legen. Oft genug haben wir es erlebt, wie Du
das Glück mit Anstand zu tragen wußtest und dies Verhalten Dir
viel Lob eintrug; laß uns jetzt einmal sehen, daß Du auch ein Unglück ebenso gefaßt zu tragen vermagst und Dich diese Last nicht
schwerer als unvermeidlich drückt, damit es nicht so aussieht, als
fehlte Dir von allen Tugenden gerade diese eine.

Was mich angeht, so werde ich Dir von den hiesigen Ereignissen,
von der Entwicklung meiner Provinz berichten, sobald ich sehe,
daß Du gefaßter bist.

Leb' wohl!

(Athen, Mitte März 45)

6.

M. Cicero grüßt Ser. Sulpicius.

Ja, mein Servius! Ich wollte, Du wärest, wie Du schreibst, hier
gewesen, als mich dieser furchtbare Schlag traf; denn wie sehr Du
mir persönlich durch Trost und nahezu geteilten Schmerz hättest
helfen können, das erkenne ich deutlich daran, daß ich nach der
Lektüre Deines Briefes bedeutend ruhiger geworden bin. Hast Du
doch Gedanken ausgesprochen, die meine Trauer lindern mußten,
und mit deinen trostreichen Worten selbst lebhafte Teilnahme bewiesen. Doch hat Dein Servius mir durch all die Liebesdienste, die
in jenen Tagen möglich waren, gezeigt, wie hoch er selbst mich
schätzt, wie sehr er sich bewußt war, daß solch ein Verhalten
seinerseits mir gegenüber Deinen Wünschen entspreche. Seine Gefälligkeit mag mir zu Zeiten erfreulicher gewesen sein; dankbarer
empfunden habe ich sie niemals.

Aber nicht Deine Worte allein und Dein nahezu gleich großer
Kummer, auch Deine ganze Persönlichkeit richtet mich auf, und
ich müßte mich ja wirklich schämen, wenn ich mein Leid nicht so
tragen wollte, wie es ein so weiser Mann wie Du für angemessen
hält. Aber bisweilen bin ich doch machtlos dagegen und kann mich

cia deficiunt, quae ceteris, quorum mihi exempla propono, simili in fortuna non defuerunt. nam et Q.
Maximus, qui filium consularem, clarum virum et
magnis rebus gestis, amisit, et L. Paullus, qui duo
septem diebus, et vester Galus et M. Cato, qui summo ingenio, summa virtute filium perdidit, iis temporibus fuerunt, ut eorum luctum ipsorum dignitas con-
solaretur ea, quam ex re publica consequebantur;
mihi autem amissis ornamentis iis, quae ipse com- 2
memoras quaeque eram maximis laboribus adeptus,
unum manebat illud solacium, quod ereptum est. non
amicorum negotiis, non rei publicae procuratione
impediebantur cogitationes meae, nihil in foro agere
libebat, aspicere curiam non poteram, existimabam,
id quod erat, omnis me et industriae meae fructus et
fortunae perdidisse. sed, cum cogitarem haec mihi
tecum et cum quibusdam esse communia, et cum
frangerem iam ipse me cogeremque illa ferre toleran-
ter, habebam, quo confugerem, ubi conquiescerem,
cuius in sermone et suavitate omnis curas doloresque
deponerem. nunc autem hoc tam gravi vulnere etiam
illa, quae consanuisse videbantur, recrudescunt; non
enim, ut tum me a re publica maestum domus excipie-
bat, quae levaret, sic nunc domo maerens ad rem
publicam confugere possum, ut in eius bonis adquies-
cam. itaque et domo absum et foro, quod nec eum
dolorem, quem de re publica capio, domus iam consolari potest nec domesticum res publica.

Quo magis te exspecto teque videre quam primum 3
cupio; maius mihi solacium adferre ratio nulla potest
quam coniunctio consuetudinis sermonumque nostrorum; quamquam sperabam tuum adventum – sic
enim audiebam – appropinquare. ego autem cum
multis de causis te exopto quam primum videre, tum
etiam, ut ante commentemur inter nos, qua ratione
nobis traducendum sit hoc tempus, quod est totum ad
unius voluntatem accommodandum et prudentis et

des Schmerzes kaum erwehren, weil mir der Trost fehlt, dessen die, deren Vorbild ich vor Augen habe, in ähnlicher Lage nicht entbehren brauchten. Q. Maximus verlor seinen Sohn als Konsular und angesehenen, erfolgreichen Mann, L. Paullus zwei Söhne innerhalb von sieben Tagen, Euer Galus und M. Cato ihre hochbegabten, viel versprechenden Söhne; aber sie alle lebten in einer Zeit, wo ihre eigene angesehene Stellung, die sie sich im Staatsleben errungen hatten, ihnen Trost in ihrem Leid bieten konnte; mir jedoch war nach Verlust all der von Dir selbst angeführten Ehren, die ich mir durch eisernen Fleiß errungen hatte, das als einziger Trost geblieben, was mir jetzt entrissen ist. Kein Wirken für meine Freunde, keine Betätigung im Staatsleben lenkte mich ab, die Tätigkeit auf dem Forum behagte mir nicht, der Anblick der Kurie war mir unerträglich; ich glaubte – und das traf ja auch zu –, alle Früchte meines Fleißes und Glücks eingebüßt zu haben; aber wenn ich daran dachte, daß es Dir und manchen andern ebenso gehe, wenn ich mich mit aller Gewalt zwang, das geduldig zu ertragen, dann hatte ich doch jedenfalls eine Stätte, wo ich Ruhe finden, einen Menschen, bei dessen liebevollem Gespräch ich mich aller Sorgen und Kümmernisse entledigen konnte. Jetzt läßt diese neue, schwere Wunde auch jene, die schon verharscht schienen, wieder aufbrechen. Denn so, wie mich einst, wenn ich bedrückt der Politik den Rücken kehrte, mein Haus aufnahm, um mir Erleichterung zu schaffen, kann ich mich jetzt in meiner Trauer nicht in die Politik flüchten, um in ihren Anregungen Ruhe zu finden. So meide ich denn Haus und Markt, weil mich nachgerade weder mein Haus über den Schmerz, den mir die Politik bereitet, noch auch die Politik über mein häusliches Leid hinwegtrösten kann.

Um so sehnlicher erwarte ich Dich und wünsche, Dich so bald wie möglich zu sehen; keine Vernunftgründe können mir einen wirksameren Trost spenden als der Verkehr von Mensch zu Mensch und unser persönliches Gespräch. Nun, hoffentlich steht Deine Ankunft nahe bevor; so heißt es nämlich. Mir liegt aus mancherlei Gründen daran, Dich möglichst bald zu sehen; vor allem müssen wir uns rechtzeitig überlegen, auf welche Art wir diese Zeit überstehen, in der wir uns dem Willen des einen Mannes anbequemen müssen; er ist ja klug und hochgesinnt, mir, wie ich zu wissen

liberalis et, ut perspexisse videor, nec a me alieni et
tibi amicissimi. quod cum ita sit, magnae tamen est
deliberationis, quae ratio sit ineunda nobis non
agendi aliquid, sed illius concessu et beneficio quies-
cendi.

    Vale.

VII.
M. CICERO S. D. M. MARCELLO.

    Neque monere te audeo, praestanti prudentia vi- 1
rum, nec confirmare, maximi animi hominem unumque fortissimum, consolari vero nullo modo. nam, si
ea, quae acciderunt, ita fers, ut audio, gratulari magis
virtuti debeo quam consolari dolorem tuum; sin te
tanta mala rei publicae frangunt, non ita abundo ingenio, ut te consoler, cum ipse me non possim.

    Relicum est igitur, ut tibi me in omni re eum
praebeam praestemque et ad omnia, quae tui velint,
ita sim praesto, ut me non solum omnia debere tua
causa, sed posse quoque, etiam quae non possim,
putem.

    Illud tamen vel tu me monuisse vel censuisse puta 2
vel propter benevolentiam tacere non potuisse, ut,
quod ego facio, tu quoque animum inducas, si sit
aliqua res publica, in ea te esse oportere iudicio hominum reque principem, necessitate cedentem tempori;
sin autem nulla sit, hunc tamen aptissimum esse
etiam ad exsulandum locum. si enim libertatem se-
quimur, qui locus hoc dominatu vacat? sin qualem-
cumque locum, quae est domestica sede iucundior?
sed, mihi crede, etiam is, qui omnia tenet, favet ingeniis, nobilitatem vero et dignitates hominum, quantum ei res et ipsius causa concedit, amplectitur.

glaube, nicht abgeneigt und Dir herzlich zugetan. Trotzdem bleibt reiflich zu überlegen, wie wir es anzufangen haben, nicht irgendwie tätig zu sein, sondern mit seiner gütigen Genehmigung stillzusitzen.

Leb' wohl!

(Auf Atticus' Ficuleanum, Mitte April 45)

7 (8).
M. Cicero grüßt M. Marcellus.

Ich wage es nicht, Dich, einen ausnehmend klugen Mann, zu mahnen oder als hochgesinnten, tapferen Menschen zu ermutigen, und schon gar nicht, Dich zu trösten. Denn wenn Du alles, was geschehen ist, so trägst, wie man's hier hört, dann muß ich Dich eher zu Deiner mannhaften Haltung beglückwünschen als in Deinem Schmerz trösten. Bricht Dir aber über das namenlose Unglück des Vaterlandes das Herz, dann reichen auch meine Geistesgaben nicht aus, um Dich zu trösten, wo ich selbst keinen Trost finde.

Also bleibt mir nur, mich Dir gegenüber in jeder Beziehung so zu verhalten und in allem, was die Deinigen von mir erwarten, so zu Deinen Diensten zu sein, daß ich mir nicht nur der Verpflichtung bewußt bin, alles für Dich zu tun, sondern auch glaube, selbst das Unmögliche möglich machen zu können.

In einem Punkte jedoch mußt Du mir schon gestatten, Dir zu raten oder meine Meinung zu sagen oder aus Wohlwollen für Dich nicht zu schweigen: mach' auch Du Dich, wie ich, mit dem Gedanken vertraut, daß es, sofern wir noch eine Art von Gemeinwesen haben, nur recht und billig ist, wenn Du, nach dem Urteil der Leute und tatsächlich der erste Mann, Dich dem Zwange der Verhältnisse beugst und in diesem Gemeinwesen lebst. Haben wir aber keins, so ist doch hier der geeignetste Ort auch, um als Verbannter sein Leben zu fristen. Denn wenn wir nach der Freiheit suchen, wo findest Du eine Stätte, die dieser Gewaltherrschaft entzogen wäre? Und wenn schon ein Platz so gut wie der andre ist, welcher wäre dann angenehmer als die Heimat? Aber glaub' mir, auch er, der alle Macht in Händen hat, weiß Talente zu schätzen, des Adels aber und der Leute von Rang nimmt er sich an, soweit es ihm die Verhältnisse und sein eigenes Interesse gestatten.

Sed plura quam statueram. redeo ergo ad unum illud, me tuum esse; fore cum tuis, si modo erunt tui,
si minus, me certe in omnibus rebus satis nostrae
coniunctioni amorique facturum.

Vale.

VIII.
M. CICERO S. D. M. MARCELLO.

Etsi eo te adhuc consilio usum intellego, ut id repre- 1
hendere non audeam, non quin ab eo ipse dissentiam,
sed quod ea te sapientia esse iudicem, ut meum consilium non anteponam tuo, tamen et amicitiae nostrae
vetustas et tua summa erga me benevolentia, quae
mihi iam a pueritia tua cognita est, me hortata est, ut
ea scriberem ad te, quae et saluti tuae conducere arbitrarer et non aliena esse ducerem a dignitate.

Ego eum te esse, qui horum malorum initia multo 2
ante videris, consulatum magnificentissime atque
optime gesseris, praeclare memini; sed idem etiam illa
vidi, neque te consilium civilis belli ita gerendi nec
copias Cn. Pompei nec genus exercitus probare semperque summe diffidere; qua in sententia me quoque
fuisse memoria tenere te arbitror. itaque neque tu
multum interfuisti rebus gerendis et ego id semper
egi, ne interessem; non enim iis rebus pugnabamus,
quibus valere poteramus, consilio, auctoritate, causa,
quae erant in nobis superiora, sed lacertis et viribus,
quibus pares non eramus. victi sumus igitur aut, si
vinci dignitas non potest, fracti certe et abiecti.

In quo tuum consilium nemo potest non maxime

Aber ich schweife weiter aus, als ich vorhatte. Also noch einmal: Du kannst über mich verfügen; ich werde den Deinigen zur Seite stehen, wenn anders sie etwas für Dich tun wollen; wenn nicht, dann will jedenfalls ich unsrer herzlichen Verbundenheit in allen Stücken Genüge tun.

Leb' wohl!

(Rom, Anfang August [VI.] 46)

8 (7).

M. Cicero grüßt M. Marcellus.

Zwar verharrst Du bis jetzt, wie ich sehe, in Deiner Haltung, und ich wage sie nicht zu tadeln; nicht etwa, weil ich sie für richtig hielte, sondern weil ich überzeugt bin, daß Du selbst klug genug bist, um nicht zu glauben, ich hielte meinen Rat für besser als Deinen eigenen Entschluß. Aber unsre alte Freundschaft und Deine innige Zuneigung zu mir, die ich schon seit Deiner Kindheit erfahren habe, mahnt mich doch, Dir zu schreiben, was meiner Meinung nach Deinem Wiedereintritt ins bürgerliche Leben förderlich und mit Deiner Ehre nicht unvereinbar ist.

Ich entsinne mich sehr genau, daß Du es warst, der dies Unheil lange vorher hatte kommen sehen und seiner Pflicht als Konsul in ganz hervorragender Weise nachkam. Aber auch das habe ich gesehen, daß Du weder den Entschluß, den Bürgerkrieg so zu führen, für richtig hieltest, noch viel von der Truppe des Cn. Pompeius und dem Zustande unsrer Armee erwartetest und der Sache stets höchst mißtrauisch gegenüberstandest, eine Ansicht, die, wie Du Dich wohl erinnerst, auch ich teilte. So hast Du denn auch kaum an den militärischen Operationen teilgenommen, wie auch ich immer darauf bedacht gewesen bin, mich ihnen zu entziehen. Denn wir verließen uns ja nicht auf die Kampfmittel, von denen wir uns Erfolg versprechen durften, unsre Klugheit, unser Ansehen, unsre gute Sache, also die Dinge, in denen wir überlegen waren, sondern auf die rohe Muskelkraft, worin wir es mit den andern nicht aufnehmen konnten. So sind wir denn besiegt worden oder liegen jedenfalls, wenn schon Ehre überhaupt nicht zu besiegen ist, gebrochen und gedemütigt am Boden.

Unter diesen Umständen wird jeder Deine Haltung nur loben,

laudare, quod cum spe vincendi simul abiecisti cer-
tandi etiam cupiditatem ostendistique sapientem et
bonum civem initia belli civilis invitum suscipere,
extrema libenter non persequi. qui non idem con- 3
silium quod tu secuti sunt, eos video in duo genera
esse distractos; aut enim renovare bellum conati sunt,
ii qui se in Africam contulerunt, aut quem ad modum
nos victori sese crediderunt. medium quoddam tuum
consilium fuit, qui hoc fortasse humilis animi duceres,
illud pertinacis.

Fateor a plerisque vel dicam ab omnibus sapiens
tuum consilium, a multis etiam magni ac fortis animi
iudicatum; sed habet ista ratio, ut mihi quidem videtur, quendam modum, praesertim cum nihil tibi desse
arbitrer ad tuas fortunas omnis obtinendas praeter
voluntatem. sic enim intellexi, nihil aliud esse, quod
dubitationem adferret ei, penes quem est potestas,
nisi quod vereretur, ne tu illud beneficium omnino
non putares. de quo quid sentiam, nihil attinet dicere,
cum appareat, ipse quid fecerim. sed tamen, si iam ita 4
constituisses, ut abesse perpetuo malles quam ea, quae
nolles, videre, tamen id cogitare deberes, ubicumque
esses, te fore in eius ipsius, quem fugeres, potestate.
qui si facile passurus esset te carentem patria et fortunis tuis quiete et libere vivere, cogitandum tibi
tamen esset Romaene et domi tuae, cuicuimodi res
esset, an Mitylenis aut Rhodi malles vivere. sed cum
ita late pateat eius potestas, quem veremur, ut terrarum orbem complexa sit, nonne mavis sine periculo
tuae domi esse quam cum periculo alienae? equidem,
etiamsi oppetenda mors esset, domi atque in patria
mallem quam in externis atque alienis locis. hoc idem
omnes, qui te diligunt, sentiunt; quorum est magna
pro tuis maximis clarissimisque virtutibus multitudo.
habemus etiam rationem rei familiaris tuae, quam 5
dissupari nolumus. nam, etsi nullam potest accipere
iniuriam, quae futura perpetua sit, propterea quod

daß Du zugleich mit der Siegeshoffnung auch die Lust zu weiterem Kampfe abgetan und gezeigt hast, daß ein guter, verständiger Bürger sich zu einem Bürgerkriege nur gezwungen entschließt und sich dem Ende gern entzieht. Diejenigen, die sich zu Deinem Entschluß nicht haben durchringen können, zerfallen, wie ich sehe, in zwei Gruppen: entweder haben sie versucht, den Krieg fortzusetzen — ich meine die, die sich nach Afrika begeben haben —, oder sie haben sich, wie ich, dem Sieger auf Treu und Glauben ergeben. Dein Entschluß stand etwa in der Mitte, weil Du das eine vielleicht für Erniedrigung, das andre für Halsstarrigkeit hieltest.

Ich gestehe, daß Dein Entschluß bei den meisten oder gar bei allen für klug, bei vielen sogar für hochsinnig und heldenmütig gilt. Aber dieser Standpunkt ist doch, wie mir scheint, nur bedingt richtig, zumal Dir, wie ich meine, zur Erhaltung alles dessen, was Dein ist, nichts fehlt als der eigene Wille. Denn ich habe den Eindruck, ihn, der die Macht in der Hand hat, macht nur der Umstand bedenklich, daß er befürchtet, Du könntest meinen, eine Begnadigung sei für Dich überhaupt nicht wünschenswert. Wie ich darüber denke, brauche ich Dir nicht zu sagen; mein eigenes Verhalten zeigt es zur Genüge. Solltest Du Dich jedoch schon entschlossen haben, lieber dauernd in der Fremde zu bleiben als mitanzusehen, was Du nicht sehen möchtest, so mußt Du Dir doch dessen bewußt sein, daß Du überall in dessen Gewalt bist, dem Du Dich entziehen willst. Zwar würde er wohl nichts dagegen haben, wenn Du fern von Heim und Habe frei und ruhig dahinlebtest; trotzdem überlege Dir, ob es nicht auf jeden Fall besser ist, zu Hause in Rom als in Rhodus oder Mitylenae zu leben. Die Macht dessen, den wir fürchten, reicht weit; sie umfaßt die ganze Welt. Willst Du da nicht lieber gefahrlos daheim als unter Gefahren in der Fremde weilen? Ich für meine Person wollte, wenn ich schon meinem Leben ein Ende machen müßte, es lieber daheim in der Vaterstadt als in ferner Fremde tun. Und so denken alle, die Dich schätzen, und das sind bei Deinen hervorragenden Charaktereigenschaften nicht wenige. Mich leitet auch die Sorge um Dein Eigentum, das ich nicht verschleudert sehen möchte. Wenn es auch keinen dauernden Schaden nehmen kann — weder er, der den Staat beherrscht, noch der Staat selbst wird das zulassen —, so sollen doch

neque is, qui tenet rem publicam, patietur neque ipsa
res publica, tamen impetum praedonum in tuas fortunas fieri nolo; ii autem qui essent, auderem scribere,
nisi te intellegere confiderem.

Hic te unius sollicitudines, unius etiam multae et 6
assiduae lacrimae, C. Marcelli, fratris optimi, depre-
cantur. nos cura et dolore proximi sumus, precibus
tardiores, quod ius adeundi, cum ipsi deprecatione
eguerimus, non habemus; gratia tantum possumus,
quantum victi; sed tamen consilio, studio Marcello
non desumus. a tuis reliquis non adhibemur; ad omnia parati sumus.

IX.
M. CICERO S. D. M. MARCELLO.

Etsi perpaucis ante diebus dederam Q. Mucio lit- 1
teras ad te pluribus verbis scriptas, quibus declara-
veram, quo te animo censerem esse oportere et quid
tibi faciendum arbitrarer, tamen, cum Theophilus,
libertus tuus, proficisceretur, cuius ego fidem erga te
benevolentiamque perspexeram, sine meis litteris eum
ad te venire nolui.

Isdem igitur te rebus etiam atque etiam hortor, quibus superioribus litteris hortatus sum, ut in ea re
publica, quaecumque est, quam primum velis esse.
multa videbis fortasse, quae nolis, non plura tamen,
quam audis cotidie. non est porro tuum uno sensu
solum oculorum moveri, cum idem illud auribus per-
cipias, quod etiam maius videri solet, minus laborare.

At tibi ipsi dicendum erit aliquid, quod non sentias, 2
aut faciendum, quod non probes. primum tempori
cedere, id est necessitati parere, semper sapientis est

keine Räuberhände sich daran vergreifen. Wen ich damit meine, würde ich Dir zu schreiben wagen, wenn ich nicht überzeugt wäre, daß Du mich auch so verstehst.

Hier tut einer in seinem Kummer und unter unversieglichen Tränenströmen Fürbitte für Dich: Dein lieber Vetter C. Marcellus. Was Fürsorge und Teilnahme angeht, stehe ich ihm am nächsten, kann jedoch nicht so bitten wie er, weil ich, selbst der Fürbitte bedürftig, nicht das Recht habe, an den Machthaber heranzutreten. Mein Einfluß reicht so weit, wie er eben bei einem Besiegten reicht; aber an gutem Rat und Hilfsbereitschaft lasse ich es bei Marcellus nicht fehlen. Von Deinen sonstigen Angehörigen werde ich nicht in Anspruch genommen. Ich bin zu allem bereit.

(Rom, Mitte August [VI.] 46).

9.
M. Cicero grüßt M. Marcellus.

Zwar habe ich vor wenigen Tagen Q. Mucius einen ziemlich ausführlichen Brief an Dich mitgegeben, in dem ich Dir dargelegt habe, wie Du meiner Meinung nach aufgelegt sein müßtest und was Du zu tun hast; aber da heute Dein Freigelassener Theophilus abgeht, dessen ergebene Treue Dir gegenüber ich kenne, möchte ich doch nicht, daß er ohne einen Brief von mir zu Dir kommt.

Mit den gleichen Gründen, mit denen ich Dich in meinem letzten Briefe ermahnt habe, ermahne ich Dich also noch einmal, Dich zu entschließen, so bald wie möglich ins politische Leben, mag es sein, wie es will, zurückzukehren. Vielleicht wirst Du manches sehen, was Dir nicht paßt, jedoch nicht mehr, als Du tagtäglich hörst. Überdies ist es doch nicht Deine Art, Dich einzig von den Sinneswahrnehmungen der Augen beeindrucken zu lassen und weniger darunter zu leiden, wenn Du dieselben Dinge nur mit den Ohren wahrnimmst, die dann meist noch schlimmer erscheinen, als sie sind.

Gewiß, Du wirst einiges sagen müssen, was Deiner wahren Meinung widerspricht, oder tun, was Du nicht gutheißt. Aber erstens hat es stets als ein Zeichen von Klugheit gegolten, sich in die Umstände zu schicken, das heißt: der Notwendigkeit zu gehor-

habitum; deinde non habet, ut nunc quidem est, id
vitii res. dicere fortasse, quae sentias, non licet, tacere
plane licet. omnia enim delata ad unum sunt; is utitur
consilio ne suorum quidem, sed suo. quod non multo
secus fieret, si is rem publicam teneret, quem secuti
sumus. an, qui in bello, cum omnium nostrum coniunctum esset periculum, suo et certorum hominum
minime prudentium consilio uteretur, eum magis
communem censemus in victoria futurum fuisse, quam
incertis in rebus fuisset? et, qui nec te consule tuum
sapientissimum consilium secutus esset nec fratre tuo
consulatum ex auctoritate tua gerente vobis auctoribus uti voluerit, nunc omnia tenentem nostras sententias desideraturum censes fuisse?

Omnia sunt misera in bellis civilibus, quae maiores 3
nostri ne semel quidem, nostra aetas saepe iam sensit,
sed miserius nihil quam ipsa victoria; quae, etiam si
ad meliores venit, tamen eos ipsos ferociores impoten-
tioresque reddit, ut, etiam si natura tales non sint,
necessitate esse cogantur; multa enim victori eorum
arbitrio, per quos vicit, etiam invito facienda sunt.
an tu non videbas mecum simul, quam illa crudelis
esset futura victoria? igitur tunc quoque careres patria,
ne quae nolles videres? ,non,' inquies; ,ego enim ipse
tenerem opes et dignitatem meam.' at erat tuae virtutis in minimis tuas res ponere, de re publica vehementius laborare.

Deinde qui finis istius consilii est? nam adhuc et
factum tuum probatur, et ut in tali re etiam fortuna
laudatur, factum, quod et initium belli necessario
secutus sis et extrema sapienter persequi nolueris,
fortuna, quod honesto otio tenueris et statum et famam dignitatis tuae. nunc vero nec locus tibi ullus

chen. Zweitens findet, wie die Verhältnisse jetzt sind, niemand
etwas dabei. Vielleicht darfst Du nicht sagen, was Du denkst, aber
schweigen kannst Du auf jeden Fall. Alles liegt ja in der Hand des
einen Mannes, und dieser Mann fragt nicht einmal seine Anhänger
um Rat, sondern nur sich selbst. Das wäre auch nicht wesentlich
anders, wenn der, dem wir uns angeschlossen haben, das Heft in
der Hand hätte. Oder bilden wir uns ein, der Mann, der im Kriege,
als uns alle ein und dieselbe Gefahr verband, sich auf sich und den
Rat einiger weniger, keineswegs kluger Leute verließ, der würde
nach dem Siege zugänglicher gewesen sein, als er es vor der Entscheidung war? Der weder in Deinem Konsulatsjahre Deinen
klugen Rat befolgt hat, noch, als Dein Vetter das Konsulat in
Deinem Sinne weiterführte, sich Eures Rates bedienen wollte,
der würde, meinst Du, jetzt, wenn er alles in der Hand hätte, nach
unsern Ansichten fragen?

An einem Bürgerkriege ist alles erbärmlich; unsre Vorfahren
haben das nicht ein einziges Mal zu spüren bekommen, unsre
Generation aber schon mehrfach. Aber nichts ist erbärmlicher als
gerade der Sieg. Selbst wenn er den Besseren zufällt, macht er auch
sie rücksichtsloser und maßloser, so daß sie, selbst wenn sie von
Natur nicht dazu neigen sollten, zwangsweise dazu gebracht werden.
Denn vieles muß der Sieger nach dem Willen derer tun, die ihm
den Sieg verschafft haben, auch wenn er es nicht will. Oder hast Du
es nicht zusammen mit mir erlebt, wie grausam dieser Sieg zu werden versprach? Also auch dann würdest Du die Heimat meiden, um
nicht sehen zu müssen, was Du nicht sehen willst? „Nein" wirst Du
sagen, „denn ich hätte mein Eigentum und meinen Rang behalten."
Aber als Ehrenmann müßtest Du doch Deine persönlichen Interessen ganz zurücktreten lassen und Dich besonders energisch für den
Staat einsetzen!

Und weiter: Wohin wird Dein Entschluß führen? Denn bis jetzt
billigt man noch Deine Handlungsweise und preist unter den gegebenen Umständen sogar Dein Schicksal: Deine Handlungsweise,
sofern Du den Krieg zu Anfang nur notgedrungen mitgemacht und
Dich dem Ende hast klug entziehen wollen; Dein Schicksal, sofern
Du in ehrenhafter Muße Deine Stellung und Reputation gewahrt
hast. Jetzt aber darf Dir kein Platz lieblicher erscheinen als die Hei-

dulcior esse debet patria, nec eam diligere minus debes,
quod deformior est, sed misereri potius nec eam multis claris viris orbatam privare etiam aspectu tuo.

   Denique, si fuit magni animi non esse supplicem 4
victori, vide, ne superbi sit aspernari eiusdem liberalitatem et, si sapientis est carere patria, duri non desiderare; et, si re publica non possis frui, stultum est
nolle privata. caput illud est, ut, si ista vita tibi com-
modior esse videatur, cogitandum tamen sit, ne tutior
non sit. magna gladiorum est licentia, sed in externis
locis minor etiam ad facinus verecundia. mihi salus
tua tantae curae est, ut Marcello, fratri tuo, aut par aut
certe proximus sim; tuum est consulere temporibus
et incolumitati et vitae et fortunis tuis.

X.
CICERO MARCELLO S.

   Etsi nihil erat novi, quod ad te scriberem, magisque 1
litteras tuas iam exspectare incipiebam vel te potius
ipsum, tamen, cum Theophilus proficisceretur, non
potui nihil ei litterarum dare. cura igitur, ut quam
primum venias; venies enim, mihi crede, exspectatus,
neque solum nobis, id est tuis, sed prorsus omnibus.
venit enim mihi in mentem subvereri interdum, ne te
delectet tarda decessio.

   Quod si nullum haberes sensum nisi oculorum, 2
prorsus tibi ignoscerem, si quosdam nolles videre;
sed, cum leviora non multo essent, quae audirentur,
quam quae viderentur, suspicarer autem multum interesse rei familiaris tuae te quam primum venire,
idque in omnis partis valeret, putavi ea de re te esse
admonendum.

mat, und Du darfst sie nicht weniger lieben, weil sie unschöner ist, mußt Dich vielmehr ihrer erbarmen und ihr nach dem Verlust so vieler bedeutender Männer nicht auch noch Deinen Anblick vorenthalten.

Schließlich, wenn es ein Zeichen hohen Sinnes war, sich dem Sieger nicht zu Füßen zu werfen, dann, fürchte ich, ist es ein Zeichen von Hochmut, sein Entgegenkommen zu verschmähen, und wenn es von Weisheit zeugt, die Heimat entbehren zu können, so von Hartherzigkeit, sich nicht nach ihr zu sehnen. Und wenn man am Staatsleben nicht teilnehmen kann, dann ist es doch Torheit, sein Privatleben nicht genießen zu wollen. Entscheidend ist folgendes: selbst wenn Dir das Leben dort behaglicher erscheint, dann dürfte doch zu bedenken sein, daß es nicht auch sicherer ist. Groß ist der Spielraum der Dolche, die Scheu vor der Tat auswärts aber geringer! Ich sorge mich so um Dein Leben, daß ich es darin Deinem Vetter Marcellus gleichtue oder ihm jedenfalls sehr nahekomme; an Dir ist es, Dich in die Verhältnisse zu schicken und für Deine Sicherheit, Dein Leben und Dein Hab und Gut zu sorgen.

(Rom, Ende August [VI.] 46)

10.
Cicero grüßt Marcellus.

Obwohl es nichts Neues gibt, was ich Dir schreiben könnte, und ich vielmehr nachgerade beginne, einen Brief von Dir zu erwarten oder lieber noch Dich selbst, bringe ich es doch nicht über mich, wo Theophilus sich auf den Weg macht, ihm keinen Brief mitzugeben. Sieh also zu, daß Du so bald wie möglich kommst, denn glaub' mir, man wartet auf Dich, und zwar nicht nur wir, das heißt: Deine Lieben, sondern geradezu alle. Bisweilen habe ich nämlich das Gefühl, als müßte ich befürchten, Du machtest Dir ein Vergnügen daraus, Deine Heimkehr zu verzögern.

Hättest Du nur Deinen Gesichtssinn, dann würde ich Dir gewiß verzeihen, wenn Du gewisse Leute nicht wiedersehen möchtest; aber was man hört, ist nicht wesentlich leichter zu verdauen, als was man sieht, und weil es für Deine Vermögensverhältnisse vermutlich überaus wichtig ist, daß Du möglichst bald kommst, und dieser Gesichtspunkt in jeder Beziehung seine Bedeutung hat, glaube ich, Dich daran erinnern zu müssen.

Sed quoniam, quid mihi placeret, ostendi, reliqua
tu pro tua prudentia considerabis; me tamen velim,
quod ad tempus te exspectemus, certiorem facias.

XI.
MARCELLVS CICERONI S.

Plurimum valuisse apud me tuam semper auctori- 1
tatem cum in omni re tum in hoc maxime negotio
potes existimare. cum mihi C. Marcellus, frater amantissimus mei, non solum consilium daret, sed precibus quoque me obsecraret, non prius mihi persuadere
potuit, quam tuis est effectum litteris, ut uterer vestro
potissimum consilio. res quem ad modum sit acta,
vestrae litterae mihi declarant. gratulatio tua etsi est
mihi probatissima, quod ab optimo fit animo, tamen
hoc mihi multo iucundius est et gratius, quod in summa paucitate amicorum, propinquorum ac necessariorum, qui vere meae saluti faverent, te cupidissimum
mei singularemque mihi benevolentiam praestitisse
cognovi. reliqua sunt eius modi, quibus ego, quoniam 2
haec erant tempora, facile et aequo animo carebam;
hoc vero eius modi esse statuo, ut sine talium virorum
et amicorum benevolentia neque in adversa neque in
secunda fortuna quisquam vivere possit. itaque in
hoc ego mihi gratulor; tu vero ut intellegas homini
amicissimo te tribuisse officium, re tibi praestabo.
Vale.

XII.
SERVIVS CICERONI SAL. PLVR.

Etsi scio non iucundissimum me nuntium vobis 1
allaturum, tamen, quoniam casus et natura in nobis
dominatur, visum est faciendum, quoquo modo res se
haberet, vos certiores facere.

A. d. X Kal. Iun. cum ab Epidauro Piraeum navi

Damit habe ich Dir meinen Standpunkt dargelegt; alles Weitere wirst Du, klug, wie Du bist, selbst bedenken. Doch möchte ich Nachricht haben, zu welchem Zeitpunkt wir Dich erwarten dürfen.

(Rom, im November [IX.] 46)

11.
Marcellus grüßt Cicero.

Du darfst überzeugt sein, daß mir Dein Wort stets viel bedeutet hat, in jeder Sache und besonders jetzt in dieser Angelegenheit. Als mein lieber Vetter C. Marcellus mir seinen Vorschlag unterbreitete, ja, mich mit Bitten bestürmte, hat er mich doch nicht eher bestimmen können, als bis Dein Brief mich dazu brachte, hauptsächlich Euerm Rate zu folgen. Wie die Sache gelaufen ist, entnehme ich aus Euern Briefen. Dein Glückwunsch ist mir zwar sehr angenehm, weil er aus der besten Gesinnung hervorgeht; weit erfreulicher und willkommener ist es mir jedoch, wo ich so wenige Freunde, Verwandte und mir nahestehende Menschen habe, die sich ernstlich um mein Wohlergehn sorgen, zu sehen, wie herzlich ergeben Du mir bist, wie wahrhaft wohlgesinnt Du Dich mir erzeigt hast. Alles übrige ist so, daß ich unter den gegenwärtigen Verhältnissen gern und gleichmütig darauf verzichtete; das aber bleibt bestehen, daß ohne die Ergebenheit solcher Männer und Freunde niemand weder im Glück noch im Unglück zu leben vermag. Insofern beglückwünsche ich mich also selbst; Du aber sollst merken, daß Du dich für einen guten Freund eingesetzt hast; durch Taten werde ich es Dir beweisen!

Leb' wohl!

(Mitylenae, im Oktober [VIII.] 46)

12.
Servius grüßt Cicero herzlich.

Zwar bin ich mir bewußt, Euch eine nicht eben angenehme Nachricht zu bringen; aber unter uns Menschen herrscht der blinde Zufall und das Naturgesetz, und so erachte ich es als meine Pflicht, Euch in Kenntnis zu setzen, mag das Geschehene noch so traurig sein.

Als ich am 23. Mai mit dem Schiff von Epidaurus her im Piraeus

advectus essem, ibi M. Marcellum, conlegam nostrum,
conveni eumque diem ibi consumpsi, ut cum eo
essem. postero die ab eo digressus cum essem eo
consilio, ut ab Athenis in Boeotiam irem reliquamque
iuris dictionem absolverem, ille, ut aiebat, supra
Maleas in Italiam versus navigaturus erat.

Post diem tertium eius diei cum ab Athenis profi- 2
cisci in animo haberem, circiter hora decima noctis
P. Postumius, familiaris eius, ad me venit et mihi
nuntiavit M. Marcellum, conlegam nostrum, post
cenae tempus a P. Magio Cilone, familiare eius, pu-
gione percussum esse et duo vulnera accepisse, unum
in stomacho, alterum in capite secundum aurem;
sperare tamen eum vivere posse; Magium se ipsum
interfecisse postea; se a Marcello ad me missum esse,
qui haec nuntiaret et rogaret, uti medicos ei mitterem.

Itaque medicos coegi et e vestigio eo sum profectus prima luce. cum non longe a Piraeo abessem, puer
Acidini obviam mihi venit cum codicillis, in quibus
erat scriptum paulo ante lucem Marcellum diem
suum obisse. ita vir clarissimus ab homine deterrimo
acerbissuma morte est adfectus, et, cui inimici propter
dignitatem pepercerant, inventus est amicus, qui ei
mortem offerret.

Ego tamen ad tabernaculum eius perrexi. inveni 3
duos libertos et pauculos servos; reliquos aiebant
profugisse metu perterritos, quod dominus eorum
ante tabernaculum interfectus esset. coactus sum in
eadem illa lectica, qua ipse delatus eram, meisque lecti-
cariis in urbem eum referre ibique pro ea copia, quae
Athenis erat, funus ei satis amplum faciendum curavi.
ab Atheniensibus, locum sepulturae intra urbem ut
darent, impetrare non potui, quod religione se impediri dicerent, neque tamen id antea cuiquam conces-
serant. quod proximum fuit, uti in quo vellemus gymnasio eum sepeliremus, nobis permiserunt. nos in
nobilissimo orbi terrarum gymnasio Academiae

ankam, traf ich dort meinen Mitkonsul M. Marcellus und verbrachte
dort diesen Tag, um mit ihm zusammen zu sein. Als ich ihn tags
darauf verließ in der Absicht, von Athen aus nach Boeotien zu
gehen und den Rest der Rechtsgeschäfte zu erledigen, wollte er,
wie er sagte, um Malea nach Italien fahren.

Nach zwei Tagen – es war der Tag, den ich für meine Abreise
von Athen in Aussicht genommen hatte – kam etwa um vier Uhr
des Nachts sein Freund P. Postumius zu mir mit der Nachricht,
mein Kollege M. Marcellus sei nach dem Essen von P. Magius Cilo,
einem seiner Gefolgsleute, mit dem Dolche überfallen worden und
habe zwei Wunden davongetragen, eine am Unterleib, eine zweite
am Kopfe hinter dem Ohr; er hoffe jedoch, daß er mit dem Leben
davonkomme. Magius habe hinterher selbst Hand an sich gelegt;
er komme in Marcellus' Auftrage zu mir, um mir Nachricht zu
geben und mich zu bitten, ihm Ärzte zu schicken.

Ich holte also Ärzte zusammen und machte mich dann auf der
Stelle bei Morgengrauen auf den Weg zu ihm. Ich war nicht mehr
weit vom Piraeus entfernt, als mir ein Sklave des Acidinus entgegen-
kam mit einem Billet, in dem stand, Marcellus sei kurz vor Tagesanbruch verschieden. So hat also dieser herrliche Mann von der
Hand eines verworfenen Menschen einen bitteren Tod gefunden;
seine Feinde hatten ihn wegen seiner angesehenen Stellung ver-
schont, und es fand sich ein Freund, der ihm das Leben nahm.

Ich bin trotzdem zu seinem Zelte gegangen, wo ich zwei Freigelassene und ein paar Sklaven vorfand; die andern, sagten sie,
seien aus Angst geflohen, weil der Herr vor ihrem Zelt ermordet
worden sei. Ich sah mich gezwungen, ihn in derselben Sänfte, in
der ich mich hatte hintragen lassen, mit meinen Trägern in die Stadt
zu schaffen, und habe dort für ein im Verhältnis zu den in Athen
verfügbaren Mitteln recht stattliches Leichenbegängnis gesorgt.
Zwar konnte ich die Athener nicht bewegen, einen Begräbnisplatz
in der Stadt zur Verfügung zu stellen; angeblich standen dem
religiöse Bedenken entgegen, und sie hatten es doch bis dahin wirklich noch nie jemandem gestattet. Was nächstdem die höchste Ehre
war, Bestattung in einem von uns zu bestimmenden Gymnasium,
bewilligten sie uns. Wir suchten dann in dem berühmtesten Gym-

locum delegimus ibique eum combussimus posteaque
curavimus, ut eidem Athenienses in eodem loco monumentum ei marmoreum faciendum locarent. ita,
quae nostra officia fuerunt pro collegio et pro propin-
quitate, et vivo et mortuo omnia ei praestitimus.

Vale.

D. pr. Kal. Iun. Athenis.

XIII.
M. CICERO S. D. P. FIGVLO.

Quaerenti mihi iam diu, quid ad te potissimum 1
scriberem, non modo certa res nulla, sed ne genus
quidem litterarum usitatum veniebat in mentem.
unam enim partem et consuetudinem earum epistularum, quibus secundis rebus uti solebamus, tempus
eripuerat, perfeceratque fortuna, ne quid tale scribere
possem aut omnino cogitare. relinquebatur triste
quoddam et miserum et his temporibus consentaneum
genus litterarum. id quoque deficiebat me, in quo debebat esse aut promissio auxilii alicuius aut consolatio
doloris tui. quod pollicerer, non erat; ipse enim pari
fortunae adiectus aliorum opibus casus meos susten-
tabam, saepiusque mihi veniebat in mentem queri,
quod ita viverem, quam gaudere, quod viverem.

Quamquam enim nulla me ipsum privatim pepulit 2
insignis iniuria nec mihi quicquam tali tempore in
mentem venit optare, quod non ultro mihi Caesar
detulerit, tamen non nihil eis conficior curis, ut ipsum,
quod maneam in vita, peccare me existimem. careo
enim cum familiarissimis multis, quos aut mors eripuit nobis aut distraxit fuga, tum omnibus amicis,
quorum benevolentiam nobis conciliarat per me
quondam te socio defensa res publica, versorque in
eorum naufragiis et bonorum direptionibus nec audio
solum, quod ipsum esset miserum, sed etiam id ipsum
video, quo nihil est acerbius, eorum fortunas dissipari,

nasium der Welt, in der Akademie, einen Platz aus, verbrannten ihn dort und sorgten dann dafür, daß die Athener ihm an der gleichen Stelle ein Marmordenkmal setzten. So habe ich ihm im Leben und im Tode alles zukommen lassen, was mir als seinem Amtsgenossen und Verwandten meine Pflicht gebot.

Leb' wohl!

Gegeben am 31. Mai (45) in Athen

13.
M. Cicero grüßt P. Figulus.

Schon lange frage ich mich, was ich Dir am ehesten schreiben könnte, aber mir fällt nicht nur nichts Bestimmtes ein; ich weiß nicht einmal, welcher der üblichen Briefgattungen ich mich bedienen könnte. Die eine, gewohnte Art, nämlich die Briefe, die wir uns im Glück zu schreiben pflegten, ist uns durch die Verhältnisse unmöglich gemacht, und das Schicksal hat dazu geführt, daß ich so etwas nicht mehr schreiben mag oder überhaupt nur denken kann. Es bleibt mir nur eine ganz trostlose, klägliche, unsrer Zeit angemessene Briefgattung. Auch die eine ist mir versagt, die irgendein Hilfeversprechen oder einen Trost in Deinem Kummer enthalten müßte. Ich habe nichts, was ich Dir versprechen könnte, denn ich selbst bin von dem gleichen Schicksal betroffen und ertrage mein Unglück nur mit Hilfe anderer; oft genug möchte ich lieber jammern, daß ich so leben muß, als mich freuen, daß ich noch lebe.

Freilich hat mich persönlich ja kein besonderes Unrecht getroffen, und alles, was ich mir unter den gegebenen Umständen nur wünschen konnte, hat Caesar mir ungebeten zukommen lassen. Trotzdem quält mich eine Besorgnis nicht wenig: ich habe das Gefühl, mich eben damit zu versündigen, daß ich noch am Leben bin. Ich habe viele vertraute Freunde verloren, die mir der Tod entrissen oder die Flucht von mir getrennt hat, alle Freunde, deren Wohlwollen ich mir einst durch die Verteidigung des Staates im Verein mit Dir erworben hatte; ich bin Zeuge ihres Zusammenbruchs und der Ausplünderung ihrer Güter und höre nicht nur, was an sich schon schlimm genug wäre, nein, muß mit ansehen – und das ist besonders bitter –, wie Hab und Gut der Männer ver-

quibus nos olim adiutoribus illud incendium exstinximus, et, in qua urbe modo gratia, auctoritate, gloria
floruimus, in ea nunc his quidem omnibus caremus;
obtinemus ipsius Caesaris summam erga nos humanitatem, sed ea plus non potest quam vis et mutatio omnium rerum atque temporum.

Itaque orbus iis rebus omnibus, quibus et natura 3
me et voluntas et consuetudo adsuefecerat, cum
ceteris, ut quidem videor, tum mihi ipse displiceo.
natus enim ad agendum semper aliquid dignum viro
nunc non modo agendi rationem nullam habeo, sed
ne cogitandi quidem et, qui antea aut obscuris hominibus aut etiam sontibus opitulari poteram, nunc P.
Nigidio, uni omnium doctissimo et sanctissimo et
maxima quondam gratia et mihi certe amicissimo, ne
benigne quidem polliceri possum. ergo hoc ereptum
est litterarum genus.

Relicum est, ut consoler et adferam rationes, quibus 4
te a molestiis coner abducere. at ea quidem facultas
vel tui vel alterius consolandi in te summa est, si umquam in ullo fuit. itaque eam partem, quae ab exquisita quadam ratione et doctrina proficiscitur, non attingam, tibi totam relinquam. quid sit forti et sapienti
homine dignum, quid gravitas, quid altitudo animi,
quid acta tua vita, quid studia, quid artes, quibus a
pueritia floruisti, a te flagitent, tu videbis; ego, quod
intellegere et sentire, quia sum Romae et quia curo
attendoque, possum, id tibi adfirmo, te in istis molestiis, in quibus es hoc tempore, non diutius futurum, in
iis autem, in quibus etiam nos sumus, fortasse semper
fore.

Videor mihi perspicere primum ipsius animum, qui 5
plurimum potest, propensum ad salutem tuam. non
scribo hoc temere; quo minus familiaris sum, hoc sum
ad investigandum curiosior. quo facilius, quibus est
iratior, respondere tristius possit, hoc est adhuc tar

schleudert wird, mit deren Hilfe ich einst jene Feuersbrunst gelöscht habe, und in derselben Stadt, in der ich eben noch als einflußreicher, angesehener, berühmter Mann glänzend dastand, in der muß ich jetzt auf dies alles verzichten. Von Caesar selbst fühle ich mich mit aller Liebenswürdigkeit behandelt, aber sie kommt nicht auf gegen die Gewaltsamkeit und die Veränderung aller Verhältnisse.

So bin ich, all der Dinge beraubt, an die mich Veranlagung, eigener Wunsch und Gewohnheit gewöhnt hatte, allen andern, wie mir scheint, und vornehmlich mir selbst ein Dorn im Auge. Denn geschaffen, um immer etwas eines Mannes Würdiges zu betreiben, habe ich jetzt überhaupt keine Möglichkeit, mich zu betätigen, ja auch nur etwas zu planen, und während ich früher unbedeutenden oder auch schuldigen Leuten helfen konnte, kann ich jetzt einem P. Nigidius, einem einzig gelehrten, unantastbaren, einst hochangesehenen und mir jedenfalls eng befreundeten Manne, nicht einmal gefällige Versprechungen machen. Also auch diese Briefgattung ist mir versagt.

Es bleibt mir nur, Dich zu trösten und Vernunftgründe beizubringen, um zu versuchen, Dich von Deinen Beschwerden abzulenken. Aber die Fähigkeit, Dich oder andre zu trösten, besitzt Du ja selbst, wenn einer sie je besessen hat, in hervorragendem Maße. Darum will ich dies Thema, das eine erlesene philosophische Bildung voraussetzt, nicht berühren und ganz Dir überlassen; was sich für einen unerschrockenen, weisen Mann schickt, was Charakter, Seelengröße, was Dein bisheriges Leben, Deine wissenschaftliche Betätigung, mit der Du von Jugend an geglänzt hast, von Dir fordern, wirst Du selbst wissen müssen. Soweit ich es, weil ich in Rom bin und mich darum kümmere und die Augen aufmache, übersehen und beurteilen kann, versichere ich Dir, daß Du unter diesen Beschwerlichkeiten, unter denen Du zur Zeit leidest, nicht länger leiden wirst, daß aber die Beschwerlichkeiten, in denen auch wir uns befinden, vielleicht ewig dauern werden.

Ich glaube zunächst einmal zu erkennen, daß der Mann selbst, der alles in der Hand hat, Deiner Begnadigung nicht abgeneigt ist. Ich sage das nicht ins Blaue hinein. Je weniger vertraut ich mit ihm stehe, um so eifriger bin ich, seinen Absichten nachzuspüren. Um denen, auf die er besonders erbost ist, um so leichter einen un-

dior ad te molestia liberandum; familiares vero eius, et
ii quidem, qui illi iucundissimi sunt, mirabiliter de te
et loquuntur et sentiunt. accedit eodem vulgi voluntas
vel potius consensus omnium. etiam illa, quae minimum nunc quidem potest, sed possit necessest, res
publica, quascumque viris habebit, ab iis ipsis, a quibus tenetur, de te propediem, mihi crede, impetrabit.

Redeo igitur ad id, ut iam tibi etiam pollicear ali- 6
quid, quod primo omiseram. nam et complectar eius
familiarissimos, qui me admodum diligunt multumque mecum sunt, et in ipsius consuetudinem, quam
adhuc meus pudor mihi clausit, insinuabo et certe
omnis vias persequar, quibus putabo ad id, quod volumus, pervenire posse. in hoc toto genere plura
faciam, quam scribere audeo. cetera, quae tibi a multis
prompta esse certo scio, a me sunt paratissima. nihil
in re familiari mea est, quod ego meum malim esse
quam tuum. hac de re et de hoc genere toto hoc
scribo parcius, quod te id, quod ipse confido, sperare
malo, te esse usurum tuis.

Extremum illud est, ut te orem et obsecrem, animo 7
ut maximo sis nec ea solum memineris, quae ab aliis
magnis viris accepisti, sed illa etiam, quae ipse ingenio
studioque peperisti. quae si conliges, et sperabis omnia optime et, quae accident, qualiacumque erunt,
sapienter feres. sed haec tu melius vel optime omnium;
ego, quae pertinere ad te intellegam, studiosissime
omnia diligentissimeque curabo tuorumque tristissi-
mo meo tempore meritorum erga me memoriam conservabo.

freundlichen Bescheid erteilen zu können, darum ist er bislang so säumig, Dich aus Deiner mißlichen Lage zu befreien. Aber seine Vertrauten, und zwar gerade die, von denen er am meisten hält, sprechen und denken erstaunlich gut von Dir. Dazu kommt der Wunsch der Masse oder vielmehr der einmütige Wille aller. Und auch der Staat, der zwar im Augenblick wenig bedeutet, aber unbedingt wieder etwas bedeuten muß, wird, mag es mit seiner Kraft bestellt sein, wie es will, gerade bei denen, die ihn in der Hand haben, betreffs Deiner demnächst ganz gewiß seinen Willen durchsetzen.

Ich komme also darauf zurück, daß ich Dir doch noch etwas verspreche, was ich zunächst beiseite gelassen habe. Denn ich werde mich an seine engsten Freunde heranmachen, die mich ziemlich schätzen und oft mit mir zusammensind, werde mich in den Verkehr mit ihm selbst eindrängen, von dem mich bisher mein Schamgefühl ferngehalten hat, und jedenfalls alle Wege verfolgen, auf denen ich unser Ziel erreichen zu können glaube. In dieser Richtung werde ich mehr tun, als ich zu schreiben wage. Alles andre, was, wie ich genau weiß, Dir von andern zur Verfügung gestellt wird, halte ich in unbeschränktem Maße für Dich bereit: kein Stück meines Besitzes würde ich nicht lieber in Deiner als in meiner Hand sehen. Hierüber und über diese ganze Frage schreibe ich deswegen nur zurückhaltend, weil ich lieber sähe, Du hofftest, woran ich selbst fest glaube: daß Du in den Genuß Deines eigenen Besitzes kommst.

Zum Schluß möchte ich Dich inständig bitten: sei guten Muts und denke nicht nur an das, was Du andern großen Männern verdankst, sondern auch an das, was Du Dir selbst durch Deine Begabung und Deinen Fleiß erworben hast. Hältst Du Dir das vor Augen, dann wirst Du hoffnungsvoll in die Zukunft blicken und alles, was passiert, mag es sein, wie es will, mit Gleichmut zu tragen wissen. Aber das weißt Du selbst besser, oder vielmehr am besten von allen. Ich werde alles, was ich für Dich tun kann, aufs eifrigste und gewissenhafteste besorgen und Deine Verdienste um mich während meiner trostlosesten Jahre nicht vergessen.

(Rom, im August [VI.] 46)

XIV.
M. CICERO S. D. CN. PLANCIO.

Binas a te accepi litteras Corcyra datas; quarum 1
alteris mihi gratulabare, quod audisses me meam pristinam dignitatem obtinere, alteris dicebas te velle,
quae egissem, bene et feliciter evenire.

Ego autem, si dignitas est bene de re publica sentire
et bonis viris probare, quod sentias, obtineo dignitatem meam; sin autem in eo dignitas est, si, quod
sentias, aut re efficere possis aut denique libera oratione defendere, ne vestigium quidem ullum est relicum nobis dignitatis, agiturque praeclare, si nosmet
ipsos regere possumus, ut ea, quae partim iam ad-
sunt, partim impendent, moderate feramus; quod est
difficile in eius modi bello, cuius exitus ex altera parte
caedem ostentet, ex altera servitutem.

Quo in periculo non nihil me consolatur, cum re- 2
cordor haec me tum vidisse, cum secundas etiam res
nostras, non modo adversas pertimescebam videbam-
que, quanto periculo de iure publico disceptaretur
armis; quibus si ii vicissent, ad quos ego pacis spe,
non belli cupiditate adductus accesseram, tamen intellegebam, et iratorum hominum et cupidorum et
insolentium quam crudelis esset futura victoria, sin
autem victi essent, quantus interitus esset futurus civium partim amplissimorum, partim etiam optimorum, qui me haec praedicentem atque optime con-
sulentem saluti suae malebant nimium timidum quam
satis prudentem existimari.

Quod autem mihi de eo, quod egerim, gratularis, 3
te ita velle certo scio; sed ego tam misero tempore
nihil novi consilii cepissem, nisi in reditu meo nihilo
meliores res domesticas quam rem publicam offendissem. quibus enim pro meis immortalibus beneficiis
carissima mea salus et meae fortunae esse debebant,

14.

M. Cicero grüßt Cn. Plancius.

Zwei Briefe habe ich von Dir erhalten, beide aus Corcyra. In dem einen beglückwünschst Du mich, daß ich dem Vernehmen nach meinen alten Rang wieder einnehme; in dem zweiten gibst Du Deinem Wunsche Ausdruck, was ich unternommen habe, möge mir Glück und Segen bringen.

Ja, wenn Würde heißt, ein guter Staatsbürger zu sein und bei anständigen Leuten für seine Ansichten Verständnis zu finden, dann nehme ich meinen Rang wieder ein; besteht aber Würde darin, daß man, was man für richtig hält, auch in die Tat umsetzen oder jedenfalls in freier Rede verteidigen kann, dann bleibt mir auch nicht ein Deut von Würde, und es bedeutet schon viel, wenn wir uns selbst Zügel anlegen können, um das, was teils schon eingetreten ist, teils noch bevorsteht, besonnen zu ertragen, und das ist in einem derartigen Kriege nicht leicht, dessen Ausgang auf der einen Seite mit Mord, auf der andern mit Knechtschaft droht.

In dieser Gefahr tröstet es mich ein wenig, wenn ich daran denke, daß ich dies damals habe kommen sehen, als ich unser Glück, nicht nur unser Unglück fürchtete und sah, unter wie schwerer Gefahr über eine staatsrechtliche Frage mit den Waffen entschieden wurde. Auch wenn in diesem Kampfe die Partei siegte, der ich mich in der Hoffnung auf Frieden, nicht aus Gier nach Krieg angeschlossen hatte, wußte ich doch, wie grausam der Sieg der erbitterten, gierigen, überheblichen Menschen sein würde, und wenn sie unterläge, wie viele erlauchte oder hochanständige Männer ums Leben kommen würden, die in mir, der dies voraussagte und sich ehrlich besorgt um ihr Schicksal zeigte, eher einen allzu furchtsamen als einen einigermaßen klugen Menschen sehen wollten.

Wenn Du mich aber zu dem Schritt, den ich getan habe, beglückwünschst, so weiß ich bestimmt, daß es Dir Ernst damit ist, doch hätte ich in diesen elenden Zeiten keinen so einschneidenden Entschluß gefaßt, wenn ich nicht bei meiner Heimkehr meine häuslichen Verhältnisse um nichts besser als die öffentlichen angetroffen hätte. Weil ich infolge der Tücken derer, denen wegen meiner unvergänglichen Wohltaten mein Leben und mein Hab und Gut

cum propter eorum scelus nihil mihi intra meos parietes tutum, nihil insidiis vacuum viderem, novarum me necessitudinum fidelitate contra veterum perfidiam muniendum putavi. sed de nostris rebus satis vel etiam nimium multa.

De tuis velim ut eo sis animo, quo debes esse, id 4 est, ut ne quid tibi praecipue timendum putes. si enim status erit aliquis civitatis, quicumque erit, te omnium periculorum video expertem fore; nam alteros tibi iam placatos esse intellego, alteros numquam iratos fuisse.

De mea autem in te voluntate sic velim iudices, me, quibuscumque rebus opus esse intellegam, quamquam videam, qui sim hoc tempore et quid possim, opera tamen et consilio, studio quidem certe rei, famae, saluti tuae praesto futurum.

Tu velim, et quid agas et quid acturum te putes, facias me quam diligentissime certiorem.

Vale.

XV.
M. CICERO S. D. CN. PLANCIO.

Accepi perbrevis tuas litteras; quibus id, quod 1 scire cupiebam, cognoscere non potui, cognovi autem id, quod mihi dubium non fuit; nam quam fortiter ferres communis miserias, non intellexi, quam me amares, facile perspexi. sed hoc scieram, illud si scissem, ad id meas litteras accommodavissem.

Sed, tamen etsi antea scripsi, quae existimavi scribi 2 oportere, tamen hoc tempore breviter commonendum putavi, ne quo periculo te proprio existimares esse. in magno omnes, sed tamen in communi sumus. quare non debes aut propriam fortunam et praecipuam postulare aut communem recusare.

besonders lieb und wert sein mußte, kein Fleckchen in meinen vier Wänden sicher sah und überall eine Falle vermuten mußte, glaubte ich mich durch die Zuverlässigkeit neuer Bindungen gegen die Unredlichkeit der alten sichern zu sollen. Doch genug und übergenug von meinen persönlichen Verhältnissen!

Was Dich betrifft, mach' Dir bitte keine unnötigen Sorgen, womit ich sagen will: für Dich persönlich brauchst Du nichts Besonderes zu befürchten. Gibt es nämlich in Zukunft eine Art von Staatswesen, einerlei, wie, dann bist Du gewiß aus allen Gefahren heraus. Denn die einen haben sich, wie ich sehe, bereits mit Dir ausgesöhnt, die andern Dir nie gezürnt.

Was meine Bereitwilligkeit angeht, sei bitte überzeugt, daß ich Dir, obwohl ich weiß, was ich heutzutage bin und vermag, trotzdem, wo und wie ich es für zweckmäßig halte, mit Rat und Tat, auf jeden Fall aber mit meinem guten Willen für Deine Interessen, Deinen Ruf und Dein Wohlergehen zur Verfügung stehen werde.

Benachrichtige mich doch bitte recht eingehend über alles, was Du tust und zu tun gedenkst!

Leb' wohl!

(Rom, im Winter 46 auf 45)

15.
M. Cicero grüßt Cn. Plancius.

Ich habe Deinen ziemlich kurzen Brief erhalten, kann aber aus ihm nicht ersehen, was ich gern wissen möchte, und erfahre nur, was mir nie zweifelhaft gewesen ist; wie tapfer Du unser gemeinsames Mißgeschick trägst, geht nicht aus ihm hervor, nur wie sehr Du mich liebst, habe ich unschwer herausgelesen. Aber letzteres wußte ich bereits; wüßte ich auch, wie es mit ersterem steht, würde ich mich mit meinem Briefe danach richten.

Obwohl ich Dir neulich bereits geschrieben habe, was ich für notwendig hielt, glaube ich Dich jetzt doch noch einmal darauf hinweisen zu müssen, daß Du für Dich persönlich nichts zu befürchten hast. Wir alle schweben in großer, aber doch allen gemeinsamer Gefahr. Darum darfst Du weder ein außergewöhnliches Schicksal für Dich persönlich beanspruchen noch vor dem uns allen gemeinsamen die Augen verschließen.

Quapropter eo animo simus inter nos, quo semper fuimus; quod de te sperare, de me praestare pos
sum.

Laß es also zwischen uns beiden bleiben, wie es immer gewesen ist; von Deiner Seite darf ich das erhoffen, von meiner kann ich mich dafür verbürgen.

(Rom, um die Jahreswende 46/45).

LIBER QVINTVS

I.
Q. METELLVS Q. F. CELER PROCOS. S. D.
M. TVLLIO CICERONI.

Si vales, benest.   1

Existimaram pro mutuo inter nos animo et pro
reconciliata gratia nec absentem ludibrio laesum iri
nec Metellum fratrem ob dictum capite ac fortunis
per te oppugnatum iri. quem si parum pudor ipsius
defendebat, debebat vel familiae nostrae dignitas vel
meum studium erga vos remque publicam satis suble-
vare. nunc video illum circumventum, me desertum,
a quibus minime conveniebat. itaque in luctu et squa- 2
lore sum, qui provinciae, qui exercitui praesum, qui
bellum gero. quae quoniam nec ratione nec maiorum
nostrum clementia administrastis, non erit mirandum,
si vos paenitebit.

Te tam mobili in me meosque esse animo non sperabam. me interea nec domesticus dolor nec cuiusquam iniuria ab re p. abducet.

II.
M. TVLLIVS M. F. CICERO Q. METELLO
Q. F. CELERI PROCOS. S. D.

Si tu exercitusque valetis, benest.   1

Scribis ad me 'te existimasse pro mutuo inter nos
animo et pro reconciliata gratia numquam te a me
ludibrio laesum iri.' quod cuius modi sit, satis intellegere non possum, sed tamen suspicor ad te esse adla-

FÜNFTES BUCH

1.

Q. Metellus Celer, des Q. Sohn, der Prokonsul,
grüßt M. Tullius Cicero.

Hoffentlich bist Du gut zuwege!

Angesichts unsrer gegenseitigen guten Beziehungen und des wiederhergestellten Einvernehmens hätte ich nicht gedacht, daß Du mich in Abwesenheit durch Spott verletzen und meinen Bruder Metellus wegen eines bloßen Wortes in seiner bürgerlichen und wirtschaftlichen Existenz bedrohen würdest. Wenn seine eigene Ehre ihm keinen genügenden Schutz gewährte, dann hätten ihn das Ansehen unsrer Familie und mein Eintreten für Euch und den Staat hinreichend stützen müssen. Jetzt muß ich sehen, wie er umgarnt und ich im Stiche gelassen wurde von Leuten, die dazu am wenigsten Veranlassung haben. Ich fühle mich daher tief getroffen, und soll dabei doch eine Provinz verwalten, eine Armee kommandieren und Krieg führen. All das habt Ihr unüberlegt und ohne die Milde unsrer Vorfahren ins Werk gesetzt, und so braucht Ihr Euch nicht zu wundern, wenn Ihr es noch einmal zu bereuen habt.

Daß Du so unverläßlich mir und den Meinigen gegenüber seiest, hätte ich nicht erwartet; indessen wird mich weder persönliche Erbitterung noch eine Beleidigung von irgendeiner Seite von meiner Pflicht gegen den Staat abbringen.

(In Gallia Cisalpina, im Januar 62)

2.

M. Tullius Cicero, des M. Sohn,
grüßt
Q. Metellus Celer, des Q. Sohn, den Prokonsul.

Hoffentlich bist Du mitsamt Deiner Armee wohlauf.

Du schreibst mir, angesichts unsrer gegenseitigen guten Beziehungen und des wiederhergestellten Einvernehmens hättest Du nicht gedacht, jemals von mir durch Spott verletzt zu werden. Was es damit auf sich haben soll, vermag ich nicht recht einzusehen.

tum me in senatu, cum disputarem permultos esse,
qui rem p. a me conservatam dolerent, dixisse a te
propinquos tuos, quibus negare non potuisses, impetrasse ut ea, quae statuisses tibi in senatu de mea laude
esse dicenda, reticeres. quod cum dicerem, illud
adiunxi, mihi tecum ita dispertitum officium fuisse in
rei p. salute retinenda, ut ego urbem a domesticis insidiis et ab intestino scelere, tu Italiam et ab armatis
hostibus et ab occulta coniuratione defenderes, atque
hanc nostram tanti et tam praeclari muneris societatem a tuis propinquis labefactatam, qui, cum tu a
me rebus amplissimis atque honorificentissimis ornatus esses, timuissent, ne quae mihi pars abs te voluntatis mutuae tribueretur.

Hoc in sermone cum a me exponeretur, quae mea 2
exspectatio fuisset orationis tuae quantoque in errore
versatus essem, visa est oratio non iniucunda, et mediocris quidam est risus consecutus non in te sed
magis in errorem meum, et quod me abs te cupisse
laudari aperte atque ingenue confitebar. iam hoc non
potest in te non honorifice esse dictum, me in claris-
simis meis atque amplissimis rebus tamen aliquod
testimonium tuae vocis habere voluisse.

Quod autem ita scribis: 'pro mutuo inter nos ani- 3
mo', quid tu existimes esse in amicitia mutuum, nescio; equidem hoc arbitror, cum par voluntas accipitur
et redditur. ego si hoc dicam, me tua causa praeter-
misisse provinciam, tibi ipse levior videar esse; meae
enim rationes ita tulerunt, atque eius mei consilii maiorem in dies singulos fructum voluptatemque capio;
illud dico, me, ut primum in contione provinciam de-
posuerim, statim, quem ad modum eam tibi traderem,
cogitare coepisse. nihil dico de sortitione vestra; tan-

Vermutlich jedoch hast Du davon gehört, wie ich mich im Senat darüber äußerte, daß viele Leute die durch mich bewirkte Rettung des Staates bedauerten, und dabei das Wort fallen ließ, Deine Verwandten, denen Du nicht hättest nein sagen können, hätten Dich dazu vermocht, die anerkennenden Erklärungen, die Du im Senat über mich abgeben wolltest, für Dich zu behalten. Diesen Worten fügte ich die Bemerkung hinzu, bei der Rettung des Staates hätten wir beiden uns die Aufgaben so geteilt, daß ich die Stadt gegen Anschläge im Innern und Verbrechen daheim, Du Italien gegen den Feind in offenem Felde und die geheime Verschwörung schützen solltest. Dies unser Zusammenwirken für den großen, schönen Zweck sei von Deinen Verwandten untergraben worden, die befürchtet hätten, nachdem ich Dich mit so umfangreichen, ehrenvollen Aufgaben ausgezeichnet hätte, könntest Du auch Deinerseits mir den auf Dich entfallenden Teil unsrer freundschaftlichen Beziehungen zugute kommen lassen.

Als ich dabei ausführte, was ich von Deiner Rede erwartet und in welch schwerem Irrtum ich mich befunden hätte, wurden meine Worte nicht unfreundlich aufgenommen und erregten gedämpfte Heiterkeit, die aber nicht Dir galt, sondern eher meinem Irrtum, und daß ich offen und ehrlich meinen Wunsch bekannt hatte, von Dir gelobt zu werden. Nun, Du siehst schon, in meinen Worten lag wirklich nichts Ehrenrühriges für Dich, wenn ich trotz meiner offensichtlich hervorragenden Taten doch auch noch ein Zeugnis aus Deinem Munde zu hören wünschte.

Wenn Du aber schreibst „angesichts unsrer gegenseitigen guten Beziehungen", so weiß ich nicht, was Du unter Gegenseitigkeit in einem Freundschaftsbunde verstehst. Meiner Auffassung nach besteht sie darin, daß man gleiches Entgegenkommen gewährt und erfährt. Wenn ich behaupten wollte, ich hätte Dir zuliebe auf meine Provinz verzichtet, würde Dir das mit Recht ziemlich anfechtbar erscheinen, denn es entsprach ganz meinen eigenen Wünschen, und aus diesem meinem Entschluß ziehe ich von Tag zu Tag mehr Gewinn und Befriedigung; aber soviel darf ich doch sagen, daß ich mir gleich, als ich in den Volksversammlungen auf die Provinz verzichtet hatte, überlegt habe, wie ich sie Dir zuspielen könnte. Über Eure Losung will ich mich nicht weiter auslassen, nur soviel

tum te suspicari volo, nihil in ea re per conlegam
meum me insciente esse factum. recordare cetera,
quam cito senatum illo die facta sortitione coegerim,
quam multa de te verba fecerim, cum tu ipse mihi
dixisti orationem meam non solum in te honorificam
sed etiam in collegas tuos contumeliosam fuisse. iam 4
illud senatus consultum, quod eo die factum est, ea
praescriptione est, ut, dum id exstabit, officium meum
in te obscurum esse non possit. postea vero quam
profectus es, velim recordere, quae ego de te in senatu
egerim, quae in contionibus dixerim, quas ad te litteras miserim. quae cum omnia conlegeris, tu ipse
velim iudices, satisne videatur his omnibus rebus tuus
adventus, cum proxime Romam venisti, mutue re-
spondisse.

Quod scribis de 'reconciliata gratia' nostra, non in- 5
tellego, cur reconciliatam esse dicas, quae numquam
imminutast.

Quod scribis non oportuisse 'Metellum, fratrem 6
tuum, ob dictum a me oppugnari', primum hoc velim
existimes, animum mihi istum tuum vehementer probari et fraternam plenam humanitatis ac pietatis voluntatem; deinde, si qua ego in re fratri tuo rei publicae
causa restiterim, ut mihi ignoscas – tam enim sum
amicus rei p. quam qui maxime –; si vero meam
salutem contra illius impetum in me crudelissimum
defenderim, satis habeas nihil me etiam tecum de tui
fratris iniuria conqueri. quem ego cum comperissem
omnem sui tribunatus conatum in meam perniciem
parare atque meditari, egi cum Claudia, uxore tua, et
cum vestra sorore Mucia, cuius erga me studium pro
Cn. Pompei necessitudine multis in rebus perspexeram, ut eum ab illa iniuria deterrerent. atqui ille, quod 7
te audisse certo scio, prid. Kal. Ian., qua iniuria nemo
umquam in aliquo magistratu improbissimus civis adfectus est, ea me consulem adfecit, cum rem p. conser-
vassem, atque abeuntem magistratu contionis haben-

darfst Du als sicher betrachten, daß dabei von meinem Kollegen nichts ohne mein Wissen geschehen ist. Denk' auch an die sonstigen Vorgänge, wie rasch ich damals nach der Auslosung den Senat zusammengerufen habe, wie eingehend ich mich über Dich ausgelassen habe, worauf Du mir selbst sagtest, meine Worte seien nicht nur ehrenvoll für Dich, sondern auch beschämend für Deine Kollegen gewesen. Und dann das Präskript des damals gefaßten Senatsbeschlusses! Es sorgt dafür, daß, solange es existiert, niemals in Vergessenheit geraten kann, was ich für Dich getan habe. Und vollends nach Deiner Abreise – erinnere Dich doch bitte, wie ich da im Senat für Dich eingetreten bin, was ich in den Volksversammlungen gesagt habe, was für Briefe ich Dir geschrieben habe! Das alles halte Dir vor Augen und urteile dann selbst, ob bei Deiner letzten Anwesenheit in Rom Dein Auftreten alledem Zug um Zug entsprochen hat.

Wenn Du von „wiederhergestelltem Einvernehmen" sprichst, so begreife ich nicht, warum Du „wiederhergestellt" nennst, was nie getrübt gewesen ist.

Weiter meinst Du, ich hätte Deinen Bruder Metellus nicht wegen eines bloßen Wortes bedrohen sollen. Da laß Dir zunächst gesagt sein, daß ich volles Verständnis habe für Deine zarte, innige Bruderliebe; zum andern mußt Du mir schon verzeihn, wenn ich aus staatspolitischen Gründen Deinem Bruder bei irgendeiner Gelegenheit entgegengetreten bin, denn ich bin ein Patriot wie kaum ein zweiter; habe ich aber meine politische Existenz gegen seine grimmigen Angriffe verteidigt, dann solltest Du zufrieden sein, wenn ich mich nicht auch noch bei Dir über Deines Bruders übles Verhalten beklage. Als ich erfuhr, daß er es bei allem, was er als Volkstribun unternahm, planmäßig auf mein Verderben abgesehen hatte, habe ich mit deiner Gattin Claudia und mit Eurer Base Mucia, von deren Interesse für mich bei meinen Beziehungen zu Cn. Pompeius ich mehrfach eine Probe erhalten hatte, in Verbindung gesetzt, sie möchten ihn von seinen üblen Machenschaften abbringen. Doch er hat, wie Du sicher vernommen hast, am 29. Dezember mich, den Konsul, der doch den Staat gerettet hatte, beleidigt, wie nie auch nur der nichtswürdigste Bürger in irgendeiner amtlichen Stellung beleidigt worden ist, und mir beim Scheiden aus dem Amte die

dae potestate privavit. cuius iniuria mihi tamen honori summo fuit; nam, cum ille mihi nihil, nisi ut
iurarem, permitteret, magna voce iuravi verissimum
pulcherrimumque ius iurandum, quod populus idem
magna voce me vere iurasse iuravit.

Hac accepta tam insigni iniuria tamen illo ipso die 8
misi ad Metellum communis amicos, qui agerent cum
eo, ut de illa mente desisteret. quibus ille respondit
sibi non esse integrum; etenim paulo ante in contione
dixerat ei, qui in alios animum advertisset indicta
causa, dicendi ipsi potestatem fieri non oportere. hominem gravem et civem egregium! qui, qua poena
senatus consensu bonorum omnium eos adfecerat, qui
urbem incendere et magistratus ac senatum trucidare,
bellum maximum conflare voluissent, eadem dignum
iudicaret eum, qui curiam caede, urbem incendiis,
Italiam bello liberasset.

Itaque ego Metello, fratri tuo, praesenti restiti. nam
in senatu Kal. Ian. sic cum eo de re p. disputavi, ut
sentiret sibi cum viro forti et constanti esse pugnandum. a. d. tertium Non. Ian. cum agere coepisset,
tertio quoque verbo orationis suae me appellabat,
mihi minabatur, neque illi quicquam deliberatius fuit
quam me, quacumque ratione posset, non iudicio
neque disceptatione sed vi atque impressione evertere.
huius ego temeritati si virtute atque animo non restitis-
sem, quis esset, qui me in consulatu non casu potius
existimaret quam consilio fortem fuisse?

Haec si tu Metellum cogitare de me nescisti, debes 9
existimare te maximis de rebus a fratre esse celatum;
sin autem aliquid impertivit tibi sui consilii, lenis a te
et facilis existimari debeo, qui nihil tecum de his ipsis
rebus expostulem. et si intellegis non me 'dicto' Metelli, ut scribis, sed consilio eius animoque in me inimicissimo esse commotum, cognosce nunc humani-

Möglichkeit, zum Volke zu sprechen, genommen. Indessen, sein
Verhalten hat mir nur hohe Ehre eingebracht. Denn als er mir nur
gestattete, einen Eid abzulegen, habe ich mit erhobener Stimme den
schönen, wahren Eid abgelegt, und das Volk hat mit erhobener
Stimme bestätigt, daß ich wahr geschworen hätte.

Trotz dieses schreienden Unrechts habe ich noch am gleichen
Tage gemeinsame Freunde zu Metellus gesandt, um ihn von dieser
gehässigen Gesinnung abzubringen. Seine Antwort war, ihm seien
die Hände gebunden. Kurz vorher hatte er nämlich in einer Volksversammlung erklärt, demjenigen, der andre ungehört bestraft
habe, dürfe man selbst nicht die Möglichkeit geben, zu Gehör zu
kommen. Ein gestrenger Mann und trefflicher Staatsbürger! Die
gleiche Strafe, die der Senat unter Zustimmung aller Patrioten über
diejenigen verhängt hatte, die die Stadt anzuzünden, Beamte und
Senatoren zu ermorden und einen schweren Krieg zu entfachen
beabsichtigten, verdient nach seiner Meinung auch der, der die
Kurie vor Mord, die Stadt vor Einäscherung, Italien vor dem
Kriege bewahrt hat!

Darum bin ich Deinem Bruder Metellus Auge in Auge gegen-
übergetreten. Am 1. Januar hatte ich mit ihm im Senat einen scharfen politischen Wortwechsel, der ihm zeigen sollte, daß er es mit
einem entschlossenen, unerschrockenen Manne zu tun hatte. Als
er am 3. Januar loslegte, war jedes dritte Wort seiner Rede mein
Name und eine Drohung gegen mich, und sein ganzes Sinnen und
Trachten nur darauf gerichtet, mich mit allen Mitteln, nicht durch
ein ordentliches Gerichtsverfahren oder in politischer Debatte,
sondern durch gewaltsamen Überfall zu vernichten. Wäre ich dieser
Unverfrorenheit nicht mannhaft und entschlossen entgegengetreten,
würde jedermann meinen, ich sei in meinem Konsulat mehr von
ungefähr als bewußt energisch aufgetreten.

Hast Du von dieser Einstellung des Metellus gegen mich nichts
gewußt, dann mußt Du schon annehmen, daß Dein Bruder Dich
über die wichtigsten Tatsachen im Dunkel gelassen hat. Hat er Dir
aber überhaupt etwas von seinen Absichten mitgeteilt, dann muß
ich Dir als sanftmütig und leutselig gelten, daß ich wegen dieser
Ereignisse in keiner Weise mit Dir rechte. Und wenn Du einsiehst,
daß mich nicht, wie Du behauptest, ein „bloßes Wort" von Metel-

tatem meam, si humanitas appellandast in acerbissima
iuiuria remissio animi ac dissolutio. nullast a me umquam sententia dicta in fratrem tuum; quotienscumque aliquid est actum, sedens iis adsensi, qui mihi
lenissime sentire visi sunt. addam illud etiam, quod
iam ego curare non debui, sed tamen fieri non moleste tuli atque etiam, ut ita fieret, pro mea parte adiu-
vi, ut senati consulto meus inimicus, quia tuus frater
erat, sublevaretur.

Quare non ego 'oppugnavi' fratrem tuum, sed fra-   10
tri tuo repugnavi nec in te, ut scribis, 'animo fui mobili,' sed ita stabili, ut in mea erga te voluntate etiam
desertus ab officiis tuis permanerem. atque hoc ipso
tempore tibi paene minitanti nobis per litteras hoc
rescribo atque respondeo: ego dolori tuo non solum
ignosco, sed summam etiam laudem tribuo – meus
enim me sensus, quanta vis fraterni sit amoris, admo-
net –; a te peto, ut tu quoque aequum te iudicem dolori meo praebeas; si acerbe, si crudeliter, si sine
causa sum a tuis oppugnatus, ut statuas mihi non
modo non cedendum sed etiam tuo atque exercitus
tui auxilio in eius modi causa utendum fuisse. ego te
mihi semper amicum esse volui, me ut tibi amicissimum esse intellegeres laboravi. maneo in voluntate et,
quoad voles tu, permanebo citiusque amore tui fratrem tuum odisse desinam quam illius odio quicquam
de nostra benevolentia detraham.

lus aufgebracht hat, sondern seine gehässige Absicht und Gesinnung, dann vergleiche damit jetzt meine Versöhnlichkeit, wenn man bis zur Schwäche getriebene Gelassenheit noch als Versöhnlichkeit bezeichnen kann. Nie habe ich gegen Deinen Bruder gesprochen, und sooft etwas im Werke war, bin ich sitzen geblieben und habe mich der Auffassung angeschlossen, die mir die mildeste zu sein schien. Ja, ich darf hinzufügen: was mir nach allem völlig gleichgültig sein mußte, habe ich trotzdem nicht nur ruhig geschehen lassen, sondern, soviel an mir lag, sogar die Hand dazu geboten: daß mein persönlicher Feind, weil er Dein Bruder war, durch Senatsbeschluß gestützt wurde.

Es kann also keine Rede davon sein, daß ich Deinen Bruder „bedroht" habe; nein, ich habe mich gegen Deinen Bruder zur Wehr gesetzt, und ich bin nicht, wie Du Dich ausdrückst, „unverläßlich" Dir gegenüber gewesen, sondern so verläßlich, daß ich bei meiner freundschaftlichen Gesinnung Dir gegenüber verharrte, obwohl Deine Gegendienste ausgeblieben waren. Und noch jetzt, wo Du mir in Deinem Briefe nahezu drohst, gebe ich Dir folgendes zur Antwort: Ich habe nicht nur Nachsicht mit Deiner Empfindlichkeit, sondern zolle ihr sogar hohe Anerkennung, denn mein eigenes Herz mahnt mich an die Macht der Bruderliebe; doch knüpfe ich die Bitte daran, Dich auch meiner Empfindlichkeit gegenüber als gerechten Richter zu erweisen. Wenn ich scharf, unerbittlich und grundlos von den Deinigen angegriffen worden bin, mußt Du Dir sagen, daß ich nicht nur nicht weichen, sondern gegebenenfalls sogar auf Deine und Deines Heeres Hilfe rechnen durfte. Es ist stets mein Wunsch gewesen, Dein Freund zu sein, und ich habe mich bemüht, Dich meine herzliche Freundschaft fühlen zu lassen. Ich bleibe bei dieser Gesinnung und werde bei ihr bleiben, solange Du willst; aus Liebe zu Dir werde ich eher meinen Haß gegen Deinen Bruder begraben als aus Haß gegen ihn eine Minderung unsrer guten Beziehungen eintreten lassen.

(Rom, Ende Januar/Anfang Februar 62)

III.
M. CICERO S. D. Q. METELLO COS.

Litterae Quinti fratris et T. Pomponi, necessarii 1
mei, tantum spei dederant, ut in te non minus auxilii
quam in tuo conlega mihi constitutum fuerit. itaque
ad te litteras statim misi, per quas, ut fortuna postulabat, et gratias tibi egi et de reliquo tempore auxilium
petii.

Postea mihi non tam meorum litterae quam sermones eorum, qui hac iter faciebant, animum tuum
immutatum significabant; quae res fecit, ut tibi litteris obstrepere non auderem.

Nunc mihi Quintus frater meus mitissimam tuam 2
orationem, quam in senatu habuisses, perscripsit; qua
inductus ad te scribere sum conatus et abs te, quantum tua fert voluntas, peto quaesoque, ut tuos mecum
serves potius quam propter adrogantem crudelitatem
tuorum me oppugnes. tu, tuas inimicitias ut rei p.
donares, te vicisti, alienas ut contra rem p. confirmes,
adduceris? quod si mihi tua clementia opem tuleris,
omnibus in rebus me fore in tua potestate tibi confirmo. si mihi neque magistratum neque senatum neque
populum auxiliari propter eam vim, quae me cum re
p. vicit, licuerit, vide ne, cum velis revocare tempus
omnium servandorum, cum qui servetur non erit, non
possis.

IV.
Q. METELLVS NEPOS S. D. M. CICERONI.

Hominis importunissimi contumeliae, quibus cre- 1
bris contionibus me onerat, tuis erga me officiis leni-
untur et, ut sunt leves ab eius modi homine, a me
despiciuntur, libenterque commutata persona te mihi

3 (4).
M. Cicero grüßt den Konsul Q. Metellus.

Briefe von meinem Bruder Quintus und meinem Freunde T. Pomponius hatten in mir so viel Hoffnung erweckt, daß ich nicht weniger auf Deine als Deines Kollegen Hilfe baute. Deshalb habe ich Dir gleich geschrieben, Dir, wie es der glückliche Umstand erforderte, meinen Dank ausgesprochen und auch für die Zukunft um Deine Hilfe gebeten.

Hinterher ließen weniger briefliche Nachrichten meiner Freunde, als vielmehr gesprächsweise Äußerungen hier Durchreisender durchblicken, daß Deine Gesinnung sich geändert habe; die Folge war, daß ich es nicht mehr wagte, Dir mit Briefen in den Ohren zu liegen.

Jetzt schreibt mir mein Bruder Quintus ausführlich von Deiner überaus entgegenkommenden Rede im Senat. Daraufhin habe ich mich entschlossen, Dir zu schreiben, und bitte Dich inständig, soweit Dein guter Wille es Dir gestattet, lieber Deine Angehörigen mit mir zusammen zu schützen, anstatt wegen ihres anmaßenden Grolls mich zu bekämpfen. Du hast, um dem Staat zuliebe Deine persönliche Feindschaft ruhen zu lassen, Dich selbst überwunden; willst Du Dich jetzt dazu verstehen, andern Feinden in ihrem Kampfe gegen den Staat den Rücken zu stärken? Wenn Du mir mit Deiner freundlichen Gesinnung zur Seite stehst, wirst Du, das versichere ich Dir, in allem über mich verfügen können. Soll aber wegen der Gewalttätigkeiten, die mich mitsamt dem Staate zu Fall gebracht haben, weder ein Beamter noch der Senat noch das Volk mir helfen dürfen, dann, fürchte ich, wirst Du mit Deinem Wunsche, die Stunde der Rettung für alle heraufzuführen, scheitern, da es niemanden mehr geben wird, der gerettet werden könnte.

(Dyrrachium, Mitte Januar 57)

4 (3).
Q. Metellus Nepos grüßt M. Cicero.

Die Beleidigungen des gräßlichen Kerls, mit denen er mich fortgesetzt in seinen Volksreden überhäuft, werden wettgemacht durch Deine Gefälligkeiten mir gegenüber, und nichtssagend, wie sie aus dem Munde eines solchen Lumpen sind, verachte ich sie, vertausche die Personen und betrachte gern Dich als meinen Vetter. Ich möchte

fratris loco esse duco. de illo ne meminisse quidem 2
volo, tametsi bis eum invitum servavi.

De meis rebus, ne vobis multitudine litterarum
molestior essem, ad Lollium perscripsi, de rationibus
provinciae quid vellem fieri, ut is vos doceret et com-
monefaceret.

Si poteris, velim pristinam tuam erga me voluntatem conserves.

V.
M. CICERO S. D. C. ANTONIO M. F. IMP.

Etsi statueram nullas ad te litteras mittere nisi com- 1
mendaticias – non quo eas intellegerem satis aput te
valere, sed ne iis, qui me rogarent, aliquid de nostra
coniunctione imminutum esse ostenderem –, tamen,
cum T. Pomponius, homo omnium meorum in te
studiorum et officiorum maxime conscius, tui cupidus,
nostri amantissimus, ad te proficisceretur, aliquid mihi
scribendum putavi, praesertim cum aliter ipsi Pomponio satis facere non possem.

Ego si abs te summa officia desiderem, mirum ne- 2
mini videri debeat. omnia enim a me in te profecta
sunt, quae ad tuum commodum, quae ad honorem,
quae ad dignitatem pertinerent. pro his rebus nullam mihi abs te relatam esse gratiam tu es optimus
testis, contra etiam esse aliquid abs te profectum ex
multis audivi; nam 'comperisse' me non audeo dicere,
ne forte id ipsum verbum ponam, quod abs te aiunt
falso in me solere conferri. sed ea, quae ad me delata
sunt, malo te ex Pomponio, cui non minus molesta
fuerunt, quam ex meis litteris cognoscere.

Meus in te animus quam singulari officio fuerit, et
senatus et p. R. testis est; tu quam gratus erga me
fueris, ipse existimare potes; quantum mihi debeas,
ceteri existimant.

den Kerl aus meinem Gedächtnis verbannen, obwohl ich ihn zweimal, ohne daß er es wollte, herausgerissen habe.

Was meine Wünsche angeht, so habe ich, um Euch nicht durch allzu viele Briefe lästig zu fallen, an Lollius geschrieben, was ich in Sachen meiner Provinz getan wissen möchte; er kann Euch unterrichten und mahnen.

Erhalte mir doch bitte nach Möglichkeit Deine bisherige freundliche Gesinnung!

(Im diesseitigen Spanien, i. J. 56)

5.

M. Cicero grüßt C. Antonius, des M. Sohn, den Imperator.

Eigentlich war es meine Absicht, nur Empfehlungsbriefe an Dich zu richten; nicht etwa, weil ich weiß, daß sie einigermaßen erfolgreich bei Dir sind, sondern um diejenigen, die mich darum bitten, nicht merken zu lassen, daß sich unsre Beziehungen ein wenig gelockert haben. Doch jetzt reist T. Pomponius, ein Mann, der über alle meine Bemühungen und Dienste für Dich genau Bescheid weiß, sich für Dich interessiert und mich sehr lieb hat, zu Dir, und so glaube ich, Dir ein paar Zeilen schreiben zu müssen, zumal ich anders Pomponius selbst nicht Genüge tun kann.

Wenn ich von Dir außergewöhnliche Gefälligkeiten verlangte, dürfte das niemandem sonderbar erscheinen. Denn alles, was Deinem Vorteil, Deiner Ehre und Deiner Würde dienlich war, habe ich in die Wege geleitet; daß Du Dich dafür nicht im geringsten dankbar erwiesen hast, dessen bist Du selbst der beste Zeuge; im Gegenteil, wie ich von vielen Seiten gehört habe, hast Du sogar etwas verlauten lassen – „in Erfahrung gebracht" wage ich nicht zu sagen, um nicht ausgerechnet den Ausdruck herzusetzen, den Du fälschlicherweise, wie ich höre, auf mich anzuwenden pflegst. Indessen, was mir hinterbracht worden ist, sollst Du lieber von Pomponius, der sich nicht weniger darüber geärgert hat, als aus meinem Briefe erfahren.

Wie überaus gefällig ich Dir gewesen bin, kann sowohl der Senat als auch das Römische Volk bezeugen; wie wenig dankbar Du Dich gegen mich erwiesen hast, kannst Du selbst am besten beurteilen; wie viel Du mir schuldest, weiß alle Welt.

Ego quae tua causa antea feci, voluntate sum adduc- 3
tus posteaque constantia; sed reliqua, mihi crede, multo maius meum studium maioremque gravitatem et
laborem desiderant. quae ego si non profundere ac
perdere videbor, omnibus meis viribus sustinebo; sin
autem ingrata esse sentiam, non committam, ut tibi
ipsi insanire videar. ea quae sint et cuius modi, poteris
ex Pomponio cognoscere.

Atque ipsum tibi Pomponium ita commendo, ut,
quamquam ipsius causa confido te facturum esse omnia, tamen abs te hoc petam, ut, si quid in te residet
amoris erga me, id omne in Pomponi negotio ostendas. hoc mihi nihil gratius facere potes.

VI.
M. CICERO S. D. P. SESTIO L. F. PROQ.

Cum ad me Decius librarius venisset egissetque 1
mecum, ut operam darem, ne tibi hoc tempore succederetur, quamquam illum hominem frugi et tibi
amicum existimabam, tamen, quod memoria tenebam, cuius modi ad me litteras antea misisses, non
satis credidi homini prudenti tam valde esse mutatam
voluntatem tuam. sed postea quam et Cornelia tua
Terentiam convenit, et ego cum Q. Cornelio locutus
sum, adhibui diligentiam, quotienscumque senatus
fuit, ut adessem, plurimumque in eo negotii habui, ut
Q. Fufium, tr. pl., et ceteros, ad quos tu scripseras,
cogerem mihi potius credere quam tuis litteris. omnino res tota in mensem Ianuarium reiecta erat, sed
facile obtinebatur.

Ego tua gratulatione commotus, quod ad me pri- 2
dem scripseras velle te bene evenire, quod de Crasso
domum emissem, emi eam ipsam domum $\boxed{\text{XXXV}}$
aliquanto post tuam gratulationem. itaque nunc me
scito tantum habere aeris alieni, ut cupiam coniurare, si

Was ich früher für Dich getan habe, habe ich freiwillig getan und hernach aus Konsequenz. Aber glaub' mir, die Zukunft fordert von mir noch weit größere Einsatzbereitschaft, weit nachdrücklichere Anstrengungen. Wenn ich glauben darf, daß ich sie nicht unnütz verschwende, werde ich alle meine Kraft daransetzen; merke ich aber, daß es sich nicht lohnt, dann werde ich es nicht dahin kommen lassen, daß Du selbst mich für verrückt erklärst. Das Was und Wie kannst Du von Pomponius erfahren.

Pomponius selbst empfehle ich Dir aufs wärmste. Freilich bin ich überzeugt, daß Du ihm selbst zuliebe alles tun wirst; immerhin bitte ich Dich ausdrücklich, wenn noch ein Funken Liebe zu mir in Dir ist, das ganz bei Pomponius' Anliegen zu zeigen. Du könntest mir keinen größeren Gefallen tun.

(Rom, im Januar 61)

6.

M. Cicero grüßt P. Sestius, des L. Sohn, den Proquästor.

Dein Freigelassener Decius ist zu mir gekommen und hat mich gebeten, mich dafür einzusetzen, daß Du zur Zeit noch nicht abgelöst würdest. Gewiß halte ich ihn für einen biederen, Dir treu ergebenen Mann, aber ich erinnere mich doch, in welchem Sinne Du mir vorher geschrieben hast, und so wollte ich es dem klugen Manne nicht recht glauben, daß Deine Wünsche sich so stark geändert hätten. Nachdem aber Deine Cornelia zu Terentia gekommen ist und ich mit Q. Cornelius gesprochen habe, habe ich es mir zur Pflicht gemacht, keine Senatssitzung zu versäumen, und mir die erdenklichste Mühe gegeben, den Volkstribunen Q. Fufius und all die andern, an die Du geschrieben hast, dazu zu bringen, mir mehr zu trauen als Deinen Briefen. Kurz, die ganze Sache ist auf den Januar vertagt worden, geht aber glatt durch.

Vorlängst hast Du mir einmal geschrieben, Du beglückwünschtest mich dazu, daß ich das Haus von Crassus gekauft hätte. Das ist der Anlaß geworden, daß ich – beträchtlich nach Deinem Glückwunsch – das Haus wirklich für 3 ½ Millionen gekauft habe. Deshalb habe ich jetzt, wie Du Dir denken kannst, so hohe Schulden, daß ich eine Verschwörung anzetteln möchte, wenn jemand mich

quisquam recipiat; sed partim odio inducti me exclu-
dunt et aperte vindicem coniurationis oderunt, partim
non credunt et a me insidias metuunt nec putant ei
nummos desse posse, qui ex obsidione feneratores
exemerit. omnino semissibus magna copia est; ego
autem meis rebus gestis hoc sum adsecutus, ut bonum
nomen existimer.

Domum tuam atque aedificationem omnem per- 3
spexi et vementer probavi. Antonium, etsi eius in me
officia omnes desiderant, tamen in senatu gravissime
ac diligentissime defendi senatumque vementer oratione mea atque auctoritate commovi.

Tu ad me velim litteras crebrius mittas.

VII.
M. TVLLIVS M. F. CICERO S. D. CN. POMPEIO
CN. F. MAGNO IMPERATORI.

S. T. E. Q. V. B. E.   1

Ex litteris tuis, quas publice misisti, cepi una cum
omnibus incredibilem voluptatem; tantam enim spem
otii ostendisti, quantam ego semper omnibus te uno
fretus pollicebar. sed hoc scito, tuos veteres hostis,
novos amicos, vehementer litteris perculsos atque ex
magna spe deturbatos iacere.

Ad me autem litteras quas misisti, quamquam 2
exiguam significationem tuae erga me voluntatis
habebant, tamen mihi scito iucundas fuisse; nulla
enim re tam laetari soleo quam meorum officiorum
conscientia; quibus si quando non mutue respondetur,
apud me plus officii residere facillime patior. illud
non dubito, quin, si te mea summa erga te studia

haben will; aber teils lassen sie mich aus Haß nicht an sich heran und hassen mich als Rächer der Verschwörung, teils trauen sie mir nicht, fürchten, daß ich ihnen nur eine Falle stelle, und wollen es nicht glauben, daß es dem Manne an Geld fehlen könne, der die Wucherer aus der Bedrängnis herausgehauen hat. Auf jeden Fall ist für 1½% genug zu haben; ich aber habe durch meine Erfolge soviel erreicht, daß ich für einen sicheren Schuldner gelte.

Dein Haus und das ganze Bauvorhaben habe ich mir angesehen und bin sehr davon angetan. Was Antonius angeht, so vermissen zwar alle seine mir versprochenen Gefälligkeiten; trotzdem bin ich im Senat entschieden und gewissenhaft für ihn eingerteten und habe durch meine Worte und mein Gutachten auf den Senat tiefen Eindruck gemacht.

Schreib mir doch bitte ab und zu!

(Rom, im Dezember 62)

7.
M. Tullius Cicero, des M. Sohn,
grüßt
Cn. Pompeius Magnus, des Cn. Sohn, den Imperator.

Hoffentlich bist Du mitsamt Deiner Armee wohlauf!

Dein offizielles Schreiben hat mich wie jedermann mit riesiger Freude erfüllt. Denn der Friede, den Du uns in Aussicht stellst, entspricht ganz dem, was ich schon immer aller Welt im Vertrauen auf Dich allein versprochen habe. Aber darüber mußt Du Dir klar sein, die Männer, die Du einst mit der Waffe in der Hand bekämpft hast, neuerdings Deine Freunde, sind über Dein Schreiben ziemlich fassungslos und fühlen sich um ihre schönsten Hoffnungen betrogen.

Dein an mich gerichtetes Schreiben weist zwar nur schwache Andeutungen freundschaftlicher Gesinnung gegen mich auf; doch darfst Du überzeugt sein, daß es mich trotzdem sehr erfreut hat. Über nichts bin ich ja so froh wie über das Bewußtsein, andern zu Diensten gewesen zu sein; bleibt einmal der Widerhall von der andern Seite aus, so finde ich mich gern damit ab, daß mein Konto ein Plus aufweist. Eins ist mir nicht zweifelhaft: solltest Du Dich mir trotz der ausgiebigen Beweise meines guten Willens nicht son-

parum mihi adiunxerint, res publica nos inter nos conciliatura coniuncturaque sit.

Ac ne ignores, quid ego in tuis litteris desiderarim, 3 scribam aperte, sicut et mea natura et nostra amicitia postulat. res eas gessi, quarum aliquam in tuis litteris et nostrae necessitudinis et rei p. causa gratulationem exspectavi; quam ego abs te praetermissam esse arbitror, quod vererere, ne cuius animum offenderes. sed scito ea, quae nos pro salute patriae gessimus, orbis terrae iudicio ac testimonio comprobari; quae, cum veneris, tanto consilio tantaque animi magnitudine a me gesta esse cognosces, ut tibi multo maiori, quam Africanus fuit, me non multo minorem quam Laelium facile et in re p. et in amicitia adiunctum esse patiare.

VIII.
M. CICERO M. LICINIO P. F. CRASSO.

Quantum † ad meum studium exstiterit dignitatis 1 tuae vel tuendae vel etiam augendae, non dubito, quin ad te omnes tui scripserint; non enim fuit aut mediocre aut obscurum aut eius modi, quod silentio posset praeteriri. nam et cum consulibus et cum multis consularibus tanta contentione decertavi quanta numquam antea ulla in causa suscepique mihi perpetuam propugnationem pro omnibus ornamentis tuis veterique nostrae necessitudini iam diu debitum, sed multa varietate temporum interruptum officium cumulate reddidi.

Neque mehercule umquam mihi tui aut colendi aut 2 ornandi voluntas defuit; sed quaedam pestes hominum laude aliena dolentium et te non numquam a me alienarunt et me aliquando immutarunt tibi. sed exstitit tempus optatum mihi magis quam speratum,

derlich verbunden fühlen, so wird die Politik dafür sorgen, daß wir uns finden und gemeinsam wirken.

Ich will Dir auch nicht verhehlen, was ich in Deinem Schreiben vermisse, und ganz offen mit Dir reden, wie es meinem Charakter und unsern freundschaftlichen Beziehungen entspricht. Meine Erfolge sind danach, daß ich um unsrer Freundschaft wie auch des Vaterlandes willen einen Glückwunsch in Deinem Schreiben erwarten durfte; doch davon hast Du wohl nur Abstand genommen, weil Du befürchtetest, bei irgendjemand Anstoß zu erregen. Aber ich darf Dich darauf aufmerksam machen, daß mein Wirken für die Rettung des Vaterlandes im Urteil und Zeugnis der ganzen Welt Anerkennung findet. Wenn Du hier bist, wirst Du erkennen, daß alle meine Maßnahmen hohen Sinn und große Klugheit erforderten, und so wirst Du es Dir gern gefallen lassen, wenn Du, der Du einen Africanus weit überragst, in mir einen politischen Gesinnungsgenossen und Freund findest, der es mit einem Laelius beinahe aufnehmen kann.

(Rom, im April 62)

8.
M. Cicero an M. Licinius Crassus, des P. Sohn.

Wie eifrig ich mich dafür eingesetzt habe, Deine Würde zu wahren oder gar zu fördern, ist Dir zweifellos von allen Deinen Leuten berichtet worden; mein Bemühen war ja auch nicht alltäglich oder unsichtbar oder so, daß man es hätte mit Stillschweigen übergehen können. Denn mit den Konsuln und vielen Konsularen habe ich mich so leidenschaftlich herumgeschlagen, wie bisher noch niemals in irgendeinem Prozeß, und es mir zur Pflicht gemacht, ein für alle Mal für Erhaltung aller Deiner Ehren einzutreten, und so die Dienste, die ich unsrer alten Verbundenheit schon längst schuldete, die aber durch die stark schwankenden Zeitläufte eine Unterbrechung erfahren hatten, vollauf betätigt.

An gutem Willen, Dich zu ehren und auszuzeichnen, hat es mir weiß Gott nie gefehlt; aber gewisse unsaubere Elemente, die sich über jedes andern Lob ärgerten, haben Dich mir zeitweise entfremdet und mich in meiner Haltung gegen Dich schwanken lassen. Jetzt jedoch ist die Gelegenheit gekommen, die ich mir zwar immer

ut florentissimis tuis rebus mea perspici posset et
memoria nostrae voluntatis et amicitiae fides; sum
enim consecutus, non modo ut domus tua tota, sed
ut cuncta civitas me tibi amicissimum esse cognosce-
ret. itaque et praestantissima omnium feminarum,
uxor tua, et eximia pietate, virtute, gratia tui Crassi
meis consiliis, monitis, studiis actionibusque nituntur,
et senatus populusque R. intellegit tibi absenti nihil
esse tam promptum aut tam paratum quam in omnibus rebus, quae ad te pertineant, operam, curam, diligentiam, auctoritatem meam.

Quae sint acta quaeque agantur, domesticorum tibi 3
litteris declarari puto. de me sic existimes ac tibi persuadeas vementer velim, non me repentina aliqua voluntate aut fortuito ad tuam amplitudinem meis officiis amplectendam incidisse, sed, ut primum forum
attigerim, spectasse semper, ut tibi possem quam maxime esse coniunctus. quo quidem ex tempore memoria teneo neque meam tibi observantiam neque
mihi tuam summam benevolentiam ac liberalitatem
defuisse. si quae interciderunt non tam re quam suspicione violata, ea, cum fuerint et falsa et inania, sint
evulsa ex omni memoria vitaque nostra. is enim tu vir
es et eum me esse cupio, ut, quoniam in eadem rei p.
tempora incidimus, coniunctionem amicitiamque
nostram utrique nostrum laudi sperem fore.

Quam ob rem tu, quantum tuo iudicio tribuendum 4
esse nobis putes, statues ipse et, ut spero, statues ex
nostra dignitate; ego vero tibi profiteor atque polliceor eximium et singulare meum studium in omni
genere officii, quod ad honestatem et gloriam tuam
spectet. in quo etiamsi multi mecum contendent, tamen cum reliquis omnibus tum Crassis tuis iudicibus
omnes facile superabo; quos quidem ego ambo unice
diligo, sed in Marcum benevolentia pari hoc magis

gewünscht, aber kaum erhofft hatte, um Dir auf dem Höhepunkt Deiner Laufbahn zu zeigen, daß ich unsern beiderseitigen Wunsch nicht vergessen habe und an unsrer Freundschaft unverbrüchlich festhalte; habe ich es doch erreicht, daß Dein ganzes Haus, ja, die gesamte Bürgerschaft erkannte, wie herzlich ich Dir zugetan bin! So verlassen sich denn auch die erlauchteste aller Frauen, Deine Gattin, und Deine beiden Söhne, Muster an Kindesliebe, Tugendhaftigkeit und Dankbarkeit, auf meine Ratschläge und Mahnungen, auf meinen tätigen Beistand, und Senat und Volk von Rom begreifen, daß Dir dort draußen in allem, was Dich betrifft, niemand so prompt zur Verfügung steht wie ich mit meiner Hilfsbereitschaft, Fürsorge und Umsicht, meiner ganzen Persönlichkeit.

Was hier vorgeht und vorgegangen ist, erfährst Du, wie ich annehme, von Deinen Angehörigen. Was mich angeht, so darfst Du fest überzeugt sein, daß ich nicht aus einer plötzlichen Laune heraus oder von ungefähr darauf verfallen bin, Deine Würde durch meine Dienste zu fördern; nein, sobald ich ins öffentliche Leben eintrat, bin ich immer darauf bedacht gewesen, mich Dir möglichst eng anzuschließen. Seitdem habe weder ich es, wie ich mich wohl erinnere, an Ehrerbietung Dir gegenüber, noch Du an ausgesprochenem Wohlwollen und Großzügigkeit mir gegenüber fehlen lassen. Wenn etwas vorgefallen ist, was weh getan hat, nicht an sich, sondern weil wir nicht unbefangen waren, so wollen wir das als falsch und gegenstandslos ganz vergessen und aus unserm Leben streichen. Denn Du bist der Mann danach, und ich wünsche, es zu sein, daß ich, wo nun einmal unser Leben in dieselbe Epoche unsres Staatslebens fällt, hoffen möchte, unsre freundschaftlichen Beziehungen gereichten uns beiden zur Ehre.

Darum magst Du selbst bestimmen, wie viel Wertschätzung Du mir aus eigenem Ermessen zukommen lassen willst, und wirst dabei, wie ich hoffe, meinen Rang berücksichtigen; ich jedenfalls verspreche Dir hoch und heilig eine außergewöhnliche, einzigartige Bereitwilligkeit meinerseits zu Diensten jeder Art, sofern sie Deine Ehre und Deinen Ruhm betreffen. Mögen dabei viele mit mir wetteifern wollen – alle andern und vornehmlich Deine beiden Söhne werden Zeugen sein, daß ich sie weit überrunde. Beide habe ich von Herzen lieb; aber obwohl ich Marcus nicht weniger zugetan bin als Publius,

sum Publio deditus, quod me, quamquam a pueritia
sua semper, tamen hoc tempore maxime sicut alterum
parentem et observat et diligit.

Has litteras velim existimes foederis habituras esse 5
vim, non epistulae, meque ea, quae tibi promitto ac
recipio, sanctissume esse observaturum diligentissimeque esse facturum. quae a me suscepta defensio est te
absente dignitatis tuae, in ea iam ego non solum
amicitiae nostrae sed etiam constantiae meae causa
permanebo. quam ob rem satis esse hoc tempore
arbitratus sum hoc ad te scribere, me, si quid ipse intellegerem aut ad voluntatem aut ad commodum aut
ad amplitudinem tuam pertinere, mea sponte id esse
facturum; sin autem quippiam aut a te essem admonitus aut a tuis, effecturum, ut intellegeres nihil neque te
scripsisse neque quemquam tuorum frustra ad me
detulisse. quam ob rem velim ita et ipse ad me scribas
de omnibus minimis, maximis, mediocribus rebus ut
ad hominem amicissimum et tuis praecipias, ut opera,
consilio, auctoritate, gratia mea sic utantur in omnibus publicis, privatis, forensibus, domesticis tuis,
amicorum, hospitum, clientium tuorum negotiis, ut,
quod eius fieri possit, praesentiae tuae desiderium meo
labore minuatur.

IX.
VATINIVS IMP. CICERONI SVO S.
S. V. B. E. E. V.   1

Si tuam consuetudinem in patrociniis tuendis ser-
vas, P. Vatinius cliens advenit, qui pro se causam
dicier vult. non, puto, repudiabis in honore, quem in
periculo recepisti. ego autem quem potius adoptem
aut invocem quam illum, quo defendente vincere didici? an verear, ne, qui potentissimorum hominum con-

fühle ich mich diesem doch enger verbunden, weil er mich, wiewohl schon immer von Kindheit an, so doch augenblicklich ganz besonders wie einen zweiten Vater verehrt und liebt.

Dies Schreiben möchte ich von Dir als einen förmlichen Vertrag, nicht als einfachen Brief angesehen wissen; alles, was ich auf mich nehme und Dir verspreche, werde ich unverbrüchlich einhalten und gewissenhaft ausführen. Die von mir übernommene Verteidigung Deiner Ehre während Deiner Abwesenheit werde ich jetzt nicht nur um unsrer Freundschaft willen, sondern auch, um Dir meine Zuverlässigkeit zu beweisen, weiterführen. Darum genügt es, meine ich, für den Augenblick, Dir zu versichern, daß ich aus freien Stücken alles tun werde, was meines Erachtens Deinen Wünschen entgegenkommt oder Deinem Vorteil und Deiner Würde dient. Sollte ich aber von Dir oder den Deinigen um etwas angegangen werden, dann werde ich es Dich merken lassen, daß nichts, was Du mir schreibst oder einer Deiner Leute bei mir vorbringt, vergeblich gewesen ist. Darum schreib mir bitte selbst so, wie man an seinen liebsten Freund schreibt, von allem, was Du auf dem Herzen hast, Großes und Kleines und Unwesentliches, und gib Deinen Leuten Weisung, sich in allen Dich oder Deine Freunde, Gastfreunde und Klienten betreffenden Fragen öffentlicher und privater, gerichtlicher und häuslicher Natur meiner Hilfe, meines Rates, meines Ansehens und Einflusses zu bedienen, so daß, soweit das möglich ist, ihre Sehnsucht nach Deiner Gegenwart durch meine Bemühungen gemildert wird.

(Rom, im Januar 54 [XII. 55])

9.

Vatinius, der Imperator, grüßt seinen Cicero.

Hoffentlich bist Du wohlauf! Ich bin gut zuwege.

Wenn Du Deiner Gewohnheit, als Verteidiger vor Gericht aufzutreten, nicht untreu geworden bist: P. Vatinius kommt als Klient zu Dir und wünscht verteidigt zu werden. Das wirst Du wohl nicht ablehnen angesichts der Ehre, die Du trotz der Gefahr eingeheimst hast. Und wen sollte ich lieber wählen oder anrufen als den Mann, bei dessen Verteidigung ich obzusiegen gelernt habe? Oder muß ich befürchten, er, der sich aus der Verschwörung

spirationem neglexerit pro mea salute, is pro honore
meo pusillorum ac malevolorum obtrectationes et in-
vidias non prosternat atque obterat?

Quare, si me, sicut soles, amas, suscipe meme totum atque hoc, quicquid est oneris ac muneris, pro
mea dignitate tibi tuendum ac sustinendum puta.

Scis meam fortunam nescio quo modo facile obtrectatores invenire non meo quidem mehercules merito,
sed quanti id refert, si tamen fato nescio quo accidit?
si qui forte fuerit, qui nostrae dignitati obesse velit,
peto a te, ut tuam consuetudinem et liberalitatem in
me absente defendendo mihi praestes.

Litteras ad senatum de rebus nostris gestis, quo
exemplo miseram, infra tibi perscripsi.

Dicitur mihi tuus servus anagnostes fugitivus cum 2
Vardaeis esse. de quo tu mihi nihil mandasti, ego tamen, terra marique ut conquireretur, praemandavi et
profecto tibi illum reperiam, nisi in Delmatiam aufu-
gerit, et inde tamen aliquando eruam.

Tu nos fac ames. vale.
A. d. V Id. Quinct. ex castris Narona.

X.
M. CICERO VATINIO IMP. S.

Grata tibi mea esse officia non miror; cognovi 1
enim te gratissimum omnium, idque numquam destiti
praedicare. nec enim tu mihi habuisti modo gratiam,
verum etiam cumulatissime rettulisti. quam ob rem in
reliquis tuis rebus omnibus pari me studio erga te et
eadem voluntate cognosces.

Quod mihi feminam primariam, Pompeiam, uxo- 2
rem tuam, commendas, cum Sura nostro statim tuis
litteris lectis locutus sum, ut ei meis verbis diceret, ut,
quicquid opus esset, mihi denuntiaret; me omnia,

der einflußreichsten Männer nichts gemacht hat, um mich zu retten, sollte nicht, um meine Ehre zu wahren, die Ränke und Eifersüchteleien von kümmerlichen Neidern zu Boden strecken und zertreten können?

Also wenn Du mich, wie Du es tust, gern hast, dann nimm mich ganz unter Deine Fittiche und laß Dich herbei, angesichts meines Ranges diese vielleicht ein wenig lästige Aufgabe zu übernehmen und durchzuführen.

Du weißt, daß ich in meinem Glück leicht irgendwie Neider finde, weiß Gott ohne mein Verschulden; aber was hat das zu sagen, wenn es trotzdem anscheinend schicksalhaft geschieht? Sollte etwa jemand auftreten, der meiner Würde Abbruch tun will, dann bitte ich Dich, Dich mit gewohnter Großzügigkeit in meiner Abwesenheit zu meiner Verteidigung zur Verfügung zu stellen.

Den Wortlaut meines Berichtes an den Senat über meine Erfolge habe ich unten angefügt.

Man sagt mir, einer Deiner Sklaven, Dein Vorleser, sei entlaufen und halte sich bei den Vardaeern auf. Davon hast Du mir nichts gesagt, aber ich habe doch vorsorglich den Auftrag gegeben, ihn zu Wasser und zu Lande zu suchen. Sicher werde ich ihn Dir wieder herbeischaffen, falls er nicht nach Dalmatien entkommen ist; aber auch dort werde ich ihn schon einmal aufstöbern.

Behalte mich lieb! Leb' wohl!

Im Feldlager bei Narona, den 11. Quintilis (45)

10 (11).
M. Cicero grüßt Vatinius, den Imperator.

Daß Du meine Dienste dankbar anerkennst, wundert mich nicht; kenne ich Dich doch als den dankbarsten Menschen und habe das stets gerühmt. Denn Du bist mir nicht nur dankbar gesinnt gewesen, sondern hast mir auch in vollem Maße vergolten. Darum wirst Du sehen, daß ich Dir auch in Zukunft stets das gleiche Interesse und den gleichen guten Willen zeigen werde.

Du bittest mich, mich der trefflichen Frau, der Pompeia, Deiner Gattin, anzunehmen. Gleich nach Empfang Deines Briefes habe ich mit unserm Sura gesprochen, er möge ihr ausdrücklich sagen, alles, was zweckdienlich sei, solle sie mir mitteilen; ich würde alle

quae ea vellet, summo studio curaque facturum. itaque
faciam eamque, si opus esse videbitur, ipse conveniam.
tu tamen ei velim scribas, ut nullam rem neque tam
magnam neque tam parvam putet, quae mihi aut difficilis aut parum me digna videatur. omnia, quae in
tuis rebus agam, et non laboriosa mihi et honesta
videbuntur.

De Dionysio, si me amas, confice. quamcumque ei 3
fidem dederis, praestabo; si vero improbus fuerit, ut
est, duces eum captivum in triumpho.

Delmatis di male faciant, qui tibi molesti sunt! sed,
ut scribis, brevi capientur et inlustrabunt res tuas gestas; semper enim habiti sunt bellicosi.

XI.

* * ego post supplicationes mihi decretas in Dalma-
tiam profectus sum; sex oppida vi oppugnando cepi;
unum hoc, quod erat maximum, quater a me iam captum; quattuor enim turris et quattuor muros cepi et
arcem eorum totam; ex qua me nives, frigora, imbres
detruserunt, indigneque, mi Cicero, oppidum captum
et bellum confectum relinquere sum coactus. quare
te rogo, si opus erit, ad Caesarem meam causam agas
meque tibi in omnis partis defendendum putes, hoc
existimans, neminem te tui amantiorem habere.

Vale.
D. Non. Dec. Narona.

XII.
VATINIVS CICERONI SVO S.

S. V. B. E. E. Q. V.   1
De Dionysio tuo adhuc nihil extrico, et eo minus,
quod me frigus Dalmaticum, quod illinc eiecit, etiam

ihre Wünsche eifrig und gewissenhaft erfüllen. Das werde ich auch tun und gegebenenfalls sie persönlich aufsuchen. Aber schreib ihr doch bitte, sie solle nichts für so wichtig oder unwichtig halten, daß es mir zu schwierig oder meiner nicht ganz würdig erschiene. Alles, was ich in Deiner Sache tun kann, werde ich als unbeschwerlich und ehrenvoll für mich betrachten.

Die Sache mit Dionys bring' doch bitte in Ordnung. Alles, wofür Du Dich ihm verbürgst, werde ich einhalten. Wird er aber unverschämt, wie es naheliegt, dann führe ihn gefangen im Triumph heim.

Die Dalmatiner soll der Teufel holen, die Dir Schwierigkeiten machen! Aber Du schreibst, demnächst seien sie erledigt, und so wird sich zeigen, wie groß Deine Erfolge sind; sie galten ja stets für streitbar.

(Rom, Ende Oktober 45)

11 (10 b).

... Nachdem mir das Dankfest bewilligt war, bin ich nach Dalmatien aufgebrochen. Sechs Städte habe ich im Sturm genommen; diese eine, die größte, habe ich bereits viermal erobert, denn ich mußte vier Türme und vier Mauern und ihre ganze Burg einnehmen; aus ihr haben mich jedoch Schnee, Kälte und Regengüsse wieder verdrängt, und empörenderweise sah ich mich genötigt, mein Cicero, die eroberte Stadt aufzugeben und den Krieg unbeendet zu lassen. Darum bitte ich Dich, erforderlichenfalls meine Sache bei Caesar zu vertreten und mich in jeder Richtung zu verteidigen in der Überzeugung, daß Du niemanden hast, der Dich mehr liebt.

Leb' wohl!

Gegeben am 5. Dezember (45) bei Narona.

12 (10 a).
Vatinius grüßt seinen Cicero.

Hoffentlich bist Du gut zuwege! Ich bin wohlauf.

Über Deinen Dionys bringe ich bisher noch nichts heraus, und das um so weniger, weil die dalmatinische Kälte, die mich von dort

hic refrigeravit; sed tamen non desistam, quin illum
aliquando eruam.

Sed tamen omnia mi dura imperas. de Catilio nescio
quid ad me scripsisti deprecationis diligentissimae.
apage te cum nostro Sex. Servilio; nam mercule ego
quoque illum amo; sed huiusce modi vos clientes,
huius modi causas recipitis? hominem unum omnium crudelissimum, qui tot ingenuos, matres fami-
lias, civis Romanos occidit, abripuit, disperdidit,
regiones vastavit? simius, non semissis homo, contra
me arma tulit, et eum bello cepi. sed tamen, mi Ci- 2
cero, quid facere possum? omnia mercule cupio, quae
tu mi imperas. meam animadversionem et supplicium,
quo usurus eram in eum, quem cepissem, remitto
tibi et condono; quid illis respondere possum, qui ob
sua bona direpta, navis expugnatas, fratres, liberos,
parentes occisos actiones expostulant? si mercules
Appi os haberem, in cuius locum suffectus sum,
tamen hoc sustinere non possem. quid ergo est? faciam omnia sedulo, quae te sciam velle. defenditur a
Q. Volusio, tuo discipulo, si forte ea res poterit adversarios fugare; in eo maxima spes est.

Nos, si quid erit istic opus, defendes. Caesar adhuc 3
mi iniuriam facit; de meis supplicationibus et rebus
gestis Dalmaticis adhuc non refert, quasi vero non
iustissimi triumphi in Dalmatia res gesserim! nam
si hoc exspectandumst, dum totum bellum conficiam,
viginti oppida sunt Dalmatiae antiqua, quae ipsi sibi
asciverunt, amplius sexaginta. haec nisi omnia ex-
pugno, si mihi supplicationes non decernuntur, longe
alia condicione ego sum ac ceteri imperatores * *

vertrieben hat, mir auch hier arg zusetzt; doch werde ich nicht ablassen, ihn endlich aufzustöbern.

Im übrigen gibst Du mir eine Reihe harter Nüsse zu knacken. Wegen Catilius kommst Du mir mit wer weiß was für hergesuchten Entschuldigungen! Mit unserm Sex. Servilius laß es gut sein; auch ich bin ihm ja weiß Gott zugetan. Aber mit solchen Klienten, solchen Sachen gebt Ihr Euch ab? Einem einzig grausamen Manne, der so viele Freigeborene, Hausmütter und Römische Bürger ermordet, entführt und vergewaltigt, so viele Landstriche verwüstet hat? Ein Affe, nicht einen Heller wert, hat er gegen mich die Waffen erhoben, und ich habe ihn im Kriege gefangen genommen. Aber trotzdem, mein Cicero, was kann ich tun? Am liebsten alles, was Du von mir verlangst! Auf meine Sühne und Strafe, die ich ihm zugedacht hatte für den Fall, daß ich ihn zu fassen bekäme, verzichte ich zu Deinen Gunsten und überlasse sie Dir. Aber was soll ich denen antworten, die wegen Plünderung ihrer Besitztümer, Kaperung ihrer Schiffe, Ermordung ihrer Brüder, Kinder und Eltern fordern, daß etwas geschieht? Selbst wenn ich Appius' Mundwerk besäße, an dessen Stelle ich gewählt bin – dies würde ich doch nicht auf mich nehmen können. Also was wird? Ich werde alles gewissenhaft erledigen, was Du, wie ich weiß, wünschst. Er wird von Q. Volusius, Deinem Schüler, verteidigt; vielleicht vermag dieser Umstand die Gegner ins Bockshorn zu jagen. Darauf beruht hauptsächlich meine Hoffnung.

Wenn es dort vonnöten ist, tritt bitte für mich ein! Caesar macht mir bisher noch Schwierigkeiten; mein Dankfest und meine Erfolge bringt er bisher noch nicht zur Sprache. Als ob ich nicht in Dalmatien Taten vollbracht hätte, die allemal einen Triumph verdienten! Denn wenn ich darauf warten soll, bis ich den ganzen Krieg beendigt habe – Dalmatien hat zwanzig alte Städte, und deren, die sie sich selbst angeeignet haben, sind mehr als sechzig. Wenn ich diese nicht alle erobere und mir nur deshalb kein Dankfest bewilligt wird, bin ich weit schlechter dran als alle andern Imperatoren.

(Narona, im Januar 44)

XIII.
M. CICERO S. D. L. LVCCEIO Q. F.

Coram me tecum eadem haec agere saepe conantem 1
deterruit pudor quidam paene subrusticus, quàe nunc
expromam absens audacius; epistula enim non eru-
bescit.

Ardeo cupiditate incredibili neque, ut ego arbitror, reprendenda, nomen ut nostrum scriptis inlus-
tretur et celebretur tuis. quod etsi mihi saepe ostendisti te esse facturum, tamen ignoscas velim huic
festinationi meae. genus enim scriptorum tuorum
etsi erat semper a me vementer exspectatum, tamen
vicit opinionem meam meque ita vel cepit vel incen-
dit, ut cuperem quam celerrume res nostras monumentis commendari tuis. neque enim me solum commemoratio posteritatis ad spem quandam immor-
talitatis rapit, sed etiam illa cupiditas, ut vel auctoritate testimonii tui vel indicio benevolentiae vel suavitate ingenii vivi perfruamur.

Neque tamen, haec cum scribebam, eram nescius, 2
quantis oneribus premerere susceptarum rerum et iam
institutarum; sed quia videbam Italici belli et civilis
historiam iam a te paene esse perfectam, dixeras autem
mihi te reliquas res ordiri, desse mihi nolui, quin te
admonerem, ut cogitares, coniunctene malles cum
reliquis rebus nostra contexere an, ut multi Graeci
fecerunt, Callisthenes Phocicum bellum, Timaeus
Pyrrhi, Polybius Numantinum, qui omnes a perpetuis
suis historiis ea, quae dixi, bella separaverunt, tu quoque item civilem coniurationem ab hostilibus exter-
nisque bellis seiungeres. equidem ad nostram laudem
non multum video interesse, sed ad properationem
meam quiddam interest non te exspectare, dum ad lo-

13 (12).

M. Cicero grüßt L. Lucceius, des Q. Sohn.

Schon mehrfach war ich drauf und dran, mit Dir persönlich über dies Thema zu sprechen, immer hielt mich eine beinahe etwas bäurische Befangenheit zurück; aber jetzt, wo ich Dir nicht gegenübersitze, wage ich mich schon kecker damit heraus: ein Brief wird ja nicht rot.

Ich bin rein versessen darauf – und es besteht, meine ich, kein Anlaß, mich dessen zu tadeln –, meinen Namen durch Deine Schriften verherrlicht und gefeiert zu sehen. Zwar hast Du mir schon mehrfach zu verstehen gegeben, Du würdest das tun; verzeih mir bitte, wenn ich trotzdem so dränge. Die Produkte Deiner Feder haben mich schon immer brennend interessiert; jetzt jedoch fühle ich mich über alles Erwarten so gepackt und begeistert, daß ich so bald wie möglich meine Taten durch Deine Schriftwerke der Menschheit nahegebracht sehen möchte. Es ist ja nicht nur das Fortleben bei der Nachwelt und damit die Hoffnung auf ein wenig Unsterblichkeit, die mich mit unwiderstehlicher Gewalt anzieht, sondern auch der Wunsch, mich noch zu Lebzeiten der Bestätigung durch Dein Zeugnis, der Bekundung Deiner Freundschaft und Deines schönen Talentes zu erfreuen.

Freilich bin ich mir, während ich dies niederschreibe, wohl bewußt, welche Last Du Dir mit der Planung und Inangriffnahme Deiner Arbeit aufgepackt hast; aber weil ich sehe, daß Du die Geschichte des Italischen und des Bürgerkrieges beinahe schon fertig hast, und mir gesagt hast, Du begännest jetzt mit den weiteren Ereignissen, wollte ich nichts verabsäumen und möchte Dich bitten, Dir zu überlegen, ob es sich empfiehlt, meine Taten mit den sonstigen Ereignissen zu verweben, oder ob Du nicht lieber, wie viele Griechen es gemacht haben, Callisthenes mit dem Phocischen Kriege, Timaeus mit den Pyrrhuskriegen, Polybius mit dem Numantinischen – alle drei haben die genannten Kriege von ihrer fortlaufenden Darstellung abgetrennt behandelt –, so auch Du die Verschwörung in der Bürgerschaft von den Kriegen mit auswärtigen Feinden abtrennen solltest. Gewiß kommt für meinen Ruhm nicht eben viel darauf an; aber angesichts meiner Ungeduld ist es doch nicht ganz einerlei, ob Du wartest, bis Du an die betreffende Stelle

cum venias, ac statim causam illam totam et tempus
arripere; et simul, si uno in argumento unaque in persona mens tua tota versabitur, cerno iam animo, quanto omnia uberiora atque ornatiora futura sint.

Neque tamen ignoro, quam impudenter faciam, qui
primum tibi tantum oneris imponam – potest enim
mihi denegare occupatio tua –, deinde etiam, ut ornes
me, postulem. quid, si illa tibi non tanto opere videntur ornanda? sed tamen, qui semel verecundiae finis 3
transierit, eum bene et naviter oportet esse impuden-
tem. itaque te plane etiam atque etiam rogo, ut et ornes ea vementius etiam quam fortasse sentis, et in eo
leges historiae neglegas gratiamque illam, de qua
suavissime quodam in prooemio scripsisti, a qua te
flecti non magis potuisse demonstras quam Hercu-
lem Xenophontium illum a Voluptate, eam, si me
tibi vementius commendabit, ne aspernere amorique
nostro plusculum etiam, quam concedet veritas, lar-
giare.

Quod si te adducemus, ut hoc suscipias, erit, ut
mihi persuadeo, materies digna facultate et copia tua.
a principio enim coniurationis usque ad reditum 4
nostrum videtur mihi modicum quoddam corpus confici posse, in quo et illa poteris uti civilium commu-
tationum scientia vel in explicandis causis rerum novarum vel in remediis incommodorum, cum et repre-
hendes ea, quae vituperanda duces, et quae placebunt,
exponendis rationibus comprobabis et, si liberius, ut
consuesti, agendum putabis, multorum in nos perfidiam, insidias, proditionem notabis. multam etiam
casus nostri varietatem tibi in scribendo suppedita-
bunt plenam cuiusdam voluptatis, quae vementer
animos hominum in legendo te scriptore tenere possit.
nihil est enim aptius ad delectationem lectoris quam
temporum varietates fortunaeque vicissitudines. quae
etsi nobis optabiles in experiendo non fuerunt, in

kommst oder sofort jene Epoche und den Verlauf der Sache in ihrer Gesamtheit in Angriff nimmst. Wenn Du Dich ganz auf dies eine Thema und die eine Persönlichkeit konzentrierst, sehe ich bereits im Geiste, wie viel reicher und schöner sich alles ausnehmen wird.

Natürlich bin ich mir vollkommen klar darüber, wie unbescheiden ich bin, wenn ich Dir eine solche Last aufbürde – Du könntest ja wegen Deiner Überbeanspruchung ablehnen – und weiterhin noch fordere, mich herauszustreichen. Wie, wenn meine Taten Dir das nicht unbedingt zu verdienen scheinen? Nun, wer einmal die Grenzen der Bescheidenheit überschritten hat, der muß auch ordentlich unbescheiden sein. Darum bitte ich Dich rundheraus ein übers andre Mal, meine Taten noch krasser herauszustreichen, als es vielleicht Deinem Gefühl entspricht, die Gesetze der Geschichtsschreibung dabei einmal außer acht zu lassen und jenes Entgegenkommen, von dem Du in einer Deiner Vorreden so hübsch gesprochen hast, das Dich ebenso wenig von der rechten Bahn habe abbringen können wie Xenophons Hercules die 'Lust', wenn es mich Dir recht warm ans Herz legt, nicht von Dir zu weisen und unsrer Liebe ein klein wenig mehr, als die Wahrheit gestattet, zukommen zu lassen.

Wenn ich Dich also dazu bringe, diese Aufgabe zu übernehmen, dann wird es, wie ich mir einbilde, ein Stoff sein, würdig Deiner reichen Fähigkeiten. Die Ereignisse vom Beginn der Verschwörung bis zu meiner Rückkehr könnten wohl ein Bändchen mäßigen Umfangs füllen. Dabei wird Dir bei der Darlegung der Ursachen des Umsturzes oder der Heilung der Schäden Deine Erfahrung in politischen Krisen zustattenkommen, wenn Du unter Darlegung der inneren Zusammenhänge tadelst, was Dir verwerflich erscheint, und anerkennst, was Deinen Beifall findet, und Du wirst, wenn Du, wie es Deine Art ist, ein offenes Wort für geboten hältst, das perfide, intrigante, verräterische Treiben vieler gegen mich anprangern. Meine Schicksale werden Dir auch reiche, nicht ganz reizlose Abwechslung bieten, die die Leute in Deiner Darstellung beim Lesen in ihren Bann ziehen könnte. Nichts ist ja besser geeignet, den Leser zu fesseln, als der bunte Wechsel von Ereignissen und Schicksalen. Freilich, ich persönlich habe, als ich mich ihm ausgesetzt sah, nicht eben viel Freude daran gehabt, aber davon zu

legendo tamen erunt iucundae; habet enim praeteriti
doloris secura recordatio delectationem; ceteris vero 5
nulla perfunctis propria molestia, casus autem alie-
nos sine ullo dolore intuentibus etiam ipsa misericordia est iucunda. quem enim nostrum ille moriens
apud Mantineam Epaminondas non cum quadam
miseratione delectat? qui tum denique sibi evelli iubet
spiculum, postea quam ei percontanti dictum est cli-
peum esse salvum, ut etiam in vulneris dolore aequo
animo cum laude moreretur. cuius studium in legendo
non erectum Themistocli fuga redituque retinetur?
etenim ordo ipse annalium mediocriter nos retinet
quasi enumeratione fastorum; at viri saepe excellentis
ancipites variique casus habent admirationem, exspectationem, laetitiam, molestiam, spem, timorem;
si vero exitu notabili concluduntur, expletur animus
iucundissima lectionis voluptate.

Quo mihi acciderit optatius, si in hac sententia 6
fueris, ut a continentibus tuis scriptis, in quibus perpetuam rerum gestarum historiam complecteris, secer-
nas hanc quasi fabulam rerum eventorumque nostrorum. habet enim varios actus multasque actiones et
consiliorum et temporum.

Ac non vereor, ne adsentatiuncula quadam aucu-
pari tuam gratiam videar, quom hoc demonstrem, me
a te potissimum ornari celebrarique velle. neque enim
tu is es, qui, quid sis, nescias et qui non eos magis, qui
te non admirentur, invidos quam eos, qui laudent,
adsentatores arbitrere; neque autem ego sum ita de-
mens, ut me sempiternae gloriae per eum commendari
velim, qui non ipse quoque in me commendando
propriam ingenii gloriam consequatur. neque enim 7
Alexander ille gratiae causa ab Apelle potissimum
pingi et a Lysippo fingi volebat, sed quod illorum

elsen, ist doch nicht unangenehm; hat doch die sorglose Erinnerung an vergangene Leiden etwas Angenehmes an sich. Bei allen andern aber, die persönlich keine Unbill erfahren haben und fremde Schicksale ohne Schmerz betrachten können, löst gerade das Nachempfinden ein Gefühl der Lust aus. Wem von uns bringt nicht der bei Mantinea im Sterben liegende Epaminondas neben einem Gefühl des Bedauerns ästhetischen Genuß? Der sich erst dann den Speer aus der Wunde reißen ließ, als man ihm auf seine Frage versicherte, sein Schild sei geborgen, und so, trotz seiner schmerzenden Wunde noch wohlgemut, einen ruhmvollen Tod fand? Wer fühlte sich nicht aufs tiefste gepackt, wenn er von Themistocles' Flucht und Heimkehr liest? Eine annalistische Aufreihung von Tatsachen, gleichsam eine kalendarische Tabelle, vermag uns doch nur mäßig zu interessieren; eines hervorragenden Mannes oft wechselnde, gefahrvolle Erlebnisse dagegen wecken Bewunderung, Spannung, Freude, Unbehagen, Furcht und Hoffnung, und finden sie dann gar ihren Abschluß mit einem denkwürdigen Ausgang, dann empfindet der Leser ein ungetrübtes Entzücken.

Um so erwünschter wäre es mir, wenn Du Dich dazu verstehen könntest, von Deiner zusammenhängenden Darstellung, in der Du die geschichtlichen Ereignisse fortlaufend schilderst, dies – Drama, möchte ich beinahe sagen, meiner Erlebnisse und Schicksale abzutrennen. Es enthält nämlich einen bunten Wechsel von Vorgängen und zahlreiche von Entschlüssen und Zufälligkeiten bedingte Wendepunkte.

Im übrigen brauche ich nicht zu befürchten, es könnte so aussehen, als haschte ich mit billiger Schmeichelei nach Deiner Gunst, wenn ich Dir erkläre, daß ich mich gerade von Dir verherrlicht und gefeiert sehen möchte. Denn Du bist nicht der Mann, der sich nicht seines Wertes bewußt wäre, und der nicht eher in den Leuten, die ihm ihre Bewunderung versagen, Neider sähe als in denen, die ihn preisen, Schmeichler; und ich meinerseits bin nicht so einfältig, daß ich wünschte, von einem Manne der Nachwelt zu ewigem Ruhm empfohlen zu werden, der nicht imstande wäre, damit auch sich selbst persönlichen Ruhm für sein Talent zu gewinnen. Der große Alexander hat ja doch nicht umsonst gerade von Apelles gemalt oder von Lysipp plastisch dargestellt werden wollen, son-

artem cum ipsis tum etiam sibi gloriae fore putabat.
atque illi artifices corporis simulacra ignotis nota faciebant; quae vel si nulla sint, nihilo sint tamen obscu-
riores clari viri. nec minus est Spartiates Agesilaus ille
perhibendus, qui neque pictam neque fictam imaginem suam passus est esse, quam qui in eo genere laborarunt; unus enim Xenophontis libellus in eo rege
laudando facile omnis imagines omnium statuasque
superavit. atque hoc praestantius mihi fuerit et ad
laetitiam animi et ad memoriae dignitatem, si in tua
scripta pervenero, quam si in ceterorum, quod non
ingenium mihi solum suppeditatum fuerit tuum, sicut
Timoleonti a Timaeo aut ab Herodoto Themistocli,
sed etiam auctoritas clarissimi et spectatissimi viri et
in rei p. maximis gravissimisque causis cogniti atque
in primis probati, ut mihi non solum praeconium,
quod, cum in Sigeum venisset, Alexander ab Homero
Achilli tributum esse dixit, sed etiam grave testimonium impertitum clari hominis magnique videatur.
placet enim Hector ille mihi Naevianus, qui non tantum 'laudari' se laetatur, sed addit etiam 'a laudato
viro.'

Quod si a te non impetro, hoc est, si quae te res im- 8
pedierit – neque enim fas esse arbitror quicquam me
rogantem abs te non impetrare –, cogar fortasse
facere, quod non nulli saepe reprehendunt, scribam
ipse de me, multorum tamen exemplo et clarorum
virorum. sed, quod te non fugit, haec sunt in hoc
genere vitia: et verecundius ipsi de sese scribant
necesse est, si quid est laudandum, et praetereant, si
quid reprendendum est. accedit etiam, ut minor sit
fides, minor auctoritas, multi denique reprendant et
dicant verecundiores esse praecones ludorum gym-
nicorum, qui, cum ceteris coronas imposuerint victoribus eorumque nomina magna voce pronuntiarint,

dern weil er meinte, ihre Kunst werde sowohl ihnen selbst als auch ihm Ruhm einbringen. Und diese Künstler machten sein leibliches Aussehen denen bekannt, die ihn nie gesehen hatten; aber selbst wenn solche Bildwerke nicht vorhanden wären, würden berühmte Männer doch nicht weniger gut bekannt sein. Wie denn auch von Agesilaus, dem berühmten Spartiaten, der kein Bild und keine Statue von sich duldete, nicht weniger gesprochen wird als von denen, die auf so etwas Wert legten; denn das eine Büchlein Xenophons hat mit seiner Verherrlichung dieses Königs leicht alle Bilder und Statuen der andern in den Schatten gestellt. Und um so mehr wird es mich mit Freude erfüllen und mir ein würdiges Andenken sichern, wenn ich in eins Deiner Schriftwerke und nicht in das eines andern gelange, als mir nicht nur Dein schriftstellerisches Talent zustatten kommt, wie Timoleon das des Timaeus und Themistocles das Herodots, sondern auch das Ansehen eines berühmten, geachteten, in den bedeutendsten und schwierigsten Fragen der Politik anerkannten und wie wenige bewährten Mannes, so daß ich nicht nur einen Heroldsdienst, wie er nach den Worten Alexanders am Kap Sigeum Achill von Homer zuteil geworden ist, sondern auch das gewichtige Zeugnis eines angesehenen, bedeutenden Mannes zu empfangen glaube. Ich halte es nämlich mit Hector bei Naevius, der sich gewiß freut „gepriesen zu werden", aber doch hinzufügt „von einem gepriesenen Manne."

Solltest Du meinen Wunsch nicht erfüllen, womit ich sagen will: solltest Du irgendwie verhindert sein – denn einfach abschlagen kannst Du mir meine Bitte wohl gar nicht –, sehe ich mich vielleicht genötigt, etwas zu tun, was manche unter Umständen tadeln: ich würde selbst über mich schreiben, immerhin nach dem Vorbild vieler berühmter Männer. Aber diese Literaturgattung krankt, wie Dir nicht verborgen ist, an folgenden Gebrechen: es bleibt nicht aus, daß man von sich selbst zurückhaltender spricht, wenn es etwas zu loben gilt, und manches übergeht, was man eigentlich tadeln müßte. Dazu kommt noch, daß die Vertrauenswürdigkeit, das Gewicht darunter leidet. Kurz, viele sind unbefriedigt und sagen, die Herolde bei den sportlichen Wettkämpfen seien bescheidener; wenn sie den übrigen Siegern die Kränze aufgesetzt und ihren Namen mit lauter Stimme verkündet

cum ipsi ante ludorum missionem corona donentur,
alium praeconem adhibeant, ne sua voce se ipsi victores esse praedicent. haec nos vitare cupimus et, si 9
recipis causam nostram, vitabimus, idque ut facias
rogamus.

Ac ne forte mirere, cur, cum mihi saepe ostenderis
te accuratissime nostrorum temporum consilia atque
eventus litteris mandaturum, a te id nunc tanto opere
et tam multis verbis petamus, illa nos cupiditas in-
cendit, de qua initio scripsi, festinationis, quod alacres
animo sumus, ut et ceteri viventibus nobis ex libris
tuis nos cognoscant et nosmet ipsi vivi gloriola nostra
perfruamur.

His de rebus quid acturus sis, si tibi non est mo- 10
lestum, rescribas mihi velim. si enim suscipis causam,
conficiam commentarios rerum omnium, sin autem
differs me in tempus aliud, coram tecum loquar. tu
interea non cessabis et ea, quae habes instituta, per-
polies nosque diliges.

XIV.
M. CICERO S. D. L. LVCCEIO Q. F.

Quamquam ipsa consolatio litterarum tuarum mihi 1
gratissima est – declarat enim summam benevolentiam
coniunctam pari prudentia –, tamen illum fructum ex
iis litteris vel maximum cepi, quod te praeclare res
humanas contemnentem et optime contra fortunam
paratum armatumque cognovi; quam quidem laudem
sapientiae statuo esse maximam, non aliunde pendere
nec extrinsecus aut bene aut male vivendi suspensas
habere rationes. quae cogitatio cum mihi non omni- 2
no excidisset – etenim penitus insederat –, vi tamen
tempestatum et concursu calamitatum erat aliquantum labefactata atque convulsa; cui te opitulari et
video et id fecisse etiam proximis litteris multumque
profecisse sentio. itaque hoc saepius dicendum tibi-

haben und dann selbst vor Abschluß der Wettspiele einen Kranz erhalten, dann bedienen sie sich eines andern Herolds, um sich nicht selbst mit eigener Stimme als Sieger ausrufen zu müssen. Das möchte ich vermeiden und kann ich vermeiden, wenn Du meine Sache führst, und somit bitte ich denn darum.

Vielleicht wunderst Du Dich, weshalb ich Dich jetzt so eindringlich und wortreich darum bitte, wo Du mir doch oft genug in Aussicht gestellt hast, die Entscheidungen und Ereignisse meiner Zeit eingehend darzustellen. Die ungeduldige Gier, von der ich zu Anfang sprach, läßt mir keine Ruhe, der brennende Wunsch, daß mich die Mitwelt noch zu meinen Lebzeiten aus Deinen Schriften kennen lernt und ich selbst noch lebend in den Genuß meines bißchen Ruhms gelange.

Wenn es Dir keine Mühe macht, antworte mir doch bitte, was Du in dieser Sache zu tun gedenkst. Nimmst Du sie auf Dich, dann stelle ich Dir einen Abriß aller meiner Taten zusammen; vertröstest Du mich auf später, spreche ich noch einmal persönlich mit Dir darüber. Inzwischen wirst Du nicht müßig sein, wirst hübsch ausfeilen, was Du unter der Hand hast, und mich lieb behalten.

(Antium, im Juni [V.] 56)

14 (13).
M. Cicero grüßt L. Lucceius, des Q. Sohn.

Gewiß haben mir Deine trostreichen Worte sehr wohlgetan – zeigen sie mir doch, wie herzlich Du Dich mir verbunden fühlst und wie klug Du zu raten weißt; der bedeutendste Ertrag Deines Briefes ist aber doch, daß ich sehe, wie hoch Du über allem Menschlichen stehst, wie gut Du gegen das Schicksal gewappnet bist; darin besteht ja wohl der größte Vorzug der Philosophie, daß man sich unabhängig macht und die Voraussetzungen eines glücklichen oder unglücklichen Lebens nicht in den Dingen außer sich sucht. Diese Überzeugung hatte sich auch bei mir nicht gänzlich verflüchtigt – dazu saß sie doch zu fest in mir –, war aber doch unter der Gewalt der Stürme und dem Zusammenprall mit dem Unglück ziemlich erschüttert und ins Wanken geraten. Ihr hilfst Du jetzt wieder auf die Beine und hast das, wie ich deutlich spüre, auch mit Deinem letzten Brief getan und viel erreicht. Darum glaube ich es

que non significandum solum sed etiam declarandum
arbitror, nihil mihi esse potuisse tuis litteris gratius.

Ad consolandum autem cum illa valent, quae ele- 3
ganter copioseque conlegisti, tum nihil plus quam
quod firmitudinem gravitatemque animi tui perspexi;
quam non imitari turpissimum existimo. itaque hoc
etiam fortiorem me puto quam te ipsum, praecep-
torem fortitudinis, quod tu mihi videre spem non
nullam habere haec aliquando futura meliora; casus
enim gladiatorii similitudinesque eae, tum rationes in
ea disputatione a te conlectae vetabant me rei p. penitus diffidere. itaque alterum minus mirum, fortiorem
te esse, cum aliquid speres, alterum mirum, spe ulla
teneri. Quid est enim non ita adfectum, ut id non
deletum exstinctumque esse fateare? circumspice omnia membra rei p., quae notissima sunt tibi; nullum
reperies profecto, quod non fractum debilitatumve
sit. quae persequerer, si aut melius ea viderem, quam
tu vides, aut commemorare possem sine dolore;
quamquam tuis monitis praeceptisque omnis est abi-
ciendus dolor.

Ergo et domestica feremus, ut censes, et publica 4
paulo etiam fortius fortasse quam tu ipse, qui praecipis. te enim aliqua spes consolatur, ut scribis, nos
erimus etiam in omnium desperatione fortes, ut tu tamen idem et hortaris et praecipis. das enim mihi iucundas recordationes conscientiae nostrae rerumque
earum, quas te in primis auctore gessimus; praestitimus enim patriae non minus certe, quam debuimus,
plus profecto, quam est ab animo cuiusquam aut consilio hominis postulatum.
Ignosces mihi de me ipso aliquid praedicanti; qua- 5
rum enim tu rerum cogitatione nos levare aegritudine
voluisti, earum etiam commemoratione lenimur. ita-

Dir noch einmal sagen und nicht nur andeuten, sondern ausdrücklich erklären zu müssen, daß mir nichts willkommener hat sein können als Dein Brief.

Zu trösten aber vermag mich alles, was Du so geistvoll und fleißig zusammengetragen hast, nichts jedoch mehr als der Umstand, daß ich Deine unbeirrbare Charakterfestigkeit erkenne; es Dir darin nicht gleichzutun, ist gewiß beschämend. Darum glaube ich, eigentlich sogar noch mutiger zu sein als Du, das Musterbeispiel von Mut, weil Du mir jedenfalls noch einige Hoffnung zu hegen scheinst, die Verhältnisse könnten sich einmal zum Besseren wenden. Die Zufälligkeiten des Gladiatorenkampfes, der Vergleich damit und dann die von Dir aus diesem Raisonnement gezogenen Schlüsse bringen mich nämlich dazu, der politischen Entwicklung nicht völlig zu mißtrauen. So finde ich das eine nicht so erstaunlich, daß Du mutiger bist, weil Du noch etwas erhoffst, wundere mich nur, daß Du überhaupt noch Hoffnung hast. Alles ist doch, wie Du zugeben mußt, so mitgenommen, daß es so gut wie zerstört und ausgelöscht ist. Schau Dich doch nur um bei allen Gliedern des Staates, die Du so gut kennst; sicherlich wirst Du keins finden, das nicht gebrochen oder geschwächt wäre. Ich würde Dich auf Einzelheiten hinweisen, wenn ich besser im Bilde wäre als Du oder ohne Erbitterung davon reden könnte, und ich möchte mich doch auf Deine Lehren und Ermahnungen hin von aller Erbitterung frei machen!

So will ich denn mein häusliches Leid tragen, wie Du es mir nahelegst, und das allgemeine vielleicht noch ein wenig mutiger, als du es mir vorlebst. Dich tröstet, wie Du sagst, noch ein Hoffnungsschimmer; ich werde trotz grenzenloser Verzweiflung mutig sein, wozu wieder Du mich doch mahnst und anleitest. Du rufst mir die beglückende Erinnerung an mein gutes Gewissen wach, an meine Erfolge, die ich vor allem unter Deinem Beistand errungen habe; habe ich doch für das Vaterland jedenfalls nicht weniger geleistet, als ich verpflichtet war, und gewiß mehr, als man von irgend eines Menschen Herz und Sinnen gefordert hat.

Sei mir nicht böse, wenn ich mich selbst ein wenig beweihräuchere. Es war ja Dein Wunsch, daß ich an diese Dinge denken sollte, um mir meinen Gram zu erleichtern, und so werde ich auch

que, ut mones, quantum potero, me ab omnibus molestiis et angoribus abducam transferamque animum
ad ea, quibus secundae res ornantur, adversae adiu-
vantur, tecumque et ero tantum, quantum patietur
utriusque aetas et valetudo, et, si esse una minus poterimus quam volemus, animorum tamen coniunctione
iisdemque studiis ita fruemur, ut numquam non una
esse videamur.

XV.
L. LVCCEIVS Q. F. S. D. M. TVLLIO M. F.

S. V. B. E. V., sicut soleo, paululo tamen etiam 1
deterius quam soleo.

Te requisivi saepius, ut viderem; Romae quia postea non fuisti, quam discesseram, miratus sum; quod
item nunc miror. non habeo certum, quae te res hinc
maxime retrahat. si solitudine delectare, cum scribas
et aliquid agas eorum, quorum consuesti, gaudeo
neque reprendo tuum consilium. nam nihil isto potest esse iucundius non modo miseris his temporibus et luctuosis, sed etiam tranquillis et optatis,
praesertim vel animo defetigato tuo, qui nunc requiem
quaerat ex magnis occupationibus, vel erudito, qui
semper aliquid ex se promat, quod alios delectet,
ipsum laudibus inlustret.

Sin autem, sicut hinc discesseras, lacrimis ac tristi- 2
tiae te tradidisti, doleo, quia doles et angere, non possum te non, si concedis, quod sentimus, ut liberius
dicamus, accusare.

Quid enim? tu solus aperta non videbis, qui propter acumen occultissima perspicis? tu non intelleges te
querelis cotidianis nihil proficere? non intelleges du-

ruhiger, wenn ich davon rede. Also ich werde auf Deine Mahnungen hören, mich, so gut ich kann, von allen Beschwerlichkeiten
und Beklemmungen ablenken, meinen Geist auf die Dinge richten,
die uns das Glück verschönen und das Unglück leichter machen,
werde mit Dir zusammensein, soweit es unser beider Alter und
Gesundheit gestattet, und wenn uns das weniger glückt, als wir
wünschen, wollen wir uns doch unsrer geistigen Gemeinschaft und
unsrer gemeinsamen geistigen Interessen so freuen, daß wir niemals das Gefühl haben, nicht beieinander zu sein.

(Astura, im März [oder: auf Atticus' Ficuleanum, im April] 45)

15 (14).
L. Lucceius, des Q. Sohn, grüßt M. Tullius, des M. Sohn.

Hoffentlich bist Du gut zuwege! Mir geht es wie gewöhnlich,
eigentlich doch noch ein wenig schlechter als gewöhnlich.

Ich habe mehrfach versucht, Dich zu sehen. Daß Du nicht wieder
in Rom gewesen bist, seitdem ich fortgegangen war, hat mich gewundert, und ebenso wundere ich mich jetzt darüber. Ich weiß gar
nicht, was Dich eigentlich von hier wegzieht. Suchst Du die Einsamkeit, weil Du etwas schreibst und Deiner gewohnten Beschäftigung nachgehst, sollte es mich freuen, und ich habe an Deinem
Entschluß nichts auszusetzen. Das ist ja doch der beste Zeitvertreib nicht nur in diesen elenden, traurigen Zeiten, sondern auch
in ruhigen, wie wir sie uns wünschen, zumal für Dein vergrämtes
Gemüt, das sich jetzt nach all den Aufregungen nach Ruhe sehnt,
zumal für einen gebildeten Menschen, der immer etwas aus sich
herausholt, womit er andern Freude machen und für sich selbst
Ruhm gewinnen kann.

Hast Du Dich aber wie damals, als Du uns verließest, den Tränen
und der Trauer hingegeben, dann tut es mir leid, daß Du Dich
grämst und quälst, aber ich kann nicht anders, ich muß Dir, wenn
Du mir gestattest, meine Überzeugung frei heraus zu sagen, Vorwürfe machen.

Wie ist es denn? Du allein solltest nicht sehen, was doch offen
zutage liegt, Du, der Du mit Deinem Scharfsinn in die tiefsten
Geheimnisse eindringst? Willst nicht einsehen, daß Du mit Deinem
täglichen Klagen nichts erreichst? Willst nicht begreifen, daß Du

plicari sollicitudines, quas elevare tua te prudentia
postulat?

Quod si non possimus aliquid proficere suadendo, 3
gratia contendimus et rogando, si quid nostra causa
vis, ut istis te molestiis laxes et ad convictum nostrum
redeas, ad consuetudinem vel nostram communem
vel tuam solius ac propriam.

Cupio non obtundere te, si non delectare nostro
studio, cupio deterrere, ne permaneas in incepto. nunc
duae res istae contrariae me conturbant, ex quibus
aut in altera mihi velim, si potes, obtemperes aut in
altera non offendas.

Vale.

XVI.
M. CICERO S. D. L. LVCCEIO Q. F.

Omnis amor tuus ex omnibus partibus se ostendit 1
in iis litteris, quas a te proxime accepi, non ille quidem
mihi ignotus, sed tamen gratus et optatus; dicerem
'iucundus', nisi id verbum in omne tempus perdi-
dissem, neque ob eam unam causam, quam tu suspicaris et in qua me lenissimis et amantissimis verbis
utens re graviter accusas, sed quod, illius tanti vulneris quae remedia esse debebant, ea nulla sunt. quid 2
enim? ad amicosne confugiam? quam multi sunt?
habuimus enim fere communis; quorum alii occiderunt, alii nescio quo pacto obduruerunt. tecum vivere
possem equidem et maxime vellem; vetustas, amor,
consuetudo, studia paria; quod vinclum, quaeso, dest
nostrae coniunctionis? possumusne igitur esse una?
nec mehercule intellego quid impediat; sed certe adhuc
non fuimus, cum essemus vicini in Tusculano, in Pu-
teolano; nam quid dicam in urbe? in qua cum forum
commune sit, vicinitas non requiritur. sed casu nescio 3
quo in ea tempora nostra aetas incidit, ut, cum ma-

Deine Kümmernisse verdoppelst, die zu lindern Dir Deine Klugheit gebietet?

Aber wenn ich mit Vernunftgründen nichts erreiche, dann führe ich unsre Freundschaft ins Feld und bitte Dich, wenn ich Dir nicht gänzlich gleichgültig bin, Dich von Deinem Kummer zu lösen und in die Lebensgemeinschaft mit mir zurückzukehren, zu den uns gemeinsamen oder den Dir allein vorbehaltenen, Dir angemessenen Gewohnheiten.

Ich will Dir nicht beschwerlich fallen, falls mein Eifer Dir nicht recht ist, möchte Dir nur dringend raten, nicht bei Deinem Beginnen zu verharren. Eins schließt eigentlich das andre aus, und beides ist mir peinlich. Tu also bitte das eine, wenn Du kannst, oder nimm an dem andern wenigstens keinen Anstoß!

Leb' wohl!

(Rom, den 9. Mai 45)

16 (15).

M. Cicero grüßt L. Lucceius, des Q. Sohn.

Deine Liebe spricht aus jeder Zeile Deines Briefes, den ich letzthin erhalten habe, diese Liebe, die ich wohl kenne, und die mir doch willkommen und wohltuend ist; „erfreulich" würde ich sagen, wenn mir dieses Wort nicht für alle Zeiten verloren gegangen wäre, und zwar nicht allein aus dem Grunde, den Du Dir denken kannst und dessentwegen Du mir mit den mildesten, liebevollsten Worten in Wirklichkeit doch schwere Vorwürfe machst, sondern weil die Heilmittel, die diese schwere Wunde eigentlich schließen müßten, nicht wirken wollen. Wie denn? In die Arme meiner Freunde soll ich mich flüchten? Wie viele sind es denn noch? Meist waren es ja auch Deine Freunde: die einen sind tot, die andern leider verhärtet. Allerdings, mit Dir könnte ich leben und täte es auch sehr gern: langjährige Bekanntschaft, Liebe, Gewöhnung und gleiche Interessen; es fehlt wirklich kein Band, das uns verbinden könnte. Könnten wir also nicht beisammen sein? Und ich weiß auch wirklich nicht, was im Wege ist, aber jedenfalls sind wir es bisher nicht gewesen, obwohl wir in Tusculum, in Puteoli Nachbarn waren, nicht zu reden von der Stadt, wo das Forum allgemeiner Treffpunkt ist und man nach Nachbarschaft nicht fragt. Aber dummerweise sind wir mit unserm Leben in solche Zeitläufte geraten, daß man

xime florere nos oporteret, tum vivere etiam puderet. quod enim esse poterat mihi perfugium spoliato et domesticis et forensibus ornamentis atque solaciis? litterae, credo, quibus utor adsidue; quid enim aliud facere possum? sed nescio quo modo ipsae illae excludere me a portu et perfugio videntur et quasi exprobrare, quod in ea vita maneam, in qua nihil insit nisi propagatio miserrimi temporis. hic tu me 4 abesse urbe miraris, in qua domus nihil delectare possit, summum sit odium temporum, hominum, fori, curiae? itaque sic litteris utor, in quibus consumo omne tempus, non ut ab iis medicinam perpetuam, sed ut exiguam oblivionem doloris petam.

Quod si id egissemus ego atque tu, quod ne in 5 mentem quidem nobis veniebat propter cotidianos metus, omne tempus una fuissemus, neque me valetudo tua offenderet neque te maeror meus. quod quantum fieri poterit, consequamur; quid enim est utrique nostrum aptius? propediem te igitur videbo.

XVII.
M. CICERO S. D. TITIO.

Etsi unus ex omnibus minime sum ad te consolan- 1 dum accommodatus, quod tantum ex tuis molestiis cepi doloris, ut consolatione ipse egerem, tamen, cum longius a summi luctus acerbitate meus abesset dolor quam tuus, statui nostrae necessitudinis esse meaeque in te benevolentiae non tacere tanto in tuo maerore tam diu, sed adhibere aliquam modicam consolationem, quae levare dolorem tuum posset, si minus sanare potuisset.

Est autem consolatio pervulgata quidem illa maxi- 2 me, quam semper in ore atque in animo habere debemus, homines nos ut esse meminerimus ea lege natos,

sich jetzt gar schämt zu leben, wo man doch eigentlich glänzend dastehen müßte. Denn wo könnte ich noch eine Heimstatt finden, nachdem mir der Trost daheim und die Ehren auf dem Forum genommen sind? Vielleicht in literarischer Betätigung? Nun, der widme ich mich unablässig. Denn was bleibt mir sonst noch? Aber irgendwie scheint mir auch sie gleichsam vorzuhalten, daß ich in diesem Leben bleibe, das nichts andres zu bieten hat als eine Verlängerung der elenden Zeiten. Und da wunderst Du Dich, daß ich nicht in Rom bin, wo mein Heim mir keine Freude machen kann und mir die Verhältnisse, die Menschen, Forum und Kurie in der Seele zuwider sind? Somit flüchte ich mich denn in die literarische Tätigkeit und verbringe meine ganze Zeit damit, nicht in dem Sinne, daß ich von ihr dauernde Heilung erwartete, aber doch ein kurzes Vergessen meines Grams.

Wären Du und ich auf den Gedanken gekommen, woran wir wegen der täglichen Bedrohung überhaupt nicht gedacht haben, dann wären wir die ganze Zeit beieinander gewesen, und weder würde ich mich an Deinem Befinden noch Du Dich an meinem Gram stoßen. Aber das wollen wir, so gut es geht, in Ordnung bringen; was könnte für uns beide denn auch angemessener sein? Ich sehe Dich also demnächst!

(Astura, Mitte Mai 45)

17 (16).
M. Cicero grüßt Titius.

Zwar bin ich von allen der letzte, der in der Lage wäre, Dich zu trösten, denn Deine Kümmernisse haben mich so tief geschmerzt, daß ich selbst des Trostes bedarf; aber mein Schmerz erreicht doch nicht den Grad der Bitternis tiefster Trauer wie der Deinige, und so fordert es, meine ich, unsre enge Verbundenheit und meine Wohlgesinntheit Dir gegenüber, daß ich bei Deinem tiefen Gram nicht gar zu lange schweige, sondern Dir ein wenig Trost spende, der Deinen Schmerz vielleicht lindert, wenn er ihn nicht zu heilen vermag.

Der meistgehörte Trost, den wir aber immer aussprechen müssen und nie aus den Augen verlieren dürfen, ist der Hinweis darauf, daß wir Menschen sind, geboren mit der Bestimmung, daß unser

ut omnibus telis fortunae proposita sit vita nostra,
neque esse recusandum, quo minus ea, qua nati sumus,
condicione vivamus, neve tam graviter eos casus feramus, quos nullo consilio vitare possimus, eventisque
aliorum memoria repetendis nihil accidisse novi nobis
cogitemus.

Neque hae neque ceterae consolationes, quae sunt a 3
sapientissimis viris usurpatae memoriaeque litteris
proditae, tantum videntur proficere debere, quantum
status ipse nostrae civitatis et haec perturbatio temporum perditorum, cum beatissimi sint, qui liberos
non susceperunt, minus autem miseri, qui his temporibus amiserunt, quam si eosdem bona aut denique
aliqua re p. perdidissent.

Quod si tuum te desiderium movet, aut si tuarum 4
rerum cogitatione maeres, non facile exhauriri tibi
istum dolorem posse universum puto; sin illa te res
cruciat, quae magis amoris est, ut eorum, qui occiderunt, miserias lugeas, ut ea non dicam, quae saepissime et legi et audivi, nihil mali esse in morte, ex qua
si resideat sensus, immortalitas illa potius quam mors
ducenda sit, sin sit amissus, nulla videri miseria debeat,
quae non sentiatur, hoc tamen non dubitans confirmare possum, ea misceri, parari, impendere rei p.,
quae qui reliquerit, nullo modo mihi quidem deceptus
esse videatur. quid est enim iam non modo pudori,
probitati, virtuti, rectis studiis, bonis artibus, sed
omnino libertati ac saluti loci? non mercule quemquam audivi hoc gravissimo et pestilentissimo anno
adulescentulum aut puerum mortuum, qui mihi non
a dis immortalibus ereptus ex his miseriis atque ex
iniquissima condicione vitae videretur.

Quare, si tibi unum hoc detrahi potest, ne quid iis, 5
quos amasti, mali putes contigisse, permultum erit

Leben allen möglichen Schicksalsschlägen ausgesetzt ist, und daß wir uns nicht weigern können, unter den Bedingungen zu leben, unter denen wir geboren sind, daß wir die Zufälligkeiten nicht allzu schwer nehmen, denen wir uns auf keine Weise entziehen können, und daran denken, daß uns nichts Außergewöhnliches passiert ist, wenn wir uns die Erlebnisse anderer ins Gedächtnis zurückrufen.

Aber weder diese noch alle andern Trostgründe, die von weisen Männern vorgebracht und der Nachwelt überliefert worden sind, scheinen mir so viel Erfolg zu versprechen wie gerade der Zustand unsres Gemeinwesens und die augenblickliche Verwirrung unsrer trostlosen Lage, wo am glücklichsten derjenige ist, der keine Kinder erzeugt hat, und nicht ganz so unglücklich, wer sie jetzt verloren hat, wie wenn er sie hätte hingeben müssen, als wir noch einen guten oder jedenfalls überhaupt einen Staat hatten.

Wenn also Deine Sehnsucht Dir das Herz schwer macht oder Du Dich im Gedanken an Deine eigene Verlassenheit grämst, so kann man diesen Kummer in Deiner Seele wohl nur schwer gänzlich auslöschen; quält Dich aber etwas anderes, was noch mehr von echter Liebe zeugt, beklagst Du das traurige Los der Toten, so will ich Dir nicht damit kommen, was ich oft gelesen und gehört habe, daß der Tod nichts Schlimmes an sich hat und man somit, falls das Bewußtsein bestehen bleibt, diesen Zustand eher als Unsterblichkeit denn als Tod betrachten muß, geht es aber verloren, der Tod uns durchaus nicht als ein Unglück zu erscheinen braucht, da es nicht mehr empfunden wird. Das eine jedoch kann ich Dir unbedenklich versichern: es braut sich ein drohendes Ungewitter über unserm Vaterlande zusammen, und wer dem entgeht, der scheint mir um nichts betrogen zu sein. Wo haben denn nachgerade Schamgefühl, Ehrbarkeit, Tüchtigkeit, rechtes Streben, gute Eigenschaften, ja überhaupt Freiheit und Wohlfahrt eine Stätte? Ich habe weiß Gott in diesem furchtbaren, verderbenbringenden Jahre von keines Jünglings oder Knaben Tod gehört, bei dem ich nicht das Gefühl gehabt hätte, daß die unsterblichen Götter ihn aus diesem elenden, trostlosen Leben erlöst haben.

Wenn ich Dir also diesen einen Gedanken ausreden kann, daß denen, die Du liebgehabt hast, etwas Schlimmes zugestoßen ist,

ex maerore tuo deminutum. relinquetur enim simplex
illa iam cura doloris tui, quae non cum illis communi-
cabitur, sed ad te ipsum proprie referetur; in qua non
est iam gravitatis et sapientiae tuae, quam tu a puero
praestitisti, ferre immoderatius casum incommodorum tuorum, qui sit ab eorum, quos dilexeris, miseria
maloque seiunctus. etenim eum semper te et privatis
in rebus et publicis praestitisti, tuenda tibi ut sit gravitas et constantiae serviendum. nam, quod adlatura est
ipsa diuturnitas, quae maximos luctus vetustate tollit,
id nos praecipere consilio prudentiaque debemus.
etenim, si nulla fuit umquam liberis amissis tam imbe- 6
cillo mulier animo, quae non aliquando lugendi modum fecerit, certe nos, quod est dies adlatura, id consilio anteferre debemus neque exspectare temporis
medicinam, quam repraesentare ratione possimus.

His ego litteris si quid profecissem, existimabam
optandum quiddam me esse adsecutum; sin minus
forte valuissent, officio tamen esse functum viri bene-
volentissimi atque amicissimi. quem me tibi et fuisse
semper existimes velim et futurum esse confidas.

XVIII.
M. CICERO S. D. P. SITTIO P. F.

Non oblivione amicitiae nostrae neque intermis- 1
sione consuetudinis meae superioribus temporibus
ad te nullas litteras misi, sed quod priora tempora in
ruinis rei p. nostrisque iacuerunt, posteriora autem me
a scribendo tuis iniustissimis atque acerbissimis incommodis retardarunt. cum vero et intervallum iam
satis longum fuisset et tuam virtutem animique magnitudinem diligentius essem mecum recordatus, non
putavi esse alienum institutis meis haec ad te scribere.

Ego te, P. Sitti, et primis temporibus illis, quibus 2

dann wird das Deinen Gram schon wesentlich lindern. Denn dann bleibt nur noch jene einfache Qual Deines eigenen Schmerzes bestehen, die die Toten nicht berührt, sondern Dein ganz persönliches Erlebnis bleibt. Da stimmt es doch wenig zu Deiner von Jugend auf bewährten Weisheit und sittlichen Haltung, wenn Du Dich im Schmerz über Deinen Schicksalsschlag nicht zu mäßigen weißt, wo er nicht mit Elend und Leid für die verbunden ist, die Du einst geliebt hast. Stets hast Du Dich doch im öffentlichen und privaten Leben so bewährt, daß Du Deine Charakterfestigkeit bewahren und Deiner Standhaftigkeit entsprechend handeln mußt. Denn was die Zeit von selbst mit sich bringt, die die tiefste Trauer nach und nach verblassen läßt, das müssen wir in kluger Einsicht vorwegnehmen. Wenn nie eine Mutter nach Verlust ihrer Kinder so haltlos gewesen ist, daß sie nicht doch einmal ihrer Trauer ein Maß setzte, dann müssen wir gewiß, was eines Tages doch geschehen wird, bewußt vorwegnehmen und nicht auf Heilung durch die Zeit warten, die wir durch die Vernunft herbeiführen können.

Wenn ich mit diesen Zeilen ein wenig Erfolg habe, dann glaube ich etwas Wünschbares erreicht zu haben, sollten sie weniger Eindruck machen, jedenfalls der Pflicht eines wohlgesinnten Mannes und treuen Freundes genügt zu haben. Daß ich Dir das stets gewesen bin und immer bleiben werde, davon darfst Du überzeugt sein.

(Anscheinend im Frühjahr 46)

18 (17).
M. Cicero grüßt P. Sittius, des P. Sohn.

Nicht weil ich unsre Freundschaft vergessen oder mit meiner Gewohnheit gebrochen hätte, habe ich Dir in letzter Zeit nicht geschrieben, sondern weil die früheren Zeiten in unserm und des Staates Zusammenbruch versunken sind, die späteren mich aber infolge Deines unverdienten, bitteren Mißgeschicks vom Schreiben zurückhielten. Inzwischen ist eine genügend lange Zeit verstrichen, und ich habe mir Deine Mannhaftigkeit und Seelengröße recht eindringlich vor Augen gehalten; so entspricht es, glaube ich, meinen Grundsätzen, wenn ich Dir folgendes schreibe.

Mein lieber P. Sittius! Ich bin in den ersten Zeiten, als Du in

in invidiam absens et in crimen vocabare, defendi et,
cum in tui familiarissimi iudicio ac periculo tuum
crimen coniungeretur, ut potui accuratissime te tuamque causam tutatus sum et proxime recenti adventu
meo, cum rem aliter institutam offendissem, ac mihi
placuisset, si adfuissem, tamen nulla re saluti tuae
defui; cumque eo tempore invidia annonae, inimici
non solum tui, verum etiam amicorum tuorum, ini-
quitas totius iudicii multaque alia rei p. vitia plus quam
causa ipsa veritasque valuissent, Publio tuo neque
opera neque consilio neque labore neque gratia
neque testimonio defui.

Quam ob rem omnibus officiis amicitiae diligenter 3
a me sancteque servatis ne hoc quidem praetermittendum esse duxi, te ut hortarer rogaremque, ut et hominem te et virum esse meminisses, id est, ut et communem incertumque casum, quem neque vitare quisquam nostrum nec praestare ullo pacto potest, sapienter ferres et dolori fortiter ac fortunae resisteres
cogitaresque et in nostra civitate et in ceteris, quae
rerum potitae sunt, multis fortissimis atque optimis
viris iniustis iudiciis talis casus incidisse. illud utinam
ne vere scriberem, ea te re p. carere, in qua neminem
prudentem hominem res ulla delectet!

De tuo autem filio vereor, ne, si nihil ad te scrip- 4
serim, debitum eius virtuti videar testimonium non
dedisse, sin autem omnia, quae sentio, perscripserim,
ne refricem meis litteris desiderium ac dolorem tuum.
sed tamen prudentissime facies, si illius pietatem, virtutem, industriam, ubicumque eris, tuam esse, tecum
esse duces; nec enim minus nostra sunt, quae animo
complectimur, quam quae oculis intuemur.

Deiner Abwesenheit in Mißgunst fielest und angeklagt wurdest, für Dich eingetreten, und als bei dem gefährlichen Prozeß gegen Deinen engsten Freund Vorwürfe gegen Dich mit hineingezogen wurden, habe ich so gewissenhaft wie möglich Dich und Deine Sache vertreten und es kürzlich, als ich eben zurück war und sah, daß die Sache anders verlief, als ich es zugelassen hätte, wenn ich zugegen gewesen wäre, doch an nichts für Deine Rettung fehlen lassen, und als damals der wahre Sachverhalt nicht aufkommen konnte gegen die Erbitterung über die Versorgungslage, gegen Deine und vor allem Deiner Freunde Feinde, gegen die Unbilligkeit des ganzen Gerichtsverfahrens und viele andre Mißgriffe der staatlichen Instanzen, habe ich es Deinem Publius gegenüber nicht an Rat und Tat, nicht an Bemühung, Beeinflussung und Bezeugung fehlen lassen.

So halte ich es denn nach gewissenhafter, ehrlicher Wahrung aller Freundespflichten doch auch für notwendig, Dich zu ermahnen und zu bitten, daran zu denken, daß Du ein Mensch bist und ein Mann, das heißt, Dich mit der uns allen gemeinsamen Ungewißheit des Schicksals, dem keiner von uns ausweichen und für das sich leider niemand verbürgen kann, wie ein Weiser abzufinden, tapfer gegen Dein schmerzliches Geschick anzugehen und Dir vor Augen zu halten, daß in unserm Gemeinwesen wie in allen andern, die einmal eine Rolle gespielt haben, oft genug tüchtige, anständige Männer durch ungerechte Urteilssprüche von solchen Schlägen getroffen worden sind. Ach, könnte ich mich doch selbst Lügen strafen, wenn ich Dir sage, daß Du auf das Leben in einem Staate verzichten mußt, in dem nichts einem klugen Manne mehr Freude machen kann!

Was Deinen Sohn betrifft, so könnte es, fürchte ich, wenn ich Dir nichts von ihm schreibe, so aussehen, als versagte ich seiner Tüchtigkeit das verdiente Zeugnis; schreibe ich aber alles, was ich empfinde, würde ich durch meine Worte nur Deiner Sehnsucht und Deinem Schmerz neue Nahrung geben. Jedoch tust Du klug daran, wenn Du Dir vorstellst, daß seine kindliche Liebe, seine Tüchtigkeit, sein ganzes Streben Dir gilt, wo immer Du bist, und Dir zur Seite steht; denn was wir im Geiste umspannen, ist nicht weniger unser, als was wir mit den Augen sehen.

Quam ob rem et illius eximia virtus summusque in 5
te amor magnae tibi consolationi debet esse et nos
ceterique, qui te non ex fortuna, sed ex virtute tua
pendimus semperque pendemus, et maxime animi
tui conscientia, cum tibi nihil merito accidisse repu-
tabis et illud adiunges, homines sapientis turpitudine,
non casu et delicto suo, non aliorum iniuria commoveri.

Ego et memoria nostrae veteris amicitiae et virtute
atque observantia filii tui monitus nullo loco dero
neque ad consolandam neque ad levandam fortunam
tuam.

Tu si quid ad me forte scripseris, perficiam, ne te
frustra scripsisse arbitrere.

XIX.
M. CICERO S. D. T. FADIO.

Etsi egomet, qui te consolari cupio, consolandus 1
ipse sum, propterea quod nullam rem gravius iam diu
tuli quam incommodum tuum, tamen te magno opere
non hortor solum, sed etiam pro amore nostro rogo
atque oro, te conligas virumque praebeas et, qua condicione omnes homines et quibus temporibus nos
nati simus, cogites. plus tibi virtus tua dedit quam
fortuna abstulit, propterea quod adeptus es, quod
non multi homines novi, amisisti, quae plurimi homines nobilissimi. ea denique videtur condicio impendere legum, iudiciorum, temporum, ut optime
actum cum eo videatur esse, qui quam levissima
poena ab hac re p. discesserit. tu vero, qui et fortu- 2
nas et liberos habeas et nos ceterosque necessitudine
et benevolentia tecum coniunctissimos, quomque
magnam facultatem sis habiturus nobiscum et cum
omnibus tuis vivendi, et cum unum sit iudicium ex
tam multis, quod reprendatur, ut quod una sententia

Darum muß Dir seine außergewöhnliche Tüchtigkeit, seine innige Liebe zu Dir ein starker Trost sein, dazu ich und wir alle, die wir Dich nicht nach Deinem Schicksal, sondern nach Deinem sittlichen Wert beurteilen und immer beurteilen werden, und vor allem Dein eigenes Gewissen, wenn Du bedenkst, daß nichts Dir verdientermaßen zugestoßen ist, und hinzunimmst, daß weise Männer sich nur durch Schande, nicht durch Schicksalsschläge, nur durch eigene Schuld, nicht durch fremdes Unrecht beeindrukken lassen.

Ich werde es in Erinnerung an unsre alte Freundschaft und gemahnt durch die Vortrefflichkeit Deines Sohnes und seine Ehrerbietung an keiner Stelle an mir fehlen lassen, Dich zu trösten und Dir Dein schweres Los zu erleichtern.

Wenn Du mir einmal schreibst, darfst Du sicher sein, mir nicht vergeblich geschrieben zu haben.

(Ort und Zeit unbekannt)

19 (18).
M. Cicero grüßt T. Fadius.

Zwar bedarf ich, der ich Dich trösten möchte, eigentlich selbst des Trostes, weil mich seit langem nichts so schwer getroffen hat wie Dein Malheur, möchte Dich aber doch eindringlich ermahnen, ja, im Namen unsrer Liebe herzlich bitten: fasse Dich, zeig' Dich als Mann und halte Dir vor Augen, unter welchen Bedingungen alle Menschen und in was für Zeiten wir geboren sind! Deine Tüchtigkeit hat Dir mehr gegeben, als das Schicksal Dir entrissen hat, denn Du hast erreicht, was nur wenige Neulinge erreichen, und verloren, was viele hochadelige Männer verloren haben. Überdies drohen Gesetzgebung, Rechtspflege und politische Verhältnisse sich so zu gestalten, daß derjenige gut dran zu sein scheint, der mit einer ganz leichten Strafe diesem „Staat" den Rücken kehrt. Du behältst doch Dein Hab und Gut und Deine Kinder, hast mich und all die andern, die Dir in herzlicher Freundschaft verbunden sind, hast die besten Aussichten, demnächst wieder mit uns und Deinen Kindern vereint zu leben, und unter den zahlreichen ergangenen Urteilen ist Deins das einzige, das angefochten wird, weil es, wie man glaubt, auf Grund einer einzigen, noch dazu

eaque dubia potentiae alicuius condonatum existimetur, omnibus his de causis debes istam molestiam
quam lenissime ferre.

Meus animus erit in te liberosque tuos semper,
quem tu esse vis et qui esse debet.

XX.
CICERO RVFO.

Quoquo modo potuissem, te convenissem, si eo, 1
quo constitueras, venire voluisses. quare, etsi mei
commodi causa commovere me noluisti, tamen ita
existimes velim, me antelaturum fuisse, si ad me misisses, voluntatem tuam commodo meo.

Ad ea, quae scripsisti, commodius equidem possem
de singulis ad te rebus scribere, si M. Tullius, scriba
meus, adesset. a quo mihi exploratum est in rationibus
dumtaxat referendis – de ceteris rebus adfirmare non
possum – nihil eum fecisse scientem, quod esset contra
aut rem aut existimationem tuam; dein, si rationum
referendarum ius vetus et mos antiquus maneret, me
relaturum rationes, nisi tecum pro coniunctione
nostrae necessitudinis contulissem confecissemque,
non fuisse. quod igitur fecissem ad urbem, si consue- 2
tudo pristina maneret, id, quoniam lege Iulia relinquere rationes in provincia necesse erat easdemque
totidem verbis referre ad aerarium, feci in provincia,
neque ita feci, ut te ad meum arbitrium adducerem,
sed tribui tibi tantum, quantum me tribuisse numquam me paenitebit. totum enim scribam meum,
quem tibi video nunc esse suspectum, tibi tradidi. tu
ei M. Mindium, fratrem tuum, adiunxisti. rationes
confectae me absente sunt tecum; ad quas ego nihil
adhibui praeter lectionem. ita accepi librum a meo ser-

zweifelhaften Äußerung einem Machthaber zuliebe ergangen ist. Aus all diesen Gründen mußt Du Dein Mißgeschick so leicht wie möglich nehmen.

Mein Verhältnis zu Dir und Deinen Kindern bleibt immer, wie Du es Dir wünschst und wie es nicht anders sein kann.

(Rom, Mitte März [II.] 52)

20.
Cicero an Rufus.

Ich hätte alles daran gesetzt, Dich anzutreffen, wenn Du Dich an dem beabsichtigten Orte hättest einfinden wollen. Gewiß hast Du mir nur die Unbequemlichkeit der Reise ersparen wollen, darfst es mir aber schon glauben: wenn Du mir Nachricht gegeben hättest, hätte ich meine Bequemlichkeit hinter Deinem Wunsche zurückstehen lassen.

Dir auf Dein Schreiben Punkt für Punkt zu antworten, wäre einfacher für mich, wenn ich meinen Sekretär M. Tullius zur Hand hätte. Ich bin überzeugt, daß er wenigstens bei der Abrechnung – für alles andre kann ich mich nicht verbürgen – wissentlich nichts getan hat, was Deine Interessen oder Deinen Ruf hätte schädigen können. Wenn im übrigen bezüglich der Rechnungsablegung noch das alte Recht und der frühere Brauch in Geltung wären, hätte ich niemals die Abrechnung vollzogen, ohne sie mit Dir zusammen durchzugehen und abzuschließen, wie es unsern engen Beziehungen entsprach. Was ich also, wenn die frühere Übung noch bestände, vor der Hauptstadt getan hätte, das habe ich jetzt, weil man ja nach der Lex Iulia die Abrechnung in der Provinz hinterlegen und eine wortgetreue Zweitschrift an das Ärar abliefern muß, in der Provinz getan, und nicht in der Weise, daß Du an meine Entscheidung gebunden warst, sondern ich habe Dir freie Hand gelassen und werde es nie bereuen, es getan zu haben. Ich habe Dir meinen Sekretär, der Dir, wie ich sehe, jetzt verdächtig erscheint, ganz zur Verfügung gestellt. Du hast ihm Deinen Vetter M. Mindius beigegeben. Die Abrechnung wurde ohne mein Dabeisein in Deiner Gegenwart abgeschlossen, Ich bin nur insofern daran beteiligt gewesen, als ich sie gelesen habe. Mein Sklave hat mir das Schriftstück überreicht, und damit habe ich es sozusagen

vo, ut eundem acceperim a fratre tuo. si honos is fuit,
maiorem tibi habere non potui, si fides, maiorem tibi
habui quam paene ipsi mihi; si providendum fuit, ne
quid aliter, ac tibi et honestum et utile esset, referretur,
non habui, cui potius id negotii darem, quam cui
dedi. illud quidem certe factum est, quod lex iubebat,
ut apud duas civitates, Laodicensem et Apamensem,
quae nobis maxime videbantur, quoniam ita necesse
erat, rationes confectas conlatas deponeremus. itaque
huic loco primum respondeo me, quamquam iustis
de causis rationes deferre properarim, tamen te exspectaturum fuisse, nisi in provincia relictas rationes
pro relatis haberem, quam ob rem * * *

De Volusio quod scribis, non est id rationum; do- 3
cuerunt enim me periti homines, in his cum omnium
peritissimus tum mihi amicissimus, C. Camillus, ad
Volusium traferri nomen a Valerio non potuisse,
praedes Valerianos teneri – neque id erat HS $\boxed{XXX}$,
ut scribis, sed HS $\boxed{XIX}$ – erat enim curata nobis pecunia Valeri mancipis nomine; ex qua reliquum quod
erat, in rationibus rettuli. sed sic me et liberalitatis 4
fructu privas et diligentiae et, quod minime tamen
laboro, mediocris etiam prudentiae: liberalitatis, quod
mavis scribae mei beneficio quam meo legatum meum
praefectumque Q. Leptam maxima calamitate levatos,
cum praesertim non deberent esse obligati; diligentiae, quod existimas de tanto officio meo, tanto etiam
periculo nec scisse me quicquam nec cogitavisse,
scribam, quicquid voluisset, cum id mihi ne recitavis-
set quidem, rettulisse; prudentiae, † cum rem a me non
insipienter excogitatam quidem putas. nam et Volusi
liberandi meum fuit consilium, et, ut multa tam gra-

unmittelbar von Deinem Vetter erhalten. Wenn Du darin eine Ehre sehen willst, dann hätte ich Dir keine größere erweisen können, wenn einen Vertrauensbeweis, dann habe ich Dir beinahe mehr Vertrauen geschenkt als mir selbst; galt es zu verhüten, daß in der Abrechnung etwas anders erschien, als es für Dich ehrenvoll und vorteilhaft gewesen wäre, so hätte ich niemanden eher damit betrauen können als den, den ich damit betraut habe. Jedenfalls ist geschehen, was das Gesetz vorschrieb: wir haben, wie erforderlich, in zwei Gemeinden, die uns dafür besonders geeignet erschienen, in Laodicea und Apamea, die Abrechnungen fix und fertig deponiert. Darum antworte ich auf diesen Punkt erstens, daß ich, obwohl ich es aus plausiblen Gründen mit der Einreichung der Abrechnung eilig hatte, doch auf Dich gewartet hätte, wenn ich nicht die in der Provinz hinterlassene als endgültig betrachtet hätte. Deshalb . . .

Was Volusius angeht, so hat das mit der Abrechnung nichts zu tun. Rechtskundige Männer, unter ihnen der gewiegteste von allen, der mir eng befreundete C. Camillus, haben mir nämlich auseinandergesetzt, daß der Schuldposten nicht von Valerius auf Volusius hätte übertragen werden können und die Bürgen des Valerius haftbar sind. (Übrigens handelt es sich nicht um 3 Millionen Sestertien, wie Du schreibst, sondern um 1.900.000). Denn das Geld war uns namens des Valerius als Unternehmer überwiesen worden. Was am Gesamtbetrage fehlte, habe ich in der Abrechnung angeführt. Aber mit Deinen Einwendungen nimmst Du mir den Nimbus der Freigebigkeit, der Gewissenhaftigkeit und sogar, worauf ich freilich am wenigsten Wert lege, den einer halbwegs annehmbaren Klugheit: den der Freigebigkeit, sofern Du meinen Legaten und meinen Adjutanten Q. Lepta lieber durch meines Sekretärs als durch mein Entgegenkommen aus ihrer unangenehmen Lage befreit sehen möchtest, zumal sie gar nicht haftbar gemacht werden durften; den der Gewissenhaftigkeit, sofern Du meinst, ich sei mir meiner schweren Verantwortung, des großen Risikos überhaupt nicht bewußt gewesen, mein Sekretär habe in die Abrechnung gesetzt, was ihm paßte, ohne mich überhaupt davon in Kenntnis zu setzen; den der Klugheit, sofern Du glaubst, ich hätte mir gar nicht überlegt, was ich mit der an sich nicht dumm

vis Valerianis praedibus ipsique T. Mario depelleretur,
a me inita ratio est; quam quidem omnes non solum
probant, sed etiam laudant, et, si verum scire vis, hoc
uni scribae meo intellexi non nimium placere. sed
ego putavi esse viri boni, cum populus suum servaret,
consulere fortunis tot vel amicorum vel civium.

Nam de Lucceio est ita actum, ut auctore Cn. Pom- 5
peio ista pecunia in fano poneretur. id ego agnovi
meo iussu esse factum. qua pecunia Pompeius est
usus ut ea, quam tu deposueras, Sestius. sed haec ad te
nihil intellego pertinere; illud me non animadvertisse
moleste ferrem, ut ascriberem te in fano pecuniam
iussu meo deposuisse, nisi ista pecunia gravissimis
esset certissimisque monumentis testata, cui data, quo
senatus consulto, quibus tuis, quibus meis litteris P.
Sestio tradita esset. quae cum viderem tot vestigiis
impressa, ut in iis errari non posset, non ascripsi id,
quod tua nihil referebat; ego tamen ascripsisse mallem,
quoniam id te video desiderare. sicut scribis tibi id 6
esse referendum, idem ipse sentio, neque in eo quicquam a meis rationibus discrepabunt tuae; addes
enim tu „meo iussu“, quod ego, qui non addidi, nec
causa est, cur negem, nec, si causa esset et tu nolles,
negarem.

Nam de sestertiis nongentis milibus certe ita relatum est, ut tu sive frater tuus referri voluit. sed, si
quid est, quoniam de † logeo parum provisum est,
quod ego in rationibus referendis etiam nunc corrigere possim, de eo mihi, quoniam senatus consulto
non sum usus, quid per leges liceat, considerandum

eingefädelten Sache anrichtete. Denn es war meine Absicht, Volusius aus der Verlegenheit zu helfen, und ich suchte nach einem Ausweg, um den Bürgen des Valerius und auch T. Marius die schwere Einbuße zu ersparen. Alle halten das für recht und billig, ja, loben es geradezu, und wenn Du die Wahrheit hören willst: einzig mein Sekretär ist davon offensichtlich nicht allzu begeistert. Aber ich hielt es für die Pflicht eines anständigen Menschen, wenn die Allgemeinheit dadurch nicht geschädigt würde, den vielen Freunden oder Mitbürgern zur Erhaltung ihres Vermögens zu verhelfen.

Mit Lucceius steht die Sache nämlich so, daß jene Geldsumme auf Veranlassung des Cn. Pompeius in dem Heiligtum deponiert worden ist; ich erkenne an, daß es auf meinen Befehl geschehen ist. Dies Geld hat Pompeius verwendet, wie Sestius das von Dir deponierte. Aber ich sehe ein, daß Dir das einerlei sein kann. Ich würde bedauern, nicht hinzugesetzt zu haben, daß Du jene Geldsumme auf meine Anordnung hin in dem Heiligtum deponiert habest, wenn nicht für sie ganz sichere, beweiskräftige Belege vorlägen, wem sie ausgehändigt, auf welchen Senatsbeschluß und welche schriftlichen Anweisungen von Deiner und meiner Hand hin sie P. Sestius übergeben worden ist. Da ich sah, daß dies alles so gut beurkundet war, daß ein Irrtum ausgeschlossen erschien, habe ich den Passus nicht hinzugefügt, der für Dich ohne Bedeutung war. Aber wo ich nun sehe, daß Du ihn vermißt, bedaure ich doch, es nicht getan zu haben. Du sagst, Du müssest das vermerken; ich habe selbst das Gefühl, daß es notwendig ist, und so wird Deine Abrechnung in diesem Punkte nicht von der meinigen abweichen. Füge also „in meinem Auftrage" ein; ich habe es nicht hinzugesetzt, sehe aber keinen Grund, warum ich es verweigern sollte, und würde es auch nicht verweigern, wenn ich einen Grund hätte, Du aber darauf beständest.

Die 900.000 Sestertien sind jedenfalls so aufgeführt worden, wie Du oder Dein Vetter sie aufgeführt wissen wollte. Aber wenn sich etwas findet – für das ... haben wir ja zu wenig eingesetzt–, was ich in meiner Abrechnung vielleicht jetzt noch richtigstellen könnte, dann wäre zu bedenken, was gesetzmäßig erlaubt ist, da ich ja von dem Senatsbeschluß keinen Gebrauch gemacht habe. Jedenfalls wäre

est. te certe in † pecuniae exactae ita efferri ex meis
rationibus relatis non oportuit, nisi quid me fallit;
sunt enim alii peritiores. illud cave dubites, quin ego
omnia faciam, quae interesse tua aut etiam velle te
existimem, si ullo modo facere possim.

Quod scribis de beneficiis, scito a me et tribunos 7
militaris et praefectos et contubernalis dumtaxat meos
delatos esse. in quo quidem me ratio fefellit; liberum
enim mihi tempus ad eos deferendos existimabam
dari, postea certior sum factus triginta diebus deferri
necesse esse, quibus rationes rettulissem. sane moleste
tuli non illa beneficia tuae potius ambitioni reservata
esse quam meae, qui ambitione nihil uterer. de cen-
turionibus tamen et de tribunorum militarium con-
tubernalibus res est in integro; genus enim horum
beneficiorum definitum lege non erat.

Reliquum est de sestertiis centum milibus, de qui- 8
bus memini mihi a te Myrina litteras esse adlatas, non
mei errati, sed tui; in quo peccatum videbatur esse, si
modo erat, fratris tui et Tulli. sed cum id corrigi non
posset, quod iam depositis rationibus ex provincia
decessimus, credo me quidem tibi pro animi mei voluntate proque ea spe facultatum, quam tum habebamus, quam humanissime potuerim, rescripsisse;
sed neque tum me humanitate litterarum mearum
obligatum puto neque me tuam hodie epistulam de
HS $\overline{C}$ sic accepisse, ut ii accipiunt, quibus epistulae per
haec tempora molestae sunt. simul illud cogitare 9
debes, me omnem pecuniam, quae ad me salvis legibus pervenisset, Ephesi apud publicanos deposuisse;
id fuisse HS $\boxed{\text{XXII}}$; eam omnem pecuniam Pompeium
abstulisse. quod ego sive aequo animo sive iniquo
fero, tu de HS $\overline{C}$ aequo animo ferre debes et existimare eo minus ad te vel de tuis cibariis vel de mea

es nicht nötig gewesen, daß Du Dich ... auf Grund meiner Abrechnung so aufregtest. Vielleicht irre ich mich; andere sind ja erfahrener in diesen Dingen. Daran aber darfst Du nicht zweifeln, daß ich, wenn ich irgend kann, alles tue, was meiner Meinung nach in Deinem Interesse liegt oder Deinen Wünschen entspricht.

Was Deine Bemerkung über die Benefizien angeht, so sind von mir die Militärtribunen und Präfekten und jedenfalls mein persönliches Gefolge angeführt. Dabei habe ich mich allerdings verkalkuliert: ich glaubte, es sei in mein Belieben gestellt, wann ich die Namen aufgeben wollte; erst hinterher habe ich erfahren, daß sie innerhalb von dreißig Tagen nach Einlieferung der Abrechnung aufgegeben werden müssen. Ich habe außerordentlich bedauert, daß diese Benefizien weniger Dir in Deiner Karriere zugute kommen als mir, der ich keine Ambitionen mehr habe. Immerhin haben wir bei den Zenturionen und dem Gefolge der Militärtribunen noch freie Hand, denn über diese Sparte der Benefizien steht in dem Gesetz nichts Bestimmtes.

Nun noch ein Wort über die 100.000 Sestertien. Wie ich mich entsinne, hast Du mir aus Myrina geschrieben, nicht ich hätte mich geirrt, sondern Du. Der Fehler scheint hier, wenn überhaupt einer vorliegt, bei Deinem Vetter und Tullius zu liegen. Daran ist freilich nichts mehr zu ändern, weil ich die Provinz verlassen habe, nachdem die Abrechnungen bereits deponiert waren. Aber ich glaube doch, Dir entsprechend meinem eigenen Wunsche und meiner damaligen Aussicht auf die nötigen Mittel so entgegenkommend wie möglich geantwortet zu haben. Daß ich mit dem entgegenkommenden Ton meines damaligen Briefes eine Verpflichtung eingegangen sei, ist freilich nicht meine Meinung, und auch heute beim Empfang Deines Briefes wegen der 100.000 Sestertien glaube ich nicht das Gefühl gehabt zu haben, das diejenigen überkommt, denen heutzutage jeder Brief ein Greuel ist. Im übrigen mußt Du bedenken, daß ich das ganze Geld, das mir rechtmäßig zugefallen wäre, in Ephesus bei den Steuerpächtern deponiert habe – es waren 2.200.000 Sestertien –, und daß Pompeius diese ganze Summe beschlagnahmt hat. Ob ich mich darüber ärgere oder nicht – Du mußt über die 100.000 Sestertien hinwegkommen und Dich damit abfinden, daß soviel weniger von Deinen Deputaten bzw. den Dir

liberalitate pervenisse. quod si mihi expensa ista
HS $\overline{C}$ tulisses, tamen, quae tua est suavitas quique in
me amor, nolles a me hoc tempore aestimationem accipere; nam, numeratum si cuperem, non erat.

Sed haec iocatum me putato, ut ego te existimo.
ego tamen, cum Tullius rure redierit, mittam eum ad
te, si quid ad rem putabis pertinere.

Hanc epistulam cur conscindi velim causa nulla est.

XXI.
CICERO RVFO.

Etsi mihi numquam dubium fuit, quin tibi essem 1
carissimus, tamen cotidie magis id perspicio, exstat-
que id, quod mihi ostenderas quibusdam litteris, hoc
te studiosiorem in me colendo fore quam in provincia
fuisses – etsi meo iudicio nihil ad tuum provinciale
officium addi potest –, quo liberius iudicium esse posset tuum. itaque me et superiores litterae tuae admodum delectaverunt, quibus et exspectatum meum
adventum abs te amanter videbam et, cum aliter res
cecidisset ac putasses, te meo consilio magno opere
esse laetatum, et ex his proximis litteris magnum cepi
fructum et iudicii et officii tui, iudicii, quod intellego
te, id quod omnes fortes ac boni viri facere debent,
nihil putare utile esse, nisi quod rectum honestumque
sit, officii, quod te mecum, quodcumque cepissem
consilii, polliceris fore; quo neque mihi gratius neque,
ut ego arbitror, tibi honestius esse quicquam potest.

Mihi consilium captum iam diu est; de quo ad te, 2

von mir zugedachten Remunerationen in Deine Tasche gelangt ist. Und wenn Du diese 100.000 Sestertien als bereits von mir erhalten gebucht hättest, würdest Du doch, lieb und nett wie Du zu mir bist, im Augenblick keine Bezahlung durch abgeschätzte Güter von mir annehmen wollen; denn wollte ich in bar zahlen – unmöglich!

Aber nimm das als einen Scherz, wie ich annehme, daß auch Du es nicht ernst meinst. Immerhin, sobald Tullius vom Lande zurück ist, werde ich ihn Dir schicken, wenn Du glaubst, daß der Sache damit gedient ist.

Warum ich wünschen sollte, daß dieser Brief zerissen wird, sehe ich nicht ein.

(Vor Rom, bald nach dem 4. Januar 49 [17. XI. 50])

21 (19).
Cicero an Rufus.

Zwar bin ich nie im Zweifel darüber gewesen, daß Du sehr viel von mir hältst, aber von Tag zu Tag kommt es mir mehr zu Bewußtsein, und es stellt sich heraus, was Du mir mehrfach in Deinen Briefen angedeutet hast, daß Du um so beflissener sein würdest, mir Deine Anhänglichkeit zu beweisen, als Du es schon in der Provinz gewesen seiest – obwohl nach meinem Gefühl Deine Beflissenheit, wie Du sie in der Provinzialverwaltung bewiesen hast, sich gar nicht mehr steigern läßt –, je unabhängiger Du in Deinem Urteil sein könntest. Somit hat mich schon Dein früheres Schreiben überaus angenehm berührt, aus dem ich ersah, daß Du meine Heimkehr herzlich herbeigesehnt, und als es anders kam, als Du erwartet hattest, meinen Entschluß freudig begrüßt habest. Aus Deinem jüngsten Briefe erwächst mir ein Gefühl hoher Befriedigung hinsichtlich Deines gesunden Urteils und Deiner Dienstfertigkeit: Deines Urteils, sofern ich sehe, daß Du, wie es sich für alle tüchtigen, anständigen Männer gehört, nichts für nützlich hältst, was nicht auch rechtschaffen und ehrenhaft ist; Deiner Dienstfertigkeit, sofern Du mir versprichst, mir zur Seite zu stehen bei jedem Entschluß, den ich etwa fassen könnte, was mir überaus willkommen und für Dich, meine ich, überaus ehrenvoll ist.

Mein Entschluß steht seit langem fest, und ich habe Dir bisher

non quo celandus esses, nihil scripsi antea, sed quia
communicatio consilii tali tempore quasi quaedam
admonitio videtur esse officii vel potius efflagitatio
ad coeundam societatem vel periculi vel laboris. cum
vero ea tua sit voluntas, humanitas, benevolentia
erga me, libenter amplector talem animum, sed ita –
non enim dimittam pudorem in rogando meum –: si
feceris id, quod ostendis, magnam habebo gratiam,
si non feceris, ignoscam et alterum timori, alterum
mihi te negare non potuisse arbitrabor. est enim res
profecto maxima. quid rectum sit, apparet, quid expediat, obscurum est, ita tamen, ut, si nos ii sumus,
qui esse debemus, id est studio digni ac litteris nostris,
dubitare non possimus, quin ea maxime conducant,
quae sunt rectissima. quare tu, si simul placebit, statim ad me venies; sin idem placebit atque eodem, nec
continuo poterit, omnia tibi ut nota sint faciam.
quicquid statueris, te mihi amicum, sin id, quod opto,
etiam amicissimum iudicabo.

XXII.
M. CICERO S. D. L. MESCINIO.

Gratae mihi tuae litterae fuerunt; ex quibus intel- 1
lexi, quod etiam sine litteris arbitrabar, te summa cupiditate adfectum esse videndi mei. quod ego ita
lubenter accipio, ut tamen tibi non concedam; nam
tecum esse, ita mihi commoda omnia, quae opto,
contingant, ut vementer velim! etenim, cum esset
maior et virorum et civium bonorum et iucundorum

nicht etwa deswegen nichts davon geschrieben, weil ich meinte,
Dich in Unklarheit lassen zu sollen, sondern weil die Mitteilung
eines Entschlusses unter den jetzigen Umständen gleichsam als eine
Art Appell an das Pflichtgefühl erscheint oder vielleicht gar als
kategorische Aufforderung, ein Bündnis für alle Mühen oder
Gefahren einzugehen. Aber wo ich nun sehe, wie dienstwillig,
liebenswürdig und wohlwollend Du mir gegenüberstehst, heiße
ich diese Deine Gesinnung von Herzen willkommen, jedoch mit
einer Einschränkung, denn ich möchte bei meiner Bitte nicht alle
Zurückhaltung außer acht lassen: wenn Du das tust, was Du mir
in Aussicht stellst, werde ich Dir von Herzen dankbar sein, wenn
nicht, nehme ich es Dir nicht übel; in dem einen Falle sage ich mir,
daß Du Dich durch die Angst hast bestimmen lassen, in dem andern, daß Du Dich mir nicht hast versagen wollen. Denn es geht
in der Tat ums Ganze. Was das Rechte ist, ist klar, was praktisch,
dunkel; indessen, wenn wir uns als das erweisen, was zu sein wir
moralisch verpflichtet sind, das heißt: würdig unsrer philosophischen Bildung, dann gibt es keinen Zweifel, daß das Rechtschaf-
fenste auch das Nutzbringendste ist. Wenn Du also wünschst,
mit mir zusammenzugehen, komm gleich zu mir: bist Du an sich
und mit dem Ziel einverstanden, geht es aber nicht sofort, dann
werde ich dafür sorgen, daß Du dauernd auf dem laufenden bist.
Wie Du Dich auch entscheiden magst, ich betrachte Dich als
meinen Freund, und sogar als meinen besten Freund, wenn Du
Dich für das entscheidest, was meinen Wünschen entspricht.

(Cumae, um den 28. April [8. III.] 49)

22 (21).
M. Cicero grüßt L. Mescinius.

Dein Brief hat mich sehr erfreut. Ich ersehe aus ihm, was ich mir
ohnehin dachte, daß Du dringend wünschst, mich zu sehen. Das
höre ich gern, doch gebe ich Dir in diesem Wunsche nichts nach,
denn so wahr mir alle guten Wünsche in Erfüllung gehen mögen,
wie sehne ich mich danach, mit Dir zusammenzusein! Zwar gibt
es hier eine ganze Reihe von Männern, guten Staatsbürgern, angenehmen Leuten, die mir zugetan sind, aber niemanden, mit dem
ich lieber zusammenwäre als mit Dir, und nur wenige, mit denen

hominum et amantium mei copia, tamen erat nemo,
quicum essem libentius quam tecum, et pauci, quibuscum essem aeque libenter; hoc vero tempore, cum
alii interierint, alii absint, alii mutati voluntate sint,
unum medius fidius tecum diem libentius posuerim
quam hoc omne tempus cum plerisque eorum, quibuscum vivo necessario. noli enim existimare mihi
non solitudinem iucundiorem esse, qua tamen ipsa
uti non licet, quam sermones eorum, qui frequentant
domum meam, excepto uno aut summum altero.
itaque utor eodem perfugio, quo tibi utendum censeo, 2
litterulis nostris, praeterea conscientia etiam consiliorum meorum. ego enim is sum, quem ad modum tu
facillime potes existimare, qui nihil umquam mea
potius quam meorum civium causa fecerim. cui nisi
invidisset is, quem tu numquam amasti – me enim
amabas –, et ipse beatus esset et omnes boni. ego sum,
qui nullius vim plus valere volui quam honestum
otium idemque, cum illa ipsa arma, quae semper timueram, plus posse sensi quam illum consensum bonorum, quem ego idem effeceram, quavis tuta condicione pacem accipere malui quam viribus cum valen-
tiore pugnare. sed et haec et multa alia coram brevi
tempore licebit.

Neque me tamen ulla res alia Romae tenet nisi ex- 3
spectatio rerum Africanarum; videtur enim mihi res
in propinquum adducta discrimen. puto autem mea
non nihil interesse, quamquam id ipsum, quid intersit,
non sane intellego, verum tamen, quicquid illinc nuntiatum sit, non longe abesse a consiliis amicorum. est
enim res iam in eum locum adducta, ut, quamquam
multum intersit inter eorum causas, qui dimicant,
tamen inter victorias non multum interfuturum putem.
Sed plane animus, qui dubiis rebus forsitan fuerit
infirmior, desperatis confirmatus est multum; quem
etiam tuae superiores litterae confirmarunt, quibus

ich ebenso gern zusammenwäre; und vollends unter den jetzigen Umständen, wo die einen ums Leben gekommen sind, andre in der Ferne weilen, wieder andre ihre Gesinnung geändert haben, verbringe ich weiß Gott lieber einen einzigen Tag mit Dir als alle Tage mit den meisten von denen, mit denen ich notgedrungen zusammenlebe. Du darfst es mir wirklich glauben, die Einsamkeit, deren Genuß mir freilich gerade versagt ist, ist mir viel lieber, als die Unterhaltung mit denen, die mein Haus überlaufen, einen ausgenommen oder höchstens zwei. Daher bediene ich mich eines Zufluchtsortes, dessen auch Du Dich bedienen solltest: ich verschanze mich hinter meiner Schriftstellerei, dazu auch hinter dem guten Gewissen meiner Grundsätze. Denn ich bin ein Mann – Du kannst das am besten bestätigen –, der bei allem, was er getan hat, stets mehr an seine Mitbürger als an sich dachte. Und wäre derjenige, den Du nie geschätzt hast, weil Du mir zugetan warest, mir nicht mißgünstig gewesen, dann wäre er selbst jetzt glücklich und mit ihm alle Patrioten. Ich bin es, der dafür eintrat, daß ein ehrenvoller Friedenszustand besser sei als jedwede Gewalt, und ebenso hätte ich, als ich merkte, daß gerade jene Kampfmethoden, die ich immer gefürchtet hatte, stärker seien als das Einvernehmen der Guten, das wiederum ich zustande gebracht hatte, eine gütliche Beilegung des Konflikts unter jeder annehmbaren Bedingung dem Kampf gegen den Stärkeren mit gewaltsamen Mitteln vorgezogen. Doch darüber und über vieles andre werden wir uns ja demnächst mündlich unterhalten können.

Freilich hält mich einzig die Spannung auf die Ereignisse in Afrika noch in Rom fest. Anscheinend steht die Entscheidung nahe bevor. Ich glaube, obwohl ich wirklich nicht recht weiß, warum eigentlich, aber immerhin, ich glaube, es ist für mich nicht ganz unwichtig, den Rat guter Freunde in der Nähe zu wissen, mögen die Nachrichten von dort lauten, wie sie wollen. Denn so weit sind wir ja glücklich: mögen auch die Ziele der kämpfenden Parteien grundverschieden sein, zwischen ihren Siegen wird, fürchte ich, doch kein großer Unterschied bestehen.

Wenn mein Mut, solange die Dinge noch in der Schwebe waren, vielleicht nicht der stärkste war, so ist er mir jetzt, wo es verzweifelt steht, sehr gewachsen, und dazu hat auch Dein letzter Brief bei-

intellexi, quam fortiter iniuriam ferres; iuvitque me
tibi cum summam humanitatem tum etiam tuas litteras profuisse. verum enim scribam: teneriore mihi
animo videbare sicut omnes fere, qui vita ingenua in
beata civitate et in libera viximus. sed ut illa secunda 4
moderate tulimus, sic hanc non solum adversam sed
funditus eversam fortunam fortiter ferre debemus,
ut hoc saltem in maximis malis boni consequamur, ut
mortem, quam etiam beati contemnere debebamus,
propterea quod nullum sensum esset habitura, nunc
sic adfecti non modo contemnere debeamus sed etiam
optare.

Tu, si me diligis, fruere isto otio tibique persuade 5
praeter culpam ac peccatum, qua semper caruisti et
carebis, homini accidere nihil posse, quod sit horribile
aut pertimescendum. ego, si videbitur recte fieri posse,
ad te veniam brevi; si quid acciderit, ut mutandum
consilium sit, te certiorem faciam statim. tu ita fac
cupidus mei videndi sis, ut istinc te ne moveas tam
infirma valetudine, nisi ex me prius quaesieris per litteras, quid te velim facere.

Me velim, ut facis, diligas valetudinique tuae et
tranquillitati animi servias.

getragen, aus dem ich ersehe, wie tapfer Du alle Unbill trägst, und es freut mich, daß Deine hohe Bildung und Deine Wissenschaft sich Dir so nützlich erwiesen haben. Denn um die Wahrheit zu sagen: Du erschienest mir ein wenig zu weich, wie fast wir alle, die wir in einem glücklichen, freien Gemeinwesen ein gehobenes geistiges Leben lebten. Aber wie wir damals die glücklichen Zeiten mit Maßen genossen haben, so müssen wir jetzt die Störung, ja völlige Vernichtung des Glücks mutig auf uns nehmen, um uns in diesem Hundeelend wenigstens darüber klar zu werden, daß wir den Tod, den wir auch im Glück verachten mußten, weil mit ihm alles Fühlen erlischt, jetzt, wo wir so tief im Unglück sitzen, nicht nur verachten, sondern geradezu wünschen müssen.

Genieße nur – das ist mein Wunsch – Deine Muße und sei Dir bewußt, daß außer Schuld und Sünde, wovon Du Dich immer frei gehalten hast und halten wirst, dem Menschen nichts Schreckliches und Furchtbares zustoßen kann. Ich werde Dich, wenn es sich einrichten läßt, demnächst besuchen; kommt etwas dazwischen, so daß ich mich anders entschließen muß, gebe ich Dir sofort Nachricht. Und Du zügle Dein Verlangen, mich zu sehen, und bleib, wo Du bist – das bist Du Deiner schwankenden Gesundheit schuldig –; allenfalls frage vorher brieflich bei mir an, wie Du Dich verhalten sollst.

Behalt mich lieb und lebe Deiner Gesundheit und Deiner Gemütsruhe!

(Rom, etwa erste Hälfte April [II.] 46)

LIBER SEXTVS

I.
M. CICERO S. D. A. TORQVATO.

Etsi ea perturbatio est omnium rerum, ut suae 1
quemque fortunae maxime paeniteat nemoque sit,
quin ubivis quam ibi, ubi est, esse malit, tamen mihi
dubium non est, quin hoc tempore bono viro Romae
esse miserrimum sit. nam etsi, quocumque in loco
quisquis est, idem est ei sensus et eadem acerbitas ex
interitu rerum et publicarum et suarum, tamen oculi
augent dolorem, qui ea, quae ceteri audiunt, intueri
cogunt nec avertere a miseriis cogitationem sinunt.
quare, etsi multarum rerum desiderio te angi necesse
est, tamen illo dolore, quo maxime te confici audio,
quod Romae non sis, animum tuum libera. etsi enim
cum magna molestia tuos tuaque desideras, tamen
illa quidem, quae requiris, suum statum tenent nec
melius, si tu adesses, tenerent nec sunt ullo in proprio periculo; nec debes tu, cum de tuis cogitas, aut
praecipuam aliquam fortunam postulare aut communem recusare.

De te autem ipso, Torquate, est tuum sic agitare 2
animo, ut non adhibeas in consilium cogitationum
tuarum desperationem aut timorem. nec enim is, qui
in te adhuc iniustior, quam tua dignitas postulabat,
fuit, non magna signa dedit animi erga te mitigati,
nec tamen is ipse, a quo salus petitur, habet explicatam
aut exploratam rationem salutis suae; cumque omnium bellorum exitus incerti sint, ab altera victoria
tibi periculum nullum esse perspicio, quod quidem

SECHSTES BUCH

1.

M. Cicero grüßt A. Torquatus.

Gewiß, die ganze Welt steht auf dem Kopfe; jedermann ist vor allem mit seinem persönlichen Geschick unzufrieden und möchte lieber wer weiß wo sein als gerade da, wo er sich befindet, aber zweifellos fühlt sich ein anständiger Mensch heutzutage in Rom am unglücklichsten. Zwar ist es schließlich einerlei, wo man sich aufhält, überall empfindet man die gleiche Erbitterung über den staatlichen und persönlichen Ruin. Aber die Augen steigern doch die Empörung; sie nötigen uns, mitanzusehen, was alle andern nur mit den Ohren vernehmen, und lassen die Gedanken nicht von dem Elend loskommen. Wenn Dir also die Sehnsucht nach vielerlei Dingen natürlich das Herz schwer macht, so mach' Dich doch jedenfalls von dem Schmerz frei, der Dich, wie ich höre, vor allem quält: daß Du nicht in Rom bist. Freilich macht es Dir großen Kummer, von Deinen Lieben, Deinem Hab und Gut getrennt zu sein; aber alles, wonach Du verlangst, befindet sich in seinem alten Zustande, würde, wenn Du hier wärest, auch nicht besser dran sein, ist auch nicht außergewöhnlich bedroht, und bei dem Gedanken an Deine Lieben darfst Du weder ein Sonderschicksal beanspruchen, noch Dich gegen das allgemeine sträuben.

Was Dich persönlich betrifft, lieber Torquatus, so mußt Du Deine Auffassung berichtigen und darfst Dich bei Deinen Überlegungen nicht von Furcht und Verzweiflung beraten lassen. Denn ER, der Dir bisher nicht so gerecht geworden ist, wie ein Mann Deines Ranges es beanspruchen durfte, hat doch schon deutliche Anzeichen von Versöhnlichkeit Dir gegenüber sehen lassen; überdies hat er selbst, von dem wir das Heil erwarten, doch noch keine völlig klare Vorstellung, wie es um sein eigenes Heil bestellt sein wird, und da im Kriege der Ausgang immer ungewiß ist, droht Dir vom Siege der einen Seite gewiß keine Gefahr, die nicht zugleich auch für uns alle den Untergang bedeuten würde, und daß Du von

seiunctum sit ab omnium interitu, ab altera te ipsum numquam timuisse certo scio.

Reliquum est, ut te id ipsum, quod ego quasi con- 3 solationis loco pono, maxime excruciet, commune periculum rei publicae. cuius tanti mali, quamvis docti viri multa dicant, tamen vereor ne consolatio nulla possit vera reperiri praeter illam, quae tanta est, quantum in cuiusque animo roboris est atque nervorum. si enim bene sentire recteque facere satis est ad bene beateque vivendum, vereor, ne eum, qui se optimorum consiliorum conscientia sustentare possit, miserum esse nefas sit dicere. nec enim nos arbitror victoriae praemiis ductos patriam olim et liberos et fortunas reliquisse; sed quoddam nobis officium iustum et pium et debitum rei p. nostraeque dignitati videbamur sequi nec, cum id faciebamus, tam eramus amentes, ut explorata nobis esset victoria. quare, si 4 id evenit, quod ingredientibus nobis in causam propositum fuit accidere posse, non debemus ita cadere animis, quasi aliquid evenerit, quod fieri posse numquam putarimus. simus igitur ea mente, quam ratio et veritas praescribit, ut nihil in vita nobis praestandum praeter culpam putemus, eaque cum careamus, omnia humana placate et moderate feramus. atque haec eo pertinet oratio, ut perditis rebus omnibus tamen ipsa virtus se sustentare posse videatur. sed si est spes aliqua rebus communibus, ea tu, quicumque status est futurus, carere non debes.

Atque haec mihi scribenti veniebat in mentem me 5 esse eum, cuius tu desperationem accusare solitus esses quemque auctoritate tua cunctantem et diffidentem excitare. quo quidem tempore non ego causam nostram, sed consilium improbabam. sero enim nos iis armis adversari videbam, quae multo ante confirmata per nosmet ipsos erant, dolebamque pilis et gladiis, non consiliis neque auctoritatibus nostris de iure

einem Siege der andern persönlich nie etwas zu befürchten gehabt hast, davon bin ich überzeugt.

Schließlich könnte Dich gerade das, woraus ich gewissermaßen einen Trostgrund entnehme, vornehmlich quälen, die Gefährdung des Staates im allgemeinen. Für dies namenlose Unglück läßt sich, fürchte ich – mögen die Weisen noch soviel reden – kein echter Trost finden außer dem einen, dessen Wirkung aber durch die seelische Kraft und Stärke des einzelnen bedingt ist: Wenn edel denken und recht handeln zu einem guten, glücklichen Leben ausreicht, dann, meine ich, wäre es Sünde, denjenigen unglücklich zu nennen, der in dem Bewußtsein einen Rückhalt findet, immer nur das Beste gewollt zu haben. Denn wir beiden haben einst doch nicht Heimat, Familie und Besitztum hinter uns gelassen, weil ein Siegespreis uns lockte, sondern wir glaubten, einer ernsten, heiligen Verpflichtung gegenüber dem Staate und unsrer angesehenen Stellung zu folgen, und waren dabei nicht so verwegen, unbedingt an einen Sieg zu glauben. Wenn hernach eingetreten ist, was uns als möglich vor Augen stand, als wir Partei ergriffen, dürfen wir jetzt also nicht verzagen, als ob etwas geschehen wäre, was wir nie für möglich gehalten hätten. So wollen wir also alles hinnehmen, wie es die Vernunft angesichts der unabänderlichen Tatsachen von uns verlangt, in dem Bewußtsein, daß wir im Leben nur für unser eigenes Verschulden einzustehen haben, und da wir uns frei von Schuld wissen, alles, was Menschenlos ist, ruhig und besonnen auf uns nehmen. Der langen Rede kurzer Sinn ist also: mag auch alles verloren sein, die Tugend ist sich selbst genug. Gibt es aber noch irgendeine Hoffnung für die Allgemeinheit, so darfst auch Du Dich ihr nicht entziehen, mag die Zukunft aussehen, wie sie will.

Bei diesen Worten muß ich daran denken, daß ich es war, dessen Verzweiflung Du einst zu schelten pflegtest, und den Du durch Dein Vorbild aus Unentschlossenheit und Mißtrauen aufzurütteln suchtest. Damals war es nicht unsre gute Sache, die ich verurteilte, sondern unser Entschluß. Sah ich doch, daß wir uns zu spät gegen die Waffen wandten, die wir selbst lange vorher hatten so stark werden lassen, und ich bedauerte, daß über Fragen des Staatsrechts mit Schwert und Speer, nicht mit unserer Klugheit und Erfahrung entschieden wurde. Als ich aussprach, daß es so kommen würde,

publico disceptari. neque ego, ea, quae facta sunt, fore
cum dicebam, divinabam futura, sed, quod et fieri
posse et exitiosum fore, si evenisset, videbam, id ne
accideret timebam, praesertim cum, si mihi alterum
utrum de eventu atque exitu rerum promittendum
esset, id futurum, quod evenit, exploratius possem
promittere. iis enim rebus praestabamus, quae non
prodeunt in aciem, usu autem armorum et militum
robore inferiores eramus. sed tu illum animum nunc
adhibe, quaeso, quo me tum esse oportere censebas.

Haec eo scripsi, quod mihi Philargyrus tuus omnia 6
de te requirenti fidelissimo animo, ut mihi quidem
visus est, narravit te interdum sollicitum solere esse
vementius. quod facere non debes nec dubitare, quin
aut aliqua re p. sis is futurus, qui esse debes, aut
perdita non adflictiore condicione quam ceteri. hoc
vero tempus, quo exanimati omnes et suspensi sumus,
hoc moderatiore animo ferre debes, quod et in urbe
ea es, ubi nata et alta est ratio ac moderatio vitae, et
habes Ser. Sulpicium, quem semper unice dilexisti;
qui te profecto et benevolentia et sapientia consolatur.
cuius si essemus et auctoritatem et consilium secuti,
togati potius potentiam quam armati victoriam sub-
issemus.

Sed haec longiora fortasse fuerunt, quam necesse 7
fuit; illa, quae maiora sunt, brevius exponam. ego
habeo, cui plus quam tibi debeam, neminem; quibus
tantum debebam, quantum tu intellegis, eos huius
mihi belli casus eripuit; qui sim autem hoc tempore,
intellego; sed, quia nemo est tam adflictus, quin, si
nihil aliud studeat nisi id, quod agit, possit navare
aliquid et efficere, omne meum consilium, operam,

wie es dann auch gekommen ist, wollte ich nicht prophezeien, daß es so kommen würde, fürchtete nur, daß eintreten würde, was mir nicht unmöglich erschien, und falls es eintrat, katastrophal werden mußte, zumal ich mit größerer Wahrscheinlichkeit nur den Verlauf der Dinge hätte in Aussicht stellen können, wie er dann eingetreten ist, wenn ich die eine oder die andre Prognose betreffs des schließlichen Ausganges hätte stellen sollen. Denn wir waren nur in den Eigenschaften überlegen, die sich auf dem Schlachtfelde nicht auswirken; an Kriegserfahrung und militärischer Stärke waren wir unterlegen. Betätige Du jetzt bitte die Gesinnung, die Du mir damals beibringen zu müssen meintest!

Dies alles schreibe ich Dir, weil mir Dein Philargyrus auf meine Frage nach Deinem Gesamtbefinden aus treuer Gesinnung heraus, wie mir schien, erzählte, bisweilen seiest Du immer ziemlich stark beunruhigt. Das hast Du nicht nötig, brauchst auch nicht zu bezweifeln, daß Du entweder, falls es noch ein Gemeinwesen geben wird, die Dir gebührende Stellung einnehmen wirst, oder, wenn es damit zu Ende ist, Dich nicht in schlimmerer Lage befinden wirst als alle andern. Augenblicklich aber, wo wir alle in atemloser Spannung sind, mußt Du alles mit um so größerer Besonnenheit hinnehmen, als Du Dich in der Stadt befindest, in der die Lehre von der vernünftigen Lebensgestaltung geboren und groß geworden ist, und wo Du Ser. Sulpicius bei Dir hast, der Dir immer besonders nahestand, und der Dich gewiß durch seine Weisheit und Güte aufzurichten weiß. Wären wir seinem wohlbegründeten Rate gefolgt, hätten wir nur die Macht im Frieden zu spüren bekommen, nicht den Sieg mit der Waffe in der Hand.

Vielleicht sind diese Ausführungen länger ausgefallen, als es an sich notwendig gewesen wäre; die brennendste Frage will ich nur kurz streifen. Für mich gibt es niemanden, dem ich mich mehr verpflichtet wüßte als Dir; die beiden, denen ich, wie Du Dir denken kannst, besonders verpflichtet war, die haben mir die Wechselfälle dieses Krieges entrissen. Wie wenig ich zur Zeit bedeute, ist mir klar. Aber niemand ist ja so mitgenommen, daß er nicht etwas ausrichten und zustande bringen könnte, wenn er alle Gedanken nur auf das richtet, was er sich vorgenommen hat, und so darfst Du Dich überzeugt halten, daß ich mich verpflichtet fühle,

studium certe velim existimes tibi tuisque liberis esse
debitum.

II.
M. CICERO S. D. A. TORQVATO.

Superioribus litteris benevolentia magis adductus, 1
quam quo res ita postularet, fui longior. neque enim
confirmatione nostra egebat virtus tua neque erat ea
mea causa atque fortuna, ut, cui ipsi omnia deessent,
alterum confirmarem. hoc item tempore brevior esse
debeo. sive enim nihil tum opus fuit tam multis ver- 2
bis, nihilo magis nunc opus est, sive tum opus fuit,
illud satis est, praesertim cum accesserit nihil novi.
nam etsi cotidie aliquid audimus earum rerum, quas
ad te perferri existimo, summa tamen eadem est et
idem exitus; quem ego tam video animo quam ea,
quae oculis cernimus, nec vero quicquam video, quod
non idem te videre certo sciam. nam etsi, quem exitum
acies habitura sit, divinare nemo potest, tamen et belli
exitum video et, si id minus, hoc quidem certe, cum
sit necesse alterum utrum vincere, qualis futura sit vel
haec vel illa victoria. idque cum optime perspexi, 3
tale video, nihil ut mali videatur futurum, si id ante
acciderit, quod vel maximum ad timorem proponitur.
ita enim vivere, ut tumst vivendum, miserrimum est;
mori autem nemo sapiens miserum duxit ne beato
quidem. sed in ea es urbe, in qua haec vel plura et ornatiora parietes ipsi loqui posse videantur. ego tibi 4
hoc confirmo, etsi levis est consolatio ex miseriis
aliorum, nihilo te nunc maiore in discrimine esse quam
quemvis aut eorum, qui discesserint aut eorum, qui
remanserint; alteri dimicant, alteri victorem timent.
sed haec consolatio levis est; illa gravior, qua te uti

Dir und Deinen Kindern all mein Planen, Tun und Bemühen zu widmen.

(Rom, Ende 46)

2 (3).

M. Cicero grüßt A. Torquatus.

Wenn ich in meinem letzten Briefe allzu ausführlich gewesen bin, so eher aus freundschaftlicher Gesinnung, als weil es sachlich erforderlich gewesen wäre; denn weder bedarf Deine Mannhaftigkeit einer Bestärkung von meiner Seite, noch bin ich selbst in einer Lage und Verfassung, die es mir gestattete, einem andern Trost zu spenden, der ich selbst vor dem Nichts stehe. Ebenso muß ich mich heute kürzer fassen. Mögen neulich so viele Worte überhaupt nicht am Platze gewesen sein, jetzt sind sie es ebenso wenig; mögen sie es damals gewesen sein, so ist es genug damit, zumal neue Gesichtspunkte nicht aufgetaucht sind. Gewiß kommen mir Tag für Tag Dinge zu Ohren, von denen man Dir wahrscheinlich berichtet, aber das Gesamtergebnis ist immer das gleiche. Ich sehe es im Geiste genauso vor mir wie alles, was ich mit meinen leiblichen Augen sehe, und alles, was ich sehe, siehst zweifellos auch Du. Zwar kann niemand voraussagen, wie der Kampf auf dem Schlachtfelde ausgehen wird, aber welches Ende der Krieg nehmen wird, das weiß ich, und wenn nicht, so doch das eine mit tödlicher Sicherheit: wie der Sieg der einen oder der andern Seite aussehen wird, denn eine von beiden muß ja siegen. Darüber bin ich mir vollkommen klar, und so sehe ich Dinge kommen, denen gegenüber es wahrscheinlich gar nicht einmal von Übel wäre, wenn einem vorher zustieße, was man sich gemeinhin als das Furchtbarste vorstellt. Denn so zu leben, wie man dann wird leben müssen, ist das Allerschlimmste, und den Tod hat noch kein Weiser selbst für den, der glücklich lebt, als ein Unglück angesehen. Aber Du befindest Dich ja in einer Stadt, wo wohl selbst die Wände dies und noch mehr und Schöneres äußern könnten. So versichere ich Dir nur dies eine, obwohl das Unglück andrer nur ein schwacher Trost ist: Du bist zur Zeit nicht mehr gefährdet als jeder andre, mag er daheim geblieben oder in den Kampf gezogen sein. Die einen fechten, die andern haben Angst vor dem Sieger. Aber das ist, wie gesagt, ein schwacher Trost; wirksamer der andre, den Du hoffentlich und ich

spero, ego certe utor; nec enim, dum ero, angar ulla
re, cum omni vacem culpa, et, si non ero, sensu omnino carebo. sed rursus γλαῦκ᾽ εἰς ᾽Αϑήνας, qui ad te
haec.

Mihi tu, tui, tua omnia maximae curae sunt et, dum
vivam, erunt.

Vale.

III.
M. CICERO S. D. A. TORQVATO.

Novi quod ad te scriberem nihil erat, et tamen, si 1
quid esset, sciebam te a tuis certiorem fieri solere; de
futuris autem rebus etsi semper difficilest dicere, tamen
interdum coniectura possis propius accedere, cum est
res eius modi, cuius exitus provideri possit. nunc tantum videmur intellegere, non diuturnum bellum; etsi
id ipsum non nullis videmur secus. equidem, cum
haec scribebam, aliquid iam actum putabam, non quo
ego certo sciam, sed quod haud difficilis erat coniectura. nam cum omnis belli Mars communis et cum
semper incerti exitus proeliorum sunt, tum hoc tempore ita magnae utrimque copiae, ita paratae ad
depugnandum esse dicuntur, ut, utercumque vicerit,
non sit mirum futurum. illa in dies singulos magis
magisque opinio hominum confirmatur, etiam si inter
causas armorum aliquantum intersit, tamen inter
victorias non multum interfuturum. alteros prope
modum iam sumus experti, de altero nemo est quin
cogitet, quam sit metuendus iratus victor armatus.

Hoc loco si videor augere dolorem tuum, quem 2
consolando levare debeam, fateor me communium
malorum consolationem nullam invenire praeter il-

auf jeden Fall anwende: solange ich lebe, habe ich nichts zu fürchten, denn ich fühle mich frei von jeder Schuld; und wenn ich nicht mehr bin, fühle ich überhaupt nichts mehr. Aber das brauche ich Dir nicht zu sagen; schon wieder „Eulen nach Athen!"

Du, Deine Lieben und all Dein Hab und Gut sind und bleiben meine ganze Sorge, solange ich lebe!

Leb' wohl!

(Rom, Anfang Januar 45)

3 (4).
M. Cicero grüßt A. Torquatus.

Neuigkeiten weiß ich Dir nicht zu schreiben, und gäbe es welche, so weiß ich doch, daß Deine Leute Dich immer davon in Kenntnis setzen; aber wenn es auch stets schwierig ist, sich über kommende Ereignisse auszulassen, kann man ihnen immerhin wohl bisweilen vermutungsweise ziemlich nahe kommen, wenn es sich um etwas handelt, dessen Verlauf sich voraussehen läßt. Im Augenblick dürfen wir, glaube ich, soviel sagen, daß der Krieg nicht lange dauern wird; freilich meinen manche, daß wir gerade damit auf dem Holzwege seien. Meinem Gefühl nach muß in diesem Augenblick, wo ich dies schreibe, die Entscheidung bereits gefallen sein; nicht als ob ich Genaueres wüßte, sondern weil es nicht schwer ist, diese Vermutung auszusprechen. Denn in jedem Kriege schwankt das Glück, und der Ausgang der Schlachten ist immer ungewiß. Zur Zeit stehen auf beiden Seiten dem Vernehmen nach so gewaltige Truppenmassen, so entschlossen zum entscheidenden Kampfe, daß man sich über das Kommende nicht zu wundern braucht, mag siegen, wer will. Von Tag zu Tag gewinnt unter den Leuten die Ansicht mehr an Boden, daß zwar ein gewaltiger Unterschied besteht zwischen den Zielen der Gegner, ihre Siege sich aber nicht wesentlich voneinander unterscheiden werden. Mit den einen haben wir ja schon ziemlich unsre Erfahrungen gemacht, bei dem andern graut einem jeden bei dem Gedanken an die Erbitterung des waffenstarrenden Siegers.

Damit steigere ich wahrscheinlich nur Deinen Schmerz, den ich eigentlich durch Trost lindern sollte, und ich gestehe, für das uns allen gemeinsame Unglück keinen andern Trost zu wissen als den,

lam, quae tamen, si possis eam suscipere, maxima est,
quaque ego cotidie magis utor, conscientiam rectae
voluntatis maximam consolationem esse rerum in-
commodarum nec esse ullum magnum malum praeter
culpam. a qua quoniam tantum absumus, ut etiam
optime senserimus eventusque magis nostri consilii
quam consilium reprehendatur, et quoniam praestitimus, quod debuimus, moderate, quod evenit, feramus. sed hoc mihi tamen non sumo, ut te consoler de
communibus miseriis, quae ad consolandum maioris
ingenii et ad ferendum singularis virtutis indigent;
illud cuivis facile est docere, cur praecipue tu dolere
nihil debeas. eius enim, qui tardior in te levando fuit,
quam fore putaremus, non est mihi dubia de tua salute
sententia, de illis autem non arbitror te exspectare
quid sentiam.

Reliquum est, ut te angat, quod absis a tuis tam 3
diu. res molesta, praesertim ab iis pueris, quibus nihil
potest esse festivius; sed, ut ad te scripsi antea, tempus est huius modi, ut suam quisque condicionem
miserrimam putet et, ubi quisque sit, ibi esse minime
velit. equidem nos, qui Romae sumus, miserrimos
esse duco, non solum quod in malis omnibus acerbius
est videre quam audire, sed etiam quod ad omnis
casus subitorum periculorum magis obiecti sumus,
quam si abessemus. etsi me ipsum consolatorem
tuum non tantum litterae, quibus semper studui, quantum longinquitas temporis mitigavit. quanto fuerim 4
dolore, meministi. in quo prima illa consolatio est,
vidisse me plus quam ceteros, cum cupiebam quamvis iniqua condicione pacem; quod etsi casu, non
divinatione mea factum est, tamen in hac inani prudentiae laude delector. deinde, quod mihi ad conso-

der allerdings, wenn Du ihn Dir zu eigen machen könntest, sich als
überaus wirksam erweist, und dessen ich mich selbst von Tag zu
Tag mehr bediene: das Bewußtsein, daß das Rechte gewollt zu
haben der beste Trost in allem Ungemach ist, und daß es kein
großes Übel gibt außer der Schuld. Davon kann bei uns keine Rede
sein; vielmehr haben wir sogar das Beste gewollt, und höchstens
die Folgen unseres Entschlusses, nicht diesen selbst, kann man
tadeln. Wir haben getan, was uns die Pflicht gebot, und so wollen
wir die Folgen mit Besonnenheit tragen. Doch mache ich mich
nicht anheischig, dich über das allgemeine Elend hinwegzutrösten;
Trost spenden könnte da nur ein größerer Geist, und zu tragen
vermag es nur ein Mann von überragender Mannhaftigkeit. Das
aber kann Dir jedermann unschwer zu Gemüte führen, warum Du
keinen Anlaß hast, Dich persönlich ganz besonders betroffen zu
fühlen. Denn wie ER über Deine Begnadigung denkt, der sich
bisher nicht ganz so zugänglich für Deine Entlastung erwiesen hat,
wie wir es erwartet hatten, ist mir nicht zweifelhaft, und wie ich
über die andern denke, erwartest Du wohl nicht von mir zu hören.

Weiterhin quält Dich natürlich der Gedanke, daß Du so lange
von Deinen Lieben getrennt bist. Das ist gewiß nicht leicht, zumal
Deine Jungen ein paar so überaus reizende Kerle sind. Aber wie
ich Dir schon neulich schrieb, die Zeiten sind ganz danach angetan,
daß ein jeder gerade seine Lage für besonders bedauernswert hält
und dort am wenigsten sein mag, wo er sich befindet. Nach meinem
Dafürhalten sind wir, die wir in Rom sind, besonders schlimm dran,
denn im Elend ist es nicht nur stets bitterer, es vor Augen zu haben,
als nur davon zu hören; wir sind auch jeder unvorhergesehenen
Gefahr mehr ausgesetzt, als wenn wir nicht hier wären. Freilich,
mich persönlich, Deinen Tröster, hat neben der Philosophie, der
ich mich von je verschrieben habe, besonders die lange Gewöhnung
ruhiger gemacht. Du entsinnst Dich, wie erbittert ich war. Was
mich da vor allem tröstet, ist der Gedanke, weiter gesehen zu haben
als die andern, als ich ein gütliches Übereinkommen, wenn auch
unter noch so unbilligen Bedingungen, wünschte. Zwar war es
Zufall, nicht Sehergabe; trotzdem gefalle ich mir in diesem eitlen
Ruhm der Voraussicht. Sodann – und dieser Trostgrund gilt für
uns beide – wenn ich denn aus dem Leben abberufen werden sollte,

lationem commune tecum est, si iam vocer ad exitum
vitae, non ab ea re p. avellar, qua carendum esse do-
leam, praesertim cum id sine ullo sensu futurum sit.
adiuvat etiam aetas et acta iam vita, quae cum cursu
suo bene confecto delectat tum vetat in eo vim timere,
quo nos iam natura ipsa paene perduxerit. postremo
is vir vel etiam ii viri hoc bello occiderunt, ut impudentia videatur eandem fortunam, si res cogat, recusare.
equidem mihi omnia propono, nec ullum est tantum malum, quod non putem impendere. sed cum
plus in metuendo mali sit quam in ipso illo, quod
timetur, desino, praesertim cum id impendeat, in quo
non modo dolor nullus, verum finis etiam doloris futurus sit. sed haec satis multa, vel plura potius quam
necesse fuit; facit autem non loquacitas mea, sed benevolentia longiores epistolas.

Servium discessisse Athenis moleste tuli; non enim 5
dubito, quin magnae tibi levationi solitus sit esse
cotidianus congressus et sermo cum familiarissimi
hominis tum optimi et prudentissimi viri.

Tu velim te, ut debes et soles, tua virtute sustentes.
ego, quae te velle quaeque ad te et ad tuos pertinere
arbitrabor, omnia studiose diligenterque curabo. quae
cum faciam, benevolentiam tuam erga me imitabor,
merita non adsequar.

Vale.

IV.
M. CICERO S. D. A. TORQVATO.

Peto a te, ne me putes oblivione tui rarius ad te 1
scribere, quam solebam, sed aut gravitate valetudinis,
qua tamen iam paulum videor levari, aut quod absim
ab urbe, ut, qui ad te proficiscantur, scire non possim.

brauche ich mich nicht von einem Staatswesen losreißen, von dem sich getrennt zu sehen schmerzlich wäre, zumal der Tod alles Bewußtsein auslöscht. Auch mein Alter, das nahe Ende meines Lebens macht es mir leicht, das nach ehrenvoll durchlaufener Bahn ein Gefühl der Befriedigung in mir erweckt und Angst vor Gewalttat bei diesem Vorgang nicht aufkommen läßt, an dessen Schwelle mich die Natur selbst bereits geleitet hat. Endlich ist ein so hervorragender Mann oder sind vielmehr so hervorragende Männer in diesem Kriege ums Leben gekommen, daß es vermessen wäre, sich gegen das gleiche Schicksal, wenn's denn sein muß, zu sträuben. Ich ziehe alle Möglichkeiten in Betracht und bin mir bewußt, daß uns das Schlimmste bevorsteht. Aber die Furcht selbst birgt mehr Unheil in sich als das Befürchtete, und so begebe ich mich der Furcht, zumal, was uns droht, nicht nur schmerzlos ist, sondern auch allem Schmerz ein Ende macht. Aber genug der Worte, ja, mehr, als notwendig gewesen wären. Doch ist es nicht meine Redseligkeit, was meine Briefe so lang werden läßt, sondern guter Wille.

Daß Servius Athen verlassen hat, tut mir leid, denn ich kann mir denken, daß der tägliche Umgang und die Unterhaltung mit dem lieben Freunde, dem trefflichen, klugen Manne Dir große Erleichterung zu bringen pflegte.

Du solltest, wie es Deine Art und Pflicht ist, alles mannhaft ertragen. Alles, was Du Dir wünschen magst und was Dir und den Deinigen dienlich sein könnte, werde ich eifrig und gewissenhaft besorgen. Deine Verdienste um mich werde ich damit zwar nicht erreichen, Dir aber jedenfalls Deine freundschaftliche Gesinnung vergelten.

Leb' wohl!

(Rom, Mitte Januar 45)

4 (2).
M. Cicero grüßt A. Torquatus.

Glaub' bitte nicht, ich schriebe seltener als sonst an Dich, weil ich Dich vergessen hätte; der Grund meines Schweigens ist entweder ein schweres Unwohlsein, von dem ich mich jedoch bereits ein wenig zu erholen scheine, oder der Umstand, daß ich nicht in Rom bin und somit nicht wissen kann, wer zu Dir reist. Darum

quare velim ita statutum habeas, me tui memoriam
cum summa benevolentia tenere tuasque omnis res
non minori mihi curae quam meas esse.

Quod maiore in varietate versata est adhuc tua 2
causa, quam homines aut volebant aut opinabantur,
mihi crede, non est pro malis temporum, quod moleste
feras; necesse est enim aut armis urgeri rem p. sem-
piternis aut iis positis recreari aliquando aut funditus
interire. si arma valebunt, nec eos, a quibus reciperis,
vereri debes nec eos, quos adiuvisti; si armis aut condicione positis aut defetigatione abiectis aut victoria
detractis civitas respiraverit, et dignitate tua frui tibi
et fortunis licebit; sin omnino interierint omnia fuerit-
que is exitus, quem vir prudentissimus, M. Antonius,
iam tum timebat, cum tantum instare malorum suspi-
cabatur, misera est illa quidem consolatio, tali praesertim civi et viro, sed tamen necessaria, nihil esse praecipue cuiquam dolendum in eo, quod accidat universis.

Quae vis insit in his paucis verbis – plura enim 3
committenda epistulae non erant –, si attendes, quod
facis, profecto etiam sine meis litteris intelleges te
aliquid habere, quod speres, nihil, quod aut hoc aut
aliquo rei p. statu timeas; omnia si interierint, cum
superstitem te esse rei publicae ne si liceat quidem
velis, ferendam esse fortunam, praesertim quae absit
a culpa. sed haec hactenus.

Tu velim scribas ad me, quid agas et ubi futurus sis,
ut aut quo scribam aut quo veniam scire possim.

darfst Du überzeugt sein, daß ich die Erinnerung an Dich, verbunden mit herzlicher Zuneigung, aufrechterhalte und alle Deine Belange mir nicht weniger am Herzen liegen als meine eigenen Interessen.

Daß die Behandlung Deines Falles bisher mehr dem Wechsel unterworfen gewesen ist, als die Leute wünschten oder erwarteten, darüber brauchst Du Dich angesichts der bösen Zeiten wirklich nicht aufzuregen. Denn es gibt drei Möglichkeiten: entweder wird der Staat von endlosen Kriegen heimgesucht, oder er erholt sich nach Niederlegung der Waffen einmal, oder er geht gänzlich zugrunde. Haben weiter die Waffen das Wort, dann brauchst Du weder diejenigen zu fürchten, die Dich in Gnaden aufnehmen, noch die, die Du unterstützt hast; werden die Waffen vertraglich niedergelegt, aus Ermattung weggeworfen oder dem Gegner durch einen Sieg aus der Hand gerungen, und atmet die Bürgerschaft dann wieder auf, wirst Du Deinen alten Rang einnehmen und Dich Deines Besitzes freuen können; geht es aber mit allem gänzlich zu Ende und ist das das Ergebnis, was ein kluger Mann, M. Antonius, schon einmal befürchtete, als er ahnte, welch Unheil bevorstand, dann ist es, zumal für solch einen Mann und Bürger, ein trauriger, aber leider der einzig mögliche Trost, daß bei allem, was die Gesamtheit trifft, niemand sich besonders betroffen fühlen darf.

Wenn Du acht gibst, wie Du es tust, was diese wenigen Worte besagen – mehr darf ich einem Briefe ja nicht anvertrauen –, wirst Du Dir gewiß auch ohne ein weiteres Wort von mir klar darüber sein, daß Du noch hoffen darfst und, solange der Staat in dem jetzigen Zustande bleibt oder überhaupt ein Gemeinwesen besteht, nichts zu fürchten brauchst. Geht alles zugrunde, Du aber willst den Staat überleben, selbst wenn es eigentlich nicht möglich ist, dann mußt Du Dein Schicksal auf Dich nehmen, zumal es unverschuldet ist. Und damit genug!

Schreib mir doch bitte, was Du treibst und wo Du abbleibst, damit ich weiß, wohin ich schreiben und wo ich Dich antreffen kann.

(Auf Atticus' Ficuleanum, den 20. April 45)

V.
M. CICERO S. D. A. CAECINAE.

Vereor, ne desideres officium meum, quod tibi pro 1
nostra et meritorum multorum et studiorum parium
coniunctione deesse non debet; sed tamen vereor, ne
litterarum a me officium requiras. quas tibi et iam pridem et saepe misissem, nisi cotidie melius exspectans
gratulationem quam confirmationem animi tui complecti litteris maluissem. nunc, ut spero, brevi gra-
tulabimur; itaque in aliud tempus id argumentum
epistulae differo.

His autem litteris animum tuum, quem minime im- 2
becillum esse et audio et spero, etsi non sapientissimi,
at amicissimi hominis auctoritate confirmandum etiam
atque etiam puto, nec iis quidem verbis, quibus te consoler ut adflictum et iam omni spe salutis orbatum,
sed ut eum, de cuius incolumitate non plus dubitem
quam te memini dubitare de mea. nam cum me ex re
p. expulissent ii, qui illam cadere posse stante me non
putarunt, memini me ex multis hospitibus, qui ad me
ex Asia, in qua tu eras, venerant, audire te de glorioso
et celeri reditu meo confirmare.

Si te ratio quaedam mira Tuscae disciplinae, quam 3
a patre, nobilissimo atque optimo viro, acceperas, non
fefellit, ne nos quidem nostra divinatio fallet, quam
cum sapientissimorum virorum monumentis atque
praeceptis plurimoque, ut tu scis, doctrinae studio
tum magno etiam usu tractandae rei p. magnaque
nostrorum temporum varietate consecuti sumus; cui 4
quidem divinationi hoc plus confidimus, quod ea nos
nihil in his tam obscuris rebus tamque perturbatis umquam omnino fefellit.

5 (6).
M. Cicero grüßt A. Caecina.

Ich fürchte, Du vermißt ein Zeichen meiner Freundschaft, wie Du es angesichts unsrer auf vielfachen gegenseitigen Gefälligkeiten und gleichgerichteten Interessen beruhenden Verbundenheit erwarten darfst – kurz, ich fürchte doch, Du sehnst Dich nach einem Freundschaftsbeweis in Form eines Briefes. Ich hätte Dir auch schon längst und oft geschrieben, wenn ich nicht täglich eine Besserung Deiner Lage erwartet hätte, um lieber einen Glückwunsch zum Inhalt meines Briefes machen zu können als Dir Trost zusprechen zu müssen. Jetzt kann ich Dich hoffentlich demnächst beglückwünschen; darum spare ich mir einen Brief mit entsprechendem Inhalt für ein andermal auf.

Heute möchte ich Deine Stimmung, die zwar, wie ich höre und hoffe, keineswegs gedrückt ist, noch einmal durch den Zuspruch eines gewiß nicht übermäßig weisen, aber Dir herzlich befreundeten Mannes heben, und zwar nicht mit Worten, die Dich als einen gebrochenen Mann, der schon jede Hoffnung auf Rettung verloren hat, etwa trösten könnten, sondern die Dir als einem Manne, von dessen Begnadigung ich nicht weniger fest überzeugt bin als Du einst, wie ich mich wohl entsinne, von der meinigen, den Rücken stärken sollen. Denn als jene mich aus dem Vaterlande vertrieben hatten, die dessen Zusammenbruch für unmöglich hielten, solange ich aufrecht stünde, erinnere ich mich, von vielen Bekannten, die zu mir aus Asien kamen, wo Du damals weiltest, gehört zu haben, Du redetest mit Zuversicht von meiner baldigen ruhmreichen Heimkehr.

Wenn Dich damals gewissermaßen die Methode der etruscischen Disziplin, die Du von Deinem hochgeborenen, trefflichen Vater überkommen hattest, nicht getäuscht hat, so wird auch mich jetzt mein Ahnungsvermögen nicht täuschen, das ich mir aus den Aufzeichnungen und Lehren kluger Männer und, wie Du weißt, durch eifriges wissenschaftliches Studium wie auch durch die lange Erfahrung im politischen Leben und meine vielfach wechselnden Schicksale angeeignet habe. Und diesem Ahnungsvermögen vertraue ich um so mehr, als es mich in den jetzigen dunklen, verworrenen Zeitläuften auch nicht ein einziges Mal getäuscht hat.

Dicerem, quae ante futura dixissem, ni vererer, ne ex eventis fingere viderer. sed tamen plurimi sunt testes me et initio, ne coniungeret se cum Caesare, monuisse Pompeium et postea, ne seiungeret. coniunctione frangi senatus opes, diiunctione civile bellum excitari videbam. atque utebar familiarissime Caesare, Pompeium faciebam plurimi, sed erat meum consilium cum fidele Pompeio tum salutare utrique.

Quae praeterea providerim, praetereo; nolo enim 5 hunc de me optime meritum existimare ea me suasisse Pompeio, quibus ille si paruisset, esset hic quidem clarus in toga et princeps, sed tantas opes, quantas nunc habet, non haberet. eundum in Hispaniam censui. quod si fecisset, civile bellum nullum omnino fuisset. rationem haberi absentis non tam pugnavi ut liceret, quam ut, quoniam ipso consule pugnante populus iusserat, haberetur. causa orta belli est. quid ego praetermisi aut monitorum aut querelarum, cum vel iniquissimam pacem iustissimo bello anteferrem? victa 6 est auctoritas mea non tam a Pompeio – nam is movebatur – quam ab iis, qui duce Pompeio freti peropportunam et rebus domesticis et cupiditatibus suis illius belli victoriam fore putabant. susceptum bellum est quiescente me, depulsum ex Italia manente me, quoad potui; sed valuit apud me plus pudor meus quam timor; veritus sum deesse Pompei saluti, cum ille aliquando non defuisset meae. itaque vel officio vel fama bonorum vel pudore victus, ut in fabulis Amphiaraus, sic ego

'. . . prudens ét sciens
ad péstem ante oculos pósitam . . .'

Ich würde Dir alle meine früheren Voraussagen aufzählen, befürchtete ich nicht, den Eindruck zu erwecken, als erfände ich sie auf Grund des wirklich Eingetretenen. Indessen habe ich viele Zeugen dafür, daß ich zu Anfang Pompeius gewarnt habe, sich mit Caesar einzulassen, später, sich von ihm zu trennen; ich sah voraus, daß in dem einen Falle die Macht des Senats gebrochen werden würde, im andern ein Bürgerkrieg ausbrechen mußte. Dabei stand ich mich ausgezeichnet mit Caesar und schätzte Pompeius über alles; aber getreulich riet ich Pompeius, und beiden zum Heil.

Meine sonstigen Prognosen will ich übergehen, denn ich möchte nicht, Caesar, dem ich überaus viel verdanke, gewänne den Eindruck, ich hätte Pompeius einen Rat erteilt, bei dessen Befolgung er selbst jetzt zwar im zivilen Leben eine geachtete, führende Stellung einnehmen, aber niemals eine derartige Macht errungen haben würde, wie er sie jetzt besitze. Ich war der Meinung, Pompeius müsse nach Spanien gehen; hätte er das getan, wäre es überhaupt nicht zum Bürgerkriege gekommen. Ich habe mich nicht sowohl dafür eingesetzt, die Bewerbung um das Konsulat in absentia grundsätzlich zuzulassen, als vielmehr dafür, sie in diesem Falle zu gestatten, da Pompeius selbst als Konsul dafür eingetreten war und das Volk so entschieden hatte. Der Anlaß zum Kriege war da. Was habe ich nicht alles versucht mit Warnungen und Klagen! Zog ich doch einen noch so unbilligen Frieden dem gerechtesten Kriege vor. Meine Stimme verhallte ungehört; weniger bei Pompeius – der zeigte sich beeindruckt –, als bei denen, die im Vertrauen auf seine Führereigenschaften glaubten, ein Sieg in diesem Kriege werde sich auch auf ihre Vermögensverhältnisse günstig auswirken und ihren Wünschen zustatten kommen. So begann man den Krieg; ich hielt mich ruhig. Man ließ sich aus Italien vertreiben; ich blieb da, solange ich konnte. Schließlich siegte bei mir doch das Ehrgefühl über die Angst; ich brachte es nicht übers Herz, mich Pompeius zu versagen, wo er sich einst auch mir nicht versagt hatte. So ist es mir ergangen wie Amphiaraus auf der Bühne: von Pflichtbewußtsein, dem Gerede der Guten oder Ehrgefühl getrieben, rannte ich

„ahnungsvoll und wissend
in das vor Augen liegende Verderben."

sum profectus. quo in bello nihil adversi accidit non
praedicente me.

Quare, quoniam, ut augures et astrologi solent, ego 7
quoque augur publicus ex meis superioribus prae-
dictis constitui apud te auctoritatem augurii et divi-
nationis meae, debebit habere fidem nostra praedictio.
non igitur ex alitis involatu nec e cantu sinistro
oscinis, ut in nostra disciplina est, nec ex tripudiis
solistimis aut soniviis tibi auguror, sed habeo alia
signa, quae observem; quae etsi non sunt certiora illis,
minus tamen habent vel obscuritatis vel erroris. notan- 8
tur autem mihi ad divinandum signa duplici quadam
via; quarum alteram duco e Caesare ipso, alteram e
temporum civilium natura atque ratione. in Caesare
haec sunt: mitis clemensque natura, qualis exprimitur
praeclaro illo libro 'Querelarum' tuarum. accedit
quod mirifice ingeniis excellentibus, quale est tuum,
delectatur. praeterea cedit multorum iustis et officio
incensis, non inanibus aut ambitiosis voluntatibus;
in quo vehementer eum consentiens Etruria movebit.
'cur haec igitur adhuc parum profecerunt?' quia non 9
putat se sustinere causas posse multorum, si tibi, cui
iustius videtur irasci posse, concesserit. 'quae est
igitur' inquies 'spes ab irato?' eodem fonte se haus-
turum intelleget laudes suas, e quo sit leviter asper-
sus. postremo homo valde est acutus et multum
providens; intellegit te, hominem in parte Italiae
minime contemnenda facile omnium nobilissimum
et in communi re p. cuivis summorum tuae aetatis vel
ingenio vel gratia vel fama populi R. parem, non posse
prohiberi re publica diutius. nolet hoc temporis potius esse aliquando beneficium quam iam suum.

Dixi de Caesare; nunc dicam de temporum rerum- 10
que natura. nemo est tam inimicus ei causae, quam

Und in diesem Kriege trat hernach kein Unheil ein, das ich nicht vorausgesagt hätte.

Habe ich somit, wie die Auguren und Astrologen, selbst Augur in unserm Staatswesen, durch diese meine früheren Prognosen die Zuverlässigkeit meiner Weissagekunst und meines Ahnungsvermögens bei Dir fest verankert, so mußt Du auch jetzt zu meiner Prophezeiung Vertrauen haben. Nicht also aus dem Flug des Vogels, nicht aus dem Schrei des Raben zur Linken, wie bei unsrer Zunft, noch auch aus dem Fressen der Hühner und dem mehr oder weniger geräuschvollen Niederfallen der Körner dabei prophezeie ich Dir; ich habe andre Zeichen, auf deren Beobachtung ich mich stütze, die zwar auch nicht unfehlbarer, aber doch weniger dunkel und irreführend sind als jene. Kenntlich werden mir die Zeichen für meine Prognose auf zwiefache Weise: einmal bietet Caesar sie mir selbst; zum andern entnehme ich sie dem natürlichen Gang der politischen Ereignisse. Bei Caesar sehen sie so aus: von Natur gütig und milde, wie Du es in Deiner schönen Schrift „Klagen" zum Ausdruck bringst, hat er überdies seine ganz besondere Freude an hervorragenden Talenten, wie Du eins bist. Auch fügt er sich gern berechtigten, von Freundschaft eingegebenen, aber nicht eitlen oder selbstsüchtigen Wünschen; in dieser Beziehung wird der einhellige Wunsch Etruriens seinen Eindruck auf ihn nicht verfehlen. „Und warum hat das alles bis jetzt nur wenig geholfen?" Weil er in vielen andern Fällen nicht fest bleiben zu können glaubt, wenn er Dir nachgibt, dem er mit mehr Recht grollen zu können scheint. „Ja, was ist dann von dem erzürnten Manne überhaupt zu hoffen?" wirst Du sagen. Er rechnet darauf, aus derselben Quelle sein Lob sprudeln zu sehen, die ihn etwas unsanft angespritzt hat. Schließlich ist er ein scharfsinniger, weitblickender Mann; er weiß ganz genau, daß er Dich, den weitaus vornehmsten Mann in einem nicht unbeträchtlichen Teil Italiens, der auch im Gesamtstaate jedem der führenden Männer Deiner Generation an Begabung, Ansehen und Geltung beim Römischen Volke nichts nachgibt, nicht länger von der Teilnahme am Staatsleben ausschließen kann. Diese Gnade wird er Dir lieber selbst noch erweisen als der Zukunft überlassen wollen.

Soviel über Caesar; nun zu dem natürlichen Gang der politischen Ereignisse. Niemand ist so erbittert auf die Sache, die Pompeius

Pompeius animatus melius quam paratus susceperat,
qui nos malos civis dicere aut homines improbos
audeat. in quo admirari soleo gravitatem et iustitiam
et sapientiam Caesaris. numquam nisi honorificentissime Pompeium appellat. 'at in eius persona multa
fecit asperius.' armorum ista et victoriae sunt facta,
non Caesaris; at nos quem ad modum est complexus!
Cassium sibi legavit, Brutum Galliae praefecit, Sulpicium Graeciae, Marcellum, cui maxime suscense-
bat, cum summa illius dignitate restituit. quo igitur 11
haec spectant? rerum hoc natura et civilium temporum non patietur, nec manens nec mutata ratio
feret, primum ut non in causa pari eadem sit et condicio et fortuna omnium, deinde ut in eam civitatem
boni viri et boni cives nulla ignominia notati non
revertantur, in quam tot nefariorum scelerum con-
demnati reverterunt.

Habes augurium meum; quo, si quid addubitarem, 12
non potius uterer quam illa consolatione, qua facile
fortem virum sustentarem, te, si explorata victoria
arma sumpsisses pro re p. – ita enim tum putabas –,
non nimis esse laudandum, sin propter incertos
exitus eventusque bellorum posse accidere ut vince-
remur putasses, non debere te ad secundam fortunam
bene paratum fuisse, adversam ferre nullo modo
posse. disputarem etiam, quanto solacio tibi conscientia tui facti, quantae delectationi in rebus adversis
litterae esse deberent; commemorarem non solum
veterum, sed horum etiam recentium vel ducum vel
comitum tuorum gravissimos casus; etiam externos

mehr in guter Gesinnung als tatsächlicher Bereitschaft übernommen hatte, daß er es wagte, uns als schlechte Patrioten oder Bösewichter hinzustellen. In dieser Beziehung bewundere ich immer wieder Caesars würdige Haltung, seine Gerechtigkeit und Weisheit; von Pompeius spricht er stets nur in den ehrenvollsten Ausdrücken. „Aber gegen ihn persönlich hat er sich doch vielfach recht häßlich benommen!" Dafür ist der Krieg und der Sieg verantwortlich, nicht Caesar. Auf jeden Fall: wie hat er sich um uns bemüht! Cassius hat er zu seinem Legaten gemacht, Brutus als Statthalter nach Gallien geschickt, Sulpicius nach Griechenland; Marcellus, dem er ganz besonders grollte, hat er in allen Ehren begnadigt! Worauf ich mit alledem hinaus will? Zweierlei wird die natürliche Entwicklung der politischen Verhältnisse nicht zulassen: mag der gegenwärtige Zustand von Dauer sein oder sich ändern, er wird dazu führen, daß erstens alle, die in gleicher Lage sind, auch die gleiche Behandlung erfahren; zweitens kann unmöglich ehrenwerten Männern und guten Patrioten ohne ehrenrührige Vergehen die Rückkehr in unsre bürgerliche Gemeinschaft versagt bleiben, in die wegen ruchloser Verbrechen Verurteilte haben zurückkehren dürfen.

Da hast Du meine Prognose. Wenn ich an ihrer Richtigkeit irgendwie zweifelte, würde ich eher zu Trostgründen greifen, mit denen ich einen charakterfesten Mann wie Dich unschwer aufzurichten vermöchte. Hättest Du in sicherer Aussicht auf den Sieg für den Staat zu den Waffen gegriffen – und das glaubtest Du damals doch zu tun –, dann wäre das kein besonderer Ruhmestitel für Dich; hast Du aber angesichts der Tatsache, daß der schließliche Ausgang eines Krieges immer ungewiß ist, mit der Möglichkeit einer Niederlage unsrerseits gerechnet, dann wäre es widersinnig, wenn Du für den Fall des Glücks wohlgewappnet gewesen wärest, das Unglück aber einfach nicht ertragen zu können glaubtest. Ich würde auch davon sprechen, wie tröstlich Dir das Bewußtsein sein muß, das Rechte getan zu haben, wie genußreich im Unglück die Beschäftigung mit der Philosophie. Ich würde Dich auf die schweren Schicksalsschläge von Männern in der Vergangenheit wie auch in unsrer Zeit hinweisen, magst Du nun an die Führer denken oder an Deine Kameraden, würde auch viele berühmte

multos claros viros nominarem; levat enim dolorem
communis quasi legis et humanae condicionis recordatio; exponerem etiam, quem ad modum hic et 13
quanta in turba quantaque in confusione rerum omnium viveremus; necesse est enim minore desiderio
perdita re p. carere quam bona. sed hoc genere nihil
opus est. incolumem te cito, ut spero, vel potius ut
perspicio, videbimus.

Interea tibi absenti et huic, qui adest, imagini
animi et corporis tui, constantissimo atque optimo
filio tuo, studium, officium, operam, laborem meum
iam pridem et pollicitus sum et detuli, nunc hoc
amplius, quod me amicissime cotidie magis Caesar
amplectitur, familiares quidem eius sicuti neminem.
apud quem quicquid valebo vel auctoritate vel gratia,
valebo tibi. tu cura, ut cum firmitudine te animi tum
etiam spe optima sustentes.

VI.
CICERO CAECINAE.

Cum esset mecum Largus, homo tui studiosus, 1
locutus Kal. Ianuarias tibi praefinitas esse, quod
omnibus rebus perspexeram, quae Balbus et Oppius
absente Caesare egissent, ea solere illi rata esse, egi
vehementer cum iis, ut hoc mihi darent, tibi in Sicilia,
quoad vellemus, esse uti liceret. qui mihi consuessent
aut libenter polliceri, si quid esset eius modi, quod
eorum animos non offenderet, aut etiam negare et
adferre rationem, cur negarent, huic meae rogationi
potius non continuo responderunt; eodem die tamen
ad me reverterunt; mihi hoc dederunt, ut esses in
Sicilia, quoad velles; se praestaturos nihil ex eo te
offensionis habiturum.

Quoniam, quid tibi permittatur, cognosti, quid 2
mihi placeat, puto te scire oportere. actis his rebus

Männer des Auslandes namhaft machen; der Gedanke an das eherne
Gesetz und an die Unabänderlichkeit des menschlichen Schicksals
lindert ja den Schmerz. Ich würde Dir auch darlegen, wie wir hier
leben, in welcher Unruhe, welch grenzenloser Verwirrung aller
Dinge; denn es kann ja nicht anders sein: ein unseliges Vaterland
vermissen wir weniger schmerzlich als ein glückliches. Aber solcher
Art von Tröstung bedarf es nicht; sehr bald werden wir Dich, wie
ich hoffe oder vielmehr bestimmt weiß, wohlbehalten bei uns sehen.

Im übrigen habe ich Dir in der Ferne und Deinem hiesigen körperlichen und geistigen Ebenbilde, Deinem mutigen, braven Sohne,
schon längst all mein freundschaftliches Bemühen, alle tätige Hilfe
verheißen und zur Verfügung gestellt und will es jetzt um so mehr
tun, als Caesar mich von Tag zu Tag mehr an sich heranzieht, und
seine Vertrauten wie niemanden sonst. Was ich bei ihm durch Ansehen und Einfluß vermag, wird Dir zugute kommen. Deine Sorge
laß es sein, daß fester Sinn und frohe Hoffnung Dich aufrecht erhält!

(Rom, um den 1. Oktober [30. VII.] 46)

6 (8).
Cicero an Caecina.

Largus, ein Dir treu ergebener Mann, hat mir mitgeteilt, der
1. Januar sei Dir als Termin gesetzt worden. Ich habe nun immer
wieder die Erfahrung gemacht, daß alle von Balbus und Oppius in
Caesars Abwesenheit getroffenen Maßnahmen grundsätzlich von
diesem bestätigt werden, und so habe ich ihnen energisch zugesetzt,
mir zu Gefallen Dir den Aufenthalt in Sizilien zu gestatten, solange
wir es wünschten. Während sie mir sonst immer gern entgegen-
kamen, wenn es sich um etwas handelte, was ihren Gefühlen nicht
zu nahe trat, oder auch nein sagten, dann aber den Grund dafür
angaben, haben sie mir diesmal gerade keine sofortige Antwort auf
meine Bitte erteilt. Doch sind sie dann noch selbigentags zu mir
gekommen, und Du darfst nun also in Sizilien bleiben, solange Du
willst; sie verbürgten sich dafür, daß Dir keine Unannehmlichkeiten daraus erwachsen würden.

So weißt Du nun also, was man Dir gestattet; was ich dazu sage,
mußt Du, meine ich, selbst wissen. Inzwischen habe ich einen Brief

litterae a te mihi redditae sunt, quibus a me consilium
petis, quid sim tibi auctor, in Siciliane subsidas an ut
ad reliquias Asiaticae negotiationis proficiscare. haec
tua deliberatio non mihi convenire visa est cum
oratione Largi. ille enim mecum, quasi tibi non liceret
in Sicilia diutius commorari, ita locutus erat, tu autem,
quasi concessum sit, ita deliberas. sed ego, sive hoc
sive illud est, in Sicilia censeo commorandum. pro-
pinquitas locorum vel ad impetrandum adiuvat crebris litteris et nuntiis vel ad reditus celeritatem re aut
impetrata, quod spero, aut aliqua ratione confecta.
quam ob rem censeo magno opere commorandum.

   T. Furfano Postumo, familiari meo, legatisque eius, 3
item meis familiaribus, diligentissime te commendabo,
cum venerint. erant enim omnes Mutinae. viri sunt
optimi et tui similium studiosi et mei necessarii. quae
mihi venient in mentem quae ad te pertinere arbitrabor, ea mea sponte faciam; si quid ignorabo, de eo
admonitus omnium studia vincam. ego etsi coram de
te cum Furfano ita loquar, ut tibi litteris meis ad eum
nihil opus sit, tamen, quoniam tuis placuit te habere
meas litteras, quas ei redderes, morem iis gessi. earum
litterarum exemplum infra scriptum est.

VII.
M. CICERO FVRFANO PROCOS. S.

   Cum A. Caecina tanta mihi familiaritas consuetu- 1
doque semper fuit, ut nulla maior esse possit; nam et
patre eius, claro homine et forti viro, plurimum sum
usus et hunc a puero, quod et spem magnam mihi
adferebat summae probitatis summaeque eloquentiae
et vivebat mecum coniunctissime non solum officiis
amicitiae sed etiam studiis communibus, sic semper

von Dir erhalten, in dem Du mich fragst, wozu ich Dir rate, ob Du in Sizilien bleiben oder Dich auf den Weg machen solltest, um Deine restlichen Geschäfte in Asien abzuwickeln. Diese Deine Frage scheint mir nicht zu Largus' Worten zu passen. Der hat sich mir gegenüber nämlich so geäußert, als ob Du nicht länger in Sizilien bleiben dürftest, Du hingegen stellst Erwägungen an, als ob Du die Erlaubnis hättest. Wie dem nun auch sei, ich bin dafür, daß Du in Sizilien bleibst. Die kurze Entfernung ist förderlich für die Erreichung Deiner Zwecke, sofern Briefe und Boten leicht hin- und hergehen können, wie auch für eine schnelle Heimkehr, sobald Du, wie ich hoffe, am Ziel bist oder eine vorläufige Entscheidung gefallen ist. Deshalb bin ich dafür, daß Du auf jeden Fall bleibst, wo Du bist.

Meinem Freunde T. Furfanus Postumus und seinen Legaten, die ebenfalls mit mir befreundet sind, werde ich Dich warm empfehlen, wenn sie eintreffen – sie sind nämlich alle in Mutina –, ausgezeichnete Männer, die sich gern um Leute in Deiner Lage bemühen, und mir verpflichtet. Alles, was mir als Dir vielleicht dienlich in den Sinn kommt, werde ich von mir aus ins Werk setzen; übersehe ich etwas, so brauchst Du mich nur darauf hinzuweisen, und ich werde alle an Eifer übertreffen. Ich werde zwar mit Furfanus persönlich so eingehend über Dich sprechen, daß Du an sich keines Empfehlungsschreibens von mir an ihn bedarfst; aber wo Deine Leute möchten, Du bekämst ein paar Zeilen von mir in die Hand, die Du ihm einhändigen könntest, füge ich mich ihnen. Eine Abschrift meines Schreibens lege ich Dir bei.

(Rom, Anfang Dezember 46)

7 (9).
M. Cicero grüßt Furfanus, den Prokonsul.

Mit A. Caecina stehe ich seit je in den denkbar engsten freundschaftlichen Beziehungen. Mit seinem Vater, einem angesehenen, braven Manne, habe ich regen Umgang gepflegt, den Sohn von Kindesbeinen an stets so geschätzt, daß ich mich zu keinem andern Menschen so hingezogen fühlte, weil er mich zu der Hoffnung berechtigte, daß aus ihm ein tüchtiger Mann und guter Redner werden könne, und uns neben den Banden der Freundschaft auch gleich-

dilexi, ut non ullo cum homine coniunctius viverem.
nihil attinet me plura scribere; quam mihi necesse sit 2
eius salutem et fortunas, quibuscumque rebus possim,
tueri, vides. relicum est, ut, cum cognorim pluribus
rebus, quid tu et de bonorum fortuna et de rei p.
calamitatibus sentires, nihil a te petam, nisi ut ad eam
voluntatem, quam tua sponte erga Caecinam habiturus esses, tantus cumulus accedat commendatione
mea, quanti me a te fieri intellego. hoc mihi gratius
facere nihil potes.

    Vale.

VIII.
CAECINA CICERONI P. S.

    Quod tibi non tam celeriter liber est redditus, 1
ignosce timori nostro et miserere temporis. filius,
ut audio, pertimuit, neque iniuria, si liber exisset –
quoniam non tam interest, quo animo scribatur, quam
quo accipiatur –, ne ea res inepte mihi noceret, cum
praesertim adhuc stili poenas dem. qua quidem in re
singulari sum fato. nam cum mendum scripturae
litura tollatur, stultitia fama multetur, meus error
exilio corrigitur, cuius summa criminis est, quod
armatus adversario male dixi. nemo nostrum est, ut 2
opinor, quin vota Victoriae suae fecerit, nemo, quin,
etiam cum de alia re immolaret, tamen eo quidem ipso
tempore, ut quam primum Caesar superaretur, optaret.
hoc si non cogitat, omnibus rebus felix est; si scit et
persuasus est, quid irascitur ei, qui aliquid scripsit
contra suam voluntatem, cum ignorit omnibus, qui
multa deos venerati sint contra eius salutem?

Sed ut eodem revertar, causa haec fuit timoris: 3

gerichtete Interessen zu engster Lebensgemeinschaft vereinigten. Mehr brauche ich nicht zu sagen; Du siehst, wieviel mir daran liegen muß, ihn in seinem Wohlergehn und Eigentum zu schützen, so gut ich irgend kann. Mehrfach habe ich erkennen können, wie Du Dich zu dem Schicksal der Guten und zu dem Unheil stellst, das den Staat betroffen hat, und so brauche ich Dich nur noch zu bitten, das Maß guten Willens, den Du ohnehin gegen Caecina betätigen würdest, entsprechend Deiner mir bekannten Wertschätzung meiner Person auf meine Empfehlung hin voll zu machen. Du könntest mir keinen größeren Gefallen erweisen.

Leb' wohl!

(Rom, Anfang Dezember 46)

8 (7).
Caecina grüßt Cicero herzlich.

Wenn Dir meine Schrift nicht so bald, wie Du vielleicht erwartet hast, überbracht worden ist, so mußt Du das meiner Ängstlichkeit zugute halten und Mitleid haben mit meiner mißlichen Lage. Mein Sohn hat es, wie ich sehe, – und nicht zu Unrecht – mit der Angst bekommen, wenn das Buch hinausginge, könnte mir das infolge einer Ungeschicklichkeit schaden, zumal ich immer noch für die Sünden meiner Feder büßen muß; es kommt ja nicht so sehr auf die Gesinnung des Verfassers wie auf die des Empfängers an. In dieser Beziehung ist es ein reines Verhängnis mit mir. Während man einen Schreibfehler durch Ausstreichen beseitigt, für eine Torheit durchgehächelt wird, wird mein Versehen durch Verbannung berichtigt, und doch ist mir alles in allem nur vorzuwerfen, daß ich den Gegner während des Krieges geschmäht habe. Jeder von uns, glaube ich, hat seiner Siegesgöttin Gelübde dargebracht; jeder hat, auch wenn er aus anderm Anlaß opferte, dabei doch gleichzeitig den Wunsch eines recht baldigen Erliegens Caesars gehabt. Wenn ihm dieser Gedanke gar nicht kommt, ist er ein Glückspilz; weiß er es aber und ist davon überzeugt, warum zürnt er dann jemandem, der etwas geschrieben hat, was ihm nicht paßt, wo er doch allen verziehen hat, die vielfach sein Verderben von den Göttern erfleht haben?

Um aber zur Sache zu kommen: der Grund meiner Ängstlich-

scripsi de te parce medius fidius et timide non revo-
cans me ipse sed paene refugiens. genus autem hoc
scripturae non modo liberum sed incitatum atque
elatum esse debere quis ignorat? solutum existimatur
esse alteri male dicere – tamen cavendum est, ne in
petulantiam incidas –, impeditum se ipsum laudare,
ne vitium adrogantiae subsequatur, solum vero liberum alterum laudare, de quo quicquid detrahas,
necesse est aut infirmitati aut invidiae adsignetur. ac
nescio, an tibi gratius opportuniusque acciderit; nam
quod praeclare facere non poteram, primum erat non
attingere, secundum beneficium quam parcissime
facere. sed tamen ego quidem me sustinui; multa
minui, multa sustuli, complura ne posui quidem.
quem ad modum igitur, scalarum gradus si alios tol-
las, alios incidas, non nullos male haerentis relinquas,
ruinae periculum struas, non ascensum pares, sic tot
malis tum vinctum tum fractum studium scribendi
quid dignum auribus aut probabile potest adferre?

Cum vero ad ipsius Caesaris nomen veni, toto cor- 4
pore contremesco non poenae metu, sed illius iudicii.
totum enim Caesarem non novi. quem putas animum
esse, ubi secum loquitur? hoc probabit, hoc verbum
suspiciosum est. quid, si hoc muto? at vereor, ne
peius sit. age vero, laudo aliquem; num offendo?
cum porro offendam, quid, si non vult? armati stilum
persequitur; victi et nondum restituti quid faciet?

Auges etiam tu mihi timorem, qui in 'Oratore' tuo
caves tibi per Brutum et ad excusationem socium
quaeris. ubi hoc omnium patronus facit, quid me,
veterem tuum, nunc omnium clientem, sentire oportet? in hac igitur calumnia timoris et caecae suspicio-

keit ist folgender. Ich habe von Dir weiß Gott nur knapp und zurückhaltend gesprochen, indem ich mir selbst Zügel anlegte, ja, beinahe wie ein Pferd scheute; ein solches Thema erfordert aber, wie jeder weiß, einen ungezwungenen, ja, begeisterten, erhabenen Stil. Für erlaubt gilt es, einen Gegner zu schmähen, doch muß man sich hüten, in Frechheit zu verfallen; für bedenklich, sich selbst zu loben, um nicht anmaßend zu erscheinen; frei ist man allein, wenn es gilt, einen andern zu rühmen, und doch, tut man nicht genug darin, so wird einem das unweigerlich als Unfähigkeit oder Mißgunst ausgelegt. Vielleicht hast Du in dieser Hinsicht mehr Glück und Erfolg gehabt; was ich nicht ganz gut machen konnte, habe ich entweder überhaupt nicht angerührt oder höchstens ganz obenhin. Aber ich habe doch meinen Mann gestanden: manchen Ausdruck habe ich abgeschwächt, manchen ganz beseitigt, mehreres gar nicht erst niedergeschrieben. Wenn Du bei einer Leiter ein paar Stufen entfernst, andere anschneidest, einige, die locker sitzen, läßt, wie sie sind, kannst Du nicht hinaufsteigen und riskierst nur, daß Du mit dem Ding zusammenbrichst; genauso geht es einem bei der Schriftstellerei: was soll schon Lesenswertes oder Überzeugendes dabei herauskommen, wenn man sich von all den Schwierigkeiten bald beengt, bald kraftlos fühlt?

Komme ich nun gar zu Caesars eigener Person, dann zittere ich am ganzen Leibe; nicht aus Angst vor Strafe, sondern vor seinem Urteil, denn ganz kenne ich Caesar nicht. Wie muß mir da wohl zumute sein, wenn ich mir sage: dies wird ihm gefallen, dieser Ausdruck ist bedenklich; wie, wenn ich dies änderte? Aber vielleicht wird es dadurch noch schlimmer? Gesetzt den Fall, ich lobe jemanden: ist ihm das auch recht? Oder kränke einen andern: wie, wenn ihm das nicht paßt? Die Feder des bewaffneten Gegners verfolgt er; wie wird er mit der des Unterlegenen und noch nicht Begnadigten verfahren?

Auch Du steigerst meine Angst! In Deinem „Orator" versteckst Du Dich hinter Brutus und suchst Dir zu Deiner Entschuldigung einen Komplizen. Wo schon der große Anwalt aller das tut, was soll dann ich anstellen, einst Dein, jetzt aller Welt armer Klient? Unter dem Druck dieses Verfolgungswahns, dieses blinden Argwohns, da man fast alles nur auf die bei dem andern vermutete

nis tormento, cum plurima ad alieni sensus coniecturam, non ad suum iudicium scribantur, quam
difficile sit evadere, si minus expertus es, quod te ad
omnia summum atque excellens ingenium armavit,
nos sentimus. sed tamen ego filio dixeram, librum
tibi legeret et auferret aut ea condicione daret, si
reciperes te correcturum, hoc est si totum alium
faceres.

De Asiatico itinere, quamquam summa necessitas 5
premebat, ut imperasti, feci.

Te pro me quid horter? vides tempus venisse, quo
necesse sit de nobis constitui. nihil est, mi Cicero,
quod filium meum exspectes. adulescens est; omnia
excogitare vel studio vel aetate vel metu non potest.
totum negotium tu sustineas oportet; in te mihi omnis spes est. tu pro tua prudentia, quibus rebus gau-
deat, quibus capiatur Caesar, tenes; a te omnia proficiscantur et per te ad exitum perducantur necesse
est; apud ipsum multum, ad eius omnis plurimum
potes. unum tibi si persuaseris, non hoc esse tui mu- 6
neris, si quid rogatus fueris, ut facias – quamquam id
magnum et amplum est –, sed totum tuum esse onus,
perficies; nisi forte aut in miseria nimis stulte aut in
amicitia nimis impudenter tibi onus impono. sed
utrique rei excusationem tuae vitae consuetudo dat.
nam quod ita consuesti pro amicis laborare, non iam
sic sperant abs te, sed etiam sic imperant tibi familiares.

Quod ad librum attinet, quem tibi filius dabit, peto
a te, ne exeat, aut ita corrigas, ne mihi noceat.

IX.
M. CICERO S. D. A. CAECINAE.

Quotienscumque filium tuum vidi – video autem 1
fere cotidie –, polliceor ei studium quidem meum et

Reaktion anlegt und nicht nach eigenem Urteil schreibt, wie schwierig es da ist, mit heiler Haut davonzukommen, wenn Du das nie recht erfahren hast, weil Du durch Dein außergewöhnliches, überragendes Talent gefeit bist – ich bekomme es zu spüren! Doch habe ich meinen Sohn beauftragt, Dir die Schrift vorzulesen und sie wieder mitzunehmen oder Dir unter der Bedingung zu überlassen, daß Du ihm versprichst, sie durchzusehen, das heißt, etwas ganz anderes daraus zu machen.

Betreffs der Reise nach Asien füge ich mich Deinem Wunsche, obwohl die Not sehr drängt.

Was soll ich von Dir verlangen? Du siehst, die Zeit ist da, wo die Entscheidung über mich fallen muß. Von meinem Sohn, mein Cicero, brauchst Du nichts zu erwarten. Er ist jung; alles zu bedenken verwehren ihm seine Studien, sein jugendliches Alter oder seine Befangenheit. Du mußt schon die ganze Sache in die Hand nehmen, auf Dich setze ich all meine Hoffnung. Du bist klug und weißt, was Caesar gefällt, was ihn einnimmt; von Dir muß alles ausgehen und zu Ende geführt werden. Du hast bei ihm großen, bei allen seinen Leuten den größten Einfluß. Wenn Du Dir das eine vor Augen hältst, daß es jetzt für Dich nicht nur darauf ankommt, eine etwa ausgesprochene Bitte zu erfüllen, obwohl auch das schon nicht wenig und unwesentlich wäre, sondern die ganze Last auf Dir liegt, dann wirst Du Dich auch durchsetzen, es sei denn, ich packte Dir allzu töricht im Elend und allzu unbescheiden in meiner Freundschaft diese Last auf. Für beides gibt mir Deine ganze Lebensart die Entschuldigung an die Hand; denn da Du Dich so für Deine Freunde einzusetzen pflegst, erhoffen sie dies schon nicht mehr nur von Dir, sondern fordern es geradezu.

Was meine Schrift angeht, die mein Sohn Dir bringen wird, so laß sie bitte nicht hinausgehen oder verbessere sie so, daß sie mir nicht schaden kann.

(Auf Sizilien, Mitte Dezember 46)

9 (5).
M. Cicero grüßt A. Caecina.

Sooft ich Deinen Sohn sehe – und ich sehe ihn oft –, verspreche ich ihm meine eifrige Unterstützung, und zwar ohne jede Ein-

operam sine ulla exceptione aut laboris aut occupa-
tionis aut temporis, gratiam autem atque auctoritatem
cum hac exceptione, quantum valeam quantumque
possim.

Liber tuus et lectus est et legitur a me diligenter
et custoditur diligentissime.

Res et fortunae tuae mihi maximae curae sunt; quae
quidem cotidie faciliores mihi et meliores videntur
multisque video magnae esse curae; quorum de
studio et de sua spe filium ad te perscripsisse certo
scio. iis autem de rebus, quas coniectura consequi 2
possumus, non mihi sumo, ut plus ipse prospiciam
quam te videre atque intellegere mihi persuaserim;
sed tamen, quia fieri potest, ut tu ea perturbatiore
animo cogites, puto esse meum, quid sentiam, exponere.

Ea natura rerum est et is temporum cursus, ut non
possit ista aut tibi aut ceteris fortuna esse diuturna
neque haerere in tam bona causa et in tam bonis
civibus tam acerba iniuria. quare ad eam spem, quam 3
de omnibus habemus, accedit ea, quam extra ordinem
de te ipso habemus non solum propter dignitatem et
virtutem tuam – haec enim ornamenta sunt tibi etiam
cum aliis communia –, accedit tua praecipua propter
eximium ingenium summamque virtutem, cui mehercules hic, cuius in potestate sumus, multum tri-
buit. itaque ne punctum quidem temporis in ista fortuna fuisses, nisi eo ipso bono tuo, quo delectatur, se
violatum putasset; quod ipsum lenitur cotidie signi-
ficaturque nobis ab iis, qui simul cum eo vivunt, tibi
hanc ipsam opinionem ingenii apud illum plurimum
profuturam. quapropter primum fac animo forti 4
atque magno sis – ita enim natus, ita educatus, ita
doctus es, ita etiam cognitus, ut tibi id faciendum
sit –, deinde spem quoque habeas firmissimam propter eas causas, quas scripsi. a me vero tibi omnia

schränkung, etwa daß es mir zu mühsam sei, ich keine Zeit hätte
oder der Augenblick nicht günstig sei, meinen Einfluß und mein
Ansehen aber mit der Einschränkung: soviel ich kann und vermag.

Deine Schrift habe ich gelesen, studiere sie weiter und hüte sie
aufs sorgfältigste.

Deine Begnadigung und Dein Vermögen liegen mir sehr am Herzen; beides erscheint mir von Tag zu Tag leichter und günstiger,
und ich sehe, daß viele sich darum bemühen; davon und von
seinen eigenen Hoffnungen hat Dein Sohn Dir sicher ausführlich
geschrieben. Was aber die Dinge angeht, bei denen wir auf Vermutungen angewiesen sind, da maße ich mir nicht an, mehr zu
wissen, als Du zweifellos selbst sehen und erkennen kannst. Immerhin ist es ja nicht ausgeschlossen, daß Du die Dinge nicht ruhig
genug betrachtest, und so halte ich es für meine Pflicht, Dir meine
Ansicht darzulegen.

Es liegt in der Natur der Sache, und die Zeitläufte sind danach,
daß Du und all die andern gewiß nicht für immer in diesem bedau-
ernswerten Zustand bleiben werden und an einer so guten Sache
und so trefflichen Bürgern solch bitteres Unrecht hängen bleibt.
Darum tritt zu der Hoffnung, die wir für alle hegen, die Hoffnung,
die wir für Dich besonders hegen, nicht nur wegen Deines Ranges
und Deiner mannhaften Gesinnung – das sind Vorzüge, die Du
mit anderen teilst –: Du darfst Dir ganz besondere Hoffnungen
machen wegen Deines außergewöhnlichen Talents und Deiner
schriftstellerischen Begabung, worauf ER, in dessen Macht wir
uns befinden, großen Wert legt. So wärest Du auch nicht einen
Augenblick in dieser Deiner unglücklichen Lage geblieben, hätte
er sich nicht gerade durch die schöne Gabe, an der er seine Freude
hat, verletzt gefühlt. Aber das gibt sich mit jedem Tage mehr, und
die Leute aus seiner Umgebung lassen durchblicken, daß Dir
gerade diese gute Meinung von Deinem Talent bei ihm von großem
Nutzen sein wird. Deshalb sei erstens tapfer und wohlgemut – dazu
verpflichtet Dich Deine Geburt, Deine Erziehung, Deine Bildung
und bisherige Bewährung; zum andern halte aus den dargelegten
Gründen unbeirrt fest an der Hoffnung. Daß ich mich Dir und
Deinen Kindern ganz zur Verfügung stelle, darauf kannst Du Dich

liberisque tuis paratissima esse confidas velim; id
enim et vetustas nostri amoris et mea consuetudo in
meos et tua multa erga me officia postulant.

X.
M. CICERO TREBIANO S.

Ego quanti te faciam semperque fecerim quantique 1
me a te fieri intellexerim, sum mihi ipse testis. nam
et consilium tuum vel casus potius diutius in armis
civilibus commorandi semper mihi magno dolori
fuit, et hic eventus, quod tardius, quam est aecum et
quam ego vellem, reciperas fortunam et dignitatem
tuam, mihi non minori curae est, quam tibi semper
fuerunt casus mei. itaque et Postumuleno et Sestio et
saepissime Attico nostro proximeque Theudae, liberto
tuo, totum me patefeci et haec iis singulis saepe dixi,
quacumque re possem, me tibi et liberis tuis satis
facere cupere, idque tu ad tuos velim scribas, haec quidem certe, quae in potestate mea sunt, ut operam, consilium, rem, fidem meam sibi ad omnes res paratam
putent. si auctoritate et gratia tantum possem, quan- 2
tum in ea re p., de qua ita meritus sum, posse deberem,
tu quoque is esses, qui fuisti, cum omni gradu amplis-
simo dignissimus tum certe ordinis tui facile princeps.
sed quoniam eodem tempore eademque de causa
nostrum uterque cecidit, tibi et illa polliceor, quae
supra scripsi, quae sunt adhuc mea, et ea, quae praeterea videor mihi ex aliqua parte retinere tamquam
ex reliquiis pristinae dignitatis. neque enim ipse
Caesar, ut multis rebus intellegere potui, est alienus a
nobis et omnes fere familiarissimi eius casu devincti
magnis meis veteribus officiis me diligenter observant

fest verlassen; das fordert unsre alte Freundschaft, mein gewohntes Verhalten gegen meine Freunde und Deine zahlreichen mir geleisteten Dienste.

(Rom, Ende Dezember 46).

10.

M. Cicero grüßt Trebianus.

Wie hoch ich Dich schätze und immer geschätzt habe, und wie hoch ich von Dir, wie ich weiß, gehalten werde, kann ich mir selbst bezeugen. Denn daß Du Dich entschlossen hast oder vielmehr zufällig darauf verfallen bist, den Kampf gegen Deine Mitbürger länger fortzusetzen, hat mich schon immer aufs äußerste betrübt, und daß Du jetzt schließlich langsamer, als es billig ist und ich es gewünscht hätte, wieder in den Genuß Deines Eigentums und der Dir zukommenden Stellung gelangst, dauert mich nicht weniger, als meine Schicksalsschläge Dich stets gedauert haben. So habe ich mich denn gegen Postumulenus und Sestius, mehrfach auch gegen unsern Atticus und kürzlich wieder gegen Deinen Freigelassenen Theudas ganz offen dahingehend geäußert und jedem von ihnen mehr als einmal im Gespräch erklärt, ich wünschte mich Dir und Deinen Kindern auf jede mögliche Weise erkenntlich zu zeigen. Schreib das bitte den Deinigen, sie dürften, jedenfalls soweit das in meiner Macht stehe, überzeugt sein, daß ihnen meine Dienste, mein Rat, mein Vermögen, mein Kredit auf alle Fälle zur Verfügung ständen. Wenn mein Ansehen und Einfluß so weit reichten, wie sie in einem Staate, um den ich mir solche Verdienste erworben habe, eigentlich reichen müßten, dann würdest auch Du wieder die Stellung einnehmen, die Du gehabt hast, wert, jeden hohen Rang zu bekleiden, und gewiß weitaus der erste Deines Standes. Aber wo wir beiden gleichzeitig aus dem gleichen Grunde zu Fall gekommen sind, verspreche ich Dir alles, was ich oben aufgeführt habe, soweit ich noch darüber verfüge, und was ich darüber hinaus sozusagen aus der Konkursmasse meiner früheren Stellung einigermaßen unversehrt behalten zu haben glaube. Denn Caesar selbst steht uns, wie ich mehrfach zu bemerken Gelegenheit hatte, nicht feindselig gegenüber, und seine nächsten Vertrauten sind mir zufällig fast alle auf Grund meiner einstigen Dienste verpflichtet und

et colunt. itaque, si qui mihi erit aditus de tuis fortunis, id est de tua incolumitate, in qua sunt omnia,
agendi, quod quidem cotidie magis ex eorum sermonibus adducor ut sperem, agam per me ipse et
moliar. singula persequi non est necesse; universum 3
studium meum et benevolentiam ad te defero. sed
magni mea interest hoc tuos omnis scire, quod tuis
litteris fieri potest ut intellegant, omnia Ciceronis
patere Trebiano. hoc eo pertinet, ut nihil existiment
esse tam difficile, quod non pro te mihi susceptum
iucundum sit futurum.

Antea misissem ad te litteras, si genus scribendi in- 4
venirem; tali enim tempore aut consolari amicorum
est aut polliceri. consolatione non utebar, quod ex
multis audiebam, quam fortiter sapienterque ferres
iniuriam temporum quamque te vehementer conso-
laretur conscientia factorum et consiliorum tuorum.
quod quidem si facis, magnum fructum studiorum
optimorum capis, in quibus te semper scio esse versatum, idque ut facias, etiam atque etiam te hortor.
simul et illud tibi, homini peritissimo rerum et exem- 5
plorum et omnis vetustatis, ne ipse quidem rudis,
sed in studio minus fortasse quam vellem, in rebus
atque usu plus etiam, quam vellem, versatus spondeo,
tibi istam acerbitatem et iniuriam non diuturnam
fore. nam et ipse, qui plurimum potest, cotidie mihi
delabi ad aequitatem et ad rerum naturam videtur, et
ipsa causa ea est, ut iam simul cum re p., quae in perpetuum iacere non potest, necessario revivescat atque
recreetur, cotidieque aliquid fit lenius et liberalius,
quam timebamus. quae quoniam in temporum in-
clinationibus saepe parvis posita sunt, omnia mo-

erweisen mir alle nur denkbare Ehrerbietung. Sobald sich mir also ein Weg öffnet, über Dein Vermögen, und das heißt über Deine Begnadigung, die alles andere in sich faßt, zu verhandeln – und Äußerungen von ihnen lassen mich mit jedem Tage mehr hoffen, daß es geschieht –, werde ich die Sache persönlich in die Hand nehmen und ins Rollen bringen. Die Einzelheiten brauche ich Dir nicht darzulegen; all mein Eifer, all mein Wohlwollen steht zu Deiner Verfügung. Doch ist mir sehr darum zu tun, daß alle Deine Leute wissen – und durch ein paar Zeilen von Dir können sie es erfahren –, daß alles, was in Ciceros Vermögen liegt, Trebianus zu Diensten steht. Damit will ich sagen, daß es keine Schwierigkeit gibt, die ich nicht gerne für Dich auf mich nehmen würde.

Ich hätte Dir schon eher geschrieben, wenn ich nur gewußt hätte, welche Schreibart ich anwenden sollte. In Zeiten wie den unsrigen ist es die Aufgabe des Freundes, zu trösten oder Versprechungen zu machen. Aufs Trösten lege ich mich nicht mehr, weil ich von vielen Seiten höre, wie tapfer und gelassen Du die Unbilden der Zeit trägst, und welch starken Trost Du aus dem Bewußtsein schöpfst, das Rechte getan und gewollt zu haben. Damit erntest Du reichen Lohn für Deine Beschäftigung mit der Philosophie, der Du Dich, wie ich weiß, stets gewidmet hast, und ich kann Dir nur dringend raten, es weiter zu tun. Zugleich verspreche ich Dir, einem Manne, der mit dem Lauf der Dinge, mit unsren Vorbildern und unsrer ganzen Vergangenheit vertraut ist, selbst nicht eben ungebildet und nur in der Literatur vielleicht weniger als wünschenswert bewandert, dafür aber in praktischer Erfahrung leider mehr als wünschenswert versiert: das bittere Unrecht, das Dir geschieht, wird nicht ewig auf Dir lasten! Denn ER, der alle Macht in der Hand hält, scheint von Tag zu Tag mehr auf den Weg zur Billigkeit und Vernunft zurückzukehren, und unsre Sache ist an sich danach angetan, zusammen mit dem Staate, der doch nicht ewig darniederliegen kann, unbedingt wieder aufzuleben und neu zu Kräften zu kommen; tagtäglich sehen wir, wie man mit weniger Engherzigkeit und Härte verfährt, als wir befürchteten. Solche Dinge hängen ja oft von ganz geringfügigen Schwankungen der Verhältnisse ab, und so werde ich alle Momente beobachten und

menta observabimus neque ullum praetermittemus
tui iuvandi et levandi locum.

Itaque illud alterum, quod dixi, litterarum genus 6
cotidie mihi, ut spero, fiet proclivius, ut etiam polliceri possim. id re quam verbis faciam libentius.

Tu velim existimes et pluris te amicos habere, quam
qui in isto casu sint ac fuerint, quantum quidem ego
intellegere potuerim, et me concedere eorum nemini.

Fortem fac animum habeas et magnum, quod est in
uno te; quae sunt in fortuna, temporibus regentur et
consiliis nostris providebuntur.

XI.
M. CICERO S. D. TREBIANO.

Dolabellam antea tantum modo diligebam, obliga- 1
tus ei nihil eram – nec enim acciderat mihi opus esse,
et ille mihi debebat, quod non defueram eius periculis –; nunc tanto sum devinctus eius beneficio, quod
et antea in re et hoc tempore in salute tua cumulatissime mihi satis fecit, ut nemini plus debeam. qua in
re tibi gratulor ita vehementer, ut te quoque mihi
gratulari quam gratias agere malim; alterum omnino
non desidero, alterum vere facere poteris.

Quod reliquum est, quoniam tibi virtus et dignitas 2
tua reditum ad tuos aperuit, est tuae sapientiae magnitudinisque animi, quid amiseris, oblivisci, quid reci-
peraris, cogitare. vives cum tuis, vives nobiscum;
plus adquisisti dignitatis quam amisisti rei familiaris;
quae ipsa tum esset iucundior, si ulla res esset publica.

Vestorius, noster familiaris, ad me scripsit te mihi
maximas gratias agere. haec praedicatio tua mihi
valde grata est eaque te uti facile patior cum apud

keine Gelegenheit ungenutzt lassen, Dir zu helfen und Deine Lage zu erleichtern.

Somit wird mir hoffentlich jener zweite Brieftyp, von dem ich oben sprach, mit jedem Tage leichter fallen, so daß ich in der Lage bin, Dir sogar feste Versprechungen zu machen; lieber wär's mir, ich könnte es mit Taten als mit Worten.

Du darfst überzeugt sein, daß Du, soweit ich das habe feststellen können, noch mehr Freunde besitzt als nur die, die in der gleichen Lage sind oder gewesen sind, und daß ich hinter keinem zurückstehe.

Sei tapfer und guten Mutes! Das hängt allein von Dir ab; was am Schicksal liegt, werden die Umstände regeln und wir mit unsern Entschlüssen in die rechte Bahn leiten.

(Rom, Mitte 46)

II.
M. Cicero grüßt Trebianus.

Früher schätzte ich Dolabella nur, war ihm aber in keiner Weise verpflichtet – es war ja auch nie der Fall eingetreten, daß ich seiner bedurfte, andrerseits stand er in meiner Schuld, weil ich mich ihm in seinen Prozessen nicht versagt hatte –; jetzt fühle ich mich durch sein großes Entgegenkommen an ihn gebunden, sofern er mir kürzlich, als es um Dein Vermögen ging, und jetzt wieder bei Deiner Begnadigung in vollstem Maße Genüge getan hat, so daß ich niemandem mehr verpflichtet bin als ihm. Dazu beglückwünsche ich Dich aufs herzlichste, und auch Du solltest mich lieber beglückwünschen, als Dich bei mir bedanken; das eine erwarte ich gar nicht, das andre kannst Du mit gutem Gewissen tun.

Jetzt, wo Dir Rang und Tüchtigkeit die Rückkehr zu den Deinigen erschlossen haben, kommt es nur noch auf Deine Weisheit und Hochherzigkeit an, daß Du vergißt, was Du verloren hast, und nur daran denkst, was Du wiedergewonnen hast. Du wirst mit Deinen Lieben, mit mir zusammen leben, hast mehr an Ansehen gewonnen, als Du an Vermögen eingebüßt hast; was Dir geblieben ist, wäre freilich erfreulicher, wenn es noch eine Art von Staat gäbe.

Mein Freund Vestorius schreibt mir, Du brächtest Deine Dankbarkeit mir gegenüber bei jeder Gelegenheit zum Ausdruck. Daß Du mich so in den Himmel hebst, ist mir sehr recht, und ich sehe

alios tum mercule apud Sironem, nostrum amicum.
quae enim facimus, ea prudentissimo cuique maxime
probata esse volumus.

Te cupio videre quam primum.

XII.
CICERO AMPIO S. P.

Gratulor tibi, mi Balbe, vereque gratulor nec sum 1
tam stultus, ut te usura falsi gaudii frui velim, deinde
frangi repente atque ita cadere, ut nulla res te ad
aequitatem animi possit postea extollere. egi tuam
causam apertius, quam mea tempora ferebant. vince-
batur enim fortuna ipsa debilitatae gratiae nostrae tui
caritate et meo perpetuo erga te amore culto a te
diligentissime. omnia promissa confirmata, certa et
rata sunt, quae ad reditum et ad salutem tuam pertinent; vidi, cognovi, interfui. etenim omnis Caesaris 2
familiaris satis opportune habeo implicatos consuetudine et benevolentia sic, ut, cum ab illo discesserint,
me habeant proximum. hoc Pansa, Hirtius, Balbus,
Oppius, Matius, Postumius plane ita faciunt, ut me
unice diligant. quod si mihi per me efficiendum fuisset, non me paeniteret pro ratione temporum ita esse
molitum; sed nihil est a me inservitum temporis causa.
veteres mihi necessitudines cum his omnibus intercedunt, quibuscum ego agere de te non destiti; principem tamen habuimus Pansam, tui studiosissimum,
mei cupidum, qui valeret apud illum non minus auctoritate quam gratia. Cimber autem Tillius mihi plane
satis fecit. valent tamen apud Caesarem non tam
ambitiosae rogationes quam necessariae; quam quia
Cimber habebat, plus valuit, quam pro ullo alio valere
potuisset.

es gern, daß Du so tust, bei andern und vor allem bei meinem
Freunde Siro. Denn mit allem, was ich tue, möchte ich es hauptsächlich den klugen Leuten recht machen.

Hoffentlich sehe ich Dich recht bald.

(Anscheinend auf dem Tusculanum, Anfang Juni 45)

12.

Cicero grüßt Ampius herzlich.

Ich beglückwünsche Dich, mein Balbus, und zwar aufrichtig,
denn ich bin nicht so einfältig, zu wünschen, daß Du Dich dem
Genusse unzeitiger Freude hingibst, um hernach unversehens aus
allen Wolken zu fallen und so tief zu stürzen, daß nichts Dich alsdann wieder ins Gleichgewicht bringen kann. Ich habe Deine Sache
offener betrieben, als es meine Lage eigentlich gestattete. Denn
schwerer als die schicksalsbedingte Schwächung meines Einflusses
wog meine unvergängliche Hochachtung und Liebe zu Dir, die Du
so herzlich erwidertest. Alle Versprechungen bezüglich Deiner
Heimkehr und Begnadigung sind bestätigt worden und somit gültig
und rechtskräftig. Ich bin selbst dabei gewesen und habe es mit
eigenen Augen gesehen. Ich habe nämlich das Glück, mich mit
allen Vertrauten Caesars durch intimen Verkehr und Wohlwollen
verbunden zu wissen; gehen sie von ihm fort, so führt sie der
nächste Weg zu mir. So machen es Pansa, Hirtius, Balbus, Oppius,
Matius, Postumius; sie alle schätzen mich außerordentlich. Hätte
ich es meinerseits darauf abgesehen gehabt, es sollte mich angesichts
der Zeiten nicht gereuen, alles daran gesetzt zu haben; aber ich
habe mich nicht erst der Zeitläufte wegen an sie herangemacht. Ich
stehe schon seit langem in regen Beziehungen mit ihnen allen und
habe mit ihnen immer wieder über Deinen Fall gesprochen, hauptsächlich jedoch mit Pansa, der sich sehr für Dich interessiert und
sich mir gern erkenntlich zeigen möchte, da er bei IHM nicht
weniger durch sein Ansehen wie durch seine persönliche Beliebtheit von Einfluß ist. Cimber Tillius hat völlig zu meiner Zufriedenheit gearbeitet. Freilich machen bei Caesar nicht so sehr ehrgeizige
als wohlbegründete Anträge Eindruck. Einen solchen brachte
Cimber vor, und so hat er mehr erreicht, als er für jemand anders
hätte erreichen können.

Diploma statim non est datum, quod mirifica est 3
improbitas in quibusdam, qui tulissent acerbius veniam tibi dari, quam illi appellant 'tubam belli civilis,'
multaque ita dicunt, quasi non gaudeant id bellum
incidisse. quare visum est occultius agendum neque
ullo modo divulgandum de te iam esse perfectum;
sed id erit perbrevi, nec dubito, quin legente te has
litteras confecta iam res futura sit. Pansa quidem
mihi, gravis homo et certus, non solum confirmavit,
verum etiam recepit perceleriter se ablaturum diploma.
mihi tamen placuit haec ad te perscribi; minus enim
te firmum sermo Eppuleiae tuae lacrimaeque Am-
piae declarabant, quam significant tuae litterae, atque
illae arbitrabantur, quom a te abessent ipsae, multo
in graviore te cura futurum. quare magno opere putavi angoris et doloris tui levandi causa pro certis ad
te ea, quae essent certa, perscribi.

Scis me antea sic solitum esse scribere ad te, magis 4
ut consolarer fortem virum atque sapientem, quam
ut exploratam spem salutis ostenderem nisi eam,
quam ab ipsa re p., cum hic ardor restinctus esset,
sperari oportere censerem. recordare tuas litteras,
quibus et magnum animum mihi semper ostendisti et
ad omnis casus ferendos constantem ac paratum.
quod ego non mirabar, cum recordarer te et a primis
temporibus aetatis in re p. esse versatum et tuos
magistratus in ipsa discrimina incidisse salutis fortu-
narumque communium et in hoc ipsum bellum esse
ingressum, non solum ut victor beatus, sed etiam,
si ita accidisset, victus ut sapiens esses. deinde, cum 5
studium tuum consumas in virorum fortium factis
memoriae prodendis, considerare debes nihil tibi esse
committendum, quam ob rem eorum, quos laudas, te
non simillimum praebeas.

Der Paß für Dich ist nicht gleich ausgefertigt worden; das liegt an der kaum verständlichen Boshaftigkeit gewisser Leute, die erbittert darüber waren, daß ausgerechnet Du begnadigt wurdest, den sie die „Trompete des Bürgerkrieges" nennen und was dergleichen mehr ist, als ob sie bedauerten, daß es zu diesem Kriege gekommen ist. Darum scheint es mir angebracht, ein wenig Versteck zu spielen und auf keinen Fall etwas davon verlauten zu lassen, daß Dein Fall bereits entschieden ist. Aber bald ist es so weit, und wenn Du diese Zeilen liest, wird zweifellos alles bereits in Ordnung sein. Jedenfalls hat Pansa – und auf ihn ist unbedingt Verlaß – mir nicht nur versichert, sondern sich sogar dafür verbürgt, er wolle den Paß aufs schnellste beschaffen. Doch halte ich es für gut, Dir dies mitzuteilen, denn nach den Worten Deiner Eppuleia und Ampias Tränen zu urteilen bist Du nicht ganz so zuversichtlich, wie Deine Briefe es annehmen lassen, und beide meinen, wenn auch sie nicht bei Dir seien, würdest Du Dir noch schwerere Sorgen machen. Darum fühle ich mich, um Dich von Ängsten und Sorgen zu befreien, doppelt verpflichtet, Dir als entschieden darzustellen, was faktisch ja auch schon entschieden ist.

Wie Du weißt, hatte ich es mit meinen bisherigen Briefen stets mehr darauf abgesehen, Dich als einen tapferen, klugen Mann zu trösten, als Dir sichere Aussichten auf Begnadigung zu machen; nur die eine ließ ich gelten, daß man auf die politische Entwicklung hoffen dürfe, wenn diese Siedehitze einmal erloschen sei. Denk' an Deine eigenen Briefe, in denen Du mir immer wieder ein mutiges Herz zeigtest, standhaft und entschlossen, alle Wechselfälle des Schicksals zu tragen. Und das wunderte mich gar nicht; wußte ich doch, daß Du von frühester Jugend an Dich der Politik verschrieben hattest, daß Deine Amtsperioden unmittelbar zusammenfielen mit den Krisen der Sicherheit und des Gedeihens von uns allen, und daß Du in diesen Krieg eingetreten bist nicht nur, um Dich als Sieger glücklich zu fühlen, sondern auch, wenn es sich so fügte, als Geschlagener Dich klug zu erweisen. Weiterhin solltest Du bedenken, daß Du es Dir zur Aufgabe gemacht hast, die Taten tapferer Männer der Nachwelt zu überliefern; da darfst Du es nicht darauf ankommen lassen, Dich Deiner Helden nicht würdig zu erweisen.

Sed haec oratio magis esset apta ad illa tempora, quae iam effugisti; nunc vero tantum te para ad haec nobiscum ferenda, quibus ego si quam medicinam invenirem, tibi quoque eandem traderem. sed est unum perfugium doctrina ac litterae, quibus semper usi sumus, quae secundis rebus delectationem modo habere videbantur, nunc vero etiam salutem.

Sed ut ad initium revertar, cave dubites, quin omnia de salute ac reditu tuo perfecta sint.

XIII.
CICERO LIGARIO.

Etsi tali tuo tempore me aut consolandi aut iuvandi 1 tui causa scribere ad te aliquid pro nostra amicitia oportebat, tamen adhuc id non feceram, quia neque lenire videbar oratione neque levare posse dolorem tuum. postea vero quam magnam spem habere coepi fore, ut te brevi tempore incolumem haberemus, facere non potui, quin tibi et sententiam et voluntatem declararem meam.

Primum igitur scribam, quod intellego et perspicio, 2 non fore in te Caesarem duriorem; nam et res eum cotidie et dies et opinio hominum et, ut mihi videtur, etiam sua natura mitiorem facit; idque cum de reliquis sentio tum de te etiam audio ex familiarissimis eius. quibus ego ex eo tempore, quo primum ex Africa nuntius venit, supplicare una cum fratribus tuis non destiti; quorum quidem et virtute et pietate et amore in te singulari et adsidua et perpetua cura salutis tuae tantum proficitur, ut nihil sit, quod non ipsum Caesarem tributurum existimem. sed si 3 tardius fit, quam volumus, magnis occupationibus eius, a quo omnia petuntur, aditus ad eum difficiliores

Doch diese Ausführungen würden eher in die Zeit passen, die Du
bereits hinter Dir hast; jetzt gilt es für Dich nur, Dich zu wappnen,
um gemeinsam mit uns die gegenwärtigen Unbilden zu tragen, für
die ich kein Heilmittel weiß; wüßte ich eins, ich würde es auch Dir
verschreiben. Ein Zufluchtsort bleibt uns: die Philosophie und die
Wissenschaften, denen wir uns stets gewidmet haben, die uns im
Glück nur Unterhaltung zu bieten schienen, jetzt aber auch Gemütsruhe.

Um aber zum Anfang zurückzukehren: Du darfst ganz unbesorgt sein; mit Deiner Heimkehr und Begnadigung ist alles in
Ordnung.

(Rom, Ende November [IX.] 46)

13.
Cicero an Ligarius.

Angesichts Deiner mißlichen Lage hätte ich als Freund Dir
eigentlich schon längst ein paar Worte schreiben müssen, um Dich
zu trösten oder Dir zu helfen. Wenn ich es bisher nicht getan habe,
so deshalb nicht, weil ich mit Worten Deinen Kummer weder
beheben noch auch nur lindern zu können glaubte. Jetzt aber
beginne ich ernstlich zu hoffen, daß wir Dich demnächst wohlbehalten wiederbekommen, und so muß ich Dir unbedingt mitteilen, wie ich die Sache ansehe und was ich wünsche.

Als erstes also: Ich weiß ganz bestimmt, daß Caesar sich nicht
allzu hartleibig gegen Dich erweisen wird, denn mit jedem Tage
machen ihn die Verhältnisse, die Zeit, die Stimmung unter den
Leuten und, wie mir scheinen will, auch sein eigener Charakter
zugänglicher; das sehe ich in Bezug auf alle andern, und auch in
Bezug auf Dich bestätigen es mir seine Vertrauten, die ich gleich
von dem Augenblick an, als die Nachricht aus Afrika eintraf, zusammen mit Deinen Brüdern immerfort um Hilfe gebeten habe.
Dank ihrer Tatkraft, Pflichttreue und grenzenlosen Liebe zu Dir,
dank ihrer fortgesetzten, nie erlahmenden Bemühungen um Deine
Begnadigung bringen wir es dahin, daß wahrscheinlich auch Caesar selbst alles bewilligen wird. Wenn es damit nicht so schnell
geht, wie wir wünschen – infolge seiner starken Beanspruchung,
weil er alles selbst entscheiden soll, war es ziemlich schwer, an ihn

fuerunt, et simul Africanae causae iratior diutius velle
videtur eos habere sollicitos, a quibus se putat diutur-
nioribus esse molestiis conflictatum. sed hoc ipsum
intellegimus eum cotidie remissius et placatius ferre.
quare mihi crede et memoriae manda me tibi id ad-
firmasse, te in istis molestiis diutius non futurum.

Quoniam, quid sentirem, exposui, quid velim tua 4
causa, re potius declarabo quam oratione. si tantum
possem, quantum in ea re p., de qua ita sum meritus,
ut tu existimas, posse debebam, ne tu quidem in istis
incommodis esses; eadem enim causa opes meas
fregit, quae tuam salutem in discrimen adduxit. sed
tamen, quicquid imago veteris meae dignitatis, quicquid reliquiae gratiae valebunt, studium, consilium,
opera, gratia, fides mea nullo loco deerit tuis optimis
fratribus. tu fac habeas fortem animum, quem sem- 5
per habuisti, primum ob eas causas, quas scripsi,
deinde quod ea de re p. semper voluisti atque sensisti,
ut non modo nunc secunda sperare debeas, sed etiam,
si omnia adversa essent, tamen conscientia et factorum et consiliorum tuorum, quaecumque acciderent,
fortissimo et maximo animo ferre deberes.

XIV.
CICERO LIGARIO.

Me scito omnem meum laborem, omnem operam, 1
curam, studium in tua salute consumere. nam cum te
semper maxime dilexi, tum fratrum tuorum, quos
aeque atque te summa benevolentia sum complexus,
singularis pietas amorque fraternus nullum me patitur officii erga te studiique munus aut tempus praetermittere. sed quae faciam fecerimque pro te, ex
illorum te litteris quam ex meis malo cognoscere;

heranzukommen, und überdies ist er besonders ärgerlich über die afrikanische Affäre und scheint diejenigen, durch deren Schuld er sich, wie er meint, mit so langwierigen Schwierigkeiten hat herumschlagen müssen, länger unter Druck halten zu wollen. Aber auch darüber denkt er offenbar von Tag zu Tag ruhiger und gelassener. Du darfst es mir schon glauben – präge es Dir ein, daß ich Dir das versichert habe! –: Deine Pein hat bald ein Ende!

Damit habe ich Dir dargelegt, wie ich die Lage beurteile; was ich für Dich zu tun gesonnen bin, wirst Du eher aus meinen Taten als aus meinen Worten ersehen. Wenn ich so viel vermöchte, wie ich in einem Staatswesen, um das ich mich so verdient gemacht habe, eigentlich müßte, wie Du ganz richtig bemerkst, dann würdest auch Du Dich nicht in dieser unglücklichen Lage befinden; derselbe Umstand ist es ja, der mir das Rückgrat gebrochen hat und jetzt Deine Existenz bedroht. Trotzdem, was der Schatten meiner einstigen Stellung, was die Trümmer meines Einflusses vermögen – mein Eifer, mein Rat, meine Hilfe, mein Einfluß, mein Kredit stehen Deinen trefflichen Brüdern jeder Zeit zur Verfügung. Sei Du nur guten Mutes, wie immer bisher, einmal aus den dargelegten Gründen, zum andern, weil Du in der Politik stets den Standpunkt vertreten hast, daß Du jetzt nicht nur auf Erfolg hoffen darfst, sondern auch, falls alles schief ginge, trotzdem im Bewußtsein, das Rechte getan und gewollt zu haben, alles, was kommen mag, tapfer und hochgemut auf Dich nehmen müßtest.

(Rom, im August [VI.] 46)

14.
Cicero an Ligarius.

Wisse, daß ich all meine Mühe, Kraft, Fürsorge und Hilfsbereitschaft für Deine Begnadigung einsetze; denn ich habe Dich von je geschätzt, und auch die einmalige Treue und brüderliche Liebe Deiner Brüder, die ich genauso wie Dich ganz in mein Herz geschlossen habe, läßt es nicht zu, daß ich irgendeine Aufgabe, vor die mich meine Dienstbereitschaft und mein Interesse für Dich stellt, auch nur einen Augenblick aus den Augen verliere. Doch was ich für Dich tue und getan habe, magst Du lieber aus ihren als aus meinen Briefen entnehmen; nur was ich bezüglich Deiner Begna-

quid autem sperem aut confidam et exploratum habeam de salute tua, id tibi a me declarari volo. nam si
quisquam est timidus in magnis periculosisque rebus
semperque magis adversos rerum exitus metuens
quam sperans secundos, is ego sum et, si hoc vitiumst,
eo me non carere confiteor.

Ego idem tamen cum a. d. V Kal. intercalares 2
priores rogatu fratrum tuorum venissem mane ad
Caesarem atque omnem adeundi et conveniendi illius
indignitatem et molestiam pertulissem, cum fratres et
propinqui tui iacerent ad pedes et ego essem locutus,
quae causa, quae tuum tempus postulabat, non solum
ex oratione Caesaris, quae sane mollis et liberalis fuit,
sed etiam ex oculis et vultu, ex multis praeterea signis,
quae facilius perspicere potui quam scribere, hac
opinione discessi, ut mihi tua salus dubia non esset.

Quam ob rem fac animo magno fortique sis et, si 3
turbidissima sapienter ferebas, tranquilliora laete feras.
ego tamen tuis rebus sic adero ut difficillimis neque
Caesari solum sed etiam amicis eius omnibus, quos
mihi amicissimos esse cognovi, pro te, sicut adhuc
feci, libentissime supplicabo.

Vale.

XV.
CICERO BASILO SAL.

Tibi gratulor, mihi gaudeo; te amo, tua tueor; a te
amari et, quid agas quidque agatur, certior fieri volo.

XVI.
BITHYNICVS CICERONI S.

Si mihi tecum non et multae et iustae causae amicitiae privatim essent, repeterem initia amicitiae ex
parentibus nostris, quod faciendum iis existimo, qui

digung erhoffe oder zuversichtlich glaube und bestimmt weiß, das möchte ich Dir von mir dargelegt wissen. Denn wenn jemand bei schweren, gefahrvollen Entscheidungen ängstlich ist und stets mehr geneigt, ein schlimmes Ergebnis zu fürchten als ein gutes zu erhoffen, so bin ich es, und sollte das ein Manko sein, so bekenne ich, daß ich nicht frei davon bin.

Und doch –! Heute morgen, am 26. November, bin ich auf Bitten Deiner Brüder zu Caesar gegangen und habe all die Schikanen, ehe ich vorgelassen wurde und ihn sprechen konnte, über mich ergehen lassen. Deine Brüder und Verwandten lagen ihm zu Füßen, und als ich ausgeführt hatte, was die Sache und Deine jetzige Lage erforderte, schied ich von ihm in der Überzeugung, die ich aus seiner milden, entgegenkommenden Antwort, aus seinem Blick und Mienenspiel und tausend andern Anzeichen – sie richtig zu werten, fiel mir leichter, als sie jetzt zu beschreiben – entnahm, daß Deine Begnadigung nicht zweifelhaft ist.

Darum sei tapfer und wohlgemut, und wenn Du die trübsten Zeiten gelassen zu tragen wußtest, dann trag die ruhigeren mit heiterem Gemüt! Doch werde ich weiter wie in den schlimmsten Tagen für Dich eintreten und nicht nur bei Caesar, sondern auch bei all seinen Freunden, die mir, wie ich weiß, sehr gewogen sind, wie bisher herzlich gern Fürbitte für Dich einlegen.

Leb' wohl!

(Rom, den 26. November [24. IX.] 46)

15.
Cicero grüßt Basilus.

Dir den Glückwunsch, mir die Freude! Ich habe Dich lieb und kümmere mich um Deine Angelegenheiten. Behalt auch Du mich lieb und laß mich wissen, was Du vorhast und was vorgeht.

(Rom, den 15. März 44)

16.
Bithynicus grüßt Cicero.

Hätte ich nicht persönlich viele durchschlagende Gründe, mich als Deinen Freund zu fühlen, dann würde ich mich für die Grundlage unsrer freundschaftlichen Beziehungen auf unsre Väter be-

paternam amicitiam nullis ipsi officiis prosecuti sunt.
itaque contentus ero nostra ipsorum amicitia; cuius
fiducia peto a te, ut absentem me, quibuscumque in
rebus opus fuerit, tueare, si nullum officium tuum
apud me intermoriturum existimas.

Vale.

XVII.
CICERO BITHYNICO.

Cum ceterarum rerum causa cupio esse aliquando 1
rem p. constitutam tum velim mihi credas accedere,
id etiam quo magis expetam, promissum tuum, quo
in litteris uteris; scribis enim, si ita sit, te mecum esse
victurum.

Gratissima mihi tua voluntas est facisque nihil 2
alienum necessitudine nostra iudiciisque patris tui de
me, summi viri. nam sic habeto, beneficiorum magnitudine eos, qui temporibus valuerunt aut valent,
coniunctiores tecum esse quam me, necessitudine
neminem. quam ob rem grata mihi est et memoria
tua nostrae coniunctionis et eius etiam augendae
voluntas.

XVIII.
CICERO LEPTAE.

Simul atque accepi a Seleuco tuo litteras, statim 1
quaesivi e Balbo per codicillos, quid esset in lege.
rescripsit eos, qui facerent praeconium, vetari esse in
decurionibus; qui fecissent, non vetari. quare bono
animo sint et tui et mei familiares; neque enim erat
ferendum, cum, qui hodie haruspicinam facerent, in
senatum Romae legerentur, eos, qui aliquando praeconium fecissent, in municipiis decuriones esse non
licere.

rufen, wie es wohl diejenigen tun müssen, die ein vom Vater über-
kommenes Freundschaftsverhältnis ohne persönliche Leistungen
fortführen. Somit bin ich zufrieden mit unsrer persönlichen Freundschaft. Im Vertrauen auf sie bitte ich Dich, während meiner Abwesenheit meine Interessen, wann immer es nötig ist, zu vertreten,
falls Du überzeugt bist, daß keine Deiner Gefälligkeiten bei mir in
Vergessenheit geraten wird.

Leb' wohl!

(Zeit und Ort unbekannt)

17.
Cicero an Bithynicus.

Schon aus vielen andern Gründen wünschte ich, der Staat käme
endlich einmal zur Ruhe; daß ich das noch dringender wünsche,
macht, wie Du mir glauben kannst, das in Deinem Briefe gegebene
Versprechen. Du schreibst ja, wenn das eintrete, wollest Du mit
mir zusammen leben.

Dein Wunsch ist mir sehr lieb, und Du tust damit nur, was
unsrer Verbundenheit und dem Urteil Deines trefflichen Vaters
über mich entspricht. Denn Du darfst überzeugt sein, daß durch
den Umfang ihres Entgegenkommens zwar diejenigen, die durch
die Zeitverhältnisse hochgekommen sind oder hochkommen, enger
mit Dir verbunden sind als ich, durch echte Freundschaft aber niemand. Darum ist es mir lieb, daß Du Dich unsrer Verbundenheit
erinnerst und den Wunsch hast, sie noch enger zu gestalten.

(Zeit und Ort unbekannt)

18.
Cicero an Lepta.

Gleich nachdem Dein Seleucus mir Deinen Brief eingehändigt
hatte, habe ich mich durch ein Billet bei Balbus erkundigt, was in
dem Gesetz stehe. Er antwortete mir, Ausrufer dürften nicht Ratsherren sein; bei denen, die es einmal gewesen seien, stehe nichts im
Wege. Somit können unsre beiderseitigen Freunde also ganz beruhigt sein. Es wäre ja auch noch schöner, wenn Leute, die zur
Zeit als Opferschauer fungieren, in Rom in den Senat berufen würden, und solche, die einmal Ausrufer gewesen sind, in den Landstädten nicht Ratsherren sein dürften.

De Hispaniis novi nihil. magnum tamen exercitum 2
Pompeium habere constat; nam Caesar ipse ad suos
misit exemplum Paciaeci litterarum, in quo erat illas
XI esse legiones. scripserat etiam Messalla Q. Salasso
P. Curtium, fratrem eius, iussu Pompei inspectante
exercitu interfectum, quod consensisset cum Hispanis
quibusdam, si in oppidum nescio quod Pompeius rei
frumentariae causa venisset, eum comprehendere ad
Caesaremque deducere.

De tuo negotio, quod sponsor es pro Pompeio, si 3
Galba, consponsor tuus, redierit, homo in re familiari
non parum diligens, non desinam cum illo communicare, si quid expediri possit; quod videbatur mihi ille
confidere.

'Oratorem' meum tanto opere a te probari vehe- 4
menter gaudeo. mihi quidem sic persuadeo me, quicquid habuerim iudicii de dicendo, in illum librum
contulisse. qui si est talis, qualem tibi videri scribis,
ego quoque aliquid sum; sin aliter, non recuso, quin,
quantum de illo libro, tantundem de mei iudicii fama
detrahatur. Leptam nostrum cupio delectari iam talibus scriptis. etsi abest maturitas aetatis, tamen per-
sonare auris eius huius modi vocibus non est inutile.

Me Romae tenuit omnino Tulliae meae partus. sed 5
cum ea, quem ad modum spero, satis firma sit, teneor
tamen, dum a Dolabellae procuratoribus exigam pri-
mam pensionem; et mercule non tam sum peregrinator
iam, quam solebam. aedificia mea me delectabant et
otium; domus est, quae nulli mearum villarum cedat,
otium omni desertissima regione maius. itaque ne
litterae quidem meae impediuntur, in quibus sine ulla
interpellatione versor. quare, ut arbitror, prius hic te
nos quam istic tu nos videbis.

Lepta suavissimus ediscat Hesiodum et habeat in
ore 'τῆς δ' ἀρετῆς ἱδρῶτα' et cetera.

Aus Spanien nichts Neues. Doch daß Pompeius eine große Armee beieinander hat, steht fest, denn Caesar selbst hat an seine Leute die Kopie eines Briefes des Paciaecus geschickt, in dem stand, es handle sich um elf Legionen. Und Messalla hat an Q. Salassus geschrieben, sein Vetter P. Curtius sei auf Pompeius' Befehl unter den Augen des Heeres ermordet worden, weil er mit einigen Spaniern verabredet habe, Pompeius bei Gelegenheit seiner Anwesenheit in ich weiß nicht welcher Stadt zur Regelung der Verpflegung zu verhaften und an Caesar auszuliefern.

Was Deine Sache mit der Bürgschaft für Pompeius angeht, so werde ich, wenn Dein Mitbürge Galba, ein in Vermögensangelegenheiten recht pedantischer Mann, zurückgekehrt ist, mit ihm dauernd in Fühlung bleiben. Vielleicht läßt sich etwas erreichen; er hält es, wie mir schien, für möglich.

Daß mein „Orator" Dir so ausnehmend gefällt, freut mich außerordentlich. Ich glaube aber auch, wenn anders ich überhaupt etwas von der Redekunst verstehe, alles in jenem Buche angebracht zu haben. Ist es wirklich so ausgefallen, wie Du es glaubst, dann bin auch ich etwas; andernfalls habe ich nichts dagegen, wenn man den Ruf meiner Urteilsfähigkeit ebenso zerpflückt wie das Buch. Unser Lepta muß doch auch schon an derartigen Schriften Gefallen finden. Zwar fehlt ihm altersmäßig noch die nötige Reife; immerhin ist es nicht unnütz, wenn solche Töne an sein Ohr dringen.

Mich hat bisher nur die bevorstehende Niederkunft meiner Tullia in Rom festgehalten. Aber obwohl sie, wie ich hoffe, ziemlich kräftig ist, bleibe ich doch, bis ich von Dolabellas Bevollmächtigten die erste Rate erhalte. Im übrigen bin ich weiß Gott nicht mehr der Reiseonkel wie früher. Ich fand Gefallen an meinen Landsitzen und der Ruhe dort. Jetzt steht mein Heim dahier keinem meiner Landsitze nach, und Ruhe finde ich hier besser als in der einsamsten Gegend. So leidet auch meine literarische Tätigkeit nicht, der ich mich ohne Störung hingebe. Deshalb werde ich wahrscheinlich eher Dich hier sehen, als Du mich dort.

Dein reizender Lepta soll nur fleißig den Hesiod auswendig lernen und sich „vor den Erfolg haben die Götter . . ." und so weiter aufsagen!

(Rom, Ende Januar 45)

XIX.
CICERO LEPTAE.

Maculam officio functum esse gaudeo. eius Faler- 1
num mihi semper idoneum visum est devorsorio, si
modo tecti satis est ad comitatum nostrum recipien-
dum. ceteroqui mihi locus non displicet. nec ea re
Petrinum tuum deseram; nam et villa et amoenitas illa
commorationis est, non devorsorii.

De curatione aliqua munerum regiorum cum Op- 2
pio locutus sum; nam Balbum, postea quam tu es
profectus, non vidi. tantis pedum doloribus adficitur,
ut se conveniri nolit. omnino de tota re, ut mihi
videris, sapientius faceres, si non curares. quod enim
eo labore adsequi vis, nullo modo adsequere. tanta
est enim intimorum multitudo, ut ex iis aliquis potius
effluat quam novo sit aditus, praesertim qui nihil adferat praeter operam, in qua ille se dedisse beneficium
putabit – si modo ipsum sciet –, non accepisse. sed
tamen aliquid videbimus, in quo sit species; aliter
quidem non modo non adpetendum sed etiam fugien-
dum puto.

Ego me Asturae diutius arbitror commoraturum,
quoad ille quandoque veniat.
Vale.

XX.
CICERO TORANIO.

Etsi cum haec ad te scribebam, aut appropinquare 1
exitus huius calamitosissimi belli aut iam aliquid
actum et confectum videbatur, tamen cotidie com-
memorabam te unum in tanto exercitu mihi fuisse
adsensorem et me tibi, solosque nos vidisse, quantum
esset in eo bello mali, in quo spe pacis exclusa ipsa

19.

Cicero an Lepta.

Daß Macula sein Versprechen gehalten hat, freut mich. Sein Falernum ist mir immer geeignet als Absteigequartier erschienen, wenn nur genügend Raum vorhanden ist zur Unterbringung des Gefolges. Ansonsten gefällt mir der Platz ganz gut. Aber deshalb verliere ich Dein Petrinum nicht aus den Augen, denn das Gutshaus und die liebliche Gegend dort lädt zu längerem Verweilen ein, nicht nur zur Übernachtung.

Wegen Deiner Verwendung im „königlichen Dienst" habe ich mit Oppius gesprochen. Balbus habe ich nämlich seit Deiner Abreise noch nicht zu Gesicht bekommen. Er leidet so arg an der Gicht, daß er sich nicht sprechen läßt. Mir scheint, Du tätest überhaupt klüger daran, wenn Du Dir die ganze Geschichte aus dem Kopfe schlügest, denn was Du mit Deinen Bemühungen erreichen willst, wirst Du keinesfalls erreichen. ER hat nämlich eine solche Menge von Günstlingen, daß von ihnen eher einer verschwindet, als daß ein neuer in diesen Kreis eindringt, zumal wenn er nichts weiter mitbringt als seine Arbeitskraft, wobei ER sich noch als Wohltäter vorkommen wird – wenn er es überhaupt erfährt – und nicht als Empfänger eines Dienstes. Immerhin will ich mich nach etwas umsehen, was in die Augen sticht. Sonst solltest Du, meine ich, lieber die Finger davon lassen und der Sache nicht nachlaufen.

Wahrscheinlich bleibe ich länger hier in Astura, bis ER – wer weiß, wann – kommt.

Leb' wohl!

(Astura, Ende August 45)

20 (21).

Cicero an Toranius.

Zwar scheint sich, während ich dies schreibe, der unglückselige Krieg seinem Ende zu nähern oder doch bereits etwas geschehen und entschieden zu sein, aber ich muß doch täglich daran denken, daß in der ganzen großen Armee Du der einzige gewesen bist, der mir beipflichtete und ich Dir, und daß wir beide allein gesehen haben, welch Unheil der Krieg in sich barg, in welchem die Hoffnung auf einen Verständigungsfrieden ausgeschlossen war und der

victoria futura esset acerbissima, quae aut interitum
adlatura esset, si victus esses, aut, si vicisses, servitutem. itaque ego, quem tum fortes illi viri et sapientes,
Domitii et Lentuli, timidum esse dicebant – eram
plane; timebam enim, ne evenirent ea, quae acciderunt –, idem nunc nihil timeo et ad omnem eventum
paratus sum. cum aliquid videbatur caveri posse, tum
id neglegi dolebam; nunc vero eversis omnibus rebus, cum consilio profici nihil possit, una ratio videtur,
quicquid evenerit, ferre moderate, praesertim cum
omnium rerum mors sit extremum et mihi sim
conscius me, quoad licuerit, dignitati rei p. consuluisse
et hac amissa salutem retinere voluisse.

Haec scripsi, non ut de me ipse dicerem, sed ut tu, 2
qui coniunctissima fuisti mecum et sententia et voluntate, eadem cogitares. magna enim consolatio est,
cum recordare, etiamsi secus acciderit, te tamen recte
vereque sensisse. atque utinam liceat aliquando aliquo
rei p. statu nos frui inter nosque conferre sollicitudines
nostras, quas pertulimus tum, cum timidi putabamur,
quia dicebamus ea futura, quae facta sunt.

De tuis rebus nihil esse, quod timeas, praeter uni- 3
versae rei p. interitum tibi confirmo; de me autem
sic velim iudices, quantum ego possim, me tibi, saluti
tuae liberisque tuis summo cum studio praesto semper futurum.
Vale.

XXI.
CICERO TORANIO S.

Dederam triduo ante pueris Cn. Planci litteras ad
te; eo nunc ero brevior teque, ut antea consolabar,
hoc tempore monebo. nihil puto tibi esse utilius

Sieg überaus bitter werden mußte; unterlagst Du, brachte er den Untergang, siegtest Du, die Knechtschaft. Deshalb fürchte ich, den damals jene entschlossenen, klugen Männer wie Domitius und Lentulus zaghaft schalten – und das war ich ja auch wirklich; ich befürchtete nämlich, daß das geschehen würde, was dann auch eingetreten ist – fürchte ich, der gleiche, jetzt nichts und bin auf alle Eventualitäten vorbereitet. Als es noch so schien, daß man etwas verhüten könne, war ich empört, daß es nicht geschah; jetzt, wo alles dahin ist und guter Ratschlag nichts mehr fruchtet, gibt es anscheinend nur noch einen vernünftigen Ausweg: alles, was kommt, gelassen hinzunehmen, zumal auf jeden Fall am Ende der Tod steht und ich mir bewußt bin, daß ich, solange es möglich war, der Würde des Staates gedient habe, und als sie verloren war, wenigstens seinen Fortbestand wahren wollte.

Dies schreibe ich nicht, um von mir selbst zu reden, sondern damit Du, der Du in Auffassungen und Bestrebungen mir besonders eng verbunden gewesen bist, Dich mit den gleichen Gedanken vertraut machst. Es liegt doch ein starker Trost darin, wenn man sich, auch wenn's schiefgegangen ist, trotzdem sagen kann, das rechte, wahre Gefühl gehabt zu haben. Ach, kämen wir doch noch einmal in den Genuß eines annehmbaren Zustandes des Staates und könnten über unsre Besorgnisse plaudern, die wir damals durchgestanden haben, als wir für zaghaft galten, weil wir das voraussagten, was dann auch geschehen ist!

Für Dich persönlich brauchst Du abgesehen vom Untergang des gesamten Staatswesens wirklich nichts zu befürchten, und was mich betrifft, sei bitte überzeugt, daß ich, so gut ich kann, Dir, Deinem Wohlergehen und Deinen Kindern stets mit allem Eifer zur Verfügung stehen werde.

Leb' wohl!

(Rom, Anfang Januar 45)

21 (20).
Cicero grüßt Toranius.

Vor drei Tagen habe ich den Boten des Cn. Plancius ein Schreiben an Dich mitgegeben. Um so kürzer kann ich mich heute fassen und Dich jetzt ermahnen, wie ich Dich früher getröstet habe. Das

quam ibidem opperiri, quoad scire possis, quid tibi
agendum sit. nam praeter navigationis longae et
hiemalis et minime portuosae periculum, quod vita-
veris, ne illud quidem non quantivis subito, cum
certi aliquid audieris, te istim posse proficisci. nihil
est praeterea, cur adventibus te offerre gestias. multa
praeterea metuo, quae cum Cilone nostro communi-
cavi. quid multa? loco opportuniore in his malis 2
nullo esse potuisti, ex quo te quocumque opus erit
facillime et expeditissime conferas. quod si recipiet
ille se ad tempus, aderis; sin – quoniam multa accidere
possunt – aliqua res eum vel impediet vel morabitur,
tu ibi eris, ubi omnia scire possis. hoc mihi prorsus
valde placet.

De reliquo, ut te saepe per litteras hortatus sum, 3
ita velim tibi persuadeas, te in hac causa nihil habere,
quod tibi timendum sit praeter communem casum
civitatis. qui etsi est gravissimus, tamen ita viximus
et id aetatis iam sumus, ut omnia, quae non nostra
culpa nobis accidant, fortiter ferre debeamus.

Hic tui omnes valent summaque pietate te desiderant et diligunt et colunt.

Tu cura, ut valeas et te istim ne temere commoveas.

XXII.
CICERO DOMITIO.

Non ea res me deterruit, quo minus, postea quam 1
in Italiam venisti, litteras ad te mitterem, quod tu ad
me nullas miseras, sed quia nec quid tibi pollicerer,
ipse egens rebus omnibus, nec quid suaderem, cum
mihimet ipsi consilium desset, nec quid consolationis
adferrem in tantis malis reperiebam. haec quamquam
nihilo meliora sunt nunc etiam atque etiam multo
desperatiora, tamen inanis esse meas litteras quam
nullas malui.

beste für Dich ist es, glaube ich, Du wartest dort, bis Du Dir klar bist, was Du tun willst. Denn abgesehen von den Gefahren der langen Seefahrt zur Winterszeit an ziemlich hafenarmen Küsten, die Du so vermeidest, ist auch der Gesichtspunkt nicht außer Acht zu lassen, daß Du, sobald Du etwas hörst, unverzüglich von dort abreisen kannst. Außerdem hast Du gar keinen Anlaß, Dich unbedingt bei den Begrüßungsfeierlichkeiten sehen zu lassen. Und noch manches andere befürchte ich, worüber ich mit unserm Cilo gesprochen habe. Kurz und gut, nirgends bist Du in diesen bösen Zeiten besser aufgehoben gewesen, denn von dort kannst Du leicht und bequem überallhin gelangen, wie es Dir zweckmäßig erscheint. Kehrt ER also zur vorgesehenen Zeit zurück, dann bist Du zur Stelle; wenn ihn – es kann ja vieles dazwischenkommen – irgendetwas hindert oder aufhält, dann bist Du dort, wo Du die Möglichkeit hast, alles zu erfahren. Das erscheint mir überaus praktisch.

Im übrigen darfst Du, wie ich es Dir mehrfach brieflich nahegelegt habe, überzeugt sein, daß Du unter den jetzigen Umständen nichts zu befürchten hast außer dem der ganzen Bürgerschaft gemeinsamen Schicksal. Freilich ist es schwer, aber wir haben doch so viel erlebt und sind nachgerade so alt geworden, daß wir alles, was uns unverschuldet zustößt, tapfer ertragen müssen.

Deine Lieben hier sind alle wohlauf und sehnen sich in herzlicher Liebe nach Dir, schätzen und verehren Dich.

Halt Dich munter und rühre Dich nicht unbesonnen von der Stelle! (Astura, Ende August 45)

22.
Cicero an Domitius.

Wenn ich Dir, seit Du nach Italien zurückgekehrt bist, noch nicht geschrieben habe, so ist das nicht deshalb nicht geschehen, weil Du mir nicht geschrieben hast, sondern weil ich nicht wußte, was ich Dir versprechen sollte, wo ich selbst völlig mittellos dastehe, was ich Dir raten sollte, wo ich mir selbst nicht zu raten weiß, noch auch, was ich Dir in all dem Unheil zum Trost sagen könnte. Damit steht es nun freilich auch jetzt noch nicht besser, im Gegenteil, viel verzweifelter; trotzdem will ich Dir lieber einen nichtssagenden Brief schreiben als überhaupt keinen.

Ego si te intellegerem plus conatum esse suscipere 2
rei p. causa muneris, quam quantum praestare potuisses, tamen, quibuscumque rebus possem, ad eam
condicionem te vivendi, quae daretur quaeque esset,
hortarer; sed cum consilii tui bene fortiterque sus-
cepti eum tibi finem statueris, quem ipsa fortuna ter-
minum nostrarum contentionum esse voluisset, oro
obtestorque te pro vetere nostra coniunctione ac
necessitudine proque summa mea in te benevolentia
et tua in me pari, te ut nobis, parenti, coniugi tuisque
omnibus, quibus es fuistique semper carissimus, salvum conserves, incolumitati tuae tuorumque, qui ex
te pendent, consulas, quae didicisti quaeque ab adulescentia pulcherrime a sapientissimis viris tradita
memoria et scientia comprehendisti, iis hoc tempore
utare, quos coniunctos summa benevolentia plurimisque officiis amisisti, eorum desiderium, si non aequo
animo, at forti feras. ego quid possim, nescio vel 3
potius me parum posse sentio; illud tamen tibi pollice-
or, me, quaecumque saluti dignitatique tuae conducere arbitror, tanto studio esse facturum, quanto
semper tu et studio et officio in meis rebus fuisti.
hanc meam voluntatem ad matrem tuam, optimam
feminam tuique amantissimam, detuli. si quid ad me
scripseris, ita faciam, ut te velle intellexero; sin autem
tu minus scripseris, ego tamen omnia, quae tibi utilia
esse arbitror, summo studio diligenterque curabo.
Vale.

Wenn ich sähe, daß Du Dir zum Heile des Vaterlandes eine Aufgabe zu stellen versucht hast, zu hoch, als daß Du sie hättest lösen können, würde ich Dich doch mit allen Mitteln zu der gegebenen Lebensweise ermutigen, mag sie sein, wie sie will. Wo Du aber die Grenze, die das Schicksal unsern Bestrebungen gesetzt hat, auch für Deine edle und mutige Handlungsweise gelten lassen willst, bitte und beschwöre ich Dich im Namen unsrer alten freundschaftlichen Beziehungen, im Namen unsres beiderseitigen regen Interesses für einander, erhalte Dich und Dein Leben für uns, Deine Mutter, Deine Gattin und alle Deine Freunde, die Dich herzlich lieben und immer geliebt haben, sorge dafür, daß Dir und den Deinen, die von Dir abhängen, nichts geschieht, mache Dir jetzt zunutze, was Du gelernt hast, die von den größten Weisen überkommenen schönen Grundsätze, die Du von Jugend auf Deinem Gedächtnis eingeprägt und Dir zu eigen gemacht hast, und trag die Sehnsucht nach denen, die Dir durch Wohlgesinntheit und zahlreiche Liebesdienste verbunden waren und die Du nun verloren hast, wenn nicht mit Gleichmut, so doch tapferen Herzens! Was ich vermag, weiß ich nicht, oder vielmehr: daß ich nichts vermag, fühle ich; aber das verspreche ich Dir: was Deiner Begnadigung und der Wiederherstellung Deiner Würde dienen könnte, dafür werde ich mich mit allem Eifer einsetzen, wie Du für meine Belange stets mit allem Eifer und aller Dienstbereitschaft eingetreten bist. Diese meine Absicht habe ich Deiner Mutter, dieser trefflichen, Dich herzlich liebenden Frau, zur Kenntnis gebracht. Wenn Du irgendwelche Wünsche hast, schreib mir, und ich werde mich nach ihnen richten; höre ich nichts von Dir, werde ich trotzdem alles, was Dir nach meinem Dafürhalten nützen könnte, mit allem Eifer und aller Gewissenhaftigkeit besorgen.

Leb' wohl!

(Rom, im Mai [III.] 46)

LIBER SEPTIMVS

I.
M. CICERO S. D. M. MARIO.

Si te dolor aliqui corporis aut infirmitas valetudinis 1
tuae tenuit, quo minus ad ludos venires, fortunae
magis tribuo quam sapientiae tuae; sin haec, quae
ceteri mirantur, contemnenda duxisti et, cum per
valetudinem posses, venire tamen noluisti, utrumque
laetor, et sine dolore corporis te fuisse et animo valuisse, cum ea, quae sine causa mirantur alii, negle-
xeris, modo ut tibi constiterit fructus otii tui; quo
quidem tibi perfrui mirifice licuit, cum esses in ista
amoenitate paene solus relictus. neque tamen dubito,
quin tu in illo cubiculo tuo, ex quo tibi Stabianum
perforasti et patefecisti Misenum, per eos dies matu-
tina tempora lectiunculis consumpseris, cum illi interea, qui te istic reliquerunt, spectarent communis
mimos semisomni. reliquas vero partis diei tu con-
sumebas iis delectationibus, quas tibi ipse ad arbitrium tuum compararas; nobis autem erant ea per-
petienda, quae Sp. Maecius probavisset.

Omnino, si quaeris, ludi apparatissimi, sed non tui 2
stomachi; coniecturam enim facio de meo. nam primum honoris causa in scaenam redierant ii, quos ego
honoris causa de scaena decesse arbitrabar. deliciae
vero tuae, noster Aesopus, eius modi fuit, ut ei desi-
nere per omnis homines liceret. is iurare cum coepisset, vox eum defecit in illo loco: 'si sciens fallo.'
quid tibi ego alia narrem? nosti enim reliquos ludos;
qui ne id quidem leporis habuerunt, quod solent
mediocres ludi. apparatus enim spectatio tollebat

SIEBENTES BUCH

1.

M. Cicero grüßt M. Marius.

Wenn Dich irgendein körperliches Leiden oder überhaupt Deine schwache Gesundheit abgehalten hat, zu den Spielen zu kommen, so schreibe ich das mehr dem Zufall als Deiner Weisheit zu; hast Du aber, was alle andern bestaunen, verachten zu müssen geglaubt und nicht kommen wollen, obwohl Dein Gesundheitszustand es Dir erlaubt hätte, dann freue ich mich über beides: daß Du ohne körperliche Schmerzen gewesen bist und einen klaren Kopf behalten hast, indem Du Dich um das, was andre ohne Grund bestaunen, nicht gekümmert hast, vorausgesetzt, daß Dir der Genuß des stillen Lebens unverkümmert geblieben ist, das Du gewiß in vollen Zügen genießen durftest, da Du in der lieblichen Gegend dort nahezu als einziger zurückgeblieben warst. Zweifellos hast Du Dir doch während dieser Tage die Morgenstunden in Deinem Schlafzimmer, von dem aus Du Dir über eine durch Dein Stabianum geschlagene Schneise freien Ausblick auf Misenum geschaffen hast, mit ein wenig Lektüre vertrieben, derweilen all die Leute, die Dich dort allein gelassen haben, verschlafen sich abgedroschene Possen ansahen. Den Rest des Tages hast Du gewiß mit Unterhaltungen verbracht, wie Du sie Dir nach Lust und Laune ausgedacht hattest; wir aber mußten über uns ergehen lassen, was Sp. Maecius ausgesucht hatte.

Wenn Du's wissen willst: es waren auf jeden Fall prächtige Spiele, aber nicht nach Deinem Geschmack, denn das schließe ich nach meinem eigenen. Zunächst traten Leute ehrenhalber wieder auf, die, wie ich glaubte, längst ehrenhalber abgetreten waren. Dein Liebling, unser Aesop, war so, daß kein Mensch etwas dagegen gehabt hätte, wenn er abgetreten wäre. Als er den Eid zu sprechen hatte, versagte ihm bei der Stelle „Wenn ich wissentlich trüge" die Stimme. Wozu soll ich Dir noch Weiteres erzählen? Die übrigen Darbietungen kennst Du ja; sie wiesen nicht einmal so viel Anmut auf, wie gewöhnliche Spiele es meist tun. Das Staunen über

omnem hilaritatem, quo quidem apparatu non dubito quin animo aequissimo carueris. quid enim delectationis habent sescenti muli in 'Clytaemestra' aut in 'Equo Troiano' creterrarum tria milia aut armatura varia peditatus et equitatus in aliqua pugna? quae popularem admirationem habuerunt, delectationem tibi nullam attulissent.

Quod si tu per eos dies operam dedisti Protogeni 3 tuo, dum modo is tibi quidvis potius quam orationes meas legerit, ne tu haud paulo plus quam quisquam nostrum delectationis habuisti. non enim te puto Graecos aut Oscos ludos desiderasse, praesertim cum Oscos vel in senatu vestro spectare possis, Graecos ita non ames, ut ne ad villam quidem tuam via Graeca ire soleas. nam quid ego te athletas putem desiderare, qui gladiatores contempseris? in quibus ipse Pompeius confitetur se et operam et oleum perdidisse. reliquae sunt venationes binae per dies quinque, magnificae, nemo negat; sed quae potest homini esse polito delectatio, cum aut homo imbecillus a valentissima bestia laniatur aut praeclara bestia venabulo transverberatur? quae tamen, si videnda sunt, saepe vidisti; neque nos, qui haec spectamus, quicquam novi vidimus. extremus elephantorum dies fuit. in quo admiratio magna vulgi atque turbae, delectatio nulla exstitit; quin etiam misericordia quaedam consecutast atque opinio eius modi, esse quandam illi beluae cum genere humano societatem.

His ego tamen diebus ludis scaenicis, ne forte videar 4 tibi non modo beatus sed liber omnino fuisse, dirrupi me paene in iudicio Galli Canini, familiaris tui. quod si tam facilem populum haberem, quam Aesopus habuit, libenter mercule artem desinerem tecumque et cum similibus nostri viverem. nam me cum antea taedebat, cum et aetas et ambitio me hortabatur et lice-

die Ausstattung übertönte nämlich jede Vergnüglichkeit, und zweifellos wirst Du es nicht bedauern, auf dies Gepränge verzichtet zu haben. Denn wie könnte man Vergnügen finden an 600 Maultieren in der Clytaemestra oder im Equus Troianus an 3000 Mischkrügen oder an der bunten Bewaffnung von Fußvolk und Reiterei in einer Schlacht? Bei der Menge fand das alles staunende Bewunderung; Dir hätte es keinen Spaß gemacht.

Wenn Du Dich also in diesen Tagen Deinem Protogenes gewidmet hast, dann hast Du, wenn er Dir nicht gerade Reden von mir vorgelesen hat, gewiß bedeutend mehr Vergnügen gehabt als einer von uns. Denn auf die griechischen oder gar die oscischen Possen hast Du vermutlich gern verzichtet, zumal Du oscische Possen schon im Stadtrat bei Euch zu sehen bekommst und für die Griechen so wenig übrig hast, daß Du nicht einmal zu Deinem Hause hin die Via Graeca zu benutzen pflegst. Denn wie sollte ich annehmen, Du sehntest Dich nach Athleten, wo Du die Gladiatoren verschmäht hast? Pompeius gibt selbst zu, dabei Zeit und Geld vertan zu haben. Bleiben noch die Tierhetzen, fünf Tage lang je zwei; großartig, zugegeben! Aber wie kann ein kultivierter Mann Vergnügen daran finden, wenn ein schwacher Mensch von einer gewaltigen Bestie zerrissen oder ein herrliches Tier vom Jagdspieß durchbohrt wird? Wenn das sehenswert ist, dann hast Du es doch oft genug gesehen; auch wir, die wir dies alles mit ansehen müssen, haben nichts Neues zu sehen bekommen. Der letzte Tag gehörte den Elefanten. Da staunte die Masse und der Pöbel, aber recht warm wurden sie nicht; vielmehr regte sich so etwas wie Mitleid und das Gefühl: dieser Koloß hat irgendwie etwas Menschenähnliches.

Doch glaub' nur nicht, ich hätte mich während dieser Tage, wenn dramatische Aufführungen stattfanden, glücklich oder auch nur frei gefühlt! Ich wäre fast geplatzt vor Ärger beim Prozeß Deines Freundes Gallus Caninius. Hätte ich ein so freundliches Publikum, wie Aesop es hatte, ich würde mein Handwerk weiß Gott gern an den Nagel hängen und mit Dir und unsresgleichen zusammen leben, denn es hing mir schon früher aus dem Halse, als noch jugendlicher Ehrgeiz mich spornte und es mir schließlich freistand, wen ich nicht verteidigen wollte, nicht zu verteidigen.

bat denique, quem nolebam, non defendere, tum vero
hoc tempore vita nullast. neque enim fructum ullum
laboris exspecto et cogor non numquam homines
non optime de me meritos rogatu eorum, qui bene
meriti sunt, defendere. itaque quaero causas omnis 5
aliquando vivendi arbitratu meo teque et istam
rationem otii tui et laudo vehementer et probo, quodque nos minus intervisis, hoc fero animo aequiore,
quod, si Romae esses, tamen neque nos lepore tuo
neque te, si qui est in me, meo frui liceret propter
molestissimas occupationes meas. quibus si me rela-
xaro – nam ut plane exsolvam, non postulo –, te
ipsum, qui multos annos nihil aliud commentaris,
docebo profecto, quid sit humaniter vivere. tu modo
istam imbecillitatem valetudinis tuae sustenta et tuere,
ut facis, ut nostras villas obire et mecum simul lecti-
cula concursare possis.

Haec ad te pluribus verbis scripsi, quam soleo, non 6
otii abundantia sed amoris erga te, quod me quadam
epistula subinvitaras, si memoria tenes, ut ad te aliquid
eius modi scriberem, quo minus te praetermisse ludos
paeniteret. quod si adsecutus sum, gaudeo; sin minus,
hoc me tamen consolor, quod posthac ad ludos venies
nosque vises neque in epistulis relinques meis spem
aliquam delectationis tuae.

II.
M. CICERO S. D. M. MARIO.

Mandatum tuum curabo diligenter. sed homo 1
acutus ei mandasti potissimum, cui expediret illud
venire quam plurimo. sed eo vidisti multum, quod
praefinisti, quo ne pluris emerem. quod si mihi per-

Heute aber ist das schon gar kein Leben mehr; denn irgendeinen
Ertrag meiner Bemühung erwarte ich nicht und sehe mich manchmal gezwungen, Leute, die sich um mich nicht sonderlich verdient
gemacht haben, auf Bitten derer zu verteidigen, die sich um mich
verdient gemacht haben. Darum suche ich nach allen möglichen
Gründen, um endlich einmal nach eigenem Gutdünken leben zu
können, und preise und beneide Dich und Deine Art, die Freizeit
zu genießen. Und daß Du nicht einmal nach mir siehst, nun, darüber komme ich ziemlich leicht hinweg; wenn Du in Rom wärest,
würde ja doch weder ich mich Deines Humors noch Du Dich des
meinigen erfreuen können, falls ich denn welchen besitze, wegen
meiner mühseligen Geschäfte. Kann ich mich von ihnen ein wenig
frei machen – denn daß ich mich gänzlich von ihnen löse, verlange
ich gar nicht –, dann werde ich gewißlich Dir, der Du seit Jahren
nichts andres sinnst und trachtest, vormachen, was menschlich
leben heißt. Pflege Du nur Deine schwache Gesundheit und lebe
danach wie bisher, damit Du mich auf meinen Landsitzen besuchen
kannst und wir uns dann gemeinsam in der Sänfte austragen lassen.

Hiermit habe ich Dir ausführlicher geschrieben als gewöhnlich,
nicht, weil ich besonders viel Zeit hätte, sondern aus Liebe zu Dir,
denn in einem Deiner Briefe hattest Du mich ja halb und halb eingeladen – vielleicht entsinnst Du Dich noch –, Dir etwas in der
Art zu schreiben, daß Du es nicht zu bereuen brauchtest, Dir die
Spiele nicht angesehen zu haben. Es sollte mich freuen, wenn ich
das erreicht habe; wenn nicht, tröste ich mich jedenfalls damit, daß
Du in Zukunft zu den Spielen kommst und mich besuchst und es
nicht dabei bewenden läßt, Dir allein von meinen Briefen Abwechslung zu versprechen.

(Rom, im September [VIII.] 55)

2.

M. Cicero grüßt M. Marius.

Deinen Auftrag werde ich gewissenhaft ausführen. Aber als
scharfsinniger Mann hast Du ihn ausgerechnet dem erteilt, für den
es vorteilhaft wäre, daß das Objekt so hoch wie möglich verkauft
wird. Doch damit, daß Du mir eine Grenze gesetzt hast, über die
ich bei dem Kauf nicht hinausgehen darf, hast Du Weitblick be-

misisses, qui meus amor in te est, confecissem cum
coheredibus; nunc, quoniam tuum pretium novi,
inlicitatorem potius ponam, quam illud minoris
veneat. sed de ioco satis est. tuum negotium agam, 2
sicuti debeo, diligenter.

De Bursa te gaudere certo scio; sed nimis vere-
cunde mihi gratularis; putas enim, ut scribis, propter
hominis sordes minus me magnam illam laetitiam
putare. credas mihi velim magis me iudicio hoc quam
morte inimici laetatum. primum enim iudicio malo
quam gladio, deinde gloria potius amici quam calamitate; in primisque me delectavit tantum studium
bonorum in me exstitisse contra incredibilem contentionem clarissimi et potentissimi viri; postremo – 3
vix veri simile fortasse videatur – oderam multo peius
hunc quam illum ipsum Clodium. illum enim oppu-
gnaram, hunc defenderam; et ille, cum omnis res p. in
meo capite discrimen esset habitura, magnum quiddam spectavit, nec sua sponte sed eorum auxilio, qui
me stante stare non poterant, hic simiolus animi
causa me, in quem inveheretur, delegerat persuaserat-
que non nullis invidis meis se in me emissarium semper fore. quam ob rem valde iubeo gaudere te. magna
res gesta est. numquam ulli fortiores cives fuerunt,
quam qui ausi sunt eum contra tantas opes eius, a quo
ipsi lecti iudices erant, condemnare; quod fecissent
numquam, nisi iis dolori meus fuisset dolor.

Nos hic in multitudine et celebritate iudiciorum et 4
novis legibus ita distinemur, ut cotidie vota faciamus,
ne intercaletur, ut quam primum te videre possimus.

wiesen. Hättest Du mir freie Hand gelassen, ich hätte mich bei meiner Liebe zu Dir mit den Miterben ins Benehmen gesetzt; jetzt, wo ich Dein Gebot kenne, werde ich lieber einen Scheinkäufer vorschicken, als daß das Objekt zu billig weggeht. Aber genug des Scherzes; ich werde Deinen Auftrag gewissenhaft ausführen, wie es meine Pflicht ist.

Was Bursa angeht, so bin ich mir sicher, daß Du Dich freust, aber Dein Glückwunsch klingt doch allzu zurückhaltend; denn wie Du mir schreibst, meinst Du, wegen der Gemeinheit des Kerls könne die Freude bei mir nicht eben groß sein. Du darfst es mir schon glauben: über dies Urteil habe ich mich mehr gefreut als über den Tod meines Feindes. Denn erstens freue ich mich lieber über ein gerechtes Urteil als über den gewaltsamen Tod, und zweitens lieber über den Ruhm eines Freundes als über sein Unglück. Vor allem aber empfinde ich Genugtuung darüber, daß die Guten so entschieden für mich eingetreten sind gegen die unvorstellbaren Anstrengungen des erlauchten, mächtigen Mannes. Schließlich – und das hält man vielleicht für ziemlich unwahrscheinlich – haßte ich den Kerl noch viel glühender als diesen Clodius selbst. Denn den hatte ich bekämpft, ihn aber vor Gericht verteidigt. Der andre hatte, als mit meinem Leben die Existenz des gesamten Staates auf dem Spiele stand, in gewisser Weise ein hohes Ziel im Auge, und das nicht auf sich allein gestellt, sondern mit Hilfe derer, die nicht bestehen konnten, solange ich aufrecht stand; dies Äffchen hatte rein zum Vergnügen mich als Ziel seiner Angriffe ausersehen und einigen meiner Neider die Überzeugung beigebracht, daß er mir dauernd nachspionieren werde. Darum mußt Du von Herzen froh sein. Ein großer Schlag ist uns geglückt! Niemals sind Bürger mutiger gewesen als die, die es gewagt haben, ihn gegen die gewaltigen Machtmittel dessen, von dem sie selbst zu Richtern ernannt waren, zu verurteilen. Das hätten sie nie getan, wenn meine Erbitterung sie nicht empört hätte.

Ich bin hier durch die Menge und Häufigkeit der Prozesse und die neuen Gesetze stark in Anspruch genommen und tue deshalb täglich Gelübde, daß nur kein Schaltmonat eingelegt wird, um Dich so bald wie möglich sehen zu können.

(Rom, Anfang 51)

III.
M. CICERO S. D. M. MARIO.

Persaepe mihi cogitanti de communibus miseriis, 1
in quibus tot annos versamur et, ut video, versabimur,
solet in mentem venire illius temporis, quo proxime
fuimus una; quin etiam ipsum diem memoria teneo;
nam a. d. IIII Id. Mai. Lentulo et Marcello cos., cum
in Pompeianum vesperi venissem, tu mihi sollicito
animo praesto fuisti. sollicitum autem te habebat
cogitatio cum officii tum etiam periculi mei. si mane-
rem in Italia, verebare, ne officio dessem; si proficis-
cerer ad bellum, periculum te meum commovebat.
quo tempore vidisti profecto me quoque ita contur-
batum, ut non explicarem, quid esset optimum factu.
pudori tamen malui famaeque cedere quam salutis
meae rationem ducere.

Cuius me mei facti paenituit non tam propter peri- 2
culum meum quam propter vitia multa, quae ibi
offendi, quo veneram: primum neque magnas copias
neque bellicosas; deinde extra ducem paucosque
praeterea – de principibus loquor – reliqui primum
in ipso bello rapaces, deinde in oratione ita crudeles,
ut ipsam victoriam horrerem; maximum autem aes
alienum amplissimorum virorum. quid quaeris? nihil
boni praeter causam. quae cum vidissem, desperans
victoriam primum coepi suadere pacem, cuius fueram
semper auctor; deinde, cum ab ea sententia Pompeius
valde abhorreret, suadere institui, ut bellum duceret.
hoc interdum probabat et in ea sententia videbatur
fore et fuisset fortasse, nisi quadam ex pugna coepisset suis militibus confidere. ex eo tempore vir ille summus nullus imperator fuit. signa tirone et collecticio

3.
M. Cicero grüßt M. Marius.

Gar häufig, wenn ich über unser gemeinsames Unglück nachdenke, in dem wir uns nun schon so viele Jahre befinden und, wie mir scheint, auch künftig befinden werden, kommt mir die Erinnerung an jene Zeit, wo wir das letzte Mal beieinander waren; ja, das genaue Datum habe ich noch im Kopfe. Es war der 12. Mai unter dem Konsulat des Lentulus und Marcellus. Ich kam des Abends auf mein Pompeianum, und Du tratest mir in großer Aufregung entgegen. In Aufregung aber brachte Dich der Gedanke an meine Pflicht und andrerseits an die mir bevorstehende Gefahr. Blieb ich in Italien, so würde ich, fürchtetest Du, meine Pflicht versäumen; begab ich mich in den Krieg, dann ängstigte Dich die damit verbundene persönliche Gefährdung. Auch mich fandest Du damals in der Tat so verstört, daß ich nicht zu entscheiden wußte, was das beste sei. Doch habe ich mich dann entschlossen, lieber der Stimme des Gewissens und dem Gerede der Leute nachzugeben, als meine Sicherheit in Rechnung zu stellen.

Diesen Schritt bereue ich jetzt, nicht so sehr wegen meiner persönlichen Gefährdung als vielmehr wegen der zahlreichen Übelstände, die ich dort antraf, wohin ich kam: Erstens keine ausreichenden noch auch kampffreudigen Truppen; sodann außer dem Führer und wenigen andern neben ihm – ich rede von den führenden Persönlichkeiten – die übrigen einmal schon während des Krieges raffgierig und zum andern in ihren Reden so blutrünstig, daß mir vor einem Siege graute; vor allem aber: die angesehensten Männer tief verschuldet. Mit einem Worte: nichts Anständiges außer der Sache selbst. Als ich das sah, verzweifelte ich an dem Siege und begann, zunächst zum Frieden zu raten, für den ich immer eingetreten war; dann, als Pompeius das weit von sich wies, suchte ich ihn zu bereden, den Krieg hinzuziehen. Das leuchtete ihm zu Zeiten ein, und er schien sich diesen Vorschlag zu eigen machen zu wollen, hätte es vielleicht auch getan, hätte er nicht infolge einer bestimmten Schlacht Vertrauen zu seinen Soldaten gefaßt. Seitdem war der große Mann kein Feldherr mehr. Mit seinem notdürftig zusammengerafften Rekrutenheer ließ er sich auf einen Kampf gegen kernfeste Legionen ein, wurde besiegt und

exercitu cum legionibus robustissimis contulit; victus turpissime amissis etiam castris solus fugit.

Hunc ego mihi belli finem feci nec putavi, cum 3 integri pares non fuissemus, fractos superiores fore; discessi ab eo bello, in quo aut in acie cadendum fuit aut in aliquas insidias incidendum aut deveniendum in victoris manus aut ad Iubam confugiendum aut capiendus tamquam exsilio locus aut consciscenda mors voluntaria. certe nihil fuit praeterea, si te victori nolles aut non auderes committere. ex omnibus autem iis, quae dixi, incommodis nihil tolerabilius exsilio, praesertim innocenti, ubi nulla adiunctast turpitudo; addo etiam, cum ea urbe careas, in qua nihil sit, quod videre possis sine dolore. ego cum meis, si quicquam nunc cuiusquam est, etiam in meis esse malui. quae acciderunt, omnia dixi futura. veni domum, non quo 4 optima vivendi condicio esset, sed tamen, si esset aliqua forma rei p., tamquam in patria ut essem, si nulla, tamquam in exsilio. mortem mihi cur consciscerem, causa non visast, cur optarem, multae causae. vetus est enim, ubi non sis, qui fueris, non esse, cur velis vivere. sed tamen vacare culpa magnum est solacium, praesertim cum habeam duas res, quibus me sustentem, optimarum artium scientiam et maximarum rerum gloriam; quarum altera mihi vivo numquam eripietur, altera ne mortuo quidem.

Haec ad te scripsi verbosius et tibi molestus fui, 5 quod te cum mei tum rei p. cognovi amantissimum. notum tibi omne meum consilium esse volui, ut primum scires me numquam voluisse plus quemquam posse quam universam rem p., postea autem quam alicuius culpa tantum valeret unus, ut obsisti non pos-

ergriff nach schimpflichem Verlust sogar seines Lagers ohne Heer die Flucht.

Damit war für mich der Krieg zu Ende; ich hielt es für unmöglich, daß wir, wo wir ungeschwächt dem Gegner nicht gewachsen gewesen waren, ihm nach der Niederlage überlegen sein würden. Ich habe mich aus dem Kriege zurückgezogen, in dem man entweder auf dem Schlachtfelde hätte sterben oder in eine Falle geraten, dem Sieger in die Hände fallen oder zu Iuba fliehen, sich einen Platz gleichsam zur Verbannung hätte suchen oder den Freitod wählen müssen. Andre Möglichkeiten gab es jedenfalls nicht, wenn man es vermeiden wollte oder nicht wagte, sich dem Sieger anzuschließen. Von allen angeführten Widerwärtigkeiten ist aber die Verbannung noch die erträglichste, zumal wenn man sich unschuldig fühlt, weil keine Schmach damit verbunden ist, noch dazu, wenn einem die Stadt verschlossen ist, in der es sowieso nichts gibt, was man ohne Erbitterung mit ansehen könnte. Ich für meine Person habe es vorgezogen, mit den Meinigen, wenn überhaupt noch jemand etwas sein eigen nennen kann, auf dem Meinigen zu sitzen. Was geschehen ist, habe ich alles vorausgesagt. Ich bin nach Hause gegangen; nicht als ob das die beste Art wäre, sein Leben zu fristen, sondern um jedenfalls, wenn es noch einmal eine Art Verfassungsstaat geben sollte, sozusagen daheim zu sein, wenn nicht, gleichsam in der Verbannung. Mir selbst den Tod zu geben, glaubte ich keinen Grund zu haben; ihn zu wünschen, manchen. Ein altes Sprichwort sagt: „Bist du nicht mehr, was du warst, so hat das Leben seinen Sinn verloren." Und doch, von Schuld sich frei zu fühlen, ist ein starker Trost, zumal zwei Dinge mich aufrecht erhalten, die Vertrautheit mit edler Wissenschaft und der Ruhm gewaltiger Erfolge; das eine kann mir niemand nehmen, solange ich lebe, das andre nicht einmal der Tod.

Das schreibe ich Dir nun mit reichlich viel Worten und falle Dir gewiß lästig damit; aber ich weiß ja, wie sehr Du mich und das Vaterland liebst. Ich wollte Dich nur über jeden meiner Schritte aufklären, damit Du folgendes weißt: Ich bin stets dagegen gewesen, daß ein einzelner mächtiger sei als der Gesamtstaat; nachdem aber durch jemandes Verschulden ein Mann so stark geworden war, daß man sich ihm nicht widersetzen konnte, habe ich mich

set, me voluisse pacem; amisso exercitu et eo duce, in
quo spes fuerat uno, me voluisse etiam reliquis omnibus, postquam non potuerim, mihi ipsi finem fecisse
belli; nunc autem, si haec civitas est, civem esse me,
si non, exsulem esse non incommodiore loco quam si
Rhodum me aut Mytilenas contulissem.

Haec tecum coram malueram; sed quia longius fie- 6
bat, volui per litteras eadem, ut haberes, quid diceres,
si quando in vituperatores meos incidisses. sunt enim,
qui, cum meus interitus nihil fuerit rei p. profuturus,
criminis loco putent esse, quod vivam; quibus ego
certo scio non videri satis multos perisse. qui si me
audissent, quamvis iniqua pace, honeste tamen vive-
rent; armis enim inferiores, non causa fuissent.

Habes epistulam verbosiorem fortasse quam velles;
quod tibi ita videri putabo, nisi mihi longiorem remi-
seris.

Ego si, quae volo, expediero, brevi tempore te, ut
spero, videbo.

IV.
M. CICERO S. D. M. MARIO.

A. d. XIIII Kal. in Cumanum veni cum Libone tuo
vel nostro potius; in Pompeianum statim cogito, sed
faciam ante te certiorem. te cum semper valere cupio
tum certe, dum hic sumus; vides enim, quanto post
una futuri sumus. quare, si quod constitutum cum
podagra habes, fac ut in alium diem differas. cura
igitur ut valeas, et me hoc biduo aut triduo exspecta.

für friedlichen Ausgleich eingesetzt; als das Heer verloren war und
mit ihm der Führer, auf den wir all unsre Hoffnungen gesetzt
hatten, wollte ich auch für alle andern mit dem Kriege ein Ende
machen, und als mir das nicht gelang, jedenfalls für mich persönlich. Jetzt aber bin ich, wenn dies hier ein Gemeinwesen ist, eins
seiner Glieder, wenn nicht, ein Verbannter, nicht besser oder
schlechter gestellt, als wenn ich mich in Rhodus oder Mytilenae
befände.

Am liebsten hätte ich dies alles mündlich mit Dir besprochen,
aber es dauert mir zu lange, und so sage ich es Dir brieflich, damit
Du weißt, was Du zu antworten hast, wenn Du einmal auf jemanden stößt, der mein Verhalten tadelt. Denn obwohl mein Tod dem
Staate nichts genützt hätte, halten manche es doch für ein Verbrechen, daß ich noch lebe. Sie meinen gewiß, es seien noch längst
nicht genug Menschen ums Leben gekommen; hätten sie auf mich
gehört, könnten sie, wenn auch unter einem unbilligen Frieden, so
doch in Ehren leben. Denn nur ihre Waffen wären unterlegen
gewesen, nicht auch die gute Sache.

Da hast Du einen Brief, wortreicher vielleicht, als Du es wünschst.
Antworte mir mit einem längeren, und ich will glauben, daß ich
mich geirrt habe.

Wenn ich erledigt habe, was ich beabsichtige, sehe ich Dich
hoffentlich bald.

(Rom, Ende August/Anfang September [VI./VII.] 46)

4.

M. Cicero grüßt M. Marius.

Heute, am 12., bin ich mit Deinem oder vielmehr unserm Libo
in Cumae eingetroffen; ich gedenke, gleich auf mein Pompeianum
zu gehen, aber ich benachrichtige Dich noch vorher. Ich wünsche
Dir stets gute Gesundheit, vor allem aber jedenfalls, während ich
hier bin. Du weißt ja, so bald werden wir uns nicht wiedersehen.
Hast Du dich also mit Deiner Gicht verabredet, dann verschieb
das auf einen andern Tag. Also sieh zu, daß Du auf dem Damm
bist, und erwarte mich morgen oder übermorgen!

(Auf dem Cumanum, am 12. des zweiten Schaltmonats [7. XI.] 46)

V.
CICERO CAESARI IMP. S. D.

Vide, quam mihi persuaserim te me esse alterum
non modo in iis rebus, quae ad me ipsum, sed etiam in
iis, quae ad meos pertinent. C. Trebatium cogitaram,
quocumque exirem, mecum ducere, ut eum meis
omnibus studiis, beneficiis quam ornatissimum domum reducerem; sed postea quam et Pompei commo-
ratio diuturnior erat, quam putaram, et mea quaedam
tibi non ignota dubitatio aut impedire profectionem
meam videbatur aut certe tardare, vide, quid mihi
sumpserim: coepi velle ea Trebatium exspectare a te,
quae sperasset a me, neque mercule minus ei prolixe
de tua voluntate promisi quam eram solitus de mea
polliceri.

Casus vero mirificus quidam intervenit quasi vel 2
testis opinionis meae vel sponsor humanitatis tuae.
nam cum de hoc ipso Trebatio cum Balbo nostro
loquerer accuratius domi meae, litterae mihi dantur a
te, quibus in extremis scriptum erat: 'M. Fufidium,
quem mihi commendas, vel regem Galliae faciam, vel
hunc Leptae delega, si vis. tu ad me alium mitte quem
ornem.' sustulimus manus et ego et Balbus. tanta fuit
opportunitas, ut illud nescio quid non fortuitum, sed
divinum videretur.

Mitto igitur ad te Trebatium atque ita mitto, ut
initio mea sponte, post autem invitatu tuo mittendum
duxerim. hunc, mi Caesar, sic velim omni tua comitate 3
complectare, ut omnia, quae per me possis adduci, ut
in meos conferre velis, in unum hunc conferas. de quo
tibi homine haec spondeo non illo vetere verbo meo,
quod cum ad te de Milone scripsissem, iure lusisti,
sed more Romano, quo modo homines non inepti
loquuntur, probiorem hominem, meliorem virum,
pudentiorem esse neminem; accedit etiam, quod
familiam ducit in iure civili singulari memoria, summa

5.

Cicero grüßt den Imperator Caesar.

Sieh nur, wie fest ich überzeugt bin, daß Du mein zweites Ich bist in allem, was mich persönlich oder die Meinen betrifft! Es war meine Absicht, C. Trebatius überallhin mitzunehmen, um ihn wohlversehen mit allem, womit ich für ihn sorgen und was ich für ihn tun kann, wieder heimzubringen. Aber seitdem Pompeius' Verweilen sich länger hinzieht, als ich erwartet hatte, und eine gewisse Unschlüssigkeit auf meiner Seite – Du kennst mich ja – meine Abreise zu verhindern oder jedenfalls zu verzögern scheint, sieh, was ich mir da herausnehme! Ich bin auf den Gedanken gekommen, Trebatius könne von Dir erwarten, was er sich von mir erhofft hat, und weiß Gott, ich habe ihm nicht weniger freigebig Versprechungen gemacht betreffs Deiner Bereitwilligkeit, als ich mich betreffs der meinigen zu verbürgen pflege.

Ein ganz sonderbarer Zufall trat dazwischen, gleichsam als Zeuge für die Richtigkeit meiner Annahme oder als Bürge für Deine Noblesse. Als ich mich nämlich gerade bei mir zu Hause angelegentlich mit unserm Balbus über diesen Trebatius unterhielt, traf ein Brief von Dir ein, in dem am Ende geschrieben stand: „Den mir von Dir empfohlenen M. Fufidius werde ich zum König von Gallien machen, oder wenn Du willst, verweise ihn an Lepta. Schicke mir einen andern, damit ich ihn auszeichnen kann." Ich und Balbus waren baff; das traf sich doch zu glücklich und schien somit kein Zufall, sondern göttliche Fügung zu sein.

Ich schicke Dir also Trebatius, und zwar in dem Sinne, daß ich ihn Dir zunächst aus eigenem Antrieb schicken zu sollen glaubte, hernach aber auf Deine Einladung hin. Bitte, mein lieber Caesar, umfang ihn mit all Deiner Leutseligkeit und laß ihm allein alles zukommen, was Du um meinetwillen für die Meinen insgesamt tun willst. Für diesen Mann verbürge ich mich nicht mit meinem alten Lieblingswort, über das Du, als ich Dir wegen Milo schrieb, mit Recht spottetest, sondern echt römisch, wie vernünftige Leute reden: daß es keinen anständigeren, besseren, sittsameren Menschen gibt. Hinzu kommt noch, daß er im Bürgerlichen Recht vermöge seines glänzenden Gedächtnisses und seiner umfassenden Kenntnisse eine hervorragende Stellung einnimmt. Ich bitte für

scientia. huic ego neque tribunatum neque praefec-
turam neque ullius beneficii certum nomen peto,
benevolentiam tuam et liberalitatem peto neque im-
pedio, quo minus, si tibi ita placuerit, etiam hisce
eum ornes gloriolae insignibus; totum denique hominem tibi ita trado, 'de manu,' ut aiunt, 'in manum'
tuam istam et victoria et fide praestantem. simus
enim putidiusculi, quamquam per te vix licet; verum,
ut video, licebit.

Cura, ut valeas, et me, ut amas, ama.

VI.
CICERO S. D. TREBATIO.

In omnibus meis epistulis, quas ad Caesarem aut 1
ad Balbum mitto, legituma quaedam est accessio commendationis tuae, nec ea vulgaris sed cum aliquo
insigni indicio meae erga te benevolentiae. tu modo
ineptias istas et desideria urbis et urbanitatis depone
et, quo consilio profectus es, id adsiduitate et virtute
consequere. hoc tibi tam ignoscemus nos amici, quam
ignoverunt Medeae,
    'quaé Corinthum arcem áltam habebant mátronae
            opulentae, óptimates,'
quibus illa manibus gypsatissimis persuasit, ne sibi
vitio illae verterent, quod abesset a patria; nam
    ,múlti suam rem béne gessere et públicam patriá
            procul;
    múlti, qui domi aétatem agerent, própterea sunt
            ímprobati.'
quo in numero tu certe fuisses, nisi te extrusissemus.

Sed plura scribemus alias. tu, qui ceteris cavere di- 2
dicisti, in Britannia ne ab essedariis decipiaris, caveto
et, quoniam Medeam coepi agere, illud semper me-
mento:

ihn nicht um ein Tribunat, eine Präfektur, überhaupt nicht um eine bestimmt umschriebene Wohltat; ich bitte Dich um Dein großzügiges Wohlwollen, habe aber auch nichts dagegen, daß Du ihn, wenn's Dir Spaß macht, mit so einem Ehrenpöstchen ausstattest. Kurz und gut, ich übergebe Dir den Mann ganz – wie man so sagt – aus meiner Hand in Deine sieggewohnte, zuverlässige Hand. Denn ich darf ja wohl einmal ein wenig dick auftragen, obwohl Du das eigentlich nicht gern hast; aber ich weiß ja, Du nimmst es mir nicht übel.

Halt Dich munter und behalt mich lieb!

(Rom, im April [III.] 54)

6.

Cicero grüßt Trebatius.

In allen meinen Briefen an Caesar oder Balbus findet sich sozusagen regelmäßig ein zusätzliches Wort zu Deiner Empfehlung, und zwar nicht so obenhin, sondern mit ausdrücklichem Hinweis auf mein Interesse für Dich. Laß Du nur endlich Deine läppische Sehnsucht nach der Stadt und dem Stadtleben fahren und suche durch Beharrlichkeit und Tüchtigkeit zu erreichen, was Du Dir als Ziel Deiner Reise gesetzt hast. Wir, Deine Freunde, werden Dir das ebenso verzeihen wie der Medea,

„Die Corinthus' Burg bewohnten, reiche, hocherlauchte
    Frauen",

denen sie mit dick geschminkten Armen zuredete, es ihr nicht zu verargen, daß sie ihrer Heimat fern sei, denn

„Viele sind, die fern der Heimat gut gesorgt für Stadt und
    Haus,

„Andere, so daheim geblieben, schalt darob man bitterlich."

Zu diesen hättest Du gewiß gezählt, wenn wir Dich nicht hinausbefördert hätten.

Mehr schreibe ich ein andermal. Sieh Du nur zu, daß Dich, der Du gelernt hast, andre vor Schaden zu bewahren, in Britannien die Wagenkämpfer nicht aufs Glatteis führen, und wo ich nun einmal begonnen habe, die Medea zu zitieren, denke immer daran:

,qui ípse sibi sapiéns prodesse nón quit, nequiquám
    sapit.'
Cura, ut valeas.

VII.
CICERO TREBATIO.

Ego te commendare non desisto, sed quid profi- 1
ciam, ex te scire cupio. spem maximam habeo in Balbo,
ad quem de te diligentissime et saepissime scribo.
illud soleo mirari, non me totiens accipere tuas litteras, quotiens a Quinto mihi fratre adferantur.

In Britannia nihil esse audio neque auri neque argenti. id si itast, essedum aliquod capias suadeo et ad
nos quam primum recurras. sin autem sine Britannia 2
tamen adsequi, quod volumus, possumus, perfice, ut
sis in familiaribus Caesaris. multum te in eo frater
adiuvabit meus, multum Balbus, sed, mihi crede, tuus
pudor et labor plurimum. imperatorem habes liberalissimum, aetatem opportunissimam, commendationem certe singularem, ut tibi unum timendum sit, ne
ipse tibi defuisse videare.

VIII.
CICERO TREBATIO.

Scripsit ad me Caesar perhumaniter nondum te sibi 1
satis esse familiarem propter occupationes suas, sed
certe fore. cui quidem ego rescripsi, quam mihi gratum esset futurum, si quam plurimum in te studii,
officii, liberalitatis suae contulisset. sed ex tuis litteris cognovi praeproperam quandam festinationem
tuam et simul sum admiratus, cur tribunatus commoda, dempto praesertim labore militiae, contempseris. querar cum Vacerra et Manilio; nam Cornelio 2
nihil audeo dicere, cuius tu periculo stultus es, quon-

„Wer sich selbst nicht kann kurieren, dünkt mich, hat umsonst
  studiert."

Halt Dich munter!

(Auf dem Cumanum oder Pompeianum, im Mai [IV.] 54)

7.

Cicero an Trebatius.

Ich empfehle Dich unablässig, aber was ich damit erreiche,
möchte ich von Dir wissen. Ich verlasse mich besonders auf Balbus,
an den ich oft und eingehend von Dir schreibe. Über eins wundere
ich mich immer wieder: daß ich nicht ebenso oft einen Brief von
Dir erhalte wie von meinem Bruder Quintus.

In Britannien gibt es ja wohl weder Silber noch Gold. Trifft das
zu, dann rate ich Dir, greif Dir einen Streitwagen und kutschiere
so bald wie möglich nach Hause. Können wir aber auch ohne
Britannien unser Ziel erreichen, dann bemühe Dich, in Caesars
engeren Freundeskreis aufgenommen zu werden. Dabei wird Dir
mein Bruder gern behilflich sein und ebenso Balbus, am meisten
aber, das kannst Du mir glauben, mit Bescheidenheit gepaartes
eigenes Bemühen. Du hast einen überaus freigebigen Imperator,
selten günstige Umstände und eine gewiß einmalige Fürsprache.
Somit hast Du nur eins zu fürchten: daß man den Eindruck gewinnt, Du ließest es an Dir selbst fehlen.

(Rom, Ende Juni [V.] 54

8.

Cicero an Trebatius.

Caesar hat mir überaus liebenswürdig geschrieben, er sei stark
in Anspruch genommen, und deshalb seiest Du noch nicht recht
vertraut mit ihm geworden, aber es werde schon werden. Ich habe
ihm geantwortet, wie lieb es mir sein würde, wenn er Dir recht viel
Freundlichkeit, Fürsorge und Aufmerksamkeit bezeige. Aber aus
Deinem Briefe ersehe ich eine nicht eben taktvolle Ungeduld auf
Deiner Seite, und zugleich wundere ich mich, weshalb Du die
Vorteile eines Tribunats abgeschlagen hast, zumal Dir keine militärischen Leistungen zugemutet werden. Ich werde mich bei Vacerra und Manilius beschweren; Cornelius wage ich gar nichts

iam te ab eo sapere didicisse profiteris. quin tu urges
istam occasionem et facultatem, qua melior numquam
reperietur?

Quod scribis de illo Preciano iure consulto, ego te
ei non desino commendare; scribit enim ipse mihi te
sibi gratias agere debere. de eo quid sit, cura ut sciam.

Ego vestras Britannicas litteras exspecto.

IX.
CICERO TREBATIO.

Iam diu ignoro, quid agas; nihil enim scribis; neque 1
ego ad te his duobus mensibus scripseram. quod cum
Quinto fratre meo non eras, quo mitterem aut cui
darem, nesciebam. cupio scire, quid agas et ubi sis
hiematurus; equidem velim cum Caesare, sed ad eum
propter eius luctum nihil sum ausus scribere; ad Balbum tamen scripsi.

Tu tibi desse noli; serius potius ad nos, dum plenior. 2
quod huc properes, nihil est, praesertim Battara mortuo. sed tibi consilium non dest. quid constitueris,
cupio scire.

Cn. Octavius est an Cn. Cornelius quidam, tuus 3
familiaris, summo genere natus, terrae filius. is me
quia scit tuum familiarem esse, crebro ad cenam invi-
tat. adhuc non potuit perducere, sed mihi tamen
gratum est.

X.
CICERO TREBATIO S.

Ex tuis litteris et Quinto fratri gratias egi et te ali- 1
quando conlaudare possum, quod iam videris certa

davon zu sagen, denn für ihn ist Dein Unverstand kompromittierend, wo Du bekennst, Deine Weisheit von ihm bezogen zu haben. Warum machst Du Dir die günstige Gelegenheit nicht zunutze? Eine bessere wird sich Dir niemals wieder bieten!

Was diesen Juristen Precianus angeht, von dem Du schreibst, so empfehle ich Dich ihm unausgesetzt; er selbst schreibt mir nämlich, Du schuldetest ihm bereits Dank. Laß mich doch bitte wissen, was es damit auf sich hat.

Ich erwarte Nachrichten von Euch aus Britannien.

(Rom, Anfang August [VII.] 54)

9.
Cicero an Trebatius.

Schon lange weiß ich nicht, was Du treibst, denn Du schreibst ja nicht; aber auch ich habe in den letzten zwei Monaten nicht an Dich geschrieben, weil Du nicht bei meinem Bruder Quintus warest und ich somit nicht wußte, wohin ich schreiben oder wem ich einen Brief mitgeben sollte. Ich möchte wissen, was Du treibst und wo Du überwintern wirst; ich wünschte, bei Caesar, aber wegen seiner Trauer habe ich mich nicht an ihn wenden mögen; doch habe ich an Balbus geschrieben.

Du darfst es an Dir nicht fehlen lassen; lieber ein wenig später nach Hause, dafür aber reich beschenkt! Dich mit der Heimkehr zu beeilen, hast Du gar keine Veranlassung, zumal wo Battara tot ist. Aber Du weißt ja selbst am besten, was Du zu tun hast. Nur möchte ich wissen, wozu Du Dich entschlossen hast.

Da ist ein gewisser Cn. Octavius – oder heißt er Cn. Cornelius? – ein Freund von Dir, aus uraltem Adel, ein Sproß der Erde. Der lädt mich fortgesetzt zum Essen ein, weil er weiß, daß ich mit Dir befreundet bin. Bisher hat er mich noch nicht herumkriegen können; immerhin ist es nett von ihm.

(Rom, im Oktober [IX.] 54)

10 (17).
Cicero grüßt Trebatius.

Auf Deinen Brief hin habe ich mich bei Bruder Quintus bedankt und kann Dich nun endlich einmal loben, daß Du nachgerade einen

aliqua in sententia constitisse. nam primorum men-
sum litteris tuis vehementer commovebar, quod mihi
interdum – pace tua dixerim – levis in urbis urbanita-
tisque desiderio, interdum piger, interdum timidus in
labore militari, saepe autem etiam, quod a te alienis-
simumst, subimpudens videbare. tamquam enim
syngrapham ad imperatorem, non epistulam attulisses,
sic pecunia ablata domum redire properabas, nec tibi
in mentem veniebat eos ipsos, qui cum syngraphis
venissent Alexandream, nummum adhuc nullum
auferre potuisse.

Ego si mei commodi rationem ducerem, te mecum 2
esse maxime vellem; non enim mediocri adficiebar
vel voluptate ex consuetudine nostra vel utilitate ex
consilio atque opera tua; sed cum te ex adulescentia
tua in amicitiam et fidem meam contulisses, semper
te non modo tuendum mihi sed etiam augendum
atque ornandum putavi. itaque quoad opinatus sum
me in provinciam exiturum, quae ad te ultro detulerim, meminisse te credo. postea quam ea mutata
ratiost, cum viderem me a Caesare honorificentissime
tractari et unice diligi hominisque liberalitatem incredibilem et singularem fidem nossem, sic ei te commendavi et tradidi, ut gravissime diligentissimeque
potui. quod ille ita et accepit et mihi saepe litteris
significavit et tibi et verbis et re ostendit mea commendatione sese valde esse commotum. hunc tu
virum nactus, si me aut sapere aliquid aut velle tua
causa putas, ne dimiseris et, si quae te forte res aliquando offenderit, cum ille aut occupatione aut difficultate tardior tibi erit visus, perferto et ultima
exspectato; quae ego tibi iucunda et honesta praestabo.

Pluribus te hortari non debeo; tantum moneo, 3
neque amicitiae confirmandae clarissimi ac liberalis-

festen Standpunkt gefunden zu haben scheinst. Deine Briefe aus den ersten Monaten haben mich ziemlich geärgert, denn Du erschienst mir – nimm's mir nicht übel – in Deiner Sehnsucht nach der Stadt und dem Stadtleben als Windbeutel, bisweilen als Faultier, bisweilen bei militärischen Unternehmungen als Hasenfuß, oft aber auch, was eigentlich gar nicht zu Dir paßt, ein wenig frech. Denn als hättest Du dem Imperator einen Wechsel und nicht ein Empfehlungsschreiben präsentiert, wolltest Du schnell Dein Geld kassieren und dann nach Hause gehen, und dachtest gar nicht daran, daß selbst die Leute, die mit Wechseln nach Alexandria kamen, bisher noch keinen roten Heller haben nach Hause bringen können.

Wenn es mir nur um meinen Vorteil zu tun wäre, sähe ich Dich am liebsten hier bei mir. Denn unser Verkehr hat mir viel Vergnügen bereitet, Dein Rat und Deine guten Dienste nicht unbedeutenden Nutzen gebracht. Aber da Du Dich von Jugend auf meiner Freundschaft und meinem Schutze anvertraut hast, habe ich es immer für meine Pflicht gehalten, Dich nicht nur zu schützen, sondern auch zu fördern und auszuzeichnen. Somit erinnerst Du Dich wohl noch dessen, was ich Dir von mir aus angeboten habe, solange ich daran dachte, in die Provinz zu gehen. Als sich hernach die Voraussetzungen dafür änderten, habe ich angesichts der Tatsache, daß ich mich von Caesar überaus ehrenvoll behandelt und über alles geschätzt wußte und seine unvorstellbare Freigebigkeit und beispiellose Zuverlässigkeit kannte, Dich ihm so energisch und eindringlich wie möglich empfohlen und anvertraut. Er hat das gut aufgenommen und mir mehrfach brieflich zu verstehen gegeben und Dir durch Wort und Tat bewiesen, wie tief er von meiner Fürsprache beeindruckt sei. Diesen Mann hat Dir das Glück geschenkt, und wenn Du mich für einen halbwegs vernünftigen Menschen hältst und glaubst, daß ich Dein Bestes im Auge habe, dann laß ihn nicht wieder los, und sollte Dir einmal etwas nicht nach der Mütze sein, wenn er infolge übermäßiger Beanspruchung oder schwieriger Verhältnisse Dir ein wenig säumig erscheint, dann nimm es hin und warte das Ende ab; daß es für Dich erfreulich und ehrenvoll sein wird, dafür lege ich meine Hand ins Feuer.

Weitere Ermahnungen kann ich mir ersparen; nur dies eine möchte ich Dir zu Gemüte führen: niemals wieder wirst Du eine

simi viri neque uberioris provinciae neque aetatis magis idoneum tempus, si hoc amiseris, te esse ullum umquam reperturum. 'hoc,' quem ad modum vos scribere soletis in vestris libris, 'idem Q. Cornelio videbatur.'

In Britanniam te profectum non esse gaudeo, quod et labore caruisti et ego te de rebus illis non audiam.

Ubi sis hibernaturus et qua spe aut condicione, perscribas ad me velim.

XI.
M. CICERO S. D. TREBATIO.

In 'Equo Troiano' scis esse in extremo 'sero sa- 1 piunt.' tu tamen, mi vetule, non sero. primas illas rabiosulas sat fatuas dedisti; deinde quod in Britannia non nimis φιλοθέωρον te praebuisti, plane non reprehendo. nunc vero in hibernis iniectus mihi videris, itaque te commovere non curas.

'usquequaque sápere oportet; íd erit telum acérrimum.'

Ego si foris cenitarem, Cn. Octavio, familiari tuo, 2 non defuissem; cui tamen dixi, cum me aliquotiens invitaret: ,oro te, quis tu es?' sed mercules extra iocum homo bellus est; vellem eum tecum abduxisses.

Quid agatis et ecquid in Italiam venturi sitis hac hieme, fac plane sciam. Balbus mihi confirmavit te divitem futurum. id utrum Romano more locutus sit, bene nummatum te futurum, an quo modo Stoici dicunt, omnes esse divites, qui caelo et terra frui possint, postea videro.

Qui istinc veniunt, superbiam tuam accusant, quod

so günstige Gelegenheit finden, Deine Freundschaft mit dem berühmten, großzügigen Manne zu befestigen, nie wieder eine so ergiebige Provinz und so vorteilhafte Umstände, wenn Du diese Gelegenheit verpaßt. „Auch Q. Cornelius steht auf dem gleichen Standpunkt", wie Ihr Juristen in Euren Schriftsätzen zu sagen pflegt.

Daß Du nicht mit nach Britannien gegangen bist, freut mich; so hast Du Dir Mühen erspart, und ich brauche mir Dein Gejammer über die dortigen Zustände nicht anzuhören,

Laß mich bitte genau wissen, wo Du überwintern wirst, mit welchen Erwartungen und unter welchen Umständen!

(Rom, Ende Oktober [IX.] 54)

11 (16).
M. Cicero grüßt Trebatius.

Im Equus Troianus heißt es zum Schluß bekanntlich: „Sie kommen zu spät zur Vernunft!" Bei Dir, mein Alterchen, ist es indessen nicht zu spät. Zuerst erhielt ich von Dir diese ausfallenden, reichlich albernen Briefe. Daß Du Dich dann für Britannien nicht übermäßig interessiert zeigtest, nehme ich Dir durchaus nicht übel. Jetzt aber im Winterlager scheinst Du mir unter Dach und Fach zu sein und legst deshalb keinen Wert darauf, Dich von der Stelle zu rühren.

„Immer bei Verstand zu bleiben, ist die allerschärfste Wehr!"

Wenn ich es liebte, auswärts zu speisen, hätte ich Deinem Freunde Cn. Octavius nicht abgesagt; als er mich immer wieder einlud, habe ich ihn gefragt: „Bitte, wer bist Du eigentlich?" Aber ohne Scherz: er ist wirklich ein netter Kerl; ich wollte, Du hättest ihn mitgenommen.

Laßt mich bitte wissen, was Ihr treibt und ob Ihr diesen Winter nach Italien kommt. Balbus versichert mir, Du würdest reich sein. Ob er das in römischem Sinne meint, daß Du also wohlbetucht sein wirst, oder wie es die Stoiker auffassen, daß alle reich sind, die Himmel und Erde genießen dürfen, wird sich später zeigen.

Leute, die von dort kommen, beschweren sich über Deinen Hoch-

negent te percontantibus respondere. sed tamen est,
quod gaudeas; constat enim inter omnis neminem te
uno Samarobrivae iuris peritiorem esse.

XII.
M. CICERO S. D. TREBATIO.

Legi tuas litteras, ex quibus intellexi te Caesari 1
nostro valde iure consultum videri. est, quod gaudeas te in ista loca venisse, ubi aliquid sapere viderere.
quod si in Britanniam quoque profectus esses, profecto nemo in illa tanta insula peritior te fuisset.
verum tamen – rideamus licet; sum enim a te invitatus – subinvideo tibi ultro etiam accersitum ab eo,
ad quem ceteri non propter superbiam eius sed
propter occupationem aspirare non possunt.

Sed tu in ista epistula nihil mihi scripsisti de tuis 2
rebus, quae mercule mihi non minori curae sunt quam
meae. valde metuo, ne frigeas in hibernis. quam ob
rem camino luculento utendum censeo – idem Mucio
et Manilio placebat –, praesertim qui sagis non abun-
dares. quamquam vos nunc istic satis calere audio;
quo quidem nuntio valde mercule de te timueram. sed
tu in re militari multo es cautior quam in advocationi-
bus, qui neque in Oceano natare volueris studiosissi-
mus homo natandi neque spectare essedarios, quem
antea ne andabata quidem defraudare poteramus.

Sed iam satis iocati sumus. ego de te ad Caesarem 3
quam diligenter scripserim, tute scis, quam saepe,
ego; sed mercule iam intermiseram, ne viderer libera-
lissimi hominis meique amantissimi voluntati erga
me diffidere. sed tamen iis litteris, quas proxime dedi,

mut, weil Du angeblich keine Rechtsauskünfte erteilst, wenn sie Dich fragen. Immerhin hast Du Anlaß, Dich zu freuen: alle sind einmütig der Meinung, in Samarobriva sei niemand so rechtskundig wie Du.

(Rom, Ende November [X.] 54)

12 (10).

M. Cicero grüßt Trebatius.

Ich habe Deinen Brief erhalten und ersehe aus ihm, daß unser Caesar in Dir einen gewiegten Juristen sieht. Du hast allen Grund, Dich zu freuen, daß Du in diese Regionen vorgedrungen bist, wo man sieht, daß Du etwas los hast. Wenn Du auch mit nach Britannien gegangen wärest, wäre auf der ganzen großen Insel gewiß niemand so rechtskundig gewesen wie Du. Immerhin – lachen wir ruhig einmal; Du selbst lädst mich ja dazu ein –, ein klein wenig bin ich neidisch auf Dich, daß der Mann Dich von sich aus herangeholt hat, an den alle andern nicht herankommen können, nicht etwa, weil er hochmütig wäre, sondern wegen seiner starken Beanspruchung.

Aber über Deine persönlichen Verhältnisse hast Du mir in Deinem Briefe nichts geschrieben, und sie liegen mir weiß Gott doch nicht weniger am Herzen als meine eigenen. Ich bin ernstlich besorgt, daß Du im Winterquartier kaltgestellt bist; darum, meine ich, solltest Du Dir einen anständigen Ofen verschaffen – auch Mucius und Manilius „sind dafür" –, zumal Du mit Kriegsmänteln nicht eben reichlich versehen bist. Freilich ist Euch dort, wie ich höre, ziemlich heiß; auf diese Nachricht hin habe ich wirklich Angst um Dich gehabt. Aber Du bist ja bei militärischen Vorgängen wesentlich vorsichtiger als bei Deinen Prozessen; weder hast Du als passionierter Schwimmer auf dem Ozean schwimmen noch Dir die Wagenkämpfer ansehen wollen, und dermaleinst konnten wir dich nicht einmal um einen Andabaten betrügen!

Aber nun Scherz beiseite! Du weißt, wie eindringlich ich über Dich an Caesar geschrieben habe, und ich, wie oft; aber ich habe nachgerade eine Unterbrechung eintreten lassen, um bei dem großzügigen, mir herzlich zugetanen Manne nicht den Eindruck zu erwecken, als mißtraute ich seinem guten Willen. Immerhin glaubte

putavi esse hominem commonendum. id feci; quid
profecerim, facias me velim certiorem et simul de toto
statu tuo consiliisque omnibus; scire enim cupio, quid
agas, quid expectes, quam longum istum tuum discessum a nobis futurum putes. sic enim tibi persuadeas 4
velim unum mihi esse solacium, qua re facilius possim
pati te esse sine nobis, si tibi esse id emolumento
sciam; sin autem id non est, nihil duobus nobis est
stultius, me, qui te non Romam attraham, te, qui non
huc advoles. una mercule nostra vel severa vel iocosa
congressio pluris erit quam non modo hostes, sed
etiam fratres nostri Haedui. qua re omnibus de rebus
fac ut quam primum sciam.

'aut cónsolando aut cónsilio aut re iuvero.'

XIII.
CICERO TREBATIO.

Nisi ante Roma profectus esses, nunc eam certe 1
relinqueres; quis enim tot interregnis iure consultum
desiderat? ego omnibus, unde petitur, hoc consilii
dederim, ut a singulis interregibus binas advocationes
postulent. satisne tibi videor abs te ius civile didicisse?

Sed heus tu! quid agis? ecquid fit? video enim te 2
iam iocari per litteras. haec signa meliora sunt quam
in meo Tusculano. sed quid sit, scire cupio. consuli
quidem te a Caesare scribis; sed ego tibi ab illo consuli mallem. quod si aut fit aut futurum putas, perfer
istam militiam et permane; ego enim desiderium tui
spe tuorum commodorum consolabor; sin autem
ista sunt inaniora, recipe te ad nos. nam aut erit hic
aliquid aliquando aut, si minus, una mercule conlo-
cutio nostra pluris erit quam omnes Samarobrivae.
denique, si cito te rettuleris, sermo nullus erit; si diutius frustra afueris, non modo Laberium sed etiam

ich, ihn in meinem letzten Briefe erinnern zu müssen. Das habe ich getan; mit welchem Erfolg, möchte ich von Dir hören und zugleich über Deine Lage überhaupt und all Deine Pläne. Ich möchte nämlich wissen, wie es Dir geht, was Du erwartest und wie lange sich Deine Abwesenheit von hier wohl ausdehnen wird. Du darfst es mir wirklich glauben: der einzige Trost, weswegen ich es leichter ertragen könnte, daß Du ohne mich bist, wäre, wenn ich wüßte, daß Du Vorteil davon hast. Ist das nicht der Fall, dann sind wir beiden die größten Toren auf der Welt; ich, daß ich Dich nicht nach Rom hole, und Du, daß Du nicht hierher eilst. Weiß Gott, ein ernstliches oder scherzhaftes Gespräch zwischen uns beiden wäre dann wichtiger als alle Feinde, ja, als unsre Blutsbrüder, die Haeduer. Darum laß mich von allem so bald wie möglich hören.

„Mit Trost und Rat und Geld will ich Dir helfen!"

(Rom, im Dezember [XI.] 54)

13 (11).
Cicero an Trebatius.

Wärest Du nicht schon längst aus Rom abgereist, dann würdest Du es jetzt bestimmt verlassen; wer fragt denn bei all diesen Interregnen nach einem Rechtskundigen? Ich möchte allen Beklagten den guten Rat geben, von jedem Interrex zweimal eine Advocatio zu verlangen. Findest Du nicht, daß ich im Zivilrecht schon einiges bei Dir gelernt habe?

Aber sag' nur, wie geht es Dir? Tut sich etwas? Denn wie ich sehe, fangen Deine Briefe an, scherzhaft zu werden. Das sind gute Zeichen, bessere als die Statuen auf meinem Tusculanum. Aber ich möchte doch wissen, was los ist. Du schreibst, Du berietest Caesar; mir wäre es lieber, er beriete Dich. Wenn dies geschieht oder Du meinst, daß es geschehen wird, dann nimm den Kriegsdienst dort hin und halte durch! Ich werde mich über die Sehnsucht nach Dir mit der Hoffnung auf Vorteile für Dich zu trösten wissen. Wird aber nichts Rechtes daraus, dann komm nach Hause! Hier wird nämlich schon einmal etwas passieren, und wenn nicht, dann ist ein Gespräch zwischen uns immer noch mehr wert als alle Samarobrivas. Schließlich wird es, wenn Du bald zurückkommst, kein Gerede geben; bleibst Du länger vergeblich weg, dann ist

sodalem nostrum Valerium pertimesco; mira enim
persona induci potest Britannici iure consulti.

Haec ego non rideo, quamvis tu rideas, sed de re 3
severissima tecum, ut soleo, iocor. remoto ioco tibi
hoc amicissimo animo praecipio, ut, si istic mea commendatione tuam dignitatem obtinebis, perferas nostri
desiderium, honestatem et facultates tuas augeas, sin
autem ista frigebunt, recipias te ad nos. omnia tamen,
quae vis, et tua virtute profecto et nostro summo erga
te studio consequere.

XIV.
CICERO TREBATIO.

Mirabar, quid esset, quod tu mihi litteras mittere 1
intermisisses: indicavit mihi Pansa meus Epicureum
te esse factum. o castra praeclara! quid tu fecisses, si
te Tarentum et non Samarobrivam misissem? iam
tum mihi non placebas, cum idem tuebare quod
† Zeius, familiaris meus. sed quonam modo ius civile 2
defendes, cum omnia tua causa facias, non civium?
ubi porro illa erit formula fiduciae:: 'VT INTER
BONOS BENE AGIER OPORTET'? quis enim est,
qui facit nihil nisi sua causa? quod ius statues
'COMMVNI DIVIDVNDO,' quom commune nihil
possit esse apud eos, qui omnia voluptate sua metiuntur? quo modo autem tibi placebit 'IOVEM LAPI-
DEM IVRARE', cum scias Iovem iratum esse nemini posse? quid fiet porro populo Ulubrano, si tu
statueris πολιτεύεσθαι non oportere? quare si plane
a nobis deficis, moleste fero, sin Pansae adsentari
commodumst, ignosco; modo scribe aliquando ad
nos, quid agas et a nobis quid fieri aut curari velis.

mir nicht nur vor Laberius, sondern auch vor unserm Freund Valerius bange; ein britannischer Rechtsgelehrter könnte ja eine hübsche Rolle abgeben.

Das alles ist mir durchaus nicht lächerlich, magst Du auch darüber lachen; nein, ich scherze nur mit Dir, wie gewöhnlich, aber die Sache ist sehr ernst. Als guter Freund gebe ich Dir allen Ernstes den Rat: wenn Du dort auf meine Empfehlung hin Deine Würde wahren kannst, dann laß Dich durch die Sehnsucht nach mir nicht beeinflussen; mehre Deine Reputation und Dein Vermögen. Tritt aber dort eine Abkühlung ein, dann komm zu mir! Doch alles, was Du Dir wünschst, wirst Du gewißlich durch Deine Tüchtigkeit und mein energisches Eintreten für Dich erreichen.

(Rom, im Januar 53 [XII. 54]).

14 (12).
Cicero an Trebatius.

Ich wunderte mich schon, was es zu bedeuten habe, daß Du mir nicht mehr schreibst; da hat mir nun mein Pansa berichtet, Du seiest unter die Epicureer gegangen. Was doch das Lagerleben nicht zuwege bringt! Was hättest Du nur angefangen, wenn ich Dich nach Tarent und nicht nach Samarobriva geschickt hätte? Schon damals gefielst Du mir nicht, als Du dieselben Ansichten vertratest wie mein Freund Zeius. Aber wie willst Du Dich mit dem Bürgerlichen Recht abfinden, wo Du in allem, was Du tust, nur an Dich denkst und nicht an die Bürger? Wo bleibt ferner die Vertragsformel „Wie unter Guten anständig gehandelt werden muß"? Denn niemand tut doch sonst nur alles um seinetwillen. Welchen Rechtssatz willst Du anwenden bei Verteilung des Gemeinguts, wo es bei denen, die alles nach ihrem persönlichen Vergnügen bemessen, nichts Gemeinsames geben kann? Wie willst Du den Eid beim Iuppiter-Stein gelten lassen, wo Du weißt, daß Iuppiter niemandem zürnen kann? Was wird weiterhin mit der Bevölkerung von Ulubrae, wenn Du erklärst, man dürfe sich nicht politisch betätigen? Also wenn Du gänzlich von uns abfällst, bin ich ärgerlich; ist es aber vorteilhaft, Pansa zu schmeicheln, dann mag es hingehen. Schreib mir nur endlich einmal, was Du treibst und was Du von mir getan oder besorgt wissen willst!

(Rom, im Februar [I.] 53)

XV.
M. CICERO S. D. TREBATIO.

Adeone me iniustum esse existimasti, ut tibi irasce- 1
rer, quod parum mihi constans et nimium cupidus
decedendi viderere, ob eamque causam me arbitrarere
litteras ad te iam diu non misisse? mihi perturbatio
animi tui, quam primis litteris perspiciebam, molestiam attulit; neque alia ulla fuit causa intermissionis
epistularum, nisi quod, ubi esses, plane nesciebam.
hic tu me etiam insimulas nec satisfactionem meam
accipis? audi, Testa mi: utrum superbiorem te pecunia
facit, an quod te imperator consulit? moriar, ni, quae
tua gloria est, puto te malle a Caesare consuli quam
inaurari. si vero utrumque est, quis te feret praeter me,
qui omnia ferre possum?

Sed ut ad rem redeam, te istic invitum non esse ve- 2
menter gaudeo et, ut illud erat molestum, sic hoc est
iucundum. tantum metuo, ne artificium tuum tibi
parum prosit; nam, ut audio, istic
> 'non ex iure manum consertum, sed magis ferro
>   rem repetunt,'
et tu soles ad vim faciundam adhiberi, neque est, quod
illam exceptionem in interdicto pertimescas: 'QVOD
TV PRIOR VI HOMINIBVS ARMATIS NON VE-
NERIS'; scio enim te non esse procacem in laces-
sendo. sed ut ego quoque te aliquid admoneam
de vestris cautionibus, Treviros vites censeo. audio
capitalis esse; mallem 'aere, argento, auro' essent.

Sed alias iocabimur. tu ad me de istis rebus omnibus
scribas velim quam diligentissime.
D. IIII Non. Mart.

15 (13).

M. Cicero grüßt Trebatius.

Hast Du mich wirklich für so ungerecht gehalten, daß ich Dir zürnen könnte, weil Du mir ein wenig unbeständig erschienst und allzu gern bereit abzureisen, und daß ich Dir aus diesem Grunde so lange nicht geschrieben hätte? Gewiß, Deine Erregung, die ich aus Deinen ersten Briefen herausfühlte, hat mich geärgert; aber der einzige Grund für die Unterbrechung unsres Briefwechsels war der, daß ich wirklich nicht wußte, wo Du seiest. Willst Du mich hier doch verdächtigen und meine Rechtfertigung nicht annehmen? Ich will Dir mal etwas sagen, mein lieber Testa: macht Dich das Geld so hochtrabend oder die Tatsache, daß der Imperator Dich zu Rate zieht? Zum Teufel auch! Bei Deinem Ruhm siehst Du es wahrscheinlich lieber, von Caesar zu Rate gezogen als in Gold gefaßt zu werden? Wenn aber beides zutrifft, wer soll dann noch mit Dir fertig werden außer mir, der sich alles gefallen läßt?

Um jedoch zur Sache zu kommen: daß es Dir dort ganz gut gefällt, freut mich riesig, und wie das andre mir ärgerlich war, so ist dies mir angenehm. Nur fürchte ich, Dein Metier wird Dir wenig einbringen, denn dem Vernehmen nach

„lädt man dort nicht zur Eröffnung eines Rechtshandels, sondern sucht vielmehr sein Recht mit dem Schwerte",

und Du wirst immer nur herangezogen, um Gewalt zu üben. Aber Du brauchst die bekannte Einschränkung beim Einspruch – „weil du den bewaffneten Menschen nicht mit der Gewalt zuvorgekommen bist" – nicht zu fürchten; weiß ich doch, daß Du beim Reizen nicht zudringlich bist. Aber um Dir auch von mir aus einen Rat zu geben für Eure Kautionen: Du solltest, meine ich, die Treverer meiden. Wie ich höre, sind es kapitale Kerle; mir wär's lieber, sie hätten Erz, Silber und Gold!

Aber scherzen wollen wir ein andermal. Schreib mir bitte recht ausführlich, wie es dort aussieht!

Gegeben am 4. März [31. I.] (53 zu Rom)

XVI.
CICERO TREBATIO S.

Accepi a te aliquot epistulas uno tempore, quas tu 1
diversis temporibus dederas. in quibus me cetera delectarunt; significabant enim te istam militiam iam
firmo animo ferre et esse fortem virum et constantem;
quae ego paulisper in te ita desideravi, non imbecillitate animi tui sed magis ut desiderio nostri te aestuare
putarem. quare perge, ut coepisti; forti animo istam
tolera militiam. multa, mihi crede, adsequere; ego
enim renovabo commendationem, sed tempore. sic
habeto, non tibi maiori esse curae, ut iste tuus a me
discessus quam fructuosissimus tibi sit, quam mihi.
itaque quoniam vestrae cautiones infirmae sunt,
Graeculam tibi misi cautionem chirographi mei. tu
me velim de ratione Gallici belli certiorem facias; ego
enim ignavissimo cuique maximam fidem habeo.

Sed ut ad epistulas tuas redeam, cetera belle; illud 2
miror: quis solet eodem exemplo pluris dare, qui sua
manu scribit? nam quod in palimpsesto, laudo equidem parsimoniam; sed miror, quid in illa chartula
fuerit, quod delere malueris quam non haec scribere
nisi forte tuas formulas; non enim puto te meas
epistulas delere, ut reponas tuas. an hoc significas,
nihil fieri, frigere te, ne chartam quidem tibi suppe-
ditare? iam ista tua culpa est, qui verecundiam tecum
extuleris et non hic nobiscum reliqueris.

Ego te Balbo, cum ad vos proficiscetur, more Ro- 3
mano commendabo. tu, si intervallum longius erit
mearum litterarum, ne sis admiratus; eram enim afuturus mense Aprili.

16 (18).
Cicero grüßt Trebatius.

Ich habe mehrere Briefe von Dir gleichzeitig erhalten, die Du zu verschiedenen Zeiten aufgegeben hast. An ihnen hat mir alles andre gefallen; ließen sie doch durchblicken, daß Du den Kriegsdienst dort nunmehr unerschütterlich über Dich ergehen läßt und ein tapferer, standhafter Mann bist. Wenn ich das ein Weilchen bei Dir vermißt habe, so deshalb, weil ich glaubte, du schwitztest vor Sehnsucht nach mir, und nicht etwa aus charakterlicher Schwäche. Darum mach' nur so weiter, nimm den Kriegsdienst dort getrost auf Dich! Glaub' mir, Du wirst es weit bringen! Denn ich werde meine Fürsprache erneuern, aber erst, wenn es an der Zeit ist. Du darfst überzeugt sein: daß Deine Trennung von mir sich für Dich als recht ertragreich erweist, darum sorge ich mich nicht weniger als Du! Darum habe ich Dir, weil Eure Kautionen ja nicht recht sicher sind, eine griechische Kaution in Form eines Wechsels von mir zugestellt. Unterrichte Du mich bitte über den Verlauf des Krieges in Gallien, denn gerade die Feigen sind es, denen ich am meisten traue.

Doch um auf Deine Briefe zurückzukommen: alles andre ist in Ordnung; nur über eins wundere ich mich. Wer alles eigenhändig schreibt, der gibt doch im allgemeinen nicht mehrere Briefe gleichen Inhalts von sich! Denn daß Du ein Palimpsest benutzt hast, ist lobenswerte Sparsamkeit; aber ich möchte wohl wissen, was auf dem Blatt gestanden hat, daß Du es lieber hast auswischen als dies nicht schreiben wollen, wenn es nicht etwa Deine juristischen Formeln gewesen sind. Denn daß Du einen Brief von mir auslöschen solltest, um den Deinigen an die Stelle zu setzen, kann ich mir nicht denken. Oder willst Du damit andeuten, daß nichts verdient wird? Daß Du kalte Füße hast? Daß Du nicht einmal ein Blatt Papier zur Verfügung hast? Nun, das ist dann Deine eigene Schuld; warum hast Du denn auch Deine Schüchternheit mit hinausgenommen und nicht hier bei uns gelassen?

Wenn Balbus zu Euch reist, werde ich ihm Dich gut römisch empfehlen. Wenn mein Briefwechsel eine längere Unterbrechung erfährt, brauchst Du Dich nicht zu wundern; den April über werde ich nicht daheim sein.

Has litteras scripsi in Pomptino, cum ad villam M. Aemili Philemonis devertissem, ex qua iam audieram fremitum clientium meorum, quos quidem tu mihi conciliasti; nam Ulubris honoris mei causa vim maximam ranunculorum se commosse constabat.

Cura, ut valeas!

VI Id. Apr. de Pomptino.

Epistulam tuam, quam accepi ab L. Arruntio, con- 4 scidi innocentem; nihil enim habebat, quod non vel in contione recte legi posset. sed et Arruntius ita te mandasse aiebat et tu adscripseras. verum illud esto; nihil te ad me postea scripsisse demiror, praesertim tam novis rebus.

XVII.
CICERO TREBATIO.

Quam sint morosi, qui amant, vel ex hoc intellegi 1 potest: moleste ferebam antea te invitum istic esse; pungit me rursus, quod scribis esse te istic libenter. neque enim mea commendatione te non delectari facile patiebar et nunc angor quicquam tibi sine me esse iucundum. sed hoc tamen malo ferre nos desiderium quam te non ea, quae spero, consequi.

Quom vero in C. Mati, suavissimi doctissimique 3 hominis, familiaritatem venisti, non dici potest, quam valde gaudeam. qui fac ut te quam maxime diligat. mihi crede, nihil ex ista provincia potes, quod iucundius sit, deportare.

Cura, ut valeas.

XVIII.
CICERO TREBATIO.

Chrysippus Vettius, Cyri architecti libertus, fecit, 1 ut te non immemorem putarem mei; salutem enim verbis tuis mihi nuntiarat. valde iam lautus es, qui

Diesen Brief schreibe ich auf dem Pomptinum; ich bin nämlich in der Villa des M. Aemilius Philemon eingekehrt, und von dort habe ich bereits das Murren meiner Klienten gehört, die Du mir verschafft hast, denn in Ulubrae hat sich offenbar eine gewaltige Menge von Fröschen mir zu Ehren auf die Beine gemacht.

Halt Dich munter!

Auf dem Pomptinum, den 8. April [6. III.] (53).

P. S. Deinen Brief, den mir L. Arruntius eingehändigt hat, habe ich, ohne daß er etwas dafür kann, zerrissen; er enthielt ja nichts, was man nicht auch in aller Öffentlichkeit unbedenklich hätte vorlesen können. Aber Arruntius sagte, Du hättest es so gewünscht, und Du hattest es ja auch selbst geschrieben. Nun gut! Ich wundere mich, daß Du hinterher noch nicht wieder geschrieben hast, zumal es so viel Neues gibt!

17 (15).
Cicero an Trebatius.

Wie eigensinnig Liebende sind, kann man schon aus folgendem ersehen: Früher war ich unwillig, daß Du nur ungern dort warst; jetzt versetzt es mir wieder einen Stich, daß Du schreibst, Du seiest gern dort. Denn ich konnte mich nur schwer damit abfinden, daß meine Fürsprache Dich nicht erfreute, und jetzt quält mich die Vorstellung, daß Dir überhaupt etwas ohne mein Dazutun gefällt. Doch diesen Verdruß will ich lieber auf mich nehmen, als daß Du nicht erreichst, was ich für Dich erhoffe.

Daß Du in den Freundeskreis das C. Matius, dieses reizenden, hochgebildeten Mannes, aufgenommen bist, freut mich unaussprechlich; sieh nur zu, daß er Dich ganz in sein Herz schließt! Glaub' mir, das wäre das Schönste, was Du aus der Provinz mit nach Hause bringen kannst.

Halt Dich munter!

(Rom, im Juni [V.] 53)

18 (14).
Cicero an Trebatius.

Chrysippus Vettius, der Freigelassene des Architekten Cyrus, hat dafür gesorgt, daß ich nicht auf den Gedanken kam, Du hättest mich vergessen; er hat mir nämlich einen Gruß von Dir gebracht.

gravere litteras ad me dare homini praesertim prope domestico. quod si scribere oblitus es, minus multi iam te advocato causa cadent; si nostri oblitus es, dabo operam, ut istuc veniam, ante quam plane ex animo tuo effluo; sin aestivorum timor te debilitat, aliquid excogita, ut fecisti de Britannia.

Illud quidem perlibenter audivi ex eodem Chry- 2 sippo, te esse Caesari familiarem; sed mercule mallem, id quod erat aequius, de tuis rebus ex tuis litteris quam saepissime cognoscerem. quod certe ita fieret, si tu maluisses benevolentiae quam litium iura perdiscere. sed haec iocati sumus et tuo more et non nihil etiam nostro. te valde amamus nosque a te amari cum volumus tum etiam confidimus.

XIX.
CICERO TREBATIO S.

Sili causam te docui. is postea fuit apud me. cum ei dicerem tibi videri sponsionem illam nos sine periculo facere posse, 'SI BONORVM TVRPILIAE POSSESSIONEM Q. CAEPIO PRAETOR EX EDICTO SVO MIHI DEDIT,' negare aiebat Servium tabulas testamenti esse eas, quas instituisset is, qui factionem testamenti non habuerit; hoc idem Ofilium dicere; tecum se locutum negabat meque rogavit, ut se et causam suam tibi commendarem.

Nec vir melior, mi Testa, nec mihi amicior P. Silio quisquam est, te tamen excepto. gratissimum mihi igitur feceris, si ad eum ultro veneris eique pollicitus eris, sed, si me amas, quam primum. hoc te vehementer etiam atque etiam rogo.

Du bist ja nachgerade recht vornehm, daß Du Dich zu gut dünkst, zumal einem beinahe zum Hause gehörigen Manne einen Brief an mich mitzugeben. Wenn Du also nur vergessen hast, einen Schriftsatz zu machen, werden weniger viele unter Deinem Beistand ihren Prozeß verlieren; hast Du aber mich vergessen, werde ich mich bemühen, dorthin zu kommen, bevor ich Deinem Gedächtnis gänzlich entschwinde. Ist es jedoch die Angst vor dem Sommerfeldzug, die Dich lähmt, dann denk' Dir doch etwas aus, wie Du's bei Britannien gemacht hast!

Eins habe ich mit besonderer Freude von demselben Chrysippus gehört: daß Du zum engeren Freundeskreis Caesars gehörst. Aber es wäre mir weiß Gott lieber, ich erführe, wie es sich eigentlich gehörte, durch einen Brief von Dir recht oft von Deinem Befinden. Und das würde gewiß auch geschehen, wenn Du Dich mehr den Rechtsgrundsätzen des Wohlwollens als dem Prozeßrecht hättest widmen wollen. Doch dies soll nur ein Scherz sein, wie es Deine Art ist und ein wenig auch meine. Ich habe Dich sehr lieb und wünsche und weiß, daß auch Du mich liebst.

(Rom, im Juni oder Juli [V./VI.] 53)

19 (21).
Cicero grüßt Trebatius.

Silius' Fall habe ich Dir auseinandergesetzt. Er ist hinterher bei mir gewesen. Als ich ihm sagte, Du meintest, wir könnten die gerichtliche Wette ohne Risiko eingehen, „wenn das Eigentumsrecht an den Gütern der Turpilia der Prätor Q. Caepio auf Grund seines Ediktes mir gegeben hat", erklärte er, Servius behaupte, das sei keine Testamentsurkunde, da jemand sie errichtet habe, der überhaupt nicht das Recht gehabt habe, ein Testament zu machen; dasselbe sage Ofilius. Mit Dir, sagte er, habe er nicht gesprochen, und er bat mich, ihn und seine Sache Dir zu empfehlen.

Mein Testa! Es gibt keinen besseren Menschen, keinen, der mir so nahe stände wie P. Silius, Dich natürlich ausgenommen. Du tust mir also einen sehr großen Gefallen, wenn Du Deinerseits zu ihm gehst und ihm Deinen Beistand versprichst, aber bitte recht bald! Darum bitte ich Dich herzlich ein ums andre Mal.

(Auf dem Tusculanum, im Juni 44)

XX.
CICERO TREBATIO S.

Amabilior mihi Velia fuit, quod te ab ea sensi amari. 1
sed quid ego dicam 'te,' quem quis non amat? Rufio
medius fidius tuus ita desiderabatur, ut si esset unus e
nobis. sed te ego non reprehendo, qui illum ad aedificationem tuam traduxeris. quamquam enim Velia
non est vilior quam Lupercal, tamen istuc malo quam
haec omnia. tu si me audies, quem soles, has paternas
possessiones tenebis – nescio quid enim Velienses
verebantur – neque Haletem, nobilem amnem, relinques nec Papirianam domum deseres; quamquam
illa quidem habet lotum, a quo etiam advenae teneri
solent; quem tamen si excideris, multum prospexeris.
sed in primis opportunum videtur, his praesertim 2
temporibus, habere perfugium primum eorum urbem,
quibus carus sis, deinde tuam domum tuosque agros,
eaque remoto, salubri, amoeno loco; idque etiam
mea interesse, mi Trebati, arbitror. sed valebis meaque negotia videbis meque dis iuvantibus ante brumam exspectabis.

Ego a Sex. Fadio, Niconis discipulo, librum abstuli 3
'Νίκωνος περὶ πολυφαγίας.' o medicum suavem meque docilem ad hanc disciplinam! sed Bassus noster
me de hoc libro celavit, te quidem non videtur.
    Ventus increbrescit. cura, ut valeas.
    XIII Kal. Sext. Velia.

XXI.
CICERO TREBATIO S.

Vide, quanti apud me sis; etsi iure id quidem; non
enim te amore vinco. verum tamen, quod praesenti
tibi prope subnegaram, non tribueram certe, id
absenti debere non potui. itaque ut primum Velia

20.
Cicero grüßt Trebatius.

Velia ist mir um so liebenswerter erschienen, als ich gemerkt habe, wie sehr es gerade Dich schätzt. Aber wozu soll ich das ausdrücklich betonen, wo alle Welt Dich schätzt? Dein Rufio wurde weiß Gott so vermißt, wie wenn er einer von uns wäre. Aber ich mache Dir keinen Vorwurf, daß Du ihn zu Deinem Bau herübergenommen hast. Velia ist ja freilich nicht billiger als das Lupercal; trotzdem ziehe ich es allem andern vor. Wenn Du wie immer auf mich hören willst, behalte diese Deine väterlichen Besitzungen – die Velienser hegen nämlich irgendwelche Befürchtungen –, verlaß nicht den Hales, diesen herrlichen Fluß, und gib das Papirius-Haus nicht auf! Freilich steht dort ein Lotusbaum, der auch die Fremden anzuziehen pflegt. Aber wenn Du ihn herausschlägst, gewinnst Du einen weiten Ausblick. Hauptsächlich jedoch scheint es mir opportun, zumal in diesen Zeiten, einen Zufluchtsort zu besitzen in der Stadt derer, denen Du teuer bist, und überdies in eigenem Hause und auf eigenem Grund und Boden, und das in einer entlegenen, gesunden, lieblichen Gegend; übrigens bin auch ich wohl daran interessiert, mein Trebatius. Aber mach's gut, kümmere Dich um meine Angelegenheiten und erwarte mich, so Gott will, vor Wintersonnenwende zurück!

Von Sex. Fadius, Nicos Schüler, habe ich mir „Nico, Über die Freßsucht" besorgt. Ein entzückender Arzt, und ich ein gelehriger Schüler seiner Wissenschaft! Unser Bassus hat mir von diesem Buche nichts gesagt, aber anscheinend Dir.

Der Wind schwillt an. Halt Dich munter!

Velia, den 20. Quintilis (44)

21 (19).
Cicero grüßt Trebatius.

Sieh nur, wie viel Du bei mir giltst! Und gewiß mit Recht, denn an Liebe kann ich es nicht mit Dir aufnehmen. Immerhin, was ich Dir persönlich halb und halb abgeschlagen und jedenfalls nicht zugestanden habe, das habe ich Dir jetzt in der Ferne nicht schuldig bleiben können. Also: gleich nach meiner Abfahrt von Velia habe

navigare coepi, institui Topica Aristotelea conscribere
ab ipsa urbe commonitus amantissima tui.

Eum librum tibi misi Regio, scriptum, quam planis-
sime res illa scribi potuit. sin tibi quaedam videbuntur
obscuriora, cogitare debebis nullam artem litteris
sine interprete et sine aliqua exercitatione percipi
posse. non longe abieris; num ius civile vestrum ex
libris cognosci potest? qui quamquam plurimi sunt,
doctorem tamen usumque desiderant. quamquam tu,
si attente leges, si saepius, per te omnia consequere ut
certe intellegas; ut vero etiam ipsi tibi loci proposita
quaestione occurrant, exercitatione consequere; in qua
quidem nos te continebimus, si et salvi redierimus et
salva ista offenderimus.

V Kal. Sext. Regio.

XXII.
CICERO TREBATIO S.

Inluseras heri inter scyphos, quod dixeram controversiam esse, possetne heres, quod furtum antea factum esset, furti recte agere. itaque etsi domum bene
potus seroque redieram, tamen id caput, ubi haec
controversia est, notavi et descriptum tibi misi, ut
scires id, quod tu neminem sensisse dicebas, Sex.
Aelium, M'. Manilium, M. Brutum sensisse. ego
tamen Scaevolae et Testae adsentior.

XXIII.
CICERO S. D. M. FABIO GALLO.

Tantum quod ex Arpinati veneram, cum mihi a te 1
litterae redditae sunt, ab eodemque accepi Aviani litteras, in quibus hoc inerat liberalissimum, nomina se
facturum, cum venisset, qua ego vellem die.

ich begonnen, die Topica des Aristoteles zu bearbeiten; gerade die Stadt, die Dich so verehrt, hat mich dazu gebracht.

Dies Buch, geschrieben, so klar sich eben diese Dinge darstellen ließen, habe ich Dir von hier zugestellt. Falls Dir manches ein wenig dunkel erscheint, mußt Du bedenken, daß eben kein Fach aus schriftlichen Darstellungen ohne mündliche Erklärung und einige Übung begriffen werden kann. Du brauchst nicht weit zu gehen; läßt sich etwa Euer Bürgerliches Recht aus Büchern lernen? Es gibt freilich viele, aber alle setzen einen Lehrer und praktische Erfahrung voraus. Gewiß, wenn Du aufmerksam liest und öfter, wirst Du es selbst so weit bringen, daß Du jedenfalls das Ganze richtig verstehst; daß Dir aber auch für jede angeschnittene Frage die entsprechenden Stellen selbst einfallen, das erreichst Du nur durch Übung, und dazu will ich Dich anhalten, falls ich heil zurückkomme und dort vernünftige Verhältnisse antreffe.

Regium, den 28. Quintilis (44)

22.
Cicero grüßt Trebatius

Du hast gestern beim Bechern über mich hergezogen, weil ich behauptet hatte, es sei eine Streitfrage, ob ein Erbe bei vorhergegangenem Diebstahl regelrecht wegen Diebstahls klagen könne. Zwar bin ich ganz hübsch bezecht und spät nach Haus gekommen, habe mir aber doch gleich den Paragraphen angestrichen, in dem von dieser Kontroverse die Rede ist, und schicke Dir eine Abschrift, damit Du siehst, daß Sex. Aelius, M.' Manilius und M. Brutus die Meinung vertreten haben, die Deiner Behauptung nach noch niemand vertreten hat. Ich schließe mich allerdings Scaevola und Testa an.

(Ort und Zeit nicht bekannt).

23.
Cicero grüßt M. Fabius Gallus.

Eben war ich aus Arpinum zurück, als mir Dein Brief eingehändigt wurde, und derselbe Bote brachte mir auch einen Brief von Avianius, der die überaus entgegenkommende Mitteilung enthielt, wenn der Kauf perfekt sei, werde er mir die Summe stunden; der Termin stehe ganz in meinem Belieben.

Fac, quaeso, qui ego sum, esse te; estne aut tui
pudoris aut nostri primum rogare de die, deinde plus
annua postulare? sed essent, mi Galle, omnia facilia,
si et ea mercatus esses, quae ego desiderabam, et ad
eam summam, quam volueram. ac tamen ista ipsa, quae
te emisse scribis, non solum rata mihi erunt sed etiam
grata; plane enim intellego te non modo studio sed
etiam amore usum, quae te delectarint, hominem, ut
ego semper iudicavi, in omni iudicio elegantissimum,
quae me digna putaris, coemisse. sed velim maneat 2
Damasippus in sententia; prorsus enim ex istis emp-
tionibus nullam desidero. tu autem ignarus instituti
mei, quanti ego genus omnino signorum omnium
non aestimo, tanti ista quattuor aut quinque sumpsisti.
Bacchas istas cum Musis Metelli comparas. quid simile? primum ipsas ego Musas numquam tanti putassem atque id fecissem Musis omnibus approbantibus,
sed tamen erant aptum bybliothecae studiisque nostris
congruens; Bacchis vero ubi est apud me locus? at
pulchellae sunt. novi optime et saepe vidi. nominatim
tibi signa mihi nota mandassem, si probassem. ea enim
signa ego emere soleo, quae ad similitudinem gym-
nasiorum exornent mihi in palaestra locum. Martis
vero signum quo mihi pacis auctori? gaudeo nullum
Saturni signum fuisse; haec enim duo signa putarem
mihi aes alienum attulisse. Mercuri mallem aliquod
fuisset; felicius, puto, cum Avianio transigere possemus.

Quod tibi destinaras trapezophorum, si te delectat, 3
habebis; sin autem sententiam mutasti, ego habebo
scilicet. ista quidem summa ne ego multo libentius
emerim deversorium Tarracinae, ne semper hospiti
molestus sim. omnino liberti mei video esse culpam,

Nimm bitte einmal an, Du ständest an meiner Stelle. Verträgt es sich mit Deinem oder unserm Anstandsgefühl, einmal, überhaupt um Zahlungsaufschub zu bitten, und dann gleich mehr als ein Jahr zu fordern? Aber alles wäre ganz einfach, mein lieber Gallus, wenn Du das gekauft hättest, was ich wünschte, und nicht über die von mir gesetzte Summe hinausgegangen wärest. Trotzdem will ich den von Dir getätigten Kauf nicht anfechten und gebe mich zufrieden. Ich verstehe ja vollkommen, daß Du, ein Mann mit geschmackvollem Urteil, wie ich immer wieder festgestellt habe, nicht nur aus Übereifer, sondern auch aus Liebe gekauft hast, was Dir gefiel und was Du meiner für würdig hieltest. Jedoch wäre es mir lieb, wenn Damasippus bei seinem Angebot bliebe, denn eigentlich kann ich von den gekauften Sachen nichts gebrauchen, Du aber hast in Unkenntnis meines Geschmacks für die vier oder fünf Gegenstände mehr angelegt, als mir alle Statuen der Welt überhaupt wert sind. Deine Bacchen stellst Du Metellus' Musen an die Seite. Worin besteht die Ähnlichkeit? Erstens hätte ich gerade die Musen niemals so hoch eingeschätzt, und alle Musen hätten Verständnis dafür gehabt; immerhin würden sie für meine Bibliothek passen und meiner Tätigkeit entsprechen. Aber wo ist bei mir ein Platz für die Bacchen? „Sie sind aber doch ganz reizend!" Ich kenne sie genau und habe sie oft gesehen. Ich hätte Dir die mir bekannten Kunstwerke namentlich aufgegeben, wenn sie mir gefallen hätten. Im allgemeinen kaufe ich nämlich nur solche Standbilder, die geeignet sind, mir einen Platz in der Palästra, ähnlich wie in den griechischen Gymnasien, auszuschmücken. Aber eine Marsstatue, was soll mir, dem Friedensstifter, die? Gott sei Dank ist kein Saturn dagewesen; diese beiden Statuen hätten mir wahrscheinlich nur Schulden eingebracht. Lieber wäre mir schon, es wäre ein Mercur dagewesen; vermutlich wären wir dann mit Avianius zu einem günstigeren Abschluß gekommen.

Den Prunktisch hast Du für Dich reserviert. Gut, wenn's Dir Freude macht, behalte ihn; bist Du aber andern Sinnes geworden, nehme ich ihn natürlich. Für das viele Geld hätte ich mir wahrhaftig viel lieber eine Herberge in Tarracina gekauft, um nicht immer einem Gastfreunde zur Last zu fallen. Aufs Ganze gesehen, hat offenbar mein Freigelassener die Schuld, dem ich fest umrissene

cui plane res certas mandaram, itemque Iuni, quem
puto tibi notum esse, Aviani familiarem.

Exhedria quaedam mihi nova sunt instituta in por-
ticula Tusculani. ea volebam tabellis ornare; etenim si
quid generis istius modi me delectat, pictura delectat.

Sed tamen si ista mihi sunt habenda, certiorem
velim me facias, ubi sint, quando arcessantur, quo
genere vecturae. si enim Damasippus in sententia
non manebit, aliquem Pseudodamasippum vel cum
iactura reperiemus.

Quod ad me de domo scribis iterum, iam id ego 4
proficiscens mandabam meae Tulliae; ea enim ipsa
hora acceperam tuas litteras. egeram etiam cum tuo
Nicia, quod is utitur, ut scis, familiariter Cassio. ut
redii autem, priusquam tuas legi has proximas litteras,
quaesivi de mea Tullia, quid egisset. per Liciniam se
egisse dicebat – sed opinor Cassium uti non ita multum sorore –; eam porro negare se audere, cum vir
abesset – est enim profectus in Hispaniam Dexius –,
illo et absente et insciente migrare.

Est mihi gratissimum tanti a te aestimatam consuetudinem vitae victusque nostri, primum ut eam domum sumeres, ut non modo prope me sed plane
mecum habitare posses, deinde ut migrare tanto opere
festines. sed ne vivam, si tibi concedo, ut eius rei tu
cupidior sis, quam ego sum. itaque omnia experiar;
video enim, quid mea intersit, quid utriusque nostrum.
si quid egero, faciam, ut scias.

Tu et ad omnia rescribes et, quando te exspectem,
facies me, si tibi videtur, certiorem.

XXIV.
CICERO S. D. GALLO.

Cum decimum iam diem graviter ex intestinis labo- 1
rarem neque iis, qui mea opera uti volebant, me pro-

Aufträge erteilt habe, und ebenso Iunius – Du kennst ihn wohl –, der Freund des Avianius.

Ich habe mir ein paar neue Nischen in der kleinen Halle in Tusculum hergerichtet; die möchte ich mit Gemälden ausschmücken. Wenn überhaupt etwas in der Art mir Freude macht, dann ist es ein Gemälde.

Falls ich die andern Sachen doch nehmen muß, benachrichtige mich, wo sie sich befinden, wann sie gebracht werden und wie der Transport vor sich gehen soll. Denn wenn Damasippus nicht bei seinem Angebot bleibt, werden wir einen Pseudodamasippus finden, und sei es mit Verlust.

Du schreibst mir wieder von dem Hause. Ich habe schon bei meiner Abreise meiner Tullia die nötigen Anweisungen gegeben, denn gerade in dem Augenblick traf Dein Brief ein. Ich habe auch mit Deinem Nicias verhandelt; der verkehrt ja, wie Du weißt, freundschaftlich mit Cassius. Gleich bei meiner Rückkehr, ehe ich diesen Deinen letzten Brief gelesen hatte, habe ich meine Tullia gefragt, was sie erreicht habe. Sie sagte, sie habe sich an Licinia gewandt – ich vermute jedoch, Cassius kommt nur selten mit seiner Schwester zusammen –; diese erkläre, ihr Mann sei nicht da – Dexius ist nämlich nach Spanien unterwegs –, und in seiner Abwesenheit und ohne sein Wissen wage sie nicht auszuziehen.

Es freut mich riesig, daß Du den Umgang und das Zusammenleben mit mir so hoch schätzt, daß Du erstens dies Haus nimmst, um in meiner Nähe, ja geradezu mit mir zusammen zu wohnen, und zweitens es mit dem Umzug so eilig hast. Hol' mich der Teufel, wenn ich zugebe, daß Du mehr darauf versessen bist als ich! Also ich werde alles versuchen; weiß ich doch, wie viel mir daran liegt, wie viel uns beiden. Wenn ich etwas erreiche, lasse ich es Dich wissen.

Du schreib mir auf alles wieder und benachrichtige mich, wenn's Dir recht ist, wann ich Dich erwarten darf.

(Auf dem Formianum, kurz nach dem 7. April [16. II.] 49)

24 (26).
Cicero grüßt Gallus.

Schon seit zehn Tagen leide ich an einem schweren Darmkatarrh, und weil die Leute, die meine Dienste beanspruchen, es mir nicht

barem non valere, quia febrim non haberem, fugi in
Tusculanum, cum quidem biduum ita ieiunus fuissem,
ut ne aquam quidem gustarem. itaque confectus
languore et fame magis tuum officium desideravi,
quam a te requiri putavi meum.

Ego autem quom omnis morbos reformido, tum –
quod Epicurum tuum Stoici male accipiunt, quia
dicat ʻστραγγουρικὰ καὶ δυσεντερικὰ πάθηʼ sibi molesta esse, quorum alterum morbum edacitatis esse
putant, alterum etiam turpioris intemperantiae – sane
δυσεντερίαν pertimueram; sed visa est mihi vel loci
mutatio vel animi etiam relaxatio vel ipsa fortasse
iam senescentis morbi remissio profuisse. ac tamen 2
ne mirere, unde hoc acciderit quo modove com-
miserim, lex sumptuaria, quae videtur λιτότητα
attulisse, ea mihi fraudi fuit. nam dum volunt isti
lauti terra nata, quae lege excepta sunt, in honorem
adducere, fungos, helvellas, herbas omnis ita con-
diunt, ut nihil possit esse suavius. in eas cum incidis-
sem in cena augurali apud Lentulum, tanta me διάρροια
arripuit, ut hodie primum videatur coepisse consistere.
ita ego, qui me ostreis et murenis facile abstinebam,
a beta et a malva deceptus sum. posthac igitur erimus
cautiores.

Tu tamen, cum audisses ab Anicio – vidit enim me
nauseantem, – non modo mittendi causam iustam
habuisti sed etiam visendi. ego hic cogito commorari,
quoad me reficiam, nam et viris et corpus amisi; sed
si morbum depulero, facile, ut spero, illa revocabo.

glauben wollten, daß ich nicht wohl sei – ich hatte nämlich kein Fieber –, habe ich mich auf mein Tusculanum geflüchtet, nachdem ich zwei Tage gefastet und nicht einmal einen Schluck Wasser zu mir genommen habe. So bin ich denn vor Mattigkeit und Hunger ganz herunter und sehne mich mehr nach Deiner Aufwartung, als Du wahrscheinlich die meinige vermißt.

Ich fürchte alle Krankheiten, hauptsächlich aber – einer der Punkte, in denen die Stoiker Deinen Epicur bekritteln, weil er sagt, Harnleiden und Koliken machten ihm Beschwerden; das eine halten sie für eine Folge der Gefräßigkeit, das andre für die Folge einer noch beschämenderen Zuchtlosigkeit – hauptsächlich also hatte ich Angst vor der Dysenterie. Aber anscheinend hat mir die Luftveränderung oder auch die geistige Entspannung oder eben das Nachlassen der bereits abklingenden Krankheit gut getan. Aber Du brauchst Dich gar nicht zu wundern, woher es gekommen ist oder wie ich es mir geholt habe; das Aufwandsgesetz, das anscheinend ein solides Leben herbeigeführt hat, hat mich umgeschmissen. Denn während unsre Feinschmecker die Produkte der Erde, die in dem Gesetz ausgenommen sind, zu Ehren bringen wollen, würzen sie Pilze, Küchengemüse und Kräuter so stark, daß es kaum etwas Süßeres gibt. Auf diese Gerichte bin ich beim Augurndiner bei Lentulus hereingefallen, und daraufhin hat mich eine so furchtbare Diarrhoe befallen, daß sie sich erst heute zu beruhigen scheint. So bin ich, der ich auf Austern und Muränen gern verzichte, durch Mangold und Malven hereingelegt worden. Fortan werde ich also vorsichtiger sein.

Du hättest doch eigentlich, da Du durch Anicius davon gehört hattest – er hat ja gesehen, wie krank ich war –, einen triftigen Grund gehabt, mir nicht nur zu schreiben, sondern auch, mich zu besuchen. Ich gedenke, hier zu bleiben, bis ich mich ganz auskuriert habe, denn ich habe an Kraft und Gewicht verloren. Aber wenn ich die Krankheit überwunden habe, werde ich beides hoffentlich schnell wieder aufholen.

(Auf dem Tusculanum, im zweiten Schaltmonat [XI.] 46)

XXV.
M. CICERO S. D. M. FABIO GALLO.

Amoris quidem tui, quoquo me verti, vestigia, vel 1
proxime de Tigellio; sensi enim ex litteris tuis valde
te laborasse. amo igitur voluntatem. sed pauca de re.

Cipius, opinor, olim: 'non omnibus dormio.' sic
ego non omnibus, mi Galle, servio. etsi quae est haec
servitus? olim, cum regnare existimabamur, non tam
ab ullis quam hoc tempore observor a familiarissimis
Caesaris omnibus praeter istum. id ego in lucris pono,
non ferre hominem pestilentiorem patria sua; eumque
addictum iam tum puto esse Calvi Licini Hipponacteo
praeconio.

At vide, quid suscenseat. Phameae causam rece- 2
peram ipsius quidem causa; erat enim mihi sane
familiaris. is ad me venit dixitque iudicem sibi operam
dare constituisse eo ipso die, quo de P. Sestio in consilium iri necesse erat. respondi nullo modo me facere
posse; quem vellet alium diem si sumpsisset, me ei
non defuturum. ille autem, qui sciret se nepotem
bellum tibicinem habere et sat bonum unctorem,
discessit a me, ut mi videbatur, iratior. habes 'Sardos
venalis alium alio nequiorem.'

Cognosti meam causam et istius salaconis iniqui-
tatem.

'Catonem' tuum mihi mitte; cupio enim legere.
me adhuc non legisse turpe utrique nostrum est.

XXVI.
CICERO S. D. M. FABIO GALLO.

Quod epistulam conscissam doles, noli laborare, 1
salva est; domo petes, cum libebit.

Quod autem me mones, valde gratum est, idque ut

25 (24).

M. Cicero grüßt M. Fabius Gallus.

Spuren Deiner Liebe, wohin ich mich wende! So auch jetzt wieder bei Tigellius. Ich merke nämlich an Deinem Briefe, daß Du Dir die erdenklichste Mühe gegeben hast. Ich bin also entzückt von Deinem Eifer. Doch kurz zur Sache:

Cipius hat ja wohl einmal gesagt: „Ich schlafe nicht für alle!" So diene ich nicht allen, mein Gallus. Wie steht es indessen mit der jetzigen Dienstbarkeit? Einst, als ich angeblich König war, bin ich von niemandem so geachtet worden, wie jetzt von allen Freunden Caesars außer diesem einen. Ich buche das als Gewinn, nichts zu tun zu haben mit einem Kerl, der schlimmer ist als seine Heimat. Ich glaube, er ist schon damals dem hipponacteischen Heroldsruf des Calvus Licinius zugeschlagen worden.

Aber höre, warum er mir zürnt! Ich hatte Phameas Sache ihm selbst zuliebe übernommen; er stand mir nämlich wirklich nahe. Er kam also zu mir und sagte, der Richter habe beschlossen, seinen Fall ausgerechnet an dem Tage zu verhandeln, an dem die Sache gegen Sestius zur Verhandlung kommen mußte. Ich antwortete ihm, ich könne beim besten Willen nicht; jeden andern Tag hätte er wählen können, und ich hätte ihm meinen Beistand nicht versagt. Aber da er sich bewußt war, in seinem Enkel einen netten Flötenbläser und recht guten Friseur zu besitzen, schied er von mir, wie mir schien, ziemlich böse. Da hast Du's: „Die Sarden sind käuflich, einer nichtsnutziger als der andre."

Hiermit kennst Du meinen Standpunkt und die Unverschämtheit dieses Aufschneiders.

Schick' mir doch Deinen 'Cato', ich möchte ihn lesen. Daß ich ihn bis heute nicht gelesen habe, ist eine Schande für uns beide!

(Auf dem Tusculanum, um den 20. August 45)

26 (25).

Cicero grüßt M. Fabius Gallus.

Du bedauerst, daß Dein Brief zerrissen ist? Laß Dir keine grauen Haare darum wachsen; er ist heil, Du brauchst ihn nur bei mir zuhause abzufordern, wenn es Dir beliebt.

Daß Du mich warnst, ist mir sehr lieb, und ich möchte Dich

semper facias rogo; videris enim mihi vereri, ne, nisi
istum habuerimus, rideamus γέλωτα σαρδάνιον. sed
heus tu, manum de tabula! magister adest citius, quam
putaramus; vereor, ne in catomum Catoninos.

Mi Galle, cave putes quicquam melius quam epistu- 2
lae tuae partem ab eo loco: 'cetera labuntur.' secreto
hoc audi, tecum habeto, ne Apellae quidem, liberto
tuo, dixeris. praeter duo nos loquitur isto modo nemo;
bene malene, videro, sed quicquid est, nostrum est.
urge igitur nec 'transversum unguem', quod aiunt,
a stilo; is enim est dicendi opifex. atque equidem aliquantum iam etiam noctis adsumo.

XXVII.
M. CICERO S. D. GALLO.

Miror, cur me accuses, cum tibi id facere non 1
liceat. quod si liceret, tamen non debebas. 'ego enim
te in consulatu observaram,' et ais fore, ut te Caesar
restituat. multa tu quidem dicis, sed tibi nemo credit.
tribunatum plebei dicis te mea causa petisse. utinam
semper esses tribunus! intercessorem non quaereres.
negas me audere, quod sentiam, dicere: quasi tibi,
cum impudenter me rogares, parum fortiter respon-
derim.

Haec tibi scripsi, ut isto ipso in genere, in quo ali- 2
quid posse vis, te nihil esse cognosceres. quod si humaniter mecum questus esses, libenter tibi me et facile
purgassem; non enim ingrata mihi sunt, quae fecisti,
sed quae scripsisti, molesta. me autem, propter quem
ceteri liberi sunt, tibi liberum non visum demiror.
nam si falsa fuerunt, quae tu ad me, ut ais, detulisti,
quid tibi ego debeo? si vera, tu es optimus testis, quid
mihi p. R. debeat.

bitten, es nur immer zu tun. Du scheinst mir nämlich zu befürchten, wenn wir den Kerl nicht für uns haben, wird uns das Lachen schlecht bekommen. Aber hör' mal! Hand von der Butt! Der Meister ist schneller da, als wir gedacht hatten; ich fürchte: „An den Galgen mit den Catonianern!"

Mein Gallus! Denk' nur nicht, daß es etwas Hübscheres gibt als den zweiten Teil Deines Briefes von der Stelle an: „Alles andre wackelt." Ganz unter uns, behalt es für Dich, sag' es nicht einmal Deinem Freigelassenen Apella: außer uns beiden schreibt niemand so; ob gut oder schlecht, wird sich zeigen. Bleib dabei, und keinen Fingerbreit vom Griffel! Er ist der Schöpfer des Stils. Auch ich nehme sogar schon ein Gutteil der Nacht hinzu.

(Auf dem Tusculanum, um den 24. August 45)

27.
M. Cicero grüßt Gallus.

Ich weiß gar nicht, warum Du mir Vorwürfe machst; Du hast gar kein Recht dazu, und wenn Du es hättest, dann schickte es sich doch nicht für Dich. „Ich habe Dir doch in Deinem Konsulat alle Ehrerbietung erwiesen" sagst Du, und Caesar werde Dich rehabilitieren. Du redest allerhand, aber niemand glaubt Dir. Du behauptest, Dich nur meinetwegen um das Volkstribunat beworben zu haben. Ach, wärest Du doch dauernd Tribun! Nach einem Interzedenten brauchte man dann gewiß nicht zu suchen! Du meinst, ich wagte nicht, mit meiner Meinung herauszukommen. Als ob ich Dir nicht gehörig die Meinung gesagt hätte, als Du mich unverschämt fragtest!

Dies schreibe ich Dir, damit Du erkennst, daß Du gerade in dem Metier, in dem Du etwas leisten willst, nichts bist. Wenn Du Dich in anständiger Form bei mir beschwert hättest, hätte ich mich gern und leicht vor Dir gerechtfertigt. Ich bin nicht undankbar für das, was Du getan hast; aber was Du geschrieben hast, ärgert mich. Und daß ich, dessentwegen alle andern frei sind, Dir unfrei erschienen bin, das wundert mich wirklich. Denn wenn die Informationen, die Du mir verschafft haben willst, falsch waren, dann sind wir ja quitt; waren sie richtig, bist Du selbst der beste Zeuge, was mir das Römische Volk schuldet.

(Zeit und Ort unbekannt).

XXVIII.
M. CICERO S. D. CVRIO.

Memini, cum mihi desipere videbare, quod cum ı
istis potius viveres quam nobiscum. erat enim multo
domicilium huius urbis, cum quidem haec urbs,
aptius humanitati et suavitati tuae quam tota Pelo-
ponnesus, nedum Patrae. nunc contra et vidisse mihi
multum videris, cum prope desperatis his rebus te in
Graeciam contulisti, et hoc tempore non solum sapiens, qui hinc absis, sed etiam beatus. quamquam
quis, qui aliquid sapiat, nunc esse beatus potest? sed ₂
quod tu, cui licebat, pedibus es consecutus, ut ibi
esses, 'ubi nec Pelopidarum' – nosti cetera –, nos idem
prope modum consequimur alia ratione. cum enim
salutationi nos dedimus amicorum, quae fit hoc etiam
frequentius, quam solebat, quod quasi avem albam
videntur bene sentientem civem videre, abdo me in
bibliothecam. itaque opera efficio tanta, quanta fortasse tu senties; intellexi enim ex tuo sermone quodam,
cum meam maestitiam et desperationem accusares
domi tuae, dicere te ex meis libris animum meum
desiderare. sed mercule et tum rem publicam luge- ₃
bam, quae non solum suis erga me sed etiam meis
erga se beneficiis erat mihi vita carior, et hoc tempore, quamquam me non ratio solum consolatur, quae
plurimum debet valere, sed etiam dies, quae stultis
quoque mederi solet, tamen doleo ita rem communem
esse dilapsam, ut ne spes quidem melius aliquando
fore relinquatur. nec vero nunc quidem culpa in eo
est, in cuius potestate omnia sunt – nisi forte id ipsum
esse non debuit, – sed alia casu, alia etiam nostra culpa

28.

M. Cicero grüßt Curius.

Ich entsinne mich noch gut, wie Du mir nicht recht bei Trost zu sein schienest, daß Du lieber bei den Leuten dort leben wolltest als hier bei uns. Denn das Wohnen in unsrer Stadt – solange es noch unsre Stadt war – stimmte viel besser zu Deiner liebenswürdigen, kultivierten Persönlichkeit als die ganze Peloponnes, geschweige denn Patrae. Jetzt scheinst Du mir im Gegenteil ganz klar gesehen zu haben, als die Verhältnisse hier nahezu verzweifelt standen und Du nach Griechenland gingest; jetzt erscheinst Du mir nicht nur weise, daß Du nicht hier bist, sondern auch glücklich. Freilich, wer nur ein wenig Verstand hat, kann der jetzt überhaupt glücklich sein? Aber was Du, der sich das leisten kann, mit den Füßen erreicht hast, nämlich dort zu sein, „wo weder der Pelopiden . . . .“ – Du weißt ja, wie's weiter geht –, das erreiche ich einigermaßen auf andere Weise. Sobald ich nämlich die Aufwartung meiner Freunde hinter mir habe, die jetzt darum noch umfänglicher ausfällt als früher, weil sie in einem anständig denkenden Staatsbürger gleichsam einen weißen Raben zu sehen meinen, verkrieche ich mich in meine Bibliothek. So bringe ich Geistesprodukte zustande, über deren Wert Du Dir vielleicht Deine eigenen Gedanken machen wirst. Ich entsinne mich nämlich einer Äußerung von Dir, als Du mir einmal bei Dir zu Hause Vorwürfe machtest wegen meiner Niedergeschlagenheit und Verzweiflung; da sagtest Du, bei der Lektüre meiner Schriften vermißtest Du meinen Geist. Aber ich war damals weiß Gott traurig über das Schicksal des Staates, der mir nicht nur wegen seiner Wohltaten an mir, sondern auch wegen der meinigen an ihm höher als das Leben stand, und heute nicht minder, obwohl mich nicht allein die Vernunft tröstet, die das meiste tun muß, sondern auch die Zeit, die zumeist selbst die Narren heilt. Trotzdem ist und bleibt es mir schmerzlich, daß unser Gemeinwesen so gänzlich zerfallen ist, so daß nicht einmal die Hoffnung besteht, es könne einst wieder besser werden. Und jetzt liegt die Schuld wahrscheinlich nicht bei dem, der alles in seiner Gewalt hat, – es sei denn, daß gerade das nicht hätte geschehen dürfen –, sondern manches hat der Zufall verschuldet, manches wir selbst, und somit dürfen wir uns über das Geschehene

sic acciderunt, ut de praeteritis non sit querendum.
reliquam spem nullam video. quare ad prima redeo:
sapienter haec reliquisti, si consilio, feliciter, si casu.

XXIX.
CVRIVS M. CICERONI SVO S.

S. v. b.; sum enim χϱήσει μέν tuus, κτήσει δέ At- 1
tici nostri. ergo fructus est tuus, mancipium illius;
quod quidem si inter senes comptionalis venale pro-
scripserit, egerit non multum. at illa nostra praedicatio quantist, nos, quod simus, quod habeamus,
quod homines existimemur, id omne abs te habere!
quare, Cicero mi, persevera constanter nos conservare
et Sulpici successori nos de meliore nota commenda,
quo facilius tuis praeceptis obtemperare possimus
teque ad ver lubentes videre et nostra refigere depor-
tareque tuto possimus.

Sed, amice magne, noli hanc epistulam Attico 2
ostendere. sine eum errare et putare me virum bonum
esse nec solere duo parietes de eadem fidelia dealbare.

Ergo, patrone mi, bene vale Tironemque meum
saluta nostris verbis.

Data a. d. IIII Kal. Nov.

XXX.
CICERO CVRIO S. D.

Ego vero iam te nec hortor nec rogo, ut domum 1
redeas; quin hinc ipse evolare cupio et aliquo pervenire,

'ubi nec Pelopidarum nomen nec facta audiam.'

Incredibilest, quam turpiter mihi facere videar,
qui his rebus intersim. ne tu videris multo ante providisse, quid impenderet, tum cum hinc profugisti.
quamquam haec etiam auditu acerba sunt, tamen

nicht beklagen. Ich sehe nicht, was da noch zu hoffen wäre. Um also auf den Anfang zurückzukommen: Du hast Verstand bewiesen, wenn Du wohlüberlegt von dannen gegangen bist, und Glück gehabt, wenn es zufällig geschehen ist.

(Rom, Anfang August [VI.] 46)

29.
Curius grüßt seinen M. Cicero.

Hoffentlich bist Du gut zuwege! Dem Nutzungsrecht nach gehöre ich nämlich Dir, dem Besitzrecht nach unserm Atticus. Also gehört der Ertrag Dir, der Sklave ihm, und wenn er ihn unter der Ausschußware zum Verkauf stellt, wird er nicht viel herausschlagen. Aber wie wertvoll ist es dagegen, daß ich mich rühmen kann, alles, was ich bin, was ich habe, was ich als Mensch gelte, Dir zu verdanken! Darum, mein Cicero, fahre fort, mich zu schützen, und empfiehl mich Sulpicius' Nachfolger von der vorteilhaftesten Seite, damit ich um so leichter Deine Weisungen befolgen kann und Dich zum Frühjahr vergnügt wiedersehe und mein Eigentum loseise und ungehindert wegbringe.

Aber, großer Freund, zeig' diesen Brief nicht Atticus! Laß ihn weiter irren und glauben, ich sei ein beständiger Mensch und weißte nicht zwei Wände aus einem Topf!

Also, mein Schutzgeist, leb' wohl und grüße meinen Tiro in meinem Namen!

Gegeben am 29. Oktober (45 zu Patrae)

30.
Cicero grüßt Curius.

Ich bin es wirklich nicht, der Dich mahnte und bäte, nach Hause zu kommen; ja, ich möchte selbst von hier verschwinden und irgendwohin gehen.

„wo ich von der Pelopiden Namen und Taten nichts höre".

Kaum zu glauben, wie schändlich ich mir vorkomme, daß ich die Wirtschaft hier mit ansehe. Du scheinst schon vor langem geahnt zu haben, was uns drohte, damals, als Du Dich von hier fortmachtest. Gewiß, von den Vorgängen hier auch nur zu hören,

audire tolerabilius est quam videre. in campo certe
non fuisti, cum hora secunda comitiis quaestoriis
institutis sella Q. Maximi, quem illi consulem esse
dicebant, posita esset; quo mortuo nuntiato sella
sublatast. ille autem, qui comitiis tributis esset
auspicatus, centuriata habuit, consulem hora septima
renuntiavit, qui usque ad Kal. Ian. esset, quae erant
futurae mane postridie. ita Caninio consule scito neminem prandisse. nihil tamen eo consule mali factum est; fuit enim mirifica vigilantia, qui suo toto
consulatu somnum non viderit.

Haec tibi ridicula videntur; non enim ades. quae 2
si videres, lacrimas non teneres. quid, si cetera scribam? sunt enim innumerabilia generis eiusdem; quae
quidem ego non ferrem, nisi me in philosophiae portum contulissem et nisi haberem socium studiorum
meorum Atticum nostrum. cuius quoniam proprium
te esse scribis mancipio et nexo, meum autem usu et
fructu, contentus isto sum. id enim est cuiusque proprium, quo quisque fruitur atque utitur. sed haec alias
pluribus.

Acilius, qui in Graeciam cum legionibus missus est, 3
maximo meo beneficiost – bis enim est a me iudicio
capitis rebus salvis defensus – et est homo non in-
gratus meque vehementer opservat. ad eum de te
diligentissime scripsi eamque epistulam cum hac
epistula coniunxi. quam ille quo modo acceperit et
quid tibi pollicitus sit, velim ad me scribas.

XXXI.
CICERO CVRIO S. D.

Facile perspexi ex tuis litteris, quod semper studui, 1
et me a te plurimi fieri et te intellegere, quam mihi
carus esses. quod quoniam uterque nostrum conse-

ist bitter; immerhin ist hören erträglicher als sehen. Jedenfalls bist Du nicht auf dem Marsfeld gewesen, als um die zweite Stunde bei Beginn der Quästorenwahlen der Amtssessel des Q. Maximus, den die Kerle als Konsul zu bezeichnen beliebten, hingestellt wurde. Als sein Tod gemeldet wurde, stellte man den Stuhl wieder beiseite. ER aber, der doch nur für die Tributkomitien die Auspizien vorgenommen hatte, hielt trotzdem Zenturiatkomitien ab und ließ um die siebente Stunde einen Konsul wählen, der bis zum 1. Januar im Amte sein sollte, d. h. bis zum folgenden Tage morgens. Wisse also, daß unter dem Konsulat des Caninius niemand gefrühstückt hat! Doch ist unter seinem Konsulat nichts Schlimmes passiert; er bewies nämlich eine ans Wunderbare grenzende Wachsamkeit, da er in seinem ganzen Konsulat keinen Schlaf sah.

Dir erscheint das lächerlich, denn Du bist ja nicht hier; sähest Du es mit eigenen Augen, Du könntest die Tränen nicht halten. Was würdest Du sagen, wenn ich Dir auch alles andre schriebe? Es gibt nämlich tausenderlei ähnliche Dinge, die ich nicht ertragen könnte, wenn ich mich nicht in den Hafen der Philosophie geflüchtet und nicht unsern Atticus als Genossen meiner Studien hätte. Und wenn Du schreibst, Du seiest sein Eigentum durch Eigentumserwerb und Schuldverhältnis, mein Eigentum durch Nießbrauch, so bin ich mit letzterem zufrieden. Denn was jemand genießt und benutzt, das gehört ihm zu eigen. Doch davon ein andermal mehr!

Acilius, der mit einer Armee nach Griechenland gegangen ist, hat mir viel zu verdanken – ich habe ihn zweimal in einem Kapitalprozeß verteidigt, ohne daß er Einbuße an Vermögen erlitten hätte –, und er ist auch kein undankbarer Mensch und mir sehr ergeben. Ich habe ihm ausführlich über Dich geschrieben und den Brief diesem beigefügt. Schreib mir doch bitte, wie er ihn aufgenommen und was er Dir versprochen hat!

(Rom, Anfang Januar 44)

31.
Cicero grüßt Curius.

Aus Deinem Brief erkenne ich unschwer, worum ich mich immer bemüht habe: daß Du mich sehr hoch schätzt und weißt, wie teuer Du mir bist. Das haben wir beiden also erreicht, und es fehlt

cutus est, relicuum est, ut officiis certemus inter nos;
quibus aequo animo vel vincam te vel vincar abs te.

Acilio non fuisse necesse meas dari litteras facile
patior; Sulpici tibi operam intellego ex tuis litteris 2
non multum opus fuisse propter tuas res ita contractas, ut, quem ad modum scribis, 'nec caput nec pedes.'
equidem vellem, uti pedes haberent, ut aliquando
redires. vides enim exaruisse iam veterem urbanitatem,
ut Pomponius noster suo iure possit dicere:

> 'nisi nos pauci rétineamus glóriam antiquam Átti-
> cam.'

Ergo is tibi, nos ei succedimus. veni igitur,
quaeso, ne tamen semen urbanitatis una cum re p.
intereat.

XXXII.
M. CICERO S. D .VOLVMNIO.

Quod sine praenomine familiariter, ut debebas, ad 1
me epistulam misisti, primum addubitavi, num a
Volumnio senatore esset, quocum mihi est magnus
usus; deinde εὐτραπελία litterarum fecit, ut intellegerem tuas esse. quibus in litteris omnia mihi periu-
cunda fuerunt praeter illud, quod parum diligenter
possessio salinarum mearum a te procuratore defenditur. ais enim, ut ego discesserim, omnia omnium
dicta, in his etiam Sestiana, in me conferri. quid? tu
id pateris? non me defendis, non resistis? equidem
sperabam ita notata me reliquisse genera dictorum
meorum, ut cognosci sua sponte possent; sed quon- 2
iam tanta faex est in urbe, ut nihil tam sit ἀκύθηρον,
quod non alicui venustum esse videatur, pugna, si
me amas, nisi acuta ἀμφιβολία, nisi elegans ὑπερβολή,
nisi παράγραμμα bellum, nisi ridiculum παρὰ προσ-

nur noch, daß wir in Liebesdiensten mit einander wetteifern, und es soll mir nichts ausmachen, ob ich Dich oder Du mich darin übertriffst.

Daß mein Brief an Acilius sich als überflüssig erwiesen hat, höre ich gern; Sulpicius' Hilfe hast Du, wie ich aus Deinem Briefe entnehme, nicht übermäßig in Anspruch zu nehmen brauchen, weil Deine Vermögenswerte so beschränkt sind, daß sie – um Deine Worte zu gebrauchen – weder Kopf noch Füße haben. Ich wollte, sie hätten Füße, damit Du endlich herkommst. Du siehst ja, die alte Urbanität ist nachgerade versiegt, so daß unser Pomponius mit vollem Recht sagen kann:

„Wenn wir wenigen den alten attischen Ruhm nicht aufrecht erhalten."

Also er folgt Dir, ich ihm. Komm daher bitte, damit doch das Samenkorn der Urbanität nicht zusammen mit dem Staate untergeht!

(Rom, im Februar 44)

32.
M. Cicero grüßt Volumnius.

Du hast Deinen Brief an mich natürlich vertraulicherweise ohne Deinen Vornamen abgehen lassen, und so war ich mir zunächst nicht ganz sicher, ob er nicht von dem Senator Volumnius sei, mit dem ich gut bekannt bin; dann merkte ich aber an dem witzigen Ton, daß er von Dir komme. In diesem Briefe hat mir alles viel Spaß gemacht außer dem einen Punkte, daß das Eigentumsrecht an meinen Salinen von Dir als Verwalter nur nachlässig verteidigt wird. Du sagst nämlich, seit ich weg sei, würden Bonmots aus allermöglichen Leute Munde, unter andern auch solche von Sestius, mir zugeschrieben. Wie? Das duldest Du? Verteidigst mich nicht, trittst dem nicht entgegen? Und ich hoffte doch, das Genre meiner Bonmots so gut gekennzeichnet hinter mir gelassen zu haben, daß man sie ohne weiteres erkennen könnte. Aber es ist nun einmal so viel Hefe in der Stadt; nichts ist so häßlich, daß es nicht irgendjemandem hübsch erschiene. Darum streite für mich, und wenn es keine witzige Zweideutigkeit, keine geistvolle Überspitzung, kein hübsches Wortspiel, kein unerwarteter Witz ist, wenn nicht alles,

δοξίαν, nisi cetera, quae sunt a me in secundo libro
'de oratore' per Antoni personam disputata de ridi-
culis, ἔντεχνα et arguta apparebunt, ut sacramento
contendas mea non esse. nam de iudiciis quod quere-
ris, multo laboro minus. trahantur per me pedibus
omnes rei, sit vel Selius tam eloquens, ut possit
probare se liberum; non laboro; urbanitatis possessionem, amabo, quibusvis interdictis defendamus;
in qua te unum metuo, contemno ceteros. derideri
te putas; nunc demum intellego te sapere.

Sed mercules extra iocum: valde mihi tuae litterae 3
facetae elegantesque visae sunt. illa quamvis ridicula
essent, sicut erant, mihi tamen risum non moverunt;
cupio enim nostrum illum amicum in tribunatu quam
plurimum habere gravitatis, id cum ipsius causa – est
mihi, ut scis, in amoribus – tum mehercule etiam rei
p.; quam quidem, quamvis in me ingrata sit, amare
non desinam.

Tu, mi Volumni, quoniam et instituisti et mihi
vides esse gratum, scribe ad me quam saepissime de
rebus urbanis, de re p. iucundus est mihi sermo litterarum tuarum. praeterea Dolabellam, quem ego
perspicio et iudico cupidissimum esse atque amantissimum mei, cohortare et confirma et redde plane
meum, non mehercule quo quicquam desit; sed quia
valde ei cupio, non videor nimium laborare.

XXXIII.
M. CICERO S. D. VOLVMNIO.

Quod declamationibus nostris cares, damni nihil 1
facis; quod Hirtio invideres, nisi eum amares, non
erat causa invidendi, nisi forte ipsius eloquentiae
magis, quam quod me audiret, invideres. nos enim

was ich im zweiten Buche 'De Oratore' Antonius über den Witz sagen lasse, in kunstgemäßer, geistreicher Form erscheint, dann kannst Du unter Eid behaupten, daß es nicht von mir stammt. Denn wenn Du über die Gerichtsverhandlungen jammerst, so regt mich das viel weniger auf. Mögen meinetwegen alle Angeklagten an den Füßen herbeigeschleppt werden, mag selbst ein Selius so beredt sein, daß er beweisen kann, er sei frei – mir macht's nichts aus. Aber unsre Urbanität, bitte schön, die wollen wir mit allen möglichen Interdikten verteidigen! Bei ihr fürchte ich nur Deine Konkurrenz, alle andern habe ich nicht auf der Rechnung. Du meinst, man habe Dich zum besten; jetzt erst merke ich, daß Du Verstand hast!

Aber ohne Scherz: Dein Brief erscheint mir überaus amüsant und geistreich. Nur die eine Sache hat mich, obwohl sie wirklich recht lächerlich sein mag, trotzdem nicht zum Lachen gebracht. Ich wünschte nämlich, unser Freund bewiese in seinem Tribunat möglichst viel Rückgrat, einmal um seiner selbst willen – Du weißt, ich schätze ihn sehr –, zum andern auch um des Staates willen, den ich, obwohl er sich mir undankbar erweist, nicht aufhören werde zu lieben.

Du, mein Volumnius, schreib mir, wo Du es nun einmal angefangen hast und siehst, daß es mir lieb ist, recht häufig über die Verhältnisse in der Stadt, über die politischen Ereignisse; das briefliche Gespräch mit Dir macht mir viel Freude. Außerdem mahne und bestärke Dolabella – ich sehe und glaube ja, daß er mir herzlich zugetan ist – und führe ihn mir ganz zu – beileibe nicht, weil er es an etwas fehlen ließe; aber weil ich ihm so gewogen bin, kommt es mir so vor, als bemühte ich mich nicht genügend um ihn.

(In Cilicien, Ende 51 oder Anfang 50)

33.
M. Cicero grüßt Volumnius.

Wenn Du bedauerst, an unsern Redeübungen nicht teilnehmen zu können, so versäumst Du wirklich nichts. Und wenn Du sagst, Du würdest Hirtius beneiden, wenn Du ihn nicht liebtest, so liegt kein Grund zum Neid vor, es sei denn, Du beneidetest ihn mehr

plane, mi suavissime Volumni, aut nihil sumus aut
nobis quidem ipsis displicemus gregalibus illis, quibus te plaudente vigebamus, amissis, ut etiam, si
quando aliquid dignum nostro nomine emisimus,
ingemescamus, quod haec 'pinnigero, non armigero
in corpore tela exerceantur,' ut ait Philoctetes apud
Accium, 'abiecta gloria.' sed tamen omnia mihi erunt, 2
si tu veneris, hilariora; quamquam venis, ut ipse
intellegis, in maximarum quasi concursum occupa-
tionum. quas si, ut volumus, exceperimus, ego vero
multam salutem et foro dicam et curiae vivamque
tecum multum et cum communibus nostris amatori-
bus. nam et Cassius tuus et Dolabella noster vel
potius uterque noster studiis iisdem tenentur et meis
aequissimis utuntur auribus. opus est huc limatulo et
polito tuo iudicio et illis interioribus litteris, quibus
saepe verecundiorem me in loquendo facis. mihi
enim iudicatum est, si modo hoc Caesar aut patietur
aut volet, deponere illam iam personam, in qua me
saepe illi ipsi probavi, ac me totum in litteras abdere
tecumque et cum ceteris earum studiosis honestissi-
mo otio perfrui.

Tu vellem ne veritus esses, ne pluribus legerem tuas
litteras, si mihi, quem ad modum scribis, longiores
forte misisses, ac velim posthac sic statuas, tuas mihi
litteras longissimas quasque gratissimas fore.

um seine eigene Beredsamkeit als um den Vorzug, mich hören zu dürfen. Denn so steht es, mein Volumnius: es ist gar nichts mehr mit mir; jedenfalls bin ich mit mir selbst unzufrieden, seit ich die lieben Kameraden verloren habe, die mir, unterstützt von Deinem Beifall, Auftrieb gaben. So kann ich, selbst wenn ich einmal etwas meines Namens Würdiges von mir gebe, nur aufstöhnen, denn wie Philoctet bei Accius sagt: „Unrühmlich verschieße ich diese Pfeile gegen befiederte und nicht gegen waffenbewehrte Leiber." Immerhin, wenn Du kommst, sieht alles freundlicher für mich aus. Allerdings bist Du Dir wohl darüber klar, daß Du in einen wahren Hexenkessel unaufschiebbarer Verpflichtungen gerätst; habe ich die, wie gewünscht, bestanden, sage ich Forum und Kurie herzlich Lebewohl und widme mich auf lange Dir und unsern gemeinsamen Freunden. Denn Dein Cassius und unser Dolabella – nein, auch bei Cassius muß ich „unser" sagen – befassen sich mit den gleichen Studien und finden in mir einen nur allzu wohlwollenden Richter. Da fehlt es eben an Deinem feinen, ausgewogenen Urteil und jenem mehr innerlichen Stilgefühl, mit dem Du mich oft zwingst, beim Sprechen mehr acht auf mich zu haben. Ja, ich bin fest entschlossen, wenn Caesar es nur zuläßt und nichts dagegen hat, nicht länger die Rolle zu spielen, in der ich gerade ihm häufig gefallen habe, und mich ganz in die Wissenschaften zu versenken und zusammen mit Dir und den andern, die sich ihr ergeben haben, ehrenvoller Muße zu genießen.

Daß ich Deinen Brief Unberufenen vorlesen könnte, wenn er, wie Du Dich ausdrückst, vielleicht ein wenig zu lang geraten sei, hättest Du wirklich nicht befürchten sollen. Laß es Dir ein für allemal gesagt sein, daß Deine Briefe mir um so willkommener sind, je länger sie sind!

(Auf dem Tusculanum, Mitte Juli [V.] 46)

LIBER OCTAVVS

I.
CAELIVS CICERONI S.

Quod tibi decedens pollicitus sum me omnes res 1
urbanas diligentissime tibi perscripturum, data opera
paravi, qui sic omnia persequeretur, ut verear, ne tibi
nimium arguta haec sedulitas videatur; tametsi tu
scio quam sis curiosus et quam omnibus peregrinan-
tibus gratum sit minimarum quoque rerum, quae
domi gerantur, fieri certiores. tamen in hoc te depre-
cor, ne meum hoc officium adrogantiae condemnes,
quod hunc laborem alteri delegavi, non quin mihi
suavissimum sit et occupato et ad litteras scribendas,
ut tu nosti, pigerrimo tuae memoriae dare operam,
sed ipsum volumen, quod tibi misi, facile, ut ego
arbitror, me excusat. nescio quoius otii esset non
modo perscribere haec sed omnino animadvertere;
omnia enim sunt ibi senatus consulta, edicta, fabulae,
rumores. quod exemplum si forte minus te delectarit,
ne molestiam tibi cum impensa mea exhibeam, fac me
certiorem. si quid in re p. maius actum erit, quod 2
isti operarii minus commode persequi possint, et
quem ad modum actum sit et quae existimatio secuta
quaeque de eo spes sit, diligenter tibi perscribemus.

Ut nunc est, nulla magnopere exspectatio est. nam
et illi rumores de comitiis Transpadanorum Cumarum
tenus caluerunt, Romam cum venissem, ne tenuis-
simam quidem auditionem de ea re accepi; praeterea
Marcellus, quod adhuc nihil rettulit de successione
provinciarum Galliarum et in Kal. Iun., ut mihi ipse
dixit, eam distulit relationem, sane quam eos sermo-

ACHTES BUCH

1.
Caelius grüßt Cicero.

Wenn ich Dir beim Abschied versprochen habe, Dir über alle Vorgänge in der Stadt gewissenhaft zu berichten, so habe ich mir mit Absicht einen Mann dazu engagiert, der alles so gründlich verfolgen könnte, daß ich befürchten muß, diese Geschäftigkeit könnte Dir allzu lebhaft erscheinen. Freilich weiß ich, wie neugierig Du bist und wie willkommen es allen Leuten in der Fremde ist, auch von den nebensächlichsten Dingen, die daheim passieren, zu hören. Trotzdem bitte ich Dich ausdrücklich, diese Form der Ausführung meines Versprechens, daß ich nämlich die damit verbundene Mühe auf einen andern abgeschoben habe, nicht als Anmaßung zu betrachten; nicht als ob es mir trotz meiner Inanspruchnahme und meiner Dir bekannten Schreibfaulheit nicht höchst angenehm wäre, mich um Dein Andenken zu bemühen, aber das Paket, das ich Dir zugestellt habe, entschuldigt mich wohl hinlänglich. Ich weiß nicht, woher ich die Zeit nehmen sollte, dies alles nicht nur niederzuschreiben, sondern auch nur in Erfahrung zu bringen; denn dort findest Du sämtliche Senatsbeschlüsse und Erlasse, allen Klatsch und alles Gerede. Wenn dieser Inhalt Dir nicht recht gefällt, laß es mich wissen, damit ich nicht zu meinem Aufwand auch noch Dir Ärger verursache. Falls in der Politik etwas Besonderes geschieht, worüber diese meine Handlanger nicht angemessen berichten können, werde ich Dir gewissenhaft schreiben, was passiert ist, welche Meinung sich darüber gebildet hat und was man davon erwartet.

Wie es augenblicklich steht, ist die Spannung nicht eben groß, denn auch jene Gerüchte über die Wahlen der Transpadaner waren nur jenseits von Cumae im Schwange; als ich nach Rom kam, habe ich auch nicht das leiseste Gerücht davon vernommen. Außerdem hat Marcellus dadurch, daß er die Nachfolge in den gallischen Provinzen bisher noch nicht zur Debatte gestellt und dies, wie er mir selbst gesagt hat, auf den 1. Juni verschoben hat, in erhöhtem

nes expressit, qui de eo tum fuerant, cum Romae nos
essemus.

Tu si Pompeium, ut volebas, offendisti, qui tibi 3
visus sit et quam orationem habuerit tecum quamque ostenderit voluntatem – solet enim aliud sentire
et loqui neque tantum valere ingenio, ut non appareat, quid cupiat –, fac mihi perscribas.

Quod ad Caesarem, crebri et non belli de eo ru- 4
mores, sed susurratores dumtaxat, veniunt. alius
equitem perdidisse, quod, opinor, certe factum est,
alius septimam legionem vapulasse, ipsum apud
Bellovacos circumsederi interclusum ab reliquo
exercitu; neque adhuc certi quicquam est neque
haec incerta tamen vulgo iactantur, sed inter paucos,
quos tu nosti, palam secreto narrantur; at Domitius,
cum manus ad os apposuit.

Te a. d. VIIII Kal. Iun. subrostrani – quod illorum
capiti sit! – dissiparant perisse. urbe ac foro toto
maximus rumor fuit te a Q. Pompeio in itinere occisum. ego, qui scirem Q. Pompeium Baulis em-
baeneticam facere et usque eo, ut ego miserer eius,
esurire, non sum commotus et hoc mendacio, si qua
pericula tibi impenderent, ut defungeremur, optavi.

Plancus quidem tuus Ravennaest et magno con-
giario donatus a Caesare nec beatus nec bene instruc-
tus est.

Tui politici libri omnibus vigent.

II.
CAELIVS CICERONI S.

Certe, inquam, absolutus est – me praesente pronun- 1
tiatum est –, et quidem omnibus ordinibus et singulis
in uno quoque ordine sententiis. 'ride modo,' inquis.

Maße wieder das Gerede aufkommen lassen, das damals über ihn umging, als wir beiden noch in Rom waren.

Wenn Du Pompeius, wie Du wolltest, angetroffen hast, schreib mir doch bitte, welchen Eindruck er auf Dich gemacht hat, was er mit Dir besprochen hat und welche Absichten er hat durchblicken lassen – er pflegt ja anders zu reden, als er denkt, und doch nicht so viel Geist zu besitzen, daß man nicht merkte, worauf er hinaus will.

Was Caesar angeht, so treffen viele, wenig schöne Gerüchte über ihn hier ein, aber lediglich geflüstert. Einmal heißt es, er habe seine Reiterei verloren, was wohl wirklich stimmt; dann wieder, seine 7. Legion habe Prügel bekommen, er selbst werde, abgeschnitten von dem übrigen Heere, bei den Bellovacern belagert. Aber bis jetzt weiß man nichts Sicheres, und auch dies Unsichere wird doch nicht allgemein herumerzählt; nur unter den wenigen – Du weißt, wen ich meine – spricht man öffentlich und heimlich davon, Domitius aber, indem er die Hand an den Mund legt.

Du sollst – das haben die Pflastertreter ausgestreut; möge es über ihr Haupt kommen! – am 24. Mai ums Leben gekommen sein. In der ganzen Stadt und auf dem Forum wollte das Gerede nicht verstummen, Du seiest von Q. Pompeius unterwegs ermordet worden. Aber ich weiß ja, daß Q. Pompeius in Bauli Embaenetica macht und so hungrig ist, daß er mir leid tut, und so habe ich mich nicht ins Bockshorn jagen lassen und wünsche nur, wir kämen, wenn Dir wirklich Gefahr droht, mit dieser Lüge davon.

Dein Plancus ist in Ravenna, hat von Caesar ein großes Geldgeschenk bekommen, ist aber nicht zufrieden und auch nicht sonderlich bei Kasse.

Deine politischen Bücher sind in aller Munde.

(Rom, den 26. Mai [25. IV.] 51)

2.

Caelius grüßt Cicero.

Gewiß, er ist freigesprochen worden, sage ich – ich war dabei, als es verkündet wurde –, und zwar von allen drei Ständen und mit je einer Stimme in jedem Stande. „Lache nur!" sagst Du. Um Gotteswillen, nein! Nie ist etwas so unerwartet eingetreten, etwas,

non mehercules; nihil umquam enim tam praeter
opinionem, tam quod videretur omnibus indignum,
accidit. quin ego, cum pro amicitia validissime fave-
rem ei et me iam ad dolendum praeparassem, postquam factum est, obstipui et mihi visus sum captus
esse. quid alios putas? clamoribus scilicet maximis
iudices corripuerunt et ostenderunt plane esse, quod
ferri non posset. itaque relictus lege Licinia maiore
esse periculo videtur. accessit huc, quod postridie
eius absolutionem in theatrum Curionis Hortensius
introiit, puto, ut suum gaudium gauderemus. hic tibi

> 'strépitus, fremitus, clámor tonitruum ét rudentum
> síbilus.'

Hoc magis animadversum est, quod intactus ab
sibilo pervenerat Hortensius ad senectutem; sed tum
tam bene, ut in totam vitam quoivis satis esset et
paeniteret eum iam vicisse.

De re p. quod tibi scribam, nihil habeo. Marcelli im- 2
petus resederunt non inertia sed, ut mihi videbantur,
consilio. de comitiis consularibus incertissima est
existimatio. ego incidi in competitorem nobilem et
nobilem agentem; nam M. Octavius Cn. f. et C. Hirrus mecum petit. hoc ideo scripsi, quod scio te acriter
propter Hirrum nuntium nostrorum comitiorum
exspectaturum.

Tu tamen simul ac me designatum audieris, ut
tibi curae sit, quod ad pantheras attinet, rogo. syngrapham Sittianam tibi commendo.

Commentarium rerum urbanarum primum dedi
L. Castrinio Paeto, secundum, ei, qui has litteras
tibi dedit.

III.
CAELIVS CICERONI S.

Estne? vici et tibi saepe, quod negaras discedens 1
curaturum tibi, litteras mitto? est, si quidem perfe-

was allen so empörend erschienen wäre. Selbst ich, der ich ihm doch angesichts unsrer Freundschaft herzlich zugetan war und mich schon aufs Trauern eingestellt hatte, war baff, als es geschehen war, und fühlte mich wie vor den Kopf geschlagen. Und andere? Natürlich fielen sie mit lauten Schmährufen über die Richter her und gaben zu verstehen, daß das wirklich nicht mehr zu ertragen sei. Somit hat er erst einmal Ruhe, aber bei dem Prozeß auf Grund der Lex Licinia scheint er in größerer Gefahr zu schweben. Dazu kam noch folgendes: Als am Tage nach dem Freispruch Hortensius Curios Theater betrat, wahrscheinlich, damit wir uns über seine Freude freuen sollten, erhob sich doch

„Murren, Lärm, Geschrei wie Donner, Pfeifkonzert der Tobenden."

Das fiel um so mehr auf, als Hortensius unausgepfiffen bis in sein hohes Alter gelangt war; aber jetzt so gründlich, daß jeder für sein ganzes Leben genug gehabt hätte, und er es nachgerade bereute, gesiegt zu haben.

Von der Politik weiß ich Dir nichts zu schreiben. Marcellus' Angriffe haben nachgelassen, nicht aus Trägheit, sondern, wie mir scheint, aus Absicht. Wie die Konsulwahlen ausfallen, davon kann sich niemand ein Bild machen. Ich bin an einen Mitbewerber von Adel geraten und an einen, der den Adeligen mimt: M. Octavius, des Cn. Sohn, und C. Hirrus bewerben sich mit mir. Das schreibe ich Dir deshalb, weil ich weiß, daß Du wegen Hirrus riesig gespannt sein wirst auf eine Nachricht vom Verlauf meiner Wahl.

Sobald Du hörst, daß ich designiert bin, kümmere Dich doch bitte gleich um die Sache mit den Panthern. Sittius' Schuldforderung lege ich Dir ans Herz.

Meinen ersten Abriß der Vorgänge in der Stadt habe ich L. Castrinius Paetus mitgegeben, den zweiten dem Manne, der Dir diesen Brief überbringt.

(Rom, um den 5. Juni [V.] 51)

3.
Caelius grüßt Cicero.

Siehst Du! Habe ich recht behalten und schreibe Dir oft? Und beim Abschied wolltest Du es nicht wahrhaben, daß ich Dir den

runtur, quas do. atque hoc eo diligentius facio, quod,
cum otiosus sum, plane, ubi delectem otium meum,
non habeo. tu cum Romae eras, hoc mihi certum ac
iucundissimum vacanti negotium erat, tecum id otii
tempus consumere; idque non mediocriter desidero,
ut mihi non modo solus esse sed Romae te profecto
solitudo videatur facta, et qui, quae mea neglegentia
est, multos saepe dies ad te, cum hic eras, non accede-
bam, nunc cotidie non esse te, ad quem cursitem,
discrucior. maxime vero, ut te dies noctesque quae-
ram, competitor Hirrus curat. quo modo illum putas
auguratus tuum competitorem dolere et dissimulare
me certiorem quam se candidatum? de quo ut, quem
optas, quam primum nuntium accipias, tua medius
fidius magis quam mea causa cupio; nam mea, si fio,
forsitan, ne cum locupletiore, referat; sed hoc usque
eo suave est, ut, si acciderit, tota vita risus nobis desse
non possit; sed tantisper mehercules non multum
M. Octavius eorum odia, quae Hirrum premunt, quae
permulta sunt, sublevat.

Quod ad Philotimi liberti officium et bona Milonis 2
attinet, dedimus operam, ut et Philotimus quam
honestissime Miloni absenti eiusque necessariis satis
faceret et secundum eius fidem et sedulitatem existimatio tua conservaretur.

    Illud nunc a te peto, si eris, ut spero, otiosus, ali-
quid ad nos, ut intellegamus nos tibi curae esse,
σύνταγμα conscribas. 'qui tibi istuc,' inquis, 'in mentem venit, homini non inepto?' opto aliquid ex tam
multis tuis monumentis exstare, quod nostrae amicitiae memoriam posteris quoque prodat. cuius modi
velim, puto, quaeris. tu citius, qui omnem nosti disci-

Gefallen tun würde! Aber es ist so, wenn anders meine Briefe richtig bei Dir ankommen. Und zwar tue ich es um so lieber, als ich, wenn ich nichts zu tun habe, absolut nicht weiß, womit ich mir meine Mußestunden verschönen könnte. Als Du noch in Rom warst, war es für mich, wenn ich frei war, eine selbstverständliche und höchst angenehme Beschäftigung, mit Dir zusammen die Mußestunden zu verbringen. Das vermisse ich jetzt ziemlich, so daß ich mich nicht nur vereinsamt fühle, sondern mir Rom nach Deiner Abreise ausgestorben zu sein scheint, und wenn ich, sorglos, wie ich bin, Dich, als Du hier warest, oft tagelang nicht aufsuchte, so härme ich mich jetzt täglich, daß Du nicht da bist, zu dem ich laufen könnte. Vor allem aber sorgt mein Mitbewerber Hirrus dafür, daß ich Dich Tag und Nacht vermisse. Was meinst Du wohl, wie dieser Dein Mitbewerber um das Augurat sich ärgert und so tut, als wüßte er nicht, daß ich ein sichererer Kandidat bin als er! Daß Du die ersehnte Botschaft über ihn so bald wie möglich bekommst, wünsche ich weiß Gott mehr um Deinet- als um meinetwillen. Für mich könnte es, falls ich gewählt werde, vielleicht insofern von Bedeutung sein, als ich es dann nicht mit einem wohlhabenderen Konkurrenten zu tun habe. Aber das wäre so unglaublich süß, daß wir, wenn es eintritt, unser Leben lang genug zu lachen haben. Doch inzwischen macht M. Octavius ein wenig die Haßausbrüche derer wett, die Hirrus auf den Leib rücken, und das sind nicht wenige.

Was die Verpflichtung Deines Freigelassenen Philotimus und Milos Besitztümer angeht, so habe ich zu erreichen versucht, daß Philotimus in anständigster Weise Milo in der Verbannung und seinen Angehörigen Genüge tut und angesichts seiner Zuverlässigkeit und Emsigkeit Dein Ruf nicht leidet.

Jetzt bitte ich Dich noch um eins: wenn Du, wie ich hoffe, Zeit hast, schreib doch für mich eine Art Denkschrift, damit ich sehe, daß Du Dich für mich interessierst. „Wie kommst Du bloß auf diese Idee?" sagst Du; „Du bist doch sonst ein vernünftiger Mensch!" Ich möchte, unter Deinen zahlreichen literarischen Produkten fände sich etwas, was die Erinnerung an unsre Freundschaft auch der Nachwelt überlieferte. Wahrscheinlich fragst Du jetzt, welcher Art das sein soll. Nun, Du bist ja mit der ganzen Disziplin

plinam, quod maxime convenit, excogitabis, genere
tamen, quod et ad nos pertineat et διδασκαλίαν quandam, ut versetur inter manus, habeat.

IV.
CAELIVS CICERONI S.

Qua tu cura sis, quod ad pacem provinciae tuae 1
finitimarumque regionum attinet, nescio; ego quidem vehementer animi pendeo. nam si hoc modo rem
moderari possemus, ut pro viribus copiarum tuarum
belli quoque exsisteret magnitudo et, quantum gloriae
triumphoque opus esset, adsequeremur, periculosam
et gravem illam dimicationem evitaremus, nihil tam
esset optandum; nunc si Parthus movet aliquid, scio
non mediocrem fore contentionem; tuus porro exercitus vix unum saltum tueri potest. hanc autem nemo
ducit rationem, sed omnia desiderantur ab eo, tamquam nihil denegatum sit ei, quo minus quam paratissimus esset, qui publico negotio praepositus est.
accedit huc, quod successionem futuram propter 2
Galliarum controversiam non video. tametsi hac de
re puto te constitutum, quid facturus esses, habere,
tamen, quo maturius constitueres, cum hunc eventum providebam, visum est, ut te facerem certiorem.
nosti enim haec tralaticia: de Galliis constituetur; erit,
qui intercedat; deinde alius exsistet, qui, nisi libere
liceat de omnibus provinciis decernere senatui, reliquas impediat. sic multum ac diu ludetur atque ita diu,
ut plus biennium in his tricis moretur.

Si quid novi de re p., quod tibi scriberem, haberem, 3
usus essem mea consuetudine, ut diligenter, et quid
actum esset et quid ex eo futurum sperarem, perscriberem. sane tamquam in quodam incili iam omnia

vertraut und wirst auf Anhieb das Passendste herausfinden; es muß
aber eine Gattung sein, die zu mir paßt und eine Art Unterweisung
enthält, damit sie von Hand zu Hand geht.

(Rom, Mitte Juni [V.] 51)

4 (5).
Caelius grüßt Cicero.

Wie weit Du selbst Dich um den Frieden Deiner Provinz und
der benachbarten Gebiete sorgst, weiß ich nicht; ich für meine
Person bin sehr beunruhigt. Ja, könnten wir die Sache so deichseln,
daß ein etwaiger Krieg Deinen Kräften entspräche, und gewännen
wir gerade so viel Erfolg, wie für Ruhm und Triumph erforderlich
ist, könnten wir einen gefährlichen, schweren Kampf vermeiden,
dann wäre das alles, was wir uns wünschen können. Aber rührt sich
der Parther, dann weiß ich, daß es kein gewöhnlicher Strauß werden
wird; Deine Armee kann ja kaum einen Höhenzug halten. Aber
diese Berechnung stellt niemand an; man erwartet alles von dem
mit der Wahrnehmung der staatlichen Belange Betrauten, als ob
man ihm nichts verweigert hätte, um für alle Fälle gewappnet zu
sein. Überdies wüßte ich nicht, wie Du angesichts der Mißhelligkeiten wegen der gallischen Provinzen abgelöst werden solltest.
Allerdings hast Du vermutlich schon einen festen Entschluß gefaßt,
wie Du Dich in diesem Falle verhalten willst; immerhin – ich sehe
schon, daß es so kommen wird, und damit Du um so eher zu einem
Entschluß kommst, habe ich es doch für richtig gehalten, Dich
davon in Kenntnis zu setzen. Du weißt ja, es ist immer dieselbe
Leier: man wird einen Beschluß über Gallien fassen, und es wird
sich einer finden, der interzediert. Dann wird ein andrer aufstehen
und erklären, wenn der Senat nicht frei über alle Provinzen dispo-
nieren könne, dann werde er verhindern, daß über die übrigen entschieden werde. So wird man fortgesetzt und lange spielen, so
lange, daß mehr als zwei Jahre über diesen Possen vergehen.

Wüßte ich Dir etwas Neues über die politischen Verhältnisse
zu schreiben, dann würde ich es wie gewöhnlich machen und Dir
ausführlich schildern, was vorgegangen ist und was ich auf Grund
dieser Vorgänge erwarte. Nachgerade versickert aber wirklich alles
wie in einem Abzugsgraben. Marcellus drängt immer wieder wegen

adhaeserunt. Marcellus idem illud de provinciis urget neque adhuc frequentiam senatus efficere potuit. hoc si praeterito anno Curio tribunus erit, eadem actio de provinciis introibit. quam facile nunc sit omnia impedire et quam hoc Caesari, qui sua causa rem p. non curent, suppeditent, non te fallit.

V.
CAELIVS CICERONI S.

Invideo tibi; tam multa cotidie, quae mirere, istoc 1 perferuntur, primum illud, absolutum Messalam, deinde eundem condemnatum, C. Marcellum cos. factum, M. Calidium ab repulsa postulatum a Galliis duobus, P. Dolabellam XV virum factum. hoc tibi non invideo, caruisse te pulcherrimo spectaculo et Lentuli Cruris repulsi vultum non vidisse. at qua spe, quam certa opinione descenderat, quam ipso diffidente Dolabella! et hercules, nisi nostri equites acutius vidissent, paene concedente adversario superasset.

Illud te non arbitror miratum, Servaeum, designa- 2 tum tr. pl., condemnatum; in cuius locum C. Curio petiit. sane quam incutit multis, qui eum facilitatemque eius non norunt, magnum metum; sed ut spero et volo et ut se fert ipse, bonos et senatum malet; totus, ut nunc est, hoc scaturit. huius autem voluntatis initium et causa est, quod eum non mediocriter Caesar, qui solet infimorum hominum amicitiam sibi qualibet impensa adiungere, valde contempsit. qua in re mihi videtur illud perquam venuste cecidisse, quod a reliquis quoque usque eo est animadversum, ut Curio, qui nihil consilio facit, ratione et insidiis usus videretur in evitandis iis consiliis, qui se inten-

der Provinzen, hat bisher aber noch keinen beschlußfähigen Senat zusammenbringen können. Wenn nach Ablauf dieses Jahres Curio Tribun ist, wird derselbe Kuhhandel um die Provinzen weitergehen. Wie leicht es zur Zeit ist, alles zu verhindern, und wie sehr damit alle, die sich aus persönlichen Gründen nicht um die Staatsinteressen kümmern, Caesar in die Hände arbeiten, kannst Du Dir selbst sagen.

(Rom, Ende Juni/Anfang Juli [V./VI.] 51)

5 (4).
Caelius grüßt Cicero.

Du hast es gut! Täglich erhältst Du so viele erstaunliche Nachrichten! Zunächst die, daß Messala freigesprochen ist, dann die, daß er nun doch verurteilt worden ist, daß C. Marcellus Konsul geworden ist, daß M. Calidius nach seiner Niederlage von den beiden Gallii belangt worden ist, daß P. Dolabella Quindecimvir geworden ist. Um eins aber beneide ich Dich nicht: daß Du das herrliche Schauspiel versäumt und das dumme Gesicht des durchgefallenen Lentulus Crus nicht gesehen hast. Und mit welchen Hoffnungen, mit welch sicheren Erwartungen war er in den Wahlkampf gegangen, so daß selbst Dolabella seiner Sache nicht traute! Und weiß Gott, hätten unsre Ritter nicht ganz scharf aufgepaßt, dann hätte er beinahe mit Einwilligung seines Gegners gewonnen.

Darüber hast Du Dich wahrscheinlich nicht gewundert, daß Servaeus, der designierte Volkstribun, verurteilt worden ist; an seiner Stelle hat sich C. Curio beworben. Allen, die ihn und seine Nonchalance kennen, jagt er gewaltige Angst ein; aber wie ich hoffe und wünsche, und wie er sich selbst gibt, wird er sich lieber für die Guten und den Senat entscheiden; augenblicklich jedenfalls ist er ganz voll davon. Der Ursprung und der Grund für diese Haltung liegt darin, daß Caesar, der sich sonst die Freundschaft selbst der Niedrigsten beliebig viel kosten läßt, ihn ziemlich schroff abgewiesen hat. Dabei scheint mir ein Vorgang besonders pikant zu sein: auch alle andern haben ihm so zugesetzt, daß Curio, der sonst nichts planmäßig anfaßt, sich offensichtlich mit Überlegung und Hinterlist den Anschlägen derer entzogen

derant adversarios in eius tribunatum, Laelios et Antonios et id genus valentis dico.

Has ego tibi litteras eo maiore misi intervallo, quod 3
comitiorum dilationes occupatiorem me habebant et
exspectare in dies exitum cogebant, ut confectis omnibus te facerem certiorem. ad Kal. Sext. usque
exspectavi. praetoriis morae quaedam inciderunt. mea
porro comitia quem eventum sint habitura, nescio;
opinionem quidem, quod ad Hirrum attinet, incredibilem aed. pl. comitiis nacta sunt. nam M. Coelium
Vinicianum mentio illa fatua, quam deriseramus olim,
et promulgatio de dictatore subito deiecit et deiectum
magno clamore insecuta est. inde Hirrum cuncti iam
non faciendum flagitare. spero te celeriter et de nobis,
quod sperasti, et de illo, quod vix sperare ausus es,
auditurum.

De re p. iam novi quicquam exspectare desieramus; 4
sed cum senatus habitus esset ad Apollinis a. d. XI Kal.
Sext. et referretur de stipendio Cn. Pompei, mentio
facta est de legione ea, quam expensam tulit C. Caesari Pompeius, quo numero esset, quoad pateretur
eam Pompeius esse in Gallia. coactus est dicere Pompeius se legionem abducturum, sed non statim sub
mentionem et convicium obtrectatorum. inde inter-
rogatus de successione C. Caesaris; de qua, hoc est de
provinciis, placitum est, ut quam primum ad urbem
reverteretur Cn. Pompeius, ut coram eo de successione provinciarum ageretur; nam Ariminum ad exercitum Pompeius erat iturus et statim iit. puto Id. Sext.
de ea re actum iri. profecto aut transigetur aliquid
aut turpiter intercedetur; nam in disputando coiecit
illam vocem Cn. Pompeius, omnes oportere senatui
dicto audientis esse. ego tamen sic nihil exspecto quo

hat, die als scharfe Gegner seines Tribunats aufgetreten waren, ich meine Leute wie Laelius, Antonius und diese Sorte von starken Männern.

Diesen Brief schreibe ich dir deswegen erst nach längerem Zwischenraum, weil die Verschiebung der Wahlen mich ziemlich in Atem hielt und auch zwang, von einem Tag zum andern auf den Ausgang zu warten, um Dich dann, wenn alles erledigt wäre, zu benachrichtigen. So habe ich bis heute, bis zum 1. Sextilis, gewartet. Die Wahl der Prätoren hat sich irgendwie verzögert. Wie weiterhin meine Wahl ausfallen wird, weiß ich nicht; im Hinblick auf Hirrus hat sie durch den Ausfall der Wahlen der plebejischen Ädilen gewaltig an Aussicht gewonnen. Denn den M. Coelius Vinicianus hat jener alberne Schnack, über den wir einst so gelacht haben, und die Promulgation über die Diktatur plötzlich zu Fall gebracht und hinterher mit lautem Geschrei verfolgt. Infolgedessen fordert jetzt alle Welt, auch Hirrus nicht zu wählen. Ich hoffe, Du hörst bald von mir, was Du erwartet hast, und von ihm, was Du kaum zu hoffen gewagt hast.

In der Politik hatten wir es bereits aufgegeben, etwas Neues zu erwarten; aber als am 22. Quintilis Senatssitzung im Apollotempel stattfand und die Soldzahlung für Cn. Pompeius auf der Tagesordnung stand, kam man auch auf die Legion zu sprechen, die Pompeius C. Caesar ausgeliehen hat, wie es mit ihr stehe, wie lange Pompeius sie noch in Gallien lassen wolle. Pompeius sah sich gezwungen zu erklären, er werde die Legion abberufen, aber nicht sofort auf diese Anregung hin und unter dem Druck von Caesars Widersachern. Dann fragte man ihn, wie es mit der Nachfolge für C. Caesar sei. Über diese Frage, das heißt über die Provinzen, wurde beschlossen, daß Cn. Pompeius so bald wie möglich zur Stadt zurückkehren solle, damit dann in seiner Anwesenheit über die Nachfolge in den Provinzen verhandelt werden könne. Denn Pompeius war im Begriff, nach Ariminum zu seiner Armee zu gehen, und ist dann auch gleich gegangen. Wahrscheinlich wird am 13. Sextilis über die Sache verhandelt werden. Sicher wird dabei entweder etwas zustande kommen, oder es wird schändlicherweise interzediert werden; denn in der Debatte ließ Pompeius das Wort fallen, alle müßten dem Senat aufs Wort gehorchen. Ich bin jedoch auf

modo Paulum cos. designatum primum sententiam
dicentem.

Saepius te admoneo de syngrapha Sittiana – cupio 5
enim te intellegere eam rem ad me valde pertinere –;
item de pantheris, ut Ciburatas accersas curesque,
ut mi vehantur; praeterea nuntiatum nobis et pro
certo iam habetur regem Alexandrinum mortuum;
quid mihi suadeas, quo modo regnum illud se habeat,
quis procuret, diligenter mihi perscribas.

Kal. Sext.

VI.
CAELIVS CICERONI S.

'Sic tu,' inquis, 'Hirrum tractasti?' immo, si scias, 1
quam facile, quam ne contentionis quidem minimae
fuerit, pudeat te ausum illum umquam esse incedere
tamquam tuum competitorem. post repulsam vero
risus facit; civem bonum ludit et contra Caesarem
sententias dicit, exspectationem corripit, Curionem
prorsus non mediocriter obiurgat, totus hac repulsa
se mutavit. praeterea, qui numquam in foro apparu-
erit, non multum in iudiciis versatus sit, agit causas
liberalis, sed raro post meridiem.

De provinciis quod tibi scripseram Id. Sext. actum 2
iri, interpellat iudicium Marcelli, consulis designati.
in Kal. res reiecta est; ne frequentiam quidem efficere
potuerant. has litteras a. d. IIII Non. Sept. dedi, cum
ad eam diem ne profligatum quidem quicquam erat.
ut video, causa haec integra in proximum annum
transferetur et, quantum divino, relinquendus tibi
erit, qui provinciam obtineat; nam non expeditur
successio, quoniam Galliae, quae habent intercessorem, in eandem condicionem quam ceterae provinciae

nichts so gespannt wie auf Paullus, wenn er als designierter Konsul zum ersten Male seine Meinung äußert.

Noch einmal möchte ich Dich an Sittius' Wechsel erinnern – Du mußt nämlich wissen, daß ich an der Sache stark interessiert bin; ebenso an die Panther, daß Du die Cibyraten heranholst und dafür sorgst, daß sie mir hergebracht werden. Außerdem haben wir die Nachricht erhalten, und es gilt nachgerade als sicher, daß der König in Alexandria gestorben ist. Schreib mir doch bitte eingehend, was Du mir rätst, wie es um dieses Reich steht, wer die Sache in die Hand nimmt.

(Rom), den 1. Sextilis [30. VI.] (51)

6 (9).
Caelius grüßt Cicero.

„So bist Du mit Hirrus umgesprungen?" sagst Du. Ja, und wenn Du wüßtest, wie einfach das war, wie es mich nicht die geringste Anstrengung gekostet hat, würdest Du Dich schämen, daß er es je gewagt hat, als Dein Mitbewerber aufzutreten. Aber jetzt, nach seiner Niederlage, macht er sich lächerlich, spielt den Biedermann und agitiert gegen Caesar, kann die Zeit nicht abwarten, kujoniert ferner den Curio ganz anständig und ist durch diesen Durchfall ein ganz andrer Kerl geworden. Außerdem führt er, der doch noch nie auf dem Forum erschienen ist und sich nur selten vor Gericht hat blicken lassen, Prozesse, die nichts einbringen; aber selten nachmittags.

Wenn ich Dir geschrieben habe, über die Provinzen werde am 13. Sextilis verhandelt werden, so macht sich der Standpunkt des designierten Konsuls Marcellus störend bemerkbar. Die Sache ist auf den 1. vertagt worden; sie haben nicht einmal die nötige Anzahl zusammengebracht. Heute ist der 2. September, und bis zu diesem Termin ist noch nichts erledigt. Wie ich sehe, wird die Sache unentschieden auf das nächste Jahr verschoben werden, und wenn mich meine Ahnung nicht trügt, wirst Du jemanden zurücklassen müssen, der Deine Provinz übernimmt. Denn Deine Nachfolge wird nicht erledigt, weil bei den beiden Gallien, bei denen sich immer ein Interzedent findet, gleiche Behandlung wie bei den übrigen Provinzen verlangt wird. Mir ist das nicht zweifelhaft; um

vocantur. hoc mihi non est dubium; quo tibi magis scripsi, ut ad hunc eventum te parares.

Fere litteris omnibus tibi de pantheris scripsi. turpe 3 tibi erit Patiscum Curioni decem pantheras misisse, te non multis partibus pluris; quas ipsas Curio mihi et alias Africanas decem donavit, ne putes illum tantum praedia rustica dare scire. tu si modo memoria tenueris et Cibyratas arcessieris itemque in Pamphyliam litteras miseris – nam ibi pluris capi aiunt –, quod voles, efficies. hoc vehementius laboro nunc, quod seorsus a collega puto mihi omnia paranda. amabo te, impera tibi hoc. curare soles libenter, ut ego maiorem partem nihil curare. in hoc negotio nulla tua nisi loquendi cura est, hoc est imperandi et mandandi; nam simul atque erunt captae, qui alant eas et deportent, habes eos, quos ad Sittianam syngrapham misi. puto etiam, si ullam spem mihi litteris ostenderis, me isto missurum alios.

M. Feridium, eq. R., amici mei filium, bonum et 4 strenuum adulescentem, qui ad suum negotium istoc venit, tibi commendo et te rogo, ut eum in tuorum numero habeas. agros, quos fructuarios habent civitates, vult tuo beneficio, quod tibi facile et honestum factu est, immunis esse. gratos et bonos viros tibi obligaris.

Nolo te putare Favonium a columnariis praeteri- 5 tum; optimus quisque eum non fecit.

Pompeius tuus aperte non vult Caesarem et provinciam tenere cum exercitu et consulem fieri; ipse tamen hanc sententiam dixit, nullum hoc tempore senatus consultum faciendum, Scipio hanc, ut Kal. Mart. de provinciis Galliis neu quid coniunctim referretur. contristavit haec sententia Balbum Cornelium, et scio eum questum esse cum Scipione.

so mehr schreibe ich Dir davon, damit Du Dich auf diesen Verlauf einstellen kannst.

Fast in jedem Brief habe ich Dir wegen der Panther geschrieben. Es wird Dich beschämen, wenn Du hörst, daß Patiscus dem Curio zehn Panther geschickt hat, Du nicht viel mehr. Sie und weitere zehn afrikanische hat Curio mir geschenkt, damit Du nicht etwa denkst, er verstehe nur Bauerngüter zu verschenken. Wenn Du nur daran denkst, die Cibyraten heranholst und ebenso nach Pamphylien schreibst – dort werden angeblich mehr gefangen –, wirst Du Dein Ziel erreichen. Mir liegt jetzt besonders daran, weil ich glaube, gesondert von meinem Kollegen alles vorbereiten zu müssen. Sei so gut und mach' es Dir zur Pflicht. Du hast es doch immer gern, Dich um etwas sorgen zu können, wie ich meistens, mich um nichts zu sorgen. Bei dieser Sache besteht Deine ganze Aufgabe darin, ein Wort zu sagen, das heißt, zu befehlen und Aufträge zu erteilen. Denn sobald sie gefangen sind, können die Leute, die ich zur Einziehung von Sittius' Wechsel geschickt habe, sie versorgen und abtransportieren. Ich könnte auch, wenn Du mir brieflich nur ein wenig Hoffnung machtest, noch andre dorthin schicken.

Ich empfehle Dir M. Feridius, einen Römischen Ritter, Sohn eines Freundes von mir, einen netten, strebsamen jungen Mann, der in persönlichen Angelegenheiten dorthin kommt, und bitte Dich, ihn in Deinen Freundeskreis zu ziehen. Er möchte, daß die ertragreichen Ländereien, die die Gemeinden besitzen, durch Dein Entgegenkommen abgabenfrei werden, was Du leicht und in allen Ehren veranlassen kannst. Du wirst Dir damit gute, dankbare Leute verpflichten.

Glaub' nur nicht, daß das Gesindel den Favonius hat durchfallen lassen; gerade die Guten haben ihn nicht gewählt.

Dein Pompeius wünscht offensichtlich nicht, daß Caesar seine Provinz mitsamt der Armee behält und so Konsul wird, doch hat er sich selbst dahin geäußert, daß zur Zeit kein entsprechender Senatsbeschluß gefaßt werden könne. Scipio forderte, daß die gallischen Provinzen am 1. März auf die Tagesordnung gesetzt würden, und zwar als einziger Punkt. Dieser Antrag hat Balbus Cornelius traurig gestimmt, und ich weiß, daß er sich bei Scipio beschwert hat.

Calidius in defensione sua fuit disertissimus, in accusatione satis frigidus.

VII.
CAELIVS CICERONI S.

Etsi de re p. quae tibi scribam habeo, tamen nihil, 1 quod magis gavisurum te putem, habeo quam hoc: scito C. Sempronium Rufum, mel ac delicias tuas, calumniam maximo plausu tulisse. quaeris, qua in causa. M. Tuccium, accusatorem suum, post ludos Romanos reum lege Plotia de vi fecit hoc consilio, quod videbat, si extraordinarius reus nemo accessisset, sibi hoc anno causam esse dicendam. dubium porro illi non erat, quid futurum esset. nemini hoc deferre munusculum maluit quam suo accusatori; itaque sine ullo subscriptore descendit et Tuccium reum fecit. at ego, simul atque audivi, invocatus ad subsellia rei occurro; surgo neque verbum de re facio; totum Sempronium usque eo perago, ut Vestorium quoque interponam et illam fabulam narrem, quem ad modum tibi pro beneficio dederit, si quid iniuria ipsius esset, ut Vestorius teneret.

Haec quoque magna nunc contentio forum tenet: 2 M. Servilius postquam, ut coeperat, omnibus in rebus turbarat nec, quod non venderet quoiquam, reliquerat maximaque nobis traditus erat invidia neque Laterensis praetor postulante Pausania nobis patronis, QVO EA PECVNIA PERVENISSET, recipere voluit, Q. Pilius, necessarius Attici nostri, de repetundis eum postulavit. magna ilico fama surrexit, et de damnatione ferventer loqui est coeptum. quo vento proicitur Appius minor, ut indicet pecuniam ex bonis patris pervenisse ad Servilium

Calidius war bei seiner Verteidigung sehr beredt, bei der Anklage ziemlich kühl.

(Rom, den 2. September [30. VII.] 51)

7 (8).
Caelius grüßt Cicero.

Ich habe Dir zwar aus der Politik mancherlei zu berichten, jedoch nichts, was Dir wahrscheinlich mehr Spaß machen wird, als folgendes. Denk' Dir, C. Sempronius Rufus, Dein wonniger Liebling, ist wegen falscher Anklage unter lebhaftem Beifall verurteilt worden. „Um was handelte es sich denn?" fragst Du. Er hat M. Tuccius, seinen Ankläger, nach den Ludi Romani auf Grund der Lex Plotia wegen Gewaltverbrechens belangt; und warum? Weil er sah, daß er noch in diesem Jahre würde Rede und Antwort stehen müssen, wenn keine außergewöhnliche Anklage dazwischenkäme. Er war nicht im Zweifel, was sonst eintreten würde. Niemandem wollte er dies kleine Geschenk lieber verabfolgen als seinem Ankläger. Darum erschien er ohne jeden Mitkläger vor Gericht und klagte Tuccius an. Als ich davon hörte, eilte ich ungerufen zur Angeklagtenbank. Ich erhob mich, sagte aber kein Wort zur Sache, machte den ganzen Sempronius so herunter, daß ich auch Vestorius hineinzog und die reizende Geschichte erzählte, wie er Dir zuliebe erklärt habe, wenn er etwas unrechtmäßig besitze, solle Vestorius es bekommen.

Auch folgender heiße Kampf spielt sich zur Zeit auf dem Forum ab: M. Servilius hatte glücklich sein ganzes Vermögen zerrüttet, hatte nichts übrig gelassen, was er nicht jemandem verkauft hätte, und war nun unter gewaltiger Empörung mir überlassen worden. Aber als Pausanias ihn auf Herausgabe des Geldes verklagte, während ich sein Anwalt war, weigerte sich der Prätor Laterensis, die Klage anzunehmen. Daraufhin belangte ihn Q. Pilius, der Schwager unsres Atticus, wegen Erpressung. Alsbald erhob sich ein gewaltiges Gerede, und man begann hitzig von Verurteilung zu sprechen. Unter diesem Sturm der Erbitterung ließ der jüngere Appius sich dazu hinreißen auszusagen, daß 600.000 Sestertien aus dem Vermögen seines Vaters an Servilius gelangt seien, und zu erklären, es seien bei ihm 81.000 Sestertien zur Beschwichtigung

praevaricationisque causa diceret depositum HS
LXXXI. admiraris amentiam; immo, si actionem
stultissimasque de se, nefarias de patre confessiones
audisses. mittit in consilium eosdem illos, qui litis 3
aestimarant, iudices. cum aequo numero sententiae
fuissent, Laterensis leges ignorans pronuntiavit, quid
singuli ordines iudicassent, et ad extremum, ut solent,
'NON REDIGAM.' postquam discessit et pro abso-
luto Servilius haberi coeptus legisque unum et
centesimum caput legit, in quo ita erat: QVOD
EORVM IVDICVM MAIOR PARS IVDICARIT, ID IVS
RATVMQVE ESTO, in tabulas absolutum non rettulit, ordinum iudicia perscripsit; postulante rursus
Appio cum L. Lollio transegisse et relaturum dixit.
sic nunc neque absolutus neque damnatus Servilius
de repetundis saucius Pilio tradetur. nam de divinatione Appius, cum calumniam iurasset, contendere
ausus non est Pilioque cessit et ipse de pecuniis repetundis a Serviliis est postulatus et praeterea de vi reus
a quodam suo emissario, S. Tettio, factus. recte hoc
par habet.

Quod ad rem publicam pertinet, omnino multis 4
diebus exspectatione Galliarum actum nihil est; aliquando tamen saepe re dilata et graviter acta et plane
perspecta Cn. Pompei voluntate in eam partem, ut
eum decedere post Kal. Martias placeret, senatus consultum, quod tibi misi, factum est auctoritatesque
perscriptae.

Senatus consultum. auctoritates. 5

prid. Kal. Oct. in aede Apollinis. scrib. adfuerunt
L. Domitius Cn. f. Fab. Ahenobarbus, Q. Caecilius
Q. f. Fab. Metellus Pius Scipio, L. Villius L. f. Pom.
Annalis, C. Septimius T. f. Qui., C. Lucilius C. f.

deponiert worden. Du wunderst Dich über diesen Wahnwitz? Was würdest Du erst sagen, wenn Du die Verhandlung und seine törichten Aussagen über sich, seine ruchlosen Geständnisse über seinen Vater mit angehört hättest! Zur Urteilsfindung läßt er dieselben Richter zu, die das Streitobjekt abgeschätzt hatten! Obwohl Stimmengleichheit erzielt wurde, gab Laterensis in Unkenntnis der Gesetze bekannt, wie die einzelnen Stände geurteilt hätten, und schließlich hieß es wie gewöhnlich, „ich werde das Geld nicht einziehen." Damit ging er nach Hause, und Servilius galt bereits als freigesprochen. Dann sah er aber, daß in Abschnitt 101 des Gesetzes stand: „Was die Majorität dieser Richter für recht erkannt hat, das soll recht und gültig sein." So protokollierte er denn nicht Freispruch, sondern führte den Spruch der einzelnen Stände an. Als Appius protestierte, sagte er, er habe sich mit L. Lollius ins Benehmen gesetzt und werde nun Freispruch protokollieren. Somit ist Servilius jetzt weder freigesprochen noch verurteilt und wird leicht angekratzt Pilius wegen Erpressung Rede und Antwort stehen müssen. Denn obwohl Appius geschworen hatte, keine falsche Anklage zu erheben, wagte er nicht, darauf zu bestehen, als Kläger zugelassen zu werden, und räumte das Feld vor Pilius, wurde vielmehr selbst von den Serviliern wegen Erpressung belangt und außerdem wegen Gewaltverbrechens von einem seiner Spione, von S. Tettius, angeklagt. Die beiden passen zusammen!

Was die Politik angeht, so ist in Erwartung der Beschlüsse über Gallien viele Tage lang überhaupt nichts passiert. Schließlich ist dann doch, nachdem die Sache oft vertagt und heftig diskutiert worden war und man durchschaute, was Pompeius eigentlich will, ein Senatsbeschluß in dem Sinne ergangen, daß nach dem 1. März über Caesars Ablösung entschieden werden solle, und als Gutachten protokolliert worden. Ich lege Dir das Protokoll bei.

Senatsbeschluß. Gutachten.

Am 29. September im Apollotempel. Redaktionsausschuß: L. Domitius des Cn. Sohn Ahenobarbus, Tribus Fabia; Q. Caecilius des Q. Sohn Metellus Pius Scipio, Tribus Fabia; L. Villius des L. Sohn Annalis, Tribus Pomptina; C. Septimius des T. Sohn, Tribus Quirina; C. Lucilius des C. Sohn Hirrus, Tribus Pupinia; C. Scribonius des C. Sohn Curio, Tribus Poplilia; L. Ateius des L.

Pup. Hirrus, C. Scribonius C. f. Pop. Curio, L. Ateius
L. f. An. Capito, M. Eppius M. f. Ter.

Quod M. Marcellus cos. v. f. de provinciis consularibus, d. e. r. i. c., uti L. Paulus, C. Marcellus
coss., cum magistratum inissent, ex Kal. Mart., quae
in suo magistratu futurae essent, de consularibus
provinciis ad senatum referrent, neve quid prius ex
Kal. Mart. ad senatum referrent neve quid coniunctim utique eius rei causa per dies comitiales senatum
haberent senatusque cons. facerent et, cum de ea re
ad senatum referrent, ut a consiliis, qui eorum in CCC
iudicibus essent, s. f. s. adducere liceret; si quid de
ea re ad populum pl. ve lato opus esset, uti Ser. Sulpicius, M. Marcellus coss., praetores tr. q. pl., quibus
eorum videretur, ad populum pl. ve ferrent; quod si
ii non tulissent, uti, quicumque deinceps essent, ad
populum pl. ve ferrent. C.

Prid. Kal. Oct. in aede Apollinis. scrib. adfuerunt 6
L. Domitius Cn. f. Fab. Ahenobarbus, Q. Caecilius
Q. f. Fab. Metellus Pius Scipio, L. Villius L. f. Pom.
Annalis, C. Septimius T. f. Qui., C. Lucilius C. f.
Pup. Hirrus, C. Scribonius C. f. Pop. Curio, L. Ateius
L. f. An. Capito, M. Eppius M. f. Ter.

Quod M. Marcellus cos. v. f. de provinciis, d. e. r.
i. c., senatum existimare neminem eorum, qui potestatem habent intercedendi, impediendi, moram adferre oportere, quo minus de r. p. p. R. q. p. ad senatum referri senatique consultum fieri possit; qui im-
pedierit, prohibuerit, eum senatum existimare contra
rem publicam fecisse. si quis huic s. c. intercesserit,
senatui placere auctoritatem perscribi et de ea re ad
senatum p. q. t. referri.

Sohn Capito, Tribus Aniensis; M. Eppius des M. Sohn, Tribus Teretina.

Der Konsul M. Marcellus berichtet über die konsularischen Provinzen. In dieser Sache ergeht folgender Beschluß:

Die Konsuln L. Paullus und C. Marcellus sollen, wenn sie im Amte sind, am 1. März ihres Amtsjahres über die konsularischen Provinzen berichten, die Sache keinesfalls früher als am 1. März zur Sprache bringen und keinen weiteren Punkt auf die Tagesordnung setzen. Sie sollen zur Verhandlung dieser Sache an allen Komitialtagen Senatssitzungen abhalten und einen Senatsbeschluß herbeiführen, und wenn sie über diese Sache verhandeln, die Senatoren, die zu den 300 Richtern gehören, aus ihren Sitzungen abberufen dürfen. Wenn es sich als tunlich erweist, daß diese Sache vor das Volk oder die Plebs gebracht wird, sollen die Konsuln Ser. Sulpicius und M. Marcellus, die Prätoren oder die Volkstribunen, wer von ihnen es für richtig hält, die Sache vor das Volk oder die Plebs bringen; wenn diese es unterlassen, sollen ihre Nachfolger es tun. – Angenommen.

Am 29. September im Apollotempel. Redaktionsausschuß: L. Domitius des Cn. Sohn Ahenobarbus, Tribus Fabia; Q. Caecilius des Q. Sohn Metellus Pius Scipio, Tribus Fabia; L. Villius des L. Sohn Annalis, Tribus Pomptina; C. Septimius des T. Sohn, Tribus Quirina; C. Lucilius des C. Sohn Hirrus, Tribus Pupinia; C. Scribonius des C. Sohn Curio, Tribus Poplilia; L. Ateius des L. Sohn Capito, Tribus Aniensis; M. Eppius des M. Sohn, Tribus Teretina.

Der Konsul M. Marcellus berichtet über die Provinzen. In dieser Sache ergeht folgender Beschluß:

Der Senat steht auf dem Standpunkt, daß keiner von denen, die die amtliche Befugnis des Interzedierens und Verhinderns haben, eine Verzögerung herbeiführen dürfe, so daß dem Senat über den Staat des Römischen Volkes nicht sobald wie möglich berichtet und ein Senatsbeschluß gefaßt werden kann. Wer das verhindert und unterbindet, handelt nach Ansicht des Senats gegen das Staatsinteresse. Für den Fall, daß jemand gegen diesen Senatsbeschluß interzediert, beschließt der Senat, daß er als Gutachten protokolliert und sobald wie möglich darüber an den Senat berichtet wird.

Huic s. c. intercessit C. Caelius, L. Vinicius, P. Cornelius, C. Vibius Pansa tr. pl.

Item senatui placere de militibus, qui in exercitu 7 C. Caesaris sunt, qui eorum stipendia emerita aut causas, quibus de causis missi fieri debeant, habeant, ad hunc ordinem referri, ut eorum ratio habeatur causaeque cognoscantur. si quis huic s. c. intercessisset, senatui placere auctoritatem perscribi et de ea re p. q. t. ad hunc ordinem referri.

Huic s. c. intercessit C. Caelius, C. Pansa tr. pl.

Itemque senatui placere in Ciliciam provinciam, 8 in VIII reliquas provincias, quas praetorii pro praetore obtinerent, eos, qui praetores fuerunt neque in provincia cum imperio fuerunt, quos eorum ex s. c. cum imperio in provincias pro praetore mitti oporteret, eos sortito in provincias mitti placere; si ex eo numero, quos ex s. c. in provincias ire oporteret, ad numerum non essent, qui in eas provincias proficiscerentur, tum, uti quodque conlegium primum praetorum fuisset neque in provincias profecti essent, ita sorte in provincias proficiscerentur; si ii ad numerum non essent, tum deinceps proximi cuiusque collegii qui praetores fuissent neque in provincias profecti essent, in sortem coicerentur, quoad is numerus effectus esset, quem ad numerum in provincias mitti oporteret. si quis huic s. c. intercessisset, auctoritas perscriberetur.

Huic s. c. intercessit C. Caelius, C. Pansa tr. pl.

Illa praeterea Cn. Pompei sunt animadversa, quae 9 maxime confidentiam attulerunt hominibus, ut diceret se ante Kal. Martias non posse sine iniuria de provinciis Caesaris statuere, post Kal. Martias se non dubitaturum. cum interrogaretur, si qui tum intercederent, dixit hoc nihil interesse, utrum C. Caesar senatui dicto audiens futurus non esset an pararet, qui senatum

Gegen diesen Senatsbeschluß interzedierten die Volkstribunen C. Caelius, L. Vinicius, P. Cornelius und C. Vibius Pansa.

Ferner beschließt der Senat, daß über die Soldaten im Heere C. Caesars, die ausgedient oder Gründe aufzuweisen haben, weswegen sie entlassen werden müssen, dieser Körperschaft berichtet werde, damit man sich ihrer annehmen und ihre Gründe prüfen kann. Für den Fall, daß jemand gegen diesen Senatsbeschluß interzediert, beschließt der Senat, daß er als Gutachten protokolliert und so bald wie möglich darüber an diese Körperschaft berichtet wird.

Gegen diesen Senatsbeschluß interzedierten die Volkstribunen C. Caelius und C. Pansa.

Ferner beschließt der Senat, daß in die Provinz Cilicien und in die übrigen acht Provinzen, die von Prätoriern pro praetore verwaltet werden, diejenigen, die Prätoren gewesen sind, aber noch nicht in amtlicher Eigenschaft in einer Provinz gewesen sind, sofern sie in amtlicher Eigenschaft als Proprätoren geschickt werden müssen, durchs Los in die Provinzen geschickt werden. Wenn die Zahl derjenigen, die nach dem Senatsbeschluß in die Provinzen gehen sollen, nicht ausreicht, um den Bedarf an solchen, die in diese Provinzen gehen sollen, zu decken, dann sollen die Mitglieder des nächstfolgenden Prätorenkollegiums, soweit sie noch nicht in die Provinzen gegangen sind, durchs Los in die Provinzen geschickt werden; wenn auch ihre Zahl nicht ausreicht, dann soll der Reihe nach über die Mitglieder eines jeden folgenden Prätorenkollegiums, soweit sie noch nicht in die Provinzen gegangen sind, das Los geworfen werden, bis die Zahl erreicht wird, die in die Provinzen geschickt werden muß. Wenn jemand gegen diesen Senatsbeschluß interzediert, soll er als Gutachten protokolliert werden.

Gegen diesen Senatsbeschluß interzedierten die Volkstribunen C. Caelius und C. Pansa.

Außerdem hat Cn. Pompeius folgende bemerkenswerten Äußerungen getan, die den Leuten vor allem Zuversicht einflößten: vor dem 1. März könne er nicht ohne Rechtsverletzung über Caesars Provinzen verfügen; nach dem 1. März werde er keine Bedenken haben. Als man ihn fragte, was geschehen solle, wenn dann jemand interzediere, sagte er, es sei ein und dasselbe, ob C. Caesar dem Senat nicht gehorchen werde oder jemanden anstifte, der den

decernere non pateretur. 'quid, si,' inquit alius, 'et
cos. esse et exercitum habere volet?' at ille quam
clementer: 'quid, si filius meus fustem mihi impin-
gere volet?' his vocibus, ut existimarent homines
Pompeio cum Caesare esse negotium, effecit. itaque
iam, ut video, alteram utram ad condicionem descen-
dere vult Caesar, ut aut maneat neque hoc anno sua
ratio habeatur aut, si designari poterit, decedat.

Curio se contra eum totum parat. quid adsequi 10
possit, nescio; illud video, bene sentientem, etsi nihil
effecerit, cadere non posse.

Me tractat liberaliter Curio et mihi suo munere
negotium imposuit; nam si mihi non dedisset eas,
quae ad ludos ei advectae erant Africanae, potuit
supersederi; nunc, quoniam dari necesse est, velim
tibi curae sit, quod a te semper petii, ut aliquid istinc
bestiarum habeamus; Sittianamque syngrapham tibi
commendo. libertum Philonem istoc misi et Dioge-
nem Graecum, quibus mandata et litteras ad te dedi.
eos tibi et rem, de qua misi, velim curae habeas; nam
quam vehementer ad me pertineat, in iis, quas tibi illi
reddent, litteris perscripsi.

VIII.
CAELIVS CICERONI S.

Sane quam litteris C. Cassi et Deiotari sumus com- 1
moti; nam Cassius cis Euphraten copias Parthorum
esse scripsit, Deiotarus profectas per Commagenen
in provinciam nostram. ego quidem praecipuum metum, quod ad te attinebat, habui, qui scirem, quam
paratus ab exercitu esses, ne quod hic tumultus dignitati tuae periculum adferret; nam de vita, si paratior
ab exercitu esses, timuissem; nunc haec exiguitas

Senat an der Beschlußfassung hindere. „Was geschieht" sagte ein
andrer, „wenn er Konsul werden und sein Heer behalten will?"
Darauf er ganz ruhig: „Was, wenn mein Sohn mit dem Knüppel
auf mich einschlagen will?" Mit diesen Worten bewirkte er, daß
die Leute glaubten, Pompeius habe sich mit Caesar überworfen.
Deshalb will Caesar sich jetzt auch offensichtlich auf eins von
beidem einlassen: daß er entweder bleibt und dieses Jahr nicht
berücksichtigt wird, oder, falls er designiert werden kann, abgeht.

Curio stellt sich ganz auf den Kampf gegen ihn ein. Was er erreichen kann, weiß ich nicht, nur eins ist klar: als Optimat kann er,
auch wenn er nichts zustande bringt, nicht straucheln.

Mich behandelt Curio sehr freundlich und hat mich durch sein
Geschenk festgenagelt; denn hätte er mir die Panther nicht geschenkt, die er sich für seine Spiele aus Afrika beschafft hat, dann
hätte man davon absehen können. Jetzt, wo ich gezwungen bin,
eine Tierhatz zu geben, laß Dir doch bitte angelegen sein, worum
ich Dich schon immer gebeten habe, daß ich von dort ein paar von
diesen Biestern bekomme. Auch Sittius' Schuldforderung lege ich
Dir ans Herz. Ich habe meinen Freigelassenen Philo und den Griechen Diogenes dorthin geschickt, denen ich mündliche und schriftliche Aufträge an Dich mitgegeben habe. Nimm Dich ihrer und
der Sache an, deretwegen ich sie geschickt habe! Wie sehr ich an
der Sache interessiert bin, habe ich in dem Briefe, den sie Dir einhändigen werden, auseinandergesetzt.

(Rom, Anfang Oktober [IX.] 51)

8 (10).
Caelius grüßt Cicero.

Wir sind überaus beunruhigt durch die Nachrichten von C.
Cassius und Deiotarus, denn Cassius schreibt, die Truppen der
Parther ständen diesseits des Euphrat, und Deiotarus, sie seien
durch Commagene in unsre Provinz marschiert. Ich hege bezüglich Deiner Person ganz besondere Befürchtungen – weiß ich doch,
wie wenig vorbereitet Du mit Deiner Armee bist –, dieser Kriegs-
lärm könne Deine Würde gefährden. Um Dein Leben hätte ich nur
gebangt, wenn Du besser mit Truppen versehen wärest; jetzt läßt
mich die Unzulänglichkeit Deiner Streitkräfte voraussehen, daß für

copiarum recessum, non dimicationem mihi tuam
praesagiebat. hoc quo modo acciperent homines,
quam probabilis necessitas futura esset, vereor etiam
nunc neque prius desinam formidare, quam tetigisse
te Italiam audiero.

Sed de Parthorum transitu nuntii varios sermones 2
excitarunt; alius enim Pompeium mittendum, alius
ab urbe Pompeium non removendum, alius Caesarem
cum suo exercitu, alius consules, nemo tamen ex
senatus consulto privatos. consules autem, quia
verentur, ne illud senatus consultum fiat, ut paludati
exeant, et contumeliose praeter eos ad alium res trans-
feratur, omnino senatum haberi nolunt, usque eo, ut
parum diligentes in re publica videantur; sed honeste,
sive neglegentia sive inertia est sive ille, quem proposui, metus, latet sub hac temperantiae existimatione
nolle provinciam.

A te litterae non venerunt, et nisi Deiotari subse-
cutae essent, in eam opinionem Cassius veniebat, quae
diripuisset ipse, ut viderentur ab hoste vastata, finxisse bellum et Arabas in provinciam immisisse eosque
Parthos esse senatui renuntiasse. quare tibi suadeo,
quicumque est istic status rerum, diligenter et caute
perscribas, ne aut velificatus alicui dicaris aut aliquid,
quod referret scire, reticuisse.

Nunc exitus est anni; nam ego has litteras a. d. XIIII 3
Kal. Dec. scripsi. plane nihil video ante Kal. Ian. agi
posse. nosti Marcellum, quam tardus et parum effi-
cax sit, itemque Servius quam cunctator. cuius modi
putas hos esse aut quam id, quod nolint, conficere
posse, qui, quae cupiunt, tamen ita frigide agunt, ut
nolle existimentur? novis magistratibus autem, si
Parthicum bellum erit, haec causa primos menses oc-

Dich nur Rückzug und kein Kampf in Frage kommt. Wie die
Leute das aufnehmen, wie glaubhaft ihnen Deine Zwangslage erscheinen wird, macht mir schon jetzt Sorge, und ich werde nicht
eher aufhören, mich zu ängstigen, als bis ich höre, daß Du in
Italien angelangt bist.

Die Nachricht von dem Anrücken der Parther hat allerhand
Gerede aufkommen lassen. Der eine meint, man müsse Pompeius
schicken, der andere, man dürfe Pompeius nicht von der Stadt entfernen; ein dritter will Caesar mit seiner Armee entsenden, ein
vierter die Konsuln, niemand jedoch auf Senatsbeschluß einen unbeamteten Mann. Die Konsuln befürchten aber, es könne ein dahin-
gehender Senatsbeschluß gefaßt werden, daß sie als Feldherrn
hinausgehen sollten, oder aber ehrenrührigerweise die Sache nicht
ihnen, sondern einem andern übertragen werde, und wollen deshalb überhaupt keine Senatssitzung abhalten, und die Folge ist,
daß sie wenig gewissenhaft in der Führung der Staatsgeschäfte erscheinen. Aber mag es nun Gleichgültigkeit oder Trägheit sein
oder die eben dargelegte Befürchtung – ehrlich gesagt, unter diesem Mantel der Zurückhaltung versteckt sich nur der Wunsch,
nicht in die Provinz gehen zu brauchen.

Von Dir ist kein Bericht eingegangen, und wäre nicht der des
Deiotarus gefolgt, dann wäre Cassius in den Verdacht geraten, den
Krieg erfunden, die Araber absichtlich in die Provinz gelassen und
sie dem Senat als Parther gemeldet zu haben, damit es so aussähe,
als hätte der Feind verwüstet, was er selbst ausgeplündert hatte.
Darum rate ich Dir, mag es dort stehen, wie es will, eingehend und
behutsam zu berichten, damit man nicht sagen kann, Du habest
entweder jemanden begünstigt oder etwas verschwiegen, was zu
wissen von Wichtigkeit wäre.

Wir gehen dem Ende des Jahres entgegen; heute ist nämlich
der 17. November. Selbstverständlich kann vor dem 1. Januar
nichts mehr passieren. Du kennst ja Marcellus, wie langsam und
wenig energisch er ist, und ebenso Servius mit seiner ewigen Unentschlossenheit. Was sind das bloß für Kerle! Wie sollten sie wohl
zustande bringen können, was sie selbst nicht wollen, wo sie das,
was sie wünschen, doch so schwunglos betreiben, daß man meint,
sie wollen es nicht! Unter den neuen Beamten aber wird, wenn es

cupabit; sin autem aut non erit istic bellum aut tantum erit, ut vos aut successores parvis additis copiis
sustinere possint, Curionem video se dupliciter iacta-
turum, primum ut aliquid Caesari adimat, inde ut
aliquid Pompeio tribuat, quidvis quamlibet tenue
munusculum. Paulus porro non humane de provincia
loquitur. huius cupiditati occursurus est Furnius
noster; pluris suspicari non possum.

Haec novi; alia, quae possunt accidere, non cerno. 4
multa tempus adferre et praeparata mutare s̄cio; sed
intra finis hos, quaecumque acciderint, vertentur.

Illud addo ad actiones C. Curionis, de agro Campano; de quo negant Caesarem laborare, sed Pompeium valde nolle, ne vacuus advenienti Caesari pateat.

Quod ad tuum decessum attinet, illud tibi non pos- 5
sum polliceri, me curaturum, ut tibi succedatur; illud
certe praestabo, ne amplius prorogetur. tui consilii
est, si tempus, si senatus coget, si honeste a nobis
recusari non poterit, velisne perseverare; mei officii
est meminisse, qua obtestatione decedens mihi, ne
paterer fieri, mandaris.

IX.
CAELIVS CICERONI S.

Non dubito, quin perlatum ad te sit Appium a 1
Dolabella reum factum sane quam non ea, qua existi-
maveram, invidia; neque enim stulte Appius, qui,
simul atque Dolabella accessit ad tribunal, introierat
in urbem triumphique postulationem abiecerat; quo
facto rettudit sermones paratiorque visus est, quam

zum Kriege mit den Parthern kommt, dies die ersten Monate in Anspruch nehmen; gibt es dort jedoch keinen Krieg oder nur einen so unbedeutenden, daß Ihr oder Eure Nachfolger, durch ein kleines Aufgebot verstärkt, durchhalten könnt, dann sehe ich schon Curio sich doppelt betätigen, zunächst, um Caesar etwas abzuknappen, und dann, um Pompeius etwas zukommen zu lassen, jedes noch so kümmerliche Geschenkchen. Paullus dagegen äußert sich nicht gerade freundlich über die Provinz. Seiner Gier wird unser Furnius in den Weg treten; ob noch mehr, kann ich nicht ahnen.

Das sind die Neuigkeiten. Was sonst noch passieren könnte, weiß ich nicht. Gewiß, die Zeit bringt vieles und ändert die Voraussetzungen; aber innerhalb dieser Grenzen wird sich alles, was passiert, bewegen.

Noch eins zu C. Curios Aktionen: der Ager Campanus. Wie es heißt, regt Caesar sich nicht darüber auf; aber Pompeius sei strikte dagegen, damit er nicht, wenn Caesar komme, leer daliege.

Was Deinen Abgang betrifft, so kann ich Dir nicht versprechen, daß ich dafür sorgen kann, daß Du einen Nachfolger erhältst; dafür aber verbürge ich mich jedenfalls, daß Dein Kommando nicht mehr verlängert wird. Du mußt selbst wissen, wenn die Umstände oder der Senat uns zwingen und wir uns anstandshalber nicht dagegen wehren können, ob Du auf Deinem Standpunkt verharren willst. Ich tue meine Pflicht, wenn ich daran denke, wie inständig Du mich beim Abschied beschworen hast, nicht zu dulden, daß es geschieht.

(Rom, den 17. November [13. X.] 51)

9 (6).
Caelius grüßt Cicero.

Zweifellos hast Du davon gehört, daß Appius von Dolabella angeklagt worden ist, aber durchaus nicht unter der Erbitterung, die ich erwartet hätte, denn Appius hatte, gar nicht dumm, sobald Dolabella die Klage einreichte, die Stadt betreten und seine Forderung eines Triumphes fahren lassen. Dadurch brach er allem Gerede die Spitze ab und erschien gefaßter, als der Ankläger erwartet hatte. Jetzt setzt er seine Hoffnung hauptsächlich auf Dich.

speraverat accusator. is nunc in te maximam spem
habet. scio tibi eum non esse odio; quam velis eum
obligare, in tua manu est. cum quo si simultas tibi
non fuisset, liberius tibi de tota re esset; nunc, si ad
illam summam veritatem legitimum ius exegeris, cavendum tibi erit, ne parum simpliciter et candide
posuisse inimicitias videaris. in hanc partem porro
tutum tibi erit, si quid volueris gratificari; nemo enim
necessitudine et amicitia te deterritum ab officio dicet.

Illud mihi occurrit, quod inter postulationem et
nominis delationem uxor a Dolabella discessit. quid 2
mihi discedens mandaris, memini; quid ego tibi
scripserim, te non arbitror oblitum. non est iam tempus plura narrandi; unum illud monere te possum, si
res tibi non displicebit, tamen hoc tempore nihil de
tua voluntate ostendas et exspectes, quem ad modum
exeat ex hac causa. denique invidiosum tibi sit, si
emanarit; porro si significatio ulla intercesserit,
clarius, quam deceat aut expediat, fiat. neque ille
tacere eam rem poterit, quae suae spei tam opportuna
acciderit quaeque in negotio conficiendo tanto inlustrior erit, cum praesertim is sit, qui, si perniciosum
sciret esse loqui de hac re, vix tamen se contineret.

Pompeius dicitur valde pro Appio laborare, ut 3
etiam putent alterum utrum de filiis ad te missurum.
hic nos omnes absolvimus, et hercules consaepta omnia foeda et inhonesta sunt. consules autem habemus
summa diligentia; adhuc s. c. nisi de feriis Latinis
nullum facere potuerunt. Curioni nostro tribunatus
conglaciat. sed dici non potest, quo modo hic omnia 4
iaceant. nisi ego cum tabernariis et aquariis pugnarem,
veternus civitatem occupasset. si Parthi vos nihil
calficiunt, nos frigore frigescimus. tamen, quoquo

Ich weiß, er ist Dir nicht zuwider; wie weit Du ihn Dir verpflichten willst, liegt in Deiner Hand. Hättest Du nicht mit ihm im Streit gelegen, ständest Du der ganzen Sache freier gegenüber; willst Du aber jetzt nach der reinen Wahrheit bemessen, was gesetzlich Rechtens ist, dann mußt Du auf der Hut sein; es könnte den Eindruck erwecken, als hättest Du es nicht ganz ehrlich und aufrichtig gemeint, als Du die Feindschaft begrubst. In dieser Hinsicht wirst Du am sichersten gehen, wenn Du ihm irgendwie entgegenkommen wolltest; denn niemand wird behaupten, daß freundschaftliche Beziehungen Dich von Deiner Pflicht abgebracht haben.

Diese Gedanken drängen sich mir auf, weil zwischen dem Klagegesuch und der Klageerhebung Dolabella sich von seiner Frau getrennt hat. Ich entsinne mich, was Du mir beim Abschied aufgetragen hast, und Du hast wohl nicht vergessen, was ich Dir geschrieben habe. Ich brauche kein Wort mehr darüber zu verlieren; nur um eins möchte ich Dich bitten: wenn Du mit der Sache einverstanden bist, dann zeige doch wenigstens in diesem Augenblick nichts von Deinen Absichten und warte, wie er aus dieser Sache herauskommt. Schließlich dürfte es unangenehm für Dich sein, wenn etwas durchsickert; taucht gar ein deutlicher Hinweis auf, dann dürfte es bekannter werden, als es ziemlich und nützlich wäre. Er wird nämlich die Sache nicht verschweigen können, die seinen Erwartungen so zustatten kommt und bei der Durchführung des Prozesses um so eindrucksvoller sein wird, zumal er ein Mann ist, der, auch wenn er wüßte, wie gefährlich es ist, über die Sache zu sprechen, doch kaum den Mund halten könnte.

Pompeius soll sich mächtig für Appius ins Zeug legen, so daß man sogar glaubt, er werde einen seiner Söhne zu Dir schicken. Hier gibt es lauter Freisprüche, und weiß Gott, alles Gemeine und Unehrenhafte ist tabu. Aber unsre Konsuln sind auf dem Posten; bisher haben sie nur einen Senatsbeschluß über die Feriae Latinae zustande bringen können. Unserm Curio gefriert sein Tribunat ein. Kaum zu sagen, wie hier alles stagniert. Läge ich nicht mit den Budikern und Röhrenmeistern im Streit, die Schlafkrankheit hätte die Bürgerschaft befallen. Wenn Euch die Parther nicht einheizen, wir kommen vor Kälte um. Immerhin hat Bibulus – wer weiß,

modo potuit, sine Parthis Bibulus in Amano nescio
quid cohorticularum amisit. hoc sic nuntiatum est.

Quod tibi supra scripsi Curionem valde frigere, 5
iam calet; nam ferventissime concerpitur. levissime
enim, quia de intercalando non obtinuerat, transfugit
ad populum et pro Caesare loqui coepit legemque
viariam non dissimilem agrariae Rulli et alumen-
tariam, quae iubet aedilis metiri, iactavit. hoc nondum
fecerat, cum priorem partem epistulae scripsi.

Amabo te, si quid, quod opus fuerit Appio, facies,
ponito me in gratia.

De Dolabella integrum tibi reserves suadeo. et huic
rei, de qua loquor, et dignitati tuae aequitatisque
opinioni hoc ita facere expedit. turpe tibi erit pantheras Graecas me non habere.

X.
CAELIVS CICERONI S.

Non diu sed acriter nos tuae supplicationes torse- 1
runt; incideramus enim in difficilem nodum. nam
Curio tui cupidissimus, cui omnibus rationibus comitiales eripiebantur, negabat se ullo modo pati posse
decerni supplicationes, ne, quod furore Pauli adeptus
esset boni, sua culpa videretur amisisse et praevari-
cator causae publicae existimaretur. itaque ad pac-
tionem descendimus, et confirmarunt consules se his
supplicationibus in hunc annum non usuros. plane
quod utrisque consulibus gratias agas, est, Paulo
magis certe; nam Marcellus sic respondit ei, spem in
istis supplicationibus non habere, Paulus, se omnino
in hunc annum non edicturum. renuntiatum nobis 2
erat Hirrum diutius dicturum. prendimus eum; non

wie er das fertiggebracht hat! – ohne die Parther im Amanus ein paar Leutchen verloren. Das ist uns so gemeldet worden.

Wenn ich Dir oben geschrieben habe, Curio sei es sehr kalt – jetzt ist ihm warm, denn er wird hitzig heruntergerissen. Weil er bei der Schaltung seinen Willen nicht hat durchsetzen können, ist er ganz einfach zu den Popularen übergegangen, tritt jetzt für Caesar ein und hat ein Wegegesetz, nicht unähnlich dem Ackergesetz des Rullus, und ein Alimentationsgesetz in die Debatte geworfen, das die Ädilen anweist, Getreide zu verteilen. Das hatte er noch nicht getan, als ich den ersten Teil dieses Briefes schrieb.

Sei so gut und tu für Appius, was ihm dienlich ist; Du würdest mich zu Dank verpflichten.

Betreffs Dolabella rate ich Dir, Dir die Hände frei zu halten. Es ist vorteilhafter für die Sache, von der ich rede, für Deine Würde und den Ruf Deiner Billigkeit, wenn Du es so machst. Schmachvoll wird es für Dich sein, wenn ich keine griechischen Panther bekomme!

(Rom, Ende Februar [Mitte I.] 50)

10 (11).
Caelius grüßt Cicero.

Nicht lange, aber heftig hat uns Dein Dankfest gefoltert; wir waren nämlich an einen schwer zu entwirrenden Knoten geraten. Dein Dir so herzlich ergebener Curio, dem man auf jede Weise seine Komitialtage wegzunehmen suchte, erklärte, er könne es keinesfalls dulden, daß das Dankfest beschlossen werde; damit würde er durch eigene Schuld verspielt zu haben glauben, was er durch das üble Treiben des Paullus Gutes erreicht habe, und man würde ihn für einen ungetreuen Sachwalter der staatlichen Belange halten. So haben wir uns denn auf einen Kompromiß eingelassen, und die Konsuln versicherten, für dieses Jahr verzichteten sie auf das Dankfest. Du hast allen Grund, beiden Konsuln zu danken, vor allem jedenfalls Paullus. Denn Marcellus erwiderte ihm, für dieses Dankfest habe er keine Hoffnung mehr; Paullus, er werde es jedenfalls für dieses Jahr nicht ansagen. Man hatte mir hinterbracht, Hirrus werde länger reden. Ich habe ihn mir vorgenommen, und er hat es nicht nur nicht getan, sondern auch geschwiegen, als

modo non fecit, sed, cum de hostiis ageretur et posset rem impedire, si, ut numeraretur, postularet, tacuit; tantum Catoni adsensus est, qui de te locutus honorifice non decrerat supplicationes. tertius ad hos Favonius accessit. quare pro cuiusque natura et instituto gratiae sunt agendae, his, quod tantum voluntatem ostenderunt, pro sententia, cum impedire possent, non pugnarunt, Curioni vero, quod de suarum actionum cursu tua causa deflexit. nam Furnius et Lentulus, ut debuerunt, quasi eorum res esset, una nobiscum circumierunt et laborarunt. Balbi quoque Corneli operam et sedulitatem laudare possum; nam cum Curione vehementer locutus est et eum, si aliter fecisset, iniuriam Caesari facturum dixit, tum eius fidem in suspicionem adduxit. decrerant quidem neque transigi volebant Domitii, Scipiones. quibus hac re ad intercessionem evocandam interpellantibus venustissime Curio respondit se eo libentius non intercedere, quod quosdam, qui decernerent, videret confici nolle.

Quod ad rem publicam attinet, in unam causam 3 omnis contentio conlecta est de provinciis; in quam adhuc incubuisse cum senatu Pompeius videtur, ut Caesar Id. Nov. decedat; Curio omnia potius subire constituit quam id pati, ceteras suas abiecit actiones. nostri porro, quos tu bene nosti, ad extremum certamen rem deducere non audeant. scaena rei totius haec: Pompeius, tamquam Caesarem non impugnet sed, quod illi aequum putet, constituat, ait Curionem quaerere discordias, valde autem non vult et plane timet Caesarem consulem designari prius quam exercitum et provinciam tradiderit. accipitur satis male a Curione, et totus eius secundus consulatus exagitatur. hoc tibi dico: si omnibus rebus prement Curionem,

über die Opfertiere verhandelt wurde und er die Sache hätte unterbinden können, wenn er gefordert hätte, daß gezählt würde. Er stimmte nur Cato zu, der in allen Ehren über Dich gesprochen, das Dankfest aber abgelehnt hatte. Als dritter gesellte sich Favonius zu ihnen. Somit kannst Du jedem entsprechend seinem Charakter und seinem Verhalten Deinen Dank abstatten, diesen, daß sie nur ihre Auffassung zur Geltung gebracht haben und nur für den Antrag nicht eingetreten sind, während sie ihn doch hätten verhindern können, Curio aber, daß er Dir zuliebe von der gewohnten Richtung seiner Aktionen abgewichen ist. Denn Furnius und Lentulus gingen, wie es ihre Pflicht war, als ob es sich um ihre eigene Sache handelte, zusammen mit mir herum und bearbeiteten die Leute. Auch Balbus Cornelius' eifrige Bemühungen kann ich lobend erwähnen. Er sprach eindringlich auf Curio ein, wies ihn darauf hin, daß er, wenn er anders handle, sich an Caesar versündigen würde, und verdächtigte damit seine Zuverlässigkeit. Zugestimmt hatten auch Leute wie Domitius und Scipio, mit dem Hintergedanken, die Sache so zu hintertreiben. Als sie so auf ihn einzuwirken suchten, um seine Interzession herauszufordern, gab ihnen Curio die nette Antwort, er verzichte um so lieber auf die Interzession, als er sehe, daß gewisse Herren, die zugestimmt hätten, die Sache in Wirklichkeit verhindern wollten.

Was die Politik angeht, so konzentriert sich der ganze Kampf auf die eine Frage betreffs der Provinzen. In ihr scheint sich Pompeius im Einvernehmen mit dem Senat so weit festgelegt zu haben, daß Caesar am 13. November abtreten soll. Curio ist entschlossen, alles andre eher auf sich zu nehmen, als das zu dulden, und hat alle seine sonstigen Aktionen abgebrochen. Unsre Leute – Du kennst sie ja genau – dürften es wohl nicht wagen, die Sache auf die Spitze zu treiben. Die ganze Geschichte ist ein abgekartetes Spiel: Pompeius tut so, als bekämpfte er Caesar gar nicht, sondern beschlösse, was ihm billig erscheinen müsse; Curio suche nur Mißhelligkeiten. Er will aber auf keinen Fall und hat entsetzliche Angst davor, daß Caesar zum Konsul designiert wird, ehe er Heer und Provinz abgegeben hat. Damit kam er bei Curio ziemlich übel an; sein ganzes zweites Konsulat wurde von ihm durchgehechelt. Eins will ich Dir sagen: drücken sie Curio mit allen Mitteln an die Wand dann wird

Caesar defendet intercessorem; si, quod videntur, reformidarint, Caesar, quoad volet, manebit.

Quam quisque sententiam dixerit, in commentario 4 est rerum urbanarum; ex quo tu, quae digna sunt, selige; multa transi, in primis ludorum explosiones et funerum et ineptiarum ceterarum. plura habet utilia; denique malo in hanc partem errare, ut, quae non desideres, audias, quam quicquam, quod opus est, praetermittatur.

Tibi curae fuisse de Sittiano negotio gaudeo; sed quoniam suspicaris minus certa fide † eos tibi visos, tamquam procurator sic agas rogo.

XI.
CAELIVS CICERONI S.

Quam cito tu istinc decedere cupias, nescio; ego 1 quidem eo magis, quo adhuc felicius res gessisti, dum istic eris, de belli Parthici periculo cruciabor, ne hunc risum meum metus aliqui perturbet.

Breviores has litteras properanti publicanorum tabellario subito dedi; tuo liberto pluribus verbis scriptas pridie dederam.

Res autem novae nullae sane acciderunt, nisi haec 2 vis tibi scribi, quae certe vis: Cornificius adulescens Orestillae filiam sibi despondit; Paula Valeria, soror Triari, divortium sine causa, quo die vir e provincia venturus erat, fecit; nuptura est D. Bruto; nondum rettuleram.

Multa in hoc genere incredibilia te absente acciderunt. Servius Ocella nemini persuasisset se moechum esse, nisi triduo bis deprensus esset. quaeres, ubi. ubi hercules ego minime vellem. relinquo tibi, quod ab aliis quaeras; neque enim displicet mihi

Caesar für seinen Interzedenten eintreten; schrecken sie, wie wahrscheinlich, davor zurück, wird Caesar bleiben, so lange er will.

Welche Ansichten ein jeder geäußert hat, steht in dem Abriß über die Vorgänge in der Stadt. Such' Dir heraus, was wichtig ist; vieles kannst Du Dir schenken, vor allem das Auspfeifen bei den Spielen, Leichenbegängnissen und sonstigen Albernheiten. Es steht mancherlei Wissenswertes drin; auf jeden Fall möchte ich lieber, Du vertust Dich in dieser Beziehung und hörst, was Dich nicht interessiert, als daß etwas Wesentliches übergangen wird.

Daß Du Dich um Sittius' Schuldforderung gekümmert hast, freut mich; aber wenn Du vermutest, die Leute seien Dir nicht recht vertrauenswürdig erschienen, dann handle bitte als Bevollmächtigter.

(Rom, um den 1. Mai [Mitte III.] 50)

11 (7).
Caelius grüßt Cicero.

Wie eilig Du es hast, von dort wegzukommen, weiß ich nicht. Je glücklicher Deine Unternehmungen bisher verlaufen sind, um so mehr werde ich mich, solange Du dort bist, wegen eines drohenden Partherkrieges damit abquälen, mir meine gute Stimmung nicht durch ernste Befürchtungen zu vergällen.

Diesen kurzen Brief gebe ich in aller Eile einem Eilboten der Steuerpächter mit; Deinem Freigelassenen habe ich gestern einen ausführlicheren eingehändigt.

Neues ist hier überhaupt nicht passiert, außer, wenn Du hören willst, was Du bestimmt gern hörst: der junge Cornificius hat sich mit Orestillas Tochter verlobt; Paulla Valeria, die Schwester des Triarius, hat sich an dem Tage, als ihr Mann aus der Provinz erwartet wurde, ohne Grund von ihm getrennt; sie will D. Brutus heiraten; das hatte ich Dir noch nicht berichtet.

Derartig unglaubliche Dinge sind während Deiner Abwesenheit vielfach geschehen. Servius Ocella hätte niemandem weismachen können, er sei ein Ehebrecher, wäre er nicht in drei Tagen dreimal geschnappt worden. Du wirst fragen: wo? Wo ich weiß Gott am wenigsten geschnappt werden möchte. Ich muß Dir doch auch etwas lassen, wonach Du andre fragen kannst! Es macht mir näm-

imperatorem singulos percontari, cum qua sit aliqui
deprensus.

XII.
CAELIVS CICERONI S.

Gratulor tibi adfinitate viri medius fidius optimi; 1
nam hoc ego de illo existimo. cetera porro, quibus
adhuc ille sibi parum utilis fuit, et aetate iam sunt
decussa, et consuetudine atque auctoritate tua, pudore
Tulliae, si qua restabunt, confido celeriter sublatum
iri; non est enim pugnax in vitiis neque hebes ad id,
quod melius sit, intellegendum. deinde, quod maximum est, ego illum valde amo.

Voles, Cicero, Curionem nostrum lautum interces- 2
sionis de provinciis exitum habuisse; nam cum de
intercessione referretur, quae relatio fiebat ex senatus
consulto, primaque M. Marcelli sententia pronuntiata
esset, qui agendum cum tribunis pl. censebat, frequens
senatus in alia omnia iit. stomachost scilicet Pompeius
Magnus nunc ita languenti, ut vix id, quod sibi
placeat, reperiat. transierant illuc, rationem eius
habendam, qui neque exercitum neque provincias
traderet. quem ad modum hoc Pompeius laturus sit,
cum cognoscam; quidnam rei publicae futurum sit,
si aut . . . aut non curet, vos senes divites videritis.

Q. Hortensius, cum has litteras scripsi, animam
agebat.

XIII.
CAELIVS CICERONI S.

Pudet me tibi confiteri et queri de Appi, hominis 1
ingratissimi, iniuriis, qui me odisse, quia magna mihi
debebat beneficia, coepit et, cum homo avarus, ut ea
solveret, sibi imperare non posset, occultum bellum

lich einen Heidenspaß, mir vorzustellen, wie ein Imperator die einzelnen Leute ausfragt, mit wem jemand ertappt worden ist.

(Rom, einen Tag nach dem vorigen Briefe)

12 (13).
Caelius grüßt Cicero.

Ich beglückwünsche Dich zu der Verwandtschaft mit dem trefflichen Manne! Ja, das ist wirklich meine Meinung von ihm. Alles andre, womit er sich bisher eher geschadet als genützt hat, hat er mit den Jahren bereits abgeschüttelt, und wenn noch ein Rest vorhanden ist, wird er – dessen bin ich gewiß – durch den Umgang mit Dir und Deinen Einfluß, durch Tullias zurückhaltendes Wesen schnell beseitigt werden. Er ist ja nicht stur bei seinen Mängeln und auch nicht so stumpfsinnig, um nicht zu begreifen, was das Bessere ist. Überdies – die Hauptsache: ich schätze ihn sehr.

Sicher bist Du damit einverstanden, Cicero, daß unser Curio ein sauberes Ergebnis seiner Interzession betreffs der Provinzen mit nach Hause genommen hat. Als nämlich auf Senatsbeschluß die Interzession zur Debatte gestellt wurde und als erstes der Antrag des M. Marcellus verkündet wurde, der den Standpunkt vertrat, man müsse mit den Volkstribunen verhandeln, ließ sich die Mehrheit des Senats auf alles andre eher ein. Pompeius Magnus ist zur Zeit nämlich so schwach im Magen, daß er sich kaum zu helfen weiß. Sie haben sich dahin entschieden, man müsse IHN zur Wahl zulassen, ohne daß er Heer und Provinzen abgäbe. Wie Pompeius damit fertig wird, schreibe ich Dir, sobald ich es weiß; was aus dem Staate werden soll, wenn ... oder er die Sache laufen läßt, müßt Ihr alten Pfeffersäcke wissen.

Q. Hortensius liegt, während ich dies schreibe, im Sterben.

(Rom, im Juni [um den 1. IV.] 50).

13 (12).
Caelius grüßt Cicero.

Ich geniere mich, es Dir zu sagen und mich über Appius' Kränkungen zu beklagen. Diese Undankbarkeit! Weil er mir große Wohltaten zu verdanken hatte, hat er begonnen, mich zu hassen, und weil der Geizhals sich nicht dazu durchringen konnte, sie zu

mihi indixit, ita occultum tamen, ut multi mihi
renuntiarent et ipse facile animadverterem male eum
de me cogitare. postea quam vero comperi eum conlegium temptasse, deinde aperte cum quibusdam
locutum, cum L. Domitio, ut nunc est, mihi inimicissimo homine, deliberare, velle hoc munusculum deferre Cn. Pompeio, ipsum reprenderem et ab eo depre-
carer iniuriam, quem vitam mihi debere putaram, impetrare a me non potui. quid ergost? tamen cum 2
eius aliquot amicis, qui testes erant meorum in illum
meritorum, locutus sum. postea quam illum, ne quoi
satis faceret quidem, me dignum habere sensi, malui
collegae eius, homini alienissimo mihi et propter
amicitiam tuam non aequissimo, me obligare quam
illius simiae vultum subire. id postquam resciit,
excanduit et me causam inimicitiarum quaerere cla-
mitavit, ut, si mihi in pecunia minus satis fecisset,
per hanc speciem simultatis eum consectarer. postea
non destitit accersere Polam Servium accusatorem,
inire cum Domitio consilia. quibus cum parum pro- 3
cederet, ut ulla lege mihi ponerent accusatorem, com-
pellari ea lege me voluerunt, qua dicere non poterant;
insolentissimi homines summis Circensibus ludis meis
postulandum me lege Scantinia curant. vix hoc erat
Pola elocutus, cum ego Appium censorem eadem
lege postulavi. quod melius caderet, nihil vidi; nam
sic est a populo et non infimo quoque approbatum,
ut maiorem Appio dolorem fama quam postulatio
attulerit. praeterea coepi sacellum, in domo quod est,
ab eo petere.

Conturbat me mora servi huius, qui tibi litteras 4
attulit; nam acceptis prioribus litteris amplius dies
quadraginta mansit.

Quid tibi scribam, nescio. scis Domitio comitiorum diem timori esse.

vergelten, hat er mir insgeheim den Krieg erklärt, so geheim jedoch, daß viele mir davon berichteten und ich selbst unschwer merkte, daß er schlecht von mir denkt. Nachdem ich aber erfahren habe, daß er seinen Kollegen bearbeitet, dann offen mit gewissen Leuten gesprochen hat, mit L. Domitius – augenblicklich mein Erzfeind – berät und Cn. Pompeius dies Geschenkchen zu Füßen legen möchte, habe ich mich doch nicht dazu durchringen können, den Mann, der mir, wie ich glaube, sein Leben verdankt, persönlich zurechtzuweisen und ihm sein Unrecht vorzuhalten. Was also nun? Ich habe immerhin mit einigen seiner Freunde gesprochen, die meine Verdienste um ihn bezeugen konnten. Aber als ich merkte, daß er, um überhaupt niemandem Genüge tun zu müssen, an mir ein Exempel statuierte, habe ich es vorgezogen, mich lieber seinem Kollegen, einem mir völlig fremden und wegen meiner Freundschaft mit Dir nicht eben gewogenen Manne, anzuvertrauen, als jenem Affen unter die Augen zu treten. Als er davon hörte, fuhr er aus der Haut und schrie, ich suchte einen Grund zur Feindschaft, um ihn, wenn er mich mit Geldzahlungen nicht hinreichend zufrieden stellte, unter dem Vorwand dieser Spannung zu verfolgen. Hernach holte er fortgesetzt Pola Servius als Ankläger heran und beriet sich mit Domitius. Als sie damit nicht recht weiter kamen, mir wegen Verstoßes gegen irgendein Gesetz einen Ankläger zu setzen, wollten sie mich nach dem Gesetz belangen, dessen Namen sie nicht aussprechen mochten: die unglaublichen Kerle ließen mich auf dem Höhepunkt meiner Zirkusspiele nach der Lex Scantinia anklagen. Kaum hatte Pola das ausgesprochen, als ich den Zensor Appius nach demselben Gesetz belangte. Ich habe nie erlebt, daß etwas besser einschlug, denn das ganze Volk und nicht nur der Pöbel war einverstanden, und so brachte dem Appius das Gerede mehr Ärger als die Klage. Außerdem erhob ich die Forderung, er möge die Kapelle, die sich in seinem Hause befindet, der Öffentlichkeit zugänglich machen.

Mich beunruhigt die Bummelei dieses Sklaven, der Dir die Briefe bringt. Denn nach Einhändigung des vorigen Briefes ist er noch mehr als 40 Tage hier geblieben.

Weiter weiß ich Dir nichts zu schreiben. Daß Domitius Angst vor seinem Wahltag hat, ist Dir bekannt.

Te exspecto valde et quam primum videre cupio.

A te peto, ut meas iniurias proinde doleas, ut me existimas et dolere et ulcisci tuas solere.

XIV.
CAELIVS CICERONI S.

Tanti non fuit Arsacen capere et Seleuceam expu- 1
gnare, ut earum rerum, quae hic gestae sunt, spectaculo careres; numquam tibi oculi doluissent, si in
repulsa Domiti vultum vidisses. magna illa comitia
fuerunt, et plane studia ex partium sensu apparue-
runt; perpauci necessitudinem secuti officium praestiterunt. itaque mihi est Domitius inimicissimus, ut
ne familiarem quidem suum quemquam tam oderit
quam me, atque eo magis, quod per iniuriam sibi
putat ereptum auguratum, quoius ego auctor fuerim.
nunc furit tam gavisos homines suum dolorem,
unumquemque studiosiorem Antoni; nam Cn. Saturninum adulescentem ipse Cn. Domitius reum fecit
sane quam superiore a vita invidiosum; quod iudicium nunc in exspectatione est, etiam in bona spe post
Sex. Peducaei absolutionem.

De summa re publica saepe tibi scripsi me ad an- 2
num pacem non videre, et quo propius ea contentio,
quam fieri necesse est, accedit, eo clarius id periculum
apparet. propositum hoc est, de quo, qui rerum
potiuntur, sunt dimicaturi, quod Cn. Pompeius constituit non pati C. Caesarem consulem aliter fieri,
nisi exercitum et provincias tradiderit, Caesari autem
persuasum est se salvum esse non posse, si ab exercitu recesserit; fert illam tamen condicionem, ut
ambo exercitus tradant. sic illi amores et invidiosa
coniunctio non ad occultam recidit obtrectationem,

Ich erwarte Dich sehnsüchtig und möchte Dich recht bald wiedersehen.

Hoffentlich ärgerst Du Dich über das mir geschehene Unrecht genauso, wie Du meinst, daß ich mich über Dir geschehenes ärgere und es zu rächen pflege.

(Rom, um den 19. September [6. VIII.] 50)

14.
Caelius grüßt Cicero.

Soviel wäre nicht einmal die Gefangennahme des Arsaces und die Eroberung von Seleucea wert gewesen, um darüber das Schauspiel der hiesigen Ereignisse zu versäumen; niemals hätten Dir Deine Augen leid getan, wenn Du Domitius' Gesicht bei seiner Niederlage gesehen hättest! Es war ein schwerer Wahlkampf, und je nach Gesinnung der Parteien zeigte sich deutlich Zu- und Abneigung; nur ganz wenige ließen ihre freundschaftlichen Beziehungen sprechen und taten ihre Pflicht. Daher ist mir Domitius spinnefeind, so daß er keinen seiner Freunde so haßt wie mich, und um so mehr, weil er meint, das Augurat sei ihm zu Unrecht versagt geblieben, und ich sei es, der dahinterstecke. Jetzt rast er, daß die Leute sich so über seinen Kummer gefreut haben, und daß ein jeder sich mehr für Antonius eingesetzt habe. Den jungen Cn. Saturninus hat Cn. Domitius selbst vor Gericht gezogen, der ihm schon von jungen Jahren her überaus verhaßt ist. Auf diesen Prozeß ist jetzt alles gespannt, und die Aussichten sind gut nach dem Freispruch des Sex. Peducaeus.

Was die hohe Politik angeht, so habe ich Dir mehrfach geschrieben, ich sähe keine Möglichkeit, wie der Friede noch ein Jahr dauern könne, und je näher dieser unvermeidliche Kampf rückt, um so deutlicher zeichnet sich die Gefahr ab. Die Frage, um deren Entscheidung die Machthaber kämpfen, ist die: Pompeius ist entschlossen, eine Wahl Caesars zum Konsul nur zuzulassen, wenn er Heer und Provinzen abgibt; Caesar aber ist überzeugt, nicht bestehen zu können, wenn er seine Armee aus der Hand gibt, jedoch macht er den Vorschlag, beide sollten ihre Armeen abgeben. So ist denn jener Liebesbund, jene verhaßte Verbindung nicht zu geheimer Rivalität zurückgesunken, sondern entlädt sich im Kriege.

sed ad bellum se erupit; neque mearum rerum quid
consilii capiam reperio; quod non dubito, quin te
quoque haec deliberatio sit perturbatura. nam mihi
cum hominibus his et gratiae et necessitudines sunt;
causam illam, unde homines, odi. illud te non arbitror 3
fugere, quin homines in dissensione domestica debeant, quam diu civiliter sine armis certetur, honestio-
rem sequi partem, ubi ad bellum et castra ventum
sit, firmiorem et id melius statuere, quod tutius sit.
in hac discordia video Cn. Pompeium senatum quique res iudicant secum habiturum, ad Caesarem omnes, qui cum timore aut mala spe vivant, accessuros;
exercitum conferendum non esse. omnino satis spa-
tiist ad considerandas utriusque copias et eligendam
partem.

Prope oblitus sum, quod maxime fuit scribendum. 4
scis Appium censorem hic ostenta facere, de signis et
tabulis, de agri modo, de aere alieno acerrime agere?
persuasum est ei censuram lomentum aut nitrum esse.
errare mihi videtur; nam sordes eluere vult, venas
sibi omnis et viscera aperit. curre, per deos atque
homines! et quam primum haec risum veni, legis
Scantiniae iudicium apud Drusum fieri, Appium de
tabulis et signis agere; crede mihi, est properandum.
Curio noster sapienter id, quod remisit de stipendio
Pompei, fecisse existimatur.

Ad summam, quaeris, quid putem futurum. si
alter uter eorum ad Parthicum bellum non eat, video
magnas impendere discordias, quas ferrum et vis
iudicabit; uterque et animo et copiis est paratus. si
sine summo periculo fieri posset, magnum et iucundum tibi Fortuna spectaculum parabat.

Wozu ich mich persönlich entschließe, weiß ich noch nicht; zweifellos wird auch Dir diese Entscheidung Kopfschmerzen machen. Mit unsern Leuten verbinden mich enge, freundschaftliche Beziehungen; die Sache der andern, das ganze Milieu gefällt mir nicht. Wahrscheinlich bist auch Du Dir darüber klar, daß man bei inneren Streitigkeiten, solange mit zivilen Mitteln, nicht mit den Waffen gekämpft wird, auf der anständigeren Seite stehen muß, sobald es aber zu Krieg und Waffenlärm kommt, auf der stärkeren, und für das beste halten muß, was das Sicherste ist. Bei diesem Konflikt wird Pompeius natürlich den Senat und die Mitglieder der Gerichtshöfe auf seiner Seite haben; Caesar werden alle, die in Angst oder trüben Aussichten leben, zulaufen; seine Armee ist unvergleichlich. Nun, wir haben noch Zeit genug, die beiderseitigen Streitkräfte in Augenschein zu nehmen und danach unsre Stellung zu wählen.

Beinahe hätte ich vergessen, was ich Dir vor allen Dingen schreiben muß. Weißt Du eigentlich, daß der Zensor Appius hier Wunderdinge vollbringt, sich über Statuen und Gemälde, großen Landbesitz und Verschuldung ereifert? Er bildet sich ein, die Zensur sei eine Art Waschmittel oder Lauge. Da scheint er mir auf dem Holzwege zu sein: den Schmutz will er abwaschen und kratzt sich dabei alle Adern und Eingeweide auf. Spute Dich – bei Göttern und Menschen! – und komm so bald wie möglich, um Dich darüber zu amüsieren, wie vor Drusus nach der Lex Scantinia prozessiert wird und Appius sich über Statuen und Gemälde ereifert! Glaub' mir, Eile tut not! Unser Curio habe, meint man, klug daran getan, seinen Einspruch gegen die Soldzahlung für Pompeius zurückzuziehen.

Um zusammenzufassen: Du fragst, was meiner Meinung nach geschehen wird? Wenn nicht der eine oder der andre von ihnen in den Krieg gegen die Parther geht, sehe ich schwere Zerwürfnisse drohen, in denen Eisen und Blut das letzte Wort sprechen werden; beide sind entschlossen und gerüstet. Wenn das ohne schwere Gefahren abgehen könnte, böte Dir Fortuna ein großartiges, willkommenes Schauspiel.

(Rom, um den 24. September [11. VIII.] 50)

XV.
CAELIVS CICERONI S.

Ecquando tu hominem ineptiorem quam tuum 1
Cn. Pompeium vidisti, qui tantas turbas, qui tam
nugax esset, commorit? ecquem autem Caesare nostro
acriorem in rebus gerendis, eodem in victoria tem-
peratiorem aut legisti aut audisti? quid est? num
tibi nostri milites, qui durissimis et frigidissimis locis,
taeterrima hieme bellum ambulando confecerunt,
malis orbiculatis esse pasti videntur? 'quid iam?'
inquis. gloriose omnia. si scias, quam sollicitus sim,
tum hanc meam gloriam, quae ad me nihil pertinet,
derideas; quae tibi exponere nisi coram non possum,
idque celeriter fore spero; nam me, cum expulisset
ex Italia Pompeium, constituit ad urbem vocare, id
quod iam existimo confectum, nisi si maluit Pompeius Brundisi circumsederi. peream, si minima causa 2
est properandi isto mihi, quod te videre et omnia intima conferre discupio, habeo autem quam multa.
hui vereor, quod solet fieri, ne, cum te videro, omnia
obliviscar. sed tamen quod ob scelus iter mihi necessarium retro ad Alpis versus incidit? adeo quod
Intimilii in armis sunt, neque de magna causa. Bellienus, verna Demetri, qui ibi cum praesidio erat,
Domitium quendam, nobilem illi, Caesaris hospitem,
a contraria factione nummis acceptis comprendit et
strangulavit; civitas ad arma iit; eo nunc cum VIII
cohortibus mihi per nives eundum est. 'usque quaque,' inquis, 'se Domitii male dant.' vellem quidem Venere prognatus tantum animi habuisset in
vestro Domitio, quantum psecade natus in hoc habuit.

Ciceroni f. s. d.

15.

Caelius grüßt Cicero.

Hast Du jemals einen einfältigeren Menschen gesehen als Deinen Cn. Pompeius, daß er trotz all seiner Unbedeutendheit solche Geschichten gemacht hat? Oder jemals von jemand gelesen oder gehört, der schärfer im Zupacken und doch wieder maßvoller im Siege gewesen wäre als unser Caesar? Wie? Meinst Du etwa, unsre Soldaten, die in rauher, kalter Gegend, im garstigen Winter den Krieg auf einem Spaziergang beendet haben, seien mit Tafelobst gefüttert worden? „Na und?" sagst Du. Großartig alles! Aber ach, wenn Du wüßtest, wie aufgeregt ich bin, dann würdest Du mich mit meiner Ruhmredigkeit, die gar nicht zu mir paßt, verspotten. Ich kann Dir das nur mündlich auseinandersetzen und hoffe, daß es bald geschehen wird. Denn ER will mich nach Rom rufen, sobald er Pompeius aus Italien vertrieben hat, was wahrscheinlich bereits geschehen ist, es sei denn, Pompeius hätte es vorgezogen, sich in Brundisium zernieren zu lassen. Hol' mich der Teufel, wenn ich den geringsten Grund habe, dorthin zu eilen; erst muß ich Dich unbedingt sehen und Dir meine geheimsten Gedanken mitteilen, und ich habe allerhand auf dem Herzen. Hui, ich fürchte, wie es so zu gehen pflegt, vergesse ich doch alles, wenn ich Dich sehe. Aber was habe ich nur verbrochen, daß ich unbedingt rückwärts in Richtung auf die Alpen reisen muß? Weil halt die Intimilier unter Waffen stehen, und das ohne rechten Grund. Bellienus, ein Sklave des Demetrius, der dort mit der Besatzung stand, hat einen gewissen Domitius, einen dort angesehenen Mann, einen Freund Caesars, von der Gegenpartei bestochen, verhaftet und erdrosseln lassen. Die Bevölkerung hat zu den Waffen gegriffen. Dahin muß ich nun durch Schnee und Eis mit acht Kohorten. „Überall benehmen sich die Domitier vorbei" sagst Du. Ich wollte nur, der Sproß der Venus hätte bei Euerm Domitius so viel Mut aufgebracht wie der Sohn der Friseuse bei diesem hier!

Grüße Deinen Sohn Cicero!

(Um den 9. März [18. I.] 49)

XVI.
CAELIVS CICERONI S.

Exanimatus tuis litteris, quibus te nihil nisi triste 1
cogitare ostendisti neque, id quid esset, perscripsisti
neque non tamen quale esset, quod cogitares, aperuisti,
has ad te ilico litteras scripsi.

Per fortunas tuas, Cicero, per liberos te oro et
obsecro, ne quid gravius de salute et incolumitate
tua consulas; nam deos hominesque amicitiamque
nostram testificor me tibi praedixisse neque temere
monuisse sed, postquam Caesarem convenerim sen-
tentiamque eius, qualis futura esset parta victoria,
cognorim, te certiorem fecisse. si existimas eandem
rationem fore Caesaris in dimittendis adversariis et
condicionibus ferendis, erras; nihil nisi atrox et sae-
vum cogitat atque etiam loquitur; iratus senatui exiit,
his intercessionibus plane incitatus est; non mehercules erit deprecationi locus. quare, si tibi tu, si filius 2
unicus, si domus, si spes tuae reliquae tibi carae sunt,
si aliquid apud te nos, si vir optimus, gener tuus,
valemus, quorum fortunam non debes velle contur-
bare, ut eam causam, in quoius victoria salus nostra
est, odisse aut relinquere cogamur aut impiam cupiditatem contra salutem tuam habeamus – denique illud cogita, quod offensae fuerit in ista cunctatione, te
subisse; nunc te contra victorem Caesarem facere,
quem dubiis rebus laedere noluisti, et ad eos fugatos
accedere, quos resistentis sequi nolueris, summae
stultitiae est. vide, ne, dum pudet te parum optima-
tem esse, parum diligenter, quid optimum sit, eligas.

Quod si totum tibi persuadere non possum, saltem, 3
dum, quid de Hispaniis agamus, scitur, exspecta; quas
tibi nuntio adventu Caesaris fore nostras. quam isti
spem habeant amissis Hispaniis, nescio; quod porro

16.

Caelius grüßt Cicero.

Dein Brief hat mich tief erschüttert. Ich sehe Dich in lauter trübe Gedanken versponnen, und wenn Du Dich auch nicht unumwunden darüber aussprichst, läßt Du doch durchblicken, in welcher Richtung sie gehen. Darum will ich Dir sofort antworten.

Mein Cicero! Ich bitte und beschwöre Dich bei Deinem Glück und bei Deinen Kindern, fasse keinen Entschluß, der Deine Sicherheit, Dein Leben gefährdet! Götter und Menschen und unsre Freundschaft rufe ich zu Zeugen an, daß ich es Dir immer gesagt und Dich nicht ohne Grund gewarnt habe, sondern, nachdem ich während meines Zusammenseins mit Caesar erkannt hatte, wie nach errungenem Siege der Wind wehen würde, Dich in Kenntnis gesetzt habe. Wenn Du glaubst, Caesar werde dann wie bisher seine Gegner laufen lassen und in seinen Forderungen die gleiche Mäßigung zeigen, so irrst Du Dich. Was er sinnt und redet, ist nichts als Wut und Grausamkeit. Erbost auf den Senat hat er Rom verlassen; diese Interzessionen haben ihn furchtbar aufgebracht; für Abbitte ist er bestimmt nicht zu haben. Wenn Dir also Dein eigenes Leben, Dein einziger Sohn, Dein Haus, Deine sonstigen Hoffnungen lieb sind, wenn ich, wenn Dein trefflicher Schwiegersohn bei Dir nur ein wenig gilt, deren Glück zu trüben Du nicht wünschen kannst, so daß wir uns entweder gezwungen sähen, die Sache, deren Sieg unser Heil ist, zu hassen und im Stiche zu lassen oder gewissenlos Deine Rettung zu verwünschen, dann ... Bedenke schließlich auch dies: Alles Ärgernis, das Deine Unentschlossenheit mit sich brachte, hast Du auf Dich genommen. Wenn Du Dich jetzt gegen den siegreichen Caesar stellst, den Du nicht verletzen wolltest, als noch nichts entschieden war, und Dich diesen Ausreißern anschließt, denen Du, als sie Widerstand leisteten, nicht hast folgen wollen, so ist das eine bodenlose Dummheit. Sieh Dich vor, daß Du Dich nicht, während Du Dich schämst, zu wenig für die „Besten" zu tun, in der Wahl des Besten vergreifst!

Kannst Du Dir diese Gedanken nicht ganz zu eigen machen, so warte jedenfalls, bis man weiß, was wir in Spanien erreichen: ich kann Dir versichern, mit Caesars Erscheinen ist es in unsrer Hand! Was nach Spaniens Verlust die andern noch für Aussichten haben

tuum consilium sit ad desperatos accedere, non medius fidius reperio.

Hoc, quod tu non dicendo mihi significasti, Cae- 4
sar audierat ac, simul atque 'have' mihi dixit, statim,
quid de te audisset, exposuit. negavi me scire, sed
tamen ab eo petii, ut ad te litteras mitteret, quibus
maxime ad remanendum commoveri posses. me secum
in Hispaniam ducit; nam nisi ita faceret, ego, priusquam ad urbem accederem, ubicumque esses, ad te
percucurrissem et hoc a te praesens contendissem
atque omni vi te retinuissem.

Etiam atque etiam, Cicero, cogita, ne te tuosque 5
omnis funditus evertas, ne te sciens prudensque eo
demittas, unde exitum vides nullum esse.

Quod si te aut voces optimatium commovent aut
non nullorum hominum insolentiam et iactationem
ferre non potes, eligas censeo aliquod oppidum vacuum a bello, dum haec decernuntur; quae iam erunt
confecta. id si feceris, et ego te sapienter fecisse iudicabo et Caesarem non offendes.

XVII.
CAELIVS CICERONI S.

Ergo me potius in Hispania fuisse tum quam For- 1
miis, quom tu profectus es ad Pompeium! quod
utinam aut Appius Claudius in hac parte fuisset aut
in ista parte C. Curio, quoius amicitia me paulatim in
hanc perditam causam imposuit; nam mihi sentio
bonam mentem iracundia et amore ablatam. tu, tu
porro, cum ad te proficiscens Ariminum noctu venissem, dum mihi pacis mandata das ad Caesarem et
mirificum civem agis, amici officium neglexisti neque
mi consuluisti. neque haec dico, quod diffidam huic
causae, sed, crede mihi, perire satius est quam hos
videre. quod si timor vestrae crudelitatis non esset, 2

sollten, ist mir schleierhaft, und ich begreife nicht, was Du Dir
eigentlich dabei denkst, Dich den Desperados anzuschließen.

Was Du mir gerade dadurch, daß Du es nicht aussprichst, zu
verstehen gegeben hast, ist Caesar zu Ohren gekommen, und er hat
mir sofort davon gesprochen, kaum daß er mir Guten Morgen
geboten hatte. Ich erwiderte, ich wisse nichts davon, bat ihn aber
doch, Dir zu schreiben; so würdest Du Dich noch am ehesten zum
Bleiben veranlaßt sehen. Mich hat er mit nach Spanien genommen,
sonst wäre ich natürlich, ehe ich mich nach Rom gewandt hätte,
zu Dir geeilt, mochtest Du sein, wo Du wolltest, hätte persönlich
auf Dich eingeredet und Dich mit aller Gewalt festgehalten.

Noch einmal, mein Cicero, bedenke Dich, ehe Du Dich und alle
Deine Lieben in den Abgrund stürzt, geh nicht mit vollem Bewußtsein dahin, von wo es, wie Du weißt, kein Zurück mehr gibt!

Sollte aber das Gerede der Optimaten Dir Eindruck machen
oder solltest Du nicht imstande sein, die Hoffart und Ruhmredigkeit einzelner Individuen zu ertragen, so suche Dir doch irgendeine
vom Kriege unberührte Stadt aus, bis die Lage hier sich geklärt
hat, was bald geschehen wird. Dann werde ich mit Fug und Recht
sagen, Du habest weise gehandelt, und Caesar wird es zufrieden
sein.

(Intimilium, den 16. April [25. II.] 49)

17.
Caelius grüßt Cicero.

Daß ich auch gerade in Spanien sein mußte und nicht in Formiae,
als Du Dich zu Pompeius auf den Weg machtest! Hätte doch
Appius Claudius auf dieser Seite gestanden oder C. Curio auf der
andern! Seine Freundschaft hat mich sachte in diese verfluchte
Sache verwickelt, denn ich fühle: Haß und Liebe haben mich um
den gesunden Menschenverstand gebracht. Und weiterhin hast Du,
als ich auf dem Wege nach Ariminum nachts zu Dir kam,
während Du mir Friedensvorschläge an Caesar mitgabst und den
Musterbürger spieltest, Deine Freundespflicht verabsäumt und
mich schlecht beraten. Das soll nicht heißen, daß ich unsrer Sache
nicht recht traue; aber glaub' mir, lieber tot, als diese Gesellschaft
vor Augen haben! Hätte man nicht Angst vor Eurer Grausamkeit,

eiecti iam pridem hinc essēmus; nam hic nunc praeter
faeneratores paucos nec homo nec ordo quisquam est
nisi est Pompeianus. equidem iam effeci, ut maximē
plebs et, qui antea noster fuit, populus vester esset.
'cur hoc?' inquis. immo reliqua exspectate; vos in-
vitos vincere coegero. geram alterum me Catonem;
vos dormitis nec haec adhuc mihi videmini intellegere,
qua nos pateamus et qua simus imbecilli. atque hoc
nullius praemii spe faciam sed, quod apud me plurimum solet valere, doloris atque indignitatis causa.
quid istic facitis? proelium exspectatis, quod firmissimum hac? vestras copias non novi; nostri valde depugnare et facile algere et esurire consuerunt.

man hätte uns hier schon längst hinausgeworfen, denn außer ein paar Wucherern steht hier jeder einzelne, jeder Stand zu Pompeius. Ich habe es bereits dahin gebracht, daß vor allem der Pöbel, aber auch anständige Leute, die zunächst zu uns hielten, jetzt Euch gehören. „Warum das?" sagst Du. Wartet nur erst einmal das Weitere ab; ich zwinge Euch noch, gegen Euern Willen zu siegen! Ihr sollt in mir einen zweiten Cato erleben! Ihr schlaft und scheint mir bisher noch nicht zu merken, wie man uns beikommen kann und wo wir schwach sind. Und das tue ich nicht in Erwartung irgendeines Vorteils, sondern aus unwilliger Empörung, die bei mir meist den Ausschlag gibt. Was tut Ihr dort? Ihr wartet auf eine Schlacht? Das wäre für uns der sicherste Weg zum Siege. Eure Truppen kenne ich nicht; unsre sind es gewohnt, zu kämpfen und willig zu frieren und zu hungern!

(Rom, um den 1. Februar 48 [2. XII. 49]).

LIBER NONVS

I.
CICERO M. VARRONI S.

Ex iis litteris, quas Atticus a te missas mihi legit, 1
quid ageres et ubi esses, cognovi; quando autem te
visuri essemus, nihil sane ex isdem litteris potui
suspicari; in spem tamen venio appropinquare tuum
adventum; qui mihi utinam solacio sit! etsi tot tantisque rebus urgemur, ut nullam adlevationem quisquam non stultissimus sperare debeat; sed tamen aut
tu potes me aut ego te fortasse aliqua re iuvare. scito 2
enim me, postea quam in urbem venerim, redisse cum
veteribus amicis, id est cum libris nostris, in gratiam;
etsi non idcirco eorum usum dimiseram, quod iis
suscenserem, sed quod eorum me subpudebat; videbar enim mihi, cum me in res turbulentissimas infidelissimis sociis demisissem, praeceptis illorum non
satis paruisse. ignoscunt mihi, revocant in consuetudinem pristinam teque, quod in eo permanseris,
sapientiorem quam me dicunt fuisse. quam ob rem,
quoniam placatis iis utor, videor sperare debere, si te
viderim, et ea, quae premant, et ea, quae impendeant,
me facile laturum. quam ob rem sive in Tusculano
sive in Cumano ad te placebit sive, quod minime
velim, Romae, dum modo simul simus, perficiam profecto, ut id utrique nostrum commodissimum esse
diiudicetur.

II.
CICERO VARRONI.

Etsi quid scriberem non habebam, tamen Caninio 1
ad te eunti non potui nihil dare. quid ergo potissimum
scribam? quod velle te puto, cito me ad te esse ven-

NEUNTES BUCH

1.
Cicero grüßt M. Varro.

Aus Deinem Briefe an Atticus, den dieser mir vorgelesen hat, habe ich erfahren, was Du treibst und wo Du bist, aber wann wir Dich sehen werden, darüber habe ich aus Deinem Briefe nichts entnehmen können. Trotzdem mache ich mir Hoffnung auf Dein baldiges Kommen; ach, möchte es mir Trost bringen! Zwar fühlen wir uns von allen möglichen widrigen Umständen bedrückt, und nur ein ausgemachter Tor dürfte auf Linderung hoffen; immerhin kannst vielleicht Du mir oder ich Dir ein wenig helfen. Denn wisse: nach meiner Rückkehr in die Stadt habe ich mich mit meinen alten Freunden, das heißt: mit meinen Büchern ausgesöhnt. Freilich hatte ich die Beziehungen nicht deshalb abgebrochen, weil ich ihnen zürnte, sondern weil ich mich ein wenig vor ihnen schämte; es kam mir nämlich so vor, als wäre ich ihren Lehren nicht recht gefolgt, als ich mich mit unzuverlässigen Gefährten in den Strudel der Ereignisse stürzte. Nun verzeihen sie mir, laden mich zu dem altgewohnten Verkehr ein und sagen, Du seiest weiser gewesen als ich, weil Du ihn niemals abgebrochen habest. So darf ich denn jetzt, wo sie mir nicht mehr böse sind, wohl hoffen, alles, was uns drückt, und alles, was uns droht, leicht zu überstehen, wenn ich Dich wiedersehe. Magst Du mich darum auf Deinem Tusculanum oder auf Deinem Cumanum oder auch, was ich am wenigsten möchte, in Rom erwarten – wenn wir nur überhaupt beieinander sind, werde ich auf jeden Fall dafür sorgen, daß unser Zusammensein sich angenehm für beide Teile gestaltet.

(Rom, Ende 47/Anfang 46)

2 (3).
Cicero an Varro.

Zwar weiß ich nichts zu schreiben, aber ich kann doch Caninius nicht zu Dir gehen lassen, ohne ihm etwas mitzugeben. Was soll ich Dir also vornehmlich schreiben? Was Du wahrscheinlich gern

turum; etsi vide, quaeso, satisne rectum sit nos hoc
tanto incendio civitatis in istis locis esse; dabimus
sermonem iis, qui nesciunt nobis, quocumque in loco
simus, eundem cultum, eundem victum esse. 'quid
refert? tamen in sermonem incidemus.' valde id,
credo, laborandum est, ne, cum omnes in omni
genere et scelerum et flagitiorum volutentur, nostra
nobiscum aut inter nos cessatio vituperetur. ego vero 2
neglecta barbarorum inscitia persequar; quamvis
enim sint haec misera, quae sunt miserrima, tamen
artes nostrae nescio quo modo nunc uberiores fructus
ferre videntur, quam olim ferebant, sive quia nulla
nunc in re alia adquiescimus, sive quod gravitas morbi
facit, ut medicinae egeamus eaque nunc appareat,
cuius vim non sentiebamus, cum valebamus.

Sed quid ego nunc haec ad te, cuius domi nascun-
tur, γλαῦκ᾽ εἰς ᾽Αθήνας? nihil scilicet, nisi ut rescri-
beres aliquid, me exspectares. sic igitur facies.

III.
CICERO VARRONI.

Caninius tuus et idem noster cum ad me pervesperi 1
venisset et se postridie mane ad te iturum esse dixisset, dixi ei me daturum aliquid; mane ut peteret,
rogavi. conscripsi epistulam noctu; nec ille ad me
rediit; oblitum credidi. ac tamen eam ipsam tibi
epistulam misissem per meos, nisi audissem ex eodem
postridie te mane e Tusculano exiturum. at tibi repente paucis post diebus, cum minime exspectarem,
venit ad me Caninius mane; proficisci ad te statim
dixit. etsi erat ἕωλος illa epistula, praesertim tantis
postea novis rebus adlatis, tamen perire lucubrationem
meam nolui et eam ipsam Caninio dedi; sed cum eo

hören willst: daß ich demnächst zu Dir komme. Doch überleg'
Dir bitte, ob es ganz richtig ist, wenn wir uns in dieser schweren
politischen Krise in jenen Gegenden treffen; wir geben allen Stoff
zum Klatschen, die nicht wissen, daß wir von demselben mäßigen
Komfort umgeben sind und genauso leben wie sonst, mögen wir
uns befinden, wo wir wollen. „Was schadet das? Ins Gerede kommen wir doch!" Natürlich müssen wir sehr darauf achten, daß man
unser zurückgezogenes Beieinandersein nicht tadelt, wo sich alles
in einem Wust von Schandtaten und Verbrechen wälzt! Nein, ich
kümmere mich nicht um die Unbildung dieser Barbaren und bleibe,
der ich bin. Denn wenn auch die Zeiten kläglich sind – und sie sind
höchst kläglich –, so glaube ich doch, unsre Studien tragen jetzt
irgendwie reichere Früchte als einst, vielleicht, weil wir jetzt zu
nichts anderm Lust haben, oder weil wir infolge der Schwere der
Krankheit nach einem Heilmittel verlangen und dieses jetzt zur
Geltung kommt, dessen Wirksamkeit wir nicht empfanden, als
wir gesund waren.

Aber warum schreibe ich Dir jetzt diese Gedanken, in dessen
Hause sie geboren werden? „Eulen nach Athen"? Natürlich nur,
damit Du mir antwortest und mich erwartest! Das tu doch bitte!

(Rom, kurz vor dem 19. April [20. II.] 46)

3 (2).
Cicero an Varro.

Als Dein und nicht weniger mein Caninius spät abends zu mir
kam und sagte, er wolle am andern Morgen zu Dir gehen, sagte ich
ihm, ich würde ihm etwas mitgeben, und bat ihn, es sich morgens
abzuholen. In der Nacht habe ich Dir dann einen Brief geschrieben,
aber er ist nicht wiedergekommen; wahrscheinlich hatte er es vergessen. Trotzdem hätte ich Dir diesen Brief durch meine Leute
zugestellt, hätte ich nicht ebenfalls von ihm gehört, Du beabsichtigtest, am nächsten Tage Dein Tusculanum zu verlassen. Aber da
kommt Dir doch plötzlich nach ein paar Tagen, als ich es am wenigsten erwartete, der Caninius in der Frühe zu mir und sagt, er mache
sich sofort auf den Weg zu Dir. Nun war ja freilich jener Brief überholt, zumal inzwischen so einschneidende Neuigkeiten eingetroffen

ut cum homine docto et amantissimo tui locutus ea
sum, quae pertulisse illum ad te existimo.

Tibi autem idem consilii do, quod mihimet ipsi, 2
ut vitemus oculos hominum, si linguas minus facile
possimus; qui enim victoria se efferunt, quasi victos
nos intuentur, qui autem victos nostros moleste
ferunt, nos dolent vivere. quaeres fortasse, cur, cum
haec in urbe sint, non absim quem ad modum tu. tu
enim ipse, qui et me et alios prudentia vincis, omnia,
credo, vidisti, nihil te omnino fefellit. quis est tam
Lynceus, qui in tantis tenebris nihil offendat, nusquam incurrat? ac mihi quidem iam pridem venit in 3
mentem bellum esse aliquo exire, ut ea, quae ageban-
tur hic quaeque dicebantur, nec viderem nec audirem.
sed calumniabar ipse; putabam, qui obviam mihi
venisset, ut cuique commodum esset, suspicaturum
aut dicturum, etiam si non suspicaretur: 'hic aut
metuit et ea re fugit aut aliquid cogitat et habet navem paratam.' denique, levissime qui suspicaretur et
qui fortasse me optime novisset, putaret me idcirco
discedere, quod quosdam homines oculi mei ferre
non possunt. haec ego suspicans adhuc Romae maneo,
et tamen λεληθότως consuetudo diurna callum iam
obduxit stomacho meo.

Habes rationem mei consilii. tibi igitur hoc censeo, 4
latendum tantisper ibidem, dum effervescit haec
gratulatio, et simul dum audiamus, quem ad modum
negotium confectum sit; confectum enim esse existimo. magni autem intererit, qui fuerit victoris animus,
qui exitus rerum; quamquam, quo me coniectura
ducat, habeo, sed exspecto tamen.
Te vero nolo, nisi ipse rumor iam raucus erit fac- 5
tus, ad Baias venire; erit enim nobis honestius, etiam
cum hinc discesserimus, videri venisse in illa loca

sind; aber meine Nachtarbeit wollte ich doch nicht umsonst getan haben, und so gab ich ihm den Brief mit. Doch habe ich mit ihm alles besprochen und nehme an, er bestellt es Dir richtig; er ist ja kein Dummkopf und schätzt Dich sehr.

Dir gebe ich also denselben Rat wie mir selbst, daß wir die Augen der Leute meiden, wenn wir schon ihren Zungen weniger leicht entgehen können. Denn sie, die der Sieg überheblich macht, sehen in uns nur die Besiegten; diejenigen aber, die sich ärgern, daß die Unsrigen unterlegen sind, bedauern, daß wir noch am Leben sind. Vielleicht fragst Du, warum ich, wo es so in der Stadt aussieht, mich nicht fernhalte wie Du. Denn Du, der Du klüger bist als ich und andre, hast natürlich alles so kommen sehen, schlechterdings nichts ist Dir entgangen! Ja, wo wäre denn auch ein solcher Lynceus, daß er in dieser tiefen Dunkelheit nicht einmal anstieße und nirgends anliefe? Mir ist schon längst der Gedanke gekommen, es wäre hübsch, sich irgendwohin zurückzuziehen, um die Taten und Reden hier nicht zu sehen und zu hören. Aber ich machte mir selbst etwas vor, meinte, jeder, der mir begegnete, würde, wie es ihm paßt, vermuten oder doch wenigstens sagen, auch wenn er es nicht vermutete: der hat Angst und läuft deshalb davon, oder er führt etwas im Schilde und hat sein Schiff schon parat! Wer am wenigsten schlimm von mir denkt und mich damit vielleicht am besten kennt, würde schließlich annehmen, ich ginge deshalb weg, weil gewisse Leute für meine Augen unerträglich sind. In dieser Befürchtung bin ich bis jetzt in Rom geblieben, und die tägliche Gewohnheit hat meinem Magen doch unvermerkt nachgerade ein dickes Fell übergezogen.

Da hast Du die Gründe für meinen Entschluß. Dir rate ich also folgendes: Bleib einstweilen, wo Du bist, solange dieser Siegestaumel daherbraust und bis wir hören, wie die Sache ausgegangen ist; denn erledigt ist sie ja wohl. Es kommt aber sehr darauf an, wie sich der Sieger verhalten hat und wie es weiter gehen wird. Ich habe zwar meine Vermutungen darüber, bin aber doch gespannt.

Du gehst besser nicht nach Baiae, ehe sich nicht Frau Fama heiser geschrien hat; denn für uns wird es, auch wenn wir von hier weggehen, anständiger sein, wenn man sieht, daß wir in jene Gegenden

ploratum potius quam natatum. sed haec tu melius;
modo nobis stet illud, una vivere in studiis nostris,
a quibus antea delectationem modo petebamus, nunc
vero etiam salutem; non deesse, si quis adhibere volet,
non modo ut architectos verum etiam ut fabros ad
aedificandam rem publicam et potius libenter accur-
rere; si nemo utetur opera, tamen et scribere et legere
πολιτείας et, si minus in curia atque in foro, at in
litteris et libris, ut doctissimi veteres fecerunt, gna-
vare rem p. et de moribus ac legibus quaerere. mihi
haec videntur; tu quid sis acturus et quid tibi placeat,
pergratum erit, si ad me scripseris.

IV.
CICERO VARRONI.

Cenabam apud Seium, cum utrique nostrum red- 1
ditae sunt a te litterae. mihi vero iam maturum videtur; nam quod ante calumniatus sum, indicabo mali-
tiam meam; volebam prope alicubi esse, si quid bonae
salutis, σύν τε δύ' ἐρχομένω; nunc, quoniam confecta
sunt omnia, dubitandum non est, quin equis viris.
nam ut audivi de L. Caesare filio, mecum ipse:

'quíd hic mihi faciét patri?'

Itaque non desino apud istos, qui nunc dominan-
tur, cenitare. quid faciam? tempori serviendum est.

Sed ridicula missa, praesertim cum sit nihil, quod 2
rideamus:

'Africa terribili tremit horrida terra tumultu.'

Itaque nullum est ἀποπροηγμένον, quod non verear.
sed quod quaeris, quando, qua, quo, nihil adhuc scimus. istuc ipsum de Baiis – non nulli dubitant an per

gekommen sind, um zu klagen, und nicht, um zu baden. Aber das
wirst Du selbst am besten wissen; nur das muß für uns feststehen,
gemeinsam unsern Studien zu leben, von denen wir einst nur Erholung erwarteten, jetzt aber geradezu das Leben; uns nicht zu
versagen, wenn man uns, nicht nur als Werkmeister, sondern auch
als Handlanger, zum Neubau des Staates heranziehen will, vielmehr
mit Freuden Hand anzulegen; wünscht niemand unsre Mitarbeit,
doch schreibend und lesend Politik zu treiben, und wenn nicht in
der Kurie und auf dem Forum, so doch in Briefen und Büchern,
wie es die alten Weisen getan haben, uns politisch zu betätigen und
über Herkommen und Gesetze zu forschen. Das ist meine Auffassung; was Du zu tun gedenkst und für richtig hältst, würde ich sehr
gern von Dir erfahren.

(Rom, kurz nach dem 19. April [20. II.] 46)

4 (7).
Cicero an Varro.

Ich speiste gerade bei Seius, als wir beide einen Brief von Dir
erhielten. Ja, es scheint mir nachgerade an der Zeit zu sein. Denn
wenn ich Dich bisher hinters Licht geführt habe, so will ich Dir
sagen, warum diese Malice: ich wollte Dich gern irgendwo in der
Nähe haben, und wenn eine glückliche Wendung einträte, dann
„Hand in Hand!" Aber jetzt ist ja alles erledigt, und da gibt es
keinen Zweifel mehr: vorwärts mit Mann und Roß! Denn als ich
von dem jungen L. Caesar hörte, dachte ich bei mir:

„Was wird er da mit mir, dem Vater, machen?"

Darum bleibe ich dabei und speise mit der Gesellschaft, die jetzt
das Heft in der Hand hat. Was soll ich denn machen? Man muß
sich in die Zeit schicken!

Aber Scherz beiseite, zumal es wirklich nichts zu lachen gibt!

„Afrika, das garstige Land, bebt von furchtbarem Getöse."

Somit gibt es nichts Verwerfliches, das ich nicht befürchtete. Du
fragst: „Wann, wie und wohin?" Wir wissen bisher noch nichts. Gerade das Geschwafel von Baiae – manche meinen, daß ER vielleicht
über Sardinien kommt, denn diese seine Besitzung hat er bisher

Sardiniam veniat; illud enim adhuc praedium suum non inspexit nec ullum habet deterius, sed tamen non contemnit. ego omnino magis arbitror per Siciliam Veliam, sed iam sciemus; adventat enim Dolabella. eum puto magistrum fore;

> πολλοὶ μαθηταὶ κρείσσονες διδασκάλων.

sed tamen, si sciam, quid tu constitueris, meum consilium accommodabo potissimum ad tuum; qua re exspecto tuas litteras.

V.
CICERO VARRONI.

Mihi vero ad Nonas bene maturum videtur fore, 1 neque solum propter rei p. sed etiam propter anni tempus; qua re istum diem probo, itaque eundem ipse sequar.

Consilii nostri, ne si eos quidem, qui id secuti non 2 sunt, non paeniteret, nobis paenitendum putarem; secuti enim sumus non spem sed officium, reliquimus autem non officium sed desperationem. ita verecundiores fuimus, quam qui se domo non commoverunt, saniores, quam qui amissis opibus domum non reverterunt. sed nihil minus fero quam severitatem otiosorum et, quoquo modo se res habet, magis illos vereor, qui in bello occiderunt, quam hos curo, quibus non satis facimus, quia vivimus.

Mihi si spatium fuerit in Tusculanum ante Nonas 3 veniendi, istic te videbo; si minus, persequar in Cumanum et ante te certiorem faciam, ut lavatio parata sit.

noch nicht in Augenschein genommen, und es ist ja auch die schlechteste, die er hat; immerhin legt er Wert auf sie. Ich glaube jedenfalls eher, daß er über Sizilien nach Velia kommt. Aber das werden wir gleich wissen, denn eben kommt Dolabella. Er wird uns wohl belehren können;

„Viele Schüler wachsen ihren Lehrern über den Kopf."

Jedoch wenn ich weiß, wozu Du Dich entschließt, werde ich mich gern mit meinen Entschlüssen nach Dir richten. Somit erwarte ich Antwort von Dir.

(Rom, Ende Mai [III.] 46)

5.
Cicero an Varro.

Ja, um den 5. scheint mir gerade der rechte Zeitpunkt zu sein, und zwar nicht nur wegen der politischen Verhältnisse, sondern auch wegen der Jahreszeit. Somit bin ich mit diesem Tage einverstanden, und ich werde mich selbst danach richten.

Auch wenn diejenigen, die sich unsern Entschluß nicht zu eigen gemacht haben, an ihm nichts auszusetzen hätten, würde ich nicht glauben, ihn bereuen zu müssen; wir haben uns ja nicht von Hoffnungen, sondern von unsrer Pflicht bestimmen lassen, haben uns nicht unsrer Pflicht, sondern der Verzweiflung entzogen. Somit sind wir anständiger gewesen als die, die sich nicht aus dem Hause gerührt haben, und vernünftiger als die, die unter Verlust ihres Vermögens nicht zurückgekehrt sind. Aber nichts ärgert mich mehr als das Getue der Leisetreter, und ich habe jedenfalls mehr Scheu vor denen, die im Kriege geblieben sind, als daß ich mich über die Leute hier aufrege, denen wir nicht Genüge tun, weil wir noch am Leben sind.

Falls ich Zeit habe, noch vor dem 5. auf mein Tusculanum zu kommen, sehe ich Dich dort; wenn nicht, folge ich Dir nach Cumae und gebe Dir vorher Nachricht, damit Du das Bad für mich bereit hast.

(Rom, Anfang Juni [IV.] 46)

VI.
CICERO VARRONI.

Περὶ δυνατῶν me scito κατὰ Διόδωρον κρίνειν. quapropter si venturus es, scito necesse esse te venire; sin autem non es, ἀδύνατον est te venire. nunc vide, utra te κρίσις magis delectet, Chrysippi an haec, quam noster Diodotus non concoquebat. sed de his etiam rebus, otiosi cum erimus, loquemur; hoc etiam κατὰ Χρύσιππον δυνατόν est.

De Cocceio mihi gratum est; nam id etiam Attico mandaram.

Tu si minus ad nos, accuremus ad te; si hortum in bybliotheca habes, deerit nihil.

VII.
CICERO VARRONI.

Caninius noster me tuis verbis admonuit, ut scriberem ad te, si quid esset, quod putarem te scire oportere. est igitur adventus Caesaris scilicet in exspectatione, neque tu id ignoras. sed tamen, cum ille scripsisset, ut opinor, se in Alsiense venturum, scripserunt ad eum sui, ne id faceret; multos ei molestos fore ipsumque multis; Ostiae videri commodius eum exire posse. id ego non intellegebam, quid interesset; sed tamen Hirtius mihi dixit et se ad eum et Balbum et Oppium scripsisse, ut ita faceret, homines, ut cognovi, amantis tui. hoc ego idcirco nosse te volui, ut scires, hospitium tibi ubi parares, vel potius ut utrubique – quid enim ille facturus sit, incertum est –, et simul ostentavi tibi me istis esse familiarem et consiliis eorum interesse. quod ego cur nolim, nihil video; non enim est idem ferre, si quid ferendum est, et probare, si quid non probandum est. etsi quid non probem, equidem iam nescio, praeter initia rerum; nam haec in voluntate fuerunt. vidi enim – nam tu aberas – nostros amicos cupere bellum, hunc autem non tam

6 (4).
Cicero an Varro.

Wisse, daß ich über das δυνατόν denke wie Diodor. Wenn es Dir also bestimmt ist, zu kommen, dann wisse, daß Du Dich dem gar nicht entziehen kannst, wenn aber nicht, dann ist es ein ἀδύνατον, daß Du kommst. Nun sieh zu, welches Urteil Dir besser gefällt, das des Chrysipp oder dieses, das unser Diodotus nicht verknusen konnte. Aber auch darüber reden wir, wenn wir Zeit haben; auch das ist nach Chrysipp ein δυνατόν.

Was Cocceius angeht, bin ich sehr damit einverstanden; ich hatte ja auch Atticus damit beauftragt.

Wenn Du nicht zu mir kommst, eile ich zu Dir; wenn Du in Deiner Bibliothek einen Garten hast, wird es uns an nichts fehlen.

(Tusculanum, zwischen dem 6. und 10. Juni [8./12. IV.] 46)

7 (6).
Cicero an Varro.

Unser Freund Caninius hat mich in Deinem Namen gebeten, Dir zu schreiben, wenn es etwas gäbe, was Du meiner Ansicht nach wissen müßtest. Nun, seine Ankunft – ich meine natürlich Caesars – steht zu erwarten; aber das weißt Du ja selbst. Er hat ja wohl geschrieben, er werde nach Alsium gehen; indessen haben seine Leute ihm geantwortet, das solle er lieber nicht tun, denn manche würden ihm und er manchen damit Unbequemlichkeiten bereiten; eine Landung in Ostia sei für ihn wahrscheinlich bequemer. Den Unterschied sehe ich nicht ein, doch sagte mir Hirtius, er, wie auch Balbus und Oppius, Leute, die, wie ich mich überzeugen konnte, Dich sehr schätzen, hätten in diesem Sinne an ihn geschrieben. Ich setze Dich deshalb davon in Kenntnis, damit Du weißt, wo Du Dir Quartier besorgen mußt, oder vielmehr, daß Du es an beiden Orten tun mußt, denn wie er sich entscheidet, ist ungewiß, und zugleich liefere ich Dir den Beweis, daß ich mit diesen Herren im Vertrauensverhältnis stehe und an ihren Beratungen teilnehme. Warum ich das nicht tun sollte, sehe ich nicht ein. Denn es ist doch nicht ein und dasselbe, ob man etwas stillschweigend hinnimmt, was man doch nicht ändern kann, oder gutheißt, was man nicht gutheißen darf. Freilich, was ich nicht gutheißen soll, weiß ich

cupere quam non timere – ergo haec consilii fuerunt,
reliqua necessaria –, vincere autem aut hos aut illos
necesse esse.

Scio te semper mecum in luctu fuisse, cum vide- 3
remus quom illud ingens malum, alterius utrius exercitus et ducum interitum, tum vero extremum malorum omnium esse civilis belli victoriam; quam quidem
ego etiam illorum timebam, ad quos veneramus; crudeliter enim otiosis minabantur, eratque iis et tua in-
visa voluntas et mea oratio; nunc vero, si essent nostri
potiti, valde intemperantes fuissent, erant enim nobis
perirati; quasi quicquam de nostra salute decrevisse-
mus, quod non idem illis censuissemus, aut quasi utilius rei p. fuerit eos etiam ad bestiarum auxilium confugere quam vel emori vel cum spe, si non optima, at
aliqua tamen vivere. at in perturbata re p. vivimus. 4
quis negat? sed hoc viderint ii, qui nulla sibi subsidia
ad omnis vitae status paraverunt; huc enim ut venirem, superior longius, quam volui, fluxit oratio. cum
enim te semper magnum hominem duxerim, quod his
tempestatibus es prope solus in portu fructusque doctrinae percipis eos, qui maximi sunt, ut ea consideres
eaque tractes, quorum et usus et delectatio est omnibus istorum et actis et voluptatibus anteponenda, equidem hos tuos Tusculanenses dies instar esse vitae puto
libenterque omnibus omnes opes concesserim, ut mihi
liceat vi nulla interpellante isto modo vivere; quod 5
nos quoque imitamur, ut possumus, et in nostris studiis libentissime conquiescimus. quis enim hoc non
dederit nobis, ut, cum opera nostra patria sive non
possit uti sive nolit, ad eam vitam revertamur, quam
multi docti homines fortasse non recte, sed tamen
multi etiam rei p. praeponendam putaverunt? quae

wirklich nicht mehr, außer dem Beginn der ganzen Affäre, denn der lag im freien Willen. Ich habe doch gesehen – Du warst ja nicht in Rom –, wie unsre Freunde den Krieg herbeisehnten, ER ihn aber nicht so sehr wünschte als vielmehr nicht scheute. Somit war der Anfang eine Sache freien Entschlusses, alles übrige ergab sich dann mit Naturnotwendigkeit; siegen aber mußte entweder die eine oder die andre Seite.

Ich weiß, wir beiden waren immer tieftraurig, als wir jenes furchtbare Unglück, den Untergang eines der beiden Heere und seiner Führer, vor Augen hatten, besonders aber bei dem Gedanken, daß der Sieg in einem Bürgerkriege auf jeden Fall das schlimmste aller Übel sei, und den fürchtete ich auch in der Hand derer, denen wir uns angeschlossen hatten. Denn schrecklich drohten sie denen, die abseits standen, und Deine friedliche Gesinnung war ihnen ebenso zuwider wie mein Eintreten für den Frieden. Hätten die Unsrigen jetzt noch gesiegt, wahrlich, sie würden kein Maß kennen; denn sie waren tiefergrimmt auf uns, als ob wir etwas für unsre persönliche Sicherheit beschlossen hätten, was wir nicht auch ihnen empfohlen hätten, oder als ob es für den Staat nützlicher gewesen wäre, sich wie sie gar der Hilfe wilder Tiere zu bedienen, als zu sterben oder wenn auch nicht mit den besten, so doch immerhin mit einigen Erwartungen am Leben zu bleiben. „Aber wir leben in einem aus den Fugen geratenen Staate!" Wer leugnet das? Sollen doch die zusehen, die sich nicht für alle Lebensumstände gesichert haben! Um auf diesen Kernpunkt zu kommen, sind meine obigen Ausführungen nämlich langstieliger geraten, als ich beabsichtigte. Ich habe stets in Dir einen großen Mann gesehen, denn in dieser stürmischen Zeit bist Du fast als einziger im Hafen und pflückst die schönsten Früchte Deiner Gelehrsamkeit, indem Du Dein Denken und Trachten den Dingen zuwendest, die zu besitzen und zu genießen mehr wert ist als alle Taten und Freuden der Sieger. Ich betrachte diese Deine Tage auf dem Tusculanum als ein Leben, das diesen Namen verdient, und würde gern jedem andern alle Macht überlassen, um ohne Störung von außen so leben zu können. Nach Möglichkeit mache ich es ebenso und suche besonders gern bei unsern Studien Ruhe zu finden. Wer will es uns denn verwehren, wo das Vaterland unsre

igitur studia magnorum hominum sententia vacatio-
nem habent quandam publici muneris, iis concedente
re p. cur non abutamur?

Sed plus facio, quam Caninius mandavit; iure enim, 6
si quid ego scirem, rogarat, quod tu nescires, ego tibi
ea narro, quae tu melius scis quam ipse, qui narro.
faciam ergo illud, quod rogatus sum, ut eorum, quae
temporis huius sint quaeque audiero, ne quid ignores.

VIII.
CICERO VARRONI.

Etsi munus flagitare, quamvis quis ostenderit, ne 1
populus quidem solet nisi concitatus, tamen ego exspectatione promissi tui moveor, ut admoneam te, non
ut flagitem. misi autem ad te quattuor admonitores
non nimis verecundos; nosti enim profecto os illius
adulescentioris Academiae. ex ea igitur media excita-
tos misi; qui metuo ne te forte flagitent; ego autem
mandavi, ut rogarent. exspectabam omnino iam diu
meque sustinebam, ne ad te prius ipse quid scriberem,
quam aliquid accepissem, ut possem te remunerari
quam simillimo munere; sed cum tu tardius faceres,
id est, ut ego interpretor, diligentius, teneri non potui, quin coniunctionem studiorum amorisque nostri
quo possem litterarum genere declararem. feci igitur
sermonem inter nos habitum in Cumano, cum esset
una Pomponius; tibi dedi partis Antiochinas, quas a

Dienste nicht in Anspruch nehmen kann oder will, daß wir zu der
Lebensweise zurückkehren, die viele weise Männer, vielleicht zu
Unrecht, aber doch in großer Zahl sogar der Beteiligung am
Staatsleben vorziehen zu müssen glaubten? Warum sollen wir uns
also nicht mit Erlaubnis des Staates den Studien widmen, die nach
Ansicht bedeutender Männer gewissermaßen von den Verpflich-
tungen dem Staate gegenüber entbinden?

Aber ich tue mehr, als Caninius mir aufgetragen hat; ganz mit
Recht bat er mich nur, Dir zu schreiben, wenn ich etwas wüßte,
was Du nicht weißt, und ich erzähle Dir hier etwas, was Du besser
weißt als ich, der es Dir erzählt. So will ich also in Zukunft tun,
um was man mich bittet, damit Du von allen aktuellen Ereignissen
erfährst, soweit ich davon höre.

(Rom, zwischen dem 19. und 24. Juni [21./26. IV.] 46)

8.

Cicero an Varro.

Zwar pflegt nicht einmal ein Mann aus dem Volke eine Gefälligkeit einzufordern, selbst wenn man sie ihm in Aussicht gestellt hat,
es sei denn, er würde dazu aufgeputscht; aber in Erwartung der
Erfüllung Deines Versprechens bin ich doch so frei, Dich daran zu
erinnern, keinesfalls, sie zu fordern. So schicke ich Dir denn vier
nicht eben schüchterne Mahner; Du kennst ja gewiß das Mundwerk der jungen Akademie. Mitten aus ihr heraus habe ich sie mir
also geholt und an Dich gesandt. Zwar fürchte ich, sie könnten
Dir vielleicht mit Forderungen kommen, aber sie haben strikten
Auftrag, Dich zu bitten. Allerdings wartete ich schon lange und
mußte mir Gewalt antun, Dir nicht selbst etwas zu widmen, ehe
ich von Dir etwas erhielte, um es Dir mit einer möglichst gleich-
wertigen Gabe vergelten zu können. Aber Du läßt Dir ziemlich
viel Zeit, das heißt, wie ich es auslege, bist allzu gewissenhaft, und
so habe ich nicht an mich halten können, für unsre Verbundenheit
in Wissenschaft und Liebe in der meinen Fähigkeiten entsprechenden Literaturgattung Zeugnis abzulegen. Ich habe also einen Dialog
zwischen uns beiden verfaßt, der auf dem Cumanum spielt, und bei
dem Pomponius als Dritter zugegen ist. Du vertrittst die Philosophie des Antiochus, die Du, wie ich zu wissen glaube, für richtig

te probari intellexisse mihi videbar; mihi sumpsi Phi-
lonis. puto fore ut, cum legeris, mirere nos id locutos
esse inter nos, quod numquam locuti sumus; sed nosti
morem dialogorum.

Posthac autem, mi Varro, quam plurima, si vide- 2
tur, et de nobis inter nos, sero fortasse; sed superiorum temporum Fortuna rei p. causam sustineat, haec
ipsi praestare debemus. atque utinam quietis temporibus atque aliquo, si non bono, at saltem certo statu
civitatis haec inter nos studia exercere possemus!
quamquam tum quidem vel aliae quaepiam rationes
honestas nobis et curas et actiones darent; nunc autem
quid est, sine his cur vivere velimus? mihi vero cum
his ipsis vix, his autem detractis ne vix quidem. sed
haec coram et saepius.

Migrationem et emptionem feliciter evenire volo
tuumque in ea re consilium probo.

Cura, ut valeas.

IX.
DOLABELLA S. D. CICERONI.

S. v. g. v. et Tullia nostra recte v. Terentia minus 1
belle habuit, sed certum scio iam convaluisse eam;
praeterea rectissime sunt apud te omnia.

Etsi nullo tempore in suspicionem tibi debui venire
partium causa potius quam tua tibi suadere, ut te aut
cum Caesare nobiscumque coniungeres aut certe in
otium referres, praecipue nunc iam inclinata victoria
ne possum quidem in ullam aliam incidere opinionem
nisi in eam, in qua scilicet tibi suadere videar, quod pie
tacere non possim. tu autem, mi Cicero, sic haec accipies, ut, sive probabuntur tibi sive non probabuntur,
ab optimo certe animo ac deditissimo tibi et cogitata
et scripta esse iudices.

hältst; ich habe mir Philos Anschauungen vorbehalten. Wahrscheinlich wunderst Du Dich beim Lesen, daß wir über Dinge miteinander gesprochen haben sollen, über die wir niemals gesprochen haben; aber Du weißt ja, wie es in den Dialogen zugeht.

Aber fortan, mein Varro, wollen wir, wenn es Dir recht ist, recht oft, und zwar von uns mit einander reden, vielleicht zu spät; aber mag für die Vergangenheit Fortuna die Verantwortung für die politischen Ereignisse tragen, für dies müssen wir selbst einstehen. Ach, könnten wir doch unsre gemeinsamen Interessen in ruhigen Zeiten, unter wenn nicht gerade erfreulichen, so doch jedenfalls stabilen politischen Verhältnissen pflegen! Freilich, dann würden uns wohl andre Probleme ehrenvolle Sorgen und Betätigungsmöglichkeiten verschaffen; aber jetzt – was könnte uns das Leben ohne unsre Wissenschaft noch bieten? Ich für meine Person halte es kaum mit ihr aus, ohne sie nicht einmal „kaum". Aber darüber mündlich, und zwar recht oft!

Möge Dir Dein Umzug und Hauskauf Glück bringen; ich meine, Du hast recht daran getan.

Halt Dich munter!

(Auf dem Tusculanum, den 11. oder 12. Juli 45)

9.

Dolabella grüßt Cicero.

Es sollte mich freuen, wenn Du wohlauf bist. Mir und unsrer Tullia geht es gut. Terentia war nicht recht auf dem Damm, aber ich habe sichere Nachrichten, daß sie sich bereits wieder erholt hat. Im übrigen ist bei Dir zu Hause alles in schönster Ordnung.

Wenn Du mich schon keinen Augenblick hast verdächtigen können, ich riete Dir mehr aus Parteiinteresse als zu Deinem eigenen Besten, Dich entweder Caesar und uns anzuschließen oder Dich jedenfalls ins Privatleben zurückzuziehen, so kannst Du vollends jetzt, wo sich der Sieg schon uns zuneigt, von mir nur den Eindruck gewinnen, daß ich Dir rate, was ich Dir anständigerweise nicht verschweigen darf. Und Du, mein Cicero, wirst dies, magst Du meinen Rat billigen oder nicht, aufnehmen in der Überzeugung, daß jedenfalls beste Absicht und herzliche Ergebenheit ihn mir eingegeben und diktiert haben.

Animadvertis Cn. Pompeium nec nominis sui nec 2
rerum gestarum gloria neque etiam regum ac natio-
num clientelis, quas ostentare crebro solebat, esse tutum, et hoc etiam, quod infimo cuique contigit, illi
non posse contingere, ut honeste effugere possit, pulso
Italia, amissis Hispaniis, capto exercitu veterano, cir-
cumvallato nunc denique, quod nescio an nulli umquam nostro acciderit imperatori. quam ob rem, quid
aut ille sperare possit aut tu, animum adverte pro tua
prudentia; sic enim facillime, quod tibi utilissimum
erit consilii, capies. illud autem te peto, ut, si iam ille
evitaverit hoc periculum et se abdiderit in classem, tu
tuis rebus consulas et aliquando tibi potius quam cuivis sis amicus. satis factum est iam a te vel officio vel
familiaritati, satis factum etiam partibus et ei rei p.,
quam tu probabas; relicum est, ubi nunc est res p., 3
ibi simus potius quam, dum illam veterem sequamur,
simus in nulla.

Quare velim, mi iucundissime Cicero, si forte Pompeius pulsus his quoque locis rusus alias regiones petere cogatur, ut tu te vel Athenas vel in quamvis quie-
tam recipias civitatem. quod si eris facturus, velim
mihi scribas, ut ego, si ullo modo potero, ad te advo-
lem.

Quaecumque de tua dignitate ab imperatore erunt
impetranda, qua est humanitate Caesar, facillimum erit
ab eo tibi ipsi impetrare, et meas tamen preces apud
eum non minimum auctoritatis habituras puto.

Erit tuae quoque fidei et humanitatis curare, ut is
tabellarius, quem ad te misi, reverti possit ad me et
a te mihi litteras referat.

Wie Du siehst, bietet dem Cn. Pompeius weder der Ruhm seines Namens und seiner Taten Sicherheit, noch die Gefolgschaft von Königen und Völkern, womit er so häufig prahlte, und auch das, was selbst dem Geringsten möglich ist, sich mit Anstand aus der Affäre zu ziehen, kann ihm nicht gelingen, wo er aus Italien vertrieben ist, die spanischen Provinzen verloren hat, sein Veteranenheer gefangen ist und er jetzt schließlich sich selbst zerniert sieht, was vielleicht noch keinem unsrer Feldherrn jemals passiert ist. Darum überlege Dir, klug, wie Du bist, was er oder Du noch zu hoffen hast; so wirst Du am ehesten den Entschluß finden, der für Dich der vorteilhafteste ist. Um eines aber bitte ich Dich: falls er der augenblicklichen Gefahr noch einmal entrinnt und sich auf seine Flotte zurückzieht, dann denk' an Dich und sei endlich einmal mehr Dein als sonst jemandes Freund! Du hast nachgerade Deiner Pflicht oder meinetwegen Freundschaft Genüge getan, Genüge getan auch der Partei und der Staatsform, die Du für die einzig richtige hieltest; es bleibt uns nur, lieber dort zu stehen, wo jetzt der Staat ist, als uns an jenen alten zu klammern und keinen zu besitzen.

Darum, mein herzlieber Cicero, sollte Pompeius auch von hier vertrieben werden und sich gezwungen sehen, wieder andre Gegenden aufzusuchen, dann möchte ich, Du zögest Dich nach Athen oder an einen möglichst ruhigen Ort zurück. Tust Du das, dann schreib es mir bitte, damit ich dann, wenn ich irgend kann, zu Dir eile.

Alles, was Du betreffs Deiner Würde bei dem Imperator wirst durchsetzen müssen, wirst Du selbst bei Caesar, leutselig, wie er ist, leicht durchsetzen; immerhin glaube ich, daß auch meine Bitten nicht ganz ohne Einfluß auf ihn sein werden.

Auch Du wirst Dich verpflichtet fühlen und so freundlich sein, dafür zu sorgen, daß der Kurier, den ich an Dich sende, zu mir zurückkehren kann und mir Deine Antwort bringt.

(Vor Dyrrachium, im Mai oder Juni [III./IV.] 48)

X.
M. CICERO S. D. P. DOLABELLAE.

Non sum ausus Salvio nostro nihil ad te litterarum 1
dare; nec mercule habebam, quid scriberem, nisi te a
me mirabiliter amari, de quo etiam nihil scribente me
te non dubitare certo scio. omnino mihi magis litterae
sunt exspectandae a te quam a me tibi; nihil enim
Romae geritur, quod te putem scire curare, nisi forte
scire vis me inter Niciam nostrum et Vidium iudicem
esse. profert alter, opinor, duobus versiculis expen-
sum Niciae, alter Aristarchus hos ὀβελίζει; ego tamquam criticus antiquus iudicaturus sum, utrum sint
τοῦ ποιητοῦ an παρεμβεβλημένοι.

Puto te nunc dicere: 'oblitusne es igitur fungorum 2
illorum, quos apud Niciam, et ingentium squillarum
cum sophia Septimae?' quid ergo? tu adeo mihi ex-
cussam severitatem veterem putas, ut ne in foro quidem reliquiae pristinae frontis appareant? sed tamen
suavissimum συμβιωτήν nostrum praestabo integellum
nec committam, ut, si ego eum condemnaro, tu re-
stituas, ne habeat Bursa Plancus, apud quem litteras
discat.

Sed quid ago? cum mihi sit incertum tranquillone 3
sis animo an ut in bello in aliqua maiuscula cura nego-
tiove versere, labor longius. cum igitur mihi erit exploratum te libenter esse risurum, scribam ad te pluribus.

Te tamen hoc scire volo, vementer populum sollicitum fuisse, de P. Sullae morte ante quam certum
scierit. nunc quaerere desierunt, quo modo perierit;
satis putant se scire, quod sciunt. ego ceteroqui animo
aequo fero; unum vereor, ne hasta Caesaris refrixerit.

10.

M. Cicero grüßt P. Dolabella.

Ich bringe es nicht übers Herz, unsern Salvius ohne einen Brief an Dich gehen zu lassen; doch ich weiß wirklich nichts zu schreiben, außer, daß ich Dich riesig liebhabe. Aber auch wenn ich kein Wort davon schriebe, würdest Du – das weiß ich genau – nicht daran zweifeln. Jedenfalls habe ich eher einen Brief von Dir zu erwarten als Du von mir. Denn hier in Rom passiert nichts, was Du vielleicht gern wissen möchtest, es sei denn, es interessierte Dich, daß ich Richter bin zwischen unserm Nicias und Vidius. Der eine weist einen Schuldschein des Nicias mit zwei Zeilchen, glaube ich, vor, der andre, ein Aristarch, athetiert sie. Ich soll nun wie ein alter Kritiker darüber entscheiden, ob sie dem „Dichter" gehören, oder interpoliert sind.

Vermutlich sagst Du jetzt: „Du hast also jene Pilzgerichte vergessen, die Du bei Nicias verzehrt hast, und die ungeheuren Krebse mitsamt der Kochkunst der Septimia?" Wie denn? Du meinst, meine alte Strenge sei mir so gänzlich entwunden, daß nicht einmal auf dem Forum noch ein Schatten der früheren Stirn in Erscheinung tritt? Aber ich werde doch dafür eintreten, daß unser netter Lebensgefährte unantastbar dasteht, und es nicht dazu kommen lassen, daß, wenn ich ihn verurteile, Du ihm Begnadigung erwirkst, damit Bursa Plancus niemanden hat, bei dem er lesen lernen kann.

Aber was tue ich! Ich weiß ja nicht, ob Du ein beschauliches Leben führst oder – es ist ja Krieg! – irgendwelche schwereren Sorgen und Aufgaben hast, und komme vom Hundertsten ins Tausendste. Also wenn ich mir sicher sein kann, daß Du gern lachen willst, schreibe ich Dir mehr davon.

Eins möchte ich Dich doch wissen lassen: das Volk ist sehr aufgeregt gewesen, bevor es über P. Sullas Tod Genaueres erfuhr. Jetzt fragen sie nicht mehr, wie er ums Leben gekommen ist, und meinen, es genüge zu wissen, was sie wissen. Mich läßt es übrigens kalt; nur eins fürchte ich: daß es um Caesars Lanze still wird.

(Rom, kurz vor dem 30. Dezember 46)

XI.
CICERO DOLABELLAE S.

C. Subernius Calenus et meus est familiaris et Lep- 1
tae nostri familiarissimi pernecessarius. is cum vitandi
belli causa profectus esset in Hispaniam cum M. Var-
rone ante bellum, ut in ea provincia esset, in qua nemo
nostrum post Afranium superatum bellum ullum fore
putaret, incidit in ea ipsa mala, quae summo studio
vitaverat; oppressus est enim bello repentino, quod
bellum commotum a Scapula ita postea confirmatum
est a Pompeio, ut nulla ratione ab illa miseria se eri-
pere posset.

Eadem causa fere est M. Plani Heredis, qui est item 2
Calenus, Leptae nostri familiarissimus. hosce igitur
ambos tibi sic commendo, ut maiore cura, studio, sollicitudine animi commendare non possim. volo ipsorum causa, meque in eo vehementer et amicitia movet
et humanitas; Lepta vero cum ita laboret, ut eius fortunae videantur in discrimen venire, non possum ego
non aut proxime atque ille aut etiam aeque laborare.
quapropter, etsi saepe expertus sum, quantum me
amares, tamen sic velim tibi persuadeas, id me in hac
re maxime iudicaturum.

Peto igitur a te vel, si pateris, oro, ut homines mi- 3
seros et fortuna, quam vitare nemo potest, magis quam
culpa calamitosos conserves incolumis velisque per te
me hoc muneris cum ipsis amicis hominibus, cum
municipio Caleno, quocum mihi magna necessitudo
est, tum Leptae, quem omnibus antepono, dare.

Quod dicturus sum, puto equidem non valde ad 4
rem pertinere, sed tamen nihil obest dicere: res familiaris alteri eorum valde exigua est, alteri vix equestris. quapropter, quoniam iis Caesar vitam sua liberalitate concessit nec est, quod iis praeterea magno opere
possit adimi, reditum, si me tantum amas, quantum

11 (13).
Cicero grüßt Dolabella.

C. Subernius aus Cales ist mit mir befreundet und steht meinem Intimus Lepta sehr nahe. Um dem Kriege aus dem Wege zu gehen, ist er vor dem Kriege mit M. Varro nach Spanien gegangen, um in der Provinz zu sein, in der nach der Niederwerfung des Afranius niemand von uns je wieder einen neuen Krieg erwartet hätte. Jetzt ist er mitten in das Unglück geraten, das er mit aller Gewalt hatte vermeiden wollen; denn er ist von dem plötzlichen Kriegsausbruch überrascht worden, den Scapula angezettelt und hernach Pompeius so energisch betrieben hat, daß der Mann sich einfach nicht vor dem Unheil retten konnte.

Fast genauso ergeht es M. Planius Heres, ebenfalls aus Cales, einem intimen Freunde meines Lepta. Diese beiden empfehle ich Dir also so dringend, daß ich nicht eifriger, besorgter, beunruhigter für sie eintreten könnte. Ich tue das um ihrer selbst willen, und das Hauptmotiv dafür ist Freundschaft und Mitgefühl; Lepta aber ist so stark in Mitleidenschaft gezogen, daß sein Vermögen in Gefahr zu geraten scheint, und so kann ich nicht anders: ich fühle mich beinahe oder genauso stark in Mitleidenschaft gezogen wie er. Darum bitte ich Dich, obwohl ich oft genug erfahren habe, wie sehr Du mich liebst, Dir dessen bewußt zu sein, daß die Behandlung dieser Angelegenheit mich in meiner Überzeugung entschieden bestärken wird.

Ich bitte Dich also oder – wenn Du gestattest – beschwöre Dich, diese armen Menschen, die das Schicksal, dem sich niemand entziehen kann, mehr als eigenes Verschulden ins Unglück gebracht hat, unversehrt zu erhalten und mir dazu zu verhelfen, den mir befreundeten Leuten, der Stadt Cales, mit der ich mich eng verbunden fühle, wie auch Lepta, den ich über alles schätze, durch Deine Vermittlung diese kleine Gefälligkeit zukommen zu lassen.

Was ich jetzt sage, ist wohl an sich für die Sache ziemlich belanglos; trotzdem kann es nichts schaden, wenn ich es sage: der eine der beiden hat ein ganz geringes Vermögen, der andre kaum den Ritterzensus. Caesar hat ihnen in seiner Großzügigkeit das Leben geschenkt, und weiter haben sie nichts, was ihnen noch groß weggenommen werden könnte. Darum, wenn Du mich wirklich so

certe amas, hominibus confice; in quo nihil est praeter
viam longam, quam idcirco non fugiunt, ut et vivant
cum suis et moriantur domi. quod ut enitare conten-
dasque vel potius ut perficias – posse enim te mihi
persuasi –, vehementer te etiam atque etiam rogo.

XII.
CICERO DOLABELLAE S.

Vel meo ipsius interitu mallem litteras meas desi- 1
derares quam eo casu, quo sum gravissime adflictus;
quem ferrem certe moderatius, si te haberem; nam et
oratio tua prudens et amor erga me singularis multum
levaret. sed quoniam brevi tempore, ut opinio nostra
est, te sum visurus, ita me adfectum offendes, ut multum a te possim iuvari; non quo ita sim fractus, ut aut
hominem me esse oblitus sim aut fortunae succumben-
dum putem, sed tamen hilaritas illa nostra et suavitas,
quae te praeter ceteros delectabat, erepta mihi omnis
est; firmitatem tamen et constantiam, si modo fuit
aliquando in nobis, eandem cognosces, quam reliquisti.

Quod scribis proelia te mea causa sustinere, non 2
tam id laboro, ut, si qui mihi obtrectent, a te refuten-
tur, quam intellegi cupio, quod certe intellegitur, me
a te amari. quod ut facias, te etiam atque etiam rogo,
ignoscasque brevitati litterarum mearum; nam et
celeriter una futuros nos arbitror et nondum satis sum
confirmatus ad scribendum.

liebst, wie Du es gewiß tust, verschaffe den Leuten die Heimkehr. Die einzige Schwierigkeit dabei ist der weite Weg, und den scheuen sie deshalb nicht, um mit den Ihrigen leben und daheim sterben zu können. Daß Du Dich darum bemühst und Dich anstrengst oder vielmehr: daß Du dies durchsetzt – denn daß Du es kannst, davon bin ich überzeugt –, darum bitte ich Dich inständig ein übers andre Mal.

(Rom, Ende 46 oder Anfang 45)

12 (11).
Cicero grüßt Dolabella.

Es wäre mir lieber, Du erwartetest gar wegen meines eigenen Todes Nachricht und nicht wegen des Schicksalsschlages, von dem ich so schwer getroffen bin. Ich würde ihn gewiß gefaßter hinnehmen, wenn ich Dich hier hätte, denn Dein kluges Wort und Deine außergewöhnliche Liebe zu mir würde es mir viel leichter machen. Aber wie wir hier vermuten, werde ich Dich ja bald wiedersehen, und da wirst Du mich so gestimmt antreffen, daß Du mir wirksam helfen kannst; nicht als ob ich so gebrochen wäre, daß ich vergessen hätte, daß ich ein Mensch bin, oder meinte, dem Schicksal erliegen zu müssen; aber mein Frohsinn, mein liebenswürdiges Wesen, an dem Du vor allen andern solche Freude hattest, das ist mir gänzlich abhanden gekommen. Festigkeit jedoch und Stetigkeit, wenn anders ich sie je besessen habe, wirst Du genauso wieder vorfinden, wie Du sie verlassen hast.

Du schreibst, Du habest Kämpfe für mich zu bestehen. Mir kommt es dabei nicht sosehr darauf an, daß Leute, die etwas gegen mich arbeiten, von Dir zurückgewiesen werden; ich möchte vor allem, daß man merkt, was man bestimmt merkt, wie lieb Du mich hast. Darum bitte ich Dich herzlich. Und verzeih die Kürze meines Briefes; wir werden ja demnächst doch wohl beisammen sein, und ich bin auch noch nicht recht aufgelegt zum Schreiben.

(Auf Atticus' Ficuleanum, kurz nach dem 20. April 45)

XIII.
CICERO DOLABELLAE.

Gratulor Baiis nostris, si quidem, ut scribis, salubres 1
repente factae sunt; nisi forte te amant et tibi adsen-
tantur et tam diu, dum tu ades, sunt oblitae sui. quod
quidem si ita est, minime miror caelum etiam et terras
vim suam, si ita tibi conveniat, dimittere.

Oratiunculam pro Deiotaro, quam requirebas, 2
habebam mecum, quod non putaram. itaque eam
tibi misi; quam velim sic legas ut causam tenuem
et inopem nec scriptione magno opere dignam; sed
ego hospiti veteri et amico munusculum mittere volui
levidense crasso filo, cuius modi ipsius solent esse
munera.

Tu velim animo sapienti fortique sis, ut tua moderatio et gravitas aliorum infamet iniuriam.

XIV.
CICERO DOLABELLAE CONSVLI SVO S.

Etsi contentus eram, mi Dolabella, tua gloria satis- 1
que ex ea magnam laetitiam voluptatemque capiebam,
tamen non possum non confiteri cumulari me maximo gaudio, quod vulgo hominum opinio socium me
adscribat tuis laudibus. neminem conveni – convenio
autem cotidie plurimos; sunt enim permulti optimi
viri, qui valetudinis causa in haec loca veniant, praeterea ex municipiis frequentes necessarii mei –, quin
omnes, cum te summis laudibus ad caelum extulerunt,
mihi continuo maximas gratias agant; negant enim se
dubitare, quin tu meis praeceptis et consiliis obtemperans praestantissimum te civem et singularem consulem praebeas. quibus ego quamquam verissime pos- 2
sum respondere te, quae facias, tuo iudicio et tua
sponte facere nec cuiusquam egere consilio, tamen
neque plane adsentior, ne imminuam tuam laudem, si

13 (12).

Cicero an Dolabella.

Ich beglückwünsche unser Baiae, wenn es sich wirklich, wie Du schreibst, unversehens als heilkräftig erwiesen hat. Aber vielleicht mag es Dich gern und will Dir schmeicheln und hat sich nur so lange vergessen, wie Du da bist. Wenn es sich so verhält, dann wundere ich mich gar nicht, daß sogar Himmel und Erde ihre Kräfte fahren lassen, wenn es Dir so paßt.

Meine kleine Rede für Deiotarus, nach der Du fragst, habe ich bei mir; ich hätte es nicht gedacht. Also ich schicke sie Dir. Lies sie bitte mit dem Gedanken, daß es sich um eine unbedeutende, dürftige Sache handelt, kaum wert, sie aufzuschreiben. Aber ich wollte einem alten Gast und Freund ein kleines, geringwertiges Geschenk aus grobem Stoff machen, wie seine eigenen Geschenke meist sind.

Du sei nur klug und tapfer, damit Deine maßvolle, würdige Haltung das Unrecht andrer in Verruf bringst.

(Auf dem Puteolanum oder Pompeianum, Mitte Dezember 45)

14.

Cicero grüßt seinen Dolabella, den Konsul.

Wenn es mir auch vollauf genügt, mein Dolabella, daß Du Dir Ruhm erworben hast, und ich mich recht daran zu freuen und zu ergötzen vermag, so kann ich doch nicht umhin, Dir zu gestehen, daß ich geradezu in einem Meer von Freude zu schwimmen meine, weil die Leute allgemein der Ansicht sind, ich sei von Deinem Ruhm mitbetroffen. Ich habe noch niemanden gesprochen – und ich spreche täglich viele; suchen doch zahlreiche hochangesehene Männer hier Erholung, und auch meine Freunde aus den Landstädten lassen sich häufig einmal sehen –, der nicht, einer wie der andre, Dich mit Lobsprüchen in den Himmel hob, dann aber auch gleich mir seinen herzlichen Dank aussprach. Sie meinen nämlich, zweifellos seien es meine Lehren und Ratschläge, durch deren Befolgung Du Dich als trefflichen Staatsbürger und hervorragenden Konsul erwiesest. Denen kann ich ja nun allerdings ganz der Wahrheit gemäß versichern, was Du tätest, das tätest Du unbeeinflußt und ganz aus eigenem Antrieb und bedürftest niemandes Rat

omnis a meis consiliis profecta videatur, neque valde
nego; sum enim avidior etiam, quam satis est, gloriae;
et tamen non alienum dignitate tua, quod ipsi Aga-
memnoni, regum regi, fuit honestum, habere aliquem
in consiliis capiendis Nestorem, mihi vero gloriosum
te iuvenem consulem florere laudibus quasi alumnum
disciplinae meae. L. quidem Caesar, cum ad eum 3
aegrotum Neapolim venissem, quamquam erat oppressus totius corporis doloribus, tamen, ante quam me
plane salutavit, 'o mi Cicero', inquit, 'gratulor tibi,
cum tantum vales apud Dolabellam, quantum si ego
apud sororis filium valerem, iam salvi esse possemus;
Dolabellae vero tuo et gratulor et gratias ago, quem
quidem post te consulem solum possumus vere consulem dicere.' deinde multa de facto ac de re gesta tua:
nihil magnificentius, nihil praeclarius actum umquam,
nihil rei p. salutarius. atque haec una vox omnium
est.

A te autem peto, ut me hanc quasi falsam heredi- 4
tatem alienae gloriae sinas cernere meque aliqua ex
parte in societatem tuarum laudum venire patiare.
quamquam, mi Dolabella – haec enim iocatus sum –
libentius omnes meas, si modo sunt aliquae meae
laudes, ad te transfuderim, quam aliquam partem ex-
hauserim ex tuis. nam cum te semper tantum dilexerim, quantum tu intellegere potuisti, tum his tuis
factis sic incensus sum, ut nihil umquam in amore
fuerit ardentius. nihil est enim, mihi crede, virtute for-
mosius, nihil pulchrius, nihil amabilius. semper 5
amavi, ut scis, M. Brutum propter eius summum
ingenium, suavissimos mores, singularem probitatem atque constantiam; tamen Idibus Martiis tantum
accessit ad amorem, ut mirarer locum fuisse augendi
in eo, quod mihi iam pridem cumulatum etiam vide-

dazu. Immerhin, wenn sie der Meinung Ausdruck geben, Du verdanktest Deinen Ruhm ganz meinen guten Ratschlägen, so lasse ich das zwar nicht ohne weiteres gelten, um Dein Verdienst nicht zu verkleinern, weise es freilich auch nicht so ganz von der Hand. Ich bin ja nun einmal ein wenig ruhmsüchtiger, als ich eigentlich sollte, und schließlich setzt es Dich doch nicht in Deiner Würde herab, was selbst Agamemnon, der König der Könige, sich zur Ehre anrechnete: bei seinen Entschließungen einen Nestor zur Seite zu haben; mir aber erscheint es überaus ruhmvoll, daß Du als Konsul in so jungen Jahren gleichsam als Zögling meiner Schule reichen Ruhm erntest. So sagte L. Caesar, als ich ihm in Neapel einen Krankenbesuch machte, trotz seiner Schmerzen am ganzen Körper, noch ehe er mich recht begrüßt hatte: „O mein Cicero, wie beglückwünsche ich Dich zu Deinem guten Einfluß auf Dolabella; vermöchte ich Gleiches bei meinem Schwestersohn, es stünde jetzt vielleicht besser um uns! Deinem Dolabella aber gratuliere und danke ich; seit Deinem Konsulat ist er der einzige, den man wirklich als Konsul bezeichnen kann." Dann sprach er eingehend über das Geschehnis und Deine Heldentat; etwas Großartigeres, Herrlicheres, für das Vaterland Heilsameres sei noch nie geschehen. Und so sprechen sie alle; es herrscht nur eine Stimme.

Dich bitte ich nun also, mir zu gestatten, dies gleichsam erschlichene Miterbe an fremdem Ruhm anzutreten und mich gewissermaßen zum Teilhaber Deines Ruhms zu machen. Freilich – was ich da eben sage, ist ja nur Scherz –, noch viel lieber würde ich all meinen eigenen Ruhm, sofern ich ihn besitze, auf Dich überströmen lassen, als auch nur einen Tropfen von dem Deinigen abschöpfen. Du hast es gewiß selbst empfunden, daß ich schon immer sehr viel von Dir hielt; jetzt hast Du mich durch diese Deine Tat zu einer Begeisterung entflammt, wie sie glühender kaum gedacht werden kann. Denn wahrhaftig, nichts ist schöner, nichts herrlicher, nichts liebenswerter als eine echte Mannestat. M. Brutus habe ich, Du weißt es, immer geliebt wegen seiner hohen Begabung, seines angenehmen Charakters, seiner einzigartigen Rechtschaffenheit und Beständigkeit; trotzdem ist durch die Iden des März meine Liebe zu ihm noch größer geworden, so daß ich nur staunte, wie das noch eine Steigerung erfahren konnte, was mir schon längst in

batur. quis erat, qui putaret ad eum amorem, quem
erga te habebam, posse aliquid accedere? tantum
accessit, ut mihi nunc denique amare videar, antea
dilexisse.

Quare quid est, quod ego te horter, ut dignitati et 6
gloriae servias? proponam tibi claros viros, quod
facere solent, qui hortantur? neminem habeo clario-
rem quam te ipsum; te imitere oportet, tecum ipse
certes; ne licet quidem tibi iam tantis rebus gestis
non tui similem esse. quod cum ita sit, hortatio non 7
est necessaria, gratulatione magis utendum est; contigit enim tibi, quod haud scio an nemini, ut summa
severitas animadversionis non modo non invidiosa
sed etiam popularis esset et cum bonis omnibus tum
infimo cuique gratissima. hoc si tibi fortuna quadam
contigisset, gratularer felicitati tuae; sed contigit
magnitudine cum animi tum etiam ingenii atque
consilii. legi enim contionem tuam; nihil illa sapientius; ita pedetemptim et gradatim tum accessus a te
ad causam facti, tum recessus, ut res ipsa maturitatem
tibi animadvertendi omnium concessu daret. libe- 8
rasti igitur et urbem periculo et civitatem metu neque
solum ad tempus maximam utilitatem attulisti sed
etiam ad exemplum. quo facto intellegere debes in
te positam esse rem p. tibique non modo tuendos
sed etiam ornandos esse illos viros, a quibus initium
libertatis profectum est. sed his de rebus coram plura
propediem, ut spero.

Tu quoniam rem p. nosque conservas, fac, ut diligentissime te ipsum, mi Dolabella, custodias.

reichstem Maße vorhanden zu sein schien. Und wer hätte es für möglich gehalten, daß die Zuneigung, die ich schon für Dich hegte, noch wachsen könne? Und doch ist sie so gewachsen, daß ich jetzt erst Dich recht von Herzen zu lieben, vorher Dich mehr aus Hochachtung geschätzt zu haben meine.

Warum also soll ich Dich noch ermahnen, immer Deine Würde und Deinen Ruhm im Auge zu behalten? Dir das Beispiel berühmter Männer vorhalten, wie die Mahner zu tun pflegen? Ich wüßte keinen, der so berühmt wäre wie Du. Du brauchst nur Dich selbst zum Vorbild zu nehmen, nur mit Dir selbst in Wettstreit zu treten. Du kannst gar nicht anders, nach solchen Taten mußt Du Dir selbst treu bleiben. Und somit bedarf es keiner Ermahnung; eher wäre Beglückwünschung am Platze. Denn was vor Dir vielleicht niemandem gelungen ist, Dir ist es geglückt: Dein überaus scharfes Vorgehen hat Dich nicht etwa in Verruf gebracht, sondern geradezu populär gemacht und findet bei Hoch und Niedrig den gleichen Beifall. Hättest Du diesen Erfolg etwa nur einer glücklichen Fügung zu danken, ich würde Dich wegen Deines Glückes beglückwünschen; aber so ist es nicht: Deinen hervorragenden geistigen und charakterlichen Anlagen, Deiner Klugheit verdankst Du ihn. Das zeigt mir Deine Rede vor der Volksversammlung, das Klügste, was ich je gelesen habe. Vorsichtig und bedächtig hast Du Dich an den Kernpunkt der Sache herangepirscht, dann wieder einen Schritt zurück getan, und diese Art des Vorgehens gab Dir dann die Möglichkeit raschen Zupackens, ohne daß jemand etwas dagegen zu sagen wußte. Damit hast Du die Hauptstadt von Gefahr befreit und die Bürgerschaft aus ihrer Angst erlöst und nicht nur für den Augenblick ein überaus nützliches Werk getan, sondern auch ein abschreckendes Beispiel gegeben. Du mußt Dir deshalb bewußt sein, daß das Wohlergehen des Vaterlandes von Dir abhängt, und daß Du die Pflicht hast, jene Männer, die zuerst der Freiheit eine Gasse gebahnt haben, nicht nur zu schützen, sondern auch auszuzeichnen. Aber darüber hoffentlich demnächst mündlich mehr!

Du bist es, der das Vaterland und uns alle erhält; vergiß dabei nicht, mein Dolabella, auch über Deiner eigenen Sicherheit sorgfältig zu wachen!

(Auf dem Pompeianum, den 3. Mai 44)

XV.
CICERO IMP. PAETO.

Summum me ducem litterae tuae reddiderunt. 1
plane nesciebam te tam peritum esse rei militaris;
Pyrrhi te libros et Cineae video lectitasse. itaque obtemperare cogito praeceptis tuis, hoc amplius, navi-
cularum habere aliquid in ora maritima. contra equitem Parthum negant ullam armaturam meliorem inveniri posse. sed quid ludimus? nescis, quo cum imperatore tibi negotium sit. Παιδείαν Κύρου, quam
contrieram legendo, totam in hoc imperio explicavi.
sed iocabimur alias coram, ut spero, brevi tempore; 2
nunc ades ad imperandum vel ad parendum potius;
sic enim antiqui loquebantur.

Cum M. Fabio, quod scire te arbitror, mihi summus usus est valdeque eum diligo cum propter summam probitatem eius ac singularem modestiam, tum
quod in iis controversiis, quas habeo cum tuis combi-
bonibus Epicuriis, optima opera eius uti soleo.

Is cum ad me Laodiceam venisset mecumque ego 3
eum esse vellem, repente percussus est atrocissimis
litteris, in quibus scriptum erat fundum Herculanen-
sem a Q. Fabio fratre proscriptum esse, qui fundus
cum eo communis esset. id M. Fabius pergraviter
tulit existimavitque fratrem suum, hominem non
sapientem, impulsu inimicorum suorum eo progres-
sum esse.

Nunc, si me amas, mi Paete, negotium totum suscipe; molestia Fabium libera. auctoritate tua nobis
opus est et consilio et etiam gratia. noli pati litigare
fratres et iudiciis turpibus conflictari. Matonem et
Pollionem inimicos habet Fabius. quid multa? non
mercule tam perscribere possum, quam mihi gratum

15 (25).

Cicero, der Imperator, an Paetus.

Dein Brief hat mich zu einem bedeutenden Strategen gemacht. Ich wußte gar nicht, daß Du so viel vom Kriegswesen verstehst; offenbar hast Du Pyrrhus' und Cineas' Schriften eifrig studiert. Darum gedenke ich, Deine Lehren zu befolgen, vor allem den einen Vorschlag, ein paar Schiffe an der Küste bereit zu halten. Wie es heißt, bietet keine andre Waffengattung besseren Schutz gegen die Reiterei der Parther. Aber Scherz beiseite! Du bist Dir nicht darüber klar, mit was für einem Imperator Du es zu tun hast. Die Kyrupädie, die ich vollkommen zerlesen hatte, habe ich während meines hiesigen Kommandos von A bis Z in die Tat umgesetzt. Aber wir wollen ein andermal von Mund zu Mund scherzen, hoffentlich bald! Jetzt halt Dich bereit zum Befehlsempfang, das heißt zum Gehorsam; so pflegten ja die Alten zu sagen.

Ich nehme an, Du weißt, wie herzlich ich mich mit M. Fabius verbunden fühle. Ich schätze ihn außerordentlich wegen seiner unantastbaren Redlichkeit und außergewöhnlichen Besonnenheit, sodann auch, weil ich bei ihm in meinen Streitigkeiten mit Deinen Zechkumpanen im Zeichen Epicurs meist treffliche Unterstützung finde.

Dieser Mann hat mich hier in Laodicea aufgesucht, und ich hätte ihn gern bei mir behalten. Aber unversehens wurde er durch einen empörenden Brief aus dem Gleichgewicht gebracht, in dem geschrieben stand, das Landgut von Herculaneum sei von seinem Bruder Q. Fabius zum Verkauf gestellt worden, obwohl dies Landgut doch gemeinsamer Besitz der beiden ist. M. Fabius war schwer beleidigt und meinte, sein Bruder sei nicht recht klug und habe sich auf Antrieb seiner persönlichen Feinde hinreißen lassen.

Wenn Du mich liebhast, mein Paetus, nimm Du jetzt die ganze Sache in die Hand und befreie Fabius von seinem Ärger. Wir benötigen Dein Ansehen, Deinen Rat und auch Deinen Einfluß. Laß es nicht dazu kommen, daß die beiden Brüder mit einander prozessieren und sich in schändlichen Gerichtsverfahren herumschlagen. Mato und Pollio sind die Feinde des Fabius. Kurz und gut, ich kann Dir wirklich nicht zum Ausdruck bringen, welch einen großen Gefallen Du mir erweist, wenn Du Fabius seine Ruhe

feceris, si otiosum Fabium reddideris. id ille in te
positum esse putat mihique persuadet.

XVI.
CICERO PAETO S.

Delectarunt me tuae litterae, in quibus primum 1
amavi amorem tuum, qui te ad scribendum incitavit
verentem, ne Silius suo nuntio aliquid mihi sollicitudinis attulisset; de quo et tu mihi antea scripseras
bis quidem eodem exemplo, facile ut intellegerem te
esse commotum, et ego tibi accurate rescripseram,
ut quo modo in tali re atque tempore aut liberarem
te ista cura aut certe levarem.

Sed quoniam proximis quoque litteris ostendis, 2
quantae tibi curae sit ea res, sic, mi Paete, habeto,
quicquid arte fieri potuerit – non enim iam satis est
consilio pugnare; artificium quoddam excogitandum
est –, sed tamen, quicquid elaborari aut effici potuerit ad istorum benevolentiam conciliandam et
conligendam, summo studio me consecutum esse,
nec frustra, ut arbitror; sic enim color, sic observor ab omnibus iis, qui a Caesare diliguntur, ut ab
iis me amari putem; nam etsi non facile diiudicatur
amor verus et fictus, nisi aliquod incidit eius modi
tempus, ut quasi aurum igni sic benevolentia fidelis
periculo aliquo perspici possit – cetera sunt signa
communia –, sed ego uno utor argumento, quam ob
rem me ex animo vereque arbitrer diligi, quia et nostra
fortuna ea est et illorum, ut simulandi causa non sit.
de illo autem, quem penes est omnis potestas, nihil 3
video, quod timeam, nisi quod omnia sunt incerta,
cum a iure discessum est, nec praestari quicquam potest, quale futurum sit, quod positum est in alterius
voluntate, ne dicam libidine. sed tamen eius ipsius
nulla re a me offensus est animus; est enim adhibita

wiedergibst. Er meint, das hänge von Dir ab, und ich glaube es ihm
gern.

(Laodicea, im März [Ende Januar/Anfang Februar] 50)

16.
Cicero grüßt Paetus.

Dein Brief hat mir Freude gemacht; vor allem schönen Dank für
Deine Liebe zu mir, die Dich zum Schreiben veranlaßt hat, weil Du
befürchtest, Silius könnte mich mit seiner Nachricht ein wenig
beunruhigt haben. Du selbst hast schon zweimal gleichlautend
davon geschrieben, woraus ich unschwer entnehme, daß Du beunruhigt bist; ich habe Dir eingehend geantwortet, um Dich, soweit
es in einer solchen Sache und unter den gegenwärtigen Umständen
möglich ist, von Deinen Sorgen zu befreien oder sie doch zu
beschwichtigen.

Da mir Dein letzter Brief wieder zeigt, wie sehr Dir die Sache
am Herzen liegt, so wisse, mein Paetus: was geschickte Diplomatie
vermag – Klugheit allein tut es schon nicht mehr; man muß sich
ein förmliches System der Diplomatie ersinnen – was sich also
erarbeiten und erwirken läßt, um das Wohlwollen dieser Gesellschaft zu gewinnen und zu behalten, das habe ich mit höchstem
Eifer zu erreichen versucht, und, wie ich meine, nicht ohne Erfolg.
Denn alle, die Caesars Vertrauen genießen, erweisen mir Achtung
und Aufmerksamkeit; ich glaube wirklich, sie haben mich lieb.
Zwar ist wahre und falsche Liebe nur schwer zu unterscheiden, es
sei denn, es tritt ein Umstand ein, wo, wie echtes Gold im Schmelz-
tigel, so in einer Gefahr echte Zuneigung sich zu erkennen gibt,
das einzige Merkmal wahrer oder falscher Liebe. Ich mache aber
doch einen bestimmten Grund dafür geltend, daß sie mich wirklich
und von Herzen lieben: meine und ihre Lage bietet gar keine Veranlassung zum Schmeicheln. An ihm aber, dem Allgewaltigen,
bemerke ich nichts Beunruhigendes; nur daß alles unsicher ist, wo
einmal die Bahn des Rechts verlassen ist und man sich in nichts
für die Zukunft verbürgen kann, die auf den Willen, um nicht zu
sagen: die Willkür eines andern gestellt ist. Jedoch habe ich nie
Anstoß bei ihm selbst erregt; in dieser Beziehung bin ich äußerst
zurückhaltend gewesen. Wenn ich einst glaubte, frei reden zu

in ea re ipsa summa a nobis moderatio. ut enim olim
arbitrabar esse meum libere loqui, cuius opera esset
in civitate libertas, sic ea nunc amissa nihil loqui,
quod offendat aut illius aut eorum, qui ab illo diliguntur, voluntatem. effugere autem si velim non
nullorum acute aut facete dictorum opinionem, fama
ingenii mihi est abicienda; quod si possem, non re-
cusarem. sed tamen ipse Caesar habet peracre iudi- 4
cium, et, ut Servius, frater tuus, quem litteratissimum
fuisse iudico, facile diceret: 'hic versus Plauti non
est, hic est,' quod tritas auris haberet notandis gene-
ribus poetarum et consuetudine legendi, sic audio
Caesarem, cum volumina iam confecerit ἀποφθεγμάτων,
si quod adferatur ad eum pro meo, quod meum
non sit, reicere solere; quod eo nunc magis facit,
quia vivunt mecum fere cotidie illius familiares.
incidunt autem in sermone vario multa, quae fortasse illis, cum dixi, nec inlitterata nec insulsa esse
videantur; haec ad illum cum reliquis actis perferuntur; ita enim ipse mandavit. sic fit, ut, si quid praeterea de me audiat, non audiendum putet.

Quam ob rem Oenomao tuo nihil utor; etsi posuisti loco versus Accianos. sed quae est 'invidia', 5
aut quid mihi nunc invideri potest? verum fac esse
omnia; sic video philosophis placuisse iis, qui mihi
soli videntur vim virtutis tenere, nihil esse sapientis
praestare nisi culpam. qua mihi videor dupliciter
carere, et quod ea senserim, quae rectissima fuerunt,
et quod, cum viderem praesidii non satis esse ad ea
obtinenda, viribus certandum cum valentioribus non
putarim. ergo in officio boni civis certe non sum
reprehendendus. reliquum est, ne quid stulte, ne quid
temere dicam aut faciam contra potentis. id quoque
puto esse sapientis. cetera vero, quid quisque me
dixisse dicat, aut quo modo ille accipiat, aut qua fide
mecum vivant ii, qui me assidue colunt et observant,
praestare non possum. ita fit, ut et consiliorum supe- 6

dürfen, wo durch mein Bemühn die Freiheit in der Bürgerschaft eine Stätte hatte, so darf ich jetzt, wo sie dahin ist, nichts sagen, was ihm oder seinen Vertrauten nicht paßt. Wollte ich mich aber dem entziehen, daß man mir ein paar geistreiche Witzworte zutraut, so müßte ich auf den Ruf, ein feiner Kopf zu sein, verzichten; könnte ich das, ich würde es tun. Aber Caesar hat ja selbst ein äußerst scharfes Urteilsvermögen, und wie Dein Vetter Servius, der nach meinem Urteil ein literarisch hochgebildeter Mann war, gleich sagen würde: „Dieser Vers ist von Plautus, dieser nicht!" – er hatte ja ein feines Ohr durch das Studium des Stils der einzelnen Dichter und anhaltende Lektüre –, genauso verwirft Caesar, der ja schon Bände von Bonmots zusammengebracht hat, wenn ihm ein Wort als von mir stammend hinterbracht wird, das mir nicht gehört, es regelmäßig; und dazu hat er augenblicklich um so mehr Gelegenheit, weil seine Vertrauten fast täglich mit mir zusammen sind. Es fällt ja beim Gespräch über alles mögliche manches Wort, das ihnen, wenn sie es hören, ganz artig und witzig erscheint. Darüber berichten sie dann an ihn zusammen mit den Tagesereignissen, wie er es ihnen selbst aufgetragen hat. So glaubt er denn, keine Notiz davon nehmen zu brauchen, wenn er sonst noch etwas von mir hört.

Darum ziehe ich mir Dein Oenomaus-Zitat nicht zu; freilich hast Du die Acciusverse ganz hübsch angebracht. Aber was heißt „Mißgunst"? Was könnte mir augenblicklich Mißgunst eintragen? Doch nimm einmal an: alles. Diejenigen Philosophen, die meiner Ansicht nach allein vom Wesen der Tugend etwas verstehen, vertreten, wie ich sehe, den Standpunkt, einzig für seine eigene Schuld habe der Weise einzustehen. Von Schuld aber fühle ich mich frei, in zwiefacher Hinsicht: ich bin für das eingetreten, was recht war, und als ich sah, daß ich nicht stark genug war, das Rechte aufrechtzuerhalten, habe ich es abgelehnt, mit der Waffe in der Hand gegen die Stärkeren zu kämpfen. Somit kann mich wenigstens niemand bezüglich der Pflichterfüllung eines guten Bürgers tadeln. Jetzt kommt es nur darauf an, daß ich mir keine törichten oder unbedachten Worte und Handlungen gegenüber den Machthabern zuschulden kommen lasse. Auch das, meine ich, gehört zum Weisen. Was sonst dieser oder jener von mir gehört haben will, wie ER das

riorum conscientia et praesentis temporis moderatione
me consoler et illam Acci similitudinem non iam ad
'invidiam', sed ad fortunam transferam, quam existimo levem et imbecillam ab animo firmo et gravi
'tamquam fluctum a saxo frangi' oportere. etenim,
cum plena sint monumenta Graecorum, quem ad
modum sapientissimi viri regna tulerint vel Athenis
vel Syracusis, cum servientibus suis civitatibus fuerint ipsi quodam modo liberi, ego me non putem
tueri meum statum sic posse, ut neque offendam animum cuiusquam nec frangam dignitatem meam?

Nunc venio ad iocationes tuas, quoniam tu secun- 7
dum Oenomaum Acci non, ut olim solebat, Atella-
nam sed, ut nunc fit, mimum introduxisti. quem tu
mihi Pompilium, quem denarium narras, quam tyro-
tarichi patinam? facilitate mea ista ferebantur antea;
nunc mutata res est. Hirtium ego et Dolabellam dicendi discipulos habeo, cenandi magistros; puto enim
te audisse, si forte ad vos omnia perferuntur, illos
apud me declamitare, me apud illos cenitare. tu autem
quod mihi bonam copiam eiures, nihil est; tum enim,
cum rem habebas, quaesticulis te faciebat attentiorem,
nunc, cum tam aequo animo bona perdas, non eo sis
censeo animo, ut, cum me hospitio recipias, aestimationem te aliquam putes accipere; etiam haec levior
est plaga ab amico quam a debitore. nec tamen eas 8
cenas quaero, ut magnae reliquiae fiant; quod erit,
magnificum sit et lautum. memini te mihi Phameae
cenam narrare. temperius fiat, cetera eodem modo.
quod si perseveras me ad matris tuae cenam revocare,
feram id quoque; volo enim videre animum, qui mihi
audeat ista, quae scribis, apponere aut etiam polypum
miniati Iovis similem. mihi crede, non audebis; ante
meum adventum fama ad te de mea nova lautitia

aufnimmt oder wie ehrlich die es meinen, die mir beständig ihre Achtung und Aufmerksamkeit erweisen, dafür kann ich mich nicht verbürgen. So tröste ich mich denn im Bewußtsein meiner früheren Entschlüsse, sowie mit der gegenwärtig von mir geübten Zurückhaltung, und beziehe jenes Gleichnis des Accius nicht mehr nur auf die Mißgunst, sondern auf das Schicksal, das in seiner Nichtigkeit und Ohnmacht an einem festen, beständigen Charakter wie die Woge an der Klippe zerschellen muß. Wie viele Beispiele bietet doch die griechische Literatur dafür, wie etwa in Athen oder Syracus hochweise Männer die Tyrannis ertragen haben; denn während ihre Staaten geknechtet waren, fühlten sie selbst sich doch gewissermaßen frei! Und da sollte ich es nicht für möglich halten, meinen Standpunkt zu wahren, ohne jemanden zu verletzen und meiner Würde etwas zu vergeben?

Und nun zu Deinen Scherzen, da Du ja nach dem Oenomaus auch zwar nicht eine Atellane, aber doch, wie's jetzt Brauch ist, einen Mimus aufführst. Was redest Du mir da von Pompilius und Denar, von einer Schüssel Fischkäsepudding! Einst ließ ich mir in meiner Liebenswürdigkeit derartige Dinge gefallen, aber jetzt ist das anders: Hirtius und Dolabella sind meine Schüler in der Rhetorik, meine Lehrer im Essen! Wahrscheinlich hast Du ja davon gehört – wenn anders man Euch alles wissen läßt –, daß jene bei mir deklamieren, ich bei ihnen diniere. Daß Du Dich aber bei mir für bankrott erklärst, damit kommst Du nicht weit, denn ehemals, als Du noch etwas hattest, machte das Dich reichlich erpicht auf Profitchen; jetzt, wo Du den Verlust Deiner Güter so gleichmütig hinnimmst, solltest Du Dir einfach sagen, daß Du eben ein schlechtes Geschäft machst, wenn Du mich zu Gaste hast; überdies tut dieser Hieb von einem Freunde weniger weh als von einem Schuldner. Doch frage ich nicht nach solchen Mahlzeiten, bei denen viel übrig bleibt; was es gibt, muß fein und appetitlich sein. Ich entsinne mich Deiner Erzählung von einem Gastmahl des Phamea; laß zeitiger anrichten, sonst geradeso! Wenn Du aber dabei bleibst, mich an den Tisch Deiner Mutter zu erinnern, so werde ich auch das zu tragen wissen; denn ich möchte die Person sehen, die es wagte, mir das Zeug, von dem Du da sprichst, vorzusetzen, oder gar einen Polypen, rot wie das mennigfarbene Iuppiterbild! Meiner

veniet; eam tu extimesces. neque est, quod in promulside spei ponas aliquid; quam totam sustuli; solebam enim antea debilitari oleis et lucanicis tuis. sed 9
quid haec loquimur? liceat modo isto venire. Tu vero
– volo enim abstergere animi tui metum – ad tyro-
tarichum antiquum redi. ego tibi unum sumptum
adferam, quod balneum calfacias oportebit; cetera
more nostro. superiora illa lusimus.

De villa Seliciana et curasti diligenter et scripsisti
facetissime; itaque puto me praetermissurum; salis
enim satis est, sannionum parum.

XVII.
CICERO S. D. PAETO.

Cum essem otiosus in Tusculano, propterea quod 1
discipulos obviam miseram, ut eadem me quam
maxime conciliarent familiari suo, accepi tuas litteras
plenissimas suavitatis; ex quibus intellexi probari tibi
meum consilium, quod, ut Dionysius tyrannus, cum
Syracusis pulsus esset, Corinthi dicitur ludum ape-
ruisse, sic ego sublatis iudiciis, amisso regno forensi
ludum quasi habere coeperim. quid quaeris? me quo- 2
que delectat consilium; multa enim consequor. primum, id quod maxime nunc opus est, munio me ad
haec tempora. id cuius modi sit, nescio; tantum video,
nullius adhuc consilium me huic anteponere; nisi
forte mori melius fuit. in lectulo, fateor, sed non
accidit; in acie non fui; ceteri quidem, Pompeius,
Lentulus tuus, Scipio, Afranius foede perierunt. "at
Cato praeclare." iam istuc quidem, cum volemus,

Treu, das wagst Du nicht! Bevor ich eintreffe, kommt die Kunde von meiner neuen Vornehmheit zu Dir; vor der wirst Du es mit der Angst kriegen! Auf das Vorgericht brauchst Du Deine Hoffnung nicht zu setzen; das habe ich mir ganz abgewöhnt, denn früher verdarb ich mir jedesmal den Appetit mit Deinen Ölsardinen und lucanischen Würstchen. Aber warum davon reden? Laß mich nur erst einmal kommen! Du aber – ich möchte Dir die Angst von der Seele scheuchen – bleib nur bei Deinem alten Fischkäsepudding! Nur in einem Punkte werde ich Dir Kosten verursachen: das Bad wirst Du schon anheizen müssen! Alles andre wie gewöhnlich; was ich da geschrieben habe, ist ja nur Scherz.

Betreffs der Villa des Selicius hast Du Dir redliche Mühe gegeben und mir sehr launig darüber geschrieben; ich glaube also, ich lasse die Sache fahren. Salz genug, aber zu wenig Hanswurste!

(Rom, Anfang Juli [V.] 46)

17 (18).
Cicero grüßt Paetus.

Während ich hier auf meinem Tusculanum Ferien machte, weil ich meine Schüler IHM entgegengeschickt hatte – gleichzeitig sollten sie mich mit ihrem Freund so eng wie möglich verkuppeln –, erhielt ich Deinen reizenden Brief. Wie ich aus ihm ersehe, billigst Du meinen Entschluß, daß ich, wie der Tyrann Dionys nach seiner Vertreibung aus Syracus in Korinth eine Schule aufgemacht haben soll, nun ebenso, wo es mit den Prozessen aus ist und ich dadurch mein Reich auf dem Forum verloren habe, gleichsam Schule zu halten begonnen habe. Ich muß schon sagen, auch ich bereue meinen Entschluß nicht; erreiche ich doch manches damit. Zunächst – und das ist augenblicklich die Hauptsache – sichere ich mich gegen die gegenwärtigen Zeitläufte; ob mit Erfolg, weiß ich nicht; nur soviel ist mir klar, daß mir bisher dieser Entschluß besser als jedes andern Rat erscheint, sofern es nicht besser gewesen wäre zu sterben. Im Bette, wie ich gestehe, aber es hat nicht sollen sein; in der Schlacht bin ich nicht gewesen. Die andern, Pompeius, Dein Lentulus, Scipio, Afranius sind elendiglich ums Leben gekommen. „Aber Cato in allen Ehren!" Das steht mir auch noch frei, wenn ich will; nur möchte ich, daß es für mich nicht der

licebit; demus modo operam, ne tam necesse nobis sit, quam illi fuit, id quod agimus.

Ergo hoc primum. sequitur illud: ipse melior fio 3 primum valetudine, quam intermissis exercitationibus amiseram; deinde ipsa illa, si qua fuit in me, facultas orationis, nisi me ad has exercitationes rettulissem, exaruisset. extremum illud est, quod tu nescio an primum putes: pluris iam pavones confeci quam tu pullos columbinos. tu istic te Hateriano iure delectas, ego me hic Hirtiano. veni igitur, si vir es, et disce a me προλεγόμενα, quae quaeris; etsi sus Minervam; sed quomodo, video: aestimationes tuas vendere non 4 potes neque ollam denariorum implere, Romam tibi remigrandum est; satius est hic cruditate quam istic fame. video te bona perdidisse; spero idem istuc familiaris tuos. actum igitur de te est, nisi provides. potes mulo isto, quem tibi reliquum dicis esse, quoniam cantherium comedisti, Romam pervehi. sella tibi erit in ludo tamquam hypodidascalo proxima; eam pulvinus sequetur.

XVIII.
CICERO PAETO.

Dupliciter delectatus sum tuis litteris, et quod ipse 1 risi et quod te intellexi iam posse ridere; me autem a te ut scurram velitem malis oneratum esse non moleste tuli; illud doleo, in ista loca venire me, ut constitueram, non potuisse; habuisses enim non hospitem sed contubernalem. at quem virum! non eum, quem tu es solitus promulside conficere; integram famem ad ovum adfero, itaque usque ad assum vitulinum opera perducitur. illa mea, quae solebas antea laudare, ' o hominem facilem! o hospitem non gravem!'

einzige Ausweg wäre wie für ihn, und das will ich ja gerade vermeiden.

Das wäre also das erste. Zweitens bessert sich mein Zustand; einmal hinsichtlich der Gesundheit, die mir infolge der Unterbrechung des Trainings abhanden gekommen war; sodann wäre gerade meine rednerische Begabung, wenn ich sie denn besessen habe, versiegt, hätte ich nicht zu diesem Training zurückgefunden. Und schließlich – für Dich vielleicht die Hauptsache – ich habe schon mehr Pfauen verdrückt als Du junge Tauben! Du ergötzt Dich dort an der Brühe des Haterius, ich hier an der des Hirtius. Komm also, wenn Du ein Mann bist; lerne bei mir die Grundlagen, nach denen Du verlangst. Freilich, „Schwein gegen Minerva"; aber wie ich sehe: wenn Du Deine Schätzungen nicht zu Geld machen und Deinen Topf mit Talern füllen kannst, dann mußt Du eben nach Rom auswandern; es ist immer noch besser, sich hier den Magen zu verderben, als dort zu verhungern. Ich sehe, Du hast all Dein Hab und Gut verloren; vermutlich geht es Deinen Freunden dort nicht besser. Dann ist es also um Dich geschehen, wenn Du nicht vorbeugst. Du kannst auf Deinem Maulesel – das einzige, was Dir geblieben ist, wie Du sagst, da Du den Gaul verzehrt hast – nach Rom reiten. Du bekommst in meiner Schule gleichsam als Hilfslehrer einen Stuhl neben mir; hinterher ist Dir ein Platz an der Tafel sicher.

(Tusculanum, um den 20. Juli [22. V.] 46)

18 (20).
Cicero an Paetus.

Doppelt habe ich mich über Deinen Brief gefreut, einmal, weil ich selbst lachen mußte, zum andern, weil ich sah, daß auch Du noch lachen kannst. Und daß Du mir wie einem drolligen Schäker die Taschen mit Äpfeln vollgestopft hast, habe ich mir gern gefallen lassen; nur eins bedaure ich: daß ich nicht in Deine Gegend habe kommen können, wie ich eigentlich wollte; Du hättest an mir nämlich nicht einen Gast, sondern einen Hausgenossen gehabt. Und was für einen Mann! Nicht den, den Du gewöhnlich schon mit dem Vorgericht fertigmachtest; ich falle mit einem wahren Heißhunger über die Eier her, und so geht es weiter bis zum Kalbs-

abierunt; nam omnem nostram de re p. curam, cogitationem de dicenda in senatu sententia, commentationem causarum abiecimus, in Epicuri nos, adversarii nostri, castra coniecimus, nec tamen ad hanc insolentiam, sed ad illam tuam lautitiam, veterem dico, cum in sumptum habebas; etsi numquam plura praedia habuisti.

Proinde te para; cum homine et edaci tibi res est 2 et qui iam aliquid intellegat – ὀψιμαθεῖς autem homines scis quam insolentes sint –; dediscendae tibi sunt sportellae et artolagyni tui. nos iam ex arte ista tantum habemus, ut Verrium tuum et Camillum – qua munditia homines, qua elegantia! – vocare saepius audeamus. sed vide audaciam; etiam Hirtio cenam dedi, sine pavone tamen. in ea cena cocus meus praeter ius fervens nihil non potuit imitari.

Haec igitur est nunc vita nostra: mane salutamus 3 domi et bonos viros multos, sed tristis, et hos laetos victores, qui me quidem perofficiose et peramanter observant. ubi salutatio defluxit, litteris me involvo, aut scribo aut lego; veniunt etiam, qui me audiunt quasi doctum hominem, quia paulo sum quam ipsi doctior. inde corpori omne tempus datur. patriam eluxi iam et gravius et diutius quam ulla mater unicum filium.

Sed cura, si me amas, ut valeas, ne ego te iacente bona tua comedim; statui enim tibi ne aegroto quidem parcere.

XIX.
CICERO PAETO.

Non tu homo ridiculus es, qui, cum Balbus noster 1 apud te fuerit, ex me quaeras, quid de istis municipiis

braten! Jene Eigenschaft, die Du sonst an mir zu rühmen pflegtest – „Welch ein umgänglicher Mann!", „Welch ein unbeschwerlicher Gast!" – damit ist es aus; meine Sorge um den Staat, die Überlegungen, was ich im Senat sagen soll, die Vorbereitung auf Prozesse, das alles ist abgetan; ich habe mich in das Lager meines Gegners Epicur gestürzt, freilich nicht bis zu der jetzt herrschenden Verschwendung, sondern nur bis zu Deinem Wohlleben – dem früheren, meine ich, als Du noch etwas springen lassen konntest; wiewohl Du nie mehr Landgüter besessen hast als jetzt.

Also mach' Dich auf etwas gefaßt! Du hast es mit einem Vielfraß zu tun, der sich nachgerade auskennt – Du weißt doch, wie maßlos die Spätlerner sind! –; Körbchen und Döschen mußt Du Dir abgewöhnen! Ich habe von dieser Kunst schon soviel weg, daß ich es wagen kann, Deinen Verrius und Camillus – wählerische, verwöhnte Leute! – ab und zu zu Tisch zu bitten. Und sieh meine Unverfrorenheit: sogar Hirtius habe ich ein Diner gegeben, ohne Pfau allerdings. Bei diesem Diner gab es für meinen Koch nichts, was er nicht hätte nachmachen können, außer der „Heißen Brühe".

So verbringe ich also jetzt meine Tage: morgens empfange ich daheim Besuche, viele Optimaten, aber bedrückt, und diese strahlenden Sieger, die mir persönlich überaus gefällig und liebenswürdig begegnen. Wenn sich die Besucher verlaufen haben, vergrabe ich mich in meine Bücher, schreibe oder lese; manchmal kommen auch welche, die mich wie einen Professor anhören, weil ich ein wenig gescheiter bin als sie selbst. Danach widme ich mich die ganze Zeit dem leiblichen Wohl. Um das Vaterland habe ich ausgetrauert, tiefer und länger als eine Mutter um ihren einzigen Sohn.

Aber sieh bitte zu, daß Du gesund bleibst; ich möchte doch nicht Dein Hab und Gut verzehren, während Du im Bette liegst. Ich bin nämlich entschlossen, Dich auch nicht zu verschonen, wenn Du krank bist!

(Rom, Anfang August [VI.] 46)

19 (17).
Cicero an Paetus.

Du bist doch ein ganz alberner Patron! Unser Balbus ist bei Dir gewesen, und da fragst Du mich, was meiner Meinung nach mit

et agris futurum putem? quasi aut ego quicquam
sciam, quod iste nesciat, aut, si quid aliquando scio,
non ex isto soleam scire. immo vero, si me amas, tu
fac, ut sciam, quid de nobis futurum sit; habuisti
enim in tua potestate, ex quo vel ex sobrio vel certe
ex ebrio scire posses. sed ego ista, mi Paete, non quaero, primum quia de lucro prope iam quadriennium
vivimus, si aut hoc lucrum est aut haec vita, superstitem rei p. vivere; deinde quod scire quoque mihi
videor, quid futurum sit. fiet enim, quodcumque vo-
lent, qui valebunt; valebunt autem semper arma.
satis igitur nobis esse debet, quicquid conceditur.
hoc si qui pati non potuit, mori debuit.

Veientem quidem agrum et Capenatem metiuntur; 2
hoc non longe abest a Tusculano; nihil tamen timeo.
fruor dum licet, opto, ut semper liceat; si id minus
contigerit, tamen, quoniam ego vir fortis idemque
philosophus vivere pulcherrimum duxi, non possum
eum non diligere, cuius beneficio id consecutus sum.
qui si cupiat esse rem p., qualem fortasse et ille vult
et omnes optare debemus, quid faciat tamen non
habet; ita se cum multis conligavit. sed longius pro- 3
gredior; scribo enim ad te. hoc tamen scito, non modo
me, qui consiliis non intersum, sed ne ipsum quidem
principem scire, quid futurum sit; nos enim illi servimus, ipse temporibus. ita nec ille, quid tempora
postulatura sint, nec nos, quid ille cogitet, scire possumus.

Haec tibi antea non rescripsi, non quo cessator
esse solerem, praesertim in litteris, sed, cum explo-
rati nihil haberem, nec tibi sollicitudinem ex dubitatione mea nec spem ex adfirmatione adferre volui.
illud tamen adscribam, quod est verissimum, me
his temporibus adhuc de isto periculo nihil audisse. tu tamen pro tua sapientia debebis optare

den Munizipien und Ländereien dort geschehen wird? Als ob ich
überhaupt etwas wüßte, was der Bursche nicht wüßte, oder, wenn
ich einmal etwas weiß, es nicht immer von ihm hätte! Nein, laß
Du mich bitte wissen, was mit uns geschehen wird, denn Du hattest den Mann in der Hand, von dem Du es, nüchtern oder auf
jeden Fall betrunken, hättest erfahren können! Aber, mein Paetus,
ich brauche gar nicht nach all dem zu fragen, erstens, weil wir
beinahe schon das vierte Jahr von der Gnade andrer leben, wenn
dies eine Gnade und dies ein Leben ist, den Staat zu überleben;
zweitens, weil ich auch zu wissen glaube, was geschehen wird.
Denn geschehen wird, was die wollen, die die Macht in der
Hand haben, und die Macht wird immer bei den Waffen sein.
Wir müssen also zufrieden sein mit dem, was man uns zuge-
steht; wer sich damit nicht hat abfinden können, der hätte eben
sterben müssen.

Sie vermessen das Gebiet von Veii und Capena; das ist nicht weit
von meinem Tusculanum. Trotzdem befürchte ich nichts. Ich
genieße mein Besitztum, solange es möglich ist, hoffe, es möge
immer möglich sein. Wird mir das nicht zuteil – als tapferer Mann
und Philosoph habe ich zu leben für das Schönste gehalten; so
muß ich denn den Mann trotz allem schätzen, dessen Wohltat ich
all das verdanke. Sollte er ein Staatswesen wünschen, wie er es
vielleicht anstrebt und wir alle es ersehnen müssen, so weiß er doch
nicht, wie er es anfangen soll; so eng hat er sich mit den vielen
verstrickt. Aber ich gerate ins Uferlose; ich schreibe ja an Dich!
Soviel jedoch: weder ich, der ich an seinen Beratungen nicht beteiligt bin, noch der Fürst selbst weiß, was werden soll. Denn wir
sind von ihm abhängig, er selbst von den Verhältnissen. Somit
kann weder er wissen, was die Zeiten einmal fordern werden, noch
wir, was er sich denkt.

Ich habe Dir nicht eher geantwortet, nicht aus angeborener
Saumseligkeit, zumal im Briefschreiben, sondern weil ich nichts
Entschiedenes wußte, Dich aber durch meine Zweifel nicht auf-
regen oder durch feste Zusicherungen zu falschen Hoffnungen
verleiten wollte. Soviel will ich jedoch noch hinzufügen, und das
entspricht ganz der Wahrheit, daß ich zur Zeit noch nichts von
einer Gefahr für Euch gehört habe. Aber klug wie Du bist, wirst

optima, cogitare difficillima, ferre, quaecumque
erunt.

XX.
CICERO S. D. PAETO.

Tamen a malitia non discedis; tenuiculo apparatu 1
significas Balbum fuisse contentum. hoc videris dicere, cum reges tam sint continentes, multo magis
consularis esse oportere. nescis me ab illo omnia ex-
piscatum; recta enim a porta domum meam venisse
scito, neque hoc admiror, quod non suam potius,
sed illud, quod non ad suum. ego autem tribus primis
verbis: 'quid noster Paetus?' at ille adiurans nusquam
se umquam libentius. hoc si verbis adsecutus es, auris 2
ad te adferam non minus elegantis; sin autem ob-
sonio, peto a te ne pluris esse balbos quam disertos
putes.

Me cotidie aliud ex alio impedit; sed si me expediero, ut in ista loca venire possim, non committam,
ut te sero a me certiorem factum putes.

XXI.
CICERO PAETO S.

Duabus tuis epistulis respondebo, uni, quam quadri- 1
duo ante acceperam a Zetho, alteri, quam attulerat
Phileros tabellarius.

Ex prioribus tuis litteris intellexi pergratam tibi
esse curam meam valetudinis tuae, quam tibi per-
spectam esse gaudeo; sed, mihi crede, non perinde,
ut est reapse, ex litteris perspicere potuisti. nam cum
a satis multis – non enim possum aliter dicere – et coli
me videam et diligi, nemo est illorum omnium mihi

Du das Beste erhoffen, das Schlimmste in Rechnung stellen und tragen müssen, was auch kommen mag!

(Rom, Herbst 46)

20 (19).
Cicero grüßt Paetus.

Du kannst doch das Frozzeln nicht lassen! Du gibst mir zu verstehen, Balbus sei mit ganz ärmlicher Bewirtung zufrieden gewesen. Damit willst Du wahrscheinlich sagen, wenn Könige so zurückhaltend sind, dann müßten Konsulare es erst recht sein. Du ahnst natürlich nicht, daß ich alles aus ihm herausgefischt habe; er ist nämlich vom Stadttor aus geradeswegs zu mir gekommen, und ich wundere mich weniger, daß er nicht gleich nach Hause gegangen ist, als darüber, daß er sich nicht erst zu seinem Herrn begeben hat. Aber ich gleich mit den ersten vier Worten: „Was macht unser Paetus?" Und er: „Verdammt, ich habe mich nirgends je so wohl gefühlt!" Wenn Du das mit Deiner Unterhaltung fertiggekriegt hast, werde ich nicht weniger feine Ohren mitbringen; falls aber durch die Beköstigung, dann glaub' gefälligst nicht, beredte Männer seien weniger wert als Stammler!

Mir kommt Tag für Tag eins nach dem andern in die Quere; aber wenn ich mich freimachen kann, um in Deine Gegend zu kommen, sollst Du mir nicht vorwerfen können, ich hätte Dich zu spät benachrichtigt!

(Rom, Herbst 46).

21 (15).
Cicero grüßt Paetus.

Ich will Dir auf Deine beiden Briefe antworten, den einen, den ich vor drei Tagen durch Zethus erhalten habe, und den zweiten, den mir Dein Bote Phileros gebracht hat.

Aus dem ersten Briefe ersehe ich, wie überaus wohltuend Dir meine Besorgnis um Deine Gesundheit ist, und ich freue mich, daß Du das deutlich gespürt hast. Aber glaub' mir, aus meinem Briefe hast Du bei weitem nicht erkennen können, wie besorgt ich tatsächlich bin. Denn wenn ich auch sehe, daß ziemlich viele – so muß ich schon sagen – mich verehren und schätzen, so ist mir von

te iucundior. nam quod me amas, quod id et iam
pridem et constanter facis, est id quidem magnum
atque haud scio an maximum, sed tibi commune cum
multis; quod tu ipse tam amandus es tamque dulcis
tamque in omni genere iucundus, id est proprie
tuum. accedunt non Attici, sed salsiores quam illi 2
Atticorum Romani veteres atque urbani sales. ego
autem – existimes licet quidlibet – mirifice capior
facetiis maxime nostratibus, praesertim cum eas videam primum oblitas Latio tum, cum in urbem
nostram est infusa peregrinitas, nunc vero etiam
bracatis et Transalpinis nationibus, ut nullum veteris
leporis vestigium appareat. itaque te cum video, omnis mihi Granios, omnis Lucilios, vere ut dicam,
Crassos quoque et Laelios videre videor. moriar, si
praeter te quemquam reliquum habeo, in quo possim
imaginem antiquae et vernaculae festivitatis agnoscere. ad hos lepores cum amor erga me tantus accedat,
miraris me tanta perturbatione valetudinis tuae tam
graviter exanimatum fuisse?

Quod autem altera epistula purgas te non dissua- 3
sorem mihi emptionis Neapolitanae fuisse sed auctorem moderationis urbanae, neque ego aliter accepi;
intellexi tamen idem, quod his intellego litteris, non
existimasse te mihi licere, id quod ego arbitrabar, res
has non omnino quidem sed magnam partem relinquere. Catulum mihi narras et illa tempora. quid
simile? ne mi quidem ipsi tunc placebat diutius abesse
ab rei p. custodia; sedebamus enim in puppi et clavum
tenebamus; nunc autem vix est in sentina locus. an 4
minus multa s. c. futura putas, si ego sim Neapoli?
Romae cum sum et urgeo forum, s. c. scribuntur apud
amatorem tuum, familiarem meum; et quidem, cum
in mentem venit, ponor ad scribendum et ante audio
s. c. in Armeniam et Syriam esse perlatum, quod in
meam sententiam factum esse dicatur, quam omnino
mentionem ullam de ea re esse factam. atque hoc no-

all denen doch niemand so lieb wie Du. Daß Du mich liebst, und das schon seit langem und beständig, ist gewiß bedeutsam und vielleicht die Hauptsache, doch Dir mit den vielen gemeinsam; aber daß Du selbst so liebenswert bist, so anziehend in jeder Weise, das ist doch eben ganz Dein eigen. Dazu tritt Dein nicht attischer, nein, würziger als der attische, Dein altrömischer, städtisch-feiner Witz. Und ich bin – magst Du glauben, was Du willst – riesig empfänglich für feinen Humor, besonders, wie er bei uns heimisch ist, zumal ich sehe, wie er durch das Latinertum übertüncht worden ist, damals, als die Ausländerei in unsre Stadt einströmte, und jetzt gar durch diese behosten Völker von jenseits der Alpen, so daß von der alten Anmut kaum noch eine Spur geblieben ist. Darum glaube ich, wenn ich Dich sehe, all die Männer wie Granius, Lucilius, ja, um die Wahrheit zu sagen, auch Crassus und Laelius vor mir zu sehen. Gott straf' mich, wenn ich außer Dir noch jemanden habe, an dem ich einen Abglanz der alten, heimischen Laune wahrnehmen könnte! Nun tritt zu dieser Deiner Anmut noch Deine warme Liebe zu mir, und da staunst Du, daß ich über die schwere Störung Deiner Gesundheit so bestürzt gewesen bin?

In Deinem zweiten Briefe suchst Du Dich zu rechtfertigen; Du habest mir nicht von dem Hauskauf in Neapel abgeraten, mir vielmehr nur zum Maßhalten in der Stadt geraten, und ich habe es auch gar nicht anders aufgefaßt, habe aber doch gemerkt, was ich in diesem Briefe bestätigt finde, daß ich Deiner Ansicht nach keinesfalls meine hiesige Tätigkeit aufgeben darf, wie ich es für möglich hielt, wenn auch nicht gänzlich, so doch zum größten Teil. Du hältst mir Catulus und seine Zeit vor. Das war ganz etwas andres! Ich selbst hielt es ja damals nicht für richtig, mich auf längere Zeit der Hut des Staates zu entziehen. Denn wir saßen am Heck und hielten das Steuer in der Hand; jetzt gönnt man uns kaum einen Platz im Kielwasser. Meinst Du, wenn ich in Neapel wäre, würden darum weniger Senatsbeschlüsse gefaßt werden? Wenn ich in Rom bin und das Forum unsicher mache, werden Senatsbeschlüsse bei Deinem Verehrer, meinem Freunde ausgefertigt. Wenn es ihm in den Sinn kommt, wird mein Name daruntergesetzt, und ich höre eher, daß ein angeblich auf meinen Antrag gefaßter Beschluß

lim me iocari putes; nam mihi scito iam a regibus
ultimis adlatas esse litteras, quibus mihi gratias agant,
quod se mea sententia reges appellaverim, quos ego
non modo reges appellatos, sed omnino natos nesciebam. quid ergo est? tamen, quam diu hic erit noster 5
hic praefectus moribus, parebo auctoritati tuae; quom
vero aberit, ad fungos me tuos conferam. domum
si habebo, in denos dies singulos sumptuariae legis
dies conferam; sin autem minus invenero, quod placeat, decrevi habitare apud te; scio enim me nihil tibi
gratius facere posse.

Domum Sullanam desperabam iam, ut tibi proxime
scripsi, sed tamen non abieci. tu velim, ut scribis,
cum fabris eam perspicias; si enim nihil est in parieti-
bus aut in tecto vitii, cetera mihi probabuntur.

XXII.
CICERO PAETO S. D.

Accubueram hora nona, cum ad te harum exem- 1
plum in codicillis exaravi. dices: 'ubi?' apud Volum-
nium Eutrapelum, et quidem supra me Atticus, infra
Verrius, familiares tui. miraris tam exhilaratam esse
servitutem nostram? quid ergo faciam? te consulo,
qui philosophum audis. angar, excruciem me? quid
adsequar? deinde quem ad finem? 'vivas' inquis 'in
litteris.' an quicquam me aliud agere censes aut posse
vivere, nisi in litteris viverem? sed est earum etiam
non satietas sed quidam modus; a quibus cum discessi, etsi minimum mihi est in cena – quod tu unum
ζήτημα Dioni philosopho posuisti –, tamen quid potius faciam, priusquam me dormitum conferam, non
reperio.

nach Armenien oder Syrien gelangt ist, als daß von dem Gegenstand überhaupt die Rede gewesen ist. Glaub' ja nicht, daß ich scherze! Wirklich, ich habe schon Schreiben von Königen am Ende der Welt bekommen, in denen sie sich bedanken, daß ich den Königstitel für sie beantragt hätte, und ich wußte weder von ihrer Ernennung noch überhaupt von ihrer Existenz. Wie steht es also? Ich werde trotzdem Deinem Rate folgen, solange dieser unser Sittenmeister hier ist; sobald er geht, komme ich zu Deinen Morcheln. Habe ich dann dort eine Bleibe, werde ich zehn Tage mit der vom Aufwandsgesetz für einen Tag gestatteten Summe reichen; findet sich nichts Passendes, so bin ich entschlossen, bei Dir zu wohnen. Ich weiß ja, einen größeren Gefallen könnte ich Dir gar nicht tun.

Auf Sullas Haus mache ich mir schon keine Hoffnungen mehr, wie ich Dir kürzlich schrieb; ganz aufgegeben habe ich es jedoch noch nicht. Sieh es Dir doch einmal mit den Handwerkern an, wie Du selbst vorschlägst; wenn Mauerwerk und Dach nicht schadhaft sind, will ich mir das übrige schon recht sein lassen.

(Rom, September 44?)

22 (26).
Cicero grüßt Paetus.

Es ist um die neunte Stunde, und ich sitze bei Tische, während ich den Entwurf zu diesem Briefe in meine Schreibtafel eintrage. Natürlich sagst Du: „Wo?" Bei Volumnius Eutrapelus, und zwar zwischen Deinen Freunden, rechts von mir Atticus, Verrius zur Linken. Du wunderst Dich, daß unsre Knechtschaft sich so heiter gestaltet? Also was soll ich tun? Das frage ich Dich, der Du den Philosophen im Hause hast! Soll ich mich ängstigen, mich quälen? Was erreiche ich damit? Und wie lange noch? „Lebe in Deinen Büchern!" wirst Du sagen. Ja, meinst Du denn, ich täte etwas andres oder könnte überhaupt leben, wenn ich nicht in den Büchern lebte? Aber auch dabei gibt es zwar keinen Überdruß, aber doch eine gewisse Grenze. Trenne ich mich von ihnen – nun, ums Essen ist mir wenig zu tun – das einzige Problem, das Du Deinem Philosophen Dio gestellt hast; aber was ich andres tun sollte, bevor ich schlafen gehe, weiß ich wirklich nicht.

Audi reliqua: infra Eutrapelum Cytheris accubuit. 2
'in eo igitur' inquis 'convivio Cicero ille,

> quem áspectabant, cuíus ob os Graii óra obverte-
> bánt sua?'

Non mercule suspicatus sum illam adfore. sed tamen
ne Aristippus quidem ille Socraticus erubuit, cum
esset obiectum habere eum Laida. 'habeo' inquit,
'non habeor a Laide' – Graece hoc melius; tu, si voles,
interpretabere –; me vero nihil istorum ne iuvenem
quidem movit umquam, ne nunc senem; convivio
delector; ibi loquor, quod in solum, ut dicitur, et
gemitum in risus maximos transfero. an tu id melius, 3
qui etiam philosophum inriseris, cum ille 'si quis
quid quaereret' dixisset, cenam te quaerere a mane
dixeris? ille baro te putabat quaesiturum, unum caelum esset an innumerabilia. quid ad te? at hercule
cena non 'quid ad te', tibi praesertim.

Sic igitur vivitur: cotidie aliquid legitur aut scribitur; dein ne amicis nihil tribuamus, epulamur una
non modo non contra legem, si ulla nunc lex est, sed
etiam intra legem et quidem aliquanto. quare nihil
est, quod adventum nostrum extimescas; non multi
cibi hospitem accipies, multi ioci.

XXIII.
CICERO PAETO.

Here veni in Cumanum, cras ad te fortasse; sed
cum certum sciam, faciam te paulo ante certiorem; etsi
M. Caeparius, cum mihi in silva Gallinaria obviam venisset quaesissemque, quid ageres, dixit te in lecto
esse, quod ex pedibus laborares. tuli scilicet moleste, ut

Höre weiter! Links von Eutrapelus sitzt Cytheris. „Also bei solch einem Gelage findet man den berühmten Cicero!" wirst Du sagen,

„Auf den die Griechen schauten, nach dessen Gesicht sie sich die Augen verdrehten!"

Ich ahnte weiß Gott nicht, daß sie dabeisein würde. Indessen, auch Aristipp, der Sokratiker, errötete nicht, als man ihm vorhielt, er habe die Lais. „Ja" sagte er, „ich habe sie, aber Lais nicht mich!" Auf Griechisch klingt's hübscher; wenn Du willst, kannst Du Dir's ja übersetzen. Nun, mich haben nicht einmal in jüngeren Jahren diese Dinge berührt, geschweige denn jetzt im Alter. Am Gelage an sich habe ich Freude; da rede ich, wie man so sagt, was einem gerade vor die Füße kommt, und lasse meine Seufzer in lautes Gelächter ausklingen. Machst Du es etwa besser? Der Du sogar mit Deinem Philosophen Deinen Spott getrieben hast? Als er sagte, ob noch jemand eine Frage habe, und Du erklärtest, Du möchtest schon seit dem frühen Morgen wissen, was es zu essen gebe? Der Schafskopf erwartete natürlich, Du würdest fragen, ob es ein Universum gebe oder unzählige. Natürlich ist Dir das schnuppe. Aber das Essen ist weiß Gott kein „Schnuppe", zumal für Dich!

So also lebt man: alle Tage wird etwas gelesen oder geschrieben; dann, damit auch die Freunde zu ihrem Recht kommen, wird mit ihnen gespeist, nicht nur ohne Verstoß gegen das Gesetz, wenn es heutzutage überhaupt noch ein Gesetz gibt, sondern sogar weniger als zulässig, und zwar bedeutend weniger. Darum brauchst Du keine Angst vor meinem Kommen zu haben; Du empfängst einen Gast, der nicht viel ißt, aber munter zu scherzen weiß!

(Rom, September/Oktober 44?)

23.
Cicero an Paetus.

Gestern bin ich auf meinem Cumanum angekommen; morgen vielleicht zu Dir. Aber sobald ich Genaueres weiß, benachrichtige ich Dich rechtzeitig. Zwar sagte mir M. Caeparius, als ich ihm im Hühnerwald begegnete und ihn fragte, wie es Dir gehe, Du lägest im Bett, weil Du mit den Füßen zu tun hättest. Das bedaure ich

debui, sed tamen constitui ad te venire, ut et viderem
te et viserem et cenarem etiam; non enim arbitror
cocum etiam te arthriticum habere. exspecta igitur
hospitem cum minime edacem tum inimicum cenis
sumptuosis.

XXIV.
CICERO PAETO S.

Ain tandem? insanire tibi videris, quod imitere ver- 1
borum meorum, ut scribis, 'fulmina'? tum insanires,
si consequi non posses; cum vero etiam vincas, me
prius inrideas quam te oportet. quare nihil tibi opus
est illud a Trabea, sed potius ἀπότευγμα meum.
verum tamen quid tibi ego videor in epistulis? nonne
plebeio sermone agere tecum? nec enim semper
eodem modo. quid enim simile habet epistula aut
iudicio aut contioni? quin ipsa iudicia non solemus
omnia tractare uno modo. privatas causas, et eas
tenuis, agimus subtilius, capitis aut famae scilicet
ornatius; epistulas vero cotidianis verbis texere solemus.

Sed tamen, mi Paete, qui tibi venit in mentem 2
negare Papirium quemquam umquam nisi plebeium
fuisse? fuerunt enim patricii minorum gentium, quorum princeps L. Papirius Mugillanus, qui censor cum
L. Sempronio Atratino fuit, cum ante consul cum
eodem fuisset, annis post R. c. CCCXII; sed tum
Papisii dicebamini. post hunc XIII fuerunt sella
curuli ante L. Papirium Crassum, qui primum Papisius
est vocari desitus. is dictator cum L. Papirio Cursore
magistro equitum factus est annis post Romam con-
ditam CCCCXV et quadriennio post consul cum K.
Duilio. hunc secutus est Cursor, homo valde honoratus; deinde L. Maso aedilicius; inde multi Masones,
quorum quidem tu omnium patriciorum imagines

natürlich gebührend, bin aber doch entschlossen, zu Dir zu kommen, um Dich zu sehen, mich nach Deinem Befinden zu erkundigen und auch bei Dir zu speisen. Denn Dein Koch hat ja wohl nicht auch die Gicht. Erwarte also einen Gast, der durchaus nicht gefräßig und ein Feind kostspieliger Diners ist!

(Cumanum, den 25. Oktober 44)

24 (21).
Cicero grüßt Paetus.

Ist's möglich? Du meinst, nicht recht bei Trost zu sein, daß Du die Blitze meines Stils, wie Du Dich ausdrückst, nachzuahmen versuchst? Nur dann wärest Du nicht recht bei Trost, wenn Du's nicht fertig brächtest; aber Du übertriffst mich ja sogar, und da solltest Du eher über mich als über Dich spotten! Darum ist es ganz abwegig, wenn Du den Vers aus Trabea zitierst; nein, ich bin ins Hintertreffen geraten! Indessen, wie mache ich es denn in meinen Briefen? Rede ich da nicht im Straßenjargon mit Dir? Es geht ja nicht immer im gleichen Ton. Ein Brief ist ja doch keine Gerichtsverhandlung oder Volksrede! Ja, selbst vor Gericht rede ich nicht immer im gleichen Ton. Bei Privatprozessen, und zumal geringfügigen, spreche ich schlichter; geht es um Kopf und Kragen, natürlich volltönender. Briefe aber pflege ich aus alltäglichen Worten zu weben.

Aber sag' doch, mein Paetus, wie kommst Du nur darauf zu behaupten, es habe stets nur plebejische Papirier gegeben? Es hat doch patrizische niederen Ranges gegeben! An der Spitze steht L. Papirius Mugillanus, der zusammen mit L. Sempronius Atratinus Zensor gewesen ist, nachdem er vorher zusammen mit demselben Manne Konsul gewesen war, im 312. Jahre nach der Gründung Roms. Damals hießet Ihr allerdings Papisier. Nach ihm haben noch dreizehn die Sella curulis innegehabt bis auf L. Papirius Crassus, den man als ersten nicht mehr Papisius nannte. Der wurde zusammen mit L. Papirius Cursor als Reiteroberst zum Diktator ernannt, 415 Jahre nach der Gründung Roms, und war vier Jahre später Konsul zusammen mit K. Duilius. Auf ihn folgte Cursor, ein hochangesehener Mann, sodann der Ädilizier L. Maso und weiterhin viele Masones. Alle diese Patrizier

habeas volo. deinde Carbones et Turdi insecuntur.
hi plebeii fuerunt; quos contemnas censeo; nam prae- 3
ter hunc C. Carbonem, quem Damasippus occidit,
civis e re p. Carbonum nemo fuit. cognovimus Cn.
Carbonem et eius fratrem scurram; quid iis impro-
bius? de hoc amico meo, Rubriae filio, nihil dico.
tres illi fratres fuerunt, C., Cn., M. Carbones. Marcus P. Flacco accusante condemnatus, fur magnus,
ex Sicilia; Gaius accusante L. Crasso cantharidas
sumpsisse dicitur. is et tr. pl. seditiosus et P. Africano
vim attulisse existimatus est. hoc vero, qui Lilybaei
a Pompeio nostro est interfectus, improbior nemo
meo iudicio fuit. iam pater eius accusatus a M. Antonio sutorio atramento absolutus putatur. quare ad
patres censeo revertare; plebeii quam fuerint impor-
tuni, vides.

XXV.
CICERO PAETO.

Amo verecundiam, tu εὐθυρρημοσύνην vel potius 1
libertatem loquendi. atqui hoc Zenoni placuit, homini mehercule acuto, etsi Academiae nostrae cum eo
magna rixa est – sed, ut dico, placet Stoicis suo quamque rem nomine appellare. sic enim disserunt:

Nihil esse obscenum, nihil turpe dictu; nam si
quod sit in obscenitate flagitium, id aut in re esse aut
in verbo; nihil esse tertium. in re non est. itaque non
modo in comoediis res ipsa narratur, ut ille in De-
miurgo:

‘modo forte’ – nosti canticum; meministi Roscium –
‘ita mé destituit núdum.’
totus est sermo verbis tectus, re impudentior; sed

darfst Du als Deine Ahnen betrachten. Dann kommen die Carbones und Turdi. Das waren Plebejer, und sie solltest Du, meine ich, nicht auf der Rechnung haben, denn außer diesem einen C. Carbo, den Damasippus ermordet hat, ist keiner der Carbones ein rechter Staatsbürger gewesen. Cn. Carbo und seinen Bruder, den Possenreißer, kennen wir; unglaubliche Kerle! Über meinen Freund hier, den Sohn der Rubria, will ich nichts sagen. Da waren die drei Brüder, C., Cn. und M. Carbo. Marcus ist, von P. Flaccus angeklagt, verurteilt worden, ein böser Langfinger, von Sizilien her; Gaius soll, von L. Crassus angeklagt, spanische Fliegen genommen haben. Er galt für einen rebellischen Volkstribunen, und es hieß, er habe sich an dem Attentat auf P. Africanus beteiligt. Und vollends dieser Kerl, den unser Pompeius in Lilybaeum hat töten lassen, ist meines Erachtens ein ausgemachter Lump gewesen. Schon sein Vater wurde von M. Antonius angeklagt und angeblich durch Kupfervitriol freigesprochen. Darum solltest Du, meine ich, zu den Patriziern zurückkehren; Du siehst ja, was für widerliche Kerle die Plebejer waren!

(Herbst 44?)

25 (22).
Cicero an Paetus.

Ich bin für Zurückhaltung, Du fürs Geradeheraus, das heißt für Ungebundenheit. Und freilich steht auch Zeno auf diesem Standpunkt, gewiß ein scharfsinniger Mann, wenn auch unsre Akademie mit ihm in schwerem Streite liegt. Aber wie gesagt, die Stoiker sind dafür, jedes Ding mit dem ihm zukommenden Namen zu bezeichnen. Ihre Beweisführung ist folgende:

Nichts ist an sich unanständig, nichts anstößig. Denn wenn dem Obszönen etwas Schandbares anhaftet, dann müßte es entweder in der Sache oder in der Bezeichnung stecken. Eine dritte Möglichkeit gibt es nicht. In der Sache steckt es nicht. Darum wird nicht nur in der Komödie der Vorgang selbst geschildert, wie der Mann in der Demiurgus:

„Eben grade" – Du kennst das Lied, denkst gewiß noch an Roscius – „ließ sie mich so nackend stehen."

Der ganze Dialog ist, was die Worte angeht, zurückhaltend, der

etiam in tragoediis. quid est enim illud:

'quae múlier una' – quid, inquam, est – 'úsurpat
dupléx cubile'? quid? 'huius ferei 'híc cubile iníre
est ausus'? quid est: 'vírginem me quóndam invitam
pér vim violat Iúppiter'?
bene 'violat'; atqui idem significat, sed alterum nemo
tulisset.

Vides igitur, cum eadem res sit, quia verba non 2
sint, nihil videri turpe. ergo in re non est; multo minus in verbis. si enim, quod verbo significatur, id
turpe non est, verbum, quod significat, turpe esse
non potest.

'Anum' appellas alieno nomine; cur non suo potius? si turpe est, ne alieno quidem; si non est, suo
potius. caudam antiqui 'penem' vocabant, ex quo est
propter similitudinem 'penicillus'; at hodie 'penis'
est in obscenis. at vero Piso ille Frugi in Annalibus
suis queritur adulescentis "peni deditos" esse. quod
tu in epistula appellas suo nomine, ille tectius 'penem'; sed, quia multi, factum est tam obscenum
quam id verbum, quo tu usus es.

Quid, quod vulgo dicitur: 'cum nos te voluimus
convenire'? num obscenum est? memini in senatu
disertum consularem ita eloqui: 'hanc culpam maiorem an illam dicam?' potuit obscenius? 'non' inquis; 'non enim ita sensit.' non ergo in verbo est;
docui autem in re non esse; nusquam igitur est.

'Liberis dare operam' quam honeste dicitur! etiam 3

Sache nach ziemlich schamlos. Und ebenso in der Tragödie! Denn
wie steht es damit:

„Dies eine Weib" – nun? – „verlangt für sich ein Doppelbett"?
Oder damit: „In dieses grimmen Mannes Schlafgemach zu dringen hat der Mensch gewagt"? Und noch ein Beispiel: „Mich Jungfrau hat einst Juppiter – ich wollt' es nicht – brutal verletzt."
Hübsch, dies „verletzt", und doch bringt es dasselbe zum Ausdruck; aber das andre Wort hätte niemand geduldet.

Du siehst also, die Sache ist zwar dieselbe, aber weil es die
Worte nicht sind, scheint nichts Anstößiges daran zu sein.
Also in der Sache steckt es nicht, und in den Worten erst
recht nicht. Denn wenn, was das Wort bezeichnet, nicht anstößig ist, dann kann auch das Wort, das es bezeichnet, nicht anstößig sein.

Für „anus" (After) gebrauchst Du einen andern Ausdruck; warum nicht ruhig den gegebenen? Wenn es etwas Häßliches ist,
darfst Du auch den andern nicht gebrauchen; wenn nicht, ruhig
den gegebenen. Für „cauda" (Schwanz) sagten die Alten „penis" –
„penicillus" (Pinsel) ist davon abgeleitet, wegen der Ähnlichkeit –,
aber heutzutage gilt „penis" als unanständig. Doch noch der
bekannte Piso Frugi beklagt sich in seinen Annalen, die Jünglinge
seien dem „penis" ergeben! Was Du in Deinem Briefe mit dem
rechten Namen bezeichnest, das nennt er zurückhaltend „penis";
aber weil jetzt viele es so nennen, ist das Wort so unanständig
geworden wie der Ausdruck, dessen Du Dich bedienst.

Wie steht es damit, daß man allgemein sagt „cum nos te voluimus convenire" (als wir dich antreffen wollten)? Ist das etwa
unanständig? Ich entsinne mich, wie ein wortgewandter Konsular sich im Senat so ausdrückte: „hanc culpam maiorem an illam
dicam?" (soll ich diese oder jene Schuld als schwerer bezeichnen?). Furchtbar unanständig? „Nein" sagst Du, „daran hat er
ja gar nicht gedacht!" Also steckt's nicht im Wort, und daß es
nicht in der Sache steckt, habe ich vorhin bewiesen; also steckt
es nirgends!

„Sich um Kinder bemühen" – wie anständig klingt das! Auch

patres rogant filios; eius operae nomen non audent dicere.

Socraten fidibus docuit nobilissimus fidicen; is 'Connus' vocitatus est; num id obscenum putas? cum loquimur 'terni', nihil flagitii dicimus; at cum 'bini', obscenum est. 'Graecis quidem' inquies. nihil est ergo in verbo, quoniam et ego Graece scio et tamen tibi dico 'bini', idque tu facis, quasi ego Graece, non Latine dixerim. − 'ruta' et 'menta' recte utrumque; volo mentam pusillam ita appellare ut 'rutulam'; non licet. belle 'tectoriola'; dic ergo etiam 'pavimenta' isto modo; non potes.

Viden igitur nihil esse nisi ineptias, turpitudinem nec in verbo esse nec in re, itaque nusquam esse? igitur in verbis honestis obscena ponimus. quid enim? 4 non honestum verbum est 'divisio'? at inest obscenum, cui respondet 'intercapedo'. num haec ergo obscena sunt? nos autem ridicule: si dicimus 'ille patrem strangulavit', honorem non praefamur; sin de Aurelia aliquid aut Lollia, honos praefandus est.

Et quidem iam etiam non obscena verba pro obscenis sunt. "battuit" inquit, impudenter, "depsit" multo impudentius. atqui neutrum est obscenum. stultorum plena sunt omnia. − 'testes' verbum honestissimum in iudicio, alio loco non nimis; at honesti 'colei Lanuvini', 'Cliternini' non honesti.

Quid? ipsa res modo honesta, modo turpis; suppendit, flagitium est; iam erit nudus in balneo, non reprendes.

Habes scholam Stoicam: ὁ σοφὸς εὐθυρρημονήσει. 5 quam multa ex uno verbo tuo! te adversus me omnia

„bitten" Väter um Söhne. Aber die rechte Bezeichnung für diese „Bemühung" wagen sie nicht in den Mund zu nehmen.

Socrates lernte Laute bei einem berühmten Lautenspieler; der hieß allgemein „Connus" (Kinnbart). Hältst Du das für unanständig? – Wenn wir „terni" (je drei) sagen, ist nichts dabei; sagen wir aber „bini" (je zwei), dann ist's unanständig. „Für einen Griechen", wirst Du sagen. In dem Worte an sich liegt also gar nichts, denn ich verstehe Griechisch und sage im Gespräch mit Dir doch „bini", und Du bist es, der es so auffaßt, als hätte ich Griechisch und nicht Lateinisch gesprochen. – „ruta" (Raute) und „menta" (Minze) – beides in Ordnung; ich möchte die Verkleinerungsform zu „menta" bilden, wie „rutula" – nicht gestattet. – „tectoriola" (Stuckarbeiten) – nichts dran auszusetzen; bilde also dieselbe Form zu „pavimenta" (Estriche) – geht nicht!

Du siehst also, das alles ist nichts als dummes Zeug; weder im Wort noch in der Sache liegt etwas Anstößiges, mit andern Worten: nirgends. Also sind wir es, die unanstößigen Wörtern einen anzüglichen Sinn unterlegen. Denn wie ist es: ist „divisio" (Trennung) nicht ein unanstößiges Wort? Aber es steckt eine Unanständigkeit drin, ebenso wie in „intercapedo" (Unterbrechung). Sind deshalb die Wörter an sich unanständig? Nein! Wir machen uns lächerlich! Wenn wir sagen: „er hat seinen Vater stranguliert", schicken wir nicht „mit Verlaub" voraus; sagen wir aber etwas über Aurelia oder Lollia, müssen wir „mit Verlaub" vorausschicken.

Ursprünglich unanstößige Wörter gelten nachgerade für unanständig. „battuit" (er klopft) sagt man; schamlos! „depsit" (er knetet): noch schamloser! Überall nichts als Torheiten! – „testes" (Zeugen) ist vor Gericht ein hochanständiges Wort, in anderm Zusammenhang nicht eben sonderlich. „colei Lanuvini" (Lanuvinische Hoden) sind anständig, „Cliternini" (Cliterninische) nicht.

Noch eins: Die Sache selbst ist bald anständig, bald unanständig. Er lüpft das Gewand – Schimpf und Schande! Hernach steht er nackt in der Badewanne – nichts dran auszusetzen!

Da hast Du den stoischen Traktat: der Weise wird kein Blatt vor den Mund nehmen. Welch lange Epistel im Anschluß an ein Wort

audere gratum est; ego servo et servabo – sic enim
adsuevi – Platonis verecundiam. itaque tectis verbis
ea ad te scripsi, quae apertissimis agunt Stoici; sed
illi etiam crepitus aiunt aeque liberos ac ructus esse
oportere. honorem igitur K. Martiis.

Tu me diliges et valebis.

XXVI.
CICERO PAETO S. D

Rufum istum, amicum tuum, de quo iterum iam   1
ad me scribis, adiuvarem, quantum possem, etiam si
ab eo laesus essem, cum te tantopere viderem eius
causa laborare; cum vero et ex tuis litteris et ex illius
ad me missis intellegam et iudicem magnae curae ei
salutem meam fuisse, non possum ei non amicus esse,
neque solum tua commendatione, quae apud me, ut
debet, valet plurimum, sed etiam voluntate ac iudicio
meo. volo enim te scire, mi Paete, initium mihi suspicionis et cautionis et diligentiae fuisse litteras tuas,
quibus litteris congruentes fuerunt aliae postea multorum. nam et Aquini et Fabrateriae consilia sunt
inita de me, quae te video inaudisse, et quasi divina-
rent, quam iis molestus essem futurus, nihil aliud
egerunt, nisi me ut opprimerent. quod ego non suspicans incautior fuissem, nisi a te admonitus essem.
quam ob rem iste tuus amicus apud me commendatione
non eget. utinam ea fortuna rei p. sit, ut ille me unum
gratissimum possit cognoscere! sed haec hactenus.

Te ad cenas itare desisse moleste fero; magna enim   2
te delectatione et voluptate privasti; deinde etiam
vereor – licet enim verum dicere –, ne nescio quid

von Dir! Ich habe nichts dagegen, wenn Du Dir mir gegenüber keinen Zwang auferlegst; aber ich bleibe nach wie vor, wie ich es gewohnt bin, bei Platos Zurückhaltung. Darum habe ich an Dich in zurückhaltenden Ausdrücken geschrieben, was die Stoiker ganz unverhüllt besprechen; aber sie sagen ja auch, Blähungen müßten ebenso ungebunden sein wie Rülpser! Achtung also vor den Kalenden des März!

Behalt mich lieb und bleib gesund!

(Rom, Herbst 44?)

26 (24).
Cicero grüßt Paetus.

Diesem Rufus, Deinem Freunde, von dem Du mir schon zum zweiten Male schreibst, würde ich helfen, so gut ich kann, auch wenn ich von ihm beleidigt worden wäre; sehe ich doch, wie sehr Du Dich für ihn ins Zeug legst! Wo ich nun aber aus Deinem Briefe und seinem Schreiben, das Du mir beigelegt hast, ersehe und mich überzeuge, daß er sich ernstlich um mein Leben gesorgt hat, muß ich ihm unbedingt Freund sein, und nicht nur auf Grund Deiner Empfehlung, die mir natürlich viel bedeutet, sondern auch aus eigenem Willen und Urteil. Du mußt nämlich wissen, mein Paetus, daß es Dein Brief gewesen ist, der zuerst den Verdacht in mir erregte und mich zur Vorsicht und Achtsamkeit mahnte, und hernach brachten mir Briefe von vielen andern Seiten die Bestätigung. Denn tatsächlich sind sowohl in Aquinum wie in Fabrateria Anschläge gegen mich geplant gewesen, von denen Dir also etwas zu Ohren gekommen ist, und als ob sie geahnt hätten, wie lästig ich ihnen noch fallen sollte, haben sie es nur darauf angelegt, mich unschädlich zu machen. Davon ahnte ich nichts, und ich wäre hernach unvorsichtiger gewesen, wenn ich nicht von Dir gewarnt worden wäre. Darum bedarf Dein Freund bei mir keiner Empfehlung. Ach, gestaltete sich doch das Schicksal des Staates so, daß er erfahren könnte, wie von Herzen dankbar ich ihm bin! Aber genug davon!

Daß Du es aufgegeben hast, zu Gastereien zu gehen, bedaure ich. Du verzichtest damit doch auf Unterhaltung und Vergnügen. Überdies befürchte ich – ich darf ja offen reden –, Du könntest Deine

illud, quod solebas, dediscas et obliviscare, cenulas
facere. nam si tum, cum habebas, quos imitarere, non
multum proficiebas, quid nunc te facturum putem?
Spurinna quidem, cum ei rem demonstrassem et vitam
tuam superiorem exposuissem, magnum periculum
summae rei p. demonstrabat, nisi ad superiorem consuetudinem tum, cum Favonius flaret, revertisses;
hoc tempore ferri posse, si forte tu frigus ferre non
posses.

Sed mehercule, mi Paete, extra iocum moneo te, 3
quod pertinere ad beate vivendum arbitror, ut cum
viris bonis, iucundis, amantibus tui vivas. nihil est
aptius vitae, nihil ad beate vivendum accommodatius.
nec id ad voluptatem refero sed ad communitatem
vitae atque victus remissionemque animorum, quae
maxime sermone efficitur familiari, qui est in conviviis dulcissimus, ut sapientius nostri quam Graeci;
illi συμπόσια aut σύνδειπνα, id est compotationes
aut concenationes, nos 'convivia', quod tum maxime
simul vivitur. vides, ut te philosophando revocare
coner ad cenas. cura ut valeas; id foris cenitando facillime consequere.

Sed cave, si me amas, existimes me, quod iocosius 4
scribam, abiecisse curam rei p. sic tibi, mi Paete, persuade, me dies et noctes nihil aliud agere, nihil curare,
nisi ut mei cives salvi liberique sint. nullum locum
praetermitto monendi, agendi, providendi; hoc denique animo sum, ut, si in hac cura atque administratione vita mihi ponenda sit, praeclare actum mecum
putem.

Etiam atque etiam vale.

alte Gewohnheit verlernen und vergessen, kleine Diners zu geben. Denn wenn Du schon damals, als Du noch Vorbilder hattest, nicht weit damit kamst, was darf ich da jetzt noch von Dir erwarten? Als ich Spurinna davon erzählte und ihm Dein früheres Leben schilderte, prophezeite er schwere Gefahren für den Staat, falls Du nicht zu Deiner früheren Lebensweise zurückgekehrt seiest, wenn der Frühlingswind einsetzte! Zur Zeit könne man sich damit abfinden, falls Du etwa unter der Kälte littest.

Aber ohne Scherz: ich rate Dir ernstlich, mein Paetus, mit anständigen, angenehmen, Dir zugetanen Menschen umzugehen; das gehört, meine ich, zum glückseligen Leben. Nichts verschönt das Leben mehr, nichts trägt mehr zum glückseligen Leben bei. Und damit meine ich nicht das Vergnügen, sondern die Gemeinsamkeit des Lebens, die Gleichgestimmtheit, die Entspannung, wie sie sich besonders beim Gespräch im Freundeskreise einstellt, das gerade beim Convivium so lieblich dahinplätschert, wie wir, weiser als die Griechen, die Sache nennen; sie sagen $\sigma\upsilon\mu\pi\acute{o}\sigma\iota\upsilon\nu$ oder $\sigma\acute{\upsilon}\nu\delta\epsilon\iota\pi\nu\upsilon\nu$, das heißt „gemeinsames Trinken" oder „gemeinsames Essen", wir „convivium" (gemeinsames Leben), weil man dabei vor allem gemeinsam lebt. Du siehst, wie ich Dich durch Philosophieren wieder für Diners zu interessieren suche. Halt Dich munter! Das wirst Du am leichtesten erreichen, wenn Du ab und zu außerhalb Deiner vier Wände speist!

Aber glaub' bitte um Gottes willen nicht, ich hätte, weil ich so humorvoll schreibe, die Sorge um den Staat von mir getan! Du darfst überzeugt sein, mein Paetus, Tag und Nacht tue ich nichts andres; all mein Sinnen und Trachten gilt nur der Freiheit und dem Wohlergehen meiner Mitbürger! Ich lasse keinen Augenblick verstreichen, ohne zu mahnen, zu handeln und vorzusorgen, und wenn ich für diese sorgenvolle Tätigkeit mein Leben einsetzen muß, dann will ich glauben, daß das Schicksal es gut mit mir gemeint hat.

Ein ums andre Mal: leb wohl!

(Rom, Januar/Anfang Februar 43)

LIBER DECIMVS

I.
CICERO PLANCO.

Et afui proficiscens in Graeciam et, postea quam 1
de medio cursu rei p. sum voce revocatus, numquam
per M. Antonium quietus fui; cuius tanta est non
insolentia – nam id quidem vulgare vitium est – sed
immanitas, non modo ut vocem sed ne vultum quidem liberum possit ferre cuiusquam. itaque mihi maximae curae est non de mea quidem vita, cui satis feci
vel aetate vel factis vel, si quid etiam hoc ad rem pertinet, gloria, sed me patria sollicitat in primisque, mi
Plance, exspectatio consulatus tui, quae ita longa est,
ut optandum sit, ut possimus ad id tempus rei p.
spiritum ducere. quae potest enim spes esse in ea re
p., in qua hominis impotentissimi atque intemperan-
tissimi armis oppressa sunt omnia et in qua nec senatus nec populus vim habet ullam nec leges ullae sunt
nec iudicia nec omnino simulacrum aliquod ac vestigium civitatis?

Sed quoniam acta omnia mitti ad te arbitrabar, nihil 2
erat, quod singulis de rebus scriberem; illud autem erat
amoris mei, quem a tua pueritia susceptum non servavi solum sed etiam auxi, monere te atque hortari,
ut in rem p. omni cogitatione curaque incumberes.
quae si ad tuum tempus perducitur, facilis gubernatio
est; ut perducatur autem, magnae cum diligentiae est
tum etiam fortunae.

Sed et te aliquanto ante, ut spero, habebimus et, 3
praeterquam quod rei p. consulere debemus, tamen
tuae dignitati ita favemus, ut omne nostrum consilium, studium, officium, operam, laborem, diligentiam ad amplitudinem tuam conferamus. ita facillime
et rei p., quae mihi carissima est, et amicitiae nostrae,

ZEHNTES BUCH

1.
Cicero an Plancus.

Ich bin fortgewesen, wollte nach Griechenland reisen, und nachdem mich der Ruf des Vaterlandes mitten vom Wege zurückgeholt hatte, ließ mir Antonius keine Ruhe. Seine Überheblichkeit – nein, das ist ein weitverbreitetes Laster –, seine Brutalität geht so weit, daß er kein freies Wort, ja, nicht einmal einen freien Blick von jemandem ertragen kann. So mache ich mir ernste Sorgen; nicht um mein Leben – ich habe lange genug gelebt, genug geleistet und, wenn auch das etwas zu bedeuten hat, genügend Ruhm geerntet; nein, das Vaterland macht mir Sorgen, und vor allem, mein Plancus, das Warten auf Dein Konsulat, das in so weiter Ferne liegt, daß wir nur hoffen wollen, uns bleibt das Leben bis zu diesem für den Staat entscheidenden Augenblick erhalten. Was gibt es denn in einem Staatswesen noch zu hoffen, in dem durch die Waffen eines gänzlich unbeherrschten, zügellosen Mannes jede Regung unterdrückt wird, in dem weder der Senat noch das Volk etwas zu sagen hat und keine Gesetze, keine Rechtspflege, überhaupt keine Spur, kein Schattenbild von einem Gemeinwesen mehr vorhanden ist?

Aber wahrscheinlich erfährst Du ja von allen Vorgängen hier, und so kann ich mir die Einzelheiten schenken; eins aber gebietet mir meine Liebe zu Dir, die ich von Deiner Kindheit an für Dich empfunden und Dir nicht nur bewahrt, sondern sogar gesteigert habe: Dich dringend zu ermahnen, all Dein Sinnen und Trachten nur auf den Staat zu richten. Hält er bis zu Deinem Konsulat durch, dann ist es nicht schwer, das Steuer zu führen; aber daß er durchhält, das bedarf großer Umsicht und viel Glücks.

Aber ich hoffe doch, wir sehen Dich beträchtlich eher wieder hier, und wenn ich mich auch ganz dem Staate widmen muß, so behalte ich doch Deine Würde im Auge, so daß ich all meinen Verstand, meinen Eifer, meine Dienstwilligkeit, Bemühung, Arbeit und Umsicht in den Dienst Deines Ansehens stelle. So glaube ich am besten dem Vaterlande, das ich über alles liebe, und unsrer Freund-

quam sanctissime nobis colendam puto, me intellego
satis facturum.

Furnium nostrum tanti a te fieri, quantum ipsius 4
humanitas et dignitas postulat, nec miror et gaudeo
teque hoc existimare volo, quicquid in eum iudicii
officiique contuleris, id ita me accipere, ut in me
ipsum te putem contulisse.

II.
CICERO PLANCO S.

Meum studium honori tuo pro necessitudine nostra 1
non defuisset, si aut tuto in senatum aut honeste
venire potuissem; sed nec sine periculo quisquam
libere de re p. sentiens versari potest in summa impunitate gladiorum nec nostrae dignitatis videtur esse
ibi sententiam de re p. dicere, ubi me et melius et
propius audiant armati quam senatores. quapropter 2
in privatis rebus nullum neque officium neque studium meum desiderabis; ne in publicis quidem, si
quid erit, in quo me interesse necessest, umquam dero
ne cum periculo quidem meo dignitati tuae; in iis
autem rebus, quae nihilo minus, ut ego absim, confici
poterunt, peto a te, ut me rationem habere velis et
salutis et dignitatis meae.

III.
CICERO PLANCO S.

Cum ipsum Furnium per se vidi libentissime tum 1
hoc libentius, quod illum audiens te videbar audire.
nam et in re militari virtutem et in administranda
provincia iustitiam et in omni genere prudentiam
mihi tuam exposuit et praeterea mihi non ignotam
in consuetudine et familiaritate suavitatem tuam;

schaft, in deren Pflege ich eine heilige Verpflichtung sehe, gerecht
zu werden.

Daß Du unsern Furnius so hoch schätzt, wie es seine Liebenswürdigkeit und sein Rang verdient, wundert mich nicht, und ich
freue mich darüber. Du darfst überzeugt sein: alles, was Du ihm an
Achtung und Gefälligkeit entgegenbringst, das empfinde ich, als
hättest Du es mir selbst zukommen lassen.

(Rom, im September 44)

2.
Cicero grüßt Plancus.

Angesichts unsrer engen Verbundenheit hätte ich es an Eifer für
Deine Ehrung nicht fehlen lassen, wenn ich ungefährdet und unangetastet in meiner Ehre hätte in den Senat gehen können. Aber
niemand, der ein freies Wort in der Politik wagt, kann sich ohne
Gefahr bewegen, wo ungezügelt das Schwert herrscht, noch scheint
es mir meinem Range zu entsprechen, mich dort über die politischen Verhältnisse zu äußern, wo mich die Bewaffneten besser und
näher hören können als die Senatoren. Darum wirst Du, was
Deine privaten Belange angeht, meine eifrige Dienstbereitschaft
niemals vermissen; aber auch in öffentlichen Dingen werde ich,
wenn etwas vorliegt, wobei meine Anwesenheit unbedingt erforderlich ist, es nie daran fehlen lassen, selbst unter persönlicher
Gefahr für Deine Ehre einzutreten. Nur bei den Fragen, die eben-
sogut erledigt werden können, wenn ich nicht dabei bin, bitte ich
Dich, mir zu gestatten, auf meine Sicherheit und Würde Rücksicht
zu nehmen.

(Rom, Ende September 44)

3.
Cicero grüßt Plancus.

Furnius hier zu sehen war mir an sich schon eine große Freude,
und um so mehr, weil mir so war, als hörte ich Dich, wenn ich ihn
reden hörte. Denn er hat mir Deine militärische Tüchtigkeit, Deine
gerechte Provinzialverwaltung, Deine Umsicht auf allen Gebieten
geschildert, nicht zu vergessen Deine mir wohlbekannte Liebenswürdigkeit im vertrauten Verkehr; außerdem hob er Deine große

adiunxit praeterea summam erga se liberalitatem. quae omnia mihi iucunda, hoc extremum etiam gratum fuit.

Ego, Plance, necessitudinem constitutam habui 2 cum domo vestra ante aliquanto, quam tu natus es, amorem autem erga te ab ineunte pueritia tua, confirmata iam aetate familiaritatem cum studio meo tum iudicio tuo constitutam. his de causis mirabiliter faveo dignitati tuae, quam mihi tecum statuo † habere esse communem. omnia summa consecutus es virtute duce, comite fortuna eaque es adeptus adulescens multis invidentibus, quos ingenio industriaque fregisti; nunc me amantissimum tui, nemini concedentem, qui tibi vetustate necessitudinis potior possit esse, si audies, omnem tibi reliquae vitae dignitatem ex optimo rei p. statu adquires.

Scis profecto – nihil enim te fugere potuit – fuisse 3 quoddam tempus, cum homines existimarent te nimis servire temporibus, quod ego quoque existimarem, te si ea, quae patiebare, probare etiam arbitrarer; sed cum intellegerem, quid sentires, prudenter te arbitrabar videre, quid posses. nunc alia ratiost. omnium rerum tuum iudicium est, idque liberum. consul es designatus, optima aetate, summa eloquentia, maxima orbitate rei p. virorum talium. incumbe, per deos immortalis! in eam curam et cogitationem, quae tibi summam dignitatem et gloriam adferat; unus autem est, hoc praesertim tempore, per tot annos re p. divexata, rei p. bene gerendae cursus ad gloriam.

Haec amore magis impulsus scribenda ad te putavi, 4 quam quo te arbitrarer monitis et praeceptis egere; sciebam enim ex iisdem te haec haurire fontibus, ex quibus ipse hauseram. quare modum faciam. nunc

Güte gegen ihn persönlich hervor. Das alles hat mir Freude gemacht, letzteres mich sogar zu Dank verpflichtet.

Mein Plancus! Die freundschaftlichen Beziehungen zu Eurem Hause habe ich angeknüpft, lange bevor Du geboren wurdest, Neigung zu Dir schon von Deiner frühesten Kindheit an gefaßt; jetzt, wo Du in gereiftem Alter stehst, gründet sich unsre Freundschaft auf Zuneigung von meiner und Achtung von Deiner Seite. Darum interessiere ich mich lebhaft für Deinen Aufstieg zu Amt und Würden, und es kommt mir vor, als stiege ich mit Dir auf. Du hast alle hohen Ziele erreicht; Deine Tüchtigkeit hat Dich geführt, das Glück Dich geleitet; Du hast sie in jungen Jahren erreicht, obwohl viele Dich beneideten, die Du durch Deine Begabung und rastloses Streben überholt hast. Jetzt wirst Du, wenn Du auf mich hören willst, der ich Dich sehr liebhabe und es darin mit jedem andern aufnehme, der Dir etwa vermöge des Alters Eurer Beziehungen näherstehen könnte, alle Ehren, die Dir das Leben noch bieten kann, von der besten Staatsordnung erwarten.

Du weißt gewiß – es konnte Dir ja nichts entgehen –, daß es einmal eine Zeit gegeben hat, wo die Leute meinten, Du hängtest den Mantel zu sehr nach dem Winde, und auch ich hätte das geglaubt, wenn ich das Gefühl gehabt hätte, Du hießest auch gut, was Du geschehen ließest; aber ich wußte ja, wie Du wirklich dachtest, und so sagte ich mir, daß Du klüglich Deine unzureichenden Kräfte in Betracht zögest. Jetzt sieht die Sache anders aus. In allen Fragen steht die Entscheidung bei Dir, und Du bist an nichts gebunden. Du bist zum Konsul designiert, stehst im besten Alter, weißt das Wort zu gebrauchen, in einer Zeit, wo der Staat bitterarm an solchen Männern ist. Bei den unsterblichen Göttern! Laß es Dein ganzes Sinnen und Trachten sein, zu höchstem Ruhm und Ehren aufzusteigen! Der einzige Weg zum Ruhme aber geht, zumal jetzt, wo der Staat so viele Jahre hindurch heimgesucht worden ist, über eine gute Staatsführung.

Dies glaube ich Dir mehr aus Liebe schreiben zu müssen, als weil ich meinte, Du bedürftest der Ermahnungen und Lehren; ich weiß doch, Du schöpfst aus denselben Quellen wie ich dereinst. Also laß es gut sein; für jetzt kommt es mir nur darauf an, Dir zu zeigen,

tantum significandum putavi, ut potius amorem tibi
ostenderem meum quam ostentarem prudentiam.
interea, quae ad dignitatem tuam pertinere arbitrabor,
studiose diligenterque curabo.

IV.
CICERO PLANCO S.

Binas a te accepi litteras eodem exemplo, quod ip- 1
sum argumento mihi fuit diligentiae tuae; intellexi
enim te laborare, ut ad me mihi exspectatissimae litterae perferrentur. ex quibus cepi fructum duplicem
mihique in comparatione difficilem ad iudicandum,
amoremne erga me tuum an animum in rem p. pluris
aestimandum putarem. est omnino patriae caritas meo
quidem iudicio maxima, sed amor voluntatisque
coniunctio plus certe habet suavitatis. itaque commemoratio tua paternae necessitudinis benevolentiaeque eius, quam erga me a pueritia contulisses, cetera-
rumque rerum, quae ad eam sententiam pertinebant,
incredibilem mihi laetitiam attulerunt; rusus decla- 2
ratio animi tui, quem haberes de re p. quemque habiturus esses, mihi erat iucundissima; eoque maior erat
haec laetitia, quod ad illa superiora accedebat.
Itaque te non hortor solum, mi Plance, sed plane
etiam oro, quod feci iis litteris, quibus tu humanissime respondisti, ut tota mente omnique animi impetu in rem p. incumbas. nihil est, quod tibi maiori
fructui gloriaeque esse possit, nec quicquam ex omnibus rebus humanis est praeclarius aut praestantius
quam de re p. bene mereri. adhuc enim – patitur tua 3
summa humanitas et sapientia me, quod sentiam,
libere dicere – fortuna suffragante videris res maximas
consecutus; quod quamquam sine virtute non potuisset, tamen ex maxima parte ea, quae es adeptus, fortunae temporibusque tribuuntur; his temporibus difficillimis rei p. quicquid subveneris, id erit totum et
proprium tuum. incredibilest omnium civium latro-

daß ich Dich liebhabe, und nicht, mit meiner Weisheit zu prunken. Inzwischen werde ich alles eifrig und sorgsam in die Wege leiten, was meiner Meinung nach Deinen Interessen dient.

(Rom, Mitte Dezember 44)

4 (5).
Cicero grüßt Plancus.

Zwei Briefe habe ich von Dir erhalten, gleichen Wortlauts, ein schönes Zeugnis Deiner Sorgsamkeit; ersehe ich doch daraus, wie sehr es Dir darauf ankam, daß Dein von mir heißersehnter Brief mich erreichte. Er hat mir doppelten Ertrag gebracht, und es fällt mir verhältnismäßig schwer zu entscheiden, ob ich Deine Zuneigung zu mir oder Deine Gesinnung gegen den Staat höher bewerten soll. Auf jeden Fall ist nach meinem Gefühl die Liebe zum Vaterlande die Hauptsache, aber persönliche Zuneigung und Gleichgestimmtheit enthält gewiß mehr Annehmlichkeit. Wenn Du also an mein freundschaftliches Verhältnis zu Deinem Vater erinnerst, an die Verehrung, die Du mir von Kindesbeinen an gezollt hast, und an all das, was Du dazu zu sagen weißt, so habe ich mich darüber ganz riesig gefreut. Andrerseits bin ich begeistert von Deinen Ausführungen über die Stellung, die Du dem Staate gegenüber einnimmst und einnehmen willst, und die Freude darüber ist um so größer, als sie zu jener erstgenannten hinzukommt.

So rate ich Dir denn nicht nur, mein Plancus, nein, bitte Dich geradezu, wie ich es in dem Briefe getan habe, auf den Du mir so freundlich geantwortet hast: widme Dich mit ganzem Herzen, mit allem Schwung Deiner Seele dem Staate! Nichts könnte Dir mehr Ruhm und Erfolg eintragen, nichts ist im menschlichen Leben herrlicher und großartiger, als sich um den Staat verdient zu machen. Denn bisher – Deine Liebenswürdigkeit und Klugheit gestattet mir, frei heraus meine Meinung zu sagen – hast Du Deine großen Erfolge doch offensichtlich dem Glück zu verdanken. Gewiß, ohne persönliche Tüchtigkeit wäre es nicht gegangen; aber alles, was Du erreicht hast, ist doch zum größten Teil dem Glück und den Zeitverhältnissen zuzuschreiben; jede Hilfe, die Du dem Staate jetzt in seiner überaus schwierigen Lage leistest, wird ganz Dein eigenes Verdienst sein. Du glaubst ja gar nicht, wie verhaßt Antonius bei

nibus exceptis odium in Antonium, magna spes in te
et in tuo exercitu, magna exspectatio; cuius, per deos!
gratiae gloriaeque cave tempus amittas. sic moneo ut
filium, sic faveo ut mihi, sic hortor ut et pro patria et
amicissimum.

V.
CICERO PLANCO.

Quae locutus est Furnius noster de animo tuo in 1
rem p., ea gratissima fuerunt senatui, p. R. probatissima; quae autem tuae recitatae litterae sunt in senatu,
nequaquam consentire cum Furni oratione visae sunt.
pacis enim auctor eras, cum collega tuus, vir clarissimus, a foedissimis latronibus opsideretur, qui aut positis armis pacem petere debent aut, si pugnantes eam
postulant, victoria pax, non pactione pariendast.

Sed de pace litterae vel Lepidi vel tuae quam in
partem acceptae sint, ex viro optimo, fratre tuo, et
ex C. Furnio poteris cognoscere. me autem impulit 2
tui caritas, ut, quamquam nec tibi ipsi consilium
deesset et fratris Furnique benivolentia fidelisque prudentia tibi praesto esset futura, vellem tamen meae
quoque auctoritatis pro plurimis nostris necessitudini-
bus praeceptum ad te aliquod pervenire.

Crede igitur mihi, Plance, omnis quos adhuc gradus dignitatis consecutus sis – es autem adeptus am-
plissimos –, eos honorum vocabula habituros, non
dignitatis insignia, nisi te cum libertate populi R. et
cum senatus auctoritate coniunxeris. seiunge te,
quaeso, aliquando ab iis, cum quibus te non tuum
iudicium sed temporum vincla coniunxerunt. com- 3
plures in perturbatione rei p. consules dicti, quorum
nemo consularis habitus, nisi qui animo exstitit in
rem p. consularis. talem igitur te esse oportet, qui

allen Bürgern mit Ausnahme der Banditen ist, wie alles auf Dich und Deine Armee hofft, nach Dir ausblickt! Verpasse um Gottes willen nicht diese Gelegenheit, Dir Dank und Ruhm zu erwerben! Ich ermahne Dich wie einen Sohn, ich rate Dir gut, als ob es um mich selbst ginge, ich rufe Dich auf, weil es fürs Vaterland gilt und ich Dich herzlich liebhabe.

(Rom, Mitte Januar 43)

5 (6).
Cicero an Plancus.

Was unser Furnius über Deine Gesinnung gegen den Staat gesagt hat, war dem Senat sehr willkommen und fand beim Römischen Volke einmütige Billigung; doch Dein im Senat verlesenes Schreiben schien keineswegs zu Furnius' Worten zu stimmen. Denn Du rätst zum Frieden, während Dein Kollege von der ekelhaften Räuberbande belagert wird. Sie soll erst einmal die Waffen niederlegen, ehe sie uns mit Friedenswünschen kommt; fordert sie ihn mit der Waffe in der Hand, dann diktiert der Sieger den Frieden, nicht gütliches Übereinkommen!

Wie im übrigen Deine bzw. des Lepidus Friedensbotschaft aufgenommen worden ist, kannst Du von Deinem trefflichen Bruder und von C. Furnius erfahren. Mir gibt die Liebe zu Dir den Wunsch ein, obwohl es Dir selbst nicht an Einsicht fehlt und Dir Deines Bruders und Furnius' Wohlwollen und kluger Rat zur Seite steht, Dir trotzdem angesichts unsrer engen Beziehungen auch aus dem Schatz meiner Erfahrungen eine Lehre zu erteilen.

Also glaub' mir, mein Plancus, alle Stufen der Würde, die Du bisher erstiegen hast – und Du hast die höchsten erreicht –, werden nur Rauch und Schall, nicht aber echte Zeichen Deines Ranges sein, wenn Du Dich nicht mit der Freiheit des Römischen Volkes und dem Ansehen des Senats verbindest. Trenne Dich doch endlich von denen, mit denen Du nicht aus eigener Überzeugung, sondern nur durch die Fesseln der Zeit verbunden bist. In Krisen des Staates ist es mehrfach geschehen, daß Leute dem Namen nach Konsuln waren, doch als echter Konsular galt nur der, der sich auch in seiner Gesinnung gegen den Staat als Konsul erwies. Du

primum te ab impiorum civium tui dissimillimorum
societate seiungas, deinde te senatui bonisque omnibus auctorem, principem, ducem praebeas, postremo
ut pacem esse iudices non in armis positis sed in
abiecto armorum et servitutis metu. haec si et ages
et senties, tum eris non modo consul et consularis,
sed magnus etiam consul et consularis; sin aliter, tum
in istis amplissimis nominibus honorum non modo
dignitas nulla erit, sed erit summa deformitas.

Haec impulsus benevolentia scripsi paulo severius;
quae tu in experiendo ea ratione, quae te digna est, vera
esse cognosces.

D. XIII Kal. Apr.

VI.
CICERO PLANCO.

Etsi satis ex Furnio nostro cognoram, quae tua 1
voluntas, quod consilium de re p. esset, tamen tuis
litteris lectis liquidius de toto sensu tuo iudicavi.
quam ob rem, quamquam in uno proelio omnis fortuna rei p. disceptat – quod quidem, cum haec lege-
res, iam decretum arbitrabar fore –, tamen ipsa fama,
quae de tua voluntate percrebruit, magnam es laudem consecutus. itaque, si consulem Romae habuissemus, declaratum esset ab senatu cum tuis magnis
honoribus, quam gratus esset conatus et apparatus
tuus. cuius rei non modo non praeteriit tempus, sed
ne maturum quidem etiam nunc meo quidem iudicio
fuit. is enim denique honos mihi videri solet, qui non
propter spem futuri beneficii sed propter magna merita
claris viris defertur et datur. quare, sit modo aliqua 2
res p., in qua honos elucere possit, omnibus, mihi
crede, amplissimis honoribus abundabis. is autem,

solltest es Dir also zur Pflicht machen, Dich erstens von der Gemeinschaft mit den ruchlosen Elementen der Bürgerschaft, die gar nicht zu Dir passen, zu trennen, sodann Dich als Ratgeber, Führer und Vorkämpfer des Senats und aller Guten zu bewähren, und Dich schließlich zu der Überzeugung durchringen, daß nicht das Niederlegen der Waffen, sondern die Befreiung von der Furcht vor Waffenlärm und Knechtschaft Frieden bedeutet. Wenn Du so denkst und handelst, dann bist Du nicht nur dem Namen nach Konsul und Konsular, sondern ein echter Konsul und Konsular; andernfalls liegt in all diesen hochtönenden Ehrentiteln keine Würde, sondern nur tiefste Erniedrigung.

Was ich hier schreibe, klingt gewiß reichlich streng, ist aber gut gemeint; daß es der Wahrheit entspricht, wirst Du erkennen, wenn Du die Grundsätze befolgst, die Deiner würdig sind.

Gegeben am 20. März (43 zu Rom)

6 (10).
Cicero an Plancus.

Zwar habe ich von unserm Furnius zur Genüge erfahren, was Du beabsichtigst und welchen Entschluß Du angesichts der politischen Lage gefaßt hast; immerhin kann ich mir nach der Lektüre Deines Briefes ein klareres Urteil über Deine ganze Gesinnung bilden. Darum hast Du, obwohl das gesamte Schicksal des Staates sich in einer einzigen Schlacht entscheidet – und wenn Du diese Zeilen liest, ist sie wahrscheinlich schon geschlagen –, doch schon mit dem Gerücht, das sich über Deine Absichten verbreitet hat, viel Lob geerntet. Hätten wir also hier in Rom einen Konsul gehabt, dann hätte der Senat mit großen Ehren für Dich eine Erklärung abgegeben, wie willkommen ihm Dein Unternehmen und Deine Vorbereitungen sind. Aber die Zeit dafür ist meines Erachtens nicht nur nicht verpaßt, sondern auch jetzt überhaupt noch nicht reif dafür. Denn eigentlich erscheint mir erst das als wahre Ehre, was angesehenen Männern nicht um der Aussicht auf künftige Großtaten willen, sondern für faktische Verdienste angetragen und verliehen wird. Sollten wir also einmal wieder eine Art Staatswesen bekommen, in dem Ehre erstrahlen kann, dann, glaub' mir, wirst Du mit den reichsten Ehren überhäuft werden. Die Ehre, die

qui vere appellari potest honos, non invitamentum
ad tempus sed perpetuae virtutis est praemium.

Quam ob rem, mi Plance, incumbe toto pectore
ad laudem, subveni patriae, opitulare collegae, omnium gentium consensum et incredibilem conspirationem adiuva. me tuorum consiliorum adiutorem,
dignitatis fautorem, omnibus in rebus tibi amicissimum fidelissimumque cognosces. ad eas enim causas,
quibus inter nos amore sumus, officiis, vetustate con-
iuncti, patriae caritas accessit, eaque effecit, ut tuam
vitam anteferrem meae.

III Kal. Apr.

VII.
CICERO PLANCO.

Etsi rei p. causa maxime gaudere debeo tantum ei 1
te praesidii, tantum opis attulisse extremis paene
temporibus, tamen ita te victorem complectar re p.
reciperata, ut magnam partem mihi laetitiae tua dignitas adfert, quam et esse iam et futuram amplissimam
intellego. cave enim putes ullas umquam litteras gra-
tiores quam tuas in senatu esse recitatas; idque contigit cum meritorum tuorum in rem p. eximia quadam
magnitudine tum verborum sententiarumque gravitate. quod mihi quidem minime novum, qui et te nossem et tuarum litterarum ad me missarum promissa
meminissem et haberem a Furnio nostro tua penitus
consilia cognita, sed senatui maiora visa sunt, quam
erant expectata, non quo umquam de tua voluntate
dubitasset, sed nec quantum facere posses nec quo
progredi velles exploratum satis habebat.

Itaque cum a. d. VII Id. Apr. mane mihi tuas lit- 2
teras M. Varisidius reddidisset easque legissem, incredibili gaudio sum elatus; cumque magna multitudo

diesen Namen verdient, ist nicht ein Lockmittel auf Zeit, sondern der Lohn für anhaltende Tüchtigkeit.

Darum, mein Plancus, wirf Dich mit ganzem Herzen auf den Ruhm, hilf dem Vaterlande, steh Deinem Kollegen zur Seite, fördere den einmütigen Willen und die schier unglaubliche Begeisterung aller Völker! In mir wirst Du einen Helfer bei Deinen Entschlüssen, einen Förderer Deiner Würde und den zuverlässigsten Freund in allen Dingen finden. Denn zu den Tatsachen, die uns aneinanderbinden, Zuneigung, Freundschaftsdienste und lange Gewöhnung, ist jetzt die Liebe zum Vaterlande getreten, und sie hat es dahin gebracht, daß ich Dein Leben höher stelle als das meinige.

(Rom), den 30. März (43)

7 (12.)
Cicero an Plancus.

Wenn ich mich auch hauptsächlich für den Staat freuen muß, daß er in nahezu verzweifelter Lage so starken Schutz, so wirksame Hilfe von Dir erfahren hat, so gilt doch, so wahr ich Dich, wenn wir wieder einen Staat haben, als Sieger umarmen möchte, ein großer Teil meiner Freude Deiner Ehrenstellung, die mir schon jetzt und auch für die Zukunft überaus glänzend erscheint. Du darfst nämlich überzeugt sein, daß nie ein Schreiben im Senat bei der Verlesung so warm begrüßt worden ist wie das Deinige, und das verdankst Du einmal Deinen wahrhaft außergewöhnlichen Verdiensten um den Staat, daneben aber auch Deinen gemessenen Worten und Gedanken. Für mich war das freilich nichts Neues. Ich kenne Dich ja, hatte die in Deinen Briefen an mich gemachten Versprechungen im Kopfe und durch unsern Furnius einen tiefen Einblick in Deine Pläne gewonnen; doch dem Senat erschien das alles bedeutender, als er erwartet hatte; nicht als hätte er jemals an Deinen guten Absichten gezweifelt, aber er war sich noch nicht ganz sicher, wieviel Du zu leisten vermöchtest und welche Schritte Du tun wolltest.

Als mir daher M. Varisidius am Morgen des 7. April Deinen Brief einhändigte und ich ihn las, konnte ich mich kaum bergen vor Freude, und als dann zahllose Optimaten und treffliche Bürger

optimorum virorum et civium me domo deduceret,
feci continuo omnis participes meae voluptatis. interim ad me venit Munatius noster, ut consuerat. at
ego ei litteras tuas, nihildum enim sciebat; nam ad
me primum Varisidius, idque sibi a te mandatum
esse dicebat. paulo post idem mihi Munatius eas litteras legendas dedit, quas ipsi miseras, et eas, quas
publice. placuit nobis, ut statim ad Cornutum, pr. 3
urb., litteras deferremus, qui, quod consules aberant,
consulare munus sustinebat more maiorum. senatus
est continuo convocatus frequensque convenit propter famam atque exspectationem tuarum litterarum.
recitatis litteris oblata religio Cornuto est pullariorum
admonitu non satis diligenter eum auspiciis operam
dedisse, idque a nostro collegio comprobatum est.
itaque res dilata est in posterum. eo autem die magna
mihi pro tua dignitate contentio cum Servilio; qui
cum gratia effecisset, ut sua sententia prima pronun-
tiaretur, frequens eum senatus reliquit et in alia omnia
discessit, meaeque sententiae, quae secunda pronuntiata erat, cum frequenter adsentiretur senatus, rogatu
Servili P. Titius intercessit. res in posterum dilata. 4
venit paratus Servilius Iovi ipsi iniquus, cuius in
templo res agebatur. hunc quem ad modum fregerim
quantaque contentione Titium intercessorem abie-
cerim, ex aliorum te litteris malo cognoscere; unum
hoc ex meis: senatus gravior, constantior, amicior
tuis laudibus esse non potuit, quam tum fuit, nec vero
tibi senatus amicior quam cuncta civitas; mirabiliter
enim populus R. universus et omnium generum
ordinumque consensus ad liberandam rem p. conspi-
ravit.

Perge igitur, ut agis, nomenque tuum commenda 5
immortalitati atque haec omnia, quae habent speciem
gloriae conlecta inanissimis splendoris insignibus,
contemne, brevia, fugacia, caduca existima. verum

mir von zu Hause das Geleit gaben, da habe ich sofort alle an meiner Freude teilnehmen lassen. Derweilen stieß wie gewöhnlich unser Munatius zu mir. Ich gab ihm Deinen Brief zu lesen, denn er wußte noch nichts; Varisidius war nämlich zunächst zu mir gekommen, wie Du es ihm ja wohl befohlen hattest. Gleich darauf gab mir Munatius auch Deinen an ihn gerichteten Brief und Dein offizielles Schreiben zu lesen. Wir hielten es für richtig, dieses sofort Cornutus, dem Stadtprätor, zu überbringen, der, wie bei unsern Vorfahren üblich, in Abwesenheit der Konsuln ihre Obliegenheiten übernommen hatte. Sofort wurde der Senat berufen und stellte sich auf die Kunde vom Eintreffen Deines mit Spannung erwarteten Schreibens hin in großer Zahl ein. Nach Verlesung des Schreibens wurden gegen Cornutus religiöse Bedenken geltend gemacht; die Hühnerwärter wiesen darauf hin, daß er die Auspizien nicht ganz vorschriftsmäßig angestellt habe, was von unserm Kollegium bestätigt wurde. Deshalb wurden die Verhandlungen auf den folgenden Tag vertagt. Da kam es denn zu einem schweren Konflikt zwischen mir und Servilius um Deine Ehrenstellung. Durch seine Beziehungen hatte er es erreicht, daß über seinen Antrag zuerst abgestimmt würde, aber der größte Teil des Senats ließ ihn im Stiche und stimmte gegen seinen Antrag, und als dann mein Antrag an zweiter Stelle zur Abstimmung kam und zahlreiche Senatoren für ihn stimmten, legte P. Titius auf Bitten des Servilius sein Veto ein. Wieder wurde die Sache auf den nächsten Tag vertagt. Servilius kam hochgemut, Juppiter selbst trotzend, in dessen Tempel die Sitzung stattfand. Wie ich ihn da heruntergeputzt und den Interzedenten Titius fertiggemacht habe, laß Dir lieber von andern erzählen; von mir nur dies eine: der Senat hätte nicht gemessener, fester, Deinen Ehrungen zugänglicher auftreten können, als er es tat, und die gesamte Bürgerschaft ist Dir nicht weniger zugetan als der Senat; erstaunlich, wie sich das gesamte Römische Volk in allen Klassen und Ständen einmütig für die Befreiung des Staates begeistert.

Mach' also so weiter, empfiehl Deinen Namen der Unsterblichkeit und verachte all diesen Firlefanz, der, zusammengestoppelt aus den nichtigen Abzeichen äußeren Glanzes, nach Ruhm aussieht, halt es für kurzlebig, flüchtig und vergänglich. Wahre Ehre

decus in virtute positum est, quae maxime inlustratur
magnis in rem p. meritis. eam facultatem habes maximam. quam quoniam complexus es, tene, perfice, ut
ne minus res p. tibi quam tu rei p. debeas.

Me tuae dignitatis non modo fautorem sed etiam
amplificatorem cognosces. id cum rei p., quae mihi
vitast mea carior, tum nostrae necessitudini debere
me iudico. atque in his curis, quas contuli ad dignitatem tuam, cepi magnam voluptatem, quod bene
cognitam mihi T. Munati prudentiam et fidem magis
etiam perspexi in eius incredibili erga te benivolentia
et diligentia.

III Id. Apr.

VIII.
CICERO PLANCO S.

O gratam famam biduo ante victoriam de subsidio 1
tuo, de studio, de celeritate, de copiis! atque etiam
hostibus fusis spes omnis est in te; fugisse enim ex
proelio Mutinensi dicuntur notissimi latronum duces;
est autem non minus gratum extrema delere quam
prima depellere.

Equidem exspectabam iam tuas litteras, idque cum 2
multis, sperabamque etiam Lepidum rei p. temporibus admonitum tecum et cum re p. esse facturum. in
illam igitur curam incumbe, mi Plance, ut ne quae
scintilla taeterrimi belli relinquatur. quod si erit factum, et rem publicam divino beneficio adfeceris et
ipse aeternam gloriam consequere.

D. III Non. Mai.

IX.
CICERO PLANCO.

Ut primum potestas datast augendae dignitatis tuae, 1
nihil praetermisi in te ornando, quod positum esset
aut in praemio virtutis aut in honore verborum. id ex

beruht auf Tüchtigkeit, die vor allem in großen Verdiensten um den Staat zutage tritt. Die Möglichkeit dazu hast Du in reichstem Maße, und wo Du sie bereits ergriffen hast, halt sie fest und sieh zu, daß Du nicht tiefer in der Schuld des Staates stehst als er in Deiner!

In mir wirst Du einen Förderer und Mehrer Deiner Würde finden. Das glaube ich dem Staate schuldig zu sein, der mir mehr gilt als mein Leben, ebenso wie unsrer engen Freundschaft. Übrigens habe ich bei diesen meinen Bemühungen um Deine Würde das Vergnügen gehabt, die mir wohlbekannte Klugheit und Zuverlässigkeit des T. Munatius bei seiner unvergleichlichen Ergebenheit und Umsicht für Dich noch gründlicher kennenzulernen.

(Rom), den 11. April (43)

8 (14).
Cicero grüßt Plancus.

Welch willkommene Kunde zwei Tage vor dem Siege von Deiner Hilfe, Deinem Eifer, Deiner Schnelligkeit und Deinen Truppen! Und auch jetzt, nachdem der Feind geschlagen ist, setzen wir alle Hoffnungen auf Dich, denn angeblich sind die namhaftesten Führer der Banditen aus der Schlacht bei Mutina entkommen. Und es ist doch keine weniger dankbare Aufgabe, den Rest zu vernichten, als den ersten Schlag zu tun!

Ich warte bereits mit Ungeduld auf Nachricht von Dir und viele mit mir, und hoffe, auch Lepidus wird sich, durch die politische Lage beeindruckt, mit Dir zusammen für den Staat einsetzen. Darum laß es Deine ganze Sorge sein, mein Plancus, daß auch nicht ein Funken von diesem ekelhaften Kriege übrigbleibt! Glückt Dir das, dann wirst Du dem Vaterlande einen unaussprechlichen Dienst erweisen und selbst ewigen Ruhm ernten.

Gegeben am 5. Mai (43 zu Rom)

9 (13).
Cicero an Plancus.

Bei der ersten sich bietenden Gelegenheit, Deine Würde zu fördern, habe ich alles getan, um Dich auszuzeichnen, sofern es sich um die Belohnung Deiner Tüchtigkeit oder die Ehrung durch

ipso s. c. poteris cognoscere; ita enim est perscrip-
tum, ut a me de scripto dicta sententiast; quam senatus frequens secutus est summo studio magnoque
consensu. ego quamquam ex tuis litteris, quas mihi 2
misisti, perspexeram te magis iudicio bonorum quam
insignibus gloriae delectari, tamen considerandum
nobis existimavi, etiam si tu nihil postulares, quantum tibi a re p. deberetur.

Tu contexes extrema cum primis. qui enim M.
Antonium oppresserit, is bellum confecerit; itaque
Homerus non Aiacem nec Achillem sed Ulixem ap-
pellavit πτολιπόρθιον.

X.
CICERO PLANCO.

Quamquam gratiarum actionem a te non desidera- 1
bam, cum te re ipsa atque animo scirem esse gratissimum, tamen – fatendum est enim – fuit ea mihi periu-
cunda; sic enim vidi, quasi ea, quae oculis cernuntur,
me a te amari. dices: 'quid antea?' semper equidem,
sed numquam inlustrius.

Litterae tuae mirabiliter gratae sunt senatui cum
rebus ipsis, quae erant gravissimae et maximae, for-
tissimi animi summique consilii, tum etiam gravitate
sententiarum atque verborum. sed, mi Plance, incum- 2
be, ut belli extrema perficias. in hoc erit summa et
gratia et gloria. cupio omnia rei p. causa; sed mehercules in ea conservanda iam defetigatus non multo
plus patriae faveo quam tuae gloriae, cuius maximam
facultatem tibi di immortales, ut spero, dedere; quam
complectere obsecro. qui enim Antonium oppresserit, is hoc bellum taeterrimum periculosissimumque
confecerit.

Worte handelte. Das wirst Du unmittelbar aus dem Senatsbeschluß entnehmen können; er ist nämlich so protokolliert worden, wie mein an Hand des Manuskripts gestellter Antrag lautete. Der Senat hat ihn begeistert und unter lautem Beifall mit großer Mehrheit angenommen. Zwar habe ich ja aus Deinen Briefen an mich ersehen, daß es Dir mehr um die Anerkennung der Guten als um die äußeren Zeichen des Ruhmes zu tun ist, aber ich meinte doch, wir müßten daran denken, wieviel der Staat Dir verdanke, auch wenn Du nichts fordertest.

Deine Aufgabe ist es nun, dem Anfang das Ende folgen zu lassen. Wer Antonius unschädlich macht, der beendet den Krieg. Deshalb hat auch Homer nicht Aiax oder Achilles, sondern Ulixes den „Städtezerstörer" genannt.

(Rom, den 11. Mai 43)

10 (19).
Cicero an Plancus.

Wiewohl ich keine Danksagung von Dir erwartete, weil ich weiß, wie von Herzen dankbar Du an sich bist, hat sie mir doch, offen gestanden, sehr wohlgetan, denn nun sehe ich gleichsam mit eigenen Augen, wie lieb Du mich hast. „Und bisher?" wirst Du sagen. Schon immer, aber niemals so deutlich!

Dein Schreiben hat im Senat riesigen Eindruck gemacht, sowohl was die einschneidenden, hochbedeutsamen Tatsachen angeht, die für Deine Tapferkeit und Entschlußfreudigkeit zeugen, als auch vermöge der Wucht der Gedanken und Worte. Aber sieh zu, mein Plancus, daß Du den Rest des Krieges erledigst! Davon wird es abhängen, ob Du das Letzte an Dank und Ruhm erntest. Ich hege die besten Wünsche für den Staat, aber ich bin es weiß Gott nachgerade müde geworden, ihn dauernd zu retten, und ich gestehe, Dein Ruhm liegt mir beinahe ebensosehr am Herzen wie das Vaterland. Ihn zu erringen haben Dir die unsterblichen Götter, wie ich hoffe, eine glänzende Gelegenheit gegeben; laß sie Dir nicht entgehen, ich beschwöre Dich! Wer Antonius unschädlich macht, beendet diesen scheußlichen, gefährlichen Krieg!

(Rom, Mitte Mai 43)

XI.
CICERO PLANCO.

Nihil post hominum memoriam gloriosius, nihil 1
gratius, ne tempore quidem ipso opportunius accidere
vidi quam tuas, Plance, litteras. redditae sunt enim
frequenti senatu Cornuto, cum is frigidas sane et
inconstantis recitasset litteras Lepidi. sub eas statim
recitatae sunt tuae non sine magnis quidem clamoribus. cum rebus enim ipsis essent et studiis beneficiis-
que in rem p. gratissimae, tum erant gravissimis verbis ac sententiis. flagitare senatus institit Cornutum, ut
referret statim de tuis litteris. ille se considerare velle.
cum ei magnum convicium fieret cuncto a senatu,
quinque tribuni plebi rettulerunt. Servilius rogatus
rem distulit; ego eam sententiam dixi, cui sunt adsensi ad unum. ea quae fuerit, ex s. c. cognosces.

Tu quamquam consilio non eges vel abundas po- 2
tius, tamen hoc animo esse debes, ut nihil huc reicias
neve in rebus tam subitis tamque angustis a senatu
consilium petendum putes, ipse tibi sis senatus, quocumque te ratio rei p. ducet, sequare, cures, ut ante
factum aliquod a te egregium audiamus, quam futurum putarimus. illud tibi promitto, quicquid erit
a te factum, id senatum non modo ut fideliter sed
etiam ut sapienter factum comprobaturum.

XII.
CICERO PLANCO.

Ita erant omnia, quae istim adferebantur, incerta, 1
ut, quid ad te scriberem, non occurreret. modo enim,
quae vellemus, de Lepido, modo contra nuntiaban-
tur; de te tamen fama constans nec decipi posse nec
vinci; quorum alterius fortuna partem habet quandam, alterum proprium est prudentiae tuae. sed 2

11 (16).
Cicero an Plancus.

Seit Menschengedenken ist wohl nichts so Ruhmvolles, nichts so Willkommenes passiert und so im rechten Augenblick eingetreten, wie das Eintreffen Deines Briefes, mein Plancus! Er wurde nämlich vor zahlreich versammeltem Senat dem Cornutus eingehändigt, als er eben ein ganz frostiges, widerspruchsvolles Schreiben des Lepidus verlesen hatte. Gleich im Anschluß daran wurde das Deinige verlesen und mit Beifallsstürmen begrüßt. Es war uns ja schon wegen der Tatsachen, Deines Eifers und Deiner Verdienste um den Staat hochwillkommen, machte aber auch durch Stil und Wortwahl tiefen Eindruck. Der Senat forderte beharrlich, Cornutus solle Dein Schreiben sofort zur Debatte stellen. Der erklärte, er wolle es sich überlegen. Aber als der gesamte Senat ihm hart zusetzte, nahmen fünf Tribunen die Sache in die Hand. Servilius, zur Stellungnahme aufgefordert, beantragte Vertagung. Ich stellte den Gegenantrag, der einstimmig angenommen wurde. Den Wortlaut ersiehst Du aus dem Senatsbeschluß.

Du bedarfst ja gewiß nicht des Rates, weißt Dir vielmehr selbst am besten zu raten. Doch möchte ich Dir nahelegen, daß Du keine Entscheidungen an uns zurückzuverweisen brauchst; wo die Lage sich dauernd ändert und so schwierig ist, brauchst Du keine Instruktionen vom Senat zu erbitten. Sei Dein eigener Senat, befolge, was das Staatsinteresse Dir gebietet, und mach', daß wir eher von Deinen Heldentaten hören, als wir sie erwarten. Dies verspreche ich Dir: jede Deiner Taten wird der Senat als Beweis nicht nur Deiner Treue, sondern auch Deiner Weisheit gutheißen.

(Rom, den 27. Mai 43)

12 (20).
Cicero an Plancus.

Alle von dort einlaufenden Nachrichten sind so unsicher, daß ich nicht weiß, was ich Dir schreiben soll. Bald hören wir von Lepidus, was wir wünschen, bald das Gegenteil. Über Dich jedoch herrscht nur eine Stimme: Du ließest Dich nicht täuschen und auch nicht unterkriegen. Das eine hängt wesentlich vom Glück ab, das andre ist durch Deine Klugheit bedingt. Ich habe indessen einen Brief von

accepi litteras a collega tuo datas Id. Mai., in quibus
erat te ad se scripsisse a Lepido non recipi Antonium;
quod erit certius, si tu ad nos idem scripseris. sed
minus audes fortasse propter inanem laetitiam litterarum superiorum. verum, ut errare, mi Plance,
potuisti – quis enim id effugerit? –, sic decipi te non
potuisse quis non videt? nunc vero etiam erroris
causa sublatast; culpa enim illa 'bis ad eundem' vulgari reprehensa proverbio est. sin, ut scripsisti ad
collegam, ita se res habet, omni cura liberati sumus
nec tamen erimus, priusquam ita esse tu nos feceris
certiores.

Mea quidem, ut ad te saepius scripsi, haec sententia 3
est, qui reliquias huius belli oppresserit, eum totius
belli confectorem fore; quem te et opto esse et confido
futurum.

Studia mea erga te, quibus certe nulla esse maiora
potuerunt, tibi tam grata esse, quam ego putavi fore,
minime miror vehementerque laetor. quae quidem
tu, si recte istic erit, maiora et graviora cognosces.
III Kal. Iun.

XIII.
CICERO PLANCO.

In te et in collega omnis spes est dis adprobantibus.
concordia vestra, quae senatui declarata litteris vestris
est, mirifice et senatus et cuncta civitas delectata est.

Quod ad me scripseras de re agraria, si consultus
senatus esset, ut quisque honorificentissimam de te
sententiam dixisset, eam secutus essem; qui certe ego
fuissem. sed propter tarditatem sententiarum moram-
que rerum cum ea, quae consulebantur, ad exitum non
pervenirent, commodissimum mihi Plancoque fratri
visumst uti eo s. c., quod ne nostro arbitratu com-

Deinem Kollegen erhalten, datiert vom 15. Mai; in dem steht, Du habest ihm geschrieben, Antonius finde bei Lepidus keine Aufnahme. Ob das stimmt, werden wir wissen, wenn Du es uns bestätigst. Aber vielleicht wagst Du es nicht recht, weil die Freude in Deinem letzten Briefe sich als eitel erwiesen hat. Nun, mein Plancus, Du hast Dich zwar irren können – das kann ja jedem einmal passieren –, aber daß Du Dich nicht hast aufs Glatteis führen lassen, sieht doch jedermann. Jetzt aber fällt auch die Ursache Deines Irrtums weg; ein Verschulden wäre es erst, wenn Du noch einmal über denselben Stein stolpertest, wie es in dem bekannten Sprichwort heißt. Wenn es sich aber doch so verhält, wie Du an Deinen Kollegen geschrieben hast, dann sind wir aller Sorgen ledig, aber doch eigentlich erst dann, wenn Du uns bestätigst, daß es so ist.

Ich bin, wie ich Dir schon mehrfach geschrieben habe, der Meinung, daß, wer die Reste dieses Krieges beseitigt, damit gleichzeitig dem Kriege überhaupt ein Ende macht, und ich glaube und wünsche, daß Du der Mann dazu bist.

Daß Du mein Interesse für Dich, das gewiß nicht hätte größer sein können, so dankbar aufnimmst, wie ich es erwartet habe, wundert mich gar nicht, und ich freue mich sehr darüber. Wenn dort alles geht, wie es soll, wirst Du sehen, daß es noch größer und nachhaltiger wird.

(Rom,) den 30. Mai (43)

13 (22).
Cicero an Plancus.

Auf Dir und Deinem Kollegen beruht, so Gott will, all unsre Hoffnung. Euer gutes Einvernehmen, von dem Ihr dem Senat durch Euer Schreiben Kenntnis gegeben habt, hat im Senat und der ganzen Bürgerschaft riesige Freude hervorgerufen.

Was die von Dir erwähnte Ackeranweisung betrifft, so hätte ich mich, wenn die Sache im Senat zur Sprache gekommen wäre, dem für Dich ehrenvollsten Antrage angeschlossen, und diesen Antrag hätte bestimmt ich gestellt. Als aber wegen der Langsamkeit der Stimmabgabe und des Schneckengangs der Verhandlungen die Umfrage kein Ende fand, schien es mir und Deinem Bruder Plancus am besten, uns mit dem früheren Senatsbeschluß zu begnügen;

poneretur quis fuerit impedimento, arbitror te ex
Planci litteris cognovisse. sed sive in s. c. sive in ceteris rebus desideras aliquid, sic tibi persuade, tantam
esse apud omnis bonos tui caritatem, ut nullum genus
amplissimae dignitatis excogitari possit, quod tibi non
paratum sit.

Litteras tuas vementer exspecto, et quidem talis,
qualis maxime opto.
Vale.

XIV.
PLANCVS CICERONI.

Gratissimae mihi tuae litterae fuerunt, quas ex 1
Furni sermone te scripsisse animadverti. ego autem
praeteriti temporis excusationem adfero, quod te
profectum audieram nec multo ante redisse scii,
quam ex epistula tua cognovi. nullum enim in te officium ne minimum quidem sine maxima culpa videor
posse praeterire, in quo tuendo habeo causas plurimas
vel paternae necessitudinis vel meae a pueritia obser-
vantiae vel tui erga me mutui amoris. quare, mi Cicero, 2
quod mea tuaque patitur aetas, persuade tibi te unum
esse, in quo ego colendo patriam mihi constituerim
sanctitatem. omnia igitur tua consilia mihi non magis
prudentiae plena, quae summa est, videntur quam
fidelitatis, quam ego ex mea conscientia metior. quare,
si aut aliter sentirem, certe admonitio tua me repri-
mere aut, si dubitarem, hortatio impellere posset, ut
id sequerer, quod tu optimum putares; nunc vero quid
est, quod me in aliam partem trahere possit? quaecumque in me bona sunt aut fortunae beneficio tributa aut meo labore parta, etsi a te propter amorem
carius sunt aestimata, tamen vel inimicissimi iudicio

wer es damals verhindert hat, daß er nicht ganz nach unsern Wünschen ausfiel, hast Du wohl aus Plancus' Brief ersehen. Aber magst Du an diesem Senatsbeschluß oder an andern Dingen etwas auszusetzen haben, so darfst Du doch überzeugt sein, alle Guten schätzen Dich so außerordentlich, daß man sich keine Art allerhöchster Anerkennung ausdenken könnte, die für Dich unerreichbar wäre.

Mit Ungeduld erwarte ich Nachricht von Dir, und zwar, wie ich sie am meisten wünsche!

Leb' wohl!

(Rom, Ende Juni 43)

14 (4).
Plancus an Cicero.

Für Deinen Brief danke ich Dir herzlich. Wie ich sehe, hast Du ihn nach dem Gespräch mit Furnius geschrieben. Als Entschuldigung für die letzte Zeit mache ich geltend, daß ich gehört hatte, Du seiest verreist, und daß Du zurückgekommen bist, habe ich nicht viel eher erfahren, als ich es aus Deinem Briefe ersah. Denn ich glaube, auch nicht die geringste Aufmerksamkeit verabsäumen zu können, ohne schwere Schuld auf mich zu laden, und sie nicht außer acht zu lassen, dafür habe ich mehr als einen Grund: unsre Beziehungen vom Vater her, meine Ergebenheit von Kindesbeinen an und Deine dagegen gespendete Liebe zu mir. Darum, mein Cicero, darfst Du überzeugt sein, daß Du der einzige bist, den ich entsprechend dem Altersunterschied zwischen uns wie einen Vater so unverbrüchlich in Ehren zu halten gedenke. So scheinen mir denn auch all Deine Ratschläge ebensosehr ein Zeugnis höchster Weisheit wie echter Aufrichtigkeit zu sein, die ich nach meiner eigenen Gesinnung bemesse. Sollte ich also einmal anders denken, würde mich gewiß eine Warnung von Dir stutzig machen, sollte ich einmal zweifeln, ein ermunterndes Wort mich veranlassen können, den Weg einzuschlagen, den Du für den besten hältst. Aber was könnte mich augenblicklich in eine andre Richtung treiben? Alles, was gut an mir ist, was ich dem Glück verdanke oder mir selbst erarbeitet habe, ist zwar von Dir aus Liebe überschätzt worden, aber nach dem Urteil selbst meines ärgsten Feindes doch so

tanta sunt, ut praeter bonam famam nihil desiderare
videantur.

Quare hoc unum tibi persuade, quantum viribus 3
eniti, consilio providere, auctoritate movere potuero,
hoc omne rei p. semper futurum. non est ignotus
mihi sensus tuus. neque, si facultas optabilis mihi
quidem tui praesentis esset, umquam a tuis consiliis
discreparem nec nunc committam, ut ullum meum
factum reprehendere iure possis.

Sum in exspectatione omnium rerum, quid in Gallia 4
citeriore, quid in urbe mense Ianuario geratur, ut
sciam. interim maximam hic sollicitudinem curamque
sustineo, ne inter aliena vitia hae gentes nostra mala
suam putent occasionem. quod si proinde, ut ipse
mereor, mihi successerit, certe et tibi, cui maxime
cupio, et omnibus viris bonis satis faciam.

Fac valeas meque mutuo diligas.

XV.
PLANCVS IMP. COS. DESIG. S. D. COS. PR.
TR. PL. SENATVI POPVLO PLEBIQVE
ROMANAE.

Si cui forte videor diutius et hominum exspectatio- 1
nem et spem rei p. de mea voluntate tenuisse suspen-
sam, huic prius excusandum me esse arbitror quam de
insequenti officio quicquam ulli pollicendum; non
enim praeteritam culpam videri volo redemisse, sed
optimae mentis cogitata iam pridem maturo tempore
enuntiare.

Non me praeteribat in tanta sollicitudine hominum 2

bedeutend, daß es außer des guten Rufes nichts weiter zu bedürfen scheint.

Darum kannst Du ganz beruhigt sein: Was ich mit meinen Kräften erreichen, mit meiner Einsicht voraussehen, mit meinem Einfluß in Bewegung setzen kann, wird alles stets dem Staate dienen. Ich kenne Deine Gesinnung ganz genau, und wenn ich die mir so erwünschte Möglichkeit hätte, Dich hier bei mir zu haben, würde ich niemals von Deinen Ratschlägen abweichen und werde Dir somit auch jetzt keine Veranlassung geben, irgendeine Tat von mir mit Recht tadeln zu können.

Ich bin doch gespannt, wie alles sich entwickeln wird, was in Gallia Citerior, was in der Hauptstadt im Januar passiert. Derweilen schwebe ich hier in größter Unruhe und Sorge, die hiesigen Völkerschaften könnten bei all den Verfehlungen anderer auf den Gedanken kommen, unsre prekäre Lage für sich zu nutzen. Wenn mir dabei so, wie ich es verdiene, Erfolg beschieden ist, wirst sowohl Du, dem ich es am meisten wünsche, wie auch jeder Patriot mit mir zufrieden sein.

Laß es Dir weiter gut gehen und vergilt mir meine Wertschätzung!

(In Gallia Comata, Ende Dezember 44)

15 (8).
Plancus, Imperator und designierter Konsul,
grüßt
Konsuln, Prätoren, Volkstribunen,
Senat, Gesamtvolk und Plebs von Rom.

Vielleicht meint manch einer, ich hätte die Erwartungen der Bevölkerung und die Hoffnungen des Vaterlandes allzu lange betreffs meiner Absichten unbefriedigt gelassen. Diesen Vorwurf glaube ich zunächst zurückweisen zu müssen, ehe ich irgendwelche Versprechungen über meine zukünftigen Dienste mache, denn ich möchte den Schein vermeiden, als hätte ich einen früheren Fehler dadurch wiedergutmachen wollen, will vielmehr die mir längst von bester Gesinnung eingegebenen Gedanken jetzt, wo es Zeit dazu ist, darlegen.

Ich bin mir klar darüber, daß angesichts der schweren Beun-

et tam perturbato statu civitatis fructuossismam esse
professionem bonae voluntatis, magnosque honores
ex ea re complures consecutos videbam; sed cum in
eum casum me fortuna demisisset, ut aut celeriter
pollicendo magna ipse ad proficiendum impedimenta
opponerem aut, si in eo mihi temperavissem, maiores
occasiones ad opitulandum haberem, expeditius iter
communis salutis quam meae laudis esse volui. nam
quis in ea fortuna, quae mea est, et ab ea vita, quam
in me cognitam hominibus arbitror, et cum ea spe,
quam in manibus habeo, aut sordidum quicquam
pati aut perniciosum concupiscere potest? sed ali- 3
quantum nobis temporis et magni labores et multae
impensae opus fuerunt, ut, quae rei p. bonisque omnibus polliceremur, exitu praestaremus neque ad auxilium patriae nudi cum bona voluntate sed cum facultatibus accederemus. confirmandus erat exercitus
nobis magnis saepe praemiis sollicitatus, ut ab re p.
potius moderata quam ab uno infinita speraret; confirmandae complures civitates, quae superiore anno lar-
gitionibus concessionibusque praemiorum erant obli-
gatae, ut et illa vana putarent et eadem a melioribus
auctoribus petenda existimarent; eliciendae etiam voluntates reliquorum, qui finitimis provinciis exer-
citibusque praefuerunt, ut potius cum pluribus societatem defendendae libertatis iniremus quam cum
paucioribus funestam orbi terrarum victoriam parti- 4
remur. muniendi vero nosmet ipsi fuimus aucto exercitu auxiliisque multiplicatis, ut, cum praeferremus
sensus aperte, tum etiam invitis quibusdam sciri, quid
defensuri essemus, non esset periculosum. ita numquam diffitebor multa me, ut ad effectum horum consiliorum pervenirem, et simulasse invitum et dissimu-

ruhigung der Bevölkerung und der Zerrüttung des Staates eine Erklärung meines guten Willens nicht ganz nutzlos ist, und weiß auch, daß eine Reihe von Männern dadurch zu hohen Ehren gekommen ist. Doch hat mich das Schicksal in eine Lage gebracht, die mich vor die Wahl stellte, entweder durch voreilige Verheißungen mir selbst schwere Hindernisse in den Weg zum Erfolg zu legen, oder, wenn ich mich darin zurückhalte, in Zukunft bessere Gelegenheit zur Hilfeleistung zu finden. Ich habe mich dafür entschieden, daß der Weg zum gemeinsamen Wohl sich mehr empfiehlt als der zu persönlichem Ruhm. Wie könnte denn auch jemand in einer Lage wie der meinigen, auf Grund einer Lebensführung, wie sie wohl jedermann an mir kennt, mit den Aussichten, die ich in Händen habe, etwas Schmutziges dulden oder etwas Unheilvolles wünschen? Aber ich benötigte eine Spanne Zeit, umfangreiche Vorarbeiten und großen Aufwand, um für den Erfolg dessen, was ich dem Staate und allen Guten versprechen wollte, einstehen zu können und nicht bloß mit gutem Willen gewappnet, sondern wohlausgerüstet an die Rettung des Vaterlandes heranzugehen. Ich mußte mich meiner Armee versichern, die mehrfach durch Aussicht auf hohe Belohnungen aufgewiegelt wurde, damit sie sich mit den maßvollen Versprechungen des Staates zufrieden gäbe und nicht auf die maßlosen Summen des einen Mannes spekulierte; ich mußte eine Reihe von Gemeinden beruhigen, die sich durch Schenkungen und Zugeständnisse im vergangenen Jahre verpflichtet fühlten, damit sie einsähen, wie nichtig das alles sei, und sich dazu bequemten, um die gleichen Vergünstigungen bei einer besseren Instanz einzukommen; ich mußte auch die Absichten der Statthalter und Kommandeure der benachbarten Provinzen und Armeen herauszubekommen suchen, um mit einer Mehrheit im Bunde die Freiheit zu schützen, und nicht mit einer Minderheit einen für die ganze Welt verhängnisvollen Sieg zu teilen. Auch ich selbst mußte mich sichern durch Verstärkung meiner Armee und Vervielfachung der Hilfstruppen, so daß es bei offener Bekanntgabe meiner Absichten nicht gefährlich werden könnte, wenn gewisse Leute zu ihrem Ärger erführen, welcher Partei ich mich anschlösse. So werde ich nie in Abrede stellen, daß ich zur Erreichung meiner Ziele oft genug gezwungenermaßen gegen meine

lasse cum dolore, quod praematura denuntiatio boni
civis imparati quam periculosa esset ex casu conlegae
videbam.

Quo nomine etiam C. Furnio legato, viro forti at- 5
que strenuo, plura etiam verbo quam scriptura mandata dedimus, ut et tectius ad vos perferrentur et nos
essemus tutiores, quibusque rebus et communem salutem muniri et nos armari conveniret praecepimus.
ex quo intellegi potest curam rei p. summae defen-
dundae iam pridem apud nos excubare.

Nunc cum deum benignitate ab omni re sumus 6
paratiores, non solum bene sperare de nobis homines
sed explorate iudicare volumus. legiones habeo quinque sub signis et sua fide virtuteque rei p. coniunctis-
simas et nostra liberalitate nobis obsequentes, provinciam omnium civitatium consensu paratissimam
et summa contentione ad officia certantem, equitatus
auxiliorumque tantas copias, quantas hae gentes ad
defendendam suam salutem libertatemque conficere
possunt; ipse ita sum animo paratus, ut vel provinciam tueri vel ire, quo res p. vocet, vel tradere exercitum, auxilia provinciamque vel omnem impetum
belli in me convertere non recusem, si modo meo
casu aut confirmare patriae salutem aut periculum
possim morari.

Haec si iam expeditis omnibus rebus tranquilloque 7
statu civitatis polliceor, in damno meae laudis rei p.
commodo laetabor; sin ad societatem integerrimorum
et maximorum periculorum accedam, consilia mea
aequis iudicibus ab obtrectatione invidorum defendenda commendo. mihi quidem ipsi fructus meritorum meorum in rei p. incolumitate satis magnus est
paratus; eos vero, qui meam auctoritatem et multo
magis vestram fidem secuti nec ulla spe decipi nec

Überzeugung gesprochen und, so schwer es mir fiel, meine wahre Gesinnung verschwiegen habe, denn ich sah an dem Schicksal meines Kollegen, wie gefährlich es ist, sich vorzeitig für die gute Sache zu erklären, wenn man nicht gewappnet ist.

Deshalb habe ich auch meinen Legaten C. Furnius, einen braven, dienstfeifrigen Mann, noch mehr mündliche als schriftliche Instruktionen mitgegeben, damit sie ohne Indiskretion an Euch gelangten und ich weniger gefährdet würde, und ihn unterrichtet, wie das gemeinsame Wohl am besten gesichert werden und wir uns am zweckmäßigsten wappnen könnten. Hieraus mag man ersehen, daß die Sorge um die höchsten Belange des Staates nicht erst gestern bei mir auf Wache gezogen ist.

Jetzt, wo ich durch die Gnade der Götter in jeder Hinsicht besser gerüstet dastehe, wünsche ich, die Leute erhofften nicht nur Gutes von mir, sondern seien sich dessen ganz sicher. Ich habe fünf Legionen unter der Fahne, die sich in Treue und Tüchtigkeit mit dem Staate fest verbunden fühlen und mir infolge meiner guten Behandlung ergeben sind, eine auf einmütigen Beschluß aller Gemeinden opferwillige und in Erfüllung ihrer Pflichten leidenschaftlich wetteifernde Provinz, Massen an Reiterei und Hilfstruppen, soviele die Stämme hier zur Verteidigung ihres Landes und ihrer Freiheit aufbringen können. Ich selbst bin zu allem bereit und werde mich nicht weigern, die Provinz zu schützen oder auch zu gehen, wohin der Staat mich ruft, das Kommando über Armee, Hilfsvölker und Provinz abzugeben oder die ganze Wucht des Krieges auf mich zu ziehen, wenn ich nur durch meine Haltung die Existenz des Vaterlandes sichern oder die Gefahr aufhalten kann.

Sollte ich mit diesen meinen Versprechungen zu spät kommen, weil schon alles erledigt ist und Ruhe und Frieden herrscht, werde ich mich trotz meines Verlustes an Ruhm freuen, daß es für den Staat gut ausgegangen ist; komme ich aber als Partner schwerer, noch in voller Furchtbarkeit drohender Gefahren, so hoffe ich, bei der Verteidigung meiner Entschlüsse gegen die Intrigen meiner Neider gerechte Richter zu finden. Mich selbst fühle ich hinreichend belohnt für meine Verdienste, wenn das Vaterland gerettet wird; ich möchte mir aber ausgebeten haben, daß Ihr Euch die

ullo metu terreri potuerunt, ut commendatos vobis
habeatis, petendum videtur.

XVI.
PLANCVS CICERONI.

Plura tibi de meis consiliis scriberem rationemque 1
omnium rerum redderem verbosius, quo magis iudicares omnia me rei p. praestitisse, quae et tua exhorta-
tione excepi et mea adfirmatione tibi recepi – non
minus enim a te probari quam diligi semper volui,
nec te magis in culpa defensorem mihi paravi quam
praedicatorem meritorum meorum esse volui –; sed
breviorem me duae res faciunt, una, quod publicis
litteris omnia sum persecutus, altera, quod M. Varisi-
dium, equitem R., familiarem meum, ipsum ad te
transire iussi, ex quo omnia cognoscere posses.

Non medius fidius mediocri dolore adficiebar, cum 2
alii occupare possessionem laudis viderentur, sed usque mihi temperavi, dum perducerem eo rem, ut dignum aliquid et consulatu meo et vestra exspectatione
efficerem. quod spero, si me fortuna non fefellerit, me
consecuturum, ut maximo praesidio rei p. nos fuisse
et nunc sentiant homines et in posterum memoria
teneant.

A te peto, ut dignitati meae suffrageris et, quarum
rerum spe ad laudem me vocasti, harum fructu in reliquum facias alacriorem. non minus posse te quam
velle exploratum mihi est.

Fac valeas meque mutuo diligas.

Männer empfohlen sein laßt, die meiner Initiative und mehr noch
Euren Zusicherungen gefolgt sind und sich durch kein Lockmittel
haben verführen und durch kein Schreckmittel haben beirren lassen.

(In Gallia Comata, um den 23. März 43)

16 (7).
Plancus an Cicero.

Ich würde Dir mehr über meine Pläne schreiben und ausführlicher über alles Rechenschaft ablegen, und Du würdest Dich dann
besser überzeugen können, daß ich alles für den Staat geleistet habe,
was ich aus Deinen Mahnungen herausgehört und Dir durch meine
Zusicherungen versprochen habe – denn von je liegt mir nicht
weniger an Deiner Anerkennung als an Deiner Wertschätzung, und
ich habe in Dir weniger einen Verteidiger meiner Fehltritte als
einen Würdiger meiner Verdienste finden wollen –; aber zweierlei
erlaubt mir, mich kürzer zu fassen: einmal, daß ich in meinem offiziellen Schreiben alles dargelegt habe, zum andern, daß ich meinem
Freunde, dem Römischen Ritter M. Varisidius, den Auftrag gegeben habe, Dich persönlich aufzusuchen, damit Du alles von ihm
erfahren könnest.

Ich bin weiß Gott ziemlich aufgebracht, daß ich sehen muß, wie
andre Vorschußlorbeeren erhalten, habe aber immer wieder an
mich gehalten, bis ich etwas meines Konsulats und Eurer Erwartungen Würdiges zustandebrächte. Das hoffe ich nun, wenn Fortuna mich nicht narrt, zu erreichen, daß alle Welt jetzt merkt und
in Zukunft nicht vergißt, welch starkes Bollwerk für den Staat ich
gewesen bin.

Dich bitte ich, für meine Würde einzutreten und durch Erfüllung dessen, was Du mir in Aussicht gestellt hast, um mich auf die
Bahn des Ruhmes zu schicken, meinen Eifer fortan noch zu steigern. Daß Du das ebenso gut kannst wie willst, ist für mich ausgemacht.

Laß es Dir gut gehen und erwidere meine Wertschätzung!

(In Gallia Comata, um den 23. März 43)

XVII.
PLANCVS CICERONI S.

Nihil me tibi temere aut te ceteris de me frustra 1
recepisse laetor; certe hoc maius habes testimonium
amoris mei, quo maturius tibi quam ceteris consilia
mea volui esse nota. in dies vero meritorum meorum
fieri accessiones pervidere te spero, cogniturum magis
recipio.

Quod ad me attinet, mi Cicero, – ita ab imminen- 2
tibus malis res p. me adiuvante liberetur! – sic honores
praemiaque vestra suspicio conferenda certe cum im-
mortalitate, ut sine iis nihil de meo studio persoveran-
tiaque sim remissurus. nisi in multitudine optimorum
civium impetus animi mei fuerit singularis et opera
praecipua, nihil ad meam dignitatem accedere volo
suffragatione vestra. concupisco autem nihil mihi 3
– contra quod ipse pugno –; et temporis et rei te mode-
ratorem facile patior esse. nihil aut sero aut exigue a
patria civi tributum potest videri.

Exercitum a. d. VI Kal. Mai. Rhodanum traieci
magnis itineribus, Vienna equites mille via breviore
praemisi. ipse, si ab Lepido non impediar, celeritate
satis faciam; si autem itineri meo se opposuerit, ad
tempus consilium capiam. copias adduco et numero
et genere et fidelitate firmissimas.

Te ut diligas me, si mutuo te facturum scis, rogo.
Vale.

XVIII.
PLANCVS CICERONI.

Inmortalis ago tibi gratias agamque, dum vivam; 1
nam relaturum me adfirmare non possum. tantis enim

17 (9).

Plancus grüßt Cicero.

Ich bin froh, daß ich Dir nichts ins Blaue hinein versprochen habe und Du niemandem zwecklose Zusagen über mich gemacht hast; jedenfalls hast Du damit einen besonderen Beweis meiner Liebe zu Dir, daß ich Dich eher als alle andern mit meinen Absichten habe bekannt machen wollen. Ich hoffe, Du siehst, wie meine Verdienste sich von Tag zu Tag steigern, und ich verbürge mich dafür, daß Du es immer besser erkennen wirst.

Was mich betrifft, mein Cicero – so wahr der Staat mit meiner Hilfe vor dem drohenden Unheil bewahrt bleiben möge! –, so blicke ich zwar bewundernd auf zu Euern Ehrungen und Belohnungen, die gewiß nahe an die Unsterblichkeit heranreichen, aber auch ohne sie würde ich keinesfalls in meinem Eifer und meiner Beharrlichkeit nachlassen. Wenn sich in der Masse der Patrioten mein leidenschaftlicher Drang nicht als etwas Außerordentliches erweist und meine Betätigung als etwas Besonderes, dann liegt mir gar nichts an einer Rangerhöhung durch Eure Stimmen. Für mich persönlich fordere ich gar nichts – diese Auffassung bekämpfe ich ja selbst! –; Zeitpunkt und Ausmaß überlasse ich gern Deinem Ermessen. Was das Vaterland einem Bürger zukommen läßt, kann doch niemals zu spät kommen oder zu gering bemessen sein.

Ich bin mit meiner Armee am 26. April in Eilmärschen über die Rhone gegangen und habe von Vienna aus 1000 Reiter auf einem Richtwege vorausgeschickt. Ich selbst werde mich, wenn ich nicht von Lepidus gehindert werde, so gut es geht, beeilen; legt er sich mir in den Weg, werde ich je nach Umständen handeln. Ich führe eine Truppe heran, die es nach Zahl, Beschaffenheit und Zuverlässigkeit mit jedem aufnimmt.

Behalt mich lieb, wenn Du Gleiches mit Gleichem vergelten willst! Leb' wohl!

(In Gallia Narbonensis, den 26. April 43)

18 (11).

Plancus an Cicero.

Ich bin Dir riesig dankbar und werde es immer sein, solange ich lebe; daß ich mich einmal revanchieren werde wage ich nicht zu

tuis officiis non videor mi respondere posse, nisi forte,
ut tu gravissime disertissimeque scripsisti, ita sensurus
es, ut me referre gratiam putes, cum memoria tenebo.
si de filii tui dignitate esset actum, amabilius certe nihil facere potuisses. primae tuae sententiae infinitis
cum muneribus, posteriores ad tempus arbitriumque
amicorum meorum compositae, oratio adsidua et
perpetua de me, iurgia cum obtrectatoribus propter
me notissima mihi sunt. non mediocris adhibenda
mihi est cura, ut rei p. me civem dignum tuis laudibus
praestem, in amicitia tua memorem atque gratum.
quod reliquum est, tuum munus tuere et me, si, quem
esse voluisti, eum exitu rebusque cognoscis, defende
ac suscipe.

Cum Rhodanum copias omnis traiecissem fratrem- 2
que cum tribus milibus equitum praemisissem, ipse
iter ad Mutinam dirigerem, in itinere de proelio facto
Brutoque et Mutina obsidione liberatis audivi. animadverti nullum alium receptum Antonium reliquias-
que, quae cum eo essent, habere nisi in his partibus,
duasque ei spes esse propositas, unam Lepidi ipsius,
alteram exercitus, quod quaedam pars exercitus non
minus furiosa est, quam qui cum Antonio fuerunt.
equitatum revocavi; ipse in Allobrogibus constiti,
ut proinde ad omnia paratus essem, ac res me mone-
ret. si nudus hoc se Antonius confert, facile mi videor
per me sustinere posse remque publicam ex vestra
sententia administrare, quamvis ab exercitu Lepidi
recipiatur; si vero copiarum aliquid secum adducet
et si decima legio veterana, quae nostra opera revo-
cata cum reliquis est, ad eundem furorem redierit,
tamen, ne quid detrimenti fiat, dabitur opera a me,
idque me praestaturum spero, dum istinc copiae

versichern, denn ich bin mir bewußt, gar nicht imstande zu sein, all Deine Liebesdienste zu erwidern, es sei denn, Du begnügtest Dich damit, wie Du allen Ernstes und nachdrücklich erklärt hast, es als Vergeltung zu betrachten, wenn ich Dir Deine Dienste nicht vergesse. Wäre es um Deines Sohnes Würde gegangen, Du hättest gewiß nicht liebreicher handeln können. Deine ersten Anträge, verbunden mit unermeßlichen Gefälligkeiten, Deine weiteren, ganz auf die Umstände und das Ermessen meiner Freunde abgestimmt, Dein zähes, beharrliches Eintreten für mich, der Zank um meine Person mit meinen Widersachern – all das ist mir bekannt. Da bedarf es ziemlicher Anstrengungen meinerseits, daß ich mich als Deines Lobes würdigen Staatsbürger bewähre und Deine Freundschaft in dankbarer Erinnerung behalte. Im übrigen – walte weiter Deines Amtes, und wenn Du an meinen Taten und Erfolgen erkennst, daß ich bin, wie Du mich gewollt hast, dann verteidige mich und nimm mich unter Deinen Schutz!

Nachdem ich alle meine Truppen über die Rhone gesetzt und meinen Bruder mit 1000 Reitern vorausgeschickt hatte, während ich selbst in Richtung auf Mutina marschierte, erhielt ich unterwegs die Nachricht, daß die Schlacht geschlagen und Brutus und Mutina aus der Belagerung befreit seien. Ich sagte mir, daß Antonius und die Trümmer seiner Armee, die er bei sich hat, sich nur in diese Gegend hier zurückziehen können, und daß er auf zweierlei seine Hoffnung setzt, einmal auf Lepidus persönlich und zum andern auf dessen Armee, weil ein beträchtlicher Teil dieser Armee nicht weniger aus Rand und Band ist als die Leute des Antonius. So habe ich denn meine Reiterei zurückbeordert und mich selbst im Allobrogerlande festgesetzt, um je nachdem, was die Lage erfordert, auf alles vorbereitet zu sein. Kommt Antonius ohne Mannschaft hierher, dann glaube ich, bequem allein fertig werden und die Sache im Sinne des Staates führen zu können, selbst wenn er bei der Armee des Lepidus Unterschlupf findet; hat er aber Truppen bei sich und beginnt die 10. Veteranenlegion, die ich mit den übrigen durch mein Eingreifen zur Raison gebracht habe, wieder zu meutern, will ich mich trotzdem bemühen, daß kein Unheil geschieht, und hoffe, dafür einstehen zu können, bis von dort Verstärkungen herübergeworfen

traiciantur coniunctaeque nobiscum facilius perditos opprimant.

Hoc tibi spondeo, mi Cicero, neque animum nec 3 diligentiam mihi defuturam. cupio mehercules nullam residuam sollicitudinem esse; sed si fuerit, nec animo nec benevolentiae nec patientiae cuiusquam pro vobis cedam. do quidem ego operam, ut etiam Lepidum ad huius rei societatem incitem, omniaque ei obsequia polliceor, si modo rem p. respicere volet. utor in hac re adiutoribus interpretibusque fratre meo et Laterense et Furnio nostro. non me impedient privatae offensiones, quo minus pro rei p. salute etiam cum inimicissimo consentiam. quod si nihil profecero, nihilo minus maximo cum animo et maiore fortasse cum mea gloria vobis satis faciam.

Fac valeas meque mutuo diligas.

XIX.
PLANCVS CICERONI.

His litteris scriptis, quae postea accidissent scire te 1 ad rem p. putavi pertinere. sedulitas mea, ut spero, et mihi et rei p. tulit fructum. namque adsiduis internuntiis cum Lepido egi, ut omissa omni contentione reconciliataque voluntate nostra communi consilio rei p. succurreret, se, liberos urbemque pluris quam unum perditum abiectumque latronem putaret obsequioque meo, si ita faceret, ad omnis res abuteretur.

Profeci. itaque per Laterensem internuntium fidem 2 mihi dedit se Antonium, si prohibere provincia sua non potuissset, bello persecuturum, me, ut venirem copiasque coniungerem, rogavit, eoque magis, quod et Antonius ab equitatu firmus esse dicebatur et Lepidus ne mediocrem quidem equitatum habebat; nam etiam

werden und vereint mit uns um so leichter die Bande unschädlich machen.

Soviel verspreche ich Dir, mein Cicero, daß ich es weder an Mut noch an Umsicht fehlen lassen werde. Ich wünsche von Herzen, daß kein Grund zur Beunruhigung mehr bestehen bleibt; wenn doch, werde ich es mit jedem an Mut, Ergebenheit und Ausdauer für Euch aufnehmen. Ich gebe mir Mühe, auch Lepidus zum Anschluß an unsre Sache zu bringen, und verspreche ihm, mich in allem zu fügen, wenn er nur die Interessen des Staates im Auge behalten will. Dabei bediene ich mich meines Bruders, des Laterensis und unsres Furnius als Helfer und Unterhändler. Persönliche Mißhelligkeiten werden mich nicht hindern, für die Wohlfahrt des Staates mich selbst mit meinem ärgsten Feinde ins Einvernehmen zu setzen. Richte ich nichts aus, so bin ich trotzdem guten Mutes und werde Euch mit vielleicht noch größerem Ruhm für mich Genüge tun.

Halt Dich munter und erwidere meine Wertschätzung!

(Im Allobrogerlande, Ende April 43)

19 (15).

Plancus an Cicero.

Nach meinem letzten Briefe sind Ereignisse eingetreten, die Dir mitzuteilen meines Erachtens von Belang für den Staat ist. Meine emsige Tätigkeit hat sich, wie ich hoffe, für mich und den Staat bezahlt gemacht. In beharrlichen Verhandlungen habe ich Lepidus dazu zu bringen versucht, allen Streit zu begraben, sich mit uns auszusöhnen, gemeinsam mit mir dem Staate beizustehen, seine eigene Person, seine Kinder und die Hauptstadt höher zu achten als den einen verruchten, verworfenen Banditen; wenn er das tue, werde er mich in allem gefügig finden.

Der Erfolg ist nicht ausgeblieben, und so hat er mir durch Vermittlung des Laterensis sein Wort gegeben, falls er Antonius von seiner Provinz nicht fernhalten könne, ihn mit den Waffen zu bekämpfen. Er hat mich gebeten, zu kommen und meine Truppen mit den seinigen zu vereinigen, um so mehr, als Antonius angeblich an Reiterei stark ist, Lepidus aber nur ganz wenig Reiter be-

ex paucitate eius non multis ante diebus decem, qui optimi fuerant, ad me transierunt.

Quibus rebus ego cognitis cunctatus non sum; in cursu bonorum consiliorum Lepidum adiuvandum putavi. adventus meus quid profecturus esset, vidi, 3 vel quod equitatu meo persequi atque opprimere equitatum eius possem, vel quod exercitus Lepidi eam partem, quae corrupta est et ab re p. alienata, et corrigere et coercere praesentia mei exercitus possem.

Itaque in Isara, flumine maximo, quod in finibus est Allobrogum, ponte uno die facto exercitum a. d. VII Id. Mai. traduxi. cum vero mihi nuntiatum esset L. Antonium praemissum cum equitibus et cohortibus ad Forum Iuli venisse, fratrem cum equitum quattuor milibus, ut occurreret ei, misi a. d. V Id. Mai.; ipse maximis itineribus cum IIII legionibus expeditis et reliquo equitatu subsequar.

Si nos mediocris modo fortuna rei p. adiuverit, et 4 audaciae perditorum et nostrae sollicitudinis hic finem reperiemus. quod si latro praecognito nostro adventu rursus in Italiam se recipere coeperit, Bruti erit officium occurrere ei; cui scio nec consilium nec animum defuturum. ego tamen, si id acciderit, fratrem cum equitatu mittam, qui sequatur Italiamque a vastatione defendat.

Fac valeas meque mutuo diligas.

XX.
PLANCVS CICERONI.

Puderet me inconstantiae mearum litterarum, si 1 non haec ex aliena levitate penderent. omnia feci, qua re Lepido coniuncto ad rem p. defendundam minore sollicitudine vestra perditis resisterem; omnia ei et petenti recepi et ultro pollicitus sum scripsique tibi biduo ante confidere me bono Lepido esse usurum communique consilio bellum administraturum. cre-

sitzt; ja, von den wenigen, die er hat, sind vor einigen Tagen noch zehn, und zwar besonders tüchtige Leute, zu mir übergelaufen.

Unter diesen Umständen habe ich nicht gezögert und bei Lepidus den Zug zu vernünftigen Entschlüssen verstärken zu sollen geglaubt. Was mein Erscheinen nützen wird, liegt auf der Hand: entweder kann ich mit meiner Reiterei die des Antonius verfolgen und vernichten oder den verführten und dem Staate entfremdeten Teil der Armee des Lepidus zurechtweisen und zur Raison bringen.

Somit habe ich eine Brücke über die Isara, einen mächtigen Fluß im Allobrogerlande, schlagen lassen – es hat nur einen Tag gedauert – und vorgestern, am 9. Mai, meine Armee hinübergeführt. Als ich dann die Meldung erhielt, L. Antonius sei mit Reiterei und Infanterie vorausgeschickt worden und habe Forum Iulii erreicht, habe ich ihm heute, am 11. Mai, meinen Bruder mit 4000 Reitern entgegengeschickt; ich selbst werde ihm in Eilmärschen mit vier schlagfertigen Legionen und dem Rest der Reiterei folgen.

Wenn der Staat nur ein wenig Glück hat, werden wir der Verwegenheit der Banditen und unsern Besorgnissen hier ein Ziel setzen. Erfährt der Räuber vorzeitig von unserm Anrücken und macht Anstalten, sich wieder nach Italien zu wenden, dann wird es Brutus' Aufgabe sein, sich ihm in den Weg zu stellen, dem es, wie ich weiß, nicht an Mut und Initiative fehlen wird. Trotzdem werde ich, wenn dies eintritt, noch meinen Bruder mit der Reiterei schicken, um ihm zu folgen und Italien vor Verwüstung zu schützen.

Halt Dich munter und erwidere meine Wertschätzung!

(In Gallia Narbonensis, diesseits der Isara, den 11. Mai 43)

20 (21).
Plancus an Cicero.

Die Vorgänge hier hängen von der Charakterlosigkeit anderer ab; sonst müßte ich mich des Hin und Hers in meinen Briefen schämen. Ich habe alles getan, um mich mit Lepidus zur Verteidigung des Staates zusammenzutun, Eure Besorgnisse zu mindern und den Banditen entgegenzutreten. Ich habe ihm auf seine Bitte hin alles mögliche zugesagt und aus freien Stücken versprochen und Dir vorgestern geschrieben, ich hätte die feste Überzeugung,

didi chirographis eius, adfirmationi praesentis Laterensis, qui tum apud me erat reconciliaremque me
Lepido fidemque haberem orabat. non licuit diutius
bene de eo sperare; illud certe cavi et cavebo, ne mea
credulitate rei p. summa fallatur.

Cum Isaram flumen uno die ponte effecto exercitum 2
traduxissem pro magnitudine rei celeritatem adhibens,
quod petierat per litteras ipse, ut maturarem venire,
praesto mihi fuit stator eius cum litteris, quibus, ne
venirem, denuntiabat; se posse per se conficere negotium; interea ad Isaram exspectarem. indicabo teme-
rarium meum consilium tibi: nihilo minus ire decre-
ram existimans eum socium gloriae vitare. putabam
posse me nec de laude ieiuni hominis delibare quicquam et subesse tamen propinquis locis, ut, si durius
aliquid esset, succurrere celeriter possem. ego non 3
malus homo hoc suspicabar. at Laterensis, vir sanc-
tissimus, suo chirographo mittit mihi litteras nimis-
quam desperans de se, de exercitu, de Lepidi fide que-
rensque se destitutum, in quibus aperte denuntiat,
videam, ne fallar; suam fidem solutam esse; rei p. ne
desim. exemplar eius chirographi Titio misi; ipsa
chirographa omnia, et quibus credidi, et ea, quibus
fidem non habendam putavi, Laevo Cispio dabo per-
ferenda, qui omnibus iis interfuit rebus.

Accessit eo, ut milites eius, cum Lepidus contiona- 4
retur, improbi per se, corrupti etiam per eos, qui
praesunt, Canidios Rufrenosque et ceteros, quos, cum
opus erit, scietis, conclamarent viri boni pacem se
velle neque esse cum ullis pugnaturos duobus iam
consulibus singularibus occisis, tot civibus pro patria
amissis, hostibus denique omnibus iudicatis bonisque

an Lepidus einen loyalen Partner zu finden und mit ihm einig den Krieg führen zu können. Ich habe mich auf seine persönlichen Handschreiben und die mündlichen Versicherungen des Laterensis verlassen, der sich damals bei mir befand und mich bat, mich mit Lepidus zu versöhnen und ihm zu trauen. Jetzt darf man nicht länger Gutes von ihm erwarten. Dafür wenigstens habe ich gesorgt und werde auch in Zukunft dafür sorgen, daß durch meine Leichtgläubigkeit nicht das Staatsganze betrogen wird.

Als ich auf der an einem Tage fertiggestellten Brücke meine Armee angesichts der Dringlichkeit der Sache in aller Eile über die Isara geführt hatte – er selbst hatte mich brieflich ersucht, mein Kommen zu beschleunigen –, da erschien bei mir ein Kurier von ihm mit einem Schreiben, in welchem er mir erklärte, ich solle nicht kommen, er könne die Sache allein erledigen; einstweilen solle ich an der Isara warten. Jetzt höre meinen verwegenen Entschluß: ich entschloß mich, doch zu marschieren in dem Gefühl, daß er sich nur einen Partner seines Ruhms vom Halse schaffen wolle. Ich glaubte, ich könne, ohne der Ruhmsucht des faden Gesellen zu nahe zu treten, doch in der Nähe zur Hand sein, um schnell eingreifen zu können, falls es hart auf hart ginge. Ich in meiner Arglosigkeit vermutete so etwas, aber Laterensis, der Ehrenmann, läßt mir einen eigenhändigen Brief zukommen, völlig verzweifelt an sich, der Armee und Lepidus' Treue; er sei hinters Licht geführt worden; ganz offen warnt er mich, auf der Hut zu sein und mich nicht täuschen zu lassen; er habe sein Wort gehalten, auch ich solle den Staat nicht im Stiche lassen. Eine Kopie dieses Schreibens habe ich an Titius gesandt; alle Originale, sowohl die, denen ich getraut habe, als auch die, denen ich nicht trauen zu dürfen glaubte, stelle ich Euch durch Laevus Cispius zu, der bei all diesen Verhandlungen zugegen gewesen ist.

Hinzu kam noch folgendes: Bei einer Ansprache vor seinen Leuten schrieen diese, an sich schon Taugenichtse, überdies verdorben durch ihre Offiziere, Leute wie Canidius, Rufrenus und wie sie alle heißen – ihre Namen werdet Ihr bei Gelegenheit erfahren –, aber sich als Biedermänner gebärdend, sie wollten Frieden und würden mit niemandem kämpfen, wo bereits zwei vorzügliche Konsuln tot und so viele Bürger ums Leben gekommen seien, man sie alle

publicatis; neque hoc aut vindicarat Lepidus aut
sanarat.

Hoc me venire et duobus exercitibus coniunctis 5
obicere exercitum fidelissimum, auxilia maxima, principes Galliae, provinciam cunctam summae demen-
tiae et temeritatis esse vidi, mihique, si ita opressus
essem remque publicam mecum prodidissem, mortuo
non modo honorem sed misericordiam quoque defuturum. itaque rediturus sum nec tanta munera perditis
hominibus dari posse sinam. exercitum locis habeam 6
opportunis, provinciam tuear, etiamsi ille exercitus
descierit, omniaque integra servem dabo operam,
quoad exercitus hoc summittatis parique felicitate
rem p. hic vindicetis. nec depugnare, si occasio tulerit,
nec obsideri, si necesse fuerit, nec mori si casus inciderit, pro vobis paratior fuit quisquam. quare hortor te,
mi Cicero, exercitum hoc traiciendum quam primum
cures et matures, priusquam hostes magis conrobo-
rentur et nostri perturbentur. in quo si celeritas erit
adhibita, res p. in possessione victoriae deletis scele-
ratis permanebit.
Fac valeas meque diligas.

Fratrem meum tibi, fortissimum civem et ad omnia 7
paratissimum, excusem litteris? qui ex labore in febri-
culam incidit adsiduam et satis molestam. cum primum poterit, istoc recurrere non dubitabit, ne quo
loco rei p. desit.

Meam dignitatem commendatam habeas rogo.
concupiscere me nihil oportet; habeo te et amantissimum mei et, quod optavi, summae auctoritatis;
tu videris, quantum et quando tuum munus apud me
velis esse. tantum te rogo, in Hirti locum me subdas
et ad tuum amorem et ad meam observantiam.

schließlich zu Landesverrätern gestempelt und ihr Eigentum konfisziert habe. Dagegen ist Lepidus weder eingeschritten, noch hat er Abhilfe geschaffen.

Dorthin zu marschieren und den beiden vereinigten Heeren meine treue Armee, meine starken Hilfstruppen, die Elite Galliens, meine gesamte Provinz entgegenzuwerfen, erscheint mir als der Gipfel der Dummheit und Unbesonnenheit; wenn ich auf diese Weise kaltgemacht würde und mit mir zugleich den Staat preisgäbe, würde ich im Tode weder Ehre noch Mitleid verdienen. Also werde ich umkehren und nicht dulden, daß diesen Banditen solch ein Erfolg in den Schoß fällt. Ich will mich bemühen, meine Armee an geeigneten Plätzen bereitzustellen, meine Provinz zu decken, auch für den Fall, daß jene andre Armee abfällt, und mir völlig freie Hand zu wahren, bis Ihr weitere Kontigente zur Unterstützung hierher schickt und hier mit gleichem Glück den Staat schützt. Ich bin bereit wie sonst jemand, für Euch zu kämpfen, wenn sich die Gelegenheit bietet, mich einschließen zu lassen, wenn es sich nicht vermeiden läßt, und zu sterben, wenn das Schicksal es will. Darum bitte ich Dich dringend, mein Cicero, sorge dafür, daß sobald wie möglich eine Armee hierher geworfen wird, und verliere keinen Augenblick, ehe die Feinde noch mehr erstarken und unsre Leute unsicher werden. Wenn das schnell geschieht, wird der Staat die Verbrecher vernichten und den Sieg in der Hand behalten.

Leb' wohl und behalt mich lieb!

(An der Isara, den 13. Mai 43).

(PS) Darf ich meinen Bruder, diesen braven, zu jedem Opfer bereiten Staatsbürger, brieflich bei Dir entschuldigen? Er hat sich übernommen und sich ein leichtes, aber hartnäckiges, ziemlich unangenehmes Fieber zugezogen. Sobald er kann, wird er unverzüglich nach dort zurückeilen, um überall, wohin man ihn stellt, sich für den Staat einzusetzen.

Laß Dir bitte meine Würde empfohlen sein. Besondere Wünsche will ich nicht äußern. Ich habe ja Dich, der mich sehr liebhat und, wie ich es immer gewünscht habe, hohes Ansehen genießt. Du wirst wissen, wieviel Du mir zukommen lassen willst und wann. Nur um eines bitte ich Dich: laß mich bei Dir an Hirtius' Stelle treten, was Deine Liebe und meine Verehrung angeht!

XXI.
PLANCVS CICERONI.

Quid in animo habuerim, cum Laevus Nervaque 1
discesserunt a me, et ex litteris, quas eis dedi, et ex
ipsis cognoscere potuisti, qui omnibus rebus consiliisque meis interfuerunt. accidit mihi, quod homini
pudenti et cupido satis faciendi rei p. bonisque omnibus accidere solet, ut consilium sequerer periculosum
magis, dum me probarem, quam tutum, quod habere
posset obtrectationem. itaque post discessum lega- 2
torum cum binis continuis litteris et Lepidus me, ut
venirem, rogaret, et Laterensis multo etiam magis
prope implorans obtestaretur non ullam rem aliam
extimescens quam eandem, quae mihi quoque facit
timorem, varietatem atque infidelitatem exercitus eius,
non dubitandum putavi, quin succurrerem meque
communi periculo offerrem. sciebam enim, etsi cau-
tius illud erat consilium, exspectare me ad Isaram, dum
Brutus traiceret exercitum, et cum collega consen-
tiente, exercitu concordi ac bene de re p. sentiente,
sicut milites faciunt, hostibus obviam ire, tamen, si
quid Lepidus bene sentiens detrimenti cepisset, hoc
omne adsignatum iri aut pertinaciae meae aut timori
videbam, si aut hominem offensum mihi, coniunctum
cum re p. non sublevassem aut ipse a certamine belli
tam necessarii me removissem.

Itaque potius periclitari volui, si possem mea prae- 3
sentia et Lepidum tueri et exercitum facere meliorem,
quam nimis cautus videri. sollicitiorem certe hominem non suis contractis neminem puto fuisse. nam
quae res nullam habebat dubitationem, si exercitus
Lepidi absit, ea nunc magnam adfert sollicitudinem
magnumque habet casum. mihi enim si contigisset,
ut prior occurrerem Antonio, non mehercules horam
constitisset; tantum ego et mihi confido et sic per-
culsas illius copias Ventidique mulionis castra de-

21 (18).
Plancus an Cicero.

Was meine Pläne waren, als Laevus und Nerva mich verließen, hast Du aus dem Schreiben, das ich ihnen mitgegeben habe, und von ihnen mündlich erfahren können; sie sind bei allem, was ich tat und erwog, dabeigewesen. Ich habe es gemacht, wie es ein Mann zu machen pflegt, der auf sich hält und dem Staate und allen Guten Genüge tun möchte, und lieber den gefährlichen Entschluß ausgeführt, um vor mir selbst bestehen zu können, als den vorsichtigen, der hämische Kritik herausfordern könnte. Da also nach dem Abgang der Gesandten kurz nacheinander zwei Briefe eingegangen sind und Lepidus mich bittet, Laterensis mich noch viel dringender beinahe fußfällig beschwört zu kommen, weil er genau das befürchtet, was auch mich mit Besorgnis erfüllt, den Wankelmut und die Treulosigkeit seiner Armee, glaube ich nicht zögern zu dürfen, zu Hilfe zu eilen und mich der gemeinsamen Gefahr zu stellen. Freilich weiß ich, daß der andre Entschluß vorsichtiger gewesen wäre, an der Isara zu warten, bis Brutus seine Armee herübergebracht hat, und dann zusammen mit dem gleichgesinnten Kollegen und einer einträchtigen, loyalen Armee, wie es die seinige ist, gegen den Feind zu gehen; aber ich bin mir darüber klar: wenn Lepidus doch loyal wäre und ihm dann etwas passierte, würde alles auf meinen Starrsinn oder meine Feigheit geschoben werden, wenn ich einem mir persönlich verfeindeten, aber dem Staate treu ergebenen Manne nicht unter die Arme gegriffen oder mich selbst um die Entscheidung des unvermeidlichen Kampfes herumgedrückt hätte.

So will ich es denn lieber darauf ankommen lassen, ob ich durch meine Anwesenheit Lepidus stützen und seine Armee zur Raison bringen kann, als allzu vorsichtig erscheinen. Wahrscheinlich ist nie jemand so aufgeregt gewesen über eine Entwicklung, die er selbst nicht verschuldet hat. Denn was ich unbedenklich hätte tun können, wenn Lepidus mitsamt seiner Armee nicht existierte, das bringt jetzt schwere Sorge und Gefahr mit sich. Hätte ich das Glück gehabt, zuerst Antonius zu begegnen, er hätte weiß Gott nicht eine Stunde standgehalten; so fest vertraue ich auf mich, so tief verachte ich seine zerschlagenen Truppen und den Haufen des

spicio; sed non possum non exhorrescere, si quid
intra cutem subest vulneris, quod prius nocere potest,
quam sciri curarique possit. sed certe, si uno loco me
tenerem, magnum periculum ipse Lepidus, magnum
ea pars exercitus adiret, quae bene de re p. sentit;
magnam etiam perditi hostes accessionem sibi fecissent, si quas copias a Lepido abstraxissent. quae si adventus meus represserit, agam gratias fortunae con-
stantiaeque meae, quae me ad hanc experientiam
excitavit.

Itaque a. d. XV Kal. Iun. ab Isara castra movi; 4
pontem tamen, quem in Isara feceram, castellis duobus ad capita positis reliqui praesidiaque ibi firma
posui, ut venienti Bruto exercituique eius sine mora
transitus esset paratus.

Ipse, ut spero, diebus VIII, quibus has litteras dabam, cum Lepidi copiis me coniungam.

XXII.
PLANCVS CICERONI.

Antonius Id. Mai. ad Forum Iuli cum primis copiis 1
venit. Ventidius bidui spatio abest ab eo. Lepidus ad
Forum Voconi castra habet, qui locus a Foro Iuli
quattuor et viginti millia passus abest, ibique me exspectare constituit, quem ad modum ipse mihi scripsit. quod si omnia mihi integra et ipse et fortuna ser-
varit, recipio vobis celeriter me negotium ex sententia confecturum.

Fratrem meum adsiduis laboribus concursationi- 2
busque confectum graviter se habuisse antea tibi
scripsi. sed tamen, cum primum posse ingredi coepit,
non magis sibi quam rei p. se convaluisse existimans
ad omnia pericula princeps esse non recusabat. sed
ego eum non solum hortatus sum verum etiam coegi
isto proficisci, quod et illa valetudine magis conficere
se quam me iuvare posset in castris, et quod acerbis-

Ventidius, des Maultiertreibers. Aber ich kann mir nicht helfen: jetzt überläuft mich doch ein Schauder, falls unter der Haut ein Geschwür sitzt, das aufbrechen kann, ehe man es merkt und etwas dagegen tun kann. Rühre ich mich nicht von der Stelle, dann gerät gewiß Lepidus selbst und der loyale Teil seiner Armee in große Gefahr, und außerdem würden die verdammten Feinde gewaltigen Zuzug erhalten, wenn es ihnen glückte, einen Teil der Truppen von Lepidus abzuziehen. Kann mein Dazwischentreten das verhindern, will ich dem Schicksal und meiner Standhaftigkeit dankbar sein, die mich zu diesem Risiko getrieben hat.

Ich breche also heute, am 18. Mai, von der Isara auf; die Brücke über die Isara lasse ich jedoch, mit zwei Kastellen an den Enden, stehen und postiere dort starke Besatzungen, damit Brutus und seine Armee, wenn sie kommen, unverzüglich hinübergehen können.

Ich selbst hoffe, mich heute in acht Tagen mit den Truppen des Lepidus vereinigen zu können.

(An der Isara, den 18. Mai 43)

22 (17).
Plancus an Cicero.

Antonius ist am 15. Mai mit seiner Vorhut bei Forum Iulii eingetroffen. Ventidius folgt ihm im Abstand von zwei Tagemärschen. Lepidus lagert bei Forum Voconii, 36 km von Forum Iulii entfernt, und will mich dort erwarten, wie er mir selbst schreibt. Wenn also er und das Schicksal mir nichts in den Weg legt, dann garantiere ich Euch, daß ich die Sache schnell nach Wunsch erledigen werde.

Daß mein Bruder sich bei den fortgesetzten Anstrengungen und dem ewigen Hin- und Herlaufen etwas geholt hat und sich gar nicht wohl fühlte, habe ich Dir neulich geschrieben. Doch jetzt, wo er allmählich wieder auf die Beine kommt, meint er, nicht weniger für den Staat als für sich selbst genesen zu sein, und weigert sich nicht, bei allen Gefahren in vorderster Reihe zu stehen. Aber ich habe ihn ermahnt, ja, gezwungen, nach dort zu reisen, weil er sich bei seinem Gesundheitszustand im Felde eher etwas zuziehen

simo interitu consulum rem p. nudatam tali cive praetore in urbanis officiis indigere existimabam. quod si qui vestrum non probabit, mihi prudentiam in consilio defuisse sciat, non illi erga patriam fidelitatem.

Lepidus tamen, quod ego desiderabam, fecit, ut 3 Apellam ad me mitteret, quo obside fidei illius et societatis in re p. administranda uterer. in ea re studium mihi suum L. Gellius † de tribus fratribus Segaviano probavit, quo ego interprete novissime ad Lepidum sum usus. amicum eum rei p. cognosse videor libenterque ei sum testimonio et omnibus ero, qui bene merentur.

Fac valeas meque mutuo diligas dignitatemque meam, si mereor, tuearis, sicut adhuc singulari cum benevolentia fecisti.

XXIII.
PLANCVS CICERONI.

Numquam mehercules, mi Cicero, me paenitebit 1 maxima pericula pro patria subire, dum, si quid acciderit mihi, a reprensione temeritatis absim. confiterer imprudentia me lapsum, si umquam Lepido ex animo credidissem; credulitas enim error est magis quam culpa, et quidem in optimi cuiusque mentem facillime inrepit; sed ego non hoc vitio paene sum deceptus, Lepidum enim pulchre noram. quid ergo est? pudor me, qui in bello maximest periculosus, hunc casum coegit subire; nam si uno loco essem, verebar, ne cui obtrectatorum viderer et nimium pertinaciter Lepido offensus et mea patientia etiam alere bellum.

als mir nützlich sein könne. Außerdem bin ich der Meinung, daß der Staat, durch den schmerzlichen Verlust beider Konsuln ohne Oberhaupt, für die städtischen Belange einen solchen Mann als Prätor nicht entbehren kann. Wenn also jemand von Euch damit nicht einverstanden ist, dann mag er sich sagen lassen, daß ich es bei diesem Entschluß an Klugheit habe fehlen lassen, nicht er an Treue gegenüber dem Vaterlande.

Lepidus hat nun doch, wie ich es wünschte, den Apella zu mir geschickt als Geisel für seine Zuverlässigkeit und unsre Zusammenarbeit für den Staat. Dabei hat sich mir L. Gellius .... als nützlich erwiesen, dessen ich mich kürzlich bei den Verhandlungen mit Lepidus bedient habe. Ich glaube, in ihm einen Freund des Staates gefunden zu haben, und stelle ihm gern ein gutes Zeugnis aus, wie überhaupt jedem, der sich irgendwie verdient macht.

Halt Dich munter, erwidere meine Wertschätzung, tritt für meine Wünsche ein, wenn ich es verdiene, wie Du es bisher mit unvergleichlichem Entgegenkommen getan hast.

(Auf dem Marsche, den 20. Mai 43)

23.
Plancus an Cicero.

Es wird mich gewiß niemals verdrießen, mein Cicero, mich für das Vaterland den größten Gefahren auszusetzen, wenn mir nur nicht der Vorwurf der Unbesonnenheit gemacht wird, falls mir etwas zustößt. Ich würde es zugeben, durch Unvorsichtigkeit gestrauchelt zu sein, wenn ich Lepidus jemals wirklich getraut hätte, denn Gutgläubigkeit ist mehr ein Irrtum als ein Verschulden, und gerade anständige Menschen verfallen ihr am leichtesten. Doch nicht dieser Fehler ist es, der mich beinahe getäuscht hätte; dazu kannte ich Lepidus doch zu gut. Also was denn dann? Die Besorgnis um mein Renommee, im Kriege eine besonders gefährliche Eigenschaft, hat mich dazu getrieben, mich auf diese Sache einzulassen; ich befürchtete nämlich, wenn ich mich nicht von der Stelle rührte, könnte einer meiner Neider den Eindruck gewinnen, ich grollte Lepidus allzu hartnäckig und gäbe gar durch meine Untätigkeit dem Kriege neue Nahrung.

Itaque copias prope in conspectum Lepidi Antoni- 2
que adduxi quadragintaque millium passuum spatio
relicto consedi eo consilio, ut vel celeriter accedere
vel salutariter recipere me possem. adiunxi haec in
loco eligendo, flumen oppositum ut haberem, in quo
mora transitus esset, Vocontii sub manu ut essent,
per quorum loca fideliter mihi pateret iter.

Lepidus desperato adventu meo, quem non mediocriter captabat, se cum Antonio coniunxit a. d. IIII
Kal. Iun., eodemque die ad me castra moverunt.
viginti millia passuum cum abessent, res mihi nuntiata est. dedi operam, deum benignitate ut et cele- 3
riter me reciperem et hic discessus nihil fugae simile
haberet, non miles ullus, non eques, non quicquam
impedimentorum amitteretur aut ab illis ferventibus
latronibus interciperetur.

Itaque pridie Non. Iun. omnis copias Isaram traieci
pontisque, quos feceram, interrupi, ut spatium ad col-
ligendum se homines haberent et ego me interea cum
collega coniungerem; quem triduo, cum has dabam
litteras, exspectabam.

Laterensis nostri et fidem et animum singularem in 4
re p. semper fatebor; sed certe nimia eius indulgentia
in Lepidum ad haec pericula perspicienda fecit eum
minus sagacem. qui quidem cum in fraudem se de-
ductum videret, manus, quas iustius in Lepidi perniciem armasset, sibi adferre conatus est; in quo casu
tamen interpellatus et adhuc vivit et dicitur victurus;
sed tamen de hoc parum mihi certum est.

Magno cum dolore parricidarum elapsus sum iis; 5
veniebant enim eodem furore in me quo in patriam
incitati, iracundias autem harum rerum recentis habebant, quod Lepidum castigare non destiteram, ut ex-
stingueret bellum, quod conloquia facta improbabam, quod legatos fide Lepidi missos ad me in con-

Darum habe ich meine Truppen beinahe auf Sichtweite an Lepidus und Antonius herangeführt und mich in einer Entfernung von 60 km festgesetzt mit der Absicht, entweder schnell heranrücken oder ohne Verluste den Rückzug antreten zu können. Bei der Auswahl der Stellung war ich überdies darauf bedacht, einen Fluß vor mir zu haben, dessen Überschreiten den Anmarsch verzögern sollte, und die Vocontier in der Nähe zu wissen, durch deren Gebiet ich unbedenklich marschieren könnte.

Als Lepidus mit meinem Kommen, auf das er ziemlich ungeduldig lauerte, nicht mehr rechnete, vereinigte er sich am 29. Mai mit Antonius, und noch am gleichen Tage begannen sie den Vormarsch gegen mich. Als ich diese Meldung erhielt, waren sie bereits bis auf 30 km heran. Ich habe mich, Gott sei Dank mit Erfolg, bemüht, rasch wegzukommen, ohne daß mein Abrücken nach Flucht aussah; kein einziger Soldat, kein Reiter, kein Gepäckstück sollte verlorengehen oder den hitzigen Räubern in die Hände fallen.

So habe ich denn am 4. Juni alle meine Truppen über die Isara geführt und die von mir geschlagenen Brücken abreißen lassen, damit meine Leute Zeit hätten, sich zu erholen und ich inzwischen Verbindung mit meinem Kollegen aufnehmen könnte. Ich erwarte ihn heute in drei Tagen.

Unseres Laterensis einzigartige Treue und Staatsgesinnung werde ich stets zu rühmen wissen, aber seine allzu große Rücksichtnahme auf Lepidus hat ihm doch ein wenig den Blick getrübt, um die Intrigen hier zu durchschauen. Als er merkte, daß er hinters Licht geführt worden sei, hat er versucht, die Waffe, die er mit besserem Recht zum Verderben des Lepidus in die Hand genommen hätte, gegen sich selbst zu kehren. Freilich hat ihn ein Zufall dabei gestört, und so lebt er noch und wird auch wohl am Leben bleiben; ganz sicher bin ich mir dessen allerdings nicht.

Zum großen Verdruß der Mörder bin ich ihnen entwischt; sie kamen nämlich, von derselben Wut gegen mich wie gegen das Vaterland getrieben, hegten aber wegen der jüngsten Ereignisse auch frischen Groll gegen mich, weil ich Lepidus unausgesetzt bekniet hatte, die Glut des Krieges auszutreten, sein Fraternisieren mißbilligte, die unter Geleit des Lepidus an mich abgeordneten

spectum venire vetueram, quod C. Catium Vestinum,
tr. mil., missum ab Antonio ad eum cum litteris ex-
ceperam numeroque hostis habueram. in quo hanc
capio voluptatem, quod certe, quo magis me peti-
verunt, tanto maiorem iis frustratio dolorem attulit.

Tu, mi Cicero, quod adhuc fecisti, idem praesta, 6
ut vigilanter nervoseque nos, qui stamus in acie, sub-
ornes. veniat Caesar cum copiis, quas habet firmissimas, aut, si ipsum aliqua res impedit, exercitus mit-
tatur; cuius ipsius magnum periculum agitur. quicquid
aliquando futurum fuit in castris perditorum contra
patriam, hoc omne iam convenit; pro urbis vero salute
cur non omnibus facultatibus, quas habemus, utamur?
quod si vos istic non defueritis, profecto, quod ad me
attinet, omnibus rebus abunde rei p. satis faciam.

Te quidem, mi Cicero, in dies mehercules habeo 7
cariorem, sollicitudinesque meas cotidie magis tua
merita exacuunt, ne quid aut ex amore aut ex iudicio
tuo perdam. opto, ut mihi liceat iam praesenti pietate
meorum officiorum tua beneficia tibi facere iucundiora.

VIII Id. Iun. Cularone ex finibus Allobrogum.

XXIV.
PLANCVS IMP. COS. DES. S. D. CICERONI.

Facere non possum, quin in singulas res meritaque 1
tua tibi gratias agam, sed mehercules facio cum pudore. neque enim tanta necessitudo, quantam tu mihi
tecum esse voluisti, desiderare videtur gratiarum actionem, neque ego libenter pro maximis tuis beneficiis tam vili munere defungor orationis et malo
praesens observantia, indulgentia, adsiduitate memorem me tibi probare. quod si mihi vita contigerit,
omnis gratas amicitias atque etiam pias propinqui-
tates in tua observantia, indulgentia, adsiduitate vincam; amor enim tuus ac iudicium de me utrum mihi

Unterhändler nicht vorgelassen und den Kriegstribunen C. Catius Vestinus, der mit einem Schreiben des Antonius an ihn unterwegs war, abgefangen und als Feind behandelt hatte. Dabei habe ich jedenfalls die Genugtuung, daß der Fehlschlag sie um so mehr ärgert, je mehr sie es auf mich abgesehen hatten.

Du, mein Cicero, mach' es wie bisher und laß uns, die wir an der Front stehen, umsichtig und tatkräftig Deine Hilfe angedeihen. Laß Caesar mit seinen zuverlässigsten Truppen kommen oder schicke, wenn er unabkömmlich ist, ein andres Heer hierher; auch für ihn selbst steht viel auf dem Spiel. Alles, was sich einst der Sache der Banditen gegen das Vaterland anschließen wollte, ist nachgerade hier beieinander. Da sollten wir doch zum Heile unsrer Stadt alle Mittel aufwenden, die wir in der Hand haben. Wenn also Ihr dort nicht versagt, ich werde, was mich betrifft, in jeder Weise dem Staate vollauf Genüge tun.

Dich, mein Cicero, gewinne ich weiß Gott von Tag zu Tag mehr lieb, und Deine Verdienste um mich verstärken täglich meine Besorgnis, ich könne etwas von Deiner Liebe oder Deiner guten Meinung verscherzen. Ich wünsche, ich dürfte Dir durch persönliche Liebesdienste meinerseits Dein Interesse für mich versüßen!

Cularo im Allobrogerlande, den 6. Juni (43)

24.
Plancus, Imperator und designierter Konsul, grüßt Cicero.

Ich bringe es nicht fertig, mich nicht jedesmal ausdrücklich für Deine Verdienste um mich zu bedanken, aber ich tue es weiß Gott mit dem Gefühl der Scham. Denn eine so enge Freundschaft, wie sie nach Deinem Willen zwischen mir und Dir besteht, scheint der Dankesbezeugung nicht zu bedürfen, und nur ungern entledige ich mich meiner dürftigen Gegenleistungen in Worten als Dank für Deine Wohltaten und würde Dir viel lieber persönlich durch Ehrerbietung, Hingabe und ständige Dienstbereitschaft meine Dankbarkeit beweisen. Bleibt mir mein Leben erhalten, dann werde ich alle Dankbarkeit von Freunden, ja, alle Liebe von Verwandten durch meine Ergebenheit, Hingabe und Dienstbereitschaft für Dich

plus dignitatis in perpetuum an voluptatis cotidie sit adlaturus, non facile dixerim.

De militum commodis fuit tibi curae; quos ego 2 non potentiae meae causa – nihil enim me non salutariter cogitare scio – ornari volui a senatu, sed primum quod ita meritos iudicabam, deinde quod ad omnis casus coniunctiores rei p. esse volebam, novissime ut ab omni omnium sollicitatione aversos eos talis vobis praestare possem, quales adhuc fuerunt.

Nos adhuc hic omnia integra sustinuimus. quod 3 consilium nostrum, etsi, quanta sit aviditas hominum non sine causa † talis victoriae, scio, tamen vobis probari spero. non enim, si quid in his exercitibus sit offensum, magna subsidia res p. habet expedita, quibus subito impetu ac latrocinio parricidarum resistat.

Copias vero nostras notas tibi esse arbitror. in castris meis legiones sunt veteranae tres, tironum vel luculentissima ex omnibus una, in castris Bruti una veterana legio, altera bima, octo tironum. ita universus exercitus numero amplissimus est, firmitate exiguus. quantum autem in acie tironi sit committendum, nimium saepe expertum habemus. ad hoc robur nostro- 4 rum exercituum sive Africanus exercitus, qui est veteranus, sive Caesaris accessisset, aequo animo summam rem p. in discrimen deduceremus; aliquanto autem propius esse, quod ad Caesarem attinet, videbamus. nihil destiti eum litteris hortari, neque ille intermisit adfirmare se sine mora venire, cum interim aversum illum ab hac cogitatione ad alia consilia video se contulisse. ego tamen ad eum Furnium nostrum mandatis litterisque misi, si quid forte proficere posset.

Scis tu, mi Cicero, quod ad Caesaris amorem attinet, 5 societatem mihi esse tecum, vel quod in familiaritate Caesaris vivo illo iam tueri eum et diligere fuit mihi

in den Schatten stellen. Denn ob Deine Liebe und Deine gute Meinung von mir mir mehr Ehre für die Dauer oder mehr Freude für jeden Tag einträgt, vermöchte ich kaum zu sagen.

Du hast Dich um die Belohnungen für meine Leute bekümmert. Ich wollte sie nicht meiner eigenen Machtstellung wegen vom Senat ausgezeichnet sehen, denn ich bin mir bewußt, keine abwegigen Gedanken zu hegen; vielmehr bin ich überzeugt, daß sie es verdienen, und außerdem ist es mein Wunsch, sie für alle Fälle fester an den Staat zu binden; schließlich möchte ich sie für alle möglichen Verlockungen unzugänglich machen und sie Euch so erhalten, wie sie bisher gewesen sind.

Wir haben hier bislang alles in der Schwebe gelassen. Freilich weiß ich, wie die Leute, und mit Recht, nach einem Siege gieren; trotzdem hoffe ich, daß dies unser Verhalten Eure Billigung findet. Denn wenn bei den Armeen hier etwas schiefgeht, dann hat der Staat keine bedeutenden Kräfte mehr zur Hand, die er einem unerwarteten Angriff und Raubzug der Mörder entgegenwerfen könnte.

Über unsre Truppen bist Du wohl im Bilde. In meinem Lager befinden sich drei Veteranenlegionen, eine aus Rekruten bestehende, die tüchtigste von allen, im Lager des Brutus eine Veteranenlegion, eine zweite zweijährige und acht aus Rekruten bestehende. Somit ist unsre gesamte Armee an Zahl sehr stattlich, an Kampfkraft gering. Was man in der Schlacht vom Rekruten erwarten kann, haben wir nur allzu oft erfahren. Würde dieser Bestand unsrer Armeen durch die afrikanische – lauter Veteranen! – oder die Caesars verstärkt, dann würden wir unbedenklich den Entscheidungskampf um den Bestand des Staates herbeiführen. Was Caesar angeht, so wissen wir, daß er bedeutend näher steht. Ich habe ihn fortgesetzt brieflich aufgefordert, und er hat es nicht an Versicherungen fehlen lassen, daß er unverzüglich komme, aber jetzt sehe ich, daß er sich derweilen von diesem Gedanken abgekehrt und sich andern Plänen zugewandt hat. Trotzdem habe ich unsern Furnius mit mündlichen und schriftlichen Instruktionen zu ihm geschickt; vielleicht kann er noch etwas erreichen.

Was die Liebe zu Caesar angeht, so weißt Du, mein Cicero, daß ich sie mit Dir teile. Als vertrauter Freund des alten Caesar habe ich mich schon zu dessen Lebzeiten verpflichtet gesehen, mich mit

necesse, vel quod ipse, quoad ego nosse potui, mode-
ratissimi atque humanissimi fuit sensus, vel quod ex
tam insigni amicitia mea atque Caesaris hunc filii loco
et illius et vestro iudicio substitutum non proinde
habere turpe mihi videtur. sed – quicquid tibi scribo, 6
dolenter mehercules magis quam inimice facio – quod
vivit Antonius hodie, quod Lepidus una est, quod
exercitus non contemnendos habent, quod sperant,
quod audent, omne Caesari acceptum referre possunt.
neque ego superiora repetam; sed ex eo tempore,
quo ipse mihi professus est se venire, si venire voluisset, aut oppressum iam bellum esset aut in aver-
sissimam illis Hispaniam cum detrimento eorum
maximo extrusum. quae mens eum aut quorum consilia a tanta gloria, sibi vero etiam necessaria ac salutari, avocarit et ad cogitationem consulatus bimestris
summo cum terrore hominum et insulsa cum effiagi-
tatione transtulerit, exputare non possum. multum 7
in hac re mihi videntur necessarii eius et rei p. et ipsius causa proficere posse, plurimum, ut puto, tu
quoque, cuius ille tanta merita habet, quanta nemo
praeter me. numquam enim obliviscar maxima ac
plurima me tibi debere.

De his rebus ut exigeret cum eo, Furnio mandavi.
quod si, quantam debeo, habuero apud eum auctoritatem, plurimum ipsum iuvero.

Nos interea duriore condicione bellum sustinemus, 8
quod neque expeditissimam dimicationem putamus
neque tamen refugiendo commissuri sumus, ut maius
detrimentum res p. accipere possit. quod si aut Caesar se respexerit, aut Africanae legiones celeriter venerint, securos vos ab hac parte reddemus.

Tu, ut instituisti, me diligas rogo proprieque tuum
esse tibi persuadeas.

V. Kal. Sext. ex castris.

ihm zu beschäftigen und ihn zu schätzen. Auch war er selbst, soweit ich das beurteilen konnte, ein maßvoller, umgänglicher Mensch, und es erscheint mir unanständig, angesichts der freundschaftlichen Beziehungen zwischen mir und Caesar diesen von ihm an Sohnes Statt angenommenen jungen Mann, dessen Adoption auch Ihr anerkannt habt, nicht gleichfalls anzuerkennen. Aber was ich Dir jetzt sage, klingt vielleicht feindselig, kommt jedoch nur aus tiefbekümmertem Herzen: Daß Antonius noch lebt und Lepidus sich ihm angeschlossen hat, daß sie unverächtliche Armeen besitzen, daß sie hoffen und wagen dürfen, das alles können sie Caesar gutschreiben. Ich will die früheren Ereignisse nicht wiederholen, aber von dem Augenblick an, wo er mir selbst versprach zu kommen, könnte der Krieg, wenn er wirklich hätte kommen wollen, bereits beendet oder zu größtem Schaden für sie nach Spanien abgedrängt sein, wo sie überhaupt keine Sympathien finden würden. Welcher Einfall oder wessen Rat ihn von solcher Ruhmestat, deren er doch geradezu bedarf und die ihm sehr zustatten kommen würde, abgebracht und ihm den Gedanken an das Konsulat für ein paar Monate eingegeben hat, das er jetzt zum Schrecken aller Leute in höchst unpassendem Ton fordert, vermag ich nicht herauszufinden. Viel tun in dieser Sache könnten wohl seine Verwandten, sowohl in seinem eigenen wie auch im Interesse des Staates, sehr viel, wie ich glaube, auch Du, von dem er so bedeutende Dienste erfahren hat, wie außer mir wohl niemand. Denn ich werde ja nie vergessen, was alles ich Dir in reichstem Maße verdanke.

Ich habe nun Furnius beauftragt, über diese Fragen mit ihm zu verhandeln. Gilt mein Ansehen bei ihm so viel, wie es eigentlich müßte, dann hat er selbst den meisten Nutzen davon.

Wir halten derweilen den Krieg unter ziemlich harten Bedingungen hin, denn eine Schlacht erscheint uns wenig aussichtsreich; andrerseits wollen wir es aber auch nicht durch einen Rückzug darauf ankommen lassen, daß der Staat größeren Schaden erleidet. Besinnt sich also Caesar, oder kommen die afrikanischen Legionen bald, dann werden wir Euch auf unsrer Seite hier sichern.

Behalt mich bitte weiter lieb und sei überzeugt, daß ich ganz Dir gehöre.

Im Feldlager, den 28. Quintilis (43)

XXV.
CICERO S. D. FVRNIO.

Si interest, id quod homines arbitrantur, rei p. te, 1
ut instituisti atque fecisti, navare operam rebusque
maximis, quae ad exstinguendas reliquias belli pertinent, interesse, nihil videris melius neque laudabilius
neque honestius facere posse, istamque operam tuam,
navitatem, animum in rem p. celeritati praeturae anteponendam censeo. nolo enim te ignorare, quantam
laudem consecutus sis; mihi crede, proximam Planco,
idque ipsius Planci testimonio, praeterea fama scien-
tiaque omnium.

Quam ob rem, si quid operis tibi etiam nunc 2
restat, id maximo opere censeo persequendum; quid
enim honestius, aut quid honesto anteponendum?
sin autem satis factum rei p. putas, celeriter ad comitia, quoniam mature futura sunt, veniendum censeo,
dum modo ne quid haec ambitiosa festinatio aliquid
imminuat eius gloriae, quam consecuti sumus. multi
clarissimi viri, cum rei p. darent operam, annum
petitionis suae non obierunt. quod eo facilius nobis
est, quod non est annus hic tibi destinatus, ut, si aedilis fuisses, post biennium tuus annus esset. nunc nihil
praetermittere videbere usitati et quasi legitimi temporis ad petendum. video autem Planco cos., etsi
etiam sine eo rationes expeditas haberes, tamen splen-
didiorem petitionem tuam, si modo ista ex sententia
confecta essent.

Omnino plura me scribere, cum tuum tantum con- 3
silium iudiciumque sit, non ita necesse arbitrabar; sed
tamen sententiam meam tibi ignotam esse nolebam;
cuius est haec summa, ut omnia te metiri dignitate
malim quam ambitione maioremque fructum ponere in
perpetuitate laudis quam in celeritate praeturae. haec
eadem locutus sum domi meae adhibito Quinto, fratre

25.

Cicero grüßt Furnius.

Wenn Dir darum zu tun ist – und die Leute meinen das –, wie bisher dem Staate zu dienen und an gewaltigen Ereignissen, die bestimmt sind, die Reste des Krieges auszulöschen, beteiligt zu sein, dann scheinst Du mir nichts Besseres, Ruhmreicheres und Ehrenvolleres tun zu können und solltest Deine übereilte Bewerbung um die Prätur hinter Deiner eifrigen Betätigung für den Staat und dem Interesse an seinem Schicksal zurücktreten lassen. Du mußt Dir doch darüber klar sein, wieviel Ruhm Du Dir erworben hast; glaub' mir, nächst Plancus den meisten, und zwar nach dessen eigenem Zeugnis und nach allem, was die Leute wissen und reden.

Darum meine ich, wenn Dir jetzt noch etwas zu tun bleibt, solltest Du das vor allen Dingen betreiben. Was wäre denn ehrenvoller? Und etwas Höheres als Ehre gibt es doch nicht! Meinst Du aber, dem Staate Genüge getan zu haben, dann komm nur schnell zu den Wahlen; sie sind nämlich sehr bald! Ich fürchte allerdings, diese ehrgeizige Eile könnte den Ruhm, den wir erworben haben, ein wenig verdunkeln. Viele hochangesehene Männer haben, weil sie gerade im Dienste des Staates standen, das Jahr, in dem sie altersmäßig sich hätten bewerben können, ungenutzt verstreichen lassen. Wir können uns das um so eher erlauben, weil Du gar nicht an dieses Jahr gebunden bist, sofern Du, wenn Du Ädil gewesen wärest, zwei Jahre später dran wärest. Unter diesen Umständen brauchst Du doch nicht das Gefühl zu haben, den üblichen und sozusagen gesetzmäßigen Termin für die Bewerbung zu verpassen. Nein, mir scheint, unter Plancus als Konsul würdest Du, auch wenn Du ohne ihn auf Deine Rechnung kämest, doch noch bessere Aussichten haben, vorausgesetzt, daß Deine augenblickliche Aufgabe nach Wunsch erledigt wäre.

Auf jeden Fall halte ich es nicht für unbedingt nötig, Dir noch mehr zu schreiben, wo Du selbst so viel Einsicht und Urteilsfähigkeit besitzt; immerhin möchte ich Dich von meiner Auffassung in Kenntnis setzen. Sie läuft darauf hinaus, daß ich möchte, Du betrachtetest alles unter dem Gesichtspunkt der Würde und nicht des Ehrgeizes und versprächest Dir reicheren Ertrag von der Dauer Deines Ruhmes als von der übereilten Bewerbung um die

meo, et Caecina et Calvisio studiosissimis tui, cum
Dardanus, libertus tuus, interesset. omnibus probari
videbatur oratio mea; sed tu optime iudicabis.

XXVI.
M. CICERO S. D. C. FVRNIO.

Lectis tuis litteris, quibus declarabas aut omitten- 1
dos Narbonensis aut cum periculo dimicandum,
illud magis timui; quod vitatum non moleste fero.

Quod de Planci et Bruti concordia scribis, in eo
vel maximam spem pono victoriae.

De Gallorum studio nos aliquando cognoscemus,
ut scribis, cuius id opera maxime excitatum sit; sed
iam, mihi crede, cognovimus.

Itaque iucundissimis tuis litteris stomachatus sum in
extremo; scribis enim, si in Sextilem comitia, cito te,
sin iam confecta, citius, ne diutius cum periculo fatuus
sis. o mi Furni, quam tu tuam causam non nosti, qui 2
alienas tam facile discas! tu nunc candidatum te putas
et id cogitas, ut aut ad comitia curras aut, si iam confecta, domi tuae sis, ne cum maximo periculo, ut scribis, stultissimus sis? non arbitror te ita sentire; omnis
enim tuos ad laudem impetus novi. quod si, ut scribis,
ita sentis, non magis te quam de te iudicium reprehendo meum. te adipiscendi magistratus levissimi et
divulgatissimi, si ita adipiscare ut plerique, praepro-
pera festinatio abducet a tantis laudibus, quibus te
omnes in caelum iure et vere ferunt? scilicet id agitur,
utrum hac petitione an proxima praetor fias, non, ut

Prätur. In gleichem Sinne habe ich mich bei mir zu Hause gegen meinen Bruder Quintus, gegen Caecina und Calvisius, die Dir beide sehr gewogen sind, geäußert; auch Dein Freigelassener Dardanus war dabei. Sie alle teilten offensichtlich meinen Standpunkt. Aber Du wirst ja selbst am besten wissen, was Du tust.

(Rom, um den 26. Mai 43)

26.
M. Cicero grüßt C. Furnius.

Nach der Lektüre Deines Briefes, in dem Du mir erklärst, Ihr müßtet entweder die Narbonenser sich selbst überlassen oder einen gefährlichen Kampf wagen, hielt ich letzteres für bedenklicher und bin gar nicht böse, daß es sich hat vermeiden lassen.

Du rühmst das gute Einvernehmen zwischen Brutus und Plancus; darauf vor allem setze ich meine Siegeshoffnungen.

Was die Erregung bei den Galliern angeht, meinst Du, wir würden schon einmal herausbekommen, wer hauptsächlich dahintersteckt. Nun, Du kannst ganz beruhigt sein, wir wissen es bereits.

So hat mich denn Dein sehr erfreulicher Brief nur am Schluß geärgert. Da schreibst Du nämlich, wenn die Wahlen auf den Sextilis angesetzt seien, würdest Du gleich kommen; falls sie schon erledigt seien, noch schneller, um nicht länger zum Schaden auch noch den Spott zu haben. Ach, mein Furnius! Wie schlecht kennst Du Deine eigenen Interessen, wo Du Dich in fremde so leicht hineindenken kannst! Du fühlst Dich jetzt als Amtsbewerber und hast nur den einen Gedanken, entweder zu den Wahlen herbeizueilen, oder, falls sie schon erledigt sind, Dich in Deinem Hause zu verkriechen, um nicht, wie Du Dich ausdrückst, unter größter Gefahr als Trottel dazustehen? Das kann nicht Dein Ernst sein; ich kenne doch all Deine Anläufe zum Ruhm! Denkst Du wirklich so, wie Du schreibst, dann tadele ich nicht nur Dich, sondern nicht weniger auch meine gute Meinung von Dir. Die übereilte Hast, ein ganz unbedeutendes, allgemein zugängliches Amt zu gewinnen, falls Du es so wie die meisten gewinnst, sollte Dich all den Lobsprüchen entziehen, mit denen Dich alle Welt ehrlich und mit vollem Recht in den Himmel hebt? Natürlich, es geht darum, ob Du bei dieser Bewerbung oder bei der nächsten Prätor wirst, und nicht

ita de re p. mereare, omni honore ut dignissimus iu-
dicere. utrum nescis, quam alte ascenderis, an pro 3
nihilo id putas? si nescis, tibi ignosco, nos in culpa
sumus; sin intellegis, ulla tibi est praetura vel officio,
quod pauci, vel gloria, quam omnes sequuntur, dulcior? hac de re et ego et Calvisius, homo magni iudicii
tuique amantissimus, te accusamus cotidie. comitia
tamen, quoniam ex iis pendes, quantum facere possumus, quod multis de causis rei p. arbitramur conducere, in Ianuarium mensem protrudimus.

Vince igitur et vale.

XXVII.
CICERO TREBONIO S.

Quam vellem ad illas pulcherrimas epulas me Idi- 1
bus Martiis invitasses! reliquiarum nihil haberemus.
at nunc cum iis tantum negotii est, ut vestrum illud
divinum in rem p. beneficium non nullam habeat
querelam. quod vero a te, viro optimo, seductus est
tuoque beneficio adhuc vivit haec pestis, interdum,
quod mihi vix fas est, tibi subirascor; mihi enim negotii plus reliquisti uni quam praeter me omnibus.
ut enim primum post Antoni foedissimum discessum
senatus haberi libere potuit, ad illum animum meum
reverti pristinum, quem tu cum civi acerrimo, patre
tuo, in ore et amore semper habuisti.

Nam cum senatum a. d. XIII Kal. Ian. tr. pl. voca- 2
vissent deque alia re referrent, totam rem p. sum
complexus egique acerrime senatumque iam languen-
tem et defessum ad pristinam virtutem consuetudi-
nemque revocavi magis animi quam ingenii viribus.
hic dies meaque contentio atque actio spem primum
populo R. attulit libertatis reciperandae; nec vero

darum, daß Du Dich um den Staat so verdient machst, daß man Dich jeder Ehre für würdig hält. Weißt Du eigentlich nicht, wie hoch Du bereits gestiegen bist, oder hältst Du das für belanglos? Wenn Du es nicht weißt, dann sind wir schuld, und ich verzeihe Dir; bist Du Dir aber dessen bewußt, dann ist Dir irgendeine Prätur mehr wert als der Dienst am Vaterlande, nach dem sich wenige, oder der Ruhm, nach dem sich alle drängen? Darüber machen ich und Calvisius, ein Mann von gutem Urteil, der Dich sehr schätzt, Dir täglich Vorwürfe. Aber Du kannst beruhigt sein: die Wahlen, von denen ja so viel für Dich abhängt, suchen wir, weil es aus verschiedenen Gründen für den Staat wahrscheinlich besser ist, wenn irgend möglich, auf den Januar hinauszuschieben.

Also siege und leb' wohl!

(Rom, gegen Ende Juni 43)

27 (28).
Cicero grüßt Trebonius.

Wie wünschte ich, Du hättest mich zu jenem herrlichen Mahle an den Iden des März geladen! Dann wäre nichts übriggeblieben. Aber jetzt haben wir mit den Resten solche Mühe, daß Eure göttliche Tat für den Staat nicht so ganz befriedigt. Und daß dieser Unhold von Dir, einem sonst so trefflichen Manne, beiseitegenommen wurde und es Dir zu verdanken hat, daß er noch am Leben ist, dafür bin ich Dir manchmal, obwohl ich es eigentlich nicht dürfte, ein wenig böse, denn damit hast Du mir allein mehr zu tun übriggelassen als allen andern zusammen. Sobald nämlich nach Antonius' würdelosem Abzug der Senat ungehindert tagen konnte, habe ich zu meiner früheren Haltung zurückgefunden, die Du zusammen mit Deinem Vater, diesem schneidigen Manne, stets gelobt und geliebt hast.

Als nämlich am 20. Dezember die Volkstribunen den Senat beriefen und ganz etwas anderes zur Debatte stellten, habe ich mich über die Gesamtlage des Staates verbreitet, mich energisch ins Zeug gelegt und den Senat, der nachgerade matt und müde war, zu seiner alten tatkräftigen Haltung aufgerüttelt, mehr mit der Macht des Herzens als des Wortes. Dieser Tag mit meiner leidenschaftlichen Rede hat zuerst im Römischen Volke die Hoffnung

ipse postea tempus ullum intermisi de re p. non cogitandi solum sed etiam agendi.

Quod nisi res urbanas actaque omnia ad te per- 3
ferri arbitrarer, ipse perscriberem, quamquam eram
maximis occupationibus impeditus. sed illa cognosces
ex aliis; a me pauca, et ea summatim.

Habemus fortem senatum, consularis partim timidos,
partim male sentientis; magnum damnum factum est in
Servio; L. Caesar optime sentit, sed, quod avunculus
est, non acerrimas dicit sententias; consules egregii,
praeclarus D. Brutus, egregius puer Caesar, de quo
spero equidem reliqua; hoc vero certum habeto, nisi ille
veteranos celeriter conscripsisset legionesque duae de
exercitu Antoni ad eius se auctoritatem contulissent
atque is oppositus esset terror Antonio, nihil Antonium sceleris, nihil crudelitatis praeteriturum fuisse.

Haec tibi, etsi audita esse arbitrabar, volui tamen
notiora esse.

Plura scribam, si plus otii habuero.

XXVIII.
CICERO APPIO S.

De meo studio erga salutem et incolumitatem tuam
credo te cognosse ex litteris tuorum; quibus me cumulatissime satis fecisse certo scio, nec iis concedo,
quamquam sunt singulari in te benivolentia, ut te
salvum malint quam ego. illi mihi necesse est concedant, ut tibi plus quam ipsi hoc tempore prodesse
possim; quod quidem nec destiti facere nec desistam
et iam in maxima re feci et fundamenta ieci salutis tuae.
tu fac bono animo magnoque sis meque tibi nulla re
defuturum esse confidas.

Prid. Non. Quinct.

auf Wiedererlangung der Freiheit aufkeimen lassen. Auch weiterhin habe ich selbst keine Minute verstreichen lassen, ohne die politische Lage zu überdenken und handelnd einzugreifen.

Wenn ich nun nicht glaubte, Du würdest über alle Begebenheiten und Tagesereignisse in der Stadt unterrichtet, würde ich Dir ausführlich davon schreiben, obwohl ich außerordentlich in Anspruch genommen bin. Aber das erfährst Du ja von anderer Seite; von mir nur summarisch ein paar Einzelheiten.

Wir haben einen entschlossenen Senat, aber die Konsulare sind teils ängstlich, teils übel gesinnt. Servius ist ein schwerer Verlust. L. Caesar will das Beste, aber weil er der Oheim ist, kommt er mit seiner Meinung nicht recht heraus. Die Konsuln sind hervorragend, großartig D. Brutus, und vorzüglich der Knabe Caesar, auf den ich für die Zukunft meine Hoffnung setze; eins ist gewiß: hätte er nicht rasch die Veteranen auf die Beine gebracht, hätten sich nicht zwei Legionen aus Antonius' Armee ihm unterstellt und wäre nicht dieser Schreck Antonius in die Glieder gefahren, dann hätte Antonius kein Verbrechen, keine Grausamkeit ausgelassen.

Dies alles ist Dir wahrscheinlich schon zu Ohren gekommen, aber mir liegt daran, daß Du es recht genau erfährst.

Ich schreibe mehr, wenn ich mehr Zeit habe.

(Rom, den 2. Februar 43)

28 (29).
Cicero grüßt Appius.

Von meinem Interesse für Deine Begnadigung und Dein Wohlergehen hast Du wohl durch die Briefe Deiner Angehörigen erfahren. Ich bin mir bewußt, ihnen vollauf Genüge getan zu haben. Gewiß bemühen sie sich in einzigartiger Weise um Dich, aber daß sie mehr tun für Deine Rettung als ich, das gestatte ich ihnen nicht. Sie müssen sich schon damit abfinden, daß ich Dir zur Zeit mehr nützen kann als sie selbst. Das habe ich denn auch getan und werde es weiter tun; ich sehe meine Hauptaufgabe darin und habe bereits die Voraussetzungen für Deine Begnadigung geschaffen. Laß also den Kopf nicht hängen, sei guten Muts und vertraue darauf, daß ich Dir in jeder Weise zur Seite stehe!

(Rom,) den 6. Quintilis (43)

XXIX.
GALBA CICERONI S.

A. d. XVII Kal. Mai., quo die Pansa in castris Hirti 1
erat futurus, cum quo ego eram – nam ei obviam pro-
cesseram millia passus centum, quo maturius veniret –,
Antonius legiones eduxit duas, secundam et quin-
tam tricensimam, et cohortis praetorias duas, unam
suam, alteram Silani, evocatorum partem. ita obviam
venit nobis, quod nos quattuor legiones tironum habere solum arbitrabatur. sed noctu, quo tutius venire
in castra possemus, legionem Martiam, cui ego praeesse solebam, et duas cohortes praetorias miserat
Hirtius nobis. cum equites Antoni apparuissent, con- 2
tineri neque legio Martia neque cohortes praetoriae
potuerunt; quas sequi coepimus coacti, quoniam retinere eas non potueramus.

Antonius ad Forum Gallorum suas copias contine-
bat neque sciri volebat se legiones habere; tantum
equitatum et levem armaturam ostendebat.

Postea quam vidit se invito legionem ire Pansa,
sequi se duas legiones iussit tironum. postea quam
angustias paludis et silvarum transiimus, acies est in-
structa a nobis XII cohortium; nondum venerant
legiones duae: repente Antonius in aciem suas copias 3
de vico produxit et sine mora concurrit. primo ita
pugnatumst, ut acrius non posset ex utraque parte
pugnari; etsi dexterius cornu, in quo ego eram cum
Martiae legionis cohortibus octo, impetu primo fuga-
verat legionem XXXV Antoni, ut amplius passus D
ultra aciem, quo loco steterat, processerit. itaque cum
equites nostrum cornu circumire vellent, recipere me
coepi et levem armaturam opponere Maurorum equitibus, ne aversos nostros adgrederentur. interim video
me esse inter Antonianos Antoniumque post me esse
aliquanto. repente equum immisi ad eam legionem
tironum, quae veniebat ex castris, scuto reiecto. An-
toniani me insequi; nostri pila coicere velle. ita nescio

29 (30).

Galba grüßt Cicero.

Gestern, am 15. April, kurz vor dem Eintreffen Pansas im Lager – ich befand mich bei ihm, denn ich war ihm 150 km entgegengegangen, um ihn zur Eile anzutreiben –, führte Antonius zwei Legionen, die 2. und 35., zwei Gardekohorten, seine eigene und die des Silanus, einen Teil der wiedereinberufenen Veteranen aus dem Lager heraus. Mit dieser Streitmacht zog er uns entgegen, weil er glaubte, wir hätten nur vier Rekrutenlegionen. Aber in der Nacht hatte uns Hirtius, um unsern Anmarsch zu decken, die Marslegion, über die ich sonst das Kommando führe, und zwei Gardekohorten entgegengeschickt. Als Antonius' Reiter sich zeigten, waren die Marslegion und die Gardekohorten nicht zu halten, und da wir sie nicht zurückhalten konnten, schlossen wir uns ihnen gezwungenermaßen an.

Antonius konzentrierte seine Truppen um Forum Gallorum, ließ aber nur die Reiterei und die Leichtbewaffneten sehen, um die Anwesenheit der Legionen zu verschleiern.

Als Pansa sah, daß die Marslegion ohne seinen Befehl angriff, folgte er mit zwei Rekrutenlegionen. Nachdem wir einen von Sumpf und Wäldern gebildeten Engpaß durchschritten hatten, stellten wir zwölf Kohorten zur Schlacht auf. Die beiden Legionen waren noch nicht heran, da führte Antonius plötzlich seine Truppen aus dem Dorfe heraus und schritt unverzüglich zum Angriff. Zunächst wurde auf beiden Seiten mit größtmöglichem Schneid gekämpft, doch hatte unser rechter Flügel, auf dem ich mit acht Kohorten der Marslegion stand, Antonius' 35. Legion im ersten Ansturm geworfen, so daß er erst gut 500 Schritt jenseits seiner ursprünglichen Stellung zum Stehen kam. Als nun die Reiter Miene machten, uns zu überflügeln, zog ich mich zurück und warf den maurischen Reitern unsre Leichtbewaffneten entgegen, damit sie unsern Leuten nicht in den Rücken fallen könnten. Derweilen sah ich, daß ich mich mitten unter Antonianern befand und Antonius ziemlich weit hinter mir stand. Sofort galoppierte ich zu der Rekrutenlegion, die vom Lager her im Anmarsch war, den Schild auf dem Rücken. Die Antonianer setzten mir nach, und unsre

quo fato sum servatus, quod sum cito a nostris cognitus.

In ipsa Aemilia, ubi cohors Caesaris praetoria erat, 4 diu pugnatum est. cornu sinisterius, quod erat infirmius, ubi Martiae legionis duae cohortes erant et cohors praetoria, pedem referre coeperunt, quod ab equitatu circumibantur, quo vel plurimum valet Antonius. cum omnes se recepissent nostri ordines, recipere me novissimus coepi ad castra. Antonius tamquam victor castra putavit se posse capere. quo cum venit, complures ibi amisit nec egit quicquam.

Audita re Hirtius cum cohortibus XX veteranis redeunti Antonio in sua castra occurrit copiasque eius omnis delevit, fugavit, eodemque loco, ubi erat pugnatum, ad Forum Gallorum; Antonius cum equitibus hora noctis quarta se in castra sua ad Mutinam recepit; Hirtius in ea castra rediit, unde Pansa exierat, 5 ubi duas legiones reliquerat, quae ab Antonio erant oppugnatae.

Sic partem maiorem suarum copiarum Antonius amisit veteranarum; nec id tamen sine aliqua iactura cohortium praetoriarum nostrarum et legionis Martiae fieri potuit. aquilae duae, signa LX sunt relata Antoni; res bene gesta est.

A. d. XVI Kal. Mai. ex castris.

XXX.
C. ASINIVS POLLIO CICERONI S. D.

Minime mirum tibi debet videri nihil me scripsisse 1 de re p., postea quam itum est ad arma. nam saltus Castulonensis, qui semper tenuit nostros tabellarios, etsi nunc frequentioribus latrociniis infestior factus est, tamen nequaquam tanta in mora est, quanta qui locis omnibus dispositi ab utraque parte scrutantur tabellarios et retinent. itaque nisi nave perlatae litterae essent, omnino nescirem, quid istic fieret. nunc vero

Leute wollten schon auf mich schießen. Aber bald erkannten sie mich, und so bin ich – ich weiß selbst nicht, wie – mit dem Leben davongekommen.

Unmittelbar an der Via Aemilia, wo Caesars Gardekohorte stand, wurde lange gekämpft. Der linke Flügel, der schwächer war als der Feind, wo nur zwei Kohorten der Marslegion und die Gardekohorte stand, begann sich zurückzuziehen, weil er von der Reiterei, Antonius' Hauptstärke, umgangen wurde. Als alle unsre Reihen zurückgegangen waren, schlug ich mich als letzter zum Lager durch. Antonius glaubte schon den Sieg in Händen zu haben und das Lager erstürmen zu können. Aber als er dorthin kam, verlor er mehrere Leute und erreichte nichts.

Auf die Kunde hiervon warf Hirtius dem Antonius beim Rückmarsch in sein Lager zwanzig Veteranenkohorten entgegen, vernichtete alle seine Truppen oder schlug sie in die Flucht, und zwar an derselben Stelle, wo vorher gekämpft worden war, bei Forum Gallorum. Antonius zog sich um die vierte Nachtstunde in sein Lager bei Mutina zurück. Hirtius kehrte in das Lager zurück, von dem Pansa ausgegangen war, wo er zwei Legionen zurückgelassen hatte, die dann von Antonius bestürmt worden waren.

Somit hat Antonius den größten Teil seiner Veteranen eingebüßt; freilich ging es nicht ohne Verluste bei unsern Gardekohorten und der Marslegion ab. Es wurden zwei Adler und sechzig Feldzeichen des Antonius eingebracht. Es war ein voller Erfolg.

Im Feldlager, den 16. April (43)

30 (31).
C. Asinius Pollio grüßt Cicero.

Es braucht Dir durchaus nicht befremdlich zu erscheinen, daß ich mich über die politische Lage nicht geäußert habe, seit es zum Kriege gekommen ist. Das Waldgebirge von Castulo, das unsern Kurieren stets Schwierigkeiten gemacht hat, ist zwar jetzt durch ziemlich häufige Raubüberfälle noch unsicherer geworden, verursacht aber keineswegs so viel Aufenthalt wie die von beiden Seiten überall postierten Patrouillen, die die Kuriere durchsuchen und festhalten. Wären mir also nicht per Schiff Nachrichten zu-

nactus occasionem, postea quam navigari coeptum
est, cupidissime et quam creberrime potero scribam
ad te.

Ne movear eius sermonibus, quem tametsi nemo 2
est, qui videre velit, tamen nequaquam proinde, ac
dignus est, oderunt homines, periculum non est;
adeost enim invisus mihi, ut nihil non acerbum putem, quod commune cum illo sit. natura autem mea
et studia trahunt me ad pacis et libertatis cupiditatem.
itaque illud initium civilis belli saepe deflevi; cum
vero non liceret mihi nullius partis esse, quia utrubique magnos inimicos habebam, ea castra fugi, in quibus plane tutum me ab insidiis inimici sciebam non
futurum; compulsus eo, quo minime volebam, ne
in extremis essem, plane pericula non dubitanter adii.
Caesarem vero, quod me in tanta fortuna modo 3
cognitum vetustissimorum familiarium loco habuit,
dilexi summa cum pietate et fide. quae mea sententia
gerere mihi licuit, ita feci, ut optimus quisque maxime
probarit; quod iussus sum, eo tempore atque ita feci,
ut appareret invito imperatum esse. cuius facti iniustis-
sima invidia erudire me potuit, quam iucunda libertas
et quam misera sub dominatione vita esset.

Ita, si id agitur, ut rursus in potestate omnia unius
sint, quicumque is est, ei me profiteor inimicum, nec
periculum est ullum, quod pro libertate aut refugiam
aut deprecer. sed consules neque senatus consulto 4
neque litteris suis praeceperant mihi, quid facerem;
unas enim post Idus Mart. demum a Pansa litteras
accepi, in quibus hortatur me, ut senatu scribam me
et exercitum in potestate eius futurum. quod, cum Lepidus contionaretur atque omnibus scriberet se consentire cum Antonio, maxime contrarium fuit; nam

gegangen, dann wüßte ich überhaupt nicht, was bei Euch vorgeht. Nachdem jetzt aber die Schiffahrt wieder offen ist, werde ich Dir, wenn sich die Gelegenheit bietet, sehr gern, sooft ich kann, schreiben.

Daß ich mich von den Einflüsterungen dessen, den zwar niemand ausstehen kann, den die Leute aber durchaus nicht hassen, wie er es verdiente, beeindrucken lasse, ist nicht zu befürchten; er ist mir nämlich so zuwider, daß ich jede Berührung mit ihm als unangenehm empfinde. Charakter und Neigung lassen mich Frieden und Freiheit wünschen. Deshalb habe ich auch den Ausbruch des Bürgerkrieges stets tief bedauert, aber da ich nicht neutral bleiben konnte, habe ich mich, weil ich auf beiden Seiten erbitterte Feinde hatte, der Partei entzogen, bei der ich, wie ich wußte, den Nachstellungen eines meiner Feinde einfach schutzlos preisgegeben sein würde. So sah ich mich in eine mir durchaus nicht erwünschte Lage gedrängt, und um nicht zu den Letzten zu gehören, habe ich mich ganz bewußt in Gefahren gestürzt. Caesar aber behandelte mich auf der Höhe seines Glücks, wiewohl er mich eben erst kennengelernt hatte, wie einen ganz alten Vertrauten. Darum habe ich an ihm persönlich mit aller Liebe und Treue gehangen. Wo ich nach eigener Überzeugung verfahren durfte, habe ich so gehandelt, daß jeder anständige Mensch völlig damit einverstanden sein konnte; was mir befohlen wurde, habe ich dann und so ausgeführt, daß man sah, wie ungern ich es tat. Die ganz unverdiente Mißgunst, der mein Tun begegnete, mußte mir eine Lehre sein, wie schön die Freiheit und wie elend das Leben unter einer Gewaltherrschaft ist.

Wenn es also darauf hinausläuft, daß wieder alles in die Hand eines einzigen kommt, mag er sein, wer er will, dann bekenne ich mich als seinen Gegner, und es gibt keine Gefahr, der ich mich für die Freiheit entziehen oder versagen werde. Aber die Konsuln haben mich weder durch einen Senatsbeschluß noch durch persönliche Schreiben unterrichtet, was ich zu tun hätte; denn seit den Iden des März habe ich erst einen einzigen Brief erhalten, von Pansa, in dem er mich auffordert, dem Senat zu erklären, daß ich mich und meine Armee zu seiner Verfügung halten würde. Aber da Lepidus sich öffentlich vernehmen ließ und aller Welt schrieb,

quibus commeatibus invito illo per illius provinciam
legiones ducerem? aut si cetera transissem, num etiam
Alpis poteram transvolare, quae praesidio illius tenentur? adde huc, quod perferri litterae nulla condicione
potuerunt; sescentis enim locis excutiuntur, deinde
etiam retinentur ab Lepido tabellarii.

Illud me Cordubae pro contione dixisse nemo vo- 5
cabit in dubium, provinciam me nulli, nisi qui ab
senatu missus venisset, traditurum. nam de legione
tricesima tradenda quantas contentiones habuerim,
quid ego scribam? qua tradita quanto pro re p. infirmior fuerim futurus, quis ignorat? hac enim legione
noli acrius aut pugnacius quicquam putare esse.

Quare eum me existima esse, qui primum pacis
cupidissimus sim – omnis enim civis plane studeo
esse salvos –, deinde qui et me et rem publicam vin-
dicare in libertatem paratus sim.

Quod familiarem meum tuorum numero habes, 6
opinione tua mihi gratius est; invideo illi tamen,
quod ambulat et iocatur tecum. quaeres, quanti aestimem. si umquam licuerit vivere in otio, experieris;
nullum enim vestigium abs te discessurus sum.

Illud vehementer admiror, non scripsisse te mihi,
manendo in provincia an ducendo exercitum in Italiam rei p. magis satis facere possim. ego quidem, etsi
mihi tutius ac minus laboriosum est manere, tamen,
quia video tali tempore multo magis legionibus opus
esse quam provinciis, quae praesertim reciperari nullo
negotio possunt, constitui, ut nunc est, cum exercitu
proficisci.

Deinde ex litteris, quas Pansae misi, cognosces
omnia; nam tibi earum exemplar misi.

XVII Kal. Apr. Corduba.

er sei sich mit Antonius einig, war das ganz abwegig; denn auf welchen Wegen hätte ich ohne seine Einwilligung meine Legionen durch seine Provinz führen sollen? Und wenn ich über alles andre hinweggekommen wäre, konnte ich etwa auch die Alpen überfliegen, die von ihm besetzt gehalten werden? Überdies war es einfach unmöglich, einen Brief durchzubringen, denn an tausend Stellen werden die Kuriere durchsucht und schließlich sogar von Lepidus festgehalten.

Eins wird mir niemand abstreiten können: daß ich in Corduba beim Appell erklärt habe, nur einem vom Senat bestimmten Nachfolger würde ich die Provinz übergeben. Was für Scherereien ich mit der Abtretung der 30. Legion gehabt habe, brauche ich Dir nicht zu schreiben. Hätte ich sie abgegeben, dann wäre ich, wie jeder sich sagen muß, bedeutend schwächer für den Staat geworden. Denn glaub' mir, diese Legion ist schneidig und kampflustig wie keine zweite!

Du darfst also überzeugt sein, daß ich in allererster Linie Frieden wünsche; es ist mein ganzes Bestreben, alle Bürger wohlbehalten zu sehen. Sodann aber bin ich auch entschlossen, mir und dem Staate die Freiheit zu erkämpfen.

Daß Du meinen Freund zu Dir heranziehst, dafür bin ich Dir dankbarer, als Du denkst; freilich beneide ich ihn, daß er mit Dir lustwandeln und scherzen kann. Du fragst gewiß, was ich dafür geben würde? Sollte es uns noch einmal vergönnt sein, in Muße unser Leben zu genießen, wirst Du es erfahren; dann will ich keinen Schritt mehr von Deiner Seite weichen.

Über eins wundere ich mich sehr: Du schreibst mir gar nicht, ob ich den Interessen des Staates besser diene, wenn ich in der Provinz bleibe oder meine Armee nach Italien führe. Gewiß wäre es ungefährlicher und weniger mühsam für mich, hier zu bleiben; aber ich sehe ja, daß in Zeiten wie jetzt Legionen viel wichtiger sind als Provinzen, zumal diese sich ohne weiteres zurückerobern lassen, und so habe ich mich entschlossen, unter diesen Umständen mich mit meiner Armee auf den Weg zu machen.

Alles weitere wirst Du im übrigen aus meinem Schreiben an Pansa entnehmen; ich lege Dir eine Kopie bei.

Corduba, den 16. März (43)

XXXI.
POLLIO CICERONI S. P.

S. v. b. e. e. q. v.

Quo tardius certior fierem de proeliis apud Muti- 1
nam factis, Lepidus effecit, qui meos tabellarios
novem dies retinuit; tametsi tantam calamitatem
rei p. quam tardissime audire optandum est, sed illis,
qui prodesse nihil possunt neque mederi. atque utinam eodem s. c., quo Plancum et Lepidum in Italiam arcessistis, me quoque iussissetis venire! profecto non accepisset res p. hoc vulnus. quo si qui laetantur in praesentia, quia videntur et duces et veterani Caesaris partium interisse, tamen postmodo
necessest doleant, cum vastitatem Italiae respexerint;
nam et robur et suboles militum interiit, si quidem,
quae nuntiantur, ulla ex parte vera sunt.

Neque ego non videbam, quanto usui rei p. essem 2
futurus, si ad Lepidum venissem; omnem enim cunc-
tationem eius discussissem, praesertim adiutore Planco; sed scribenti ad me eius modi litteras, quas leges,
et contionibus videlicet, quas Narbone habuisse dicitur, similis palparer necesse erat, si vellem commeatus
per provinciam eius iter faciens habere. praeterea
verebar, ne, si antequam ego incepta perficerem, proelium confectum esset, pium consilium meum rape-
rent in contrariam partem obtrectatores mei propter
amicitiam, quae mihi cum Antonio, non maior tamen
quam Planco, fuit.

Itaque a Gadibus mense Aprili binis tabellariis in 3
duas navis impositis et tibi et consulibus et Octaviano
scripsi, ut me faceretis certiorem, quonam modo plurimum possem prodesse rei p. sed, ut rationem ineo,
quo die proelium Pansa commisit, eodem a Gadibus
naves profectae sunt; nulla enim post hiemem fuit
ante eam diem navigatio. et ego mehercules longe
remotus ab omni suspicione futuri civilis tumultus

31 (33).
Pollio grüßt Cicero herzlich.

Hoffentlich bist Du wohlauf! Auch ich bin gut zuwege.

Daß ich erst ziemlich spät von den Kämpfen um Mutina erfuhr, dafür hat Lepidus gesorgt, der meine Kuriere neun Tage festgehalten hat. Freilich ist es wünschenswert, von solch einer Katastrophe für den Staat erst möglichst spät zu hören, aber nur für die, die doch nicht helfen und heilen können. Ach, hättet Ihr doch durch denselben Senatsbeschluß, mit dem Ihr Plancus und Lepidus nach Italien riefet, auch mir befohlen zu kommen. Gewiß hätte der Staat nicht diese schwere Wunde empfangen. Wer sich jetzt im ersten Augenblick darüber freut, weil anscheinend die Führer und Veteranen der Caesarianer ums Leben gekommen sind, wird sich bestimmt hernach doch schmerzlich berührt fühlen, wenn er sich die Verödung Italiens vor Augen hält. Denn die Elite und der Nachwuchs unsrer Wehrmacht ist umgekommen, wenn anders die Meldungen auch nur zum Teil der Wahrheit entsprechen.

Ich bin mir völlig klar darüber, wie nützlich ich dem Staate hätte sein können, wenn ich zu Lepidus gegangen wäre; ich hätte ihm sein ewiges Zaudern ausgetrieben, zumal mit Plancus zur Seite. Aber ähnlich, wie er es in seinen Briefen an mich tut, die Du zu lesen bekommen wirst, und in seinen Ansprachen, die er in Narbo angeblich gehalten hat, hätte ich ihm um den Bart gehen müssen, wenn ich mich auf dem Marsche durch seine Provinz hätte verpflegen wollen. Außerdem befürchtete ich, falls die Schlacht geschlagen würde, ehe ich mein Vorhaben ausgeführt hätte, könnten meine Widersacher meinen ehrlichen Entschluß wegen meiner ehemaligen freundschaftlichen Beziehungen zu Antonius, die freilich weniger eng als die zu Plancus waren, ins Gegenteil verkehren.

Darum habe ich im April von Gades aus zwei Kuriere mit einem Schreiben an Dich, die Konsuln und Octavian auf zwei verschiedenen Schiffen in Marsch gesetzt und um Instruktionen gebeten, wie ich dem Staat am besten nützen könne. Aber wenn ich nachrechne, sind die Schiffe am gleichen Tage von Gades abgefahren, an dem Pansa die Schlacht geschlagen hat; vor diesem Termin war nämlich die Schiffahrt nach Wintersende noch nicht offen. Und ich hatte weiß Gott alles andre eher erwartet, als daß es zu einem Bür-

penitus in Lusitania legiones in hibernis conlocaram.
ita porro festinavit uterque confligere, tamquam nihil
peius timerent, quam ne sine maximo rei p. detrimento bellum componeretur. sed si properandum fuit,
nihil non summi ducis consilio gessisse Hirtium video.

Nunc haec mihi scribuntur ex Gallia Lepidi et nun- 4
tiantur, Pansae exercitum concisum esse, Pansam ex
vulneribus mortuum, eodem proelio Martiam legionem interisse et L. Fabatum et C. Peducaeum et D.
Carfulenum; Hirtino autem proelio et quartam legionem et omnis peraeque Antoni caesas, item Hirti,
quartam vero, cum castra quoque Antoni cepisset, a
quinta legione concisam esse; ibi Hirtium quoque
perisse et Pontium Aquilam; dici etiam Octavianum
cecidisse – quae si, quod di prohibeant! vera sunt,
non mediocriter doleo –; Antonium turpiter Mutinae
obsessionem reliquisse, sed habere equitum $\overline{V}$, legiones sub signis armatas tris et P. Bagienni unam, inermis bene multos; Ventidium quoque se cum legione
VII, VIII, VIIII coniunxisse; si nihil in Lepido spei
sit, descensurum ad extrema et non modo nationes
sed etiam servitia concitaturum; Parmam direptam;
L. Antonium Alpis occupasse.

Quae si vera sunt, nemini nostrum cessandum est 5
nec exspectandum, quid decernat senatus; res enim
cogit huic tanto incendio succurrere omnis, qui aut
imperium aut nomen denique populi R. salvum volunt esse. Brutum enim cohortis XVII et duas non
frequentis tironum legiones, quas conscripserat Antonius, habere audio. neque tamen dubito, quin omnes, qui supersint de Hirti exercitu, confluant ad eum.
nam in dilectu non multum spei puto esse, praeser-

gerkriege kommen würde, und meine Legionen in Lusitanien ins Winterquartier gelegt. Beide Teile haben es dann mit der Entscheidungsschlacht so eilig gehabt, als ob sie nichts Schlimmeres fürchteten, als daß ohne schweren Schaden für den Staat ein friedlicher Ausgleich zustande käme. Aber wenn es denn schon so eilig war, dann hat Hirtius offensichtlich alle Maßnahmen getroffen, wie man es von einem erfahrenen Führer erwarten muß.

Jetzt gehen mir aus Lepidus' Gallien mündliche und schriftliche Nachrichten zu, Pansas Armee sei zerschlagen, Pansa selbst an seiner Wunde gestorben; in demselben Gefecht sei die Marslegion aufgerieben worden und L. Fabatus, C. Peducaeus und D. Carfulenus ums Leben gekommen; in der Schlacht des Hirtius seien die 4. Legion und in gleicher Weise alle Mannschaften des Antonius vernichtet worden, ebenso die des Hirtius, die 4. Legion aber sei, nachdem sie noch Antonius' Lager eingenommen habe, von der 5. Legion zusammengehauen worden; bei der Gelegenheit seien auch Hirtius und Pontius Aquila ums Leben gekommen; angeblich sei auch Octavian gefallen – wenn das alles wahr ist, was der Himmel verhüten möge, wäre ich tief erschüttert –; Antonius habe mit Schimpf und Schande die Belagerung von Mutina aufgegeben, habe aber 5000 Reiter und drei voll bewaffnete Legionen in guter Ordnung und die eine des P. Bagiennus bei sich und außerdem ziemlich viele Leute ohne Waffen; auch Ventidius habe sich mit der 7., 8. und 9. Legion mit ihm vereinigt; wenn bei Lepidus nichts zu machen sei, werde er den äußersten Schritt tun und nicht nur fremde Völker, sondern auch die Sklavenschaft aufwiegeln; Parma sei geplündert worden, L. Antonius habe die Alpenpässe besetzt.

Wenn dies alles wahr ist, darf niemand von uns säumen und abwarten, was der Senat beschließt; die Lage zwingt alle, die wünschen, daß das Reich oder überhaupt der Name des Römischen Volkes erhalten bleibt, dieser furchtbaren Feuersbrunst zu wehren. Brutus hat nämlich dem Vernehmen nach nur siebzehn Kohorten und zwei nicht sehr starke Rekrutenlegionen, die Antonius ausgehoben hatte, aber zweifellos sammeln sich alle Überlebenden aus Hirtius' Armee bei ihm. Von einer Aushebung verspreche ich mir nicht viel, zumal nichts gefährlicher ist, als Antonius Zeit zu lassen,

tim cum nihil sit periculosius quam spatium confir-
mandi sese Antonio dari. anni autem tempus libertatem maiorem mihi dat, propterea quia frumenta aut
in agris aut in villis sunt. itaque proximis litteris consilium meum expedietur; nam neque desse neque
superesse rei p. volo. maxime tamen doleo adeo et
longo et infesto itinere ad me veniri, ut die quadra-
gensimo post aut ultra etiam, quam facta sunt omnia,
nuntientur.

XXXII.
C. ASINIVS POLLIO CICERONI.

Balbus quaestor magna numerata pecunia, magno 1
pondere auri, maiore argenti coacto de publicis exac-
tionibus, ne stipendio quidem militibus reddito duxit
se a Gadibus et triduum tempestate retentus ad Cal-
pen Kal. Iun. traiecit sese in regnum Bogudis plane
bene peculiatus. his rumoribus utrum Gadis referatur
an Romam – ad singulos enim nuntios turpissime
consilia mutat – nondum scio.

Sed praeter furta et rapinas et virgis caesos socios 2
haec quoque fecit, ut ipse gloriari solet, eadem, quae
C. Caesar: ludis, quos Gadibus fecit, Herennium Gallum histrionem summo ludorum die anulo aureo do-
natum in XIIII sessum deduxit – tot enim fecerat
ordines equestris loci –; quattuorviratum sibi proro-
gavit; comitia biennii biduo habuit, hoc est renuntiavit, quos ei visum est; exsules reduxit non horum
temporum, sed illorum, quibus a seditiosis senatus
trucidatus aut expulsus est Sex. Varo procos.

Illa vero iam ne Caesaris quidem exemplo, quod 3
ludis praetextam de suo itinere ad L. Lentulum pro-

sich zu rangieren. Die Jahreszeit läßt mir ziemliche Freiheit, weil Getreide auf den Äckern steht oder in den Magazinen zu finden ist. Also werde ich in meinem nächsten Schreiben meine Pläne darlegen; ich möchte nämlich weder den Staat im Stiche lassen noch ihn überleben. Aber ich bedaure tief, daß die Kuriere einen so weiten und unsicheren Weg zu mir haben; von allen Vorgängen höre ich immer erst nach sechs Wochen oder noch später.

(Corduba, Ende Mai/Anfang Juni 43)

32.
C. Asinius Pollio an Cicero.

Mein Quästor Balbus hat eine hübsche Summe in bar, einen großen Haufen Gold und noch mehr Silber aus staatlichen Einkünften unterschlagen, nicht einmal den Soldaten ihren Sold gezahlt, sich dann aus Gades fortgemacht und sich nach dreitägigem Aufenthalt wegen stürmischen Wetters in Calpe am 1. Juni wohlbetucht in Boguds Reich übersetzen lassen. Ob er nach Gades zurückkommt oder nach Rom geht, kann ich nach den hier umlaufenden Gerüchten noch nicht sagen, denn auf jede Botschaft hin ändert er schändlicherweise seine Entschlüsse.

Abgesehen von seinen Unterschlagungen, Erpressungen und Auspeitschungen von Bündnern hat er aber auch noch folgendes angerichtet, genau wie C. Caesar, wie er sich zu rühmen pflegt: Bei den von ihm in Gades veranstalteten Spielen hat er einen Schauspieler namens Herennius Gallus am letzten Spieltage mit dem goldenen Ring beschenkt und ihm einen Platz in den vierzehn Parkettreihen angewiesen – so viele Reihen hat er nämlich für die Ritter reserviert. Ferner hat er sich sein Bürgermeisteramt verlängert, zwei Tage später Wahlen für zwei Jahre vornehmen lassen, das heißt: diejenigen für gewählt erklärt, die ihm zupaß waren, hat Verbannte zurückgerufen, und zwar solche, die nicht erst kürzlich, sondern damals unter der Statthalterschaft des Sex. Varus verbannt worden sind, als der Stadtrat von Aufrührern ermordet oder davongejagt wurde.

Für folgendes aber kann er sich nicht einmal auf Caesars Vorbild berufen: Bei seinen Spielen hat er ein Stück aufführen lassen,

cos. sollicitandum posuit, et quidem, cum ageretur,
flevit memoria rerum gestarum commotus; gladia-
toribus autem Fadium quendam, militem Pompeianum, quia, cum depressus in ludum bis gratis de-
pugnasset, auctorare sese nolebat et ad populum con-
fugerat, primum Gallos equites immisit in populum
– coniecti enim lapides sunt in eum, cum abriperetur
Fadius –, deinde abstractum defodit in ludo et vivum
combussit, cum quidem pransus nudis pedibus, tunica
soluta, manibus ad tergum reiectis inambularet et illi
misero quiritanti: 'c. R. natus sum' responderet: 'abi
nunc, populi fidem implora'; bestiis vero civis Romanos, in iis circulatorem quendam auctionum, notissi-
mum hominem Hispali, quia deformis erat, obiecit.
cum huiusce modi portento res mihi fuit.

Sed de illo plura coram; nunc, quod praestat, quid 4
me velitis facere, constituite. tris legiones firmas habeo, quarum unam, XXVIII, cum ad se initio belli
arcessisset Antonius hac pollicitatione, quo die in
castra venisset, denarios quingenos singulis militibus
daturum, in victoria vero eadem praemia, quae suis
legionibus – quorum quis ullam finem aut modum
futurum putabit? –, incitatissimam retinui aegre mehercules, nec retinuissem, si uno loco habuissem,
utpote cum singulae quaedam cohortes seditionem
fecerint.

Reliquas quoque legiones non destitit litteris atque
infinitis pollicitationibus incitare. nec vero minus Lepidus ursit me et suis et Antoni litteris, ut legionem
XXX mitterem sibi. itaque, quem exercitum neque 5
vendere ullis praemiis volui nec eorum periculorum
metu, quae victoribus illis portendebantur, demi-
nuere, debetis existimare retentum et conservatum

das seine Reise zu dem Prokonsul L. Lentulus, um ihn zu bestechen, zum Inhalt hatte, und während der Aufführung brach er, von der Erinnerung an diese Vorgänge übermannt, in Tränen aus. Einen gewissen Fadius, einen ehemaligen Soldaten des Pompeius, hat er zwangsweise in die Fechterschule geschickt. Als der nun bei den Gladiatorenkämpfen zweimal unentgeltlich aufgetreten war, sich aber nicht ein drittes Mal verdingen wollte und sich unter das Volk flüchtete, ließ er zunächst gallische Reiter auf die Masse los – man hatte nämlich mit Steinen nach ihm geworfen, als Fadius abgeführt werden sollte –, dann ließ er ihn wegschleppen, in der Fechterschule vergraben und bei lebendigem Leibe verbrennen, derweilen er wohlgefrühstückt, mit nackten Füßen, flatternder Tunika, die Hände auf dem Rücken einherstolzierte und dem armen Kerl, als er jammerte: „Ich bin als Römischer Bürger geboren!", zurief: „Hau jetzt ab und flehe beim Volke um Schutz!" Den Raubtieren hat er Römische Bürger vorgeworfen, darunter einen in Hispalis gut bekannten Mann, einen Trödler, nur weil er mißgestaltet war. Mit solch einem Ungeheuer habe ich es hier zu tun gehabt!

Aber davon persönlich mehr! Im Augenblick ist die Hauptsache, daß Ihr Euch schlüssig werdet, was Ihr von mir erwartet. Ich habe drei starke Legionen. Eine von ihnen, die 28., versuchte Antonius zu Anfang des Krieges mit dem Versprechen an sich zu ziehen, am Tage ihrer Ankunft in seinem Lager werde er jedem Soldaten 500 Denare geben, im Falle des Sieges dieselben Belohnungen wie seinen eigenen Legionen – diese Schenkerei kennt ja wohl überhaupt kein Maß und Ziel. Es war weiß Gott ein schweres Stück Arbeit, die aufgeputschten Leute bei der Stange zu halten, und es wäre mir auch kaum geglückt, wenn ich sie alle beieinander gehabt hätte, denn es waren nur einzelne Kohorten, die meuterten.

Auch die beiden andern Legionen suchte er fortgesetzt mit Aufrufen und maßlosen Versprechungen aufzuputschen. Aber auch Lepidus drängte mich nicht weniger mit eigenen Briefen und solchen von Antonius, ihm die 30. Legion zur Verfügung zu stellen. Doch ich wollte meine Armee weder gegen irgendwelche Belohnungen verkaufen, noch sie aus Angst vor den Gefahren, mit denen sie für den Fall ihres Sieges drohten, schwächen. Ihr könnt somit

rei p. esse atque ita credere, quodcumque imperassetis, facturum fuisse, si, quod iussistis, feci. nam et provinciam in otio et exercitum in mea potestate tenui, finibus meae provinciae nusquam excessi, militem non modo legionarium sed ne auxiliarium quidem ullum quoquam misi et, si quos equites decedentis nactus sum, supplicio adfeci.

Quarum rerum fructum satis magnum re p. salva tulisse me putabo; sed res p. si me satis novisset et maior pars senatus, maiores ex me fructus tulisset.

Epistulam, quam Balbo, cum etiam nunc in provincia esset, scripsi, legendam tibi misi; etiam praetextam, si voles legere, Gallum Cornelium, familiarem meum, poscito.

VI Id. Iun. Corduba.

XXXIII.
CICERO LEPIDO S.

Quod mihi pro summa erga te benevolentia ma- 1
gnae curae est, ut quam amplissima dignitate sis, moleste tuli te senatui gratias non egisse, cum esses ab eo ordine ornatus summis honoribus.

Pacis inter civis conciliandae te cupidum esse laetor. eam si a servitute seiungis, consules et rei p. et dignitati tuae; sin ista pax perditum hominem in possessionem impotentissimi dominatus restituturast, hoc animo scito omnes sanos, ut mortem servituti anteponant.

Itaque sapientius meo quidem iudicio facies, si te 2
in istam pacificationem non interpones, quae neque senatui neque populo nec cuiquam bono probatur.

ganz beruhigt sein, sie ist fest in meiner Hand und für den Staat erhalten und hätte bestimmt jeden Befehl von Euch ausgeführt, sofern ich alles getan habe, was Ihr befohlen habt. Denn ich habe die Provinz ruhig und die Armee in Gehorsam gehalten, habe nirgends die Grenzen meiner Provinz überschritten, keinen einzigen Legionär oder auch nur einen Hilfstruppler irgendwohin abkommandiert und etwa desertierende Reiter, wenn ich sie zu fassen bekam, schwer bestraft.

Ich gebe mich der Hoffnung hin, für die Zukunft, wenn der Staat aus aller Not heraus ist, durch mein Verhalten reiche Früchte geerntet zu haben; aber wenn der Staat und die Mehrheit des Senats mich recht kennte, hätte er durch mich noch reichere Früchte ernten können.

Den Brief, den ich Balbus geschrieben habe, als er noch hier in der Provinz war, lege ich Dir bei, falls er Dich interessiert. Auch das Theaterstück kannst Du Dir, wenn Du es lesen willst, von meinem Freunde Gallus Cornelius ausbitten.

Corduba, den 8. Juni (43)

33 (27).
Cicero grüßt Lepidus.

Entsprechend meinen engen freundschaftlichen Beziehungen zu Dir ist es meine besondere Sorge, Dich in möglichst angesehener Stellung zu sehen. So hat es mich denn auch verstimmt, daß Du Dich beim Senat nicht bedankt hast, als die hohe Körperschaft Dir die höchsten Ehren hatte zukommen lassen.

Daß Du bestrebt bist, Frieden unter den Bürgern zu stiften, freut mich; wenn Du ihn ohne Versklavung herbeiführst, dienst Du dem Staat und Deiner Würde; setzt aber Dein Frieden einen Banditen wieder in den Besitz schrankenloser Alleinherrschaft, dann wisse, daß alle Vernünftigen gesonnen sind, den Tod der Knechtschaft vorzuziehen!

Somit wirst Du meines Erachtens klüger daran tun, wenn Du Dich aus diesen Friedensstiftereien heraushältst, die weder beim Senat noch beim Volke noch bei einem Patrioten Beifall finden.

Sed haec audies ex aliis aut certior fies litteris; tu pro tua prudentia, quid optimum factu sit, videbis.

XXXIV.
LEPIDVS IMP. ITER. PONT. MAX. S. D.
M. TVLLIO CICERONI.

S. v. b. e. e. v.

Cum audissem M. Antonium cum suis copiis prae- 1 misso L. Antonio cum parte equitatus in provinciam meam venire, cum exercitu meo ab confluente † ab Rhodano castra movi ac contra eos venire institui. itaque continuis itineribus ad Forum Voconi veni et ultra castra ad flumen Argenteum contra Antonios feci. P. Ventidius suas legiones tris coniunxit cum eo et ultra me castra posuit. habebat antea legionem V et ex reliquis legionibus magnam multitudinem, sed inermorum. equitatum habet magnum; nam omnis ex proelio integer discessit, ita ut sint amplius equitum milia quinque. ad me complures milites et equites ab eo transierunt et in dies singulos eius copiae minuuntur.

Silanus et Culleo ab eo discesserunt. nos etsi gra- 2 viter ab iis laesi eramus, quod contra nostram voluntatem ad Antonium ierant, tamen nostrae humanitatis et necessitudinis causa eorum salutis rationem habuimus, nec tamen eorum opera utimur neque in castris habemus neque ulli negotio praefecimus.

Quod ad bellum hoc attinet, nec senatui nec rei p. derimus. quae postea egerimus, faciam te certiorem.

Aber davon wirst Du von andern zu hören bekommen oder brieflich benachrichtigt werden. Du bist klug genug und mußt selbst wissen, was für Dich das beste ist.

(Rom, den 20. März 43)

34.

Lepidus, Imperator II und Pontifex Maximus
grüßt
M. Tullius Cicero.

Hoffentlich bist Du wohlauf! Ich bin gut zuwege.

Als ich hörte, daß M. Antonius sich unter Voraussendung eines Teils seine Reiterei unter L. Antonius mit seinen Truppen meiner Provinz nähere, bin ich mit meiner Armee von der Rhone abgerückt und habe mich entschlossen, ihnen entgegenzutreten. So bin ich in ununterbrochenen Märschen nach Forum Voconi gelangt und habe mich auf dem andern Ufer des Argenteus gegenüber den Antoniern festgesetzt. P. Ventidius hat sich mit seinen drei Legionen mit ihnen vereinigt und oberhalb von mir sein Lager aufgeschlagen. Vorher hatte Antonius nur die 5. Legion, aus den übrigen Legionen nur eine unübersehbare Masse Leute, aber ohne Waffen. Seine Reiterei ist sehr stark; sie ist nämlich völlig unversehrt aus der Schlacht hervorgegangen, so daß sie mehr als 5000 Mann zählt. Mehrere Soldaten und Reiter sind von ihm zu mir übergelaufen, und seine Truppen vermindern sich täglich.

Silanus und Culleo haben sich wieder von ihm getrennt. Sie hatten mich zwar schwer beleidigt, weil sie gegen meinen Willen zu Antonius gegangen waren, aber angesichts meiner Menschenfreundlichkeit und unsrer verwandtschaftlichen Beziehungen habe ich ein Auge zugedrückt. Jedoch mache ich von ihren Diensten keinen Gebrauch; sie sind nicht bei mir hier im Lager, und ich habe sie auch nicht mit militärischen Aufgaben betraut.

Was die Kriegsführung hier angeht, kann der Senat und der Staat auf mich rechnen. Von meinen weiteren Maßnahmen setze ich Dich in Kenntnis.

(Am Argenteus, kurz vor dem 22. Mai 43)

XXXV.
LEPIDVS CICERONI.

Etsi omni tempore summa studia officii mutuo inter 1
nos certatim constiterunt pro nostra inter nos familiaritate et proinde diligenter ab utroque conservata
sunt, tamen non dubito, in tanto et tam repentino
motu rei p. quin non nulla de me falsis rumoribus a
meis obtrectatoribus me indigna ad te delata sint,
quae tuum animum magnopere moverent pro tuo
amore in rem p. ea te moderate accepisse neque
temere credendum iudicasse a meis procuratoribus
certior sum factus. quae mihi, ut debent, gratissima
sunt; memini enim et illa superiora, quae abs tua voluntate profecta sunt ad meam dignitatem augendam
et ornandam, quae perpetuo animo meo fixa mane-
bunt.

Abs te, mi Cicero, magno opere peto, si meam vi- 2
tam, studium diligentissime superioribus temporibus
in re p. administranda, quae Lepido digna sunt, perspecta habes, ut paria aut eo ampliora reliquo tempore exspectes et proinde tua auctoritate me tuendum
existimes, quo tibi plura tuo merito debeo.

Vale.

D. XI Kal. Iun. ex castris ex Ponte Argenteo.

XXXVI.
M. LEPIDVS IMP. ITER. PONT. MAX. S. D. PR.
TR. PL. SENATVI POPVLO PLEBIQVE RO-
MANAE.

S. v. liberique vestri v. b. e. e. q. v.

Deos hominesque testor, p. c., qua mente et quo 1
animo semper in rem p. fuerim et quam nihil antiquius communi salute ac libertate iudicarim; quod
vobis brevi probassem, nisi mihi fortuna proprium
consilium extorsisset. nam exercitus cunctus consuetudinem suam in civibus conservandis communique

35 (34 a).
Lepidus an Cicero.

Zwar haben wir uns entsprechend unsrer engen Freundschaft
jederzeit im Erweisen von Freundesdiensten gegenseitig überboten
und demgemäß diese Beziehungen beiderseits sorgfältig gepflegt;
zweifellos sind Dir aber in dieser schweren, unerwarteten Krise
allerhand falsche, meiner unwürdige Gerüchte über mich von
meinen Neidern zugetragen worden, die Dich angesichts Deiner
Hingabe an den Staat tief getroffen haben müssen. Daß Du sie
besonnen aufgenommen hast mit der Erklärung, man dürfe ihnen
nicht blindlings trauen, haben mir meine Agenten berichtet. Das ist
mir natürlich sehr angenehm; ich habe ja auch die von Dir veran-
laßten früheren Maßnahmen zur Förderung und Ehrung meines
Ranges nicht vergessen; sie werden für immer fest in meinem
Gedächtnis haften bleiben.

Ich bitte Dich von Herzen, mein Cicero, wenn Du Dir mein
ganzes Leben, mein Bestreben in früheren Zeiten, dem Staate mit
aller Umsicht, wie es eines Lepidus würdig ist, zu dienen, vor Augen
hältst, auch für die Zukunft Gleiches oder mehr als das zu erwarten
und demgemäß mit Deinem Ansehen für mich eintreten zu wollen,
je mehr ich Dir durch Dein Verdienst verdanke.

Leb' wohl!

Gegeben am 22. Mai (43) im Lager an der Argenteusbrücke.

36 (35).
Lepidus, Imperator II und Pontifex Maximus,
grüßt
Prätoren, Volkstribunen, Senat, Gesamtvolk und Plebs von Rom.

Hoffentlich seid Ihr und Eure Kinder wohlauf! Ich bin gut
zuwege.

Ich rufe Götter und Menschen zu Zeugen an, Patres Conscripti,
welche Gesinnung, welche Gefühle ich stets gegen den Staat gehegt
habe, und wie mir nichts wichtiger erschienen ist als unser aller
Wohlergehen und Freiheit. Ich hätte Euch dafür in Kürze den
Beweis geliefert, hätte nicht das Schicksal mir die eigene Entscheidung entwunden. Die gesamte Armee bestand auf ihrem

pace seditione facta retinuit meque tantae multitudinis civium Romanorum salutis atque incolumitatis
causam suscipere, ut vere dicam, coegit.

In qua re ego vos, p. c., oro atque obsecro, ut pri- 2
vatis offensionibus omissis summae rei p. consulatis
neve misericordiam nostram exercitusque nostri in
civili dissensione sceleris loco ponatis. quod si salutis
omnium ac dignitatis rationem habueritis, melius et
vobis et rei p. consuletis.

D. III Kal. Iun. a Ponte Argenteo.

Gewohnheitsrecht, das Leben der Bürger zu schützen und den allgemeinen Frieden zu erhalten, indem sie meuterte und mich, um die Wahrheit zu sagen, zwang, die Aufgabe zu übernehmen, das Leben so vieler Römischer Bürger zu schützen und zu erhalten.

Unter diesen Umständen bitte und beschwöre ich Euch, Patres Conscripti, alle persönlichen Zwistigkeiten hintanzustellen, nur das Staatsganze im Auge zu behalten und unser und unsrer Armee in diesem Bürgerzwist bewiesenes Mitleid nicht als Verbrechen zu betrachten. Denkt Ihr nur an das Wohlergehn und die Ehre aller, dann sorgt Ihr besser für Euch und für den Staat.

Gegeben am 30. Mai (43) an der Argenteusbrücke.

I.
D. BRVTVS BRVTO SVO ET CASSIO S.

Quo in statu simus, cognoscite. heri vesperi apud 1
me Hirtius fuit; qua mente esset Antonius, demonstravit, pessima scilicet et infidelissima. nam se neque
mihi provinciam dare posse aiebat neque arbitrari
tuto in urbe esse quemquam nostrum; adeo esse militum concitatos animos et plebis. quod utrumque esse
falsum puto vos animadvertere atque illud esse verum,
quod Hirtius demonstrabat, timere eum, ne, si mediocre auxilium dignitatis nostrae habuissemus, nullae partes iis in re p. relinquerentur.

Cum in his angustiis versarer, placitum est mihi, 2
ut postularem legationem liberam mihi reliquisque
nostris, ut aliqua causa proficiscendi honesta quaerere-
tur. haec se impetraturum pollicitus est, nec tamen
impetraturum confido; tanta est hominum insolentia
et nostri insectatio. ac si dederint, quod petimus, tamen paulo post futurum puto, ut hostes iudicemur
aut aqua et igni nobis interdicatur.

'Quid ergo est' inquis 'tui consilii?' dandus est locus 3
fortunae, cedendum ex Italia, migrandum Rhodum
aut aliquo terrarum arbitror. si melior casus fuerit,
revertemur Romam; si mediocris, in exilio vivemus;
si pessimus, ad novissima auxilia descendemus.

Succurret fortasse hoc loco alicui vestrum, cur 4
novissimum tempus exspectemus potius, quam nunc
aliquid moliamur. quia, ubi consistamus, non habemus
praeter Sex. Pompeium et Bassum Caecilium; qui
mihi videntur hoc nuntio de Caesare adlato firmiores
futuri. satis tempore ad eos accedemus, ubi, quid valeant, scierimus.

ELFTES BUCH

I.

D. Brutus grüßt seinen Brutus und Cassius.

Hört, wie es um uns steht! Gestern abend war Hirtius bei mir. Er hat mir über die Gesinnung des Antonius Mitteilung gemacht: sie ist ganz übel und hinterhältig. Er könne nicht zulassen, daß ich meine Provinz übernähme, und glaube nicht, daß einer von uns in der Stadt sicher sei, so erregt seien die Soldaten und das Volk. Ihr merkt wohl, daß beides Unsinn ist und wahr, was Hirtius geltend machte: er fürchtet, falls unsre Stellung nur ein wenig Förderung erfährt, bleibt für sie kein Platz im Staate.

In dieser Zwickmühle kam mir der Gedanke, für mich und unsre Leute überhaupt eine freie Gesandtschaft zu fordern, um einen anständigen Vorwand für die Abreise zu haben. Er versprach mir, das durchzusetzen, aber ich glaube nicht recht, daß er es durchsetzt. Die Gesellschaft ist ja zu anmaßend und darauf versessen, uns unschädlich zu machen. Erfüllen sie uns unsre Bitte, werden wir bald darauf wahrscheinlich doch zu Staatsfeinden erklärt werden und in die Verbannung gehen müssen.

„Also was rätst Du?" wirst Du sagen. Ich glaube, wir müssen das Schicksal sich austoben lassen, aus Italien verschwinden und nach Rhodus oder sonstwohin gehen. Tritt eine Wendung zum Besseren ein, kehren wir nach Rom zurück; bleiben die Verhältnisse leidlich, leben wir in der Verbannung; wird es ganz schlimm, entschließen wir uns zum Äußersten.

Vielleicht kommt hier jemandem von Euch der Gedanke, warum wir die Entwicklung zum Schlimmsten abwarten und nicht lieber jetzt gleich etwas beginnen wollen. Weil wir außer bei Sex. Pompeius und Bassus Caecilius keine Operationsbasis haben. Sie werden wohl auf diese Kunde von Caesar hin an Stärke gewinnen. Wir stoßen immer noch früh genug zu ihnen, wenn wir uns vorher vergewissert haben, wie stark sie sind.

Pro Cassio et te si quid me velitis recipere, reci- piam; postulat enim hoc Hirtius ut faciam. rogo vos, 5 quam primum mihi rescribatis – nam non dubito, quin de his rebus ante horam quartam Hirtius cer- tiorem me sit facturus –; quem in locum convenire possimus, quo me velitis venire, rescribite.

Post novissimum Hirti sermonem placitum est 6 mihi postulare, ut liceret nobis Romae esse publico praesidio. quod illos nobis concessuros non puto; magnam enim invidiam iis faciemus. nihil tamen non postulandum putavi, quod aequum esse statuerem.

II.
BRVTVS ET CASSIVS PRAETORES M. AN- TONIO COS.

De tua fide et benevolentia in nos nisi persuasum 1 esset nobis, non scripsissemus haec tibi; quae pro- fecto, quoniam istum animum habes, in optimam partem accipies.

Scribitur nobis magnam veteranorum multitudi- nem Romam convenisse iam et ad Kal. Iun. futuram multo maiorem. de te si dubitemus aut vereamur, simus nostri dissimiles; sed certe, cum ipsi in tua po- testate fuerimus tuoque adducti consilio dimiserimus ex municipiis nostros necessarios neque solum edicto sed etiam litteris id fecerimus, digni sumus, quos ha- beas tui consilii participes, in ea praesertim re, quae ad nos pertinet.

Qua re petimus a te, facias nos certiores tuae volun- 2 tatis in nos, putesne nos tutos fore in tanta frequentia militum veteranorum, quos etiam de reponenda ara cogitare audimus; quod velle et probare vix quis- quam posse videtur, qui nos salvos et honestos velit.

Wenn Ihr, Du und Cassius, damit einverstanden seid, daß ich mich für Euch verbürge, bin ich bereit dazu; Hirtius stellt nämlich diese Forderung an mich. Antwortet mir doch bitte so bald wie möglich; höchst wahrscheinlich bringt mir nämlich Hirtius bis um die vierte Stunde Bescheid. Schreibt mir, wo wir uns treffen können, wohin ich kommen soll!

(PS) Nach dem eben erfolgten Gespräch mit Hirtius hielt ich es für richtig zu fordern, daß man uns gestatte, unter öffentlichem Schutz in Rom zu bleiben. Ich glaube nicht, daß sie darauf eingehen; wir werden ihnen nämlich viel Ungelegenheiten bereiten. Immerhin glaubte ich, auf jeden Fall fordern zu sollen, was ich einfach für recht und billig halte.

(Rom, den 20. März 44)

2.
Die Prätoren Brutus und Cassius
an
den Konsul M. Antonius.

Wären wir nicht überzeugt von Deiner treuen, wohlwollenden Gesinnung gegen uns, würden wir dies Schreiben nicht an Dich richten, und bei dieser Deiner Gesinnung wirst Du es gewiß aufs beste aufnehmen.

Wie wir hören, ist schon jetzt eine gewaltige Menge Veteranen in Rom zusammengeströmt und wird zum 1. Juni noch weiter anwachsen. Wollten wir an Dir zweifeln oder beunruhigt sein, wären wir uns selbst untreu. Wir haben uns Dir gefügt und auf Deinen Wunsch hin unsre Anhänger aus den Munizipien nach Hause geschickt, und zwar nicht nur durch eine allgemeine Kundmachung, sondern auch durch persönliche Schreiben. So haben wir gewiß Anspruch darauf zu erfahren, was Du beabsichtigst, zumal in einer Sache, die uns persönlich betrifft.

Wir bitten Dich deshalb, uns mitzuteilen, was Du mit uns vorhast, ob Du uns bei der riesigen Ansammlung von Veteranen unsre Sicherheit garantieren kannst, die dem Vernehmen nach sogar an die Wiederaufrichtung des Altars denken, was doch wohl kaum jemand wünschen und gutheißen könnte, der es ehrlich meint mit unsrer Sicherheit und Ehre.

Nos ab initio spectasse otium nec quicquam aliud libertate communi quaesisse exitus declarat. fallere nemo nos potest nisi tu, quod certe abest ab tua virtute et fide; sed alius nemo facultatem habet decipiendi nos; tibi enim uni credidimus et credituri sumus.

Maximo timore de nobis adficiuntur amici nostri; 3 quibus etsi tua fides explorata est, tamen illud in mentem venit, multitudinem veteranorum facilius impelli ab aliis quolibet quam a te retineri posse.

Rescribas nobis ad omnia rogamus; nam illud valde leve est ac nugatorium, ea re denuntiatum esse veteranis, quod de commodis eorum mense Iunio laturus esses. quem enim impedimento futurum putas, cum de nobis certum sit nos quieturos? non debemus cuiquam videri nimium cupidi vitae, cum accidere nobis nihil possit sine pernicie et confusione omnium rerum.

III.
BRVTVS ET CASSIVS PR. S. D. ANTONIO COS.

S. v. b.

Litteras tuas legimus simillimas edicti tui, con- 1 tumeliosas, minacis, minime dignas quae a te nobis mitterentur.

Nos, Antoni, te nulla lacessiimus iniuria neque miraturum credidimus, si praetores et ea dignitate homines aliquid edicto postulassemus a consule. quod si indignaris ausos esse id facere, concede nobis, ut doleamus ne hoc quidem abs te Bruto et Cassio tribui.

Nam de dilectibus habitis et pecuniis imperatis, 2 exercitibus sollicitatis et nuntiis trans mare missis

Daß wir von Anfang an nur auf Ruhe bedacht gewesen sind und nichts andres als die allgemeine Freiheit gesucht haben, zeigt unsre jetzige Lage. Aufs Glatteis führen kann uns niemand außer Dir, was Deinem männlichen, treuen Sinn gewiß fernliegt. Kein andrer ist in der Lage, uns zu täuschen, Du bist der einzige, dem wir bisher getraut haben und weiter vertrauen werden.

Unsre Freunde sind tiefbesorgt um uns. Gewiß zweifeln sie nicht an Deiner Zuverlässigkeit, aber sie können sich doch nicht des Gedankens erwehren, daß die Veteranenmassen leichter von jemand anders zu irgendwelchen Ausschreitungen aufgehetzt als von Dir in Schranken gehalten werden könnten.

Antworte uns doch bitte auf all unsre Fragen, denn es will recht wenig besagen, daß die Veteranen aufgeboten sein sollen, weil Du im Juni die ihnen zugesagten Belohnungen zur Sprache zu bringen beabsichtigtest. Wer sollte Dir da wohl etwas in den Weg legen wollen, wo Du unser sicher bist, daß wir Ruhe halten werden? Wir dürfen bei niemandem den Eindruck erwecken, wir hingen zu sehr am Leben; kann uns doch nichts passieren, ohne daß die ganze Welt zugrunde geht und in Verwirrung gerät.

(Lanuvium, Ende Mai 44)

3.
Die Prätoren Brutus und Cassius
grüßen
den Konsul Antonius.

Hoffentlich bist Du gut zuwege!

Dein Schreiben haben wir erhalten. Es entspricht ganz Deinem Erlaß, strotzt von Beleidigungen und Drohungen. Du solltest Dich schämen, uns so etwas zugehen zu lassen.

Antonius! Wir haben Dich durch kein Unrecht gekränkt und es nicht für möglich gehalten, daß Du Dich wundern würdest, wenn wir als Prätoren und Männer unsres Ranges durch Manifest an den Konsul eine Forderung stellten. Wenn Du entrüstet bist, daß wir das gewagt haben, dann halte uns unsre Empörung zugute, daß Du einem Brutus und Cassius nicht einmal dies zugestehst.

Du erklärst, Vorwürfe wegen der Aushebungen, der Geldauflagen, der Verhetzung der Armeen und der Botschaften nach Über-

quod te questum esse negas, nos quidem tibi cre-
dimus optimo animo te fecisse, sed tamen neque
agnoscimus quicquam eorum et te miramur, cum haec
reticueris, non potuisse continere iracundiam tuam,
quin nobis de morte Caesaris obiceres.

Illud vero quem ad modum ferendum sit, tute co- 3
gita, non licere praetoribus concordiae ac libertatis
causa per edictum de suo iure decedere, quin consul
arma minetur. quorum fiducia nihil est, quod nos ter-
reas; neque enim decet aut convenit nobis periculo
ulli submittere animum nostrum, neque est Antonio
postulandum, ut iis imperet, quorum opera liber est.
nos si alia hortarentur, ut bellum civile suscitare vellemus, litterae tuae nihil proficerent; nulla enim mi-
nantis auctoritas apud liberos est; sed pulchre intellegis non posse nos quoquam impelli et fortassis ea
re minaciter agis, ut iudicium nostrum metus videatur.

Nos in hac sententia sumus, ut te cupiamus in libera 4
re p. magnum atque honestum esse, vocemus te ad
nullas inimicitias, sed tamen pluris nostram libertatem quam tuam amicitiam aestimemus. tu etiam
atque etiam vide, quid suscipias, quid sustinere possis, neque quam diu vixerit Caesar, sed quam non diu
regnarit fac cogites. deos quaesumus, consilia tua rei
p. salutaria sint ac tibi; si minus, ut salva atque honesta re p. tibi quam minimum noceant optamus.
    Prid. Non. Sext.

IV.
D. BRVTVS IMP. COS. DESIG. S. D. CICERONI.

Si de tua in me voluntate dubitarem, multis a 1
te verbis peterem, ut dignitatem meam tuerere,

see seien es nicht, die Dich geärgert hätten, und wir glauben Dir gern, daß Du es damit ehrlich meinst; indessen haben wir doch damit gar nichts zu tun und wundern uns nur, daß Du es, wo Du Dich darüber nicht ausgelassen hast, doch nicht hast über Dich gewinnen können, Deinen Jähzorn zu mäßigen, und uns Caesars Tod vorhältst.

Im übrigen magst Du Dir selbst sagen, welchen Eindruck es macht, wenn es den Prätoren nicht gestattet sein soll, der Eintracht und Freiheit zuliebe durch Manifest auf ihr Recht zu verzichten, ohne daß der Konsul mit Waffengewalt droht. Wenn Du Dich allein darauf verläßt, kannst Du uns nicht bange machen, denn es erscheint uns unziemlich oder unpassend, daß wir uns irgendeiner Gefahr beugen, und ein Antonius kann nicht beanspruchen, denen Befehle zu erteilen, die ihm die Freiheit verschafft haben. Wenn andre Gründe uns bestimmten, einen Bürgerkrieg zu entfachen, dann würde Dein Schreiben auch nichts daran ändern, denn auf Freie machen Drohungen keinen Eindruck. Aber Du weißt ganz genau, daß wir uns weder hierhin noch dorthin drängen lassen, und vielleicht greifst Du nur zu Drohungen, um unsern freien Entschluß als Furcht erscheinen zu lassen.

Unser Standpunkt ist folgender: Wir wünschen Dich in einem freien Staate groß und geehrt zu sehen, wollen Dir nicht den Fehdehandschuh hinwerfen, stellen jedoch unsre Freiheit höher als Deine Freundschaft. Überleg' es Dir gründlich, was Du auf Dich nimmst und was Du durchhalten kannst, und denke nicht daran, wie lange Caesar gelebt, sondern wie wenig lange er geherrscht hat! Gäben die Götter, Deine Pläne möchten heilbringend sein für den Staat und für Dich! Andernfalls hoffen wir, daß der Staat sie heil und ehrenvoll übersteht und sie Dir möglichst wenig Schaden bringen!

(Neapel) den 4. Sextilis (44)

4.

D. Brutus, Imperator und designierter Konsul,

grüßt

Cicero.

Wenn ich an Deinem Interesse für mich zweifelte, müßte ich Dich ausdrücklich darum bitten, für meine Würde einzutreten.

sed profecto est ita, ut mihi persuasi, me tibi esse curae.

Progressus sum ad Inalpinos cum exercitu non tam nomen imperatorium captans quam cupiens militibus satis facere firmosque eos ad tuendas nostras res efficere; quod mihi videor consecutus; nam et liberali- 2 tatem nostram et animum sunt experti. cum omnium bellicosissimis bellum gessi; multa castella cepi, multa vastavi. non sine causa ad senatum litteras misi. adiuva nos tua sententia; quod cum facies, ex magna parte communi commodo inservieris.

V.
M. CICERO S. D. D. BRVTO IMP. COS. DESIG.

Lupus noster cum Romam sexto die Mutina venisset, postridie me mane convenit; tua mihi mandata diligentissime exposuit et litteras reddidit.

Quod mihi tuam dignitatem commendas, eodem tempore existimo te mihi meam dignitatem commendare, quam mehercule non habeo tua cariorem. quare mihi gratissimum facies, si exploratum habebis tuis laudibus nullo loco nec consilium nec studium meum defuturum.

VI.
M. CICERO S. D. D. BRVTO IMP. COS. DESIG.

Lupus familiaris noster cum a te venisset cumque 1 Romae quosdam dies commoraretur, ego eram in iis locis, in quibus maxime tuto me esse arbitrabar. eo

Aber es verhält sich bestimmt so, wie ich überzeugt bin: Du nimmst Dich meiner an!

Ich bin mit meiner Armee in die Inneralpen eingedrungen, weniger, weil es mir um den Imperatortitel zu tun war, als vielmehr in dem Wunsche, den Soldaten einen Gefallen zu tun und sie für den Einsatz bei unsern Aufgaben zu trainieren. Das glaube ich erreicht zu haben; sie haben meine Güte erfahren und wissen jetzt, was für ein Mensch ich bin. Ich habe mit den kriegslustigsten Stämmen gekämpft, viele Kastelle eingenommen, viele zerstört. Nicht ohne Grund habe ich einen Bericht an den Senat geschickt. Hilf Du mir mit Deiner Stimme; Du dienst damit zum großen Teil auch dem Nutzen der Gesamtheit.

(In Gallia Citerior, im September 44)

5 (6).
M. Cicero
grüßt
D. Brutus, den Imperator und designierten Konsul.

Unser Lupus ist in sechs Tagen von Mutina nach Rom gelangt und hat mich gleich am folgenden Morgen aufgesucht. Er hat mir Deine Wünsche eingehend erläutert und mir Deinen Brief übergeben.

Wenn Du mir Deine Würde ans Herz legst, so kommt es mir so vor, als legtest Du mir damit die meinige ans Herz, die mir weiß Gott nicht mehr wert ist als die Deinige. Du tust mir deshalb den größten Gefallen, wenn Du Dich überzeugt hältst, daß ich es nirgends an Rat und Interesse fehlen lassen werde, wenn es um Deinen Ruhm geht.

(Rom, Ende September/Anfang Oktober 44).

6 (5).
M. Cicero
grüßt
D. Brutus, den Imperator und designierten Konsul.

Als unser Freund Lupus von Dir kam und sich einige Tage in Rom aufhielt, weilte ich in Gegenden, die mir die größte Sicherheit zu bieten schienen. So ist es gekommen, daß Lupus ohne einen

factum est, ut ad te Lupus sine meis litteris rediret,
cum tamen curasset tuas ad me perferendas.

Romam autem veni a. d. V Id. Dec. nec habui quicquam antiquius, quam ut Pansam statim convenirem;
ex quo ea de te cognovi, quae maxime optabam.
quare hortatione tu quidem non eges, si ne in illa
quidem re, quae a te gesta est post hominum memoriam maxima, hortatorem desiderasti.

Illud tamen breviter significandum videtur, popu- 2
lum Romanum omnia a te exspectare atque in te aliquando reciperandae libertatis omnem spem ponere.
tu si dies noctesque memineris, quod te facere certo
scio, quantam rem gesseris, non obliviscere profecto, quantae tibi etiam nunc gerendae sint. si enim
iste provinciam nactus erit, cui quidem ego semper
amicus fui, antequam illum intellexi non modo aperte
sed etiam libenter cum re p. bellum gerere, spem reliquam nullam video salutis.

Quam ob rem te obsecro iisdem precibus quibus 3
senatus populusque Romanus, ut in perpetuum rem
p. dominatu regio liberes, ut principiis consentiant
exitus. tuum est hoc munus, tuae partes, a te hoc civitas vel omnes potius gentes non exspectant solum sed
etiam postulant.

Quamquam, cum hortatione non egeas, ut supra
scripsi, non utar ea pluribus verbis, faciam illud, quod
meum est, ut tibi omnia mea officia, studia, curas,
cogitationes pollicear, quae ad tuam laudem et gloriam pertinebunt.

Quam ob rem velim tibi ita persuadeas, me cum
rei p. causa, quae mihi vita mea est carior, tum quod
tibi ipsi faveam tuamque dignitatem amplificari velim,
me tuis optimis consiliis, amplitudini, gloriae nullo
loco defuturum.

Brief von mir zu Dir zurückkehrte, doch hat er mir den Deinigen zustellen lassen.

Ich bin erst heute, am 9. Dezember, nach Rom gekommen. Die Hauptsache war mir, sofort mit Pansa zusammenzutreffen; was er mir von Dir erzählte, entsprach ganz meinen Erwartungen. Somit bedarfst Du gewiß nicht der Ermunterung, wenn Du schon bei jener Deiner seit Menschengedenken bedeutendsten Tat ohne Aufmunterung ausgekommen bist.

Immerhin möchte ich Dich doch kurz darauf hinweisen, daß das Römische Volk alles von Dir erwartet und alle Hoffnung, einst die Freiheit wiederzuerlangen, auf Dich setzt. Wenn Du Tag und Nacht daran denkst, was Du sicher tust, welch bedeutsame Tat Du vollbracht hast, dann vergißt Du dabei gewiß auch nicht, welche Aufgaben auch jetzt noch vor Dir liegen. Gelangt ER nämlich in den Besitz der Provinz – ich bin immer sein Freund gewesen, bis ich sah, daß er nicht nur ganz unverhohlen, sondern auch mit dem größten Vergnügen den Staat bekriegt –, sehe ich keine Hoffnung auf Rettung mehr.

Darum vereinige ich meine Bitten mit denen des Senats und des Römischen Volkes, Du wollest den Staat für alle Zeiten von königlicher Gewaltherrschaft befreien, damit das Ende dem Anfang entspreche. Das ist Deine Aufgabe, das Deine Rolle, das erwartet, ja, fordert der Staat oder vielmehr die ganze Menschheit von Dir.

Indessen, Du bedarfst ja, wie gesagt, nicht der Ermunterung, und so will ich auch kein Wort weiter darauf verwenden und nur tun, was meine Pflicht ist, nämlich Dir zu versprechen, all mein Streben und Bemühn, alle Sorgen und Gedanken in den Dienst Deines Lobes und Ruhmes zu stellen.

Sei also bitte überzeugt, daß ich es sowohl dem Staat zuliebe, der mir mehr gilt als mein Leben, wie auch, weil ich Dich persönlich schätze und Deine Würde gefördert sehen möchte, an keiner Stelle an mir fehlen lassen werde, wenn es um Deine trefflichen Maßnahmen, Deine Würde und Deinen Ruhm geht.

(Rom, den 9. Dezember 44)

VII.
M. CICERO S. D. D. BRVTO IMP. COS. DESIG.

Cum adhibuisset domi meae Lupus me et Libonem 1
et Servium, consobrinum tuum, quae mea fuerit sententia, cognosse te ex M. Seio arbitror, qui nostro ser-
moni interfuit; reliqua, quamquam statim Seium
Graeceius est subsecutus, tamen ex Graeceio poteris
cognoscere.

Caput autem est hoc, quod te diligentissime perci- 2
pere et meminisse volam, ut ne in libertate et salute
p. R. conservanda auctoritatem senatus exspectes
nondum liberi, ne et tuum factum condemnes – nullo
enim publico consilio rem p. liberavisti, quo etiam
est res illa maior et clarior – et adulescentem vel puerum potius Caesarem iudices temere fecisse, qui tantam causam publicam privato consilio susceperit, denique homines rusticos, sed fortissimos viros civisque
optimos, dementis fuisse iudices, primum milites veteranos, commilitones tuos, deinde legionem Martiam, legionem quartam, quae suum consulem hostem
iudicaverunt seque ad salutem rei p. defendendam
contulerunt. voluntas senatus pro auctoritate haberi
debet, cum auctoritas impeditur metu. postremo 3
suscepta tibi causa iam bis est, ut non sit integrum,
primum Idibus Martiis, deinde proxime exercitu novo
et copiis comparatis. quam ob rem ad omnia ita paratus, ita animatus debes esse, non ut nihil facias nisi
iussus, sed ut ea geras, quae ab omnibus summa cum
admiratione laudentur.

7.
M. Cicero
grüßt
D. Brutus, den Imperator und designierten Konsul.

Welchen Standpunkt ich bei der Besprechung in meinem Hause, zu der Lupus auch Libo und Deinen Vetter Servius gebeten hatte, eingenommen habe, wirst Du wohl von M. Seius erfahren haben, der unserm Gespräch beiwohnte. Das Weitere wirst Du von Graeceius erfahren können, obwohl er bald nach Seius abgereist ist.

Die Hauptsache ist – und das führe Dir bitte gewissenhaft zu Gemüte und halt es Dir gegenwärtig –: es geht um die Freiheit und Existenz des Römischen Volkes; warte also nicht erst eine Ermächtigung des Senats ab, der noch nicht frei in seinen Entscheidungen ist, sonst verdammst Du Deine eigene Tat – denn ohne offiziellen Auftrag hast Du den Staat befreit, und das macht sie nur noch größer und herrlicher –, sprichst über den jungen Mann oder vielmehr Knaben Caesar das Urteil, unüberlegt gehandelt zu haben, daß er sich auf eigene Faust einer so gewaltigen Aufgabe im Dienste des Staates unterzogen hat, und erklärst schließlich einfache, aber brave Männer und treffliche Staatsbürger für verrückt, die Veteranen, Deine Kriegskameraden, und ebenso die 4. und die Marslegion, die beide ihren Konsul als Landesfeind betrachten und sich zur Verteidigung der Existenz des Staates zur Verfügung gestellt haben. Der Wunsch des Senats muß Dir als Ermächtigung gelten, wenn die ausdrückliche Ermächtigung aus Furcht unterbleibt. Überdies hast Du Dich schon zweimal festgelegt, so daß Du nicht mehr zurückkannst, einmal an den Iden des März und dann kürzlich dadurch, daß Du eine neue Armee aufstelltest und Magazine anlegtest. Darum mußt Du zu allem bereit und zu allem entschlossen sein und nicht nur auf ausdrücklichen Befehl handeln, sondern Taten vollbringen, die bei jedermann nur bewundernde Anerkennung finden können.

(Rom, Mitte Dezember 44)

VIII.
M. CICERO S. D. D. BRVTO COS. DESIG.

Cum tribuni pl. edixissent, senatus adesset a. d. XIII 1
Kal. Ian., haberentque in animo de praesidio consulum designatorum referre, quamquam statueram in
senatum ante Kal. Ian. non venire, tamen, cum eo die
ipso edictum tuum propositum esset, nefas esse duxi
aut ita haberi senatum, ut de tuis divinis in rem p.
meritis sileretur – quod factum esset, nisi ego venissem –, aut etiam, si quid de te honorifice diceretur,
me non adesse.

Itaque in senatum veni mane. quod cum esset ani- 2
madversum, frequentissimi senatores convenerunt.
quae de te in senatu egerim, quae in contione maxima
dixerim, aliorum te litteris malo cognoscere; illud
tibi persuadeas velim, me omnia, quae ad tuam dignitatem augendam pertinebunt, quae est per se amplissima, summo semper studio suscepturum et defensurum. quod quamquam intellego me cum multis
esse facturum, tamen appetam huius rei principatum.

IX.
M. CICERO S. D. D. BRVTO IMP. COS. DESIG.

Eo tempore Polla tua misit, ut ad te si quid vellem 1
darem litterarum, cum quid scriberem non habebam;
omnia enim erant suspensa propter exspectationem
legatorum, qui quid egissent nihildum nuntiabatur.
haec tamen scribenda existimavi, primum senatum
populumque R. de te laborare non solum salutis suae
causa sed etiam dignitatis tuae. admirabilis enim est

8 (6a).
M. Cicero
grüßt
D. Brutus, den Imperator und designierten Konsul.

Als die Tribunen den Senat auf den 20. Dezember einberiefen, beabsichtigten sie, Schutzmaßnahmen für die designierten Konsuln zur Debatte zu stellen. Ich war eigentlich entschlossen, nicht vor Neujahr in den Senat zu gehen, aber als gerade an diesem Tage Deine Kundmachung vorlag, kam ich doch zu der Überzeugung, daß es unrecht sei, wenn der Senat tage, ohne daß von Deinen unsterblichen Verdiensten um den Staat ein Wort verlautete, was bestimmt geschehen wäre, wenn ich nicht erschienen wäre, oder ich nicht dabeiwäre, wenn doch ein paar ehrende Worte für Dich abfielen.

So bin ich denn heute morgen in den Senat gegangen. Als man es bemerkte, strömten die Senatoren in großer Zahl zusammen. Was ich im Senat in Deiner Sache veranlaßt und in einer gewaltigen Volksversammlung gesprochen habe, bitte ich Dich, den Briefen andrer zu entnehmen; hier nur so viel: Du darfst überzeugt sein, daß ich alles, was der Förderung Deiner an sich schon erlauchten Würde dienen kann, stets mit höchstem Eifer auf mich nehmen und betreiben werde. Ich bin mir zwar bewußt, daß viele andre es ebenso machen werden, möchte aber doch dabei an der Spitze marschieren.

(Rom, den 20. Dezember 44)

9 (8).
M. Cicero
grüßt
D. Brutus, den Imperator und designierten Konsul.

Deine Polla läßt mir sagen, wenn ich wolle, könne ich einen Brief an Dich mitgehen lassen; aber im Augenblick weiß ich eigentlich nichts zu schreiben. Wir erwarten die Gesandten zurück, und so ist noch alles in der Schwebe; Nachrichten, was sie erreicht haben, liegen noch nicht vor. Immerhin glaube ich, Dir folgendes mitteilen zu sollen: Erstens sorgen sich Senat und Volk von Rom um Dich nicht nur wegen ihres eigenen Wohlergehens, sondern auch

quaedam tui nominis caritas amorque in te singularis
omnium civium; ita enim sperant atque confidunt,
ut antea rege sic hoc tempore regno te rem p. libe-
raturum.

Romae dilectus habetur totaque Italia, si hic dilec- 2
tus appellandus est, cum ultro se offerunt omnes;
tantus ardor animos hominum occupavit desiderio
libertatis odioque diutinae servitutis.

De reliquis rebus a te iam exspectare litteras debemus, quid ipse agas, quid noster Hirtius, quid Caesar
meus; quos spero brevi tempore societate victoriae
tecum copulatos fore.

Reliquum est, ut de me id scribam, quod te ex
tuorum litteris et spero et malo cognoscere, me neque
deesse ulla in re neque umquam defuturum dignitati
tuae.

X.
D. BRVTVS S. D. M. CICERONI.

Pansa amisso quantum detrimenti res p. acceperit, 1
non te praeterit. nunc auctoritate et prudentia tua
prospicias oportet, ne inimici nostri consulibus sublatis sperent se convalescere posse. ego, ne consistere
possit in Italia Antonius, dabo operam; sequar eum
confestim. utrumque me praestaturum spero, ne aut
Ventidius elabatur aut Antonius in Italia moretur.

In primis rogo te ad hominem ventosissimum, Lepidum, mittas, ne bellum nobis redintegrare possit
Antonio sibi coniuncto. nam de Pollione Asinio puto
te perspicere, quid facturus sit. multae et bonae et fir-
mae sunt legiones Lepidi et Asini.

Neque haec idcirco tibi scribo, quod te non eadem 2
animadvertere sciam, sed quod mihi persuasissimum

wegen Deiner Würde. Bei allen Bürgern zeigt sich nämlich eine ganz wunderbare Liebe zu Deinem Namen und eine riesige Anhänglichkeit an Deine Person, denn das hoffen sie, darauf vertrauen sie, daß Du den Staat wie einst von dem König, so jetzt von der Königsherrschaft befreist.

Hier in Rom und in ganz Italien finden Aushebungen statt, wenn man das noch Aushebungen nennen kann, wo alle sich freiwillig stellen; so begeistert sind die Leute aus Sehnsucht nach Freiheit und Haß gegen die dauernde Knechtschaft.

Im übrigen müssen wir nun Nachrichten von Dir abwarten, was Du selbst, was unser Hirtius, was mein Caesar macht. Hoffentlich sehen wir diese beiden recht bald durch einen gemeinsamen Sieg mit Dir verbunden!

Zum Schluß von mir nur soviel – ich hoffe, Du erfährst es aus den Briefen Deiner Lieben, und es ist mir auch lieber so –: daß ich es nie und nirgends werde an mir fehlen lassen, wenn es um Deine Würde geht.

(Rom, um den 24. Januar 43)

10 (9).
D. Brutus grüßt M. Cicero.

Welchen Verlust der Tod Pansas für den Staat bedeutet, wird auch Dir bewußt sein. Jetzt mußt Du mit Deinem Ansehen und Deiner Klugheit dafür sorgen, daß nach Ausfall der Konsuln unsre Gegner sich nicht der Hoffnung hingeben, sie könnten wieder zu Kräften kommen. Ich werde mich bemühen, daß Antonius sich nicht in Italien festsetzen kann; ich werde ihm unverzüglich folgen. Für beides hoffe ich mich verbürgen zu können, daß Ventidius mir nicht entschlüpft und Antonius nicht in Italien bleibt.

Vor allem bitte ich Dich, den Windhund Lepidus zu bearbeiten; sonst könnte er sich mit Antonius vereinigen und den Krieg gegen uns wiederaufnehmen. Was Pollio Asinius im Schilde führt, ist Dir wohl klar. Beide, Lepidus und Asinius, haben zusammen zahlreiche, gute, kampfkräftige Legionen.

Ich schreibe Dir das nicht, als ob ich nicht wüßte, daß Du die gleichen Überlegungen anstellst, sondern weil ich ganz fest davon

est Lepidum recte facturum numquam, si forte vobis
id de hoc dubium est.

Plancum quoque confirmetis oro; quem spero pulso
Antonio rei p. non defuturum.

Si se Alpis Antonius traiecerit, constitui praesidium in Alpibus conlocare et te de omni re facere
certiorem.

III Kal. Mai. ex castris Regio.

XI.
D. BRVTVS S. D. M. CICERONI.

Non mihi rem p. plus debere arbitror quam me 1
tibi. gratiorem me esse in te nosces, quam isti perversi
sint in me; exploratum habes vita – ne haec temporis
videantur dici causa – malle me tuum iudicium quam
ex altera parte omnium istorum; tu enim a certo sensu
et vero iudicas de nobis; quod isti ne faciant, summa
malevolentia et livore impediuntur. interpellent me,
quo minus honoratus sim, dum ne interpellent, quo
minus res p. a me commode administrari possit. quae
quanto sit in periculo, quam potero brevissime exponam.

Primum omnium quantam perturbationem rerum 2
urbanarum adferat obitus consulum quantamque cupiditatem hominibus iniciat vacuitas, non te fugit.
satis me multa scripsisse, quae litteris commendari
possint, arbitror; scio enim, cui scribam.

Revertor nunc ad Antonium. qui ex fuga cum par- 3
vulam manum peditum haberet inermium, ergastula
solvendo omneque genus hominum abripiendo satis
magnum numerum videtur effecisse. hoc accessit manus Ventidi, quae trans Appenninum itinere facto
difficillimo ad Vada pervenit atque ibi se cum Antonio coniunxit. est numerus veteranorum et arma-
torum satis frequens cum Ventidio.

überzeugt bin, daß Lepidus niemals guttun wird, falls Euch das etwa zweifelhaft ist.

Auch Plancus solltet Ihr bei der Stange zu halten suchen; ich hoffe, jetzt, nachdem Antonius geschlagen ist, wird er den Staat nicht im Stiche lassen.

Für den Fall, daß Antonius über die Alpen geht, will ich eine Besatzung in den Alpen postieren und werde Dich von jedem Ereignis unterrichten.

Im Lager bei Regium, den 29. April (43)

11 (10).
D. Brutus grüßt M. Cicero.

Ich glaube, ich bin Dir nicht weniger verpflichtet als der Staat mir, und Du wirst sehen, daß ich Dir dankbarer bin als diese verdrehte Gesellschaft mir. Damit es nicht so aussieht, als sagte ich dies nur unter den augenblicklichen Umständen: die Erfahrung hat Dich gelehrt, daß mir mehr um Dein Urteil zu tun ist als demgegenüber um das all dieser Leute. Denn Dein Urteil über mich stützt sich auf ein sicheres, echtes Empfinden, wozu die andern aus übergroßem Übelwollen und Neid nicht imstande sind. Nun, mögen sie verhindern, daß ich geehrt werde, wenn sie mich nur nicht hindern, dem Staate mit Erfolg zu dienen. In welch furchtbarer Gefahr er schwebt, will ich Dir so kurz wie möglich darlegen.

Da ist zuallererst der Tod der beiden Konsuln. Welch eine Verwirrung aller Verhältnisse in der Hauptstadt er anrichtet, welche Gier die Vakanz in den Leuten erweckt, siehst Du selbst. Damit glaube ich beinahe mehr gesagt zu haben, als man dem Papier anvertrauen darf; ich weiß ja, an wen ich schreibe.

Ich komme jetzt auf Antonius. Aus der Niederlage hatte er nur eine Handvoll unbewaffneter Fußsoldaten gerettet, aber durch Auflösung der Arbeitshäuser und Zwangsrekrutierung von Leuten aller Art scheint er es jetzt wieder auf eine recht bedeutende Zahl gebracht zu haben. Dazu ist dann der Haufe des Ventidius gekommen, der auf überaus schwierigem Marsch über den Apennin nach Vada gelangt ist und sich dort mit Antonius vereinigt hat. Ventidius hat eine ziemlich beträchtliche Anzahl von Veteranen und sonstigen Bewaffneten bei sich.

Consilia Antoni haec sint necesse est, aut ad Lepi- 4
dum ut se conferat, si recipitur, aut Appennino Alpi-
busque se teneat et decursionibus per equites, quos
habet multos, vastet ea loca, in quae incurrerit, aut
rusus se in Etruriam referat, quod ea pars Italiae sine
exercitu est. quod si me Caesar audisset atque Appenninum transisset, in tantas angustias Antonium com-
pulissem, ut inopia potius quam ferro conficeretur.
sed neque Caesari imperari potest nec Caesar exercitui suo, quod utrumque pessimum est.

Cum haec talia sint, quo minus, quod ad me pertinebit, homines interpellent, ut supra scripsi, non im-
pedio. haec quem ad modum explicari possint aut, a
te cum explicabuntur, ne impediantur, timeo.

Alere iam milites non possum. cum ad rem p. libe- 5
randam accessi, HS mihi fuit pecuniae CCCC amplius.
tantum abest, ut meae rei familiaris liberum sit quicquam, ut omnis iam meos amicos aere alieno ob-
strinxerim. septem numerum nunc legionum alo,
qua difficultate, tu arbitrare; non, si Varronis then-
sauros haberem, subsistere sumptui possem.

Cum primum de Antonio exploratum habuero,
faciam te certiorem.

Tu me amabis ita, si hoc idem me in te facere sen-
seris.

III Non. Mai. ex castris Dertona.

XII.

D. BRVTVS IMP. COS. DES. S. D. M. CICERONI.

Eodem exemplo a te mi litterae redditae sunt, quo 1
pueri mei attulerunt. tantum me tibi debere existimo,
quantum persolvere difficile est.

Scripsi tibi, quae hic gererentur. in itinere est Anto-

Antonius hat nur folgende drei Möglichkeiten: entweder begibt er sich zu Lepidus, falls der ihn annimmt, oder er setzt sich im Apennin und in den Alpen fest und verwüstet durch Streifzüge seiner zahlreichen Reiterei die Gegenden, in die er jeweils einbricht, oder er marschiert wieder nach Etrurien zurück, weil dieser Teil Italiens durch keine Armee gedeckt ist. Hätte Caesar auf mich hören wollen und den Apennin überschritten, hätte ich Antonius in derartige Schwierigkeiten gebracht, daß er mehr noch durch den Hunger als durch das Schwert erledigt gewesen wäre. Aber Caesar läßt sich nichts sagen, und seine Armee läßt sich von ihm keine Vorschriften machen; das eine ist so schlimm wie das andre.

Unter diesen Umständen ist es mir, wie gesagt, einerlei, ob die Leute sich mir, was meine persönlichen Interessen betrifft, in den Weg stellen. Aus diesen Zuständen gibt es, fürchte ich, keinen Ausweg, und wenn Du sie zu entwirren versuchst, wird man Dich daran zu hindern wissen.

Ich bin nicht mehr in der Lage, meine Leute zu verpflegen. Als ich daranging, den Staat zu befreien, hatte ich mehr als 4 Millionen; von meinem Vermögen ist kein roter Heller mehr greifbar, vielmehr habe ich bereits bei all meinen Freunden Gelder aufgenommen. Sieben Legionen habe ich jetzt zu unterhalten; Du kannst Dir denken, wie schwierig das ist. Selbst wenn ich Varros Schätze besäße, wäre ich den Kosten nicht gewachsen.

Sobald ich Genaueres über Antonius weiß, gebe ich Dir Nachricht.

Behalt mich lieb, wenn anders Du fühlst, daß ich Gleiches mit Gleichem vergelte!

Im Lager bei Dertona, den 5. Mai (43)

12 (11).

D. Brutus, Imperator und designierter Konsul,
grüßt
M. Cicero.

Deinen Brief, gleichen Wortlauts wie der, den meine Sklaven mir gebracht haben, habe ich erhalten. Ich fühle mich so tief in Deiner Schuld, daß es schwierig sein dürfte, sie zu begleichen.

Ich schreibe Dir, was hier vorgeht. Antonius ist auf dem Marsche

nius, ad Lepidum proficiscitur; ne de Planco quidem
spem adhuc abiecit, ut ex libellis eius animadverti, qui
in me inciderunt; in quibus, quos ad Asinium, quos
ad Lepidum, quos ad Plancum mitteret, scribebat. ego
tamen non habui ambiguum et statim ad Plancum
misi et biduo ab Allobrogibus et totius Galliae legatos exspecto; quos confirmatos domum remittam.

Tu, quae istic opus erunt administrari, prospicies, 2
ut ex tua voluntate reique publicae commodo fiant.
malevolentiae hominum in me, si poteris, occurres;
si non potueris, hoc consolabere, quod me de statu
meo nullis contumeliis deterrere possunt.

Pr. Non. Mai. ex castris finibus Statiellensium.

XIII.
M. CICERO S. D. D. BRVTO IMP. COS. DES.

Tris uno die a te accepi epistulas, unam brevem, 1
quam Flacco Volumnio dederas, duas pleniores, quarum alteram tabellarius T. Vibi attulit, alteram ad me
misit Lupus.

Ex tuis litteris et ex Graecei oratione non modo
non restinctum bellum sed etiam inflammatum videtur. non dubito autem, pro tua singulari prudentia
quin perspicias, si aliquid firmitatis nactus sit Antonius, omnia tua illa praeclara in rem p. merita ad ni-
hilum esse ventura. ita enim Romam erat nuntiatum,
ita persuasum omnibus, cum paucis inermis perterritis
metu, fracto animo fugisse Antonium. qui si ita se ha- 2
bet, ut, quem ad modum audiebam de Graeceio, confligi
cum eo sine periculo non possit, non ille mihi fugisse
a Mutina videtur sed locum belli gerendi mutasse. itaque homines alii facti sunt; non nulli etiam queruntur,
quod persecuti non sitis; opprimi potuisse, si celeritas adhibita esset, existimant. omnino est hoc populi

zu Lepidus; auch auf Plancus hofft er immer noch, wie ich aus mir in die Hände gefallenen Depeschen von ihm ersehe, in denen zu lesen steht, wen er zu Asinius, wen zu Lepidus und wen zu Plancus schickt. Aber ich habe keinen Augenblick geschwankt und mich sofort brieflich an Plancus gewandt. Übermorgen erwarte ich Gesandtschaften von den Allobrogern und aus ganz Gallien; ich werde sie in ihrer Gesinnung bestärkt nach Hause gehen lassen.

Die dort erforderlichen Maßnahmen wirst Du ins Auge fassen, damit sie Deinen Wünschen entsprechen und den Interessen des Staates dienen. Tritt dem Übelwollen der Leute gegen mich entgegen, wenn Du kannst; wenn nicht, tröste Dich damit, daß sie mich durch keine Beleidigungen von meinem Standpunkt abbringen können.

Aus dem Lager im Gebiet der Statiellenser, den 6. Mai (43)

13 (12).
M. Cicero
grüßt
D. Brutus, den Imperator und designierten Konsul.

Drei Briefe habe ich gleichzeitig von Dir erhalten, einen kurzen, den Du Flaccus Volumnius mitgegeben hattest, und zwei ausführlichere; den einen hat mir der Kurier des T. Vibius gebracht, der andre ist mir von Lupus zugestellt worden.

Nach Deinen Briefen und den mündlichen Mitteilungen des Graeceius scheint der Krieg nicht nur nicht erloschen, sondern sogar neu entfacht zu sein. Bei Deiner einzigartigen Klugheit bist Du Dir höchst wahrscheinlich darüber klar: wenn Antonius nur ein wenig zu Kräften kommt, dann lösen sich all Deine großen Verdienste um den Staat in nichts auf. Hier in Rom hatten wir doch die Nachricht erhalten und waren alle davon überzeugt, daß Antonius mit ein paar unbewaffneten, von Angst verschüchterten Leuten gänzlich gebrochen auf der Flucht sei. Wenn es so mit ihm steht, daß man sich, wie ich von Graeceius höre, nicht ohne Gefahr mit ihm einlassen kann, dann scheint er mir nicht von Mutina geflohen zu sein, sondern nur den Kriegsschauplatz gewechselt zu haben. Daher sind die Leute anders geworden, manche lassen auch Klagen laut werden, daß Ihr nicht die Verfolgung aufgenommen habt; sie

maximeque nostri, in eo potissimum abuti libertate,
per quem eam consecutus sit; sed tamen providen-
dumst, ne quae iusta querela esse possit.

Res se sic habet: is bellum confecerit, qui Antonium oppresserit. hoc quam vim habeat, te existimare
malo quam me apertius scribere.

XIV.
D. BRVTVS IMP. COS. DES. S. D. M. CICERONI.

Iam non ago tibi gratias; cui enim re vix referre 1
possum, huic verbis non patitur res satis fieri.

Attendere te volo, quae in manibus sunt; qua enim
prudentia es, nihil te fugiet, si meas litteras diligenter
legeris.

Sequi confestim Antonium his de causis, Cicero,
non potui: eram sine equitibus, sine iumentis; Hirtium perisse nesciebam, Aquilam perisse nesciebam;
Caesari non credebam, priusquam convenissem et
conlocutus essem. hic dies hoc modo abiit.

Postero die mane a Pansa sum accersitus Bono- 2
niam. cum in itinere essem, nuntiatum mihi est eum
mortuum esse. recurri ad meas copiolas; sic enim vere
eas appellare possum; sunt extenuatissimae et inopia
rerum pessime acceptae.

Biduo me Antonius antecessit, itinera fecit multo
maiora fugiens quam ego sequens; ille enim iit pas-
sim, ego ordinatim. quacumque iit, ergastula solvit,
homines abripuit, constitit nusquam, priusquam ad
Vada venit; quem locum volo tibi esse notum. iacet
inter Appenninum et Alpis impeditissimus ad iter
faciendum.

Cum abessem ab eo milia passuum XXX et se iam 3

meinen, wenn man nur schnell gemacht hätte, hätte er erledigt werden können. Das ist ja überhaupt die Eigenart des Volkes und zumal unsres Volkes, gerade dem gegenüber die Freiheit zu mißbrauchen, dem es sie verdankt. Aber man müßte doch dafür sorgen, daß diese Klagen nicht berechtigt erscheinen.

So steht die Sache: wer Antonius erledigt, beendet den Krieg. Was das für Dich zu bedeuten hat, magst Du Dir lieber selbst sagen, als daß ich es noch deutlicher ausspreche.

(Rom, um den 13. Mai (43)

14 (13).
D. Brutus, Imperator und designierter Konsul,
grüßt
M. Cicero.

Ich sage Dir nicht mehr Dank; denn wem ich kaum mit Taten zu danken vermag, den darf ich nicht mit Worten abfinden wollen.

Beachte bitte, was auf der Hand liegt; bei Deiner Klugheit wird Dir alles klar sein, wenn Du meinen Brief aufmerksam liest.

Mein Cicero! Antonius unverzüglich nachzusetzen war ich aus folgenden Gründen nicht imstande: ich hatte keine Reiterei, keine Zugtiere, wußte nicht, daß Hirtius gefallen sei, wußte nicht, daß Aquila gefallen sei; Caesar traute ich nicht, ehe ich ihn nicht getroffen und gesprochen hätte. So verging der erste Tag.

Am nächsten Morgen ließ mich Pansa nach Bononia kommen. Unterwegs erhielt ich die Meldung, er sei gestorben. Ich eilte zu meinem Haufen zurück – ja, so darf ich wirklich sagen! Die Leute sind schwer mitgenommen und aus Mangel an allem Notwendigen übel zugerichtet.

Antonius war mir zwei Tage voraus; er machte auf der Flucht weit größere Tagesmärsche als ich auf der Verfolgung. Er marschierte nämlich in aufgelöster Ordnung, ich in Reih und Glied. Wohin er kam, löste er die Arbeitshäuser auf, zwang die Leute mitzugehen und machte nirgends halt, bis er nach Vada kam. Ich will Dir den Ort beschreiben: er liegt zwischen dem Apennin und den Alpen, und der Marsch dorthin ist außerordentlich beschwerlich.

Als ich nur noch 45 km von ihm entfernt war und Ventidius sich

Ventidius coniunxisset, contio eius ad me est adlata, in qua petere coepit a militibus, ut se trans Alpis sequerentur; sibi cum M. Lepido convenire. succlamatum est – et frequenter a militibus Ventidianis, nam suos valde quam paucos habet – sibi aut in Italia pereundum esse aut vincendum, et orare coeperunt, ut Pollentiam iter facerent. cum sustinere eos non posset, in posterum diem iter suum contulit.

Hac re mihi nuntiata statim quinque cohortis Pol- 4 lentiam praemisi meumque iter eo contuli. hora ante praesidium meum Pollentiam venit quam Trebellius cum equitibus. sane quam sum gavisus; in hoc enim victoriam puto consistere . . .

XV.
M. CICERO S. D. D. BRVTO IMP. COS. DESIG.

Etsi ex mandatis, quae Galbae Volumnioque ad se- 1 natum dedisti, quid timendum putares, suspicabamur, tamen timidiora mandata videbantur, quam erat dignum tua populique Romani victoria. senatus autem, mi Brute, fortis est et habet fortis duces. itaque moleste ferebat se a te, quem omnium, quicumque fuissent, fortissimum iudicaret, timidum atque ignavum iudicari.

Etenim cum te incluso spem maximam omnes ha- 2 buissent in tua virtute florente Antonio, quis erat, qui quicquam timeret profligato illo, te liberato? nec vero Lepidum timebamus. quis enim esset, qui illum tam furiosum arbitraretur, ut, qui in maximo bello pacem velle se dixisset, is in optatissima pace bellum rei p. indiceret?

Nec dubito, quin tu plus providas; sed tamen tam 3 recenti gratulatione, quam tuo nomine ad omnia deorum templa fecimus, renovatio timoris magnam

bereits mit ihm vereinigt hatte, erhielt ich die Nachricht von einem Appell, bei dem er seine Soldaten bat, ihm über die Alpen zu folgen; er sei sich mit M. Lepidus einig. Die Leute schrieen ihm zu – und zwar hauptsächlich die des Ventidius, eigene hat er nämlich nur ganz wenige –, sie wollten in Italien sterben oder siegen, und bestürmten ihn mit Bitten, nach Pollentia zu marschieren. Als er sich ihrer nicht erwehren konnte, setzte er den Abmarsch auf den folgenden Tag fest.

Auf die Kunde hiervon schickte ich sofort fünf Kohorten nach Pollentia voraus und machte mich selbst auf den Weg dorthin. Mein Detachement erschien eine Stunde vor Trebellius mit seinen Reitern vor Pollentia. Ich habe mich ganz riesig gefreut; wahrscheinlich bedeutet das den Sieg . . .

(Bei Pollentia, um den 10. Mai 43)

15 (18).

M. Cicero

grüßt

D. Brutus, den Imperator und designierten Konsul.

Obwohl wir aus Deiner durch Galba und Volumnius dem Senat übermittelten Botschaft Deine Befürchtungen errieten, schien sie uns doch ängstlicher zu lauten, als es Dein und des Römischen Volkes Sieg rechtfertigt. Und der Senat, mein Brutus, ist entschlossen und hat entschlossene Führer. Darum drückte er sein Befremden aus, daß Du, der ihm als der Entschlossenste von allen Beteiligten galt, ihn furchtsam und schlaff nanntest.

Als Antonius noch obenauf und Du in Mutina eingeschlossen warest, setzten alle die größten Hoffnungen auf Deine Tüchtigkeit; wer hätte denn da etwas befürchten sollen, als er am Boden lag und Du befreit warst? Auch Lepidus fürchteten wir nicht; hielt ihn doch niemand für so verrückt, daß er, der, als es hart auf hart ging, erklärt hatte, er wünsche Frieden, jetzt, wo er den so sehnlich gewünschten Frieden haben konnte, dem Staat den Krieg erklärte.

Zweifellos bist Du besser im Bilde; aber nach dem eben erfolgten Dankfest, das wir in Deinem Namen in den Tempeln aller Götter begangen haben, erregte Deine neuerliche Besorgnis doch höchstes

molestiam adferebat. quare velim equidem, id quod
spero, ut plane abiectus et fractus sit Antonius; sin
aliquid virium forte conlegerit, sentiet nec senatui
consilium nec populo Romano virtutem deesse nec
rei p. te vivo imperatorem.

XIIII Kal. Iun.

XVI.
D. BRVTVS IMP. COS. DESIG.
S. D. M. CICERONI.

Ad senatum quas litteras misi, velim prius perlegas 1
et, si qua tibi videbuntur, commutes.

Necessario me scripsisse ipse animadvertes; nam
cum putarem quartam et Martiam legiones mecum
futuras, ut Druso Paulloque placuerat vobis adsen-
tientibus, minus de reliquis rebus laborandum existimavi; nunc vero, cum sim cum tironibus egentissi-
mis, valde et meam et vestram vicem timeam necesse
est.

Vicetini me et M. Brutum praecipue observant. 2
his ne quam patiare iniuriam fieri in senatu ver-
narum causa, a te peto. causam habent optimam, officium in re p. summum, genus hominum adversa-
riorum seditiosum et inertissimum.

XII Kal. Iun. Vercellis.

XVII.
M. CICERO D. BRVTO COS. DESIG. S. D.

Mirabiliter, mi Brute, laetor mea consilia measque 1
sententias a te probari de decem viris, de ornando
adulescente. sed quid refert? mihi crede, homini non
glorioso, plane iam, Brute, frigeo; ὄργανον enim
erat meum senatus; id iam est dissolutum. tantam
spem attulerat exploratae victoriae tua praeclara Mu-

Befremden. Darum wünsche ich, was hoffentlich zutrifft, daß Antonius völlig gebrochen und gedemütigt ist; kommt er doch wieder einigermaßen zu Kräften, dann wird er schon merken, daß es weder dem Senat an Entschlossenheit noch dem Römischen Volke an Mut noch dem Staate, solange Du lebst, an einem Feldherrn fehlt.

(Rom,) den 19. Mai (43)

16 (19).
D. Brutus, Imperator und designierter Konsul,
grüßt
M. Cicero.

Lies doch bitte meinen Bericht an den Senat vorher durch und ändere ihn, wo Du es für richtig hältst.

Daß ich aus einer Zwangslage heraus geschrieben habe, wirst Du selbst bemerken. Ich dachte doch, die 4. und die Marslegion würden mir unterstellt werden, wie Drusus und Paullus unter Eurer Zustimmung beantragt hatten; alles übrige, meinte ich, sei weniger wichtig. Aber jetzt habe ich nur meine armseligen Rekruten, und ich kann mir nicht helfen, ich mache mir schwere Sorgen um mich und Euch.

Die Vicetiner verehren mich und besonders M. Brutus. Sorg' doch bitte dafür, daß den Leuten im Senat kein Unrecht geschieht wegen der Sklaven. Ihre Forderungen sind wohlbegründet; sie opfern sich auf für den Staat; ihre Gegner sind aufrührerisches, träges Gesindel.

Vercellae, den 21. Mai (43)

17 (14).
M. Cicero
grüßt
D. Brutus, den designierten Konsul.

Ich freue mich riesig, mein Brutus, daß meine Vorschläge, meine Anträge betreffs der Zehnmänner und der Auszeichnung des jungen Mannes Deinen Beifall finden. Aber was nützt mir das? Glaub' mir, Brutus, um Ruhm ist es mir gewiß nicht zu tun, aber nachgerade bin ich völlig kaltgestellt. Der Senat war mein Instrument; das gibt jetzt keinen Ton mehr. Dein großartiger Ausbruch aus Mutina und

tina eruptio, fuga Antoni conciso exercitu, ut omnium animi relaxati sint meaeque illae vementes contentiones tamquam σκιαμαχίαι esse videantur.

Sed ut ad rem redeam, legionem Martiam et quar- 2
tam negant, qui illas norunt, ulla condicione ad te
posse perduci. pecuniae, quam desideras, ratio potest
haberi, eaque habebitur. de Bruto arcessendo Cae-
sareque ad Italiae praesidium tenendo valde tibi adsentior; sed, ut scribis, habes obtrectatores; quos
equidem facillime sustineo, sed impediunt tamen.

Ex Africa legiones exspectantur; sed bellum istuc 3
renatum mirantur homines. nihil tam praeter spem
umquam; nam die tuo natali victoria nuntiata in multa
saecula videbamus rem p. liberatam, hi novi timores
retexunt superiora.

Scripsisti autem ad me iis, quas Id. Mai. dedisti,
modo te accepisse a Planco litteras non recipi Antonium a Lepido. id si ita est, omnia faciliora; sin
aliter, magnum negotium, cuius exitum non extimesco. tuae partes sunt; ego plus, quam feci, facere
non possum. te tamen, id quod spero, omnium maximum et clarissimum videre cupio.

XVIII.
D. BRVTVS S. D. M. CICERONI.

Quod pro me non facio, id pro te facere amor meus 1
in te tuaque officia cogunt, ut timeam. saepe enim mihi
cum esset dictum neque a me contemptum, novissime
Labeo Segulius, homo sui simillimus, narrat mihi aput
Caesarem se fuisse multumque sermonem de te habitum esse. ipsum Caesarem nihil sane de te questum,
nisi dictum quod diceret te dixisse: 'laudandum adulescentem, ornandum, tollendum'; se non esse com-

die Flucht des Antonius nach Zerschlagung seiner Armee hatte die übertriebene Hoffnung erweckt, damit sei der Sieg ausgemacht, und so fühlen sich alle erleichtert, und meine scharfen Streitreden erscheinen jetzt gleichsam als Kampf gegen ein Phantom.

Aber um zur Sache zu kommen: Wer die 4. und die Marslegion kennt, behauptet, sie ließen sich unter keinen Umständen Dir unterstellen. Über die gewünschte Unterstützung mit Geld läßt sich reden, und das wird auch geschehen. Mit Deinem Vorschlag, Brutus heranzuholen und Caesar mit dem Schutze Italiens zu betrauen, bin ich ganz einverstanden; aber Du sagst es ja selbst, Du hast Neider, mit denen ich es zwar leicht aufnehme, die aber immerhin hinderlich sind.

Wir erwarten die Legionen aus Afrika; aber daß der Krieg bei Euch wiederausgebrochen ist, das können die Leute nicht begreifen. Wir hatten ja auch alles andre erwartet; denn als an Deinem Geburtstage die Siegeskunde eintraf, sahen wir ja den Staat bereits für lange Jahrhunderte befreit. Diese neuen Befürchtungen machen alles Gewesene illusorisch.

In Deinem Briefe vom 15. Mai hast Du mir geschrieben, Du habest eben von Plancus die Nachricht erhalten, Lepidus wolle mit Antonius nichts zu tun haben. Wenn sich das bestätigt, ist alles leichter; wenn nicht, steht uns Schweres bevor, aber den Ausgang fürchte ich nicht. Der ist Deine Sache; ich kann nicht mehr tun, als ich getan habe, wünsche und hoffe jedoch, Dich groß und berühmt vor allen andern zu sehen.

(Rom, den 29. Mai 43)

18 (20).
D. Brutus grüßt M. Cicero.

Was ich für mich nicht tue, das zwingt mich meine Liebe zu Dir und Dein Verdienst um mich für Dich zu tun: ich ängstige mich. Oft genug habe ich schon davon gehört und mir Sorgen gemacht, und jetzt erzählt mir kürzlich Labeo Segulius, ein Mensch, der sich immer gleichbleibt, er sei bei Caesar gewesen, und man habe eingehend von Dir gesprochen. Caesar selbst habe durchaus nichts an Dir auszusetzen gehabt, nur daß er ein angebliches Bonmot von Dir erwähnte: „Den jungen Mann muß man loben, auszeichnen

missurum, ut tolli possit. hoc ego Labeonem credo
illi rettulisse aut finxisse dictum, non ab adulescente
prolatum.

Veteranos vero pessime loqui volebat Labeo me
credere et tibi ab iis instare periculum maximeque indignari, quod in decem viris neque Caesar neque ego
habiti essemus atque omnia ad vestrum arbitrium
essent conlata.

Haec cum audissem et iam in itinere essem, com- 2
mittendum nondum putavi prius, ut Alpis transgre-
derer, quam, quid istic ageretur, scirem; nam de tuo
periculo crede mihi iactatione verborum et denuntia-
tione periculi sperare eos te pertimefacto, adulescente
impulso posse magna consequi praemia, et totam
istam cantilenam ex hoc pendere, ut quam plurimum
lucri faciant. neque tamen non te cautum esse volo
et insidias vitantem; nihil enim tua mihi vita potest
esse iucundius neque carius. illud vide, ne timendo 3
magis timere cogare et, quibus rebus potest occurri
veteranis, occurras: primum, quod desiderant de
decem viris, facias, deinde de praemiis, si tibi videtur,
agros eorum militum, qui cum Antonio veterani
fuerunt, iis dandos censeas ab utrisque nobis; de
nummis lente ac ratione habita pecuniae senatum de
ea re constituturum. quattuor legionibus iis, quibus
agros dandos censuistis, video facultatem fore ex agris
Silani et agro Campano; aequaliter aut sorte agros
legionibus adsignari puto oportere.

Haec me tibi scribere non prudentia mea hortatur 4
sed amor in te et cupiditas otii, quod sine te consistere
non potest.

Ego, nisi valde necesse fuerit, ex Italia non exce-
dam. legiones armo, paro. spero me non pessimum

und befördern." Zur Beförderung werde er es nicht kommen lassen. Ich nehme an, Labeo hat ihm das Bonmot in den Mund gelegt oder auch selbst erfunden, und nicht der junge Mann hat es ins Gespräch geworfen.

Im übrigen wollte Labeo mich glauben machen, daß die Veteranen schlimme Reden führten und Dir von ihnen Gefahr drohe; besonders empört seien sie darüber, daß man weder Caesar noch mich in das Zehnerkollegium hineingenommen habe und alles Eurem Belieben anheimgestellt sei.

Ich befand mich bereits auf dem Marsche, als ich das hörte, und da glaubte ich, den Übergang über die Alpen noch nicht riskieren zu können, bis ich erführe, was dort bei Euch vorgeht. Denn was die Gefahr für Dich betrifft, so glaub' mir, sie hoffen durch Räsonnieren und Drohungen Dich einzuschüchtern und den jungen Mann aufzuhetzen und dann stattliche Belohnungen herausschlagen zu können; die ganze Litanei läuft darauf hinaus, daß sie möglichst viel einheimsen möchten. Trotzdem bin ich sehr dafür, daß Du Dich vorsiehst und Dir keine Falle stellen läßt, denn nichts kann mir so lieb und teuer sein wie Dein Leben. Auf jeden Fall sieh zu, daß Du nicht durch Ängstlichkeit in die Lage kommst, Dich noch mehr fürchten zu müssen. Komm den Veteranen entgegen, so weit Du kannst. Erfülle ihnen erstens ihre Wünsche betreffs der Zehnerkommission; zweitens, was die Belohnungen angeht, könntest Du vielleicht dafür eintreten, daß ihnen die Äcker der Veteranen, die sich Antonius angeschlossen haben, von uns beiden zugewiesen werden; über die Geldgeschenke werde der Senat ohne Übereilung und unter Berücksichtigung der Kassenlage befinden. Die vier Legionen, denen ihr die Zuweisung von Ackerland versprochen habt, könnten wohl aus den Besitzungen des Silanus und dem Ager Campanus abgefunden werden; die Äcker müßten meines Erachtens den Legionen nach billigem Ermessen oder durchs Los zugewiesen werden.

Dir dies zu schreiben, treibt mich nicht persönliche Sorge um mich, sondern nur meine Liebe zu Dir und die Sehnsucht nach Ruhe, die ohne Dich keinen Bestand haben kann.

Falls es nicht unbedingt nötig ist, werde ich Italien nicht verlassen. Meine Armee rüste ich aus und bereite sie auf den Kampf vor.

exercitum habiturum ad omnis casus et impetus hominum.

De exercitu, quem Pansa habuit, legionem mihi
Caesar non remittit.

Ad has litteras statim mihi rescribe tuorumque
aliquem mitte, si quid reconditum magis erit meque
scire opus esse putaris.

VIIII Kal. Iun. Eporedia.

XIX.
M. CICERO S. D. D. BRVTO IMP. COS. DESIG.

Dei isti Segulio male faciant, homini nequissimo 1
omnium, qui sunt, qui fuerunt, qui futuri sunt! quid?
tu illum tecum solum aut cum Caesare? qui neminem
praetermiserit, quicum loqui potuerit, cui non eadem
ista dixerit. te tamen, mi Brute, sic amo, ut debeo,
quod istud quicquid esset nugarum me scire voluisti;
signum enim magnum amoris dedisti.

Nam quod idem Segulius, veteranos queri, quod 2
tu et Caesar in decem viris non essetis, utinam ne
ego quidem essem! quid enim molestius? sed tamen,
cum ego sensissem de iis, qui exercitus haberent, sententiam ferri oportere, idem illi, qui solent, reclama-
runt; itaque excepti etiam estis me vehementer re-
pugnante. quocirca Segulium neglegamus, qui res
novas quaerit, non quo veterem comederit – nullam
enim habuit –, sed hanc ipsam recentem novam devo-
ravit.

Quod autem scribis te, quod pro te ipso non facias, 3
id pro me, ut de me timeas aliquid, omni te, vir optime mihique carissime, Brute, de me metu libero;
ego enim, quae provideri poterunt, non fallar in iis;
quae cautionem non habebunt, de iis non ita valde
laboro. sim enim impudens, si plus postulem, quam
homini a rerum natura tribui potest.

Ich hoffe, keine ganz schlechte Truppe zu haben, um allen Schicksalsschlägen, allem menschlichen Ungestüm begegnen zu können.

Was die ehemalige Armee Pansas angeht, so weigert sich Caesar,
mir die eine Legion zu unterstellen.

Antworte mir gleich auf dieses Schreiben und schicke mir einen
von Deinen Leuten, falls es etwas besonders Geheimes gibt und
Du es für zweckmäßig hältst, mich davon zu unterrichten.

Eporedia, den 24. Mai (43)

19 (21).
M. Cicero
grüßt
D. Brutus, den Imperator und designierten Konsul.

Diesen Segulius mag der Teufel holen, diesen größten Lumpen
von einst, jetzt und immer! Und Du meinst, der Kerl hätte nur Dir
oder Caesar die Geschichte erzählt? Sicher hat er sie ausnahmslos
jedem erzählt, den er in die Finger bekam. Doch ich danke Dir,
wie es sich gehört, mein Brutus, daß Du mich diese Lappalie –
weiter ist es doch nichts! – hast wissen lassen; damit hast Du mir
einen starken Beweis Deiner Liebe gegeben.

Wenn weiterhin dieser Segulius behauptet, die Veteranen seien
empört, daß Du und Caesar nicht unter den Zehnmännern seid –
ach, wäre doch auch ich nicht dabei! Nichts als Ärger! Ich hatte das
Gefühl, die Inhaber der Heereskommanden müßten zur Wahl gestellt werden, doch dieselben Herren wie immer widersprachen,
und so seid Ihr gegen meinen entschiedenen Einspruch sogar ausdrücklich ausgeschlossen worden. Darum kann Segulius uns ge-
schoren bleiben; er jagt nach neuen Enten, nicht als ob er die alten
schon verzehrt hätte – denn er hat weder Enten noch Renten zu
verzehren –, aber diese neue hat er ganz frisch verschlungen.

Wenn Du aber schreibst, was Du für Dich nicht tätest, das tätest
Du für mich, d. h. Du machtest Dir ein wenig Sorge um mich, so
brauchst Du Dich, mein liebster, bester Brutus, um mich wirklich
nicht zu ängstigen. Gefahren, die sich vorhersehen lassen, werde ich
zu meiden wissen; um solche, gegen die alle Vorsicht nicht schützt,
lasse ich mir keine grauen Haare wachsen. Es wäre unbescheiden,
mehr zu verlangen, als einem der Lauf der Dinge verstattet.

Quod mihi praecipis, ut caveam, ne timendo magis 4
timere cogar, et sapienter et amicissime praecipis; sed
velim tibi persuadeas, cum te constet excellere hoc
genere virtutis, ut numquam extimescas, numquam
perturbere, me huic tuae virtuti proxime accedere.
quam ob rem nec metuo quicquam et cavebo omnia.
sed vide, ne tua iam, mi Brute, culpa futura sit, si ego
quicquam timeam. tuis enim opibus et consulatu tuo,
etiam si timidi essemus, tamen omnem timorem abi-
ceremus, praesertim cum persuasum omnibus esset
mihique maxime a te nos unice diligi.

Consiliis tuis, quae scribis de quattuor legionibus 5
deque agris adsignandis ab utroque vestrum, vehementer adsentior. itaque cum quidam de conlegis
nostris agrariam curationem ligurrirent, disturbavi
rem totamque nobis integram reservavi.

Si quid erit occultius et, ut scribis, 'reconditum',
meorum aliquem mittam, quo fidelius ad te litterae
perferantur.
Prid. Non. Iun.

XX.
D. BRVTVS S. D. M. CICERONI.

Nos hic valemus recte et, quo melius valeamus, 1
operam dabimus. Lepidus commode nobis sentire
videtur. omni timore deposito debemus libere rei p.
consulere. quod si omnia essent aliena, tamen tribus
tantis exercitibus, propriis rei p., valentibus magnum
animum habere debebas; quem et semper habuisti et
nunc fortuna adiuvante augere potes.

Quae tibi superioribus litteris mea manu scripsi, 2
terrendi tui causa homines loquuntur. si frenum mo-
morderis, peream, si te omnes, quot sunt, conantem
loqui ferre potuerint.

Du legst mir nahe, mich in acht zu nehmen, durch Ängstlichkeit in die Lage zu kommen, mich noch mehr fürchten zu müssen. Ein kluger, liebreicher Rat! Aber sei überzeugt: wie Du bekanntermaßen ausgezeichnet bist durch die Tugend, Dich nie zu fürchten, Dich niemals aus der Ruhe bringen zu lassen, so komme ich Dir in dieser Deiner Tugend sehr nahe. Darum habe ich vor nichts Angst und nehme mich vor allem in acht. Überleg' Dir, mein Brutus, ob nicht Du nachgerade die Schuld trägst, wenn ich demnächst etwas zu befürchten habe! Im Hinblick auf Deine Streitmacht und Dein Konsulat würden wir, auch wenn wir ängstlich wären, doch alle Angst über Bord werfen, zumal wir alle überzeugt sind und vornehmlich ich, daß Du uns über alles liebhast.

Deine Vorschläge betreffs der vier Legionen und der von Euch beiden vorzunehmenden Ackeranweisung finden meine uneingeschränkte Zustimmung. Als daher sich einige meiner Kollegen die Finger leckten nach der Durchführung des Ackergesetzes, habe ich das hintertrieben, so daß wir noch ganz frei in unsern Entscheidungen sind.

Wenn es etwas besonders Diskretes und, wie Du Dich ausdrückst, „Geheimes" gibt, schicke ich einen meiner Leute, damit Dir mein Schreiben um so sicherer zugestellt wird.

(Rom,) den 4. Juni (43)

20 (23).
D. Brutus grüßt M. Cicero.

Wir sind hier gut zuwege und wollen uns bemühen, noch besser zuwege zu sein. Lepidus gerät anscheinend nicht auf Abwege. Wir dürfen ganz unbesorgt sein und unbefangen unsre Pflicht dem Staate gegenüber tun. Selbst wenn Du nur Widerwärtigkeiten sähest – wo wir drei große, dem Staat ergebene, starke Armeen haben, hättest Du guten Mutes sein dürfen, wie Du es immer gewesen bist und jetzt, wo das Glück uns zur Seite steht, noch mehr sein darfst.

Was ich Dir in meinem letzten Briefe eigenhändig geschrieben habe, reden die Leute nur, um Dich einzuschüchtern. Zeig' ihnen die Zähne! Hol' mich der Teufel, wenn nicht alle, wie sie da sind, davonlaufen, sobald Du nur den Mund aufmachst!

Ego, tibi ut antea scripsi, dum mihi a te litterae
veniant, in Italia morabor.

VIII Kal. Iun. Eporedia.

XXI.
M. CICERO S. D. D. BRVTO IMP. COS. DESIG.

Narro tibi: antea subirascebar brevitati tuarum 1
litterarum, nunc mihi loquax esse videor; te igitur
imitabor.

Quam multa quam paucis! te recte valere operamque dare, ut cotidie melius, Lepidum commode sentire, tribus exercitibus quidvis nos oportere confidere.
si timidus essem, tamen ista epistula mi omnem metum abstersisses; sed, ut mones, 'frenum momordi';
etenim, qui te incluso omnem spem habuerim in te,
quid nunc putas? cupio iam vigiliam meam, Brute,
tibi tradere, sed ita, ut ne desim constantiae meae.

Quod scribis in Italia te moraturum, dum tibi lit- 2
terae meae veniant, si per hostem licet, non erraris
– multa enim Romae –, sin adventu tuo bellum confici potest, nihil sit antiquius.

Pecunia expeditissima quae erat, tibi decreta est.
habes amantissimum Servium; nos non desumus.

VIII Id. Iun.

XXII.
D. BRVTVS S. D. M. CICERONI.

Maximo meo dolore hoc solacio utor, quod intellegunt homines non sine causa me timuisse ista, quae
acciderunt. deliberent, utrum traiciant legiones ex
Africa necne et ex Sardinia et Brutum accersant
necne et mihi stipendium denegent an decernant. ad

Ich warte, wie ich Dir schon neulich geschrieben habe, hier in Italien, bis ein Brief von Dir kommt.

Eporedia, den 25. Mai (43)

21 (24).
M. Cicero
grüßt
D. Brutus, den Imperator und designierten Konsul.

Ich will es Dir offen sagen: soeben war ich Dir noch ein wenig böse wegen der Kürze Deines Briefes; jetzt komme ich mir geradezu geschwätzig vor und werde es also machen wie Du.

Was sagst Du nicht alles mit wenigen Worten! Daß Du gut zuwege bist und Dich bemühst, daß es von Tag zu Tag noch besser wird; daß Lepidus nicht auf Abwege gerät und daß wir zu den drei Armeen jedwedes Vertrauen haben dürften. Wenn ich besorgt wäre, mit diesem Deinem Briefe hättest Du alle Furcht weggewischt. Aber ich habe Deine Aufforderung befolgt und ihnen die Zähne gezeigt; denn als Du eingeschlossen warest, habe ich all meine Hoffnungen auf Dich gesetzt, und jetzt? Am liebsten würde ich Dir meinen Posten abtreten, Brutus, allerdings ohne meine Standhaftigkeit in Frage zu stellen.

Du schreibst, Du wollest in Italien warten, bis Nachricht von mir käme. Wenn der Feind es gestattet, tust Du recht daran – hier passiert nämlich allerhand –; kann aber durch Dein Eintreffen der Krieg beendet werden, dann muß das die Hauptsache sein.

Alles Geld, was im Augenblick zur Verfügung stand, ist Dir bewilligt worden. Servius ist Dir herzlich zugetan. Ich lasse es nicht an mir fehlen.

(Rom,) den 6. Juni (43)

22 (26).
D. Brutus grüßt M. Cicero.

Es tut mir herzlich leid, aber dies ist der einzige Trost für mich, daß die Leute einsehen, daß ich nicht ohne Grund befürchtet habe, was jetzt eingetreten ist. Jetzt mögen sie sich überlegen, ob sie die Legionen aus Afrika und Sardinien herüberholen wollen oder nicht, ob sie Brutus heranziehen wollen oder nicht, ob sie mir den Sold

senatum litteras misi. crede mihi, nisi ista omnia ita
fiant, quem ad modum scribo, magnum nos omnis
adituros periculum.

Rogo te, videte, quibus hominibus negotium detis,
qui ad me legiones adducant. et fide opus est et celeritate.

III Non. Iun. ex castris.

XXIII.
M. CICERO S. D. D. BRVTO.

Exspectanti mihi tuas cotidie litteras Lupus noster 1
subito denuntiavit, ut ad te scriberem, si quid vellem.
ego autem, etsi, quid scriberem, non habebam – acta
enim ad te mitti sciebam, inanem autem sermonem
litterarum tibi iniucundum esse audiebam –, brevitatem secutus sum te magistro.

Scito igitur in te et in conlega spem omnem esse. 2
de Bruto autem nihil adhuc certi; quem ego, quem
ad modum praecipis, privatis litteris ad bellum commune vocare non desino. qui utinam iam adesset!
intestinum urbis malum, quod est non mediocre,
minus timeremus.

Sed quid ago? non imitor λακωνισμόν tuum; altera
iam pagella procedit.

Vince et vale.

XIIII Kal. Quinct.

XXIV.
PLANCVS ET D. BRVTVS SENATVI POPVLO
PLEBIQVE ROMANAE.

. . . in spem venerant, quod neque Planci quattuor 1
legiones omnibus suis copiis paris arbitrabantur neque
ex Italia tam celeriter exercitum traici posse credebant.
quos ipsi adhuc satis † adroganter Allobroges equi-
tatusque omnis, qui eo praemissus erat a nobis, susti-
nebant, nostroque adventu sustineri facilius posse
confidimus. tamen si quo etiam casu Isaram se traie-

verweigern oder bewilligen wollen. Ich habe einen Bericht an den Senat geschickt. Glaub' mir, wird nicht alles so gemacht, wie ich vorschlage, gehen wir alle schweren Gefahren entgegen!

Ich bitte Dich, überlegt Euch, welchen Männern Ihr den Auftrag geben wollt, mir die Legionen zuzuführen. Sie müssen zuverlässig und schnell sein.

Im Feldlager, den 3. Juni (43)

23 (25).
M. Cicero grüßt D. Brutus.

Während ich täglich auf Nachricht von Dir warte, kommt eben unvermutet unser Lupus und sagt mir, wenn ich wolle, solle ich Dir etwas schreiben. Zwar weiß ich eigentlich nichts zu schreiben – die Tagesneuigkeiten gehen Dir ja zu, und an leerem brieflichen Gerede liegt Dir, wie ich höre, gar nichts –; also nehme ich Dich zum Lehrmeister und mache es kurz ab.

Wisse also, auf Dir und Deinem Kollegen ruhen alle Hoffnungen. Über Brutus bisher noch nichts Genaues, aber ich rufe ihn unausgesetzt, wie Du es wünschst, in privaten Schreiben zum gemeinsamen Krieg auf. Wäre er doch schon da! Dann hätten wir die nicht unbedeutende Gefahr im Innern der Stadt nicht zu fürchten.

Aber was tue ich! Ich vergesse ganz Deine lakonische Kürze; schon das zweite Blatt ist beinahe voll!

Bleib gesund und siege!

(Rom,) dem 18. Juni (43)

24 (13a).
Plancus und D. Brutus
an Senat, Gesamtvolk und Plebs von Rom.

... sich Hoffnung gemacht hatten; sie glaubten ja nicht, daß Plancus' vier Legionen ihrem Gesamtaufgebot gewachsen seien, und meinten, so schnell könne eine Armee aus Italien nicht herübergebracht werden. Bis jetzt halten die Allobroger selbst und die ganze von uns dorthin detachierte Reiterei ihnen ziemlich .... stand, und nach unserm Eintreffen wird man gewiß noch leichter standhalten können. Sollten sie aber doch zufällig über die Isara

cerint, ne quod detrimentum rei p. iniungant, summa
a nobis dabitur opera.

Vos magnum animum optimamque spem de summa 2
re p. habere volumus, cum et nos et exercitus nostros
singulari concordia coniunctos ad omnia pro vobis
videatis paratos. sed tamen nihil de diligentia remittere debetis dareque operam, ut quam paratissimi et
ab exercitu reliquisque rebus pro vestra salute contra
sceleratissimam conspirationem hostium confligamus;
qui quidem eas copias, quas diu simulatione rei publicae comparabant, subito ad patriae periculum con-
verterunt.

XXV.
M. CICERO D. BRVTO COS. DES. S. D.

Etsi mihi tuae litterae iucundissimae sunt, tamen 1
iucundius fuit, quod in summa occupatione tua Planco
conlegae mandasti, ut te mihi per litteras excusaret;
quod fecit ille diligenter. mihi autem nihil amabilius
officio tuo et diligentia.

Coniunctio tua cum conlega concordiaque vestra,
quae litteris communibus declarata est, senatui populoque Romano gratissima accidit.

Quod superest, perge, mi Brute, et iam non cum 2
aliis sed tecum ipse certa.

Plura scribere non debeo, praesertim ad te, quo
magistro brevitatis uti cogito. litteras tuas vehementer exspecto, et quidem talis, qualis maxime opto.

XXVI.
M. CICERO S. D. D. BRVTO.

Cum Appio Claudio C. f. summa mihi necessitudo 1
est multis eius officiis et meis mutuis constituta. peto
a te maiorem in modum vel humanitatis tuae vel mea

kommen, werden wir alles daransetzen, daß sie dem Staate keinen Schaden tun.

Ihr dürft, was die Gesamtlage angeht, wohlgemut und guter Hoffnung sein, wo Ihr uns und unsre Armeen in einzigartiger Eintracht verbunden und zu allem für Euch bereit seht. Freilich dürft Ihr auf keinen Fall in Eurer Umsicht nachlassen und müßt mithelfen, daß wir mit Soldaten und allem sonstigen so gut wie möglich ausgerüstet für Eure Existenz gegen die ruchlose Verschwörung unsrer Feinde kämpfen können. Sie haben die Truppen, die sie lange angeblich für den Staat bereithielten, plötzlich gegen das Vaterland gekehrt.

(CulARO, um den 9. Juni 43)

25 (15).
M. Cicero grüßt D. Brutus, den designierten Konsul.

Dein Brief hat mir viel Freude gemacht, noch mehr allerdings, daß Du bei Deiner starken Inanspruchnahme Deinen Kollegen Plancus beauftragt hast, Dich brieflich bei mir zu entschuldigen, was er denn auch gewissenhaft getan hat. Ich finde diese Deine Gefälligkeit und Aufmerksamkeit ganz reizend.

Die Vereinigung mit Deinem Kollegen und Euer gutes Einvernehmen, das durch Euer gemeinsames Schreiben kundgeworden ist, ist von Senat und Volk von Rom freudig begrüßt worden.

Im übrigen: mach' so weiter, mein Brutus, und suche jetzt nicht andre, sondern Dich selbst zu übertreffen!

Mehr brauche ich nicht zu schreiben, zumal an Dich, den ich mir als Lehrmeister der Kürze zu nehmen gedenke. Ich erwarte dringend Nachrichten von Dir, und zwar solche, wie ich sie sehnlichst wünsche!

(Rom, zwischen dem 24. und 29. Juni 43)

26 (22).
M. Cicero grüßt D. Brutus.

Zwischen Appius Claudius, des C. Sohn, und mir bestehen sehr enge Beziehungen, die sich auf vielfache gegenseitige Liebesdienste gründen. Ich bitte Dich mehr als dringend, liebenswürdig, wie Du

causa, ut eum auctoritate tua, quae plurimum valet, conservatum velis.

Volo te, cum fortissimus vir cognitus sis, etiam clementissimum existimari. magno tibi erit ornamento nobilissimum adulescentem beneficio tuo esse salvum; cuius quidem causa hoc melior debet esse, quod pietate adductus propter patris restitutionem se cum Antonio coniunxit. quare, etsi minus veram causam habebis, tamen vel probabilem aliquam poteris inducere. nutus tuus potest hominem summo loco natum, summo ingenio, summa virtute, officiosissimum praeterea et gratissimum, incolumem in civitate retinere. quod ut facias, ita a te peto, ut maiore studio magisve ex animo petere non possim. 2

XXVII.
M. CICERO D. BRVTO S. D.

L. Lamia uno omnium familiarissime utor. magna 1 sunt eius in me, non dico officia, sed merita, eaque sunt populo Romano notissima.

Is magnificentissimo munere aedilitatis perfunctus petit praeturam, omnesque intellegunt nec dignitatem ei deesse nec gratiam; sed is ambitus excitari videtur, ut ego omnia pertimescam totamque petitionem Lamiae mihi sustinendam putem.

In ea re quantum me possis adiuvare, facile per- 2 spicio nec vero, quantum mea causa velis, dubito.

Velim igitur, mi Brute, tibi persuadeas nihil me maiore studio a te petere, nihil te mihi gratius facere posse, quam si omnibus tuis opibus, omni studio Lamiam in petitione iuveris. quod ut facias, vehementer te rogo.

bist, oder mir zuliebe den jungen Mann durch Deinen weitreichenden Einfluß schützen zu wollen.

Wir kennen Dich als tapferen Mann; ich möchte, daß man Dich auch für milde hält. Es wird für Dich eine besondere Auszeichnung sein, wenn der junge Adelige sich durch Dein Wohlwollen gesichert sieht. Sein Fall muß uns deshalb in milderem Lichte erscheinen, weil er nur aus dankbarer Gesinnung wegen der Begnadigung seines Vaters sich Antonius angeschlossen hat. Mag das auch ein nicht ganz stichhaltiger Grund sein, so wirst Du darum doch irgendetwas Annehmbares vorbringen können. Ein Wink von Dir könnte dem hochwohlgeborenen, hochbegabten, tüchtigen, zudem überaus gefälligen und dankbaren Manne sein Bürgerrecht erhalten. Tu das doch; ich bitte Dich so inständig und so herzlich, wie ich nur kann!

(Rom, um den 6. Juli 43)

27 (17).
M. Cicero grüßt D. Brutus.

L. Lamia gehört mit zu meinen engsten Freunden. Seine Freundschaftsbeweise – nein: Verdienste um mich sind groß, und das Römische Volk kennt sie genau.

Dieser Mann bewirbt sich, nachdem er sein Amt als Ädil in großartigster Weise wahrgenommen hat, jetzt um die Prätur, und alles ist sich darin einig, daß es ihm weder an Rang noch an Einfluß fehlt; aber anscheinend kommt es zu einem so heftigen Wahlkampf, daß ich das Schlimmste befürchte und die ganze Bewerbung Lamias auf meine Schultern nehmen zu müssen glaube.

Wie sehr Du mich dabei unterstützen könntest, ist mir völlig klar, und ich zweifle auch nicht, wie gern Du das mir zuliebe tust.

Somit sei bitte überzeugt, mein Brutus, daß es mein herzlichster Wunsch ist und Du mir keinen größeren Gefallen tun kannst, als wenn Du Lamia bei seiner Bewerbung mit allen Mitteln, allem Eifer unterstützt. Ich bitte Dich inständig darum!

(Rom, zwischen Ende April und Anfang Juli 43)

XXVIII.
M. CICERO D. BRVTO COS. DES. S. D.

Permagni interest, quo tibi haec tempore epistula 1
reddita sit, utrum cum sollicitudinis aliquid haberes,
an cum ab omni molestia vacuus esses. itaque ei prae-
cepi, quem ad te misi, ut tempus observaret epistulae
tibi reddendae. nam quem ad modum coram qui ad
nos intempestive adeunt molesti saepe sunt, sic epistulae offendunt non loco redditae. si autem, ut spero,
nihil te perturbat, nihil impedit et ille, cui mandavi,
satis scite et commode tempus ad te cepit adeundi,
confido me, quod velim, facile a te impetraturum.

L. Lamia praeturam petit. hoc ego utor uno om- 2
nium plurimum; magna vetustas, magna consuetudo
intercedit, quodque plurimum valet, nihil mihi eius
est familiaritate iucundius. magno praeterea beneficio
eius magnoque merito sum obligatus. nam Clodianis
temporibus, cum equestris ordinis princeps esset proque mea salute acerrime propugnaret, a Gabinio consule relegatus est, quod ante id tempus civi Romano
Romae contigit nemini. hoc cum populus Romanus
meminit, me ipsum non meminisse turpissimum est.

Quapropter persuade tibi, mi Brute, me petere 3
praeturam. quamquam enim Lamia summo splendore,
summa gratia est magnificentissimo munere aedilicio,
tamen, quasi ea ita non essent, ego suscepi totum
negotium.

Nunc si me tanti facis, quanti certe facis, quoniam
equitum centurias tenes, in quis regnas, mitte ad Lu-
pum nostrum, ut is nobis eas centurias conficiat.

Non tenebo te pluribus; ponam in extremo, quod

28 (16).

M. Cicero

grüßt

D. Brutus, den designierten Konsul.

Es kommt sehr darauf an, zu welchem Zeitpunkt Dir dieser Brief eingehändigt wird, ob Du gerade irgendwelche Aufregungen hast oder frei von jedem Ärger bist. Darum habe ich dem Überbringer auf die Seele gebunden, den rechten Augenblick für die Übergabe des Briefes wahrzunehmen. Denn wie Leute, die uns persönlich zur Unzeit aufsuchen, uns oft lästig sind, so ärgert man sich auch über einen unzeitig eintreffenden Brief. Wenn aber, wie ich hoffe, nichts Dich beunruhigt, nichts Dir die Laune verdirbt und mein Beauftragter den Zeitpunkt, an Dich heranzutreten, einigermaßen gescheit und passend gewählt hat, dann bin ich überzeugt, meinen Wunsch leicht von Dir erfüllt zu sehen.

L. Lamia bewirbt sich um die Prätur. Mit diesem Manne verkehre ich mit am meisten; seit langer Zeit besteht dieser lebhafte Umgang, und was mir das Wesentlichste scheint: seine Freundschaft ist mir überaus wertvoll. Überdies bin ich ihm durch sein Wohlverhalten, ein großes Verdienst um mich verpflichtet. Zu Clodius' Zeiten war er nämlich der Führer des Ritterstandes und hat sich als solcher schneidig für mich eingesetzt und wurde deshalb vom Konsul Gabinius aus der Stadt verwiesen, was bis dahin noch nie einem Römischen Bürger in Rom passiert war. Wenn das Römische Volk das nicht vergessen hat, dann wäre es für mich persönlich besonders beschämend, wenn ich mich dessen nicht erinnerte.

Darum nimm an, mein Brutus, ich sei es, der sich um die Prätur bewirbt. Allerdings genießt Lamia hohes Ansehen und besitzt großen Einfluß infolge seiner großartigen Amtsführung als Ädil; trotzdem habe ich, als ob all das nicht so wäre, die ganze Sache auf mich genommen.

Du hast ja die Ritterzenturien in der Hand, deren Führer Du bist; wenn Du mich wirklich so hoch schätzt, wie Du es gewiß tust, dann gib unserm Lupus einen Wink, damit er diese Zenturien für uns auf die Beine bringt!

Ich will Dich nicht länger aufhalten; zum Schluß nur ein Wort,

sentio: nihil est, Brute, cum omnia a te exspectem,
quod mihi gratius facere possis.

XXIX.
M. CICERO MATIO S.

Nondum satis constitui, molestiaene plus an volup- 1
tatis attulerit mihi Trebatius noster, homo cum plenus
officii tum utriusque nostrum amantissimus. nam cum
in Tusculanum vesperi venissem, postridie ille ad me,
nondum satis firmo corpore cum esset, mane venit.
quem cum obiurgarem, quod parum valetudini par-
ceret, tum ille nihil sibi longius fuisse, quam ut me
videret. 'num quidnam' inquam 'novi?' detulit ad me
querelam tuam. de qua priusquam respondeo, pauca
proponam.

Quantum memoria repetere praeterita possum, 2
nemo est mihi te amicus antiquior. sed vetustas habet
aliquid commune cum multis, amor non habet. dilexi
te, quo die cognovi, meque a te diligi iudicavi. tuus
deinde discessus isque diuturnus, ambitio nostra et
vitae dissimilitudo non est passa voluntates nostras
consuetudine conglutinari; tuum tamen erga me
animum agnovi multis annis ante bellum civile, cum
Caesar esset in Gallia. quod enim vementer mihi utile
esse putabas nec inutile ipsi Caesari, perfecisti, ut
ille me diligeret, coleret, haberet in suis. multa praetereo, quae temporibus illis inter nos familiarissime
dicta, scripta, communicata sint; graviora enim consecuta sunt.

Et initio belli civilis cum Brundisium versus ires 3
ad Caesarem, venisti ad me in Formianum. primum
hoc ipsum quanti, praesertim temporibus illis! deinde
oblitum me putas consilii, sermonis, humanitatis

wie mir zumute ist: alles erwarte ich von Dir, Brutus; aber einen größeren Gefallen könntest Du mir nicht tun.

(Rom, zwischen Ende April und Anfang Juli 43)

29 (27).
M. Cicero grüßt Matius.

Ich bin mir noch nicht recht klar darüber, ob mir der Besuch unsres aufmerksamen Freundes, der uns beide so liebhat, mehr Verdruß oder mehr Vergnügen bereitet hat. Ich bin gestern abend auf mein Tusculanum gekommen, und heute morgen in aller Frühe suchte er mich auf, obwohl er noch nicht recht wieder auf dem Damm war. Ich machte ihm zunächst Vorhaltungen, daß er sich so wenig schone, aber er erklärte, er habe die Zeit nicht erwarten können, mich wiederzusehen. „Gibt es denn etwas Neues?" fragte ich. Daraufhin überbrachte er mir Deine Beschwerde. Bevor ich auf sie eingehe, will ich ein paar Bemerkungen vorausschicken.

Soweit ich mir die Vergangenheit vergegenwärtigen kann, bist Du mein ältester, bewährtester Freund. Aber die Jahre teilt man mit vielen, nicht jedoch die Liebe. Gleich an dem Tage, an dem ich Dich kennen lernte, habe ich Dich liebgewonnen und den Eindruck bekommen, daß auch Du mich schätzest. Deine langjährige Abwesenheit, meine politische Tätigkeit und die Verschiedenheit unsres Lebenslaufes ließen es dann nicht zu, daß sich unsre gegenseitige Zuneigung durch täglichen Umgang befestigte; aber Deine Gefühle für mich habe ich viele Jahre vor dem Bürgerkriege, als Caesar in Gallien war, erkennen können. Denn was Deiner Meinung nach für mich außerordentlich vorteilhaft war und auch für Caesar selbst nicht unnütz, das hast Du fertigbekommen: daß er mich schätzte, hochhielt und zu seinen Vertrauten zählte. All die vielen Beweise engster Verbundenheit, die damals in Wort und Schrift zwischen uns gewechselt worden sind, übergehe ich; es folgten ja noch gewichtigere.

Als Du zu Anfang des Bürgerkrieges auf dem Wege zu Caesar nach Brundisium warst, kehrtest Du bei mir auf dem Formianum ein. Schon an sich ist Dir das hoch anzurechnen, zumal unter den damaligen Verhältnissen. Und dann soll ich Deinen freundlichen

tuae? quibus rebus interesse memini Trebatium. nec vero sum oblitus litterarum tuarum, quas ad me misisti, cum Caesari obviam venisses in agro, ut arbitror, Trebulano.

Secutum illud tempus est, cum me ad Pompeium 4 proficisci sive pudor meus coegit sive officium sive fortuna. quod officium tuum, quod studium vel in absentem me vel in praesentis meos defuit? quem porro omnes mei et mihi et sibi te amiciorem iudicaverunt?

Veni Brundisium. oblitumne me putas, qua celeritate, ut primum audieris, ad me Tarento advolaris, quae tua fuerit adsessio, oratio, confirmatio animi mei fracti communium miseriarum metu?

Tandem aliquando Romae esse coepimus. quid de- 5 fuit nostrae familiaritati? in maximis rebus quonam modo gererem me adversus Caesarem, usus tuo consilio sum, in reliquis officio. cui tu tribuisti excepto Caesare praeter me, ut domum ventitares horasque multas saepe suavissimo sermone consumeres, tum, cum etiam, si meministi, ut haec φιλοσοφούμενα scriberem, tu me impulisti? post Caesaris reditum quid tibi maiori curae fuit, quam ut essem ego illi quam familiarissimus? quod effeceras.

Quorsum igitur haec oratio longior quam puta- 6 ram? quia sum admiratus te, qui haec nosse deberes, quicquam a me commissum, quod esset alienum nostra amicitia, credidisse. nam praeter haec, quae commemoravi, quae testata sunt et inlustria, habeo multa occultiora, quae vix verbis exsequi possum. omnia me tua delectant, sed maxime maxima cum fides in amicitia, consilium, gravitas, constantia tum lepos, humanitas, litterae.

Ratschlag und Zuspruch vergessen haben? Ich entsinne mich, daß Trebatius dabei war. Ebenso habe ich Dein Schreiben an mich nicht vergessen, als Du Caesar angetroffen hattest – ich meine, es war in der Gegend von Trebula.

Es kam der Augenblick, als – wie soll ich sagen? – meine Ehre, mein Pflichtgefühl oder mein Verhängnis mir gebot, zu Pompeius zu gehen. Auch da hast Du es nicht an Liebesdiensten, an Interesse für mich in der Ferne und die Meinigen daheim fehlen lassen. Alle meine Lieben waren sich darin einig, daß Du mein und ihr bester Freund seiest.

Ich kam zurück nach Brundisium. Meinst Du, ich dächte nicht mehr daran, wie schnell Du, sobald Du davon erfuhrest, von Tarent herbeiflogst, wie Du Dich zu mir setztest, mir zusprachest und meine von der Furcht vor dem allgemeinen Elend gebeugte Seele aufrichtetest?

Schließlich nahm ich dann wieder meinen Wohnsitz in Rom. Wo ließ unsere enge Verbundenheit es da an sich fehlen? Ich durfte mich Deines Rates bedienen, wie ich mich in den wichtigsten Fragen gegen Caesar zu verhalten hätte, und auch sonst warst Du stets zu Freundschaftsdiensten bereit. Wem bist Du, von Caesar abgesehen, so entgegengekommen wie mir, daß Du in meinem Hause ein- und ausgingst und oft manche Stunde in angeregtem Gespräch mit mir verbrachtest, damals, als Du mich, wenn Du Dich dessen entsinnst, auf den Gedanken brachtest, meine philosophischen Schriften zu verfassen? Was lag Dir nach Caesars Rückkehr mehr am Herzen, als daß ich zu seinem engsten Freundeskreise gehörte? Du hattest das erreicht!

Worauf will ich also mit dieser unerwartet langen Auseinandersetzung hinaus? Es wundert mich eben, daß Du, der Du dies alles wissen müßtest, hast glauben können, ich hätte etwas verbrochen, was sich mit unsrer Freundschaft nicht verträgt. Denn abgesehen von den erwähnten Tatsachen, die offenkundig und wohlbekannt sind, habe ich noch manches Intimere auf dem Herzen, das ich kaum in Worte fassen kann. Ich liebe alles an Dir, vor allem aber Deine unverbrüchliche Treue in der Freundschaft, Deine Klugheit, Deine sittliche Haltung, Deine Charakterfestigkeit wie auch Dein gefälliges, freundliches Wesen, Deine Bildung.

Quapropter – redeo nunc ad querelam – ego te suf- 7
fragium tulisse in illa lege primum non credidi;
deinde, si credidissem, numquam id sine aliqua iusta
causa existimarem te fecisse. dignitas tua facit, ut
animadvertatur, quicquid facias, malevolentia autem
hominum, ut non nulla durius, quam a te facta sint,
proferantur. ea tu si non audis, quid dicam, nescio;
equidem, si quando audio, tam defendo, quam me
scio a te contra iniquos meos solere defendi. defensio
autem est duplex; alia sunt, quae liquido negare soleam, ut de isto ipso suffragio, alia, quae defendam a
te pie fieri et humane, ut de curatione ludorum. sed 8
te, hominem doctissimum, non fugit, si Caesar rex
fuerit – quod mihi quidem videtur –, in utramque
partem de tuo officio disputari posse, vel in eam, qua
ego soleo uti, laudandam esse fidem et humanitatem
tuam, qui amicum etiam mortuum diligas, vel in eam,
qua non nulli utuntur, libertatem patriae vitae amici
anteponendam. ex his sermonibus utinam essent de-
latae ad te disputationes meae! illa vero duo, quae
maxima sunt laudum tuarum, quis aut libentius quam
ego commemorat aut saepius, te et non suscipiendi
belli civilis gravissimum auctorem fuisse et mode-
randae victoriae? in quo, qui mihi non adsentiretur,
inveni neminem.

Quare habeo gratiam Trebatio, familiari nostro,
qui mihi dedit causam harum litterarum; quibus nisi
credideris, me omnis officii et humanitatis expertem
iudicaris; quo nec mihi gravius quicquam potest
esse nec te alienius.

Deshalb – und damit komme ich auf Deine Beschwerde – habe ich es erstens nicht glauben wollen, daß Du für jenes Gesetz gestimmt habest, und zweitens, wenn ich es geglaubt hätte, würde ich doch niemals annehmen, daß Du es ohne triftigen Grund getan habest. Deine Stellung macht, daß alles, was Du tust, in die Augen fällt, und das Übelwollen der Leute sorgt dafür, daß manches schärfer, als Du es gemeint hast, kolportiert wird. Wenn Du dem kein Gehör schenkst, dann weiß ich nicht, was ich dazu sagen soll; wenn ich gelegentlich davon höre, trete ich für Dich ein, wie Du mich, wie ich weiß, immer gegen meine Widersacher in Schutz nimmst. Dabei verfahre ich bald so, bald so. Manches stelle ich rundweg in Abrede, wie etwa eben diese Deine Stimmabgabe, andres verteidige ich mit dem Hinweis, Du handeltest aus ehrfurchtsvoller, freundschaftlicher Gesinnung heraus, wie etwa bei der Leitung der Spiele. Aber Du bist doch ein hochgebildeter Mann, und so kann es Dir nicht entgehen, daß man, wenn Caesar etwa ein monarchisches Regiment geführt hat – und der Ansicht bin ich allerdings –, über Deine Dienstleistung in doppeltem Sinne reden kann, entweder so, wie ich es tue, daß man Deine Treue und edle Gesinnung anerkennen müsse, der Du den Freund auch noch im Tode liebtest, oder so, wie manche tun, daß man die Freiheit des Vaterlandes über das Leben des Freundes stellen müsse. Ach, hätte man Dir doch von meinen Ausführungen bei diesen Erörterungen berichtet! Aber Deine beiden schönsten Ruhmestitel – wer spricht lieber und öfter von ihnen als ich? Daß Du ausdrücklich dafür eingetreten bist, erst, den Bürgerkrieg nicht zu beginnen, und hernach, sich im Siege zu mäßigen. Ich habe noch niemanden gefunden, der mir darin nicht beistimmte.

Darum bin ich unserm Freunde Trebatius dankbar, daß er mir Veranlassung zu diesen Zeilen gegeben hat. Willst Du ihnen nicht glauben, dann erklärst Du damit, daß ich bar jeden Pflichtgefühls und edler Gesinnung bin; das wäre das Schlimmste, was mir passieren könnte, und würde auch gar nicht zu Dir passen.

(Auf dem Tusculanum, Ende August 44)

XXX.
MATIVS CICERONI S.

Magnam voluptatem ex tuis litteris cepi, quod, 1
quam speraram atque optaram habere te de me opinionem, cognovi; de qua etsi non dubitabam, tamen,
quia maximi aestimabam, ut incorrupta maneret, la-
borabam. conscius autem mihi eram nihil a me commissum esse, quod boni cuiusquam offenderet animum. eo minus credebam plurimis atque optimis
artibus ornato tibi temere quicquam persuaderi potuisse, praesertim in quem mea propensa et perpetua
fuisset atque esset benevolentia. quod quoniam, ut
volui, scio esse, respondebo criminibus, quibus tu
pro me, ut par erat tua singulari bonitate et amicitia
nostra, saepe restitisti.

Nota enim mihi sunt, quae in me post Caesaris mor- 2
tem contulerint. vitio mihi dant, quod mortem hominis necessarii graviter fero atque eum, quem dilexi,
perisse indignor; aiunt enim patriam amicitiae praeponendam esse, proinde ac si iam vicerint obitum
eius rei p. fuisse utilem.

Sed non agam astute; fateor me ad istum gradum
sapientiae non pervenisse; neque enim Caesarem in
dissensione civili sum secutus, sed amicum; quamquam re offendebar, tamen non deserui, neque bellum
umquam civile aut etiam causam dissensionis probavi,
quam etiam nascentem exstingui summe studui. itaque in victoria hominis necessarii neque honoris neque
pecuniae dulcedine sum captus, quibus praemiis reliqui, minus apud eum quam ego cum possent, immoderate sunt abusi. atque etiam res familiaris mea lege
Caesaris deminuta est, cuius beneficio plerique, qui
Caesaris morte laetantur, remanserunt in civitate.

30 (28).
Matius grüßt Cicero.

Dein Brief hat mich sehr erfreut; ersehe ich doch aus ihm, daß Du von mir denkst, wie ich es erhofft und gewünscht hatte. Freilich zweifelte ich nicht daran, aber ich legte doch großen Wert darauf, und so war es mein Bemühn, mir Deine gute Meinung unverändert zu erhalten. Ich war mir aber auch bewußt, nichts verbrochen zu haben, was bei anständigen Leuten Anstoß erregen könnte. Um so weniger wollte ich glauben, daß Du, ein Mann von vielseitiger, hoher Bildung. Dir hättest blindlings etwas einreden lassen können, zumal von meiner Seite entgegenkommende, dauernde Zuneigung zu Dir bestanden hat und noch besteht. Aber jetzt weiß ich ja, daß es ist, wie ich es mir wünschte, und so will ich auf die Vorwürfe antworten, denen Du in meinem Interesse, wie es Deiner einzigartigen Güte und unsrer Freundschaft entsprach, so oft entgegengetreten bist.

Mir ist ja bekannt, was alles die Leute nach Caesars Tod über mich geklatscht haben. Sie werfen mir vor, daß ich mich mit dem Tode des mir so eng verbundenen Mannes nicht abfinden kann und empört bin, daß er, den ich geliebt habe, ein solches Ende finden mußte; sie sagen nämlich, erst komme das Vaterland und dann der Freund; gerade als ob sie schon bewiesen hätten, daß sein Tod ein Segen für den Staat gewesen ist.

Aber ich will mich nicht hinter dieser Frage verschanzen; ich gebe zu, daß ich diesen Grad der Weisheit noch nicht erreicht habe. Denn ich bin in dem Bürgerzwist nicht dem Parteimann Caesar gefolgt, sondern habe nur, obwohl ich mich an der Sache stieß, den Freund nicht im Stiche gelassen und den Bürgerkrieg oder auch nur den Anlaß zu den Mißhelligkeiten niemals gutgeheißen, mich vielmehr ernstlich bemüht, den Brand schon im Entstehen zu löschen. Und so habe ich mich auch nach dem Siege meines Freundes nicht durch den Reiz von Geld und Ehren fangen lassen, Belohnungen, von denen alle übrigen, obwohl sie weniger bei ihm galten als ich, einen maßlosen Gebrauch gemacht haben. Ja, an meinem eigenen Vermögen habe ich durch ein Gesetz Caesars Einbuße erlitten, durch dessen Entgegenkommen den meisten, die jetzt über Caesars Tod jubeln, ihre bürgerliche Existenz erhalten

civibus victis ut parceretur, aeque ac pro mea salute
laboravi.

Possum igitur, qui omnis voluerim incolumis, eum, 3
a quo id impetratum est, perisse non indignari? cum
praesertim idem homines illi et invidiae et exitio fuerint. 'plecteris ergo', inquiunt, 'quoniam factum
nostrum improbare audes.' o superbiam inauditam
alios in facinore gloriari, aliis ne dolere quidem in-
punite licere! at haec etiam servis semper libera fuerunt, ut timerent, gauderent, dolerent suo potius
quam alterius arbitrio; quae nunc, ut quidem isti
dictitant, 'libertatis auctores' metu nobis extorquere
conantur.

Sed nihil agunt; nullius umquam periculi terrori- 4
bus ab officio aut ab humanitate desciscam; numquam
enim honestam mortem fugiendam, saepe etiam op-
petendam putavi. sed quid mihi suscensent, si id opto,
ut paeniteat eos sui facti? cupio enim Caesaris mortem omnibus esse acerbam.

'At debeo pro civili parte rem p. velle salvam.' id
quidem me cupere, nisi et ante acta vita et reliqua mea
spes tacente me probat, dicendo vincere non postulo.
quare maiorem in modum te rogo, ut rem potiorem 5
oratione ducas mihique, si sentis expedire recte fieri,
credas nullam communionem cum improbis esse posse.
an quod adulescens praestiti, cum etiam errare cum
excusatione possem, id nunc aetate praecipitata com-
mutem ac me ipse retexam? non faciam neque, quod
displiceat, committam, praeterquam quod hominis
mihi coniunctissimi ac viri amplissimi doleo gravem
casum. quod si aliter essem animatus, numquam, quod

geblieben ist. Für die Schonung der unterlegenen Mitbürger habe ich gewirkt, als ginge es um mein eigenes Leben.

Muß ich, der ich alle am Leben zu erhalten wünschte, also nicht empört darüber sein, daß der Mann, der diesen Wunsch erfüllt hat, ums Leben gekommen ist? Zumal dieselben Leute ihm Anfeindung und zuletzt den Tod gebracht haben? „Du bekommst eben Prügel", sagen sie, „weil du dich erdreistest, unsre Tat zu mißbilligen!" Welch unerhörte Anmaßung! Die einen wollen sich ihrer Tat rühmen, die andern dürfen nicht einmal ungestraft trauern! Dies Recht ist doch selbst Sklaven stets unverwehrt gewesen, nach ihrem, nicht nach eines andern Ermessens Furcht, Freude oder Trauer zu empfinden, was uns jetzt die „Verfechter der Freiheit" – so heißen sie sie jedenfalls – auszutreiben versuchen.

Aber damit kommen sie nicht weit. Mögen sie mich mit Gefahren schrecken, soviel sie wollen, den Verpflichtungen der Menschlichkeit werde ich niemals untreu. Denn das ist meine Überzeugung, daß man sich einem ehrenhaften Tode niemals entziehen darf, ihn manchmal sogar suchen muß. Aber warum zürnen sie mir eigentlich, wenn ich nur den Wunsch habe, daß sie ihre Tat bereuen? Denn das ist mein einziger Wunsch, daß Caesars Tod allen ein Gefühl des Schmerzes errege.

Aber ich bin als Bürger verpflichtet, den Staat wohlbehalten sehen zu wollen! Das ist auch mein Wunsch, und wenn es nicht mein bisheriges Leben und meine Hoffnung für die Zukunft beweist, ohne daß ich ein Wort dazu sage, dann verzichte ich darauf, es mit Worten zu erhärten. Darum bitte ich Dich noch dringender, mehr Wert auf die Sache als auf Worte zu legen und mir, wenn Du meinen Standpunkt teilst, daß Rechttun wohlgetan ist, zu glauben, daß mit den Lumpen keine Gemeinschaft bestehen kann. Oder sollte ich das, wofür ich in der Jugend eingetreten bin, als ich für jeden Fehlgriff auch eine Entschuldigung hätte finden können, jetzt, wo mein Leben sich dem Ende zuneigt, aufgeben und mich selbst dementieren? Das werde ich nicht tun, aber auch nichts begehen, was Mißfallen erregen könnte; nur möchte ich das schwere Ende, das den mir so eng verbundenen Menschen, den herrlichen Mann getroffen hat, beklagen dürfen. Wäre ich anders gesonnen, so würde ich mich doch stets offen zu meinem Tun

facerem, negarem, ne et in peccando improbus et in
dissimulando timidus ac vanus existimarer.

'At ludos, quos Caesaris victoriae Caesar adules- 6
cens fecit, curavi.' at id ad privatum officium, non
ad statum rei p. pertinet; quod tamen munus et hominis amicissimi memoriae atque honoribus praestare
etiam mortui debui et optimae spei adulescenti ac
dignissimo Caesare petenti negare non potui.

Veni etiam consulis Antoni domum saepe salu- 7
tandi causa; ad quem, qui me parum patriae aman-
tem esse existimant, rogandi quidem aliquid aut au-
ferendi causa frequentis ventitare reperies. sed quae
haec est adrogantia, quod Caesar numquam inter-
pellavit, quin, quibus vellem atque etiam quos ipse
non diligebat, tamen iis uterer, eos, qui mihi amicum eripuerunt, carpendo me efficere conari, ne quos
velim diligam?

Sed non vereor, ne aut meae vitae modestia parum 8
valitura sit in posterum contra falsos rumores aut ne etiam ii, qui me non amant propter meam in Caesarem
constantiam, non malint mei quam sui similis amicos
habere. mihi quidem si optata contingent, quod reliquum
est vitae, in otio Rhodi degam; sin casus aliquis inter-
pellarit, ita ero Romae, ut recte fieri semper cupiam.

Trebatio nostro magnas ago gratias, quod tuum
erga me animum simplicem atque amicum aperuit et
quod eum, quem semper lubenter dilexi, quo magis
iure colere atque observare deberem, fecit.

Bene vale et me dilige.

XXXI.
CICERO OPPIO S. D.

Dubitanti mihi, quod scit Atticus noster, de hoc 1
toto consilio profectionis, quod in utramque partem

bekennen, um nicht für bösartig zu gelten, wenn ich sündigte, oder für feige und charakterlos, wenn ich mich verstellte.

Aber ich habe die Festspiele geleitet, die der junge Caesar zur Feier von Caesars Sieg veranstaltet hat! Nun, das ist ein persönlicher Dienst und ist bedeutungslos für Sein oder Nichtsein des Staates, und diesen Dienst zum Andenken und zu Ehren meines lieben Freundes auch noch im Tode zu leisten, fühlte ich mich verpflichtet und konnte ich dem jungen Manne, der zu den besten Hoffnungen berechtigt und Caesars durchaus würdig ist, nicht abschlagen.

Auch in das Haus des Konsuls Antonius bin ich oft gegangen, um ihm meine Aufwartung zu machen; aber Du wirst finden, daß die Herren, die in mir einen schlechten Patrioten sehen, haufenweise bei ihm aus- und eingehen, um etwas zu erbetteln oder zu ergattern. Und welche Anmaßung liegt darin! Caesar hat mich nie gehindert, zu verkehren, mit wem ich wollte, auch mit Leuten, die er selbst nicht schätzte, und diese Herren, die mir den Freund entrissen haben, versuchen, mich durch boshafte Bemerkungen davon abzubringen, zu lieben, wen ich will!

Aber es läßt mich kalt, ob meine maßvolle Haltung im Leben fortan nicht aufkommen kann gegen falsches Gerede, oder ob nicht gar die, die mich wegen meiner Anhänglichkeit an Caesar nicht schätzen, es vorziehen, Freunde meines-, nicht ihresgleichen zu besitzen. Wenn meine Wünsche in Erfüllung gehen, werde ich den Rest meines Lebens in Muße auf Rhodus verbringen; kommt etwas dazwischen, werde ich in Rom bleiben, aber immer Treu und Redlichkeit hochhalten.

Unserm Trebatius bin ich von Herzen dankbar, daß er Dich veranlaßt hat, Deine ehrliche, freundschaftliche Gesinnung gegen mich auszusprechen, und so dazu beigetragen hat, daß ich den Mann, den ich immer von ganzem Herzen geliebt habe, mit um so besserem Recht hochachten und verehren darf.

Leb' wohl und behalt mich lieb!

(Rom, Ende August 44)

31 (29).
Cicero grüßt Oppius.

Als mir, wie unser Atticus weiß, wegen meines ganzen Reiseplans Zweifel kamen, weil mir vieles dafür und vieles dawider in

in mentem multa veniebant, magnum pondus accessit ad tollendam dubitationem iudicium et consilium
tuum; nam et scripsisti aperte, quid tibi videretur, et
Atticus ad me sermonem tuum pertulit.

Semper iudicavi in te et in capiendo consilio prudentiam summam esse et in dando fidem maximeque
sum expertus, cum initio civilis belli per litteras te
consuluissem, quid mihi faciendum esse censeres,
eundumne ad Pompeium an manendum in Italia.
suasisti, ut consulerem dignitati meae; ex quo, quid
sentires, intellexi et sum admiratus fidem tuam et in
consilio dando religionem, quod, cum aliud malle
amicissimum tuum putares, antiquius tibi officium
meum quam illius voluntas fuit.

Equidem et ante hoc tempus te dilexi et semper 2
me a te diligi sensi et, cum abessem atque in magnis
periculis essem, et me absentem et meos praesentis
a te cultos et defensos esse memini et, post meum
reditum quam familiariter mecum vixeris quaeque
ego de te et senserim et praedicarim, omnes, qui solent haec animadvertere, testis habemus. gravissimum vero iudicium de mea fide et de constantia
fecisti, cum post mortem Caesaris totum te ad amicitiam meam contulisti; quod tuum iudicium nisi mea
summa benivolentia erga te omnibusque meritis
comprobaro, ipse me hominem non putabo.

Tu, mi Oppi, conservabis amorem tuum – etsi 3
more magis hoc quidem scribo, quam quo te admonendum putem – meaque omnia tuebere; quae tibi
ne ignota essent, Attico mandavi; a me autem, cum
paulum otii nacti erimus, uberiores litteras exspectato.

Da operam, ut valeas. hoc mihi gratius facere nihil
potes.

den Sinn kam, hat Dein Urteil und Rat den entscheidenden Ausschlag gegeben, alle Zweifel zu beheben. Denn Du schreibst offen Deine Meinung, und Atticus hat mir von Deinem Gespräch mit ihm berichtet.

Es ist immer meine Überzeugung gewesen, daß Du klug zu raten weißt und mit Zurückhaltung Dein Wort verpfändest, und ich habe es besonders erfahren, als ich zu Anfang des Bürgerkrieges brieflich bei Dir anfragte, was ich Deiner Meinung nach zu tun hätte, ob ich zu Pompeius gehen oder in Italien bleiben solle. Du rietest mir, zu tun, was mir meine Ehre gebiete. Daran konnte ich Deine anständige Gesinnung erkennen und habe Deine Zuverlässigkeit und Gewissenhaftigkeit bei Erteilung eines Rates bewundert; obwohl Du wußtest, daß Dein Freund es anders wollte, galt Dir meine Pflicht mehr als sein Wunsch.

Ich habe Dich schon vorher geschätzt und immer das Gefühl gehabt, von Dir geschätzt zu werden. Als ich abwesend war und in großer Gefahr schwebte, hast Du, wie ich mich wohl entsinne, mich in der Ferne und meine Lieben daheim hochgehalten und geschützt, und wie freundschaftlich Du nach meiner Rückkehr mit mir verkehrt hast, welche Gefühle ich für Dich gehegt und ausgesprochen habe, das können uns alle bezeugen, die so etwas zu beachten pflegen. Das eindrucksvollste Urteil aber über meine Zuverlässigkeit und Charakterfestigkeit hast Du damit gesprochen, daß Du Dich nach Caesars Tod ganz meiner Freundschaft erschlossest. Wenn ich dies Dein Urteil nicht durch höchste Erkenntlichkeit gegen Dich und lauter Liebesdienste bekräftige, werde ich mir selbst nicht als Mensch erscheinen.

Mein Oppius! Erhalte mir Deine Liebe – das sage ich mehr aus Gewohnheit, als weil ich glaubte, Dich ermahnen zu müssen – und schütze mich in allen meinen Belangen. Damit Du weißt, um was es sich handelt, habe ich Atticus meine Instruktionen gegeben. Sobald ich ein wenig zur Ruhe komme, darfst Du einen ausführlichen Brief von mir erwarten,

Sieh zu, daß Du gesund bleibst; einen größeren Gefallen könntest Du mir gar nicht tun!

(Rom, Anfang Juli 44)

LIBER DVODECIMVS

I.
CICERO CASSIO S.

Finem nullam facio, mihi crede, Cassi, de te et 1
Bruto nostro, id est de tota re p. cogitandi, cuius
omnis spes in vobis est et in D. Bruto; quam quidem
iam habeo ipse meliorem re publica a Dolabella meo
praeclarissime gesta. manabat enim illud malum urbanum et ita corroborabatur cotidie, ut ego quidem et
urbi et otio diffiderem urbano, sed ita seditio com-
pressa est, ut mihi videamur omne iam ad tempus ab
illo dumtaxat sordidissimo periculo tuti futuri. reliqua magna sunt ac multa, sed posita omnia in vobis.
quamquam primum quidque explicemus.

Nam ut adhuc quidem actum est, non regno sed
rege liberati videmur; interfecto enim rege regios omnis nutus tuemur, neque vero id solum, sed etiam,
quae ipse ille, si viveret, non faceret, ea nos quasi
cogitata ab illo probamus. nec eius quidem rei finem
video. tabulae figuntur, immunitates dantur, pecuniae
maximae discribuntur, exsules reducuntur, senatus
consulta falsa referuntur, ut tantum modo odium illud
hominis impuri et servitutis dolor depulsus esse videatur, res p. iaceat in iis perturbationibus, in quas eam
ille coniecit.

Haec omnia vobis sunt expedienda, nec hoc cogi- 2
tandum, satis iam habere rem p. a vobis. habet illa
quidem tantum, quantum numquam mihi in mentem
venit optare, sed contenta non est et pro magnitudine
et animi et beneficii vestri a vobis magna desiderat.
adhuc ulta suas iniurias est per vos interitu tyranni;
nihil amplius; ornamenta vero sua quae reciperavit?

ZWÖLFTES BUCH

1.
Cicero grüßt Cassius.

Glaub' mir, Cassius, ich denke unausgesetzt an Dich und unsern Brutus, und das heißt: an den gesamten Staat, dessen ganze Hoffnung auf Euch und D. Brutus ruht. Ich persönlich bin nicht mehr ganz so pessimistisch, nachdem mein Dolabella sich so vorzüglich bewährt hat. Das Unheil in der Stadt gewann nämlich tagtäglich an Boden und Stärke, und ich begann, für die Stadt und Ruhe und Ordnung in der Stadt zu fürchten; aber die Unruhen sind so energisch unterdrückt worden, daß wir wohl für alle Zeiten wenigstens vor solch besonders unsauberen Machenschaften sicher sind. Aber es sind noch viele große Schwierigkeiten vorhanden, die sämtlich auf Euren Schultern liegen. Doch wollen wir uns eins nach dem andern vornehmen.

Wie es bisher gegangen ist, scheinen wir zwar vom Tyrannen befreit zu sein, aber nicht von der Tyrannei. Der Herrscher ist tot, doch all seinen Launen fügen wir uns, und nicht nur das: auch was er selbst, wenn er noch am Leben wäre, nicht täte, heißen wir gut, als ob es von ihm ersonnen wäre. Und dabei ist kein Ende abzusehen. Gesetze werden publiziert, Vergünstigungen verliehen, gewaltige Geldsummen angewiesen, Verbannte begnadigt, gefälschte Senatsbeschlüsse zitiert, so daß nur der Haß gegen den unsauberen Gesellen und die Erbitterung über die Knechtschaft beseitigt zu sein scheint, der Staat sich aber im Zustande der Verstörung befindet, in den ER ihn gestürzt hat.

Dies alles müßt Ihr aus dem Wege räumen und nicht etwa glauben, der Staat habe bereits genug von Euch erhalten. Gewiß, er hat so viel bekommen, wie ich nie zu hoffen wagte, aber er ist noch nicht zufrieden und erwartet entsprechend Eurer Hochgesinntheit und der Größe Eurer Tat Großes von Euch. Bis jetzt hat er sich nur durch Eure Hand mit dem Tode des Tyrannen für das erlittene Unrecht gerächt. Großartig! Aber hat er etwas von seinem alten Glanze wiederbekommen? Etwa dadurch, daß er dem Manne im

an quod ei mortuo paret, quem vivum ferre non poterat? cuius aera refigere debebamus, eius etiam chirographa defendimus? at enim ita decrevimus. fecimus
id quidem temporibus cedentes, quae valent in re p.
plurimum; sed immoderate quidam et ingrate nostra
facilitate abutuntur.

Verum haec propediem et multa alia coram; interim
velim sic tibi persuadeas, mihi cum rei p., quam semper habui carissimam, tum amoris nostri causa maximae curae esse tuam dignitatem.

Da operam, ut valeas. vale.

II.
CICERO CASSIO S.

Vehementer laetor tibi probari sententiam et oratio- 1
nem meam. qua si saepius uti liceret, nihil esset negotii libertatem et rem p. reciperare; sed homo amens
et perditus multoque nequior quam ille ipse, quem tu
nequissimum occisum esse dixisti, caedis initium
quaerit nullamque aliam ob causam me auctorem fuisse
Caesaris interficiendi criminatur, nisi ut in me veterani
incitentur; quod ego periculum non extimesco, modo
vestri facti gloriam cum mea laude communicet. ita
nec Pisoni, qui in eum primus invectus est nullo ad-
sentiente, nec mihi, qui idem tricensimo post die feci,
nec P. Servilio, qui me est consecutus, tuto in senatum
venire licet. caedem enim gladiator quaerit eiusque
initium a. d. XIII Kal. Oct. a me se facturum putavit;
ad quem paratus venerat, cum in villa Metelli complures dies commentatus esset. quae autem in lustris et in
vino commentatio potuit esse? itaque omnibus est
visus, ut ad te antea scripsi, vomere suo more, non
dicere.

Quare, quod scribis te confidere auctoritate et elo- 2

Tode gehorcht, den er im Leben nicht ertragen konnte? Daß wir sogar dessen Notizen gelten lassen, wo wir seine Gesetzestafeln hätten herunterreißen müssen? Aber so haben wir ja beschlossen! Allerdings, unter dem Zwange der Umstände, die im Staatsleben eine gewaltige Rolle spielen; aber manche Leute mißbrauchen unser Entgegenkommen ohne Dank und ohne Maß.

Doch darüber und über vieles andre demnächst mündlich. Derweilen darfst Du überzeugt sein, daß ich mich dem Staat zuliebe, der mir stets das Teuerste gewesen ist, und angesichts unsrer gegenseitigen Zuneigung energisch für Deine Würde einsetzte.

Bleib nur gesund! Leb' wohl!

(Auf dem Pompeianum, den 3. Mai 44)

2.
Cicero grüßt Cassius.

Es freut mich riesig, daß meine Rede und die in ihr ausgesprochenen Gedanken Deinen Beifall finden. Dürfte ich öfter so auftreten, dann wäre es eine Kleinigkeit, wieder zu Freiheit und verfassungsmäßigen Zuständen zu gelangen. Aber dieser verrückte Kerl, dieser Lump, viel nichtswürdiger als selbst er, in dem nach Deinen Worten der größte Schurke umgebracht worden ist, sucht nur nach einem Anlaß zum Morden, und der einzige Grund, weshalb er mich als Urheber der Ermordung Caesars verdächtigt, ist der, die Veteranen gegen mich aufzuhetzen. Diese Gefahr fürchte ich nicht; die Hauptsache ist mir, daß er Eure glorreiche Tat mit Ruhm für mich verbindet. So kann weder Piso, der als erster gegen ihn losgelegt hat, ohne Unterstützung zu finden, noch ich, der ich einen Monat später dasselbe getan habe, noch auch P. Servilius, der mir gefolgt ist, ungefährdet im Senat erscheinen. Denn dieser Messerheld sinnt auf Mord und gedachte am 19. September mit mir den Anfang zu machen. Auf diesen Tag hatte er sich präpariert, als er sich in der Villa des Metellus mehrere Tage hindurch seine Rede einstudierte. Aber bei Wein und Weibern kam das Einstudieren natürlich zu kurz. So schien er denn auch wie gewöhnlich allen – ich habe Dir neulich schon davon geschrieben – zu kotzen und nicht zu reden.

Wenn Du also schreibst, Du glaubtest, wir könnten mit unserm

quentia nostra aliquid profici posse, non nihil ut in
tantis malis est profectum. intellegit enim populus R.
tris esse consulares, qui, quia de re p. bene senserint,
libere locuti sint, tuto in senatum venire non possint.
nec est praeterea, quod quicquam exspectes. tuus enim
necessarius adfinitate nova delectatur, itaque iam non
est studiosus ludorum infinitoque fratris tui plausu
dirumpitur; alter item adfinis novis commentariis
Caesaris delenitus est. sed haec tolerabilia, illud non
ferendum, quod est, qui vestro anno filium suum consulem futurum putet ob eamque causam se huic latroni
deservire prae se ferat. nam L. Cotta familiaris meus 3
fatali quadam desperatione, ut ait, minus in senatum
venit; L. Caesar, optimus et fortissimus civis, valetudine impeditur; Ser. Sulpicius et summa auctoritate et
optime sentiens non adest; reliquos exceptis designatis
– ignosce mihi, sed non numero consularis.

Habes auctores consilii publici. qui numerus etiam
bonis rebus exiguus esset, quid censes perditis?

Quare spes est omnis in vobis; qui si idcirco abestis,
ut sitis in tuto, ne in vobis quidem; sin aliquid dignum
vestra gloria cogitatis, velim salvis nobis; sin id minus, res tamen publica per vos brevi tempore ius suum
reciperabit.

Ego tuis neque desum neque dero. qui si quae ad
me referent sive non referent, mea tibi tamen benivolentia fidesque praestabitur.

Vale.

III.
CICERO CASSIO S.

Auget tuus amicus furorem in dies. primum in sta- 1
tua, quam posuit in rostris, inscripsit 'PARENTI

Ansehen und unsrer Beredsamkeit etwas erreichen, so ist in Ansehung der schlimmen Zeiten gewiß etwas erreicht. Das Römische Volk sieht jedenfalls, daß da drei Konsulare sind, die aus Patriotismus frei von der Leber weg gesprochen haben und deshalb nicht ungefährdet in den Senat gehen können. Viel mehr kannst Du aber auch nicht erwarten. Dein Verwandter freut sich der jüngst erfolgten Verschwägerung, schwärmt deshalb nicht mehr für Festspiele und platzt vor Wut, wenn Dein Bruder immer wieder mit Beifall begrüßt wird; ein zweiter, ebenfalls verschwägert, hat sich durch unerhörte Verfügungen aus dem Nachlaß Caesars einwickeln lassen. Aber das mag noch hingehen; eins scheint mir unerträglich: daß da einer ist, der sich Hoffnungen macht, sein Sohn könne in Eurem Jahre Konsul werden, und deshalb unverhohlen diesem Räuberhauptmann dient. Mein Freund L. Cotta kommt, wie er sagt, aus schicksalhafter Verzweiflung, nur selten in den Senat; L. Caesar, an sich ein trefflicher, mutiger Mann, ist durch Krankheit verhindert; Ser. Sulpicius, sonst hochangesehen und von tadelloser Gesinnung, ist nicht da. Die übrigen, abgesehen von den designierten Konsuln – verzeih mir, aber ich zähle sie nicht als Konsulare.

Das sind die Männer, die im Senat die Politik machen, eine Zahl, die schon unter normalen Verhältnissen gering wäre, und nun gar jetzt, wo alles drunter und drüber geht!

Darum ruht alle Hoffnung auf Euch beiden; wenn Ihr Euch nur entfernt habt, um Euch in Sicherheit zu bringen, dann auch nicht mehr auf Euch. Habt Ihr aber etwas Eures Ruhmes Würdiges im Sinne – hoffentlich erleben wir's; wenn nicht, wird jedenfalls der Staat durch Euch wieder zu seinem Rechte kommen.

Ich stehe Deinen Lieben jetzt und immer zur Seite; wenden sie sich an mich oder tun sie's nicht – meinerseits soll es an nichts fehlen, was treue Freundschaft gebietet.

Leb' wohl!

(Rom, um den 25. September 44)

3.
Cicero grüßt Cassius.

Dein Freund verbeißt sich von Tag zu Tag mehr in seine Wut. Zuerst hat er ein Standbild auf den Rostren errichtet und die In-

OPTIME MERITO', ut non modo sicarii sed iam etiam parricidae iudicemini. quid dico 'iudicemini'? iudicemur potius; vestri enim pulcherrimi facti ille furiosus me principem dicit fuisse. utinam quidem fuissem! molestus nobis non esset. sed hoc vestrum est; quod quoniam praeteriit, utinam haberem, quid vobis darem consilii! sed ne mihi quidem ipsi reperio quid faciendum sit. quid enim est, quod contra vim sine vi fieri possit? consilium omne autem hoc est illorum, 2 ut mortem Caesaris persequantur. itaque ante diem VI Non. Oct. productus in contionem a Cannutio turpissime ille quidem discessit, sed tamen ea dixit de conservatoribus patriae, quae dici deberent de proditoribus; de me quidem non dubitanter, quin omnia de meo consilio et vos fecissetis et Cannutius faceret.

Cetera cuius modi sint, ex hoc iudica, quod legato tuo viaticum eripuerunt. quid eos interpretari putas, cum hoc faciunt? ad hostem scilicet portari. o rem miseram! dominum ferre non potuimus, conservo servimus. et tamen me quidem favente magis quam sperante etiam nunc residet spes in virtute tua. sed ubi sunt copiae? de reliquo malo te ipsum tecum loqui quam nostra dicta cognoscere.

Vale.

IV.
CICERO CASSIO S.

Vellem Idibus Martiis me ad cenam invitasses; 1 reliquiarum nihil fuisset. nunc me reliquiae vestrae exercent et quidem praeter ceteros me. quamquam egregios consules habemus sed turpissimos consularis, senatum fortem, sed infimo quemque honore fortissimum; populo vero nihil fortius, nihil melius Italiaque universa: nihil autem foedius Philippo et

schrift „Dem hochverdienten Vater" daraufgesetzt, womit er Euch zu gemeinen Mördern, ja, Vatermördern erklärt. Aber wieso „Euch"? Nein, uns! Denn der Anstifter zu Eurer herrlichen Tat, erklärt der Tollkopf, sei ich gewesen. Ach, wäre es so! Dann fiele uns der Kerl jetzt nicht zur Last. Aber das müßt Ihr mit Euch abmachen. Wo die Gelegenheit nun einmal verpaßt ist – wüßte ich doch jedenfalls, was ich Euch raten soll! Aber ich weiß ja nicht einmal selbst, was ich tun soll. Was könnte man denn gegen Gewalt ohne Gewalt ausrichten? Ihr ganzes Sinnen und Trachten geht nur dahin, Caesars Tod zu rächen. Deshalb zitierte ihn Cannutius am 2. Oktober vor die Volksversammlung, aber er hat ganz schlecht abgeschnitten; immerhin sagte er von den Rettern des Vaterlandes, was man eigentlich nur von Hochverrätern sagen dürfte; von mir mit deutlichem Hinweis darauf, daß Ihr alles auf meinen Rat getan hättet und ebenso jetzt Cannutius.

Wie es sonst steht, magst Du daraus entnehmen, daß sie Deinem Legaten das Salär gestrichen haben. Wie meinst Du wohl, daß sie ein solches Verfahren rechtfertigen? Natürlich damit, daß es zum Landesfeind gebracht werde. Es ist zum Auswachsen! Den Herrn haben wir nicht ertragen wollen, dem Mitsklaven dienen wir! Und doch heftet sich noch jetzt unsre Hoffnung an Deinen Heldenmut, wobei ich freilich mehr zu wünschen als zu hoffen wage. Aber wo sind die nötigen Truppen? Im übrigen ist es mir lieber, Du gehst mit Dir selbst zu Rate, als daß Du nur meine Worte hörst.

Leb' wohl!

(Rom, zwischen dem 2. und 6. Oktober 44)

4.
Cicero grüßt Cassius.

Ich wollte, Du hättest mich an den Iden des März zum Diner geladen; dann hätte es keine Reste gegeben. Jetzt muß ich mich mit dem abplagen, was Ihr übriggelassen habt, und zwar mehr als alle andern. Allerdings, wir haben treffliche Konsuln, aber schäbige Konsulare, einen entschlossenen Senat, aber am eifrigsten sind die niederen Rangklassen; das Volk ist unvergleichlich tapfer, einfach großartig, und ebenso ganz Italien; ganz abscheulich jedoch die Gesandten Piso und Philippus, ganz schändlich. Sie waren ab-

Pisone legatis, nihil flagitiosius. qui cum essent missi,
ut Antonio ex senatus sententia certas res nuntiarent,
cum ille earum rerum nulli paruisset, ultro ab illo ad
nos intolerabilia postulata rettulerunt. itaque ad nos
concurritur factique iam in re salutari populares
sumus.

Sed tu quid ageres, quid acturus, ubi denique esses,   2
nesciebam; fama nuntiabat te esse in Syria, auctor erat
nemo. de Bruto, quo propius est, eo firmiora videntur
esse, quae nuntiantur. Dolabella valde vituperabatur
ab hominibus non insulsis, quod tibi tam cito succe-
deret, cum tu vixdum XXX dies in Syria fuisses. itaque constabat eum recipi in Syriam non oportere.
summa laus et tua et Bruti est, quod exercitum praeter
spem existimamini comparasse.

Scriberem plura, si rem causamque nossem; nunc,
quae scribo, scribo ex opinione hominum atque fama.
tuas litteras avide exspecto.

Vale.

V.
CICERO CASSIO S.

Hiemem credo adhuc prohibuisse, quo minus de te   1
certum haberemus, quid ageres, maximeque ubi esses;
loquebantur omnes tamen – credo, quod volebant –
in Syria te esse, habere copias. id autem eo facilius cre-
debatur, quia simile veri videbatur.

Brutus quidem noster egregiam laudem est consecutus; res enim tantas gessit tamque inopinatas, ut eae
cum per se gratae essent tum ornatiores propter celeritatem.

Quod si tu ea tenes, quae putamus, magnis subsidiis fulta res p. est; a prima enim ora Graeciae usque

gesandt worden, um an Antonius auf Grund eines Senatsbeschlusses fest formulierte Forderungen zu stellen, aber während er sich keiner dieser Forderungen beugte, haben sie uns auf eigene Hand undiskutierbare Forderungen von ihm überbracht. Darum rennt man mir die Türen ein, und ich bin nachgerade mit meiner vernünftigen Politik populär geworden.

Aber was Du treibst, was Du vorhast, ja, wo Du Dich befindest, das weiß ich nicht. Die Fama berichtet, Du seiest in Syrien, doch einstehen will niemand dafür. Je näher Brutus ist, um so glaubwürdiger erscheint, was man von ihm hört. Dolabella wird von den Leuten nicht unwitzig getadelt, daß er Dich schon so bald ablösen wolle, wo Du doch kaum erst einen Monat in Syrien gewesen seiest. Darum ist man sich einig, daß er nicht nach Syrien hineingelassen werden darf. Dich und Brutus lobt man in allen Tönen, weil man glaubt, daß Ihr wider Erwarten eine Armee auf die Beine gebracht habt.

Ich würde mehr schreiben, wenn ich den tatsächlichen Stand der Dinge kennte; was ich hier schreibe, beruht auf Vermutungen der Leute und Gerüchten. Sehnsüchtig erwarte ich Nachricht von Dir!

Leb' wohl!

(Rom, den 2. Februar 43)

5.
Cicero grüßt Cassius.

Wahrscheinlich hat bisher der Winter es verhindert, daß wir sichere Nachrichten von Dir haben, was Du treibst, und vor allem, wo Du Dich befindest; jedoch redet alle Welt davon – wahrscheinlich, weil sie es gern so möchten –, Du seiest in Syrien und habest Truppen. Man glaubt das um so leichter, weil es wahrscheinlich erscheint.

Unser Brutus hat sich vortrefflich bewährt; er hat nämlich gewaltige, unerwartete Dinge vollbracht, die an sich willkommen sind und wegen der schnellen Ausführung besonderes Lob verdienen.

Wenn Du also wirklich in der Hand hast, was wir vermuten, dann ruht der Staat auf starken Stützen; von der Westküste Grie-

ad Aegyptum optimorum civium imperiis muniti
erimus et copiis.

Quamquam, nisi me fallebat, res se sic habebat, ut 2
totius belli omne discrimen in D. Bruto positum videretur; qui si, ut sperabamus, erupisset Mutina, nihil
belli reliqui fore videbatur. parvis omnino iam copiis
obsidebatur, quod magno praesidio Bononiam tenebat
Antonius. erat autem Claternae noster Hirtius, ad
Forum Cornelium Caesar, uterque cum firmo exercitu, magnasque Romae Pansa copias ex dilectu Italiae
compararat.

Hiems adhuc rem geri prohibuerat. Hirtius nihil
nisi considerate, ut mihi crebris litteris significat, acturus videbatur. praeter Bononiam, Regium Lepidi,
Parmam totam Galliam tenebamus studiosissimam rei
publicae; tuos etiam clientis Transpadanos mirifice
coniunctos cum causa habebamus. erat firmissimus
senatus exceptis consularibus, ex quibus unus L. Caesar firmus est et rectus. Ser. Sulpici morte magnum 3
praesidium amisimus; reliqui partim inertes, partim
improbi; non nulli invident eorum laudi, quos in re p.
probari vident; populi vero Romani totiusque Italiae
mira consensio est.

Haec erant fere, quae tibi nota esse vellem; nunc
autem opto, ut ab istis Orientis partibus virtutis tuae
lumen eluceat.

Vale.

VI.
CICERO CASSIO S.

Quanto studio dignitatem tuam et in senatu et ad 1
populum defenderim, ex tuis te malo quam ex me cognoscere; quae mea sententia in senatu facile valuisset,
nisi Pansa vehementer obstitisset. ea sententia dicta
productus sum in contionem a tr. pl. M. Servilio.

chenlands bis nach Ägypten werden wir durch das Kommando der besten Männer und ihre Truppen gesichert sein.

Freilich, wenn ich mich nicht täusche, sieht die Sache so aus, daß die Hauptentscheidung des gesamten Krieges bei D. Brutus zu liegen scheint. Glückt es ihm, wie wir hoffen, aus Mutina auszubrechen, scheint vom Kriege nichts übrigzubleiben. Er wird bisher jedenfalls nur mit schwachen Kräften belagert, weil Antonius eine starke Besatzung nach Bononia gelegt hat. Unser Hirtius steht in Claterna, Caesar bei Forum Cornelium, beide mit einer starken Armee, und hier in Rom hat Pansa durch Aushebungen in Italien große Truppenmassen zusammengebracht.

Der Winter hat bis jetzt jede Tätigkeit lahmgelegt. Hirtius will anscheinend, wie er mir immer wieder brieflich zu verstehen gibt, nichts übers Knie brechen. Außer Bononia, Regium Lepidi und Parma haben wir ganz Gallien in der Hand, und es steht treu zum Staate; auch in den Transpadanern, Deiner Klientel, haben wir warme Anhänger unsrer guten Sache. Der Senat ist unbedingt zuverlässig, abgesehen von den Konsularen, unter denen einzig L. Caesar fest und aufrecht ist. Durch den Tod des Ser. Sulpicius haben wir eine starke Stütze verloren; alle übrigen sind teils schlapp, teils böswillig; manche sehen scheel auf den Ruhm derjenigen, deren staatsmännische Tätigkeit sie anerkannt sehen; aber das Römische Volk und ganz Italien ist erstaunlich einig in seiner Stimmung.

Das etwa ist es, was ich Dir mitteilen wollte. Jetzt wünsche ich nur, daß dort im Osten das Licht Deiner Tüchtigkeit aufleuchtet! Leb' wohl!

(Rom, im Februar 43)

6 (7).
Cicero grüßt Cassius.

Wie eifrig ich im Senat und vor dem Volke für Deine Würde eingetreten bin, magst Du lieber von den Deinigen als von mir erfahren. Mein diesbezüglicher Antrag im Senat wäre leicht durchgegangen, wenn nicht Pansa scharfen Einspruch erhoben hätte. Hernach hat mich der Volkstribun M. Servilius vor die Volksversammlung geführt. Ich habe alles vorgebracht, was ich von Dir

dixi de te, quae potui, tanta contentione, quantum
forum est, tanto clamore consensuque populi, ut nihil
umquam simile viderim. id velim mihi ignoscas
quod invita socru tua fecerim. mulier timida verebatur,
ne Pansae animus offenderetur. in contione quidem
Pansa dixit matrem quoque tuam et fratrem illam a
me sententiam noluisse dici. sed me haec non move-
bant, alia malebam; favebam et rei p., cui semper favi,
et dignitati ac gloriae tuae.

Quod autem et in senatu pluribus verbis disserui et 2
dixi in contione, in eo velim fidem meam liberes.
promisi enim et prope confirmavi te non exspectasse
nec exspectaturum decreta nostra, sed te ipsum tuo
more rem p. defensurum. et quamquam nihildum
audieramus, nec ubi esses nec quas copias haberes,
tamen sic statuebam, omnes, quae in istis partibus
essent opes copiaeque, tuas esse, per teque Asiam
provinciam confidebam iam rei p. reciperatam. tu
fac in augenda gloria te ipsum vincas.

Vale.

VII.
CICERO CASSIO S.

Qui status rerum fuerit tum, cum has litteras dedi, 1
scire poteris ex C. Titio Strabone, viro bono et optime
de re p. sentiente; nam quid dicam 'cupidissimo tui',
qui domo et fortunis relictis ad te potissimum profectus sit? itaque eum tibi ne commendo quidem; adventus ipsius ad te satis eum commendabit.

Tu velim sic existimes tibique persuadeas, omne 2
perfugium bonorum in te et Bruto esse positum, si,
quod nolim, adversi quid evenerit. res, cum haec
scribebam, erat in extremum adducta discrimen;
Brutus enim Mutinae vix iam sustinebat. qui si con-

sagen konnte, mit solcher Leidenschaft, daß der letzte Winkel des Forums es hörte, unter so lauten Beifallsrufen des Volkes, daß ich etwas Ähnliches noch nicht erlebt habe. Für eins muß ich Dich um Verzeihung bitten: daß ich es gegen den Willen Deiner Schwiegermutter getan habe. Die ängstliche Frau befürchtete, Pansa könne sich beleidigt fühlen. In der Volksversammlung erklärte Pansa, auch Deine Mutter und Dein Bruder hätten meinen Antrag nicht gewünscht. Aber das läßt mich kalt; andres ist mir wichtiger: ich wollte dem Staate dienen, dem ich immer gedient habe, und Deiner Würde, Deinem Ruhm.

Aber was ich im Senat ausführlich dargelegt und vor dem Volke ausgeführt habe, da mußt Du mein Wort einlösen. Ich habe nämlich versprochen und beinahe als sicher hingestellt, Du habest unsre Beschlüsse nicht abgewartet und würdest sie nicht abwarten, sondern wollest wie gewöhnlich auf eigene Faust den Staat verteidigen. Und obwohl wir noch nichts gehört haben, weder wo Du bist, noch was für Truppen Du hast, so nehme ich doch an, daß Du alle Truppen und Hilfsmittel, die es dort gibt, in der Hand hast, und bin fest überzeugt, daß Du die Provinz Asia bereits für den Staat zurückgewonnen hast. Sieh zu, daß Du in der Mehrung Deines Ruhmes Dich selbst übertriffst!

Leb' wohl!

(Rom, den 7. März 43)

7 (6).
Cicero grüßt Cassius.

Wie die Dinge augenblicklich stehen, wirst Du von C. Titius Strabo erfahren können, einem trefflichen, loyalen Manne; daß er Dir leidenschaftlich ergeben ist, brauche ich nicht zu betonen, wo er Haus und Hof im Stiche gelassen hat, um nur zu Dir zu kommen. Darum brauche ich ihn Dir nicht ausdrücklich zu empfehlen; seine Ankunft bei Dir wird Empfehlung genug für ihn sein.

Du mußt Dich mit dem Gedanken vertraut machen und überzeugt sein, daß die letzte Zufluchtsstätte für die Optimaten bei Dir und Brutus liegt, falls hier, was ich nicht hoffe, etwas schiefgeht. Die Sache steht, während ich dies schreibe, auf des Messers Schneide, denn Brutus kann sich in Mutina kaum noch halten. Wird er geret-

servatus erit, vicimus; sin, quod di omen avertant!
– omnis omnium cursus est ad vos. proinde fac animum
tantum habeas tantumque apparatum, quanto opus
est ad universam rem p. reciperandam.

Vale.

VIII.
CICERO CASSIO S.

Scelus adfinis tui Lepidi summamque levitatem et 1
inconstantiam ex actis, quae ad te mitti certo scio, cognosse te arbitror. itaque nos confecto bello, ut arbitrabamur, renovatum bellum gerimus spemque omnem in D. Bruto et Planco habemus; si verum quaeris,
in te et in meo Bruto, non solum ad praesens perfugium, si, quod nolim, adversi quid acciderit, sed
etiam ad confirmationem perpetuae libertatis.

Nos hic de Dolabella audiebamus, quae velle- 2
mus, sed certos auctores non habebamus.

Te quidem magnum hominem et praesenti iudicio
et reliqui temporis exspectatione scito esse. hoc tibi
proposito fac, ut ad summa contendas. nihil est tantum, quod non p. R. a te perfici atque obtineri posse
iudicet.

Vale.

IX.
CICERO CASSIO S.

Brevitas tuarum litterarum me quoque breviorem 1
in scribendo facit et, vere ut dicam, non satis occurrit,
quid scribam; nostras enim res in actis perferri ad te
certo scio, tuas autem ignoramus. tamquam enim
clausa sit Asia, sic nihil perfertur ad nos praeter rumores de oppresso Dolabella satis illos quidem constantis, sed adhuc sine auctore.

Nos confectum bellum quom putaremus, repente a 2

tet, haben wir gesiegt; andernfalls – was die Götter verhüten mögen
– gibt es für alle nur den einen Weg zu Euch. Darum wappne Dich
mit Mut und verschaffe Dir alle Mittel, die notwendig sind, um den
gesamten Staat wiederzugewinnen.

Leb' wohl!

(Rom, Ende März/Anfang April 43)

8.
Cicero grüßt Cassius.

Von dem Verbrechen Deines Schwagers Lepidus, seiner unglaublichen Leichtfertigkeit und Charakterlosigkeit hast Du wohl
aus den Tagesneuigkeiten erfahren, die Dir, wie ich weiß, regelmäßig zugehen. Also nach Beendigung des Krieges, wie wir glaubten, sind wir jetzt erneut im Kriege und setzen alle Hoffnung auf
D. Brutus und Plancus: wenn Du die Wahrheit wissen willst, auf
Dich und meinen Brutus; nicht nur, um bei Euch für den Augenblick Zuflucht zu finden, falls, was ich nicht hoffe, etwas schiefgeht,
sondern auch für die dauernde Sicherung der Freiheit.

Über Dolabella laufen hier Gerüchte um, wie wir sie uns nicht
besser wünschen können, aber sichere Gewähr haben sie nicht.

Du bist, wie man schon jetzt über Dich urteilt und es für die
Zukunft von Dir erwartet, ein großer Mann. Das halte Dir vor
Augen und eile zur letzten Entscheidung. Es gibt keine noch so
schwere Aufgabe, mit der Du nach der Meinung des Römischen
Volkes nicht fertig werden könntest!

Leb' wohl!

(Rom, den 9. Juni 43)

9.
Cicero grüßt Cassius.

Die Kürze Deiner Briefe macht, daß auch ich mich kürzer fasse,
und um die Wahrheit zu sagen: ich weiß auch eigentlich nichts
Rechtes zu schreiben. Über die hiesigen Ereignisse erhältst Du,
wie ich weiß, regelmäßig Nachricht; aber was bei Dir vorgeht,
wissen wir nicht. Als ob Asien von der Welt abgeschnitten wäre,
hören wir hier nichts außer den ziemlich beharrlichen, aber bisher
unbestätigten Gerüchten, daß Dolabella erledigt ist.

Wir glaubten schon, der Krieg sei zu Ende, als wir plötzlich

Lepido tuo in summam sollicitudinem sumus adducti.
itaque tibi persuade maximam rei p. spem in te et in
tuis copiis esse. firmos omnino exercitus habemus, sed
tamen ut omnia, ut spero, prospere procedant, multum
interest te venire. exigua enim spes est rei p. – nam
nullam non libet dicere –, sed, quaecumque est, ea de-
spondetur anno consulatus tui.

Vale.

X.
CICERO CASSIO S.

Lepidus, tuus adfinis, meus familiaris, prid. Kal. 1
Quint. sententiis omnibus hostis a senatu iudicatus
est ceterique, qui una cum illo a re p. defecerunt;
quibus tamen ad sanitatem redeundi ante Kal. Sept.
potestas facta est. fortis sane senatus, sed maxime spe
subsidii tui. bellum quidem, cum haec scribebam, sane
magnum erat scelere et levitate Lepidi.

Nos de Dolabella cotidie, quae volumus, audimus, 2
sed adhuc sine capite, sine auctore, rumore nuntio.
quod cum ita esset, tamen litteris tuis, quas Non.
Mai. ex castris datas acceperamus, ita persuasum erat
civitati, ut illum iam oppressum omnes arbitrarentur,
te autem in Italiam venire cum exercitu, ut, si haec ex
sententia confecta essent, consilio atque auctoritate
tua, sin quid forte titubatum, ut fit in bello, exercitu
tuo niteremur.

Quem quidem ego exercitum quibuscumque potuero rebus ornabo; cuius rei tum tempus erit, cum,
quid opis rei p. laturus is exercitus sit aut quid iam
tulerit, notum esse coeperit; nam adhuc tantum conatus audiuntur optimi illi quidem et praeclarissimi, sed
gesta res exspectatur, quam quidem aut iam esse aliquam aut appropinquare confido. tua virtute, ma-

von Deinem Lepidus in höchste Besorgnis gestürzt wurden. Sei deshalb überzeugt, daß die Hoffnung des Vaterlandes hauptsächlich auf Dir und Deiner Truppe ruht. Wir haben im allgemeinen zuverlässige Armeen, aber selbst wenn, wie ich hoffe, alles gut vorangeht, wäre es trotzdem sehr zu wünschen, daß Du kommst. Die Aussichten des Staates sind nämlich gering – „gleich Null" möchte ich nicht sagen; aber mögen sie sein, wie sie wollen, man hofft auf Dein Konsulatsjahr!

Leb' wohl!

(Rom, zweite Hälfte Juni 43)

10.
Cicero grüßt Cassius.

Mein Freund, Dein Schwager Lepidus ist am 30. Juni vom Senat einstimmig zum Landesfeind erklärt worden und ebenso alle, die mit ihm zusammen vom Staate abgefallen sind; doch hat man diesen eine Frist bis zum 1. September zugestanden, zur Vernunft zurückzukehren. Der Senat ist durchaus standhaft, aber hauptsächlich in der Hoffnung auf Deine Hilfe. Augenblicklich befinden wir uns in einem schweren Kampfe infolge des verbrecherischen Leichtsinns des Lepidus.

Über Dolabella hören wir tagtäglich, was wir uns wünschen, aber bisher ohne sichere Quelle, ohne Gewähr, lauter Gerüchte. Unter diesen Umständen herrscht auf Grund Deines Schreibens vom 7. Mai aus dem Feldlager in der Bürgerschaft doch allgemein die Überzeugung, daß er bereits erledigt ist und Du mit Deiner Armee auf dem Wege nach Italien seiest, so daß wir uns, wenn die Dinge hier nach Wunsch verliefen, auf Deinen sachverständigen Rat, falls aber etwas schiefgehen sollte, wie es im Kriege nicht ausgeschlossen ist, auf Deine Armee stützen könnten.

Dieser Deiner Armee werde ich alle nur möglichen Auszeichnungen verschaffen; die Zeit dazu wird gekommen sein, wenn erst einmal bekannt wird, welche Hilfe sie zu leisten gewillt ist bzw. schon geleistet hat. Bisher hört man hier nämlich nur von gewiß recht guten, ja vortrefflichen Ansätzen, aber man erwartet eine entscheidende Tat, die gewiß schon geschehen ist oder nahe bevorsteht. Dein Heldenmut, Deine Hochgesinntheit steht einzig da;

gnitudine animi nihil est nobilius. itaque optamus, 3
ut quam primum te in Italia videamus. rem p. nos
habere arbitrabimur, si vos habebimus.

Praeclare viceramus, nisi spoliatum, inermem,
fugientem Lepidus recepisset Antonium. itaque numquam tanto odio civitati Antonius fuit, quanto est
Lepidus; ille enim ex turbulenta re p., hic ex pace et
victoria bellum excitavit. huic oppositos consules
designatos habemus, in quibus est magna illa quidem
spes sed anceps cura propter incertos exitus proeliorum.

Persuade tibi igitur in te et in Bruto tuo esse omnia, 4
vos exspectari, Brutum quidem iam iamque. quod si,
ut spero, victis hostibus nostris veneritis, tamen auctoritate vestra res p. exsurget et in aliquo statu tolera-
bili consistet; sunt enim permulta, quibus erit meden-
dum, etiam si res p. satis esse videbitur sceleribus
hostium liberata.

Vale.

XI.
C. CASSIVS PROCOS. S. D. M. CICERONI.

S. v. b. e. e. q. v.   1

In Syriam me profectum esse scito ad L. Murcum et
Q. Crispum imp. viri fortes optimique cives, postea
quam audierunt, quae Romae gererentur, exercitus
mihi tradiderunt ipsique mecum una fortissimo animo
rem p. administrant.

Item legionem, quam Q. Caecilius Bassus habuit,
ad me venisse scito, quattuorque legiones, quas A. Allienus ex Aegypto eduxit, traditas ab eo mihi esse scito.

Nunc te cohortatione non puto indigere, ut nos 2
absentis remque p., quantum est in te, defendas. scire
te volo firma praesidia vobis senatuique non desse, ut

deshalb wünschen wir Dich so bald wie möglich hier in Italien zu sehen. Wir werden glauben, wieder einen Staat zu haben, wenn wir Euch beiden haben.

Wir hatten einen herrlichen Sieg in Händen, hätte nicht Lepidus den ausgeplünderten, waffenlosen, fliehenden Antonius aufgenommen. Darum ist der Bürgerschaft Antonius nie so verhaßt gewesen wie jetzt Lepidus. Jener hat Krieg entfacht, als der Staat von inneren Wirren heimgesucht wurde, dieser nach einem Siege und im Frieden. Aber ihm stehen die designierten Konsuln gegenüber, auf die wir große Hoffnungen setzen; freilich läßt uns die Sorge nicht los, denn der Ausgang von Schlachten ist und bleibt ungewiß.

Halte Dich also überzeugt, daß alles von Dir und Deinem Brutus abhängt; auf Euch warten wir, auf Brutus von heute auf morgen. Kommt Ihr, wenn, wie ich hoffe, unsre Feinde bereits besiegt sind, so wird doch erst Euer Ansehen dem Staate wiederaufhelfen und einen einigermaßen erträglichen Zustand herbeiführen. Denn viele Wunden sind zu heilen, auch wenn es zunächst zu genügen scheint, daß der Staat von den Verbrechen seiner Feinde befreit wird.

Leb' wohl!

(Rom, Anfang Juli 43)

11.
C. Cassius, der Prokonsul, grüßt M. Cicero.

Hoffentlich bist Du wohlauf! Ich bin gut zuwege.

Wisse, daß ich nach Syrien gegangen bin zu den Imperatoren L. Murcus und Q. Crispus. Als die tüchtigen, braven Leute hörten, was in Rom vorgeht, haben sie mir ihre Armeen überlassen und dienen selbst tapferen Herzens mit mir zusammen dem Staate.

Wisse ferner, daß die Legion des Q. Caecilius Bassus sich mir angeschlossen hat, und daß die vier Legionen, die A. Allienus aus Ägypten herangeführt hat, mir von ihm übergeben worden sind.

Jetzt brauche ich Dich gewiß nicht zu ermahnen, soviel an Dir liegt, für mich in der Ferne und für den Staat einzutreten. Du mußt wissen, daß es Euch und dem Senat nicht an zuverlässigen Stützen fehlt; Du kannst also hoffnungsvoll und wohlgemut in den Kampf

optima spe et maximo animo rem p. defendas. reliqua
tecum aget L. Carteius, familiaris meus.

Vale.

D. Non. Mart. ex castris Taricheis.

XII.
CASSIVS PROCOS. S. D. M. CICERONI SVO.

S. v. b. e. e. q. v.   1

Legi tuas litteras, in quibus mirificum tuum erga me
amorem recognovi; videbaris enim non solum favere
nobis, id quod et nostra et rei p. causa semper fecisti,
sed etiam gravem curam suscepisse vehementerque esse de nobis sollicitus. itaque, quod te primum existimare putabam nos oppressa re p. quiescere non posse,
deinde, cum suspicarere nos moliri, quod te sollicitum
esse et de salute nostra et de rerum eventu putabam,
simul ac legiones accepi, quas A. Allienus eduxerat ex
Aegypto, scripsi ad te tabellariosque compluris Romam misi; scripsi etiam ad senatum litteras, quas reddi
vetui, priusquam tibi recitatae essent, si forte mei obtemperare mihi voluerint. quod si litterae perlatae non
sunt, non dubito, quin Dolabella, qui nefarie Trebonio
occiso Asiam occupavit, tabellarios meos deprenderit
litterasque interceperit.

Exercitus omnis, qui in Syria fuerunt, teneo. habui   2
pollulum morae, dum promissa militibus persolvo;
nunc iam sum expeditus. a te peto, ut dignitatem meam
commendatam tibi habeas, si me intellegis nullum
neque periculum neque laborem patriae denegasse, si
contra importunissimos latrones arma cepi te hortante
et auctore, si non solum exercitum ad rem p. libertatemque defendendam comparavi, sed etiam crudelissi-
mis tyrannis eripui; quos si occupasset Dolabella, non
solum adventu sed etiam opinione et exspectatione
exercitus sui Antonium confirmasset.

für den Staat eintreten. Alles Weitere wird mein Freund L. Carteius mit Dir besprechen.

Leb' wohl!

Gegeben am 7. März (43) im Lager bei Tarichea.

12.

Cassius, der Prokonsul, grüßt seinen M. Cicero.

Hoffentlich bist Du wohlauf! Ich bin gut zuwege.

Deinen Brief habe ich erhalten, der mich Deine riesige Zuneigung zu mir erkennen ließ; scheinst Du mich doch nicht nur zu fördern, was Du mir und dem Staate zuliebe immer getan hast, sondern Dir auch schwere Sorgen gemacht zu haben und tief beunruhigt über mich zu sein. Darum habe ich, weil ich erstens annahm, Du sagtest Dir selbst, daß ich, wo der Staat in Bedrängnis ist, nicht stillsitzen könne, und zweitens, wenn Du vermutetest, daß ich mich rührte, beunruhigt seiest um mein Leben und den Erfolg meiner Maßnahmen, gleich nach Übernahme der von A. Allienus aus Ägypten herangeführten Legionen an Dich geschrieben und mehrere Kuriere nach Rom geschickt, habe auch an den Senat einen Bericht gemacht, der aber erst Dir vorgelesen werden sollte, bevor er ausgehändigt würde, wenn anders meine Leute meine Weisungen befolgen wollten. Sollten diese Schreiben nicht eingetroffen sein, dann hat zweifellos Dolabella, der nach der ruchlosen Ermordung des Trebonius sich Asiens bemächtigt hat, meine Kuriere geschnappt und die Schreiben abgefangen.

Alle Armeen, die in Syrien standen, habe ich in der Hand. Ich mußte ein Weilchen warten, während ich den Soldaten das Versprochene bezahlte; aber jetzt bin ich bereit. Dich bitte ich, Dir meine Würde empfohlen sein zu lassen, wenn Du siehst, daß ich keine Mühe und Gefahr für das Vaterland von mir gewiesen habe, wenn ich auf Deinen Wunsch und Rat gegen die rücksichtslose Räuberbande zu den Waffen gegriffen habe, wenn ich nicht nur mir eine Armee zur Verteidigung des Staates und der Freiheit verschafft, sondern diese auch den grausamen Tyrannen entrissen habe. Hätte Dolabella alle diese Leute in seine Hand gebracht, dann hätte nicht erst das Erscheinen seiner Armee, sondern schon das Gerücht davon und die Erwartung Antonius den Rücken gestärkt.

Quas ob res milites tuere, si eos mirifice de re p. 3
meritos esse animadvertis, et effice, ne quem paeniteat
rem p. quam spem praedae et rapinarum sequi maluisse. item Murci et Crispi imperatorum dignitatem,
quantum est in te, tuere. nam Bassus misere noluit
mihi legionem tradere. quod nisi milites invito eo
legatos ad me misissent, clausam Apameam tenuisset,
quoad vi esset expugnata.

Haec a te peto non solum rei p., quae tibi semper
fuit carissima, sed etiam amicitiae nostrae nomine,
quam confido apud te plurimum posse. crede mihi 4
hunc exercitum, quem habeo, senatus atque optimi
cuiusque esse maximeque tuum, de cuius voluntate
adsidue audiendo mirifice te diligit carumque habet.
qui si intellexerit commoda sua curae tibi esse, debere
etiam se tibi omnia putabit.

Litteris scriptis audii Dolabellam in Ciliciam ve- 5
nisse cum suis copiis. proficiscar in Ciliciam. quid
egerim, celeriter ut scias, dabo operam; ac velim, ut
meremur de re p., sic felices simus.

Fac valeas meque ames.
Non. Mai. ex castris.

XIII.
C. CASSIVS Q. F. S. D. M. CICERONI.

S. v. b. e. v.   1
Cum rei p. vel salute vel victoria gaudemus tum
instauratione tuarum laudum, quod maximus consularis maximum consulem te ipse vicisti, et laetamur et
mirari satis non possumus. fatale nescio quid tuae
virtuti datum, id quod saepe iam experti sumus. est
enim tua toga omnium armis felicior; quae nunc

Darum tritt für die Soldaten ein, wenn Du siehst, wie riesig sie sich um den Staat verdient gemacht haben, und sorge dafür, daß niemand es bereut, sich von den Pflichten gegen den Staat und nicht von der Aussicht auf Beute und Plünderungen haben leiten zu lassen. Ebenso nimm Dich der Würde der Imperatoren Murcus und Crispus an, soviel an Dir liegt. Bassus hat mir nämlich dummerweise seine Legion nicht übergeben wollen. Hätten seine Leute nicht gegen seinen Willen mit mir verhandelt, dann hätte er sich in Apamea einschließen lassen, bis die Stadt mit Gewalt erobert worden wäre.

Diese Bitte richte ich an Dich nicht nur im Namen des Staates, der Dir immer das Liebste gewesen ist, sondern auch im Namen unsrer Freundschaft, die, wie ich weiß, bei Dir sehr viel gilt. Glaub' mir, die Armee, die ich jetzt habe, ist dem Senat und allen Optimaten, vor allem aber Dir ergeben, von dessen gutem Willen sie dauernd hört, und den sie somit riesig schätzt und liebt. Merkt sie erst, daß Du Dich ernstlich für die ihnen versprochenen Vergünstigungen einsetzt, wird sie sogar glauben, daß sie alles Dir verdanke.

Eben habe ich dies Schreiben fertig, da höre ich, daß Dolabella mit seinen Truppen nach Cilicien gegangen ist. Also werde ich nach Cilicien marschieren. Was ich erreiche, werde ich Dich dann gleich wissen lassen; ich wollte, ich wäre so glücklich, wie ich es um den Staat verdiene.

Halt Dich munter und behalt mich lieb!

Im Feldlager, den 7. Mai (43)

13.
Der Quästor C. Cassius grüßt M. Cicero.

Hoffentlich bist Du wohlauf! Ich bin gut zuwege.

Wie wir unsre Freude haben an der Rettung und dem Siege des Staates, so freuen wir uns und können uns nicht genug wundern über Deinen erneuten Ruhm, daß Du als bedeutendster Konsular Dich selbst als den bedeutendsten Konsul in den Schatten gestellt hast. Deiner Tüchtigkeit scheint irgendwie etwas Schicksalhaftes innezuwohnen, wie wir es schon mehrfach erfahren haben. Denn Deine Toga ist glücklicher als bei allen andern die Waffen; auch

quoque nobis paene victam rem p. ex manibus hostium
eripuit ac reddidit. nunc ergo vivemus liberi, nunc te,
omnium maxime civis et mihi carissime, id quod maximis rei p. tenebris comperisti, nunc te habebimus
testem nostri et in te et in coniunctissimam tibi rem p.
amoris et, quae saepe pollicitus es te et taciturum, dum
serviremus, et dicturum de me tum, cum mihi profutu-
ra essent, nunc illa non ego quidem dici tanto opere
desiderabo quam sentiri a te ipso. neque enim omnium iudicio malim me a te commendari, quam ipse
tuo iudicio digne, ac mereor, commendatus esse, ut
haec novissima nostra facta non subita nec conve-
nientia sed similia illis cogitationibus, quarum tu testis
es, fuisse iudices meque ad optimam spem patriae non
minimum tibi ipsi producendum putes.

Sunt tibi, M. Tulli, liberi propinquique digni qui- 2
dem te et merito tibi carissimi; esse etiam debent in
re p. proxime hos cari, qui studiorum tuorum sunt
aemuli, quorum esse cupio tibi copiam; sed tamen
non maxima me turba puto excludi, quo minus tibi
vacet me excipere et ad omnia, quae velis et probes,
producere. animum tibi nostrum fortasse probavi-
mus, ingenium diutina servitus certe, qualecumque
est, minus tamen, quam erat, passast videri.

Nos ex ora maritima Asiae provinciae et ex insulis, 3
quas potuimus, navis deduximus, dilectum remigum
magna contumacia civitatium tamen satis celeriter
habuimus, secuti sumus classem Dolabellae, cui L.
Figulus praeerat; qui spem saepe transitionis prae-
bendo neque umquam non decedendo novissime
Corycum se contulit et clauso portu se tenere coepit.
nos illa relicta, quod et in castra pervenire satius esse
putabamus et sequebatur classis altera, quam anno

jetzt wieder hat sie den beinahe schon unterlegenen Staat den Händen der Feinde entrissen und uns wiedergeschenkt. Jetzt werden wir also in Freiheit leben, jetzt Dich, den größten und mir liebsten aller Mitbürger, was Du in den dunkelsten Tagen des Staates erfahren hast, als Zeugen meiner Liebe zu Dir und dem mit Dir eng verbundenen Staate haben, und wenn Du oft genug versprochen hast, daß Du schweigen würdest, solange wir in Knechtschaft lebten, und erst von mir reden wollest, wenn es mir nützen könne, so wünsche ich dies jetzt nicht so sehr gesagt zu hören als von Dir selbst empfunden zu sehen. Denn mir liegt nicht so viel daran, von Dir dem allgemeinen Urteil empfohlen zu werden, als mich vielmehr meinen Verdiensten entsprechend Deinem persönlichen Urteil empfohlen zu sehen, daß Du diese meine jüngsten Taten nicht als zufällig oder selbstverständlich betrachtest, sondern als Ausfluß meiner Gesinnung, deren Zeuge Du bist, und Dich nicht zum wenigsten persönlich verpflichtet fühlst, mich zu einer der schönsten Hoffnungen für das Vaterland zu machen.

M. Tullius! Du hast Kinder und Verwandte, die Deiner würdig und Dir mit Recht das Liebste sind; aber im Staatsleben müssen Dir nächst ihnen auch diejenigen lieb sein, die Deinen Bestrebungen nacheifern, von denen ich Dir eine ganze Menge wünsche; aber selbst wenn es ein unabsehbarer Schwarm ist, halte ich es doch nicht für ausgeschlossen, daß Du Dir die Zeit nimmst, mich herauszuheben und mich zu allem, was Du wünschst und gutheißt, heranzuziehen. Meine Gesinnung habe ich Dir vielleicht beweisen können; meine Fähigkeiten, mögen sie sein, wie sie wollen, hat jedenfalls die langdauernde Knechtschaft doch nicht recht in Erscheinung treten lassen.

Ich habe von der Küste der Provinz Asien und den Inseln alle greifbaren Schiffe herangeholt, habe trotz der Widerspenstigkeit der Gemeinden ziemlich schnell Rudermannschaften ausgehoben und bin dann der Flotte Dolabellas gefolgt, die L. Figulus befehligte. Der hat sich jüngst, indem er mehrfach der Erwartung Raum gab, daß er überlaufen wolle, und sich doch immer wieder dem Zugriff entzog, nach Corycus durchgeschlagen, wo er den Hafen schloß und sich festsetzte. Ich ließ seine Flotte dort in Ruhe, weil ich es für wichtiger hielt, ins Feldlager zu gelangen, und überdies

priore in Bithynia Tillius Cimber compararat, Turullius quaestor praeerat, Cyprum petivimus. ibi quae
cognovimus, scribere ad vos quam celerrime voluimus.

Dolabellam ut Tarsenses, pessimi socii, ita Laodi- 4
ceni multo amentiores ultro arcessierunt; ex quibus
utrisque civitatibus Graecorum militum numero speciem exercitus effecit. castra habet ante oppidum Laodiceam posita et partem muri demolitus est et castra
oppido coniunxit. Cassius noster cum decem legionibus et cohortibus XX auxiliariis et quattuor milium
equitatu a milibus passuum XX castra habet posita
Πάλτῳ et existimat se sine proelio posse vincere; nam
iam ternis tetrachmis triticum apud Dolabellam est. nisi
quid navibus Laodicenorum supportarit, cito fame per-
eat necesse est; ne supportare possit, et Cassi classis
bene magna, cui praeest Sextilius Rufus, et tres, quas nos
adduximus, ego, Turullius, Patiscus, facile praestabunt.

Te volo bene sperare et rem p., ut vos istic expedis-
tis, ita pro nostra parte celeriter nobis expediri posse
confidere.

Vale.

D. Id. Iun. Cypro a Crommyuacride.

XIV.
LENTVLVS CICERONI SVO S. P. D.

Cum Brutum nostrum convenissem eumque tardius 1
in Asiam venturum animadverterem, in Asiam redii,
ut reliquias mei laboris conligerem et pecuniam quam
primum Romam mitterem. interim cognovi in Lycia
esse classem Dolabellae ampliusque centum navis
onerarias, in quas exercitus eius imponi posset, idque
Dolabellam ea mente comparasse, ut, si Syriae spes
eum frustrata esset, conscenderet in navis et Italiam
peteret seque cum Antoniis et reliquis latronibus coniungeret.

eine weitere Flotte folgte, die Tillius Cimber im vergangenen Jahre in Bithynien ausgerüstet hatte, und die der Quästor Turullius befehligte, und eilte nach Cypern. Was ich hier erfahren habe, will ich Dir gleich mitteilen.

Wie die Tarsenser, ganz schlimme Bündner, so haben auch die Laodicener, noch mehr von Sinnen, Dolabella von sich aus herangezogen; aus beiden Gemeinden hat er sich mit einer Anzahl griechischer Söldner eine Art Heer geschaffen; er lagert vor der Stadt Laodicea, hat einen Teil der Stadtmauer einreißen lassen und so sein Lager mit der Stadt verbunden. Unser Cassius lagert mit zehn Legionen, zwanzig Auxiliarkohorten und 4000 Reitern in einer Entfernung von 30 km bei Paltos und hofft, ohne Kampf siegen zu können, denn bei Dolabella kostet der Weizen bereits drei Tetradrachmen. Wenn er nicht mit den Schiffen der Laodicener etwas heranschafft, muß er sehr bald verhungern; daß er keinen Nachschub erhält, dafür garantiert die ziemlich große Flotte des Cassius unter Sextilius Rufus und die drei Schiffskontigente, die wir, ich, Turullius und Patiscus, herangeführt haben.

Du kannst also wohlgemut sein und fest darauf bauen, daß, soviel an uns liegt, der Staat durch uns befreit werden kann, wie Ihr es dort fertig gebracht habt.

Leb' wohl!

Gegeben am 13. Juni (43) zu Crommyuacris auf Cypern.

14.
Lentulus grüßt seinen Cicero herzlich.

Als ich mit unserm Brutus gesprochen hatte und den Eindruck gewann, daß er nur zögernd nach Asien kommen werde, bin ich nach Asien zurückgekehrt, um einzusammeln, was von meiner Arbeit noch übrig war, und das Geld so bald wie möglich nach Rom zu schicken. Inzwischen habe ich erfahren, daß die Flotte Dolabellas in Lycien liegt und mehr als 100 Lastschiffe bereitstehen, um gegebenenfalls seine Armee aufzunehmen, und daß Dolabella sie mit dem Hintergedanken bereitgestellt habe, falls seine auf Syrien gesetzten Hoffnungen sich zerschlügen, sie zu besteigen, nach Italien zu fahren und sich mit den Antoniern und den übrigen Wegelagerern zu vereinigen.

Cuius rei tanto in timore fui, ut omnibus rebus relictis cum paucioribus et minoribus navibus ad illas ire conatus sim. quae res, si a Rhodiis non essem inter- 2 pellatus, fortasse tota sublata esset; tamen magna ex parte profligata est, quoniam quidem classis dissipatast adventus nostri timore, milites ducesque effugerunt, onerariae omnes ad unam a nobis sunt exceptae. certe, quod maxime timui, videor esse consecutus, ut non possit Dolabella in Italiam pervenire nec suis sociis firmatis durius vobis efficere negotium.

Rhodii nos et rem p. quam valde desperaverint, ex 3 litteris, quas publice misi, cognosces. et quidem multo parcius scripsi, quam re vera furere eos inveni. quod vero aliquid de iis scripsi, mirari noli; mirast eorum amentia. nec moverunt me meae ullae privatim iniuriae umquam; malus animus eorum in nostra salute, cupiditas partium aliarum, perseverantia in contemptione optimi cuiusque ferenda mihi non fuit. nec tamen omnis perditos esse puto; sed idem illi, qui tum fugientem patrem meum, qui L. Lentulum, qui Pompeium, qui ceteros viros clarissimos non receperunt, idem tamquam aliquo fato et nunc aut magistratum gerunt aut eos, qui sunt in magistratu, in sua habent potestate; itaque eadem superbia in pravitate utuntur; quorum improbitatem aliquando retundi et non pati impunitate augeri non solum utilest rei p. nostrae sed etiam necessarium.

De nostra dignitate velim tibi ut semper curae sit et, 4 quocumque tempore occasionem habueris, et in senatu et ceteris rebus laudi nostrae suffragere. quoniam consulibus decreta est Asia et permissum est iis, ut, dum ipsi venirent, darent negotium, qui Asiam opti-

Über diese Nachricht war ich so bestürzt, daß ich den Versuch unternahm, unter Hintansetzung aller sonstigen Aufgaben, mit weniger und ziemlich kleinen Schiffen gegen jene vorzugehen. Hätten mir nicht die Rhodier Schwierigkeiten gemacht, wäre die ganze Gefahr vielleicht beseitigt gewesen; immerhin ist sie zum größten Teil behoben. Denn die Flotte hat sich aus Angst vor unserm Anrücken zerstreut, die Soldaten und ihre Führer sind weggelaufen, und die Lastschiffe haben wir alle bis auf das letzte abgefangen. Jedenfalls glaube ich erreicht zu haben, daß Dolabella nicht – was ich am meisten gefürchtet hatte – nach Italien gelangen und Euch dadurch, daß er seine Genossen verstärkt, Eure Aufgabe erschweren kann.

Für wie völlig aussichtslos die Rhodier unsre Sache und die Lage des Staates halten, wirst Du aus meinem offiziellen Bericht erfahren. Und dabei habe ich ihre Verrücktheit wesentlich harmloser dargestellt, als ich sie tatsächlich vorfand. Daß ich überhaupt etwas von ihnen geschrieben habe, braucht Dich nicht zu wundern; Du glaubst gar nicht, wie völlig von Sinnen sie sind. Übrigens ist mein Urteil unbeeinflußt von irgendwelchen persönlichen Beleidigungen, die ich einmal erfahren habe; ihr Mißmut darüber, daß wir noch existieren, war es, der mich empörte, ihr Hinneigen zur andern Seite, ihre grundsätzliche Verachtung aller Optimaten. Freilich sind wohl nicht alle so heruntergekommen; aber gerade die Leute, die seinerzeit meinen Vater, L. Lentulus, Cn. Pompeius und all die andern hochangesehenen Männer auf der Flucht nicht aufnehmen wollten, sie sitzen gleichsam schicksalhaft auch jetzt in den hohen Ämtern oder haben die, die darin sitzen, ganz in der Hand. Daher zeigen sie in ihrer Schlechtigkeit jetzt denselben Hochmut. Es dürfte für unsern Staat nützlich, ja, unbedingt erforderlich sein, ihrer Ruchlosigkeit endlich einmal einen Dämpfer aufzusetzen und nicht zuzulassen, daß sie sich durch Straflosigkeit weiter steigert.

Ich würde mich freuen, wenn Du Dir meine Würde stets angelegen sein lassen wolltest und bei jeder sich bietenden Gelegenheit im Senat oder sonstwo meinem Ruhm unter die Arme griffest. Den Konsuln ist ja Asien als Provinz zugewiesen worden, und man hat es ihnen überlassen, bis zu ihrem Eintreffen irgendwen mit der Verwaltung Asiens zu beauftragen. Sei also so gut und bitte sie,

neant, rogo te petas ab iis, ut hanc dignitatem potissimum nobis tribuant et mihi dent negotium, ut Asiam
obtineam, dum ipsorum alter uter venit; nam quod
hoc properent in magistratu venire aut exercitum
mittere, causam non habent. Dolabella enim in Syria
est et, ut tu divina tua mente prospexisti et praedicasti,
dum isti veniunt, Cassius eum opprimet; exclusus
enim ab Antiochia Dolabella et in oppugnando male
acceptus nulla alia confisus urbe Laodiceam, quae est
in Syria ad mare, se contulit. ibi spero celeriter eum
poenas daturum; nam neque, quo refugiat, habet neque
diutius ibi poterit tantum exercitum Cassi sustinere.
spero etiam confectum esse iam et oppressum Dolabellam.

Quare non puto Pansam et Hirtium in consulatu 5
properaturos in provincias exire sed Romae acturos
consulatum. itaque, si ab iis petieris, ut interea nobis
procurationem Asiae dent, spero te posse impetrare.
praeterea mihi promiserunt Pansa et Hirtius coram et
absenti mihi scripserunt Verrioque nostro Pansa ad-
firmavit se daturum operam, ne in suo consulatu mihi
succedatur. ego porro non medius fidius cupiditate
provinciae produci longius spatium mihi volo; nam
mihi fuit ista provincia plena laboris, periculi, detrimenti; quae ego ne frustra subierim neve, priusquam
reliquias meae diligentiae consequar, decedere cogar
valde laboro. nam si potuissem, quam exegeram pecuniam, universam mittere, postularem, ut mihi succederetur; nunc, quod Cassio dedi, quod Treboni morte
amisimus, quod etiam crudelitate Dolabellae aut perfidia eorum, qui fidem mihi reique publicae non praestiterunt, id consequi et reficere volo; quod aliter non
potest fieri, nisi spatium habuero. id ut per te consequar, velim, ut solet, tibi curae sit.

vornehmlich mir diese Ehre zuteil werden zu lassen und mich mit der Verwaltung Asiens zu beauftragen, bis einer von ihnen kommt; sich zu beeilen, noch während ihres Amtsjahres hierher zu kommen oder eine Armee zu schicken, haben sie keine Veranlassung. Dolabella ist ja in Syrien, und wie Du es mit Deinem Ahnungsvermögen vorausgesehen und vorausgesagt hast, wird Cassius ihn, ehe sie kommen, erledigen. Dolabella hat sich nämlich, in Antiochia nicht eingelassen und bei der Bestürmung abgeblitzt, nach Laodicea geworfen, der einzigen Stadt, der er traut; sie liegt in Syrien an der Küste. Dort wird er hoffentlich schnell seine Strafe bekommen; eine weitere Zufluchtsstätte hat er nämlich nicht und wird sich dort gegen Cassius' gewaltige Armee nicht allzu lange halten können. Ich möchte sogar annehmen, daß Dolabella bereits geschlagen und erledigt ist.

Darum werden es Pansa und Hirtius wohl nicht eilig haben, noch während ihres Amtsjahres in die Provinzen zu gehen, vielmehr ihr Amt in Rom zu Ende führen. Wenn Du sie also bittest, die Verwaltung von Asien derweilen mir zu überlassen, kannst Du das hoffentlich erreichen. Außerdem haben mir Pansa und Hirtius persönlich versprochen und hierher schriftlich bestätigt, und unserm Verrius hat Pansa versichert, er wolle sich dafür einsetzen, daß ich während seiner Amtszeit nicht abgelöst werde. Ich will weiß Gott nicht aus Begeisterung für die statthalterliche Tätigkeit meine Amtszeit verlängert wissen, denn mir hat diese Provinz nichts als Mühen, Gefahren und Schaden gebracht, aber ich möchte dies alles auf keinen Fall vergeblich auf mich genommen haben oder mich gezwungen sehen abzutreten, wenn ich nicht vorher den Rest der Früchte meiner Gewissenhaftigkeit in die Hand bekomme. Ja, wenn ich die Möglichkeit gehabt hätte, das gesamte von mir eingetriebene Geld (nach Rom) zu schicken, würde ich meine Ablösung fordern; aber jetzt möchte ich, was ich Cassius gegeben habe, was wir durch den Tod des Trebonius, auch durch die Grausamkeit Dolabellas und die Unredlichkeit derer verloren haben, die mir und dem Staate ihr Wort nicht gehalten haben, in die Hand bekommen und ersetzen, und das ist nicht anders möglich, als wenn man mir Zeit läßt. Das möchte ich durch Dich erreichen, und so bitte ich Dich, Dich wie immer dafür einzusetzen.

Ego me de re p. puto esse meritum, ut non provin- 6
ciae istius beneficium exspectare debeam, sed tantum,
quantum Cassius et Bruti, non solum illius facti peri-
culique societate sed etiam huius temporis studio et
virtute. primus enim ego leges Antonias fregi, primus
equitatum Dolabellae ad rem p. traduxi Cassioque
tradidi, primus dilectus habui pro salute omnium
contra coniurationem sceleratissimam, solus Cassio
et rei p. Syriam exercitusque, qui ibi erant, coniunxi;
nam nisi ego tantam pecuniam tantaque praesidia et
tam celeriter Cassio dedissem, ne ausus quidem esset
ire in Syriam, et nunc non minora pericula rei p. a
Dolabella instarent quam ab Antonio. atque haec om- 7
nia is feci, qui sodalis et familiarissimus Dolabellae
eram, coniunctissimus sanguine Antoniis, provinciam
quoque illorum beneficio habebam, sed ʽπατρίδα ἐμὴν
μᾶλλον φιλῶνʼ omnibus meis bellum primus indixi.
haec etsi adhuc non magno opere mihi tulisse fructum
animadverto, tamen non despero nec defetigabor per-
manere non solum in studio libertatis sed etiam in
labore et periculis. ac tamen, si etiam aliqua gloria
iusta et merita provocabimur senatus et optimi cuiusque officiis, maiore cum auctoritate apud ceteros erimus et eo plus prodesse rei p. poterimus.

Filium tuum, ad Brutum cum veni, videre non po- 8
tui, ideo quod iam in hiberna cum equitibus erat profectus, sed medius fidius ea esse eum opinione et tua
et ipsius et in primis mea causa gaudeo; fratris enim
loco mihi est, qui ex te natus teque dignus est.

Vale.
D. IIII Kal. Iun. Pergae.

Ich meine es um den Staat verdient zu haben, daß ich nicht hinter der Verleihung dieser Provinz herzulaufen brauche, und dasselbe beanspruchen zu dürfen wie Cassius und die beiden Bruti, nicht nur als Teilhaber an ihrer Heldentat und ihren Gefahren, sondern auch auf Grund meiner augenblicklichen Betätigung und Bewährung. Bin ich doch der erste, der die Gesetze der Antonier durchbrochen hat, der erste, der Dolabellas Reiterei dem Staate zugeführt und Cassius übergeben hat, der erste, der zum Wohle aller gegen die verruchte Verschwörerbande Aushebungen vorgenommen hat, der einzige, der Cassius und dem Staate Syrien und die dort stehenden Armeen in die Hand gegeben hat. Denn hätte ich nicht Cassius so schnell so viel Geld und so viele sonstige Hilfsmittel zur Verfügung gestellt, dann hätte er es gar nicht wagen können, nach Syrien zu gehen, und dem Staate würden jetzt von Dolabella nicht geringere Gefahren drohen als von Antonius. Und dies alles habe ich getan als Kamerad und enger Freund Dolabellas, als naher Blutsverwandter der Antonier, denen ich auch mein Amt in der Provinz verdankte; aber „meine Liebe zum Vaterlande war stärker", und so habe ich all meinen Freunden als erster den Krieg erklärt. Allerdings merke ich noch nicht viel davon, daß mir dies Verhalten etwas eingebracht hätte; trotzdem verzweifle ich nicht und werde nicht müde werden, nicht nur mich weiter für die Freiheit einzusetzen, sondern dafür auch Mühen und Gefahren auf mich zu nehmen. Und doch, wenn der Senat und alle Optimaten etwas dazu tun und mir auch ein bißchen berechtigter und verdienter Ruhm winkt, dann werde ich bei jedermann ganz anders angesehen sein und dem Staate um so mehr nützen können.

Deinen Sohn habe ich, als ich bei Brutus war, leider nicht zu sehen bekommen, und zwar deshalb nicht, weil er bereits mit den Reitern ins Winterquartier abgerückt war, aber um Deinet- und seinet- und meinetwillen freue ich mich wirklich, wie nett man von ihm spricht. Als Dein Deiner würdiger Sohn ist er mir ja wie ein Bruder!

Leb' wohl!

Gegeben am 29. Mai (43) zu Perge.

XV.

P. LENTVLVS P. F. PROQ. PROPR. S. D. COSS. PR. TR. PL. SENATVI POPVLO PLEBIQUE ROMANAE.

S. v. l. v. v. b. e. v.

Scelere Dolabellae oppressa Asia in proximam 1
provinciam Macedoniam praesidiaque rei p., quae M.
Brutus, v. c., tenebat, me contuli et id egi, ut, per quos
celerrime possent, Asia provincia vectigaliaque in vestram potestatem redigerentur. quod cum pertimuis-
set Dolabella vastata provincia, correptis vectigalibus,
praecipue civibus Romanis omnibus crudelissime
denudatis ac divenditis celeriusque Asia excessisset,
quam eo praesidium adduci potuisset, diutius morari
aut exspectare praesidium non necesse habui et quam
primum ad meum officium revertendum mihi esse
existimavi, ut et reliqua vectigalia exigerem et, quam
deposui, pecuniam conligerem, quicquid ex ea cor-
reptum esset aut quorum id culpa accidisset, cognoscerem quam primum et vos de omni re facerem certiores.

Interim cum per insulas in Asiam naviganti mihi 2
nuntiatum esset classem Dolabellae in Lycia esse Rho-
diosque navis compluris instructas et paratas in aqua
habere, cum iis navibus, quas aut mecum adduxeram
aut comparaverat Patiscus proq., homo mihi cum familiaritate tum etiam sensibus in re p. coniunctissimus,
Rhodum deverti confisus auctoritate vestra senatusque consulto, quo hostem Dolabellam iudicaratis, foe-
dere quoque, quod cum iis M. Marcello, Ser. Sulpicio
coss. renovatum erat, quo iuraverant Rhodii eosdem
hostes se habituros, quos senatus populusque R. quae
res nos vehementer fefellit; tantum enim afuit, ut
illorum praesidio nostram firmaremus classem, ut

15.

P. Lentulus, des P. Sohn,
Proquästor und Proprätor,
grüßt
Konsuln, Prätoren, Volkstribunen,
Senat, Gesamtvolk und Plebs von Rom.

Hoffentlich seid Ihr und Eure Kinder wohlauf! Ich bin gut zuwege. Als Asien durch das verbrecherische Treiben Dolabellas heimgesucht wurde, habe ich mich in die nächstgelegene Provinz, nach Macedonien, und in die Bollwerke des Staates, die Brutus besetzt hat, begeben und mich darum bemüht, daß die Provinz Asia und die dortigen Steuerquellen von denen, die dazu am schnellsten in der Lage wären, wieder in Eure Hand gebracht würden. Das hatte Dolabella befürchtet, nachdem er die Provinz verwüstet, die Tribute an sich gerafft, besonders alle Römischen Bürger aufs grausamste ausgeplündert und ihr Hab und Gut verschleudert hatte, und war schneller aus Asien verschwunden, als Schutzmannschaften dort hätten eintreffen können. Da hatte ich es nicht nötig, noch länger zu verweilen oder auf Schutzmannschaft zu warten, und glaubte, so bald wie möglich in meinen Dienstbereich zurückkehren zu sollen, um die restlichen Tribute einzutreiben und das von mir deponierte Geld einzusammeln, möglichst bald festzustellen, was davon entwendet und wer dafür verantwortlich sei, und Euch über jede Einzelheit zu berichten.

Inzwischen, während ich durch das Inselmeer nach Asien segelte, erhielt ich die Meldung, die Flotte Dolabellas stehe in Lycien, und die Rhodier hätten eine Reihe von Schiffen ausgerüstet und fahrbereit zu Wasser gelassen. Darauf bog ich mit den Schiffen, die ich selbst mitgebracht oder die der Proquästor Patiscus, ein mir durch persönlichen Umgang wie durch seine politische Gesinnung eng verbundener Mann, beschafft hatte, nach Rhodus ab im Vertrauen auf Euer Ansehen und den Senatsbeschluß, durch den Ihr Dolabella zum Landesfeind erklärt hattet, und auch auf das Bündnis mit ihnen, das unter dem Konsulat des M. Marcellus und Ser. Sulpicius erneuert worden war, in welchem die Rhodier sich verpflichtet hatten, dieselben als Feinde zu betrachten wie Senat und Volk von Rom. Darin sahen wir uns schwer getäuscht. Weit

etiam a Rhodiis urbe, portu, statione, quae extra urbem est, commeatu, aqua denique prohiberentur
nostri milites, nos vix ipsi singulis cum navigiolis
reciperemur. quam indignitatem deminutionemque
maiestatis non solum iuris nostri sed etiam imperii
populique Romani idcirco tulimus, quod interceptis
litteris cognoramus Dolabellam, si desperasset de
Syria Aegyptoque, quod necesse erat fieri, in navis
cum omnibus suis latronibus atque omni pecunia
conscendere esse paratum Italiamque petere; idcirco etiam navis onerarias, quarum minor nulla erat
duum milium amphorum, contractas in Lycia a classe
eius obsideri. huius rei timore, p. c., percitus iniurias 3
perpeti et cum contumelia etiam nostra omnia prius
experiri malui. itaque ad illorum voluntatem intro-
ductus in urbem et in senatum eorum, quam diligentissime potui, causam rei p. egi periculumque omne,
quod instaret, si ille latro cum suis omnibus navis
conscendisset, exposui. Rhodios autem tanta in pravitate animadverti, ut omnes firmiores putarent quam
bonos, ut hanc concordiam et conspirationem omnium ordinum ad defendendam libertatem propense
non crederent esse factam, ut patientiam senatus et
optimi cuiusque manere etiam nunc confiderent nec
potuisse audere quemquam Dolabellam hostem iudicare, ut denique omnia, quae improbi fingebant, magis vera existimarent, quam quae vere facta erant et
a nobis docebantur.

Qua mente etiam ante nostrum adventum post Tre- 4
boni indignissimam caedem ceteraque tot tamque nefaria facinora binae profectae erant ad Dolabellam legationes eorum, et quidem novo exemplo, contra leges
ipsorum, prohibentibus iis, qui tum magistratus gere-
bant. hic sive timore, ut dictitant, de agris, quos in
continenti habent, sive furore sive potentia pauco-
rum, qui et antea pari contumelia viros clarissimos
adfecerant et nunc maximos magistratus gerunt nullo

entfernt, unsre Flotte mit ihrem Kontingent zu verstärken, versagten die Rhodier unsern Soldaten sogar den Zutritt zur Stadt, zum Hafen und zur Reede außerhalb der Stadt, Verpflegung und schließlich sogar Wasser; ich persönlich wurde kaum mit einem einzigen Boot eingelassen. Diese Niedertracht, diesen Verstoß gegen unser Recht und die Majestät des Römischen Reiches und Volkes nahm ich deswegen hin, weil ich aus einem abgefangenen Schreiben erfahren hatte, daß Dolabella, wenn seine Hoffnungen auf Syrien und Ägypten trögen, was unweigerlich eintreten mußte, entschlossen sei, mitsamt seiner ganzen Räuberbande und allem Gelde auf die Schiffe zu gehen und nach Italien zu fahren; zu dem Zweck habe er auch Lastschiffe, keins kleiner als 2000 Amphoren, in Lycien zusammengezogen, die von seiner Flotte in Gewahrsam gehalten würden. Das befürchtete ich, Patres Conscripti, und darum habe ich es vorgezogen, die Beleidigungen über mich ergehen zu lassen und selbst unter schmachvollen Bedingungen für uns alles eher zu versuchen. So ließ ich mich denn mit ihrer Einwilligung in die Stadt und vor ihren Rat führen und habe dort so genau wie möglich die Sache des Staates vertreten und die ganze Gefahr dargelegt, die drohe, wenn der Räuberhauptmann mit all seinen Leuten die Schiffe besteige. Aber ich fand die Rhodier so verbohrt, daß sie alle andern für stärker hielten als die Optimaten, daß sie an die verschworene Eintracht aller Stände zur Verteidigung der Freiheit einfach nicht glaubten, daß sie auch jetzt noch überzeugt waren, der Senat und jeder Optimat ließen sich nach wie vor alles gefallen, und niemand habe es wagen können, Dolabella zum Landesfeind zu erklären, kurz, daß sie alle Lügen der Lumpen für wahrer hielten als die Tatsachen und meine Erklärungen.

In dieser Gesinnung hatten sie schon vor meiner Ankunft, nach der schmachvollen Ermordung des Trebonius und all den andern fürchterlichen Verbrechen Dolabellas zweimal eine Gesandtschaft zu ihm geschickt, und zwar gegen alles Herkommen, gegen ihre eigenen Gesetze, unter dem Widerspruch ihrer damaligen Regierung. Jetzt weigerten sie sich, angeblich aus Angst um ihre Besitzungen auf dem Festlande, oder aus Tollheit oder unter dem Druck einiger weniger, die schon früher hochangesehene Männer ebenso niederträchtig behandelt hatten und jetzt in der Regierung

exemplo nostra ex parte, neque nostro praesentium
neque imminenti Italiae urbique nostrae periculo, si
ille parricida cum suis latronibus navibus ex Asia Sy-
riaque expulsus Italiam petisset, mederi, cum facile
possent, noluerunt.

Non nullis etiam ipsi magistratus veniebant in sus- 5
picionem detinuisse nos et demorati esse, dum classis
Dolabellae certior fieret de adventu nostro. quam suspicionem consecutae res aliquot auxerunt, maxime
quod subito ex Lycia Sex. Marius et C. Titius, legati
Dolabellae, a classe discesserunt navique longa profu-
gerunt onerariis relictis, in quibus conligendis non
minimum temporis laborisque consumpserant. itaque
cum ab Rhodo cum iis, quas habueramus, navibus in
Lyciam venissemus, navis onerarias recepimus domi-
nisque restituimus idemque, quod maxime verebamur,
ne posset Dolabella cum suis latronibus in Italiam venire, timere desiimus; classem fugientem persecuti
sumus usque Sidam, quae extrema regio est provinciae
meae.

Ibi cognovi partem navium Dolabellae diffugisse, 6
reliquas Syriam Cyprumque petisse. quibus disiectis,
cum scirem C. Cassi, singularis civis et ducis, classem
maximam fore praesto in Syria, ad meum officium reverti daboque operam, ut meum studium, diligentiam
vobis, p. c., reique p. praestem pecuniamque quam
maximam potero et quam celerrime cogam omnibusque rationibus ad vos mittam. si percurrero provinciam
et cognovero, qui nobis et rei p. fidem praestiterunt
in conservanda pecunia a me deposita quique scelere
ultro deferentes pecuniam publicam hoc munere
societatem facinorum cum Dolabella inierunt, faciam
vos certiores. de quibus, si vobis videbitur, si, ut meriti sunt, graviter constitueritis nosque vestra auctoritate firmaveritis, facilius et reliqua exigere vectigalia

sitzen, ohne daß wir ihnen unsrerseits Anlaß dazu gegeben hätten, den uns hier im Osten und, falls der Mörder mit seiner Räuberbande, aus Asien und Syrien vertrieben, zu Schiff nach Italien ginge, Italien und unsrer Stadt drohenden Gefahren zu wehren, obwohl es ihnen ein leichtes gewesen wäre.

Manche verdächtigten auch die Behörden, daß sie uns absichtlich festgehalten und länger zu verweilen gezwungen hätten, um inzwischen Dolabellas Flotte von unserm Kommen zu benachrichtigen. Diesen Verdacht verstärkte eine Reihe weiterer Begebenheiten, vor allem die Tatsache, daß zwei Legaten Dolabellas, Sex. Marius und C. Titius, sich von der Flotte aus Lycien fortmachten und auf einem Kriegsschiff flüchteten unter Zurücklassung der Lastschiffe, auf deren Zusammenbringung sie nicht wenig Zeit und Mühe verwendet hatten. Als wir daher von Rhodus her mit den uns zur Verfügung stehenden Schiffen nach Lycien kamen, fielen uns die Lastschiffe in die Hand, und wir stellten sie ihren Eigentümern wieder zu; überdies war damit unsre hauptsächlichste Befürchtung, Dolabella könne mit seiner Räuberbande nach Italien gelangen, behoben. Wir verfolgten die Flotte auf ihrer Flucht bis nach Side, dem äußersten Punkt meiner Provinz.

Dort erfuhr ich, daß ein Teil der Schiffe Dolabellas entflohen und die übrigen nach Syrien und Cypern gefahren seien. Da ich wußte, daß in Syrien die starke Flotte des Cassius, dieser einzigartigen Führerpersönlichkeit, bereitstehen würde, habe ich mich nach ihrer Zerstreuung in meinen Amtsbereich zurückbegeben und will mich jetzt bemühen, Euch einen Beweis meines Eifers und meiner Umsicht zu geben, Patres Conscripti, und möglichst schnell möglichst viel Geld auftreiben und unter Benutzung aller Möglichkeiten Euch zustellen. Sobald ich die Provinz durcheilt und festgestellt habe, wer sich bei der Bewachung der von mir deponierten Gelder als uns und dem Staate treu erwiesen und wer verbrecherischerweise von sich aus Staatsgelder unterschlagen und sich damit zum Teilhaber an den Schandtaten Dolabellas gemacht hat, werde ich Euch Bericht erstatten. Wenn Ihr diese, falls es Euch beliebt, schwer bestraft, wie sie es verdienen, und so mir durch Euer Gutachten den Rücken stärkt, werde ich leichter die noch ausstehenden Tribute eintreiben und die bereits eingetriebenen sicherstellen kön-

et exacta servare poterimus. interea, quo commodius
vectigalia tueri provinciamque ab iniuria defendere
possim, praesidium voluntarium necessariumque
comparavi.

His litteris scriptis milites circiter XXX, quos Do- 7
labella ex Asia conscripserat, ex Syria fugientes in
Pamphyliam venerunt. hi nuntiaverunt Dolabellam
Antiocheam, quae in Syria est, venisse, non receptum
conatum esse aliquotiens vi introire; repulsum semper esse cum magno suo detrimento itaque DC circiter amissis, aegris relictis noctu Antiochea profugisse
Laodiceam versus; ea nocte omnes fere Asiaticos milites ab eo discessisse; ex his ad octingentos Antiocheam redisse et se iis tradidisse, qui a Cassio relicti
urbi illi praeerant, ceteros per Amanum in Ciliciam
descendisse, quo ex numero se quoque esse dicebant;
Cassium autem cum suis omnibus copiis nuntiatum
esse quadridui iter Laodicea afuisse tum, cum Dolabella eo tenderet. quam ob rem opinione celerius
confido sceleratissimum latronem poenas daturum.

IIII Non. Iun. Pergae.

XVI.
TREBONIVS CICERONI S.

S. v. b.   1

Athenas veni a. d. XI Kal. Iun. atque ibi, quod maxime optabam, vidi filium tuum deditum optimis
studiis summaque modestiae fama. qua ex re quantam
voluptatem ceperim, scire potes etiam me tacente;
non enim nescis, quanti te faciam et quam pro nostro
veterrimo verissimoque amore omnibus tuis etiam
minimis commodis, non modo tanto bono gaudeam.
noli putare, mi Cicero, me hoc auribus tuis dare; nihil
adulescente tuo atque adeo nostro – nihil enim mihi

nen. Inzwischen habe ich, um den Eingang der Tribute besser überwachen und die Provinz vor Gewalttätigkeiten schützen zu können, eine freiwillige, unbedingt notwendige Schutzmannschaft
aufgestellt.

(Perge, den 29. Mai 43)

Dies Schreiben war bereits abgeschlossen, als etwa 300 Soldaten,
die Dolabella in Asien ausgehoben hatte, aus Syrien auf der Flucht
nach Pamphylien kamen. Sie brachten die Meldung, Dolabella sei
nach Antiochia in Syrien gekommen; als man ihn nicht aufnahm,
habe er mehrfach versucht, gewaltsam einzudringen; immer wieder
sei er unter starken Verlusten abgeschlagen worden. Deshalb habe
er sich nach einem Verlust von etwa 600 Mann unter Zurücklassung der Verwundeten bei Nacht von Antiochia in Richtung
auf Laodicea davongemacht; in dieser Nacht seien fast alle Soldaten aus Asien desertiert; etwa 800 von ihnen seien nach Antiochia zurückgekehrt und hätten sich der von Cassius zum Schutz
der Stadt zurückgelassenen Besatzung ergeben, die übrigen seien
über den Amanus nach Cilicien hinuntergestiegen, zu denen auch
sie gehörten; Cassius sei damals angeblich mit seiner ganzen Streitmacht vier Tagesmärsche von Laodicea entfernt gewesen, als Dolabella dorthin eilte. Darum glaube ich, daß der verfluchte Räuber
über Erwarten schnell seine Strafe bekommen wird.

Perge, den 2. Juni (43)

16.
Trebonius grüßt Cicero.

Hoffentlich bist Du gut zuwege!

Ich bin am 22. Mai in Athen angekommen und habe mich hier,
was ich vor allem wünschte, davon überzeugen können, daß Dein
Sohn eifrig studiert und in dem Rufe einer vorbildlichen Lebensführung steht. Wie ich mich darüber freue, kannst Du Dir denken,
auch wenn ich nichts weiter sage. Du weißt ja doch ganz genau,
wie sehr ich Dich schätze und mich bei unsrer langjährigen, echten
Freundschaft über jeden noch so geringen Glücksfall, nicht nur
über ein so großes Glück freue. Glaub' nicht, mein Cicero, daß ich
Dir nur schmeicheln will; Dein Junge, und gewissermaßen auch
meiner – denn nichts, was von Dir kommt, gehört nicht auch mir –

a te potest esse seiunctum – aut amabilius omnibus iis,
qui Athenis sunt, est aut studiosius earum artium,
quas tu maxime amas, hoc est optimarum. itaque tibi,
quod vere facere possum, libenter quoque gratulor
nec minus etiam nobis, quod eum, quem necesse erat
diligere, qualiscumque esset, talem habemus, ut lubenter quoque diligamus.

Qui cum mihi in sermone iniecisset se velle Asiam 2
visere, non modo invitatus sed etiam rogatus est a me,
ut id potissimum nobis obtinentibus provinciam faceret; cui nos et caritate et amore tuum officium praestaturos non debes dubitare. illud quoque erit nobis
curae, ut Cratippus una cum eo sit, ne putes in Asia
feriatum illum ab iis studiis, in quae tua cohortatione
incitatur, futurum; nam illum paratum, ut video, et
ingressum pleno gradu cohortari non intermittemus,
quo in dies longius discendo exercendoque se proce-
dat.

Vos quid ageretis in re p., cum has litteras dabam, 3
non sciebam; audiebam quaedam turbulenta, quae
scilicet cupio esse falsa, ut aliquando otiosa libertate
fruamur; quod vel minime mihi adhuc contigit. ego
tamen nactus in navigatione nostra pusillum laxamenti
concinnavi tibi munusculum ex instituto meo et
dictum cum magno nostro honore a te dictum con-
clusi et tibi infra subscripsi. in quibus versiculis si
tibi quibusdam verbis εὐθυρρημονέστερος videbor, turpitudo personae eius, in quam liberius invehimur, nos
vindicabit. ignosces etiam iracundiae nostrae, quae
iustast in eius modi et homines et civis. deinde qui
magis hoc Lucilio licuerit adsumere libertatis quam
nobis? cum, etiam si odio pari fuerit in eos, quos laesit,
tamen certe non magis dignos habuerit, in quos tanta
libertate verborum incurreret.

Tu, sicut mihi pollicitus es, adiunges me quam pri- 4
mum ad tuos sermones; namque illud non dubito,

ist liebenswürdiger als alle andern, die hier in Athen studieren, und eifriger mit den Wissensgebieten beschäftigt, die Du besonders hoch stellst, also den edelsten. Somit beglückwünsche ich Dich auch, was ich aufrichtig tun kann, von Herzen und nicht weniger mich selbst, daß ich den Jungen, den zu lieben ich mich verpflichtet fühlte, mochte er sein, wie er wollte, jetzt so vorfinde, daß ich ihn auch mit Freuden lieben kann.

Als er gesprächsweise die Bemerkung fallen ließ, er möchte wohl einmal Asien kennenlernen, habe ich ihn nicht nur eingeladen, sondern dringend gebeten, dies unter allen Umständen während meiner dortigen Statthalterschaft zu tun. Du darfst überzeugt sein, daß ich in Liebe und Zuneigung Deinen Platz bei ihm einnehmen werde. Auch dafür werde ich sorgen, daß Cratippus ihn begleitet, damit Du nicht denkst, er mache in Asien Ferien von seinen Studien, zu denen Du ihn immer wieder ermahnst. Er ist ja gutwillig, wie ich sehe, und geht mit langen Schritten auf sein Ziel zu; aber ich will ihn gern weiter ermuntern, damit er von Tag zu Tag lernend und übend Fortschritte macht.

Wie es bei Euch in der Politik aussieht, weiß ich im Augenblick nicht, höre nur allerhand Beunruhigendes. Natürlich hoffe ich, daß es nicht stimmt, damit wir endlich die Freiheit in Ruhe genießen können; bisher habe ich recht wenig davon gemerkt. Immerhin hat mir die Seereise ein klein wenig Entspannung gebracht, und so habe ich, wie ich es gern tue, eine kleine Gabe für Dich zusammengereimt und einen für mich sehr ehrenvollen Ausspruch von Dir in Verse gebracht; ich lege Dir das Dings bei. Sollte Dir in diesen Versen das eine oder andre Wort ein bißchen geradezu erscheinen, dann wird mich die Schändlichkeit der Person rechtfertigen, über die ich so frisch von der Leber weg herziehe. Du wirst auch für meinen Jähzorn Verständnis haben, der gegen Leute und Mitbürger seines Schlages nur berechtigt ist. Überdies: warum soll sich Lucilius diese Offenherzigkeit haben herausnehmen dürfen und ich nicht? Zumal er zwar die Leute, die er sich vorknöpft, ebenso haßte, aber doch keine Objekte hatte, die es mehr verdient hätten, daß er mit solchem Freimut auf sie einhieb.

Laß mich, wie versprochen, recht bald einmal in einem Deiner Dialoge auftreten. Denn davon bin ich überzeugt: wenn Du etwas

quin, si quid de interitu Caesaris scribas, non patiaris
me minimam partem et rei et amoris tui ferre.

Vale et matrem meosque tibi commendatos habe.
D. VIII Kal. Iun. Athenis.

XVII.
CICERO S. D. CORNIFICIO CONLEGAE.

Grata mihi vehementer est memoria nostri tua, 1
quam significasti litteris; quam ut conserves, non quo
de tua constantia dubitem, sed quia mos est ita rogandi, rogo.

Ex Syria nobis tumultuosiora quaedam nuntiata
sunt, quae, quia tibi sunt propiora quam nobis, tua me
causa magis movent quam mea.

Romae summum otium est, sed ita, ut malis salubre
aliquod et honestum negotium; quod spero fore.
video id curae esse Caesari.

Me scito, dum tu absis, quasi occasionem quandam 2
et licentiam nactum scribere audacius, et cetera quidem fortasse, quae etiam tu concederes, sed proxime
scripsi de optimo genere dicendi, in quo saepe suspicatus sum te a iudicio nostro sic scilicet, ut doctum
hominem ab non indocto, paulum dissidere. huic tu
libro maxime velim ex animo, si minus, gratiae causa
suffragere. dicam tuis, ut eum, si velint, describant ad
teque mittant; puto enim, etiam si rem minus probabis,
tamen in ista solitudine, quicquid a me profectum sit,
iucundum tibi fore.

Quod mihi existimationem tuam dignitatemque com- 3
mendas, facis tu quidem omnium more, sed velim sic
existimes, me cum amori, quem inter nos mutuum
esse intellegam, plurimum tribuam, tum de summo

über Caesars Untergang schreibst, dann wirst Du es nicht dabei bewenden lassen, daß ich nur eine kleine Nebenrolle bei dem Vorgang und in Deiner Liebe spiele.

Leb' wohl und laß Dir meine Mutter und meine Lieben empfohlen sein!

Gegeben am 25. Mai (44) zu Athen.

17.
Cicero grüßt seinen Kollegen Cornificius.

Ich freue mich riesig, daß Du meiner gedacht hast, wie Dein Brief es mir zeigt; wenn ich Dich bitte, das auch weiterhin zu tun, so nicht etwa, weil ich an Deiner Beständigkeit zweifelte, sondern weil man gewohnheitsmäßig diese Bitte ausspricht.

Aus Syrien sind uns allerhand ziemlich beunruhigende Nachrichten zugegangen, aber Du bist den Ereignissen näher als ich, und so regen sie mich mehr Deinet- als meinetwegen auf.

In Rom herrscht tiefer Friede, doch so, daß man sich lieber eine nutzbringende, ehrenvolle Betätigung wünschte, und ich hoffe, daß es dazu kommt; Caesar läßt sich das, wie ich sehe, angelegen sein.

Während Deiner Abwesenheit habe ich gleichsam eine Art Gelegenheit beim Schopfe gepackt und mir die Freiheit genommen, in meinen Schriften ein wenig aus mir herauszugehen. Alles übrige ist so, daß auch Du vielleicht damit einverstanden bist; aber kürzlich habe ich „Über den besten Stil" geschrieben, und dabei hatte ich doch mehrfach das Gefühl, daß Du, wie es zwischen einem Gebildeten und einem nicht ganz Ungebildeten wohl vorkommt, in Deinem Urteil von dem meinigen abweichst. Es wäre mir sehr lieb, wenn Du diese Schrift aufrichtig oder sonst jedenfalls aus Gefälligkeit empfehlen wolltest. Ich werde Deinen Leuten sagen, sie sollten sie, wenn sie Lust hätten, abschreiben und Dir zuschicken; auch wenn Du meinen Standpunkt nicht ganz teilen solltest, wird Dir ja doch wohl in Deiner Einsamkeit dort alles, was aus meiner Feder kommt, eine Freude machen.

Wenn Du mir Dein Renommee und Deine Würde ans Herz legst, so machst Du's damit wie alle andern; sei aber bitte überzeugt, daß ich auf die, wie ich weiß, auf Gegenseitigkeit beruhende Zuneigung zwischen uns den größten Wert lege und überdies über Deine

ingenio et de studiis tuis optimis et de spe amplissimae
dignitatis ita iudicare, ut neminem tibi anteponam,
comparem paucos.

XVIII.
CICERO S. D. CORNIFICIO CONLEGAE.

Quod extremum fuit in ea epistula, quam a te pro- 1
xime accepi, ad id primum respondebo; animum ad-
vorti enim hoc vos magnos oratores facere non numquam. epistulas requiris meas; ego autem numquam,
cum mihi denuntiatum esset a tuis ire aliquem, non
dedi.

Quod mihi videor ex tuis litteris intellegere, te nihil
commissurum esse temere nec ante, quam scisses,
quo iste nescio qui Caecilius Bassus erumperet, quicquam certi constituturum, id ego et speraram prudentia
tua fretus et, ut confiderem, fecerunt tuae gratissimae
mihi litterae, idque ut facias quam saepissime, ut, et
quid tu agas et quid agatur, scire possim et etiam, quid
acturus sis, valde te rogo. etsi periniquo patiebar
animo te a me digredi, tamen eo tempore me consolabar, quod et in summum otium te ire arbitrabar et ab
impendentibus magnis negotiis discedere.

Utrumque contra accidit; istic enim bellum est 2
exortum, hic pax consecuta, sed tamen eius modi pax,
in qua, si adesses, multa te non delectarent, ea tamen,
quae ne ipsum Caesarem quidem delectant. bellorum
enim civilium ii semper exitus sunt, ut non ea solum
fiant, quae velit victor, sed etiam ut iis mos gerendus
sit, quibus adiutoribus sit parta victoria. equidem sic
iam obdurui, ut ludis Caesaris nostri animo aequissimo
viderem T. Plancum, audirem Laberi et Publili poe-
mata.

Nihil mihi tam desse scito, quam quicum haec familiariter docteque rideam. is tu eris, si quam primum

hervorragende Begabung, Deine anerkennenswerten Bestrebungen und Deine Aussichten auf eine glänzende Karriere so urteile, daß ich niemanden über Dich stelle und nur wenige Dir vergleiche!

(Rom, Mitte September [VII.] 46)

18.

Cicero grüßt seinen Kollegen Cornificius.

Ich will zunächst auf den letzten Satz in Deinem jüngst bei mir eingegangenen Briefe antworten. Ich habe nämlich bemerkt, daß Ihr großen Redner es manchmal so macht. Du vermißt Briefe von mir; aber ich habe es niemals versäumt, an Dich zu schreiben, wenn mir angekündigt wurde, daß jemand von Deinen Leuten sich auf den Weg mache.

Ich glaube aus Deinem Briefe entnehmen zu können, daß Du nichts unüberlegt anfassen und niemals einen endgültigen Entschluß fassen willst, ehe Du nicht weißt, was dieser ominöse Caecilius Bassus eigentlich im Schilde führt. Das hatte ich auch im Vertrauen auf Deine Klugheit erwartet, und Dein lieber Brief gibt mir jetzt die volle Sicherheit. Ich bitte Dich herzlich, mach' es recht oft so, damit ich weiß, was Du treibst und was dort passiert, und auch, was Du weiter tun willst. Gewiß war es mir gar nicht recht, daß Du Dich von mir trenntest, aber ich tröstete mich damals mit dem Gedanken, daß Du wohl in einen Bereich tiefsten Friedens gingest und Dich den hier bevorstehenden schwerwiegenden Entscheidungen entzogest.

Von beidem ist das Gegenteil eingetreten: dort ist Krieg ausgebrochen, hier Friede eingetreten, freilich ein Friede, an dem Dir, wenn Du hier wärest, manches nicht gefallen würde, woran aber nicht einmal Caesar selbst Gefallen findet. Das ist ja stets das Ergebnis eines Bürgerkrieges, daß nicht nur geschieht, was der Sieger will, sondern daß auch diejenigen berücksichtigt sein wollen, die ihm zu seinem Siege verholfen haben. Ich persönlich bin schon so abgestumpft, daß es mich bei den Festspielen unsres Caesar völlig kalt ließ, T. Plancus sehen und die Produkte eines Laberius und Publilius anhören zu müssen.

Somit vermisse ich nur einen vertrauten, gescheiten Freund, mit dem ich über diese Dinge lachen könnte. Dieser Freund wirst Du

veneris; quod ut facias, non mea solum sed etiam tua
interesse arbitror.

XIX.
CICERO CORNIFICIO S.

Libentissime legi tuas litteras; in quibus iucundissi- 1
mum mihi fuit, quod cognovi meas tibi redditas esse;
non enim dubitabam, quin eas lubenter lecturus esses,
verebar, ut redderentur.

Bellum, quod est in Syria, Syriamque provinciam
tibi tributam esse a Caesare ex tuis litteris cognovi.
eam rem tibi volo bene et feliciter evenire; quod ita
fore confido fretus et industria et prudentia tua.
Sed de Parthici belli suspicione quod scribis, sane 2
me commovit. quid enim copiarum haberes, cum ipse
coniectura consequi poteram tum ex tuis litteris cognovi. itaque opto, ne se illa gens moveat hoc tempore,
dum ad te legiones eae perducantur, quas audio duci.
quod si paris copias ad confligendum non habebis,
non te fugiet uti consilio M. Bibuli, qui se oppido
munitissimo et copiosissimo tam diu tenuit, quam
diu in provincia Parthi fuerunt. sed haec melius ex re 3
et ex tempore constitues; mihi quidem usque curae
erit, quid agas, dum, quid egeris, sciero.

Litteras ad te numquam habui cui darem, quin dederim; a te, ut idem facias, peto, in primisque, ut ita
ad tuos scribas, ut me tuum sciant esse.

XX.
CICERO CORNIFICIO S.

Nos hic cum homine gladiatore omnium nequissi- 1
mo, conlega nostro, Antonio, bellum gerimus, sed non

sein, wenn Du, hoffentlich bald, zurückkehrst; daß Du das tust, ist, meine ich, für mich wie für Dich wünschenswert.

(Rom, Ende September/Anfang Oktober [VII./VIII.] 46)

19.
Cicero grüßt Cornificius.

Deinen Brief habe ich mit dem größten Vergnügen gelesen; das Erfreulichste an ihm war mir die Mitteilung, daß Du den meinigen erhalten habest. Daß er Dir Vergnügen bereiten würde, war mir ja nicht zweifelhaft; ich befürchtete nur, er könne verloren gegangen sein.

Wie ich Deinem Briefe entnehme, ist in Syrien Krieg, und Caesar hat Dich zum Statthalter von Syrien ernannt. Dazu wünsche ich Dir viel Glück und alles Gute; im Vertrauen auf Deine Klugheit und Rastlosigkeit bin ich überzeugt, daß dieser Wunsch in Erfüllung geht.

Daß Du von einem möglicherweise bevorstehenden Krieg mit den Parthern sprichst, hat mich doch tief beunruhigt. Denn was Dir an Truppen zur Verfügung stehen würde, kann ich mir ungefähr selbst denken und entnehme ich auch aus Deinem Briefe. So will ich nur hoffen, daß dies Volk sich jetzt noch nicht rührt, bis Dir die Legionen zugeführt werden, die, wie ich höre, unterwegs sind. Hast Du nicht genügend Truppen zum Kampfe, dann wirst Du es am besten so machen wie Bibulus, der sich so lange in einer stark befestigten, reich bevorrateten Stadt hielt, wie die Parther in seiner Provinz waren. Aber eine Entscheidung darüber wirst Du besser je nach Zeit und Umständen treffen. Ich werde dauernd in Sorge sein, wie es Dir geht, bis ich erfahre, was Du unternommen hast.

Ich habe Dir jedesmal geschrieben, wenn ich jemanden fand, dem ich einen Brief mitgeben konnte, und bitte Dich, es ebenso zu machen, und vor allem auch an Deine Lieben in diesem Sinne zu schreiben, daß sie wissen, ich bin ganz der Deine.

(Rom, Dezember 46)

20 (22).
Cicero grüßt Cornificius.

Ich liege hier mit dem nichtswürdigsten Fechter, mit unserm Kollegen Antonius im Kampfe; aber die Bedingungen sind nicht

pari condicione, contra arma verbis. at etiam de te
contionatur, nec impune; nam sentiet, quos laces-
sierit.

Ego autem acta ad te omnia arbitror perscribi ab
aliis; a me futura debes cognoscere; quorum quidem
non est difficilis coniectura. oppressa omnia sunt, 2
nec habent ducem boni, nostrique tyrannoctoni longe
gentium absunt. Pansa et sentit bene et loquitur fortiter; Hirtius noster tardius convalescit. quid futurum
sit, plane nescio; spes tamen unast aliquando p. R.
maiorum similem fore. ego certe rei p. non dero et,
quiquid acciderit, a quo mea culpa absit, animo forti
feram; illud profecto, quoad potero, tuam famam et
dignitatem tuebor.

XXI.
CICERO CORNIFICIO S.

Omnem condicionem imperii tui statumque provin- 1
ciae mihi demonstravit Tratorius. o multa intolerabilia
locis omnibus! sed quo tua maior dignitas, eo, quae
tibi acciderunt, minus ferenda; neque enim, quae tu
propter magnitudinem et animi et ingenii moderate
fers, a te non ulciscenda sunt, etiam si non sunt dolen-
da. sed haec posterius.

Rerum urbanarum acta tibi mitti certo scio. quod 2
ni ita putarem, ipse perscriberem in primisque Caesaris Octaviani conatum; de quo multitudini fictum
ab Antonio crimen videtur, ut in pecuniam adulescentis impetum faceret; prudentes autem et boni viri
et credunt factum et probant. quid quaeris? magna
spes est in eo; nihil est, quod non existimetur laudis
et gloriae causa facturus. Antonius autem, noster familiaris, tanto se odio esse intellegit, ut, cum inter-
fectores suos domi comprenderit, rem proferre non

gleich: Worte gegen Waffen. Auch Dein Name fällt in seinen Volksreden, doch das wird er büßen; er wird es einmal merken, wen er gereizt hat.

Über alle Tagesereignisse erhältst Du wahrscheinlich von andrer Seite ausführliche Nachrichten; von mir laß Dir sagen, wie es weitergehen wird. Das zu erraten ist nicht allzu schwer. Alles ist geknebelt, die Guten haben keinen Führer, und unsre Tyrannenmörder sind wer weiß wo in der Welt. Pansa ist wohlgesinnt und redet forsch; unser Hirtius erholt sich nur langsam. Was werden soll, weiß ich ganz und gar nicht. Immerhin gibt es noch eine Hoffnung: daß das Römische Volk sich einmal seiner Ahnen würdig erweist. Ich für meine Person werde mich jedenfalls dem Staate nicht versagen und alles, was geschieht, wohlgemut über mich ergehen lassen, sofern ich schuldlos daran bin; eins aber werde ich gewißlich tun, solange ich kann: für Deinen Ruf und Deine Würde eintreten.

(Rom, nach dem 19. September 44)

21 (23).
Cicero grüßt Cornificius.

Die ganzen Schwierigkeiten Deines Kommandos und die Lage in Deiner Provinz hat mir Tratorius geschildert. Ringsum nichts als Widerwärtigkeiten! Aber je höher Du im Range stehst, um so weniger darfst Du Dir gefallen lassen, was Dir geschehen ist. Denn was Du in Deiner Seelengröße und Charakterstärke gelassen hinnimmst, darf auf keinen Fall ungerächt bleiben, auch wenn es an sich nicht schmerzhaft ist. Doch davon später!

Über die Ereignisse in der Hauptstadt wirst Du, wie ich bestimmt weiß, unterrichtet. Andernfalls würde ich Dir selbst ausführlich berichten, vor allem von Caesar Octavians Unternehmen. Für die Masse sieht es so aus, als hätte Antonius ihm diesen verbrecherischen Anschlag angedichtet, um an das Geld des jungen Mannes heranzukommen; aber kluge, vernünftige Leute glauben es und heißen es gut. Was sagst Du dazu? Ich setze große Hoffnungen auf ihn; man meint, um des Lobes und Ruhmes willen sei er zu allem fähig. Unser Freund Antonius aber weiß, wie verhaßt er ist; obwohl er seine Mörder in seinem Hause gefaßt hat, wagt er nicht,

audeat. a. d. VII Id. Oct. Brundisium erat profectus obviam legionibus Macedonicis quattuor, quas sibi conciliare pecunia cogitabat easque ad urbem adducere et in cervicibus nostris conlocare.

Habes formam rei p., si in castris potest esse res p.; 3 in quo tuam vicem saepe doleo, quod nullam partem per aetatem sanae et salvae rei p. gustare potuisti. atque antehac quidem sperare saltem licebat, nunc etiam id ereptum est. quae enim est spes, cum in contione dicere ausus sit Antonius Cannutium apud eos locum sibi quaerere, quibus se salvo locus in civitate esse non posset?

Equidem et haec et omnia, quae homini accidere 4 possunt, sic fero, ut philosophiae magnam habeam gratiam, quae me non modo ab sollicitudine abducit, sed etiam contra omnis fortunae impetus armat, tibique idem censeo faciendum nec, a quo culpa absit, quicquam in malis numerandum. sed haec tu melius.

Tratorium nostrum cum semper probassem, tum maxime in tuis rebus summam eius fidem, diligentiam prudentiamque cognovi.

Da operam ut valeas; hoc mihi gratius facere nihil potes.

XXII.
CICERO CORNIFICIO S.

A. d. XIII Kal. Ian. senatus frequens mihi est adsensus 1 cum de ceteris rebus magnis et necessariis tum de provinciis ab iis, qui obtinerent, retinendis neque cuiquam tradendis, nisi qui ex s. c. successisset. hoc ego cum rei p. causa censui tum mercule in primis retinendae dignitatis tuae. quam ob rem te amoris nostri causa

die Sache publik zu machen. Gestern, am 9. Oktober, ist er nach Brundisium den vier macedonischen Legionen entgegengereist, die er mit Geld für sich zu gewinnen, an die Hauptstadt heranzuführen und uns auf den Nacken zu setzen gedenkt.

Da hast Du einen Abriß der Lage des Staates, wenn man im Heerlager von einem Staat reden kann, wobei ich oft Dein Schicksal bedaure, daß Du altersmäßig ein gesundes, gesichertes Staatswesen überhaupt nicht hast zu schmecken bekommen können. Bisher durfte man wenigstens noch hoffen, jetzt ist es auch damit vorbei. Denn wo bleibt alle Hoffnung, wenn Antonius es wagen konnte, in der Volksversammlung zu sagen, Cannutius suche bei denen einen Platz, für die, wenn er am Leben bleibe, in der Bürgerschaft kein Platz sein könne?

Ich für meine Person lasse dies und alles, was einem Menschen zustoßen kann, über mich ergehen in dem Bewußtsein, der Philosophie viel zu verdanken, die mich nicht nur von sorgenvollen Gedanken abzieht, sondern auch gegen alle Schicksalsschläge wappnet. Und Du solltest es, meine ich, ebenso machen und nichts, was Du nicht selbst verschuldet hast, als Übel zählen. Aber das weißt Du besser als ich.

Unser Tratorius hat mir immer gefallen, und besonders daran, wie er sich für Dich einsetzt, erkenne ich seine unbedingte Treue, Umsicht und Klugheit.

Bleib weiter gesund; einen größeren Gefallen könntest Du mir gar nicht erweisen!

(Rom, den 10. Oktober 44)

22 (22 a).
Cicero grüßt Cornificius.

Am 20. Dezember habe ich im Senat eine Reihe bedeutsamer, unaufschiebbarer Maßnahmen beantragt, vor allem, daß die augenblicklichen Statthalter ihre Provinzen behalten und niemandem übergeben sollen, falls nicht der Senat ausdrücklich einen Nachfolger bestimme, und bei der Mehrheit Zustimmung gefunden. Ich habe dies im Interesse des Staates beantragt, nicht zuletzt aber auch, um Dich in Deiner Würde zu schützen. Darum bitte ich Dich im Namen unsrer Liebe und ermahne Dich im Namen des Staates,

rogo, rei p. causa hortor, ut ne cui quicquam iuris in tua provincia esse patiare atque ut omnia referas ad dignitatem, qua nihil esse potest praestantius.

Vere tecum agam, ut neccessitudo nostra postulat. 2 in Sempronio, si meis litteris obtemperasses, maximam ab omnibus laudem adeptus esses. sed illud et praeteriit et levius est, haec magna res est: fac, ut provinciam retineas in potestate rei p.

Plura scripsissem, nisi tui festinarent. itaque Chaerippo nostro me velim excuses.

XXIII.
CICERO CORNIFICIO S.

Ego nullum locum praetermitto – nec enim debeo – 1 non modo laudandi tui sed ne ornandi quidem; sed mea studia erga te et officia malo tibi ex tuorum litteris quam ex meis esse nota. te tamen hortor, ut omni cura in rem p. incumbas. hoc est animi, hoc est ingenii tui, hoc eius spei, quam habere debes, amplificandae dignitatis tuae.

Sed hac de re alias ad te pluribus. cum enim haec 2 scribebam, in exspectatione erant omnia; nondum legati redierant, quos senatus non ad pacem deprecandam sed ad denuntiandum bellum miserat, nisi legatorum nuntio paruisset. ego tamen, ut primum occasio data est, meo pristino more rem p. defendi, me principem senatui populoque R. professus sum nec, postea quam suscepi causam libertatis, minimum tempus amisi tuendae salutis libertatisque communis. sed haec quoque te ex aliis malo.

T. Pinarium, familiarissimum meum, tanto tibi 3 studio commendo, ut maiore non possim; cui cum propter omnes virtutes tum etiam propter studia communia sum amicissimus. is procurat rationes negotiaque Dionysi nostri, quem et tu multum amas et ego

niemandem in Deiner Provinz irgendwelche Rechte einzuräumen und in allem Deine Würde im Auge zu behalten, die für Dich unantastbar sein sollte.

Wenn ich aufrichtig sein soll, wie es unsre enge Freundschaft fordert: in der Sache mit Sempronius hättest Du, wärest Du meinem Rate gefolgt, bei allen reiches Lob geerntet. Aber das ist gewesen und hat nicht viel zu bedeuten; wichtig ist nur eines: sieh zu, daß Du Deine Provinz dem Staate zur Verfügung hältst!

Ich würde mehr schreiben, wenn Deine Leute es nicht so eilig hätten. Darum entschuldige mich bitte bei unserm Chaerippus!

(Rom, Ende Dezember 44)

23 (24).
Cicero grüßt Cornificius.

Ich lasse keine Gelegenheit ungenutzt – und darf es ja auch gar nicht –, Dich zu rühmen und auszuzeichnen; aber es ist mir lieber, Du erfährst von meinen Bemühungen und Freundschaftsdiensten für Dich aus den Briefen der Deinigen als aus den meinigen. Doch ermahne ich Dich, unbeirrt Dich dem Staate zu widmen. So entspricht es Deiner Gesinnung, so Deinem Charakter, so auch Deiner berechtigten Hoffnung, Deine Würde zu erhöhen.

Doch davon ein andermal mehr! Augenblicklich steht nämlich allerhand zu erwarten. Die Gesandten sind noch nicht zurückgekehrt, die der Senat abgeschickt hat; nicht um Frieden zu erbetteln, sondern Krieg anzusagen, falls ER sich den von den Gesandten überbrachten Forderungen nicht fügt. Ich bin jedoch bei der ersten sich bietenden Gelegenheit, wie ich es immer getan habe, für den Staat eingetreten, habe mich vor Senat und Volk von Rom als Führer bekannt, und, seit ich in der Erhaltung der Freiheit meine Aufgabe sehe, keinen Augenblick verloren gehen lassen, ohne unser aller Leben und Freiheit zu schützen. Aber auch davon magst Du lieber von andern hören.

Meinen Freund T. Pinarius empfehle ich Dir, so dringend ich nur kann. Ich bin ihm wegen all seiner sonstigen Vorzüge, vor allem aber wegen unsrer gemeinsamen Interessen herzlich zugetan. Er vertritt die geschäftlichen Belange unsres Dionys, den auch Du sehr schätzt und ich ganz besonders. Eigentlich brauchte ich Dir

omnium plurimum. ea tibi ego non debeo commendare, sed commendo tamen. facies igitur, ut ex Pinari,
gratissimi hominis, litteris tuum et erga illum et erga
Dionysium studium perspiciamus.

XXIV.
CICERO CORNIFICIO S.

Liberalibus litteras accepi tuas, quas mihi Cornifi- 1
cius altero vicensimo die, ut dicebat, reddidit.

Eo die non fuit senatus neque postero. quinquatri-
bus frequenti senatu causam tuam egi non invita Minerva; etenim eo ipso die senatus decrevit, ut Miverva
nostra, custos urbis, quam turbo deiecerat, restitue-
retur.

Pansa tuas litteras recitavit. magna senatus appro-
batio consecutast cum summo meo gaudio et offensione Minotauri, id est Calvisi et Tauri; factum de te s. c.
honorificum. postulabatur, ut etiam illi notarentur;
sed Pansa clementior.

Ego, mi Cornifici, quo die primum in spem libertatis 2
ingressus sum et cunctantibus ceteris a. d. XIII Kal.
Ian. fundamenta ieci rei p., eo ipso die providi multum atque habui rationem dignitatis tuae; mihi
enim est adsensus senatus de obtinendis provinciis.
nec vero postea destiti labefactare eum, qui summa
cum tua iniuria contumeliaque rei p. provinciam absens obtinebat. itaque crebras vel potius cotidianas
compellationes meas non tulit seque in urbem recepit
invitus neque solum spe sed certa re iam et possessione
deturbatus est meo iustissimo honestissimoque con-
vicio. te tuam dignitatem summa tua virtute tenuisse
provinciaeque honoribus amplissimis adfectum vementer gaudeo.

dies nicht ausdrücklich zu sagen; ich tue es aber trotzdem. Mach'
also, daß ich aus Pinarius' Briefen – er ist ein dankbarer Mensch –
erfahre, daß Du Dich seiner und des Dionys annimmst!

(Rom, Ende Januar 43)

24 (25).
Cicero grüßt Cornificius.

Deinen Brief habe ich am Tage des Liberfestes erhalten; Cornificius händigte ihn mir, wie er sagte, nach drei Wochen ein.

An diesem Tage fand keine Senatssitzung statt und auch nicht
am folgenden. Heute, an den Quinquatrus, habe ich Deine
Sache in gut besuchter Senatssitzung vorgebracht, und Minerva
gab ihren Segen dazu; denn am gleichen Tage beschloß der Senat,
meine Minerva, die Hüterin der Stadt, die der Sturm umgeworfen
hatte, wieder aufzurichten.

Pansa verlas Dein Schreiben, das zu meiner größten Freude und
zum Ärger des Minotaurus, d. h. des Calvisius und Taurus, vom
Senat mit lautem Beifall aufgenommen wurde. Es erging ein für
Dich ehrenvoller Senatsbeschluß. Man forderte, daß die beiden
sogar ausdrücklich gerügt würden; aber Pansa war allzu nach-
sichtig.

Ich, mein Cornificius, habe am gleichen Tage, an dem ich mich
zur Hoffnung auf Freiheit aufraffte und, während alle andern zau-
derten, am 20. Dezember die Fundamente für den Staat legte, vieles
vorausbedacht und dabei auch Deine Würde im Auge gehabt, denn
der Senat nahm meinen Antrag an, die Provinzen den augenblicklichen Statthaltern zu belassen. Und auch nachher habe ich dem
Manne unausgesetzt zugesetzt, der in Mißachtung Deiner Rechte
und dem Staate zum Trotz aus der Ferne Anspruch auf Deine
Provinz erhob. So kapitulierte er denn schließlich vor meinen
häufigen oder vielmehr täglichen Hänseleien, zog sich wohl oder
übel in die Stadt zurück und ließ damit unter dem Eindruck meiner
wohlbegründeten, unanfechtbaren Scheltreden alle Ansprüche auf
die faktisch bereits in seinem Besitz befindliche Provinz fahren.
Daß Du durch Deine bewährte Entschlossenheit Deine Würde
gewahrt und von der Provinz reiche Ehrungen erfahren hast, freut
mich riesig.

Quod te mihi de Sempronio purgas, accipio excu- 3
sationem; fuit enim illud quoddam caecum tempus
servitutis. ego tuorum consiliorum auctor dignitatis-
que fautor iratus temporibus in Graeciam desperata
libertate rapiebar, cum me etesiae quasi boni cives
relinquentem rem p. prosequi noluerunt austerque
adversus maximo flatu me ad tribulis tuos Regium
rettulit, atque inde ventis, remis in patriam omni
festinatione properavi postridieque in summa reliquorum servitute liber unus fui. sic sum in Antonium 4
invectus, ut ille non ferret omnemque suum vinu-
lentum furorem in me unum effunderet meque tum
elicere vellet ad caedis causam, tum temptaret insidiis. quem ego ructantem et nauseantem conieci in
Caesaris Octaviani plagas; puer enim egregius praesidium sibi primum et nobis, deinde summae rei p.
comparavit. qui nisi fuisset, Antoni reditus a Brundisio pestis patriae fuisset.

Quae deinceps acta sint, scire te arbitror. sed redea- 5
mus illuc, unde devertimus. accipio excusationem
tuam de Sempronio; neque enim statuti quid in tanta
perturbatione habere potuisti.

'Nunc híc dies aliam vítam adfert, álios mores pós-
tulat,' ut ait Terentius. quam ob rem, mi Quinte, con-
scende nobiscum et quidem ad puppim. una navis est
iam bonorum omnium, quam quidem nos damus operam ut rectam teneamus, utinam prospero cursu! sed
quicumque venti erunt, ars nostra certe non aberit.
quid enim praestare aliud virtus potest? tu fac, ut
magno animo sis et excelso cogitesque omnem dignitatem tuam cum re p. coniunctam esse debere.

Du versuchst, Dich mir gegenüber wegen Sempronius zu rechtfertigen; nun gut, ich habe Verständnis für Deine Gründe. Es war ja eine Zeit finsterster Knechtschaft. Ich selbst, der Gewährsmann Deiner Entschlüsse, der Mentor Deiner Würde, ließ mich im Zorn über die Zustände, weil ich an der Freiheit verzweifelte, nach Griechenland treiben. Aber die Passatwinde wollten mir gleichsam als wohlmeinende Mitbürger nicht das Geleit geben, als ich den Staat im Stiche ließ, und ein widriger Südwind trug mich mit kräftiger Brise zu Deinen Tribulen nach Regium zurück. Von dort eilte ich, so schnell mich Wind und Ruder tragen wollten, nach Hause und war am nächsten Tage der einzige Freie unter lauter Sklaven. Da bin ich auf Antonius losgefahren, daß er nicht ein noch aus wußte und seine ganze trunkene Wut einzig über mich ausschüttete. Bald wollte er mich aus der Reserve herauslocken, um einen Anlaß zum Morde zu haben, bald suchte er mir eine Falle zu stellen. Aber ich habe den rülpsenden, kotzenden Kerl in Caesar Octavians Fangnetze getrieben. Denn dieser großartige Knabe hat zunächst sich und uns, dann dem Gesamtstaate ein Bollwerk geschaffen. Wäre er nicht gewesen, dann hätte Antonius' Rückkehr von Brundisium Verderben über das Vaterland gebracht.

Was weiterhin geschehen ist, weißt Du wohl. Aber kommen wir auf den Ausgangspunkt unsrer Abschweifung zurück: ich nehme Deine Rechtfertigung wegen Sempronius an; wo alles drunter und drüber ging, konntest Du keinen festen Richtpunkt haben.

„Der heutige Tag bringt andre Lebensart und fordert andre Sitten!" wie Terenz sagt. Darum, mein Quintus, steig ein und setze Dich zu mir ans Steuer. Nur dies eine Schiff gibt es noch für alle Guten, und ich bemühe mich auch, es den rechten Kurs zu steuern – hoffentlich zu unserm Glück! Aber mag der Wind wehen, wie er will, an meiner Geschicklichkeit wird es gewiß nicht fehlen. Mehr kann man von einem Manne nicht verlangen. Laß Du Dich nicht unterkriegen, sei auf dem Posten und denk' immer daran, daß all Deine Würde mit den Interessen des Staates verwachsen sein muß!

(Rom, den 19. März 43)

XXV.
CICERO CORNIFICIO S.

Adsentior tibi eos, quos scribis Lilybaeo minari, 1
istic poenas dare debuisse; sed metuisti, ut ais, ne nimis liber in ulciscendo viderere. metuisti igitur, ne
gravis civis, ne nimis fortis, ne nimis te dignus viderere.

Quod societatem rei p. conservandae tibi mecum 2
a patre acceptam renovas, gratum est; quae societas
inter nos semper, mi Cornifici, manebit. gratum etiam
illud, quod mihi tuo nomine gratias agendas non putas; nec enim id inter nos facere debemus.

Senatus saepius pro dignitate tua appellaretur, si
absentibus consulibus umquam nisi ad rem novam
cogeretur. itaque nec de HS $\overline{|XX|}$ nec de HS $\overline{DCC}$ quic-
quam agi nunc per senatum potest. tibi autem ex s. c.
imperandum mutuumve sumendum censeo.

In re p. quid agatur, credo te ex eorum litteris co- 3
gnoscere, qui ad te acta debent perscribere. ego sum
spe bona; consilio, cura, labore non desum; omnibus
inimicis rei publicae esse me acerrimum hostem prae
me fero. res neque nunc difficili loco mihi videtur
esse et fuisset facillimo, si culpa a quibusdam afuisset.

XXVI.
CICERO CORNIFICIO S.

Q. Turius, qui in Africa negotiatus est, vir bonus et 1
honestus, heredes fecit similis sui, Cn. Saturninum,
Sex. Aufidium, C. Anneum, Q. Considium Gallum,
L. Servilium Postumum, C. Rubellinum. ex eorum
oratione intellexi gratiarum actione eos magis egere
quam commendatione. tanta enim liberalitate se tua

25 (28).
Cicero grüßt Cornificius.

Ich bin ganz Deiner Meinung: die Leute, die Lilybaeum bedrohen, hätten dort zur Rechenschaft gezogen werden müssen;
aber wie Du sagst, befürchtest Du, allzu ungebunden im Strafen
zu erscheinen. Du befürchtetest also, als strenger Staatsbürger, als
allzu schroff, allzu sehr Deiner würdig zu erscheinen!

Daß Du die Dir zusammen mit mir von Deinem Vater über-
kommene Gemeinschaft im Kampfe um die Erhaltung des Staates
erneuerst, ist mir lieb; diese Gemeinschaft zwischen uns, mein
Cornificius, wird immer bestehen bleiben. Lieb ist mir auch, daß
Du mir nicht ausdrücklich danken zu müssen meinst; das haben wir
unter uns beiden nicht nötig.

Im Senat würde ich öfter für die Aufrechterhaltung Deiner
Würde eintreten, wenn er in Abwesenheit der Konsuln nicht überhaupt nur einberufen würde, wenn eine neue Frage auftaucht.
Deshalb kann der Senat betreffs der 2 Millionen wie auch der
700.000 nichts unternehmen. Du solltest, meine ich, nach dem
Senatsbeschluß das Geld durch Auflagen beschaffen oder ein Darlehen aufnehmen.

Was in der Politik vorgeht, erfährst Du wohl von denen, die
Dich pflichtgemäß über die Tagesereignisse unterrichten. Ich bin
guter Hoffnung und lasse es an Rat, Sorgen und Mühen nicht
fehlen. Ich mache kein Hehl daraus, daß ich der erbittertste Feind
aller Gegner des Staates bin. Die Lage scheint mir auch jetzt nicht
schwierig zu sein und wäre ganz unbedenklich gewesen, wenn
gewisse Leute sich frei von Schuld gehalten hätten.

(Rom, Ende März 43)

26.
Cicero grüßt Cornificius.

Q. Turius, der in Afrika Geschäfte betrieb, ein anständiger,
ehrenhafter Mann, hat Leute gleichen Schlages, nämlich Cn. Saturninus, Sex. Aufidius, C. Anneus, Q. Considius Gallus, L. Servilius
Postumus und C. Rubellinus, zu Erben eingesetzt. Aus ihren Worten
entnehme ich, daß ihnen eigentlich mehr an Danksagung als an
Empfehlung gelegen ist. Sie erklärten mir nämlich, sie hätten von

usos praedicabant, ut iis plus a te tributum intellegerem, quam ego te auderem rogare. audebo tamen; 2
scio enim, quantum ponderis mea commendatio sit
habitura.

Quare a te peto, ut ad eam liberalitatem, qua sine
meis litteris usus es, quam maximus his litteris cumulus accedat.

Caput autem est meae commendationis, ne patiare
Erotem Turium, Q. Turi libertum, ut adhuc fecit,
hereditatem Turianam avertere ceterisque omnibus rebus habeas eos a me commendatissimos. magnam ex eorum splendore et observantia capies voluptatem. quod ut velis te vementer etiam atque etiam
rogo.

XXVII.
CICERO CORNIFICIO S.

Sex. Aufidius et observantia, qua me colit, accedit
ad proximos et splendore equiti Romano nemini cedit;
est autem ita temperatis moderatisque moribus, ut
summa severitas summa cum humanitate iungatur.
cuius tibi negotia, quae sunt in Africa, ita commendo,
ut maiore studio magisve ex animo commendare non
possim. pergratum mihi feceris, si dederis operam, ut
is intellegat meas apud te litteras maximum pondus
habuisse. hoc te vehementer, mi Cornifici, rogo.

XXVIII.
CICERO CORNIFICIO SAL.

Non modo tibi, cui nostra omnia notissima sunt, 1
sed neminem in populo R. arbitror esse, cui sit ignota
ea familiaritas, quae mihi cum L. Lamiast. etenim
magno theatro spectatast tum, cum est ab A. Gabinio
consule relegatus, quod libere et fortiter salutem meam
defendisset. nec ex eo amor inter nos natus est, sed

Dir so viel freundliches Entgegenkommen erfahren, daß ich merkte, Du hast ihnen mehr zukommen lassen, als ich von Dir zu erbitten wage. Und trotzdem wage ich es; weiß ich doch, welches Gewicht meine Empfehlung haben wird.

Ich bitte Dich also, Deinem Entgegenkommen, das Du ohne ein Schreiben von mir bewiesen hast, auf diesen Brief hin die Krone aufzusetzen.

Der Hauptpunkt meiner Empfehlung ist, zu verhindern, daß Eros Turius, der Freigelassene des Q. Turius, weiterhin die Erbschaft unterschlägt, und die Leute Dir überhaupt von mir dringend empfohlen sein zu lassen. An ihrem Auftreten und ihrer Ehrerbietung wirst Du große Freude haben. Tu mir den Gefallen; ich bitte Dich herzlich darum!

(Rom, Frühjahr 43)

27.
Cicero grüßt Cornificius.

Sex. Aufidius tut es, was die Ehrerbietung betrifft, mit der er mir begegnet, den mir am nächsten Stehenden gleich und steht an Rang hinter keinem Römischen Ritter zurück. Er ist aber ein so maßvoller, besonnener Charakter, daß sich in ihm tiefster Ernst mit freundlichem Wesen paart. Seine Geschäfte in Afrika empfehle ich Dir mit allem Eifer und aller Herzlichkeit, deren ich fähig bin. Du tust mir einen großen Gefallen, wenn Du ihn merken läßt, daß mein Empfehlungsschreiben bei Dir großen Eindruck gemacht hat. Darum bitte ich Dich herzlich, mein Cornificius.

(Rom, Frühjahr 43)

28 (29).
Cicero grüßt Cornificius.

Weder Dir, der Du all meine Beziehungen genau kennst, noch wahrscheinlich überhaupt jemandem im ganzen Römischen Volke dürfte unbekannt sein, welche enge Freundschaft mich mit L. Lamia verbindet. Denn vor aller Öffentlichkeit bewährte sie sich damals, als er vom Konsul Gabinius aus der Stadt verwiesen wurde, weil er freimütig und tapfer für meine Begnadigung eingetreten war. Aber das war nicht die Geburtsstunde unserer gegenseitigen

quod erat vetus et magnus, propterea nullum periculum pro me adire dubitavit. ad haec officia vel merita
potius iucundissima consuetudo accedit, ut nullo prorsus plus homine delecter.

Non puto te iam exspectare, quibus eum tibi verbis
commendem; causa enim tanti amoris intellegis quae
verba desideret. iis me omnibus usum putato. tantum 2
velim existimes, si negotia Lamiae, procuratores, libertos, familiam, quibuscumque rebus opus erit, defenderis, gratius mihi futurum, quam si ea tua liberalitas pertinuisset ad rem familiarem meam; nec dubito,
quin sine mea commendatione, quod tuum est iudicium de hominibus, ipsius Lamiae causa studiose
omnia facturus sis.

Quamquam erat nobis dictum te existimare alicui
s. c., quod contra dignitatem tuam fieret, scribendo Lamiam adfuisse; qui omnino consulibus illis numquam
fuit ad scribendum; deinde omnia tum falsa senatus
consulta deferebantur. nisi forte etiam illi Semproni-
ano s. c. me censes adfuisse, qui ne Romae quidem fui,
ut tum de eo ad te scripsi re recenti.

Sed haec hactenus. te, mi Cornifici, etiam atque 3
etiam rogo, ut omnia Lamiae negotia mea putes esse
curesque, ut intellegat hanc commendationem maximo sibi usui fuisse. hoc mihi gratius facere nihil potes.
Cura, ut valeas.

XXIX.
CICERO CORNIFICIO S.

P. Lucceium mihi meum commendas; quem, qui- 1
buscumque rebus potero, diligenter tuebor.
Hirtium quidem et Pansam, conlegas nostros, homines in consulatu rei p. salutaris, alieno sane tempore

Liebe; weil sie schon lange bestand und von Herzen kam, deshalb nahm er unbedenklich jede Gefahr für mich auf sich. Zu dieser Gefälligkeit oder besser: zu diesem Liebesdienst trat ein überaus erfreulicher freundschaftlicher Verkehr; wirklich, an niemandem sonst habe ich solche Freude.

Wahrscheinlich erwartest Du schon gar nicht mehr weitere Worte zu seiner Empfehlung, weil Du weißt, welche Ausdrücke eine so innige Liebe an sich erfordert. Nimm also an, ich hätte sie alle gebraucht, und laß Dir nur so viel sagen: wenn Du Dich der Belange Lamias, seiner Bevollmächtigten, Freigelassenen und seines Gesindes mit allen zweckentsprechenden Mitteln annimmst, tust Du mir einen größeren Gefallen, als wenn Du Deine Freundlichkeit meinen persönlichen Belangen zukommen ließest. Ich zweifle nicht, bei Deiner Fähigkeit, Leute zu beurteilen, wirst Du auch ohne meine Empfehlung schon um Lamias selbst willen herzlich gern alles tun.

Allerdings hat man mir gesagt, Du glaubtest, Lamia sei an der Protokollierung des Deiner Würde abträglichen Senatsbeschlusses beteiligt gewesen; aber in dem betreffenden Konsulatsjahr ist er überhaupt niemals Protokollzeuge gewesen; übrigens wurden damals lauter gefälschte Senatsbeschlüsse geliefert. Womöglich meinst Du gar, auch ich sei mitverantwortlich für jenen Senatsbeschluß über Sempronius, wo ich damals gar nicht in Rom war, wie ich Dir gleich hinterher geschrieben habe.

Doch genug davon! Ich bitte Dich herzlich, mein Cornificius, betrachte alle Geschäfte Lamias als die meinigen und laß ihn merken, daß diese meine Empfehlung für ihn überaus nützlich gewesen ist! Einen größeren Gefallen könntest Du mir gar nicht erweisen.

Halt Dich munter!

(Rom, Frühjahr 43)

29 (25 a).
Cicero grüßt Cornificius.

Du empfiehlst mir meinen P. Lucceius; ich werde ihn, so gut ich irgend kann, sorgsam unter meine Fittiche nehmen.

Meine Kollegen Hirtius und Pansa, die Retter des Staates während ihres Konsulats, haben wir ganz zur Unzeit verloren, da

amisimus, re publica Antoniano quidem latrocinio
liberata sed nondum omnino explicata. quam nos, si
licebit, more nostro tuebimur, quamquam admodum
sumus iam defetigati. sed nulla lassitudo impedire
officium et fidem debet.

Verum haec hactenus. ab aliis te de me quam a me 2
ipso malo cognoscere. de te audiebamus ea, quae maxime vellemus.

De Cn. Minucio, quem tu quibusdam litteris ad
caelum laudibus extulisti, rumores duriores erant. id
quale sit omninoque quid istic agatur, facias me velim
certiorem.

XXX.
CICERO CORNIFICIO S.

Itane? praeter litigatores nemo ad te meas litteras? 1
multae istae quidem; tu enim perfecisti, ut nemo sine
litteris meis tibi se commendatum putaret; sed quis
umquam tuorum mihi dixit esse, cui darem, quin dederim? aut quid mi iucundius quam, cum coram tecum
loqui non possim, aut scribere ad te aut tuas legere
litteras? illud magis mihi solet esse molestum, tantis
me impediri occupationibus, ut ad te scribendi meo
arbitratu facultas nulla detur. non enim te epistulis sed
voluminibus lacesserem; quibus quidem me a te pro-
vocari oportebat. quamvis enim occupatus sis, otii
tamen plus habes; aut, si ne tu quidem vacas, noli
impudens esse nec mihi molestiam exhibere et a me
litteras crebriores, cum tu mihi raro mittas, flagitare.

Nam cum antea distinebar maximis occupationibus, 2
propterea quod omnibus curis rem p. mihi tuendam
putabam, tum hoc tempore multo distineor vemen-

der Staat zwar von dem Raubgesindel des Antonius befreit, aber noch nicht gänzlich aus allen Schwierigkeiten heraus ist. Nun, wenn möglich, werde ich ihn, wie bisher immer, schützen; freilich bin ich nachgerade ziemlich mürbe. Aber keine Ermattung darf mich an treuer Pflichterfüllung hindern.

Doch genug davon! Es ist mir lieber, Du hörst von mir durch andre als durch mich selbst. Was ich von Dir höre, entspricht ganz meinen Wünschen.

Cn. Minucius hast Du in Deinen Briefen mehrfach über den grünen Klee gepriesen. Was man so hört, klingt weniger schön. Laß mich doch bitte wissen, was es damit auf sich hat und was dort überhaupt vorgeht!

(Rom, im Mai 43)

30.
Cicero grüßt Cornificius.

Wirklich? Es sind immer nur Prozessierende, die Dir einen Brief von mir bringen? Gewiß, eine ganze Menge, denn Du selbst bist schuld daran, daß niemand ohne ein Empfehlungsschreiben von mir an Dich heranzukommen meint. Aber ich habe noch jedesmal geschrieben, wenn Deine Leute mir jemanden nannten, dem ich einen Brief mitgeben könnte. Überdies ist es doch mein schönstes Vergnügen, wo ich nicht mit Dir persönlich reden kann, an Dich zu schreiben oder einen Brief von Dir zu lesen. Viel unangenehmer ist es mir meist, daß ich mich durch meine starke Beanspruchung gehindert sehe, Dir nach meinem Belieben schreiben zu können. Sonst würde ich Dich nicht mit kurzen Zuschriften, sondern mit dicken Wälzern bombardieren. Mit solchen müßtest eigentlich Du mich provozieren. Gewiß hast auch Du genug zu tun, hast aber doch mehr Zeit. Doch wenn auch Du keine Zeit hast, sei nicht unbescheiden und mach' mir keinen Ärger, indem Du öfter einen Brief von mir verlangst, wo Du selbst so selten schreibst!

Bisher schon konnte ich mich vor dringenden Geschäften kaum bergen, weil ich glaubte, mich ganz für den Staat einsetzen zu müssen, und augenblicklich bin ich noch viel stärker engagiert. Ein Kranker, der seine Krankheit schon überwunden zu haben meint

tius. ut enim gravius aegrotant ii, qui, cum levati morbo videntur, in eum de integro inciderunt, sic vementius nos laboramus, qui profligato bello ac paene
sublato renovatum bellum gerere conamur. sed haec
hactenus.

Tu tibi, mi Cornifici, fac ut persuadeas non esse me 3
tam imbecillo animo, ne dicam inhumano, ut a te vinci
possim aut officiis aut amore. non dubitabam equidem, verum tamen multo mihi notiorem amorem
tuum effecit Chaerippus. o hominem semper illum
quidem mihi aptum, nunc vero etiam suavem! vultus
mercule tuos mihi expressit omnis, non solum animum
ac verba pertulit. itaque noli vereri, ne tibi suscensue-
rim, quod eodem exemplo ad me quo ad ceteros. requisivi equidem proprias ad me unum litteras, sed
neque vementer et amanter.

De sumptu, quem te in rem militarem facere et 4
fecisse dicis, nihil sane possum tibi opitulari, propterea quod et orbus senatus consulibus amissis et incre-
dibiles angustiae pecuniae publicae; quae conquiritur
undique, ut optime meritis militibus promissa solvan-
tur; quod quidem fieri sine tributo posse non arbitror.

De Attio Dionysio nihil puto esse, quoniam mihi 5
nihil dixit Tratorius.

De P. Lucceio nihil tibi concedo, quo studiosior
eius sis, quam ego sum; est enim nobis necessarius.
sed a magistris cum contenderem de proferendo die,
probarunt mihi sese, quo minus id facerent, et com-
promisso et iure iurando impediri. quare veniendum
arbitror Lucceio; quamquam, si meis litteris optem-
peravit, cum tu haec leges, illum Romae esse oportebit.

Ceteris de rebus maximeque de pecunia, cum Pansae 6
mortem ignorares, scripsisti, quae per nos ab eo conse-

und dann von neuem von ihr befallen wird, leidet um so schlimmer unter ihr; genauso geht es mir: ich leide doppelt, wo der Krieg sich bereits seinem Ende näherte und beinahe schon zu Ende war und ich jetzt versuchen muß, den aufs neue ausgebrochenen Krieg zu führen. Aber genug davon!

Du darfst überzeugt sein, mein Cornificius, ich bin nicht so charakterlos, um nicht zu sagen unmenschlich, daß ich mich von Dir an Freundschaftsdiensten und Zuneigung übertreffen ließe! An Deiner Zuneigung hegte ich nie Zweifel, aber Chaerippus hat sie mir noch viel deutlicher gemacht. Schon immer gefiel mir der Mann, jetzt habe ich ihn geradezu gern. Nicht nur Deine Sinnesart und Deine Worte übermittelte er mir; Deine ganze Erscheinung wußte er mir vorzuführen. Darum mach' Dir keine Sorgen; ich bin Dir nicht böse, daß Dein Brief an mich wörtlich mit denen an andre übereinstimmt. Gewiß hatte ich einen persönlichen, nur an mich gerichteten erwartet, aber nicht eben stürmisch und nur aus Liebe zu Dir.

Was die Aufwendungen angeht, die Dir für militärische Maßnahmen erwachsen sind und erwachsen, so kann ich absolut nichts für Dich tun. Nach dem Verlust der Konsuln ist der Senat verwaist, und in der Staatskasse herrscht unglaubliche Ebbe. Man kratzt das Geld von überallher zusammen, um den verdienten Soldaten die versprochenen Belohnungen auszuzahlen, aber ohne Umlage wird es wohl nicht abgehen.

Was Attius Dionysius betrifft, so scheint es damit nichts zu sein; jedenfalls hat mir Tratorius nichts gesagt.

Daß Du Dich für P. Lucceius eifriger einsetzt als ich, lasse ich mir gar nicht ankommen; fühle ich mich ihm doch eng verbunden. Aber als ich mich bei den Auktionskommissaren um eine Verschiebung des Termins bemühte, wiesen sie mir nach, daß das unmöglich sei; sie seien durch eidlich bekräftigtes Abkommen gebunden. Darum muß Lucceius sich wohl schon hierher bemühen. Freilich, wenn er meinem Briefe Folge geleistet hat, muß er bereits hier in Rom sein, wenn Du diese Zeilen erhältst.

Was alles andre und vor allem das Geld betrifft, so wußtest Du noch nicht, daß Pansa tot sei, als Du mir schriebest, was Du durch meine Vermittlung bei ihm erreichen zu können glaubtest. Gewiß

qui te posse arbitrarere. quae te non fefellissent, si
viveret; nam te diligebat; post mortem autem eius
quid fieri posset, non videbamus.

De Venuleio, Latino, Horatio valde laudo; illud 7
non nimium probo, quod scribis, quo illi animo aequiore ferrent, te tuis etiam legatis lictores ademisse –
honore enim cum ignominia dignis non erant com-
parandi –, eosque, ex s. c. si non decedunt, cogendos,
ut decedant, existimo.

Haec fere ad eas litteras, quas eodem exemplo binas
accepi; de reliquo velim tibi persuadeas non esse mihi
meam dignitatem tua cariorem.

XXXI.
CICERO CORNIFICIO.

Gratae mihi tuae litterae, nisi quod Sinuessanum
deversoriolum contempsisti. quam quidem contu-
meliam villa pusilla iniquo animo feret, nisi in Cumano
et Pompeiano reddideris πάντα περὶ πάντων. sic igitur
facies meque amabis et scripto aliquo lacesses; ego
enim respondere facilius possum quam provocare.
quod si, ut es, cessabis, lacessam, nec tua ignavia
etiam mihi inertiam adferet.

Plura otiosus; haec, cum essem in senatu, exaravi.

XXXII.
CICERO CORNIFICIO.

C. Anicius, familiaris meus, vir omnibus rebus
ornatus, negotiorum suorum causa legatus est in Africam legatione libera. eum velim rebus omnibus adiuves operamque des, ut quam commodissime sua negotia conficiat, in primisque, quod ei carissimum est,

hätte er Dich nicht enttäuscht, wenn er noch am Leben wäre, denn er schätzte Dich; aber was jetzt, wo er tot ist, geschehen könnte, weiß ich nicht.

Betreffs Venuleius, Latinus und Horatius bin ich mit Deinen Maßnahmen sehr einverstanden. Eins will mir nicht recht in den Kopf: Du schreibst, damit sie sich eher damit abfänden, habest Du auch Deinen Legaten die Liktoren weggenommen. Die Anspruch auf diese Ehre haben, durftest Du nicht mit denen auf eine Stufe stellen, die Schimpf und Schande verdienen, und ich meine, wenn sie sich dem Senatsbeschluß nicht fügen und freiwillig verschwinden, muß man sie zwingen zu verschwinden.

So viel etwa zu Deinem Brief, den ich in doppelter Ausfertigung erhalten habe. Im übrigen darfst Du überzeugt sein, daß mir Deine Würde ebenso wichtig ist wie meine eigene.

(Rom, bald nach dem 9. Juni 43)

31 (20).
Cicero an Cornificius.

Vielen Dank für Deinen Brief! Aber daß Du meine Herberge in Sinuessa verachtet hast! Diese Beleidigung wird Dir die kleine Kate nachtragen, wenn Du nicht auf dem Cumanum oder Pompeianum alles auf Heller und Pfennig wiedergutmachst. Mach' es also so und sei so gut und fordere mich durch etwas Geschriebenes heraus; mir fällt es nämlich leichter, zu antworten, als anzuregen. Wenn du wie bisher säumig bist, gehe ich zum Angriff über, und Deine Trägheit wird nicht auch mich zur Untätigkeit verführen.

Wenn ich Zeit habe, schreibe ich mehr; diese Zeilen werfe ich aufs Papier, während ich im Senat sitze.

(Ort und Zeit unbekannt).

32 (21).
Cicero an Cornificius.

Mein Freund C. Anicius, ein in jeder Beziehung ausgezeichneter Mann, weilt persönlicher Geschäfte halber mit den Rechten einer freien Gesandtschaft in Afrika. Hilf ihm doch bitte, so gut Du kannst, und sorge dafür, daß er seine Geschäfte so bequem wie möglich erledigen kann. Vor allem lege ich Dir, was ihm die Haupt-

dignitatem eius tibi commendo idque a te peto, quod
ipse in provincia facere sum solitus non rogatus, ut
omnibus senatoribus lictores darem; quod idem acceperam et id cognoveram a summis viris factitatum.
hoc igitur, mi Cornifici, facies ceterisque rebus omnibus eius dignitati reique, si me amas, consules. erit
id mihi gratissimum.

Da operam ut valeas.

sache ist, seine Würde ans Herz und bitte Dich um das, was ich selbst in meiner Provinz ungebeten zu tun pflegte: daß ich allen Senatoren Liktoren stellte. Ich hatte gehört, daß das so üblich sei, und erfahren, daß die bedeutendsten Männer es so gehalten hätten. Tu mir also den Gefallen, mein Cornificius, und nimm Dich bitte auch sonst in jeder Weise seiner Würde und seiner Wünsche an. Du tust mir einen ganz großen Gefallen!

Halt Dich munter!

(Rom, im Jahre 44)

I.
M. CICERO S. D. C. MEMMIO.

Etsi non satis mihi constiterat, cum aliquane 1
animi mei molestia an potius lubenter te Athenis visurus essem, quod iniuria, quam accepisti, dolore me
adficeret, sapientia tua, qua fers iniuriam, laetitia,
tamen vidisse te mallem; nam quod est molestiae, non
sane multo levius est, cum te non video, quod esse
potuit voluptatis certe, si vidissem te, plus fuisset.
itaque non dubitabo dare operam, ut te videam, cum
id satis commode facere potero.

Interea quod per litteras et agi tecum et, ut arbitror, 2
confici potest, agam nunc ac te illud primum rogabo,
ne quid invitus mea causa facias, sed id, quod mea intelleges multum, tua nullam in partem interesse, ita
mihi des, si tibi, ut id lubenter facias, ante persuaseris.

Cum Patrone Epicurio mihi omnia sunt, nisi quod
in philosophia vehementer ab eo dissentio. sed et
initio Romae, cum te quoque et tuos omnes obser-
vabat, me coluit in primis et nuper, cum ea, quae voluit de suis commodis et praemiis, consecutus est, memet habuit suorum defensorum et amicorum fere principem et iam a Phaedro, qui nobis, cum pueri essemus,
antequam Philonem cognovimus, valde ut philosophus, postea tamen ut vir bonus et suavis et officiosus
probabatur, traditus mihi commendatusque est.

Is igitur Patro cum ad me Romam litteras misisset, 3
uti te sibi placarem peteremque, ut nescio quid illud
Epicuri parietinarum sibi concederes, nihil scripsi ad
te ob eam rem, quod aedificationis tuae consilium
commendatione mea nolebam impediri.

DREIZEHNTES BUCH

1.

M. Cicero grüßt C. Memmius.

Zwar war ich mir nicht ganz klar darüber, ob es etwas Bedrückkendes für mich haben würde, wenn ich Dich in Athen anträfe, oder ob es mir vielmehr Freude machen müßte, denn das von Dir erlittene Unrecht erfüllte mich mit Schmerz, die Gelassenheit, mit der Du es trägst, mit Freude. Aber es wäre mir doch lieber, ich hätte Dich angetroffen, denn das Gefühl der Bedrückung ist nicht wesentlich geringer, wenn ich Dich nicht sehe, und das der Freude wäre gewiß stärker gewesen, wenn ich Dich zu sehen bekommen hätte. So werde ich mich denn unbedenklich bemühen, Dich zu treffen, wenn ich es irgend einrichten kann.

Inzwischen will ich, was sich brieflich mit Dir besprechen und, wie ich glaube, erledigen läßt, jetzt vorbringen und Dich zu allererst einmal bitten, nichts nur mir zuliebe ungern zu tun, sondern mir das, woran mir, wie Du sehen wirst, viel, Dir aber überhaupt nichts gelegen ist, nur unter der Bedingung zu gewähren, daß Du selbst das Gefühl hast, es gern zu tun.

Mit dem Epicureer Patro fühle ich mich herzlich verbunden, abgesehen davon, daß ich in der Philosophie gar nicht mit ihm einverstanden bin. Aber anfangs in Rom, als er auch Dich und die Deinigen alle verehrte, hing er besonders an mir, und neuerdings, als er die gewünschten Vorteile und Belohnungen erreichte, sah er in mir beinahe seinen Hauptverteidiger und Hauptfreund, und schon Phaedrus, der mir in meiner Jugend, ehe ich Philo kennenlernte, als Philosoph, später jedoch auch als guter, angenehmer, gefälliger Mensch großen Eindruck machte, hat ihn mir anvertraut und empfohlen.

Dieser Patro also hat mir nach Rom geschrieben, ich möchte Dich mit ihm versöhnen und Dich bitten, ihm dies ominöse Gemäuer Epicurs zu überlassen, aber ich habe Dir nichts davon geschrieben, weil ich Dein Bauvorhaben durch mein Eintreten für ihn nicht stören wollte.

Idem, ut veni Athenas, cum idem ad te scriberem
rogasset, ob eam causam impetravit, quod te abiecisse illam aedificationem constabat inter omnis amicos tuos.

Quod si ita est et si iam tua plane nihil interest, 4
velim, si qua offensiuncula facta est animi tui perver-
sitate aliquorum – novi enim gentem illam –, des te ad
lenitatem vel propter summam humanitatem vel etiam
honoris mei causa. equidem, si, quid ipse sentiam,
quaeris, nec cur ille tanto opere contendat video, nec
cur tu repugnes, nisi tamen multo minus tibi concedi
potest quam illi laborare sine causa. quamquam Patronis et orationem et causam tibi cognitam esse certo
scio; honorem, officium, testamentorum ius, Epicuri auctoritatem, Phaedri obtestationem, sedem,
domicilium, vestigia summorum hominum sibi tuenda
esse dicit. totam hominis vitam rationemque, quam
sequitur in philosophia, derideamus licet, si hanc eius
contentionem volumus reprehendere; sed mehercules,
quoniam illi ceterisque, quos illa delectant, non valde
inimici sumus, nescio an ignoscendum sit huic, si
tanto opere laborat; in quo etiam si peccat, magis
ineptiis quam improbitate peccat.

Sed ne plura – dicendum enim aliquando est –, 5
Pomponium Atticum sic amo ut alterum fratrem.
nihil est illo mihi nec carius nec iucundius. is – non
quo sit ex istis; est enim omni liberali doctrina politis-
simus, sed valde diligit Patronem, valde Phaedrum
amavit – sic a me hoc contendit, homo minime
ambitiosus, minime in rogando molestus, ut nihil
umquam magis, nec dubitat, quin ego a te nutu hoc
consequi possem, etiam si aedificaturus esses. nunc
vero, si audierit te aedificationem deposuisse neque
tamen me a te impetrasse, non te in me inliberalem sed
me in se neglegentem putabit.

Quam ob rem peto a te ut scribas ad tuos posse tua

Als ich jetzt nach Athen kam, hat er mich gleich wieder gebeten, Dir zu schreiben, und seinen Willen nur bekommen, weil alle Deine Freunde sich darin einig sind, daß Du jenen Bau aufgegeben hast.

Trifft das zu und hast Du wirklich kein Interesse mehr daran, dann möchte ich, falls Du Dich durch jemandes Verdrehtheit ein wenig verletzt fühlst – ich kenne diese Gesellschaft ja –, Du ließest Milde walten, sei es aus übergroßer Liebenswürdigkeit oder auch mir zu Ehren. Fragst Du mich, wie ich selbst darüber denke, so weiß ich weder, warum er sich so ins Zeug legt, noch warum Du Dich sträuben solltest; nur dürfte es Dir viel weniger gestattet sein als ihm, sich ohne Grund aufzuregen. Freilich, daß Patros Ansprüche und der Sachverhalt Dir bekannt sind, weiß ich bestimmt; er weist darauf hin, daß er für die Ehrwürdigkeit der Stätte, seine Verpflichtung, die testamentarischen Rechte, das Ansehen Epicurs, Phaedrus' letzten Willen, Wohnsitz, Behausung und Spuren erlauchter Männer eintreten müsse. Gewiß können wir über die ganze Lebensauffassung des Mannes und seine philosophische Überzeugung spotten, wenn wir diesen seinen Eifer tadeln wollen; aber schließlich sind wir doch ihm und all denen, die ihren Spaß daran haben, nicht ernstlich böse, und so kann man ihm wohl verzeihen, wenn er sich so aufregt. Freilich vergeht er sich damit, aber doch mehr aus Verschrobenheit als aus Böswilligkeit.

Aber um es kurz zu machen – gesagt werden muß es ja doch einmal –: Pomponius Atticus liebe ich wie einen zweiten Bruder; er ist das Liebste und Erfreulichste, was ich habe. Er – nicht als ob er zu dieser Gesellschaft gehörte; er ist ja für jede edle Wissenschaft interessiert; aber er schätzt Patro sehr, hat auch Phaedrus sehr liebgehabt – er, ein Mann, der niemandem um den Bart geht, niemanden mit seinen Bitten belästigt, verlangt dies so dringend von mir, wie bisher nie etwas, und ist fest überzeugt, daß ich es durch einen Wink bei Dir erreichen könnte, selbst wenn Du bauen wolltest; jetzt, wenn er gar hört, daß Du Dein Bauvorhaben aufgegeben hast und ich trotzdem nichts bei Dir erreicht habe, wird er nicht Dich für ungefällig gegen mich, sondern mich für gleichgültig gegen sich halten.

Darum bitte ich Dich, Deinen Leuten zu schreiben, Deinetwegen

voluntate decretum illud Areopagitarum, quem
ὑπομνηματισμόν illi vocant, tolli.

Sed redeo ad prima. prius velim tibi persuadeas, 6
ut hoc mea causa libenter facias, quam ut facias; sic
tamen habeto, si feceris quod rogo, fore mihi gratissimum.

Vale.

IX.
CICERO CRASSIPEDI S.

Quamquam tibi praesens commendavi, ut potui 1
diligentissime, socios Bithyniae teque cum mea commendatione tum etiam tua sponte intellexi cupere ei
societati, quibuscumque rebus posses, commodare,
tamen, cum ii, quorum res agitur, magni sua interesse
arbitrarentur me etiam per litteras declarare tibi, qua
essem erga ipsos voluntate, non dubitavi haec ad te
scribere.

Volo enim te existimare me, cum universo ordini 2
publicanorum semper libentissime tribuerim idque
magnis eius ordinis erga me meritis facere debuerim,
tum in primis amicum esse huic Bithynicae societati,
quae societas ordine ipso et hominum genere pars
est maxima civitatis – constat enim ex ceteris socie-
tatibus –, et casu permulti sunt in ea societate valde
mihi familiares in primisque is, cuius praecipuum
officium agitur hoc tempore, P. Rupilius P. f. Men.,
qui est magister in ea societate.

Quae cum ita sint, in maiorem modum a te peto, 3
Cn. Pupium, qui est in operis eius societatis, omnibus
tuis officiis atque omni liberalitate tueare curesque,
ut eius operae, quod tibi facile factu est, quam gratis-

könne jener Beschluß der Areopagiten, den sie ὑπομνηματισμός nennen, aufgehoben werden.

Doch um auf den Anfang meines Schreibens zurückzukommen: es ist mir wichtiger, Du gewinnst es über Dich, es mir zuliebe gern zu tun, als daß Du es überhaupt tust; aber wenn Du mir meine Bitte erfüllst, dann darfst Du überzeugt sein, daß Du mir damit einen ganz großen Gefallen erweist.

Leb' wohl!

(Athen, Anfang Juli [VI.] 51)

9.
Cicero grüßt Crassipes.

Zwar habe ich Dir die Steuerpächter von Bithynien persönlich so eindringlich wie möglich ans Herz gelegt, weiß auch, daß Du auf meine Empfehlung hin und aus eigenem Antriebe Dich dieser Pachtgesellschaft in jeder Beziehung gefällig erweisen wirst. Aber diese Leute, um die es sich handelt, glauben, daß es für sie von großem Wert sei, wenn ich Dir auch brieflich zu erkennen gäbe, wie sehr ich mich für sie interessiere. So stehe ich denn nicht an, Dir dies zu schreiben.

Ich möchte Dir nämlich zu Gemüte führen, daß ich mich dem ganzen Stande der Steuerpächter stets sehr gern zur Verfügung gestellt habe und mich wegen der großen Verdienste dieses Standes um mich dazu auch verpflichtet fühlte, und daß ich vor allem dieser bithynischen Pachtgesellschaft zugetan bin, die schon durch ihren Rang und die Herkunft der Leute ein bedeutender Faktor in der Bürgerschaft ist – sie setzt sich nämlich aus Mitgliedern aller andern Pachtgesellschaften zusammen –, und zufällig befindet sich in ihr eine ganze Reihe mir eng befreundeter Persönlichkeiten, unter andern derjenige, um dessen Hauptaufgabe es sich zur Zeit handelt, P. Rupilius des P. Sohn aus der Tribus Menenia, der Leiter dieser Pachtgesellschaft.

Unter diesen Umständen bitte ich Dich ganz besonders, Cn. Pupius, der im Dienste dieser Gesellschaft steht, mit all Deiner Gefälligkeit und Freundlichkeit unter Deine Fittiche zu nehmen und dafür zu sorgen, was Dir nicht schwerfallen kann, daß seine Dienste bei den Gesellschaftern Anerkennung finden, und die

simae sint sociis, remque et utilitatem sociorum –
cuius rei quantam potestatem quaestor habeat, non
sum ignarus – per te quam maxime defensam et
auctam velis. id cum mihi gratissimum feceris, tum
illud tibi expertus promitto et spondeo, te socios
Bithyniae, si iis commodaris, memores esse et gratos
cogniturum.

XI.
CICERO BRVTO S.

Quia semper animadverti studiose te operam dare, 1
ut ne quid meorum tibi esset ignotum, propterea
non dubito, quin scias, non solum cuius municipii
sim, sed etiam, quam diligenter soleam meos municipes Arpinatis tueri.

Quorum quidem omnia commoda omnesque facultates, quibus et sacra conficere et sarta tecta aedium
sacrarum locorumque communium tueri possint, con-
sistunt in iis vectigalibus, quae habent in provincia
Gallia. ad ea visenda pecuniasque, quae a colonis
debentur, exigendas totamque rem et cognoscendam
et administrandam legatos equites Romanos misimus
Q. Fufidium Q. f., M. Faucium M. f., Q. Mamercium
Q. f.

Peto a te in maiorem modum pro nostra necessitu- 2
dine, ut tibi ea res curae sit operamque des, ut per te
quam commodissime negotium municipii administre-
tur quam primumque conficiatur, ipsosque, quorum
nomina scripsi, ut quam honorificentissime pro tua
natura et quam liberalissime tractes.

Bonos viros ad tuam necessitudinem adiunxeris 3
municipiumque gratissimum beneficio tuo devinxeris,
mihi vero etiam gratius feceris, quod cum semper
tueri municipes meos consuevi, tum hic annus praecipue ad meam curam officiumque pertinet. nam con-

Tätigkeit und die Interessen der Gesellschafter – welche Möglichkeit dazu ein Quästor hat, weiß ich wohl! –, so gut es geht, zu schützen und zu fördern. Damit würdest Du mir einen sehr großen Gefallen tun, und ich kann Dir aus eigener Erfahrung geloben und versprechen, daß die Steuerpächter in Bithynien, wenn Du Dich ihnen gefällig erweist, Dir das nicht vergessen und sich Dir erkenntlich zeigen werden.

(Tarsus, Ende 51 / Anfang 50)

11.
Cicero grüßt Brutus.

Ich habe ja stets bemerkt, wie eifrig Du Dich bemühst, alles über meine persönlichen Verhältnisse zu erfahren, und so weißt Du denn sicher auch, aus welcher Landstadt ich stamme und wie geflissentlich ich für meine Landsleute in Arpinum einzutreten pflege.

All ihre Mittel und Möglichkeiten, mit denen sie gegebenenfalls Heiligtümer erbauen und Sakral- und Profanbauten in gutem Zustand erhalten können, bestehen nun in den Einnahmequellen, die sie in der Provinz Gallien besitzen. Um sie zu inspizieren, die von den Pächtern geschuldeten Gelder einzutreiben und überhaupt die ganzen Verhältnisse dort zu prüfen und zu ordnen, haben wir die Römischen Ritter Q. Fufidius des Q. Sohn, M. Faucius des M. Sohn und Q. Mamercius des Q. Sohn als Bevollmächtigte dorthin geschickt.

Angesichts unsrer engen Beziehungen bitte ich Dich ganz besonders herzlich, Dich der Sache anzunehmen und Dich dafür einzusetzen, daß das Vorhaben der Stadt möglichst glatt vonstatten geht und so bald wie möglich erledigt wird, und die oben genannten Leute selbst recht ehrenvoll und freundlich, wie es Deinem Charakter entspricht, zu behandeln.

Es sind brave Männer, die Du Dir damit zu Freunden machst, und die Stadt wirst Du Dir durch Dein Entgegenkommen zu herzlicher Dankbarkeit verpflichten. Mir aber tust Du sogar einen besonderen Gefallen, weil ich an sich schon stets für meine Landsleute einzutreten pflege, dies Jahr aber ganz besonders meine Bemühungen und Dienste erfordert. Denn um die finanziellen Ver-

stituendi municipii causa hoc anno aedilem filium
meum fieri volui et fratris filium et M. Caesium, hominem mihi maxime necessarium; is enim magistratus
in nostro municipio nec alius ullus creari solet. quos
cohonestaris in primisque me, si res p. municipii tuo
studio, diligentia bene administrata erit. quod ut
facias, te vehementer etiam atque etiam rogo.

XV.
CICERO CAESARI IMP. S.

Precilium tibi commendo unice, tui necessarii, mei 1
familiarissimi, viri optimi filium. quem cum adulescentem ipsum propter eius modestiam, humanitatem,
animum et amorem erga me singularem mirifice diligo, tum patrem eius re doctus intellexi et didici mihi
fuisse semper amicissimum. em hic ille est de illis,
maxime qui inridere atque obiurgare me solitus est,
quod me non tecum, praesertim cum abs te honorificentissime invitarer, coniungerem;

'ἀλλ' ἐμὸν οὔ ποτε θυμὸν ἐνὶ στήθεσσιν ἔπειθεν.'
audiebam enim nostros proceres clamitantis:

'ἄλκιμος ἔσσ', ἵνα τίς σε καὶ ὀψιγόνων ἐὺ εἴπῃ.
ὣς φάτο, τὸν δ' ἄχεος νεφέλη ἐκάλυψε μέλαινα.'
sed tamen idem me consolantur etiam; hominem 2
perustum etiamnum gloria volunt incendere atque
ita loquuntur:

'μὴ μὰν ἀσπουδί γε καὶ ἀκλειῶς ἀπολοίμην,
ἀλλὰ μέγα ῥέξας τι καὶ ἐσσομένοισι πυθέσθαι.'
sed me minus iam movent, ut vides. itaque ab Homeri magniloquentia confero me ad vera praecepta
Εὐριπίδου:

'μισῶ σοφιστήν, ὅστις οὐχ αὑτῷ σοφός,'
quem versum senex Precilius laudat egregie et ait
posse eundem et ἅμα πρόσσω καὶ ὀπίσσω videre et
tamen nihilo minus

'αἰὲν ἀριστεύειν καὶ ὑπείροχον ἔμμεναι ἄλλων.'

hältnisse der Stadt zu ordnen, habe ich für dies Jahr meinen Sohn zum Ädilen wählen lassen neben meinem Neffen und M. Caesius, einem mir eng befreundeten Manne. Es ist dies, wie Du wissen mußt, das einzige Amt in unsrer Stadt; eine andre Behörde wird gemeinhin nicht gewählt. Sie und vor allem mich wirst Du zu Ehren bringen, wenn sich herausstellt, daß durch Dein eifriges Bemühen die Finanzen unsrer Stadt in Ordnung gekommen sind. Ich bitte Dich wieder und wieder, sei so gut!

(Rom, Anfang 46 [X. 47]).

15.
Cicero grüßt den Imperator Caesar.

Precilius empfehle ich Dir besonders warm, den Sohn eines Dir eng verbundenen, mir sehr nahestehenden, trefflichen Mannes. Den Jungen selbst schätze ich ganz riesig wegen seiner Bescheidenheit, seines freundlichen Wesens und seiner überaus liebreichen Gesinnung mir gegenüber, und daß sein Vater mir stets zugetan gewesen ist, habe ich, durch Tatsachen belehrt, erkannt und gelernt. Sieh, er ist derjenige unter den vielen, der mich am meisten aufzuziehen und zu schelten pflegte, daß ich mich Dir nicht anschließen wollte, zumal Du mich so überaus ehrerbietig dazu auffordertest;

„Doch mir konnte er nimmer das Herz im Busen bewegen."

Ich hörte ja, wie unsre Matadore lamentierten:

„Halte dich wohl, daß einst auch Spätgeborne dich loben!

Sprach's, und ihn umhüllte der Schwermut finstere Wolke."

Doch trösten dieselben Herren mich auch wieder; sie wollen das gebrannte Kind noch immer durch Aussicht auf Ruhm entflammen und sprechen so:

„Daß nicht arbeitslos in den Staub ich sinke, noch ruhmlos,

nein, erst Großes vollendend, wovon auch Künftige hören."

Aber wie Du siehst, sie machen mir keinen rechten Eindruck mehr, und so gehe ich von Homers hochtrabenden Worten zu Euripides' echten Lehren über:

„Den Klugen haß' ich, der sich selbst nicht raten kann",

ein Vers, den der alte Precilius besonders gern zitiert und dazu erklärt, man könne ihn von vorn und von hinten begucken und trotzdem imstande sein,

„immer der erste zu sein und vorzustreben vor andern."

Sed ut redeam ad id, unde coepi, vehementer mihi 3
gratum feceris, si hunc adulescentem humanitate tua,
quae est singularis, comprenderis et ad id, quod ipsorum Preciliorum causa te velle arbitror, addideris
cumulum commendationis meae.

Genere novo sum litterarum ad te usus, ut intellegeres non vulgarem esse commendationem.

XVI.
CICERO CAESARI S.

P. Crassum ex omni nobilitate adulescentem dilexi 1
plurimum, et ex eo cum ab ineunte eius aetate bene
speravissem, tum perbene existimare coepi eximiis
iudiciis, quae de eo feceras, cognitis.

Eius libertum Apollonium iam tum equidem, cum
ille viveret, et magni faciebam et probabam; erat enim
et studiosus Crassi et ad eius optima studia vehementer aptus; itaque ab eo admodum diligebatur.

Post mortem autem Crassi eo mihi etiam dignior 2
visus est, quem in fidem atque amicitiam meam reciperem, quod eos a se observandos et colendos putabat, quos ille dilexisset et quibus carus fuisset. itaque
et ad me in Ciliciam venit multisque in rebus mihi
magno usui fuit et fides eius et prudentia et, ut opinor,
tibi in Alexandrino bello, quantum studio et fidelitate
consequi potuit, non defuit.

Quod cum speraret te quoque ita existimare, in 3
Hispaniam ad te maxime ille quidem suo consilio sed
etiam me auctore est profectus. cui ego commendationem non sum pollicitus, non quin eam valituram
apud te arbitrarer, sed neque egere mihi commendatione videbatur, qui et in bello tecum fuisset et

Aber um auf meinen Ausgangspunkt zurückzukommen: Du würdest mir einen ganz großen Gefallen erweisen, wenn Du diesen jungen Mann mit Deiner außergewöhnlichen Liebenswürdigkeit umfangen wolltest und allem, wozu Du um der Precilier selbst willen wahrscheinlich entschlossen bist, auf meine Empfehlung hin die Krone aufsetztest.

Ich habe mir erlaubt, Dir in dieser ungewöhnlichen Weise zu schreiben, damit Du siehst, daß es sich bei meiner Empfehlung nicht um einen alltäglichen Fall handelt.

(Rom, Ende 46 / Anfang 45)

16.
Cicero grüßt Caesar.

Den jungen P. Crassus habe ich unter allen Adeligen am meisten geschätzt. Von seiner frühesten Jugend an setzte ich große Hoffnungen auf ihn, und als ich nun gar von Deinem ungewöhnlich günstigen Urteil über ihn hörte, kannte meine Wertschätzung keine Grenzen.

Seinen Freigelassenen Apollonius stellte ich schon zu seinen Lebzeiten sehr hoch und hatte Gefallen an ihm; war er doch Crassus zugetan und der rechte Mann für seine trefflichen Bestrebungen, weshalb er auch von ihm sehr geschätzt wurde.

Nach Crassus' Tode erschien er mir deshalb besonders würdig, unter den Schutz meiner Freundschaft genommen zu werden, weil er glaubte, diejenigen schätzen und verehren zu müssen, die jener geschätzt hatte und denen er lieb gewesen war. So kam er denn auch zu mir nach Cilicien und machte sich mir durch seine Zuverlässigkeit und Klugheit in vieler Hinsicht sehr nützlich; ebenso hat er sich, glaube ich, auch Dir im alexandrinischen Kriege mit all seinem Eifer, all seiner Treue zur Verfügung gestellt.

In der Hoffnung, daß auch Du diesen Eindruck hättest, hat er sich hauptsächlich aus eigenem Entschlusse, aber doch auch auf meinen Rat hin zu Dir nach Spanien auf den Weg gemacht. Ein Empfehlungsschreiben habe ich ihm nicht versprochen; nicht etwa, weil ich glaubte, es würde bei Dir doch keinen Eindruck machen; vielmehr schien mir der Mann, der mit Dir im Kriege gestanden hatte und wegen der gemeinsamen Erinnerung an Crassus zu Dir

propter memoriam Crassi de tuis unus esset, et, si uti commendationibus vellet, etiam per alios eum videbam id consequi posse; testimonium mei de eo iudicii, quod et ipse magni aestimabat et ego apud te valere eram expertus, ei lubenter dedi.

Doctum igitur hominem cognovi et studiis optimis 4 deditum, idque a puero; nam domi meae cum Diodoto Stoico, homine meo iudicio eruditissimo, multum a puero fuit. nunc autem incensus studio rerum tuarum eas litteris Graecis mandare cupiebat. posse arbitror; valet ingenio, habet usum, iam pridem in eo genere studii litterarumque versatur, satis facere immortalitati laudum tuarum mirabiliter cupit.

Habes opinionis meae testimonium, sed tu hoc facilius multo pro tua singulari prudentia iudicabis. et tamen, quod negaveram, commendo tibi eum. quicquid ei commodaveris, erit id mihi maiorem in modum gratum.

LXVIII.
M. TVLLIVS CICERO P. SERVILIO ISAVRICO PROCOS. CONLEGAE S. P.

Gratae mihi vehementer tuae litterae fuerunt, ex 1 quibus cognovi cursus navigationum tuarum; significabas enim memoriam tuam nostrae necessitudinis, qua mihi nihil poterat esse iucundius. quod relicuum est, multo etiam erit gratius, si ad me de re p., id est de statu provinciae, de institutis tuis familiariter scribes. quae quamquam ex multis pro tua claritate audiam, tamen libentissime ex tuis litteris cognoscam.

Ego ad te, de re p. summa quid sentiam, non saepe 2 scribam propter periculum eius modi litterarum; quid

gehörte, einer Empfehlung überhaupt nicht zu bedürfen, und falls er sich doch irgendwelcher Empfehlungen bedienen wollte, konnte er das wohl auch durch einen andern erreichen. Aber ein Zeugnis meines Urteils über ihn, auf das er selbst großen Wert legte und das erfahrungsgemäß bei Dir einiges gilt, habe ich ihm gern ausgestellt.

Ich kenne ihn also als gebildeten, den edelsten Bestrebungen ergebenen Mann, und zwar von Kindesbeinen an, denn von Kindesbeinen an hat er in meinem Hause viel mit dem Stoiker Diodotus, einem nach meinem Urteil wohlunterrichteten Manne, verkehrt. Jetzt ist er brennend interessiert für Deine Taten und möchte sie in griechischer Sprache darstellen. Daß er es kann, glaube ich schon; er hat Talent, Erfahrung, beschäftigt sich schon seit langem mit dieser Literaturgattung und wünscht sehnlichst, der Unsterblichkeit Deiner Taten Genüge zu tun.

Da hast Du das Zeugnis meiner Ansicht; aber angesichts Deiner einzigartigen Klugheit wirst Du das viel besser beurteilen können. Trotzdem tue ich jetzt, was ich ursprünglich abgelehnt hatte, und empfehle ihn Dir. Jede Gefälligkeit, die Du ihm erweist, werde ich besonders dankbar empfinden.

(Rom, Ende 46/Anfang 45)

68.
M. Tullius Cicero
dem Prokonsul P. Servilius Isauricus,
seinem Kollegen,
einen herzlichen Gruß.

Für Deinen Brief, aus dem ich die einzelnen Etappen Deiner Seefahrten ersehe, bin ich Dir sehr dankbar; zeigt er mir doch, daß Du unsre enge Verbundenheit nicht vergessen hast, die mir über alles wertvoll ist. Das Weitere wird mir noch viel willkommener sein, wenn Du mir über die politische Lage, das heißt: über den Zustand Deiner Provinz und Deine Maßnahmen in alter Freundschaft berichtest. Gewiß werde ich, angesehen wie Du bist, von vielen Seiten darüber hören, möchte es aber doch sehr gern auch aus Deinen eigenen Briefen erfahren.

Von meiner eigenen Auffassung bezüglich der Gesamtlage werde ich nicht allzu oft schreiben, weil derartige Briefe nicht ungefähr-

agatur autem, scribam saepius. sperare tamen videor
Caesari, conlegae nostro, fore curae et esse, ut habeamus aliquam rem p., cuius consiliis magni referebat te
interesse; sed si tibi utilius est, id est gloriosius, Asiae
praeesse et istam partem rei p. male adfectam tueri,
mihi quoque idem, quod tibi et laudi tuae profuturum
est, optatius debet esse. ego quae ad tuam dignitatem 3
pertinere arbitror, summo studio diligentiaque
curabo in primisque tuebor omni observantia clarissimum virum, patrem tuum, quod et pro vetustate
necessitudinis et pro beneficiis vestris et pro dignitate
ipsius facere debeo.

lich sind; aber was hier vorgeht, davon werde ich Dir öfter schreiben. Immerhin glaube ich hoffen zu dürfen, daß unserm Kollegen Caesar jetzt und in Zukunft ernstlich darum zu tun ist, daß wir eine Art Staat behalten, und es wäre sehr erwünscht, daß Du bei seinen diesbezüglichen Plänen mitwirktest. Aber wenn es für Dich vorteilhafter, das heißt: ruhmvoller ist, Asien zu verwalten und für diesen schwer mitgenommenen Teil des Staates einzutreten, dann muß auch mir erwünschter sein, was Dich und Deinen Ruhm fördert. Ich für meine Person werde alles, was meiner Meinung nach Deiner Würde zustatten kommt, eifrig und gewissenhaft betreiben und vor allen Dingen Deinem Vater, dem herrlichen Manne, mit aller Ehrerbietung begegnen. Dazu fühle ich mich verpflichtet angesichts des Alters unsrer Beziehungen wie auch Eurer Wohltaten und seiner persönlichen Würde.

(Rom, Mitte September [VII.] 46)

I.

TVLLIVS S. D. TERENTIAE ET TVLLIAE ET CICERONI SVIS.

Ego minus saepe do ad vos litteras, quam pos- 1
sum, propterea quod cum omnia mihi tempora sunt
misera, tum vero, cum aut scribo ad vos aut vestras
lego, conficior lacrimis sic, ut ferre non possim. quod
utinam minus vitae cupidi fuissemus! certe nihil aut
non multum in vita mali vidissemus. quod si nos ad
aliquam alicuius commodi aliquando reciperandi
spem fortuna reservavit, minus est erratum a nobis; si
haec mala fixa sunt, ego vero te quam primum, mea
vita, cupio videre et in tuo complexu emori, quoniam
neque dii, quos tu castissime coluisti, neque homines,
quibus ego semper servivi, nobis gratiam rettulerunt.

Nos Brundisi apud M. Laenium Flaccum dies XIII 2
fuimus, virum optimum, qui periculum fortunarum
et capitis sui prae mea salute neglexit neque legis im-
probissimae poena deductus est, quo minus hospitii
et amicitiae ius officiumque praestaret. huic utinam
aliquando gratiam referre possimus! habebimus quidem semper. Brundisio profecti sumus a. d. II Kal. 3
Mai. per Macedoniam Cyzicum petebamus.

O me perditum, o adflictum! quid nunc rogem te,
ut venias, mulierem aegram et corpore et animo con-
fectam? non rogem? sine te igitur sim? opinor, sic
agam: si est spes nostri reditus, eam confirmes et rem
adiuves; sin, ut ego metuo, transactum est, quoquo
modo potes, ad me fac venias. unum hoc scito: si te
habebo, non mihi videbor plane perisse.

Sed quid Tulliola mea fiet? iam id vos videte; mihi

VIERZEHNTES BUCH

1 (4).
Tullius
grüßt
seine Terentia, seine Tullia und seinen Cicero.

Ich schreibe weniger oft an Euch, als ich könnte, denn alles um mich her ist mir zuwider, und wenn ich an Euch schreibe oder Eure Briefe lese, übermannen mich die Tränen, und ich bin zu nichts fähig. Ach, hätte ich doch weniger am Leben gehangen! Jedenfalls hätte ich dann kein Leid oder nur wenig in meinem Leben erfahren. Sollte mich das Schicksal aufgespart haben, um mir einen Hoffnungsschimmer zu lassen, noch einmal wieder ein wenig Glück zu erhaschen, wäre mein Fehltritt weniger schlimm; ist aber dieser Zustand unabänderlich, dann möchte ich Dich, mein Herz, so bald wie möglich bei mir sehen und in Deinen Armen sterben, weil weder die Götter, die Du fromm verehrt hast, noch die Menschen, denen ich stets gedient habe, sich uns dankbar erwiesen haben.

Ich bin dreizehn Tage hier in Brundisium bei M. Laenius Flaccus gewesen, einem trefflichen Manne, der sein Leben und Vermögen für mich aufs Spiel gesetzt hat und sich durch die Strafen des niederträchtigen Gesetzes nicht abhalten ließ, mir zu gewähren, was Gastrecht und Freundespflicht gebieten. Ach, könnte ich ihm doch einst mit der Tat danken! Im Herzen bleibe ich ihm ewig dankbar. Von Brundisium reise ich heute, am 29. April, ab. Ich gedenke, durch Macedonien nach Cyzicus zu gehen.

Ich armer, elender Mensch! Soll ich Dich jetzt bitten, zu mir zu kommen, Dich, eine kranke, an Leib und Seele gebrochene Frau? Soll ich Dich nicht bitten, also ohne Dich sein? Ich denke, ich mache es so: besteht noch eine Spur von Hoffnung auf Begnadigung für mich, dann geh ihr nach und fördere die Sache; ist es aber aus, wie ich befürchte, dann sieh zu, daß Du auf jeden Fall zu mir kommst! Ich sage Dir nur dies eine: wenn ich Dich habe, komme ich mir nicht gänzlich verloren vor!

Aber was soll mit meiner kleinen Tullia werden? Das müßt Ihr

dest consilium. sed certe, quoquo modo se res habebit, illius misellae et matrimonio et famae serviendum
est.

Quid? Cicero meus quid aget? iste vero sit in sinu
semper et complexu meo. non queo plura iam scribere;
impedit maeror.

Tu quid egeris, nescio, utrum aliquid teneas an,
quod metuo, plane sis spoliata.

Pisonem, ut scribis, spero fore semper nostrum. 4
de familia liberata nihil est quod te moveat. primum
tuis ita promissum est, te facturam esse, ut quisque
esset meritus; est autem in officio adhuc Orpheus,
praeterea magno opere nemo; ceterorum servorum
ea causa est, ut, si res a nobis abisset, liberti nostri
essent, si obtinere potuissent; sin ad nos pertinerent,
servirent praeterquam oppido pauci. sed haec minora
sunt.

Tu quod me hortaris, ut animo sim magno et spem 5
habeam reciperandae salutis, id velim sit eius modi,
ut recte sperare possimus. nunc miser quando tuas
iam litteras accipiam? quis ad me perferet? quas ego
exspectassem Brundisi, si esset licitum per nautas,
qui tempestatem praetermittere noluerunt.

Quod reliquum est, sustenta te, mea Terentia, ut
potes honestissime. viximus, floruimus; non vitium
nostrum sed virtus nostra nos adflixit; peccatum est
nullum, nisi quod non una animam cum ornamentis
amisimus. sed si hoc fuit liberis nostris gratius, nos
vivere, cetera, quamquam ferenda non sunt, feramus.
atque ego, qui te confirmo, ipse me non possum.

Clodium Philhetaerum, quod valetudine oculorum 6
impediebatur, hominem fidelem, remisi. Sallustius
officio vincit omnis. Pescennius est perbenevolus

schon entscheiden; ich weiß da nicht zu raten. Doch was Ihr auch tut, jedenfalls muß man daran denken, daß die Ärmste ihre Ehe und ihren Ruf nicht gefährdet.

Und wie wird es meinem Cicero ergehen? Ihn will ich immerfort an die Brust drücken und in meinen Armen halten können. Mehr vermag ich davon nicht zu schreiben, der Kummer übermannt mich.

Wie es Dir ergangen ist, weiß ich nicht, ob Du noch etwas Dein eigen nennst, oder ob man Dir, wie ich befürchte, alles genommen hat.

Piso wird also hoffentlich, wie Du schreibst, immer zu uns halten. Daß ich dem Gesinde die Freiheit geschenkt habe, braucht Dich nicht zu beunruhigen. Erstens ist Deinen Sklaven nur in Aussicht gestellt worden, daß Du mit ihnen verfahren würdest, wie ein jeder es verdiene. Seine Pflicht tut bisher nur Orpheus, sonst keiner so recht. Die rechtliche Lage der übrigen Sklaven ist die, daß sie, falls mein Vermögen verloren geht, als meine Freigelassenen gelten, falls es ihnen glückt, das anerkannt zu sehen; gehören sie uns weiter, dann bleiben sie Sklaven außer ganz wenigen. Aber das alles ist nicht so wichtig.

Du ermahnst mich, wohlgemut zu sein und die Hoffnung auf Begnadigung nicht fahren zu lassen. Ach, dürfte ich doch ernstlich darauf hoffen! Wann erhalte ich Ärmster jetzt wieder Nachricht von Dir? Wer soll sie mir überbringen? Ich würde sie hier in Brundisium abwarten, wenn die Schiffer nichts dagegen hätten; aber sie wollen das gute Wetter nicht ungenutzt lassen.

Im übrigen, meine Terentia, trag alles mit Anstand, so gut Du kannst! Wir haben gelebt und sind glücklich gewesen; nicht meine Fehler, meine Tugenden haben mich ins Unglück gestürzt. Mein einziges Vergehen ist, daß ich nicht zugleich mit allem Glanz auch mein Leben verloren habe. Aber wenn's für unsre Kinder besser ist, daß ich am Leben geblieben bin, dann will ich alles andre auf mich nehmen, wenn's auch kaum zu tragen ist. Sieh, da will ich Dich aufrichten und kann mich selbst nicht trösten!

Clodius Philhetaerus hat etwas mit den Augen, und so habe ich den braven Kerl nach Hause geschickt. Sallust übertrifft alle an Diensteifer. Pescennius ist mir herzlich zugetan, und ich hoffe, er wird Dir

nobis; quem semper spero tui fore observantem. Sicca
dixerat se mecum fore, sed Brundisio discessit.

Cura, quod potes, ut valeas et sic existimes, me
vehementius tua miseria quam mea commoveri. mea
Terentia, fidissima atque optima uxor, et mea carissima filiola et spes reliqua nostra, Cicero, valete.

Pr. Kal. Mai. Brundisio.

II.
TVLLIVS S. D. TERENTIAE SVAE ET TVLLIO-
LAE ET CICERONI SVIS.

Noli putare me ad quemquam longiores epistulas 1
scribere, nisi si quis ad me plura scripsit, cui puto
rescribi oportere; nec enim habeo, quid scribam, nec
hoc tempore quicquam difficilius facio; ad te vero et
ad nostram Tulliolam non queo sine plurimis lacrimis scribere; vos enim video esse miserrimas, quas
ego beatissimas semper esse volui, idque praestare
debui et, nisi tam timidi fuissemus, praestitissem.

Pisonem nostrum merito eius amo plurimum. eum, 2
ut potui, per litteras cohortatus sum gratiasque egi,
ut debui.

In novis tr. pl. intellego spem te habere. id erit firmum, si Pompei voluntas erit; sed Crassum tamen
metuo.

A te quidem omnia fieri fortissime et amantissime
video nec miror, sed maereo casum eius modi, ut tantis tuis miseriis meae miseriae subleventur. nam ad
me P. Valerius, homo officiosus, scripsit, id quod ego
maximo cum fletu legi, quem ad modum a Vestae ad
tabulam Valeriam ducta esses. hem, mea lux, meum
desiderium, unde omnes opem petere solebant! te
nunc, mea Terentia, sic vexari, sic iacere in lacrimis et
sordibus, idque fieri mea culpa, qui ceteros servavi, ut
nos periremus!

stets gefällig sein. Sicca hatte sich erboten, bei mir zu bleiben, aber er hat sich hier in Brundisium von mir getrennt.

Sorge, so gut Du kannst, für Deine Gesundheit und sei überzeugt, Dein Elend geht mir mehr zu Herzen als mein eigenes! Leb' wohl, meine Terentia, mein treues, braves Weib, und Du, mein liebstes Töchterchen, mein Cicero, meine ganze Hoffnung, lebt wohl! Brundisium, den 29. April (58)

2.

Tullius

grüßt

seine Terentia, seine Tullia und seinen Cicero.

Denk' nicht, ich schriebe jemandem längere Briefe, außer wenn jemand mir ausführlich schreibt und ich mich verpflichtet fühle zu antworten! Ich weiß ja auch gar nicht, was ich schreiben sollte, und nichts ist mir zur Zeit ungelegener. An Dich aber und an unsre Tullia kann ich nicht ohne heiße Tränen schreiben. Ich sehe Euch ja im tiefsten Elend, die ich stets im höchsten Glück zu sehen wünschte, und dafür hätte ich einstehen müssen und hätte es auch getan, wenn ich nicht so ängstlich gewesen wäre.

Unsern Piso habe ich herzlich lieb, wie er's verdient. Ich habe ihm brieflich nach Kräften zugeredet und mich pflichtgemäß bei ihm bedankt.

Wie ich sehe, setzt Du Deine Hoffnung auf die neuen Volkstribunen. Darauf kann man sich nur verlassen, wenn Pompeius einverstanden ist; doch habe ich Angst vor Crassus.

Ich sehe, wie tapfer und liebreich Du alles anfaßt, und wundere mich nicht darüber, nur bekümmert mich dieser absonderliche Zustand, daß Du in all Deinem Elend mir in meinem Elend unter die Arme greifen mußt. Hat mir doch P. Valerius, gefällig wie immer, geschrieben, was ich nur unter heißen Tränen gelesen habe, wie man Dich vom Vestatempel zur Tabula Valeria geschleppt hat. Ach, mein Licht und meine Sehnsucht, an die sich sonst alle wandten, wenn sie Hilfe brauchten! Daß Du, meine Terentia, jetzt so leiden mußt, so in Trauer und Tränen darniederliegst, und daß ich schuld daran bin, der ich alle andern gerettet habe, um selbst ins Elend zu geraten!

Quod de domo scribis, hoc est de area, ego vero 3
tum denique mihi videbor restitutus, si illa nobis erit
restituta. verum haec non sunt in nostra manu; illud
doleo, quae impensa faciendast, in eius partem te
miseram et despoliatam venire. quod si conficitur
negotium, omnia consequemur; sin eadem nos fortuna premet, etiamne reliquias tuas misera proicies?
obsecro te, mea vita, quod ad sumptum attinet, sine
alios, qui possunt, si modo volunt, sustinere et valetudinem istam infirmam, si me amas, noli vexare. nam
mihi ante oculos dies noctesque versaris; omnis
labores te excipere video; timeo, ut sustineas. sed
video in te esse omnia. quare, ut id, quod speras et
quod agis, consequamur, servi valetudini.

Ego ad quos scribam nescio, nisi ad eos, qui ad me 4
scribunt, aut ad eos, de quibus ad me vos aliquid
scribitis. longius, quoniam ita vobis placet, non disce-
dam; sed velim quam saepissime litteras mittatis,
praesertim si quid est firmius, quod speremus.
    Valete, mea desideria, valete.
    D. a. d. III Non. Oct. Thessalonica.

III.
TVLLIVS TERENTIAE SVAE, TVLLIOLAE
SVAE, CICERONI SVO S. D.

Et litteris multorum et sermone omnium perfertur 1
ad me incredibilem tuam virtutem et fortitudinem esse
teque nec animi neque corporis laboribus defetigari.
me miserum! te ista virtute, fide, probitate, humanitate in tantas aerumnas propter me incidisse, Tulliolam-
que nostram, ex quo patre tantas voluptates capiebat,
ex eo tantos percipere luctus! nam quid ego de Cice-
rone dicam? qui cum primum sapere coepit, acerbissi-
mos dolores miseriasque percepit. quae si, tu ut scri-

Du schreibst von unserm Hause, d. h. von dem Grundstück; ich werde mich erst dann wiederhergestellt fühlen, wenn wir es zurückerhalten haben. Aber das steht nicht bei uns. Ich bedaure nur, daß für die unvermeidlichen Aufwendungen zum Teil auch Du in Deinem Elend und ausgeplündert, wie Du bist, aufkommen sollst. Geht die Sache gut, dann werden wir alles wiederbekommen; solltest Du aber mein Schicksal teilen müssen, willst Du Ärmste dann auch noch das Letzte opfern, was Dir geblieben ist? Ich beschwöre Dich, mein Herz, die Kosten laß andre tragen, die es können, wenn sie nur wollen, und gefährde bitte nicht Deine an sich schon schwache Gesundheit. Ich habe Dein Bild Tag und Nacht vor Augen, sehe, wie Du alle Mühsal auf Dich nimmst, und sorge mich, daß Du nicht durchhältst. Aber freilich, alles hängt von Dir ab. Darum hab' acht auf Deine Gesundheit, damit wir erreichen, was Du erhoffst und betreibst.

Ich wüßte nicht, an wen ich schreiben sollte, es sei denn an die, die mir schreiben, oder an solche, von denen Ihr mir etwas schreibt. Eurem Wunsche gemäß werde ich mich nicht weiter entfernen; aber schreibt mir doch bitte recht oft, besonders, wenn unsre Aussichten sich bessern!

Lebt wohl, meine Lieben, lebt wohl!

Gegeben am 5. Oktober (58) zu Thessalonich.

3 (1).
Tullius
grüßt
seine Terentia, seine Tullia und seinen Cicero.

Aus Briefen von vielen Seiten entnehme ich, und alle Welt redet davon, wie unglaublich forsch und tüchtig Du bist und Dich weder von seelischen noch von körperlichen Drangsalen unterkriegen läßt. Ich armer Kerl! Daß eine so tüchtige, treue, brave, gute Frau wie Du meinetwegen in solche Mühsal geraten mußte, und daß unsre Tullia durch denselben Vater, der sie so glücklich machte, in solches Leid gestürzt wird! Von Cicero mag ich schon gar nicht reden. Kaum ist er zu bewußtem Leben erwacht, da muß er auch schon bitterstes Weh und Ungemach kennenlernen! Wenn ich glauben könnte, daß das, wie Du schreibst, Schicksalsschläge sind,

bis, 'fato facta' putarem, ferrem paulo facilius; sed
omnia sunt mea culpa commissa, qui ab iis me amari
putabam, qui invidebant, eos non sequebar, qui pete-
bant. quod si nostris consiliis usi essemus neque apud 2
nos tantum valuisset sermo aut stultorum amicorum
aut improborum, beatissimi viveremus. nunc quoniam
sperare nos amici iubent, dabo operam, ne mea valetudo tuo labori desit. res quanta sit, intellego, quantoque fuerit facilius manere domi quam redire; sed
tamen, si omnes tr. pl. habemus, si Lentulum tam
studiosum, quam videtur, si vero etiam Pompeium
et Caesarem, non est desperandum.

De familia quo modo placuisse scribis amicis, facie- 3
mus.

De loco nunc quidem iam abiit pestilentia, sed
quam diu fuit, me non attigit. Plancius, homo officiosissimus, me cupit esse secum et adhuc retinet. ego
volebam loco magis deserto esse in Epiro, quo neque
Piso veniret nec milites, sed adhuc Plancius me retinet;
sperat posse fieri, ut mecum in Italiam decedat. quem
ego diem si videro et si in vestrum complexum venero
ac si et vos et me ipsum receperaro, satis magnum
mihi fructum videbor percepisse et vestrae pietatis et
meae.

Pisonis humanitas, virtus, amor in omnis nos tantus 4
est, ut nihil supra possit. utinam ea res ei voluptati sit!
gloriae quidem video fore.

De Quinto fratre nihil ego te accusavi, sed vos,
cum praesertim tam pauci sitis, volui esse quam coniunctissimos.

Quibus me voluisti agere gratias, egi et me a te 5
certiorem factum esse scripsi.

Quod ad me, mea Terentia, scribis te vicum ven-
dituram, quid, obsecro te, me miserum! quid futurum

würde ich ein wenig leichter damit fertig werden; aber alles habe ich selbst verschuldet, der ich mich von denen geliebt wähnte, die mich beneideten, und nicht denen folgte, die mich suchten! Hätte ich mich auf mich selbst verlassen und nicht so viel auf das Gerede törichter oder niederträchtiger Freunde gegeben, dann fehlte mir jetzt nichts zu meinem Glück. Aber die Freunde heißen mich ja nun hoffen, und so will ich mich bemühen, daß mein Zustand Dich in Deinen Unternehmungen nicht lähmt. Wie groß die Schwierigkeiten sind, weiß ich, und wieviel einfacher es gewesen wäre, daheim zu bleiben als heimzukehren; trotzdem, wenn wir alle Volkstribunen für uns haben, wenn Lentulus sich so energisch für mich einsetzt, wie es den Anschein hat, wenn vollends Pompeius und Caesar einverstanden sind, brauche ich nicht verzagen.

Mit dem Gesinde wollen wir es so machen, wie unsre Freunde es Deinem Brief zufolge für ratsam halten.

Die Seuche hier ist jetzt abgeklungen; mich hat sie, während sie wütete, nicht befallen. Plancius ist ein reizender Mensch; er wünscht, mich bei sich zu haben, und läßt mich bis jetzt nicht los. Ich möchte in einsamerer Gegend in Epirus sein, wohin sich Piso mit seinen Soldaten kaum verirren wird; doch bislang hält Plancius mich fest. Er macht sich Hoffnungen, möglicherweise mit mir zusammen heimzureisen. Erlebe ich diesen Tag, kann Euch in die Arme schließen und finde zu Euch und zu mir selbst zurück, dann werde ich mich hinreichend belohnt fühlen für Eure und meine treue Liebe.

Piso wird in seiner Freundlichkeit, Entschlossenheit und Liebe zu uns allen von niemand übertroffen. Möchte er Freude daran haben! Ehre wird es ihm bestimmt eintragen!

Was Bruder Quintus angeht, wollte ich Dir keine Vorwürfe machen; mir lag nur daran, daß Ihr fest zusammenhieltet, zumal Ihr so wenige seid.

Den Leuten, bei denen ich mich Deinem Wunsche gemäß bedanken sollte, habe ich gedankt und ihnen geschrieben, daß Du mir Bericht erstattet habest.

Du schreibst mir, meine Terentia, Du wollest einen Häuserkomplex verkaufen. Ich armer Kerl! Ich beschwöre Dich, worauf soll das hinaus? Und wenn uns dasselbe Los trifft, was soll aus dem

est? et si nos premet eadem fortuna, quid puero
misero fiet? non queo reliqua scribere; tanta vis
lacrimarum est; neque te in eundem fletum adducam;
tantum scribo: si erunt in officio amici, pecunia non
derit; si non erunt, tu efficere tua pecunia non poteris.
per fortunas miseras nostras, vide, ne puerum perditum perdamus; cui si aliquid erit, ne egeat, mediocri
virtute opus est et mediocri fortuna, ut cetera consequatur.

Fac valeas et ad me tabellarios mittas, ut sciam, quid 6
agatur et vos quid agatis. mihi omnino iam brevis
exspectatio est.

Tulliolae et Ciceroni salutem dic. valete.

D. a. d. VI Kal. Dec. Dyrrhachi.

Dyrrhachium veni, quod et libera civitas est et in 7
me officiosa et proxima Italiae; sed si offendet me loci
celebritas, alio me conferam, ad te scribam.

IV.
TVLLIVS S. D. TERENTIAE SVAE ET
TVLLIAE ET CICERONI.

Accepi ab Aristocrito tris epistulas, quas ego lacri- 1
mis prope delevi; conficior enim maerore, mea Terentia, nec meae me miseriae magis excruciant quam tuae
vestraeque; ego autem hoc miserior sum quam tu,
quae es miserruma, quod ipsa calamitas communis est
utriusque nostrum, sed culpa mea propria est. meum
fuit officium vel legatione vitare periculum vel diligentia et copiis resistere vel cadere fortiter. hoc miserius, turpius, indignius nobis nihil fuit.

Quare cum dolore conficiar tum etiam pudore; 2
pudet enim me uxori meae optimae, suavissimis liberis
virtutem et diligentiam non praestitisse. nam mi ante

armen Jungen werden? Ich kann nicht weiterschreiben, so strömen
mir die Tränen. Aber ich will nicht auch Dich noch zum Weinen
bringen und sage nur soviel: tun unsre Freunde ihre Pflicht, dann
fehlt es uns nicht an Geld; andernfalls läßt sich mit Deinem Gelde
auch nicht viel ausrichten. Bei unserm jammervollen Schicksal! –
sieh zu, daß wir den armen Jungen nicht noch ärmer machen!
Wenn ihm nur etwas bleibt, daß er nicht zu darben braucht, dann
braucht's nur ein bißchen Tüchtigkeit und ein wenig Glück, daß
er weiterkommt.

Bleib gesund und schicke mir Kuriere, damit ich weiß, was vorgeht und wie es Euch geht! Auf jeden Fall brauche ich auf die Entscheidung nicht mehr lange zu warten.

Grüße Tullia und Cicero! Lebt wohl!

Gegeben am 25. November (58) zu Dyrrhachium.

(PS) Ich bin nach Dyrrhachium gegangen, weil es eine freie
Stadt ist, sich mir verpflichtet fühlt und Italien am nächsten liegt.
Falls es mir hier zu lebhaft wird, gehe ich anderswohin und gebe
Dir Nachricht.

4 (3).
Tullius
grüßt
seine Terentia, Tullia und Cicero.

Aristocritus hat mir drei Briefe gebracht; meine Tränen haben
sie nahezu unleserlich gemacht. Ich verzehre mich in Gram, meine
Terentia, und Dein und Euer Elend quält mich nicht weniger als
mein eigenes. Ich aber bin darum schlimmer dran als Du, die Du
schon tiefunglücklich bist, weil das Ungemach selbst zwar uns
beiden gemeinsam ist, die Schuld aber allein bei mir liegt. Meine
Pflicht wäre es gewesen, mich durch Annahme der Legatenstelle
der Gefahr zu entziehen, mich umsichtig und wohlgerüstet zur
Wehr zu setzen oder tapfer zu fallen; dieser Zustand ist schlimmer,
schimpflicher und meiner unwürdiger als alles andre.

Darum vergehe ich vor Kummer und Scham. Ja, ich schäme
mich vor meiner prächtigen Frau, vor meinen reizenden Kindern,
daß ich es an Energie und Umsicht habe fehlen lassen. Tag und
Nacht steht mir Euer Jammer, Euer Gram und Deine mitgenom-

oculos dies noctesque versatur squalor vester et maeror et infirmitas valetudinis tuae, spes autem salutis
pertenuis ostenditur. inimici sunt multi, invidi paene
omnes; eicere nos magnum fuit, excludere facile est.
sed tamen, quam diu vos eritis in spe, non deficiam,
ne omnia mea culpa cecidisse videantur.

Ut tuto sim, quod laboras, id mihi nunc facillimum 3
est, quem etiam inimici volunt vivere in tantis miseriis;
ego tamen faciam, quae praecipis.

Amicis, quibus voluisti, egi gratias et eas litteras
Dexippo dedi meque de eorum officio scripsi a te certiorem esse factum.
Pisonem nostrum mirifico esse studio in nos et
officio et ego perspicio et omnes praedicant. di faxint,
ut tali genero mihi praesenti tecum simul et cum
liberis nostris frui liceat!

Nunc spes reliqua est in novis tr. pl. et in primis
quidem diebus; nam si inveterarit, actum est. ea re ad 4
te statim Aristocritum misi, ut ad me continuo initia
rerum et rationem totius negotii posses scribere; etsi
Dexippo quoque ita imperavi, statim ut recurreret,
et ad fratrem misi, ut crebro tabellarios mitteret. nam
ego eo nomine sum Dyrrhachi hoc tempore, ut quam
celerrime, quid agatur, audiam, et sum tuto; civitas
enim haec semper a me defensast. cum inimici nostri
venire dicentur, tum in Epirum ibo.

Quod scribis te, si velim, ad me venturam, ego 5
vero, cum sciam magnam partem istius oneris abs te
sustineri, te istic esse volo. si perficitis, quod agitis,
me ad vos venire oportet; sin autem–sed nihil opus
est reliqua scribere. ex primis aut summum secundis

mene Gesundheit vor Augen, und nur eine ganz schwache Hoffnung auf Rettung zeigt sich mir. Viele sind mir feind, fast alle beneiden mich. Es war nicht ganz einfach, mich hinauszuwerfen; jetzt haben sie es leicht, mich nicht wieder einzulassen. Und doch, solange Ihr noch Hoffnung habt, will ich nicht aufgeben, damit es nicht so aussieht, als wäre alles durch meine Schuld verdorben worden.

Du sorgst Dich, ob ich auch in Sicherheit bin; nun, das ist jetzt das wenigste, wo auch meine Feinde nichts dagegen haben, daß ich in diesem Elend weiterlebe; immerhin werde ich Eure Weisungen befolgen.

Bei meinen Freunden habe ich mich, wie Du es wünschtest, bedankt, habe die entsprechenden Briefe Dexippus mitgegeben und ihnen geschrieben, Du habest mir von ihren Diensten berichtet.

Daß unser Piso sich mit riesigem Eifer und Pflichtbewußtsein für mich einsetzt, sehe ich wohl, und alle sind des Lobes voll. Mögen die Götter geben, daß es mir vergönnt ist, mich persönlich zusammen mit Dir und unsern Kindern dieses prachtvollen Schwiegersohnes zu erfreuen!

Jetzt ruht alle meine Hoffnung auf den neuen Volkstribunen, und zwar auf den ersten Tagen ihrer Amtszeit; wird die Sache auf die lange Bank geschoben, dann ist es nämlich aus. Darum schicke ich Dir Aristocritus gleich zurück, damit Du mir sofort Nachricht geben kannst, wie die ganze Sache sich anläßt und welchen Verlauf sie nimmt; allerdings habe ich auch schon Dexippus befohlen, gleich wieder hierher zu kommen, und auch meinem Bruder geschrieben, recht häufig Boten zu schicken. Denn das ist ja der Grund, weshalb ich mich zur Zeit in Dyrrhachium aufhalte: ich möchte so schnell wie möglich wissen, was vorgeht, und außerdem bin ich hier ungefährdet; ich habe diese Stadt ja immer in Schutz genommen. Höre ich, daß meine Feinde im Anmarsch sind, gehe ich nach Epirus.

Du schreibst, wenn ich es wünschte, würdest Du zu mir kommen. Aber ich weiß ja, die Hauptlast dort liegt auf Deinen Schultern, und so ist es mir lieber, Du bist dort. Wenn Ihr mit Euern Unternehmungen Erfolg habt, darf ich zu Euch kommen; wenn nicht – nun, es hat keinen Zweck, sich das Weitere auszumalen.

litteris tuis constituere poterimus, quid nobis faciendum sit; tu modo ad me velim omnia diligentissime perscribas; etsi magis iam rem quam litteras debeo exspectare.

Cura, ut valeas et ita tibi persuadeas, mihi te carius nihil esse nec umquam fuisse. vale, mea Terentia; quam ego videre videor itaque debilitor lacrimis. vale.

Pr. Kal. Dec.

V.
TVLLIVS S. D. TERENTIAE SVAE.

Si tu et Tullia, lux nostra, valetis, ego et suavissi- 1 mus Cicero valemus.

Pr. Id. Oct. Athenas venimus, cum sane adversis ventis usi essemus tardeque et incommode navigassemus. de nave exeuntibus nobis Acastus cum litteris praesto fuit uno et vicesimo die sane strenue.

Accepi tuas litteras, quibus intellexi te vereri, ne superiores mihi redditae non essent. omnes sunt redditae, diligentissimeque a te perscripta sunt omnia, idque mihi gratissimum fuit.

Neque sum admiratus hanc epistulam, quam Acastus attulit, brevem fuisse; iam enim me ipsum exspectas sive nos ipsos, qui quidem quam primum ad vos venire cupimus, etsi, in quam rem p. veniamus, intellego. cognovi enim ex multorum amicorum litteris, quas attulit Acastus, ad arma rem spectare, ut mihi, cum venero, dissimulare non liceat, quid sentiam. sed quoniam subeunda fortunast, eo citius dabimus operam ut veniamus, quo facilius de tota re deliberemus. tu velim, quod commodo valetudinis tuae fiat, quam longissime poteris, obviam nobis prodeas.

De hereditate Preciana – quae quidem mihi magno 2 dolori est; valde enim illum amavi – sed hoc velim

Nach ein oder zwei Briefen von Dir werde ich mich entscheiden können, was ich zu tun habe. Berichte Du mir nur bitte genauestens über alle Vorgänge! Freilich erwarte ich nachgerade eher die entscheidende Tatsache als Nachrichten über den Verlauf der Dinge.

Hab' acht auf Deine Gesundheit und sei überzeugt, daß Du mir eh und je das Liebste auf der Welt bist! Leb' wohl, meine Terentia; ich meine Dich vor Augen zu sehen, und so zerfließe ich in Tränen. Leb' wohl!

(Dyrrhachium,) den 29. November (58)

5.
Tullius grüßt seine Terentia.

Hoffentlich seid Ihr, Du und Tullia, unser Glück, gut zuwege; ich und unser süßer Cicero sind wohlauf.

Erst am 14. Oktober sind wir hier in Athen eingetroffen; wir hatten ganz ungünstigen Wind, und so ging die Fahrt langsam und unbequem vonstatten. Als wir an Land gingen, stand Acastus mit der Post bereit, nach drei Wochen, eine tüchtige Leistung!

Deinen Brief habe ich erhalten; wie ich aus ihm ersehe, befürchtest Du, die früheren könnten mich nicht erreicht haben. Nun, ich habe sie alle bekommen, und ich danke Dir herzlich, daß Du mir über alles so ausführlich berichtet hast.

Daß der von Acastus überbrachte Brief nur kurz ist, wundert mich gar nicht; natürlich erwartest Du nachgerade mich selbst bzw. uns selbst. Auch wir möchten so bald wie möglich bei Euch sein. Freilich, in welchem Zustande wir den Staat vorfinden werden, ist mir klar. Acastus hat mir eine Menge Briefe von Freunden gebracht, aus denen ich entnehme, daß es nach Krieg aussieht, und so werde ich, wenn ich daheim bin, mit meiner Meinung nicht hinterm Berge halten können. Aber seinem Schicksal kann man doch nicht entgehen, und so will ich mich bemühen, möglichst schnell heimzukommen; um so bequemer können wir die ganze Sache miteinander besprechen. Komm mir doch bitte, falls es ohne Schaden für Deine Gesundheit geschehen kann, so weit wie möglich entgegen!

Was die Erbschaft des Precianus angeht – ich bin sehr traurig darüber, denn ich schätzte den Mann sehr – also sieh doch bitte zu,

cures, si auctio ante meum adventum fiet, ut Pomponius aut, si is minus poterit, Camillus nostrum negotium curet; nos cum salvi venerimus, reliqua per nos
agemus; sin tu iam Roma profecta eris, tamen cura-
bis, ut hoc ita fiat.

Nos, si dii adiuvabunt, circiter Id. Nov. in Italia
speramus fore. vos, mea suavissima et optatissima
Terentia, si nos amatis, curate, ut valeatis. vale.
 Athenis a. d. XVII Kal. Nov.

VI.
TVLLIVS TERENTIAE SVAE ET PATER SVA-
VISSIMAE FILIAE, CICERO MATRI ET SORORI
S. D. P.

Considerandum vobis etiam atque etiam, animae 1
meae, diligenter puto, quid faciatis, Romaene sitis an
mecum an aliquo tuto loco; id non solum meum
consilium est, sed etiam vestrum. mihi veniunt in
mentem haec, Romae vos esse tuto posse per Dolabellam, eamque rem posse nobis adiumento esse, si quae
vis aut si quae rapinae fieri coeperint. sed rursus illud
me movet, quod video omnis bonos abesse Roma et
eos mulieres suas secum habere. haec autem regio, in
qua ego sum, nostrorum est cum oppidorum tum
etiam praediorum, ut et multum esse mecum et, cum
abieritis, commode et in nostris esse possitis. mihi 2
plane non satis constat adhuc, utrum sit melius. vos
videte, quid aliae faciant isto loco feminae et ne, cum
velitis, exire non liceat. id velim diligenter etiam
atque etiam vobiscum et cum amicis consideretis.
domus ut propugnacula et praesidium habeat, Philotimo dicetis; et velim tabellarios instituatis certos,

falls die Versteigerung vor meiner Rückkehr stattfindet, daß Pomponius oder, wenn der nicht recht wohl ist, Camillus meine Interessen wahrnimmt; alles Weitere nehme ich dann selbst in die
Hand, wenn ich wohlbehalten daheim bin; bist Du aber schon
nicht mehr in Rom, so sorge trotzdem dafür, daß es so gemacht
wird.

Mit Gottes Hilfe hoffen wir, etwa am 13. November in Italien
zu sein. Wenn Ihr mich liebhabt, meine liebe, süße Terentia, denkt
an Eure Gesundheit! Leb' wohl!

Athen, den 16. Oktober [1. IX.] (50)

6 (18).
Tullius
seiner Terentia, der Vater seiner süßen Tochter
und
Cicero seiner Mutter und Schwester
einen herzlichen Gruß.

Ihr müßt Euch, glaube ich, immer wieder ernstlich überlegen,
meine Lieben, was Ihr tut, ob Ihr in Rom bleiben oder zu mir
kommen oder an einen sicheren Ort gehen wollt. Darüber muß
nicht nur ich entscheiden, sondern auch Ihr. Ich sage mir, daß Ihr
unter Dolabellas Schutz ruhig in Rom bleiben könnt und daß uns
das vielleicht hilft, falls es zu Gewalttätigkeiten und Plünderungen
kommt. Andrerseits ist aber zu bedenken, daß anscheinend alle
Optimaten nicht mehr in Rom sind und ihre Frauen mitgenommen
haben. In der Gegend hier sind die Städte in unsrer Hand, und wir
haben hier unsre Landgüter, so daß Ihr häufig mit mir zusammen
sein könnt, und wenn Ihr Euch von mir trennt, ungeniert seid und
Euch auf eigenem Grund und Boden befindet. Ich bin mir noch
nicht ganz klar, was das beste ist. Seht Euch einmal um, was andre
Frauen Eures Standes tun, aber verbaut Euch nicht die Möglichkeit herauszukommen, wenn Ihr das wollt. Erwägt das bitte immer
wieder gewissenhaft miteinander und mit unsern Freunden. Sagt
Philotimus, er soll dafür sorgen, daß unser Haus gesichert und be-
wacht wird. Und richtet bitte einen regelmäßigen Kurierdienst ein,
damit ich Tag für Tag Nachricht von Euch bekomme. Vor allem

ut cotidie aliquas a vobis litteras accipiam; maxime
autem date operam, ut valeatis, si nos vultis valere.
  VIIII Kal. Formiis.

VII.

TVLLIVS TERENTIAE ET PATER TVLLIAE,
DVABVS ANIMIS SVIS, ET CICERO MATRI
OPTIMAE, SVAVISSIMAE SORORI S. P. D.

  Si vos valetis, nos valemus.   1
  Vestrum iam consilium est, non solum meum,
quid sit vobis faciendum. si ille Romam modeste
venturus est, recte in praesentia domi esse potestis;
sin homo amens diripiendam urbem daturus est, vereor, ut Dolabella ipse satis nobis prodesse possit.
etiam illud metuo, ne iam intercludamur, ut, cum
velitis, exire non liceat. reliquum est, quod ipsae
optime considerabitis, vestri similes feminae sintne
Romae; si enim non sunt, videndum est, ut honeste
vos esse possitis. quo modo quidem nunc se res habet, modo ut haec nobis loca tenere liceat, bellissime
vel mecum vel in nostris praediis esse poteritis. etiam
illud verendum est, ne brevi tempore fames in urbe sit.
  His de rebus velim cum Pomponio, cum Camillo,   2
cum quibus vobis videbitur, consideretis, ad summam animo forti sitis.
  Labienus rem meliorem fecit; adiuvat etiam Piso,
quod ab urbe discedit et sceleris condemnat generum
suum.
  Vos, meae carissimae animae, quam saepissime ad
me scribite, et vos quid agatis et quid istic agatur.
  Quintus pater et filius et Rufus vobis s. d.
  Valete.
  VIII Kal. Menturnis.

aber denkt an Eure Gesundheit, wenn Euch daran liegt, daß wir gut zuwege sind!

Formiae, den 22. (Januar 49) [5. XII. 50]

7 (14).
Tullius
seiner Terentia und der Vater seiner Tullia,
seinen Lieblingen,
und
Cicero seiner herzensguten Mutter und seiner süßen Schwester
einen herzlichen Gruß

Hoffentlich seid Ihr wohlauf; ich bin gut zuwege.

Jetzt müßt Ihr, und nicht nur ich, eine Entscheidung treffen, was Ihr tun wollt. Mäßigt ER sich bei seinem Einzuge in Rom, dann könnt Ihr fürs erste ungeniert daheim bleiben; gibt er aber in seiner Wut die Stadt der Plünderung preis, dann, fürchte ich, kann selbst Dolabella uns nicht viel nützen. Auch fürchte ich, daß wir demnächst abgeschnitten werden und es Euch dann nicht mehr freisteht, wenn Ihr herauskommen wollt. Im übrigen werdet Ihr selbst am besten beurteilen können, ob andre Frauen, die in ähnlicher Lage sind, sich noch in Rom befinden; wenn nicht, könnt auch Ihr anstandshalber nicht bleiben. Wie es augenblicklich steht, könnt Ihr, vorausgesetzt, daß wir diese Gegend hier halten, ganz gut bei mir oder auf unsern Gütern weilen. Auch steht zu befürchten, daß in der Stadt sehr bald Hungersnot eintritt.

Sprecht doch bitte über all diese Fragen mit Pomponius, Camillus oder sonstwem, kurz, laßt den Kopf nicht hängen!

Labienus hat unsrer Sache Auftrieb gegeben; auch Piso greift uns damit unter die Arme, daß er die Stadt verläßt und so seinen Schwiegersohn zum Verbrecher stempelt.

Schreibt mir recht häufig, meine Lieben, wie es Euch geht und was dort passiert!

Quintus Vater und Sohn und Rufus lassen Euch grüßen.

Lebt wohl!

Menturnae, den 23. Januar (49) [6. XII. 50]

VIII.
TVLLIVS TERENTIAE SVAE S. P.

Omnis molestias et sollicitudines, quibus et te 1
miserrimam habui, id quod mihi molestissimum est,
et Tulliolam, quae nobis nostra vita dulcior est, deposui et eieci. quid causae autem fuerit, postridie
intellexi, quam a vobis discessi. χολὴν ἄκρατον noctu
eieci; statim ita sum levatus, ut mihi deus aliquis medicinam fecisse videatur; cui quidem tu deo, quem ad
modum soles, pie et caste satis facies, id est Apollini
et Aesculapio.

Navem spero nos valde bonam habere. in eam simul 2
atque conscendi, haec scripsi. deinde conscribam ad
nostros familiaris multas epistulas, quibus te et Tulliolam nostram diligentissime commendabo.

Cohortarer vos, quo animo fortiores essetis, nisi
vos fortiores cognossem quam quemquam virum. et
tamen eius modi spero negotia esse, ut et vos istic
commodissime sperem esse et me aliquando cum similibus nostri rem p. defensuros.

Tu primum valetudinem tuam velim cures; deinde, 3
si tibi videbitur, villis iis utere, quae longissime ab-
erunt a militibus. fundo Arpinati bene poteris uti cum
familia urbana, si annona carior fuerit.

Cicero bellissimus tibi salutem plurimam dicit.
Etiam atque etiam vale.
D. VII. Id. Iun.

IX.
TVLLIVS SVIS S. D.

Nec saepe est, cui litteras demus, nec rem habemus
ullam, quam scribere velimus.

Ex tuis litteris, quas proxime accepi, cognovi praedium nullum venire potuisse. quare videatis velim,
quo modo satis fiat ei, cui scitis me satis fieri velle.

8 (7).
Tullius seiner Terentia einen herzlichen Gruß.

Alle Beschwerden und Aufregungen, mit denen ich Dich so unglücklich gemacht habe, was mir besonders leid tut, und nicht weniger unsre Tullia, die mir lieber als mein Leben ist, habe ich von mir getan und abgeworfen. Was der Anlaß gewesen ist, habe ich tags nach meinem Weggange von Euch gemerkt. In der Nacht habe ich reine Galle gespien, und gleich fühlte ich mich erleichtert. Ein Gott scheint mich geheilt zu haben; diesem Gotte wirst Du also, wie es Deine Art ist, gottesfürchtig und fromm, Genüge tun, das heißt: dem Apoll und dem Aesculap.

Ich glaube, ich habe ein sehr gutes Schiff. Diese Zeilen schreibe ich, nachdem ich eben an Bord gegangen bin. Hernach will ich noch eine Reihe Briefe an unsre Freunde schreiben und Ihnen Dich und unsre Tullia warm ans Herz legen.

Ich würde Euch gute Ratschläge erteilen, damit Ihr um so tapferer seiet, wenn ich nicht wüßte, daß Ihr tapferer als mancher Mann seid. Jedoch ist alles hoffentlich so geordnet, daß es Euch dort an nichts fehlt und ich endlich mit meinen Gesinnungsgenossen den Staat verteidigen kann.

Hab' Du in erster Linie acht auf Deine Gesundheit; sodann bediene Dich, wenn Du es für nötig hältst, der Landhäuser, die am weitesten von den Soldaten entfernt sind. In Arpinum könntest Du mit der Dienerschaft aus der Stadt gut unterkommen, falls die Lebensmittel knapp werden.

Unser süßer Cicero läßt Dich herzlich grüßen.

Leb' herzlich wohl!

(An Bord bei Formiae,) den 7. Juni [16. IV.] (49)

9 (6).
Tullius grüßt die Seinigen.

Nur selten finde ich jemanden, dem ich einen Brief mitgeben könnte; aber es gibt auch nichts, was ich gern schreiben möchte.

Aus Deinem kürzlich erhaltenen Briefe ersehe ich, daß keins unsrer Landgüter verkäuflich gewesen ist. Seht also bitte zu, wie der Mann befriedigt werden kann, den ich, wie Ihr wißt, befriedigt sehen möchte.

Quod nostra tibi gratias agit, id ego non miror te mereri, ut ea tibi merito tuo gratias agere possit.

Pollicem, si adhuc non est profectus, quam primum fac extrudas.

Cura, ut valeas.

Id. Quinct.

X.
TVLLIVS TERENTIAE SVAE S. D.

Quod nos in Italiam salvos venisse gaudes, perpetuo gaudeas velim; sed perturbati dolore animi magnisque iniuriis metuo, ne id consilii ceperimus, quod non facile explicare possimus. quare, quantum potes, adiuva; quid autem possis, mihi in mentem non venit. in viam quod te des hoc tempore, nihil est. et longum est iter et non tutum, et non video, quid prodesse possis, si veneris.

Vale.

D. pr. Non. Nov. Brundisio.

XI.
TVLLIVS TERENTIAE SVAE S. D.

In maximis meis doloribus excruciat me valetudo Tulliae nostrae, de qua nihil est, quod ad te plura scribam; tibi enim aeque magnae curae esse certo scio.

Quod me propius vultis accedere, video ita esse faciendum et iam ante fecissem, sed me multa impediverunt, quae ne nunc quidem expedita sunt. sed a Pomponio exspecto litteras; quas ad me quam primum perferendas cures velim.

Da operam, ut valeas.

Daß unsre Tullia sich bei Dir bedankt – nun, daß es Dein Verdienst ist, wenn sie sich verdientermaßen bei Dir bedanken kann, wundert mich gar nicht.

Falls Pollex noch nicht unterwegs ist, bring' ihn möglichst bald auf die Beine!

Halt Dich munter!

(Dyrrhachium,) den 15. Quinctilis [13. V.] (48)

10 (12).
Tullius grüßt seine Terentia.

Du freust Dich, daß ich heil nach Italien zurückgekommen bin; hoffentlich bleibt es dabei! Aber Gram und schwere Unbill stören mich auf und lassen mich befürchten, daß ich einen Entschluß gefaßt habe, aus dessen Folgen ich mich nur schwer herauswinden kann. Darum hilf mir, so gut Du kannst; freilich, was Du für mich tun könntest, weiß ich nicht. Daß Du Dich augenblicks auf den Weg machst, ist nicht erforderlich; die Reise ist weit und nicht ungefährlich, und ich sehe auch nicht, wie Du helfen könntest, wenn Du kommst.

Leb' wohl!

Gegeben am 4. November [30. VIII.] (48) zu Brundisium

11 (19).
Tullius grüßt seine Terentia.

In all meinem tiefen Gram ängstigt mich der Gesundheitszustand unsrer Tullia. Mehr brauche ich dazu nicht zu sagen; ich weiß ja, daß Du Dir ebensoviel Sorge um sie machst.

Ihr wollt, daß ich näher herankomme, und ich weiß, daß es geschehen muß, und es wäre schon geschehen, wenn sich mir nicht mancherlei in den Weg gestellt hätte, womit ich auch jetzt noch nicht klargekommen bin. Aber ich erwarte einen Brief von Pomponius; sorg' doch bitte dafür, daß er mir möglichst bald zugestellt wird!

Halt Dich munter!

(Brundisium, den 27. November [22. IX.] 48)

XII.
TVLLIVS TERENTIAE SVAE S. P.

Ad ceteras meas miserias accessit dolor et de Dolabellae valetudine et de Tulliae. omnino de omnibus
rebus nec quid consilii capiam nec quid faciam, scio.

Tu velim tuam et Tulliae valetudinem cures. vale.

XIII.
TVLLIVS TERENTIAE SVAE S. D.

S. v. b. e. v.

Si quid haberem, quod ad te scriberem, facerem id
et pluribus verbis et saepius. nunc, quae sint negotia,
vides; ego autem quo modo sim adfectus, ex Lepta
et Trebatio poteris cognoscere.

Tu fac, ut tuam et Tulliae valetudinem cures. vale.

XIV.
TVLLIVS TERENTIAE SVAE S. D.

S. v. b. e. v.

Etsi eius modi tempora nostra sunt, ut nihil habeam,
quod aut a te litterarum exspectem aut ipse ad te scribam, tamen nescio quo modo et ipse vestras litteras
exspecto et scribo ad vos, cum habeo, qui ferat.

Volumnia debuit in te officiosior esse quam fuit, et
id ipsum, quod fecit, potuit diligentius facere et cau-
tius.

Quamquam alia sunt, quae magis curemus magisque
doleamus, quae me ita conficiunt, ut ii voluerunt, qui
me de mea sententia detruserunt.

Cura, ut valeas.

Pr. Non. Ian.

12 (9).
Tullius seiner Terentia einen herzlichen Gruß.

Zu all meinem sonstigen Jammer kommt jetzt noch die Besorgnis um Dolabellas und Tullias Zustand. Ich weiß überhaupt nicht mehr, wozu ich mich entschließen und was ich tun soll.

Sorge bitte für Deine und Tullias Gesundheit! Leb' wohl!

(Brundisium, um den 17. Dezember [11. X.] 48)

13 (17).
Tullius grüßt seine Terentia.

Hoffentlich bist Du wohlauf! Ich bin gut zuwege.

Wenn ich wüßte, was ich Dir schreiben soll, würde ich es tun, ausführlicher und öfter. Du siehst, was Du jetzt zu tun hast; wie mir zumute ist, kannst Du von Lepta und Trebatius erfahren.

Hab' acht auf Deine und Tullias Gesundheit! Leb' wohl!

(Brundisium, um den 19. Dezember [13. X.] 48).

14 (16).
Tullius grüßt seine Terentia.

Hoffentlich bist Du wohlauf! Ich bin gut zuwege.

Wenn auch meine Lage derartig ist, daß ich keine Veranlassung habe, von Dir einen Brief zu erwarten oder selbst an Dich zu schreiben, so warte ich doch irgendwie auf einen Brief von Euch und schreibe an Euch, wenn ich einen Überbringer finde.

Volumnia hätte gefälliger gegen Dich sein können, und auch das, was sie für Dich getan hat, hätte sie umsichtiger und behutsamer tun müssen.

Es gibt freilich andre Dinge, die uns mehr Sorgen und mehr Kummer machen sollten, die mich so mitnehmen, wie die es gewollt haben, die mich von meiner Meinung abgebracht haben.

Halt Dich munter!

(Brundisium), den 4. Januar (47) [27. X. 48]

XV.
TVLLIVS TERENTIAE SVAE S.

Si vales, bene est, ego valeo.

Valetudinem tuam velim cures diligentissime. nam mihi et scriptum et nuntiatum est te in febrim subito incidisse.

Quod celeriter me fecisti de Caesaris litteris certiorem, fecisti mihi gratum. item posthac, si quid opus erit, si quid acciderit novi, facies, ut sciam.

Cura, ut valeas. vale.

D. IIII Non. Iun.

XVI.
TVLLIVS TERENTIAE SVAE S. D.

S. v. b. e. v.

Da operam, ut convalescas; quod opus erit, ut res tempusque postulat, provideas atque administres et ad me de omnibus rebus quam saepissime litteras mittas.

Vale.

XVII.
TVLLIVS S. D. TERENTIAE SVAE.

S. v. b. e. v.

Tullia nostra venit ad me pr. Id. Iun. cuius summa virtute et singulari humanitate graviore etiam sum dolore adfectus nostra factum esse neglegentia, ut longe alia in fortuna esset atque eius pietas ac dignitas postulabat.

Nobis erat in animo Ciceronem ad Caesarem mittere et cum eo Cn. Sallustium. si profectus erit, faciam te certiorem.

Valetudinem tuam cura diligenter. vale.

XVII Kal. Quinct.

15 (8).
Tullius grüßt Terentia.

Hoffentlich bist Du wohlauf! Ich bin gut zuwege.

Hab' doch nur gut acht auf Deine Gesundheit! Mündlichen und schriftlichen Nachrichten entnehme ich nämlich, daß Du plötzlich von Fieber befallen bist.

Daß Du mich gleich von Caesars Schreiben benachrichtigt hast, ist mir sehr lieb. Laß es mich auch weiterhin wissen, wenn etwas nötig ist oder etwas Neues passiert.

Sorge für Deine Gesundheit! Leb' wohl!

Gegeben am 2. Juni [22. III.] (47 zu Brundisium)

16 (21).
Tullius grüßt seine Terentia.

Hoffentlich bist Du wohlauf! Ich bin gut zuwege.

Sieh zu, daß Du wieder zu Kräften kommst! Besorge und erledige, was nötig ist, je nach Umständen, und schreib mir über alle Vorkommnisse, so oft wie möglich!

Leb' wohl!

(Brundisium, kurz nach dem 3. Juni [13. III.] 47)

17 (11).
Tullius grüßt seine Terentia.

Hoffentlich bist Du wohlauf! Ich bin gut zuwege.

Unsre Tullia ist hier am 12. Juni eingetroffen. Ihre Tugendhaftigkeit, ihr freundliches Wesen hat meinen Kummer nur noch gesteigert, daß es durch meine Gleichgültigkeit geschehen ist, wenn ihr Schicksal sich ganz anders gestaltet hat, als ihre Anhänglichkeit und Ehrbarkeit es verdient hätten.

Ich gehe mit dem Gedanken um, Cicero zu Caesar zu schicken und Cn. Sallustius mit ihm. Wenn er reist, gebe ich Dir Nachricht.

Achte gewissenhaft auf Deine Gesundheit! Leb' wohl!

(Brundisium), den 14. Juni [3. IV.] (47)

XVIII.
TVLLIVS S. D. TERENTIAE.

Si vales, benest.

Constitueramus, ut ad te antea scripseram, obviam Ciceronem Caesari mittere, sed mutavimus consilium, quia de illius adventu nihil audiebamus.

De ceteris rebus, etsi nihil erat novi, tamen, quid velimus et quid hoc tempore putemus opus esse, ex Sicca poteris cognoscere.

Tulliam adhuc mecum teneo.

Valetudinem tuam cura diligenter. vale.

XII Kal. Quinct.

XIX.
TVLLIVS S. D. TERENTIAE SVAE.

Quid fieri placeret, scripsi ad Pomponium serius quam oportuit. cum eo si locuta eris, intelleges, quid fieri velim; apertius scribi, quoniam ad illum scripseram, necesse non fuit. de ea re et de ceteris rebus quam primum velim nobis litteras mittas.

Valetudinem tuam cura diligenter. vale.

VII Id. Quint.

XX.
TVLLIVS S. D. TERENTIAE SVAE.

Quod scripsi ad te proximis litteris de nuntio remittendo, quae sit istius vis hoc tempore et quae concitatio multitudinis, ignoro. si metuendus iratus est, quiesces; tamen ab illo fortasse nascetur. totum iudicabis quale sit et, quod in miserrimis rebus minime miserum putabis, id facies.

Vale.

VI Id. Quinct.

18 (15).
Tullius grüßt Terentia.

Hoffentlich bist Du gut zuwege!

Wie ich Dir kürzlich geschrieben habe, war ich enschlossen, Cicero Caesar entgegenzusenden, aber ich bin wieder davon abgekommen, weil von seiner Ankunft noch nichts verlautet.

Wenn es auch sonst nichts Neues gibt, so kannst Du Dir immerhin von Sicca sagen lassen, was ich wünsche und was ich im Augenblick für zweckmäßig halte.

Tullia ist noch hier.

Sorge gewissenhaft für Deine Gesundheit! Leb' wohl!

(Brundisium,) den 19. Juni [8. IV.] (47)

19 (10).
Tullius grüßt seine Terentia.

Was ich getan wissen möchte, habe ich – später, als es eigentlich hätte geschehen müssen – an Pomponius geschrieben. Wenn Du ihn gesprochen hast, wirst Du wissen, was mein Wille ist. Da ich an ihn geschrieben habe, brauche ich mich nicht deutlicher auszudrücken. Gib mir bitte hierüber und über alles, was es sonst noch gibt, möglichst bald Nachricht!

Sorge gewissenhaft für Deine Gesundheit! Leb' wohl!

(Brundisium.) den 9. Quintilis [27. IV.] (47)

20 (13).
Tullius grüßt seine Terentia.

In meinen letzten Briefen an Dich habe ich von Scheidung gesprochen, aber ich weiß nicht, welchen Einfluß der Kerl im Augenblick hat und was er mit der Aufwiegelung der Massen bezweckt. Wenn er in seiner Wut gefährlich ist, dann schweig! Doch tut er vielleicht den ersten Schritt. Bilde Dir ein Urteil, wie die ganzen Verhältnisse sind, und tu, was Du in all dem Jammer für am wenigsten jammervoll hältst!

Leb' wohl!

(Brundisium,) den 10. Quintilis [28. IV.] (47)

XXI.
TVLLIVS TERENTIAE SVAE S. D.

S. v. b. e. v.

Nos neque de Caesaris adventu neque de litteris, quas Philotimus habere dicitur, quicquam adhuc certi habemus. si quid erit certi, faciam te statim certiorem.

Valetudinem tuam fac ut cures. vale.

III Id. Sext.

XXII.
TVLLIVS TERENTIAE SVAE S. D.

S. v. b. e. v.

Redditae mihi tandem sunt a Caesare litterae satis liberales, et ipse opinione celerius venturus esse dicitur. cui utrum obviam procedam an hic eum exspectem, cum constituero, faciam te certiorem. tabellarios mihi velim quam primum remittas.

Valetudinem tuam cura diligenter. vale.

D. pr. Id. Sext.

XXIII.
TVLLIVS S. D. TERENTIAE SVAE.

S. v. b. e. v.

Nos cotidie tabellarios nostros exspectamus. qui si venerint, fortasse erimus certiores, quid nobis faciendum sit, faciemusque te statim certiorem.

Valetudinem tuam cura diligenter. vale.

Kal. Sept.

XXIV.
TVLLIVS S. D. TERENTIAE SVAE.

In Tusculanum nos venturos putamus aut Nonis aut postridie. ibi ut sint omnia parata; plures enim fortasse nobiscum erunt et, ut arbitror, diutius ibi commorabimur. labrum si in balineo non est, ut sit, item cetera, quae sunt ad victum et ad valetudinem necessaria.

Vale.

Kal. Oct. de Venusino.

21 (24).
Tullius grüßt seine Terentia.
Hoffentlich bist Du wohlauf! Ich bin gut zuwege.

Bisher habe ich weder über Caesars Ankunft noch über das Schreiben, das angeblich Philotimus hat, Gewißheit. Sobald ich Genaueres weiß, gebe ich Dir sofort Nachricht.

Hab' acht auf Deine Gesundheit! Leb' wohl!

(Brundisium,) den 11. Sextilis [30. V.] (47)

22 (23).
Tullius grüßt seine Terentia.
Hoffentlich bist Du wohlauf! Ich bin gut zuwege.

Endlich habe ich von Caesar einen recht freundlichen Brief erhalten, und wie es heißt, wird er über Erwarten schnell hier sein. Sobald ich mir klar bin, ob ich ihm entgegengehe oder ihn hier erwarte, gebe ich Dir Nachricht. Schick' mir die Kuriere möglichst bald zurück!

Hab' sorgsam acht auf Deine Gesundheit! Leb' wohl!

Gegeben am 12. Sextilis [31. V.] (47 zu Brundisium)

23 (22).
Tullius grüßt seine Terentia.
Hoffentlich bist Du wohlauf! Ich bin gut zuwege.

Ich erwarte Tag für Tag meine Kuriere. Sind sie da, dann kann ich vielleicht entscheiden, was ich zu tun habe, und ich gebe Dir dann gleich Nachricht.

Sorge gewissenhaft für Deine Gesundheit! Leb' wohl!

(Brundisium,) den 1. September [18. VI.] (47)

24 (20).
Tullius grüßt seine Terentia.
Wahrscheinlich treffe ich am 7. oder tags darauf in Tusculum ein. Daß dort dann alles bereit ist! Vielleicht kommen nämlich ein paar Leute mit, und wahrscheinlich bleibe ich länger dort. Wenn im Bad keine Wanne ist, laß eine beschaffen, ebenso alles andre, was zum Leben und Wohlbefinden erforderlich ist!

Leb' wohl!

Im Venusinischen, den 1. Oktober [17. VII.] (47)

I.
M. TVLLIVS M. F. CICERO PROCOS. S. D. COS., PR., TR. PL., SENATVI.

S. v. v. b. e. e. q. v.   1

Etsi non dubie mihi nuntiabatur Parthos transisse Euphratem cum omnibus fere suis copiis, tamen, quod arbitrabar a M. Bibulo procos. certiora de his rebus ad vos scribi posse, statuebam mihi non necesse esse publice scribere ea, quae de alterius provincia nuntiarentur. postea vero quam certissimis auctoribus, legatis, nuntiis, litteris sum certior factus, vel quod tanta res erat vel quod nondum audieramus Bibulum in Syriam venisse vel quia administratio huius belli mihi cum Bibulo paene est communis, quae ad me delata essent, scribenda ad vos putavi.

Regis Antiochi Commageni legati primi mihi nun- 2
tiarunt Parthorum magnas copias Euphratem transire coepisse. quo nuntio adlato, cum essent non nulli, qui ei regi minorem fidem habendam putarent, statui exspectandum esse, si quid certius adferretur.

A. d. XIII Kal. Oct., cum exercitum in Ciliciam ducerem, in finibus Lycaoniae et Cappadociae mihi litterae redditae sunt a Tarcondimoto, qui fidelissimus socius trans Taurum amicissimusque p. R. existimatur, Pacorum Orodi regis Parthorum filium cum permagno equitatu Parthico transisse Euphratem et castra posuisse Tybae magnumque tumultum esse in provincia Syria excitatum.

Eodem die ab Iamblicho, phylarcho Arabum, quem homines opinantur bene sentire amicumque esse rei p. nostrae, litterae de isdem rebus mihi redditae sunt.

FÜNFZEHNTES BUCH

1.

Der Prokonsul M. Tullius Cicero, des M. Sohn,
grüßt
Konsuln, Prätoren, Volkstribunen und Senat.

Hoffentlich seid Ihr alle wohlauf! Ich bin gut zuwege.

Zwar hatte ich kaum zweifelhafte Nachrichten, daß die Parther fast mit ihrer ganzen Streitmacht den Euphrat überschritten hätten, aber ich nahm an, der Prokonsul M. Bibulus könne Euch Genaueres darüber berichen, und so hielt ich es nicht für unbedingt erforderlich, Euch offiziell von den Nachrichten über die Provinz des andern in Kenntnis zu setzen. Jetzt habe ich es aber durch zuverlässige Gewährsmänner, Gesandtschaften, mündliche und schriftliche Mitteilungen erfahren, und weil es so wichtig ist, weil ich noch nicht weiß, ob Bibulus bereits in Syrien ist, und weil ich einen etwaigen Krieg sozusagen gemeinsam mit Bibulus führen müßte, halte ich es für angemessen, Euch mitzuteilen, was mir berichtet worden ist.

Als erste meldeten mir Gesandte des Königs Antiochus von Commagene, daß starke parthische Truppenteile dabeiseien, über den Euphrat zu gehen. Auf diese Nachricht hin – manche meinten nämlich, man könne dem König nicht recht trauen – beschloß ich, zunächst bestimmtere Nachrichten abzuwarten.

Als ich mit meiner Armee auf dem Marsche nach Cilicien war, wurde mir am 18. September im Grenzgebiet zwischen Lycaonien und Cappadocien ein Schreiben von Tarcondimotus überbracht, der als der zuverlässigste Bündner jenseits des Taurus und als treuester Freund des Römischen Volkes gilt. Danach hat Pacorus, der Sohn des Partherkönigs Orodes, mit einem gewaltigen Aufgebot an parthischer Reiterei den Euphrat überschritten und sich bei Tybe gelagert, was in der Provinz Syrien große Beunruhigung hervorgerufen hat.

Am gleichen Tage erhielt ich von Iamblichus, dem Araberemir – er gilt bei den Leuten hier als wohlgesinnt und Freund unsres Staates – ein Schreiben des gleichen Inhalts.

His rebus allatis, etsi intellegebam socios infirme 3
animatos esse et novarum rerum exspectatione suspensos, sperabam tamen eos, ad quos iam accesseram
quique nostram consuetudinem integritatemque per-
spexerant, amiciores p. R. esse factos, Ciliciam autem
firmiorem fore, si aequitatis nostrae particeps facta
esset. et ob eam causam et ut opprimerentur ii, qui ex
Cilicum gente in armis essent, et ut hostis is, qui esset
in Syria, sciret exercitum p. R. non modo non cedere
iis nuntiis allatis sed etiam propius accedere, exercitum
ad Taurum institui ducere.

Sed si quid apud vos auctoritas mea ponderis habet, 4
in iis praesertim rebus, quas vos audistis, ego paene
cerno, magno opere vos et hortor et moneo, ut his
provinciis serius vos quidem quam decuit, sed aliquando tamen consulatis. nos quem ad modum in-
structos et quibus praesidiis munitos ad tanti belli
opinionem miseritis, non estis ignari. quod ego negotium non stultitia occaecatus sed verecundia deter-
ritus non recusavi; neque enim umquam ullum periculum tantum putavi, quod subterfugere mallem
quam vestrae auctoritati obtemperare.

Hoc autem tempore res sese sic habet, ut, nisi exer- 5
citum tantum, quantum ad maximum bellum mittere
soletis, mature in has provincias miseritis, summum
periculum sit, ne amittendae sint omnes eae provinciae, quibus vectigalia p. R. continentur. quam ob rem
autem in hoc provinciali dilectu spem habeatis aliquam, causa nullast. neque multi sunt et diffugiunt,
qui sunt, metu oblato; et quod genus hoc militum sit,
iudicavit vir fortissimus M. Bibulus in Asia, qui, cum
vos ei permisissetis, dilectum habere noluerit. nam
sociorum auxilia propter acerbitatem atque iniurias
imperii nostri aut ita imbecilla sunt, ut non multum
nos iuvare possint, aut ita alienata a nobis, ut neque

Im Besitze dieser Nachrichten, bin ich mir ganz klar darüber, daß unsre Bündner nicht unbedingt zuverlässig und in der Erwartung eines Umschwungs schwankend sind; immerhin hoffe ich, daß diejenigen, die ich bereits besucht habe und die somit erkannt haben, daß wir es redlich mit ihnen meinen, dem Römischen Volke wieder freundlicher gesonnen sind, und daß Cilicien zuverlässiger sein wird, wenn es ebenfalls eine Probe unsrer billigen Sinnesart bekommen hat. Aus diesem Grunde, und um die unter Waffen Stehenden aus dem Volke der Cilicier niederzuwerfen, und damit der Feind in Syrien weiß, daß eine Armee des Römischen Volkes auf solche Nachrichten hin nicht ausweicht, sondern sogar näher heranrückt, habe ich mich entschlossen, meine Armee zum Taurus zu führen.

Aber wenn mein Rat bei Euch einiges Gewicht hat, zumal bei den Vorgängen, die Ihr eben vernommen habt und die ich sozusagen vor Augen habe, dann ermahne ich Euch dringend, wenn auch reichlich spät, so doch endlich einmal Euer Augenmerk auf die Provinzen hier zu richten. Daß Ihr uns trotz des in Aussicht stehenden schweren Krieges völlig unvorbereitet und mit unzureichenden Schutzmannschaften versehen losgeschickt habt, wißt Ihr selbst am besten. Ich habe diese Aufgabe nicht in törichter Verblendung, sondern aus Schüchternheit nicht zurückgewiesen, denn nie ist mir je eine Gefahr so groß erschienen, daß ich es vorgezogen hätte, mich ihr zu entziehen, statt mich Eurem Willen zu fügen.

Zur Zeit liegen die Dinge so: Schickt Ihr nicht unverzüglich eine starke Armee in die Provinzen hier, wie Ihr sie sonst, wenn es sich um einen schweren Krieg handelt, aussendet, dann besteht höchste Gefahr, daß wir alle diese Provinzen aufgeben müssen, die die Haupteinnahmequelle des Römischen Volkes bilden. Euch irgendwie auf die Aushebungen hier in der Provinz zu verlassen, besteht kein Anlaß. Es stehen nur wenige Leute zur Verfügung, und diese wenigen verdrücken sich, wenn es Ernst wird, und was das für Soldaten sind, hat ein unerschrockener Mann, M. Bibulus, in Asien damit zu erkennen gegeben, daß er trotz Eurer Erlaubnis dort keine Aushebungen vornehmen wollte. Die Hilfsvölker unsrer Bündner sind nämlich wegen der Härte und der Drangsalierungen unsrer Regierung entweder so schlapp, daß ihre Hilfe uns nicht

exspectandum ab iis neque committendum iis quicquam esse videatur.

Regis Deiotari et voluntatem et copias, quantae- 6
cumque sunt, nostras esse duco; Cappadocia est
inanis, reliqui reges tyrannique neque opibus satis
firmi nec voluntate sunt.

Mihi in hac paucitate militum animus certe non
deerit, spero ne consilium quidem; quid casurum sit,
incertum est. utinam saluti nostrae consulere possimus! dignitati certe consulemus.

II.
M. TVLLIVS M. F. CICERO PROCOS. S. D. COS.,
PR., TR. PL., SENATVI.

S. v. v. b. e. e. q. v.   1
Cum pr. Kal. Sext. in provinciam venissem neque
maturius propter itinerum et navigationum difficultatem venire potuissem, maxime convenire officio
meo reique p. conducere putavi parare ea, quae ad
exercitum quaeque ad rem militarem pertinerent. quae
cum essent a me cura magis et diligentia quam facultate et copia constituta nuntiique et litterae de bello
a Parthis in provinciam Syriam inlato cotidie fere
adferrentur, iter mihi faciendum per Lycaoniam et
per Isauros et per Cappadociam arbitratus sum. erat
enim magna suspicio Parthos, si ex Syria egredi atque
inrumpere in meam provinciam conarentur, iter eos
per Cappadociam, quod ea maxime pateret, esse facturos.

Itaque cum exercitu per Cappadociae partem eam, 2
quae cum Cilicia continens est, iter feci castraque ad
Cybistra, quod oppidum est ad montem Taurum,

viel nützt, oder uns so abgeneigt, daß man von ihnen offensichtlich nichts erwarten und ihnen nichts anvertrauen darf.

König Deiotarus steht, glaube ich, mit seinem Herzen und seinen Truppen – viele sind es wohl nicht – auf unsrer Seite; Cappadocien ist nur dünn besiedelt; die übrigen Könige und Dynasten sind weder hinsichtlich ihrer Kräfte noch hinsichtlich ihres guten Willens recht zuverlässig.

Trotz meiner geringen Streitmacht wird es mir gewiß nicht an Mut und hoffentlich auch nicht an den rechten Entschlüssen fehlen; wie es ausgeht, ist ungewiß. Ach, könnten wir doch alles zu gutem Ende für uns führen! Unsre Ehre werden wir jedenfalls zu wahren wissen!

(Im Grenzgebiet von Lycaonien und Cappadocien, am 18./19. September [15./16. VIII.] 51).

2.

Der Prokonsul M. Tullius Cicero, des M. Sohn,
grüßt
Konsuln, Prätoren, Volkstribunen und Senat.

Hoffentlich seid Ihr alle wohlauf! Ich bin gut zuwege.

Als ich am 31. Quintilis in meine Provinz kam – schneller war es nicht möglich wegen der Beschwerlichkeit der Märsche und der Seefahrt –, hielt ich es im Interesse des Staates für meine oberste Pflicht, die Armee in Bereitschaft zu setzen und militärische Vorkehrungen zu treffen. Als ich das weniger mit den vorgefundenen Mitteln als mit eigener Sorgsamkeit und Umsicht erledigt hatte, trafen nahezu täglich mündliche und schriftliche Nachrichten ein, daß die Parther die Provinz Syrien mit Krieg bedrohten, und so entschloß ich mich zu einem Marsch durch Lycaonien, Isaurien und Cappadocien. Es war nämlich höchst wahrscheinlich, daß die Parther, wenn sie Syrien links liegen ließen und einen Einbruch in meine Provinz versuchten, ihren Weg durch Cappadocien nehmen würden, weil dieses Land am wenigsten Widerstand bietet.

Somit bin ich mit meiner Armee durch das an Cilicien grenzende Gebiet von Cappadocien marschiert und habe mich bei Cybistra, einer Stadt am Taurus, festgesetzt, um Artuasdes, dem Armenier-

locavi, ut Artuasdes, rex Armenius, quocumque animo esset, sciret non procul a suis finibus exercitum
p. R. esse, et Deiotarum, fidelissimum regem atque
amicissimum rei p. nostrae, maxime coniunctum haberem, cuius et consilio et opibus adiuvari posset res p.

Quo cum in loco castra haberem equitatumque in 3
Ciliciam misissem, ut et meus adventus iis civitatibus,
quae in ea parte essent, nuntiatus firmiores animos
omnium faceret et ego mature, quid ageretur in Syria,
scire possem, tempus eius tridui, quod in iis castris
morabar, in magno officio et necessario mihi ponen-
dum putavi.

Cum enim vestra auctoritas intercessisset, ut ego 4
regem Ariobarzanem Eusebem et Philorhomaeum
tuerer eiusque regis salutem et incolumitatem regnum-
que defenderem, regi regnoque praesidio essem, ad-
iunxissetisque salutem eius regis populo senatuique
magnae curae esse, quod nullo umquam de rege decretum esset a nostro ordine, existimavi me iudicium
vestrum ad regem deferre debere eique praesidium
meum et fidem et diligentiam polliceri, ut, quoniam
salus ipsius, incolumitas regni mihi commendata
esset a vobis, diceret, si quid vellet.

Quae cum essem in consilio meo cum rege locutus, 5
initio ille orationis suae vobis maximas, ut debuit,
deinde etiam mihi gratias egit, quod ei permagnum et
perhonorificum videbatur senatui p. q. R. tantae curae
esse salutem suam meque tantam diligentiam adhibere,
ut et mea fides et commendationis vestrae auctoritas
perspici posset. atque ille primo, quod mihi maximae
laetitiae fuit, ita mecum locutus est, ut nullas insidias
neque vitae suae neque regno diceret se aut intellegere
fieri aut etiam suspicari. cum ego ei gratulatus essem
idque me gaudere dixissem et tamen adulescentem
essem cohortatus, ut recordaretur casum illum interitus paterni et vigilanter se tueretur atque admonitu

könig, mochte er gesinnt sein, wie er wollte, zu zeigen, daß nicht fern von seiner Grenze eine römische Armee bereitstehe, und um selbst mit dem unbedingt zuverlässigen und unserm Staate treu ergebenen König Deiotarus enge Verbindung zu halten und seinen Rat und seine Hilfe für den Staat in Anspruch nehmen zu können.

Während ich hier lagere und meine Reiterei nach Cilicien geschickt habe, um durch die Nachricht von meinem bevorstehenden Eintreffen in den dortigen Gemeinden die allgemeine Stimmung zu heben und selbst von den Vorgängen in Syrien schnell unterrichtet werden zu können, habe ich die drei Tage, die ich bisher hier liege, für eine wichtige, dringende Aufgabe verwenden zu sollen geglaubt.

Ihr habt Euch ja doch dahingehend ausgesprochen, daß ich den König Ariobarzanes Eusebes Philorhomaeus unter meine Fittiche nehmen, das Leben des Königs und die Unantastbarkeit seines Thrones garantieren und König und Reich schützen solle, und hinzugefügt, daß Volk und Senat an der Wohlfahrt dieses Königs in besonderem Maße interessiert seien, ein Beschluß, wie ihn unsre Körperschaft bisher noch nie für einen König hat ergehen lassen. So habe ich denn geglaubt, dies Euer Gutachten dem Könige bekanntgeben zu sollen, ihn meines gewissenhaften, umsichtigen Schutzes zu versichern und ihn aufzufordern, seine Wünsche zu äußern, da mir ja die Sicherheit seiner Person und seines Reiches von Euch anvertraut sei.

In diesem Sinne äußerte ich mich im Beisein meines Stabes dem Könige gegenüber. In seiner Entgegnung sprach er zunächst Euch, wie es sich gehörte, seinen herzlichen Dank aus und hernach auch mir. Er fühle sich durch das warme Interesse von Senat und Volk von Rom für seine Person sowie durch meine gewissenhafte Erfüllung Eures Auftrages hochgeehrt; er sehe darin einen Beweis für meine Zuverlässigkeit und die unbedingte Geltung Eures Schutzversprechens. Des weiteren erklärte er mir vorerst zu meiner größten Freude, er wisse von keinen Intrigen gegen sein Leben und seinen Thron und hege auch keinerlei Verdacht. Ich beglückwünschte ihn und gab meiner Genugtuung Ausdruck, ermahnte jedoch den jungen Mann, immer daran zu denken, unter welchen Umständen sein Vater ums Leben gekommen sei, die Augen offen

senatus consuleret saluti suae, tum a me discessit in oppidum Cybistra.

Postero autem die cum Ariarathe, fratre suo, et 6 cum paternis amicis maioribus natu ad me in castra venit perturbatusque et flens, cum idem et frater faceret et amici, meam fidem, vestram commendationem implorare coepit. cum admirarer, quid accidisset novi, dixit ad se indicia manifestarum insidiarum esse delata, quae essent ante adventum meum occultata, quod ii, qui ea patefacere possent, propter metum reticuissent. eo autem tempore spe mei praesidii compluris ea, quae scirent, audacter ad se detulisse; in iis amantissimum sui, summa pietate praeditum fratrem dicere – ea quae is quoque me audiente dicebat – se sollicitatum esse, ut regnare vellet; id vivo fratre suo accipere non potuisse; se tamen ante illud tempus eam rem numquam in medium propter periculi metum protulisse. quae cum esset locutus, monui regem, ut omnem diligentiam ad se conservandum adhiberet, amicosque patris eius atque avi iudicio probatos hortatus sum, regis sui vitam docti casu acerbissimo patris eius omni cura custodiaque defenderent.

Cum rex a me equitatum cohortisque de exercitu 7 meo postularet, etsi intellegebam vestro senatus consulto non modo posse me id facere sed etiam debere, tamen, cum res p. postularet propter cotidianos ex Syria nuntios, ut quam primum exercitum ad Ciliciae fines adducerem, cumque mihi rex patefactis iam insidiis non egere exercitu p. R. sed posse suis opibus defendere videretur, illum cohortatus sum, ut in sua vita conservanda primum regnare disceret; a quibus perspexisset sibi insidias paratas, in eos uteretur iure regio; poena adficeret eos, quos necesse esset, reliquos metu liberaret; praesidio exercitus mei ad eorum, qui in culpa essent, timorem potius quam ad contentio-

zu halten und, wie der Senat es ihm riete, über sein Leben zu wachen. Darauf verließ er mich und begab sich in die Stadt Cybistra.

Am folgenden Tage erschien er mit seinem Bruder Ariarathes und älteren Freunden seines Vaters bei mir im Lager. Er sowohl wie sein Bruder und die Freunde waren völlig verstört und flehten mich weinend unter Berufung auf Euer Schutzversprechen an, ihnen zu helfen. Als ich verwundert fragte, was denn nun wieder passiert sei, erklärte er mir, handfeste Hinweise auf einen geplanten Anschlag bekommen zu haben, die man ihm bis zu meiner Ankunft verheimlicht habe; die, die es ihm hätten sagen können, hätten aus Angst geschwiegen. Jetzt aber hätten mehrere im Vertrauen auf meinen Schutz den Mut gehabt, ihm zu hinterbringen, was sie wußten. Unter anderem behaupte sein ihm in herzlicher Liebe zugetaner Bruder – was dieser auch vor meinen Ohren bestätigte –, man habe ihn anstiften wollen, sich des Thrones zu bemächtigen. Das habe er, solange sein Bruder lebe, nicht annehmen können, jedoch habe er bisher aus Angst vor Gefahr von der Sache niemals ein Wort verlauten lassen. Ich habe daraufhin den König ermahnt, sich mit aller Umsicht zu schützen, und die bewährten Freunde seines Vaters und Großvaters aufgefordert, gewitzigt durch das bittere Ende seines Vaters sorgsam über sein Leben zu wachen.

Der König ersuchte mich dann, ihm Reiterei und Infanterie aus meiner Armee zur Verfügung zu stellen. Ich war mir bewußt, daß ich nach Eurem Senatsbeschluß dazu berechtigt und sogar verpflichtet gewesen wäre; aber wegen der täglich aus Syrien eintreffenden Nachrichten erforderte das Staatsinteresse, daß ich meine Armee so bald wie möglich an die Grenzen Ciliciens heranführte. Überdies schien mir der König, nachdem der Anschlag aufgedeckt war, der Armee des Römischen Volkes nicht mehr zu bedürfen, sondern sich mit eigenen Mitteln schützen zu können. Ich legte ihm also nahe, wo es um die Erhaltung seines Lebens gehe, solle er doch erst einmal lernen zu regieren; gegen alle, von denen er genau wisse, daß sie an dem Anschlage beteiligt gewesen seien, müsse er von seinem Recht als König Gebrauch machen; wo es unbedingt nötig sei, solle er strafen, die übrigen aber laufen lassen; des Schutzes meiner Armee solle er sich mehr zur Einschüchterung

nem uteretur; fore autem, ut omnes, quoniam senatus
consultum nossent, intellegerent me regi, si opus
esset, ex auctoritate vestra praesidio futurum.

Ita confirmato illo ex eo loco castra movi; iter in 8
Ciliciam facere institui, cum hac opinione e Cappadocia discederem, ut consilio vestro, casu incredibili
ac paene divino regem, quem vos honorificentissime
appellassetis nullo postulante quemque meae fidei
commendassetis et cuius salutem magnae vobis curae
esse decressetis, meus adventus praesentibus insidiis
liberarit. quod ad vos a me scribi non alienum putavi,
ut intellegeretis ex iis, quae paene acciderunt, vos multo ante, ne ea acciderent, providisse, eoque vos studiosius feci certiores, quod in rege Ariobarzane ea mihi
signa videor virtutis, ingenii, fidei benevolentiaeque
erga vos perspexisse, ut non sine causa tantam curam
in eius vos salutem diligentiamque videamini contulisse.

III.
M. CICERO S. D. M. CATONI.

Cum ad me legati missi ab Antiocho Commageno 1
venissent in castra ad Iconium a. d. III Kal. Sept. iique
mihi nuntiassent regis Parthorum filium, quocum
esset nupta regis Armeniorum soror, ad Euphratem
cum maximis Parthorum copiis multarumque praeterea gentium magna manu venisse Euphratemque
iam transire coepisse dicique Armenium regem in
Cappadociam impetum esse facturum, putavi pro
nostra necessitudine me hoc ad te scribere oportere.

Publice propter duas causas nihil scripsi, quod et 2
ipsum Commagenum legati dicebant ad senatum sta-

derer, die sich schuldig fühlten, als zum Kampfe bedienen; bestimmt würden sie alle, da ihnen der Senatsbeschluß bekannt sei, einsehen, daß ich gemäß Eurem Willen ihren König gegebenenfalls schützen würde.

Nachdem ich ihn so in seiner Stellung befestigt habe, rücke ich jetzt ab. Ich beabsichtige, nach Cilicien zu marschieren, und scheide von Cappadocien in der Überzeugung, daß dank Eurer Maßnahmen und dank einer unglaublichen, beinahe göttlichen Schicksalsfügung der König, dessen Ihr Euch, ohne darum angegangen zu sein, in ehrenvollster Weise angenommen, den Ihr meinem Schutze anvertraut und an dessen Existenz Ihr stark interessiert zu sein erklärt hattet, durch mein Dazwischentreten vor einem unmittelbar bevorstehenden Anschlage bewahrt worden ist. Ich glaube, daß es nicht unangebracht ist, Euch dies zu schreiben. So könnt Ihr aus dem, was beinahe geschehen wäre, ersehen, wie wohlweislich Ihr lange vorher Maßnahmen getroffen habt, um es zu verhindern, und ich setze Euch um so lieber davon in Kenntnis, als ich meine, an König Ariobarzanes alle Anzeichen von Tüchtigkeit, Charakter, Treue und Ergebenheit gegen Euch gefunden zu haben. Somit dürftet Ihr nicht umsonst so viel Umsicht und Sorge auf sein Wohlergehn verwandt haben.

(Im Lager bei Cybistra, den 20./21. September [17./18. VIII.] 51).

3.
M. Cicero grüßt M. Cato.

Heute, am 28. Sextilis, sind Gesandte von dem Commagener Antiochus bei mir im Lager bei Iconium erschienen mit der Meldung, der Sohn des Partherkönigs, der mit einer Tochter des Königs von Armenien verheiratet ist, stehe mit einer gewaltigen Truppenmacht der Parther und außerdem einem großen Aufgebot aller möglichen Stämme am Euphrat und habe bereits mit dem Übersetzen begonnen, und der Armenierkönig sei angeblich im Begriff, in Cappadocien einzufallen. Angesichts unsrer engen Beziehungen halte ich es für angebracht, Dich davon in Kenntnis zu setzen.

Einen offiziellen Bericht erstatte ich aus zwei Gründen nicht: die Gesandten versicherten, der Commagener selbst habe sofort Boten

tim nuntios litterasque misisse et existimabam M.
Bibulum procos., qui circiter Id. Sext. ab Epheso in
Syriam navibus profectus erat, quod secundos ventos
habuisset, iam in provinciam suam pervenisse; cuius
litteris omnia certiora perlatum iri ad senatum putabam.

Mihi, ut in eius modi re tantoque bello, maximae
curae est, ut, quae copiis et opibus tenere vix possumus, ea mansuetudine et continentia nostra, sociorum
fidelitate teneamus.

Tu velim, ut consuesti, nos absentis diligas et defendas.

IV.
M. CICERO IMP. S. D. M. CATONI.

Summa tua auctoritas fecit meumque perpetuum 1
de tua singulari virtute iudicium, ut magni mea interesse putarem et res eas, quas gessissem, tibi notas esse
et non ignorari a te, qua aequitate et continentia tuerer
socios provinciamque administrarem. iis enim a te
cognitis arbitrabar facilius me tibi, quae vellem,
probaturum.

Cum in provinciam pr. Kal. Sext. venissem et prop- 2
ter anni tempus ad exercitum mihi confestim esse eundum viderem, biduum Laodiceae fui, deinde Apameae
quadriduum, triduum Synnadis, totidem dies Philomeli. quibus in oppidis cum magni conventus fuissent,
multas civitates acerbissimis tributis et gravissimis
usuris et falso aere alieno liberavi.

Cumque ante adventum meum seditione quadam
exercitus esset dissipatus, quinque cohortes sine legato, sine tribuno militum, denique etiam sine centu-
rione ullo apud Philomelium consedissent, reliquus
exercitus esset in Lycaonia, M. Anneio legato im-

mit einem Schreiben an den Senat geschickt; außerdem nehme ich an, daß der Prokonsul M. Bibulus, der etwa am 13. Sextilis von Ephesus zu Schiff nach Syrien aufgebrochen ist, bei dem günstigen Winde, den er gehabt hat, bereits in seiner Provinz eingetroffen ist und der Senat wahrscheinlich aus einem Bericht von ihm alles Genauere erfahren wird.

Unter diesen Umständen, wo ein so schwerer Krieg droht, bemühe ich mich nach Kräften, durch persönliche Milde und Mäßigung und im Vertrauen auf die Treue der Bündner zu halten, was ich mit den mir zur Verfügung stehenden Truppen und Hilfsmitteln schwerlich halten kann.

Ich darf Dich bitten, mir wie bisher auch in der Ferne Deine Wertschätzung zu erhalten und für mich einzutreten.

(Im Lager bei Iconium, den 28. August [27. VII.] 51).

4.
M. Cicero, der Imperator, grüßt M. Cato.

Dein hohes Ansehen und mein immer wieder bestätigtes Urteil über Deine außergewöhnlichen Fähigkeiten lassen mich glauben, daß es mir nur förderlich sein kann, wenn Du von meinen Erfolgen erfährst und nicht in Unkenntnis bleibst, mit welcher Billigkeit und Mäßigung ich den Bündnern gegenüber auftrete und meine Provinz verwalte. Wenn Dir diese Dinge bekannt sind, glaube ich, eher auf Verständnis für mein Anliegen bei Dir rechnen zu können.

Ich bin am 31. Quintilis in der Provinz eingetroffen und sah mich gezwungen, mich wegen der vorgeschrittenen Jahreszeit eilends zur Armee zu begeben. Ich hielt mich zwei Tage in Laodicea auf, dann vier Tage in Apamea, drei Tage in Synnada und ebenso lange in Philomelium. In allen diesen Städten fanden wichtige Gerichtsverhandlungen statt, bei denen ich viele Gemeinden von allzu harten Abgaben, drückenden Zinsen und widerrechtlichen Schuldforderungen befreien konnte.

Die Armee war vor meiner Ankunft in einer Art Meuterei auseinandergelaufen; fünf Kohorten lagen ohne Legaten, ohne Kriegstribunen, ja, ohne einen einzigen Zenturio bei Philomelium, der Rest in Lycaonien. Ich gab meinem Legaten M. Anneius den Befehl, diese fünf Kohorten mit dem Rest der Armee zusammenzuführen,

peravi, ut eas quinque cohortes ad reliquum exercitum duceret coactoque in unum locum exercitu castra in Lycaonia apud Iconium faceret.

Quod cum ab illo diligenter esset factum, ego in 3 castra a. d. VII Kal. Sept. veni, cum interea superioribus diebus ex s. c. et evocatorum firmam manum et equitatum sane idoneum et populorum liberorum regumque sociorum auxilia voluntaria comparavissem. interim cum exercitu lustrato iter in Ciliciam facere coepissem, III Kal. Sept. legati a rege Commageno ad me missi pertumultuose neque tamen non vere Parthos in Syriam transisse nuntiaverunt.

Quo audito vehementer sum commotus cum de 4 Syria tum de mea provincia, de reliqua denique Asia. itaque exercitum mihi ducendum per Cappadociae regionem eam, quae Ciliciam attingeret, putavi. nam si me in Ciliciam demisissem, Ciliciam quidem ipsam propter montis Amani naturam facile tenuissem – duo sunt enim aditus in Ciliciam ex Syria, quorum uterque parvis praesidiis propter angustias intercludi potest, nec est quicquam Cilicia contra Syriam munitius –, sed me Cappadocia movebat, quae patet a Syria regesque habet finitimos, qui, etiamsi sunt clam amici nobis, tamen aperte Parthis inimici esse non audent. itaque in Cappadocia extrema non longe a Tauro apud oppidum Cybistra castra feci, ut et Ciliciam tuerer et Cappadociam tenens nova finitimorum consilia impedirem.

Interea in hoc tanto motu tantaque exspectatione 5 maximi belli rex Deiotarus, cui non sine causa plurimum semper et meo et tuo et senatus iudicio tributum est, vir cum benevolentia et fide erga populum R. singulari tum praesentia, magnitudine et animi et consilii, legatos ad me misit se cum omnibus suis copiis in mea

und wenn er die ganze Armee beieinander habe, in Lycaonien bei Iconium ein Lager zu beziehen.

Als er diesen Auftrag gewissenhaft erledigt hatte, traf ich selbst am 24. Sextilis im Lager ein, nachdem ich inzwischen an den vorhergehenden Tagen nach Senatsbeschluß ein starkes Aufgebot von Reservisten, ein ganz respektables Reiterkontingent und freiwillige Hilfstruppen von den freien Völkern und verbündeten Königen zusammengebracht hatte. Als ich mich nach einer Musterung der Armee auf den Weg nach Cilicien gemacht hatte, erschien inzwischen am 28. eine Gesandtschaft vom König von Commagene bei mir und brachte die überaus beunruhigende, aber der Wahrheit entsprechende Meldung, daß die Parther nach Syrien hinübergegangen seien.

Diese Nachricht beunruhigte mich stark, sowohl Syriens wegen wie auch wegen meiner eigenen Provinz und des übrigen Asiens überhaupt. Ich glaubte deshalb, meine Armee durch den an Cilicien grenzenden Landstrich Cappadociens führen zu sollen. Wäre ich nämlich nach Cilicien hinuntergestiegen, dann hätte ich zwar Cilicien selbst wegen der Beschaffenheit des Amanusgebirges ohne Schwierigkeiten decken können – es gibt nämlich nur zwei Übergänge von Syrien nach Cilicien; beide lassen sich wegen der Enge durch wenige Mann sperren, und Cilicien ist gegen Syrien unbedingt gesichert –, aber Cappadocien machte mir Sorgen; es liegt nach Syrien hin offen da, und die benachbarten Fürsten sind zwar insgeheim unsre Freunde, wagen es aber doch nicht, den Parthern offen feindlich entgegenzutreten. Darum bezog ich im Grenzgebiet von Cappadocien nicht weit vom Taurus bei der Stadt Cybistra ein Lager, um Cilicien zu decken und Cappadocien besetzt haltend Abfallgelüsten bei den Nachbarn entgegenzutreten.

Während dieser aufgeregten Tage, in denen ich mit Sicherheit einen schweren Krieg erwartete, kamen vom König Deiotarus, dem wir, wie ich, Du und der Senat es für richtig hielten, nicht ohne Grund stets weit entgegengekommen sind, einem dem Römischen Volke unbedingt wohlgesinnten, treu ergebenen, überaus geistesgegenwärtigen, hochgemuten, entschlußfreudigen Manne, Gesandte zu mir mit der Meldung, er werde sich mit all seinen

castra esse venturum. cuius ego studio officioque commotus egi ei per litteras gratias idque ut maturaret hortatus sum.

Cum autem ad Cybistra propter rationem belli quin- 6
que dies essem moratus, regem Ariobarzanem, cuius
salutem a senatu te auctore commendatam habebam,
praesentibus insidiis necopinantem liberavi neque solum ei saluti fui sed etiam curavi, ut cum auctoritate
regnaret. Metram et eum, quem tu mihi diligenter
commendaras, Athenaeum, importunitate Athenaidis
exsilio multatos, in maxima apud regem auctoritate
gratiaque constitui, cumque magnum bellum in Cappadocia concitaretur, si sacerdos armis se, quod facturus
putabatur, defenderet, adulescens et equitatu et peditatu et pecunia paratus † et toto iis, qui novari aliquid
volebant, perfeci, ut e regno ille discederet rexque sine
tumultu ac sine armis omni auctoritate aulae com-
munita regnum cum dignitate obtineret.

Interea cognovi multorum litteris atque nuntiis 7
magnas Parthorum copias et Arabum ad oppidum
Antiocheam accessisse magnumque eorum equitatum,
qui in Ciliciam transisset, ab equitum meorum turmis
et a cohorte praetoria, quae erat Epiphaneae praesidii
causa, occidione occisum. quare, cum viderem a Cappadocia Parthorum copias aversas non longe a finibus
esse Ciliciae, quam potui maximis itineribus ad Amanum exercitum duxi. quo ut veni, hostem ab Antiochea recessisse, Bibulum Antiocheae esse cognovi.
Deiotarum confestim iam ad me venientem cum
magno et firmo equitatu et peditatu et cum omnibus
suis copiis certiorem feci non videri esse causam, cur
abesset a regno, meque ad eum, si quid novi forte accidisset, statim litteras nuntiosque missurum esse.

Cumque eo animo venissem, ut utrique provinciae, 8

Truppen in meinem Lager einfinden. Von seiner Pflichttreue beeindruckt, dankte ich ihm brieflich und bat ihn, sich damit zu beeilen.

Während der fünf Tage, die ich aus militärischen Gründen bei Cybistra lag, konnte ich den König Ariobarzanes, dessen Wohlergehn mir der Senat auf Deine Veranlassung ans Herz gelegt hatte, unerwartet vor einem unmittelbar bevorstehenden Anschlage bewahren; ich habe ihm nicht nur das Leben gerettet, sondern auch dafür gesorgt, daß er als König anerkannt wurde; Metras und Athenaeus, den Du mir besonders empfohlen hattest, beide durch die Intrigen der Athenais ins Exil getrieben, habe ich bei dem Könige wieder zu Gunst und Einfluß gebracht, und da ein schwerer Kampf in Cappadocien zu befürchten stand, falls der Hohepriester, was nicht unwahrscheinlich war, sich mit bewaffneter Hand zur Wehr setzte, ein junger Mann, wohlversehen mit Reiterei, Fußvolk und Geld, und ... denen, die mit den bestehenden Verhältnissen unzufrieden waren, habe ich es durchgesetzt, daß der Mann das Land verlassen mußte und der König ohne Aufruhr und ohne Waffengewalt nach Wiederherstellung der Autorität des Hofes unangefochten in seiner Würde regieren konnte.

Inzwischen erfuhr ich durch Briefe und mündliche Nachrichten von vielen Seiten, daß gewaltige Truppenmassen von Parthern und Arabern sich der Stadt Antiochea näherten und ein großes Reiteraufgebot von ihnen nach Cilicien hinübergegangen, von meinen Schwadronen aber und der Gardekohorte, die in Epiphanea als Bedeckung lag, niedergemacht worden sei. Ich sah also, daß die Parther sich von Cappadocien abgewandt hatten und nicht weit von den Grenzen Ciliciens standen, und führte deshalb meine Armee in Gewaltmärschen zum Amanus. Dort angekommen erfuhr ich, daß der Feind sich von Antiochea zurückgezogen habe und Bibulus in Antiochea sei. Deiotarus, der bereits mit starker Kavallerie und Infanterie und all seinen Truppen im Anmarsch war, ließ ich wissen, daß anscheinend kein Anlaß bestehe für seine Abwesenheit aus seinem Reiche; falls etwa neue Schwierigkeiten auftreten sollten, würde ich ihn sofort brieflich und durch Boten benachrichtigen.

Es war einerseits meine Absicht gewesen, wenn die Umstände es

si ita tempus ferret, subvenirem, tum id, quod iam
ante statueram vehementer interesse utriusque provinciae pacare Amanum et perpetuum hostem ex eo
monte tollere, agere perrexi.

Cumque me discedere ab eo monte simulassem et
alias partis Ciliciae petere abessemque ab Amano iter
unius diei et castra apud Epiphaneam fecissem, a. d.
IIII Id. Oct., cum advesperasceret, expedito exercitu
ita noctu iter feci, ut a. d. III Id. Oct., cum lucisceret,
in Amanum ascenderem distributisque cohortibus et
auxiliis, cum aliis Quintus frater legatus mecum simul,
aliis C. Pomptinus legatus, reliquis M. Anneius et
L. Tullius legati praeessent, plerosque necopinantis
oppressimus, qui occisi captique sunt interclusi fuga.
Eranam autem, quae fuit non vici instar sed urbis, 9
quod erat Amani caput, itemque Sepyram et Commo-
rim, acriter et diu repugnantibus, Pomptino illam partem Amani tenente, ex antelucano tempore usque ad
horam diei X magna multitudine hostium occisa cepi-
mus castellaque vi capta complura incendimus.

His rebus ita gestis castra in radicibus Amani ha- (9)
buimus apud Aras Alexandri quadriduum et in reliquiis Amani delendis agrisque vastandis, quae pars
eius montis meae provinciae est, id tempus omne con-
sumpsimus.

Confectis his rebus ad oppidum Eleutherocilicum 10
Pindenissum exercitum adduxi. quod cum esset altis-
simo et munitissimo loco ab iisque incoleretur, qui ne
regibus quidem umquam paruissent, cum et fugitivos
reciperent et Parthorum adventum acerrime exspecta-
rent, ad existimationem imperii pertinere arbitratus
sum comprimere eorum audaciam, quo facilius etiam
ceterorum animi, qui alieni essent ab imperio nostro,
frangerentur. vallo et fossa circumdedi, sex castellis

verlangten, beide Provinzen zu decken; andrerseits war ich mir schon vorher darüber klar geworden, daß es für beide Provinzen von unschätzbarem Vorteil sei, **wenn** der Amanus unterworfen und der ewige Feind in diesem Gebirge zur Raison gebracht würde, und so habe ich diesen Plan weiter verfolgt.

Ich tat zunächst so, als rückte ich vom Amanus weg in andre Gegenden Ciliciens ab, und lagerte mich einen Tagemarsch vom Amanus entfernt bei Epiphanea. Am 12. Oktober gegen Abend brach ich mit der Armee auf und richtete es so ein, daß ich nach flottem Nachtmarsch am 13. Oktober im Morgengrauen mit auseinandergezogenen Kohorten und Hilfsvölkern den Amanus erstieg, wobei einen Teil mein Bruder Quintus als Legat zusammen mit mir führte, einen andern mein Legat C. Pomptinus, den Rest die Legaten M. Anneius und L. Tullius. Die meisten überraschten wir, ohne daß sie etwas ahnten, und machten sie nieder oder schnitten ihnen die Flucht ab und nahmen sie gefangen; Erana, mehr eine Art Stadt als Dorf, der Hauptort im Amanus, ebenso Sepyra und Commoris wehrten sich heftig und lange – Pomptinus operierte an dieser Stelle des Amanus – vom frühen Morgen bis um die zehnte Stunde; nach schweren Verlusten für den Feind nahmen wir die Ortschaften ein; mehrere Stützpunkte wurden im Handstreich genommen und in Brand gesteckt.

Nach diesen Erfolgen lagerten wir vier Tage am Fuße des Amanus bei den Alexanderaltären und benötigten diese ganze Zeit, um die restlichen Teile des Amanus niederzuwerfen und das Land zu verwüsten, soweit das Gebirge zu meiner Provinz gehört.

Als das erledigt war, führte ich meine Armee nach Pindenissus, einer Stadt der Eleutherocilicier. Sie liegt sehr hoch, eine starke natürliche Festung. Ihre Einwohner haben sich auch den Königen niemals gebeugt; da sie entlaufenen Sklaven ein Asyl boten und sehnsüchtig auf das Erscheinen der Parther warteten, hielt ich es im Interesse des Ansehens unsrer Herrschaft für geboten, ihre Widerspenstigkeit zu brechen; um so leichter würden sich dann auch alle übrigen beugen, die von unsrer Herrschaft nichts wissen wollten. Ich habe sie mit Wall und Graben eingeschlossen und durch sechs Kastelle und starke Stützpunkte zerniert, sie mit Damm,

castrisque maximis saepsi, aggere, viniis, turribus
oppugnavi ususque tormentis multis, multis sagitta-
riis magno labore meo sine ulla molestia sumptuve
sociorum septimo quinquagensimo die rem confeci, ut
omnibus partibus urbis disturbatis aut incensis com-
pulsi in potestatem meam pervenirent. his erant fini-
timi pari scelere et audacia Tebarani. ab iis Pindenisso
capto obsides accepi; exercitum in hiberna dimisi;
Quintum fratrem negotio praeposui, ut in vicis aut
captis aut male pacatis exercitus conlocaretur.

Nunc velim sic tibi persuadeas, si de iis rebus ad 11
senatum relatum sit, me existimaturum summam mihi
laudem tributam, si tu honorem meum sententia tua
comprobaris, idque, etsi talibus de rebus gravissimos
homines et rogare solere et rogari scio, tamen admonendum potius te a me quam rogandum puto. tu es
enim is, qui me tuis sententiis saepissime ornasti, qui
oratione, qui praedicatione, qui summis laudibus in
senatu, in contionibus ad caelum extulisti; cuius ego
semper tanta esse verborum pondera putavi, ut uno
verbo tuo cum mea laude coniuncto omnia adsequi
me arbitrarer; te denique memini, cum cuidam clarissimo atque optimo viro supplicationem non decer-
neres, dicere te decreturum, si referretur ob eas res,
quas is consul in urbe gessisset; tu idem mihi supplicationem decrevisti togato non, ut multis, re p. bene
gesta sed, ut nemini, re p. conservata.

Mitto, quod invidiam, quod pericula, quod omnis 12
meas tempestates et subieris et multo etiam magis, si
per me licuisset, subire paratissimus fueris, quod denique inimicum meum tuum inimicum putaris, cuius
etiam interitum, cum facile intellegerem, mihi quantum tribueres, Milonis causa in senatu defendenda
approbaris. a me autem haec sunt profecta, quae non
ego in beneficii loco pono sed in veri testimonii atque

Sturmlauben und Türmen bestürmt und die Sache unter Einsatz von zahlreichen Wurfmaschinen und Bogenschützen, ganz aus eigener Kraft, ohne die Bündner zu belästigen oder Aufwendungen von ihnen zu verlangen, in 57 Tagen erledigt, so daß sie sich nach gänzlicher Zerstörung oder Einäscherung ihrer Stadt nicht mehr zu helfen wußten und sich mir ergaben. Ihre Nachbarn, die Tebaraner, nicht weniger frech und ruchlos, stellten nach der Einnahme von Pindenissus Geiseln. Darauf legte ich die Armee in Winterquartiere; ich beauftragte meinen Bruder Quintus, sie in den eroberten oder halb unterworfenen Ortschaften unterzubringen.

Jetzt sei bitte überzeugt, daß ich, falls diese Dinge im Senat zur Sprache kommen, mich hochgeehrt fühlen würde, wenn Du bei einer etwaigen Ehrenbezeugung ein Wort für mich einlegtest. Zwar weiß ich, daß in solchen Dingen selbst die bedeutendsten Männer im allgemeinen darum bitten und sich bitten lassen; aber ich glaube, Dir eher zureden als Dich bitten zu sollen. Bist Du es doch, der mich im Senat und vor dem Volke oft genug durch seine Anträge ausgezeichnet und mit preisenden Reden und hochtönenden Lobsprüchen in den Himmel gehoben hat. Stets habe ich Deinen Worten solches Gewicht beigelegt, daß ich glaubte, durch ein Wort von Dir zu meinem Lobe alles erreichen zu können. Schließlich entsinne ich mich, wie Du einem hochangesehenen, tüchtigen Manne das Dankfest versagtest mit der Begründung, Du würdest dafür eintreten, wenn es sich um solche Taten handelte, die er als Konsul im zivilen Leben vollbracht habe; ebenso hast Du mir als Zivilisten ein Dankfest zukommen lassen, nicht, wie vielen andern, wegen guter Staatsführung, sondern, wie niemandem sonst, wegen der Errettung des Staates.

Ich will nicht davon reden, daß Du alle Mißgunst, alle Gefahren, alle mich umtobenden Stürme auf Dich genommen hast und noch viel mehr auf Dich zu nehmen bereit gewesen wärest, wenn ich es gestattet hätte, daß Du schließlich in meinem Feinde auch Deinen Feind sahest, dessen Ermordung Du sogar guthießest, indem Du im Senat für Milo eintratest, woran ich leicht erkennen konnte, wie sehr Du mit mir einverstanden warest. Meinerseits ist dagegen folgendes geschehen, was ich nicht als reine Gefälligkeit, sondern als echtes, wohlbegründetes Zeugnis betrachtet wissen möchte:

iudicii, ut praestantissimas tuas virtutes non tacitus
admirarer – quis enim id non facit? –, sed in omnibus
orationibus, sententiis dicendis, causis agendis, omnibus scriptis Graecis, Latinis, omni denique varietate
litterarum mearum te non modo iis, quos vidissemus,
sed iis, de quibus audissemus, omnibus anteferrem.

Quaeres fortasse, quid sit, quod ego hoc nescio 13
quid gratulationis et honoris a senatu tanti aestimem.
agam iam tecum familiariter, ut est et studiis et officiis
nostris mutuis et summa amicitia dignum et necessitudine etiam paterna.

Si quisquam fuit umquam remotus et natura et magis etiam, ut mihi quidem sentire videor, ratione atque doctrina ab inani laude et sermonibus vulgi, ego
profecto is sum. testis est consulatus meus, in quo
sicut in reliqua vita fateor ea me studiose secutum, ex
quibus vera gloria nasci posset, ipsam quidem gloriam per se numquam putavi expetendam. itaque et
provinciam ornatam et spem non dubiam triumphi
neglexi, sacerdotium denique, cum, quem ad modum
te existimare arbitror, non difficillime consequi possem, non appetivi; idem post iniuriam acceptam,
quam tu rei p. calamitatem semper appellas, meam non
modo non calamitatem sed etiam gloriam, studui
quam ornatissima senatus populique R. de me iudicia
intercedere. itaque et augur postea fieri volui, quod
antea neglexeram, et eum honorem, qui a senatu tribui rebus bellicis solet, neglectum a me olim nunc
mihi expetendum puto.

Huic meae voluntati, in qua inest aliqua vis desi- 14
derii ad sanandum vulnus iniuriae, ut faveas adiutor-
que sis, quod paulo ante me negaram rogaturum,
vementer te rogo, sed ita, si non ieiunum hoc
nescio quid, quod ego gessi, et contemnendum videbitur sed tale atque tantum, ut multi nequaquam

ich habe Deine hervorragenden Tugenden nicht schweigend bewundert – wer tut denn das nicht? –, nein, in allen meinen Reden, im Senat und vor Gericht, in allen meinen Schriften, griechischen und lateinischen, kurz, bei meiner ganzen vielseitigen schriftstellerischen Tätigkeit habe ich Dich über alle Zeitgenossen, ja, auch über alle Vorfahren gestellt.

Vielleicht fragst Du, warum ich eigentlich auf dies bißchen Dank und Ehre von seiten des Senats so großen Wert lege. Ich will Dir ein Wort im Vertrauen sagen, wie es den wechselseitigen Interessen und Bindungen warmer Freundschaft und auch den engen Beziehungen entspricht, die zwischen unsern Vätern bestanden.

Wenn jemals wer von Natur und mehr noch, wie ich von mir sagen zu dürfen glaube, durch philosophische Bildung uninteressiert gewesen ist an leeren Lobhudeleien und Popularität, dann bin ich es gewiß. Zeuge dafür ist mein Konsulat, in dem ich, wie ich zugebe, wie in meinem ganzen sonstigen Leben eifrig bestrebt gewesen bin, Taten zu vollbringen, aus denen echter Ruhm erwachsen könnte; aber Ruhm an sich habe ich nie für erstrebenswert gehalten. Darum habe ich eine wohlausgestattete Provinz und die unzweifelhafte Aussicht auf einen Triumph fahren lassen und mich auch nicht um ein Priestertum beworben, obwohl ich es, wie Du Dir wohl denken kannst, unschwer hätte bekommen können. Andrerseits habe ich nach dem mir geschehenen Unrecht, in dem Du stets ein Unglück für den Staat, für mich keineswegs ein Unglück, vielmehr einen Ruhmestitel gesehen hast, doch Wert darauf gelegt, daß recht ehrenvolle Kundgebungen von Senat und Volk für mich erfolgten. So wünschte ich denn hernach auch Augur zu werden, woran mir früher nichts gelegen hatte, und meine jetzt, die Ehre erstreben zu sollen, mit der der Senat militärische Erfolge zu belohnen pflegt, um die ich einst nichts gegeben habe.

Daß Du diesen meinen Wunsch, in dem sich das lebhafte Verlangen nach Balsam für die mir geschlagene Wunde ausspricht, begünstigst und förderst, worum ich Dich eben noch nicht bitten wollte, darum bitte ich Dich jetzt also herzlich, aber unter der Voraussetzung, daß Dir meine Leistung, über die ich mir kein Urteil erlaube, nicht dürftig und verächtlich, sondern nach Ausführung und Ergebnis so bedeutend erscheint, daß man sagen kann, daß

paribus rebus honores summos a senatu consecuti
sint.

Equidem etiam illud mihi animum advertisse videor – scis enim quam attente te audire soleam –, te
non tam res gestas quam mores institutamque vitam
imperatorum spectare solere in habendis aut non habendis honoribus. quod si in mea causa considerabis,
reperies me exercitu imbecillo contra metum maximi
belli firmissimum praesidium habuisse aequitatem et
continentiam. his ego subsidiis ea sum consecutus,
quae nullis legionibus consequi potuissem, ut ex alie-
nissimis sociis amicissimos, ex infidelissimis firmissi-
mos redderem animosque novarum rerum exspectatione suspensos ad veteris imperii benevolentiam tra-
ducerem.

Sed nimis haec multa de me, praesertim ad te, a quo 15
uno omnium sociorum querelae audiuntur. cognosces
ex iis, qui meis institutis se recreatos putant; cumque
omnes uno prope consensu de me apud te ea, quae
mihi optatissima sunt, praedicabunt, tum duae maximae clientelae tuae, Cyprus insula et Cappadociae
regnum, tecum de me loquentur, puto etiam regem
Deiotarum, qui uni tibi est maxime necessarius. quae
si etiam maiora sunt et in omnibus saeculis pauciores
viri reperti sunt, qui suas cupiditates quam qui hostium copias vincerent, est profecto tuum, cum ad res
bellicas haec, quae rariora et difficiliora sunt, genera
virtutis adiunxeris, ipsas etiam illas res gestas iustiores
esse et maiores putare.

Extremum illud est, ut quasi diffidens rogationi 16
meae philosophiam ad te adlegem, qua nec mihi carior
ulla umquam res in vita fuit nec hominum generi
maius a deis munus ullum est datum. haec igitur, quae
mihi tecum communis est, societas studiorum atque
artium nostrarum, quibus a pueritia dediti ac devincti

viele für keineswegs gleichwertige Taten die höchsten Ehren vom Senat erhalten haben.

Ich meine auch bemerkt zu haben – Du weißt ja, wie aufmerksam ich Deinen Worten zu lauschen pflege –, daß Du meist nicht so sehr auf die Erfolge der Imperatoren siehst wie auf ihren Charakter und ihre Lebensführung, wenn es darum geht, Ehrungen zu bewilligen oder nicht. Wenn Du diesen Grundsatz auf meinen Fall anwendest, wirst Du finden, daß mir bei der Schwäche meiner Armee gegen die Furcht vor einem schweren Kriege Billigkeit und Mäßigung den stärksten Schutz geboten haben. Mit Hülfe dieser Tugenden habe ich erreicht, was ich mit keiner Heeresmacht hätte erreichen können, daß ich unsre uns gänzlich entfremdeten, unzuverlässigen Bündner zu unbedingt zuverlässigen Freunden machen und die in Erwartung eines Umschwungs schwankende Stimmung in Ergebenheit für ihre alten Herren verwandeln konnte.

Doch damit genug und übergenug von mir, zumal Dir gegenüber, der Du wie kein andrer ein offenes Ohr für die Klagen der Bundesgenossen hast! Du wirst es von denen hören, die sich durch meine Maßnahmen wie neugeboren fühlen; sie alle werden wie aus einem Munde vor Dir an mir zu rühmen wissen, worauf ich den höchsten Wert lege; besonders werden Deine zwei bedeutendsten Klientelen, die Insel Cypern und das Königreich Cappadocien, bei Dir für mich sprechen und wohl auch der König Deiotarus, der sich Dir wie sonst niemandem verbunden fühlt. Wenn ihre Aussagen noch eindrucksvoller sind, und wenn sich zu allen Zeiten weniger Männer gefunden haben, die ihre Begierden, als solche, die die feindlichen Truppen besiegen konnten, dann entspricht es gewiß Deiner Sinnesart, der Du den kriegerischen Taten Tugenden dieser Art an die Seite gestellt hast, die seltener und beschwerlicher sind, auch meine militärischen Erfolge als um so vollgültiger und bedeutsamer zu betrachten.

Schließlich möchte ich noch, als traute ich der Kraft meiner Bitte nicht recht, die Philosophie zu Dir entsenden, mir seit je das liebste im Leben und für uns Menschen das größte Geschenk der Götter. Sie also, die mich mit Dir verbindet, die Gemeinsamkeit unsrer philosophischen Interessen, denen von früher Jugend an ergeben und verbunden wir beiden nahezu als einzige die alte, echte Philo-

soli prope modum nos philosophiam veram illam et
antiquam, quae quibusdam otii esse ac desidiae videtur, in forum atque in rem p. atque in ipsam aciem
paene deduximus, tecum agit de mea laude; cui negari
a Catone fas esse non puto.

Quam ob rem tibi sic persuadeas velim, si mihi tua
sententia tributus honos ex meis litteris fuerit, me sic
existimaturum, cum auctoritate tua tum benevolentia
erga me mihi, quod maxime cupierim, contigisse.

V.
M. CATO S. D. M. CICERONI IMP.

Quod et res p. me et nostra amicitia hortatur, li- 1
benter facio, ut tuam virtutem, innocentiam, diligentiam cognitam in maximis rebus domi togati, armati
foris pari industria administrare gaudeam. itaque,
quod pro meo iudicio facere potui, ut innocentia con-
silioque tuo defensam provinciam, servatum Ariobarzanis cum ipso rege regnum, sociorum revocatam
ad studium imperii nostri voluntatem sententia mea
et decreto laudarem, feci.

Supplicationem decretam, si tu, qua in re nihil for- 2
tuito sed summa tua ratione et continentia rei p. provisum est, dis immortalibus gratulari nos quam tibi
referre acceptum mavis, gaudeo; quod si triumphi
praerogativam putas supplicationem et idcirco casum
potius quam te laudari mavis, neque supplicationem
sequitur semper triumphus, et triumpho multo clarius
est senatum iudicare potius mansuetudine et innocentia imperatoris provinciam quam vi militum aut
benignitate deorum retentam atque conservatam esse;
quod ego mea sententia censebam.

sophie, die manch einem als Zeitvertreib für träge Tagediebe erscheint, auf das Forum, in die Politik und beinahe sogar in die Kriegführung verpflanzt haben, tritt bei Dir für meinen Ruhm ein; ihr darf, meine ich, ein Cato nicht nein sagen.

Darum darfst Du überzeugt sein: wird mir auf Grund meines offiziellen Berichtes mit Deinem Votum Ehre zuteil, dann will ich glauben, daß ich die Erfüllung meines sehnlichsten Wunsches nur Deinem gewichtigen Wort und Deinem Wohlwollen für mich verdanke.

(Tarsus, Ende 51/Anfang 50 [XI./XII. 51]).

5.
M. Cato grüßt M. Cicero, den Imperator.

Was mir das Staatsinteresse und unsre Freundschaft nahelegt, das tue ich gern: ich gebe meiner Freude Ausdruck, daß Deine Tüchtigkeit, Uneigennützigkeit und Gewissenhaftigkeit, die Du daheim als Zivilist bei hochbedeutsamen Gelegenheiten bewiesen hast, sich nun auch draußen im Felde mit gleicher Intensität auswirkt. Somit habe ich getan, was ich meiner Überzeugung nach tun konnte: ich habe bei der Begründung meiner Stellungnahme lobend anerkannt, daß Du durch Deine Korrektheit und kluge Haltung die Provinz geschützt, dem Ariobarzanes Leben und Thron gesichert und die Stimmung unsrer Bündner wieder in Ergebenheit für unsre Herrschaft verwandelt hast.

Daß Dir ein Dankfest bewilligt worden ist, freut mich, sofern Du es lieber siehst, daß wir für Deine Erfolge, bei denen nichts dem Zufall zu verdanken ist, sondern nur durch Deine besonnene, maßvolle Haltung die Interessen des Staates gewahrt wurden, den unsterblichen Göttern danken, statt sie Dir gutzuschreiben. Meinst Du aber, ein Dankfest sei das Unterpfand für einen Triumph, und siehst es somit lieber, wenn der Zufall und nicht Du persönlich gepriesen wirst, so wisse: keineswegs folgt auf ein Dankfest grundsätzlich der Triumph, und viel schöner als ein Triumph ist es, wenn der Senat erklärt, eine Provinz sei durch Milde und Zurückhaltung ihres Imperators und nicht durch Waffengewalt oder die Gnade der Götter behauptet und geschützt worden. Das habe ich in meiner Stellungnahme zum Ausdruck bringen wollen.

Atque haec ego idcirco ad te contra consuetudinem 3
meam pluribus scripsi, ut, quod maxime volo, existimes me laborare, ut tibi persuadeam me et voluisse de
tua maiestate, quod amplissimum sim arbitratus et,
quod tu maluisti, factum esse gaudere.

Vale et nos dilige et instituto itinere severitatem
diligentiamque sociis et rei p. praesta.

VI.
M. CICERO S. D. M. CATONI.

'Laetus sum laudari me', inquit Hector, opinor, 1
apud Naevium, 'abs te, pater, a laudato viro.' ea est
enim profecto iucunda laus, quae ab iis proficiscitur,
qui ipsi in laude vixerunt. ego vero vel gratulatione
litterarum tuarum vel testimoniis sententiae dictae
nihil est, quod me non adsecutum putem, idque mihi
cum amplissimum tum gratissimum est, te libenter
amicitiae dedisse, quod liquido veritati dares. et si
non modo omnes verum etiam multi Catones essent
in civitate nostra, in qua unum exstitisse mirabile est,
quem ego currum aut quam lauream cum tua lauda-
tione conferrem? nam ad meum sensum et ad illud
sincerum ac subtile iudicium nihil potest esse laudabilius quam ea tua oratio, quae est ad me perscripta a
meis necessariis.

Sed causam meae voluntatis – non enim dicam 2
'cupiditatis' – exposui tibi superioribus litteris; quae
etiam si parum iusta tibi visa est, hanc tamen habet
rationem, non ut nimis concupiscendus honos sed
tamen, si deferatur a senatu, minime aspernandus
esse videatur. spero autem illum ordinem pro meis
ob rem p. susceptis laboribus me non indignum
honore, usitato praesertim, existimaturum.

Quod si ita erit, tantum ex te peto, quod amicissime

Ich schreibe Dir ganz gegen meine Gewohnheit hauptsächlich deshalb so ausführlich, damit Du siehst, wie viel mir daran liegt, Dich zu überzeugen, daß ich betreffs Deiner Würde gewünscht habe, was ich für das herrlichste hielt, und mich freue, daß Du erreicht hast, was Dir lieber war.

Leb' wohl, behalt mich lieb und fahr auf dem eingeschlagenen Wege fort, gegenüber den Bündnern und dem Staate Deine Rechtlichkeit und Gewissenhaftigkeit zu bewähren!

(Rom, Ende April/Anfang Mai [um den 20. III.] 50).

6.
M. Cicero grüßt M. Cato.

„Ich freue mich, gelobt zu werden" sagt, glaube ich, Hector bei Naevius „von dir, Vater, einem gepriesenen Manne." Das ist ja in der Tat ein erfreuliches Lob, das von denen ausgeht, die selbst in der Sphäre des Ruhmes gelebt haben. Ich habe wohl wirklich mit dem Glückwunsch in Deinem Briefe oder dem Zeugnis Deiner Worte im Senat alles erreicht, was ich mir wünschen konnte, und es ist mir lieb und ehrenvoll, daß Du gern der Freundschaft bewilligt hast, was Du unbedenklich auch der Wahrheit bewilligen würdest. Und wenn es – ich will nicht sagen: lauter, aber jedenfalls doch viele Catos in unserm Gemeinwesen gäbe – sonderbarerweise gibt es nur einen –, welchen Triumphwagen, welchen Lorbeer würde ich dann mit Deinem Loblied auf eine Stufe stellen können? Denn für meinen Geschmack und ein unverbildetes, schlichtes Urteil kann nichts ruhmvoller sein als diese Deine Worte, die meine Freunde mir hinterbracht haben.

Der Anlaß zu meinem Wunsche – „Begierde" möchte ich es nicht nennen – habe ich Dir in meinem vorigen Briefe auseinandergesetzt; wenn er Dir auch nicht recht begründet erschien, so hat er doch einen vernünftigen Grund. Gewiß soll man nicht allzu versessen auf Ehre sein, aber wenn sie einem vom Senat angetragen wird, soll man sie doch wohl keinesfalls verschmähen. Und ich hoffe, diese Körperschaft wird mich angesichts der im Interesse des Staates von mir übernommenen Mühen einer Ehrung, zumal dieser allgemein üblichen, nicht für unwürdig halten.

Trifft das zu, so bitte ich Dich nur, wie Du so hübsch sagst, „Dich

scribis, ut, cum tuo iudicio, quod amplissimum esse
arbitraris, mihi tribueris, si id, quod maluero, acciderit, gaudeas. sic enim fecisse te et sensisse et scripsisse video, resque ipsa declarat tibi illum honorem
nostrum supplicationis iucundum fuisse, quod scribendo adfuisti; haec enim senatus consulta non ignoro
ab amicissimis eius, cuius de honore agitur, scribi
solere.

Ego, ut spero, te propediem videbo, atque utinam
re p. meliore quam timeo!

VII.
M. CICERO PROCOS. S. D. C. MARCELLO COS. DESIG.

Maxima sum laetitia adfectus, cum audivi consulem
te factum esse, eumque honorem tibi deos fortunare
volo atque a te pro tua parentisque tui dignitate administrari.

Nam cum te semper amavi dilexique, tum mei
amantissimum cognovi in omni varietate rerum mearum, tum patris tui pluribus beneficiis vel defensus
tristibus temporibus vel ornatus secundis et sum totus
vester et esse debeo, cum praesertim matris tuae, gravissimae atque optimae feminae, maiora erga salutem
dignitatemque meam studia, quam erant a muliere
postulanda, perspexerim.

Quapropter a te peto in maiorem modum, ut me
absentem diligas atque defendas.

zu freuen, wenn eintritt, was mir schöner erscheint", nachdem Du
mir hast zukommen lassen, was Deiner Überzeugung nach „das
Herrlichste" ist. Denn so hast Du ja gehandelt, gedacht und geschrieben, und die Tatsache, daß Du als Protokollzeuge zugegen-
gewesen bist, beweist mir, daß Du Dich über meine Ehrung durch
ein Dankfest gefreut hast; solche Senatsbeschlüsse werden ja
bekanntermaßen von den nächsten Freunden dessen, den es zu
ehren gilt, protokolliert.

Ich sehe Dich hoffentlich demnächst; wäre dann die politische
Lage nur besser, als ich befürchte!

(Tarsus, Ende Juli [Mitte V.] 50).

7.
Der Prokonsul M. Cicero
grüßt
C. Marcellus, den designierten Konsul.

Ich habe mich ganz riesig gefreut, als ich hörte, Du seiest Konsul
geworden, und wünsche, die Götter geben ihren Segen dazu, und
Du kannst Dein Amt versehen, wie es Deinem und Deines Vaters
Rang entspricht.

Ich habe Dich ja seit je geliebt und geschätzt; daß auch Du
mir sehr zugetan bist, habe ich in all den Wechselfällen meines
Lebens erfahren, und da auch Dein Vater mir viel Gutes getan
hat, indem er in trüben Zeiten für mich eintrat oder mich im
Glück auszeichnete, so bin ich ganz der Eure und kann auch
gar nicht anders, zumal ich von seiten Deiner Mutter, dieser
ehrwürdigen, trefflichen Frau, mehr Interesse für mein Wohlergehn und meine Würde erfahren habe, als man von einer Frau
erwarten kann.

Darum bitte ich Dich ganz besonders herzlich, mir in der
Ferne Deine Hochschätzung zu bewahren und für mich einzutreten.

(Auf dem Marsche bei Cybistra, zwischen dem 28. August und
20. September [27. VII. und 17. VIII.] 51).

VIII.
M. CICERO PROCOS. S. D. C. MARCELLO CON-
LEGAE.

Marcellum tuum cos. factum teque ea laetitia adfectum esse, quam maxime optasti, mirandum in modum gaudeo, idque cum ipsius causa, tum quod te
omnibus secundissimis rebus dignissimum iudico,
cuius erga me singularem benevolentiam vel in labore
meo vel in honore perspexi, totam denique domum
vestram vel salutis vel dignitatis meae studiosissimam
cupidissimamque cognovi.

Quare gratum mihi feceris, si uxori tuae Iuniae,
gravissimae atque optimae feminae, meis verbis eris
gratulatus.

A te, id quod suesti, peto me absentem diligas atque
defendas.

IX.
M. CICERO PROCOS. S. D. M. MARCELLO COS.

Te et pietatis in tuos et animi in rem p. et clarissimi 1
atque optimi consulatus C. Marcello consule facto
fructum cepisse vehementer gaudeo. non dubito, quid
praesentes sentiant; nos quidem longinqui et a te ipso
missi in ultimas gentis ad caelum mehercule tollimus
verissimis ac iustissimis laudibus.

Nam cum te a pueritia tua unice dilexerim tuque me
in omni genere semper amplissimum esse et volueris
et iudicaris, tum hoc vel tuo facto vel populi R. de te
iudicio multo acrius vehementiusque diligo maximaque laetitia adficior, cum ab hominibus prudentissi-
mis virisque optimis omnibus dictis, factis, studiis,
institutis vel me tui similem esse audio vel te mei.

8.

Der Prokonsul M. Cicero
grüßt
seinen Kollegen C. Marcellus.

Daß Dein Marcellus Konsul geworden ist und Du damit die Genugtuung erfahren hast, die Du Dir so sehnlich wünschtest, freut mich ganz riesig, und zwar um seinetwillen, besonders aber, weil ich Dir vor allen alles Glück gönne, dessen außergewöhnliches Wohlwollen für mich ich in trüben Zeiten und im Glanz der Ehren erfahren habe, wie ich überhaupt weiß, daß Euer ganzes Haus eifrig an meinem Wohlergehen und meiner Würde interessiert ist.

Darum würdest Du mir einen großen Gefallen tun, wenn Du Deine Gattin Iunia, diese ehrwürdige, treffliche Frau, in meinem Namen beglückwünschen wolltest.

Ich bitte Dich, mir in der Ferne weiterhin Deine Hochschätzung zu bewahren und für mich einzutreten.

(Ort und Zeit wie der vorige Brief).

9.

Der Prokonsul M. Cicero
grüßt
den Konsul M. Marcellus.

Daß Du die Früchte der Liebe zu den Deinigen, Deiner treuen Staatsgesinnung und Deines glänzenden, großartigen Konsulats mit der Wahl des C. Marcellus zum Konsul geerntet hast, freut mich riesig. Was die Leute zu Hause dazu sagen, ist mir nicht zweifelhaft; wir in der Ferne, die Du selbst ans Ende der Welt geschickt hast, heben Dich mit echtem, berechtigtem Lob in den Himmel.

Von Kindesbeinen an habe ich Dich ja außerordentlich geschätzt, und auch Du hast mich stets in jeder Beziehung geehrt wissen wollen und bist dafür eingetreten. Jetzt aber schätze ich Dich noch viel entschiedener wegen dieser Deiner guten Tat und der guten Meinung des Römischen Volkes von Dir und bin hocherfreut, wenn ich von klugen Leuten und braven Männern höre, daß ich in allen meinen Worten, Taten, Bestrebungen und Maßnahmen Dir ähnele oder Du mir.

Unum vero si addis ad praeclarissimas res consula- 2
tus tui, ut aut mihi succedat quam primum aliquis aut
ne quid accedat temporis ad id, quod tu mihi et senatus
c. et lege finisti, omnia me per te consecutum putabo.

Cura, ut valeas et me absentem diligas atque defendas.

Quae mihi de Parthis nuntiata sunt, quia non puta- 3
bam a me etiam nunc scribenda esse publice, propterea ne pro familiaritate quidem nostra volui ad te
scribere, ne, cum ad consulem scripsissem, publice
viderer scripsisse.

X.
M. CICERO IMP. S. D. C. MARCELLO C. F. COS.

Quoniam id accidit, quod mihi maxime fuit opta- 1
tum, ut omnium Marcellorum, Marcellinorum etiam
– mirificus enim generis ac nominis vestri fuit erga
me semper animus – quoniam ergo ita accidit, ut omnium vestrum studio tuus consulatus satis facere
posset, in quem meae res gestae lausque et honos
earum potissimum incideret, peto a te, id quod facillimum factust non aspernante, ut confido, senatu, ut
quam honorificentissime senatus consultum litteris
meis recitatis faciendum cures.

Si mihi tecum minus esset, quam est cum tuis omni- 2
bus, adlegarem ad te illos, a quibus intellegis me praecipue diligi. patris tui beneficia in me sunt amplissima;
neque enim saluti meae neque honori amicior quisquam
dici potest; frater tuus quanti me faciat semperque
fecerit, esse hominem, qui ignoret, arbitror neminem;
domus tua denique tota me semper omnibus summis

Wenn Du nun gar den hervorragenden Verdiensten Deines Konsulats noch dies eine hinzufügst, daß ich so früh wie möglich abgelöst werde oder jedenfalls die mir auf Grund von Senatsbeschluß und Gesetz von Dir gesetzte Amtszeit nicht verlängert wird, will ich glauben, Dir alles zu verdanken.

Gehab' Dich wohl, erhalte mir in der Ferne Deine Hochschätzung und tritt für mich ein!

(PS) Die mir über die Parther zugegangenen Meldungen halte ich nicht für so wichtig, daß ich schon jetzt offiziell darüber berichten müßte; auch Dir will ich trotz unsrer freundschaftlichen Beziehungen deshalb nichts davon schreiben, damit es nicht so aussieht, als sollte dieser Brief als an den Konsul gerichtet ein offizielles Schreiben sein.

(Ort und Zeit wie der vorige Brief).

10.
Der Imperator M. Cicero
grüßt
den Konsul C. Marcellus, des C. Sohn.

Da nunmehr eingetreten ist, was ich mir von Herzen gewünscht habe, daß Du allen Marcellern und Marcellinern – Euer Name und Geschlecht hat sich mir ja immer besonders freundlich erwiesen – da es also nunmehr so gekommen ist, daß Du Euer aller Bemühn um mich als Konsul die Krone aufsetzen kannst, wo meine Erfolge und Lob und Ehre dafür hauptsächlich in Dein Amtsjahr fallen, bitte ich Dich, dafür zu sorgen, was gewiß nicht schwer ist, wenn der Senat, wie ich überzeugt bin, nichts dagegen hat, daß nach Verlesung meines Berichtes ein Senatsbeschluß in möglichst ehrenvoller Form für mich ergeht.

Wenn ich mit Dir nicht so stände, wie ich mit allen Deinen Angehörigen stehe, würde ich die Leute bitten, an Dich heranzutreten, die mich bekanntermaßen über alles schätzen. Dein Vater hat sich in reichstem Maße um mich verdient gemacht; von niemandem könnte man sagen, daß er sich mehr um mein Wohlergehn und meine Ehre gesorgt hätte. Wie hoch Dein Vetter mich schätzt und immer geschätzt hat, weiß wohl jedes Kind. Kurz, Dein ganzes Haus hat sich mir stets in jeder Weise überaus gefällig erwiesen,

officiis prosecuta est; neque vero tu in me diligendo cuiquam concessisti tuorum.

Quare a te peto in maiorem modum, ut me per te quam ornatissimum velis esse meamque et in supplicatione decernenda et in ceteris rebus existimationem satis tibi esse commendatam putes.

XI.
M. CICERO IMP. S. D. C. MARCELLO COS.

Quantae curae tibi meus honos fuerit et quam idem 1 exstiteris consul in me ornando et amplificando, qui fueras semper cum parentibus tuis et cum tota domo, etsi res ipsa loquebatur, cognovi tamen ex meorum omnium litteris. itaque nihil est tantum, quod ego non tua causa debeam facturusque sim studiose ac libenter. nam magni interest, cui debeas, debere autem nemini 2 malui quam tibi, cui me cum studia communia, beneficia paterna tuaque iam ante coniunxerant, tum accedit mea quidem sententia maximum vinculum, quod ita rem p. geris atque gessisti, qua mihi carius nihil est, ut, quantum tibi omnes boni debeant, quo minus tantundem ego unus debeam, non recusem. quam ob rem tibi velim ii sint exitus, quos mereris et quos fore confido.

Ego, si me navigatio non morabitur, quae incurrebat in ipsos etesias, propediem te, ut spero, videbo.

und nun gar Du bist in der Hochschätzung meiner Person hinter keinem der Deinigen zurückgeblieben.

Darum bitte ich Dich besonders herzlich, Dich dafür einzusetzen, daß ich die gebührende Auszeichnung erhalte, und mein Renommee bei der Beschlußfassung über ein Dankfest und auch weiterhin in Deine Hand gelegt zu wissen.

(Tarsus, Ende 51/Anfang 50 [XI./XII. 51]).

11.

Der Imperator M. Cicero
grüßt
den Konsul C. Marcellus.

Wie sehr Du Dich um meine Ehrung bemüht hast, wie sehr Du Dich als Konsul als den erwiesen hast, der Du mitsamt Deinen Eltern und Deinem ganzen Hause immer gewesen bist, wenn es darum ging, mich auszuzeichnen und zu erhöhen, bezeugt die Sache selbst; aber auch die Briefe all meiner Freunde sind voll davon. Deshalb gibt es nichts noch so Großes, wozu ich mich nicht Deinetwegen verpflichtet fühlte und was ich nicht eifrig und gern für Dich tun würde. Es kommt ja sehr darauf an, wem man sich verpflichtet fühlt; niemandem aber möchte ich lieber verpflichtet sein als Dir, mit dem mich gemeinsame Interessen sowie Deine und Deines Vaters Wohltaten schon früher verbanden, wozu aber jetzt als meiner Meinung nach stärkstes Band der Umstand tritt, daß Du den Staat so führst und geführt hast, wie ich es mir nicht besser wünschen kann, und somit gestehe ich gern, daß ich allein mich Dir so stark verpflichtet fühle, wie alle Optimaten zusammengenommen. Mögen Dir deshalb Erfolge beschieden sein, wie Du sie verdienst und wie sie gewißlich eintreten werden!

Ich hoffe, Dich demnächst zu sehen, falls nicht die Seefahrt mich aufhält, die gerade in die Zeit der Passatwinde fällt.

(Tarsus, Ende Juli [Mitte VI.] 50).

XII.
M. CICERO PROCOS. S. D. L. PAVLLO COS.
DESIG.

Etsi mihi numquam fuit dubium, quin te populus 1
R. pro tuis summis in rem p. meritis et pro amplissima
familiae dignitate summo studio cunctis suffragiis consulem facturus esset, tamen incredibili laetitia sum adfectus, cum id mihi nuntiatum est, eumque honorem
tibi deos fortunare volo a teque ex tua maiorumque
tuorum dignitate administrari.

Atque utinam praesens illum diem mihi optatissi- 2
mum videre potuissem proque tuis amplissimis erga
me studiis atque beneficiis tibi operam meam studium-
que navare! quam mihi facultatem quoniam hic nec-
opinatus et improvisus provinciae casus eripuit, tamen
ut te consulem rem p. pro tua dignitate gerentem videre possim, magno opere a te peto, ut operam des,
efficias, ne quid mihi fiat iniuriae neve quid temporis
ad meum annuum munus accedat. quod si feceris,
magnus ad tua pristina erga me studia cumulus accedet.

XIII.
M. CICERO IMP. S. D. L. PAVLLO COS.

Maxime mihi fuit optatum Romae esse tecum mul- 1
tas ob causas, sed praecipue, ut et in petendo et in
gerendo consulatu meum tibi debitum studium perspicere posses. ac petitionis quidem tuae ratio mihi
semper fuit explorata, sed tamen navare operam volebam; in consulatu vero cupio equidem te minus habere negotii, sed moleste fero me consulem tuum
studium adulescentis perspexisse, te meum, cum id
aetatis sim, perspicere non posse.

12.
Der Prokonsul M. Cicero
grüßt
L. Paullus, den designierten Konsul.

Zwar ist es mir nie zweifelhaft gewesen, daß das Römische Volk
Dich angesichts Deiner hohen Verdienste um den Staat und des
hervorragenden Ranges Deiner Familie begeistert mit allen Stimmen zum Konsul wählen würde. Trotzdem habe ich mich riesig
gefreut, als ich davon erfuhr, und ich wünsche, die Götter segnen
Dein Amt, und Du versiehst es, wie es Deinem und Deiner Väter
Rang entspricht.

Ach, hätte ich doch jenen mir so erwünschten Tag persönlich
miterleben und Dir zum Dank für Dein warmes Interesse und Deine
Wohltaten eifrige Hilfe leisten können! Dieser Möglichkeit hat
mich nun dies unerwartete, unvorhergesehene Provinzialkom-
mando beraubt; aber um persönlich erleben zu können, wie Du
als Konsul den Staat entsprechend Deinem Range führst, bitte ich
Dich dringend, Dich mit allen Kräften dafür einzusetzen, daß mir
kein Unrecht geschieht und mir mein auf ein Jahr berechnetes Amt
nicht verlängert wird. Tust Du das, dann setzt Du Deinen früheren
Bemühungen um mich die Krone auf.

(Auf dem Marsche bei Cybistra, zwischen dem 28. August und
20. September [27. VII. und 17. VIII.] 51).

13.
Der Imperator M. Cicero
grüßt
den Konsul L. Paullus.

Aus vielen Gründen hätte ich gewünscht, bei Dir in Rom zu sein,
vor allem, um Dir bei der Bewerbung um das Konsulat und seiner
Führung beweisen zu können, wie verpflichtet ich mich Dir fühle.
Der Erfolg Deiner Bewerbung ist mir stets sicher erschienen; immerhin hätte ich Dir gerne meine Dienste zur Verfügung gestellt.
In Deinem Konsulat vollends wünsche ich Dir weniger Schwierigkeiten, aber es tut mir doch leid, daß ich als Konsul die Möglichkeit
hatte, mich von Deinem jugendlichen Eifer zu überzeugen, Du
aber bei meinem Alter keine Probe des meinigen erhalten kannst.

Sed ita fato nescio quo contigisse arbitror, ut tibi 2
ad me ornandum semper detur facultas, mihi ad re-
munerandum nihil suppetat praeter voluntatem. ornasti consulatum, ornasti reditum meum; incidit
meum tempus rerum gerendarum in ipsum consulatum tuum. itaque, cum et tua summa amplitudo et
dignitas et meus magnus honos magnaque existimatio
postulare videatur, ut a te plurimis verbis contendam
ac petam, ut quam honorificentissimum senatus consultum de meis rebus gestis faciundum cures, non
audeo vehementer a te contendere, ne aut ipse tuae
perpetuae consuetudinis erga me oblitus esse videar
aut te oblitum putem.

Quare, ut te velle arbitror, ita faciam atque ab eo, 3
quem omnes gentes sciunt de me optime meritum,
breviter petam. si alii consules essent, ad te potissimum, Paulle, mitterem, ut eos mihi quam amicissimos
redderes; nunc cum tua summa potestas summaque
auctoritas notaque omnibus nostra necessitudo sit,
vehementer te rogo, ut et quam honorificentissime
cures decernendum de meis rebus gestis et quam
celerrime. dignas res esse honore et gratulatione cognosces ex iis litteris, quas ad te et conlegam et senatum publice misi. omniumque mearum reliquarum
rerum maximeque existimationis meae procurationem susceptam velim habeas, in primisque tibi curae
sit, quod abs te superioribus quoque litteris petivi, ne
mihi tempus prorogetur.

Cupio te consulem videre omniaque, quae spero,
cum absens tum etiam praesens te consule adsequi.

Aber wahrscheinlich ist es eine Art Schicksalsfügung, daß Du immer wieder Gelegenheit findest, mich auszuzeichnen, ich mich, um mich erkenntlich zu zeigen, auf den guten Willen beschränken muß. Du hast mir in meinem Konsulat und bei meiner Rückkehr unter die Arme gegriffen, und jetzt fällt die Zeit meiner Erfolge gerade mit Deinem Konsulat zusammen. Da scheint es Dein hoher Rang und Deine Würde wie auch meine ehrenvolle Stellung und mein Renommee zu gebieten, daß ich mit ausführlicher Begründung in Dich dringe, wenn ich Dich bitte, für einen möglichst ehrenvollen Senatsbeschluß betreffs meiner Erfolge Sorge zu tragen. Aber das wage ich nicht; könnte es doch so aussehen, als hätte ich selbst Dein dauerndes Interesse für mich vergessen oder glaubte, Du hättest es vergessen.

Darum meine ich, in Deinem Sinne zu handeln, wenn ich mich nur mit ein paar Worten an den wende, der, wie alle Welt weiß, die größten Verdienste um mich hat. Auch wenn andre Konsuln wären, würde ich mich doch gerade an Dich, mein Paullus, wenden, sie mir geneigt zu machen. Jetzt besitzt aber Du die größte Macht und das höchste Ansehen, und jedermann weiß von unsern engen Beziehungen; somit bitte ich Dich herzlich, Dich dafür einzusetzen, daß möglichst bald und in möglichst ehrenvoller Form ein Senatsbeschluß über meine Taten ergeht. Daß sie Dank und Ehre verdienen, wirst Du aus meinem offiziellen Bericht an Dich, Deinen Kollegen und den Senat ersehen. Auch die Sorge für all meine sonstigen Belange, besonders für mein Renommee, möchte ich in Deine Hand gelegt wissen; vor allem laß es Dir angelegen sein, worum ich Dich schon in meinem vorigen Briefe gebeten habe, daß meine Statthalterschaft nicht verlängert wird!

Ich sehne mich danach, Dich noch als Konsul zu erleben und all meine Hoffnungen daheim und in der Ferne unter Deinem Konsulat erfüllt zu sehen.

(Tarsus, Ende 51/Anfang 50 [XI./XII. 51]).

XIV.
M. CICERO IMP. S. D. C. CASSIO PROQ.

M. Fabium quod mihi amicum tua commendatione 1
das, nullum in eo facio quaestum; multi enim anni
sunt, cum ille in aere meost et a me diligitur propter
summam suam humanitatem et observantiam; sed tamen, quod te ab eo egregie diligi sensi, multo amicior
ei sum factus. itaque, quamquam profecerunt litterae
tuae, tamen aliquanto plus commendationis apud me
habuit animus ipsius erga te mihi perspectus et
cognitus.

Sed de Fabio faciemus studiose, quae rogas; tu mul- 2
tis de causis vellem me convenire potuisses, primum
ut te, quem iam diu plurimi facio, tanto intervallo
viderem, deinde ut tibi, quod feci per litteras, possem
praesens gratulari, tum ut, quibus de rebus vellemus,
tu tuis, ego meis, inter nos communicaremus, postremo ut amicitia nostra, quae summis officiis ab utroque
culta est, sed longis intervallis temporum interruptam
consuetudinem habuit, confirmaretur vehementius.

Id quoniam non accidit, utemur bono litterarum et 3
eadem fere absentes, quae, si coram essemus, consequemur. unus scilicet animi fructus, qui in te vi-
dendo est, percipi litteris non potest, alter gratulationis est is quidem exilior, quam si tibi te ipsum intuens
gratularer, sed tamen et feci antea et facio nunc tibique
cum pro rerum magnitudine, quas gessisti, tum pro
opportunitate temporis gratulor, quod te de provincia
decedentem summa laus et summa gratia provinciae
prosecuta est.

Tertium est, ut id, quod de nostris rebus coram 4
communicassemus inter nos, conficiamus idem litteris.

14.
Der Imperator M. Cicero
grüßt
den Proquästor C. Cassius.

Wenn Du M. Fabius durch Deine Empfehlung mir zum Freunde machst, so mache ich dabei kein Geschäft, denn schon seit vielen Jahren steht er bei mir zu Buch, und ich schätze ihn wegen seiner anständigen Gesinnung und Ehrerbietung; immerhin, wo ich sehe, wie überaus viel er von Dir hält, haben sich meine freundschaftlichen Gefühle für ihn noch verstärkt. Obwohl also Dein Brief nicht nutzlos gewesen ist, so ist es doch eine weit wirksamere Empfehlung für ihn bei mir, daß ich nun weiß und sehe, wie herzlich zugetan er Dir ist.

Also was Fabius angeht, werde ich Dir Deine Bitte gern erfüllen; aus mancherlei Gründen wünschte ich aber, Du hättest mich persönlich sprechen können. Erstens hätte ich Dich, den ich schon lange überaus schätze, nach so langer Zeit gern einmal wiedergesehen; zweitens hätte ich Dir, was ich brieflich getan habe, persönlich gratulieren können, und drittens hätten wir über alles, was wir auf dem Herzen haben, sprechen können, Du über Deine Sorgen und ich über meine. Schließlich wäre unsre Freundschaft, die wir beide intensiv gepflegt haben, die aber lange Zeit des persönlichen Umgangs entbehren mußte, wieder gefestigt worden.

Leider hat sich das nicht ermöglichen lassen, und so werden wir uns das Gute des Briefwechsels zunutze machen und getrennt doch etwa dasselbe erreichen, wie wenn wir beieinander wären. Nur das Herz kommt dabei nicht auf seine Rechnung; die Freude, die es mir machen würde, Dich zu sehen, kann ich bei einem Briefe natürlich nicht empfinden, und auch ein Glückwunsch klingt dünner, als wenn ich Dich Auge in Auge beglückwünschen könnte. Trotzdem habe ich es schon neulich getan und tue es jetzt noch einmal und beglückwünsche Dich zu Deinem großartigen Erfolge wie auch dazu, daß er Dir in einem so günstigen Augenblick zugefallen ist: daß Dir bei Deinem Scheiden aus der Provinz höchster Ruhm und Dank der Provinz das Geleit gegeben hat.

Das dritte ist, daß wir alles, was wir sonst persönlich miteinander besprochen hätten, jetzt brieflich erledigen müssen.

Ego ceterarum rerum causa tibi Romam properandum magnopere censeo; nam et ea, quae reliqui, tran-
quilla de te erant et hac tua recenti victoria tanta
clarum tuum adventum fore intellego; sed si quae
sunt onera tuorum, si tanta sunt, ut ea sustinere possis,
propera; nihil tibi erit lautius, nihil gloriosius; sin
maiora, considera, ne in alienissimum tempus cadat
adventus tuus. huius rei totum consilium tuum est;
tu enim scis, quid sustinere possis. si potes, laudabile
atque popularest; sin plane non potes, absens hominum sermones facilius sustinebis.

De me autem idem tecum his ago litteris, quod 5
superioribus egi, ut omnis tuos nervos in eo contendas, ne quid mihi ad hanc provinciam, quam et senatus et populus annuam esse voluit, temporis prorogetur. hoc a te ita contendo, ut in eo fortunas meas
positas putem. habes Paullum nostrum nostri cupidissimum; est Curio, est Furnius. sic velim enitare,
quasi in eo sint mihi omnia.

Extremum illud est de iis, quae proposueram, con- 6
firmatio nostrae amicitiae; de qua pluribus verbis nihil
opus est. tu puer me appetisti, ego autem semper ornamento te mihi fore duxi; fuisti etiam praesidio tristissi-
mis meis temporibus; accessit post tuum discessum
familiaritas mihi cum Bruto tuo maxima. itaque in
vestro ingenio et industria mihi plurimum et suavitatis et dignitatis constitutum puto. id tu ut tuo studio
confirmes, te vehementer rogo, litterasque ad me et
continuo mittas et, cum Romam veneris, quam saepissime.

Im übrigen bin ich durchaus der Meinung, daß Du auf jeden Fall nach Rom eilen solltest. Denn einerseits warest Du, als ich abreiste, daheim nicht im Gerede; andrerseits wirst Du jetzt nach Deinem jüngsten, großartigen Siege bei Deiner Ankunft sicher glänzend dastehen. Sind Deine Leute irgendwie belastet, jedoch nur insoweit, daß Du glaubst, damit fertig werden zu können, dann spute Dich; das wird den besten Eindruck machen und Dir Ruhm einbringen. Sind sie aber zu schwer belastet, dann überleg' Dir, ob Du nicht im unpassendsten Augenblick eintreffen würdest. Darüber mußt Du ganz allein entscheiden, denn Du weißt ja selbst am besten, was Du vertragen kannst. Wenn Du dazu imstande bist, ist es löblich und wird Beifall finden; fühlst Du Dich aber dem einfach nicht gewachsen, dann wirst Du hier in der Ferne leichter mit dem Gerede der Leute fertig werden.

Was nun mich betrifft, so bitte ich in diesem Briefe um dasselbe wie in meinem vorigen: alle Deine Kraft dafür einzusetzen, daß mir meine Statthalterschaft, die Senat und Volk auf ein Jahr festgesetzt haben, nicht verlängert wird. Das erwarte ich von Dir in der Überzeugung, daß Sein oder Nichtsein für mich davon abhängt. Du kannst Dich an unsern Paullus wenden, der mir ganz ergeben ist, an Curio oder Furnius. Bemühe Dich bitte so, als ob für mich alles davon abhinge!

Zum Schluß komme ich noch einmal auf das, was ich an den Anfang gestellt habe, die Befestigung unsrer Freundschaft. Vieler Worte bedarf es da nicht. Du hast Dich schon als Knabe mir angeschlossen, und ich hatte das Gefühl, daß Du stets eine Zierde für mich sein würdest, und Du hast mir ja auch in meinen traurigsten Zeiten zur Seite gestanden. Dazu kam nach Deinem Weggange meine enge Freundschaft mit Deinem Brutus. So glaube ich, daß meine Beliebtheit und mein Ansehen zum guten Teil auf Eurem klugen, tatkräftigen Wirken für mich beruht. Daß Du dieses Verhältnis Deinerseits festigst, darum bitte ich Dich herzlich, und daß Du mir sofort schreibst, und sobald Du in Rom bist, so oft wie möglich.

(Im Lager bei den Alexanderaltären, Mitte Oktober [IX.] 51).

XV.
M. CICERO S. D. C. CASSIO.

Etsi uterque nostrum spe pacis et odio civilis san- 1
guinis abesse a belli necessaria pertinacia voluit, tamen, quoniam eius consilii princeps ego fuisse videor,
plus fortasse tibi praestare ipse debeo quam a te exspectare; etsi, ut saepe soleo mecum recordari, sermo
familiaris meus tecum et item mecum tuus adduxit
utrumque nostrum ad id consilium, ut uno proelio
putaremus, si non totam causam, at certe nostrum
iudicium definiri convenire. neque quisquam hanc
nostram sententiam vere umquam reprendit praeter
eos, qui arbitrantur melius esse deleri omnino rem p.
quam imminutam et debilitatam manere; ego autem ex
interitu eius nullam spem scilicet mihi proponebam, ex
reliquiis magnam.

Sed ea sunt consecuta, ut magis mirum sit accidere 2
illa potuisse quam nos non vidisse ea futura nec, homines cum essemus, divinare potuisse. equidem fateor
meam coniecturam hanc fuisse, ut illo quasi quodam
fatali proelio facto et victores communi saluti consuli
vellent et victi suae; utrumque autem positum esse
arbitrabar in celeritate victoris. quae si fuisset, eandem
clementiam experta esset Africa, quam cognovit Asia,
quam etiam Achaia te, ut opinor, ipso legato ac depre-
catore. amissis autem temporibus, quae plurimum
valent, praesertim in bellis civilibus, interpositus
annus alios induxit, ut victoriam sperarent, alios, ut
ipsum vinci contemnerent. atque horum malorum
omnium culpam fortuna sustinet; quis enim aut Alexandrini belli tantam moram huic bello adiunctum iri
aut nescio quem istum Pharnacem Asiae terrorem
inlaturum putaret?

Nos tamen in consilio pari casu dissimili usi sumus. 3

15.

M. Cicero grüßt C. Cassius.

Zwar wünschten wir beide aus Hoffnung auf Frieden und Abscheu vor dem vergossenen Bürgerblut, uns der unvermeidlichen Hartnäckigkeit des Krieges zu entziehen; immerhin habe ich ja wohl die Anregung zu unserm Entschluß gegeben, und so muß ich vielleicht Dir gegenüber mehr dafür einstehen, als ich das von Dir erwarten darf. Freilich sage ich mir immer wieder, daß mein vertrauliches Gespräch mit Dir und Deins mit mir uns beide zu der Überzeugung gebracht hat, daß es mit einer Schlacht genug sei, um vielleicht nicht über die ganze Frage, aber jedenfalls doch über unser weiteres Verhalten zu entscheiden. Und diese unsre Auffassung hat ja auch niemand ernstlich getadelt, abgesehen von denjenigen, die meinen, es sei besser, der Staat gehe gänzlich zugrunde, als daß er verkümmert und geschwächt bestehen bleibe; doch ich sagte mir, daß wir nach seinem völligen Untergange selbstverständlich nichts mehr zu hoffen haben, bliebe aber etwas von ihm, manches.

Bei dem, was dann eingetreten ist, muß man sich mehr wundern, daß es hat eintreten können, als daß wir es nicht vorausgesehen haben, und weil wir eben Menschen sind, nicht haben ahnen können. Ich gestehe, meine Vermutung ging dahin, daß nach jener gleichsam schicksalhaften Schlacht der Sieger auf das Wohlergehn der Gesamtheit bedacht sein würde und die Besiegten auf das ihrige; beides hing meiner Meinung nach von der Schnelligkeit des Siegers ab. Hätte er sofort zugepackt, dann hätte Afrika dieselbe Milde erfahren, wie Asien sie kennengelernt hat und sogar Achaia, vermutlich, weil Du als Beauftragter und Fürsprecher auftratest. Nachdem aber die Zeit vertrödelt war, was zumal in einem Bürgerkriege sehr viel bedeutet, hat die Atempause von einem Jahre die einen dazu verleitet, noch auf den Sieg zu hoffen, die andern, es selbst auf eine Niederlage ankommen zu lassen. An all diesen Übelständen trägt das Schicksal die Schuld; wer hätte denn geglaubt, die Kämpfe um Alexandria würden eine solche Verzögerung des Kriegsablaufs herbeiführen, oder dieser ominöse Pharnaces werde ganz Asien in Schrecken versetzen?

Wir beiden haben zwar denselben Entschluß gefaßt, ihn aber

tu enim eam partem petisti, ut et consiliis interesses et,
quod maxime curam levat, futura animo prospicere
posses; ego, qui festinavi, ut Caesarem in Italia viderem
– sic enim arbitrabamur – eumque multis honestissi-
mis viris conservatis redeuntem ad pacem 'currentem',
ut aiunt, 'incitarem', ab illo longissime et absum et
afui. versor autem in gemitu Italiae et in urbis miserrimis querelis; quibus aliquid opis fortasse ego pro
mea, tu pro tua, pro sua quisque parte ferre potuisset,
si auctor adfuisset.

Quare velim pro tua perpetua erga me benevolentia 4
scribas ad me, quid videas, quid sentias, quid exspectandum, quid agendum nobis existimes. magni erunt
mihi tuae litterae; atque utinam primis illis, quas
Luceria miseras, paruissem! sine ulla enim molestia
dignitatem meam retinuissem.

XVI.
M. CICERO S. D. C. CASSIO.

Longior epistula fuisset, nisi eo ipso tempore petita 1
esset a me, cum iam iretur ad te; longior autem, si
φλύαρον aliquem habuisset; nam σπουδάζειν sine periculo vix possumus. 'ridere igitur', inquies, 'possumus?' non mercule facillime; verum tamen aliam
aberrationem a molestiis nullam habemus. 'ubi igitur',
inquies, 'philosophia?' tua quidem in culina, mea
molestast; pudet enim servire; itaque facio me alias
res agere, ne convicium Platonis audiam.

De Hispania nihil adhuc certi, nihil omnino novi. 2
Te abesse mea causa moleste fero, tua gaudeo.

verschieden ausgeführt. Du hast die Rolle gewählt, die es Dir ermöglichte, den Beratungen beizuwohnen und so in der Lage zu sein – was besonders geeignet ist, die Grillen zu verscheuchen –, Dir ein Bild von der Zukunft zu machen; ich habe mich beeilt, Caesar in Italien anzutreffen – dort erwarteten wir ihn ja –, und ihn nach der Begnadigung vieler ehrenhafter Männer bei seiner Rückkehr zum Frieden, wie man so sagt, im Lauf noch die Sporen zu geben, und bin nach wie vor weit, weit von ihm entfernt. Um mich her vernehme ich das Gejammer Italiens und das erbärmliche Geklage der Stadt. Dem hätte vielleicht ich für mein Teil und Du für Dein Teil, jeder nach seinem Vermögen, ein wenig abhelfen können, wenn die entscheidende Persönlichkeit zugegen gewesen wäre.

Darum sei so gut und schreib mir, wie es Deinem dauernden Wohlwollen für mich entspricht, was Du siehst, was Du denkst und was wir Deiner Meinung nach erwarten dürfen und tun sollen. Ich lege großen Wert auf Deine Briefe; ach, wäre ich doch jenem ersten aus Luceria gefolgt! Ohne jede Belästigung hätte ich meine Würde wahren können!

(Brundisium, Mitte August [Anfang VI.] 47).

16 (18).
M. Cicero grüßt C. Cassius.

Mein Brief wäre länger ausgefallen, hätte man ihn nicht erst in dem Augenblick von mir erbeten, als man schon drauf und dran war, sich zu Dir auf den Weg zu machen; länger auch, wenn er unnützes Geschwätz enthalten hätte, denn ernsthaft reden können wir ja kaum ohne Gefahr. „Also" wirst Du sagen „können wir lachen?" Weiß Gott, ganz leicht ist es nicht; immerhin ist es für uns die einzige Ablenkung von all den Widerwärtigkeiten. „Wo bleibt denn die Philosophie?" Bei Dir in der Küche; meine macht mir Schwierigkeiten, weil sie sich schämt, Sklavin zu sein. Ich stelle mich deshalb so, als triebe ich andre Dinge, um nicht von Plato Schelte zu bekommen.

Über Spanien bisher nichts Sicheres, überhaupt nichts Neues.

Daß Du nicht hier bist, bedaure ich für meine Person. Für Dich freut es mich.

Sed flagitat tabellarius. valebis igitur meque, ut a
puero fecisti, amabis.

XVII.
M. CICERO C. CASSIO S.

Praeposteros habes tabellarios; etsi me quidem non 1
offendunt. sed tamen, cum a me discedunt, flagitant
litteras, cum ad me veniunt, nullas adferunt. atque id
ipsum facerent commodius, si mihi aliquid spatii ad
scribendum darent; sed petasati veniunt, comites ad
portam exspectare dicunt. ergo ignosces; alteras
habebis has brevis; sed exspecta πάντα περὶ πάντων.
etsi quid ego me tibi purgo, cum tui ad me inanes
veniant, ad te cum epistulis revertantur?

Nos hic – tamen ad te scribam aliquid – P. Sullam 2
patrem mortuum habebamus; alii a latronibus, alii
cruditate dicebant; populus non curabat, combustum
enim esse constabat. hoc tu pro tua sapientia feres
aequo animo; quamquam πρόσωπον πόλεως amisimus. Caesarem putabant moleste laturum verentem,
ne hasta refrixisset; Mindius macellarius et Attius
pigmentarius valde gaudebant se adversarium perdidisse.

De Hispania novi nihil, sed exspectatio valde ma- 3
gna; rumores tristiores sed ἀδέσποτοι.

Pansa noster paludatus a. d. III Kal. Ian. profectus
est, ut quivis intellegere posset, id quod tu nuper
dubitare coepisti, τὸ καλὸν δι᾽ αὑτὸ αἱρετόν esse; nam
quod multos miseriis levavit et quod se in his malis
hominem praebuit, mirabilis eum virorum bonorum
benevolentia prosecuta est.

Tu quod adhuc Brundisi moratus es, valde probo et 4
gaudeo et mercule puto te sapienter facturum, si
ἀκενόσπονδος fueris; nobis quidem, qui te amamus,
erit gratum. et amabo te, cum dabis posthac aliquid

Aber Dein Kurier drängt; also leb' wohl und behalt mich lieb, wie Du es von Kindheit an getan hast!

(Rom, Mitte Dezember 46).

17.
M. Cicero grüßt C. Cassius.

Du hast drollige Kuriere, was mich freilich nicht weiter ärgert. Immerhin, wenn sie sich von mir trennen, verlangen sie einen Brief, wenn sie zu mir kommen, bringen sie keinen mit. Wenn sie dann doch jedenfalls so vernünftig wären und ließen mir ein wenig Zeit zum Schreiben! Aber sie kommen reisefertig und sagen, ihre Kameraden warteten bereits am Tor. Also sei nicht böse! Wieder bekommst Du nur diesen kurzen Brief; aber Du darfst einen eingehenden, ausführlichen erwarten! Doch warum rechtfertige ich mich eigentlich vor Dir, wo Deine Leute mit leeren Händen zu mir kommen und immer mit einem Brief zu Dir zurückkehren?

Wir haben hier – etwas will ich Dir doch schreiben – den Tod P. Sullas, des Vaters; er soll von Räubern erschlagen oder an verdorbenem Magen gestorben sein. Das Volk kümmert sich nicht darum; es genügt ihm zu wissen, daß er verbrannt ist. Weise, wie Du bist, wirst Du das mit Gleichmut aufnehmen; allerdings haben wir eine markante Persönlichkeit verloren. Die Leute meinen, Caesar werde es bedauern in der Befürchtung, daß es jetzt mit den Versteigerungen nicht mehr klappt; der Fleischer Mindius und der Farbenhändler Attius sind heilfroh, ihren Konkurrenten los zu sein.

Aus Spanien nichts Neues, aber riesige Spannung; ziemlich trübe Gerüchte, aber ohne Gewähr.

Unser Pansa ist am 30. Dezember gestiefelt und gespornt aufgebrochen, so daß jedermann sehen kann, woran Dir jüngst Zweifel gekommen sind, daß das Gute um seiner selbst willen erstrebenswert ist; weil er nämlich vielen ihre mißliche Lage erleichtert und sich in der gegenwärtigen Misere als Mensch gezeigt hat, begleiten ihn die Optimaten mit riesiger Sympathie.

Daß Du bis jetzt in Brundisium geblieben bist, halte ich durchaus für richtig und freue mich darüber und glaube, Du tust gut daran, wenn Du Dich auch weiterhin nicht übereilst; ich jedenfalls, der Dich liebhat, bin damit einverstanden. Und sei so gut, wenn

domum litterarum, mei memineris. ego numquam
quemquam ad te, cum sciam, sine meis litteris ire
patiar.

Vale.

XVIII.
M. CICERO S. D. C. CASSIO.

Puto te iam suppudere, quem haec tertia iam epis- 1
tula ante oppressit, quam tu scidam aut litteram. sed
non urgeo; longiores enim exspectabo vel potius exigam. ego si semper haberem, cui darem, vel ternas in
hora darem; fit enim nescio qui, ut quasi coram adesse
videare, cum scribo aliquid ad te, neque id κατ᾽ εἰδώλων
φαντασίας, ut dicunt tui amici novi, qui putant etiam
διανοητικὰς φαντασίας spectris Catianis excitari; nam
ne te fugiat, Catius Insuber, Epicurius, qui nuper est
mortuus, quae ille Gargettius et iam ante Democritus εἴδωλα, hic 'spectra' nominat. his autem spectris 2
etiam si oculi possent feriri, quod vel iis ipsa incurrunt,
animus qui possit, ego non video. doceas tu me oportebit, cum salvus veneris, in meane potestate sit spectrum tuum, ut, simul ac mihi conlibitum sit de te
cogitare, illud occurrat; neque solum de te, qui mihi
haeres in medullis, sed si insulam Britanniam coepero
cogitare, eius εἴδωλον mihi advolabit ad pectus? sed 3
haec posterius; tempto enim te, quo animo accipias.
si enim stomachabere et moleste feres, plura dicemus
postulabimusque, ex qua αἱρέσει 'VI HOMINIBVS
ARMATIS' deiectus sis, in eam restituare. in hoc
interdicto non solet addi 'IN HOC ANNO.' quare
si iam biennium aut triennium est, cum virtuti nuntium remisisti delenitus inlecebris voluptatis, in integro res nobis erit.

Du hernach nach Hause schreibst, denk' auch an mich! Ich werde nie jemanden ohne einen Brief von mir zu Dir gehen lassen, wenn ich davon weiß!

Leb' wohl!

(Rom, um den 1. Januar 45).

18 (16).

M. Cicero grüßt C. Cassius.

Wahrscheinlich genierst Du Dich nachgerade ein wenig, daß Dich bereits dieser dritte Brief überrascht, ehe von Dir ein Zettelchen oder Buchstabe. Aber ich dränge nicht; dafür erwarte, nein, fordere ich einen ganz langen! Fände ich immer jemanden, dem ich einen mitgeben könnte, ich schriebe Dir wohl dreimal stündlich. Sonderbarerweise scheinst Du mir nämlich gleichsam gegenüberzusitzen, wenn ich an Dich schreibe, und zwar nicht als Vision, wie Deine neuen Freunde behaupten, die meinen, sogar die gedanklichen Vorstellungen würden durch die Spectra Catiana herbeigeführt; denn damit Du es weißt: der Insuber Catius, der Epicureer – er ist kürzlich gestorben –, nennt das 'spectra', was der Gargettier und vorher schon Democrit „$\varepsilon\check{\iota}\delta\omega\lambda\alpha$" genannt hat. Aber wenn auch vielleicht die Augen von diesen Spectra getroffen werden können, weil sie unmittelbar mit ihnen in Berührung kommen, – wieso auch der Geist? Das verstehe ich nicht. Du wirst mich also aufklären müssen, wenn Du heil heimkommst, ob ich über Dein Spectrum frei verfügen kann und es also, sobald es mir beliebt, an Dich zu denken, vor mich hintritt; und nicht nur an Dich, den ich tief im Herzen trage: wenn es mir in den Sinn kommt, an die Insel Britannien zu denken, fliegt mir dann ihr $\varepsilon\check{\iota}\delta\omega\lambda o\nu$ an die Brust? Doch davon später mehr; ich möchte nämlich nur feststellen, wie Du es aufnimmst. Ärgerst Du Dich und bist verstimmt, dann werde ich noch mehr sagen und fordern, daß Du in die Sekte wiederaufgenommen wirst, aus der Du „mit Gewalt von bewaffneten Männern" vertrieben worden bist. Bei diesem Interdikt pflegt man nicht „in diesem Jahre" hinzuzusetzen. Also auch wenn es bereits zwei oder drei Jahre her ist, daß Du, geschmeichelt von den Verlockungen der Lust, der Tugend den Scheidebrief geschickt hast, haben wir noch freie Hand.

Quamquam quicum loquor? cum uno fortissimo
viro, qui, postea quam forum attigisti, nihil fecisti
nisi plenissimum amplissimae dignitatis. in ista ipsa
αἱρέσει metuo ne plus nervorum sit, quam ego putarim, si modo eam tu probas. 'qui id tibi in mentem
venit?' inquies. quia nihil habebam aliud, quod scriberem; de re p. enim nihil scribere possum; nec enim,
quod sentio, libet scribere.

XIX.
C. CASSIVS S. D. M. CICERONI.

S. v. b.   1
Non mehercule in hac mea peregrinatione quic-
quam libentius facio quam scribo ad te; videor enim
cum praesente loqui et iocari. nec tamen hoc usu venit
propter 'spectra Catiana'; pro quo tibi proxima epistula tot rusticos Stoicos regeram, ut Catium Athenis
natum esse dicas.

Pansam nostrum secunda voluntate hominum 2
paludatum ex urbe exisse cum ipsius causa gaudeo
tum mercule etiam omnium nostrorum; spero enim
homines intellecturos, quanto sit omnibus odio cru-
delitas et quanto amori probitas et clementia, atque
ea, quae maxime mali petant et concupiscant, ad bonos pervenire. difficilest enim persuadere hominibus
τὸ καλὸν δι' αὑτὸ αἱρετόν esse; ἡδονήν vero et ἀταραξίαν
virtute, iustitia, τῷ καλῷ parari et verum et probabile
est; ipse enim Epicurus, a quo omnes Catii et Ama-
finii, mali verborum interpretes, proficiscuntur, dicit:
οὐκ ἔστιν ἡδέως ἄνευ τοῦ καλῶς καὶ δικαίως ζῆν.

Itaque et Pansa, qui ἡδονήν sequitur, virtutem reti- 3
net, et ii, qui a vobis φιλήδονοι vocantur, sunt φιλόκαλοι
et φιλοδίκαιοι omnesque virtutes et colunt et retinent. itaque Sulla, cuius iudicium probare debemus,

Doch mit wem rede ich eigentlich? Mit einem einzig tapferen Manne, der, seit er ins öffentliche Leben getreten ist, immer nur voll und ganz auf seine Würde bedacht gewesen ist. In dieser Lehre steckt doch wohl mehr Kraft, als ich glauben möchte, wenn anders Du ihr anhängst. „Wie kommst Du nur darauf?" wirst Du sagen. Weil ich nichts andres zu schreiben weiß. Denn über die politischen Verhältnisse kann ich nicht schreiben, weil ich nicht schreiben möchte, wie ich darüber denke.

(Rom, erste Hälfte Januar 45).

19.
C. Cassius grüßt M. Cicero.

Hoffentlich bist Du gut zuwege!

Auf meiner augenblicklichen Wanderschaft tue ich weiß Gott nichts lieber, als Dir zu schreiben; kommt es mir dann doch so vor, als redete und scherzte ich mit Dir persönlich. Doch tritt das nicht wegen der „Spectra Catiana" ein; statt dessen werde ich Dir in meinem nächsten Briefe so viele tölpelhafte Stoiker präsentieren, daß Du erklärst, Catius müsse wohl in Athen geboren sein.

Daß unser Pansa, von den Sympathien der Leute geleitet, gestiefelt und gespornt die Stadt verlassen hat, freut mich für ihn selbst und weiß Gott auch für unsre Freunde, denn hoffentlich sehen die Leute nun ein, wie verhaßt allen die Grausamkeit ist, wie sehr sie Rechtschaffenheit und Milde schätzen, und daß alles, was die Erzlumpen erstreben und ersehnen, Wasser auf die Mühle der Guten ist. Es ist den Leuten gewiß nicht leicht beizubringen, daß das Gute um seiner selbst willen erstrebenswert ist; daß aber Lustgefühl und Gemütsruhe durch Tugend und Gerechtigkeit, eben das Gute, herbeigeführt wird, ist wahr und einleuchtend; Epicur selbst, von dem alle Catier und Amafinier, schlechte Interpreten seiner Worte, ausgehen, sagt ja doch: „Man kann nicht angenehm leben, ohne gut und gerecht zu leben."

Somit bewahrt Pansa, der sich der „Lust" verschrieben hat, doch die Tugend, und alle, die Ihr als „Freunde der Lust" bezeichnet, sind „Freunde des Guten" und „Freunde der Gerechtigkeit" und pflegen und bewahren alle Tugenden. Deshalb fragte Sulla, mit dessen Urteil wir uns schlechterdings abfinden müssen, als er sah,

cum dissentire philosophos videret, non quaesiit, quid bonum esset, et omnia bona coemit. cuius ego mortem forti mercules animo tuli. nec tamen Caesar diutius nos eum desiderare patietur; nam habet damnatos, quos pro illo nobis restituat, nec ipse sectorem desiderabit, cum filium viderit.

Nunc, ut ad rem p. redeam, quid in Hispaniis geratur, rescribe. peream, nisi sollicitus sum ac malo veterem et clementem dominum habere quam novum et crudelem experiri. scis, Gn. quam sit fatuus; scis, quo modo crudelitatem virtutem putet; scis, quam se semper a nobis derisum putet; vereor, ne nos rustice gladio velit ἀντιμυκτηρίσαι. 4

Quid fiat, si me diligis, rescribe. hui, quam velim scire, utrum ista sollicito animo an soluto legas! sciam enim eodem tempore, quid me facere oporteat.

Ne longior sim, vale; me, ut facis, ama. si Caesar vicit, celeriter me exspecta.

XX.
M. CICERO S. D. C. TREBONIO.

Et epistulam tuam legi libenter et librum libentissime; sed tamen in ea voluptate hunc accepi dolorem, quod, cum incendisses cupiditatem meam consuetudinis augendae nostrae – nam ad amorem quidem nihil poterat accedere –, tum discedis a nobis meque tanto desiderio adficis, ut unam mihi consolationem relinquas, fore ut utriusque nostrum absentis desiderium crebris et longis epistulis leniatur; quod ego non modo de me tibi spondere possum sed de te etiam mihi; nullam enim apud me reliquisti dubitationem, quantum me amares. 1

Nam ut illa omittam, quae civitate teste fecisti, cum mecum inimicitias communicavisti, cum me contionibus tuis defendisti, cum quaestor in mea atque in pu- 2

daß die Philosophen sich nicht einig seien, nicht lange, was gut sei, und kaufte alle Güter auf. Sein Tod hat mich weiß Gott nicht erschüttert. Freilich wird Caesar nicht allzu lange dulden, daß wir ihn vermissen; er hat ja genug Verbrecher, die er uns statt seiner begnadigen kann, und wird selbst den Güterschlächter nicht vermissen, wenn er seinen Sohn sieht.

Jetzt – um auf die Politik zu kommen – schreib mir, was in Spanien vorgeht. Hol' mich der Teufel, wenn ich nicht besorgt bin und lieber den alten, milden Herrn behalten als es mit dem neuen, grausamen versuchen möchte. Du weißt, wie einfältig Cn. ist, weißt, wie er Grausamkeit für Mannhaftigkeit hält, weißt, wie er sich immer von uns verspottet glaubt; ich fürchte, er will uns nach Bauernart den Spott mit dem Schwerte heimzahlen!

Schreib mir bitte, was vorgeht. Hui, wie gerne wüßte ich, ob Du diese Zeilen in Besorgnis oder Gemütsruhe liest! Im gleichen Augenblick wüßte ich nämlich, was ich zu tun habe.

Um nicht ins Uferlose zu geraten: leb' wohl und behalt mich lieb wie bisher. Wenn Caesar gesiegt hat, darfst Du mich bald erwarten. (Brundisium, Ende Januar 45).

20 (21).
M. Cicero grüßt C. Trebonius.

Deinen Brief habe ich mit Vergnügen gelesen und Dein Buch noch viel mehr, nur wird mir das Vergnügen dadurch versalzen, daß Du in dem Augenblick, wo Du mein Verlangen nach regerem Umgang geweckt hast – unsre gegenseitige Zuneigung konnte sich ja gar nicht mehr steigern – mich verläßt und solche Sehnsucht in mir weckst, daß Du mir nur den einen Trost läßt: daß unser beider Sehnsucht nach dem Entfernten durch häufige, lange Briefe gestillt wird. Dafür nehme ich nicht nur mich Dir gegenüber zum Bürgen, sondern auch Dich mir gegenüber. Denn Du hast mich nicht im Zweifel gelassen, wie sehr Du mich liebst.

Um alles beiseite zu lassen, was Du unter den Augen der Bürgerschaft getan hast, als Du in meinen Feinden auch die Deinigen sahest, als Du mich in Deinen Reden vor dem Volke verteidigtest, als Du als Quästor in meiner Sache, die zugleich die Sache des

blica causa consulum partis suscepisti, cum tribuno
plebis quaestor non paruisti, cui tuus praesertim conlega pareret, ut haec recentia, quae meminero semper,
obliviscar, quae tua sollicitudo de me in armis, quae
laetitia in reditu, quae cura, qui dolor, cum ad te curae
et dolores mei perferrentur, Brundisium denique te
ad me venturum fuisse, nisi subito in Hispaniam missus esses – ut haec igitur omittam, quae mihi tanti
aestimanda sunt, quanti vitam aestimo et salutem
meam, liber iste, quem mihi misisti, quantam habet
declarationem amoris tui! primum quod tibi facetum
videtur, quicquid ego dixi, quod alii fortasse non item;
deinde quod illa, sive faceta sunt sive sic, fiunt narran-
te te venustissima; quin etiam ante quam ad me veni-
atur, risus omnis paene consumitur.

Quod si in iis scribendis nihil aliud nisi, quod 3
necesse fuit, de uno me tam diu cogitavisses, ferreus
essem, si te non amarem; cum vero ea, quae scriptura
persecutus es, sine summo amore cogitare non potueris, non possum existimare plus quemquam a se ipso
quam me a te amari. cui quidem ego amori utinam
ceteris rebus possem! amore certe respondebo, quo
tamen ipso tibi confido futurum satis.

Nunc ad epistulam venio, cui copiose et suaviter 4
scriptae nihil est quod multa respondeam. primum
enim ego illas Calvo litteras misi, non plus quam has,
quas nunc legis, existimans exituras; aliter enim scri-
bimus, quod eos solos, quibus mittimus, aliter, quod
multos lecturos putamus; deinde ingenium eius
melioribus extuli laudibus, quam tu id vere potuisse
fieri putas, primum quod ita iudicabam: acute movebatur, genus quoddam sequebatur, in quo iudicio
lapsus, quo valebat, tamen adsequebatur, quod pro-
baret; multae erant et reconditae litterae, vis non erat;

Staates war, die Rolle der Konsuln übernahmest, als Du als Quästor Dich dem Volkstribunen nicht fügtest, obwohl zumal Dein Kollege es tat; um diese jüngsten Vorgänge, die ich immer im Gedächtnis behalten werde, zu übergehen: wie besorgt Du um mich während des Krieges warest, wie erfreut über meine Rückkehr, wie fürsorglich, wie mitfühlend, als Du von meinen Sorgen und Kümmernissen hörtest, daß Du schließlich zu mir nach Brundisium gekommen wärest, wenn Du nicht plötzlich nach Spanien geschickt worden wärest – um dies alles also beiseite zu lassen, was mir genau so viel wert ist, wie mein Leben und Wohlergehn: Dein Buch, das Du mir gewidmet hast, wie eindringlich zeugt es für Deine Liebe! Erstens, daß Dir jeder Ausspruch von mir feingeschliffen erscheint, der einem andern vielleicht nicht besonders imponiert; sodann, daß diese Aussprüche, mögen sie nun wirklich witzig sein oder nur so, sich in Deiner Darbietung ganz reizend ausnehmen, ja, daß man, bevor man zu mir kommt, sich schon halb totlacht.

Hättest Du also bei der Abfassung, was ja unvermeidlich war, so lange immerfort nur einzig an mich gedacht, so müßte ich von Eisen sein, wenn ich Dich nicht liebbehalten wollte; jetzt aber hast Du alles, was Du in Deiner Schrift bringst, überhaupt nicht ohne herzliche Liebe bedenken können, und da kann ich mir gar nicht vorstellen, daß jemand von sich selbst mehr geliebt würde als ich von Dir. Könnte ich Dir Deine Liebe sonst irgendwie vergelten! Mit Liebe werde ich sie gewiß erwidern, und ich glaube doch, daß Du schon damit zufrieden bist.

Und jetzt komme ich auf Deinen ausführlichen, reizenden Brief. Viel darauf erwidern brauche ich nicht. Erstens: ich habe jene Briefe an Calvus geschrieben in der Erwartung, daß nicht mehr veröffentlicht würden als diese, die Du jetzt liest; wir schreiben ja doch anders, wenn wir annehmen dürfen, daß nur die, an die wir schreiben, es zu lesen bekommen, anders, wenn vermutlich viele es lesen werden. Zweitens: ich habe sein Talent mit klingenderem Lob bedacht, als er es Deiner Meinung nach eigentlich verdiente, vor allem, weil ich folgendermaßen urteilte: er besaß Temperament, hatte sich aber einer gewissen Stilgattung verschrieben, mit der er zwar auf dem Holzwege war, aber vermöge dessen, was in ihm steckte, doch erreichte, was ihn zufriedenstellen konnte; da gab es

ad eam igitur adhortabar; in excitando autem et in acuendo plurimum valet, si laudes eum, quem cohortere.

Habes de Calvo iudicium et consilium meum, consilium, quod hortandi causa laudavi, iudicium, quod de ingenio eius valde existimavi bene.

Reliquum est tuam profectionem amore prosequar, 5 reditum spe exspectem, absentem memoria colam, omne desiderium litteris mittendis accipiendisque leniam. tu velim tua in me studia et officia multum tecum recordere. quae cum tibi liceat, mihi nefas sit oblivisci, non modo virum bonum me existimabis, verum etiam te a me amari plurimum iudicabis.

Vale.

XXI.
M. CICERO S. D. C. TREBONIO.

'Oratorem' meum – sic enim inscripsi – Sabino tuo 1 commendavi. natio me hominis impulit, ut ei recte putarem; nisi forte candidatorum licentia hic quoque usus hoc subito cognomen arripuit; etsi modestus eius vultus sermoque constans habere quiddam a Curibus videbatur. sed de Sabino satis.

Tu, mi Treboni, quoniam ad amorem meum ali- 2 quantum olei discedens addidisti, quo tolerabilius feramus igniculum desiderii tui, crebris nos litteris appellato, atque ita, si idem fiet a nobis.

Quamquam duae causae sunt, cur tu frequentior in isto officio esse debeas quam nos, primum, quod olim solebant, qui Romae erant, ad provincialis amicos de re p. scribere, nunc tu nobis scribas oportet – res enim publica istic est –; deinde, quod nos aliis

viele versteckte Anspielungen, aber alles ohne Saft und Kraft. Dazu also ermahnte ich ihn, und beim Anregen und Anspornen kommt man am weitesten, wenn man den, den man aufmuntern will, lobt.

Da hast Du mein Urteil über Calvus und meine Absicht: meine Absicht, sofern ich ihn gelobt habe, um ihn aufzumuntern, mein Urteil, sofern ich von seinem Talent wirklich sehr viel hielt.

Im übrigen gibt Dir meine Liebe das Geleit auf Deinem Wege; hoffnungsvoll erwarte ich Deine Rückkehr, denke in der Ferne an Dich und stille alle Sehnsucht, indem ich Dir schreibe und Nachricht von Dir erhalte. Führe Dir nur recht oft Dein Interesse und Deine Liebesdienste für mich vor Augen! Da Du dazu in der Lage bist und es Unrecht wäre, wenn ich sie vergäße, wirst Du mich nicht nur für einen guten Kerl halten, sondern auch zu der Überzeugung kommen, daß ich Dich herzlich liebhabe.

Leb' wohl!

(Rom, Ende 46/Anfang 45).

21 (20).
M. Cicero grüßt C. Trebonius.

Meinen Orator – so lautet nämlich der Titel – habe ich Deinem Sabinus anvertraut. Die Herkunft des Mannes läßt mich glauben, daß ich das unbedenklich tun konnte, es sei denn, auch er hätte sich willkürlich, wie die Amtsbewerber es tun, unversehens diesen Beinamen zugelegt. Indessen schien mir sein ehrliches Gesicht und seine treuherzige Redeweise etwas von Cures an sich zu haben. Doch genug von Sabinus!

Mein Trebonius! Mit Deinem Weggange hast Du nicht wenig Öl ins Feuer meiner Liebe gegossen, und wenn ich die glühende Sehnsucht nach Dir einigermaßen erträglich finden soll, dann mußt Du mich recht häufig mit einem Briefe ansprechen, natürlich nur, wenn dasselbe meinerseits geschieht!

Freilich mußt Du Dich aus zweierlei Gründen häufiger dieser Pflicht unterziehen als ich; erstens, weil das, was die Leute hier in Rom ihren Freunden in den Provinzen über die politischen Vorgänge zu schreiben pflegten, jetzt Du mir schreiben mußt, denn die Politik wird dort gemacht, und zweitens, weil ich Dir in der Ferne

officiis tibi absenti satis facere possumus, tu nobis nisi
litteris non video qua re alia satis facere possis.

Sed cetera scribes ad nos postea; nunc haec primo 3
cupio cognoscere, iter tuum cuius modi sit, ubi Brutum nostrum videris, quam diu simul fueris; deinde,
cum processeris longius, de bellicis rebus, de toto negotio, ut existimare possimus, quo statu simus. ego
tantum me scire putabo, quantum ex tuis litteris
habebo cognitum.

Cura, ut valeas meque ames amore illo tuo singulari.

durch andre Liebesdienste Genüge tun kann, ich aber nicht wüßte, wie Du mir anders als durch Briefe Genüge tun könntest.

Doch von allem andern kannst Du mir später berichten; im Augenblick interessiert mich vornehmlich, wie Deine Reise verläuft, wo Du unsern Brutus gesehen hast, wie lange Du mit ihm zusammengewesen bist. Hernach, wenn Du weiter gekommen bist, kannst Du mir über die Kriegslage, über die ganzen Vorgänge berichten, damit wir uns ein Bild machen können, wie es für uns steht. Ich werde wahrscheinlich immer nur so viel wissen, wie ich aus Deinen Briefen erfahre.

Halt Dich munter und liebe mich mit Deiner einzigartigen Liebe! (Rom, Anfang 45).

LIBER SEXTVS DECIMVS

I.
TVLLIVS TIRONI S.

Omnia a te data mihi putabo, si te valentem videro.
summa cura exspectabam adventum Menandri, quem
ad te miseram. cura, si me diligis, ut valeas et, cum te
bene confirmaris, ad nos venias.

Vale.
IIII Id. Apr.

II.
TVLLIVS TIRONI S.

Andricus postridie ad me venit, quam exspecta- 1
ram; itaque habui noctem plenam timoris ac miseriae.
tuis litteris nihilo sum factus certior, quo modo te
haberes, sed tamen sum recreatus. ego omni delectatione litterisque omnibus careo, quas, ante quam te
videro, attingere non possum. medico mercedis quantum poscet promitti iubeto. id scripsi ad Ummium.

Audio te animo angi et medicum dicere ex eo te 2
laborare. si me diligis, excita ex somno tuas litteras
humanitatemque, propter quam mihi es carissimus.
nunc opus est te animo valere, ut corpore possis. id
cum tua tum mea causa facias a te peto.

Acastum retine, quo commodius tibi ministretur.
conserva te mihi. dies promissorum adest, quem etiam
repraesentabo, si adveneris.

Etiam atque etiam vale.
III Idus h. VI.

SECHZEHNTES BUCH

1 (13).
Tullius grüßt Tiro.

Ich will glauben, daß Du alles für mich getan hast, wenn ich Dich wieder gesund sehe. Mit höchster Sorge warte ich auf Menanders Kommen, den ich zu Dir geschickt habe. Sieh bitte zu, daß Du wieder gesund wirst, und wenn Du Dich ordentlich erholt hast, dann komm zu mir!

Leb' wohl!

(Auf dem Cumanum,) den 10. April [8. III.] (53).

2. (14)
Tullius grüßt Tiro.

Andricus ist einen Tag später eingetroffen, als ich erwartete, und so habe ich die letzte Nacht voll Angst und Elend verbracht. Aus Deinem Briefe erfahre ich nichts Genaueres, wie Du Dich befindest; immerhin bin ich beruhigt. Ich finde an nichts Vergnügen, mag auch nicht arbeiten; ehe ich Dich nicht wiederhabe, mag ich nichts anfassen. Dem Arzt laß versprechen, was er an Honorar fordert. Ich habe dementsprechend an Ummius geschrieben.

Wie ich höre, leidest Du an Melancholie, und der Arzt sage, das sei überhaupt der Anlaß Deiner Krankheit. Hol' gefälligst Deine Gelehrsamkeit und Bildung, um deretwillen Du mir so lieb bist, aus dem Schlafe! Du mußt jetzt seelisch gesunden, damit auch der Leib gesunden kann. Tu das bitte um Deinet- und meinetwillen!

Acastus kannst Du dabehalten; um so bessere Aufwartung wirst Du haben. Erhalt Dich mir! Der Termin zur Erfüllung meines Versprechens naht, ja, ich werde ihn sogar vorverlegen, wenn Du wieder da bist.

Ein ums andremal: leb' wohl!

(Auf dem Cumanum,) den 11. April [9. III.] (53) um die 6. Stunde.

III.
TVLLIVS TIRONI S.

Aegypta ad me venit pr. Id. Apriles. is etsi mihi 1
nuntiavit te plane febri carere et belle habere, tamen,
quod negavit te potuisse ad me scribere, curam mi
attulit, et eo magis, quod Hermia, quem eodem die
venire oportuerat, non venerat. incredibili sum sollicitudine de tua valetudine; qua si me liberaris, ego te
omni cura liberabo.

Plura scriberem, si iam putarem lubenter te legere
posse. ingenium tuum, quod ego maximi facio, confer
ad te mihi tibique conservandum; cura te etiam atque etiam diligenter.

Vale.

Scripta iam epistula Hermia venit. accepi tuam epi- 2
stulam vacillantibus litterulis, nec mirum tam gravi
morbo. ego ad te Aegyptam misi, quod nec inhumanus est et te visus est mihi diligere, ut is tecum
esset, et cum eo cocum, quo uterere.

Vale.

IV.
TVLLIVS TIRONI S.

Ego vero cupio te ad me venire, sed viam timeo. 1
gravissime aegrotasti, inedia et purgationibus et vi
ipsius morbi consumptus es; graves solent offensiones
esse ex gravibus morbis, si quae culpa commissa est;
iam ad id biduum, quod fueris in via, dum in Cumanum venis, accedent continuo ad reditum dies quinque.

Ego in Formiano a. d. III Kal. esse volo. ibi te ut
firmum offendam, mi Tiro, effice.

Litterulae meae sive nostrae tui desiderio oblan- 2
guerunt, hac tamen epistula, quam Acastus attulit,
oculos paulum sustulerunt. Pompeius erat apud me,
cum haec scribebam, hilare et lubenter. ei cupienti

3 (15).
Tullius grüßt Tiro.

Aegypta ist heute, am 12. April, bei mir eingetroffen. Zwar meldete er mir, Du seiest völlig fieberfrei und befändest Dich wohl, aber daß er sagt, Du habest mir nicht schreiben können, macht mir doch Sorge; um so mehr, als Hermia, der eigentlich auch heute hätte eintreffen müssen, nicht gekommen ist. Ich bin außerordentlich beunruhigt über Deinen Zustand; wenn Du mir diese Unruhe nimmst, werde ich Dich von allen Sorgen befreien.

Ich würde Dir noch mehr schreiben, wenn ich annehmen dürfte, daß Du schon ohne Beschwerden lesen kannst. Nimm all Deinen Verstand, von dem ich sehr viel halte, zusammen und erhalte Dich mir und Dir! Pflege Dich mit aller Sorgfalt!

Leb' wohl!

(PS) Eben kommt Hermia. Ich habe Deinen Brief mit wackelnden Buchstaben erhalten, kein Wunder bei einer so schweren Krankheit. Ich schicke Dir Aegypta; er ist nicht ungebildet und scheint Dich zu mögen. Der soll bei Dir bleiben. Außerdem einen Koch, dessen Du Dich bedienen magst.

Leb' wohl!

(Auf dem Cumanum, den 12. April [10. III.] 53).

4 (10).
Tullius grüßt Tiro.

Ja, ich möchte wohl, Du kämest zu mir, aber ich fürchte die Reise. Du bist schwer krank gewesen und vom Fasten, Abführen und durch die Krankheit selbst herunter; schwere Krankheiten bringen ja meist schwere Unpäßlichkeiten mit sich, wenn etwas versehen wird, und zu den zwei Tagen, die Du nach hier unterwegs sein wirst, kommen sofort fünf für die Rückreise.

Ich gedenke am 28. auf dem Formianum zu sein. Sieh zu, mein Tiro, daß ich Dich dort gesund antreffe.

Meine oder besser unsre literarischen Arbeiten haben aus Sehnsucht nach Dir schlapp gemacht, aber auf Deinen Brief hin, den Acastus gebracht hat, gucken sie schon ein wenig lebenslustiger in die Welt. Pompeius ist bei mir, während ich dies schreibe, vergnügt und heiter. Er wünschte, etwas von mir zu hören, aber ich

audire nostra dixi sine te omnia mea muta esse. tu
Musis nostris para ut operas reddas. nostra ad diem
dictam fient; docui enim te, fides ἔτυμον quod haberet.
fac, plane ut valeas. nos adsumus.

Vale.
XIIII Kal.

V.
TVLLIVS TIRONI SVO S. P. D. ET CICERO MEVS ET FRATER ET FRATRIS F.

Paulo facilius putavi posse me ferre desiderium 1
tui, sed plane non fero et, quamquam magni ad honorem nostrum interest quam primum ad urbem me venire, tamen peccasse mihi videor, qui a te discesserim;
sed quia tua voluntas ea videbatur esse, ut prorsus nisi
confirmato corpore nolles navigare, approbavi tuum
consilium neque nunc muto, si tu in eadem es sententia; sin autem, postea quam cibum cepisti, videris tibi
posse me consequi, tuum consilium est. Marionem
ad te eo misi, ut aut tecum ad me quam primum veniret aut, si tu morarere, statim ad me rediret. tu autem 2
hoc tibi persuade, si commodo valetudinis tuae fieri
possit, nihil me malle quam te esse mecum; si autem
intelleges opus esse te Patris convalescendi causa
paulum commorari, nihil me malle quam te valere.
si statim navigas, nos Leucade consequere; sin te
confirmare vis, et comites et tempestates et navem
idoneam ut habeas, diligenter videbis. unum illud, mi
Tiro, videto, si me amas, ne te Marionis adventus et
hae litterae moveant. quod valetudini tuae maxime
conducet, si feceris, maxime obtemperaris voluntati
meae. haec pro tuo ingenio considera. nos ita te de- 3
sideramus, ut amemus; amor, ut valentem videamus,
hortatur, desiderium, ut quam primum; illud igitur

habe ihm gesagt, ohne Dich sei alles, was ich geschaffen habe, stumm. Sieh zu, daß Du unsern Musen wieder Kraft einhauchst! Mein Versprechen wird termingemäß erfüllt; ich habe Dir ja gesagt, was ein gegebenes Wort bedeutet. Mach' nur, daß Du gesund wirst! Ich bin bereit!

Leb' wohl!

(Auf dem Cumanum,) den 17. April [15. III.] (53).

5 (1).
Tullius und mein Cicero, mein Bruder und Neffe ihrem Tiro einen herzlichen Gruß.

Ich hätte gedacht, ich könne die Sehnsucht nach Dir leichter ertragen, aber es geht einfach nicht, und obwohl es für meine Ehrung erforderlich ist, daß ich so bald wie möglich vor der Stadt erscheine, komme ich mir doch wie ein Sünder vor, daß ich mich von Dir getrennt habe. Aber es war ja doch Dein Wunsch, Du wolltest durchaus nicht auf die Seereise, ehe Du nicht körperlich auf der Höhe wärest, und so habe ich mich Deinem Entschluß gefügt und bleibe auch dabei, wenn es noch Deine Meinung ist. Wenn Du aber glaubst, mir folgen zu können, nachdem Du Speise vertragen hast, dann habe ich nichts dagegen. Ich schicke Dir Mario; er soll entweder so bald wie möglich mit Dir zusammen zu mir kommen oder, falls Du noch bleiben mußt, gleich zu mir zurückkommen. Aber sei überzeugt: wenn es ohne Schaden für Deine Gesundheit geschehen kann, wünsche ich nichts mehr, als Dich bei mir zu haben; siehst Du jedoch, daß es besser ist, Du bleibst noch ein wenig in Patrae, um wieder zu genesen, dann geht mir Deine Gesundheit über alles. Wenn Du gleich abfährst, erreichst Du uns noch in Leucas; willst Du Dich aber noch erholen, dann sieh ja zu, daß Du passende Reisebegleitung, gutes Wetter und ein geeignetes Schiff findest. Laß Dich bitte auf keinen Fall dadurch beeinflussen, mein Tiro, daß Mario kommt und dieser Brief! Du entsprichst meinen Wünschen am besten, wenn Du tust, was Deiner Gesundheit am zuträglichsten ist. Entscheide Dich, wie Du es für richtig hältst. Meine Sehnsucht nach Dir ist nur Liebe. Meine Liebe läßt mich wünschen, Dich gesund wiederzusehen, meine Sehnsucht, daß es möglichst bald geschieht. Das erstere ist die Hauptsache.

potius. cura ergo potissimum, ut valeas. de tuis innu-
merabilibus in me officiis erit hoc gratissimum.

III Non. Nov.

VI.
TVLLIVS TIRONI SVO S.

Non queo ad te nec lubet scribere, quo animo sim
adfectus; tantum scribo, et tibi et mihi maximae
voluptati fore, si te firmum quam primum videro.
tertio die abs te ad Alyziam accesseramus – is locus
est citra Leucadem stadia CXX –; Leucade aut te
ipsum aut tuas litteras a Marione putabam me accepturum. quantum me diligis, tantum fac, ut valeas, vel
quantum te a me scis diligi.

Non. Nov. Alyzia.

VII.
TVLLIVS ET CICERO TIRONI SVO S. D. ET
Q. PATER ET FILIVS

Nos apud Alyziam, ex quo loco tibi litteras ante 1
dederamus, unum diem commorati sumus, quod
Quintus nos consecutus non erat. is dies fuit Non.
Nov. inde ante lucem proficiscentes ante diem VIII
Idus Nov. has litteras dedimus.

Tu si nos omnes amas et praecipue me, magistrum
tuum, confirma te. ego valde suspenso animo exspec- 2
to primum te scilicet, deinde Marionem cum tuis litteris. omnes cupimus, ego in primis, quam primum
te videre, sed, mi Tiro, valentem. quare nihil propera-
ris; satis cito te videro, si valebis. utilitatibus tuis possum carere; te valere tua causa primum volo, tum mea,
mi Tiro.

Vale.

Also vor allem: sieh zu, daß Du wieder gesund wirst. Unter Deinen zahllosen Liebesdiensten wird mir dies der willkommenste sein.

(Auf der Reise von Patrae nach Alyzia,) den 3. November [19. IX.] (50).

6 (2).
Tullius grüßt seinen Tiro.

Ich kann und mag Dir nicht schreiben, wie niedergeschlagen ich bin; nur soviel: Du wie ich wären hocherfreut, wenn ich Dich so bald wie möglich wieder gesund sähe. In den drei Tagen, seit wir Dich verlassen haben, sind wir bis Alyzia gekommen, 120 Stadien diesseits Leucas; in Leucas hoffe ich entweder Dich selbst oder einen Brief von Dir durch Mario zu bekommen. Wenn Du mich liebhast oder weißt, wie lieb ich Dich habe, dann setze alles daran, daß Du wieder gesund wirst!

Alyzia, den 5. November [21. IX.] (50).

7 (3).
Tullius und Cicero grüßen ihren Tiro,
und Quintus Vater und Sohn.

Wir haben hier bei Alyzia, von wo ich Dir schon gestern geschrieben habe, einen Ruhetag eingelegt, weil Quintus uns noch nicht eingeholt hatte. Das war gestern, am 5. November. Während wir heute, am 6. November, früh morgens beim Aufbruch sind, schreibe ich Dir diesen Brief.

Wenn Du uns alle liebhast und vornehmlich mich, Deinen Lehrmeister, dann werde wieder gesund. Ich erwarte in tiefster Sorge vor allem natürlich Dich, sonst Mario mit einem Brief von Dir. Wir alle und besonders ich sehnen uns danach, Dich so bald wie möglich wiederzusehen, aber gesund, mein Tiro! Darum übereile nichts; früh genug habe ich Dich alle Tage, wenn Du erst wieder gesund bist. Deine Dienste kann ich entbehren; werde nur wieder gesund, mein Tiro! Das wünsche ich vor allem Dir, aber auch mir.

Leb' wohl!

(Alyzia, den 6. November [22. IX.] 50).

VIII.
TVLLIVS TIRONI SVO S. P. D. ET CICERO ET
Q. FRATER ET Q. F.

Varie sum adfectus tuis litteris, valde priore pagina 1
perturbatus, paulum altera recreatus. quare nunc quidem non dubito quin, quoad plane valeas, te neque
navigationi neque viae committas. satis te mature
videro, si plane confirmatum videro.

De medico et tu bene existimari scribis et ego sic
audio; sed plane curationes eius non probo; ius enim
dandum tibi non fuit, cum κακοστόμαχος esses. sed
tamen et ad illum scripsi accurate et ad Lysonem. ad 2
Curium vero, suavissimum hominem et summi officii
summaeque humanitatis, multa scripsi, in his etiam,
ut, si tibi videretur, te ad se traferret; Lyso enim noster vereor ne neglegentior sit, primum quia omnes
Graeci, deinde quod, cum a me litteras accepisset, mihi
nullas remisit. sed eum tu laudas; tu igitur, quid faciendum sit, iudicabis. illud, mit Tiro, te rogo, sumptu
ne parcas ulla in re, quod ad valetudinem opus sit.
scripsi ad Curium, quod dixisses, daret. medico ipsi
puto aliquid dandum esse, quo sit studiosior. innume- 3
rabilia tua sunt in me officia domestica, forensia, urbana, provincialia, in re privata, in publica, in studiis,
in litteris nostris; omnia viceris, si, ut spero, te vali-
dum videro.

Ego puto te bellissime, si recte erit, cum quaestore
Mescinio decursurum. non inhumanus est teque, ut
mihi visus est, diligit. et cum valetudini tuae diligentissime consulueris, tum, mi Tiro, consulito navigationi. nulla in re iam te festinare volo; nihil laboro,
nisi ut salvus sis.

Sic habeto, mi Tiro, neminem esse, qui me amet, 4
quin idem te amet, et cum tua et mea maxime interest
te valere, tum multis est curae. adhuc, dum mihi nullo

8 (4).

Tullius und Cicero nebst Bruder Quintus und Sohn Quintus
ihrem Tiro einen herzlichen Gruß.

Dein Brief hat wechselnde Empfindungen in mir hervorgerufen;
nach der ersten Seite war ich äußerst besorgt, die zweite hat mich
ein wenig beruhigt. Jedenfalls darfst Du Dich auf keinen Fall weder
zu Schiff noch zu Lande auf den Weg machen, ehe Du nicht ganz
wieder gesund bist. Es ist früh genug, wenn ich Dich völlig genesen
wiedersehe.

Der Arzt, schreibst Du, hat einen guten Ruf, und ich höre dasselbe, aber mit seinen Verordnungen bin ich gar nicht einverstanden. Suppe hätte er Dir nicht verabfolgen dürfen, wo Du mit dem
Magen nicht in Ordnung bist. Doch habe ich ihm ausführlich
geschrieben, ebenso Lyso. Und Curius, dem netten, gefälligen,
liebenswerten Menschen, habe ich unter vielem andern geschrieben,
wenn Du damit einverstanden seiest, solle er Dich zu sich ins Haus
nehmen; unser Lyso, fürchte ich, ist ein wenig oberflächlich wie
alle Griechen, und überdies hat er mir auf meinen Brief überhaupt
nicht geantwortet. Aber Du lobst ihn ja; entscheide also selbst,
was Du zu tun hast! Nur um eines bitte ich Dich, mein Tiro: scheue
keine Kosten bei allem, was für Deine Genesung erforderlich ist.
Ich habe Curius geschrieben, er solle Dir geben, was Du verlang-
test. Auch dem Arzt müßte man wohl etwas zukommen lassen;
um so mehr wird er sich Mühe geben. Deine Dienste an mir sind
nicht zu zählen, im Hause und auf dem Forum, in der Stadt und in
der Provinz, in privaten und öffentlichen Belangen, bei meinen
Studien und literarischen Arbeiten; allem setzt Du die Krone auf,
wenn ich Dich, wie ich hoffe, gesund wiedersehe.

Am besten wirst Du wohl, wenn Du Dich danach fühlst, mit dem
Quästor Mescinius reisen; er ist nicht ungebildet und hält, wie ich
glaube, viel von Dir. Aber erst denke vor allen Dingen an Deine
Gesundheit, mein Tiro, dann an die Seereise! Ich wünsche vorerst,
daß Du nichts übereilst; meine einzige Sorge ist, daß Du wieder
gesund wirst.

Wisse, mein Tiro, wer mich liebt, der liebt auch Dich; nicht
nur mir und Dir ist sehr daran gelegen, daß Du gesund bist,
auch viele andre sorgen sich um Dich. Du willst mir überall zur

loco desse vis, numquam te confirmare potuisti; nunc
te nihil impedit; omnia depone, corpori servi. quantam diligentiam in valetudinem tuam contuleris, tanti
me fieri a te iudicabo.

Vale, mi Tiro, vale, vale et salve.

Lepta tibi salutem dicit et omnes.

Vale.

VII Id. Nov. Leucade.

IX.
TVLLIVS ET CICERO ET Q. Q. TIRONI HV-
MANISSIMO ET OPTIMO S. P. D.

Vide, quanta sit in te suavitas. duas horas Thyrrei 1
fuimus. Xenomenes hospes tam te diligit, quasi vixerit
tecum. is omnia pollicitus est, quae tibi essent opus;
facturum puto. mihi placebat, si firmior esses, ut te
Leucadem deportaret, ut ibi te plane confirmares.
videbis, quid Curio, quid Lysoni, quid medico placeat.
volebam ad te Marionem remittere, quem, cum melius-
cule tibi esset, ad me mitteres; sed cogitavi unas litteras Marionem adferre posse, me autem crebras exspectare. poteris igitur et facies, si me diligis, ut coti- 2
die sit Acastus in portu. multi erunt, quibus recte litteras dare possis, qui ad me libenter perferant; equidem Patras euntem neminem praetermittam.

Ego omnem spem tui diligenter curandi in Curio
habeo. nihil potest illo fieri humanius, nihil nostri
amantius. ei te totum trade. malo te paulo post valentem quam statim imbecillum videre. cura igitur nihil
aliud, nisi ut valeas; cetera ego curabo.

Etiam atque etiam vale.

Leucade proficiscens VII Id. Nov.

Seite stehen, und so hast Du Dich bisher niemals erholen können. Jetzt hindert Dich nichts; wirf alles von Dir und pflege Dich! Je sorgsamer Du Dich um Deine Genesung bemühst, um so mehr werde ich mich von Dir geliebt glauben.

Leb' wohl, mein Tiro, leb' wohl, leb' wohl und werde gesund! Lepta läßt Dich grüßen und alle andern.

Leb' wohl!

Leucas, den 7. November [23. IX.] (50).

9 (5).
Tullius und Cicero und die beiden Quinti
ihrem allerliebsten, besten Tiro
einen herzlichen Gruß.

Da siehst Du, wie beliebt Du bist! Zwei Stunden waren wir in Thyrreum: unser Gastgeber Xenomenes hat Dich so lieb, als wäre er Dein Lebensgefährte gewesen. Er hat mir alles versprochen, wessen Du bedarfst, und ich glaube, er hält sein Wort. Es ist mein Wunsch, daß er Dich, wenn Du an der Besserung bist, nach Leucas bringt, damit Du Dich dort ganz erholst. Sieh zu, was Curius, Lyso und der Arzt dazu meinen. Ich werde Dir wieder Mario schicken; ihn kannst Du, wenn es Dir ein bißchen besser geht, zu mir zurück- schicken. Aber dabei fällt mir ein, daß Mario mir nur einen Brief bringen kann, und ich erwarte doch zahlreiche. Du könntest also und wirst auch bitte dafür sorgen, daß Acastus Tag für Tag zum Hafen geht. Viele werden sich finden, denen Du gut einen Brief anvertrauen kannst und die ihn mir gern überbringen. Ich lasse niemanden vorbei, der nach Patrae geht!

Meine ganze Hoffnung, daß Du gewissenhaft gepflegt wirst, setze ich auf Curius. Er ist ein überaus liebenswürdiger Mann und hat mich herzlich lieb. Überlaß Dich ganz ihm. Es ist mir lieber, ich sehe Dich ein wenig später wieder, aber gesund, als gleich, aber krank. Denk' also an nichts andres als an Deine Gesundheit; alles andre laß meine Sorge sein!

Ein übers andremal: leb' wohl!

Beim Aufbruch von Leucas, den 7. November [18. IX.] (50).

X.
TVLLIVS ET CICERO ET Q. Q. TIRONI S. P. D.

Tertiam ad te hanc epistulam scripsi eodem die 1
magis instituti mei tenendi causa, quia nactus eram,
cui darem, quam quo haberem, quid scriberem. igitur illa: quantum me diligis, tantum adhibe in te diligentiae; ad tua innumerabilia in me officia adde hoc,
quod mihi erit gratissimum omnium; cum valetudinis rationem, ut spero, habueris, habeto etiam navigationis; in Italiam euntibus omnibus ad me litteras 2
dabis, ut ego euntem Patras neminem praetermitto;
cura, cura te, mi Tiro. quoniam non contigit, ut simul
navigares, nihil est, quod festines nec quicquam cures,
nisi ut valeas.

Etiam atque etiam vale.
VII Id. Nov. Actio vesperi.

XI.
TVLLIVS ET CICERO S. D. TIRONI SVO.

Septimum iam diem Corcyrae tenebamur, Quintus
autem pater et filius Buthroti. solliciti eramus de tua
valetudine mirum in modum nec mirabamur nihil a
te litterarum; iis enim ventis istim navigatur, qui si
essent, nos Corcyrae non sederemus. cura igitur te et
confirma et, cum commode et per valetudinem et per
anni tempus navigare poteris, ad nos amantissimos
tui veni. nemo nos amat, qui te non diligat; carus
omnibus exspectatusque venies. cura, ut valeas.
Etiam atque etiam, Tiro noster, vale.
XV Kal. Dec. Corcyra.

XII.
TVLLIVS ET CICERO TIRONI SVO S. P. D.

Nos a te, ut scis, discessimus a. d. IIII Non. Nov. 1
Leucadem venimus a. d. VIII Id. Nov., a. d. VII

10 (6).

Tullius und Cicero und die beiden Quinti
grüßen ihren Tiro herzlich.

Dies ist nun der dritte Brief, den ich Dir heute schreibe, mehr um
nicht aus der Gewohnheit zu kommen – ich habe nämlich jemanden,
dem ich ihn mitgeben kann –, als daß ich wüßte, was ich Dir
schreiben sollte. Also nur dies: verwende ebenso viel Sorgfalt auf
Dich wie Liebe auf mich. Zu Deinen zahllosen Verdiensten um
mich füge noch dies eine; es wird mir das wertvollste von allen
sein! Erst denke an Deine Genesung – hoffentlich tust Du es auch!
–, dann darfst Du auch an die Seereise denken! Gib allen, die nach
Italien gehen, einen Brief an mich mit, wie ich keinen vorbeilasse,
der nach Patrae geht! Pflege Dich, mein Tiro, pflege Dich! Es ist
uns versagt gewesen, zusammen zu reisen; so hast Du jetzt keinen
Grund, Dich zu beeilen und an etwas andres als an Deine Gesundheit zu denken.

Actium, den 7. November [23. IX.] (50) abends.

11 (7).

Tullius und Cicero grüßen ihren Tiro.

Schon seit sechs Tagen sitzen wir auf Corcyra fest und Quintus
Vater und Sohn in Buthrotum. Wir sind riesig besorgt um Deinen
Zustand, wundern uns aber nicht, daß wir von Dir keine Nachricht
erhalten, denn wenn wir den Wind hätten, mit dem man von dort
hierher segelt, säßen wir nicht auf Corcyra. Also pflege und erhole
Dich, und sobald Dein Zustand und das Wetter es erlaubt, daß Du
ohne Beschwerden reisen kannst, komm zu uns, die Dich sehr liebhaben. Niemand liebt uns, der nicht auch Dich schätzte. Alle werden sich freuen, wenn Du kommst, und erwarten Dich sehnlichst.
Sieh zu, daß Du wieder gesund wirst!

Ein übers andremal: leb' wohl, mein Tiro!

Corcyra, den 16. November [2. X.] (50).

12 (9).

Tullius und Cicero grüßen ihren Tiro herzlich.

Wir haben uns, wie Du weißt, am 2. November von Dir getrennt.
Am 6. sind wir in Leucas angekommen, am 7. in Actium. Dort

Actium. ibi propter tempestatem a. d. VI Id. morati
sumus. inde a. d. V Id. Corcyram bellissime navi-
gavimus. Corcyrae fuimus usque ad a. d. XVI Kal.
Dec. tempestatibus retenti. a. d. XV Kal. in portum
Corcyraeorum ad Cassiopen stadia CXX processi-
mus. ibi retenti ventis sumus usque ad a. d. VIIII Kal.
interea, qui cupide profecti sunt, multi naufragia
fecerunt. nos eo die cenati solvimus; inde austro 2
lenissimo caelo sereno nocte illa et die postero in
Italiam ad Hydruntem ludibundi pervenimus eodemque vento postridie – id erat a. d. VII Kal. Dec. –
hora IIII Brundisium venimus, eodemque tempore
simul nobiscum in oppidum introiit Terentia, quae
te facit plurimi.

A. d. V Kal. Dec. servus Cn. Planci Brundisi tandem aliquando mihi a te exspectatissimas litteras
reddidit datas Id. Nov., quae me molestia valde leva-
runt; utinam omnino liberassent! sed tamen Asclapo
medicus plane confirmat propediem te valentem fore.
nunc quid ego te horter, ut omnem diligentiam ad- 3
hibeas ad convalescendum? tuam prudentiam, tem-
perantiam, amorem erga me novi; scio te omnia facturum, ut nobiscum quam primum sis, sed tamen ita
velim, ut ne quid properes. symphoniam Lysonis
vellem vitasses, ne in quartam hebdomada incideres;
sed quoniam pudori tuo maluisti obsequi quam valetudini, reliqua cura. Curio misi, ut medico honos
haberetur et tibi daret, quod opus esset; me, cui ius-
sisset, curaturum. ecum et mulum Brundisi tibi reliqui. Romae vereor ne ex Kal. Ian. magni tumultus
sint. nos agemus omnia modice.

Relicum est, ut te hoc rogem et a te petam, ne 4
temere naviges – solent nautae festinare quaestus sui
causa –, cautus sis, mi Tiro – mare magnum et diffi-

mußten wir am 8. bleiben, weil es stürmte. Am 9. sind wir von dort nach Corcyra gesegelt und hatten eine herrliche Fahrt. In Corcyra sind wir bis zum 15. geblieben; das stürmische Wetter hielt uns fest. Am 16. sind wir 120 Stadien bis nach Cassiope, dem Hafen von Corcyra weitergefahren. Dort hielt uns der Wind bis zum 22. fest. Inzwischen haben viele Leute, die die Zeit nicht abwarten konnten, Schiffbruch erlitten. Wir sind an dem genannten Tage nach dem Essen abgefahren und bei ganz leichtem Südwind und heiterem Wetter während der Nacht und des folgenden Tages spielend nach Italien in die Gegend von Hydrus gelangt und mit derselben Brise tags darauf, also am 24., um die vierte Stunde in Brundisium eingetroffen, und zur gleichen Zeit wie wir betrat Terentia, die Dich sehr schätzt, die Stadt.

Am 26. brachte mir ein Sklave des Plancius in Brundisium endlich Deinen heißersehnten Brief vom 13. Er hat mich wesentlich beruhigt; hätte er mich doch zugleich von aller Sorge befreit! Doch versichert der Arzt Asclapo hoch und heilig, Du würdest demnächst ganz wiederhergestellt sein. Also brauche ich Dich nicht mehr zu ermahnen, alle Sorgfalt auf Deine Genesung zu verwenden. Ich kenne Deine Klugheit und Mäßigung, Deine Liebe zu mir; ich weiß, Du tust alles, um so bald wie möglich wieder bei uns zu sein; aber darauf bestehe ich, daß Du nichts übereilst! Die Symphonie bei Lyso hättest Du Dir lieber schenken sollen, um Dich nicht der vierten Krise auszusetzen; aber Du hast Dich lieber von Deinem Zartgefühl bestimmen lassen wollen statt an Deine Gesundheit zu denken; nun mußt Du die Folgen tragen. Curius habe ich den Auftrag gegeben, den Arzt zu honorieren und Dir alles zukommen zu lassen, dessen Du bedarfst; ich würde alles einem von ihm zu bezeichnenden Empfänger überweisen. Ein Pferd und einen Maulesel lasse ich für Dich hier in Brundisium. In Rom kommt es, fürchte ich, nach Neujahr zu schweren Unruhen. Ich werde mich in jeder Hinsicht zurückhalten.

Nun möchte ich Dich nur noch dringend bitten, nicht aufs Geratewohl loszufahren – die Schiffer sind nur auf ihren Verdienst aus und haben's deshalb immer eilig. Sei vorsichtig, mein Tiro! Du hast ein großes, gefährliches Meer vor Dir; wenn möglich, fahre

cile tibi restat –, si poteris, cum Mescinio – caute is
solet navigare –, si minus, cum honesto aliquo homine, cuius auctoritate navicularius moveatur. in hoc
omnem diligentiam si adhibueris teque nobis incolumem steteris, omnia a te habebo.

Etiam atque etiam, noster Tiro, vale.

Medico, Curio, Lysoni de te scripsi diligentissime.

Vale, salve.

XIII.
TVLLIVS ET CICERO, TERENTIA, TVLLIA,
Q. Q. TIRONI S. P. D.

Etsi opportunitatem operae tuae omnibus locis 1
desidero, tamen non tam mea quam tua causa doleo
te non valere; sed quoniam in quartanam conversa
vis est morbi – sic enim scribit Curius –, spero te diligentia adhibita iam firmiorem fore; modo fac, id quod
est humanitatis tuae, ne quid aliud cures hoc tempore,
nisi ut quam commodissime convalescas. non ignoro,
quantum ex desiderio labores; sed erunt omnia facilia,
si valebis. festinare te nolo, ne nauseae molestiam
suscipias aeger et periculose hieme naviges.

Ego ad urbem accessi pr. Non. Ian. obviam mihi 2
sic est proditum, ut nihil possit fieri ornatius; sed
incidi in ipsam flammam civilis discordiae vel potius
belli. cui cum cuperem mederi et, ut arbitror, possem,
cupiditates certorum hominum – nam ex utraque
parte sunt, qui pugnare cupiant – impedimento mihi
fuerunt. omnino et ipse Caesar, amicus noster, minacis ad senatum et acerbas litteras miserat et erat adhuc
impudens, qui exercitum et provinciam invito senatu
teneret, et Curio meus illum incitabat; Antonius qui-

mit Mescinius – er reist immer mit der nötigen Vorsicht; wenn
nicht, mit irgendeinem angesehenen Menschen, von dessen Autorität sich der Schiffer imponieren läßt. Wenn Du darauf alle Sorgfalt verwendest und Dich dann wohlbehalten bei uns einstellst,
gibst Du mir alles, was ich verlange.

Ein übers andremal: leb' wohl, mein Tiro!

An den Arzt, Curius und Lyso habe ich Deinetwegen eingehend
geschrieben.

Leb' wohl und werde gesund!

(Brundisium, den 27. November [13. X.] 50).

13 (11).

Tullius und Cicero,
Terentia, Tullia und die beiden Quinti
grüßen Tiro herzlich.

Zwar vermisse ich überall Deine stets zur Verfügung stehenden
Dienste; doch daß es Dir nicht gut geht, bedaure ich mehr um
Deinet- als um meinetwillen. Wie Curius mir schreibt, ist Deine
Krankheit in ein Wechselfieber umgeschlagen; wenn Du vorsichtig bist, wirst Du also hoffentlich bald wieder auf dem Damm sein.
Tu mir doch nur den Gefallen – das bist Du Dir als Mensch schuldig – und laß es für jetzt Deine einzige Sorge sein, Dich gründlich
auszukurieren. Ich weiß wohl, wie sehr die Sehnsucht Dich plagt,
aber alles wird leicht, wenn es Dir besser geht. Übereile nichts,
setze Dich nicht krank den Beschwerden der Seekrankheit und der
gefährlichen Seefahrt im Winter aus!

Ich bin am 4. Januar vor der Stadt eingetroffen. Man kam mir
zur Begrüßung entgegen, wie es nicht ehrenvoller hätte geschehen
können. Aber ich bin mitten in die Brunst des Bürgerzwistes oder
besser: Bürgerkrieges geraten. Ich habe mich bemüht, sie zu beschwichtigen und wäre dazu auch wahrscheinlich imstande gewesen, aber die Leidenschaft gewisser Leute – und auf beiden
Seiten gibt es solche, die den Kampf wünschen – hat mich daran
gehindert. Jedenfalls hat mein Freund Caesar persönlich ein scharfes, drohendes Schreiben an den Senat gerichtet und zeigt sich noch
immer unverschämt, daß er gegen den Willen des Senats seine
Armee und Provinz behält, und mein Curio treibt ihn vorwärts.

dem noster et Q. Cassius nulla vi expulsi ad Caesarem
cum Curione profecti erant, postea quam senatus consulibus, pr., tr. pl. et nobis, qui pro coss. sumus,
negotium dederat, ut curaremus, ne quid res p. detrimenti caperet. numquam maiore in periculo civitas 3
fuit, numquam improbi cives habuerunt paratiorem
ducem. omnino ex hac quoque parte diligentissime
comparatur. id fit auctoritate et studio Pompei nostri,
qui Caesarem sero coepit timere.

Nobis inter has turbas senatus tamen frequens flagi-
tavit triumphum; sed Lentulus consul, quo maius
suum beneficium faceret, simul atque expedisset,
quae essent necessaria de re p., dixit se relaturum.
nos agimus nihil cupide, eoque est nostra pluris
auctoritas. Italiae regiones discriptae sunt, quam quisque partem tueretur. nos Capuam sumpsimus.

Haec te scire volui. tu etiam atque etiam cura, ut
valeas litterasque ad me mittas, quotienscumque habebis, cui des. etiam atque etiam vale.

D. pr. Idus Ian.

XIV.
TVLLIVS S. D. TIRONI SVO.

Quo in discrimine versetur salus mea et bonorum 1
omnium atque universae rei p., ex eo scire potes,
quod domos nostras et patriam ipsam vel diripiendam vel inflammandam reliquimus. in eum locum
res deductast ut, nisi qui deus vel casus aliquis sub-
venerit, salvi esse nequeamus.

Equidem, ut veni ad urbem, non destiti omnia et 2
sentire et dicere et facere, quae ad concordiam pertinerent; sed mirus invaserat furor non solum improbis sed etiam iis, qui boni habentur, ut pugnare cupe-
rent me clamante nihil esse bello civili miserius.

Unser Freund Antonius und Q. Cassius sind mit Curio zu Caesar gereist, obwohl niemand ihnen etwas zuleide tat, nachdem der Senat den Konsuln, Prätoren und Volkstribunen sowie uns Prokonsuln den Auftrag erteilt hatte, dafür zu sorgen, daß der Staat keinen Schaden nehme. Niemals ist unsre Bürgerschaft in größerer Gefahr gewesen, niemals haben die Lumpen einen entschlosseneren Führer gehabt. Gewiß wird auch auf unsrer Seite aufs eifrigste gerüstet, und zwar steht Pompeius mit seinem Ansehen und seiner Energie dahinter, der zu spät angefangen hat, Caesar zu fürchten.

Für mich hat in diesem Trubel der Senat trotzdem mit großer Mehrheit den Triumph gefordert, und der Konsul Lentulus erklärte, um sein Entgegenkommen besonders groß erscheinen zu lassen, er werde die Sache zur Sprache bringen, sobald er die zum Schutze des Staates unbedingt erforderlichen Maßnahmen getroffen habe. Ich halte mich zurück, und um so größer ist mein Ansehen. Die Distrikte in Italien sind verteilt und festgelegt, welchen ein jeder in seine Obhut nehmen soll; ich habe Capua bekommen.

Dies wollte ich Dich wissen lassen. Ein übers andremal: sieh zu, daß Du wieder gesund wirst, und schreib mir, sooft Du jemanden hast, dem Du einen Brief mitgeben kannst. Noch einmal: leb' wohl!

Gegeben am 12. Januar (49) [25. XI. 50] (vor Rom).

14 (12).
Tullius grüßt seinen Tiro.

In welcher Gefahr ich und alle Patrioten, ja, das gesamte Staatswesen schwebt, magst Du aus der Tatsache entnehmen, daß wir unsre Häuser und sogar die Heimat verlassen haben, um sie vom Feinde ausplündern oder gar in Brand stecken zu lassen. So weit ist es gekommen, daß für uns alles verloren ist, wenn nicht ein Gott oder der Zufall uns zu Hilfe kommt.

Ich für meine Person habe, seit ich zur Stadt gekommen bin, immer nur an die Erhaltung des Friedens gedacht und dementsprechend geredet und gehandelt. Aber eine sonderbare Wut hat nicht nur die Lumpen, sondern auch die, die als die Guten gelten, befallen: sie brennen auf den Kampf, während ich laut und vernehmlich erkläre, daß ein Bürgerkrieg das schlimmste aller Übel

itaque, cum Caesar amentia quadam raperetur et
oblitus nominis atque honorum suorum Ariminum,
Pisaurum, Anconam, Arretium occupavisset, urbem
reliquimus, quam sapienter aut quam fortiter, nihil
attinet disputari. quo quidem in casu simus, vides. 3
feruntur omnino condiciones ab illo, ut Pompeius
eat in Hispaniam, dilectus, qui sunt habiti, et praesidia nostra dimittantur; se ulteriorem Galliam Domitio, citeriorem Considio Noniano – his enim obtige-
runt – traditurum; ad consulatus petitionem se venturum, neque se iam velle absente se rationem haberi
suam; se praesentem trinum nundinum petiturum.
accepimus condiciones, sed ita, ut removeat praesidia
ex iis locis, quae occupavit, ut sine metu de his
ipsis condicionibus Romae senatus haberi possit.
id ille si fecerit, spes est pacis, non honestae – leges 4
enim imponuntur –; sed quidvis est melius quam sic
esse, ut sumus. sin autem ille suis condicionibus stare
noluerit, bellum paratum est, eius modi tamen, quod
sustinere ille non possit, praesertim cum a suis condicionibus ipse fugerit; tantum modo ut eum inter-
cludamus, ne ad urbem possit accedere, quod sperabamus fieri posse. dilectus enim magnos habebamus
putabamusque illum metuere, si ad urbem ire coepisset, ne Gallias amitteret, quas ambas habet inimicissi-
mas praeter Transpadanos, ex Hispaniaque sex legiones et magna auxilia Afranio et Petreio ducibus habet
a tergo. videtur, si insaniet, posse opprimi, modo ut
urbe salva. maximam autem plagam accepit, quod,
is, qui summam auctoritatem in illius exercitu habebat,
T. Labienus socius sceleris esse noluit. reliquit illum
et est nobiscum, multique idem facturi esse dicuntur.

Ego adhuc orae maritimae praesum a Formiis. 5

sei. So haben wir denn, als Caesar sich von wahrem Wahnsinn hinreißen ließ und seines Namens und seiner Ehren vergessend Ariminum, Pisaurum, Ancona und Arretium besetzt hatte, die Stadt verlassen; wie klug oder wie tapfer, lohnt sich nicht zu erörtern. Du siehst also, wie die Sache für uns steht. Allerdings macht er Vorschläge zu einem Vergleich: Pompeius soll nach Spanien gehen, die stattgehabten Aushebungen sollen rückgängig gemacht werden und wir unsre Truppen entlassen; er will das jenseitige Gallien an Domitius, das diesseitige an Considius Nonianus abtreten – denn diesen sind die beiden Provinzen zugefallen; er will zur Bewerbung um das Konsulat kommen, besteht also nicht auf einer Bewerbung in absentia; er will sich persönlich zum gesetzlichen Termin bewerben. Wir sind auf die Vorschläge eingegangen, jedoch unter der Bedingung, daß er seine Besatzungen aus den besetzten Orten zurückzieht, damit über seine Vorschläge ohne Bedrohung in Rom im Senat verhandelt werden kann. Geht er darauf ein, besteht Hoffnung auf Erhaltung des Friedens, eines wenig ehrenvollen zwar, denn er stellt uns die Bedingungen. Aber alles andre ist besser als unser jetziger Zustand. Hält er sich aber nicht an seine Vorschläge, dann steht der Krieg vor der Tür, doch ein Krieg, den er nicht bestehen kann, zumal er selbst von seinen Vorschlägen abgewichen ist. Wir brauchen ihn nur abzuschneiden, daß er nicht an die Stadt herankommt, und wir hoffen, daß das möglich ist. Wir nehmen nämlich gewaltige Aushebungen vor, und vermutlich befürchtet er, falls er sich auf die Stadt zu in Marsch setzt, die gallischen Provinzen zu verlieren, denn außer den Transpadanern sind beide aufs äußerste erbittert über ihn, und im Rücken hat er die sechs Legionen und starke Hilfstruppen aus Spanien unter Führung des Afranius und Petreius. Kommt er nicht zur Besinnung, wird es wohl möglich sein, seiner Herr zu werden, hoffentlich, ohne daß die Stadt in Mitleidenschaft gezogen wird. Übrigens hat er einen schweren Schlag erhalten: der Mann, der in seiner Armee das höchste Ansehen genoß, T. Labienus, hat sich nicht zum Genossen seines Verbrechens machen wollen. Er hat ihn verlassen und steht jetzt auf unsrer Seite, und viele andre gehen angeblich mit dem gleichen Gedanken um.

Ich führe bis jetzt das Kommando über die Küste von Formiae

nullum maius negotium suscipere volui, quo plus apud illum meae litterae cohortationesque ad pacem valerent. sin autem erit bellum, video me castris et certis legionibus praefuturum. habeo etiam illam molestiam, quod Dolabella noster apud Caesarem est.

Haec tibi nota esse volui; quae cave ne te perturbent et impediant valetudinem tuam. ego A.Varroni, 6 quem quom amantissimum mei cognovi tum etiam valde tui studiosum, diligentissime te commendavi, ut et valetudinis tuae rationem haberet et navigationis et totum te susciperet ac tueretur. quem omnia facturum confido; recepit enim et mecum locutus est suavissime.

Tu quoniam eo tempore mecum esse non potuisti, quo ego maxime operam et fidelitatem desideravi tuam, cave festines aut committas, ut aut aeger aut hieme naviges. numquam sero te venisse putabo, si salvus veneris. adhuc neminem videram, qui te postea vidisset quam M. Volusius, a quo tuas litteras accepi. quod non mirabar; neque enim meas puto ad te litteras tanta hieme perferri. sed da operam, ut valeas et, si valebis, cum recte navigari poterit, tum naviges. Cicero meus in Formiano erat, Terentia et Tullia Romae.

Cura, ut valeas.
IIII Kal. Febr. Capua.

XV.
TVLLIVS TIRONI SVO S.

Spero ex tuis litteris tibi melius esse, cupio certe. 1 cui quidem rei omni ratione cura ut inservias et cave suspiceris contra meam voluntatem te facere, quod non sis mecum. mecum es, si te curas. quare malo te valetudini tuae servire quam meis oculis et auribus.

ab. Ich habe es abgelehnt, irgendeine größere Aufgabe zu übernehmen, damit meine Briefe und Friedensmahnungen bei IHM um so mehr Eindruck machen. Kommt es aber zum Kriege, dann sehe ich mich schon als Kommandeur im Felde und an der Spitze bestimmter Legionen. Erschwert wird meine Lage auch noch dadurch, daß unser Dolabella bei Caesar ist.

Dies wollte ich Dich wissen lassen. Rege Dich nur nicht darüber auf, das würde nur Deine Gesundung verzögern. Ich habe Dich eindringlich an A. Varro empfohlen, der, wie ich weiß, mich sehr schätzt und sich auch für Dich außerordentlich interessiert, er möge sich um Deine Wiedergenesung und Heimreise kümmern und Dich ganz unter seine Fittiche nehmen und beschützen. Ich bin überzeugt, daß er alles tun wird. Das hat er mir zugesagt und überhaupt ganz reizend mit mir gesprochen.

Obwohl Du gerade in dem Augenblick, wo ich Deine treue Hilfe ganz besonders vermisse, nicht bei mir sein kannst, übereile nur ja nichts, reise auf keinen Fall krank oder bei Unwetter! Nie will ich denken, Du seiest zu spät gekommen, wenn Du nur gesund wiederkommst! Bis jetzt habe ich noch niemanden getroffen, der Dich nach M. Volusius gesehen hätte, durch den ich Deinen Brief erhalten habe. Das wundert mich auch gar nicht, denn wahrscheinlich erreichen auch meine Briefe Dich bei dem schlechten Wetter nicht. Aber gib Dir Mühe, daß Du wieder gesund wirst, und alsdann, wenn Du wieder auf dem Damm bist, begib Dich auf die Reise, wenn die Seefahrt ungefährlich ist. Mein Cicero ist auf dem Formianum, Terentia und Tullia in Rom.

Sieh zu, daß Du wieder gesund wirst!

Capua, den 27. Januar (49) [10. XII. 50].

15 (22).
Tullius grüßt seinen Tiro.

Nach Deinem Brief darf ich hoffen, daß es Dir besser geht; jedenfalls wünsche ich es. Sorge nur ja mit allen Mitteln für Deine Gesundheit und komm nicht auf den Gedanken, es sei mir nicht recht, daß Du nicht bei mir bist! Du bist bei mir, wenn Du Dich pflegst. Deshalb ist es mir lieber, Du dienst Deiner Gesundheit als meinen Augen und Ohren. Gewiß, ich sehe

etsi enim et audio te et video libenter, tamen hoc multo erit, si valebis, iucundius.

Ego hic cesso, quia ipse nihil scribo, lego autem libentissime. tu istic, si quid librarii mea manu non intellegent, monstrabis. una omnino interpositio difficilior est, quam ne ipse quidem facile legere soleo, de quadrimo Catone.

De triclinio cura, ut facis. Tertia aderit, modo ne Publius rogatus sit.

Demetrius iste numquam omnino Phalereus fuit, 2 sed nunc plane Billienus est. itaque te do vicarium; tu eum observabis. etsi – verum tamen de illis – nosti cetera. sed tamen, si quem cum eo sermonem habueris, scribes ad me, ut mihi nascatur epistulae argumentum et ut tuas quam longissimas litteras legam.

Cura, mi Tiro, ut valeas; hoc gratius mihi facere nihil potes. vale.

XVI.
TVLLIVS TIRONI SVO S.

Exspecto tuas litteras de multis rebus, te ipsum multo magis.

Demetrium redde nostrum et aliud, si quid potest boni. de Aufidiano nomine nihil te hortor; scio tibi curae esse; sed confice. et, si ob eam rem moraris, accipio causam; si id te non tenet, advola. litteras tuas valde exspecto.

Vale.

XVII.
TVLLIVS TIRONI S.

Video, quid agas; tuas quoque epistulas vis referri 1 in volumina. sed heus tu, qui κανών esse meorum scriptorum soles, unde illud tam ἄκυρον 'valetudini

und höre Dich gern, aber wenn Du gesund bist, tue ich es noch viel lieber.

Ich faulenze hier, denn ich schreibe nichts, lese aber mit größtem Vergnügen. Du wirst dort so gut sein und den Kopisten helfen, wenn sie irgendwo meine Handschrift nicht lesen können. Ein Abschnitt vor allem ist ziemlich schwierig, der über den vierjährigen Cato; ich selbst kann ihn meist nur schwer lesen.

Mit dem Speisezimmer mach' es nur so. Tertia wird kommen, wenn nur Publius nicht geladen wird.

Dieser Demetrius ist überhaupt noch nie ein Phalereer gewesen, jetzt aber ist er ein richtiger Billienus. Also ich beauftrage Dich mit meiner Vertretung; erzeige ihm Deine Hochachtung. Allerdings . . . . ; immerhin, diese Gesellschaft . . . . Nun, Du weißt schon, was ich meine. Doch schreib mir, wenn Du ihn gesprochen hast; dann habe ich jedenfalls Stoff für einen Brief und bekomme von Dir einen sehr langen zu lesen.

Sieh zu, mein Tiro, daß Du wieder gesund wirst; einen größeren Gefallen könntest Du mir gar nicht tun! Leb' wohl!

(Astura, Ende August 45).

16 (19).
Tullius grüßt seinen Tiro.

Ich erwarte Nachricht von Dir über alles mögliche, Dich selbst aber noch viel sehnlicher!

Söhne Demetrius mit mir aus und tu, wenn irgend möglich, sonst was Gutes an ihm! Wegen Aufidius' Schuldposten brauche ich Dich nicht zu mahnen; ich weiß, Du denkst daran; aber erledige die Sache! Und wenn Du deswegen säumst, erkenne ich das als Grund an; hält Dich das aber nicht fest, dann flieg herbei! Ich bin sehr gespannt auf Deine Antwort!

Leb' wohl!

(Wie der vorige Brief).

17.
Tullius grüßt Tiro.

Ich sehe schon, was Du im Schilde führst: Du möchtest, auch Deine Briefe würden ins Archiv aufgenommen. Aber sag' mal, Du bist doch sonst immer der Maßstab für meinen Stil: wie kommst

fideliter inserviendo'? unde in istum locum 'fideliter'
venit? cui verbo domicilium est proprium in officio,
migrationes in alienum multae; nam et doctrina et
domus et ars et ager etiam 'fidelis' dici potest, ut sit,
quo modo Theophrasto placet, verecunda tralatio.
sed haec coram.

Demetrius venit ad me, a quo quidem comitatu 2
ἀφωμίλησα satis scite. tu eum videlicet non potuisti
videre. cras aderit; videbis igitur; nam ego hinc per-
endie mane cogito.

Valetudo tua me valde sollicitat; sed inservi et fac
omnia. tum te mecum esse, tum mihi cumulatissime
satis facere putato.

Cuspio quod operam dedisti, mihi gratum est;
valde enim eius causa volo.

Vale.

XVIII.
TVLLIVS TIRONI S.

Quid igitur? non sic oportet? equidem censeo sic, 1
addendum etiam 'suo'. sed, si placet, invidia vitetur,
quam quidem ego saepe contempsi.

Tibi διαφόρησιν gaudeo profuisse; si vero etiam
Tusculanum, dei boni! quanto mihi illud erit amabilius! sed si me amas, quod quidem aut facis aut per-
belle simulas, quod tamen in modum procedit, sed,
ut est, indulge valetudini tuae; cui quidem tu adhuc, dum mihi deservis, servisti non satis. ea quid
postulet, non ignoras, πέψιν, ἀκοπίαν, περίπατον
σύμμετρον, τρῖψιν, εὐλυσίαν κοιλίας. fac bellus revertare; non modo te sed etiam Tusculanum nostrum
plus amem.

Du nur zu diesem unmöglichen 'valetudini fideliter inserviendo'? Wie konnte nur 'fideliter' in diesen Zusammenhang geraten? Sein eigentlicher Platz ist da, wo es sich um einen Dienst handelt, aber es macht viele Ausflüge in fremde Bereiche; so kann man eine Lehre, ein Haus, eine Fertigkeit, auch einen Acker 'fidelis' nennen, vorausgesetzt, daß man, wie Theophrast es fordert, bei der Übertragung die Grenzen wahrt. Doch davon mündlich!

Demetrius hat mich aufgesucht, aber ich habe mich seiner Begleitung ganz geschickt entzogen. Du hast ihn natürlich nicht zu sehen bekommen. Aber morgen kommt er, und dann wirst Du ihn also sehen. Ich gedenke nämlich erst übermorgen früh von hier aufzubrechen.

Deine Gesundheit macht mir große Sorge. Pflege sie und tu alles! Dann darfst Du glauben, bei mir zu sein, dann mir in vollstem Maße Genüge zu tun.

Daß Du Dich um Cuspius bemüht hast, ist mir lieb. Ich gönne ihm alles Gute.

Leb' wohl!

(Astura, den 29. August 45).

18.
Tullius grüßt Tiro.

Wie denn? Ist's nicht richtig so? Ich meine doch, eigentlich müßte man noch „seinen" hinzufügen. Aber meinetwegen laß uns der Mißgunst aus dem Wege gehen, der ich für meine Person oft genug meine Verachtung gezeigt habe!

Daß die Schwitzkur Dir bekommen ist, freut mich. Hilft nun gar auch das Tusculanum – ihr guten Götter, wieviel liebenswerter wird es mir dann erscheinen! Aber wenn Du mich liebhast, was Du ja tust oder jedenfalls in reizender Weise vortäuschst, und was Dir immerhin nach Wunsch glückt – also wie dem auch sei, widme Dich Deiner Gesundheit, denn bislang hast Du Dich ihr, während Du mir dienst, nicht genügend gewidmet. Was sie fordert, weißt Du ganz genau: geregelte Verdauung, Vermeiden von Ermüdung, ausreichende Bewegung, Massage, leichten Stuhl. Mach', daß Du frisch und munter wiederkommst! Ich würde nicht nur Dich, sondern auch unser Tusculanum noch lieber haben!

Parhedrum excita, ut hortum ipse conducat; sic 2
holitorem ipsum commovebis. Helico nequissimus
HS ∞ dabat nullo aprico horto, nullo emissario, nulla
maceria, nulla casa. iste nos tanta impensa derideat?
calface hominem ut ego Mothonem; itaque abutor
coronis.

De Crabra quid agatur, etsi nunc quidem etiam 3
nimium est aquae, tamen velim scire.

Horologium mittam et libros, si erit sudum. sed tu
nullosne tecum libellos? an pangis aliquid Sophocleum? fac opus appareat.

A. Ligurius, Caesaris familiaris, mortuus est, bonus
homo et nobis amicus.

Te quando exspectemus, fac ut sciam. cura te
diligenter.

Vale.

XIX.
TVLLIVS TIRONI S.

Sollicitat, ita vivam, me tua, mi Tiro, valetudo;
sed confido, si diligentiam, quam instituisti, adhibueris, cito te firmum fore.

Libros compone; indicem, cum Metrodoro lubebit,
quoniam eius arbitratu vivendum est. cum holitore,
ut videtur.

Tu potes Kalendis spectare gladiatores, postridie
redire, et ita censeo; verum, ut videbitur.

Cura te, si me amas, diligenter. vale.

XX.
CICERO TIRONI S.

Tu vero confice professionem, si potes; etsi haec 1
pecunia ex eo genere est, ut professione non egeat.
verum tamen . . .

Parhedrus bringe dazu, daß er den Garten selbst mietet! So wirst Du auch den Gärtner herumbringen. Helico, dieser Windhund, bot 1000 Sestertien, als noch kein Treibhaus, kein Abzugsgraben, keine Lehmmauer, keine Baracke vorhanden war. Und da soll der Kerl bei einem so geringen Zins uns zum Narren halten? Heize dem Kerl ein, wie ich Motho; deshalb kann ich die Kränze verschwenden.

Was mit der Crabra los ist, möchte ich wohl wissen; augenblicklich führt sie ja sogar überreichlich Wasser.

Die Sonnenuhr werde ich Dir schicken und die Bücher, wenn es schönes Wetter wird. Aber hast Du denn gar keine Schmöker bei Dir? Oder zimmerst Du etwas Sophocleisches? Mach', daß Dein Opus ans Licht kommt!

A. Ligurius, Caesars Freund, ist gestorben, ein netter Mann und mir befreundet.

Laß mich wissen, wann ich Dich erwarten darf! Pflege Dich sorgsam!

Leb' wohl!

(Zeit und Ort unbekannt).

19 (20).
Tullius grüßt Tiro.

So wahr ich lebe, mein Tiro, Deine Gesundheit macht mir Sorge! Aber ich bin überzeugt, wenn Du wie bisher vorsichtig bist, wirst Du bald wieder auf dem Damm sein.

Ordne meine Bücher; und den Katalog, wenn Metrodorus nichts dagegen hat; nach seinen Anordnungen mußt Du Dich richten. Mit dem Gärtner mach' es, wie Du es für richtig hältst.

Du könntest Dir am 1. die Gladiatoren ansehen und am folgenden Tage zurückkehren. Ja, das solltest Du tun! Aber wie Du willst.

Pflege Dich bitte sorgsam! Leb' wohl!

(Bald nach dem vorigen Brief).

20 (23).
Tullius grüßt Tiro.

Ja, mach' die Vermögenserklärung in Ordnung, wenn Du kannst! Das betreffende Geld fällt allerdings nicht unter die Meldepflicht. Immerhin . . .

Balbus ad me scripsit tanta se ἐπιφορᾷ oppressum,
ut loqui non possit.

Antonius de lege quod egerit – liceat modo rusticari.
ad Bithynicum scripsi.

De Servilio tu videris, qui senectutem non con- 2
temnis. etsi Atticus noster, quia quondam me commoveri πανικοῖς intellexit, idem semper putat nec
videt, quibus praesidiis philosophiae saeptus sim; et
hercle, quod timidus ipse est, θορυβοποιεῖ. ego tamen
Antoni inveteratam sine ulla offensione amicitiam
retinere sane volo scribamque ad eum, sed non ante,
quam te videro. nec tamen te avoco a syngrapha; γόνυ
κνήμης.

Cras exspecto Leptam et † n., ad cuius rutam puleio
mihi tui sermonis utendum est.

Vale.

XXI.
TVLLIVS TIRONI S.

Etsi mane Harpalum miseram, tamen, cum haberem, 1
cui recte darem litteras, etsi novi nihil erat, isdem de
rebus volui ad te saepius scribere, non quin confiderem diligentiae tuae, sed rei me magnitudo movebat.

Mihi 'prora et puppis,' ut Graecorum proverbium
est, fuit a me tui dimittendi, ut rationes nostras ex-
plicares. Ofillio et Aurelio utique satis fiat. a Flamma,
si non potes omne, partem aliquam velim extorqueas,
in primisque ut expedita sit pensio Kal. Ianuariis.
de attributione conficies, de repraesentatione videbis.

De domesticis rebus hactenus, de publicis omnia 2
mihi certa, quid Octavianus, quid Antonius, quae
hominum opinio, quid futurum putes. ego vix teneor,

Balbus schreibt mir, er sei von einem derartigen Schnupfen befallen, daß er nicht sprechen könne.

Antonius mit seinem Gesetz kann mir gewogen bleiben, wenn er mich nur meinen Landaufenthalt genießen läßt! An Bithynicus habe ich geschrieben.

Betreffs Servilius: mach' es doch ebenso; Dir graut ja nicht vor dem Alter! Freilich, unser Atticus – da hat er einmal gemerkt, wie ich mich durch falschen Alarm habe ins Bockshorn jagen lassen, und meint nun, es sei immer noch so, und sieht nicht, wie stark ich durch die Philosophie gepanzert bin. Und weiß Gott, weil er selbst ein Angsthase ist, schlägt er Alarm. Aber ich möchte mir doch zu gern Antonius' althergebrachte, nie gestörte Freundschaft erhalten und werde ihm schreiben, aber nicht, ehe ich Dich gesprochen habe. Doch will ich Dich nicht von Deinem Geldgeschäft abberufen. Das Hemd ist einem näher als die Jacke.

Morgen erwarte ich Lepta und N., zu dessen Bitterwasser ich als Gegengift des süßen Weines Deiner Unterhaltung bedarf.

Leb' wohl!

(Auf dem Tusculanum, Ende Juni 44).

21 (24).
Tullius grüßt Tiro.

Zwar habe ich heute morgen Harpalus geschickt, aber da ich gerade jemanden habe, dem ich unbedenklich einen Brief mitgeben kann, möchte ich Dir, obwohl nichts Neues vorliegt, noch einmal dasselbe schreiben. Nicht als ob ich Deiner Zuverlässigkeit mißtraute, sondern weil mir die Sache doch zu wichtig ist.

Um ein griechisches Sprichwort zu gebrauchen: „Bug und Heck" meines Entschlusses, Dich zu entsenden, war, daß Du meine Finanzen in Ordnung bringen solltest. Ofillius und Aurelius müssen auf jeden Fall befriedigt werden. Sieh zu, daß Du bei Flamma, wenn nicht alles, so doch einen Teil herausschlägst! Auf jeden Fall muß die Zahlung zu Neujahr sichergestellt werden. Erledige die Sache mit der Anweisung und kümmere Dich um die Barzahlung!

Soviel über meine häuslichen Belange; über die politischen erwarte ich lauter verbürgte Nachrichten: was Octavian, was Antonius treibt, was die Leute meinen und was Deiner Meinung nach

quin accurram; sed litteras tuas exspecto. et scito Balbum tum fuisse Aquini, cum tibi est dictum, et postridie Hirtium. puto utrumque ad aquas; sed quod
egerint –.

Dolabellae procuratores fac ut admoneantur. appel-
labis etiam Papiam.

Vale.

XXII.
QVINTVS MARCO FRATRI S.

De Tirone, mi Marce, ita te meumque Ciceronem 1
et meam Tulliolam tuumque filium videam, ut mihi
gratissimum fecisti, cum eum indignum illa fortuna
ac nobis amicum quam servum esse maluisti. mihi
crede, tuis et illius litteris perlectis exsilui gaudio et
tibi et ago gratias et gratulor. si enim mihi Stati fideli- 2
tas est tantae voluptati, quanti esse in isto haec eadem
bona debent additis litteris et sermonibus, humanitate,
quae sunt his ipsis commodis potiora! amo te omnibus
equidem de maximis causis, verum etiam propter
hanc, vel quod mihi sic, ut debuisti, nuntiasti.

Te totum in litteris vidi. Sabini pueris et promisi
omnia et faciam.

XXIII.
Q. CICERO TIRONI S. D.

Magnae nobis est sollicitudini valetudo tua. nam 1
tametsi qui veniunt ἀκίνδυνα μὲν χρονιώτερα δέ nun-
tiant, tamen in magna consolatione ingens inest
sollicitudo, si diutius a nobis afuturus es, is, cuius
usum et suavitatem desiderando sentimus. ac tamen,

passieren wird. Am liebsten möchte ich selbst kommen, aber ich warte erst Deinen Brief ab. Übrigens ist Balbus damals, als man Dir es sagte, wirklich in Aquinum gewesen und tags darauf auch Hirtius. Wahrscheinlich beide, um zu baden! Mir soll's gleich sein!

Laß Dolabellas Bevollmächtigte mahnen; auch Papia könntest Du zur Rede stellen.

Leb' wohl!

(Arpinum, kurz nach dem 11. November 44).

22 (16).
Quintus grüßt seinen Bruder Marcus.

Mein Marcus! So wahr ich Dich und meinen Cicero, meine Tullia und Deinen Jungen wiedersehen möchte – mit Tiro hast Du mir einen ganz großen Gefallen getan, daß Du ihn lieber als unsern Freund denn als Sklaven betrachtet wissen willst! Er hatte sein Schicksal gewiß nicht verdient! Glaub' mir, als ich Deinen und seinen Brief gelesen hatte, bin ich hochgesprungen vor Freude! Ich danke Dir und beglückwünsche Dich! Wenn mir schon Statius' Treue so viel Genuß bereitet, wieviel mehr mußt Du Dich dann an seiner Treue freuen, wo noch wissenschaftliche Gepräche und feine Bildung dazukommen, Dinge, die noch mehr bedeuten als jener Genuß! Ich liebe Dich aus lauter gewichtigen Gründen, aber nicht zum wenigsten schon deshalb, weil Du mir die Nachricht so, wie ich es nicht anders erwartet habe, hast zukommen lassen.

Wie ich sehe, steckst Du ganz in der Wissenschaft. Den Sklaven des Sabinus habe ich alles versprochen und werde es auch halten.

(In Gallien, Ende Mai [Mitte April] 53).

23 (8).
Q. Cicero grüßt Tiro.

Dein Zustand macht uns große Sorge. Zwar bringen Durchreisende die Nachricht „ungefährlich, doch ziemlich langwierig", aber dieser gute Trost birgt auch eine gewaltige Beunruhigung in sich, wenn Du allzu lange von uns fernbleibst, Du, dessen angenehmen Umgang wir erst recht empfinden, wo wir ihn entbehren müssen. Und trotzdem, obwohl ich von ganzem Herzen Dich bei uns zu sehen wünsche, trotzdem bitte ich Dich inständig, Dich zur

quamquam videre te tota cogitatione cupio, tamen te penitus rogo, ne te tam longae navigationi et viae per hiemem nisi bene firmum committas neve naviges nisi explorate. vix in ipsis tectis et oppidis frigus 2 infirma valetudine vitatur, nedum in mari et via sit facile abesse ab iniuria temporis;

       ‘ψῦχος δὲ λεπτῷ χρωτὶ πολεμιώτατον’

inquit Euripides; cui tu quantum credas, nescio; ego certe singulos eius versus singula testimonia puto. effice, si me diligis, ut valeas et ut ad nos firmus ac valens quam primum venias.

    Ama nos et vale.

    Quintus f. tibi salutem dicit.

XXIV.
QVINTVS TIRONI SVO P. S. D.

    Verberavi te cogitationis tacito dumtaxat convicio, 1 quod fasciculus alter ad me iam sine tuis litteris perlatus est. non potes effugere huius culpae poenam te patrono; Marcus est adhibendus, isque diu et multis lucubrationibus commentata oratione vide ut probare possit te non peccasse.

    Plane te rogo, sic ut olim matrem nostram facere 2 memini, quae lagonas etiam inanis obsignabat, ne dicerentur inanes aliquae fuisse, quae furtim essent exsiccatae, sic tu, etiam si, quod scribas, non habebis, scribito tamen, ne furtum cessationis quaesivisse videaris. valde enim mi semper et vera et dulcia tuis epistulis nuntiantur.

    Ama nos et vale.

XXV.
Q. CICERO TIRONI SVO S. P. D.

    Mirificam mi verberationem cessationis epistula 1 dedisti; nam quae parcius frater perscripserat, vere-

Winterszeit nur völlig wiederhergestellt auf eine so lange See- und
Landreise zu begeben und nur nach gründlicher Überlegung Dich
aufs Schiff zu setzen. Selbst in Häusern und Ortschaften entgeht
man kaum der Kälte, wenn man nicht recht wohl ist, geschweige
denn auf dem Wasser und auf der Landstraße, wo man sich nur
schwer vor den Unbilden des Wetters schützen kann;

„Doch Kälte ist für zarte Haut das feindlichste"

sagt Euripides. Wieweit Du ihm glaubst, weiß ich nicht; ich für
meine Person halte jeden einzelnen Vers bei ihm für ein Rezept.
Sieh bitte zu, daß Du wieder gesund wirst und so bald wie möglich
frisch und munter bei uns erscheinst!

Behalt uns lieb und leb' wohl!

Mein Sohn Quintus läßt Dich grüßen.

(In Campanien, Ende Januar/Februar 49 [XII. 50]).

24 (26).
Quintus seinem Tiro einen herzlichen Gruß.

Wenigstens in Gedanken habe ich Dich tüchtig gescholten, daß
ich nun schon zum zweiten Male ein Briefpaket ohne ein Lebens-
zeichen von Dir erhalten habe. Du wirst der Strafe für dies Verschulden nicht entgehen, wenn Du selbst den Anwalt machst; da
muß Marcus heran, und dann sieh zu, wie der mit in langer Nachtarbeit einstudierter Rede beweisen will, daß Du schuldlos bist.

Mach' es doch bitte so, wie ich es von unsrer Mutter erinnere,
die auch die leeren Flaschen mit einem Etikett versah, damit man
nachher nicht sagen konnte, es seien einige leer gewesen, die heimlich geleert worden waren: auch wenn Du nichts zu schreiben
weißt, schreib trotzdem; sonst könnte es so aussehen, als hättest
Du einen geheimen Vorwand für Dein Säumen gesucht. Denn immer bringen mir Deine Briefe wahre Nachrichten, und ich freue
mich jedesmal.

Behalt mich lieb und leb' wohl!

(Im Jahre 44).

25 (27).
Q. Cicero seinem Tiro einen herzlichen Gruß.

Mit Deinem Brief gibst Du mir wunderbare Genugtuung für
Deine Saumseligkeit: was mein Bruder mir – natürlich aus Zurück-

cundia videlicet et properatione, ea tu sine adsenta-
tione, ut erant, ad me scripsisti, et maxime de coss.
designatis, quos ego penitus novi libidinum et langu-
oris effeminatissimi animi plenos; qui nisi a guberna-
culis recesserint, maximum ab universo naufragio
periculum est. incredibilest, quae ego illos scio op- 2
positis Gallorum castris in aestivis fecisse, quos ille
latro, nisi aliquid firmius fuerit, societate vitiorum
deleniet. res est aut tribuniciis aut privatis consiliis
munienda; nam isti duo vix sunt digni, quibus alteri
Caesenam, alteri Cossutianarum tabernarum fundamenta credas.

Te, ut dixi, fero oculis. ego vos a. d. III Kal. videbo
tuosque oculos, etiam si te veniens in medio foro
videro, dissaviabor.

Me ama. vale.

XXVI.
CICERO F. TIRONI SVO DVLCISSIMO S.

Cum vehementer tabellarios exspectarem cotidie, 1
aliquando venerunt post diem quadragesimum et
sextum, quam a vobis discesserant. quorum mihi fuit
adventus exoptatissimus; nam cum maximam cepissem laetitiam ex humanissimi et carissimi patris epistula, tum vero iucundissimae tuae litterae cumulum
mihi gaudii attulerunt. itaque me iam non paenitebat
intercapedinem scribendi fecisse, sed potius laetabar;
fructum enim magnum humanitatis tuae capiebam ex
silentio mearum litterarum. vementer igitur gaudeo
te meam sine dubitatione accepisse excusationem.

Gratos tibi optatosque esse, qui de me rumores 2
adferuntur, non dubito, mi dulcissime Tiro, prae-
staboque et enitar, ut in dies magis magisque haec
nascens de me duplicetur opinio. quare, quod polli-

haltung, und weil er es eilig hatte – nur mit ein paar knappen Worten mitgeteilt hat, das hast Du mir, ohne etwas zu beschönigen, so, wie es ist, geschrieben, vor allem das von den designierten Konsuln. Ich kenne sie in- und auswendig; sie strotzen von Begierden und sind völlig verweichlichte Schlappschwänze. Treten sie nicht vom Steuer zurück, so droht höchste Gefahr von einem Gesamtzusammenbruch. Kaum zu glauben, wie sie es, wie ich weiß, im Sommerquartier, das Lager der Gallier sich gegenüber, getrieben haben. Wenn nicht irgendwie Abhilfe geschaffen wird, kriegt der Räuber durch Teilnahme an ihren Ausschweifungen sie noch klein. Entweder müssen die Tribunen eingreifen, oder die Sache muß von nichtamtlicher Seite ins Gleis gebracht werden, denn die beiden sind kaum wert, daß man ihnen, dem einen Caesena, dem andern die Grundmauern von Cossutianae Tabernae anvertraut.

Dich liebe ich, wie gesagt, wie meinen Augapfel. Ich sehe Euch am 30. und küsse Dir die Augen ab, und sollte ich Dich bei meinem Kommen mitten auf dem Forum treffen.

Behalt mich lieb und leb' wohl!

(Ende Dezember 44).

26 (21).
Cicero jun. grüßt seinen herzlieben Tiro.

Tag für Tag habe ich sehnsüchtig nach den Kurieren ausgeschaut; nun sind sie endlich da, 45 Tage nach ihrer Abreise von dort! Ich bin selig, daß sie eingetroffen sind; denn wenn ich schon hocherfreut bin über den Brief meines lieben, guten Vaters, so hat Dein entzückender Brief meine Freude voll gemacht. So bereue ich es schon gar nicht mehr, eine Unterbrechung im Schreiben gemacht zu haben, freue mich vielmehr darüber, denn das Verstummen meiner Briefe hat mir in Deinem liebenswürdigen Briefe eine reiche Ernte eingetragen. So freue ich mich denn riesig, daß Du meine Entschuldigung ohne Bedenken hast gelten lassen.

Ich kann es mir wohl denken, mein lieber Tiro, daß die Gerüchte, die Dir über mich zu Ohren kommen, Dir angenehm und erwünscht sind, und ich will mich bemühen und verspreche Dir, daß diese gute Meinung von mir, die im Entstehen begriffen ist, sich von Tag

ceris te bucinatorem fore existimationis meae, firmo
id constantique animo facias licet; tantum enim mihi
dolorem cruciatumque attulerunt errata aetatis meae,
ut non solum animus a factis sed aures quoque a
commemoratione abhorreant. cuius te sollicitudinis
et doloris participem fuisse notum exploratumque
est mihi, nec id mirum; nam cum omnia mea causa
velles mihi successa, tum etiam tua; socium enim te
meorum commodorum semper esse volui.

Quoniam igitur tum ex me doluisti, nunc ut dupli- 3
cetur tuum ex me gaudium praestabo. Cratippo me
scito non ut discipulum sed ut filium esse coniunctissimum; nam cum audio illum lubenter tum etiam
propriam eius suavitatem vementer amplector. sum
totos dies cum eo noctisque saepe numero partem; exoro enim, ut mecum quam saepissime cenet.
hac introducta consuetudine saepe inscientibus nobis
et cenantibus obrepit sublataque severitate philosophiae humanissime nobiscum iocatur. quare da operam, ut hunc talem, tam iucundum, tam excellentem
virum videas quam primum.

Nam quid ego de Bruttio dicam? quem nullo tem- 4
pore a me patior discedere; cuius cum frugi severaque
est vita tum etiam iucundissima convictio; non est
enim seiunctus iocus a φιλολογίᾳ et cotidiana συζητήσει.
huic ego locum in proximo conduxi et, ut possum, ex
meis angustiis illius sustento tenuitatem.

Praeterea declamitare Graece apud Cassium insti- 5
tui, Latine autem apud Bruttium exerceri volo. utor
familiaribus et cotidianis convictoribus, quos secum
Mitylenis Cratippus adduxit, hominibus et doctis et
illi probatissimis. multum etiam mecum est Epicrates, princeps Atheniensium, et Leonides et horum
ceteri similes. τὰ μὲν οὖν καθ' ἡμᾶς τάδε.

De Gorgia autem quod mihi scribis, erat quidem 6
ille in cotidiana declamatione utilis, sed omnia post-

zu Tag immer mehr steigert. Wenn Du mir also in Aussicht stellst, meinen guten Namen auszuposaunen, so kannst Du das getrost und wohlgemut tun, denn meine Jugendsünden haben mir so viel schmerzliche Gewissensbisse bereitet, daß mein Herz vor solchem Tun schaudert und meine Ohren es nicht ertragen können, wenn man nur davon spricht. Du hast, wie ich ganz genau weiß, all diese Aufregungen und Leiden teilnehmend mitgefühlt, und das ist ja auch nicht verwunderlich, denn nicht nur um meinet-, auch um Deinetwillen hast Du mir stets alles Gute gewünscht; es war ja mein Wunsch, daß Du stets all mein Glück teiltest.

So hast Du also vorerst Kummer durch mich erfahren, aber jetzt verbürge ich mich dafür, daß Deine Freude an mir sich verdoppelt. Wisse, daß ich mich mit Cratippus wie ein Sohn, nicht wie ein Schüler verbunden fühle; ich höre ihn gern, bin aber auch von seiner persönlichen Liebenswürdigkeit äußerst angetan. Ganze Tage und häufig auch einen Teil der Nacht bin ich mit ihm zusammen; ich lade ihn nämlich ein, recht häufig mein Gast zu sein. Infolge dieses vertrauten Verhältnisses geschieht es gar oft, daß er sich unerwartet bei unsern Mahlzeiten einstellt, den ernsten Philosophen beiseite läßt und leutselig mit uns scherzt. Sieh also zu, daß Du diesen bedeutenden, angenehmen, ausgezeichneten Mann so bald wie möglich kennen lernst!

Und was soll ich Dir von Bruttius sagen? Ich lasse ihn keinen Augenblick von meiner Seite. Sein Lebenswandel ist ehrbar und streng, mit ihm zu verkehren überaus angenehm, denn Studium und das tägliche Disputieren schließen den Scherz nicht aus. Ich habe ihm ein Quartier in meiner nächsten Nähe gemietet und greife ihm mit meinen geringen Mitteln, so gut ich kann, unter die Arme.

Ferner habe ich griechische Rhetorik bei Cassius belegt; lateinische will ich bei Bruttius hören. Mit den Leuten, die Cratippus aus Mitylenae mitgebracht hat, gelehrte, von ihm gern gesehene Männer, verkehre ich freundschaftlich und ziehe sie täglich in mein Haus. Auch Epicrates, der führende Kopf der Athener, Leonides und die andern ihres Schlages sind oft mit mir zusammen. Soviel von mir persönlich.

Was Gorgias betrifft, nach dem Du fragst, so ist er für die täglichen Redeübungen gut zu gebrauchen, aber ich habe alles hint-

posui, dum modo praeceptis patris parerem; διαρρήδην
enim scripserat, ut eum dimitterem statim. tergiver-
sari nolui, ne mea nimia σπουδή suspicionem ei aliquam importaret; deinde illud etiam mihi succurrebat,
grave esse me de iudicio patris iudicare. tuum tamen 7
studium et consilium gratum acceptumque est mihi.

Excusationem angustiarum tui temporis accipio;
scio enim, quam soleas esse occupatus. emisse te praedium vehementer gaudeo feliciterque tibi rem istam
evenire cupio. hoc loco me tibi gratulari noli mirari;
eodem enim fere loco tu quoque emisse te fecisti me
certiorem. habes; deponendae tibi sunt urbanitates;
rusticus Romanus factus es, quo modo ego mihi
nunc ante oculos tuum iucundissimum conspectum
propono; videor enim videre ementem te rusticas
res, cum vilico loquentem, in lacinia servantem ex
mensa secunda semina. sed quod ad rem pertinet, me
tum tibi defuisse aeque ac tu doleo. sed noli dubitare,
mi Tiro, quin te sublevaturus sim, si modo Fortuna
me, praesertim cum sciam communem nobis emp-
tum esse istum fundum.

De mandatis quod tibi curae fuit, est mihi gratum; 8
sed peto a te, ut quam celerrime mihi librarius mitta-
tur, maxime quidem Graecus; multum mihi enim eri-
pitur operae in exscribendis hypomnematis. tu velim
in primis cures, ut valeas, ut una συμφιλολογεῖν possimus.

Anterum tibi commendo.
Vale.

XXVII.
CICERO F. TIRONI SVO S.

Etsi iusta et idonea usus es excusatione intermissionis litterarum tuarum, tamen, id ne saepius facias,
rogo. nam etsi de re p. rumoribus et nuntiis certior

angestellt, um nur meines Vaters Anweisung zu gehorchen; er hat
mir nämlich ausdrücklich geschrieben, ich solle ihn sofort entlassen.
Ausflüchte habe ich nicht machen wollen, sonst hätte mir mein
Eifer vielleicht erst recht Verdacht bei ihm eingetragen. Außerdem
meine ich auch, es wäre nicht recht, wenn ich mir ein Urteil über
meines Vaters Urteil anmaßte. Aber Dein gutgemeinter Rat ist
mir doch willkommen und erwünscht.

Deine Entschuldigung, Du habest nur wenig Zeit, nehme ich an;
ich weiß ja, wie stark Du in Anspruch genommen bist. Daß Du Dir
ein Gütchen gekauft hast, freut mich sehr, und ich wünsche Dir
alles Gute damit. Daß ich Dir erst an dieser Stelle gratuliere, darf
Dich nicht wundern; ungefähr an der gleichen Stelle hast auch Du
mir Deinen Kauf mitgeteilt. Nun hast Du es also; jetzt laß das
städtische Auftreten beiseite, Du bist ein römischer Bauer geworden,
wie ich mir jetzt dies reizende Bild vor Augen stelle; meine ich doch,
Dich Ackergerät kaufen, mit dem Verwalter sprechen und in einem
Taschentuch die Obstkerne vom Nachtisch sammeln zu sehen.
Aber um zur Sache zu kommen: daß ich Dir damals nicht habe
unter die Arme greifen können, tut mir ebenso leid wie Dir. Doch
sei überzeugt, mein Tiro, in Zukunft helfe ich Dir, wenn anders
Fortuna mir hilft, zumal ich weiß, daß Du Dein Gut zu gemeinsamem Besitz für uns gekauft hast.

Daß Du meine Wünsche ausgeführt hast, ist mir sehr lieb. Aber
ich bitte Dich, schick' mir schnellstens einen Schreiber, am liebsten
einen Griechen, denn ich muß viel Mühe aufwenden für die Rein-
schrift meiner Kolleghefte. Vor allem aber sieh zu, daß Du gesund
bleibst, damit wir zusammen fachsimpeln können!

Sei nett zu Anterus!
Leb' wohl!
(Athen, zwischen Ende Juli und Ende Oktober 44).

27 (25).
Cicero jun. grüßt seinen Tiro.
Gewiß ist die Entschuldigung, die Du für das Ausbleiben Deiner
Briefe anbringst, berechtigt und annehmbar; trotzdem möchte ich
Dich bitten, es nicht allzu oft so zu machen. Zwar erfahre ich von

fio et de sua in me voluntate semper ad me perscribit
pater, tamen de quavis minima re scripta a te ad me
epistula semper fuit gratissima. quare cum in primis
tuas desiderem litteras, noli committere, ut excusatione potius expleas officium scribendi quam assiduitate
epistularum.

Vale.

den politischen Ereignissen durch Gerüchte und Boten, und mein Vater schreibt mir fortgesetzt von seinen guten Wünschen für mich; aber ein Brief von Dir über jede noch so unbedeutende Angelegenheit ist mir immer besonders lieb gewesen. Da ich also vor allem Briefe von Dir ersehne, laß es nicht geschehen, daß Du Deiner Schreibepflicht weniger durch rasche Folge Deiner Briefe als durch Ausreden genügst!

Leb' wohl!

(Athen, zwischen Mitte September und Mitte Oktober 44).

EINFÜHRUNG

Die hier in Text und Übersetzung vorgelegte Briefsammlung hat im Altertum keinen festen Namen geführt; höchstwahrscheinlich existierte sie überhaupt nicht in der heutigen Form. Wie Zitate bei antiken Schriftstellern zeigen, waren die einzelnen Bücher gesondert im Umlauf und sind also irgendwann einmal zu unserm Corpus zusammengefaßt worden, wobei dann leider so kostbare Stücke wie ad Cn. Pompeium, ad Caesarem, ad Catonem und andere, die wir hier und da zitiert finden, draußen geblieben sind. Den heute üblichen Titel epistulae ad familiares, Briefe an seine Freunde, hat das Corpus erst durch den Humanisten Stephanus erhalten; andre haben es ad diversos betitelt. Beides trifft nicht den Sachverhalt, denn unsre Sammlung umfaßt keineswegs nur Briefe Ciceros. Oft steht die Antwort oder das beantwortete Schreiben des Empfängers daneben, zuweilen ist auch nur der Brief des Partners ohne die Entgegnung Ciceros vorhanden. Ja, es finden sich sogar Stücke, die mit Cicero unmittelbar gar nichts zu tun haben. Aber der Name ad familiares hat sich nun einmal eingebürgert, und es dürfte schwer sein, einen bessern, die ganze Vielfalt der Sammlung umgreifenden zu finden; schließlich ist ja auch der weitaus größte Teil der Briefe aus Ciceros Feder geflossen.

„An seine Freunde" – wer da Zeugnisse dessen, was wir Freundschaft nennen, erwartet, wird sich ein wenig enttäuscht finden. Abgesehen von den Briefen an seine Gattin Terentia und seinen Freigelassenen Tiro, die eine Sonderstellung einnehmen, gibt sich Cicero nur einigen wenigen Partnern gegenüber ganz so, wie er ist, und das ist doch das, was wir bei einem Freunde voraussetzen, Unbefangenheit und Unverstelltheit. Die große Masse seiner Briefe ist zweckgebunden, trägt mehr oder weniger formellen Charakter. Da gilt es, das eigene politische Handeln zu rechtfertigen, das persönliche Verdienst ins rechte Licht zu rücken, Differenzen mit politischen „Freunden" auszufechten, Beziehungen für sich und andre auszuwerten, den politischen Gesinnungsgenossen bei der Stange zu halten oder zu fördern und was dergleichen mehr ist. So leuchten diese Briefe tief hinein in das Treiben der führenden Kreise und bergen mit ihren Schlaglichtern auf das politische Geschehen der Zeit eine Fülle des Interessanten und Fesselnden. Ganz von der Politik diktiert ist der Briefwechsel mit L. Plancus, M. Lepidus, D. Brutus und C. Cassius in B. X, XI, XII, eine unschätzbare Quelle für unsre Kenntnis der Vorgänge während des Todeskampfes der Republik.

Für das volle Verständnis der in dem Corpus epistularum ad familiares zusammengefaßten Korrespondenz ist eine wenigstens oberflächliche Vertrautheit mit dem Lebensgange Ciceros und der Geschichte der letzten Jahrzehnte der römischen Republik unerläßlich.

Für ersteres kann hier auf die Einführung zu den Atticusbriefen (Sammlung Tusculum, 3. Aufl. 1980) verwiesen werden, die in großen Zügen Ciceros Werdegang, seine Familienverhältnisse und seine Umwelt schildert. Anstelle einer ausführlichen Darstellung der geschichtlichen Vorgänge in der ersten Hälfte des letzten vorchristlichen Jahrhunderts möge dem Leser der gedrängte Abriß auf den folgenden Seiten als Anhaltspunkt dienen.

Für interessierte Leser sei auf folgende Bücher hingewiesen:

Otto Plasberg, Cicero in seinen Werken und Briefen, 2. Aufl. Darmstadt 1962.

Otto Seel, Cicero. Wort – Staat – Welt. 2. Aufl. Stuttgart 1961.

Eduard Meyer, Caesars Monarchie und das Prinzipat des Pompeius. Innere Geschichte Roms von 66–44 v. Chr. 2. Aufl. Stuttgart und Berlin 1922.

Matthias Gelzer, Caesar. Der Politiker und Staatsmann. 6. Aufl. Wiesbaden 1960.

Matthias Gelzer, Pompeius. 2. Aufl. München 1959.

Ronald Syme, The Roman Revolution, 2. Aufl. Oxford 1951; Neudruck London 1960.

Die wichtigste Neuerscheinung zu Cicero, Epistulae ad familiares, ist die kommentierte Ausgabe von D. R. Shackleton Bailey, 2 Bände, Cambridge 1977. Wer genauere Auskünfte zu den sprachlichen und sachlichen Einzelheiten wünscht, wird dieses Werk mit Gewinn zu Rate ziehen. Kastens knappe, treffsichere und das Wesentliche bringende Erklärungsweise ist von anderer Art. Verlag und Herausgeber sahen daher von einer Bearbeitung ab. Die vorliegende Ausgabe ist ein unveränderter Nachdruck der 2. und 3. Auflage.

106 3. Januar Cicero geboren.

91 Cicero und sein Bruder Quintus in Rom. Einführung in die rednerische und staatsmännische Tätigkeit durch M. Antonius und L. Licinius Crassus, die bedeutendsten Redner der Zeit.

81 Erste Gerichtsrede Ciceros.

79–77 Bildungsreise nach Rhodos und Athen.

75 Cicero Quästor des Statthalters Sex. Peducaeus in Sizilien.

70 Verresprozeß.

69 Cicero Kurulädil.

67 Pompeius durch die Lex Gabinia mit der Führung des Seeräuberkrieges beauftragt.

66 Cicero Prätor. Erste Staatsrede: de lege Manilia (de imperio Cn. Pompei). Pompeius mit der Weiterführung des Krieges gegen Mithridates (74–64) beauftragt.

63 Cicero Konsul mit C. Antonius Hybrida. Catilinarische Verschwörung. Am 5. Dezember die fünf verhafteten Catilinarier auf Ciceros vierte Catilinaria hin vom Senat zum Tode verurteilt.

62 Gegen Ende des Jahres Religionsfrevel des P. Clodius beim Fest der Bona Dea.

61 Cicero mit Clodius verfeindet, da er gegen ihn als Zeuge aufgetreten ist. Pompeius kehrt aus Asien zurück, entläßt sein Heer und beraubt sich damit des einzigen Druckmittels auf den Senat.

60 Der Senat versagt Pompeius die Anerkennung seiner in den von ihm eroberten Ländern getroffenen Maßnahmen und die Versorgung seiner Veteranen. Geheimbündnis mit Caesar und M. Licinius Crassus (sog. erstes Triumvirat). Pompeius heiratet im folgenden Jahre Caesars Tochter Iulia.

59 Caesar Konsul mit M. Calpurnius Bibulus. Ackeranweisungen an Pompeius' Veteranen sowie an minderbemittelte Bürger (Aufteilung des Ager Campanus). Cicero weigert sich, sich den Triumvirn anzuschließen. Daraufhin Clodius' Übertritt zur Plebs und Wahl zum Volkstribunen.

58–51 Caesar erobert Gallien.

58 Konsuln A. Gabinius und L. Calpurnius Piso Caesoninus, Caesars Schwiegervater. Clodius beantragt Ende Januar ein Gesetz, nach welchem jeder der Ächtung verfallen sollte, der einen römischen Bürger ohne Zustimmung des Volkes töte oder getötet habe. Cicero entzieht sich der Anklage, indem er Mitte März in freiwillige Verbannung nach Thessalonich geht. Sein Vermögen beschlagnahmt, sein Haus am Palatin

zerstört. Gegen Ende des Jahres Cicero in Erwartung baldiger Begnadigung in Dyrrhachium (Durazzo).

57 Konsuln P. Cornelius Lentulus Spinther und Q. Caecilius Metellus Nepos. Cicero amnestiert. Rückkehr nach Rom am 4. September. Pompeius Getreidekommissar mit umfassenden Vollmachten, Q. Cicero sein Legat.

56 Im April Konferenz der Triumvirn in Lucca. Caesars Kommando in Gallien um fünf Jahre verlängert, Pompeius und Crassus zu Konsuln für das folgende Jahr bestimmt. Anschließend soll Pompeius Spanien, Crassus Syrien auf fünf Jahre erhalten. Cicero sieht sich gezwungen, sich den Triumvirn anzuschließen; sein Bruder Quintus in den folgenden Jahren (54–51) Caesars Legat in Gallien. Im Juni Ciceros Rede de provinciis consularibus (die „Palinodie").

55 Konsuln Pompeius und Crassus. Im Herbst Einweihung des Pompeiustheaters. Ciceros erstes bedeutendes literarisches Werk, der Dialog de oratore.

54 Pompeius bleibt in Rom, läßt seine Provinz Spanien durch seine Legaten L. Afranius und M. Petreius verwalten. Crassus in Syrien, beginnt den Krieg gegen die Parther. Pompeius' Gattin, Caesars Tochter Iulia, stirbt im Wochenbett. Cicero muß auf Bitten Caesars im August den P. Vatinius und im Dezember auf Wunsch des Pompeius den A. Gabinius, zwei seiner ärgsten Feinde, vor Gericht verteidigen.

53 Crassus bei Carrhae von den Parthern erschlagen. Cicero an seiner Stelle zum Augur gewählt. Beginnende Entfremdung zwischen Caesar und Pompeius.

52 18. Januar Clodius von den Banden Milos im Straßenkampf erschlagen, die Kurie vom Pöbel in Brand gesteckt. Pompeius, zum alleinigen Konsul gewählt, stellt im Einvernehmen mit dem Senat die Ordnung wieder her. Cicero verteidigt Milo ohne Erfolg vor Gericht. In Gallien Aufstand unter Führung des Vercingetorix.

51 Konsuln Ser. Sulpicius Rufus und M. Claudius Marcellus. Senatsverhandlungen über Caesars Nachfolge in Gallien. Cicero tritt die Statthalterschaft in Cilicien an; kurz vorher erscheint sein Dialog de re publica.

50 Konsuln L. Aemilius Paullus und C. Claudius Marcellus. Cicero bis Ende Juli in Cilicien. Zuspitzung des Konflikts mit Caesar.

49 Konsuln C. Claudius Marcellus und L. Cornelius Lentulus Crus. 4. Januar Eintreffen Ciceros vor Rom; er sucht zwischen Caesar und dem Senat zu vermitteln. Am 10. Januar überschreitet Caesar den Rubico, am 17. räumt Pompeius Rom und setzt Mitte März mit seinen Truppen nach Griechenland über. 28. März Konferenz zwischen Caesar und

Cicero auf dessen Formianum, die zum endgültigen Bruch
führt. 7. Juni Einschiffung Ciceros nach Griechenland. Caesars Kampf in Spanien gegen die Legaten des Pompeius, die
am 2. August bei Ilerda kapitulieren.

48 Caesar geht nach Griechenland hinüber und schließt Pompeius bei Dyrrhachium ein. 17. Juli schwere Niederlage
Caesars; Pompeius durchbricht die Zernierung. 8. August
Entscheidungsschlacht bei Pharsalus. Pompeius flieht nach
Ägypten und wird dort am 28. September bei der Landung
ermordet. Cicero hält weiteren Widerstand für sinnlos,
kehrt im Oktober nach Italien zurück und wartet in Brundisium (Brindisi) auf die Begnadigung durch Caesar.

47 Caesar bis Mitte des Jahres in Ägypten (Kleopatra). Dann
Feldzug gegen Pharnakes, den Sohn des Mithridates;
2. August Schlacht bei Zela (veni, vidi, vici). 24. September
Landung in Tarent, am folgenden Tage Zusammentreffen
mit Cicero in Brundisium. Dieser trennt sich Ende des Jahres
von seiner Gattin Terentia.

46 Kampf Caesars gegen die Reste der Republikaner in Afrika;
6. April Entscheidung bei Thapsus. Catos Freitod. Cicero
widmet sich bis zur Rückkehr Caesars aus Afrika (25. Juli)
literarischer Tätigkeit: Brutus, Paradoxa Stoicorum, Cato,
Orator. In der zweiten Jahreshälfte erfolgreiches Eintreten
für ehemalige Pompejaner (Reden pro Marcello und pro
Ligario).

45 Kampf Caesars gegen die Söhne des Pompeius in Spanien;
17. März Schlacht bei Munda. Anfang Februar stirbt Ciceros
Tochter Tullia. Cicero bis zum 6. März auf Atticus' Ficuleanum, dann mit einer kurzen Unterbrechung bis zum
16. Mai in Astura. Literarische Arbeiten: Consolatio (Trost-
schrift an sich selbst); mit dem (verlorenen) Hortensius
(cohortatio ad philosophiae studium) Beginn philosophischer
Schriftstellerei; es folgen: Academici Libri (Varro gewidmet, s. Br. IX, 8), de finibus bonorum et malorum, Tuscu-
lanarum disputationum libri V.

44 15. März Caesar ermordet. Auf Vorschlag Ciceros werden
die Mörder vom Senat amnestiert, die Acta Caesaris als
rechtsgültig anerkannt. Cicero verläßt Rom bereits am 7.
April, als sich seine Hoffnungen auf Wiederherstellung der
Republik zu zerschlagen scheinen. Literarische Tätigkeit:
de natura deorum, de senectute (Cato maior), de divinatione
noch vor der Ermordung Caesars, dann: de fato, de amicitia (Laelius), de gloria (nicht erhalten), schließlich gegen
Ende des Jahres: de officiis. 17. Juli Abreise nach Griechenland, um den in Athen studierenden Sohn zu besuchen,
doch verzögert sich die Überfahrt infolge widriger Winde.

Am 6. August erhält er in der Gegend von Rhegion (Reggio) die Nachricht, daß Antonius, wohl unter dem Druck Octavians, des Großneffen und Adoptivsohnes Caesars, der bereits im April in Italien erschienen war (Besuch bei Cicero am 21. April in Cumae) und sein Erbe beanspruchte, einlenke und den Senat auf den 1. August einberufen habe, woraufhin Cicero seine Reise aufgibt. Eintreffen in Rom am 31. August. In der Senatssitzung am 2. September die 1. Philippica gegen Antonius, der am 19. September mit scharfen Angriffen auf Cicero antwortet. Dessen Erwiderung die 2. Philippica, eine Broschüre, die er indessen auf Rat des Atticus zunächst zurückhält. Er verläßt Rom Mitte Oktober, um erst am 9. Dezember zurückzukehren, nachdem Antonius nach Ariminum (Rimini) abgerückt ist, um sich widerrechtlich schon jetzt in den Besitz der ihm für das nächste Jahr zugewiesenen Provinz Gallia Cisalpina zu setzen. Octavian stellt sich mit den Veteranen Caesars und zwei übergetretenen Legionen des Antonius dem Senat zur Verfügung. Mit der 3. Philippica greift Cicero am 20. Dezember wieder aktiv in die Politik ein.

43 Einschließung des D. Brutus, des legalen Statthalters der Cisalpina, durch Antonius in Mutina (Modena). Cicero die Seele des Kampfes gegen Antonius (weitere zehn philippische Reden). 21. April Sieg der Konsuln Hirtius und Pansa, die beide ums Leben kommen, und Octavians bei Mutina. D. Brutus befreit, doch erholt sich Antonius schnell von seiner Niederlage; es gelingt ihm bald, M. Lepidus, den Statthalter von Gallia Narbonensis und Hispania Citerior, auf seine Seite zu ziehen. Octavians Haltung nach Mutina unzuverlässig, zumal ihm der Senat nicht das Oberkommando gegen Antonius überträgt. Ende Juli erscheinen 400 seiner Zenturionen und Soldaten vor dem Senat und fordern für ihn das Konsulat. Nach Ablehnung dieser Forderung führt er seine Armee gegen Rom und erzwingt seine Wahl zum Konsul. Ende Oktober Zusammenkunft mit Antonius und Lepidus in der Gegend von Bononia (Bologna): Begründung des Triumvirats, das Ende November durch Plebiszit als offizielle staatliche Instanz anerkannt wird, und Proskription aller politischen Gegner. Cicero am 7. Dezember von den Häschern des Antonius auf der Flucht ermordet.

ERLÄUTERUNGEN

I.

Die ersten zehn Briefe sind an P. Cornelius Lentulus Spinther, den Konsul des Jahres 57, gerichtet. Er war i. J. 63 unter Ciceros Konsulat Ädil und i. J. 60 Prätor, anschließend dann bis ins Jahr 58 Statthalter im diesseitigen Spanien. Als Konsul setzte er sich energisch für die Rückberufung Ciceros aus der Verbannung ein, die dann auch im August 57 durch ein Zenturiatgesetz vollzogen wurde. Im September unterstützte er einen Antrag Ciceros, Pompeius ein außerordentliches Kommando zur Beschaffung von Getreide zu verleihen, und führte bald darauf einen Senatsbeschluß herbei, nach welchem der Konsul, welcher im folgenden Jahre die Provinz Cilicien verwalten würde — voraussichtlich er selbst —, den König Ptolemaeus Auletes in sein Reich zurückführen sollte.

Dieser, ein illegitimer Sohn des Ptolemaeus Lathurus, hatte i. J. 59, um als König von Ägypten anerkannt zu werden, an Caesar und Pompeius 6000 Talente gezahlt, die er unter hartem Druck von seinen Landeskindern zu erpressen suchte. Ende 58 mußte er deshalb das Land verlassen; er begab sich nach Rom, wo Pompeius ihn in seinem Hause aufnahm in der Erwartung, daß er beauftragt werden würde, ihn in sein Land zurückzuführen und so ein Armee- und Flottenkommando zu bekommen.

Wohl um dem einen Riegel vorzuschieben, hatte Lentulus seine Ernennung zum Getreidekommissar gefördert und sich selbst das einträgliche Geschäft vorbehalten. Kaum war er aber gegen Ende des Jahres in seine Provinz abgereist, als ein Ereignis eintrat, das sich einer seiner Gegner sofort zunutze machte: ein Blitz warf die Iuppiterstatue auf dem Albanerberge um, und als man die sibyllinischen Bücher befragte, fand sich ein Spruch, der vor der Unterstützung eines vertriebenen Ägypterkönigs „mit einer Menge" warnte. Diesen wahrscheinlich ad hoc erfundenen Spruch brachte der Volkstribun C. Porcius Cato Anfang Januar 56 vor den Senat. In die anschließenden Debatten führt uns der erste Brief.

Brief 1. 1. *Kniff mit den religiösen Bedenken:* der Spruch der Sibylle. — 2. *die ihm erwiesenen Dienste:* die Förderung seiner Ernennung zum Getreidekommissar. — *wegen des Heeres:* das, was die Sibylle „eine Menge" genannt hatte. — 3. *jenes Senatsbeschlusses:* vom September 57. — *Imperiumsträger:* so konnte Pompeius, der als Getreidekommissar ein Imperium besaß, gewählt werden, was der Antrag des Bibulus ausschloß. — 4. *diejenigen:* die Konsulare.

Brief 2. 1. *Wir:* Hortensius, Lucullus und Cicero. — 4. *ein scharfer Senatsbeschluß:* der die Verhandlung der Sache vor dem Volke

untersagen wollte. — *Catos:* nicht der bekannte Uticensis, sondern der Volkstribun C. Porcius Cato.

Brief 3. 1. *Vor den Komitien:* des Clodius; er wurde am 22. Januar zum Ädilen gewählt. — *Lex Pupia:* de senatu diebus comitialibus non habendo.

Brief 5. 1. *Bei meiner Rettung:* seiner Zurückberufung aus der Verbannung. — 2. *Gesetzesvorschlag Catos:* Lentulus sein Imperium zu entziehen. — 3. *dem Manne:* Pompeius.

Brief 6. 1. *Für Milo:* er war von Clodius de vi angeklagt worden.

Brief 7. 2. *gefürchtet zu werden brauchte:* daß er abberufen würde. — *vom zarten Fingernagel an:* ἐκ τῶν ἀπαλῶν ὀνύχων, von frühester Kindheit an.

Brief 8. 2. *Damals:* während der Senatsdebatten im Januar. — 2. *ungewöhnliches Entgegenkommen:* s. zu Br. 1, 2. — *Caninius-Affäre:* Caninius hatte Anfang Februar beantragt, daß Pompeius mit zwei Liktoren nach Alexandria fahren und zwischen König und Bürgerschaft vermitteln solle. — 4. *das diesbezügliche Gutachten:* den Antrag wird P. Servilius gestellt haben; vgl. Br. 1, 3. — *Ptolemais:* das heutige Akkon. — *ursprünglich:* im September 57; s. Br. 1, 3. — 7. *mich haben sie sich entfremdet:* Cicero hatte sich inzwischen gezwungenermaßen an die Triumvirn angeschlossen; s. Br. 10, 9 ff. — 8. *vorlängst:* i. J. 63, als Cicero Konsul war und die catilinarische Verschwörung niederschlug. — *Deine Freigebigkeit:* Lentulus hatte i. J. 63 als Ädil glänzende Spiele gegeben. — 10. *der Sold:* für vier von Caesar eigenmächtig ausgehobene Legionen. — *nach der Lex Sempronia:* de provinciis consularibus, von C. Gracchus i. J. 123 oder 122 eingebracht; sie verfügte, daß der Senat jeweils vor den Wahlen der Konsuln die beiden Provinzen bezeichnen sollte, die sie nach Ablauf ihres Amtsjahres zu verwalten hatten. Für die im Sommer 56 zu wählenden Konsuln des Jahres 55 konnten also die gallischen Provinzen in Aussicht genommen werden, die Caesar i. J. 59 auf fünf Jahre bis zum 1. März 54 erhalten hatte, womit seine Laufbahn ein frühes Ende gefunden hätte. Daß Cicero selbst durch seine Rede de provinciis consularibus diesen Beschluß verhinderte, verschweigt er hier wohlweislich.

Brief 9. 2. *Dem Manne:* Pompeius. — 3. *den Wenigen:* den Triumvirn. — 4. *den Ritterstand entfremdet haben:* die Koalition zwischen Senat und Ritterschaft erschien Cicero seit seinem Konsulat als ideale Lösung; die Ritter hatten während der Senatssitzung am 5. Dezember, als über das Schicksal der verhafteten Catilinarier entschieden wurde, das Kapitol besetzt, um eine Störung durch den Pöbel zu verhindern. — *den bedeutendsten*

Mann: Pompeius. — 5. *alles durchsetzen:* auch die Bewilligung eines Triumphes. — 7. *eine wahre Heldentat:* er hatte einen gefahrlosen Feldzug gegen die immer unruhigen Bewohner des Amanusgebirges unternommen und wurde dabei von seinen Soldaten zum Imperator ausgerufen. — *über den ich gesprochen habe:* um Pompeius bereits im Vorweg für die Ehrung des Lentulus durch ein Dankfest zu gewinnen.

Brief 10. 2. *Imperator bist:* s. zu Br. 9, 7. — *jener ewige Feind seiner Freunde:* wer gemeint ist, ist nicht ganz sicher; wahrscheinlich C. Cato, der i. J. 59 in Opposition zu Caesar und Pompeius stand, noch Ende 57 Clodius' Wahl zum Ädilen zu hintertreiben versuchte, im Januar 56 aber den Spruch der Sibylle vor den Senat gebracht hatte und Anfang Februar Lentulus durch Plebiszit sein Imperium entziehen wollte (s. Br. 5, 2). Inwiefern Lentulus ihn gefördert hat, wissen wir nicht; auch alle weiteren Angaben sind für uns unverständlich. — *Bewegungsfreiheit:* den Triumvirn gegenüber. — 4. *mit Caesar und Appius:* zur Versöhnung mit Caesar s. unten § 9; mit Appius Claudius, dem Bruder des Clodius, war Cicero seit seiner Verbannung verfeindet; die Versöhnung hatte Pompeius herbeigeführt. — *Vatinius zu verteidigen:* s. § 19. — *hat der Senat ... vernommen:* in Ciceros Dankrede nach seiner Rückkehr aus der Verbannung. — 5. *die endgültige Wiederherstellung meiner Würde:* durch Wiederaufbau seines von Clodius zerstörten Hauses am Palatin. — 7. *für P. Sestius zu zeugen:* dieser war de vi angeklagt, wurde aber am 11. März einstimmig freigesprochen. In seiner Verteidigungsrede hatte Cicero den als Belastungszeugen fungierenden Vatinius scharf angegriffen, was zu dessen hier zitierter Äußerung führte. — *Bibulus' ... deprimierendes Schicksal:* er wurde als Konsul i. J. 59 von seinem Amtsgenossen Caesar derartig terrorisiert, daß er sich schließlich nicht mehr aus dem Hause wagte. — *die Auspizien:* die er bei Einbringung seiner Gesetze nicht beachtete. — *die Verschleuderung von Königreichen:* so wurde Ptolemaeus Auletes gegen Zahlung von angeblich 6000 Talenten als König von Ägypten anerkannt; das Geld floß in die Taschen des Pompeius und Caesars. — 8. *den Ager Campanus:* das Gebiet von Capua war i. J. 211 zur Staatsdomäne gemacht worden, weil die Stadt sich nach der Schlacht bei Cannae Hannibal angeschlossen hatte. Caesar hatte es i. J. 59 auf Grund seines vom Senat abgelehnten und in den Komitien auch nur unter Druck durchgebrachten zweiten Ackergesetzes parzelliert. Am 15. Mai sollte also diese Maßnahme als illegal angefochten werden. — *da, wo er sollte:* bei Caesar. — *bei denen:* gemeint ist vor allem Pompeius. — 9. *nach Sardinien und Afrika:* in seiner Eigenschaft als Getreidekommissar. — *von meinem*

Bruder: er war Pompeius' Legat. — 10. *bestimmter Herren:* gemeint sind sture Optimaten wie Hortensius und Bibulus. — *meinen persönlichen Gegner:* Clodius; er war bei den Optimaten Liebkind, weil er Pompeius bei jeder Gelegenheit zu kränken suchte. — 11. *als Prätor und Konsul:* i. J. 66 trat Cicero in seiner Rede de imperio Cn. Pompei für Verleihung des Imperiums zur Beendigung des Mithridatischen Krieges an Pompeius ein; i. J. 63 verschaffte er ihm auf die Nachricht vom Tode des Mithridates hin ein zehntägiges Dankfest. — *meine Interessen:* die Rückberufung aus der Verbannung. — 12. *bei unserm Plato:* Gesetze 711 c: „niemand soll uns einreden, daß ein Staat seine Gesetze schneller und leichter ändert als unter der Führung seiner Machthaber." — *gleich von Neujahr an:* schon in den ersten Januartagen trat er gegen das revolutionäre Ackergesetz des Rullus auf den Plan. — *am 5. Dezember:* bei den Verhandlungen über die Bestrafung der Catilinarier. — 13. *nicht Konsuln:* Gabinius und Piso; sie ließen sich von Clodius dadurch, daß er ihnen die besonders einträglichen Provinzen Macedonien und Syrien zu verschaffen versprach, für seine teuflischen Maßnahmen gegen Cicero gewinnen. — *ein Zufall:* daß Cicero selbst letzten Endes an seinem Fall schuld war, will er natürlich nicht eingestehen. — *die mich im Stiche gelassen haben:* vor allem Pompeius. — *die ich einst gerettet hatte:* durch Aufdeckung der catilinarischen Verschwörung. — 15. *Schänder von Frauenkulten:* Clodius; er hatte sich Ende 62 in Frauenkleidern bei dem nur Frauen zugänglichen Fest der Bona Dea eingeschlichen, um seiner Liebschaft mit Caesars Gattin Pompeia zu frönen; seine Schwestern waren wegen ihres sittenlosen Lebenswandels berüchtigt; man sprach sogar von unerlaubten Beziehungen zu ihrem Bruder. — *Straflosigkeit:* Milo wollte ihn de vi anklagen, aber er wurde am 22. Januar zum Ädilen gewählt und entging so der Anklage. — *ein Monument:* die Säulenhalle am Palatin, die Catulus aus der Beute des Cimbernkrieges errichtet hatte, und die Clodius zusammen mit Ciceros Haus niederreißen ließ, um dort ein Libertasheiligtum zu errichten, die aber auf Beschluß des Senats wie Ciceros Haus wiederaufgebaut wurde; daher wohl hier als „Monument des Senats" bezeichnet. Clodius ließ dann unter Anwendung von Gewalt eine Inschrift mit seinem Namen auf den Neubau setzen, etwa: P. Clodius Appi f. porticum Catuli de senatus sententia restituendam curavit. — 16. *Q. Metellus:* Numidicus; er hatte i. J. 100 das Ackergesetz des Saturninus nicht beschwören wollen und war deshalb verbannt worden, kehrte aber schon im folgenden Jahre zurück. — *eines einzigen Volkstribunen:* des Q. Calidius. — 17. *der oben schon angedeutete Gedanke:* in § 12 „außerdem war zu bedenken".

— *einen schweren Stoß erhielt:* sofer⁊ der Senat sich i. J. 58 nicht
dazu aufraffte, Ciceros Verbannung zu verhindern. — *18.
unser Plato:* Kriton 516. — *sagt er:* im 7. Briefe 331 b ff. —
bei ein und derselben Frage: der Verlängerung der Statthalterschaft Caesars. — *19. als er Prätor geworden war:* im Februar 55.
— *Cato:* hier der bekannte; er kandidierte ebenfalls für die
Prätur, wurde aber nicht gewählt. — *ich möchte ihn ... verteidigen:* in einem Prozeß auf Grund der Lex Licinia de sodaliciis vom Jahre 55; der Prozeß fand im August 54 statt. —
im Eunuchen: einer Komödie des Terenz, V. 440 ff.; die Übersetzung von Bardt, Römische Charakterköpfe in Briefen S. 86.
— *meinen Feind:* Clodius. — *20. Gabinius:* der Konsul des
Jahres 58, der anschließend Statthalter von Syrien gewesen
war, Ptolemaeus Auletes ohne besonderen Auftrag nach Ägypten zurückgeführt hatte und i. J. 54 zurückkehrte. Seine Ver-
waltungstätigkeit wurde im Senat scharf angegriffen. Cicero
grollte ihm, weil er i. J. 58 zu seiner Verbannung die Hand
gereicht hatte; s. zu § 13. — *draußen:* außerhalb des Senats. —
mein eigentliches Wesen: Cicero preist sich häufig selbst als
milde und versöhnlich. — *in seine Provinz:* Syrien; von dort
aus zog er gegen die Parther, erlitt i. J. 53 bei Carrhae eine
schwere Niederlage und wurde von den Feinden erschlagen.
— *seine Sache:* man dachte daran, ihn zurückzuberufen. —
21. nicht anders vorgingen: in der ägyptischen Angelegenheit. —
mit der gleichen Tendenz: daß eine gründliche wissenschaftliche,
vor allem philosophische Bildung für den Redner erforderlich
sei. — „*Über meine Leidenszeit*": seine Verbannung. — *Appius:*
Ap. Claudius Pulcher, neben L. Domitius Ahenobarbus Konsul i. J. 54. — *das Kuriatgesetz einbringen:* die lex curiata „ist
ein besonderer Akt, durch welchen die Gemeinde sich dem
Imperium oder der Potestas des Beamten innerhalb dessen
Kompetenz zu gehorchen ausdrücklich verpflichtet" (Momm-
sen, Röm. Staatsrecht I, 50). — *Deine Nachfolge:* als Statthalter
in Cilicien. — *nach der Lex Cornelia:* Sullas Gesetz de provinciis ordinandis. — *26. betreffs der Steuerpächter:* Lentulus
hatte offenbar Maßnahmen zum Schutze der Bevölkerung
gegen ihre Übergriffe getroffen. — *Q. Scaevola:* Konsul i. J.
95 und anschließend Statthalter in der Provinz Asia; seine
Verwaltung galt als musterhaft; die Steuerpächter rächten sich
an seinem Legaten P. Rutilius, der unschuldig verurteilt in die
Verbannung gehen mußte.

Brief 11. *Diesen Gefallen:* Dich in der Grußformel als „rechtskundig"
zu bezeichnen. — *von dort:* Valerius befand sich wahrscheinlich
in Cilicien; vgl. III, 1, 3. — *nichts antwortest:* keinen Rechtsbe-
scheid erteilst. — *Ulixes:* der lateinische Name des Odysseus.

II.

C. Scribonius Curio, an den die ersten sieben Briefe des zweiten Buches gerichtet sind, der Sohn des gleichnamigen Konsuls vom Jahre 76, war ein typischer Vertreter der damaligen jeunesse dorée, ausschweifend, verschuldet, politisch unzuverlässig, gewissenlos, aber ein kluger Kopf. Im Jahre 59 stand er in scharfer Opposition zu Caesar, i. J. 50 ließ er sich von ihm durch Bezahlung seiner hohen Schulden gewinnen. Er fiel zwei Jahre später im Kampfe gegen König Iuba in Afrika.

Im Jahre 53 war er als Quästor in der Provinz Asia tätig, wohin Cicero die ersten sechs Briefe an ihn richtete.

Brief 1. 2. *Alles . . . erreicht hast:* um was es sich handelt, wissen wir nicht. — *gefestigt:* charakterlich. — *Deine Verdienste um mich:* er hatte Ciceros Rückberufung aus der Verbannung unterstützt, war auch i. J. 59 Clodius' Bewerbung um das Volkstribunat entgegengetreten. — *wenn Du Dich nicht . . . gefügt hättest:* es war Ciceros Verdienst, ihn von seinem ausschweifenden Lebenswandel abgebracht und mit seinem Vater versöhnt zu haben; ausführlich darüber Philippica II, 44 ff.

Brief 3. 1. *Leichenspiele:* zu Ehren seines verstorbenen Vaters. — *wie ich darüber denke:* Cicero befürchtete, Curio werde sich durch die Leichenspiele in Schulden stürzen und sich dann demjenigen in die Arme werfen, der sie ihm bezahlte, wie es dann hernach ja auch gekommen ist.

Brief 4. 1. *Bei diesen Zeiten:* Zu Anfang des Jahres 53 ging in Rom alles drunter und drüber; erst im Juli kam es zu Konsulwahlen; Pompeius ließ die Dinge treiben in der stillen Hoffnung, zum Diktator ernannt zu werden. — 2. *wie ich denke:* er hatte sich im Frühjahr 56 notgedrungen den Triumvirn angeschlossen, blieb im Herzen aber Optimat (vgl. I, 10, 9 ff.).

Brief 6. 2. *Meiner Leidenszeit:* der Verbannung. — 3. *Milo das Konsulat zu verschaffen:* Cicero war ihm zu größtem Dank verpflichtet; er hatte vermöge seiner organisierten Banden die Opposition gegen Ciceros Rückberufung aus der Verbannung niedergehalten. Bei seiner Bewerbung um das Konsulat stand ihm u. a. Pompeius' späterer Schwiegervater Q. Metellus Scipio gegenüber, gegen den natürlich schwer anzukommen war. Andrerseits suchte Cicero durch Milo als Konsul Deckung gegen Clodius, der sich gleichzeitig um die Prätur bewarb. Darauf beziehen sich im folgenden die Worte „Lohn für meine Dienste" und „meine ganze Existenz hängt davon ab". — *Ruhm meiner Dankbarkeit:* man soll sehen, wie er Verdienste um seine Person zu vergelten weiß. — *infolge seiner prächtigen Spiele:* die er i. J. 54 gegeben hatte. — *der bei den Wahlen einflußreichen Kreise:* der professionellen Wahlagitatoren.

Brief 7. 1. *ein verspäteter Glückwunsch:* zur Wahl zum Volkstribunen. — *Ratschläge von andrer Seite:* von Caesar. — 2. *wie gespannt die politische Lage ist:* Pompeius hatte mit Caesar gebrochen und sich i. J. 52 dem Senat zur Verfügung gestellt,
so daß früher oder später mit einer kriegerischen Auseinandersetzung zu rechnen war. — 3. *ich habe . . . gekämpft:* gegen die
stets unruhigen und nur halb unterworfenen Bewohner des
Amanusgebirges; seine Soldaten hatten ihn dabei zum Imperator ausgerufen (s. die Grußformel dieses Briefes). —
Deine Priesterstelle: er bewarb sich um die Wahl zum Pontifex. — *in Deinem besonderen Falle:* er war erst eben 30 Jahre alt.
— 4. *nicht zu dulden:* also eventuell als Volkstribun zu interzedieren. — *den Senatsbeschluß:* durch den, ebenso wie durch
die Lex de imperio, die Amtsdauer auf genau ein Jahr festgelegt war.

Die folgenden neun Briefe sind an M. Caelius Rufus gerichtet.
Was oben über den jungen Curio gesagt ist, gilt auch für ihn: ein
typischer Vertreter der damaligen jeunesse dorée. Cicero hatte ihn
i. J. 56 vor Gericht verteidigt und benutzte ihn während seiner
Statthalterschaft in Cilicien als Korrespondenten, der ihm über die
Vorgänge daheim zu berichten hatte. Seine an Cicero gerichteten
Briefe liegen in Buch VIII vor.

Brief 8. Antwort auf VIII, 1. 1. *Chrestus:* ein Sklave oder Freigelassener des Caelius, der die Tagesneuigkeiten für ihn sam-
melte und zusammenstellte. — 2. *mit Pompeius:* Cicero hatte
ihn bei seiner Ausreise nach Cilicien in Tarent besucht, wo
er sich zur Erholung aufhielt.

Brief 9. 1. *Gratuliere ich Dir:* Caelius war im August zum Ädilen
gewählt worden. — „*ein Objekt verschafft hast*": Anspielung
auf Caelius' Worte in VIII, 3, 1. Gemeint ist sein wider Erwarten durchgefallener Mitbewerber C. Lucilius Hirrus, der
drei Jahre vorher auch gegen Cicero bei der Wahl zum Augurn
durchgefallen war. — 2. *das erste Zitat* aus einem unbekannten
Komiker, die beiden nächsten aus Statius, das letzte aus Trabea; dieses vollständig Tusc. IV, 35: „Für ein ganz besonderes
Vergnügen halte ich einen unverzeihlichen Irrtum."

Brief 10. 1. *Ich stottere nämlich:* Hirrus konnte kein R sprechen, und
so ahmt Cicero ihn hier nach, indem er ihn Hillus nennt. —
2. *denn Du sagst:* in VIII, 4, 1. — „*der die Stadt . . .*": gerettet
hat (durch Aufdeckung der catilinarischen Verschwörung);
„*den der Senat . . .*": Vater des Vaterlandes genannt hat. —
Bibulus: damals Statthalter von Syrien. — *den Feind zurückgeworfen hat:* die Parther waren nach Carrhae (i. J. 53) bis nach
Antiochia vorgedrungen; C. Cassius Longinus, der spätere

Caesarmörder, war als Quästor mit Crassus hinausgegangen und hatte nach der Niederlage die Reste seiner Armee gerettet. — 3. *ewige Feinde:* s. zu Br. 7, 3. — *Deines Clitarch:* eines der Alexanderhistoriker.

Brief 11. Zur Sache s. IX, 15, 2f.

Brief 12. 2. *In Sachen der Panther:* Caelius hatte als Ädil Spiele zu geben; für die Tierhetzen sollte Cicero ihm Panther verschaffen. — *Patiscus:* ein in Asien lebender Ritter, „der damals nichts Nötigeres zu tun hatte, als auf die Pantherjagd zu gehen" (Wieland). — *der Megalesien:* des Festes der Magna Mater, am 4. April; die Spiele hatten die Ädilen auszurichten.

Brief 13. 1. *Zwar wollte ich . . . so verfahren:* es handelt sich um die zu treffenden Maßnahmen für den Fall, daß Ciceros Nachfolger bei seiner Abreise aus der Provinz noch nicht erschienen wäre. — 2. *Appius:* Antwort auf VIII, 9, 1. Ap. Claudius Pulcher war Ciceros Vorgänger in der Verwaltung Ciliciens und wurde bei seiner Rückkehr in Rom von Dolabella wegen Majestätsverbrechens belangt. — *Phania:* Freigelassener und Kurier des Appius. — *Pompeius:* er trat für Appius als Schwiegervater seines Sohnes Cnaeus ein, ebenso Brutus, der mit Appius' zweiter Tochter verheiratet war. — *Ehren:* er war i. J. 54 Konsul und i. J. 50 Zensor. — *Kinder:* die beiden eben erwähnten Töchter und ein Adoptivsohn. — *Verwandte:* seine drei Schwestern waren mit angesehenen Konsularen, mit Q. Marcius Rex, Q. Metellus Celer und L. Lucullus verheiratet, die freilich i. J. 50 nicht mehr am Leben waren. — *mein Kollege:* als Augur. — *Lobschrift auf unser Kollegium:* ein Werk über das Auguralrecht, das er Cicero widmete. — *etwas läuten hören:* daß Cicero hinter der Anklage Dolabellas steckte, der im Begriffe stand, sich mit Tullia zu verheiraten. — 3. *Lethargie:* s. VIII, 9, 4. — *unser Freund:* Curio. — *die letzte Seite:* VIII, 9, 5. — 4. *bereichert:* durch Ordnung ihrer Finanzen. — *aus dem vorigen Lustrum:* aus der Zeit vor dem Jahre 70; zwischen diesem und dem Jahre 38 ist kein Lustrum (beim Abschluß des Zensus durch den Zensor) zustande gekommen. — *wie der Senat beschlossen hat:* d. h. nach genau einjähriger Tätigkeit in der Provinz, am 30. Juli. — *noch als Ädilen:* seine Amtszeit lief am 4. Dezember ab.

Brief 14. 1. *Diese tumultuarischen Volksversammlungen:* die Curio veranstaltete. — *Quinquatrus:* das Minervafest, 19.–23. März. — 2. *Diogenes:* ein Freund des Caelius; *Philo:* sein Freigelassener. — *Adiatorix:* ein galatischer Fürst.

Brief 15. 1. *Mein Dankfest:* für den Sieg am Amanus, über das Ende April im Senat verhandelt wurde. Curio wollte zunächst

dagegen interzedieren. Näheres s. VIII, 10, 1. 2. — *der Wüte-rich:* Hirrus; s. zu Br. 9, 1. — *demjenigen:* Cato. — *das Weitere:* den Triumph. — 2. *Dolabella:* jetzt Ciceros Schwiegersohn; das Folgende bezieht sich auf VIII, 12. — *auf welchen ... Du anspielst:* auf VIII, 9. — 3. *ein guter Freund:* Caesars; Caelius schloß sich ihm bald darauf an. — 4. *von Adel:* sein Großvater war i. J. 94 Konsul; er gehörte also zur Nobilität. — *Pompti-nus:* Ciceros Legat in Cilicien. — *drei Jahre lang:* in den Jahren 61–58. — *komme ... nicht heraus:* Quintus war jähzornig und reichlich bequem (vgl. zur ganzen Stelle ad Att. VI, 6, 4). — *zweier mächtiger Männer:* Pompeius und Caesar; jener hatte Q. Cassius Longinus i. J. 55 willkürlich zu seinem Quästor gemacht, dieser ebenso den M. Antonius i. J. 52. — 5. *Ocella:* s. VIII, 11, 2. — *Matrinius:* um was es sich handelt, wissen wir nicht.

Brief 16. Antwort auf VIII, 16. 2. *Dieser überheblichen Gesellschaft:* der Gefolgschaft Caesars. — *meiner Liktoren:* die er als Im-perator immer noch mit sich herumschleppte; bei seiner Rück-kehr aus Cilicien hatte er sein Imperium nicht niedergelegt in der Hoffnung, doch noch einen Triumph zu bekommen; noch während seines Aufenthaltes in Brundisium i. J. 47 hatte er die Liktoren bei sich. — *diesen Lorbeerschmuck:* die Fasces des siegreichen Imperators waren mit Lorbeer umschlungen. — *doch nicht mehr zufrieden stellen:* Cicero hatte schon zu lange ge-zögert, sich Pompeius anzuschließen. — 3. *als Du ... ent-gegenkamst:* bei Ciceros Rückkehr aus Cilicien, Mitte Dezem-ber 50. — *T. Ampius:* „die Trompete des Bürgerkrieges" (VI, 12, 3). — *die Hauptstadt zu räumen:* am 17. Januar 49. — 4. *die Bilder:* s. VIII, 16, 5. — 5. *infolge seiner Freigebigkeit:* milder Ausdruck für „Verschwendungssucht"; Caesar wird ihm seine Schulden bezahlen. — 6. *die augenblicklichen Vor-gänge in Spanien:* wo Caesar gegen die Armee des Pompeius kämpfte; die Entscheidung fiel erst am 2. August bei Ilerda. — *daß es so ist:* daß Spanien für Pompeius verloren ist. — *in meiner Jugend:* zur Zeit des ersten Bürgerkrieges. — *aber trotz-dem ...:* ist mir das Herz schwer. — 7. *Oppius:* der Geschäfts-träger Caesars in Rom; angeblich bewarb er sich um ein Staatsamt. — *das doppeltgefärbte Gewand:* der Augurn, die tyrischen Purpur trugen, welcher erst in halbgekochtem Saft der Purpurschnecke und dann im Saft der Trompetenschnecke gefärbt wurde. — *der Färber:* Caesar.

Brief 17. Der Adressat war ein alter Freund Ciceros, damals Quästor des Bibulus, des Statthalters von Syrien. 1. *Ich werde Station machen:* auf der Rückreise nach Italien. — *der beiden Ciceros wegen:* seines Sohnes und Neffen, die er wegen der an-

scheinend bedrohlichen Lage in Cilicien nach Rhodus geschickt hatte. — 2. *die Lex Iulia:* de repetundis vom Jahre 59; sie verfügte u. a., daß die Statthalter vor Verlassen ihrer Provinz ihre Abrechnung fertigstellen und abschriftlich in den beiden größten Städten deponieren sollten. — *aus bestimmten Gründen:* er war mit Caesar seit ihrem gemeinsamen Konsulat i. J. 59 aufs ärgste verfeindet. — 4. *hat ... niemand ... angerührt:* Cicero hielt streng darauf, daß sein Gefolge sich nicht, wie sonst üblich, auf unrechtmäßige Weise bereicherte. — *Bürgen für die gesamten Staatsgelder:* Cicero hatte seinen Etat bei weitem nicht ausgeschöpft; er ließ den Überschuß unter Bürgschaft von in Laodicea ansässigen römischen Bürgern stehen, um ihn nicht der Gefahr des Transports auszusetzen. — *der Präfekten:* römischer Ritter, denen zur Abwicklung ihrer Geschäfte pro forma ein militärisches Kommando verliehen wurde. — 5. *über die Legionen:* im Senat war beschlossen worden, daß Pompeius und Caesar je eine Legion für den Krieg gegen die Parther zur Verfügung stellen sollten. — 6. *ernstlich besorgt:* wegen der Parther. — *an Thermus:* den damaligen Statthalter von Asia. — *wegen des Augurats:* Cicero sollte als Mitglied des Kollegiums sich für die Wahl des jungen Bibulus einsetzen. — *Ariobarzanes:* von Cappadocien; er war i. J. 52 auf Ariobarzanes II. gefolgt, aber von Rom noch nicht anerkannt gewesen.

Brief 18. Der Adressat Q. Minucius Thermus war i. J. 51/50 Statthalter in Asia. 1. *Rhodo:* ein Freund des Thermus, der in Cilicien Geschäfte hatte. — 2. *die Maßnahmen:* wie für Cicero, war auch für Thermus bei Ablauf seines Amtsjahres noch kein Nachfolger vorhanden. Er beabsichtigte, mit der interimistischen Verwaltung seiner Provinz einen seiner Legaten zu beauftragen, nicht, wie sonst üblich, seinen Quästor, C. Antonius, den Bruder des späteren Triumvirn. — *Aristo:* ein Freund des Thermus. — *die drei Brüder:* M., C. und L. Antonius. — *die ... Volkstribunen sein werden:* Marcus wurde es tatsächlich i. J. 49.

Brief 19. Der Adressat kam für das Jahr 50/49 als Quästor nach Cilicien, vgl. Br. 15, 4. — *Curius:* nicht mit Sicherheit zu identifizieren; vielleicht der Volkstribun des Jahres 57, der sich für Ciceros Rückberufung aus der Verbannung einsetzte. — *C. Vergilius:* vielleicht der Prätor des Jahres 62.

III.

Ap. Claudius Pulcher war der Sproß eines Patriziergeschlechts, das um 500 aus dem Sabinerlande nach Rom einwanderte. Zu seinen Ahnen zählte u. a. der bekannte Ap. Claudius Caecus, der Schöpfer

der Via Appia. Er war Prätor i. J. 57, als Cicero aus der Verbannung zurückkehrte und anschließend fortgesetzt in schwere Konflikte mit P. Clodius Pulcher, Appius' Bruder, geriet, den dieser jedoch nur lau unterstützte. Auf Veranlassung des Pompeius söhnte sich Cicero bald offiziell mit ihm aus. Als Konsul i. J. 54 war er in eine schmutzige Bestechungsaffäre verwickelt, übernahm dann im folgenden Jahre die Verwaltung von Cilicien, wo er P. Cornelius Lentulus Spinther ablöste. Als Statthalter trieb er es wie fast alle seine Standesgenossen damals: er füllte sich und seinen Gefolgsleuten die Taschen auf Kosten der Untertanen, so daß Cicero, als er im Sommer 51 seine Nachfolge antrat, die Provinz vollständig heruntergewirtschaftet vorfand. Nach seiner Rückkehr aus dem Orient wurde Appius von P. Cornelius Dolabella, der im Begriffe stand, Ciceros Tochter Tullia zu heiraten, wegen Majestätsverbrechens und hernach wegen Wahlbestechung angeklagt, aber in beiden Prozessen freigesprochen. Im Jahre 50 war er zusammen mit Caesars Schwiegervater L. Calpurnius Piso Caesoninus Zensor.

Brief 3. 1. *Bibulus:* er ging gleichzeitig als Statthalter nach Syrien. — *er werde das nicht dulden:* weil es zwischen Caesar und dem Senat zum Kriege zu kommen drohte.

Brief 4. 1. *Liber auguralis:* eine Schrift über das Auguralrecht; Appius war wie Cicero Augur.

Brief 5. 3. *zu Schiff abreisen:* von der kleinen pamphylischen Küstenstadt Side aus. — 5. *Scaevola:* man nimmt meist an, daß er ein Legat des Appius gewesen sei; aber was hatte er dann in Ephesus zu suchen?

Brief 6. 3. *in den dreißig Tagen:* nach Sullas Gesetz de provinciis durfte der abgehende Statthalter nur noch dreißig Tage nach Erhalt der Nachricht vom Eintreffen seines Nachfolgers in der Provinz weilen. — 5. *der Freiwilligen:* ausgedienter Soldaten, die wieder zu den Waffen gerufen worden waren.

Brief 7. 2. *die Gesandten:* der einzelnen cilicischen Gemeinden, die nach Rom gehen sollten, um für Appius gut Wetter zu machen. — 3. *Edikt:* in welchem der Statthalter bei Antritt seines Amtes die Grundsätze darlegte, nach denen er die Verwaltung zu führen gedachte. — 5. *Deines Schwiegersohnes:* des Brutus, dem vor allem die Gemeinde Salamis auf Cypern stark verschuldet war; Cicero hatte ihm versprochen, ihr gegenüber seine Interessen zu vertreten, s. ad Att. V, 20, 10 ff. und die ersten drei Briefe ad Att. VI. Übrigens ist der Text an unsrer Stelle nicht in Ordnung. — *Deines Freigelassenen ... Deines Adjutanten:* s. Br. 5, 3. — 8. *Freigebigkeit:* gegenüber seinen Legaten, Präfekten und Kriegstribunen, denen er freie Hand ließ, sich zu bereichern. — *das Zitat* aus einer unbekannten Komödie. — 9. *unsern Kollegen:* auch er war Augur.

Brief 8. 2. *Ihr Bauvorhaben:* ein Ehrenmal für Appius. — 3. *natür-lich nicht:* ironisch gemeint. — 4. *von Lentulus' Freigelassenem:* er hatte ihn nach Ablauf seiner Statthalterschaft in Cilicien zurückgelassen. — *Ampius:* der Vorgänger des Lentulus. — *im Besitze der Ehren:* des Konsulats. — *Athenodor:* ein Stoiker aus Tarsus, später Lehrer des jungen Octavian. — 6. *das Zitat* Il. I, 174 f.; mit „Zeus" wird natürlich auf Pompeius an-gespielt.

Brief 9. 2. *Epicureisch gedacht:* „Freundschaft schließt man, um Nutzen davon zu haben" lautet ein Grundsatz Epicurs. — *was Du erwartest:* den Triumph. — *Deiner ... Gabe:* des Liber auguralis, s. Br. 4, 1. — *in möglichst ehrenvoller Form:* mit möglichst großer Majorität. — *meinen Bericht:* über seine militärischen Erfolge. — *Schwierigkeit der Überfahrt:* während des Winters. — *während der Senatsferien:* im April. — *als ich ... ausgerufen wurde:* Anfang Oktober 51.

Brief 10. 1. *der Leute:* u. a. Dolabella. Sie belangten Appius wegen Majestätsverbrechens, weil er außerhalb seiner Provinz Ho-heitsrechte ausgeübt und auch sonst seine Vollmachten über-schritten hatte. Appius begegnete der Anklage zunächst damit, daß er den Anspruch auf den Triumph fahren ließ und sein Imperium niederlegte, eine Geste, die zeigen sollte, daß er sich unschuldig fühlte; solange er Imperiumsträger war, konnte der Prozeß nicht verhandelt werden. Er wurde von Horten-sius und seinem Schwiegersohn Brutus mit Erfolg verteidigt. — 3. *Pomptinus:* er hatte i. J. 62 als Statthalter von Gallia Transalpina den Allobrogeraufstand niedergeworfen und wartete dann jahrelang vor den Toren Roms auf den Triumph. Appius sorgte als Konsul i. J. 54 dafür, daß er endlich seinen Triumph feiern konnte. In Cilicien war er Ciceros Legat. — 5. *der junge Mann:* Dolabella; über seine Kapitalprozesse ist nichts bekannt. — *M. Caelius:* s. VIII, 9. — *die neuen angeknüpft:* die Verlobung mit Tullia. — 6. *einer Gesandtschaft:* s. zu Br. 3, 7. — *aus der Epictetus:* so hieß ein Teil Phrygiens (Φρυγία ἐπίκτητος „das hinzuerworbenen Phrygien"), der Cicero außer Cicilien unterstand. — *Lex Cornelia:* de repetundis, die anscheinend ein Höchstmaß für die Kosten derartiger Ge-sandtschaften festsetzte. — 8. *damals:* während und nach Ciceros Verbannung. — *in der Zwangslage:* als Bruder des Clodius. — *das Geleit gab:* bei der Ausreise des Appius nach Cilicien. — 9. *speziellen Studien:* bei Cicero die Philosophie, bei Appius das Auguralrecht. — 10. *der mir ... wiedergegeben hat:* indem er auf Ciceros Rückberufung aus der Verbannung drang. — *Kampf für Milo:* dessen Banden im Januar 52 Clo-dius erschlagen hatten; Cicero verteidigte ihn ohne Erfolg

vor Gericht. — *Ausbrüchen des Hasses:* während der Gerichtsverhandlung, die unter militärischem Schutz stattfand. —
11. *jetzt höre:* die von Cicero zu Appius' Gunsten ergriffenen
Maßnahmen scheinen bei Herausgabe der Briefe absichtlich
unterdrückt worden zu sein.

Brief 11. 2. *Freispruch im Majestätsprozeß:* s. zu Br. 10, 1. — 2. *so
verrückt sein konnten:* Dich ausgerechnet wegen Majestätsverbrechens anzuklagen. — *immerhin ist es . . .:* der Satz ist so,
wie er dasteht, sinnlos, der Text offenbar nicht in Ordnung. —
3. *Flaccus:* wer gemeint ist und was er unternommen hat,
wissen wir nicht. — 4. *die Gefahren:* Caesars Konflikt mit dem
Senat. — *die Auguralbücher:* s. zu Br. 4, 1. und 9, 3 — *säßest
vor der Stadt:* und wartetest auf den Triumph. — 5. *D. Tullius:*
unbekannt. — *Aristarch:* ein berühmter Philologe des 2. Jahrhunderts. — *Deinen Urahn:* Ap. Claudius Caecus, den Zensor
vom Jahre 312.

Brief 12. 1. *Deines Ambitusprozesses:* wieder Dolabella hatte ihn
wegen Wahlbestechung bei seiner Wahl zum Zensor angeklagt. — *daß sich nicht . . . hervorgewagt hat:* er wurde einstimmig freigesprochen. — *eine Sache:* „es liebt die Welt, das Strah-
lende zu schwärzen". — 2. *meine Verlegenheit:* er möchte Dolabella, der sich inzwischen mit Tullia vermählt hat, irgendwie
rechtfertigen, kann es aber nicht. — *was geschehen ist:* die Ver-
mählung Tullias mit Dolabella. — *einen so schwierigen Fall:*
gleichsam vor Gericht.

Brief 13. *Für solch einen Liebesdienst:* die Gewährung eines Dank-
festes durch den Senat.

IV.

Ser. Sulpicius Rufus, der Adressat der ersten Briefe des IV. Buches, war ein bedeutender Jurist; angeblich hat er 180 Bücher
verfaßt. Nachdem er i. J. 66 Prätor gewesen war, bewarb er sich
für das Jahr 62 um das Konsulat, fiel aber durch, woraufhin er
seinen Gegenkandidaten Licinius Murena wegen ambitus belangte
(Ciceros Rede pro Murena). Erst i. J. 51 wurde er Konsul. Bei
Beginn des Bürgerkrieges konnte er sich zunächst wie Cicero
nicht entschließen, welcher Partei er folgen solle, blieb dann aber
in Italien und stellte sich Caesar zur Verfügung, der ihn für das
Jahr 46 zum Statthalter von Achaia ernannte.

Brief 1. 1. *C. Trebatius:* ein junger Rechtsgelehrter, den Cicero
i. J. 54 an Caesar empfohlen hatte (s. VII, 5); er blieb Caesar
im Bürgerkriege treu. — *vor der Hauptstadt:* bei seiner Rückkehr aus Cilicien im Dezember 50 betrat Cicero die Hauptstadt nicht, da er sonst seines Imperiums und des Anspruchs
auf den Triumph verlustig gegangen wäre. — *ehe alles verloren*

war: am 17. Januar hatte Pompeius Rom geräumt und war Mitte März mit seiner Armee nach Griechenland hinüber- gegangen, strategische Notwendigkeiten, die den Durch- schnittssenatoren nicht einleuchteten. — *in den Senat gehen:* Caesar hatte den Rumpfsenat auf den 1. April einberufen. — *auf seine Bitte:* am 28. März hatte Caesar mit Cicero persönlich auf dessen Formianum verhandelt (s. ad Att. IX, 18, 1). — *die Vorgänge in Spanien:* Caesar stand im Begriffe, die dort ste- henden Streitkräfte des Pompeius niederzuschlagen. — 2. *die Welt aufgeteilt:* Caesar hatte Gallien und Italien, Pompeius Spanien und Griechenland in der Hand. — *Laterium oder Ar- canum:* Landgüter des Q. Cicero, wohin sich Marcus nach der Unterredung mit Caesar zurückgezogen hatte.

Brief 2. 1. *Deine Postumia:* Sulpicius' Gattin. — *unser Servius:* sein Sohn.

Brief 3. 2. *das Amt in Achaia:* die Statthalterschaft. — 3. *Begnadi- gung Deines . . . Marcellus:* er war als Konsul i. J. 51 Caesars Forderungen scharf entgegegetreten, kämpfte bei Pharsalus auf seiten des Pompeius, zog sich dann aber in freiwillige Verbannung nach Mitylenae zurück, ohne sich dem Sieger zu unterwerfen. — *nichts Gutes erwächst:* Caesar fürchtet den un- versöhnlichen Haß des Marcellus. — *L. Piso:* Caesars Schwie- gervater. — *C. Marcellus:* der Vetter des Marcus. — 4. *so dankte ich denn:* s. die Rede pro Marcello.

Brief 4. 1. *War ich nicht daheim:* Anfang Mai 51 reiste Cicero nach Cilicien.

Brief 5. Ein Beileidsschreiben zum Tode der Tullia, die im Februar 45 im Kindbett gestorben war. — 3. *einen Schwiegersohn . . . zu suchen:* Tullias dritter Gatte Dolabella hatte sich schon vor der Geburt des Kindes von ihr getrennt. — 4. *lauter Städte, die . . .:* Megara war i. J. 307 von Demetrius Poliorketes, Aegina gleichzeitig von Seeräubern eingeäschert worden; den Piraeus hatte Sulla i. J. 86 nachhaltig zerstört, Korinth Mum- mius i. J. 146.

Brief 6. 1. *Q. Maximus:* der berühmte Fabius Cunctator; sein Sohn war i. J. 213 Konsul und fiel gegen Ende des zweiten Puni- schen Krieges. — *L. Paullus:* der Sieger von Pydna i. J. 168; von seinen vier Söhnen starben die beiden jüngsten kurz vor bzw. nach seinem Triumphzug. — *Euer Galus:* ein Verwandter des Sulpicius Rufus, Konsul i. J. 166; über seinen Sohn ist nichts bekannt. — *M. Cato:* der Zensorier; sein Sohn starb i. J. 153, vier Jahre vor seinem hochbetagten Vater; er galt im Altertum als bedeutender Jurist. — *Ficuleanum:* ein Land- sitz des Atticus in der Nähe Roms, wo Cicero sich während des Monats April 45 aufhielt.

Brief 7. Über M. Claudius Marcellus, den Konsul des Jahres 51,
s. zu Br. 3, 3.

Brief 8. 2. *So zu führen:* unter übereilter Aufgabe von Rom und
Italien. — 5. *wen ich damit meine:* wahrscheinlich Marcellus'
eigene Verwandtschaft.

Brief 9. 2. *Der, dem wir uns angeschlossen haben:* Pompeius. — *Deinen
klugen Rat:* daß beide Triumvirn ihre Imperien niederlegen
sollten.

Brief 11. 1. *Hauptsächlich ... zu folgen:* und sich nicht allein auf die
offizielle Begnadigung durch Caesar zu verlassen.

Brief 12. 2. *Acidinus:* er weilte als Student in Athen. — 3. *zu seinem
Zelte:* wegen der Zerstörung des Piraeus durch Sulla mußten
Fremde, die auf Fahrgelegenheit warteten, in Zelten über-
nachten. — *seien aus Angst geflohen:* wenn ein Römer in seinem
Hause ermordet wurde, wurden alle zur Zeit der Tat an-
wesenden Sklaven getötet. — *in der Akademie:* der Lehrstätte
Platons. — *als seinem Amtsgenossen:* im Konsulat vom Jahre 51.

Brief 13. P. Nigidius Figulus war vor Varro der bedeutendste
Gelehrte seiner Zeit. Er war Prätor i. J. 59, stand im Bürgerkriege auf Seiten der Pompejaner, lebte nach Caesars Sieg in
der Verbannung und starb, ehe er begnadigt wurde. — 2. *durch
die Verteidigung des Staates:* gemeint ist die Aufdeckung der
catilinarischen Verschwörung, bei der sich Cicero des Rates
des Figulus bedient hatte. — 3. *helfen konnte:* als Verteidiger
vor Gericht. — 7. *Deine Verdienste um mich:* Figulus war für
Ciceros Rückberufung aus der Verbannung eingetreten.

Brief 14. Cn. Plancius, der Adressat der beiden letzten Briefe des
IV. Buches, war i. J. 58 als Quästor in Macedonien tätig und
nahm sich Ciceros in der Verbannung an. Im Jahre 54 wurde
er wegen ambitus verklagt und von Cicero mit Erfolg verteidigt (s. die Rede pro Plancio). Im Bürgerkriege Pompejaner,
lebte er jetzt auf Corcyra in der Verbannung. — 1. *was ich
unternommen habe:* die Trennung von seiner Gattin Terentia;
er heiratete kurz darauf die blutjunge Publilia, die er indessen
bald nach Tullias Tod wieder zu ihrer Mutter heimschickte.

V.

Brief 1. Q. Caecilius Metellus Celer war gegen Ende des Jahres 63
als Prätor nach Picenum geschickt worden, um dort eine
Armee gegen den in Etrurien stehenden Catilina aufzustellen.
Im folgenden Jahre war er Statthalter von Gallia Cisalpina
und führte als solcher die begonnenen Operationen weiter.
Der Brief ist noch vor der Niederlage Catilinas bei Faesulae
geschrieben.

Metellus' Bruder Nepos — die sonderbare Tatsache, daß beide Brüder den Vornamen Quintus führen, ist bisher noch nicht befriedigend erklärt — trat als Gefolgsmann des Pompeius am 10. Dezember 63 das Volkstribunat an und hinderte Cicero am letzten Tage des Jahres, vor dem Volke, wie üblich, Rechenschaft über seine Amtsführung abzulegen. Über diesen Vorgang und die anschließenden Debatten im Senat s. Br. 2, 6 ff.

1. *Durch Spott:* s. Br. 2, 1. — *wegen eines bloßen Wortes:* mit der Begründung, wer Römische Bürger ungehört getötet habe, dürfe selbst nicht gehört werden, hatte Nepos Cicero das Wort entzogen. — 2. *all das:* die gesamten Maßnahmen gegen Catilina und seine Anhänger. — *Ihr:* Cicero und der Senat.

Brief 2. Ciceros Antwort auf den vorigen Brief. 1. *die geheime Verschwörung:* auf dem Lande außerhalb Roms. — 3. *auf meine Provinz verzichtet:* für Cicero und seinen Kollegen C. Antonius waren als nach Ablauf ihres Konsulats zu verwaltende Provinzen Macedonien und Gallia Cisalpina vorgesehen. Bei der Losung fiel Antonius Macedonien zu, während Cicero Gallia Cisalpina erhielt; er verzichtete jedoch, um nicht von Rom fortgehen zu müssen, wo er auch nach seinem Konsulat eine führende Rolle zu spielen gedachte. — *Eure Losung:* die Auslosung der prätorischen Provinzen; wie es dabei geglückt ist, Metellus Gallia Cisalpina zuzuspielen, wissen wir nicht. — *den Senat zusammengerufen habe:* man nimmt an, daß Metellus überhaupt von der Losung dispensiert worden sei und der Senat ihm auf Antrag der Konsuln die Provinz zugewiesen habe. — 4. *das Präskript:* es verzeichnete die zur Redaktion des Protokolls herangezogenen Senatoren (ein Beispiel VIII, 7, 5), unter denen sich also auch Cicero befand. — *bei Deiner letzten Anwesenheit in Rom:* Metellus ist also von Picenum aus noch einmal nach Rom zurückgekehrt; wann und weshalb, wissen wir nicht. — 6. *wegen eines bloßen Wortes:* s. Br. 1, 1. — *Claudia:* eine Schwester des P. Clodius, die berühmt-berüchtigte Clodia Quadrantaria, Catulls Lesbia. — *Mucia:* die damalige Gattin des Pompeius. — 7. *den schönen, wahren Eid:* daß der Staat und die Stadt Rom einzig durch seine Bemühungen noch existierten. — 8. *in einer Volksversammlung:* bei Antritt seines Amtes am 10. Dezember. — 9. *bin ich sitzen geblieben:* habe mich nicht an der Debatte beteiligt. — *durch Senatsbeschluß gestützt wurde:* ein Antrag, Nepos seines Amtes zu entheben, wurde abgelehnt.

Brief 3. Als Cicero im März 58 in die Verbannung gegangen war, setzten sehr bald Bemühungen von optimatischer Seite ein, das von Clodius herbeigeführte Verbannungsgesetz aufzuheben. Aber solange dieser Volkstribun war und solange

Caesar nicht eingewilligt hatte, mußten alle Versuche scheitern. Erst mit Beginn des Jahres 57 nahm der Konsul P. Cornelius Lentulus Spinther und mit ihm Pompeius die Sache energisch in die Hand. Auch der zweite Konsul Q. Caecilius Metellus Nepos, Ciceros alter Feind (s. die beiden vorhergehenden Briefe) ließ sich bestimmen, jedenfalls nicht zu opponieren.

Brief 4. Nepos war im Anschluß an sein Konsulat Statthalter von Hispania Citerior. 1. *Des gräßlichen Kerls:* des P. Clodius, seines Vetters, der ihn anfeindete, weil Cicero sich öffentlich seines guten Verhältnisses zu ihm rühmte. — 2. *zweimal . . . herausgerissen habe:* Nepos hatte Clodius' Wahl zum Ädilen für das Jahr 56 befördert, wodurch dieser einer drohenden Anklage de vi entging; über den zweiten Fall ist nichts bekannt. — *meine Wünsche:* Verlängerung seiner Statthalterschaft.

Brief 5. C. Antonius Hybrida, Ciceros Kollege im Konsulat, hatte bei der Auslosung der konsularischen Provinzen Macedonien erhalten. Wahrscheinlich ist bei dieser Auslosung dem Zufall ein wenig nachgeholfen worden, denn Cicero hatte schon vorher seinem Kollegen gegenüber auf das reichen Ertrag für die eigene Tasche versprechende Macedonien verzichtet, um ihn von den Catilinariern abzuziehen, mit denen er sympathisierte, gewiß nicht, ohne sich einen gewissen Anteil an der Beute versprechen zu lassen. Aber Antonius zahlte nicht, ging vielmehr bei Eintreibung der Gelder damit hausieren, daß ein Teil für Cicero bestimmt sei und dieser ihm seinen Freigelassenen Hilarius zur Überwachung geschickt habe (ad Att. I, 12, 2), wodurch Cicero sich arg kompromittiert fühlte und die bis dahin jedenfalls korrekten Beziehungen zwischen ihm und Antonius sich lockerten. 1. *T. Pomponius:* Atticus, der bekannte Freund Ciceros; er reiste in eigenen Geschäften nach Macedonien, bei deren Abwicklung Antonius ihm behilflich sein sollte; aber natürlich konnte und sollte er bei der Gelegenheit auch Ciceros Beschwerden vorbringen. — 2. *„in Erfahrung gebracht":* eine von Cicero während der Aufdeckung der catilinarischen Verschwörung häufig gebrauchte Redensart, die ihm viel Spott eintrug. — 3. *die Zukunft:* es drohte ihm eine Anklage wegen Erpressung.

Brief 6. P. Sestius war i. J. 62 Quästor des C. Antonius in Macedonien. — 2. *die Wucherer . . . herausgehauen hat:* durch Niederschlagung der Verschwörung; die Annullierung aller Schuldverhältnisse wäre eine der ersten Maßnahmen der siegreichen Revolution gewesen. — *. . . für* $1\frac{1}{2}\%$: die Stelle ist verderbt. — *soviel erreicht:* wahrscheinlich ist im Text ein „non" ausgefallen; dann also: „ich habe es trotz meiner Erfolge nicht

erreicht". — *3. seine . . . Gefälligkeiten:* s. zu Br. 5. — *bin ich . . . eingetreten:* s. zu Br. 5, 3.

Brief 7. Mitte November 63 traf in Rom die Kunde vom Tode des Mithridates ein, womit der Krieg gegen ihn beendet war. Cicero beantragte bald darauf ein zehntägiges Dankfest für den Sieger Cn. Pompeius und sandte ihm einen umfangreichen Bericht über seine erfolgreiche Bekämpfung der Catilinarier, in dem er mit hochtrabendem Eigenlob natürlich nicht sparte. Die Antwort scheint, wie der vorliegende Brief zeigt, ziemlich kurz und kühl ausgefallen zu sein. 1. *Die Du . . . bekämpft hast:* die Popularen; als Sulla i. J. 83 aus dem Osten zurückkehrte und den Kampf gegen die Marianer aufnahm, führte Pompeius ihm eine auf eigene Faust angeworbene Armee von drei Legionen zu. Bald nach Sullas Tode wechselte er dann die Partei, und mit Hilfe der Popularen gelang es ihm, ohne die niederen Ämter bekleidet zu haben, für das Jahr 70 zum Konsul gewählt zu werden. Auch das Kommando gegen die Seeräuber i. J. 67 und anschließend gegen Mithridates erhielt er auf Betreiben der Popularen. In seinem offiziellen Schreiben an den Senat scheint er sich wieder den Optimaten genähert zu haben (vergl. ad Att. I, 14, 2). — *zu Diensten gewesen zu sein:* Cicero war in seiner Rede de imperio Cn. Pompei für die Verleihung des Imperiums zur Fortführung des Krieges gegen Mithridates eingetreten. — *bei irgendjemand:* bei den Popularen. — *3. Laelius:* der berühmte Freund des jüngeren Scipio Africanus.

Brief 8. Über Ciceros Verhältnis zu M. Crassus s. I, 10, 20. 1. *Deine Würde zu wahren:* im Senat war beantragt worden, Crassus aus Syrien abzuberufen. — 2. *Deine Gattin:* eine sonst unbekannte Tertulla. — *Großzügigkeit:* anscheinend hat der reiche Crassus dem ewig in finanziellen Schwierigkeiten befindlichen Cicero einmal ausgeholfen.

Brief 9. P. Vatinius war als Volkstribun i. J. 59 einer der eifrigsten Helfer Caesars und Cicero schon deshalb verhaßt. Im Jahre 56 trat er als Belastungszeuge gegen den de vi angeklagten und von Cicero verteidigten P. Sestius auf, wobei es zu einem schweren Zusammenstoß zwischen den beiden kam (s. I, 10, 7), doch söhnte Cicero sich im folgenden Jahre auf Wunsch des Pompeius mit ihm aus und verteidigte ihn sogar vor Gericht (s. I, 10, 19). Auch Ende 48 sehen wir ihn in freundschaftlichen Beziehungen zu ihm (s. ad Att. XI, 5, 3). Im Jahre 45 war Vatinius Statthalter in Illyrien. — 1. *Kommt als Klient zu Dir:* er hatte i. J. 47, als Caesar in Ägypten weilte, durch einen Seesieg die Reste der Pompejaner gezwungen, Illyrien aufzugeben; jetzt sollte Cicero im Senat dafür eintreten, daß ihm

ein Dankfest bewilligt würde. — *der Ehre, die Du ... eingeheimst hast:* im November 46 hatte Cicero den Pompejaner Q. Ligarius mit Erfolg vor Caesar verteidigt. — *bei dessen Verteidigung:* in einem Prozeß i. J. 53. — *der einflußreichsten Männer:* der führenden Optimaten; wer der Ankläger des Vatinius war, wissen wir nicht.

Brief 12. 1. *Catilius:* über ihn ist sonst nichts bekannt. — *Sex. Servilius:* sonst unbekannt; auch er trat anscheinend für Catilius ein. — 2. *an dessen Stelle ich gewählt bin:* zum Augur nach Ap. Claudius' Tode i. J. 48.

Brief 13. L. Lucceius bewarb sich für das Jahr 59 neben Caesar und M. Calpurnius Bibulus um das Konsulat, fiel aber durch. Daraufhin scheint er ähnlich wie Sallust die Politik an den Nagel gehängt zu haben und unter die Geschichtsschreiber gegangen zu sein. Freilich wissen wir von dieser Tatsache nur durch den vorliegenden Brief Ciceros. Im Bürgerkriege stand er auf seiten des Pompeius, doch hat Caesar ihn hernach begnadigt. — 2. *Callisthenes:* er schrieb neben 10 Büchern Hellenica eine Monographie über den „Heiligen Krieg" (356–346, Kampf der Amphiktyonie von Delphi gegen die Phoker wegen Bebauung des heiligen Landes); von Timaeus besitzen wir zahlreiche Fragmente aus seiner sizilischen Geschichte; Polybius' großes Geschichtswerk reichte nur bis zum Jahre 146. — 3. *Xenophons Hercules:* die von dem Sophisten Prodikos erfundene Geschichte vom Hercules am Scheidewege steht in Xenophons Memorabilien II, 1. — 4. *bis zu meiner Rückkehr:* aus der Verbannung. — 5. *Themistocles' ... Heimkehr:* als Toter. — 7. *das eine Büchlein Xenophons:* der „Agesilaos". — *Timoleon:* ein korinthischer Feldherr, der von 345 ab die Syrakusaner im Kampfe gegen Karthago anführte und sich zum Herrn ihrer Stadt aufschwang. — *nach den Worten Alexanders:* wir lesen sie in Ciceros Rede für den Dichter Archias 24: „Gottbegnadeter Jüngling, der du in Homer einen Herold deiner Taten gefunden hast!" — *Hector bei Naevius:* in dessen Tragödie Hector proficiscens; der Vers lautet: laetus sum laudari me abs te, pater, a laudato viro. — 8. *selbst ... einen Kranz erhalten:* dieser Agon der Herolde ist auch durch Pausanias V, 22, 1 bezeugt.

Brief 14. Antwort Ciceros auf ein Beileidsschreiben des Lucceius zum Tode der Tullia. 4. *Unter Deinem Beistand:* schon i. J. 64 hatte Lucceius Catilina angeklagt, um seine Wahl zum Konsul zu verhindern.

Brief 15. 1. *Seit Du fortgegangen bist:* Cicero zog sich nach dem Tode seiner Tochter Anfang März nach Astura zurück, weilte dann

während des Aprils auf Atticus' Ficuleanum und ging Anfang Mai wieder nach Astura.

Brief 16. 2. *Verhärtet:* sie wollen sich in die neuen Verhältnisse nicht fügen und nach Rom zurückkehren. — *in Tusculum, in Puteoli:* auch Lucceius hatte dort Besitzungen. — 4. *mein Heim:* in dem sich seine junge Frau Publilia befand, die er nicht lange vor Tullias Tode geheiratet hatte, und von der er sich jetzt wieder zu trennen gedachte (vergl. ad Att. XII, 32, 1).

Brief 17. Beileidsschreiben Ciceros an T. Titius zum Tode seiner zwei Söhne, die in Spanien den Pompejanern in die Hände gefallen waren und umgebracht wurden.

Brief 18. P. Sittius, ein Römischer Ritter, war bereits in die sog. erste catilinarische Verschwörung zu Anfang des Jahres 65 verstrickt. Er wurde damals nach Mauretanien zum König Bocchus geschickt, mit dem er in geschäftlichen Beziehungen stand, um Truppen für eine Insurrektion in Spanien anzuwerben. Er blieb dann dort und schuf sich im Laufe der Jahre als Freibeuter eine ansehnliche Machtstellung. Im Bürgerkriege stand er auf seiten Caesars, dem er i. J. 46 durch einen Angriff auf den mit den Optimaten verbündeten König Iuba von Numidien Luft verschaffte. 2. *als Du angeklagt wurdest:* wahrscheinlich wegen seiner hinterlassenen Schulden. — *gegen Deinen engsten Freund:* P. Cornelius Sulla, der Anfang 62 wegen Beteiligung an der catilinarischen Verschwörung angeklagt und von Cicero verteidigt wurde. — *habe ich . . . vertreten:* in der Rede pro Sulla § 56–59. — *als ich eben zurück war:* aus der Verbannung; damals schwebte also wieder ein Prozeß gegen Sittius. — *die Erbitterung über die Versorgungslage:* im Herbst 57 trat eine akute Lebensmittelknappheit ein, die zur Ernennung des Pompeius zum Getreidekommissar mit umfangreichen Vollmachten führte. — *Deinem Publius:* seinem Sohn.

Brief 19. T. Fadius wurde Anfang 52 verbannt, warum, wissen wir nicht. — 1. *was nur wenige Neulinge erreichen:* er hatte es bis zum Volkstribunen gebracht und stand vielleicht vor der Wahl zum Prätor. — 2. *einem Machthaber zuliebe:* Pompeius, der also offenbar den Wunsch geäußert hatte, Fadius verurteilt zu sehen.

Die letzten drei Briefe des Buches sind an L. Mescinius Rufus gerichtet, Ciceros Quästor während seiner Statthalterschaft in Cilicien.

Brief 20. Nach einer Lex Iulia vom Jahre 59 mußten Statthalter und Quästoren ihre Abrechnungen am Ende ihrer gemeinsamen Amtszeit noch in der Provinz abschließen, miteinander

vergleichen und Abschriften in zwei Städten der Provinz deponieren. Cicero hatte jedoch die Schlußabrechnung nicht in eigener Person mit Mescinius vorgenommen, weil er eiligst abzureisen wünschte, sondern seinen Sekretär M. Tullius damit beauftragt. Die ihm von diesem zugestellte Abrechnung hatte er bereits in Rom vorgelegt, als Mescinius brieflich einige Beanstandungen geltend machte. — 3. *Volusius:* er gehörte zum Gefolge Ciceros. — Den dem Folgenden zugrunde liegenden Tatbestand haben Tyrrell-Purser zu rekonstruieren versucht, denen wir uns im wesentlichen anschließen. Danach hatte Volusius gewisse staatliche Einkünfte aus der Provinz für eine bestimmte Summe gepachtet. Aber er war nur nominell der Unternehmer; der eigentliche Manager war ein gewisser Valerius, was anscheinend ein offenes Geheimnis war, denn er führte die jeweils eingehenden Gelder als Unternehmer (mancipis nomine) ab und stellte überdies Bürgen. Dann zeigte es sich aber, daß die Eingänge schließlich um 1.900.000 Sestertien hinter der vereinbarten Pachtsumme zurückblieben, und jetzt berief sich Valerius auf den nominell auf Volusius lautenden Vertrag und versuchte, diesen für seinen Verlust haftbar zu machen. Aber juristische Autoritäten erklärten, daß das nicht angängig sei; vielmehr müsse man sich an die Bürgen des Valerius halten. Das waren aber zwei Männer aus Ciceros Stab, einer seiner Legaten und sein Adjutant Q. Lepta; um sie vor diesem Schaden zu bewahren, übernahm Cicero die 1.900.000 Sestertien auf seinen Etat und rechtfertigt das Ende von § 4 damit, daß die Allgemeinheit ja nicht geschädigt werde. Sein Quästor Mescinius glaubt, daß diese Buchung ohne Wissen Ciceros von seinem Sekretär willkürlich vorgenommen worden sei, und beanstandet sie deshalb. — *haftbar gemacht werden dürften:* weil nominell Volusius der Unternehmer war. — *T. Marius:* was er mit der Sache zu tun hat, ist undurchsichtig. — 5. *Lucceius:* Tyrrell-Purser nehmen an, daß es sich um eine zwischen einem Lucceius und dem Staate strittige Geldsumme handle, die Cicero im Auftrage des Pompeius in einem Tempel deponiert habe. — *Sestius:* er war für das Jahr 49 als Statthalter von Cilicien vorgesehen, befand sich aber, wie wir aus ad Att. VII, 17, 2 ersehen, am 2. Februar noch in Italien; er muß also i. J. 50 von Pompeius nach Asien geschickt worden sein, um Geld für den Kriegsschatz der Optimaten aufzutreiben, und bei der Gelegenheit das von Cicero deponierte Geld abgehoben haben; was es mit dem von Mescinius deponierten Gelde auf sich hat, ist undurchsichtig. — 6. *die 900.000 Sestertien:* ein weiterer Posten in der Abrechnung; Näheres wissen wir nicht. Im folgenden Satze eine schwere Textverderbnis, die das Ver-

ständnis unmöglich macht. — *von dem Senatsbeschluß:* der für
die Einreichung der Abrechnung beim Ärar eine gewisse
Frist gestattete; Cicero hatte die seinige sofort nach seinem
Eintreffen in Italien eingereicht. — *daß Du Dich . . . :* Textverderbnis. — 8. *die 100.000 Sestertien:* anscheinend ein Versehen in der Abrechnung zu Ungunsten des Staates, für das
Mescinius nun geradestehen mußte. — *denen . . . jeder Brief ein
Greuel ist:* weil wahrscheinlich die Anmahnung einer Schuld
drinsteht.

Brief 21. 2. *Meinen Entschluß:* Italien zu verlassen und nach Griechenland zu Pompeius zu gehen.

Brief 22. 2. *Den Du nie geschätzt hast:* Pompeius. — 3. *die Entscheidung:* sie fiel etwa gleichzeitig mit diesem Briefe am 6. April.

VI.

A. Manlius Torquatus, der Adressat der ersten vier Briefe des
Buches, hatte im Bürgerkriege auf seiten des Pompeius gekämpft,
aber bereits die Erlaubnis erhalten, nach Italien zu kommen, hielt
sich jedoch weiter in Athen auf, weil er nach einem Siege Caesars
in Spanien dessen Rache befürchtete, nach einem Siege der Pompejaner aber mit grausamen Maßnahmen gegen die abtrünnig
gewordenen Parteigenossen rechnete.

Brief 1. 1. *Ein Sonderschicksal beanspruchen:* Dir einbilden, daß es
Dir besonders schlecht ginge. — 2. *der einen Seite:* Caesars. —
5. *die wir . . . hatten so stark werden lassen:* dadurch, daß Caesar
nicht rechtzeitig aus Gallien abberufen worden war. — *über
Fragen des Staatsrechts:* ob es Caesar gestattet sein sollte, sich
in absentia um das Konsulat für das Jahr 48 zu bewerben und
bis dahin sein Imperium zu behalten. — 6. *in atemloser Spannung:* wie Caesars Kampf gegen die Pompejaner in Spanien
ausgehen würde. — *in der Stadt:* in Athen. — *Ser. Sulpicius:*
er war i. J. 46 Statthalter von Achaia. — *seinem wohlbegründeten
Rate:* im Bürgerkriege neutral zu bleiben. — 7. *die beiden:* Cn.
Pompeius und P. Lentulus Spinther, der Konsul von 57; sie
hatten Ciceros Rückkehr aus der Verbannung herbeigeführt.
Pompeius wurde bei der Landung in Ägypten ermordet,
Spinther kam bald nach Pharsalus ums Leben.

Brief 3. 1. *Die Entscheidung . . . gefallen sein:* sie fiel erst am 17. März
bei Munda. — *mit dem einen:* mit Caesar. — 4. *ein so hervorragender Mann:* Pompeius.

Brief 4. 2. *M. Antonius:* der Großvater des späteren Triumvirn,
berühmter Redner, wurde i. J. 87 auf Befehl des Marius und
Cinna hingerichtet.

In den folgenden Briefen geht es um das Schicksal des A. Caecina.
Er stammte aus Volaterrae und war als Etrusker in die Geheimnisse

der Weissagekunst dieses Volkes eingeweiht. Im Bürgerkriege verfaßte er noch vor der Schlacht bei Pharsalus ein gehässiges Pamphlet gegen Caesar, lebte nach der Niederlage in der Verbannung auf Sizilien und scheint von Caesar nicht mehr begnadigt worden zu sein, obwohl er in einer „Klagen" betitelten Schrift sein früheres Vergehen wiedergutzumachen suchte.

Brief 5. 2. *von der meinigen:* i. J. 57, als Cicero verbannt war. — *von denen:* vor allem P. Clodius. — 4. *zu Anfang:* Ende der 60er Jahre, als Caesar für das Konsulat von 59 kandidierte. — *später:* als sich nach Iulias Tod und Crassus' Untergang das Verhältnis zu lockern begann. — 5. *nach Spanien gehen:* das ihm i. J. 55 auf fünf Jahre als Provinz zugewiesen und i. J. 52 auf weitere fünf Jahre verliehen worden war, das er aber durch seine Legaten verwalten ließ, um seinen Einfluß in Rom nicht zu verlieren. — *als Konsul:* i. J. 52. — 6. *sich nicht versagt hatte:* i. J. 57. — *Amphiaraus:* als Seher wußte er, daß er im Kampfe der Sieben gegen Theben fallen würde, ließ sich aber von seiner Gattin Eriphyle, die von Polyneikes durch ein goldenes Geschmeide gewonnen war, bestimmen, an dem Feldzuge teilzunehmen. Das Zitat wahrscheinlich aus der Eriphyle des Accius. — 7. *zur Linken:* der Augur kehrte sich bei Beobachtung des Vogelfluges nach Süden; die von Osten kommenden Vorzeichen waren glückverheißend. — *aus dem Fressen der Hühner:* wenn die heiligen Hühner nicht fressen wollten, war das ein ungünstiges Vorzeichen; je gieriger sie fraßen und je mehr ihnen dabei aus dem Schnabel fiel, desto besser. — 9. *aus derselben Quelle:* der Feder Caecinas; s. die Einleitung zu den Briefen an ihn. — 10. *wie hat er sich um mich bemüht:* Cicero weilte i. J. 47 in Brundisium und sah mit Bangen der Rückkehr Caesars aus dem Orient entgegen. Er ging ihm, als er in Italien gelandet war, eine Strecke Weges entgegen, doch ersparte ihm Caesar jede persönliche Demütigung, indem er vom Wagen stieg und den Weg in die Stadt mit ihm zusammen zu Fuß zurücklegte. Auch in den folgenden Monaten hat er es nicht an Versuchen fehlen lassen, Cicero zu sich herüberzuziehen. — *Marcellus:* s. die Briefe IV, 7 ff. und vor allem IV, 3, 3. — 11. *wegen ruchloser Verbrechen Verurteilte:* gemeint sind hauptsächlich die i. J. 52 auf Grund einer Lex Pompeia de ambitu Verurteilten. — *und das glaubst Du ... zu tun:* die Worte beziehen sich nur auf „für den Staat". — *von Männern in der Vergangenheit:* Coriolan, Camillus. — *in unsrer Zeit:* Pompeius, Cato. — *des Auslandes:* Themistocles, Aristides, Hannibal.

Brief 6. 1. *Als Termin gesetzt:* für den Aufenthalt in Sizilien. — 3. *T. Furfanus Postumus:* er war für das Jahr 45 zum Statthalter

von Sizilien ernannt und mußte sich also demnächst dorthin begeben. — *in Mutina:* wahrscheinlich bei Caesar, der im Oktober nach Spanien aufgebrochen war. — *eine Abschrift meines Schreibens:* der folgende Brief.

Brief 8. 1. *Meine Schrift:* die „Klagen"; s. die Einleitung zu den Caecina-Briefen. — *für die Sünden meiner Feder:* das Pamphlet gegen Caesar. — *während des Krieges:* was also eigentlich kein Verbrechen ist. — 3. *nur knapp und zurückhaltend:* weil er befürchtete, durch überschwengliches Lob Ciceros bei Caesar Anstoß zu erregen. — 4. *versteckst Du Dich hinter Brutus:* nach dem Freitode Catos nach der Schlacht bei Thapsus schrieb Cicero eine Lobschrift auf den „letzten Republikaner", die Anstoß bei Caesar erregen mußte; im Orator § 35 sagt er dazu: „Ich hätte dies Thema niemals angefaßt aus Angst vor den der Tugend feindlichen Verhältnissen, hätte ich es nicht für Sünde gehalten, deiner Aufforderung, die die mir so liebe Erinnerung an ihn lebendig werden ließ, nicht nachzukommen."

Brief 9. 4. *Durch die schöne Gabe ... verletzt gefühlt:* durch Dein schriftstellerisches Talent, das Du zu einer Schmähschrift auf ihn mißbraucht hast.

Brief 10. Über Trebianus ist sonst nichts bekannt.

Brief 11. 1. *in seinen Prozessen:* Näheres ist darüber nicht bekannt. — 2. *Vestorius:* ein Bankier in Puteoli. — *Siro:* ein Epicureer.

Brief 12. 2. *Tillius Cimber:* später einer der Caesarmörder. — 3. *Eppuleia:* Ampius' Gattin; *Ampia* wird seine Tochter sein. — 4. *Deine Amtsperioden:* er war i. J. 63 Volkstribun, i. J. 58 Prätor und anschließend Statthalter in Asia.

Die beiden folgenden Briefe sind an Q. Ligarius gerichtet. Er war kurz vor Ausbruch des Bürgerkrieges Legat des C. Considius Longus, des Statthalters von Afrika, nach dessen Weggang er die Provinz bis zum Eintreffen des neuen Statthalters verwaltete. Inzwischen erschien aber der Pompejaner P. Attius Varus, um die Provinz für Pompeius in Besitz zu nehmen, und Ligarius schloß sich ihm an. Als dann der vom Senat ernannte Statthalter L. Aelius Tubero erschien, wurde ihm die Landung verweigert. Ligarius blieb dann in Afrika, kämpfte in der Schlacht bei Thapsus gegen Caesar, geriet in Gefangenschaft und mußte fortan in der Verbannung leben. Um seine volle Begnadigung zu verhindern, klagte ihn der Sohn des eben genannten Tubero an. Cicero übernahm die Verteidigung und erzielte Freispruch. Seine Rede pro Ligario ist erhalten und gilt als eine seiner besten.

Brief 13. 2. *Die Nachricht aus Afrika:* vom Siege Caesars bei Thapsus am 6. April 46 und von Ligarius' Gefangennahme.

Brief 14. Der Brief ist wahrscheinlich unmittelbar nach der Gerichtsverhandlung geschrieben, als die Entscheidung noch nicht ausgesprochen, Cicero sich aber seines Erfolges sicher war.

Brief 15. Der Adressat L. Minucius Basilus ist einer der Caesarmörder. Daß das Billett die unmittelbare Reaktion Ciceros auf die Ermordung des Diktators ist, läßt sich nicht strikt beweisen, wird aber fast allgemein angenommen.

Brief 16. A. Pompeius Bithynicus wird noch einmal in XVI, 20, 1 erwähnt: „An B. habe ich geschrieben" (Ende Juni 44); vielleicht ist damit der folgende Brief gemeint. Mit seinem Vater stand Cicero, wie zwei Stellen des „Brutus" zeigen, in engen freundschaftlichen Beziehungen. Über die Hintergründe des Briefwechsels sind nur Vermutungen möglich.

Brief 18. Q. Lepta war Ciceros Adjutant während seiner Statthalterschaft in Cilicien. 1. *was in dem Gesetz steht:* in der von Caesar nach seiner Rückkehr aus Spanien im Sommer 45 erlassenen Lex municipalis, durch die die Verfassung der italischen Landstädte (Munizipien) geordnet wurde. Im Januar war also anscheinend schon etwas von dem Inhalt durchgesickert. — *Pompeius:* als Caesar in Spanien eintraf, stand Sex. Pompeius in Corduba, Cnaeus mit dem Gros der Armee in Ulia. Caesar schickte zunächst L. Iunius Paciaecus mit einem kleinen Detachement dorthin, der dann die in unserm Briefe mitgeteilte Feststellung machte. — *Messalla:* der Konsul des Jahres 53, M. Valerius Messalla, stand im Bürgerkriege auf seiten Caesars und machte auch den Feldzug in Spanien mit; über Q. Salassus und P. Curtius ist sonst nichts bekannt. — 3. *Deine Sache mit der Bürgschaft:* Q. Lepta und Ser. Sulpicius Galba hatten sich i. J. 52 bei irgendeiner Gelegenheit für Pompeius verbürgt. Jetzt, nachdem das gesamte Eigentum des Pompeius von Caesar öffentlich versteigert war, hielten sich die damaligen Gläubiger an die Bürgen. — *er hält es . . . für möglich:* nach Val. Max. VI, 2, 11 hat Caesar tatsächlich die Schulden des Pompeius aus eigener Tasche bezahlt, nachdem Galba ihn während einer Gerichtsverhandlung öffentlich interpelliert hatte. — *unser Lepta:* der Sohn. — *von Dolabellas Bevollmächtigten:* er selbst befand sich bei Caesar in Spanien. — *die erste Rate:* der zurückzuzahlenden Mitgift; Dolabella hatte sich einige Monate vorher von Tullia getrennt. — *mein Heim dahier:* Cicero war dort jetzt ungestört, weil sein Einfluß gänzlich dahin war. — *als Du mich dort:* wo Lepta sich befand, ist nicht festzustellen. — „*vor den Erfolg haben die Götter . . .*": „den Schweiß gesetzt", Zitat aus Hesiod, Werke und Tage 289.

Brief 19. 1. Pompeius Macula ist sonst nur als einer der Liebhaber von Sullas Tochter Fausta bekannt. — *als Absteigequartier:* neben ihren Landgütern besaßen die vornehmen Römer eine Reihe von kleineren Anwesen, die nur der Übernachtung auf ihren Reisen dienten. — 2. *Verwendung im königlichen Dienst:* Lepta bewarb sich um die Beschaffung des Weines für die Bewirtung des Volkes anläßlich der Rückkehr Caesars aus Spanien; vgl. ad Att. XIII, 46, 2.

Brief 20. 1. Über C. Toranius ist sonst nichts bekannt. — *Domitius und Lentulus:* L. Domitius Ahenobarbus und L. Cornelius Lentulus Crus, die Konsuln von 54 bzw. 49.

Brief 21. 1. *Cn. Plancius:* er lebte auf Corcyra in der Verbannung; s. zu IV, 14; Toranius befand sich also offenbar in seiner Nähe. — 2. *Cilo:* ein Epicureer. — *kehrt ER ... zurück:* aus Spanien.

Brief 22. Der Adressat des Briefes, Cn. Domitius Ahenobarbus, ist der Sohn des Konsuls von 54. Beide kämpften bei Pharsalus gegen Caesar; der Vater wurde auf der Flucht erschlagen, der Sohn erhielt die Erlaubnis, nach Italien zurückzukehren. — 2. *Deine Mutter:* Porcia, Catos Schwester. — *Deine Gattin:* ihr Name ist nicht bekannt.

VII.

Über den Adressaten der ersten vier Briefe des Buches, M. Marius, ist außer dem, was wir hier erfahren, nichts bekannt.

Brief 1. 1. *Zu den Spielen zu kommen:* die Pompeius Ende August oder Anfang September 55 zur Einweihung seines auf dem Marsfelde erbauten Theaters veranstaltete. — *Sp. Maecius:* er war beauftragt mit der Auswahl und Leitung der aufzuführenden Schauspiele; noch Horaz (Serm. I, 10, 38 und Ars Poet. 387) nennt ihn als gelehrten und geschmackvollen Kritiker. — 2. *Aesop:* der bekannteste Schauspieler der damaligen Zeit. — „*Wenn ich wissentlich trüge*": wahrscheinlich in der Rolle des Sino im „Equus Troianus" des Naevius (vgl. Verg. Aen. II, 154 ff.). — *Clytaemestra:* des Accius. — 3. *Deinem Protogenes:* seinem Vorleser. — *die griechischen ... die oscischen Possen:* ersteres meint die griechischen Komödien, wie etwa Plautus und Terenz sie in römischem Gewande boten; die oscischen, auch fabulae Atellanae genannt, sind die eigenständigen italischen Volkspossen. — *im Stadtrat bei Euch:* in Stabiae; dort mag es zu manchem Schildbürgerstreich gekommen sein. — *nach Athleten:* die griechischen Athletenkämpfe wurden in Rom stets als ein fremdartiges Element empfunden. — *die Gladiatoren verschmäht hast:* für uns unverständliche Anspielung. — 4. *wenn ... stattfanden:* während der Festtage ruhte das ganze Geschäftsleben, nur während

der dramatischen Aufführungen trat kein Iustitium (Stillstand der Gerichte) ein. — *Gallus Caninius:* er war wahrscheinlich von Pompeius' Gegnern infolge von Wahlumtrieben angeklagt. — *auf Bitten derer:* Caesars und des Pompeius.

Brief 2. 1. *Deinen Auftrag:* bei der Auktion irgendeiner Erbmasse ein gewisses Objekt zu ersteigern; anscheinend gehörte Cicero selbst zu der Erbengemeinschaft. — 2. *Bursa:* er war i. J. 52 Volkstribun. Als Anhänger des Clodius hatte er nach dessen Ermordung am 18. Januar den Pöbel aufgehetzt und die Kurie in Brand gesteckt, wurde dann nach der Lex Pompeia de vi angeklagt und verurteilt. — *meines Feindes:* Clodius. — *eines Freundes:* Milos, dessen Banden Clodius erschlagen hatten. — *des erlauchten, mächtigen Mannes:* des Pompeius; er hatte dem Angeklagten ein Charakterzeugnis ausgestellt, bei dessen Verlesung sich Cato die Ohren zuhielt. — 3. *vor Gericht verteidigt:* darüber ist sonst nichts bekannt. — *von dem sie … ernannt waren:* als Pompeius im April zum Konsul sine collega ernannt war, ließ er alsbald zwei Gesetze einbringen, ein Spezialgesetz für die Untersuchung und Bestrafung der Mordtat an Clodius und des Brandes der Kurie, und ein umfassendes Gesetz gegen die Wahlumtriebe. Es wurde ein Richteralbum mit 360 Namen aufgestellt, deren Nennung Pompeius übertragen wurde. Für jeden Prozeß wurden 81 Richter ausgelost, von denen jede Partei 15 ablehnen konnte, so daß der Gerichtshof jeweils aus 51 Richtern bestand. — 4. *Menge und Häufigkeit der Prozesse:* infolge der Lex Pompeia de ambitu. — *Schaltmonat:* das römische Kalenderjahr war mit 355 Tagen um 10¼ Tage zu kurz. Zum Ausgleich der Differenz wurden ohne festes System je nach Bedarf anschließend an den 24. Februar Schaltmonate von 22 oder 23 Tagen eingelegt; die Entscheidung, ob geschaltet werden sollte oder nicht, lag bei den Pontifices, so daß die Bevölkerung zu Beginn des Kalenderjahres meist noch nicht wußte, ob sie ein Schaltjahr vor sich hatte. An unsrer Briefstelle hofft Cicero, daß kein Schaltmonat eingelegt werden möge, weil sich dann die Senatsferien (meist im April) um drei Wochen verschieben würden.

Brief 3. 2. *die ich dort antraf:* im Lager des Pompeius. — *infolge einer bestimmten Schlacht:* bei Dyrrhachium, wo Caesar eine schwere Niederlage erlitten hatte. — *zu Iuba:* dem König von Numidien, der vom Beginn des Bürgerkrieges an auf seiten des Pompeius stand, und bei dem sich nach Pharsalus die unentwegten Pompejaner sammelten. — 5. *durch jemandes Verschulden:* des Pompeius.

Brief 5. 1. *Pompeius' Verweilen sich länger hinzieht:* er hatte die Statthalterschaft von Spanien auf fünf Jahre erhalten und

Cicero zu seinem Legaten ernannt, dachte jedoch gar nicht daran, in die Provinz zu gehen. — *mit unserm Balbus:* Caesars Vertrauensmann. — 2. *oder verweise ihn an Lepta:* die Stelle ist unverständlich und wahrscheinlich verderbt. — 3. *mit meinem alten Lieblingswort:* was gemeint ist, wissen wir nicht. — *gut römisch:* wie unser „gut deutsch". — *als ich Dir wegen Milo schrieb:* in welcher Angelegenheit, ist nicht bekannt. Cicero wird in ziemlich gewundenen Ausdrücken um gut Wetter für den Bandenführer der Optimaten gebeten haben.

Brief 6. *Werden Dir das verzeihen:* daß Du uns verlassen hast. — die Verse stammen aus der Medea Exul des Ennius; die Übersetzung z. T. nach Bardt, Röm. Charakterköpfe S. 94. — *mit dick geschminkten Armen:* um den männlichen Teint zu verdecken; die Frauenrollen wurden von Männern gespielt. — *andre vor Schaden zu bewahren:* als Rechtsbeistand. — *in Britannien:* auf Caesars zweiter Expedition dorthin. — *die Wagenkämpfer:* die essedarii, deren Kampfesweise Caesar im Bell. Gall. IV, 33 schildert.

Brief 7. 1. *von meinem Bruder Quintus:* dieser befand sich im Stabe Caesars als Garant für das Wohlverhalten seines Bruders gegenüber den Machthabern. — *unser Ziel:* die Bereicherung des Trebatius an der Kriegsbeute.

Brief 8. *Vacerra und Manilius:* nicht zu identifizieren; Cornelius ist anscheinend der in Br. 10, 3 genannte Q. Cornelius. — *Precianus:* auch über ihn ist sonst nichts bekannt.

Brief 9. *Wegen seiner Trauer:* seine Tochter Iulia, Pompeius' Gattin, war gestorben. — *Battara:* sonst unbekannt. — *Cn. Octavius:* ebenfalls unbekannt; „aus uraltem Adel" ist natürlich reine Ironie, wie der Zusatz „Sproß der Erde" zeigt; seine Ahnen kennt man nicht, er muß wohl unmittelbar aus der Erde entsprossen sein.

Brief 10. *Die Leute, die ... kamen:* i. J. 57/6 weilte der König Ptolemaeus Auletes in Rom, um mit Hilfe des Pompeius wieder in sein Reich eingesetzt zu werden (vgl. die ersten Briefe von Buch I). Dabei hatte er sich von römischen Geldleuten die Mittel verschafft, um führende Persönlichkeiten für seine Zwecke zu interessieren. Als die Geldleute jetzt ihre Wechsel in Alexandria präsentierten, wurden sie mit Hohn heimgeschickt.

Brief 11. *Im Equus Troianus:* des Naevius. — das Zitat aus einem unbekannten Tragiker. — *Samarobriva:* das heutige Amiens, wo Caesar damals sein Hauptquartier hatte.

Brief 12. *Mucius und Manilius:* s. zu Br. 22. Cicero tut so, als hätte er in ihren Schriften nachgeschlagen, wie man den „kalten

Füßen" abhelfen könne. — *ist Euch . . . ziemlich heiß:* infolge
der schweren Kämpfe im Herbst des Jahres 54, vor allem
gegen den Treverer Indutiomarus. — *auf dem Ozean schwimmen:* mit nach Britannien gehen. — *um einen Andabaten betrügen:* Du warst so neugierig, daß Du Dir rein nichts entgehen lassen wolltest. Die Andabaten sind eine besondere
Klasse von Gladiatoren; sie fochten, ohne sehen zu können,
also wohl mit einem Visier ohne Augenlöcher. — *das Zitat
aus Terenz,* Heauton Timorumenos 1, 34.

Brief 13. *Bei all diesen Interregnen:* bei Beginn des Jahres 53 waren
keine Konsuln vorhanden; die Wahl war immer wieder hintertrieben worden und wurde weiter hintertrieben; erst im Juli
kam es endgültig zur Wahl. Bis dahin lag die Regierung in der
Hand eines vom Senat ernannten, alle fünf Tage wechselnden
Interrex. — *eine Advocatio:* eine Frist von drei Tagen, um
sich einen Rechtsbeistand zu verschaffen. Da jeder Prozeß von
demselben Gerichtsherrn, der ihn einleitete, erledigt werden
mußte, konnte bei zwei Advocationes während eines Inter-
regnums überhaupt kein Prozeß zustande kommen. — *die
Statuen:* ziemlich albernes Wortspiel mit „signum", das „Zeichen" und „Statue" bedeuten kann. — *Du berietest Caesar
. . . er beriete Dich:* wörtlich: „Du würdest von Caesar um Rat
gefragt . . . für Dich würde von ihm gesorgt", Wortspiel mit
den zwei Bedeutungen von consulere. — *kein Gerede:* daß Du
vergeblich antichambriert habest. — *Laberius:* ein gefeierter
Mimendichter, der in seinen Possen die Tagesereignisse durch-
hechelte. Hinter „unser Valerius" vermuten manche den
Dichter Catull; eher wird auch er ein Mimendichter gewesen
sein.

Brief 14. 1. *Zeius:* der Name ist verderbt. — 2. *nur an Dich denkst:*
maßgebend für die Lebensgestaltung ist bei den Epicureern
nur das eigene Wohlbefinden. — *Iuppiter niemandem zürnen
kann:* nach der Lehre Epicurs existieren die Götter zwar, aber
sie kümmern sich nicht um die Menschen. — *Ulubrae:* eine
kleine latinische Landstadt an den Pomptinischen Sümpfen,
zu der Trebatius irgendwelche Beziehungen hatte. — *Pansa:*
er scheint schon damals eine Vertrauensstellung bei Caesar
eingenommen zu haben; im Bell. Gall. wird er nicht erwähnt,
war also militärisch nicht tätig.

Brief 15. 1. *Bei Deinem Ruhm:* als Jurist. — 2. das Zitat aus Ennius'
Annalen.

Brief 16. 2. *Eine griechische Kaution in Form eines Wechsels:* die Worte
sind für uns unverständlich. — 3. *gut römisch:* s. zu Br. 5, 3.

Brief 19. *Silius' Fall:* er war von einer gewissen Turpilia als Erbe
eingesetzt worden, und der Prätor hatte die Rechtmäßigkeit

des Testaments anerkannt, aber die derzeitigen Inhaber der Erbmasse gaben sie nicht heraus. — *die gerichtliche Wette:* „wenn das Eigentumsrecht an den Gütern der Turpilia der Prätor Q. Caepio auf Grund seines Edikts mir gegeben hat" und Du diese trotzdem nicht herausgibst, verpflichtest Du Dich dann, falls Du den Prozeß verlierst, mir soundso viel zu zahlen?

Brief 20. 1. *Velia:* Cicero berührte die Stadt bei seiner Ausreise nach Griechenland. — *Dein Rufio:* wohl Trebatius' Verwalter auf seinen Gütern in Velia. — *Lupercal:* die heilige Grotte des Faunus am Fuße des Palatin; in der dortigen Gegend wollte Trebatius also anscheinend bauen. — *bin auch ich interessiert:* Cicero selbst besaß kein so weit von Rom entferntes Landgut.

Brief 22. *Bei vorhergegangenem Diebstahl:* also zwischen dem Tode des Erblassers und dem Antritt der Erbschaft durch den Erben. — *habe mir angestrichen:* wie der letzte Satz des Briefes zeigt, in dem großen, 18 Bücher umfassenden Werke des Q. Mucius Scaevola Pontifex (Konsul i. J. 95), der ersten systematischen Bearbeitung des römischen Rechts. Hier fand er die Zitate aus den Schriften des Sex. Aelius Paetus (Konsul i. J. 198; sein Buch trug den Titel „Tripertita"), des M'. Manilius (Konsul i. J. 149) und des M. Iunius Brutus (Zeitgenosse der Gracchen; sein Werk, de iure civili in drei Büchern, war die erste lateinische Schrift in Dialogform). — *Testa:* der Adressat des Briefes.

Brief 23. M. Fabius Gallus hatte von Cicero den Auftrag erhalten, Kunstgegenstände für sein Tusculanum zu besorgen. 2. *Damasippus:* er ist bereit, die von Gallus gekauften Gegenstände zu übernehmen, falls sie Cicero nicht gefallen. — *dem Friedensstifter:* zu Anfang des Bürgerkrieges suchte Cicero zwischen Caesar und Pompeius zu vermitteln. — *kein Saturn:* die Planeten Mars und Saturn galten in der Astrologie als unheilbringend. — *zu einem günstigen Abschluß:* Mercur ist der Schutzgott der Kaufleute. — 3. *Prunktisch:* eigentlich der kunstvoll verzierte Fuß des Tisches. — *einen Pseudodamasippus:* einen Mann mit ähnlichen Liebhabereien wie Damasippus. — 4. *von dem Hause:* das Gallus mieten oder kaufen wollte; es muß in der Nachbarschaft Ciceros gelegen haben. — *Cassius:* vermutlich C. Cassius, der spätere Caesarmörder. — *Licinia:* sie kann auch die Base des Cassius gewesen sein; sonst Halbschwester. Über sie wie über ihren Gatten Dexius ist sonst nichts bekannt.

Brief 24. 2. *Das Aufwandsgesetz:* die Lex Iulia sumptuaria setzte, um dem Luxus zu steuern, u. a. ein Maximum für den täglichen Aufwand jeder Bevölkerungsklasse fest. — *ausgenommen sind:* von dem Verbot. — *Lentulus:* der Sohn des Konsuls von 57.

Brief 25. 1. *Tigellius:* ein Sarde, Flötenspieler und Sänger, Günstling Caesars. — *Cipius:* eine von dem Satiriker Lucilius erwähnte, sonst unbekannte Persönlichkeit mit dem Beinamen „der Schnarcher"; er soll sich schlafend gestellt haben, um seiner Frau den Ehebruch zu erleichtern. — *als ich . . . König war:* auf dem Forum. — *schlimmer ist als seine Heimat:* s. das Zitat in § 2. — *er ist . . . zugeschlagen worden:* von Licinius Calvus, dem Freunde Catulls, der wie dieser in scharfer Opposition zu Caesar und seinem Anhang stand, lief der Vers um: Sardi Tigelli putidum caput venit („des Sarden Tigellius fauler Kopf wird verkauft"); auf diesen spielt Cicero hier an. — *dem hipponacteischen Heroldsruf:* Heroldsruf in der Art des Hipponax, eines Iambographen des 6. Jahrh., der wie Calvus und Catull Schmähverse auf unbeliebte Zeitgenossen schrieb. — *schon damals:* als Calvus seine Verse herausbrachte. — 2. *Phamea:* ein zu Wohlstand gekommener Freigelassener, Großvater des Tigellius. — *er stand mir . . . nahe:* er hatte Cicero bei der Bewerbung um das Konsulat seinen Beistand angeboten. — *die Sache gegen Sestius:* i. J. 52, als er wegen Wahlumtrieben belangt wurde. — *Deinen Cato:* eine Lobschrift auf den „letzten Republikaner".

Brief 26. 1. *Den Kerl:* Tigellius. — *wird uns das Lachen schlecht bekommen:* wörtlich: „werden wir ein sardanisches Lachen lachen", d. h. „mit auseinandergezogenen Lippen grinsen", wie man es wohl angesichts einer großen Gefahr tut. Gallus befürchtet das wegen seiner und Ciceros Lobschrift auf Cato. — *der Meister ist schneller da:* Caesar aus Spanien. — 2. *keinen Fingerbreit vom Griffel:* soviel wie: immer in Übung bleiben.

Brief 27. Der Gallus dieses Briefes ist nicht M. Fabius Gallus, der Adressat der vorhergehenden, sondern T. Fadius Gallus, an den auch V, 19 gerichtet ist. Er war i. J. 52 aus unbekannten Gründen verurteilt worden und lebte jetzt in der Verbannung. 1. *Ich habe . . . erwiesen:* er war i. J. 63 Quästor. — *Dich . . . beworben zu haben:* für das Jahr 57, als Cicero in der Verbannung war.
In den folgenden Briefen handelt es sich um den in Patrae ansässigen Bankier M'. Curius. Er war vornehmlich mit Atticus befreundet. Cicero ließ i. J. 50 seinen auf der Rückreise von Cilicien erkrankten Freigelassenen Tiro bei ihm zurück und kam dadurch in freundschaftliche Beziehungen zu ihm.

Brief 28. 2. *„Wo weder der Pelopiden . . .":* das Zitat vollständig in Br. 30, 1. — 3. *bei dem:* Caesar.

Brief 29. 1. *Sulpicius' Nachfolger:* in der Statthalterschaft von Achaia. Der Empfehlungsbrief liegt in XIII, 50 vor.

Brief 30. 1. Das Zitat aus Accius' Pelops. — *um die zweite Stunde:* am 31. Dezember 45. — *für die Tributkomitien:* in denen die Quästoren gewählt wurden, während für die Konsulwahlen die Zenturiatkomitien zuständig waren — 3. *Acilius:* der Nachfolger des Sulpicius in der Statthalterschaft von Achaia (vgl. zu Br. 29, 1).

Brief 31. Das Zitat aus einer unbekannten Komödie des Pomponius.

Brief 32. P. Volumnius Eutrapelus, der Adressat der letzten beiden Briefe des Buches, war ein Römischer Ritter. Nach Caesars Ermordung erscheint er als die rechte Hand des Antonius. Seinen Beinamen verdankte er seiner Witzigkeit (εὐτραπελία), mit der es allerdings nicht weit her gewesen zu sein scheint. 1. *von dem Senator Volumnius:* er führte den Vornamen Lucius. — *an meinen Salinen:* das Wort „sal" kann auch „Witz" bedeuten. Mit „Salinen" bezeichnet Cicero also seine in großer Zahl kursierenden Witze, wobei ihm manches zugeschoben wurde, was gar nicht von ihm stammte. — 2. *im zweiten Buche De Oratore:* § 216–289. — *Selius:* unbekannt. — *unser Freund:* wahrscheinlich C. Curio.

Brief 33. 1. *An unsern Redeübungen:* Cicero erteilte Hirtius, Dolabella und andern Caesarianern im Sommer 46 rhetorischen Unterricht. — 2. *Cassius:* der spätere Caesarmörder. — *mit den gleichen Studien:* der Rhetorik. — *die Rolle:* als Redner; Caesar wußte Ciceros Redekunst durchaus zu schätzen.

VIII.

Zur Persönlichkeit des M. Caelius Rufus s. II, 8 ff. Bei Beginn des Bürgerkrieges schloß er sich Caesar an, sah sich aber bald in seinen Erwartungen getäuscht und handelte nun auf eigene Faust. Im Jahre 48, während Caesar in Griechenland gegen Pompeius kämpfte, promulgierte er als Prätor revolutionäre Schuldentilgungsgesetze, und als er dabei auf den Widerstand der gemäßigten Cäsarianer stieß, des Konsuls P. Servilius Isauricus und des Prätors C. Trebonius, verließ er Rom, um in Campanien im Namen des Pompeius einen Aufstand gegen Caesar zu erregen. Er wurde bei Thurii von gallischen Reitern, die dort als Besatzung lagen, erschlagen.

Brief 1. *Beim Abschied:* als Cicero nach Cilicien abreiste; Caelius hatte ihn auf seinem Landgute bei Cumae aufgesucht. — 2. *die Wahlen der Transpadaner:* angeblich hatte Caesar ihnen das Vollbürgerrecht verliehen, so daß sie einen Gemeinderat wählten und sich nach dem Muster der römischen Munizipien organisierten. — *die Nachfolge in den gallischen Provinzen:* Caesars Statthalterschaft lief am 1. März 50 ab. — *das Gerede:* daß

er keine Energie habe. — 3. *wenn Du angetroffen hast:* Cicero war mit Pompeius vom 18.–20. Mai in Tarent zusammen, s. II, 8, 2. — 4. *indem er die Hand an den Mund legt:* treffender kann dieser wichtigtuerische Gernegroß nicht charakterisiert werden. — Q. *Pompeius:* er war wegen Beteiligung an den Gewalttätigkeiten anläßlich der Verbrennung der Leiche des P. Clodius im Januar 52 von Caelius de vi angeklagt worden und lebte jetzt in der Verbannung in Bauli (nicht weit von Baiae); seine Mutter verweigerte ihm die Nutznießung seiner väterlichen Güter. — *Embaenetica:* das Wort ist unerklärt. — *Dein Plancus:* T. Munatius Plancus Bursa, s. zu VII, 2, 2. — *Deine politischen Bücher:* das Werk de re publica, das gerade erschienen war.

Brief 2. 1. *Er ist freigesprochen worden:* M. Valerius Messalla, der Konsul vom Jahre 53; er war wegen ambitus belangt worden. — *von allen drei Ständen:* die Gerichtshöfe wurden aus einer gewissen Anzahl von Senatoren, Rittern und sog. Ärartribunen gebildet. — *der Lex Licinia:* de sodaliciis, Geheimbündelei zu Wahlzwecken. — *Hortensius:* Messallas Oheim, der ihn verteidigt hatte. — *Curios Theater:* das er anläßlich der Leichenspiele für seinen verstorbenen Vater errichtet hatte. — das Zitat aus Pacuvius' Teucer. — 2. *Mitbewerber:* um die Ädilität. — *wegen Hirrus:* er war i. J. 53 gegen Cicero bei der Wahl zum Augur durchgefallen. — *die Sache mit den Panthern:* als Ädil hatte Caelius Spiele zu geben, bei denen die Tiere verwandt werden sollten. — *Sittius' Schuldforderung:* gegen cilicische Gemeinden.

Brief 3. 1. *Die ersehnte Botschaft:* von Caelius' Wahl zum Ädilen. — *für mich könnte es . . .:* die folgenden Zeilen sind in der Überlieferung verderbt. — *die Haßausbrüche:* man verübelte es ihm immer noch, daß er i. J. 53 beantragt hatte, Pompeius zum Diktator zu ernennen. — 2. *Milos Besitztümer:* nach seiner Verurteilung wegen der Ermordung des Clodius war Milo in die Verbannung gegangen und hatte Cicero die Vertretung seiner finanziellen Interessen übertragen. Dabei war es zu Unregelmäßigkeiten seitens seines Freigelassenen Philotimus gekommen.

Brief 5. 1. *Nun doch verurteilt worden ist:* in einem zweiten Prozeß, s. Br. 2, 1; er schloß sich daraufhin Caesar an. — *nach seiner Niederlage:* er hatte sich um das Konsulat beworben. — *von den beiden Gallii:* deren Vater Q. Gallius er i. J. 64 de ambitu und de vi angeklagt hatte, und die sich nun an ihm rächen wollten, indem sie ihn de ambitu belangten. — *des durchgefallenen Lentulus:* des Lentulus Crus (Konsul 49) bei den Wahlen zum Quindecimvirn. — 2. *Servaeus:* er war de ambitu angeklagt worden.

— *Leute wie Laelius und Antonius:* mit Laelius kann nur der Pompejaner D. Laelius gemeint sein, mit Antonius der spätere Triumvir als Anhänger Caesars; beide Parteien fürchteten also, daß Curio sich im Falle seiner Wahl auf die Gegenseite schlagen könne. — 3. *M. Caelius Vinicianus:* er war i. J. 53 Volkstribun und suchte zusammen mit seinem Kollegen Hirrus die Übertragung der Diktatur an Pompeius herbeizuführen; was mit dem „albernen Schnack" gemeint ist, wissen wir nicht. — 4. *Paullus:* Caesar hatte ihn bereits mit 9 Mill. Sestertien zum Wiederaufbau der Basilica Aemilia erkauft. — *der König in Alexandria:* Ptolemaeus Auletes.

Brief 6. 1. *Als Dein Mitbewerber:* um das Augurat i. J. 53. — *die nichts einbringen:* er trat für arme Leute ein, um sich den Nimbus der Menschenfreundlichkeit zu geben. — *selten nachmittags:* er überarbeitet sich dabei nicht. — 2. *gleiche Behandlung . . . verlangt wird:* d. h. wenn der Senat über alle Provinzen frei verfügen könne. — 3. *gesondert von meinem Kollegen:* der zweite Kurulädil M. Octavius wollte seine eigenen Spiele geben, nicht mit Caelius gemeinsam. — 4. *abgabenfrei werden:* um ihren finanziellen Verpflichtungen gegen M. Feridius oder dessen Hintermänner besser nachkommen zu können. — 5. *Favonius:* er hatte sich um die Prätur beworben; seine Standesgenossen ließen ihn durchfallen, weil sie von seiner zur Karikatur entarteten Manier der Cato-Imitation nichts wissen wollten. — *bei seiner Verteidigung:* s. zu Br. 5, 1; wen er angeklagt hat, wissen wir nicht.

Brief 7. 1. *Nach den Ludi Romani:* die vom 4.–19. September stattfanden. — *wenn keine außergewöhnliche Klage dazwischenkäme:* um das gegen ihn schwebende Verfahren hinauszuzögern, verklagte er seinen Ankläger — fälschlich — de vi. Solche Prozesse nahmen eine Ausnahmestellung ein (daher extraordinarius reus): nach der Lex Plautia mußte das Verfahren sofort durchgeführt werden. — *Vestorius:* ein Bankier in Puteoli Von ihm hatte Sempronius durch Ciceros Vermittlung ein Darlehen erhalten, aber nicht zurückgezahlt; schließlich erklärte er sich bereit, Cicero zuliebe auf gewisse Güter, deren Besitztitel zweifelhaft war, zu Gunsten des Vestorius zu verzichten. Caelius zieht dies Angebot durch seine bewußt verdrehte Formulierung ins Lächerliche. — 2. *M. Servilius:* er hatte i. J. 53 den C. Claudius, einen Bruder des Ap. Claudius und P. Clodius, nach dessen Statthalterschaft in Asien wegen Erpressung angeklagt, aber Schmiergelder von ihm angenommen, die er jedoch, als C. Claudius trotzdem verurteilt wurde, nicht zurückzahlte. Nach der Verurteilung wurde, wie immer, die Höhe der Erpressungen abgeschätzt; die Geschädigten

konnten dann den vierfachen Betrag einklagen. Das tat in ihrem Auftrage der gleich genannte Pausanias; da aber C. Claudius die geforderte Summe nicht zahlen konnte, hielt er sich an M. Servilius, doch wies der Prätor M. Iuventius Laterensis die Klage ab, wahrscheinlich, weil der Kläger nicht beweisen konnte, daß Gelder des C. Claudius in die Tasche des Servilius geflossen waren. — *der jüngere Appius:* C. Claudius hatte zwei Söhne namens Appius; man nimmt an, daß der jüngere ursprünglich C. geheißen habe, dann aber von seinem Oheim Ap. Claudius adoptiert worden sei und dessen Vornamen angenommen habe. Dieser ist hier gemeint. Er nahm die Gelegenheit wahr, seinerseits den Servilius auf Herausgabe der von seinem Vater stammenden Gelder zu verklagen. Dieser Prozeß lief also ab, ehe Pilius' Anklage zur Verhandlung kam. Nachdem Freispruch erfolgt war, versuchte Appius den Servilius in Konkurrenz mit Pilius wegen Erpressung zu belangen, überließ dann aber schließlich Pilius die Sache. — 3. *die ... abgeschätzt hatten:* beim Prozeß gegen seinen Vater. — *wie die einzelnen Stände geurteilt hätten:* s. zu Br. 2, 1; zwei von ihnen hatten auf Freispruch erkannt, und somit verkündete der Prätor den Spruch „non redigam". — *die Majorität dieser Richter:* also des Gesamtkollegiums, unabhängig davon, wie das Stimmenverhältnis innerhalb der einzelnen Stände war. — *so protokollierte er denn nicht Freispruch:* das hätte gegen das Gesetz verstoßen, denn genau die Hälfte der Richter hatte dagegen gestimmt; ebensowenig glaubte er aber ein „Schuldig" verantworten zu können, was überdies die Zurücknahme seines Spruches „non redigam" bedeutet hätte. — *mit L. Lollius:* offenbar einem der verurteilenden Richter, den er nun veranlaßte, sein Votum zurückzunehmen und für Freispruch zu stimmen. — 4. *als Gutachten:* wenn gegen einen Senatsbeschluß interzediert wurde, erhielt er keine Rechtsgültigkeit, wurde aber als „Senatsgutachten" protokolliert. — 5. *L. Paullus und C. Marcellus:* die für das Jahr 50 designierten Konsuln. — *sollen ... über die konsularischen Provinzen berichten:* nach der Lex Sempronia mußten die von gewesenen Konsuln zu verwaltenden Provinzen alljährlich schon vor deren Wahl bestimmt werden. Nun gingen zwar nach einer Lex Pompeia vom Jahre 52 die Konsuln nicht mehr unmittelbar nach ihrem Konsulatsjahr in die Provinz, sondern frühestens nach fünf Jahren, doch hielt man daran fest, die konsularischen Provinzen schon im Voraus für das folgende Jahr zu bestimmen. Übrigens war gegen einen Senatsbeschluß de provinciis consularibus Interzession unzulässig. — *an allen Komitialtagen:* Tagen, die den Verhandlungen in den Komitien vorbehalten waren, an denen der Senat also eigentlich nicht tagen durfte. — 6. *berichtet über*

die Provinzen: hier sind die nichtkonsularischen, prätorischen Provinzen gemeint. — *darüber . . . berichtet wird:* d. h. Verhandlungen mit den interzedierenden Volkstribunen zwecks Zurücknahme ihres Vetos eingeleitet werden. — 8. *ferner beschließt der Senat:* in diesem Beschlusse liegt die eigentliche Gefahr für Caesar. Im Jahre 51/50 wurden Cilicien und Syrien von Konsularen verwaltet, dieses von M. Calpurnius Bibulus, jenes von Cicero; die beiden Spanien standen Pompeius bis zum Jahre 47 zu, die beiden Gallien Caesar bis zum 1. März 50; in den übrigen acht Provinzen standen Prätorier. Wenn jetzt für das Jahr 49 diese acht Provinzen und Cilicien mit Prätoriern besetzt wurden, dann blieben für die Konsulare nur Syrien und die beiden Gallien, also Caesars bisherige Provinzen; gegen einen Senatsbeschluß de provinciis consularibus konnte aber, wie gesagt, nicht interzediert werden. — *diejenigen, die Prätoren gewesen sind:* die folgenden Bestimmungen sind so, wie sie dastehen, für den Laien unverständlich. Gemeint ist, daß für die Statthalterschaft in Cilicien und den übrigen acht Provinzen diejenigen Personen herangezogen werden sollen, die in den letzten fünf Jahren Prätor gewesen sind, aber noch keine Statthalterschaft innegehabt haben, und zwar sollen zunächst die des Jahres 55 herankommen, dann, wenn deren Zahl nicht ausreicht, die des Jahres 54 und so fort, bis die benötigte Zahl voll ist. — 9. *bleibt:* in seinem Kommando. — *nicht berücksichtigt wird:* bei der Wahl zum Konsul für das Jahr 49. — *falls er designiert werden kann:* was an sich nicht statthaft war, da zwischen zwei Konsulaten wenigstens zehn Jahre liegen mußten, Caesar also nach seinem ersten Konsulat i. J. 59 frühestens i. J. 48 wieder Konsul werden konnte; doch ist oft genug gegen diese Bestimmung verstoßen worden, zuletzt noch bei Pompeius, der i. J. 55 und 52 Konsul war. — 10. *durch sein Geschenk:* s. Br. 6, 3.

Brief 8. 3. *Servius:* Sulpicius Rufus, der zweite Konsul. — *was sie selbst nicht wollen:* Maßnahmen im Sinne des Pompeius, mit dessen Haltung die Optimaten durchaus nicht einverstanden waren. — *Paullus dagegen:* er war von Caesar bestochen, so daß von ihm nichts zu erwarten war. — 4. *der Ager Campanus:* das Gebiet von Capua, seit 211 einträgliche Staatsdomäne, war von Caesar in seinem Konsulat bei seinem zweiten Ackergesetz zur Verteilung an Neusiedler herangezogen worden; die Legalität dieser Maßnahme wurde von den Optimaten nach wie vor angefochten, ein beliebtes Thema bei der Agitation gegen Caesar.

Brief 9. 1. *Daß Appius . . . angeklagt worden ist:* wegen Erpressung während seiner Statthalterschaft in Cilicien, wo er Ciceros

Vorgänger war; s. die Briefe an ihn in Buch III. — *hatte . . . die Stadt betreten:* und damit sein Imperium niedergelegt, so daß der Prozeß gegen ihn stattfinden konnte. — 2. *Dolabella sich . . . getrennt hat:* um sich mit Ciceros Tochter Tullia zu verheiraten. — *wenn etwas durchsickert:* es könnte dann so aussehen, als steckte Cicero hinter der Anklage Dolabellas. — 3. *Pompeius soll sich . . . ins Zeug legen:* sein Sohn Cn. war mit einer Tochter des Appius verheiratet — *einen seiner Söhne zu Dir schicken:* um ein gutes Leumundszeugnis für Appius zu erwirken. — *alles Gemeine . . . ist tabu:* alles belastende Material gegen Appius wird zurückgehalten. — *unsre Konsuln sind auf dem Posten:* blutige Ironie! — *die Feriae Latinae:* das aus ältester Zeit stammende latinische Bundesfest in Alba Longa. — *gefriert sein Tribunat ein:* er findet keine Gelegenheit, sich — wie Caelius noch glaubt — in optimatischem Sinne zu betätigen; in Wahrheit war er bereits von Caesar durch Übernahme seiner Schulden — angeblich 10 Mill. Sestertien — gewonnen worden. — 5. *bei der Schaltung:* er verlangte die Einfügung eines Schaltmonats (s. zu VII, 2, 4), natürlich, um seine Amtszeit zu verlängern. — *dem Ackergesetz des Rullus:* das Cicero als Konsul i. J. 63 zu Fall brachte.

Brief 10. 1. *Dein Dankfest:* das Cicero als Anerkennung für seine gegen die Bergvölker des Amanus errungenen Erfolge beanspruchte. — *seine Komitialtage:* s. zu Br. 7, 5. — *durch das üble Treiben des Paullus:* dieser leitete im März die Senatsverhandlungen, als Caesars Nachfolge zur Debatte stand, suchte die Sache aber zu verschleppen, indem er entgegen dem Senatsbeschluß vom 29. September (Br. 7, 5) an den Komitialtagen den Senat nicht berief und so Curio in die Hände arbeitete; ein „übles Treiben" ist das natürlich nur in den Augen der Optimaten, zu denen sich Caelius damals noch hielt. — *erwiderte ihm:* dem Curio. — 2. *über die Opfertiere:* die für die Beschaffung der Tiere auszusetzende Summe, die bei dem Dankfest geopfert werden sollten. — *daß gezählt würde:* d. h. die Beschlußfähigkeit festgestellt würde. — *Lentulus:* P. Cornelius Lentulus Spinther. — *sich an Caesar versündigen würde:* dem gar nichts daran lag, Cicero zu brüskieren; viel lieber hätte er ihn für sich gewonnen. So höhnte er denn auch hernach in einem Briefe an diesen über Cato, der dem Bibulus (seinem Schwager!) ein zwanzigtägiges Dankfest bewilligt, aber gegen das für Cicero gestimmt habe. — *Domitius und Scipio:* diese adelsstolzen Männer gönnen dem homo novus Cicero die Auszeichnung natürlich nicht. — 4. *steht in dem Abriß:* den Caelius durch seine Beauftragten hatte anfertigen lassen und dem Briefe beilegte. — *die Leute seien Dir . . . erschienen:* der Text ist hier nicht in Ordnung.

Brief 11. 2. *Orestillas Tochter:* aus erster Ehe; in zweiter Ehe war sie mit Catilina verheiratet. — *Paula Valeria:* wer ihr Gatte war, ist unbekannt. — *noch nicht berichtet:* in dem in Br. 10, 4 erwähnten „Abriß".

Brief 12. 1. *Mit dem trefflichen Manne:* Dolabella. — 2. *seiner Interzession:* er hatte gegen den Senatsbeschluß, Caesar sein Kommando nur noch bis zum 13. November zu lassen, interzediert und erklärt, nur wenn auch Pompeius sein Imperium niederlege und seine Armee abgebe, werde er sich fügen. — *Pompeius ... ist so schwach im Magen:* er lag krank in Campanien darnieder und hatte an der Senatssitzung nicht teilgenommen.

Brief 13. 1. *Große Wohltaten:* während des Prozesses mit Dolabella, s. Br. 9, 1. — *sie zu vergelten:* mit Geld. — *seinen Kollegen:* in der Zensur, L. Calpurnius Piso Caesoninus. — *dies Geschenkchen:* mit Pompeius stand sich Caelius nicht gut. — 2. *mir ... nicht eben gewogenen Manne:* Cicero glaubte, ihm seine Verbannung zu verdanken; i. J. 55 fiel er im Senat mit den übelsten Schmähungen über ihn her (seine Rede in Pisonem), was Piso ihm gewiß noch nicht vergessen hatte. — 3. *nach der Lex Scantinia:* de nefanda Venere (widernatürliche Unzucht). — 4. *vor seinem Wahltag:* er bewarb sich um das Augurat.

Brief 14. 1. *Bei seiner Niederlage:* bei der Augurnwahl; gewählt wurde M. Antonius. — *Cn. Saturninus* und nachher *Sex. Peducaeus* sind offenbar von Domitius wegen unerlaubter Wahlbeeinflussung belangt worden. — 2. *verbinden mich Beziehungen:* der Text ist hier nicht in Ordnung. — 3. *die in Angst ... leben:* die etwas auf dem Kerbholz haben. — 4. *kratzt sich ... auf:* er hatte sich selbst der Räuberei von griechischen Kunstwerken schuldig gemacht. — *Drusus:* M. Livius Drusus Claudianus, der Vater der späteren Kaiserin Livia, damals Prätor; man warf ihm das gleiche Vergehen vor, über das er zu Gericht saß.

Brief 15. 1. *Auf einem Spaziergang:* Am 17. Januar hatte Pompeius Rom geräumt und stand jetzt mit seiner Armee in Brundisium, um nach Griechenland überzusetzen, was am 17. März geschah. Am 21. Februar war Corfinium, wo L. Domitius mit einer geringen Besatzung stand, ohne Schwertstreich eingenommen worden. — 2. *die Intimilier:* Intimilium ist das heutige Ventimiglia. — *der Sproß der Venus:* die Iulier führten ihr Geschlecht auf Venus als Mutter des Aeneas, zurück. — *Euern Domitius:* Caesar ließ ihn nach der Einnahme von Corfinium unbehelligt.

Brief 16. Der Brief steht auch ad Att. X, 9 A als Beilage zu einem Schreiben an Atticus.

Brief 17. 1. *Als Du Dich auf den Weg machtest:* am 7. Juni 49. —
Appius Claudius: mit dem Caelius seit dem Sommer 50 zerfallen war, s. Br. 13. — *auf dem Wege nach Ariminum:* im Januar
49, als Caesar den Bürgerkrieg begann. — 2. *hier:* in Rom;
Caelius war i. J. 48 Prätor. — *ihr sollt ... erleben:* der Text
ist hier in Unordnung. — *willig ... zu hungern:* wie jetzt vor
Dyrrhachium.

IX.

M. Terentius Varro aus Reate im Sabinerlande, der Adressat der
ersten acht Briefe des Buches, war der größte Gelehrte, den Rom
hervorgebracht hat. Man hat sein Lebenswerk auf 74 Schriften in
etwa 620 Büchern berechnet. Erhalten sind davon nur die zweite
Hälfte von De Lingua Latina und drei Bücher Rerum Rusticarum.
Politisch ist er kaum hervorgetreten. Zu Anfang des Bürgerkrieges
stand er als Legat des Pompeius in Südspanien, mußte sich aber
nach der Kapitulation bei Ilerda kampflos ergeben, zumal eine
seiner beiden Legionen zu Caesar überging. Er begab sich dann zu
Pompeius nach Griechenland, zog sich jedoch nach Pharsalus wie
Cicero aus dem Kriege zurück und scheint bald von Caesar begnadigt worden zu sein. Er starb im Alter von fast 90 Jahren i. J. 27.

Brief 1. 1. *Nach meiner Rückkehr:* im Oktober 47; von Ende 48 bis
zu diesem Zeitpunkt wartete Cicero in Brundisium auf Begnadigung, die ihm erst zuteil wurde, als Caesar aus dem Orient
zurückkehrte. — *mit unzuverlässigen Gefährten:* den Pompejanern.

Brief 2. Varro war im Begriff, nach Baiae zu gehen, dem antiken
Ostende. — 1. *In dieser ... Krise:* die Entscheidung in Afrika;
Cicero wußte noch nicht, daß sie bereits am 6. IV. gefallen
war.

Brief 3. 1. *Einen Brief geschrieben:* den vorigen, Br. 2. — *so entscheidende Neuigkeiten:* die Nachricht von der Schlacht bei
Thapsus. — 2. *natürlich:* ironisch. — *Lynceus:* einer der Argo-
nauten, berühmt durch seine scharfen Augen. — 3. *meinem
Magen:* dem Organ, auf den der Ärger sich auswirkt.

Brief 4. 1. *An der Zeit zu sein:* sich zur Begrüßung Caesars auf
italischem Boden einzufinden. — *Dich hinters Licht geführt
habe:* indem ich Dir mit fadenscheinigen Gründen abriet, nach
Baiae zu gehen. — *L. Caesar:* der Sohn des Konsuls von 64;
er wurde gleich nach der Schlacht bei Thapsus von Caesar
begnadigt, aber kurz darauf von den Soldaten erschlagen. —
das Zitat aus Terenz, Andria 112. — 2. das Zitat aus Ennius'
Annalen. — *Dolabella:* er war mit in Afrika gewesen. — das
Zitat aus einer unbekannten griechischen Tragödie.

Brief 5. *Unser Entschluß:* nach Pharsalus die Waffen zu strecken.

Brief 6. *Über das δυνατόν:* über das, was geschehen kann; wir würden sagen: über die Willensfreiheit. — *Diodor:* der letzte Vertreter der sog. megarischen Schule, die der Sokratesschüler Eukleides begründet hatte. Diodor leugnete die Willensfreiheit. — *des Chrysipp:* des Stoikers, der die Lehre Diodors scharf bekämpfte. — *unser Diodotus:* ein Stoiker, der im Hause Ciceros lebte und dort i. J. 59 starb. — *Cocceius:* die Lesart ist unsicher, über die Sache sonst nichts bekannt. — *ein Garten:* Anspielung auf den berühmten Garten Epikurs; bei dem geplanten Zusammensein wird Cicero im philosophischen Gespräch die Akademie vertreten, Varro die Stoa; da ein Epikureer nicht zur Stelle ist, hofft Cicero, daß wenigstens die nötige Literatur vorhanden ist.

Brief 7. 1. *Nach Alsium:* wo er einen Landsitz hatte. — 2. *der ganzen Affäre:* des Bürgerkrieges. — *Du warst ja nicht in Rom:* sondern standest als Legat des Pompeius in Spanien. — 3. *jetzt noch:* bei Thapsus. — *sie waren tief ergrimmt:* als Cicero und Varro sich nach Pharsalus zurückzogen. — *der Hilfe wilder Tiere:* Iubas Elefanten.

Brief 8. 1. *Deines Versprechens:* Cicero eine seiner Schriften zu widmen. — *vier . . . Mahner:* die vier Bücher Academica. — *des Antiochus:* von Askalon, eines Schülers des gleichgenannten Akademikers Philon von Larissa.

Brief 9. Dolabella befand sich im Feldlager Caesars, der Pompeius bei Dyrrhachium zerniert hatte, während Cicero sich bei Pompeius befand; der Briefbote mußte also die beiderseitigen Linien überschreiten; darauf bezieht sich der Schlußsatz des Briefes.

Brief 10. Dolabella befand sich mit Caesar in Spanien. — 1. *Nicias:* ein griechischer Gelehrter, Freund Dolabellas und Ciceros, der es durch seine Tätigkeit als Lehrer der griechischen Sprache und Philosophie zu Wohlstand gebracht hatte und somit in der Lage war, glänzende Diners zu geben; berühmt waren seine Pilz- und Fischgerichte, deren Rezepte er vielleicht der Septimia, der Gattin Siccas, eines Freundes Ciceros, verdankte. Durch allzu üppige Lebensführung geriet er in Schulden (Interpretation von Wieland). Über seinen Gläubiger Vidius ist sonst nichts bekannt. — *Aristarch:* berühmter Homerphilologe, der zahlreiche Verse für interpoliert erklärte. — 2. *Du hast . . . vergessen:* im folgenden ist der Text heillos zerstört; die Übersetzung beruht auf unsicheren Konjekturen. — *Bursa Plancus:* s. zu VII, 2, 2; er lebte in Ravenna in der Verbannung. — *damit . . . lesen lernen kann:* Nicias müßte, um seine Schulden bezahlen zu können, wieder Schulmeister werden. — 3. *P. Sulla:* ein Verwandter des Diktators, Partei-

gänger Caesars; nach XV, 17, 2 wurde er auf einer Reise von
Räubern erschlagen oder starb an einer Magenverstimmung.
— *um Caesars Lanze:* bei der Versteigerung der Güter der
Pompejaner hatte sich Sulla durch wohlfeilen Kauf schamlos
bereichert; die Lanze wurde bei Versteigerungen (ursprünglich
der Kriegsbeute) als Sinnbild der öffentlichen Gewalt aufgerichtet.

Brief 11. 1. *Mit M. Varro:* s. die Einleitung zu Br. 1–8. — *nach der
Niederwerfung des Afranius:* der i. J. 49 als Legat des Pompeius
in Spanien stand und sich bei Ilerda Caesar ergeben mußte. —
mitten in das Unglück: die erneute Waffenerhebung der Söhne
des Pompeius. — *Scapula:* er hatte die Reste der Pompejaner in
Spanien gesammelt und Sex. Pompeius zugeführt. — 4. *den
Ritterzensus:* 400.000 Sestertien (etwa 80000 M).

Brief 12. 1. *Wegen des Schicksalsschlages:* Tullias Tod im Februar 45;
Dolabella hatte sich einige Monate vorher von ihr getrennt. —
2. *Kämpfe für mich:* Cicero wurde vor allem von seinem Neffen
Quintus bei Caesar denunziert und verleumdet.

Brief 13. 1. *Unser Baiae:* Dolabella hielt sich dort auf, um seine in
Spanien erhaltene Verwundung auszuheilen. — *als heilkräftig:*
an sich war Baiae mehr Mode- als Heilbad, also etwa unser
Ostende oder Monte Carlo. — 2. *für Deiotarus:* den König
von Galatien; er war angeklagt, auf Caesar einen Mord-
anschlag verübt zu haben. Der Prozeß hatte wahrscheinlich
im November 45 in Rom stattgefunden. — *aus grobem Stoff:*
wie minderwertige Kleider.

Brief 14. Der Brief steht auch ad Att. XIV, 17 A als Beilage zu
einem Schreiben an Atticus. Dolabella hatte einen Caesar ge-
weihten Altar auf dem Forum beseitigt und sich anschließende
Unruhen mit Gewalt niedergeschlagen, so daß Cicero hoffte,
er werde sich den Optimaten anschließen. — 3. *bei meinem
Schwestersohn:* M. Antonius.

Die letzten zwölf Briefe sind an L. Papirius Paetus gerichtet, den
wir nur aus diesen Briefen kennen. Cicero war bereits i. J. 61 mit
ihm befreundet; damals vermachte ihm Paetus die von seinem
Vetter Ser. Claudius hinterlassene Bibliothek. Politisch hat er sich
offensichtlich nicht betätigt; als reicher Mann und Epikureer lebte
er nur seinen Liebhabereien.

Die Paetusbriefe hat neuerdings Meinhold Demmel in seiner
Dissertation „Cicero und Paetus" (Köln 1962) eingehend behandelt; wir sind ihm vor allem in der Datierung gefolgt, machen uns
aber auch in Text, Übersetzung und Erläuterungen seine Ergebnisse mehrfach zu eigen.

Brief 15. 1. *Cineas:* derselbe, der von Pyrrhus nach dem verlust-
reichen Siege von Ausculum i. J. 279 zu Friedensverhand-
lungen nach Rom geschickt wurde. — *Kyrupädie:* ein Werk
Xenophons, in dem in romanhafter Form das Leben des
älteren Kyros, des Begründers des Perserrreiches, dargestellt
und dieser als Idealfürst geschildert wird. — 2. *M. Fabius:*
an ihn sind die Briefe VII, 23–26 gerichtet; auf den hier ver-
handelten Konflikt mit seinem Bruder beziehen sich auch
II, 11, sowie das Empfehlungsschreiben XIII, 59 an den
Prätor C. Curtius Peducaeanus. Wie XV, 14, 1 zeigt, kam Fabius von C. Cassius aus Syrien, wo er sich vermutlich Geschäfte halber aufgehalten hatte. — 3. *Mato und Pollio:* offenbar Bekannte des Paetus, mit denen er persönlich verhandeln
soll; der erstere nicht zu identifizieren, Pollio wahrscheinlich
der Vater oder Oheim des P. Vedius Pollio, der i. J. 15 v. Chr.
bei seinem Tode dem Kaiser Augustus einen prächtigen
Landsitz (Pausilypon, heute Posilippo) vermachte.

Brief 16. 1. *Silius:* ein Caesarianer. — *mit seiner Nachricht:* daß
Caesar sich durch Ciceros lose Witze gekränkt fühle; vielleicht hatte auch das Erscheinen der Laudatio Catonis die
Caesarianer in Harnisch gebracht. — *gleichlautend:* Paetus
hatte zwei gleichlautende Briefe gleichzeitig oder kurz nacheinander abgehen lassen, damit, falls der eine verloren ginge,
jedenfalls der andre einträfe. — 4. *Dein Oenomaus-Zitat:* aus
der gleichnamigen Tragödie des Accius, in welchem der
König von seiner schwierigen Stellung dem Neide der Menschen gegenüber spricht: „Dieser Fels bildet eine Enge, und
am Fuße des Felsens nagt überströmend das Wasser an dem
Stein". — 6. *in Athen:* Sokrates unter den dreißig Tyrannen;
oder Syracus: Platon unter Dionys II. — 7. *eine Atellane:* derb-
komische Szenen aus dem Leben, die im Theater auf die Tra-
gödien zu folgen pflegten; an die Stelle der Atellane ist jedoch
neuerdings, wie die Cicerostelle zeigt, der Mimus getreten,
eine verfeinerte Form der Atellane. — *Pompilius und Denar:*
wahrscheinlich hatte Paetus scherzhaft erklärt, mehr als einen
Denar könne er für ein Diner nicht aufwenden (Gurlitt).
Pompilium ist Konjektur von Demmel, der an M. Pompilius
Andronicus denkt, einen verarmten, heruntergekommenen
Epikureer; mit ihm hätte sich Paetus auf eine Stufe gestellt.
— *erpicht auf Profitchen:* er knauserte mit den Ausgaben für
Diners. — *Du machst ein schlechtes Geschäft:* wörtlich „Du
empfingest eine Schätzung". Nach einer Lex Iulia vom Jahre
49 konnten Schuldner, statt ihr Darlehen in bar zurückzuzah-
len, Grundstücke in Zahlung geben, für die der Wert eingesetzt wurde, den sie vor dem Kriege gehabt hatten; da der
Grundstückswert infolge der unruhigen Zeiten stark ge-

sunken war, machte der Gläubiger ein schlechtes Geschäft. —
8. *bei dem viel übrigbleibt:* reichliche, aber unappetitliche Mahlzeiten. — *Deiner Mutter:* bei der es also anscheinend einfach,
aber doch nicht gerade primitiv zuging. — *das mennigfarbene
Iuppiterbild:* die uralte Terracottastatue wurde am Festtagen
mit Zinnober angestrichen. — *Deine Hoffnung zu setzen:* zu
hoffen, mich damit satt zu machen. — *Salz genug:* sicher ein
Witz oder Wortspiel, für uns unverständlich.

Brief 17. 1. *Meine Schüler:* Hirtius und Dolabella; s. Br. 16, 7. —
IHM entgegenschickte: Caesars Rückkehr aus Afrika stand
bevor. — 2. *im Bette:* an der Schlacht bei Pharsalus nahm
Cicero nicht teil, weil er krank war. — *Pompeius:* er wurde
bei der Landung in Ägypten ermordet, ebenso der Konsul
von 49, L. Cornelius Lentulus Crus; Q. Caecilius Metellus
Scipio, Pompeius' letzter Schwiegervater, nahm sich nach
Thapsus das Leben, als er mit einem kleinen Geschwader nach
Spanien segelte und dem Abenteurer P. Sittius, der für Caesar
focht, in die Hände fiel. — 3. *des Trainings:* in der Redekunst.
— *mehr Pfauen verdrückt:* bei den Diners mit Hirtius und Dolabella; s. Br. 16, 7. — *Haterius:* nicht zu identifizieren. — *die
Grundlagen:* der Kochkunst. — „*Schwein gegen Minerva*": sprich-
wörtlich, wenn ein Einfältiger einen Klügeren belehren will. —
4. *Deine Schätzungen:* s. zu Br. 16, 7. — *hinterher ist Dir . . .
sicher:* wörtlich: ihm wird das Sitzkissen folgen (Interpretation
von Demmel).

Brief 18. 1. *Wie einem . . . Schäker:* bei Gastereien wurden die Possenreißer zum Dank für ihre Darbietungen mit Äpfeln be-
worfen. — *die Taschen . . . vollgestopft:* anscheinend hatte Paetus
eine Ladung Äpfel geschickt. — *einen Hausgenossen:* der Dir
nicht wieder von der Pelle gegangen wäre. — *mehr Landgüter
besessen hast:* die ihm von seinen Schuldnern anstelle der Barzahlung abgetreten worden waren; s. zu Br. 16, 7. — 2. *wie
maßlos die Spätlerner sind:* sie protzen gern mit ihrem Wissen. —
Heiße Brühe: offenbar ein Spezialgericht der hirtianischen
Küche. — *Verrius:* nicht zu identifizieren; *Camillus:* war auch
mit Cicero befreundet.

Brief 19. 1. *Was . . . geschehen wird:* Paetus befürchtet, Caesar werde
seine Veteranen ansiedeln wollen, und sah somit seinen Besitz
in Campanien bedroht. — 2. *all das:* doppelsinnig: das Gute
und das Böse. — 3. *ich schreibe ja an Dich:* Paetus war als Epikureer politisch ziemlich uninteressiert.

Brief 20. 1. *Balbus:* als Caesars Vertrauensmann „Königen" gleich-
gestellt. — 2. *Stammler:* das bedeutet der Name Balbus.

Brief 21. 2. *Durch das Latinertum übertüncht:* gedacht ist an die
Transpadaner, die bis zum Jahre 49 nur das latinische Recht

besessen hatten und von Caesar das Vollbürgerrecht erhielten. — *durch jene behosten Völker:* Caesar hatte sogar Gallier in den Senat aufgenommen. — *Granius:* ein bekannter Witzbold, von dem Satiriker Lucilius (180–103) häufig erwähnt. — *Crassus:* der große Redner (140–91), dessen geistreichen Witz Cicero de or. II, 54 rühmt. — *Laelius:* der Freund des jüngeren Scipio. — 3. *von dem Hauskauf in Neapel:* Cicero beabsichtigte, das Haus des P. Sulla in Neapel zu kaufen, um sich aus Rom dorthin zurückzuziehen (s. unten § 5); Sulla war im Winter 46/45 gestorben (s. zu Br. 10, 3). — *Maßhalten in der Stadt:* Anspielung auf das Aufwandsgesetz (nach Demmel; s. u. § 5). — *Catulus:* der Konsul von 76, bis zu seinem Tode i. J. 60 Führer der Optimaten. — 4. *Deinen Verehrer:* Antonius. — 5. *unser Sittenmeister:* Antonius. — 5. *sobald er geht:* Antonius verließ Rom am 9. Oktober, um die aus Macedonien herangeholten vier Legionen in Brundisium in Empfang zu nehmen. — *vom Aufwandsgesetz:* s. zu VII, 24, 2; Antonius hat Caesars Lex sumptuaria anscheinend durch ein Edictum de sumptibus erneuert. — *Sullas Haus:* s. o. § 3.

Brief 22. 1. *Volumnius Eutrapelus:* s. zu VII, 32. — *den Philosophen:* den gleich genannten Dio; über ihn ist sonst nichts bekannt. — 2. *Cytheris:* eine Schauspielerin, Freigelassene des Eutrapelus und seine sowie des Antonius Freundin. — *das Zitat nach* Ribbeck aus Accius' Eurysaces, vollständiger Tusc. III, 18, 39: „Ist das der Telamon, den eben noch der Ruhm zum Himmel trug, auf den die Griechen schauten...?" — 4. *das Gesetz:* das Aufwandsgesetz; vgl. zu Br. 21, 5.

Brief 23. *M. Caeparius:* sonst unbekannt. — *im Hühnerwald:* in Campanien nicht weit von Capua.

Brief 24. 1. *den Vers aus Trabea:* „Einen unverzeihlichen Irrtum halte ich für ein ganz besonderes Vergnügen"; die Cicero-imitation scheint Paetus also trotz ihres Fehlschlages Spaß gemacht zu haben. — 2. *niederen Ranges:* erst später in den Patriziat aufgenommene Adelsfamilien. — *Papisier:* intervokalisches r geht zumeist auf ursprüngliches s zurück; der Lautwandel trat um die Mitte des 4. Jahrh. ein (vgl. mos, moris aus *mosis). — *die Sella curulis:* der Amtssessel der Oberbeamten. — *Cursor:* er war fünfmal Konsul, der führende Mann im zweiten Samniterkriege. — *Maso:* er hat es nur bis zum Ädilen gebracht. — 3. *die Carbones:* die ältere Generation bilden die gleich genannten drei Brüder C., Cn. und M. Carbo. *Gaius* war zunächst Anhänger der Gracchen, beantragte als Volkstribun i. J. 131 ein Gesetz, das die beliebig häufige Wiederwahl eines Volkstribunen gestattete (daher unten „rebellisch"), schwenkte später um und verteidigte als Konsul

i. J. 120 den für das tragische Ende des C. Gracchus verant-
wortlichen Konsul des Vorjahres L. Opimius; im folgenden
Jahre wurde er von dem damals erst zwanzigjährigen berühmten Redner L. Crassus wegen Majestätsverbrechens belangt.
Der i. J. 82 als Anhänger Sullas (darum „ein rechter Staatsbürger") von Damasippus ermordete C. Carbo war sein Sohn.
Gnaeus ist der Konsul von 113, der bei Noreia von den Cim-
bern geschlagen und wahrscheinlich deshalb von M. Antonius
angeklagt wurde (s. u.) .Seine Söhne waren der „Possenreißer"
C. Carbo, Sullaner, aber von seinen Parteigenossen offenbar
nicht sonderlich geachtet, und Gnaeus, der bekannte Marianer,
Konsul 85, 84 und 82; als Sulla die Oberhand gewann, floh
er nach Afrika, wurde aber auf Sizilien von Pompeius gefangen
genommen und hingerichtet (s. u.). Der dritte aus der älteren
Generation, *M. Carbo*, war um 115 wahrscheinlich als Prätor
Statthalter von Sizilien und wurde offenbar wegen Unter-
schlagung angeklagt („ein böser Langfinger"). Welcher der
drei jüngeren Carbones der Gatte der Rubria, anscheinend
einer Dame von niederer Herkunft, war, ist nicht bekannt;
auch ihr Sohn („mein Freund hier") ist nicht mit Sicherheit
zu identifizieren. — *P. Flaccus:* nicht zu identifizieren. — *an
dem Attentat:* der jüngere Scipio starb unerwartet i. J. 129,
erst 54 Jahre alt; es hieß, er sei von den Anhängern der Gracchen vergiftet worden. — *dieser Kerl:* der jüngere Cn. Carbo.
— *durch Kupfervitriol freigesprochen:* er entzog sich der Verurteilung durch Selbstmord.

Brief 25. Der Brief hat durch Wilhelm Wendt in seiner Dissertation
„Ciceros Brief an Paetus IX, 22" (Gießen 1926) eine Sonder-
behandlung erfahren. — 1. *Zeno:* der Begründer der Stoa; sein
Grundsatz: naturalia non sunt turpia. — *unsre Akademie:* die
auf Platon zurückgehende Schule, der auch Cicero anhing. —
in der Demiurgus: so hieß eine Komödie Menanders, die Turpilius für die römische Bühne bearbeitet hatte. Die Demiurgus
ist eine bei den Vorbereitungen zur Hochzeit tätige Frau. Der
junge Mann, der die folgenden Worte spricht, steht in Beziehung zu einer Hetäre, die er nun lösen soll, um zu heiraten. — *„ließ stehen":* d. h. sie hat mir mein ganzes Geld abgenommen; das erzählte der junge Mann in dem Zusammen-
hange, den Cicero zurückhaltend „Vorgang" nennt. — *Roscius:* ein berühmter Schauspieler, der einst die Rolle gespielt
hatte. — *„Dies eine Weib":* aus der Clytaemestra des Accius;
Electra hielt ihrer Mutter mit diesen Worten den ehebreche-
rischen Umgang mit Ägisth vor. — *„In dieses grimmen Mannes
. . .":* aus einer unbekannten Tragödie, wahrscheinlich auf
Atreus und Thyestes zu beziehen. — *„Mich, die Jungfrau...":* aus
der Antiope des Pacuvius; Iuppiter nahte sich ihr in Satyrnge-

stalt und erzeugte die Zwillinge Amphion und Zethos. — 2. *einen andern Ausdruck:* culus oder podex. — *Piso Frugi:* einer der älteren römischen Annalisten, Konsul i. J. 133. — *mit dem rechten Namen:* mentula. — *cum nos:* flüchtig gesprochen cunnos; cunnus „die weibliche Scham". — *illam dicam:* flüchtig gesprochen illandicam; landica „Klitoris". — 3. *Connus:* klingt wieder an cunnus an. — *für einen Griechen:* der hört βίνει (gesprochen „bini") „notzüchtige!" heraus. — *dieselbe Form:* pavi-mentula. — 4. *divisio:* visio „einen leichten Wind lassen". — *intercapedo:* pedo „farzen". — *über Aurelia oder Lollia:* die Namen sind nicht zufällig gewählt; Aurelia Orestilla war die zweite Frau Catilinas, Lollia die des Gabinius; beide standen in nicht besonders gutem Rufe. — *testes:* das Wort kann auch „Hoden" bedeuten. — *colei Lanuvini . . . Cliternini:* für uns unverständlich. — *„Achtung vor . . .":* soviel wie: laß uns so sprechen, daß wir vor ehrbaren Frauen bestehen können! Der 1. März war der Tag der Matronalia, der Stiftungstag des Tempels der Iuno Lucina, eine ausschließliche Festfeier der ehrbaren, verheirateten Frauen.

Brief 26. 1. *Rufus:* nicht zu identifizieren. — *sind Anschläge . . . geplant gewesen:* Cicero war am 10. November 44 auf der Durchreise in Aquinum und Fabrateria. Von Attentaten kann aber wohl kaum die Rede gewesen sein; es wird sich um Anrempeleien durch Soldaten des Antonius gehandelt haben (Demmel). — *Du hast munkeln hören:* nachdem die „Anschläge" geschehen waren; daraufhin warnte Paetus Cicero vor weiteren Attentatsversuchen. — 2. *Spurinna:* der bekannte Wahrsager, der auch Caesar vor den Iden des März gewarnt hatte.

X.

L. Munatius Plancus, dessen Briefwechsel mit Cicero in den ersten vierundzwanzig Briefen dieses Buches vorliegt, war Caesars Legat in Gallien, Spanien und Afrika gewesen. Zum Dank für seine Dienste erhielt er für das Jahr 44 die Statthalterschaft von Gallia Comata und wurde im voraus zusammen mit D. Iunius Brutus für das Jahr 42 zum Konsul designiert.

Brief 1. 1. *Ich bin fortgewesen:* Cicero war am 17. Juli von Pompeii abgereist, weil er, solange Antonius in Rom war, doch nichts unternehmen konnte, und wollte seinen in Athen studierenden Sohn besuchen. Unterwegs erhielt er in Regium die Nachricht, Antonius lenke ein, der Senat sei einberufen worden, Brutus und Cassius hätten brieflich alle Konsulare und Prätorier aufgefordert zu erscheinen. Daraufhin kehrte Cicero um. Am 31. August traf er in Rom ein. Hier zeigte es sich indessen sehr bald, daß Antonius gar nicht daran dachte nachzugeben.

Schon bald kam es zu persönlichen Konflikten zwischen ihm und Cicero. Aus dieser Lage heraus ist der erste Brief geschrieben. — 3. *Deine Würde:* Plancus hatte im Sommer 44 die Kolonie Raurica (Augst) gegründet; bei den damit verbundenen Kämpfen gegen die ansässige Bevölkerung war er zum Imperator ausgerufen worden und hoffte nun, wie Cicero i. J. 50, auf ein Dankfest und den Triumph. Dafür verspricht Cicero sich einzusetzen. — *unsern Furnius:* Plancus' Legat; er war i. J. 50 für das von Cicero gewünschte Dankfest eingetreten.

Brief 2. *Von der besten Staatsordnung:* natürlich meint Cicero die bestehende Verfassung, in der der Senat das ausschlaggebende Element war.

Brief 4. 1. *Zwei Briefe:* gleichen Wortlauts, damit der Empfänger, falls der eine verloren ging, jedenfalls den andern erhielt. Gemeint ist Br. 14.

Brief 5. 1. *Dein Schreiben:* es ist nicht erhalten. — *Dein Kollege:* D. Brutus, sowohl als Statthalter von Gallia Cisalpina wie als designierter Konsul für 42. — *belagert wird:* von Antonius in Mutina. — 2. *des Lepidus:* des Statthalters von Gallia Narbonensis und Hispania Citerior. — *Deinen . . . Bruder:* C. Munatius Plancus, der jedoch durch Adoption den Namen L. Plautius Plancus bekam.

Brief 6. 1. *Deines Briefes:* dieser ist nicht erhalten. — *hätten wir . . . einen Konsul gehabt:* beide Konsuln standen im Felde gegen Antonius. — 2. *Deinem Kollegen:* dem in Mutina belagerten D. Brutus.

Brief 7. Die Antwort auf Br. 15 (Plancus' Schreiben an den Senat) und 16. — 3. *die Hühnerwärter:* sie hatten ursprünglich das Fressen der heiligen Hühner zu beobachten; stürzten diese sich gierig auf das Futter, dann galt das als günstiges Vorzeichen; doch wurde diese Art der Vorzeichenschau meist nur im Felde angewendet, um die umständliche Beobachtung des Vogelfluges zu umgehen. Im städtischen Amtsbereich sind die pullarii einfach Bedienstete der Augurn. — *von unserm Kollegium:* den Augurn, denen auch Cicero angehörte. — 3. *Servilius:* er wollte seinen Schwager Lepidus nicht Plancus gegenüber zurückgesetzt sehen.

Brief 8. 1. *Zwei Tage vor dem Siege:* bei Mutina über Antonius am 21. April. Der Brief des Plancus, der die willkommene Kunde brachte, ist nicht erhalten.

Brief 9. Die Antwort auf Br. 17, den Cicero sofort nach Eintreffen im Senat verlas, der daraufhin einen Ehrenbeschluß für Plancus faßte.

Brief 10. Die Antwort auf Br. 18.

Brief 11. Die Antwort auf Br. 19. — 1. *ein . . . Schreiben des Lepidus:* es ist nicht erhalten. — *Servilius:* der Schwager des Lepidus.

Brief 12. Die Antwort auf Br. 20. — 1. *Einen Brief von Deinem Kollegen:* von D. Brutus; er ist nicht erhalten.

Brief 13. 1. *Durch Euer Schreiben:* es liegt in XI, 24 vor. — 2. *die . . . Ackeranweisung:* nach der Schlacht bei Mutina wurde eine zehnköpfige Kommission eingesetzt, um die den senatstreuen Legionen versprochene Versorgung in die Wege zu leiten. Den Vorsitz führte Cicero. Plancus, wie übrigens auch D. Brutus und Octavian, bewarb sich um einen Sitz in dieser Kommission, wurde aber nicht gewählt. Darüber hatte er sich in einem nicht erhaltenen Briefe bei Cicero beschwert. — *wer sie . . . verhindert hat:* wahrscheinlich wieder Servilius Isauricus, s. zu Br. 7, 3.

Brief 14. Die Antwort auf Br. 3. — 1. *Entschuldigung:* daß er nicht eher geschrieben habe. — 2. *im Januar:* wenn die neuen Konsuln Hirtius und Pansa ihr Amt angetreten haben, von denen man eine energische Bekämpfung des Antonius erwartete.

Brief 15. 2. *Eine Reihe von Männern . . . gekommen ist:* am 1. Januar war die Verteidigung von Gallia Cisalpina gegen Antonius durch D. Brutus vom Senat gebilligt worden; Lepidus sollte in Anerkennung des durch ihn vermittelten Friedensschlusses mit Sex. Pompeius, der sich in Spanien nach Caesars Ermordung wieder erhoben hatte, eine goldene Reiterstatue erhalten; Octavian wurde der Rang eines Prätoriers bewilligt; L. Egnatuleius, der Führer einer der von Antonius abgefallenen Legionen, sollte sich drei Jahre vor dem gesetzlichen Alter um die Ämter bewerben dürfen. — *mit den Aussichten:* auf das Konsulat i. J. 42. — 3. *des einen Mannes:* Antonius. — *durch Schenkungen und Zugeständnisse:* seitens des Antonius, der nach Caesars Ermordung, angeblich auf Grund von dessen nachgelassenen Papieren, zahllose Immunitäten verlieh, natürlich nicht, ohne sich gut dafür bezahlen zu lassen. — *der Statthalter . . . der benachbarten Provinzen:* also des Lepidus in Gallia Narbonensis und Hispania Citerior und des Asinius Pollio in Hispania Ulterior. — *die Freiheit zu schützen:* d. h. hier, den Kampf überhaupt unmöglich zu machen. — *meines Kollegen:* D. Brutus.

Brief 17. Die Antwort auf Br. 6. — 3. *Ich bin . . . über die Rhone gegangen:* um nach Mutina zu marschieren; daß die Schlacht inzwischen bereits geschlagen war, wußte Plancus noch nicht.

Brief 18. Die Antwort auf Br. 7. — 2. *Die 10. Legion:* sie gehörte zur Armee des Lepidus. — *persönliche Mißhelligkeiten:* Näheres

wissen wir darüber nicht. — 3. *des Laterensis:* eines der Legaten des Lepidus.

Brief 19. 1. *Den einen . . . Banditen:* Antonius. — 3. *Forum Iulii:* heute Fréjus. — 4. *nicht an . . . Initiative fehlen wird:* darin täuschte sich Plancus; Brutus zeigte sich nach Mutina der Lage keineswegs gewachsen.

Brief 20. 3. *Titius:* Plancus' Schwager. — *Laevus Cispius:* ein Legat des Plancus. — 4. *Canidius, Rufrenus:* Legaten des Lepidus. — *zwei vorzügliche Konsuln:* Hirtius und Pansa; beide kamen bei Mutina ums Leben.

Brief 21. 1. *Aus dem Schreiben:* gemeint ist der vorige Brief. — 3. *des Maultiertreibers:* Ventidius war von niederer Herkunft, unter Caesar hochgekommen; i. J. 43 Prätor, hatte er in Picenum für Antonius Truppen angeworben.

Brief 22. 1. *Forum Voconii:* in der Gegend des heutigen Vidauban zwischen Aix und Fréjus. — *dem ewigen Hin- und Herlaufen:* s. Br. 18, 2, 3. — *habe ich Dir . . . geschrieben:* s. Br. 20, 7. — 3. *den Apella:* einen seiner Freigelassenen. — *L. Gellius:* sonst unbekannt; die folgenden Worte sind wahrscheinlich verderbt, jedenfalls für uns unverständlich.

Brief 23. 3. *mit meinem Kollegen:* D. Brutus. — 4. *wird . . . am Leben bleiben:* er starb wenige Tage später an seiner Wunde. — 6. *Caesar:* Octavian hatte sich nach der Schlacht bei Mutina der Verfolgung des Antonius nicht angeschlossen und stand immer noch in Oberitalien. — *Cularo:* Grénoble.

Brief 24. 4. *Die afrikanische:* schon im Mai hatte der Senat zwei Legionen aus Afrika herangezogen. — 6. *die früheren Ereignisse:* sein Verhalten nach Mutina. — *den Gedanken an das Konsulat:* er forderte es bereits im Juni als Preis für die Unterstützung des Brutus und Plancus. Im August erschien er mit seiner Armee vor Rom und wurde am 19. zum Konsul gewählt. — *seine Verwandten:* sein Stiefvater L. Marcius Philippus und C. Claudius Marcellus, der Gatte seiner Schwester.

Brief 25. Über Furnius s. zu Br. 1, 4. — 2. *Wenn Du Ädil gewesen wärest:* bei normaler Ämterlaufbahn folgte die Prätur zwei Jahre nach der Ädilität. — 3. *Caecina:* s. zu VI, 5 ff. — *Calvisius:* er war i. J. 44 Prätor und wurde von Antonius für das folgende Jahr zum Statthalter der Provinz Africa bestimmt.

Brief 26. 2. *In fremde . . . hineindenken kannst:* als Sachwalter vor Gericht.

Brief 27. C. Trebonius war Parteigänger Caesars, leitete i. J. 49 die Belagerung von Massilia; Prätor 48 (s. die Einleitung zu den Caeliusbriefen in VIII), 47 Statthalter in Spanien, Kon-

sul 45, für 44 von Caesar zum Statthalter der Provinz Asia ernannt, nahm an der Verschwörung gegen Caesar teil, reiste Ende März 44 in seine Provinz (s. seinen Brief an Cicero aus Athen vom 25. Mai, XII, 16), wo er Ende Januar 43 von Dolabella ermordet wurde; er war also, als Cicero diesen Brief schrieb, bereits tot. Zwei weitere Briefe an ihn von Ende 46/ Anfang 45: XV, 20. 21. — 1. *von Dir . . . beiseite genommen wurde:* als Caesar am 15. März in den Senat ging, hielt Trebonius den Antonius unter irgendeinem Vorwande zurück, damit er nicht etwa Caesar gegen die Streiche der Verschwörer decken könne. — *nach Antonius' Abzug:* aus Rom am 28. November, um sich der Provinz Gallia Cisalpina zu bemächtigen. — 2. *ganz etwas anderes:* Schutzmaßnahmen für die erste Senatssitzung unter den Konsuln von 43. — *mit meiner . . . Rede:* der 3. Philippica. — 3. *teils übel gesinnt:* Antonius hatte zahlreiche Anhänger im Senat; erst nach Mutina drang Cicero mit seiner Forderung durch, ihn zum Staatsfeind zu erklären. — *Servius:* Ser. Sulpicius Rufus war auf einer Gesandtschaftsreise zu Antonius im Januar gestorben. Zu seiner Persönlichkeit s. die Einleitung zu IV, 1 ff. — *L. Caesar:* seine Schwester war die Mutter des Antonius. — *der Knabe Caesar:* er war erst 19 Jahre alt. — *die Veteranen:* seines Adoptivvaters Caesar.

Brief 28. Der Adressat des Briefes, Ap. Claudius, war der älteste Sohn des C. Claudius Pulcher (s. zu VIII, 7, 2). Dieser war von Antonius aus der Verbannung zurückgerufen worden, und zum Dank dafür schloß sich der Sohn an Antonius an und kämpfte bei Mutina auf seiner Seite. Cicero setzte sich dafür ein, daß er jetzt unbehelligt bliebe, und empfahl ihn an D. Brutus (s. XI, 26).

Brief 29. Der Schreiber des Briefes, Ser. Sulpicius Galba, war einer der Caesarmörder; während der Eroberung Galliens war er Caesars Legat gewesen. — 1. *Vor dem Eintreffen Pansas:* er hatte am 20. März Rom verlassen und führte vier Rekrutenlegionen heran. — *Silanus:* Schwager des Lepidus, Bruder seiner Frau. — *Hirtius:* er war bereits im Januar an die Front gegangen. — *die Marslegion:* sie und die 4. Legion waren im Herbst 44 von Antonius abgefallen und zu Octavian übergegangen. — *Forum Gallorum:* sö. von Mutina an der Via Aemilia beim heutigen Castelfranco.

Der Schreiber der folgenden drei Briefe, C. Asinius Pollio, schloß sich im Bürgerkriege Caesar an (s. Br. 30, 2), focht bei Pharsalus, in Afrika und Spanien gegen die Pompejaner und wurde von Caesar für das Jahr 44 zum Statthalter von Hispania Ulterior bestimmt. Nach seinem Konsulat i. J. 40 zog er sich aus dem öffentlichen Leben zurück und widmete sich seinen privaten Nei-

gungen. Er war Dichter, Redner und vor allem Geschichtsschreiber (Geschichte des Bürgerkrieges in 17 Büchern, beginnend mit dem Jahre 60, leider nicht erhalten); Freund Vergils (4. Ekloge) und des Horaz (Ode 2, 1).

Brief 30. 1. *Castulo:* die heutige Sierra Morena. — 2. *den Einflüsterungen dessen:* wer gemeint ist, ist nicht klar. Man wird am ehesten an Antonius denken, indessen paßt alles, was Pollio über seine Verhältnisse zu dieser Persönlichkeit sagt, viel besser zu dem jüngeren Balbus; s. Br. 32. — *den Ausbruch des Bürgerkrieges:* i. J. 49. — *eines meiner Feinde:* wer das war, wissen wir nicht. — *um nicht ... zu gehören:* „den Letzten beißen die Hunde". — 4. *seit den Iden des März:* des Jahres 44. — *Lepidus:* der Statthalter von Gallia Narbonensis und Hispania Citerior. — *5. mit der Abtretung der 30. Legion:* die Lepidus von ihm gefordert hatte. — 6. *meinen Freund:* wahrscheinlich ist Cornelius Gallus gemeint (s. Br. 32, 5), der „Erfinder" der römischen Elegie, auch mit Vergil befreundet (10. Ekloge).

Brief 31. 4. *Aus Lepidus' Gallien:* seiner Provinz Gallia Narbonensis. — *in demselben Gefecht:* bei Forum Gallorum; s. Br. 29. — *in der Schlacht des Hirtius:* der Hauptschlacht bei Mutina am 21. April.

Brief 32. 1. *Balbus:* der jüngere, Neffe des bekannten Vertrauensmanns Caesars; die Familie stammte aus Gades (Cadix) und hatte wegen ihrer Verdienste während des Sertoriuskrieges das römische Bürgerrecht erhalten. — *Calpe:* in der Gegend des heutigen Gibraltar. — *Boguds Reich:* Mauretanien (Marokko). — 2. *genau wie C. Caesar:* dieser zwang den Mimendichter D. Laberius, einen sechzigjährigen Ritter, in einem seiner eigenen Stücke als Schauspieler aufzutreten, belohnte ihn hernach aber mit 500 Sestertien und Wiederverleihung des goldenen Ringes, des Abzeichens der Ritterwürde. — *in den vierzehn Parkettreihen:* wie sie in Rom seit der Lex Roscia theatralis vom Jahre 67 für die Ritter reserviert waren. — *Sex. Varus:* nicht zu identifizieren. — 3. *Verhandlungen mit ... L. Lentulus:* dem Konsul des Jahres 49, im Auftrage Caesars, der ihn durch Bestechung auf seine Seite zu ziehen suchte. Ein erster solcher Versuch Ende Februar 49 war gescheitert; der zweite, um den es sich hier handelt, fand während der Kämpfe um Dyrrhachium statt und blieb ebenfalls erfolglos, weil man sich über die Höhe der Bestechungssumme nicht einigen konnte. — *Hispalis:* das heutige Sevilla.

Brief 33. 1. *Die höchsten Ehren:* zum Dank dafür, daß Lepidus den Friedensschluß mit Sex. Pompeius zustande gebracht hatte, wurde ihm in der letzten Senatssitzung unter Antonius am 28. November 44 ein Dankfest beschlossen; Anfang Januar

erhielt er außerdem auf Antrag Ciceros eine goldene Reiterstatue, natürlich nur, um ihn bei der Stange zu halten. Lepidus legte sich daraufhin den Titel „Imperator" bei. — *Frieden . . . zu stiften:* Mitte März ging von Lepidus, wie auch von Plancus (s. Br. 5), ein Schreiben ein, das zu friedlichem Ausgleich mit Antonius riet. — *einen Banditen:* Antonius.

Brief 34. 1. *Forum Voconii:* s. zu Br. 22, 1. — *Argenteus:* heute Argens, das bei Fréjus mündende Flüßchen. — 2. *Silanus:* Lepidus hatte ihn und Culleo mit einem Teil seiner Truppen, scheinbar zur Unterstützung des D. Brutus, nach Oberitalien geschickt; sie kämpften aber bei Mutina, wahrscheinlich im Einvernehmen mit Lepidus, auf Seiten des Antonius. Vgl. auch Br. 29, 1. — *verwandtschaftliche Beziehungen:* eine Schwester des Silanus war die Frau des Lepidus.

Brief 35. 1. *Zur Förderung meines Ranges:* s. zu Br. 33, 1.

XI.

D. Iunius Brutus, dessen Briefwechsel mit Cicero aus den Jahren 44 und 43 den größten Teil des Buches einnimmt, war einer der von Caesar am meisten ausgezeichneten Männer. Er diente ihm bereits in Gallien als Legat, wo er mit wichtigen Aufgaben betraut wurde, führte i. J. 49 bei der Belagerung von Massilia die Flotte, war in den Jahren 48 und 46 Statthalter von Gallia Ulterior, erhielt für das Jahr 44 die Statthalterschaft von Gallia Cisalpina und wurde für das Jahr 42 zum Konsul designiert. Trotzdem nahm er an der Verschwörung gegen Caesar teil.

Brief 1. Der Brief zeigt die völlige Ratlosigkeit der Verschwörer nach den Iden des März. Daß es mit der Ermordung des Diktators nicht getan war, daran hatten sie offenbar überhaupt nicht gedacht. Sie hielten sich in der Stadt versteckt, scheuten sich aber auch, die Stadt zu verlassen, weil sie damit das Scheitern ihres Unternehmens dokumentiert hätten. — 1. *meine Provinz übernähme:* erst Mitte April reiste D. Brutus ab. — 2. *eine freie Gesandtschaft:* eine Gesandtschaft ohne offiziellen Auftrag, die es einem Senator erlaubte, Italien als Privatmann zu verlassen. — 4. *bei Sex. Pompeius:* der sich auch nach der Schlacht bei Munda in Spanien hielt und im Kleinkrieg gegen das cäsarische Regiment wühlte. — *Bassus Caecilius:* ein Pompejaner, der sich nach der Schlacht bei Pharsalus nach Syrien durchgeschlagen hatte und sich in Apamea festsetzte.

Brief 2. 1. *Zum 1. Juni:* auf diesen Tag hatte Antonius den Senat einberufen. — *die uns persönlich betrifft:* sie sollten bestimmte Aufträge erhalten, um sie aus Italien zu entfernen. — 2. *die Wiederaufrichtung des Altars:* s. zu IX, 14.

Brief 3. 1. *Deinem Erlaß:* die Antwort des Antonius auf das gleich erwähnte Manifest des Brutus und Cassius, über dessen Inhalt nichts bekannt ist. Anscheinend hatten sie übertriebene Forderungen gestellt, die Antonius, obwohl er augenblicklich geneigt schien, sich der Senatsopposition zu nähern, nicht erfüllen wollte und konnte. — 3. *auf ihr Recht zu verzichten:* anscheinend hatten sie ihre Prätur niedergelegt und forderten die Zuweisung von Provinzen. — *ihm die Freiheit verschafft haben:* durch Caesars Ermordung.

Brief 4. 1. *Für meine Würde einzutreten:* Brutus war bei den gleich erwähnten Kämpfen in den Alpen zum Imperator ausgerufen worden und spekulierte jetzt auf Dankfest und Triumph.

Brief 5. 1. *Lupus:* Legat des D. Brutus, vielleicht mit dem I, 1, 3 und 2, 2 genannten identisch.

Brief 6. 1. *Weilte ich in Gegenden:* in Puteoli und Arpinum; erst als Antonius am 28. November nach Ariminum abgerückt war, entschloß Cicero sich, nach Rom zurückzukehren. — *Pansa:* damals designierter Konsul. — *bei jener Deiner . . . Tat:* der Ermordung Caesars. — 2. *gelangt ER in den Besitz der Provinz:* Antonius hatte sich Anfang Juni die Statthalterschaft von Gallia Cisalpina für 43 durch Volksbeschluß zuweisen lassen und vier Legionen aus Macedonien herangezogen, um sich schon vor Ablauf der Statthalterschaft des D. Brutus mit Gewalt in den Besitz der Provinz zu setzen, von der aus er Italien in Schach halten konnte. Brutus hätte an sich erst Anfang Mai 43 abtreten müssen.

Brief 7. 1. *Deinen Vetter Servius:* den jungen Ser. Sulpicius Rufus. — 2. *eine Ermächtigung des Senats:* Rüstungen vorzunehmen und sich gegen den Konsul Antonius zur Wehr zu setzen. — *Deine eigene Tat:* die Ermordung Caesars. — *Caesar:* er hatte sich dem Senat zum Kampfe gegen Antonius zur Verfügung gestellt. — *die Veteranen:* des alten Caesar, die Octavian zu den Waffen gerufen hatte, Kriegskameraden des Brutus während des Bellum Gallicum. — *die 4. und die Marslegion:* zwei der von Antonius aus Macedonien herangeholten Legionen, die zu Octavian übergetreten waren.

Brief 8. 1. *Deine Kundmachung:* daß er seine Provinz gegen Antonius zu verteidigen gedenke. — 2. *was ich . . . veranlaßt und . . . gesprochen habe:* Philippica III und IV; die von Brutus ergriffenen Maßnahmen wurden vom Senat gutgeheißen.

Brief 9. 1. *Deine Polla:* Brutus' Gattin; sie fertigte gerade einen Boten an ihren Gatten ab. — *die Gesandten:* am 4. Januar hatte der Senat beschlossen, zunächst mit Antonius zu verhandeln, der inzwischen Brutus in Mutina eingeschlossen hatte; er

sollte die Belagerung der Stadt aufheben und sich hinter den Rubico zurückziehen. — *Liebe zu Deinem Namen:* Brutus hieß auch der Befreier Roms von der Herrschaft der Könige. — *von dem König:* Caesar. — 2. *unser Hirtius:* der zweite Konsul des Jahres 43; er war Mitte Januar auf den Kriegsschauplatz geschickt worden.

Brief 10. 1. *Der Tod Pansas:* er war in den Kämpfen um Mutina schwer verwundet worden und bald nach der Entscheidungsschlacht (21. April) gestorben, in der auch Hirtius ums Leben kam. — *unsre Gegner:* die Anhänger des Antonius in Rom. — *Ventidius:* s. zu X, 21, 3. — *Lepidus:* Statthalter von Gallia Narbonensis und Hispania Citerior. — *Pollio Asinius:* Statthalter von Hispania Ulterior. — *Plancus:* Statthalter von Gallia Comata. — *Regium:* Lepidi, an der Via Aemilia, heute Reggio.

Brief 11. 1. *Ich bin Dir . . . verpflichtet:* Cicero hatte beantragt, dem Tage des Eintreffens der Siegesbotschaft im Kalender eine für Brutus ehrenvolle Bemerkung beizufügen. — *diese verdrehte Gesellschaft:* die Antonianer. — 3. *Vada:* in der Gegend des heutigen Savona. — 5. *Varros Schätze:* für uns unverständliche Anspielung. — *Dertona:* zwischen Genua und Placentia, heute Tortona.

Brief 12. 1. *Der Statiellenser:* der Einwohner von Aquae Statiellae, zwischen Dertona und Vada, heute Acqui.

Brief 13. 1. *Drei Briefe:* die Briefe 10–12. — 2. *was das . . . zu bedeuten hat:* wer die Vernichtung des Antonius verabsäumt, lädt schwere Schuld auf sich.

Brief 14. 3. *Pollentia:* heute Pollenza, südl. von Turin. — *Trebellius:* Legat des Antonius. — Das Ende des Briefes fehlt.

Brief 16. 1. *Die 4. und die Marslegion:* s. zu Br. 7, 2; Octavian weigerte sich, sie an Brutus abzutreten. — 2. *die Vicetiner:* die Einwohner von Vicetia, heute Vicenza. Um was es sich handelt, ist unbekannt.

Brief 17. 1. *Anträge betreffs der Zehnmänner:* s. zu X, 13, 2. — *des jungen Mannes:* Octavians. — 2. *Brutus:* M. Brutus hatte, ebenso wie Cassius, Ende August Italien verlassen, nachdem ihm Creta und Cassius Cyrene als Provinzen zugewiesen waren. Cassius ging nach Syrien, Brutus nach Macedonien. — 3. *von Plancus:* vgl. X, 12, 2.

Brief 18. 1. *Befördern:* entweder zu hohen Ehren oder ins Jenseits, beides läßt sich unter dem Wort tollere verstehen; Cicero hatte natürlich das erstere gemeint. — *in das Zehnerkollegium:* s. Br. 17, 1. — 3. *von uns beiden:* D. Brutus und Octavian; sie wollten also die Verteilung der Äcker an ihre Leute selbst in

die Hand nehmen. — *die vier Legionen:* die von den Konsuln zu Anfang des Jahres ausgehobenen und von Pansa herangeführten (vgl. X, 29). — *des Silanus:* des Schwagers des Lepidus (s. zu X, 34, 2), der wegen seiner Teilnahme am Kampfe um Mutina auf Seiten des Antonius geächtet worden war. — 4. *die eine Legion:* eine der vier Rekrutenlegionen. — *Eporedia:* heute Ivrea.

Brief 19. 2. *Er jagt nach neuen Enten:* das Wortspiel mit res (Sache — Vermögen) ist im Deutschen schwer herauszubringen; die Übersetzung nach Bardt, Röm. Charakterköpfe S. 300.

Brief 20. 1. *Drei . . . Armeen:* die des Brutus, Plancus und Octavian.

Brief 21. 2. *Servius:* s. zu Br. 7, 1.

Brief 22. *Was jetzt eingetreten ist:* Lepidus hatte sich am 29. Mai Antonius angeschlossen.

Brief 23. 1. *Solle ich . . . schreiben:* Lupus wird dann den Brief mitnehmen. — 2. *Deinem Kollegen:* Plancus. — *Brutus:* er stand in Macedonien.

Brief 24. Der Anfang ist verloren. 1. *könne eine Armee . . . nicht herübergebracht werden:* eben die des Brutus; er stieß am 9. Juni, dem Datum dieses Briefes, zu Plancus. — *ziemlich . . . stand:* das dazwischen stehende Wort ist verderbt.

Brief 25. 1. *Dein Brief:* er ist nicht erhalten. — *Euer gemeinsames Schreiben:* Br. 24.

Brief 26. Zur Sache s. X, 28.

Brief 27. 1. *Seine Verdienste um mich:* s. Br. 28, 2. — *als Ädil:* i. J. 45.

Brief 28. 3. *Die Ritterzenturien:* unter den 193 Zenturien, in denen das Volk abstimmte, umfaßten die 18 Ritterzenturien tatsächlich, was das Wort centuria eigentlich bedeutet, nur je 100 Mann. Brutus war einer der führenden Männer in dieser hochadeligen Gesellschaft.

Brief 29. C. Matius, der Adressat des Briefes, war einer der feinstgebildeten Männer seiner Zeit. Er lebte ganz seinen Liebhabereien; politisch hat er sich nicht betätigt, obwohl er mit Caesar eng befreundet war und hernach auch in engen Beziehungen zu Octavian stand. Sein Antwortschreiben an Cicero gilt als der schönste aller nichtciceronischen Briefe überhaupt; vgl. jedoch neuerdings B. Kytzler, Historia 9, 1960, 98 ff. — 1. *unsres Freundes:* C. Trebatius Testa, der in Gallien bei Caesar mit Matius Freundschaft geschlossen hatte (s. VII, 17, 2). — *mich wiederzusehen:* nach der mißglückten Ausreise nach Griechenland. — 3. *kehrtest Du . . . ein:* am 20. März 49. — *Dein Schreiben an mich:* es liegt in Att. IX, 15, 6 vor. — 4. *ich kam zurück nach Brundisium:* nach der Schlacht

bei Pharsalus, Mitte Oktober 48. — *damals, als:* gegen Ende 46. — *nach Caesars Rückkehr aus Spanien:* i. J. 45. — *für jenes Gesetz:* nach Kytzler a. a. O. das Gesetz, das den de vi und maiestatis Verurteilten die Berufung an das Volk gestattete, vgl. Phil. I, 21 ff. — *bei der Leitung der Spiele:* zu Ehren der Venus Genetrix, die Caesar vor der Schlacht bei Pharsalus gelobt und Octavian jetzt vom 20.–30. Juli gegeben hatte.

Brief 30. *Durch ein Gesetz Caesars:* de pecuniis mutuis vom Jahre 49; s. zu IX, 16, 7. — *den Rest meines Lebens:* er lebte noch beinahe 40 Jahre.

Brief 31. Der Adressat des Briefes, C. Oppius, nahm bei Caesar eine ähnliche Stellung ein wie Balbus und Hirtius, wird aber von Cicero mehrfach als nobler Charakter gekennzeichnet. 1. *wegen meines Reiseplanes:* nach Griechenland zu reisen. — *Dein Freund:* Caesar. — 2. *als ich abwesend war:* in den Jahren 49 und 48 zum Kampf gegen Caesar in Griechenland.

XII.

Nach den Iden des März war es zu einem Kompromiß zwischen dem Konsul Antonius und den Optimaten gekommen: den Verschwörern wurde Amnestie gewährt, wogegen die Acta Caesaris als zu Recht bestehend anerkannt wurden. Trotzdem fühlten Brutus und Cassius sich in Rom nicht sicher und lagen untätig auf ihren Gütern herum. Aus dieser Situation heraus ist der erste Brief geschrieben.

Brief 1. *D. Brutus:* er ging Anfang Mai in seine Provinz Gallia Cisalpina. — *Dolabella sich … bewährt hat:* s. zu IX, 14. — *seinen Launen:* seine Acta blieben unangetastet; auch was er geplant, aber noch nicht ausgeführt hatte, sollte Geltung haben. — *was er selbst … nicht täte:* Antonius hatte Caesars schriftlichen Nachlaß in seine Hand gebracht, so daß niemand feststellen konnte, ob Verfügungen, die er auf Grund der Acta Caesaris erließ, wirklich auf Caesar zurückgingen.

Brief 2. Brutus und Cassius hatten im Hochsommer Italien verlassen. Wo sie sich zur Zeit dieses Briefes befanden, wissen wir nicht. — 1. *dieser verrückte Kerl:* Antonius. — *Piso:* in der Senatssitzung vom 1. August, als Cicero sich auf der dann abgebrochenen Reise nach Griechenland befand. — *in der Villa des Metellus:* dieser hatte sich nach Thapsus das Leben genommen; Antonius hatte sich eine seiner Villen angeeignet. — 2. *Dein Verwandter:* wahrscheinlich ist L. Paullus, der Bruder des Lepidus, gemeint; des letzteren Sohn war mit der Tochter des Antonius verlobt worden; seine Gattin Iunia war die Schwester der Frau des Cassius. — *Dein Bruder:* L. Cassius; er gehörte nicht zu den Verschwörern, war aber im April

schon einmal als Bruder des Gaius von der Volksmenge de-
monstrativ begrüßt worden; etwas Ähnliches scheint sich
wieder bei den Ludi Romani im September ereignet zu haben. — *ein zweiter:* wer hier gemeint ist, ist unsicher; Momm-
sen dachte an C. Marcellus, den Konsul vom Jahre 50, der
mit Caesars Großnichte Octavia, der leiblichen Schwester
Octavians, verheiratet war; Antonius' Mutter war eine Iulia,
mit dem Diktator aber nur entfernt verwandt; kann man da
noch von „Verschwägerung" reden? — *daß da einer ist:* L.
Philippus, der Konsul vom Jahre 56, Octavians Stiefvater; sein
Sohn war i. J. 44 Prätor wie Brutus und Cassius, konnte also
wie diese i. J. 41 Konsul werden. — *in Eurem Jahre:* in dem
Jahre, das für Euch bestimmt ist.

Brief 3. 1. *Dein Freund:* Antonius. — *fiele ... nicht zur Last:*
Cicero hätte dafür gesorgt, daß auch Antonius umgebracht
wurde.

Brief 4. 2. *Dolabella:* ihm war die Statthalterschaft von Syrien auf
fünf Jahre übertragen worden.

Brief 5. 1. *Unser Brutus:* er hatte sich Griechenland und einen
großen Teil von Macedonien unterworfen. — 2. *Forum Cornelium:* heute Imola, zwischen Bologna und Ravenna; *Claterna:* etwas nördlich davon. — *Regium Lepidi:* heute Reggio.
— 3. *Ser. Sulpicius:* er starb auf der Gesandtschaftsreise zu
Antonius.

Brief 6. *Wie eifrig ich ... eingetreten bin:* in der elften Philippica,
in der Cicero forderte, Cassius als Statthalter von Syrien anzuerkennen und ihm das Oberkommando auch über Asia,
Bithynien und Pontus zu verleihen. — *Deiner Schwiegermutter:*
Servilia, die Mutter des Brutus; durch ihre beiden andern
Schwiegersöhne, P. Isauricus und M. Lepidus stand sie auch
in Beziehung zu den Caesarianern. — *Deine Mutter:* die Eltern
des Cassius sind unbekannt.

Brief 8. 1. *Verbrechen Deines Schwagers Lepidus:* sein Abfall zu
Antonius. — 2. *Dolabella:* s. Br. 12, 5.

Brief 9. 2. *Dein Konsulatsjahr:* Cassius war neben M. Brutus von
Caesar zum Konsul für das Jahr 41 designiert worden.

Brief 10. 2. *Deines Schreibens vom 7. Mai:* Brief 12. — 3. *Euch beiden:* Brutus und Cassius. — *die designierten Konsuln:* D. Brutus
und L. Plancus.

Brief 11. 1. *L. Murcus und Q. Crispus:* letzterer war Statthalter von
Bithynien und wurde von Murcus mit drei Legionen zum
Kampfe gegen den Pompejaner Q. Caecilius Bassus heran-
gezogen, der sich in Apamea festgesetzt hatte. — *A. Allienus:*
Legat des Dolabella, dem er die vier Legionen zuführen sollte.

Brief 12. *Deinen Brief:* Brief 6.
(Briefe aus früherer Zeit an und von Cassius stehen XV, 14–19).

Brief 13. C. Cassius aus Parma, nicht verwandt mit den berühmten
Cassiern, gehörte zu den Caesarmördern; i. J. 43 befehligte er
eine Flottenabteilung, die C. Cassius im Kampfe mit Dolabella
in Syrien unterstützen sollte. 1. *an der Rettung . . . des Staates:*
durch die Schlacht bei Mutina. — *als den bedeutendsten Konsul:*
auf Grund der Niederwerfung der Catilinarier. — *Deine Toga:*
Du im zivilen Leben. — *Patiscus:* s. zu II, 12, 2.

Brief 14. P. Cornelius Spinther, der Sohn des Konsuls vom Jahre
57, war an der Verschwörung gegen Caesar nicht beteiligt,
schloß sich aber bald nach den Iden des März den Verschwörern an. Im Jahre 44 ging er als Proquästor zu Trebonius nach
Asia und nahm nach dessen Ermordung durch Dolabella
eigenmächtig den Titel Proprätor an (s. die Anschrift in Br. 15)
in der Hoffnung, vom Senat als Nachfolger des Trebonius
bestätigt zu werden. — 1. *Mit userm Brutus:* in Macedonien.
— 3. *aus meinem offiziellen Bericht:* Brief 15. — *persönlichen
Beleidigungen:* wahrscheinlich i. J. 48 nach Pharsalus, als Vater
und Sohn sich auf Rhodos aufhielten. — 4. *den Konsuln ist
Asien . . . zugewiesen worden:* nicht Cassius, wie Cicero beantragt hatte (s. Br. 6, 1); vielmehr beauftragte damals der Senat
die Konsuln mit dem Kriege gegen Dolabella. Zunächst mußte
freilich Antonius besiegt und D. Brutus aus Mutina befreit
werden. — 6. *Teilhaber an ihrer Heldentat:* davon kann eigentlich keine Rede sein; s. die Vorbemerkung zu diesem Briefe. —
die Gesetze der Antonier durchbrochen hat: inwiefern, wissen wir
nicht. — 7. *Blutsverwandter der Antonier:* für uns nicht kenntlich. — das Zitat aus einer unbekannten Tragödie. — 8. *Deinen
Sohn:* er studierte in Athen und schloß sich bei Ausbruch des
Bürgerkrieges Brutus an, als dieser in Griechenland erschien.

Brief 15. 2. *2000 Amphoren:* rund 500 hl. — *hochangesehene Männer:*
Pompeius, P. Lentulus Spinther u. a. i. J. 48; vgl. zu Br. 14, 3.

Brief 16. C. Trebonius befand sich auf der Ausreise in seine Provinz Asia, als er diesen Brief schrieb. 2. *Cratippus:* s. XVI,
26, 3. — 3. *die Schändlichkeit der Person:* wahrscheinlich doch
wohl Antonius.

Q. Cornificius, der Adressat der restlichen sechzehn Briefe dieses
Buches, war Caesarianer; Caesar schickte ihn Anfang 46 wahrscheinlich als Statthalter nach Cilicien und übertrug ihm nach der
Ermordung des Sex. Iulius Caesar, des Statthalters von Syrien,
durch Q. Caecilius Bassus (s. zu XI, 1, 4) auch diese Provinz, aus
der er aber abberufen wurde, ehe es zum Kampfe mit Bassus kam.
Im Jahre 44 erhielt er vom Senat die Statthalterschaft von Africa
vetus als Nachfolger des C. Calvisius, den Antonius vor seinem

Abmarsch nach Ariminum Ende November 44 wiederum zum
Nachfolger des Cornificius bestimmte, doch hob der Senat seine
Verfügung betr. der Provinzen bereits am 20. Dezember auf, so
daß Cornificius die Statthalterschaft i. J. 43 weiterführte. Er war
Augur wie Cicero; daher „seinem Kollegen" in der Anschrift der
folgenden Briefe.

Brief 17. 2. *Über den besten Stil:* meist „Orator" genannt, eine
Schrift, in der Cicero seine Redeweise gegen die Attizisten
(Brutus) verteidigt.

Brief 18. 2. *Bei den Festspielen:* den Ludi Victoriae vom 23. September bis zum 3. Oktober 46. — *T. Plancus:* s. zu VII, 2, 2.

Brief 19. *Wie Bibulus:* als Statthalter von Syrien i. J. 51/50 in
Antiochia.

Brief 20. 1. *Unserm Kollegen:* auch Antonius war Augur.

Brief 21. *Was Dir geschehen ist:* der Versuch, ihm seine Provinz zu
nehmen. — 2. *Caesar Octavians Unternehmen:* ein Anschlag
auf das Leben des Antonius. — *den vier macedonischen Legionen:*
die auf Antonius' Befehl herantransportiert wurden. — 3. *Cannutius:* s. Br. 3, 2.

Brief 22. *Am 20. Dezember:* in der dritten Philippica. — 2. *in der
Sache mit Sempronius:* um was es sich handelt, wissen wir nicht.
— *Chaerippus:* er war mit Ciceros Bruder Quintus i. J. 60 in
Asien gewesen; daher kannte er ihn.

Brief 23. 2. *Die Gesandten:* an Antonius.

Brief 24. 1. *Meine Minerva:* die Cicero bei seiner Abreise in die
Verbannung aus seinem Hause als „Schützerin" der Stadt auf
das Kapitol gebracht hatte. — *Calvisius:* er versuchte, die Provinz des Cornificius durch seine Legaten (s. Br. 30, 7) an sich
zu bringen. — *es erging... ein Senatsbeschluß:* Cornificius wurde
die Statthalterschaft von Afrika noch einmal ausdrücklich
bestätigt. — 2. *meinen Antrag:* in der 3. Philippica. — *zog
sich ... zurück:* damit erlosch sein Imperium, das nur extra
pomerium Geltung hatte. — 3. *zu Deinen Tribulen:* Regium
gehörte seit der Verleihung des Bürgerrechts an alle Italiker
i. J. 89 zur gleichen Tribus wie Cornificius. — *eilte ich ...
nach Hause:* er traf am 31. August in Rom ein. — 4. *da bin
ich ... losgefahren:* in der 1. Philippica am 2. September. —
Antonius' Rückkehr von Brundisium: Mitte November 44; vgl.
Br. 21, 2. — 5. das Zitat: Terenz, Andria 189.

Brief 25. 1. *Lilybaeum:* der Ausgangshafen zur Überfahrt nach
Afrika. — 2. *in Abwesenheit der Konsuln:* beide standen jetzt
an der Front gegen Antonius bei Mutina.

Brief 28. 1. *Lamia:* vgl. XI, 28, 2. — 2. *Senatsbeschluß über Sempronius:* s. zu Br. 22, 2.

Brief 29. *Hirtius und Pansa:* beide waren in den Kämpfen bei Mutina ums Leben gekommen.

Brief 30. 1. *Attius Dionysius:* um was es sich handelt, wissen wir nicht. — 7. *Venuleius, Latinus und Horatius:* Legaten des Calvisius; s. zu Br. 24, 1. — *dem Senatsbeschluß:* s. zu Br. 24, 1.

XIII.

Brief 1. C. Memmius war wegen ambitus bei seiner Bewerbung um das Konsulat für das Jahr 53 verurteilt worden und lebte fortan in der Verbannung in Athen. Hier hatte er sich vom Areopag die Erlaubnis erwirkt, Epikurs Haus, das dieser testamentarisch seiner Schule vermacht hatte, abzureißen und an seiner Stelle einen Neubau aufzuführen. 2. *Patro:* der damalige Vorsteher der epikureischen Schule. — *die Vorteile:* seine Ernennung zum Schulhaupt. — *Phaedrus:* Patros Vorgänger. — *Philo:* das Haupt der Akademie; Cicero lernte ihn kennen, als er i. J. 88 während des Mithridatischen Krieges aus Athen nach Rom geflohen war.

Brief 9. Crassipes war der zweite Schwiegersohn Ciceros; seine Ehe mit Tullia wurde nach kurzer Zeit wieder aufgelöst. Jetzt war er Quästor des Statthalters von Bithynien.

Brief 11. M. Brutus war damals Statthalter von Gallia Cisalpina. 3. *zum Ädilen:* Bürgermeister.

Brief 15. Caesar stand zur Zeit dieses und des folgenden Briefes in Spanien. 1. *Daß ich mich Dir nicht anschließen wollte:* Caesar bot Cicero i. J. 59 eine Stelle in seiner Ackeranweisungskommission an und wollte ihn zu seinem Legaten ernennen. — die Homerzitate: Od. 7, 258; 1, 302 + 24; 315; Il. 22, 304 f. und 6, 208 (Übersetzung von Dahlmann). — *unsre Matadore:* die sturen Optimaten. — 2. das Euripideszitat aus einer verlorenen Tragödie (Übersetzung von Dahlmann).

Brief 16. *P. Crassus:* einer der Söhne des Triumvirn, diente unter Caesar in Gallien, begleitete seinen Vater in den Krieg gegen die Parther, in dem er ums Leben kam. — *Diodotus:* s. zu IX, 6.

Brief 68. Der Brief ist versehentlich in die Sammlung der Empfehlungsschreiben geraten. Der Adressat schloß sich bei Beginn des Bürgerkrieges Caesar an, erhielt i. J. 48 das Konsulat und wurde i. J. 46 von Caesar mit der Verwaltung der im Kriege arg mitgenommenen Provinz Asia betraut. Zahlreiche Inschriften zeugen noch heute von seiner segensreichen Tätigkeit. 1. *Die . . . Etappen Deiner Seefahrten:* er hat also auch die zu seiner Provinz gehörigen Inseln bereist. — *unserm Kollegen Caesar:* als Augur.

XIV.

Brief 1. Dieser und die folgenden drei Briefe sind während der Verbannung Ciceros geschrieben. 2. *13 Tage:* vom 17.–29. April 58. — *die Strafen des niederträchtigen Gesetzes:* wer den Geächteten aufnahm und beherbergte, dem drohte Verlust eines Drittels seines Vermögens und Landverweisung. — 3. *mit meiner kleinen Tullia:* sie war damals 18 Jahre alt und mit C. Calpurnius Piso Frugi verheiratet, der aber während Ciceros Verbannung starb. — *meinen Cicero:* geb. i. J. 65. — 6. *Clodius, Sallust und Pescennius:* Klienten Ciceros. — *Sicca:* bei ihm hatte er in Vibo freundliche Aufnahme gefunden.

Brief 2. 2. *Die neuen Volkstribunen:* sie traten am 10. Dezember ihr Amt an. — *Pompeius:* er hatte sich bald nach Ciceros Abreise mit Clodius überworfen und trat für Ciceros baldige Rückberufung ein; mit *Crassus* lag Cicero dauernd in Fehde. — *vom Vestatempel:* Terentia hatte bei ihrer Halbschwester Fabia, einer Vestalin, Zuflucht gesucht. — *Tabula Valeria:* ein von M. Valerius Messalla i. J. 263 für einen Sieg über die Karthager gestiftetes und an der Außenseite der Kurie angebrachtes Bild; dort stand das Tribunal eines Beamten, vor dem Terentia für die Auslieferung des baren Geldes Bürgen stellen mußte. — *alle andern gerettet habe:* durch Niederwerfung der Catilinarier. — 3. *d. h. von dem Grundstück:* Ciceros Haus am Palatin war von Clodius gleich nach seiner Abreise niedergerissen worden. — *die unvermeidlichen Aufwendungen:* um Ciceros Rückkehr in die Wege zu leiten.

Brief 3. 1. *Die mich suchten:* Caesar. — 2. *Lentulus:* Spinther, einer der Konsuln des folgenden Jahres. — 3. *Plancius:* er residierte als Quästor des Statthalters von Macedonien in Thessalonich. — *Piso:* der Konsul des Jahres 58; im Bunde mit Clodius, war er mitschuldig an Ciceros Verbannung; im folgenden Jahre sollte er die Statthalterschaft von Macedonien übernehmen, sein Eintreffen stand also bevor. — 4. *Piso:* hier ist Ciceros Schwiegersohn gemeint. — *Was Bruder Quintus angeht:* es hatte Zwistigkeiten zwischen dessen Gattin Pomponia und Terentia gegeben.

Brief 4. 1. *Annahme der Legatenstelle:* die Caesar ihm i. J. 59 anbot.

Brief 5. Geschrieben auf der Rückreise aus Cilicien. 1. *Nach drei Wochen:* so lange hatte er von Rom nach Athen gebraucht. — *die Erbschaft des Precianus:* Cicero gehörte zu den Erben.

Brief 6. Pompeius hatte Rom am 17. Januar kampflos geräumt. 1. *Unter Dolabellas Schutz:* Ciceros Schwiegersohn war Parteigänger Caesars. — *in der Gegend hier:* Cicero hatte die Aufgabe, die Aushebungen in Campanien zu überwachen.

Brief 7. 2. *Labienus:* Caesars bester General war zu Pompeius übergetreten.

Brief 8. 1. *Nach meinem Weggange:* um sich nach Griechenland einzuschiffen; er sah Frau und Tochter zuletzt auf dem Cumanum.

Brief 9. *Nichts, was ich gern schreiben möchte:* obwohl Pompeius sich aus der Zernierung bei Dyrrhachium befreit hatte, blieb Cicero in gedrückter Stimmung; ein Kommando hat er während des ganzen Feldzuges nicht innegehabt, nörgelte vielmehr an allem herum, was geschah, so daß Pompeius ihn geradezu aufforderte, zu Caesar überzugehen, und Cato ihm erklärte, er hätte nützlicher wirken können, wenn er weiter neutral geblieben wäre. — *der Mann:* Dolabella; er hatte noch Teile der Mitgift zu fordern. — *Tullia:* sie war in der Abwesenheit ihres Gatten Dolabella in Not geraten; Terentia (und Atticus) hatten ihr unter die Arme gegriffen.

Nach Pharsalus sah Cicero die Sache des Senats für verloren an und begab sich nach Brundisium, wo er auf die Rückkehr Caesars aus dem Orient wartete, um seine Verzeihung zu erbitten. Dieser traf erst am 24. September 47 in Tarent ein.

Die Briefe an Terentia aus Brundisium zeigen die sich anbahnende Zerrüttung der Ehe, die im folgenden Jahre zur Scheidung führte; den eigentlichen Grund der Entfremdung kennen wir nicht.

Brief 12. *Dolabella:* er hatte an der Schlacht bei Pharsalus teilgenommen, war dann aber nach Rom zurückgekehrt, anscheinend, wie unsre Stelle lehrt, weil er krank war.

Brief 14. *Volumnia:* um was es sich handelt, wissen wir nicht.

Brief 15. *Caesars Schreiben:* vom 9. Februar aus Alexandria an seine Vertrauensleute in Rom, das Cicero freundliche Aussichten eröffnete.

Brief 19. *Habe ich . . . an Pomponius geschrieben:* ad Att. XI, 25, 3 und 23, 3; es handelt sich um die Scheidung der Tullia von Dolabella.

Brief 20. *Der Kerl:* Dolabella. — *was er . . . bezweckt:* er war i. J. 47 Volkstribun und brachte ein Gesetz ein, das den Erlaß aller Schulden und eines Teils der Hausmieten verfügte. — *den ersten Schritt:* zur Scheidung von Tullia.

Brief 21. *Das Schreiben, das Philotimus hat:* einen persönlichen Brief Caesars an Cicero.

Brief 23. *Was ich zu tun habe:* wie ich mich bei Caesars Eintreffen verhalten soll, vgl. Br. 22.

XV.

Brief 1. Die ersten vierzehn Briefe des Buches stammen aus den Jahren 51/50, der Zeit der Statthalterschaft Ciceros in Cilicien, und treten somit neben II, 7–15 und 17–19, III und VIII, 1–14. — 1. *M. Bibulus:* Statthalter in Syrien. — 2. *auf dem Marsche nach Cilicien:* Cicero war am 31. Juli in Laodicea eingetroffen, das eigentlich zur Provinz Asia gehörte, ihm aber, wie auch Cibyra, Apamea und Synnada, zugeteilt war. Außer dem eigentlichen Cilicien unterstanden ihm auch Pamphylien, Isaurien, Lycaonien und die Insel Cypern.

Brief 2. 5. *Sein Vater:* Ariobarzanes II. Philopator; er wurde i. J. 52 ermordet.

Brief 4. 6. *Der Hohepriester:* Archelaus, der Oberpriester der Bellona in Comana. — *den Königen:* der Seleucidendynastie. — 11. *bei einer etwaigen Ehrenbezeugung:* Cicero hoffte auf ein Dankfest und daran anschließend auf die Bewilligung des Triumphes. — *einem hochangesehenen Manne:* P. Cornelius Spinther, der ebenfalls als Statthalter von Cilicien in den Jahren 56–53 im Amanus gekämpft hatte. — *mir als Zivilisten:* nach der Niederwerfung der Catilinarier. — 12. *in meinem Feinde:* Clodius; er wurde am 18. Januar 52 von den Banden Milos erschlagen. — 13. *eine wohlausgestattete Provinz:* Gallia Citerior; Cicero schlug sie aus, um auch nach seinem Konsulat eine führende Rolle in der Innenpolitik spielen zu können. — *nach dem . . . Unrecht:* gemeint ist seine Verbannung i. J. 58. — 15. *die Insel Cypern:* Cato hatte sie i. J. 58 für das Römische Reich eingezogen; Cicero hatte sich besonders für die Schuldenregelung der Stadt Salamis eingesetzt.

Brief 5. 1. *Meiner Stellungnahme:* Cato hatte im Senat gegen das Dankfest für Cicero gestimmt.

Brief 8. Gerichtet an den Vater des für das Jahr 50 zum Konsul gewählten C. Marcellus; er war, wie Cicero, Augur, daher „seinem Kollegen" in der Anschrift.

Brief 9. Der Adressat war der Vetter seines Nachfolgers im Konsulat. — 1. *Den Du geschickt hast:* M. Marcellus hatte die Ernennung Ciceros zum Statthalter von Cilicien herbeigeführt.

Brief 10. 1. *Ein Senatsbeschluß:* über ein Cicero zu bewilligendes Dankfest. — 2. *Dein Vetter:* der Konsul vom Jahre 51, M. Marcellus.

Brief 13. 1. *weniger Schwierigkeiten:* als ich sie als Konsul zu überwinden hatte. — *Deinen jugendlichen Eifer:* L. Paullus belangte

i. J. 63 Catilina nach der Lex Plautia de vi. — 2. *bei meiner Rückkehr:* aus der Verbannung i. J. 57. — *einen . . . Senatsbeschluß:* s. zu Br. 10, 1.

Brief 14. Der Adressat C. Cassius, der spätere Caesarmörder, war i. J. 54 mit Crassus als Quästor gegen die Parther gezogen und sicherte nach der Niederlage bei Carrhae die Provinz Syrien gegen den nachdrängenden Feind. Bei einem erneuten Einfall der Parther im September 51 (vgl. Ciceros Berichte an den Senat, Br. 1 und 2) schlug er sie nicht weit von Antiochia und verjagte sie aus Syrien. — 1. *M. Fabius:* s. Ciceros Briefe an ihn, VII, 23–26, sowie II, 14 und IX, 15, 2. 3, die letzteren beiden aus Cilicien. — 2. *persönlich gratulieren:* zu seinem Erfolg gegen die Parther. — *bei Deinem Scheiden aus der Provinz:* Cassius hatte für den nach der Schlacht bei Carrhae von den Parthern erschlagenen Crassus die Verwaltung seiner Provinz Syrien übernommen und wurde erst jetzt durch M. Bibulus abgelöst. — 4. *warst Du . . . nicht im Gerede:* als raffgieriger Statthalter. — 6. *Deinem Brutus:* er war der Schwager des Cassius.

Brief 15. *Die Anregung zu unserm Entschluß:* nach Pharsalus die Waffen niederzulegen. — 2. *bei dem, was dann eingetreten ist:* Caesars langer Aufenthalt in Alexandria und sein Feldzug gegen Pharnakes, wodurch die erneute Schilderhebung der Pompejaner in Afrika möglich wurde. — 3. *denBeratungen:* mit Caesar. — 4. *jenem ersten aus Luceria:* als Pompeius sich anschickte, Italien zu verlassen; Cassius wird Cicero damals geraten haben, neutral zu bleiben.

Die folgenden Briefe sind während des Winters 46/45 geschrieben, als Caesar in Spanien gegen die Söhne des Pompeius kämpfte. Cassius sowohl wie Cicero wünschten zwar den Untergang Caesars, fürchteten aber die Rache der Pompeiussöhne für ihre Fahnenflucht. Cassius hatte sich deshalb nach Brundisium zurückgezogen, um nicht im Senat an etwaigen Beschlüssen gegen die Pompejaner mitwirken zu müssen.

Brief 16. 1. *Bei Dir in der Küche:* Anspielung auf Cassius' Hinneigung zur Lehre Epikurs, die ja die „Lust" (in edlem Sinne) als Idealzustand pries; von Tafelfreuden hielt Cassius allerdings nur wenig; er trank nur Wasser.

Brief 17. 1. *P. Sulla:* von Cicero i. J. 62 gegen die Anklage der Teilnahme an der catilinarischen Verschwörung verteidigt, eifriger Caesarianer, der sich bei der Versteigerung der Pompejanergüter gesund gemacht hatte. — 3. *Pansa:* er übernahm von Brutus die Provinz Gallia Cisalpina.

Brief 18. 1. *Deine neuen Freunde:* die Epikureer. — *der Gargettier:* Epikur, so genannt, weil sein Haus im attischen Demos Gargettos lag. — εἴδωλα: sie lösen sich von den Körpern ab und werden durch die Augen der Seele zugeführt, wodurch dann die Wahrnehmungen entstehen. — *in die Sekte wiederaufgenommen wirst:* in die Stoa. — *„mit Gewalt...":* scherzhafte Anspielung auf die feierliche Formel im Interdikt des Prätors; vgl. VII, 15, 2. — *der Tugend:* der Stoa.

Brief 19. 1. *Der sich verschrieben hat:* auch er war Epikureer. — 3. *Sulla:* s. zu Br. 17, 1. — *... gut ... alle Güter:* das Wortspiel bonum ... omnia bona bringen wir nicht heraus. — 4. *dem neuen:* Cn. Pompeius jun.; s. die Vorbemerkung zu Br. 16.

Brief 20. Trebonius befand sich auf dem Wege zu Caesar nach Spanien; zu seiner Persönlichkeit s. zu X, 27. — 1. *Dein Buch:* über Ciceros Bonmots. — 2. *unter den Augen der Bürgerschaft:* i. J. 58, als Cicero verbannt worden war. — *die Rolle der Konsuln übernahmst:* tatest, was eigentlich die Konsuln Gabinius und L. Piso hätten tun müssen. — *den Volkstribunen:* P. Clodius. — *Dich ... nicht fügtest:* gegen sein Verbot verstießest, Ciceros Sache vor den Senat zu bringen. — *Dein Kollege:* wer gemeint ist, wissen wir nicht. — *nach Brundisium:* i. J. 47, als Cicero dort auf die Begnadigung durch Caesar wartete. — *nach Spanien:* als Statthalter. — *zu mir kommt:* auf das betreffende Bonmot stößt. — 4. *jene Briefe an Calvus:* an den Redner und Dichter C. Licinius Macer Calvus, den Freund Catulls. Er zählte zu den sog. Attizisten, die in Lysias ihr Vorbild sahen; vgl. Brut. 283 und Tac. dial. 18, 5, wo es heißt, daß Calvus dem Cicero exsanguis et attritus (matt und blutleer) erschienen sei, während Calvus den Cicero solutus et enervis (ungebunden und kraftlos) fand. Trebonius scheint die Briefe, die also noch zu Ciceros Lebzeiten veröffentlicht worden sind, zunächst für eine Fälschung gehalten zu haben.

Brief 21. 1. *Orator:* s. zu XII, 17, 2, — *die Amtsbewerber:* sie legen sich fiktive Beinamen zu, um sich beim Volke in Gunst zu setzen; die Sabiner galten als besonders herb, zuverlässig und einfach. — *Cures:* die Heimat des Königs Numa Pompilius. — 3. *unsern Brutus:* er war damals Statthalter von Gallia Cisalpina.

XVI.

Tiro stand, wie die ersten Briefe des Buches zeigen, schon als Sklave in einem innigen Vertrauensverhältnis zu seinem Herrn. Im Jahre 53 (s. Br. 2, 2 und 22) erhielt er die Freiheit und versah fortan die Stelle seines Privatsekretärs. Cicero nahm ihn mit nach Cilicien; auf der Rückreise mußte er ihn krank in Patrae zurück-

lassen. Seine Briefe aus den folgenden Wochen zeigen, wie nahe der Mann ihm und seiner Familie stand.

Brief 2. 2. *Erfüllung meines Versprechens:* der Freilassung.

Brief 4. 2. *Literarische Arbeiten:* Cicero arbeitete damals an de re publica. — *mein Versprechen:* s. Br. 2, 2.

Brief 5. 1. *Meine Ehrung:* den Triumph.

Brief 8. 3. *Mescinius:* Ciceros Quästor in Cilicien; er befand sich ebenfalls auf der Rückreise von dort.

Brief 12. 3. *Die Symphonie:* ein Gastmahl mit musikalischen Darbietungen. — *der vierten Krise:* der jedesmalige siebente Tag (hebdomas) galt damals den Ärzten als kritisch.

Brief 13. 2. *Antonius und Q. Cassius:* beide damals Volkstribunen. — *daß der Staat keinen Schaden nehme:* das sog. senatus consultum ultimum, etwa unserm „Belagerungszustand" entsprechend. — 3. *die Lumpen:* die Popularen.

Brief 14. 1. *Unsre Häuser . . . verlassen haben:* am 17. Januar hatte Pompeius die Stadt kampflos geräumt. — 4. *außer den Transpadanern:* Caesar war ihr Patronus; als Diktator verschaffte er ihnen das Vollbürgerrecht.

Brief 15. 1. *Über den vierjährigen Cato:* kurz vor Ausbruch des Bundesgenossenkrieges verhandelte der Volkstribun M. Livius Drusus in Anwesenheit seines kleinen Neffen mit einem Führer der aufständischen Italiker. Zum Scherz forderte dieser das Kind auf, bei seinem Oheim ein gutes Wort für ihn einzulegen, aber es wies ihn trotzig ab und ließ sich auch nicht durch die Drohung abschrecken, aus dem Fenster geworfen zu werden. Vermutlich verarbeitete Cicero diese Anekdote in seiner Lobschrift auf Cato, die er nach dessen Freitod in Utica verfaßte. — *Tertia:* Cassius' Gattin. Wer mit Publius gemeint ist, ist unklar. — 2. *Demetrius:* vgl. VIII, 15, 2. — *ein Phalereer:* Anspielung auf Demetrius von Phaleron, der 317–307 in Athen ein überaus segensreiches Regiment im Auftrage der Macedonen führte. — *ein richtiger Billienus:* der Mann heißt eigentlich Bellienus; hier Billienus in Anspielung auf bilis „Galle".

Brief 18. 1. *Eigentlich müßte man . . . hinzufügen:* bezieht sich auf die Anschrift des Briefes. — 2. *Parhedrus:* anscheinend wollte Cicero ein Stück Gartenland seines Tusculanums verpachten, am liebsten an den Gärtner, der es bisher im Solde Ciceros bewirtschaftete, der aber nicht genug bot; um ihn kirre zu machen, soll Tiro Parhedrus (wahrscheinlich ein Nachbar Ciceros) auf dasselbe Objekt hetzen. — *deshalb kann ich verschwenden:* für uns unverständlich. — 3. *Crabra:* ein Wasserlauf in Tusculum.

Brief 19. *Mit dem Gärtner:* s. Br. 18, 2.

Brief 20. 1. *Antonius mit seinem Gesetz:* welches gemeint ist, ist unklar; vielleicht die Lex agraria des L. Antonius, die zur Versorgung von Caesars Veteranen im Juni eingebracht wurde und auch Cicero im Besitz seines Tusculanums bedrohte. — *Bithynicus:* wahrscheinlich ist der Br. VI, 17 gemeint. — 2. *Servilius:* P. Servilius Vatia Isauricus (der Vater) war hochbetagt gestorben. — *schlägt Alarm:* wegen der Lex agraria. — *N.:* unverständlich; wahrscheinlich ist ein Name ausgefallen.

Brief 21. 1. *Die Zahlung zu Neujahr:* zu der sich Flamma verpflichtet hatte. — *mit der Anweisung:* Überweisung eines seiner Schuldner an einen seiner Gläubiger, so daß mit der geschuldeten Summe des ersteren die dem letzteren geschuldete Summe abgedeckt wurde. — 2. *ist Balbus ... in Aquinum gewesen:* um mit Octavian Fühlung zu nehmen, der von Campanien heraufkam; Cicero hatte das in Aquinum selbst erfahren, wo er am 10. November übernachtete. — *laß ... mahnen:* Dolabella befand sich bereits auf der Ausreise in seine Provinz Syrien; er schuldete Cicero immer noch Teile der Mitgift Tullias.

Brief 22. 1. *Statius:* ursprünglich Sklave des Q. Cicero, der i. J. 59 die Freiheit erhalten hatte. — *in der Wissenschaft:* s. Br. 4, 2. — *habe ich alles versprochen:* um was es sich handelt, wissen wir nicht.

Brief 23. 2. Das Zitat aus einer unbekannten Tragödie.

Brief 25. 1. *von den designierten Konsuln:* Hirtius und Pansa. — 2. *wie ich weiß:* Q. Cicero war in den Jahren 54–51 Caesars Legat in Gallien. — *der Räuber:* Antonius. — *Caesena ... Cossutianae Tabernae:* unbedeutende Ortschaften in Gallia Cispadana.

Brief 26. Der junge M. Cicero studierte in Athen; vgl. XII, 16, 1. 2. — 5. *aus Mitylenae:* seiner Heimat. — 6. *Gorgias:* das Altertum besaß einen Brief Ciceros an ihn, in welchem er ihm vorwarf, sein Söhnchen zu Ausschweifungen und Saufereien zu verleiten (Plut. Cic. 24). — 7. *erst an dieser Stelle:* nicht gleich zu Anfang des Briefes. — *zu gemeinsamem Besitz:* falls Tiro starb, beerbte ihn der junge Cicero. — 8. *Anterus:* der Sklave, der diesen Brief überbrachte.

ZEITLICHE FOLGE DER BRIEFE

1. Briefe von Cicero

Datum:	Ort:	Empfänger:	Brief:
I./II. 62	Rom	Q. Metellus Celer	V, 2
IV. 62	Rom	Cn. Pompeius	V, 7
XII. 62	Rom	P. Sestius	V, 6
I. 61	Rom	C. Antonius Hybrida	V, 5
29. IV. 58	Brundisium	Terentia	XIV, 1
5. X. 58	Thessalonich	Terentia	XIV, 2
25. XI. 58	Dyrrachium	Terentia	XIV, 3
29. XI. 58	Dyrrachium	Terentia	XIV, 4
Mitte I. 57	Dyrrachium	Q. Metellus Nepos	V, 3
13. I. 56	Rom	P. Lentulus Spinther	I, 1
15. I. 56	Rom	P. Lentulus Spinther	I, 2
16. I. 56	Rom	P. Lentulus Spinther	I, 3
nach Mitte I. 56	Rom	P. Lentulus Spinther	I, 4
5. II. 56	Rom	P. Lentulus Spinther	I, 5
10. II. 56	Rom	P. Lentulus Spinther	I, 6
III. 56	Rom	P. Lentulus Spinther	I, 7
VI. 56	Antium	L. Lucceius	V, 13
Ende VII. 56	Rom	P. Lentulus Spinther	I, 8
Anfang 55	Rom	P. Lentulus Spinther	I, 9
IX. 55	Rom	M. Marius	VII, 1
I. 54	Rom	M. Licinius Crassus	V, 8
IV. 54	Rom	C. Iulius Caesar	VII, 5
V. 54	Cumae (Pompeii?)	C. Trebatius Testa	VII, 6
Ende VI. 54	Rom	C. Trebatius Testa	VII, 7
Anfang VIII. 54	Rom	C. Trebatius Testa	VII, 8
X. 54	Rom	C. Trebatius Testa	VII, 9
Ende X. 54	Rom	C. Trebatius Testa	VII, 10
Ende XI. 54	Rom	C. Trebatius Testa	VII, 11
XII. 54	Rom	P. Lentulus Spinther	I, 10
XII. 54	Rom	C. Trebatius Testa	VII, 12
Ende 54	Rom	L. Valerius	I, 11
i. J. 53	Rom	C. Curio	II, 1–6
I. 53	Rom	C. Trebatius Testa	VII, 13
II. 53	Rom	C. Trebatius Testa	VII, 14
4. III. 53	Rom	C. Trebatius Testa	VII, 15
8. IV. 53	Pomptinum	C. Trebatius Testa	VII, 16
10. IV. 53	Cumanum	M. Tullius Tiro	XVI, 1
11. IV. 53	Cumanum	M. Tullius Tiro	XVI, 2
12. IV. 53	Cumanum	M. Tullius Tiro	XVI, 3
17. IV. 53	Cumanum	M. Tullius Tiro	XVI, 4
Anfang VI. 53	Rom	C. Trebatius Testa	VII, 17
VI./VII. 53	Rom	C. Trebatius Testa	VII, 18
Ende 53/Anf. 52	Rom	Ap. Claudius Pulcher	III, 1
Mitte III. 52	Rom	T. Fadius Gallus	V, 19
Anfang 51	Rom	M. Marius	VII, 2
II. 51	Rom	Ap. Claudius Pulcher	III, 2
Ende V. 51	Brundisium	Ap. Claudius Pulcher	III, 3
4. VI. 51	Brundisium	Ap. Claudius Pulcher	III, 4
Anfang VII. 51	Athen	C. Memmius	XIII, 1
6. VII. 51	Athen	M. Caelius Rufus	II, 8
27. VII. 51	Tralles	Ap. Claudius Pulcher	III, 5
28. VIII. 51	Iconium	M. Porcius Cato	XV, 3
29. VIII. 51	auf dem Marsche	Ap. Claudius Pulcher	III, 6

Datum:	Ort:	Empfänger:	Brief:
Anfang IX. 51	auf dem Marsche	C. Claudius Marcellus	XV, 7
Anfang IX. 51	auf dem Marsche	C. Marcellus (Vater)	XV, 8
Anfang IX. 51	auf dem Marsche	M. Claudius Marcellus	XV, 9
Anfang IX. 51	auf dem Marsche	L. Aemilius Paullus	XV, 12
18./19. IX. 51	auf dem Marsche	Senat	XV, 1
20./21. IX. 51	Cybistra	Senat	XV, 2
8. X. 51	Mopsuhestia	Ap. Claudius Pulcher	III, 7
8. X. 51	Mopsuhestia	M. Caelius Rufus	II, 9
14. XI. 51	Pindenissus	M. Caelius Rufus	II, 10
19. XII. 51	Pindenissus	C. Curio	II, 7
Ende 51	Cilicien	C. Cassius Longinus	XV, 14
Ende 51/Anf. 50	Cilicien	P. Volumnius Eutrapelus	VII, 32
Ende 51/Anf. 50	Tarsus	Furius Crassipes	XIII, 9
Ende 51/Anf. 50	Tarsus	M. Porcius Cato	XV, 4
Ende 51/Anf. 50	Tarsus	C. Claudius Marcellus	XV, 10
Ende 51/Anf. 50	Tarsus	L. Aemilius Paullus	XV, 13
13. II. 50	Laodicea	Ap. Claudius Pulcher	III, 8
20. II. 50	Laodicea	Ap. Claudius Pulcher	III, 9
III. 50	Laodicea	M. Caelius Rufus	II, 11
III. 50	Laodicea	L. Papirius Paetus	IX, 15
4. IV. 50	Laodicea	M. Caelius Rufus	II, 12
IV. 50	Laodicea	Ap. Claudius Pulcher	III, 10
Anfang V. 50	Laodicea	M. Caelius Rufus	II, 13
Anfang V. 50	Laodicea	Q. Minucius Thermus	II, 18
2. Hälfte VI. 50	am Pyramus	Ap. Claudius Pulcher	III, 11
21. VI. 50	Cilicien	C. Coelius Caldus	II, 19
26. VI. 50	Cilicien	M. Caelius Rufus	II, 14
17. VII. 50	Tarsus	Cn. Sallustius	II, 17
Ende VII. 50	Tarsus	M. Porcius Cato	XV, 6
Ende VII. 50	Tarsus	C. Claudius Marcellus	XV, 11
3. VIII. 50	Side	M. Caelius Rufus	II, 15
3. VIII. 50	Side	Ap. Claudius Pulcher	III, 12
10. VIII. 50	Rhodus	Ap. Claudius Pulcher	III, 13
16. X. 50	Athen	Terentia	XIV, 5
3. XI. 50	Alyzia	M. Tullius Tiro	XVI, 5
5. XI. 50	Alyzia	M. Tullius Tiro	XVI, 6
6. XI. 50	Alyzia	M. Tullius Tiro	XVI, 7
7. XI. 50	Leucas	M. Tullius Tiro	XVI, 8
7. XI. 50	Leucas	M. Tullius Tiro	XVI, 9
7. XI. 50	Actium	M. Tullius Tiro	XVI, 10
16. XI. 50	Corcyra	M. Tullius Tiro	XVI, 11
27. XI. 50	Brundisium	M. Tullius Tiro	XVI, 12
4. I. 49	vor Rom	L. Mescinius Rufus	V, 20
12. I. 49	vor Rom	M. Tullius Tiro	XVI, 13
22. I. 49	Formianum	Terentia	XIV, 6
23. I. 49	Menturnae	Terentia	XIV, 7
27. I. 49	Capua	M. Tullius Tiro	XVI, 14
5. IV. 49	Laterium (Arcanum?)	Ser. Sulpicius Rufus	IV, 1
7. IV. 49	Formianum	M. Fabius Gallus	VII, 23
28. IV. 49	Cumanum	Ser. Sulpicius Rufus	IV, 2
28. IV. 49	Cumanum	L. Mescinius Rufus	V, 21
4. V. 49	Cumanum	P. Cornelius Dolabella	II, 16
7. VI. 49	Formiae	Terentia	XIV, 8
Mitte VII. 48	Dyrrachium	Terentia	XIV, 9
4 XI. 48	Brundisium	Terentia	XIV, 10
27. XI. 48	Brundisium	Terentia	XIV, 11
17. XII. 48	Brundisium	Terentia	XIV, 12
19. XII. 48	Brundisium	Terentia	XIV, 13

Datum:	Ort:	Empfänger:	Brief:
4. I. 47	Brundisium	Terentia	XIV, 14
2. VI. 47	Brundisium	Terentia	XIV, 15
3. VI. 47	Brundisium	Terentia	XIV, 16
14. VI. 47	Brundisium	Terentia	XIV, 17
19. VI. 47	Brundisium	Terentia	XIV, 18
9. VII. 47	Brundisium	Terentia	XIV, 19
10. VII. 47	Brundisium	Terentia	XIV, 20
11. VIII. 47	Brundisium	Terentia	XIV, 21
12. VIII. 47	Brundisium	Terentia	XIV, 22
Mitte VIII. 47	Brundisium	C. Cassius Longinus	XV, 15
1. IX. 47	Brundisium	Terentia	XIV, 23
1. X. 47	Venusia	Terentia	XIV, 24
Ende 47/Anf. 46	Rom	M. Terentius Varro	IX, 1
Anfang 46	Rom	M. Iunius Brutus	XIII, 11
Frühjahr 46	?	T. Titius	V, 17
Frühjahr 46	Rom	M. Marius	VII, 3
1. Hälfte IV. 46	Rom	L. Mescinius Rufus	V, 22
vor 19. IV. 46	Rom	M. Terentius Varro	IX, 2
nach 19. IV. 46	Rom	M. Terentius Varro	IX, 3
V. 46	Rom	Cn. Domitius Ahenobarbus	VI, 22
Ende V. 46	Rom	M. Terentius Varro	IX, 4
V./VI. 46	Rom	M. Terentius Varro	IX, 5
5.–25. VI. 46	Tusculanum	M. Tullius Tiro	XVI, 15–17
etwa 8. VI. 46	Tusculanum	M. Terentius Varro	IX, 6
etwa 22. VI.	Rom	M. Terentius Varro	IX, 7
Mitte 46	Rom	Trebianus	VI, 10
Anfang VII. 46	Rom	P. Volumnius Eutrapelus	VII, 33
Anfang VII. 46	Rom	L. Papirius Paetus	IX, 16
Anfang VII. 46	Rom	L. Papirius Paetus	IX, 16
etwa 20. VII. 46	Tusculanum	L. Papirius Paetus	IX, 17
VIII. 46	Rom	P. Nigidius Figulus	IV, 13
VIII. 46	Rom	Q. Ligarius	VI, 13
Anfang VIII. 46	Rom	M. Claudius Marcellus	IV, 7
Anfang VIII. 46	Rom	M'. Curius	VII, 28
Anfang VIII. 46	Rom	L. Papirius Paetus	IX, 18
Mitte VIII. 46	Rom	M. Claudius Marcellus	IV, 8
Ende VIII. 46	Rom	M. Claudius Marcellus	IV, 9
Mitte IX. 46	Rom	P. Servilius Isauricus	XIII, 68
26. IX. 46	Rom	Q. Ligarius	VI, 14
Herbst 46	Rom	L. Papirius Paetus	IX, 19
Herbst 46	Rom	L. Papirius Paetus	IX, 19
Herbst 46	Rom	Q. Cornificius	XII, 17
IX./X. 46	Rom	Ser. Sulpicius Rufus	IV, 3
IX./X. 46	Rom	Q. Cornificius	XII, 18
1. X. 46	Rom	A. Caecina	VI, 5
Intercal. II. 46	Tusculanum	M. Fabius Gallus	VII, 24
XI. 46	Rom	M. Claudius Marcellus	IV, 10
26. XI. 46	Rom	Ser. Sulpicius Rufus	IV, 4
Ende XI. 46	Rom	T. Ampius Balbus	VI, 12
Anfang XII. 46	Rom	A. Caecina	VI, 6
Anfang XII. 46	Rom	T. Furfanus Postumus	VI, 7
Mitte XII. 46	Rom	C. Cassius Longinus	XV, 16
XII. 46	Rom	Q. Cornificius	XII, 19
Ende 46	Rom	A. Manlius Torquatus	VI, 1
Ende 46	Rom	A. Caecina	VI, 9
Ende 46	Rom	P. Cornelius Dolabella	IX, 10
Ende 46/Anf. 45	Rom	Cn. Plancius	IV, 14
Ende 46/Anf. 45	Rom	Cn. Plancius	IV, 15
Ende 46/Anf. 45	Rom	P. Cornelius Dolabella	IX, 11

Datum:	Ort:	Empfänger:	Brief:
Ende 46/Anf. 45	Rom	C. Iulius Caesar	XIII, 15
Ende 46/Anf. 45	Rom	C. Iulius Caesar	XIII, 16
Ende 46/Anf. 45	Rom	C. Trebonius	XV, 20
Ende 46/Anf. 45	Rom	C. Trebonius	XV, 21
etwa 1. I. 45	Rom	C. Cassius Longinus	XV, 17
Anfang I. 45	Rom	A. Manlius Torquatus	VI, 2
Anfang I. 45	Rom	C Toranius	VI, 20
1. Hälfte I. 45	Rom	C. Cassius Longinus	XV, 18
Mitte I. 45	Rom	A. Manlius Torquatus	VI, 3
Ende I. 45	Rom	Q. Lepta	VI, 18
III. 45	Astura	L. Lucceius	V, 14
Mitte IV. 45	Ficuleanum Attici	Ser. Sulpicius Rufus	IV, 6
20. IV. 45	Ficuleanum Attici	A. Manlius Torquatus	VI, 4
20. IV. 45	Ficuleanum Attici	P. Cornelius Dolabella	IX, 12
Mitte V. 45	Astura	L. Lucceius	V, 16
Anfang VI. 45	Tusculanum	Trebianus	VI, 11
11./12. VII. 45	Tusculanum	M Terentius Varro	IX, 8
20. VIII. 45	Tusculanum	M. Fabius Gallus	VII, 25
24. VIII. 45	Tusculanum	M. Fabius Gallus	VII, 26
Ende VIII. 45	Astura	Q. Lepta	VI, 19
Ende VIII. 45	Astura	C. Toranius	VI, 21
Ende X. 45	Rom	P. Vatinius	V, 10
Mitte XII. 45	Puteolanum?	P. Cornelius Dolabella	IX, 13
Anfang I. 44	Rom	M'. Curius	VII, 30
II. 44	Rom	M'. Curius	VII, 31
15. III. 44	Rom	L. Minucius Basilus	VI, 15
3. V. 44	Pompeianum	P. Cornelius Dolabella	IX, 14
3. V. 44	Pompeianum	C. Cassius Longinus	XII, 1
Ende VI. 44	Tusculanum	C. Trebatius Testa	VII, 19
Ende VI. 44	Tusculanum	M.Tullius Tiro	XVI, 20
Anfang VII. 44	?	C. Oppius	XI, 31
20. VII. 44	Velia	C. Trebatius Testa	VII, 20
28. VII. 44	Regium	C. Trebatius Testa	VII, 21
IX. 44	Rom	L. Papirius Peatus	IX, 21
IX. 44	Rom	L. Munatius Plancus	X, 1
19. IX. 44	Rom	Q. Cornificius	XII, 20
25. IX. 44	Rom	C. Cassius Longinus	XII, 2
Ende IX. 44	Rom	L. Munatius Plancus	X, 2
IX./X. 44	Rom	L. Papirius Paetus	IX, 22
IX./X. 44	Rom	D. Iunius Brutus	XI, 5
Anfang X. 44	Rom	C. Cassius Longinus	XII, 3
10. X. 44	Rom	Q. Cornificius	XII, 21
Mitte X. 44	Tusculanum	C. Matius	XI, 29
25. X. 44	Cumanum	M. Marius	VII, 4
25. X. 44	Cumanum	L. Papirius Paetus	IX, 23
Herbst 44	?	L. Papirius Paetus	IX, 24
Herbst 44	?	L. Papirius Paetus	IX, 25
Mitte XI. 44	Arpinum	M. Tullius Tiro	XVI, 21
9. XII. 44	Rom	D. Iunius Brutus	XI, 6
Mitte XII. 44	Rom	L. Munatius Plancus	X, 3
Mitte XII. 44	Rom	D. Iunius Brutus	XI, 7
20. XII. 44	Rom	D. Iunius Brutus	XI, 8
Ende XII 44	Rom	Q. Cornificius	XII, 22
i. J. 44	?	Q. Cornificius	XII, 32
Mitte I. 43	Rom	L. Munatius Plancus	X, 4
24. I. 43	Rom	D Iunius Brutus	XI, 9
Ende I. 43	Rom	Q Cornificius	XII, 23
2. II. 43	Rom	C. Trebonius	X, 27
2. II. 43	Rom	C. Cassius Longinus	XII, 4

Datum:	Ort:	Empfänger:	Brief:
vor Mitte II. 43	Rom	L. Papirius Paetus	IX, 26
II. 43	Rom	C. Cassius Longinus	XII, 5
7. III. 43	Rom	C. Cassius Longinus	XII, 6
19. III. 43	Rom	Q. Cornificius	XII, 24
20. III. 43	Rom	L. Munatius Plancus	X, 5
20. III. 43	Rom	M. Aemilius Lepidus	X, 33
30. III. 43	Rom	L. Munatius Plancus	X, 6
Ende III. 43	Rom	Q. Cornificius	XII, 25
Ende III. 43	Rom	Q. Cornificius	XII, 25
Ende III./Anf. IV.	Rom	C. Cassius Longinus	XII. 7
Frühjahr 43	Rom	Q. Cornificius	XII, 26–28
11. IV. 43	Rom	L. Munatius Plancus	X, 7
Ende IV.–Anf. VII.	Rom	D. Iunius Brutus	XI, 27. 28
5. V. 43	Rom	L. Munatius Plancus	X, 8
11. V. 43	Rom	L. Munatius Plancus	X, 9
13. V 43	Rom	D. Iunius Brutus	XI, 13
Mitte V. 43	Rom	L. Munatius Plancus	X, 10
19. V. 43	Rom	D. Iunius Brutus	XI, 15
26. V. 43	Rom	C. Furnius	X, 25
27. V. 43	Rom	L. Munatius Plancus	X, 11
29. V. 43	Rom	L. Munatius Plancus	X. 12
29. V. 43	Rom	D, Iunius Brutus	XI, 17
V. 43	Rom	Q Cornificius	XII, 29
4. VI. 43	Rom	D. Iunius Brutus	XI, 19
6. VI. 43	Rom	D. Iunius Brutus	XI, 21
9. VI. 43	Rom	C. Cassius Longinus	XII, 8
9. VI. 43	Rom	Q. Cornificius	XII, 30
18. VI. 43	Rom	D. Iunius Brutus	XI, 23
24.–29 VI. 43	Rom	D. Iunius Brutus	XI, 25
2. Hälfte VI. 43	Rom	C. Cassius Longinus	XII, 9
Ende VI. 43	Rom	L. Munatius Plancus	X, 13
Ende VI. 43	Rom	C. Furnius	X, 26
Anfang VII. 43	Rom	C. Cassius Longinus	XII, 10
6. VII. 43	Rom	Ap. Claudius jun.	X, 28
6. VII. 43	Rom	D. Iunius Brutus	XI, 26
unbestimmt		P. Sittius	V, 18
unbestimmt		Pompeius Bithynicus	VI, 17
unbestimmt		C. Trebatius Testa	VII, 22
unbestimmt		T. Fadius Gallus	VII, 27
unbestimmt	Rom	Q. Cornificius	XII, 31
Mitte X. 47– 15.III. 44		M. Tullius Tiro	XVI, 18. 19

2. Briefe an Cicero

Datum:	Ort:	Absender:	Brief:
I. 62	Gallia Cisalpina	Q. Metellus Celer	V, 1
i. J. 56	Hispania Citerior	Q. Metellus Nepos	V, 4
Ende V. 53	Gallia Transalpina	Q. Tullius Cicero	XVI, 22
24. V. 51	Rom	M. Caelius Rufus	VIII, 1
etwa 5. VI. 51	Rom	M. Caelius Rufus	VIII, 2
Mitte VI. 51	Rom	M. Caelius Rufus	VIII, 3
Ende VI. / Anf. VII	Rom	M. Caelius Rufus	VIII, 4
1. VIII. 51	Rom	M. Caelius Rufus	VIII, 5
2. IX. 51	Rom	M. Caelius Rufus	VIII, 6

Datum:	Ort:	Absender:	Brief:
Anfang X. 51	Rom	M. Caelius Rufus	VIII, 7
17. XI. 51	Rom	M. Caelius Rufus	VIII, 8
Ende II. 50	Rom	M. Caelius Rufus	VIII, 9
Ende VI./Anf. V.	Rom	M. Caelius Rufus	VIII, 10. 11
Ende IV./Anf. V.	Rom	M. Porcius Cato	XV, 5
VI. 50	Rom	M. Caelius Rufus	VIII, 12
19. IX. 50	Rom	M. Caelius Rufus	VIII, 13
24. IX. 50	Rom	M. Caelius Rufus	VIII, 14
etwa 9. III. 49	?	M. Caelius Rufus	VIII, 15
16. IV. 49	Intimilium	M. Caelius Rufus	VIII, 16
Ende I./Anf. II. 48	Rom	M. Caelius Rufus	VIII, 17
V./Anf. VI. 48	Dyrrachium	P. Cornelius Dolabella	IX, 9
X. 46	Mitylenae	M. Claudius Marcellus	IV, 11
Mitte XII. 46	Sizilien	A. Caecina	VI, 8
Ende I. 45	Brundisium	C. Cassius Longinus	XV, 19
Mitte III. 45	Athen	Ser. Sulpicius Rufus	IV, 5
9. V. 45	Rom	L. Lucceius	V, 15
31. V. 45	Athen	Ser. Sulpicius Rufus	IV, 12
11. VII. 45	Narona	P. Vatinius	V, 9
29. X. 45	Patrae	M'. Curius	VII, 29
5. XII. 45	Narona	P. Vatinius	V, 11
I. 44	Narona	P. Vatinius	V, 12
25. V. 44	Athen	C Trebonius	XII, 16
IX. 44	Gallia Citerior	D. Iunius Brutus	XI, 4
X. 44	Rom	C. Matius	XI, 30
Ende XII. 44	Gallia Comata	L. Munatius Plancus	X, 14
7. III. 43	Taricheae	C. Cassius Longinus	XII, 11
16. III. 43	Corduba	C. Asinius Pollio	X, 30
etwa 23. III. 43	Gallia Comata	L. Munatius Plancus	X, 16
16. IV. 43	Mutina	Ser. Sulpicius Galba	X, 29
26. IV. 43	Gallia Comata	L. Munatius Plancus	X, 17
29. IV. 43	Regium	D. Iunius Brutus	XI, 10
Ende IV 43	im Allobrogerlande	L. Munatius Plancus	X, 18
5. V. 43	Dertona	D. Iunius Brutus	XI, 11
6. V. 43	Statiellenses	D. Iunius Brutus	XI, 12
7. V. 43	Syrien	C. Cassius Longinus	XII, 12
10. V. 43	Pollentia	D. Iunius Brutus	XI, 14
11. V. 43	Gallia Narbonensis	L. Munatius Plancus	X, 19
13. V. 43	im Feldlager	L. Munatius Plancus	X, 20
18. V. 43	im Feldlager	L. Munatius Plancus	X, 21
20. V. 43	Forum Voconii	L. Munatius Plancus	X, 22
kurz vor 22. V. 43	Pons Argenteus	M. Aemilius Lepidus	X, 34
21. V. 43	Vercellae	D. Iunius Brutus	XI, 16
22. V. 43	Pons Argenteus	M. Aemilius Lepidus	X, 35
24. V. 43	Eporedia	D. Iunius Brutus	XI, 18
25. V. 43	Eporedia	D. Iunius Brutus	XI, 20
29. V. 43	Perge	P. Lentulus Spinther	XII, 14
Ende V./Anf. VI.	Corduba	C. Asinius Pollio	X, 31
3. VI. 43	im Feldlager	D. Iunius Brutus	XI, 22
6. VI. 43	Culato	L. Munatius Plancus	X, 23
8. VI. 43	Corduba	C. Asinius Pollio	X, 32
13. VI. 43	Crommyuacris	C. Cassius Longinus	XII, 13
28. VII. 43	im Feldlager	L. Munatius Plancus	X, 24
unbestimmt	?	Pompeius Bithynicus	VI, 16

3. Sonstige Briefe

Datum:	Ort:	Abs. und Empf.:	Brief:
Ende I./II. 49	Campanien	Q. Cicero an Tiro	XVI, 23
etwa 20. III. 44	Rom	D. Brutus an M. Brutus und C. Cassius	XI, 1
Ende V./Ende X. 44	Athen	Marcus jun. an Tiro	XVI, 26
Ende V. 44	Lanuvium	M. Brutus und C. Cassius an M. Antonius	XI, 2
i. J. 44	?	Q. Cicero an Tiro	XVI, 24
4. VIII. 44	Neapel	M. Brutus und C. Casssius an M. Antonius	XI, 3
Ende XII. 44	?	Q. Cicero an Tiro	XVI, 25
etwa 23. III. 43	Gallia Comata	L. Plancus an Senat	X, 15
29. V.–2. VI. 43	Perge	P. Lentulus Spinther an Senat	XII, 15
30. V. 43	Pons Argenteus	M. Lepidus an Senat	X, 36
etwa 9. VI. 43	Culuro	L. Plancus und D. Brutus an Senat	XI, 24

BEMERKUNGEN ZUR TEXTGESTALTUNG

Die Lesarten dieser Ausgabe weichen von der Sjögrenschen an folgenden Stellen ab:

Buch I

1, 1	quoniam *(Cratander)*	quia *Victorius* (qui MR; quod G)
10 (9), 16	te ferente *(Lehmann;* referente *codd.)*	referente ⟨te⟩ *Purser*
10 (9), 18	† quod ego vehementer auctoremque ortatum †	quo ego vehementer auctore moveor, tantum *(Mendelssohn)*
10 (9), 23	nam † etiam	nam me iam *Orelli*

Buch II

5, 1	sita est *(Ernesti;* sit *codd.)*	sitast
6, 3	mihi sit *(codd.)*	mihist (mihi est *Cratander*)
6, 5	† quam is te	qua mente *Boot*
7, 4	† senatuore	sectatore *Streicher*
11 (14), 1	Fadius. Fadio	Fabius. Fabio *Demmel (codd.)*
12, 2	sordida iis quorum (M, sordida est quorum GR, sordidast liquorum m)	sordidast iis quorum *Purser*
16, 5	cum scias *(Ernesti)*	qui (quin *codd.*) scias *Orelli*
19, 2	† ad te proficiscentur	ad te proficiscentur, ⟨ita proficiscentur⟩ *Purser*

Buch III

5, 4	inte ** quam	inte⟨rest ut te videam ante⟩ quam *Graevius*
7 (8), 2	† sollicitudine	[sollicitudine] *Cratander*
7 (8), 5	† generum tuum libertum	⟨ad⟩ generum tuum ⟨Romae neque ad⟩ libertum *Victorius u. Wesenberg*
10, 5	† pro omnium	prope omnium *Mueller*
10, 11	instituta sint (M)	instituta sunt (GR)

Buch IV

7 (8), 1	† tua causa sed causa	tua causa sed posse *Mueller*
12, 1	† maias	Maleas *Manutius*
13, 1	pari fortuna † adiectus (M, adfectus GR)	pari fortunae adiectus
13, 2	† nihil	⟨non⟩ nihil *Baiter*

Buch V

6, 2	† omni	omnino *Victorius*
12 (10a), 2	† sua bona	⟨ob⟩ sua bona *Wesenberg*
13 (12), 5	† redituque	redituque
15 (14), 1	† discesserat	discesseram (GR) *Mendelssohn*
15 (14), 2	† hinc dicas seras	hinc discesseras *ed. Neap.*
20, 2	servo scriba	servo [scriba] *Springer*
20, 6	† gravium	provisum *Egnatius*
20, 6	efferre *(codd.)*	efferri
22 (21), 2	† quavis tota	quavis tuta *(junge Hands.)*

Buch VI

2 (3), 3	tum sit vivendum *(codd.)*	tumst vivendum (erit vivendum *Pluygers*)
2 (3), 4	† aut eorum qui discesserint	aut eorum qui discesserint ⟨aut eorum qui remanserint⟩ *(junge Hands.)*
3 (4), 1	† non quo sed quod difficilis	non quo ⟨ego certo sciam⟩ sed quod ⟨haud⟩ difficilis *(junge Hands.)*
5 (6), 3	fallet nam *(codd.)*	fallet quam *(junge Hands.)*
9 (5), 3	† quare ad eam spem quam extra ordinem	quare ad eam spem, quam ⟨de omnibus habemus, accedit ea, quam⟩ extra ordinem *Madvig*
	accedunt *(codd.)*	accedit
17, 2	† ut valeat	aut valeat *(vulg.)*
19, 2	⟨id⟩ ipsum *(Ernesti)*	ipsum *(codd.)*
22, 2	† quique esset	quaeque esset *(junge Hands.)*

Buch VII

1, 1	sinum (*Boot*, senum *codd.*)	Misenum *Lambin*
5, 2	† itsiuium	Fufidium *Woelfflin*

7, 2	† imperatorem	imperatorem ⟨habet⟩ *Cratander*
23. 25. 26 (Anschrift)	Fadio	Fabio *Demmel (codd.)*

Buch VIII

2, 1	† repraesentare	praesente *Rutilius*
3, 1	ego diligentius *(codd.)*	eo diligentius *(junge Hands.)*
	† nam mea si fio si forsitan cum locupletiore referam … sed tanti sed † ⟨cupio⟩ *(Ernesti)*	nam mea, si fio, forsitan, ⟨ne⟩ cum locupletiore, referat … sed tantisper *Leo* ⟨opto⟩ *(alii)*
4 (5), 3	† superet	suppeditent *Mendelssohn*
6 (9), 1	† curionem prorsus curionem … obiurgatus ac	Curionem prorsus … obiurgat totus hac *Riemann*
7 (8), 1	† si quid iniuriis suis esset	si quid iniuria ipsius esset *Wesenberg*
7 (8), 2	† depecuniam	pecuniam *(junge Hands.)*
8 (10), 3	sin † aut sit	sin autem *ed. Neap.*
9 (6), 2	† denique … sit, si emanarit porro significatio ulla intercessit	denique … sit, si emanarit; porro ⟨si⟩ significatio ulla intercesserit *(junge Hands.)* Orelli*
13 (12), 2	quid ergo? † st tamen quasi aliquod	quid ergost? tamen cum eius aliquod *Wesenberg*
14, 1	† unumque move	unumquemque *Bettmann*
14, 2	gratia et † necessitudinem cum causam illam	gratiae et necessitudines sunt; causam illam *Madvig*
14, 4	† suo periculo	summo periculo *Victorius*
15, 2	† num cohortibus	nunc cum VIII cohortibus *Wesenberg u. Mendelssohn*
17, 1	† aut Appius Claudius in ista parte C. Curio	aut Appius Claudius ⟨in hac parte fuisset aut⟩ in ista parte C. Curio *R. Klotz*
17, 2	† arruntanum me firmissimum † haec	geram alterum me *Gronovius* firmissimum hac *Becher*

Buch IX

1, 2	† videbam	videbar *(junge Hands.)*
	demissum	demisissem *(junge Hands.)*
6 (4)	† Coctio	Cocceio *Corradus*

7 (6), 6	† quae tua audiero	quaeque audiero
10, 2	† cularum cum sophia septimae	squillarum cum sophia Septimiae *Gronovius u. Berndt*
15 (25), 2. 3	Fadio. Fadius	Fabio. Fabius *Demmel (codd.)*
16, 7	† popillium	Pompilium *Demmel*
	† non eo sis consilio	mon⟨eo⟩ eo sis consilio *Dettweiler*
17 (18), 3	† disceam προλεγόμενας quas	disce a me *Bengel*, προλεγόμενα quae *Boot*
17 (18), 4	† sed quomodo video si	sed quomodo, video: [si] (D)
18 (20), 2	artolagani *(vulg.)*	artolagyni *Gurlitt (codd.)*
	† ex artis tantum	ex arte ista tantum *Krause*
20 (19)	† venisse	venisse ⟨scito⟩ *Sjögren (in app.)*
21 (15), 3	moderationis, urbane *(Madvig)*	moderationis urbanae *Demmel (codd.)*
22 (26), 3	† cena non quid ad te tibi	cena non ‚quid ad te‘, tibi *Demmel*
25 (22), 1	† vel potius	⟨tu εὐθυορημοσύνην⟩ vel potius *Demmel*
	† ferei	ferei (= feri) *Buecheler*
25 (22), 4	suppedit *(Victorius)*	suppendit (-det *codd.*) *Demmel*
26 (24), 1	† meum gratissimum	me unum gratissimum *Baiter*

Buch X

2, 2	necesse sit (HD)	necessest (necessit M)

Buch XI

11 (10), 1	† gratiorem me esse in te posse quam ... in me; exploratum habes sit an hoc tempore is videantur dici causa †	gratiorem me esse in te nosces quam ... in me; exploratum habes vita — ne haec temporis videantur dici causa — *Madvig*
22 (26)	† dent	denegent *Mendelssohn*

Buch XII

14, 3	† nec me	nec moverunt me (M *am Rand von junger Hand*)

15, 4	† haec sive timore	hic sive timore *Mendelssohn*
	patientia *(codd.)*	potentia *Mendelssohn*
	magistratus geren-	magistratus gerunt nullo ex-
	tes nullo exemplo	emplo [neque] nostra ex
	neque nostra ex	parte *Mendelssohn*
	parte	
	noluerunt	voluerunt *Mendelssohn*
21 (23), 1	fers ea *(Victorius)*	fers a te (HD, ferstea M)

Buch XV

14, 1. 2	Fadium. Fadio	Fabium. Fabio *Demmel*
		(codd.)
18 (16), 2	† quod velis	quod vel iis *Victorius*

Buch XVI

7 (3), 2	† cotidie	cito te *Ernesti*
21 (24), 2	sed † si (M)	sed (HDF)

PERSONEN-REGISTER

Arsaces: *Partherkönig, VIII, 14, 1.*

Artuasdes: *König von Armenien, XV, 2, 2.*

Asclapo: *Arzt in Patrae, XVI, 12, 2.*

Asinius Pollio: *Vertrauensmann des Lentulus Spinther, I, 7, 1.*

C. Asinius Pollio: *Caesarianer, Statthalter von Hispania ulterior 44, XI, 10, 1; 12, 1; vielleicht auch IX, 15, 3; Asinius an Cicero: X, 30–32.*

L. Ateius Capito: *Senator, VIII, 7, 5. 6.*

Athenaeus: *XV, 4, 6.*

Athenais: *Mutter des Ariobarzanes, XV, 4, 6*

Athenodorus: *Stoiker, III, 8, 5.*

Atticus: *s. Pomponius.*

Attius: *Farbenhändler, XV, 17, 2*

Attius Dionysius: *XII, 23, 3; 30, 5.*

Sex. Aufidius: *XII, 26, 1; 27*

Aurelia: *IX, 25, 4 (wahrscheinlich gleich der folgenden).*

Aurelia Orestilla: *Catilinas Frau, VIII, 10, 2.*

Aurelius: *Gläubiger Ciceros, XVI, 21, 1.*

L. Aurelius Cotta: *Konsul 65, XII, 2, 3.*

C. AvianiusEuander: *Bildhauer VII, 23, 3.*

P. Bagiennus: *Legat des Antonius, X, 31, 4.*

Balbus: *s. Ampius und Cornelius.*

Basilus: *s. Minucius.*

Bassus: *VII, 20, 3; s. auch Caecilius.*

Battara: *VII, 9, 2; vielleicht falsche Lesart für Vacerra (vgl. VII, 8, 2).*

Bellienus: *Freigelassener des folgenden, VIII, 15, 2.*

Bellienus Demetrius: *aus Intimilium, VIII, 15, 2; XVI, 15, 2; 16; 17, 2.*

Bibulus: *s. Calpurnius.*

Bithynicus: *s. Pompeius.*

Bogud: *König von Mauretanien, X, 32, 1.*

Bruti: *XII, 14, 6.*

Bruttius: *Lehrer in Athen, XVI, 26, 4.*

Brutus: *s. Iunius.*

Bursa: *s. Munatius.*

Q. Caecilius Bassus: *Römischer Ritter, Pompejaner, XI, 1, 4; XII, 11, 1; 12, 3; 18, 1.*

M. Caecilius Cornutus: *Prätor 43, X, 7, 3; 11, 1.*

Q. Caecilius Metellus Celer: *Konsul 60; Metellus an Cicero: V, 1; Cicero an Metellus: V, 2.*

Q. Caecilius Metellus Nepos: *Konsul 57, V, 1, 1; 2, 6. 8. 9; VII, 23, 2 (?).*

Q. Caecilius Metellus Numidicus: *Konsul 109, I, 10, 16.*

Q. Caecilius Metellus Pius Scipio: *Konsul 52, seine Tochter Cornelia die fünfte Gattin des Pompeius, VIII, 6, 5; 7, 5. 6; IX, 17, 2; XII, 2, 1.*

A. Caecina: *Pompejaner, VI, 7, 1. 2; X, 25, 3; Cicero an Caecina: VI, 5; 6; 7; Caecina an Cicero: VI, 8.*

C. Caelius: *Volkstribun 51, VIII, 7, 6–8.*

M. Caelius Rufus: *Volkstribun 52, Ädil 50, Prätor 48, II, 9, 3; 10, 4; 14, 2; III, 10, 5; Cicero an Caelius: II, 8–16; Caelius an Cicero: VIII, 1–17.*

M. Caeparius: *unbekannt, IX, 23.*

Caepio: *s. M. Iunius Brutus.*

Caesar: *s. Iulius.*

M. Caesius: *XIII, 11, 3.*

M. Calidius: *Prätor 57, VIII, 5, 1; 6, 5.*

Callisthenes: *griechischer Historiker, Neffe des Aristoteles, V, 13, 2.*

M. Calpurnius Bibulus: *Konsul 59, Statthalter von Syrien 51/50, I, 1, 3; 2, 1. 2; 3, 1; 10, 7. 12; II, 10, 2; 17, 2. 6; III, 3, 1; VIII, 9, 4; XII, 19, 2; XV, 1, 1. 5; 3, 2; 4, 7.*

L. Calpurnius Piso Caesoninus: *Konsul 58, Zensor 50, Caesars Schwiegervater, IV, 3, 3; XII, 2, 1; 4, 1; XIV, 3, 3; 7, 2.*

C. Calpurnius Piso Frugi: *Ciceros erster Schwiegersohn, XIV, 1, 4; 2, 2; 3, 4; 4, 3.*

L. Calpurnius Piso Frugi: *Konsul 133, Annalist, IX, 25, 2.*

C. Calvisius Sabinus: *Prätor 44, X, 25, 3; 26, 3; XII, 24, 1.*

Calvus Licinius: *s. Licinius Calvus.*

C. (Furius?) Camillus: *Freund Ciceros, Jurist, V, 20, 3; IX, 18, 2; XIV, 5, 2; 7, 2.*

Canidii: *X, 20. 4; der sonst unbekannte Canidius war Legat oder Kriegstribun des Lepidus.*

L. Caninius Gallus: *Volkstribun 56, Prätor 53, anschließend Statthalter von Achaia, I, 2, 1. 4; 3, 1; II, 8, 2; VII, 1, 4; IX, 2, 1; 3, 1; 7, 1. 6.*

C. Caninius Rebilus: *Legat Caesars, VII, 30, 1.*

Ti. Cannutius: *Volkstribun 44, XII, 3, 2; 21, 3.*

Carbo: *s. Papirius.*

Carbones: *IX, 24, 3.*

D. Carfulenus: *X, 31, 4.*

L. Carteius: *Freund des C. Cassius, XII, 11, 2.*

Cassii: *II, 15, 4.*

Cassius: *nicht zu identifizieren, VII, 23, 4.*

Cassius: *Lehrer in Athen, XVI, 26, 5.*

C. Cassius Longinus: *Prätor 44, der Caesarmörder, II, 10, 2; VI, 5, 10; VII, 33, 2; VIII, 8, 1. 2; XI, 1, 4; 3, 1; XII, 1, 1; 13, 4; 14, 4–6; 15, 6. 7; Cassius an Antonius: XI, 2; 3; an Cicero: XII, 11; 12; XV, 19; D. Brutus an Cassius: XI, 1; Cicero an Cassius: XII, 1–10; XV, 15–18.*

Q. Cassius Longinus: *Prätor 49, Vetter des vorigen, Caesarianer, XVI, 13, 2.*

C. Cassius Parmensis: *Caesarmörder; an Cicero: XII, 13.*

GEOGRAPHISCHES REGISTER

GOTTHEITEN

MYTHOLOGIE

LEGES

PHILOSOPHIE

PROSASCHRIFTEN

SONSTIGES

'Απαιάς: *III*, *1*, *1*.
Appietas: *III*, *8*, *5*.
Areopagitae: *XIII*, *1*, *5*.
Atellana: *IX*, *16*, *7*.
Africanae pantherae: *VIII*, *7*, *10*.
Attici sales: *IX*, *21*, *2*.
Bithynica societas: *XIII*, *9*, *2*.
Ciburatae pantherae: *VIII*, *5*, *5*; *6*, *3*.
Cinnea tempora: *I*, *10*, *11*.
Catonini: *VII*, *26*, *1*.
Cliternini colei: *IX*, *25*, *4*.
Clodiana tempora: *XI*, *28*, *2*.
Clytaemestra: *Tragödie des Accius*, *VII*,
   1, *2*.
Demiurgus: *Komödie des Turpilius*, *IX*,
   25, *1*.
Equus Troianus: *Tragödie des Naevius*,
   VII, *1*, *2*; *11*, *1*.
Etrusca disciplina: *VI*, *5*, *3*.
Eunuchus: *Komödie des Terenz*, *I*, *10*, *19*.
Favonius ventus: *IX*, *26*, *2*.
Graeca scripta: *XV*, *4*, *12*; -ae litterae:
   XIII, *16*, *4*; pantherae: *VIII*, *8*, *2*;
   9, *5*; -i ludi: *VII* *1*, *3*; Graecula cautio:
   VII, *16*, *1*.

Haterianum ius: *IX*, *17*, *3*.
Hector (proficiscens): *Tragödie des Naevius*,
   V, *13*, *7*; *XV*, *6*, *1*.
Hipponacteum praeconium: *VII*, *25*, *1*.
Isocratea ratio: *I*, *10*, *23*.
Lanuvini colei: *IX*, *25*, *4*.
Latina scripta: *XV*, *4*, *12*; -ae feriae:
   VIII, *9*, *3*.
Lentulitas: *III*, *8*, *5*.
Medea: *Tragödie des Ennius*, *VII*, *6*, *1*.
   2.
Megalesia: *II*, *12*, *2*.
Mimus: *IX* *16*, *7*.
Oenomaus: *Tragödie des Accius*, *IX*, *16*, *4*.
   7.
Osci ludi: *VII*, *1*, *3*.
Philoctetes: *Tragödie des Accius*, *VII*, *33*,
   1.
Pseudodamasippus: *VII*, *23*, *3*.
Quinquatrus: *II*, *14*, *1*.
Romani sales: *IX*, *21*, *2*; -us mos: *VII*,
   5, *3*; *11*, *3*; *16*, *3*.
Sestiana dicta: *VII*, *32*, *1*.
Sophocleum: *XVI*, *18*, *3*.
Valeria tabula: *XIV*, *2*, *2*.

KONKORDANZ

Sjögren	Kasten	Sjögren	Kasten	Sjögren	Kasten
Buch I		**Buch IV**		18	: 19
				19	: 21
3	: 4	3	: 4	21	: 22
4	: 3	4	: 3		
5a	: 5	7	: 8	**Buch VI**	
5b	: 6	8	: 7	2	: 4
6	: 7			3	: 2
7	: 8	**Buch V**		4	: 3
8	: 9			5	: 9
9	: 10	3	: 4	6	: 5
10	: 11	4	: 3	7	: 8
		10a	: 12	8	: 6
Buch II		10b	: 11	9	: 7
11	: 12	11	: 10	20	: 21
12	: 14	12	: 13	21	: 20
14	: 11	13	: 14		
		14	: 15	**Buch VII**	
Buch III		15	: 16	10	: 12
7	: 8	16	: 17	11	: 13
8	: 7	17	: 18		

Sjögren		Kasten
12	:	14
13	:	15
14	:	18
15	:	17
16	:	11
17	:	10
18	:	16
19	:	21
21	:	19
24	:	25
25	:	26
26	:	24

Buch VIII

Sjögren		Kasten
4	:	5
5	:	4
6	:	9
7	:	11
8	:	7
9	:	6
10	:	8
11	:	10
12	:	13
13	:	12

Buch IX

Sjögren		Kasten
2	:	3
3	:	2
4	:	6
6	:	7
7	:	4
11	:	12
12	:	13
13	:	11
15	:	21
17	:	19
18	:	17
19	:	20
20	:	18
21	:	24
22	:	25
24	:	26
25	:	15
26	:	22

Buch X

Sjögren		Kasten
4	:	14
5	:	4
6	:	5
7	:	16
8	:	15
9	:	17
10	:	6
11	:	18
12	:	7
13	:	9
14	:	8
15	:	19
16	:	11
17	:	22
18	:	21
19	:	10
20	:	12
21 / 21a	:	20
22	:	13
27	:	33
28	:	27
29	:	28
30	:	29
31	:	30
33	:	31
34a	:	35
35	:	36

Buch XI

Sjögren		Kasten
5	:	6
6	:	5
6a	:	8
8	:	9
9	:	10
10	:	11
11	:	12
12	:	13
13	:	14
13a	:	24
14	:	17
15	:	25
16	:	28

Sjögren		Kasten
17	:	27
18	:	15
19	:	16
20	:	18
21	:	19
22	:	26
23	:	20
24	:	21
25	:	23
26	:	22
27	:	29
28	:	30
29	:	31

Buch XII

Sjögren		Kasten
6	:	7
7	:	6
20	:	31
21	:	32
22	:	20
22a	:	22
23	:	21
24	:	23
25	:	24
25a	:	29
28	:	25
29	:	28

Buch XIV

Sjögren		Kasten
1	:	3
3	:	4
4	:	1
6	:	9
7	:	8
8	:	15
9	:	12
10	:	19
11	:	17
12	:	10
13	:	20
14	:	7
15	:	18
16	:	14
17	:	13

Sjögren		Kasten		Sjögren		Kasten		Sjögren		Kasten
18	:	6		Buch XVI				13	:	1
19	:	11		1	:	5		14	:	2
20	:	24		2	:	6		15	:	3
21	:	16		3	:	7		16	:	22
22	:	23		4	:	8		19	:	16
23	:	22		5	:	9		20	:	19
24	:	21		6	:	10		21	:	26
				7	:	11		22	:	15
Buch XV				8	:	23		23	:	20
16	:	18		9	:	12		24	:	21
18	:	16		10	:	4		25	:	27
20	:	21		11	:	13		26	:	24
21	:	20		12	:	14		27	:	25

Kasten		Sjögren		Kasten		Sjögren		Kasten		Sjögren
Buch I				13	:	12		17	:	15
5	:	5a		14	:	13		18	:	14
6	:	5b		15	:	14		19	:	21
7	:	6		16	:	15		21	:	19
8	:	7		17	:	16		24	:	26
9	:	8		18	:	17		25	:	24
10	:	9		19	:	18		26	:	25
11	:	10		21	:	19		Buch VIII		
				22	:	21		4	:	5
Buch II				Buch VI				5	:	4
11	:	14						6	:	9
12	:	11		2	:	3		7	:	8
14	:	12		3	:	4		8	:	10
				4	:	2		9	:	6
Buch III				5	:	6		10	:	11
7	:	8		6	:	8		11	:	7
8	:	7		7	:	9		12	:	13
				8	:	7		13	:	12
Buch IV				9	:	5				
3	:	4		20	:	21		Buch IX		
4	:	3		21	:	20		2	:	3
7	:	8		Buch VII				3	:	2
8	:	7		10	:	17		4	:	7
				11	:	16		6	:	4
Buch V				12	:	10		7	:	6
3	:	4		13	:	11		11	:	13
4	:	3		14	:	12		12	:	11
10	:	11		15	:	13		13	:	12
11	:	10b		16	:	18		15	:	25
12	:	10a								

convenit ex eo agro, qui Caesaris iussu dividatur, eum moveri, qui Caesaris beneficio senator sit. sed mihi minus libet multa de 3 aequitate rei scribere, ne causa potius apud te valuisse videar quam gratia. quam ob rem te in maiorem modum rogo, ut C. Curti rem meam putes esse, quicquid mea causa faceres, ut, id C. Curti causa cum feceris, existimes, quod ille per me habuerit, id me habere abs te. hoc te vehementer etiam atque etiam rogo.

VI.
M. CICERO Q. VALERIO Q. F. ORCAE PROCOS.

S. v. b. e. v. credo te memoria tenere me et coram P. Cuspio 1 tecum locutum esse, cum te prosequerer paludatum, et item postea pluribus verbis tecum egisse, ut, quoscumque tibi eius necessarios commendarem, haberes eos in numero meorum necessariorum. id tu pro tua summa erga me benivolentia perpetuaque observantia mihi liberalissime atque humanissime recepisti.

Cuspius, homo in omnes suos officiosissimus, mirifice quos- 2 dam homines ex ista provincia tuetur et diligit, propterea quod fuit in Africa bis, cum maximis societatis negotiis praeesset. itaque hoc eius officium, quod adhibetur erga illos, ego mea facultate et gratia soleo, quantum possum, adiuvare. quare Cuspianorum omnium commendationis causam hac tibi epistula exponendam putavi, relicuis epistulis tantum faciam, ut notam apponam eam, quae mihi tecum convenit, et simul significem de numero esse Cuspi amicorum. sed hanc commendationem, 3 quam his litteris consignare volui, scito esse omnium gravissimam; nam P. Cuspius singulari studio contendit a me, ut tibi quam diligentissime L. Iulium commendarem. eius ego studio vix videor mihi satis facere posse, si utar verbis iis, quibus, cum diligentissime quid agimus, uti solemus; nova quaedam postulat et putat me eius generis artificium quoddam tenere. ei ego pollicitus sum me ex intima nostra arte deprompturum mirificum genus commendationis. id quoniam adsequi non possum, tu re velim efficias, ut ille genere mearum litterarum incredibile quiddam perfectum arbitretur. id facies, si omne genus liberali- 4 tatis, quod et ab humanitate et potestate tua proficisci poterit, non modo re sed etiam verbis, vultu denique exprompseris; quae quantum in provincia valeant, vellem expertus esse, sed tamen suspicor. ipsum hominem, quem tibi commendo, perdignum esse tua amicitia, non solum quia mihi Cuspius dicit, credo, tametsi id satis esse debebat, sed quia novi eius iudicium in hominibus et amicis deligendis.

Harum litterarum vis quanta fuerit, propediem iudicabo tibi- 5 que, ut confido, gratias agam. ego quae te velle quaeque ad te

pertinere arbitrabor, omnia studiose diligenterque curabo. cura,
ut valeas.

VIa.
M. CICERO Q. VALERIO Q. F. ORCAE PROCOS.

P. Cornelius, qui tibi litteras dedit, est mihi a P. Cuspio commendatus; cuius causa quanto opere cuperem deberemque, profecto ex me facile cognosti. vehementer te rogo, ut cures, ut ex
hac commendatione mihi Cuspius quam maximas quam primum
quam saepissime gratias agat. vale.

VII.
CICERO CLVVIO S.

Cum in Galliam proficiscens pro nostra necessitudine tuaque 1
summa in me observantia ad me domum venisses, locutus sum
tecum de agro vectigali municipii Atellani, qui esset in Gallia,
quantoque opere eius municipii causa laborarem, tibi ostendi.
post tuam autem profectionem cum et maxima res municipii
honestissimi mihique coniunctissimi et summum meum officium
agereretur, pro tuo animo in me singulari existimavi me oportere
ad te accuratius scribere, etsi non sum nescius, et quae temporum ratio et quae tua potestas sit, tibique negotium datum esse
a C. Caesare, non iudicium, praeclare intellego. quare a te tantum peto, quantum et te facere posse et libenter mea causa
facturum esse arbitror. et primum velim existimes, quod res est, 2
municipii fortunas omnes in isto vectigali consistere, his autem
temporibus hoc municipium maximis oneribus pressum summis
adfectum esse difficultatibus. hoc etsi commune videtur esse
cum multis, tamen mihi crede singularis huic municipio cala-
mitates accidisse; quas idcirco non commemoro, ne de miseriis
meorum necessariorum conquerens homines, quos nolo, videar
offendere. itaque nisi magnam spem haberem C. Caesari nos 3
causam municipii probaturos, non erat causa, cur a te hoc tempore aliquid contenderem; sed quia confido mihique persuasi
illum et dignitatis municipii et aequitatis et etiam voluntatis
erga se habiturum esse rationem, ideo a te non dubitavi contendere, ut hanc causam illi integram conservares. quod etsi nihilo 4
minus a te peterem, si nihil audivissem te tale fecisse, tamen
maiorem spem impetrandi nactus sum, postea quam mihi dictum est hoc idem a te Regiensis impetravisse; qui etsi te aliqua
necessitudine attingunt, tamen tuus amor in me sperare me
cogit te, quod tuis necessariis tribueris, idem esse tributurum
meis, praesertim cum ego pro his unis petam, habeam autem,
qui simili causa laborent compluris necessarios. hoc me non
sine causa facere neque aliqua levi ambitione commotum a te
contendere etsi te existimare arbitror, tamen mihi adfirmanti

credas velim me huic municipio debere plurimum; nullum umquam fuisse tempus neque honorum nec laborum meorum, in
quo non huius municipii studium in me exstiterit singulare.

Quapropter a te etiam atque etiam pro nostra summa con-   5
iunctione proque tua in me perpetua et maxima benevolentia
maiorem in modum peto atque contendo, ut, cum fortunas agi
eius municipii intellegas, quod sit mihi necessitudine, officiis,
benevolentia coniunctissimum, id mihi des; quod erit huius
modi, ut, si a Caesare, quod speramus, impetrarimus, tuo
beneficio nos id consecutos esse iudicemus, sin minus, pro eo
tamen id habeamus, quoniam a te data sit opera, ut impetrare-
mus. hoc cum mihi gratissimum feceris tum viros optimos,
homines honestissimos eosdemque gratissimos et tua necessitudine dignissimos summo beneficio in perpetuum tibi tuisque
devinxeris.

VIII.
M. CICERO M. RVTILIO S.

Cum et mihi conscius essem, quanti te facerem, et tuam erga   1
me benevolentiam expertus essem, non dubitavi a te petere,
quod mihi petendum esset.

P. Sestium quanti faciam, ipse optime scio, quanti autem
facere debeam, et tu et omnes homines sciunt. is cum ex aliis
te mei studiosissimum esse cognosset, petivit a me, ut ad te
quam accuratissime scriberem de re C. Albini senatoris, cuius
ex filia natus est L. Sestius, optimus adulescens, filius P. Sesti.
hoc idcirco scripsi, ut intellegeres non solum me pro P. Sestio
laborare debere, sed Sestium etiam pro Albinio. res autem est   2
haec: a M. Laberio C. Albinius praedia in aestimationem accepit, quae praedia Laberius emerat a Caesare de bonis Plotianis.
ea si dicam non esse e re p. dividi, docere te videar, non rogare.
sed tamen, cum Caesar Sullanas venditiones et adsignationes
ratas esse velit, quo firmiores existimentur suae, si ea praedia
dividentur, quae ipse Caesar vendidit, quae tandem in eius ven-
ditionibus esse poterit auctoritas? sed hoc quale sit, tu pro tua
prudentia considerabis. ego te plane rogo atque ita, ut maiore   3
studio, iustiore de causa, magis ex animo rogare nihil possim,
ut Albinio parcas, praedia Laberiana ne attingas. magna me
adfeceris non modo laetitia, sed etiam quodam modo gloria,
si P. Sestius homini maxime necessario satis fecerit per me, ut
ego illi uni plurimum debeo. quod ut facias, te vehementer
etiam atque etiam rogo. maius mihi dare beneficium nullum
potes; id mihi intelleges esse gratissimum.

X.
CICERO BRVTO S.

Cum ad te tuus quaestor, M. Varro, proficisceretur, commen- 1
datione egere eum non putabam; satis enim commendatum tibi
eum arbitrabar ab ipso more maiorum, qui, ut te non fugit, hanc
quaesturae coniunctionem liberorum necessitudini proximam
voluit esse. sed cum sibi ita persuasisset ipse, meas de se accurate scriptas litteras maximum apud te pondus habituras, a meque contenderet, ut quam diligentissime scriberem, malui facere,
quod meus familiaris tanti sua interesse arbitraretur.

Ut igitur debere me facere hoc intellegas, cum primum 2
M. Terentius in forum venit, ad amicitiam se meam contulit;
deinde, ut se corroboravit, duae causae accesserunt, quae meam
in illum benevolentiam augerent, una, quod versabatur in hoc
studio nostro, quo etiam nunc maxime delectamur, et cum
ingenio, ut nosti, nec sine industria; deinde, quod mature se
contulit in societates publicorum, quod quidem nollem; maximis enim damnis adfectus est; sed tamen causa communis
ordinis mihi commendatissimi fecit amicitiam nostram firmiorem. deinde versatus in utrisque subselliis optima et fide et
fama iam ante hanc commutationem rei p. petitioni sese dedit
honoremque honestissimum existimavit fructum laboris sui.
his autem temporibus a me Brundisio cum litteris et mandatis 3
profectus ad Caesarem est; qua in re et amorem eius in susci-
piendo negotio perspexi et in conficiendo ac renuntiando
fidem.

Videor mihi, cum separatim de probitate eius et moribus
dicturus fuissem, si prius causam, cur eum tantopere diligerem,
tibi exposuissem, in ipsa causa exponenda satis etiam de probitate dixisse. sed tamen separatim promitto in meque recipio
fore eum tibi et voluptati et usui; nam et modestum hominem
cognosces et prudentem et a cupiditate omni remotissimum,
praeterea magni laboris summaeque industriae.

Neque ego haec polliceri debeo, quae tibi ipsi, cum bene 4
cognoris, iudicanda sunt; sed tamen in omnibus novis coniunc-
tionibus interest, qualis primus aditus sit et qua commendatione quasi amicitiae fores aperiantur. quod ego his litteris
efficere volui. etsi id ipsa per se necessitudo quaesturae effecisse
debet. sed tamen nihilo infirmius illud hoc addito. cura igitur,
si me tanti facis, quanti et Varro existimat et ipse sentio, ut
quam primum intellegam hanc meam commendationem tantum illi utilitatis attulisse, quantum et ipse sperarit nec ego
dubitarim.

XII.
CICERO BRUTO S.

Alia epistula communiter commendavi tibi legatos Arpi- 1
natium, ut potui diligentissime, hac separatim Q. Fufidium,
quocum mihi omnes necessitudines sunt, diligentius commendo,
non ut aliquid de illa commendatione deminuam, sed ut ad
hanc addam. nam et privignus est M. Caesi, mei maxime et
familiaris et necessarii, et fuit in Cilicia mecum tribunus militum; quo in munere ita se tractavit, ut accepisse ab eo beneficium viderer, non dedisse. est praeterea, quod apud te valet 2
plurimum, a nostris studiis non abhorrens. quare velim eum
quam liberalissime complectare operamque des, ut in ea legatione, quam suscepit contra suum commodum secutus
auctoritatem meam, quam maxime eius excellat industria. vult
enim, id quod optimo cuique natura tributum est, quam
maximam laudem cum a nobis, qui eum impulimus, tum a
municipio consequi; quod ei continget, si hac mea commendatione tuum erga se studium erit consecutus.

XIII.
CICERO BRVTO S.

L. Castronius Paetus, longe princeps municipii Lucensis, est
honestus, gravis, plenus officii, bonus plane vir et cum virtutibus tum etiam fortuna, si quid hoc ad rem pertinet, ornatus;
meus autem est familiarissimus, sic prosus, ut nostri ordinis
observet neminem diligentius. quare ut et meum amicum et
tua dignum amicitia tibi commendo. cui quibuscumque rebus
commodaveris, tibi profecto iucundum, mihi certe erit gratum.
vale.

XIV.
CICERO BRVTO S.

L. Titio Strabone, equite R. in primis honesto et ornato, 1
familiarissime utor; omnia mihi cum eo intercedunt iura summae necessitudinis. huic in tua provincia pecuniam debet P.
Cornelius. ea res a Volcacio, qui Romae ius dicit, reiecta in
Galliam est. peto a te hoc diligentius, quam si mea res esset, quo 2
est honestius de amicorum pecunia laborare quam de sua, ut
negotium conficiendum cures, ipse suscipias, transigas operamque des, quoad tibi aecum et rectum videbitur, ut quam com-
modissima condicione libertus Strabonis, qui eius rei causa missus est, negotium conficiat ad nummosque perveniat. id et mihi
gratissimum erit et tu ipse L. Titium cognosces amicitia tua
dignissimum. quod ut tibi curae sit, ut omnia solent esse, quae
me velle scis, te vehementer etiam atque etiam rogo.

XVII.
CICERO S. D. SER. SULPICIO.

M'. Curius, qui Patris negotiatur, multis et magnis de causis 1
a me diligitur; nam et amicitia pervetus mihi cum eo est, ut
primum in forum venit, instituta, et Patris cum aliquotiens
antea tum proxime hoc miserrimo bello domus eius tota mihi
patuit; qua, si opus fuisset, tam essem usus quam mea. maximum
autem mihi vinculum cum eo est quasi sanctioris cuiusdam necessitudinis, quod est Attici nostri familiarissimus eumque unum praeter ceteros opservat ac diligit. quem si tu iam 2
forte cognosti, puto me hoc, quod facio, facere serius; ea est
enim humanitate et observantia, ut eum tibi iam ipsum per se
commendatum putem. quod tamen si ita est, magno opere a te
quaeso, ut ad eam voluntatem, si quam in illum ante has meas
litteras contulisti, quam maximus post mea commendatione
cumulus accedat; sin autem propter verecundiam suam minus 3
se tibi optulit aut nondum eum satis habes cognitum aut quae
causa est, cur maioris commendationis indigeat, sic tibi eum
commendo, ut neque maiore studio quemquam neque iustiori-
bus de causis commendare possim, faciamque id, quod debent
facere ii, qui religiose et sine ambitione commendant; spon-
debo enim tibi vel potius spondeo in meque recipio eos esse
M'. Curi mores eamque cum probitatem tum etiam humanitatem, ut eum et amicitia tua et tam accurata commendatione, si
tibi sit cognitus, dignum sis existimaturus. mihi certe gratissimum feceris, si intellexero has litteras tantum, quantum scri-
bens confidebam, apud te pondus habuisse.

XVIII.
CICERO SERVIO S.

Non concedam, ut Attico nostro, quem elatum laetitia vidi, 1
iucundiores tuae suavissime ad eum et humanissime scriptae
litterae fuerint quam mihi. nam etsi utrique nostrum prope
aeque gratae erant, tamen ego admirabar magis te, qui, si
rogatus aut certe admonitus liberaliter Attico respondisses –
quod tamen dubium nobis quin ita futurum fuerit non erat –,
ultro ad eum scripsisse eique nec opinanti voluntatem tuam
tantam per litteras detulisse. de quo non modo rogare te, ut eo
studiosius mea quoque causa facias, non debeo – nihil enim
cumulatius fieri potest, quam polliceris –, sed ne gratias quidem
agere, quod tu et ipsius causa et tua sponte feceris; illud tamen 2
dicam, mihi id, quod fecisti, esse gratissimum. tale enim tuum
iudicium de homine eo, quem ego unice diligo, non potest
mihi non summe esse iucundum; quod cum ita sit, esse gratum necesse est. sed tamen, quoniam mihi pro coniunctione

nostra vel peccare apud te in scribendo licet, utrumque eorum,
quae negavi mihi faciunda esse, faciam; nam et ad id, quod
Attici causa te ostendisti esse facturum, tantum velim addas,
quantum ex nostro amore accessionis fieri potest, et, quod
modo verebar, tibi gratias agere, nunc plane ago teque ita
existimare volo, quibuscumque officiis in Epiroticis reliquisque
rebus Atticum obstrinxeris, iisdem me tibi obligatum fore.

XIX.
CICERO SERVIO S.

Cum Lysone Patrensi est mihi quidem hospitium vetus, quam 1
ego necessitudinem sancte colendam puto; sed ea causa etiam
cum aliis compluribus, familiaritas tanta nullo cum hospite, et
ea cum officiis eius multis tum etiam consuetudine cotidiana
sic est aucta, ut nihil sit familiaritate nostra coniunctius. is cum
Romae annum prope ita fuisset, ut mecum viveret, etsi eramus
in magna spe te meis litteris commendationeque diligentissime
facturum id, quod fecisti, ut eius rem et fortunas absentis
tuerere, tamen, quod in unius potestate erant omnia et quod
Lyso fuerat in nostra causa nostrisque praesidiis, cotidie aliquid
timebamus. effectum tamen est et ipsius splendore et nostro
reliquorumque hospitum studio, ut omnia, quae vellemus, a
Caesare impetrarentur, quod intelleges ex iis litteris, quas Caesar
ad te dedit. nunc non modo non remittimus tibi aliquid ex 2
nostra commendatione quasi adepti iam omnia, sed eo vehementius a te contendimus, ut Lysonem in fidem nescessitudinemque
tuam recipias; cuius dubia fortuna timidius tecum agebamus
verentes, ne quid accideret eius modi, ut ne tu quidem mederi
posses; explorata vero eius incolumitate omnia a te † studia summo cura peto. quae ne singula enumerem, totam tibi domum
commendo, in his adulescentem filium eius, quem C. Maenius
Gemellus, cliens meus, cum in calamitate exsilii sui Patrensis
civis factus esset, Patrensium legibus adoptavit, ut eius ipsius
hereditatis ius causamque tueare.

Caput illud est, ut Lysonem, quem ego virum optimum 3
gratissimumque cognovi, recipias in necessitudinem tuam. quod
si feceris, non dubito, quin in eo diligendo ceterisque postea
commendando idem quod ego sis iudicii et voluntatis habiturus.
quod cum fieri vehementer studeo tum etiam illud vereor, ne,
si minus cumulate videbere fecisse aliquid eius causa, me ille
neglegenter scripsisse putet, non te oblitum mei. quanti enim
me faceres, cum ex sermonibus cotidianis meis tum ex epistulis
etiam tuis potuit cognoscere.

XX.
CICERO SERVIO S.

Asclapone Patrensi medico utor familiariter, eiusque cum consuetudo mihi iucunda fuit tum ars etiam, quam sum expertus in valetudine meorum; in qua mihi cum ipsa scientia tum etiam fidelitate benevolentiaque satis fecit. hunc igitur tibi commendo et a te peto, ut des operam, ut intellegat diligenter me scripsisse de sese meamque commendationem usui magno sibi fuisse. erit id mihi vehementer gratum.

XXI.
CICERO SERVIO S.

M. Aemilius Avianus ab ineunte adulescentia me observavit 1 semperque dilexit, vir cum bonus tum perhumanus et in omni genere officii diligendus. quem si arbitrarer esse Sicyone et nisi audirem ibi etiam nunc, ubi ego reliqui, Cibyrae, commorari, nihil esset necesse plura me ad te de eo scribere; perficeret enim ipse profecto suis moribus suaque humanitate, ut sine cuiusquam commendatione diligeretur abs te non minus quam et a me et a ceteris suis familiaribus. sed cum illum abesse putem, 2 commendo tibi in maiorem modum domum eius, quae est Sicyone, remque familiarem, maxime C. Avianium Hammonium, libertum eius, quem quidem tibi etiam suo nomine commendo. nam cum propterea mihi est probatus, quod est in patronum suum officio et fide singulari, tum etiam in me ipsum magna officia contulit mihique molestissimis temporibus ita fideliter benevoleque praesto fuit, ut si a me manumissus esset. itaque peto a te, ut eum Hammonium et in patroni eius negotio sic tueare ut eius procuratorem, quem tibi commendo, et ipsum suo nomine diligas habeasque in numero tuorum. hominem pudentem et officiosum cognosces et dignum, qui a te diligatur. vale.

XXII.
CICERO SERVIO S.

T. Manlium, qui negotiatur Thespiis, vehementer diligo; 1 nam et semper me coluit diligentissimeque observavit et a studiis nostris non abhorret. accedit eo, quod Varro Murena magno opere eius causa vult omnia; qui tamen existimavit, etsi suis litteris, quibus tibi Manlium commendabat, valde confideret, tamen mea commendatione aliquid accessionis fore. me quidem cum Manli familiaritas tum Varronis studium commovit, ut ad te quam accuratissime scriberem. gratissimum igitur 2 mihi feceris, si huic commendationi meae tantum tribueris, quantum cui tribuisti plurimum, id est, si T. Manlium quam maxime, quibuscumque rebus honeste ac pro tua dignitate

poteris, iuveris atque ornaveris; ex ipsiusque praeterea gratissimis et humanissimis moribus confirmo tibi te eum, quem soles fructum a bonorum virorum officiis exspectare, esse capturum.

XXIII.
CICERO SERVIO S.

L. Cossinio, amico et tribuli tuo, valde familiariter utor; nam 1 et inter nosmet ipsos vetus usus intercedit, et Atticus noster maiorem etiam mihi cum Cossinio consuetudinem fecit. itaque tota Cossini domus me diligit in primisque libertus eius, L. Cossinius Anchialus, homo et patrono et patroni necessariis, quo in numero ego sum, probatissimus. hunc tibi ita commendo, ut, 2 si meus libertus esset eodemque apud me loco esset, quo et est apud suum patronum, maiore studio commendare non possem. quare pergratum mihi feceris, si eum in amicitiam tuam receperis atque eum, quod sine molestia tua fiat, si qua in re opus ei fuerit, iuveris. id et mihi vehementer gratum erit et tibi postea iucundum; hominem enim summa probitate, humanitate observantiaque cognosces.

XXIV.
CICERO SERVIO S.

Cum antea capiebam ex officio meo voluptatem, quod me- 1 mineram, quam tibi diligenter Lysonem, hospitem et familiarem meum, commendassem, tum vero, postea quam ex litteris eius cognovi tibi eum falso suspectum fuisse, vehementissime laetatus sum me tam diligentem in eo commendando fuisse. ita enim scripsit ad me, sibi meam commendationem maximo adiumento fuisse, quod ad te delatum diceret sese contra dignitatem tuam Romae de te loqui solitum esse. de quo etsi pro tua facilitate et 2 humanitate purgatum se tibi scribit esse, tamen primum, ut debeo, tibi maximas gratias ago, cum tantum litterae meae potuerunt, ut iis lectis omnem offensionem suspicionis, quam habueras de Lysone, deponeres, deinde credas mihi adfirmanti velim me hoc non pro Lysone magis quam pro omnibus scribere, hominem esse neminem, qui umquam mentionem tui sine tua summa laude fecerit; Lyso vero cum mecum prope cotidie esset unaque viveret, non solum quia libenter me audire arbitrabatur, sed quia libentius ipse loquebatur, omnia mihi tua et facta et dicta laudabat. quapropter etsi a te ita tractatur, ut iam 3 non desideret commendationem meam unisque se litteris meis omnia consecutum putet, tamen a te peto in maiorem modum, ut eum etiam atque etiam tuis officiis, liberalitate conplectare. scriberem ad te, qualis vir esset, ut superioribus litteris feceram, nisi eum iam per se ipsum tibi satis notum esse arbitrarer.

XXV.
CICERO SERVIO S.

Hagesaretus Larisaeus magnis meis beneficiis ornatus in consulatu meo memor et gratus fuit meque postea diligentissime coluit. eum tibi magno opere commendo ut et hospitem meum et familiarem et gratum hominem et virum bonum et principem civitatis suae et tua necessitudine dignissimum. pergratum mihi feceris, si dederis operam, ut is intellegat hanc meam commendationem magnum apud te pondus habuisse.

XXVI.
CICERO SERVIO S.

L. Mescinius ea mecum necessitudine coniunctus est, quod 1 mihi quaestor fuit; sed hanc causam, quam ego, ut a maioribus accepi, semper gravem duxi, fecit virtute et humanitate sua iustiorem. itaque eo sic utor ut nec familiarius ullo nec lubentius. is quamquam confidere videbatur te sua causa, quae honeste posses, libenter esse facturum, magnum esse tamen speravit apud te meas quoque litteras pondus habituras. id cum ipse ita iudicabat tum pro familiari consuetudine saepe ex me audierat, quam suavis esset inter nos et quanta coniunctio. peto igitur a te tanto scilicet studio, quanto intellegis debere 2 me petere pro homine tam mihi necessario et tam familiari, ut eius negotia, quae sunt in Achaia ex eo, quod heres est M. Mindio, fratri suo, qui Elide negotiatus est, explices et expedias cum iure et potestate, quam habes, tum etiam auctoritate et consilio tuo. sic enim praescripsimus iis, quibus ea negotia mandavimus, ut omnibus in rebus, quae in aliquam controversiam vocarentur, te arbitro et, quod commodo tuo fieri posset, te disceptatore uterentur. id ut honoris mei causa suscipias, vementer te etiam atque etiam rogo. illud praeterea, si non alienum 3 tua dignitate putabis esse, feceris mihi pergratum, si qui difficiliores erunt, ut rem sine controversia confici nolint, si eos, quoniam cum senatore res est, Romam reieceris. quod quo minore dubitatione facere possis, litteras ad te a M. Lepido consule, non quae te aliquid iuberent – neque enim id tuae dignitatis esse arbitramur –, sed quodam modo quasi commendaticias sumpsimus. scriberem, quam id beneficium bene apud 4 Mescinium positurus esses, nisi et te scire confiderem et mihi peterem. sic enim velim existimes, non minus me de illius re laborare quam ipsum de sua. sed cum illum studeo quam facillime ad suum pervenire tum illud laboro, ut non minimum hac mea commendatione se consecutum arbitretur.

XXVII.
CICERO SERVIO S.

Licet eodem exemplo saepius tibi huius generis litteras mit- 1
tam, cum gratias agam, quod meas commendationes tam
diligenter observes – quod feci in aliis et faciam, ut video,
saepius –, sed tamen non parcam operae et, ut vos soletis in
formulis, sic ego in epistulis DE EADEM RE ALIO MODO.
C. Avianius igitur Hammonius incredibilis mihi gratias per 2
litteras egit et suo et Aemili Aviani, patroni sui, nomine; nec
liberalius nec honorificentius potuisse tractari nec se praesentem nec rem familiarem absentis patroni sui. id mihi cum iucundum est eorum causa, quos tibi ego summa necessitudine et
summa coniunctione adductus commendaveram, quod M. Aemilius unus est ex meis familiarissimis atque intimis maxime
necessarius, homo et magnis meis beneficiis devinctus et prope
omnium, qui mihi debere aliquid videntur, gratissimus, tum
multo iucundius te esse in me tali voluntate, ut plus prosis
amicis meis quam ego praesens fortasse prodessem, credo, quod
magis ego dubitarem, quid illorum causa facerem, quam tu,
quid mea. sed hoc non dubito quin existimes mihi esse gratum; 3
illud te rogo, ut illos quoque gratos esse homines putes, quod
ita esse tibi promitto atque confirmo. quare velim, quicquid
habent negotii, des operam, quod commodo tuo fiat, ut te obtinente Achaiam conficiant. ego cum tuo Servio iucundissime et 4
coniunctissime vivo magnamque cum ex ingenio eius singulari-
que studio tum ex virtute et probitate voluptatem capio.

XXVIII.
CICERO SERVIO S.

Etsi libenter petere a te soleo, si quid opus est meorum cui- 1
piam, tamen multo libentius gratias tibi ago, cum fecisti aliquid
commendatione mea, quod semper facis. incredibile est enim,
quas mihi gratias omnes agant, etiam mediocriter a me tibi
commendati. quae mihi omnia grata, sed de L. Mescinio gratissimum. sic enim est mecum locutus, te, ut meas litteras legeris,
statim procuratoribus suis pollicitum esse omnia, multo vero
plura et maiora fecisse. id igitur – puto enim etiam atque etiam
mihi dicendum esse – velim existimes mihi te fecisse gratissimum. quod quidem hoc vehementius laetor, quod ex ipso 2
Mescinio te video magnam capturam voluptatem; est enim in
eo cum virtus et probitas et summum officium summaeque
observantia tum studia illa nostra, quibus antea delectabamur,
nunc etiam vivimus. quod relicuum est, velim augeas tua in
eum beneficia omnibus rebus, quae te erunt dignae; sed duo,
quae te nominatim rogo, primum ut, si quid satis dandum erit

AMPLIVS EO NOMINE NON PETI, cures, ut satis detur
fide mea; deinde, cum fere consistat hereditas in iis rebus, quas
avertit Oppia, quae uxor Mindi fuit, adiuves ineasque rationem, quem ad modum ea mulier Romam perducatur. quod si
putarit illa fore, ut opinio nostra est, negotium conficiemus.
hoc ut adsequamur, te vementer etiam atque etiam rogo. illud, 3
quod supra scripsi, id tibi confirmo in meque recipio, te ea,
quae fecisti Mescini causa quaeque feceris, ita bene conlocatu-
rum, ut ipse iudices homini te gratissimo, iucundissimo benigne
fecisse. volo enim ad id, quod mea causa fecisti, hoc etiam accedere.

XXVIII a.
CICERO SERVIO S.

Nec Lacedaemonios dubitare arbitror, quin ipsi sua ma- 1
iorumque suorum auctoritate satis commendati sint fidei et
iustitiae tuae, et ego, qui te optime novissem, non dubitavi,
quin tibi notissima et iura et merita populorum essent. itaque,
cum a me peteret Philippus Lacedaemonius, ut tibi civitatem
commendarem, etsi memineram me ei civitati omnia debere,
tamen respondi commendatione Lacedaemonios apud te non
egere. itaque sic velim existimes, me omnis Achaiae civitates 2
arbitrari pro horum temporum perturbatione felicis, quod iis
tu praesis, eundemque me ita iudicasse, te, quod unus optime
nosses non nostra solum sed etiam Graeciae monumenta omnia,
tua sponte amicum Lacedaemoniis et esse et fore. quare tantum
a te peto, ut, quom ea facies Lacedaemoniorum causa, quae
tua fides, amplitudo, iustitia postulabit, iis, si tibi videbitur,
significes te non moleste ferre, quod intellegas ea, quae facias,
mihi quoque grata esse. pertinet enim ad officium meum eos
existimare curae mihi suas res esse. hoc te vementer etiam atque
etiam rogo.

XXIX.
M. CICERO L. PLANCO S.

Non dubito, quin scias in iis necessariis, qui tibi a patre 1
relicti sunt, me tibi esse vel coniunctissimum non iis modo
causis, quae speciem habent magnae coniunctionis, sed iis
etiam, quae familiaritate et consuetudine tenentur, quam scis
mihi iucundissimam cum patre tuo et summam fuisse. ab his
initiis noster in te amor profectus auxit paternam necessitudinem, et eo magis, quod intellexi, ut primum per aetatem iudicium facere potueris, quanti quisque tibi faciendus esset, me a
te in primis coeptum esse observari, coli, diligi. accedebat non
mediocre vinculum cum studiorum, quod ipsum est per se grave,
tum eorum studiorum earumque artium, quae per se ipsae eos,
qui voluntate eadem sunt, etiam familiaritate devinciunt.

Exspectare te arbitror, haec tam longe repetita principia quo 2
spectent. id primum ergo habeto, non sine magna iustaque
causa hanc a me commemorationem esse factam.

C. Ateio Capitone utor familiarissime. notae tibi sunt varietates meorum temporum. in omni genere et honorum et laborum
meorum et animus et opera et auctoritas et gratia, etiam res
familiaris C. Capitonis praesto fuit et paruit et temporibus et
fortunae meae. huius propinquus fuit T. Antistius. qui cum 3
sorte quaestor Macedoniam obtineret neque ei successum esset, Pompeius in eam provinciam cum exercitu venit. facere Antistius nihil potuit; nam si potuisset, nihil ei fuisset antiquius
quam ad Capitonem, quem ut parentem diligebat, reverti,
praesertim cum sciret, quanti is Caesarem faceret semperque
fecisset. sed oppressus tantum attigit negotii, quantum recusare
non potuit. cum signaretur argentum Apolloniae, non possum 4
dicere eum praefuisse neque possum negare adfuisse, sed non
plus duobus an tribus mensibus. deinde afuit a castris; fugit
omne negotium. hoc mihi ut testi velim credas; meam enim ille
maestitiam in illo bello videbat, mecum omnia communicabat.
itaque abdidit se in intimam Macedoniam, quo potuit longissime a castris, non modo ut non praeesset ulli negotio sed etiam
ut ne interesset quidem. is post proelium se ad hominem necessarium, A. Plautium, in Bithyniam contulit. ibi eum Caesar cum
vidisset, nihil aspere, nihil acerbe dixit, Romam iussit venire.
ille in morbum continuo incidit, ex quo non convaluit. aeger
Corcyram venit; ibi est mortuus. testamento, quod Romae
Paulo et Marcello consulibus fecerat, heres ex parte dimidia
et tertia est Capito; in sextante sunt ii, quorum pars sine ulla
cuiusquam querela publica potest esse; ea est ad HS XXX.
sed de hoc Caesar viderit.

Te, mi Plance, pro paterna necessitudine, pro nostro amore, 5
pro studiis et omni cursu nostro totius vitae simillimo rogo
et a te ita peto, ut maiore cura, maiore studio nullam possim,
ut hanc rem suscipias, meam putes esse, enitare, contendas,
efficias, ut mea commendatione, tuo studio, Caesaris beneficio
hereditatem propinqui sui C. Capito obtineat. omnia, quae
potui in hac summa tua gratia ac potentia a te impetrare, si
petissem, ultro te ad me detulisse putabo, si hanc rem impe-
travero. illud fore tibi adiumento spero, cuius ipse Caesar 6
optimus esse iudex potest: semper Caesarem Capito coluit et
dilexit. sed ipse huius rei testis est; novi hominis memoriam.
itaque nihil te doceo; tantum tibi sumito pro Capitone apud
Caesarem, quantum ipsum meminisse senties. ego, quod in me 7
ipso experiri potui, ad te deferam; in eo quantum sit ponderis,
tu videbis. quam partem in re p. causamque defenderim, per
quos homines ordinesque steterim quibusque munitus fuerim,

non ignoras. hoc mihi velim credas, si quid fecerim hoc ipso
in bello minus ex Caesaris voluntate – quod intellexi scire
ipsum Caesarem me invitissimum fecisse –, id fecisse aliorum
consilio, hortatu, auctoritate; quod fuerim moderatior tem-
peratiorque quam in ea parte quisquam, id me fecisse maxime
auctoritate Capitonis; cuius similis si reliquos necessarios
habuissem, rei p. fortasse non nihil, mihi certe plurimum pro-
fuissem. hanc rem, mi Plance, si effeceris, meam de tua erga me 8
benivolentia spem confirmaveris, ipsum Capitonem, gratissimum, officiosissimum, optimum virum, ad tuam necessitudinem tuo summo beneficio adiunxeris.

XXX.
CICERO ACILIO PROCONSVLI S.

L. Manlius est Sosis. is fuit Catinensis, sed est una cum 1
reliquis Neapolitanis civis R. factus decurioque Neapoli; erat
enim adscriptus in id municipium ante civitatem sociis et Latinis datam. eius frater Catinae nuper mortuus est. nullam omnino arbitramur de ea hereditate controversiam eum habiturum,
et est hodie in bonis; sed quoniam habet praeterea negotia
vetera in Sicilia sua, et hanc hereditatem fraternam et omnia
eius tibi commendo in primisque ipsum, virum optimum mihique familiarissimum, iis studiis litterarum doctrinaeque praeditum, quibus ego maxime delector. peto igitur abs te, ut eum, 2
sive aderit sive non venerit in Siciliam, in meis intimis maximeque necessariis scias esse itaque tractes, ut intellegat meam sibi
commendationem magno adiumento fuisse.

XXXI.
CICERO ACILIO PROCONSVLI S.

C. Flavio, honesto et ornato equite R., utor valde familia- 1
riter; fuit enim generi mei, C. Pisonis, pernecessarius, meque
diligentissime observant et ipse et L. Flavius, frater eius. quapropter velim honoris mei causa, quibus rebus honeste et pro
tua dignitate poteris, quam honorificentissime et quam liberalissime C. Flavium tractes. id mihi sic erit gratum, ut gratius esse
nihil possit. sed praeterea tibi adfirmo – neque id ambitione ad- 2
ductus facio sed cum familiaritate et necessitudine tum etiam
veritate – te ex C. Flavi officio et observantia et praeterea
splendore atque inter suos gratia magnam voluptatem esse
capturum. vale.

XXXII.
CICERO ACILIO PROCONSVLI S.

In Halaesina civitate tam lauta tamque nobili coniunctis- 1
simos habeo et hospitio et familiaritate M. et C. Clodios Archa-

gathum et Philonem. sed vereor, ne, quia compluris tibi praecipue commendo, exaequare videar ambitione quadam commendationes meas; quamquam a te quidem cumulate satis fit et mihi et meis omnibus. sed velim sic existimes, hanc 2 familiam et hos mihi maxime esse coniunctos vetustate, officiis, benivolentia. quam ob rem peto a te in maiorem modum, ut iis omnibus in rebus, quantum tua fides dignitasque patietur, commodes. id si feceris, erit mihi vehementissime gratum.

XXXIII.
CICERO ACILIO PROCONSVLI S.

Cn. Otacilio Nasone utor familiarissime, ita prorsus, ut illius ordinis nullo familiarius; nam et humanitate eius et probitate in consuetudine cotidiana magnopere delector. nihil iam opus est exspectare te, quibus eum verbis tibi commendem, quo sic utar, ut scripsi. habet is in provincia tua negotia, quae procurant liberti, Hilarus, Antigonus, Demostratus; quos tibi negotiaque omnia Nasonis non secus commendo, ac si mea essent. gratissimum mihi feceris, si intellexero hanc commendationem magnum apud te pondus habuisse. vale.

XXXIV.
CICERO ACILIO PROCONSVLI S.

Avitum mihi hospitium est cum Lysone, Lysonis filio, Lilybitano, valdeque ab eo observor cognovique dignum et patre et avo; est enim nobilissima familia. quapropter commendo tibi maiorem in modum rem domumque eius magnoque opere abs te peto cures, ut is intellegat meam commendationem maximo sibi apud te et adiumento et ornamento fuisse.

XXXV.
CICERO ACILIO PROCONSVLI S.

C. Avianius Philoxenus antiquus est hospes meus et praeter 1 hospitium valde etiam familiaris; quem Caesar meo beneficio in Novocomensis rettulit; nomen autem Aviani secutus est, quod homine nullo plus est usus quam Flacco Avianio, meo, quem ad modum te scire arbitror, familiarissimo. quae ego omnia collegi, ut intellegeres non vulgarem esse commendationem hanc meam. peto igitur abs te, ut omnibus rebus, 2 quod sine molestia tua facere possis, ei commodes habeasque in numero tuorum perficiasque, ut intellegat has litteras meas magno sibi usui fuisse. erit id mihi maiorem in modum gratum.

XXXVI.
CICERO ACILIO PROCONSVLI S.

Cum Demetrio Mega mihi vetustum hospitium est, fami- 1
liaritas autem tanta quanta cum Siculo nullo. ei Dolabella rogatu
meo civitatem a Caesare impetravit, qua in re ego interfui;
itaque nunc P. Cornelius vocatur. cumque propter quosdam
sordidos homines, qui Caesaris beneficia vendebant, tabulam,
in qua nomina civitate donatorum incisa essent, revelli iussis-
set, eidem Dolabellae me audiente Caesar dixit nihil esse, quod
de Mega vereretur; beneficium suum in eo manere. hoc te scire 2
volui, ut eum in civium Romanorum numero haberes, ceterisque in rebus tibi eum ita commendo, ut maiore studio neminem
commendarim. gratissimum mihi feceris, si eum ita tractaris, ut
intellegat meam commendationem magno sibi ornamento
fuisse.

XXXVII.
CICERO ACILIO PROCONSVLI S.

Hippiam, Philoxeni filium, Calactinum, hospitem et necessarium meum, tibi commendo in maiorem modum. eius bona,
quem ad modum ad me delata res est, publice possidentur
alieno nomine contra leges Calactinorum. id si ita est, etiam
sine mea commendatione ab aequitate tua res ipsa impetrare
debet, ut ei subvenias. quoquo modo autem se res habet, peto
a te, ut honoris mei causa eum expedias tantumque ei commodes et in hac re et in ceteris, quantum tua fides dignitasque
patietur. id mihi vementer gratum erit.

XXXVIII.
CICERO ACILIO PROCONSVLI S.

L. Bruttius, eques R., adulescens omnibus rebus ornatus, in
meis familiarissimis est meque observat diligentissime; cuius
cum patre magna mihi fuit amicitia iam inde a quaestura mea
Siciliensi. omnino nunc ipse Bruttius Romae mecum est; sed
tamen domum eius et rem familiarem et procuratores tibi sic
commendo, ut maiore studio commendare non possim. gratissimum mihi feceris, si curaris, ut intellegat Bruttius, id quod ei
recepi, hanc meam commendationem sibi magno adiumento
fuisse.

XXXIX.
CICERO ACILIO PROCONSVLI S.

Cum familia Titurnia necessitudo mihi intercedit vetus; ex
qua reliquus est M. Titurnius Rufus, qui mihi omni diligentia
atque officio est tuendus. est igitur in tua potestate, ut ille in
me satis sibi praesidii putet esse. quapropter eum tibi commendo in maiorem modum et abs te peto efficias, ut is commen-

dationem hanc intellegat sibi magno adiumento fuisse. erit id
mihi vehementer gratum.

XL.
M. CICERO S. D. Q. ANCHARIO Q. F. PROCOS.

L. et C. Aurelios L. filios, quibus et ipsis et patre eorum, viro
optimo, familiarissime utor, commendo tibi maiorem in modum, adulescentis omnibus optimis artibus ornatos, meos
pernecessarios, tua amicitia dignissimos. si ulla mea apud te
commendatio valuit – quod scio, multas plurimum valuisse –,
haec ut valeat, rogo. quodsi eos honorifice liberaliterque tractaris, et tibi gratissimos optimosque adulescentis adiunxeris
et mihi gratissimum feceris.

XLI.
CICERO CVLLEOLO S.

Quae fecisti L. Luccei causa, scire te plane volo te homini   1
gratissimo commodasse, et cum ipsi, quae fecisti, pergrata sunt,
tum Pompeius, quotienscumque me videt – videt autem saepe –,
gratias tibi agit singularis. addo etiam illud, quod tibi iucundissimum esse certo scio, me ipsum ex tua erga Lucceium benignitate maxima voluptate adfici. quod superest, quamquam   2
mihi non est dubium, quin, cum antea nostra causa, nunc iam
etiam tuae constantiae gratia mansurus sis in eadem ista liberalitate, tamen abs te vehementer etiam atque etiam peto, ut ea,
quae initio ostendisti, deinceps fecisti, ad exitum augeri et cumulari per te velis. id et Lucceio et Pompeio valde gratum fore
teque apud eos praeclare positurum confirmo et spondeo.
De re p. deque his negotiis cogitationibusque nostris per-
scripseram ad te diligenter paucis ante diebus easque litteras
dederam pueris tuis. vale.

XLII.
M. CICERO S. D. L. CVLLEOLO PROCOS.

L. Lucceius, meus familiaris, homo omnium gratissimus,   1
mirificas tibi apud me gratias egit, cum diceret omnia te cumulatissime et liberalissime procuratoribus suis pollicitum esse.
cum oratio tua tam ei grata fuerit, quam gratam rem ipsam
existimas fore, cum, ut spero, quae pollicitus es, feceris! omnino ostenderunt Bulliones sese Lucceio Pompei arbitratu satis
facturos; sed vementer opus est nobis et voluntatem et auctori-   2
tatem et imperium tuum accedere; quod ut facias, te etiam atque
etiam rogo. illudque mihi gratissimum est, quod ita sciunt
Luccei procuratores et ita Lucceius ipse ex litteris tuis, quas ad
eum misisti, intellexit, hominis nullius apud te auctoritatem

aut gratiam valere plus quam meam. id ut re experiatur, iterum
et saepius te rogo.

XLIII.
M. CICERO QVINTIO GALLO.

Etsi plurimis rebus spero fore, ut perspiciam, quod tamen iam 1
pridem perspicio, me a te amari, tamen ea causa tibi datur, in
qua facile declarare possis tuam erga me benevolentiam.
L. Oppius M. f. Philomeli negotiatur, homo mihi familiaris.
eum tibi unice commendo eoque magis, quod cum ipsum
diligo, tum quod negotia procurat L. Egnati Rufi, quo ego uno
equite R. familiarissime utor et qui cum consuetudine cotidiana
tum officiis plurimis maximisque mihi coniunctus est. Oppium 2
igitur praesentem ut diligas, Egnati absentis rem ut tueare,
aeque a te peto, ac si mea negotia essent. velim memoriae tuae
causa des litterarum aliquid, quae tibi in provincia reddantur,
sed ita conscribas, ut tum, cum eas leges, facile recordari possis
huius meae commendationis diligentiam. hoc te vementer etiam
atque etiam rogo.

XLIV.
CICERO GALLO S.

Etsi ex tuis et ex L. Oppi, familiaris mei, litteris cognovi te
memorem commendationis meae fuisse idque pro tua summa
erga me benivolentia proque nostra necessitudine minime sum
admiratus, tamen etiam atque etiam tibi L. Oppium praesentem
et L. Egnati, mei familiarissimi, absentis negotia commendo.
tanta mihi cum eo necessitudo est familiaritasque, ut, si mea res
esset, non magis laborarem. quapropter gratissimum mihi
feceris, si curaris, ut is intellegat me a te tantum amari, quantum ipse existimo. hoc mihi gratius facere nihil potes, idque ut
facias, vehementer te rogo.

XLV.
CICERO APPVLEIO PROQVAESTORI.

L. Egnatio uno equite R. vel familiarissime utor. eius An-
chialum servum negotiaque, quae habet in Asia, tibi commendo
non minore studio quam si rem meam commendarem. sic
enim existimes velim, mihi cum eo non modo cotidianam consuetudinem summam intercedere, sed etiam officia magna et
mutua nostra inter nos esse. quam ob rem etiam atque etiam a
te peto, ut cures, ut intellegat me ad te satis diligenter scripsisse;
nam de tua erga me voluntate non dubitabat. id ut facias, te
etiam atque etiam rogo. vale.

XLVI.
CICERO APPVLEIO S.

L. Nostius Zoilus est coheres meus, heres autem patroni sui. ea re utrumque scripsi, ut et mihi cum illo causam amicitiae scires esse et hominem probum existimares, qui patroni iudicio ornatus esset. eum tibi igitur sic commendo ut unum ex nostra domo. valde mihi gratum erit, si curaris, ut intellegat hanc commendationem sibi apud te magno adiumento fuisse.

XLVII.
CICERO SILIO S.

Quid ego tibi commendem eum, quem tu ipse diligis? sed tamen, ut scires eum a me non diligi solum verum etiam amari, ob eam rem tibi haec scribo. omnium tuorum officiorum, quae et multa et magna sunt, mihi gratissimum fuerit, si ita tractaris Egnatium, ut sentiat et se a me et me a te amari. hoc te vehementer etiam atque etiam rogo. illa nostra scilicet ceciderunt. utamur igitur vulgari consolatione: 'quid, si hoc melius?' sed haec coram. tu fac, quod facis, ut me ames teque amari a me scias.

XLVIII.
CICERO C. SEXTILIO RVFO QVAESTORI S. D.

Omnis tibi commendo Cyprios, sed magis Paphios; quibus tu quaecumque commodaris, erunt mihi gratissima, eoque facio libentius, ut eos tibi commendem, quod et tuae laudi, cuius ego fautor sum, conducere arbitror, cum primus in eam insulam quaestor veneris, ea te instituere, quae sequantur alii; quae, ut spero, facilius consequere, si et P. Lentuli, necessarii tui, legem et ea, quae a me constituta sunt, sequi volueris; quam rem tibi confido magnae laudi fore.

XLIX.
CICERO CVRIO PROCOS.

Q. Pompeius Sex. f. multis et veteribus causis necessitudinis mihi coniunctus est. is cum antea meis commendationibus et rem et gratiam et auctoritatem suam tueri consuerit, nunc profecto te provinciam obtinente meis litteris adsequi debet, ut nemini se intellegat commendatiorem umquam fuisse quam ob rem a te maiorem in modum peto, ut, cum omnis meos aeque ac tuos observare pro necessitudine nostra debeas, hunc in primis ita in tuam fidem recipias, ut ipse intellegat nullam rem sibi maiori usui aut ornamento quam meam commendationem esse potuisse. vale.

L.
CICERO S. D. ACILIO.

Sumpsi hoc mihi pro tua in me observantia, quam penitus
perspexi, quam diu Brundisi fuimus, ut ad te familiariter et
quasi pro meo iure scriberem, si quae res esset, de qua valde
laborarem. M'. Curius, qui Patris negotiatur, ita mihi familiaris
est, ut nihil possit esse coniunctius. multa illius in me officia,
multa in illum mea, quodque maximum est, summus inter nos
amor et mutuus. quae cum ita sint, si ullam in amicitia mea
spem habes, si ea, quae in me officia et studia Brundisi contulisti, vis mihi etiam gratiora efficere, quamquam sunt gratissima,
si me a tuis omnibus amari vides, hoc mihi da atque largire, ut
M'. Curium 'sartum et tectum', ut aiunt, ab omnique incommodo, detrimento, molestia sincerum integrumque conserves. et
ipse spondeo et omnes hoc tibi tui pro me recipient, ex mea
amicitia et ex tuo in me officio maximum te fructum summamque voluptatem esse capturum. vale.

LI.
CICERO P. CAESIO S. D.

P. Messienum, equitem R. omnibus rebus ornatum meumque
perfamiliarem, tibi commendo ea commendatione, quae potest
esse diligentissima. peto a te et pro nostra et pro paterna amicitia, ut eum in tuam fidem recipias eiusque rem famamque
tueare. virum bonum tuaque amicitia dignum tibi adiunxeris
mihique gratissimum feceris.

LII.
CICERO REGI S.

A. Licinius Aristoteles Melitensis antiquissimus est hospes
meus et praeterea coniunctus magno usu familiaritatis. haec
cum ita sint, non dubito, quin tibi satis commendatus sit;
etenim ex multis cognosco meam commendationem plurimum
apud te valere. hunc ego a Caesare liberavi; frequens enim
fuerat nobiscum atque etiam diutius in causa est quam nos
commoratus; quo melius te de eo existimaturum arbitror. fac
igitur, mi Rex, ut intellegat has sibi litteras plurimum profuisse.

LIII.
CICERO THERMO PROPR. S.

L. Genucium Curvium pridem utor familiarissime, optimo 1
viro et homine gratissimo. eum tibi penitus commendo atque
trado, primum ut omnibus in rebus ei commodes, quoad fides
tua dignitasque patietur; patietur autem in omnibus; nihil
enim abs te umquam, quod sit alienum tuis aut etiam suis

moribus, postulabit. praecipue autem tibi commendo negotia 2
eius, quae sunt in Hellesponto, primum ut obtineat id iuris in
agris, quod ei Pariana civitas decrevit et dedit et quod semper
obtinuit sine ulla controversia, deinde, si quid habebit cum
aliquo Hellespontio controversiae, ut in illam διοίκησιν reicias.
sed non mihi videor, cum tibi totum hominem diligentissime
commendarim, singulas ad te eius causas perscribere debere.
summa illa est: quicquid officii, beneficii, honoris in Genu-
cilium contuleris, id te existimabo in me ipsum atque in rem
meam contulisse.

LIV.
CICERO THERMO PROPR. S.

Cum multa mihi grata sunt, quae tu adductus mea commendatione fecisti, tum in primis, quod M. Marcilium, amici
atque interpretis mei filium, liberalissime tractavisti; venit
enim Laodiceam et tibi apud me mihique propter te gratias
maximas egit. quare, quod relicum est, a te peto, quoniam
apud gratos homines beneficium ponis, ut eo libentius iis commodes operamque des, quoad fides tua patietur, ut socrus
adulescentis rea ne fiat. ego cum antea studiose commendabam
Marcilium tum multo nunc studiosius, quod in longa appa-
ritione singularem et prope incredibilem patris Marcili fidem,
abstinentiam modestiamque cognovi.

LV.
CICERO THERMO PROPR. S.

Etsi mihi videor intellexisse, cum tecum Ephesi de re M. 1
Annei, legati mei, locutus sum, te ipsius causa vehementer
omnia velle, tamen et M. Anneium tanti facio, ut mihi nihil
putem praetermittendum, quod illius intersit, et me a te tanti
fieri puto, ut non dubitem, quin ad tuam voluntatem magnus
cumulus accedat commendationis meae. nam cum iam diu
diligerem M. Anneium deque eo sic existimarem, ut res declarat,
qui ultro ei detulerim legationem, cum multis petentibus dene-
gassem, tum vero, postea quam mecum in bello atque in re
militari fuit, tantam in eo virtutem, prudentiam, fidem tan-
tamque erga me benivolentiam cognovi, ut hominem neminem pluris faciam. eum cum Sardianis habere controversiam scis.
causam tibi exposuimus Ephesi; quam tu tamen coram facilius
meliusque cognosces. de reliquo mihi mehercule diu dubium 2
fuit, quid ad te potissimum scriberem. ius enim quem ad modum dicas, clarum et magna cum tua laude notum est; nobis
autem in hac causa nihil aliud opus est nisi te ius instituto tuo
dicere. sed tamen, cum me non fugiat, quanta sit in praetore

auctoritas, praesertim ista integritate, gravitate, clementia, qua
te esse inter omnis constat, peto abs te pro nostra coniunctissima necessitudine plurimisque officiis paribus ac mutuis, ut
voluntate, auctoritate, studio tuo perficias, ut M. Anneius intellegat te et sibi amicum esse – quod non dubitat; saepe
enim mecum locutus est – et multo amiciorem his meis litteris
esse factum. in tuo toto imperio atque provincia nihil est, quod
mihi gratius facere possis; iam apud ipsum, gratissimum hominem atque optimum virum, quam bene positurus sis studium
tuum atque officium, dubitare te non existimo.

LVI.
CICERO THERMO PROPR. S.

Cluvius Puteolanus valde me observat valdeque est mihi   1
familiaris. is ita sibi persuadet, quod in tua provincia negotii
habeat nisi te provinciam obtinente meis commendationibus
confecerit, id se in perditis et desperatis habiturum. nunc,
quoniam mihi ab amico officiosissimo tantum oneris imponitur,
ego quoque tibi imponam pro tuis in me summis officiis, ita
tamen, ut tibi nolim molestus esse.

Μυλασεῖς et ᾿Αλαβανδεῖς pecuniam Cluvio debent. dixerat mihi Euthydemus, cum Ephesi essem, se curaturum, ut
ecdici a Mylasinis Romam mitterentur. id factum non est.
legatos audio missos esse, sed malo ecdicos, ut aliquid confici
possit. quare peto a te, ut et eos et ᾿Αλαβανδεῖς iubeas ecdicos
Romam mittere. praeterea Philocles Alabandensis ὑποθήκας   2
Cluvio dedit. eae commissae sunt. velim cures, ut aut de hypo-
thecis decedat easque procuratoribus Cluvi tradat aut pecuniam
solvat, praeterea Heracleotae et Bargylietae, qui item debent,
aut pecuniam solvant aut fructibus suis satis faciant. Caunii   3
praeterea debent, sed aiunt se depositam pecuniam habuisse.
id velim cognoscas et, si intellexeris eos neque ex edicto neque ex decreto depositam habuisse, des operam, ut usurae
Cluvio instituto tuo conserventur.

His de rebus eo magis laboro, quod agitur res Cn. Pompei
etiam, nostri necessarii, et quod is magis etiam mihi laborare
videtur quam ipse Cluvius; cui satis factum esse a nobis valde
volo. his de rebus te vehementer etiam atque etiam rogo.

LVII.
CICERO THERMO PROPR. S.

Quo magis cotidie ex litteris nuntiisque bellum magnum esse   1
in Syria cognosco, eo vehementius a te pro nostra necessitudine contendo, ut mihi M. Anneium legatum primo quoque
tempore remittas; nam eius opera, consilio, scientia rei mili-

taris vel maxime intellego me et rem p. adiuvari posse. quod nisi
tanta res eius ageretur, nec ipse adduci potuisset, ut a me discederet, neque ego, ut eum a me dimitterem. ego in Ciliciam
proficisci cogito circiter Kal. Maias. ante eam diem M. Anneius 2
ad me redeat oportet. illud, quod tecum et coram et per litteras
diligentissime egi, id et nunc etiam atque etiam rogo curae tibi
sit, ut suum negotium, quod habet cum populo Sardiano, pro
causae veritate et pro sua dignitate conficiat. intellexi ex tua
oratione, cum tecum Ephesi locutus sum, te ipsius M. Annei
causa omnia velle; sed tamen sic velim existimes, te mihi nihil
gratius facere posse, quam si intellexero per te illum ipsum
negotium ex sententia confecisse, idque quam primum ut
efficias, te etiam atque etiam rogo.

LVIII.
M. CICERO C. TITIO L. F. RVFO PR. VRB. S.

L. Custidius est tribulis et municeps et familiaris meus. is
causam habet, quam causam ad te deferet. commendo tibi
hominem, sic ut tua fides et meus pudor postulat, tantum, ut
facilis ad te aditus habeat, quae aequa postulabit, ut libente te
impetret sentiatque meam sibi amicitiam, etiam cum longissime absim, prodesse, in primis apud te.

LIX.
M. CICERO C. CVRTIO PEDVCAEANO PR. S.

M. Fabium unice diligo, summaque mihi cum eo consuetudo et familiaritas est pervetus. in eius controversiis quid
decernas, a te non peto – servabis, ut tua fides et dignitas postulat, edictum et institutum tuum –, sed ut quam facillimos ad te
aditus habeat, quae erunt aequa, libente te impetret, ut meam
amicitiam sibi, etiam cum procul absim, prodesse sentiat,
praesertim apud te. hoc te vehementer etiam atque etiam rogo.

LX.
M. CICERO C. MVNATIO C. F. S.

L. Livineius Trypho est omnino L. Reguli, familiarissimi 1
mei, libertus; cuius calamitas etiam officiosiorem me facit in
illum; nam benivolentior, quam semper fui, esse non possum.
sed ego libertum eius per se ipsum diligo; summa enim eius
erga me officia exstiterunt iis nostris temporibus, quibus facillime bonam benevolentiam hominum et fidem perspicere
potui. eum tibi ita commendo, ut homines grati et memores 2
bene meritos de se commendare debent. pergratum mihi feceris,
si ille intellexerit se, quod pro salute mea multa pericula adierit,

saepe hieme summa navigarit, pro tua erga me benivolentia gratum etiam tibi fecisse.

LXI.
M. CICERO S. D. P. SILIO PROPR.

T. Pinnio familiarissime me usum esse scire te arbitror; quod quidem ille testamento declaravit, qui me cum tutorem tum etiam secundum heredem instituerit. eius filio mire studioso et erudito et modesto pecuniam Nicaeenses grandem debent, ad sestertium octogiens, et, ut audio, in primis ei volunt solvere. pergratum igitur mihi feceris, quoniam non modo reliqui tutores, qui sciunt, quanti te facias, sed etiam puer ipse sibi persuasit te omnia mea causa facturum esse, si dederis operam, quoad tua fides dignitasque patietur, ut quam plurimum pecuniae Pinnio solvatur Nicaeensium nomine.

LXII.
M. CICERO S. D. P. SILIO PROPR.

Et in Atili negotio te amavi – cum enim sero venissem, tamen honestum equitem R. beneficio tuo conservavi – et mehercule semper sic in animo habui, te in meo aere esse propter Lamiae nostri coniunctionem et singularem necessitudinem. itaque primum tibi ago gratias, quod me omni molestia liberas, deinde impudentia prosequor, sed idem sarciam; te enim semper sic colam et tuebor ut quem diligentissime. Q., fratrem meum, si me diligis, eo numero cura ut habeas quo me. ita magnum beneficium tuum magno cumulo auxeris.

LXIII.
M. CICERO S. D. P. SILIO PROPR.

Non putavi fieri posse, ut mihi verba dessent, sed tamen in 1 M. Laenio commendando desunt. itaque rem tibi exponam paucis verbis, sed tamen ut plane perspicere possis voluntatem meam. incredibile est, quanti faciamus et ego et frater meus, qui mihi carissimus est, M. Laenium. id fit cum plurimis eius officiis tum summa probitate et singulari modestia. eum ego a me invitissimus dimisi cum propter familiaritatem et consuetudinis suavitatem, tum quod consilio eius fideli ac bono libenter utebar. sed vereor, ne iam superesse mihi verba 2 putes, quae dixeram defutura. commendo tibi hominem sic, ut intellegis me eum, de quo ea supra scripserim, debere commendare, a teque vementer etiam atque etiam peto, ut, quod habet in tua provincia negotii, expedias, quod tibi videbitur rectum esse, ipsi dicas. hominem facillimum liberalissimumque

cognosces. itaque te rogo, ut eum solutum, liberum confectis eius negotiis per te quam primum ad me remittas. id mihi fratrique meo gratissimum feceris.

LXIV.
M. CICERO S. D. P. SILIO PROPR.

Nero meus mirificas apud me tibi gratias egit, prorsus 1 incredibilis, ut nullum honorem sibi haberi potuisse diceret, qui a te praetermissus esset. magnum fructum ex ipso capies; nihil est enim illo adulescente gratius; sed mercule mihi quoque gratissimum fecisti; pluris enim ex omni nobilitate neminem facio. itaque, si ea feceris, quae ille per me tecum agi voluit, gratissimum mihi feceris: primum de Pausania Alabandensi sustentes rem, dum Nero veniat — vementer eius causa cupere eum intellexi; itaque hoc valde te rogo —; deinde Nysaeos, quos Nero in primis habet necessarios diligentissimeque tuetur ac defendit, habeas tibi commendatissimos, ut intellegat illa civitas sibi in Neronis patrocinio summum esse praesidium. Strabonem Servilium tibi saepe commendavi; nunc eo facio id impensius, quod eius causam Nero suscepit. tantum a te petimus, ut agas eam rem, ne relinquas hominem innocentem ad alicuius tui dissimilis quaestum. id cum gratum mihi erit, tum etiam existimabo te humanitate tua esse usum.

Summa huius epistulae haec est, ut ornes omnibus rebus 2 Neronem, sicuti instituisti atque fecisti. magnum theatrum habet ista provincia, non ut haec nostra, ad adulescentis nobilis, ingeniosi, abstinentis commendationem atque gloriam. quare, si te fautore usus erit, sicuti profecto et utetur et usus est, amplissimas clientelas acceptas a maioribus confirmare poterit et beneficiis suis obligare. hoc in genere si eum adiuveris eo studio, quo ostendisti, apud ipsum praeclarissime posueris, sed mihi etiam gratissimum feceris.

LXV.
M. CICERO S. D. P. SILIO PROPR.

Cum P. Terentio Hispone, qui operas in scriptura pro 1 magistro dat, mihi summa familiaritas consuetudoque est, multaque et magna inter nos officia paria et mutua intercedunt. eius summa existimatio agitur in eo, ut pactiones cum civitatibus reliquis conficiat. non me praeterit nos eam rem Ephesi expertos esse neque ab Ephesiis ullo modo impetrare potuisse; sed quoniam, quem ad modum omnes existimant et ego intellego, tua cum summa integritate tum singulari humanitate et mansuetudine consecutus es, ut libentissimis Graecis nutu, quod velis, consequare, peto a te in maiorem modum, ut

honoris mei causa hac laude Hisponem adfici velis. praeterea 2
cum sociis scripturae mihi summa necessitudo est non solum
ob eam causam, quod ea societas universa in mea fide est, sed
etiam quod plerisque sociis utor familiarissime. ita et Hisponem
meum per me ornaris et societatem mihi coniunctiorem feceris,
tuque ipse et ex huius observantia, gratissimi hominis, et ex
sociorum gratia, hominum amplissimorum, maximum fructum
capies et me summo beneficio adfeceris. sic enim velim existimes, ex tota tua provincia omnique isto imperio nihil esse,
quod mihi gratius facere possis.

LXVI.
M. CICERO P. SERVILIO S.

A. Caecinam, maxime proprium clientem familiae vestrae, 1
non commendarem tibi, cum scirem, qua fide in tuos, qua
clementia in calamitosos soleres esse, nisi me et patris eius,
quo sum familiarissime usus, memoria et huius fortuna ita
moveret, ut hominis omnibus mecum studiis officiisque coniunctissimi movere debebat. a te hoc omni contentione peto,
sic ut maiore cura, maiore animi labore petere non possim, ut
ad ea, quae tua sponte sine cuiusquam commendatione faceres
in hominem tantum et talem calamitosum, aliquem adferant
cumulum meae litterae, quo studiosius eum, quibuscumque
rebus possis, iuves. quodsi Romae fuisses, etiam salutem A. Cae- 2
cinae essemus, ut opinio mea fert, per te consecuti; de qua
tamen magnam spem habemus freti clementia conlegae tui.
nunc, quoniam tuam iustitiam secutus tutissimum sibi portum
provinciam istam duxit esse, etiam atque etiam te rogo atque
oro, ut eum et in reliquiis veteris negotiationis conligendis
iuves et ceteris rebus tegas atque tueare. hoc mihi gratius facere
nihil potes.

LXVII.
M. CICERO P. SERVILIO PROPR. S.

Ex provincia mea Cilicensi, cui scis τρεῖς διοικήσεις Asiati- 1
cas adtributas fuisse, nullo sum familiarius usus quam Androne,
Artemonis filio, Laodicensi, eumque habui in ea civitate cum
hospitem tum vehementer ad meae vitae rationem et consuetudinem accommodatum; quem quidem multo etiam pluris,
postea quam decessi, facere coepi, quod multis rebus expertus
sum gratum hominem meique memorem. itaque eum Romae
libentissime vidi; non te enim fugit, qui plurimis in ista provincia benigne fecisti, quam multi grati reperiantur.

Haec propterea scripsi, ut et me non sine causa laborare 2
intellegeres et tu ipse eum dignum hospitio tuo iudicares.
feceris igitur mihi gratissimum, si ei declararis, quanti me

facias, id est, si receperis eum in fidem tuam et, quibuscumque
rebus honeste ac sine molestia tua poteris, adiuveris. hoc mihi
erit vehementer gratum, idque ut facias, te etiam atque etiam
rogo.

LXIX.
CICERO P. SERVILIO COLLEGAE S. P.

C. Curtius Mithres est ille quidem, ut scis, libertus Postumi, 1
familiarissimi mei, sed me colit et opservat aeque atque illum
ipsum patronum suum. apud eum ego sic Ephesi fui, quotienscumque fui, tamquam domi meae, multaque acciderunt, in
quibus et benevolentiam eius erga me experirer et fidem. itaque,
si quid aut mihi aut meorum cuipiam in Asia opus est, ad hunc
scribere consuevi, huius cum opera et fide tum domo et re uti
tamquam mea.

Haec ad te eo pluribus scripsi, ut intellegeres me non †
vulgare nec ambitiose sed ut pro homine intimo ac mihi per-
necessario scribere. peto igitur a te, ut in ea controversia, quam 2
habet de fundo cum quodam Colophonio, et in ceteris rebus,
quantum fides tua patietur quantumque tuo commodo poteris,
tantum ei honoris mei causa commodes; etsi, ut eius modestiam cognovi, gravis tibi nulla in re erit. si et mea commendatione et sua probitate adsecutus erit, ut de se bene existimes,
omnia se adeptum arbitrabitur. ut igitur eum recipias in fidem
habeasque in numero tuorum, te vehementer etiam atque
etiam rogo. ego, quae te velle quaeque ad te pertinere arbitrabor, omnia studiose diligenterque curabo.

LXX.
M. CICERO P. SERVILIO COLLEGAE S. P.

Quia non est obscura tua in me benevolentia, sic fit, ut
multi per me tibi velint commendari; ego autem tribuo non
numquam in vulgus, sed plerumque necessariis, ut hoc tempore. nam cum T. Ampio Balbo mihi summa familiaritas
necessitudoque est. eius libertum, T. Ampium Menandrum,
hominem frugi et modestum et patrono et nobis vehementer
probatum, tibi commendo maiorem in modum. vementer
mihi gratum feceris, si, quibuscumque rebus sine tua molestia
poteris, ei commodaris. quod ut facias, te vehementer etiam
atque etiam rogo.

LXXI.
M. CICERO S. D. P. SERVILIO COLLEGAE.

Multos tibi commendem necesse est, quoniam omnibus
nota nostra necessitudo est tuaque erga me benivolentia; sed
tamen, etsi omnium causa, quos commendo, velle debeo,

tamen cum omnibus non eadem mihi causa est. T. Agusius et
comes meus fuit illo miserrimo tempore et omnium itinerum,
navigationum, laborum, periculorum meorum socius neque
hoc tempore discessisset a me, nisi ego ei permisissem. quare
sic tibi eum commendo ut unum de meis domesticis et maxime
necessariis. pergratum mihi feceris, si eum ita tractaris, ut intellegat hanc commendationem sibi magno usu atque adiumento
fuisse.

LXXII.
M. CICERO P. SERVILIO COLLEGAE S.

Caerelliae, necessariae meae, rem, nomina, possessiones 1
Asiaticas commendavi tibi praesens in hortis tuis, quam potui
diligentissime, tuque mihi pro tua consuetudine proque tuis in
me perpetuis maximisque officiis omnia ei facturum liberalissime recepisti. meminisse te id spero; scio enim solere. sed tamen
Caerelliae procuratores scripserunt te propter magnitudinem
provinciae multitudinemque negotiorum etiam atque etiam
esse commonefaciendum. peto igitur, ut memineris te omnia, 2
quae tua fides pateretur, mihi cumulate recepisse. equidem
existimo habere te magnam facultatem – sed hoc tui est consilii et iudicii – ex eo s. c., quod in heredes C. Vennoni factum
est, Caerelliae commodandi. id senatus consultum tu interpretabere pro tua sapientia; scio enim eius ordinis auctoritatem semper apud te magni fuisse. quod relicuum est, sic velim
existimes, quibuscumque rebus Caerelliae benigne feceris, mihi
te gratissimum esse facturum.

LXXIII.
M. CICERO Q. PHILIPPO PROCOS. S.

Gratulor tibi, quod ex provincia salvum te ad tuos recepisti 1
incolumi fama et re p. quodsi Romae fuissem, te vidissem coramque gratias egissem, quod tibi L. Egnatius, familiarissimus
meus, absens, L. Oppius praesens curae fuisset.

Cum Antipatro Derbete mihi non solum hospitium verum 2
etiam summa familiaritas intercedit. ei te vehementer suscen-
suisse audivi et moleste tuli. de re nihil possum iudicare, nisi
illud mihi persuadeo, te, talem virum, nihil temere fecisse. a te
autem pro vetere nostra necessitudine etiam atque etiam peto,
ut eius filios, qui in tua potestate sunt, mihi potissimum con-
dones, nisi quid existimas in ea re violari existimationem tuam.
quod ego si arbitrarer, numquam te rogarem, mihique tua fama
multo antiquior esset, quam illa necessitudo est; sed mihi ita
persuadeo – potest fieri, ut fallar – eam rem laudi tibi potius
quam vituperationi fore. quid fieri possit et quid mea causa

facere possis – nam quid velis non dubito –, velim, si tibi grave
non erit, certiorem me facias.

LXXIV.
M. CICERO Q. PHILIPPO PROCOS. S.

Etsi non dubito pro tua in me observantia proque nostra
necessitudine, quin commendationem meam memoria teneas,
tamen etiam atque etiam eundem tibi L. Oppium, familiarem
meum, praesentem et L. Egnati, familiarissimi mei, absentis
negotia commendo. tanta mihi cum eo necessitudo est familiaritasque, ut, si mea res esset, non magis laborarem. quapropter gratissimum mihi feceris, si curaris, ut is intellegat me
a te tantum amari, quantum ipse existimo. hoc mihi gratius
facere nihil potes, idque ut facias, te vehementer rogo.

LXXV.
M. CICERO T. TITIO T. F. LEG. S. D.

Etsi non dubito, quin apud te mea commendatio prima 1
satis valeat, tamen obsequor homini familiarissimo, C. Avianio
Flacco, cuius causa omnia cum cupio tum mehercule etiam
debeo. de quo et praesens tecum egi diligenter, cum tu mihi
humanissime respondisti, et scripsi ad te accurate antea; sed
putat interesse sua me ad te quam saepissime scribere. quare
velim mihi ignoscas, si illius voluntati obtemperans minus videbor meminisse constantiae tuae. a te idem illud peto, ut de loco, 2
quo deportet frumentum, et de tempore Avianio commodes,
quorum utrumque per eundem me obtinuit triennium, dum
Pompeius isti negotio praefuit. summa est, in quo mihi gratissimum facere possis, si curaris, ut Avianius, quoniam se a me
amari putat, me a te amari sciat. erit id mihi pergratum.

LXXVI.
M. CICERO IIII VIRIS ET DECVRIONIBVS S. D.

Tantae mihi cum Q. Hippio causae necessitudinis sunt, ut 1
nihil possit esse coniunctius, quam nos inter nos sumus. quod
nisi ita esset, uterer mea consuetudine, ut vobis nulla in re
molestus essem. etenim vos mihi optimi testes estis, quom mihi
persuasum esset nihil esse, quod a vobis impetrare non possem,
numquam me tamen gravem vobis esse voluisse. vementer 2
igitur vos etiam atque etiam rogo, ut honoris mei causa quam
liberalissime C. Valgium Hippianum tractetis remque cum eo
conficiatis, ut, quam possessionem habet in agro Fregellano a
vobis emptam, eam liberam et immunem habere possit. id si a
vobis impetraro, summo me beneficio vestro adfectum arbitrabor.

LXXVII.
M. CICERO S. D. P. SVLPICIO IMP.

Cum his temporibus non sane in senatum ventitarem, tamen, 1
ut tuas litteras legi, non existimavi me salvo iure nostrae veteris
amicitiae multorumque inter nos officiorum facere posse, ut
honori tuo deessem. itaque adfui supplicationemque tibi
libenter decrevi nec reliquo tempore ullo aut rei aut existi-
mationi aut dignitati tuae dero. atque hoc ut tui necessarii
sciant, hoc me animo erga te esse, velim facias eos per litteras
certiores, ut, si quid tibi opus sit, ne dubitent mihi iure suo
denuntiare.

M. Bolanum, virum bonum et fortem et omnibus rebus 2
ornatum meumque veterem amicum, tibi magno opere commendo. pergratum mihi feceris, si curaris, ut is intellegat hanc
commendationem sibi magno adiumento fuisse; ipsumque
virum optimum gratissimumque cognosces. promitto tibi te
ex eius amicitia magnam voluptatem esse capturum.

Praeterea a te peto in maiorem modum pro nostra amicitia 3
et pro tuo perpetuo in me studio, ut in hac re etiam elabores:
Dionysius, servus meus, qui meam bibliothecen multorum
nummorum tractavit, cum multos libros surripuisset nec se
impune laturum putaret, aufugit. is est in provincia tua. eum et
M. Bolanus, meus familiaris, et multi alii Naronae viderunt,
sed, cum se a me manu missum esse diceret, crediderunt. hunc
tu si mihi restituendum curaris, non possum dicere quam mihi
gratum futurum sit. res ipsa parva, sed animi mei dolor magnus
est. ubi sit et quid fieri possit, Bolanus te docebit. ego si hominem per te recuperaro, summo me a te beneficio adfectum
arbitrabor.

LXXVIII.
M. CICERO ALLIENO S.

Democritus Sicyonius non solum hospes meus est sed etiam, 1
quod non multis contigit, Graecis praesertim, valde familiaris;
est enim in eo summa probitas, summa virtus, summa in hospi-
tes liberalitas et observantia, meque praeter ceteros et colit et
observat et diligit. eum tu non modo suorum civium verum
paene Achaiae principem cognosces. huic ego tantum modo 2
aditum ad tuam cognitionem patefacio et munio; cognitum
per te ipsum, quae tua natura est, dignum tua amicitia atque
hospitio iudicabis. peto igitur a te, ut his litteris lectis recipias
eum in tuam fidem, polliceare omnia te facturum mea causa.
de reliquo, si, id quod confido fore, dignum eum tua
amicitia hospitioque cognoveris, peto, ut eum complectare,
diligas, in tuis habeas. erit id mihi maiorem in modum gratum. vale.

LXXIX.
M. CICERO S. D. ALLIENO PROCOS.

Et te scire arbitror, quanti fecerim C. Avianium Flaccum, et ego ex ipso audiveram, optimo et gratissimo homine, quam a te liberaliter esset tractatus. eius filios dignissimos illo patre meosque necessarios, quos ego unice diligo, commendo tibi sic, ut maiore studio nullos commendare possim. C. Avianius in Sicilia est, Marcus est nobiscum. ut illius dignitatem praesentis ornes, rem utriusque defendas, te rogo. hoc mihi gratius in ista provincia facere nihil potes, idque ut facias, te vementer etiam atque etiam rogo.

REGISTER
zu Anhang II